Über Wein lesen!

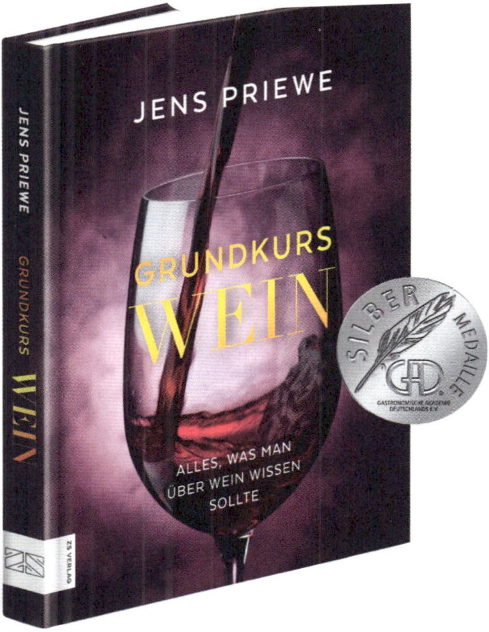

Jens Priewe
Grundkurs Wein

19,99 € [D]
ISBN 978-3-89883-941-9

DER KLEINE JOHNSON

WEINFÜHRER 2023

HERAUSGEBERIN: MARGARET RAND

ZS – Ein Verlag der Edel Verlagsgruppe

Kaiserstraße 14b, D-80801 München
www.zsverlag.de | www.facebook.com/zsverlag

Die englische Originalausgabe ist unter dem Titel »Hugh Johnson's Pocket Wine Book 2023« beim Verlag Mitchell Beazley, einem Imprint von Octopus Publishing Group Ltd., Carmelite House, 50 Victoria Embankment, London EC 4Y 0DZ, erschienen.
www.octopusbooks.co.uk

First edition published 1977
Revised editions published 1978, 1979, 1980, 1981, 1982, 1983, 1984, 1985, 1986, 1987, 1988, 1989, 1990, 1991, 1992, 1993, 1994, 1995, 1996, 1997, 1998, 1999, 2000, 2001, 2002, 2003, 2004, 2005, 2006, 2007, 2008, 2009, 2010, 2011, 2012, 2013, 2014, 2015, 2016, 2017, 2018, 2019, 2020, 2021, 2022

44., neu überarbeitete, ergänzte und aktualisierte Ausgabe, 2022, auf der Grundlage der 46. Originalausgabe, 2022

Übersetzung aus dem Englischen: Renate Haen, Britta Nord, Martin Waller, Christine Weiland
Verlagsleitung: Dorothee Seeliger
Projektleitung: Marc Strittmatter · ppp.services, Freising
Redaktion: Werkstatt München · Buchproduktion
Satz: Anja Dengler, Werkstatt München · Buchproduktion
Umschlaggestaltung: Kathi Fesl
Herstellung: Frank Jansen

Printed and bound in Italy

ISBN 978-3-96584-253-3

Bildnachweis

123RF natika 450; **Alamy Stock Photo** Album 441; Jeremy Pembrey 444; Montager Productions 445; Photo Alto/Isabelle Rozenbaum 449; Cephas Picture Library Herbert Lehmann 443, 446; **Dom Fleming** 5; **Getty Images** Topical press 451; **Shutterstock** hxdbzxy 455; Marian Weyo 454; Verca 448; **Unsplash** Svetlana Gumerova 452.

FSC www.fsc.org
MIX
Papier | Fördert gute Waldnutzung
FSC® C015829

Inhalt

Zum richtigen Gebrauch

Bei den meisten Stichwörtern besteht die erste Zeile aus folgenden Kurzinformationen:

① ③

Cairanne S-RH ★★→★★★ 10' 15' 16' 17' 18 **19'** 20

② ④

① **Wein-** oder **Erzeugername**

② **Herkunftsregion** im betreffenden Land (eine Liste der verwendeten Abkürzungen steht jeweils am Anfang des Kapitels)

③ **Allgemeiner Qualitätsstand** – eine zwangsläufig eher grobe Einstufung. Wir bemühen uns um Objektivität, aber keine Bewertung kann jemals völlig objektiv ein

★	einfache Qualität für jeden Tag
★★	überdurchschnittlich
★★★	bekannt, berühmt
★★★★	erstklassig, anspruchsvoll, teuer
★ usw.	farbige Sterne erhalten Weine, die nach unserer Erfahrung in der jeweiligen Preisklasse besonders gut sind; das gilt für gute Alltagsweine ebenso wie für Luxuskreszenzen

④ Der Jahrgang: Angegeben sind die empfehlenswerten neueren Jahrgänge, zusammen mit einer Einschätzung, ob sie bereits trinkreif sind (Ziffer in **fetter** Schrift) oder ob sie sich bei weiterer Lagerung noch entfalten (normale Schrift). Bitte beachten Sie aber, dass die Entwicklung eines Weins vielen Faktoren unterliegt und auch anders verlaufen kann als erwartet. Sind sowohl rote als auch weiße Weine angegeben, so ist der Rotwein gemeint, wenn nicht ausdrücklich anders erwähnt.

17 usw.	allgemein erhältliche, empfohlene Jahrgänge, die sich für weitere Lagerung eignen
16' usw.	der Apostroph kennzeichnet einen nach Angaben der jeweiligen Erzeuger besonders gut ausgefallenen Jahrgang
18 usw.	genussreifer Jahrgang
15 usw.	2023 bevorzugt zu genießender Jahrgang
(21) usw.	vorläufige Bewertung

Deutsche Weinjahrgänge werden nach einem anderen System geführt. Näheres siehe S. 216.

Abkürzungen

Weinfarben und -stile werden wie folgt abgekürzt:

r	rot
rs	rosé
w	weiß
tr	trocken
s	süß
BV	baldiger Verbrauch, d.h. möglichst jung zu trinken
oJ	ohne Jahrgangsangabe auf dem Etikett. Bei Champagner einen einheitlichen Geschmack garantierenden Verschnitt mehrerer Jahrgänge

Länderspezifische Abkürzungen befinden sich am Anfang des jeweiligen Kapitels.

Erzeuger- oder Weinnamen **in Farbe** kennzeichnen die persönlichen Favoriten von Margaret Rand und/oder den jeweiligen Fachleuten, die am betreffenden Kapitel mitgewirkt haben.

KAPITÄLCHEN verweisen auf andere Einträge im selben Kapitel sowie auf Rebsorten, die im Kapitel »Rebsorten« auf S. 11–23 aufgelistet sind.

Zur Ausgabe 2023

Die Weinstile ändern sich. Das ist keine Katastrophenmeldung, lediglich eine Tatsache. Wein schmeckt nicht mehr so wie früher.

Ist das gut oder schlecht? Auf jeden Fall sind die Weine reifer. Neue Weintrinker, die roten Bordeaux oder Burgunder ohne vorgefasste Meinung probieren, ziehen diesen neuen, opulenten Stil womöglich vor. Erfahrenere Konsumenten vermissen vielleicht eine gewisse Spannung. Aber so ist es nun mal. Gute Winzer passen sich an. Früher haben sie sich beim Weinbau bemüht, ihre Trauben zu maximaler Reife zu bringen, heute ist das fast schon zur Selbstverständlichkeit geworden. Die nächste Stufe – zuweilen sogar schon die aktuelle – ist dann Überreife: zu viel Opulenz, zu wenig Säure. Deshalb konzentrieren sich die Winzer jetzt auf mehr Säure, also auf Frische, oder sie versuchen, die Reifeperiode zu verlängern. Das kann funktionieren, zumindest eine Zeit lang. In Zukunft werden die großen Weine vielleicht nicht mehr – wie seit Menschengedenken – die reifsten Jahrgänge sein, und vielleicht werden die besten Terroirs auch nicht mehr diejenigen sein, die am zuverlässigsten reife Trauben liefern. Bei der Traubenreife kann es auch des Guten zu viel geben. Unterschiedliche Terroirs kommen bereits zu ihrem Recht.

Frankreich ist unser erstes (und längstes) Kapitel, darum nun die guten Nachrichten: Chenin blanc von der Loire, der als junger Wein lange eine Herausforderung darstellte, ist in seiner Komfortzone angekommen und glänzt mit Reife, Säure und Ausgewogenheit. Wie lange wird das so bleiben? Ein Jahrzehnt, schätzen manche, sollte sich die Welt weiterhin aufheizen.

Burgunder von der Côte d'Or schmeckt in den meisten Jahren inzwischen deutlich opulenter als früher. St-Émilion erinnet einen mit seinen blumigen und balsamischen Noten manchmal an die toskanische Maremma. Barolo ist zugänglicher als jemals zuvor, teilweise aufgrund eines besseren Umgangs mit dem Tannin, aber auch, weil die Tannine reifer sind. Deutscher Riesling? Wer klassische schlanke Kabinette erzeugen möchte, hat nun ein Problem, aber die trockenen Weine sind besser denn je. Jahrgangsloser (Non-Vintage-) Champagner, der Jahr für Jahr auf Einheitlichkeit getrimmt wird, weicht nach und nach Exemplaren, die den Wandel deutlicher aufzeigen und bei denen das Auf und Ab der Stile eher als Tugend propagiert wird, als dass man es im Verschnitt verstecken würde. Englische Weine sind in der Form ihres Lebens – ausgenommen im frostigen, regnerischen Jahr 2021.

Höhere Reifegrade wirken sich darauf aus, wann wir den Wein trinken und wie lange wir ihn einkellern. Die offensichtlichste Änderung ist: Wein muss nicht mehr so lange lagern. Die 2018er aus St-Émilion – nicht die allerersten Grands crus Classés, sicher aber die guten Grands crus – waren oft schon nach drei Jahren trinkreif. Die 2017er Crus classés vom linken Ufer allerdings, vier Jahre alt, waren geschmeidig, aber verschlossen. Im diesjährigen Spezial im Anhang untersuchen wir das Wie und Warum der Reifung von Weinen – und ob wir überhaupt noch so sehr darauf achten sollten wie bisher. Über das ganze Buch verstreut finden Sie Kästen über »neue feine Weine«. Darin listen die jeweiligen Autoren ihre Auswahl hervorragender Weine auf, die mit der Tradition brechen, aber aus guten Gründen Ihre Aufmerksamkeit verdienen

Den Begriff der »New Fine Wines« hat der Sommelier Raj Parr aufgebracht. Dazu gehören Gebiete außerhalb der klassischen Regionen, autochthone Rebsorten, die wir erst vor einigen Jahren kennengelernt haben, unkonventionelle Weinbereitungstechniken und minimale Eingriffe im Keller – alles Dinge, die dem Ideal der hochglanzpolierten, absoluten Perfektion entgegenstehen, einer Perfektion, der Weine der höchsten Preisklasse auf dem internationalen Markt inzwischen entsprechen müssen.

Die meisten von uns wollen jedoch keine Weine der höchsten Preisklasse kaufen (und könnten sich das auch gar nicht leisten). Wegzukommen vom internationalen Einheitsstil hat uns eine neue Welt eröffnet. Grandiose Weine – originell, subtil, mit Bedacht bereitet – können überall entstehen. Blicken Sie weiter als nur bis zu den klassischen Regionen, dann finden Sie sie.

Allerdings haben diese neuen Weine auch die Verwirrung vervielfacht. Anstatt sich nur ein paar Rebsorten und Weinbaugebiete zu merken, müssen wir jetzt noch mehr auf die Namen der Erzeuger achten, und sich ein wenig mit den verschiedenen Weinbereitungstechniken auszukennen, hilft bei der Einordnung, welche Stile uns wahrscheinlich zusagen und welche nicht. Es gibt Fallstricke: Nicht alle Weinmacher sind brillant, und »minimalinvasiv«, also mit so wenigen Eingriffen wie möglich zu produzieren, heißt nicht zwangläufig, dass dabei auch gute Weine entstehen. Ziel dieses Buches ist es, Sie hier zu unterstützen: mit Hinweisen, mit klaren Definitionen, mit unserer Einschätzung.

Immer mehr konzentrieren wir uns auf Erzeuger statt auf Regionen, denn Erstere sind es unserer Meinung nach, die heute am meisten zählen. Natürlich haben regionale Stile einen Einfluss, aber ob man die besten Weine bekommt oder nur mittelmäßige, liegt am Erzeuger. Dieses Buch möchte Ihnen helfen, das Mittelmaß zu umgehen und stattdessen die interessanten, spannenden, einzigartigen Exemplare zu finden.

Apropos einzigartig: Non-Fungible Tokens (NFT) sind beim Wein angekommen. Aufgetaucht sind sie in Form einer Verkostungsnotiz als Zugabe zu jedem Fass Wein, das bei »Barolo En Primeur« verkauft wurde. Das ist eine neue Wohltätigkeitsauktion, bei der, wie schon der Name verrät, junger Barolo unter den Hammer kommt. Zweifellos wird es zum Zeitpunkt, da dieses Buch erscheint, weitere NFTs geben: Künstleretiketten vielleicht, eine Version des Kleinen Johnson? (Wohl eher nicht.)

Das erinnert uns daran, dass es ungeheuer viele Möglichkeiten gibt, Geld für Wein auszugeben, und dass »Wert« sehr unterschiedlich definiert wird. Die Käufer jener Barolo-Fässer dürften ihr NFT als zusätzlichen Wert verstanden und den Preis gern bezahlt haben; ob sie ihn als »preiswert« empfunden haben, ist eine andere Frage. Dies ist schließlich oft nur ein Synonym für »billig«: Wein, der zum niedrigstmöglichen Preis verscherbelt wird. Eine Käuferin im Supermarkt beschrieb eines ihrer »preiswerten« Schnäppchen mal so: »Na, umbringen wird er uns nicht.«

Wir sind hoffentlich besser als das.

Der Jahrgang 2021

Alles in allem: kein großes Jahr.

Dafür emotional anstrengend. Weite Teile Europas litten unter Frühjahrsfrösten und einem nasskalten Sommer – mehr als nur nass war es in Teilen **Deutschlands,** bis hin zu den katastrophalen Überschwemmungen an der Ahr. Mehr dazu im Kapitel Deutschland.

Insgesamt war Deutschland aber auch dahingehend eine Ausnahme, als es eine reichere Lese als üblich meldete – in den meisten Ländern Europas erntete man sonst eher wenig, was immerhin half, die Preise hochzuhalten. Das lag vor allem am Frost: Einige Güter in **England** konnten 2021 überhaupt keinen Wein produzieren. Für diejenigen, die ihre Ernte retten konnten, war der Herbst nervenaufreibend: Als ich Ende Oktober einige Weingüter in Kent besuchte, benötigen sie immer noch zwei Wochen mit gutem Wetter. Der November zeigte sich dann gnädig mild, trotzdem wurde es eine enge Kiste.

Der Sommer in **Italien** war gar nicht schlecht, aber die Frühjahrsfröste forderten vor allem in Norden ihren Tribut. Die meisten Gebiete verzeichnen Rückgänge von 10–50 %. Immerhin ist die Qualität gut. Sehr glücklich sind sie im Valpolicella, denn ein Jahr ohne Mehltau ist ein gutes Jahr für Amarone. Vom Mehltau befallene Trauben trocknen nicht gut. In der Toskana herrschte im Sommer Dürre, doch die Weine sind ausgewogen und verfügen über eine schöne Farbe. Auch im Piemont war der Sommer trocken; dort scheint sich die Säure ebenso konzentriert zu haben wie die Aromen und alles andere. Kampanien und Sizilien melden ebenfalls beachtliche Qualität, trotz etwas Frost und trotz eines glühend heißen Sommers mit einigen Waldbränden.

Frost gab es auch in der Mitte **Spaniens,** in Ribera del Duero zusätzlich Hagel: Die Produktion dürfte gering ausfallen, aber zumindest blieb das Land von den klimatischen Extremen verschont, mit denen Frankreich geschlagen war. Die Qualität scheint gut zu sein.

Hagel und Unwetter trafen auch das Douro-Tal in **Portugal,** und doch war das Jahr nicht so angespannt wie 2020 mit seiner Rekordhitze. »Frische und Eleganz«, so charakterisiert der Technische Direktor von Fladgate Partnership, David Guimaraens, den Port-Jahrgang. Man schätzt, dass ungefähr 10 % der Weinberge in der Region von Hagel betroffen waren, doch wie immer wirkte sich das lokal sehr unterschiedlich aus.

Frankreich aber hat es voll erwischt. Die Loire, Bordeaux, die Champagne, die Provence und die Rhône bekamen im April Frost, und der traf auf Reben, die aufgrund des warmen März schon weit ausgetrieben hatten. In der Champagne waren es die schlimmsten Fröste seit 2003, die damals 43 % der Ernte gekostet hatten. 2021 kamen noch Hagel und Regenmassen dazu, unweigerlich begleitet von Mehltau. Es ist ein Jahr für Chardonnay, der sich in kühlen, nassen Jahren immer besser schlägt als Pinot noir. In den besten Lagen der Côte des Blancs sind sogar sehr gute Weine entstanden; mengenmäßig war aber auch dort nicht viel zu holen. Ein guter Herbst rettete die Loire – zumindest das, was überhaupt noch da war. An der Rhône erzeugte man gute Weißweine; die Roten sind recht leicht ausgefallen und sollten jung getrunken werden. Ähnlich in Burgund: leichte Rote, wahrscheinlich bessere Weiße. Dass man in Bordeaux keinen Hype um den Jahrgang macht, spricht für sich. Es gibt sicher einige gute Weine, aber vor dem Kauf sollten Sie sie verkosten. Die Weißweine hingegen sind klasse: wunderschöne Balance und Konzentration in Pessac-Léognan, in Sauternes jede Menge Edelfäule, vorausgesetzt, es waren nach Frost, Regen und Mehltau noch Trauben übrig.

Dass der Frühling die Erträge so beschnitt, hatte auch sein Gutes, denn in einem Jahr wie diesem hätte sowieso nur eine kleine Ernte reifen können. Für die meisten Rotweinerzeuger war es ein Ritt auf der Rasierklinge – konnten sie es wagen, die Trauben noch ein paar Tage hängen zu lassen, um eine bessere phenolische Reife zu bekommen, oder würde ihnen das Wetter einen Strich durch die Rechnung machen? Hier und da mussten Kompromisse eingegangen werden, was darauf hinauslief, schlechte Beeren mittels dieser superteuren Sortiertische auszulesen. Es war ein Jahr, das einige Eingriffe in der Kellerei nötig machte, einschließlich Chaptalisierung.

Außerhalb Europas ist die Qualität in **Neuseeland** gut, wenn auch mengenmäßig eher nicht. In **Australien** spricht man sogar von einem »bumper«, einem klasse Jahr. Reichlich Trauben, reichlich Regen zur rechten Zeit, reichlich angenehme Wärme ohne zu große Hitze: Bessere Bedingungen sind kaum vorstellbar. Glückliche Winzer in Down Under …

So auch in **Kalifornien,** größtenteils. In Napa und Sonoma war es trocken, was den Ertrag minderte, aber die Aromen konzentrierte. Im Russian River Valley wurde das Wasser rationiert, was einige Winzer zu ungemütlichen Entscheidungen zwang. Doch im August wurde es kühler. Das führte zu einer Verlangsamung der Reife und sorgte für mehr Ausgewogenheit beim Cabernet. Brände waren glücklicherweise nicht so ein Problem wie 2020, als es verbreitet zu Rauchschäden gekommen war.

Auf der anderen Seite des Landes, im Staat **New York,** war der Sommer feucht und warm mit guten Weiß- und passablen Rotweinen. Die Beeren erreichten eine bemerkenswerte Größe, was den Ertrag steigerte, aber auch das Gegenteil der kalifornischen Extrakonzentration bedeutete. Trauben sind teurer geworden. Wie alles.

Zehn Weine für 2023

All diese Weine haben mir dieses Jahr ein »Wow!« entlockt. Und ich bin nicht so leicht zu beeindrucken.

Weißweine und Orange Wines

Viña Corrales, Pago Balbaína, Jerez, Spanien
Ein Duft wie nach einem Sommerregen, sehr fein, straff und mit Salznote – intensive Delikatesse. Sehr langer Abgang. Für Peter Sisseck ist Fino der großartigste Weißwein Spaniens, weshalb er 2017 eine Bodega im Sherry-Gebiet kaufte. Der Weinberg hat Kreideboden und Blick aufs Meer; die Weine im Verschnitt sind durchschnittlich neun Jahre alt. Gute Finos gibt es hier viele, aber dieser ist außergewöhnlich.

Exton Park RB 45 Blanc de Blancs, Hampshire, England
Man kann das Meer (in diesem Fall den Ärmelkanal) von diesem Weinberg in Hampshire riechen, und die unberechenbaren englischen Sommer sorgen dafür, dass jeder Jahrgang anders ist. Darum wurden hier 45 verschiedene Reserve-Weine zu einer einzigen Multi-Jahrgangs-Assemblage vereint. Sie ist rauchig, straff, reichhaltig und kraftvoll, aber auch knackig frisch mit Salznote. Die Reserve-Blend-Weine (RB) haben Exton Park endgültig in die oberste Liga des englischen Weins gebracht.

Quarzit Oestrich, Peter Jakob Kühn, Rheingau, Deutschland
Deutscher Wein war nie besser als heute – beziehungsweise passender zur modernen Küche. Wenn Sie nicht wissen, was Sie zu irgendeinem Gericht trinken sollen, dann nehmen Sie diesen nach biodynamischen Prinzipien erzeugten Wein einer Winzerfamilie, die seit 230 Jahren im Wingert ihren Mann und ihre Frau steht. Er ist aus Riesling-Trauben verschiedener Lagen komponiert, die, wie der Name sagt, Quartzitböden haben, und diese kristalline Qualität macht sich auch im Wein bemerkbar. Noten von Birne und Estragon, rein, leicht, fest, sehr langer Abgang.

Dragon Langhe Bianco, Luigi Baudana, Piemont, Italien
Ein Weißwein aus einer der kühlsten Ecken der Gemeinde Serralunga im Barolo-Gebiet, teilweise ein Gemischter Satz aus Chardonnay/Nascetta/Sauvignon blanc/Riesling: komplex und ungewöhnlich, weinig und salzig, sehr langer Abgang. Überragendes Preis-Genuss-Verhältnis. Gemischter Satz nur teilweise, weil die lokale Spezialität Nascetta separat angebaut wird; doch alle Trauben werden gemeinsam vergoren. Luigi und Fiorina Baudana bewirtschafteten ursprünglich nur 2,6 ha, was wirklich winzig ist; 2009 übernahm die Familie Vajra das Gut, behielt aber den Namen Baudana bei.

miNimus Malagousia, Chatzivaritis Estate, Makedonien, Griechenland
Fußgestampfte Trauben, Spontangärung, nicht geschönt oder gefiltert, schwefelarm: Dieser Orange Wine verbrachte einen Monat in Tonamphoren auf den Schalen und liegt damit voll im Trend. Malagousia ist eine dieser unglaublich aromatischen griechischen Trauben, die gerade noch vor dem Aussterben bewahrt wurden. Ein schöner Wein: sehr delikat und anmutig, aber durchaus griffig, herzhaft und frisch, langer Abgang. Sauerteig, frische Pflaumen. Farblich ein hübsches blasses Orange.

Rotweine

Pleiades XXVIII, Sean Thackrey, Kalifornien, Vereinigte Staaten

Ein ungewöhnlicher Blend aus Sangiovese, Viognier, Pinot noir, Syrah und Mourvèdre (das genaue Verschnittrezept ändert sich jedes Jahr). Die Trauben stammen von alten Reben aus verschiedenen Weingärten und werden im Marin County vinifiziert. Thackrey ist großteils Autodidakt und arbeitet nach Intuition; er lässt die gärenden Trauben im Freien unter den Sternen »ruhen« – eine Idee, die ein Großkonzern sicher nicht gutheißen würde. Ausladend, schwarz, Feigennote, reichlich Säure, enorm tiefgründig: eine spannende Balance von üppiger Reife und leichtfüßiger Frische. Nicht lagern, gleich trinken.

Los Peros Tinto, Ca' di Mat, Gredos, Spanien

Als Produkt 75 Jahre alter Reben ist dieser Wein eine brillante Reklame für ein hohes Rebenalter. Noten von Lavendel und Rosmarin, reintönig und komplex, in einem straff gespannten Rahmen aus Tiefe und Präzision. Gredos, in den Bergen gelegen, ist eine Bilderbuchregion für New-Wave-Garnacha, häufig von alten Reben, die schon aufgegeben worden waren, bis eine neue Generation Winzer sie wiederentdeckt hat. Leichtigkeit und Aroma, wie man sie sonst von Pinot kennt, warten auf Sie, dazu eine Delikatesse, die man Garnacha nie zugetraut hätte – nicht zuletzt, weil Los Peros in 850 m Höhe liegt.

Grifalco, Basilikata, Italien

Den Vulkanen und dem magisch belebenden Einfluss ihrer Böden auf den Wein sei gedankt für dieses Gewächs, selbst wenn unser Vulkan hier technisch gesehen noch gar nicht erloschen ist. Der Name setzt sich zusammen aus dem Greif, dem Symbol von Montepulciano, woher die Familie stammt, und dem Falken, dem Symbol des Monte Vulture. Die 45 Jahre alten Aglianico-Reben sorgen für viel Tiefe und Detail, jede Menge Säure und perfekte Ausgewogenheit. Kraftvoll und leichtfüßig zugleich. Sehr langer Abgang.

Signé Syrah/Viognier, Yves Cuilleron, Rhône, Frankreich

Ein Côtie-Rôtie-Verschnitt aus Syrah mit 15 % Viognier, erzeugt außerhalb der AOC und zum früheren Genuss bestimmt. Die Weine dieses hervorragenden Weinmachers sind immer komplex und präzise bereitet und fallen in jeder Verkostungsreihe auf. »Signé« = Syrah + Viognier: alles klar? Brombeeren, Veilchen und Sahne verbinden sich zu einem tiefgründigen, verführerischen Wein, der gleich getrunken werden will. Seriös und aromatisch.

Sercial 1964, Henriques & Henriques, Madeira

H & H haben stets alte, sehr alte und sehr, sehr alte Madeira-Jahrgänge auf Lager, und einmal im Leben sollte man zumindest einen davon probiert haben. Diese Weine sind offenbar unsterblich; sogar Exemplare aus dem 18. Jahrhundert finden sich auf Auktionen (wenn Sie mal ein bisschen Kleingeld springen lassen wollen). Ich nenne den 1964er, weil ich ihn schon einmal kosten durfte; nehmen Sie den, den Sie auftreiben können. Alter Sercial ist kraftvoll und delikat, eindringlich und reichhaltig; er erinnert an (sorry, aber das muss jetzt sein) Salt-and-Vinegar-Chips. Mich zumindest.

Rebsorten

In den vergangenen Jahrzehnten vollzog sich allenthalben ein grundlegender Wandel, von dem nur die Weinländer mit der längsten Tradition ausgenommen waren. Mit einem Schlag wurden die Namen einer Handvoll Rebsorten zur geläufigen Bezeichnung für die verschiedenen Weine. In den alten Weinländern dagegen, insbesondere in Frankreich und Italien, haben sich die komplexeren Traditionen gehalten. Dort heißen die renommierten Weine weiterhin mehr oder weniger genau nach ihrem Herkunftsgebiet. Derzeit liegen die beiden Bezeichnungsmöglichkeiten im Wettstreit miteinander.

In jedem Fall spielt die Traubensorte eine wichtige Rolle, und etwas über sie zu wissen kann helfen, neue Geschmacksnuancen zu entdecken und Vergleiche zwischen den Regionen anzustellen. Bei mindestens sieben Sorten – Cabernet Sauvignon, Pinot noir, Riesling, Sauvignon blanc, Chardonnay, Gewürztraminer und Muscat – sind Geschmack und Duft so eindeutig, dass sie zu internationalen Unterscheidungskategorien geworden sind. Dasselbe gilt für Merlot, Malbec, Syrah, Sémillon, Chenin blanc, Pinot blanc, Pinot gris, Silvaner, Viognier, Nebbiolo, Sangiovese, Tempranillo ...

Hier nun folgen die besten bzw. beliebtesten Rebsorten.

ANMERKUNG: Alle Verweise auf Rebsorten und deren Synonyme in anderen Kapiteln dieses Buchs beziehen sich auf dieses Kapitel.

Trauben für Rotwein

Agiorgitiko (Aghiorgitiko) Griechische Sorte; ursprünglich aus der Nemea-Region, heute aber in ganz Griechenland angebaut. Vielseitig, von weich und charmant bis dicht und alterungswürdig. Unbedingt probieren.

Aglianico Süditaliens beste Rotweintraube, aus der u. a. der Taurasi bereitet wird: dunkle, tiefgründige Weine, derzeit sehr in Mode.

Alicante Bouschet Galt früher wenig; ist nun beliebt im Alentejo und in Chile, v. a. von alten Reben.

Aragonez *Siehe* TEMPRANILLO.

Auxerrois Für Rotwein *siehe* MALBEC. Die weiße Auxerrois hat einen eigenen Eintrag bei den Trauben für Weißwein.

Băbească neagră Die traditionelle »schwarze Großmuttertraube« aus der Moldau-Region liefert rubinrote Weine mit leichtem Körper.

Babić Rotweinsorte aus Dalmatien, wächst in steinigen Lagen an der Küste bei Šibenik. Enormes Potenzial für hohe Qualität.

Baga Portugiesische Sorte, die Traube von Bairrada. Dunkel, tanninreich, in Mode; braucht aber einen fähigen Winzer.

Barbera Weitverbreitet in Italien, am besten im Piemont. Viel Säure, wenig Tannin, Kirschfrucht. Weine von seriös und alterungswürdig bis halbsüß und perlend. Auch in Kalifornien, Australien und Argentinien.

Blauburger Österreichische Kreuzung von BLAUEM PORTUGIESER mit BLAUFRÄNKISCH. Einfache Weine.

Blauburgunder *Siehe* PINOT NOIR.

Blauer Portugieser Mitteleuropäische Sorte, v. a. in Deutschland (Rheinhessen, Pfalz, meist für Rosé), Österreich, Ungarn. Leichte, fruchtige Rotweine; jung und leicht gekühlt trinken.

Blaufränkisch (Kékfrankos, Lemberger, Modra Frankinja) Im österreichischen Mittelburgenland weitverbreitet. Mittelschwere Weine mit pfeffriger Säure und frischen Beeren- und Eukalyptusnoten. Kann erstklassig ausfallen; liefert Österreichs Star-Rotweine. Häufig mit CABERNET SAUVIGNON oder ZWEIGELT verschnitten. Heißt in Deutschland (v. a. in Württemberg) Lemberger, in Ungarn Kékfrankos, in Slowenien Modra Frankinja.

Bobal Spanische Sorte; gute Säure, oft rustikal. Am besten in Hochlagen.

Bogazkere Tanninreiche türkische Sorte, liefert körperreiche Weine.

Bonarda Mehrdeutiger Name. Im italienischen Oltrepò Pavese nennt man so die Croatina und erzeugt milden, frischen roten Frizzante und Stillwein aus ihr. In der Lombardei und der Emilia-Romagna ist es ein Synonym für die Uva rara. Wieder anders im Piemont. Bonarda aus Argentinien kann beides sein – oder etwas ganz anderes. Großartig ist keine.

Bouchet Anderer Name für CABERNET FRANC in St-Émilion.

Brunello Anderer Name des SANGIOVESE, großartig in Montalcino.

Cabernet franc Die Bordeaux-Sorte ist in St-Émilion bedeutender als CABERNET SAUVIGNON. Übertrumpft Letzteren auch an der Loire (Chinon, Saumur, Champigny und Roséwein), in Ungarn (Tiefe und Komplexität in Villány und Szekszárd) und oft in Italien. Viele Reben in Nordostitalien, die man für Cabernet franc gehalten hatte, entpuppten sich als CARMENÈRE. Weltweit in Bordeaux-Verschnitten mit Cabernet Sauvignon und MERLOT verwendet.

Cabernet Sauvignon Traube mit Charakter, langsam reifend, würzig, kräuterduftig, gerbstoffreich, Aroma von Schwarzen Johannisbeeren. Die Hauptsorte im Médoc; liefert meist auch die besten kalifornischen, südamerikanischen und osteuropäischen Rotweine. Verträgt sich gut mit SHIRAZ in Australien. Wird nahezu überall angebaut, doch nur an wenigen Orten entsteht wirklich großer reinsortiger Cabernet Sauvignon. Ist in Verschnitten meist besser, z. B. mit MERLOT, CABERNET FRANC, SYRAH, TEMPRANILLO, SANGIOVESE usw. Liefert auch aromatischen Rosé. Spitzenweine brauchen Zeit zum Reifen.

Cannonau Sardische Form der GRENACHE, meist sehr gut und stark.

Carignan (Carignane, Carignano, Cariñena) Weine von alten Reben mit geringem Ertrag sind überall von Südfrankreich über Südafrika bis Chile in Mode. Sehr tiefgründig und lebhaft, doch nur bei nicht zu hohem Ertrag. In Nordafrika, Spanien (als Cariñena) und Kalifornien verbreitet.

Carignano *Siehe* CARIGNAN.

Cariñena *Siehe* CARIGNAN.

Carmenère Eine alte Rebsorte aus Bordeaux, jetzt ein Star in Chile (dort »Carminjer« oder auch »Carminaire« ausgesprochen) für volle, tiefe Weine. Wird auch in Bordeaux wieder beachtet.

Castelão *Siehe* PERIQUITA.

Cencibel *Siehe* TEMPRANILLO.

Chiavennasca *Siehe* NEBBIOLO.

Cinsault (oder Cinsaut) Bedeutend in Südfrankreich; sehr gut bei niedrigen Erträgen, sonst Totalausfall. Erbringt guten Rosé. Elternteil von PINOTAGE.

Cornalin du Valais Schweizer Spezialität mit großem Potenzial, v. a. im Wallis.

Corvina Dunkle, würzige Traube, eine der besten im Valpolicella-Verschnitt. Die noch dunklere Corvinone ist eine eigene Rebsorte.

Côt *Siehe* MALBEC.

Dolcetto Liefert im Piemont relativ leichte Rotweine. Heute groß in Mode.

Dornfelder In Deutschland, Teilen der USA und sogar England angebaute Sorte; erbringt angenehm leichte, einfache, oft rustikale dunkle Weine.

Duras Die nur in Gaillac und Teilen des Tarn-Tals (Südwestfrankreich) vorkommende Sorte liefert pfeffrig-würzige, strukturierte Weine.

Fer Servadou Kommt nur in Südwestfrankreich vor; heißt in Marcillac auch Mansois, in Gaillac Braucol, in St-Mont Pinenc. Duft nach roten Früchten und Gewürzen.

Fetească neagră »Schwarze Mädchentraube«. Die rote Fetească hat das Zeug dazu, Rumäniens Paradestück zu werden. Kann tiefgründige, körperreiche Rotweine mit viel Charakter ergeben.

Frühburgunder Alte deutsche Mutation von Spätburgunder (PINOT NOIR), die man v. a. an der Ahr findet, aber auch in Franken und in Württemberg, wo man sie als Clevner kennt. Nicht so säurereich wie Pinot noir.

Gamay Die Beaujolais-Traube: leichter, duftiger Wein, ist jung am besten, außer in den teilweise sehr guten Beaujolais-Crus (*siehe* Frankreich), die 2–10 Jahre alt werden können. Wird an der Loire, in Zentralfrankreich, in der Schweiz, in Savoyen und in Kanada angebaut. Kalifornischer Napa Gamay ist in Wirklichkeit Valdiguié (Gros Auxerrois).

Gamza *Siehe* KADARKA.

Garnacha *Siehe* GRENACHE.

Garnatxa *Siehe* GRENACHE.

Graciano Die spanische Sorte zählt zu den traditionellen Rioja-Zutaten. Veilchenaroma, tanninreich, schlanke Struktur, ein bisschen wie PETIT VERDOT. Im Anbau schwierig, doch immer mehr in Mode.

Grenache (Cannonau, Garnatxa, Garnacha) Wichtige blassfarbige, kraftvolle Traube für warme Klimata, extrem beliebt bei *terroiristes,* da sie den Lagencharakter sehr gut ausdrückt. Kann ausladend (Priorat) oder fein (Gredos) ausfallen, ist aber meist ziemlich alkoholstark. Jetzt weniger Extraktion und nicht mehr so eichenlastig. Haupttraube im Châteauneuf-du-Pape. Wird in Südfrankreich, Spanien und Kalifornien als Rosé und Vin doux naturel vinifiziert. Weine von alten Reben erfreuen sich in South Australia höchster Anerkennung. Oft Bestandteil in Verschnitten. Heißt Cannonau in Sardinien, Garnacha in Spanien, Garnatxa auf Katalanisch. **GSM** ist die Abkürzung für einen Grenache/Shiraz/Mourvèdre-Verschnitt.

Grignolino Italienische Sorte; liefert im Piemont guten Alltagswein.

Kadarka (Gamza) Erbringt in Osteuropa würzige, leichte Rotweine. Wurde in Ungarn v. a. für Bikavér wiederbelebt.

Kalecik Karasi Türkische Sorte mit Sauerkirschnote, frisch, geschmeidig. Ein bisschen wie GAMAY. Jung trinken.

Kékfrankos Ungarisch für BLAUFRÄNKISCH.

Lagrein Norditalienische Sorte: dunkel, bitter im Abgang, volle Pflaumennote. DOC in Südtirol (*siehe* Italien).

Lambrusco Ertragreiche Sorte in der unteren Po-Ebene, erbringt lebendigen, lieblichen, perlenden Rotwein, der sehr gut sein kann.

Lefkada Liefert in Zypern bessere Qualität als MAVRO. Wird wegen ihrer aggressiven Tannine meist verschnitten. Heißt in Griechenland Vertzami.

Lemberger *Siehe* BLAUFRÄNKISCH.

Malbec (Auxerrois, Côt) In Bordeaux in geringem Maß angebaut, in Cahors (als Auxerrois) und besonders in Argentinien verbreitet. Dunkler, dichter, gerbstoffreicher, aber fleischiger Wein mit echtem Qualitätspotenzial. Exemplare von hoch gelegenen Weinbergen in Argentinien sind am besten. So kommt Cahors wieder in Mode.

Maratheftiko Dunkle zyprische Traube mit Qualitätspotenzial.

Marselan CABERNET SAUVIGNON x GRENACHE, 1961 gekreuzt. Schöne Farbe, Struktur, geschmeidige Tannine, altert gut. Erfolgreich in China.

Mataro *Siehe* MOURVÈDRE.

Mavro Zyperns meistangebaute dunkle Traube, aber nur passable Qualität. Am besten für Rosé geeignet.

Mavrodaphne Griechische Rebsorte, wörtlich »schwarzer Lorbeer«. Gespritete Süßweine von ihr sind eine Spezialität der Region Patras; auch auf Kefallonia anzutreffen. Auch vielversprechende trockene Versionen.

Mavrotragano Nahezu ausgestorbene, nun auf Santorini wiederbelebte erstklassige griechische Traube.

Mavrud Gilt als Bulgariens beste Rebsorte; in Thrakien heimisch und spät reifend. Liefert alterungsfähige dunkle Rotweine mit Pflaumenaroma.

Melnik Bulgarische Traubensorte aus der gleichnamigen Region. Es gibt zwei Melniks: Shiroka (Breitblättrige) Melnik und ihren Abkömmling Early Melnik. Beide liefern dunkle Weine mit angenehm dichtem Sauerkirschcharakter, die gut altern können.

Mencía Schlägt derzeit Wellen im nordspanischen Bierzo. Aromatische Weine mit stahligen Tanninen und viel Säure.

Merlot Die Traube hinter den großen, duftigen, pflaumenwürzigen Weinen von Pomerol und (zusammen mit CABERNET FRANC) von St-Émilion; unabdingbar im Médoc. Merlot ergibt in Kalifornien, Washington, Chile und Australien weiche und starke Weine; leichtere, häufig gute Tropfen kommen aus Norditalien (in der Toskana teils Weltklasse), der italienischen Schweiz, Slowenien, Rumänien, Argentinien, Südafrika, Neuseeland usw. Öfter mau als großartig. Schmeckt grün, wenn sie nicht ganz reif ist.

Meunier *Siehe* PINOT MEUNIER.

Modra Frankinja *Siehe* BLAUFRÄNKISCH.

Modri Pinot *Siehe* PINOT NOIR.

Monastrell *Siehe* MOURVÈDRE.

Mondeuse Aus Savoyen; dunkle Farbe, gute Säure. Mit SYRAH verwandt.

Montepulciano Die dunkle Rotweintraube ist vorherrschend in den italienischen Abruzzen und bedeutend entlang der Adriaküste von den Marken bis in den Süden Apuliens. Die gleichnamige bekannte toskanische Stadt hat nichts mit der Traube zu tun.

Morellino Synonym für SANGIOVESE in der südtoskanischen Maremma, v. a. Scansano.

Mourvèdre (Mataro, Monastrell) Ein Star in Südfrankreich (z. B. Bandol, beeinflusst zunehmend auch Châteauneuf-du-Pape), Australien (alias Mataro) und Spanien (alias Monastrell). Exzellente dunkle, aromatische, tanninstarke Traube, die sich gut in Verschnitten macht. Kommt auch in South Australia, Kalifornien und Südafrika vor.

Napa Gamay Identisch mit der südfranzösischen Sorte Valdiguié. Nichts, worüber man ins Schwärmen geraten könnte.

Nebbiolo (Spanna, Chiavennasca) Eine der besten roten Trauben Italiens für Barolo, Barbaresco, Gattinara und Valtellina. Intensiv, edle Frucht, volles Bukett. Mit den Tanninen geht man jetzt besser um, doch die Weine gewinnen immer noch durch jahrelanges Altern.

Negoramaro Wörtlich »schwarzer Bitterer«. Apulische Traube mit Zeug entweder zu Qualität oder zu Quantität.

Nerello mascalese Sizilianische Rotweinsorte, v. a. am Ätna. Charaktervoll, die besten Weine sind sehr elegant und fein.

Nero d'Avola Dunkelrote Traube aus Sizilien, deren Qualitätsniveau von großartig bis industrielle Massenerzeugung reicht.

Nielluccio Korsische Sorte; säure- und tanninreich. Gut für Rosé.

Öküzgözü Türkische Sorte, weiche, fruchtige Weine. Oft mit BOĞASKERE verschnitten (ähnlich wie MERLOT mit CABERNET SAUVIGNON in Bordeaux).

País Hat Tradition in Chile und liegt dort auch im Trend; rustikale Weine. Heißt auf den Kanaren Listán Prieto und Mission in Kalifornien.

Pamid Traube für leichten, weichen Alltagsrotwein aus Bulgarien.

Periquita (Castelão) In Portugal verbreitet, insbesondere um Setúbal. Nach der beliebten (eingetragenen) Marke von Fonseca ursprünglich Periquita genannt; der offizielle Name ist aber Castelão. Liefert feste Rotweine mit Himbeeraroma, im Alter entwickeln sich Feigen- und Teernoten.

Petite Sirah Traube für rustikale, tanninreiche dunkle Weine, glänzt in Kalifornien in Verschnitten mit ZINFANDEL. Vorkommen auch in Südamerika, Mexiko und Australien. Hat nichts mit SYRAH zu tun.

Petit Verdot Ausgezeichnete, aber schwierige Traube im Médoc, weltweit in CABERNET-Gebieten angepflanzt, um Duftigkeit beizusteuern. Wird meist verschnitten, es gibt aber auch einige sehr gute sortenreine Weine, v. a. in Virginia.

Pinotage Südafrikanische Kreuzung (PINOT NOIR x CINSAULT). Genoss mal mehr, mal weniger Ansehen, wird bei Spitzenerzeugern aber besser. Auch guter Rosé. »Coffee Pinotage« ist leicht süß, mit Espressonote und hat ein junges Publikum als Zielgruppe.

Pinot Crni *Siehe* PINOT NOIR.

Pinot Meunier (Schwarzriesling, Meunier) Die dritte Traube der Champagnerproduktion, besser bekannt als Meunier. Großartige Verschnittsorte, kann gelegentlich aber auch reinsortig gut sein. Am besten auf Kreideböden (Damery, Leuvigny, Festigny) bei Épernay.

Pinot noir (Spät- oder Blauburgunder, Modri Pinot, Pinot Crni) Die große Burgundertraube der Côte d'Or. Fein auch im Elsass und in Deutschland. Sehr gut in Österreich, v. a. im Kamptal, im Burgenland und in der Thermenregion. Leichte Weine in Ungarn, durchschnittlich und leicht bis mittelgewichtig in der Schweiz (alias Clevner). Ausgezeichnete Ergebnisse in Sonoma, Carneros und an der Central Coast (Kalifornien), in Oregon, in Ontario, im Yarra Valley und in den Adelaide Hills (Australien), in Tasmanien, im neuseeländischen Central Otago und in Südafrika (Walker Bay). Auch in Chile ein paar sehr hübsche Weine. Neue französische Klone lassen auf Verbesserungen in Rumänien hoffen. In Slowenien liefert sie als Modri Pinot die wohl besten Roten des Landes. Die besten Ergebnisse in Italien kommen aus dem Nordosten, Richtung Süden nimmt die Qualität zunehmend ab. PINOT BLANC und PINOT GRIS sind Mutationen von Pinot noir.

Plavac Mali (Crljenak) Kroatische Rotweintraube, ein Abkömmling von ZINFANDEL, alias PRIMITIVO, Crljenak, Kratosija. Gutes Potenzial für hochklassige und langlebige Weine, kann aber auch ziemlich alkoholstark und stumpf ausfallen.

Primitivo Süditalienische Traube, aus Kroatien stammend, die ausladende, rustikale Weine ergibt. Der Name bedeutet nicht »primitiv«, sondern »früh reifend«. Jetzt in Mode, da Primitivo genetisch identisch ist mit ZINFANDEL – ursprünglich hießen die beiden Sorten wohl Tribidag.

Refosco (Refošk) Etliche italienische DOCs, v. a. in den Colli Orientali. Ergibt tiefe, hocharomatische, lagerfähige Weine, v. a. in wärmerem Klima. Dunkel, säurereich. Die Refošk in Slowenien und weiter östlich ist genetisch nicht identisch, schmeckt aber ähnlich. Auf Kalkstein-Karst in Slowenien läuft sie unter der geschützen Ursprungsbezeichnung Teran, was ansonsten eine Traubensorte ist. Alles klar?

Refošk *Siehe* REFOSCO.

Rubin Bulgarische Kreuzung (NEBBIOLO X SYRAH), pfeffrig und körperreich.

Sagrantino Italienische Sorte mit Hauptvorkommen in Umbrien; liefert kräftige Weine mit Kirschnote.

Sangiovese (Brunello, Morellino, Sangioveto) Die wichtigste Rotweintraube der Toskana und Mittelitaliens. Mit ihrer charakteristischen Adstringenz ist nicht leicht umzugehen, doch wenn man sie richtig behandelt, ergibt sie vorzügliche, langlebige Weine. Vorherrschend in Chianti, Vino Nobile, Brunello di Montalcino, Morellino di Scansano und verschiedenen feinen IGT-Weinen. Auch in Umbrien (z. B. Montefalco und Torgiano) und jenseits der Apenninen in der Romagna und in den Marken zu finden. Weniger gut geht es ihr in den wärmeren, niedriger gelegenen Weinbergen an der toskanischen Küste oder in anderen Gegenden Italiens (obwohl sie fast allgegenwärtig ist). Auch in Australien interessant.

Sangioveto *Siehe* SANGIOVESE.

St. Laurent Dunkle, geschmeidige und hocharomatische österreichische Spezialität; nicht einfach im Anbau und bei der Weinbereitung. Mal leicht und saftig, mal tiefgründig und strukturiert. Auch in der Pfalz anzutreffen.

Saperavi Die wichtigste Rotweinsorte Georgiens, der Ukraine usw. Wird gern mit CABERNET SAUVIGNON verschnitten (v. a. in Moldawien). Das enorme Potenzial wird leider nur selten umgesetzt.

Schiava *Siehe* TROLLINGER.

Schioppettino In Nordostitalien heimische Sorte, säurebetont, gute Qualität; liefert elegante, verfeinerte Weine, die altern können.
Schwarzriesling Württemberger Name für PINOT MEUNIER.
Sciacarello Korsische Sorte mit Kräuter- und Pfeffernote; wenig Tannin.
Shiraz *Siehe* SYRAH.
Spanna *Siehe* NEBBIOLO.
Spätburgunder Name für PINOT NOIR in Deutschland.
Syrah (Shiraz) Die große Traube der Rhône erbringt tanninreichen, pfeffrigen, purpurroten Wein, der sich superb entwickeln kann. In Australien als Shiraz von großer Bedeutung. Unter beiden Namen in Chile und Südafrika immer besser, wunderbar in Neuseeland (v. a. Hawke's Bay). Weitverbreitet.
Tannat Gerbstoffreiche Traube mit Himbeerduft, die fest strukturierten Rotweinen aus Südwestfrankreich wie Madiran oder Tursan Kraft verleiht. Auch für Rosé. In Uruguay ein Star.
Tempranillo (Aragonez, Cencibel, Tinto fino, Tinta del País, Tinta Roriz, Ull de Llebre) Die aromatische, feine, früh reifende Rioja-Traube heißt in Katalonien Ull de Llebre, in La Mancha Cencibel, in Ribera del Duero Tinto fino, in Kastilien Tinta del País, am Douro Tinta Roriz und in Südportugal Aragonez. Wird jetzt auch in Australien angebaut. Groß in Mode; erbringt elegante Weine in kühlem, mächtige in heißem Klima. Die Trauben reifen früh, die Weine können lange altern.
Teran (Terrano) Naher Verwandter der REFOSCO.
Teroldego Rotaliano Die beste einheimische Rebsorte des Trentino erbringt gehaltvollen Wein; v. a. auf dem flachen Campo Rotaliano.
Tinta Amarela *Siehe* TRINCADEIRA.
Tinta del País *Siehe* TEMPRANILLO.
Tinta Negra (Negramoll) Hieß zuvor Tinta Negra Mole. Die meistangepflanzte rote Sorte in Madeira, sehr produktiv und Hauptbestandteil der billigeren Madeira-Weine. Kommt jetzt in Colheitas zu ihrem Recht (*siehe* Portugal).
Tinta Roriz *Siehe* TEMPRANILLO.
Tinto fino *Siehe* TEMPRANILLO.
Touriga Nacional Rote Traube der Spitzenklasse für Port; am Douro mehr und mehr auch für blumige, stilvolle Tischweine verwendet. Bei der australischen Touriga handelt es sich in der Regel um dieselbe Sorte, die kalifornische kann auch Touriga Franca sein.
Trincadeira (Tinta Amarela) Sehr gute rote Traube im Alentejo (Portugal) für würzige Weine. Am Douro als Tinta Amarela bekannt.
Trollinger (Schiava, Vernatsch) In Württemberg beliebte hellrote Traube, in Südtirol Vernatsch/Schiava genannt. Umfasst eine ganz Gruppe von Rebsorten, die nicht unbedingt miteinander verwandt sind. In Italien lebhafte, schmissige Weine.
Ull de Llebre *Siehe* TEMPRANILLO.
Vernatsch *Siehe* TROLLINGER.
Vranac Alte Sorte vom Westbalkan, viele Varianten. Verwandt mit ZINFANDEL – irgendwie sind hier alle mit allen verbunden. Weiche, dunkle, tannin- und alkoholstarke Weine, die altern können.
Xinomavro Griechenlands Antwort auf NEBBIOLO; der Name bedeutet »säuerlich schwarz«. Dient als Grundlage für Naoussa, Rapsani, Goumenissa und Amindeo. Auch etwas stiller und schäumender Rosé. Hervorragende Qualität, Jahrzehnte haltbar. Wird auch in China ausprobiert.
Zinfandel Sorte aus Kalifornien mit manchmal metallischem Brombeeraroma, das man mag oder nicht. Die Weine können seriös, strukturiert und haltbar sein oder simpel. Gibt's auch als Rosé. Identisch mit der süditalienischen PRIMITIVO.
Zweigelt (Blauer Zweigelt) Kreuzung aus BLAUFRÄNKISCH x ST. LAURENT; in Österreich beliebt für aromatische, dunkle, geschmeidige Weine. Auch in Ungarn und Deutschland.

Trauben für Weißwein

Airén Sorte für Massenweine aus La Mancha, Spanien; bei guter Bereitung frisch. Versionen von alten Reben können überraschen.

Albariño (Alvarinho) Spanische Sorte für Weine mit guter Säure und Aprikosenduft. Hervorragend in Rías Baixas, zunehmend aber auch anderswo. Wird nicht überall dem Hype gerecht, der um sie gemacht wird. Ebenso gut in Portugal als Alvarinho mit Vinho Verde, v. a. in Monção and Melgaço.

Aligoté Die zweitwichtigste weiße Traube in Burgund, jetzt im Trend und oft ernst zu nehmen. Verbreitet auch in Osteuropa und Russland.

Alvarinho Portugiesisch für ALBARIÑO.

Amigne Schweizer Spezialität mit Tradition im Wallis, v. a. in Vétroz. Körperreiche Weine, oft mit etwas Restsüße, manchmal sehr trocken.

Ansonica *Siehe* INSOLIA.

Arinto Portugiesische Traube, erbringt in Bucelas recht gute aromatische, zitrusduftige Weine und verleiht v. a. im Alentejo Verschnitten Spritzigkeit.

Arneis Aromatische Traube aus Nordwestitalien mit Apfel-/Pfirsicharoma, die hohe Preise erzielt. Im Roero (Piemont) wurde eine DOCG für sie eingerichtet, in den Langhe eine DOC.

Arvine Seltene, aber exzellente Schweizer Spezialität aus dem Wallis (auch Petite Arvine genannt). Wird trocken oder süß ausgebaut und bringt frische, elegante Weine mit langem, leicht salzigem Abgang hervor.

Assyrtiko Sorte aus Santorini; eine der besten Weißweintrauben des Mittelmeerraums mit schöner Balance von Kraft, Mineralität, Extrakt und kräftiger Säure. Potenziell langlebige Weine, die die Welt erobern könnten …

Auxerrois Roter Auxerrois ist ein Synonym für MALBEC, während weißer Auxerrois eher wie eine fettere, würzigere Version von PINOT BLANC wirkt. Im Elsass häufig für Crémant verwendet; kommt auch in Deutschland vor.

Bacchus Deutsche Kreuzung, in England die Antwort auf neuseeländischen SAUVIGNON BLANC. Sehr aromatisch, kann aber auch recht rau sein.

Beli Pinot *Siehe* PINOT BLANC.

Blanc fumé *Siehe* SAUVIGNON BLANC.

Boal *Siehe* BUAL.

Bourboulenc Ergibt, ebenso wie die seltene Rolle-Rebe, einige der besten Weine des Midi.

Bouvier Indigene österreichische aromatische Traubensorte, besonders gut für Beeren- und Trockenbeerenauslesen; wird selten trocken ausgebaut.

Bual (Boal) Liefert hochwertigen süßen Madeira, weniger voll als MALMSEY.

Carricante Italienische Sorte, Hauptzutat im Etna Bianco.

Cabernet blanc Deutsche Piwi (pilzwiderstandsfähige Rebe; *siehe* Kapitel Deutschland) mit einer an Sauvignon blanc erinnernden Aromatik; muss nicht gespritzt werden.

Catarratto Die ertragreiche Weißweintraube ist in ganz Sizilien anzutreffen, v. a. im Westen in der DOC Alcamo.

Cerceal *Siehe* SERCIAL.

Chardonnay (Morillon) Die Traube aus Burgund und der Champagne ist weltweit allgegenwärtig und leicht an- und auszubauen. Spiegelt das Terroir wider, aber auch die Absichten des Kellermeisters, und wird so oft ein Opfer wechselnder Moden. Kann stahlig oder fett ausfallen. Auch eine Mâcon-Villages-Gemeinde heißt so. In der Steiermark Morillon genannt.

Chasselas (Fendant, Gutedel) Schweizer Rebsorte (ursprünglich aus der Waadt). Im Geschmack neutral, kann elegant (Genf), raffiniert-vollmundig (Waadt) oder exotisch-rassig (Wallis) ausfallen. Heißt im Wallis Fendant. Liefert fast ein Drittel der Schweizer Weine, wird jedoch mehr und mehr von anderen, v. a. roten Sorten verdrängt. Auch in Frankreich, v. a. Savoyen angebaut. Heißt Gutedel in Deutschland, dort v. a. in Südbaden. In anderen Gegenden meist eine Tafeltraube.

Chenin blanc Die herrliche weiße Traube von der mittleren Loire (Vouvray, Layon usw.) ergibt trockenen bis lieblichen (sogar süßen) Wein, doch stets mit reichlich Säure. Großartige Versionen von alten Reben in Südafrika, v. a. Swartland.

Cirfandl *Siehe* ZIERFANDLER.

Clairette Schwach säurehaltige Sorte; in Südfrankreich in vielen Verschnitten zu finden. Verbesserte Weinbereitungsmethoden wirken sich positiv aus.

Colombard Leicht fruchtige, angenehm säuerliche Traube, aus der man in Südafrika, Kalifornien und Südwestfrankreich Alltagsweine bereitet, oft in Verschnitten.

Dimiat Stark duftende bulgarische Sorte, die trocken oder halbtrocken ausgebaut oder zur Destillation verwendet wird. Hat weit mehr Synonyme, als eine Traube je braucht.

Encruzado Portugiesische Sorte: frisch und vielseitig, die Weine reifen gut. Besonders gut in Dão.

Ermitage Schweizer Name für MARSANNE.

Ezerjó Sinngemäß etwa »tausend Segnungen«. Ungarische Rebsorte mit scharfer Säure.

Falanghina Die historische italienische Traube aus dem kampanischen Bergland erbringt gute, dichte, aromatische trockene Weißweine.

Fendant *Siehe* CHASSELAS.

Fernão Pires *Siehe* MARIA GOMES.

Fetească albă/regală Rumänien hat zwei Weißweinsorten namens Fetească, beide mit leichtem, an MUSCAT erinnerndem Aroma. Fetească regală, eine Kreuzung aus Fetească albă und francusa, besitzt mehr Finesse und eignet sich gut für Spätleseweine. FETEASCĂ NEAGRĂ (nicht verwandt) ist eine Rotweinsorte.

Fiano Qualitätstraube, ergibt im süditalienischen Kampanien würzige Weine mit Pfirsichnote.

Folle blanche (Gros Plant) Viel Säure, wenig Aroma, ideal für Branntwein. Heißt in der Bretagne Gros Plant, in Armagnac Picpoul, ist aber mit der echten PICPOUL nicht verwandt. Auch in Kalifornien angesehen.

Friulano (Sauvignonasse, Sauvignon vert) NorditalienischeTraube für frische, pikante, subtil florale Weißweine, am besten in den Gebieten Collio, Isonzo und Colli Orientali. Hieß früher Tocai friulano. In Slowenien Sauvignonasse genannt, ebenso in Chile, wo die Sorte lange mit SAUVIGNON BLANC verwechselt wurde. Der ehemalige Tocai aus Venetien heißt jetzt Tai.

Fumé blanc *Siehe* SAUVIGNON BLANC.

Furmint (Šipon) Ausgezeichnete, charaktervolle Rebe, das Gütezeichen Ungarns sowohl als Haupttraube im Tokajer als auch in lebendigen, kräftigen trockenen Weinen, die manchmal mineralisch, manchmal mit Aprikosennote und manchmal beides sind. In Slowenien unter der Bezeichnung Šipon. Auch in Rust in Österreich trocken und süß ausgebaut.

Garganega Die beste Traube im Soave-Verschnitt, auch in Gambellara. Spitzenweine, v. a. süße, altern vorzüglich.

Garnacha blanca (Grenache blanc) Die weiße Ausgabe der GRENACHE/Garnacha, sehr verbreitet in Spanien und Südfrankreich. Säurearm; kann recht harmlos, aber auch überraschend gut ausfallen.

Gewürztraminer (Traminac, Traminec, Traminer, Tramini) Eine der ausdrucksvollsten Trauben, ausgesprochen würzig, erinnert an Rosenblüten, Gesichtscreme, Litschis und Grapefruit. Die Weine sind oft voll und weich, selbst wenn sie trocken ausgebaut sind. Am besten im Elsass; auch gut in Deutschland (Baden, Pfalz, Sachsen), Osteuropa, Australien, Kalifornien, im pazifischen Nordwesten und in Neuseeland. Kann als »Traminer« (oder Varianten davon) etikettiert relativ unaromatisch ausfallen. Trockene Versionen in Italien heißen Traminer aromatico. Außerhalb deutschsprachiger

Länder oft ohne Umlaut »Gewurztraminer« geschrieben. Die nichtaromatische Version ist die SAVAGNIN.

Glera Glanzloser neuer Name für die Prosecco-Traube; in der EU ist Prosecco nur noch der Wein (in Australien allerdings weiterhin Name einer Traube).

Godello Erstklassige Rebsorte in Nordwestspanien; erbringt intensive, mineralische Weine. Im portugiesischen Dão heißt sie Verdelho, ist aber nicht verwandt mit der echten VERDELHO.

Grasă (Kövérszőlő) Rumänische Sorte; der Name bedeutet »fett«. Anfällig für Botrytis. Die wichtigste Traube in Cotnari, kann herrliche Süßweine hervorbringen. Im ungarischen Tokaj unter dem Namen Kövérszőlő bekannt.

Graševina *Siehe* WELSCHRIESLING.

Grauburgunder *Siehe* PINOT GRIS.

Grechetto Alte Rebsorte aus Mittel- und Süditalien mit gutem Ruf für lebendige, stilvolle Weine. Wird verschnitten oder (in Orvieto) sortenrein verwendet.

Greco In Süditalien tragen einige Weißweinsorten den Namen Greco (wahrscheinlich griechischen Ursprungs), was aber nicht bedeutet, dass sie verwandt sein müssen. Bekannt ist v.a. der Greco di Tufo mit anregenden Pfirsicharomen. Greco di Bianco wird aus halb getrockneten Trauben gewonnen. Als dunkle Version gibt es auch Greco nero.

Grenache blanc *Siehe* GARNACHA BLANCA.

Grillo Italienische Sorte; Haupttraube im Marsala. Liefert auch sehr gute trockene, körperreiche Tischweine.

Gros Plant *Siehe* FOLLE BLANCHE.

Grüner Veltliner Das Flaggschiff unter Österreichs Weißweinsorten ist ausgesprochen vielseitig: von einfachen, pfeffrigen Alltagsweinen zu Gewächsen mit großer Komplexität und Alterungspotenzial. In allen Klassen gut. Kommt auch in anderen Ländern Mitteleuropas und anderswo vor.

Gutedel *Siehe* CHASSELAS.

Hárslevelű Die »Lindenblättrige« ist die zweite wichtige Traubensorte im Tokajer, aber weicher und pfirsichfruchtiger als FURMINT. Gut auch in Somló und Eger.

Heida Schweizer Name für SAVAGNIN.

Humagne Schweizer Spezialität, älter als CHASSELAS, die frische, dralle, nicht sehr aromatische Weine liefert. Humagne rouge ist nicht mit ihr verwandt, sondern identisch mit Cornalin d'Aoste; Cornalin du Valais ist wieder etwas anderes.

Insolia (Ansonica, Inzolia) Sizilianische Weißweintraube, heißt an der Toskanaküste Ansonica. Frische, rassige Weine im Bestfall. Für Süßweine werden auch halb getrocknete Trauben verwendet.

Irsai Olivér Ungarische Kreuzung; aromatische Weißweine, die an MUSCAT erinnern und jung zu trinken sind.

Johannisberg Schweizer Name für SILVANER.

Kéknyelű Wenig ertragreiche, aromareiche Traube für einen der besten ungarischen Weißweine. Hohes Potenzial für feurigen, würzigen Wein.

Kerner Recht erfolgreiche deutsche Kreuzung. Reift früh und liefert blumige (manchmal etwas aufdringliche) Weine mit guter Säure.

Királyleányka *Siehe* FETEASCĂ ALBĂ/REGALĂ.

Koshu Wahrscheinlich autochthone japanische Traube, deren Wein voll im Hype ist. Frisch, tanninreich. Kann als Orange Wine gut sein.

Kövérszőlő *Siehe* GRASĂ.

Laski Rizling *Siehe* WELSCHRIESLING.

Leányka *Siehe* FETEASCĂ ALBĂ.

Listán *Siehe* PALOMINO.

Longyan Autochthone chinesische Traube (wörtlich: Drachenauge). Gute, gehaltvolle, aromatische Weine.

Loureiro Die nach ALVARINHO beste Vinho-Verde-Traube ergibt zart-blumige Weißweine. Kommt auch in Spanien vor.

Macabeo *Siehe* VIURA.

Maccabeu *Siehe* VIURA.

Malagousia Wiederentdeckte griechische Rebsorte für wunderbar aromatische Weine.

Malmsey *Siehe* MALVASIA. Der süßeste Madeira-Stil.

Malvasia (Malmsey, Malvazija, Malvoisie, Marastina) Keine einzelne Varietät, sondern gleich eine ganze Gruppe von Rebsorten, die nicht unbedingt miteinander verwandt sind oder auch nur Ähnlichkeiten aufweisen. In Italien, Frankreich und überall auf der Iberischen Halbinsel vertreten; die Weine können rot oder weiß, still oder schäumend, kräftig oder mild, süß oder trocken, aromatisch oder neutral sein. Die slowenische bzw. kroatische Version Malvazija istarka (in Kroatien manchmal auch Marastina genannt) liefert knackige und leichte Weine, aber auch reichhaltige Gewächse, die in Eiche ausgebaut werden. Das Wort »Malmsey« (der süßeste Madeira-Stil) ist eine Verballhornung von Malvasia.

Malvoisie *Siehe* MALVASIA. Der Name wird in Frankreich für verschiedene Sorten verwendet, darunter BOURBOULENC, Torbato und VERMENTINO. Im Wallis nennt man den PINOT GRIS so.

Manseng, Gros/Petit Traube für wunderbar würzige, florale Weine aus Südwestfrankreich. Der Schlüssel zu Jurançon. Liefert auch ausgezeichnete Spätlesen und Süßweine.

Maria Gomes (Fernão Pires) Portugiesische Traube für reif-aromatische, leicht würzige Weißweine aus den Regionen Bairrada und Tejo.

Marsanne (Ermitage) Neben ROUSSANNE die Hauptweißweintraube an der nördlichen Rhône (Hermitage, St-Joseph, St-Péray). Auch in Australien, Kalifornien und (als Ermitage blanc) im Wallis mit Erfolg angebaut. Milde, volle Weine, die sehr schön altern.

Melon de Bourgogne *Siehe* MUSCADET.

Misket Cherven (rote Misket) Bulgarische mild-aromatische Traubensorte mit rosa Schale; Grundlage der meisten Weißweine dort. Es gibt viele weitere Sorten namens Misket, alles neuere Kreuzungen und weniger verbreitet.

Morillon In einigen Teilen Österreichs der Name für CHARDONNAY.

Moscatel *Siehe* MUSCAT.

Moscato *Siehe* MUSCAT.

Moschofilero Hochwertige griechische Traube mit Rosenduft, hellroter Schale und kräftiger Säure. Liefert eher alkoholschwache Weine, meist weiß, es gibt aber auch ein paar Rosé-Versionen sowie Schaumwein.

Müller-Thurgau Liefert aromatische, jung zu trinkende Weine. Die süßen Varianten können gut sein, die trockenen dagegen sind oft nichtssagende, derbe Wässerchen. In Deutschland v. a. in der Pfalz, in Rheinhessen, an der Nahe, in Baden und in Franken verbreitet. Hat sich in Italien (Trentino–Südtirol, Friaul) einige Meriten verdient. Wird in der Schweiz manchmal noch (inkorrekt) Riesling x Sylvaner genannt.

Muscadelle Verleiht manchem weißen Bordeaux (v. a. Sauternes) besondere Würze. Wird im australischen Victoria (zusammen mit MUSCAT, mit dem keine Verwandtschaft besteht) für Rutherglen Muscat verwendet.

Muscadet (Melon de Bourgogne) Erbringt leichte trockene Weine mit einem Hauch von Meer in den komplexeren Gewächsen aus der Gegend von Nantes. Als Melon de Bourgogne auch in Teilen Burgunds anzutreffen.

Muscat (Moscatel, Moscato, Muskateller) Diese Sorte existiert in vielen Varianten, am besten ist Muscat blanc à petits grains (alias Gelber Muskateller, Rumeni Muškat, Sarga Muskotály, Yellow Muscat, Tămâioasă românească). Die weitverbreiteten, leicht erkennbaren, ausdrucksvollen Trauben werden meist zu bukettreichen, süßen Weinen verarbeitet, oft auch gespritet (z. B. Vin doux naturel in Frankreich). Wunderbar dunkel und süß in Australien. In Spanien süß, z. T. sehr gut. Ungarischer Muskotály ist meist Muscat Ottonel, nur in Tokaj, wo Sarga Muskotály vorherrscht, bringt er (in kleinen Mengen) Duft in den Verschnitt. Gelegentlich (z. B. im Elsass, in Österreich und in Teilen Süddeutschlands) auch trocken ausgebaut. Süßer Muscat vom Cap Corse kann vorzüglich sein. In Norditalien als Moscato leichter Schaumwein.

Muskateller *Siehe* MUSCAT.

Narince Türkische Sorte; frische und fruchtige Weine.

Neuburger Lange vernachlässigte österreichische Traube, anzutreffen v. a. in der Wachau (elegante, blumige Weine), in der Thermenregion (körperreich, breit) und in den nördlicheren Teilen des Burgenlands (kräftig, voll).

Olaszriesling *Siehe* WELSCHRIESLING.

Païen *Siehe* SAVAGNIN.

Palomino (Listán) Die wichtigste Traube für Sherry. Kaum eigener Charakter, es kommt alles auf die Bereitungsmethode an. Inzwischen auch Tischweine. Liefert unter dem Namen Listán auf den Kanarischen Inseln trockenen Weißwein.

Pansa blanca *Siehe* XAREL·LO.

Pecorino In dem Fall keine Käsesorte, sondern ein verführerischer trockener Weißwein von einer wiederbelebten Sorte.

Pedro Ximénez (PX) Wird für süße, braune Sherry-Stile (reinsortig unter dem eigenen Namen) sowie für Montilla und Málaga verwendet. Auch auf den Kanaren, in Argentinien, Australien, Kalifornien und Südafrika angebaut.

Picpoul (Piquepoul) Südfranzösische Traube; am bekanntesten ist der sortenrein von Piquepoul blanc bereitete Picpoul de Pinet. Sollte säurereich sein. Picpoul noir hat eine dunkle Schale.

Pinela Slowenische Sorte für subtile, säurearme, jung zu trinkende Weine.

Pinot bianco *Siehe* PINOT BLANC.

Pinot blanc (Beli Pinot, Pinot bianco, Weißburgunder) Mutation von PINOT NOIR. Ähnelt CHARDONNAY, ist aber milder im Charakter. Leicht, frisch, fruchtig, kaum aromatisch, jung am besten. Gut für italienischen *spumante,* im Nordosten potenziell exzellent, v. a. in hohen Lagen in Südtirol. Weitverbreitet. Heißt in Deutschland Weißburgunder und glänzt dort v. a. im Süden, da er rassiger ausfällt als Chardonnay.

Pinot gris (Pinot grigio, Grauburgunder, Ruländer, Sivi Pinot, Szürkebarát) Als Pinot grigio in Norditalien beliebt, selbst für Rosé – charaktervolle Spitzenweine können aber exzellent sein (Südtirol, Friaul). Billige Versionen sind nur dies: billig. Großartig im Elsass für würzige, körperreiche Weißweine. Heißt in Deutschland Ruländer (süß) oder Grauburgunder (trocken); die besten Weine kommen aus Baden (v. a. vom Kaiserstuhl) und der Südpfalz. Szürkebarát in Ungarn, Sivi Pinot in Slowenien (charaktervoll, aromatisch).

Pošip Kroatische Sorte v. a. auf der Insel Korčula. Recht charaktervoll, Zitrusaroma, hohe Erträge.

Prosecco So hieß früher die Traube, aus der Prosecco gemacht wird. Heute muss man sie GLERA nennen.

Renski Rizling Rheinriesling. *Siehe* RIESLING.

Rèze Sehr seltene alte Sorte aus dem Wallis, die für *Vin du Glacier* verwendet wird.

Ribolla gialla/Rebula Säurehaltige Weine mit Charakter; in Italien v. a. aus dem Collio, in Slowenien traditionell aus Brda. Kann sehr gut sein. Lieblingssorte für den Ausbau in Amphoren.

Rieslaner Deutsche Kreuzung (SILVANER X RIESLING); erbringt in Franken und der Pfalz gute Auslesen.

Riesling italico *Siehe* WELSCHRIESLING.

Riesling (Renski Rizling, Rhine Riesling) Die großartigste, vielseitigste Weißweintraube, im Stil völlig anders als CHARDONNAY. Riesling bietet eine Fülle von Duft- und Geschmacksnoten von stahlig bis üppig, und hat viel mehr Alterungspotenzial als Chardonnay. Großartig in allen Stilrichtungen in Deutschland; kraftvoll und stahlig in Österreich; Noten von Limettensirup und gerösteten Früchten in South Australia; reichhaltig und würzig im Elsass; vielversprechend am deutschen Stil augerichtet in Neuseeland, dem Staat New York und dem pazifischen Nordwesten der USA; mit Potenzial in Ontario und Südafrika.

Rkatsiteli In Osteuropa, Russland und Georgien sehr verbreitete Sorte, winterhart und säurereich, liefert auch bei schlechter Weinbereitung zum Teil noch akzeptable Ergebnisse. Kommt auch im Nordosten der USA vor.

Robola Erstklassige Traube aus Griechenland (Kefallonia) mit blumigem Aroma. Nicht mit RIBOLLA GIALLA verwandt, aber mit Rebula.

Roditis Rosafarbige Traube, die vorwiegend Weißwein liefert, in ganz Griechenland verbreitet. Bei niedrigen Erträgen gute Ergebnisse.

Roter Veltliner Österreichische Sorte, nicht verwandt mit dem GRÜNEN VELTLINER. Es gibt auch Frühroten und (nicht verwandten) Braunen Veltliner.

Rotgipfler Einheimische aromatische Traubensorte der österreichischen Thermenregion. Ergibt im Verschnitt mit ZIERFANDLER lebendige, üppige, aromatische Weine.

Roussanne (Bergeron) Rhône-Traube von echter Finesse, in Savoyen Bergeron genannt. Jetzt auch in Kalifornien und Australien anzutreffen. Kann viele Jahre altern.

Ruländer *Siehe* PINOT GRIS.

Sauvignonasse *Siehe* FRIULANO.

Sauvignon blanc Erbringt ausdrucksvolle, aromatische Weine mit Noten von Gras bis hin zu tropischen Früchten – pikant in Neuseeland, oft mineralisch in Sancerre, reifer in Australien; gut auch in Rueda, Österreich, Norditalien (Isonzo, Piemont, Südtirol), dem chilenischen Casablanca-Tal und Südafrika. Wird in Bordeaux mit SÉMILLON verschnitten. Kann herb ausfallen oder auch herzhaft (und manchmal ganz schrecklich). Sauvignon gris ist eine weniger aromatische Version mit rosafarbener Schale und noch unerforschtem Potenzial.

Sauvignon vert *Siehe* FRIULANO.

Savagnin (Heida, Païen) Die Traube des Vin jaune aus dem Jura; ihre aromatische Spielart ist der GEWÜRZTRAMINER. In der Schweiz als Heida, Païen oder Traminer bekannt. Körperreiche, säurebetonte Weine.

Scheurebe Deutsche Traube mit Grapefruitaroma, wahrscheinlich eine Kreuzung aus RIESLING x SILVANER. In der Pfalz sehr beliebt, besonders für Auslesen und darüber. Als trockener Wein manchmal krautig, nur voll ausgereift gut.

Sémillon (Semillon) Verleiht dem Sauternes Fülle, ist aber immer weniger von Bedeutung für Graves und andere trockene weiße Bordeaux-Weine. Grasig, wenn nicht voll ausgereift, kann aber weichen, trockenen Wein mit großem Alterungspotenzial liefern. In Australien (wo man sie ohne Akzent schreibt) hervorragend; in Neuseeland und Südafrika vielversprechend.

Sercial (Cerceal) Die portugiesische Traube liefert den trockensten Madeira. Als Cerceal (ebenfalls portugiesisch) scheint man dieselbe Sorte zu bezeichnen, aber auch noch einige andere.

Seyval blanc Französische Hybride aus französischen und amerikanischen Reben. Sehr widerstandsfähig, angenehm fruchtig. Im Osten der USA und in England recht erfolgreich.

Silvaner (Johannisberg, Sylvaner) Kann in Rheinhessen und der Pfalz exzellente Ergebnisse hervorbringen, besonders aber in Franken mit ihren pflanzlich/erdigen und mineralischen Noten. Liefert im Wallis als Johannisberg kraftvollen Wein. Im Elsass die Sorte für die leichtesten Weine.

Sipon *Siehe* FURMINT.
Sivi Pinot *Siehe* PINOT GRIS.
Spätrot *Siehe* ZIERFANDLER.
Sylvaner *Siehe* SILVANER.
Tămâioasă românească *Siehe* MUSCAT.
Torrontés Eine ganze Reihe von Trauben wird so genannt, die meisten haben einen aromatischen, floralen, manchmal etwas seifigen Charakter. Eine Spezialität in Argentinien, auch in Spanien anzutreffen. Jung zu trinken.
Traminac Alias Traminec. *Siehe* GEWÜRZTRAMINER.
Traminer In Ungarn auch Tramini. *Siehe* GEWÜRZTRAMINER.
Trebbiano (Ugni blanc) Die wichtigste weiße Sorte der Toskana, kommt aber in verschiedenster Gestalt in ganz Italien vor. Erhebt sich selten über die Masse, außer im toskanischen Vin Santo. Einige gute trockene Weißweine unter den DOCs Romagna und Abruzzo. Trebbiano di Soave alias VERDICCHIO ist nur entfernt verwandt. Trebbiano di Lugana heißt jetzt Turbiana. Wird in Südfrankreich als Ugni blanc und in Cognac als St-Émilion angebaut. Liefert meist dünnen, neutralen Wein, gut für Verschnitte geeignet. Bräuchte mehr Sorgfalt beim Anbau.
Ugni blanc *Siehe* TREBBIANO.
Verdejo Die Traube von Rueda in Kastilien kann feinen, langlebigen Wein hervorbringen.
Verdelho In Australien hervorragende Qualität (körperreich und etwas scharf); selten, aber gut (und mittelsüß) auf Madeira.
Verdicchio Liefert den potenziell guten, muskulösen trockenen Wein gleichen Namens im östlichen Mittelitalien.
Vermentino Italienische Traube, die lebhafte Weine mit ordentlicher Textur und guter Alterungsfähigkeit ergibt. Hat Potenzial.
Vernaccia Steht für viele Trauben in Italien, die nicht miteinander verwandt sind. Vernaccia di San Gimignano ist frisch und lebhaft, Vernaccia di Oristano eher sherryähnlich.
Vidal Französische Hybridrebe; verbreitet in Kanada für Eiswein angebaut.
Vidiano Die meisten Erzeuger auf Kreta lieben diese kraft- und stilvolle Traube mit Noten von Limette und Aprikose und guter Säure.
Viognier Die Rhône-Traube ist gerade groß in Mode. Die besten Exemplare stammen aus Condrieu, danach kommen die immer noch aromatischen Weine aus dem Midi. Auch in Kalifornien, Virginia, Uruguay und Australien bereitet man gute Versionen.
Viura (Macabeo, Maccabéo, Maccabeu) Die häufigste weiße Sorte Nordspaniens, weitverbreitet in Rioja und in den katalanischen Cava-Gebieten. Wird auch jenseits der Grenze in Südwestfrankreich angebaut. Gutes Qualitätspotenzial.
Weißburgunder Deutscher Name für PINOT BLANC.
Welschriesling (Graševina, Laski Rizling, Olaszriesling, Riesling italico) Liefert leichte und frische bis süße und volle Weine in Österreich; in Osteuropa allgegenwärtig, wo einige bemerkenswert gute trockene und süße Weine aus ihr bereitet werden. Mit RIESLING nicht verwandt.
Xarel·lo (Pansa blanca) Traditionelle katalanische Traube, mit Parellada und MACABEO für Cava verwendet. Tanninreich, kann altern und erstklassige Qualität liefern. Noten von Limettensirup als Pansa blanca in Alella.
Xynisteri Die meistangebaute Weißweintraube Zyperns. Kann recht schlicht geraten und wird meist jung getrunken; in Höhenlagen liefert sie allerdings frische, ansprechende, mineralische Weine.
Zéta Ungarische Kreuzung von BOUVIER und FURMINT, die einige Winzer für ihren Tokaji Aszú verwenden.
Zierfandler (Spätrot, Cirfandl) In der österreichischen Thermenregion vorkommende Weißweinsorte, oft mit ROTGIPFLER zu aromatischen, gewichtigen Weinen mit Orangenschalenduft verschnitten.

Wein und Speisen

Weine und Speisen entwickeln sich immerfort weiter, ebenso wie die Einstellungen dazu. Jedes Jahr gibt es neue Zutaten auszuprobieren, und nicht alle Landesküchen vertragen sich gut mit Wein. Am wichtigsten ist die Abstimmung des Gewichts: kräftige Weine brauchen kräftige Speisen, leichte Weine leichte Speisen. Danach kommt die Säure. Säurehaltige Gerichte (Tomaten, Limettensaft, Tamarinde ...) verlangen auch Weine mit Säure. Die folgenden Vorschläge, manche ganz allgemein, manche sehr genau, sind ebendies: Vorschläge. Sie sollen Sie auf Geschmacksrichtungen aufmerksam machen, die Ihnen womöglich noch nie in den Sinn gekommen sind, und auf Weine, die Sie vielleicht probieren möchten.

Im Kasten auf Seite 34 stehen ein paar Weinfavoriten, mit denen man praktisch nichts falsch machen kann; die folgenden Einträge enthalten konkrete Vorschläge, die sich seit Jahren bewährt haben.

Vor dem Essen – ein Aperitif

Aperitif-Klassiker sind guter Schaumwein, Fino Sherry, Riesling und guter Rosé, und die lassen sich auch kaum von etwas anderem toppen. Aber seien Sie nicht knauserig – Billigsekt, der nach Spülwasser schmeckt, verdirbt die Laune. Magnumflaschen machen Spaß, und Riesling mag jeder, ausnahmslos.

Vorspeisen

Aïoli Mehr eine Frage der Stimmung als der Kombination. Kalter Rosé aus der Provence, Pecorino, Aligoté. Oder Bier, Marc oder Grappa ... Sie werden den Unterschied kaum merken.

Antipasti/Tapas/Mezze Ob in Italien, Spanien, Griechenland oder Hannover – eine Auswahl von deftigen salzigen Happen Fleisch, Käse, Fisch oder Gemüse passt perfekt zu Fino Sherry, Xynisteri oder Orange Wines. Gegrillte Paprika und Auberginen passen zu fruchtigen Roten wie Cabernet franc oder Kadarka. Für Notfälle guter Prosecco.

Austern *Roh:* Champagner oJ, Chablis, Muscadet, Sancerre, englischer Bacchus – oder Guinness. Probieren Sie Sauternes. Manzanilla ist gut.
Gegart: Puligny-Montrachet oder ein guter neuseeländischer Chardonnay. Champagner passt immer.

Burrata Vergessen Sie Mozzarella; dies ist die Crème de la Crème. Also muss ein erstklassiger italienischer Weißer her, Fiano oder der Grillo von Cusumano. Das Grünzeug dabei braucht wahrscheinlich ein bisschen Säure.

Carpaccio *Vom Lachs:* Chardonnay oder Champagner.
Vom Rind: Hierzu passt fast jeder Wein, auch ein Roter. Ein Toskaner ist eine gute Wahl, aber auch ein feiner Chardonnay oder ein Jahrgangs- oder Rosé-Champagner. Probieren Sie mal Amontillado.
Vom Thunfisch: Viognier, kalifornischer Chardonnay, Marlborough Sauvignon blanc. Oder Sake.

Dim-Sum Klassischerweise: chinesischer Tee. Pinot grigio oder klassischer deutscher Riesling, auch ein leichter Pinot noir. Bei Rotweinen sind weiche Tannine der Schlüssel: Bardolino, Garnacha, Rioja, Côtes du Rhône. Sonst Champagner oJ oder englischer Schaumwein.

Eierspeisen *Siehe auch* Soufflé. Nicht einfach. Maßstab bei Omelettes sollten die anderen Zutaten sein; Pilze wahrscheinlich mit Rotwein; mit Côtes du Rhône gehen Sie sicher. Jahrgangschampagner zu Trüffelomelette. Zu Rühreiern oder Eggs Benedict/Florentine allenfalls Champagner.
Œufs en meurette: Ein Geniestreich aus Burgund; die Eier in Rotweinsauce verlangen natürlich nach einem Burgunder.
Wachteleier: Blanc-de-Blancs-Champagner, Viognier.

Mozzarella mit Tomaten und Basilikum Ein frischer italienischer Weißwein (z. B. Soave, Südtiroler). Vermentino aus Ligurien oder südfranzösischer Rolle. *Siehe auch* Vegetarische Gerichte/Avocado.

Pasta Rot- oder Weißwein, je nach Sauce.

Mit Fleischsauce: Montepulciano d'Abruzzo, Salice Salentino, Malbec.

Mit Pesto: Barbera, Vermentino, neuseeländischer Sauvignon blanc, ungarischer Furmint.

Mit Sahnesauce (Carbonara): Orvieto, Greco di Tufo. Junger Sangiovese.

Mit Seafood (z. B. Muscheln): Verdicchio, Lugana, Soave, Grillo, Chardonnay ohne Holznote.

Mit Tomatensauce: Chianti, Barbera, sizilianischer Rotwein, Zinfandel, südaustralischer Grenache.

Risotto Je nach Geschmacksrichtung.

Mit Gemüse (z. B. Primavera): Pinot grigio aus dem Friaul, Gavi, recht junger Semillon, Dolcetto, Barbera d'Alba.

Mit Steinpilzen: Feinster reifer Barolo oder Barbaresco.

Nero: Voller trockener Weißer: Viognier oder sogar Corton-Charlemagne.

Soufflé Hierzu gehört ein ★★★-Wein. Zu allen Soufflé-Arten passt Champagner, insbesondere Jahrgangschampagner.

Fischsoufflé: Trockener Weißwein: Burgunder, Bordeaux, Elsässer, Chardonnay usw.

Käsesoufflé: Reifer roter Burgunder oder Bordeaux, Cabernet Sauvignon (nicht aus Chile oder Australien) usw. Oder feiner weißer Burgunder.

Spinatsoufflé: Schwierig zu Wein. Mâcon-Villages, St-Véran, Valpolicella.

Wurstwaren/Salami Säurebetonte Rotweine ohne Eichennote eignen sich besser als Weiße. Einfacher Beaujolais, Valpolicella, Refosco, Schioppettino, Teroldego, Barbera. Wenn es ein Weißer sein muss, braucht er Säure. Chorizo lässt den Wein metallisch schmecken. Prosciutto mit Melone oder Feigen braucht einen gehaltvollen trockenen oder halbtrockenen Weißwein: Chenin blanc, Fiano, Muscat, Viognier.

Meeresfrüchte & Fischgerichte

Bacalão Stockfisch braucht Säure: junger portugiesischer oder italienischer Rot- oder Weißwein. Orange Wine kann gut sein.

Barsch, See- Jeder delikate Weißwein eignet sich gut, z. B. trockener Clare-Riesling, Chablis, weißer Châteauneuf-du-Pape, Weißburgunder aus Baden oder der Pfalz. Aber je kräftiger der Fisch gewürzt ist, desto aromareicher sollte der Wein sein: mit Ingwer, Frühlingszwiebeln usw. etwa ein gehaltvoller Riesling, nicht unbedingt trocken.

Ceviche Australischer Riesling oder Verdelho, Sauvignon blanc aus Chile, Torrontés. Manzanilla.

Curry Südafrikanischer Chenin blanc, Elsässer Pinot blanc, Franciacorta, fruchtiger Rosé – aber nicht zu blässlich und schlaff. Achten Sie auf die anderen Aromen. Garnelen und Mango brauchen mehr Süße, Tomaten Säure. Fino passt auch zu scharfen Gerichten. Bier natürlich auch, etwa IPA oder Pils.

Fisch in Beurre blanc Bester Muscadet sur lie, Sémillon/Sauvignon-blanc-Verschnitt, Chablis Premier cru, Vouvray, Albariño, Rheingauer Riesling. Gilt fast immer auch für Gemüse mit Beurre blanc.

Fischpastete (mit Sahnesauce) Albariño, Soave Classico, Riesling Erstes Gewächs, Mâcon Blanc, spanischer Godello.

Garnelen *Mit Mayonnaise:* Menetou-Salon oder Reuilly.

Mit Knoblauch: Leichter, trockener Weißwein oder Rosé.

Mit Gewürzen (auch scharf, mit Chili): Hier ist etwas mehr Körper nötig, aber keine Eiche: trockener Riesling oder ein Italiener, etwa Fiano, Grillo. *Siehe auch* Curry (Fisch).

Gegrillter oder gebratener Fisch Gilt auch für Fish & Chips, Tempura, Fritto misto usw.
Seezunge: Weißer Burgunder oder etwas Gleichwertiges.
Scholle, Flunder: Leichter, frischer Weißwein.
Kabeljau, Schellfisch: Chardonnay, Pinot blanc.
Ölige Fische wie *Heringe, Makrele, Sardinen* brauchen mehr Säure und Gewicht: Assyrtiko, Verdelho, Furmint, Orange Wine, Rosé.
Rote Fische wie *Lachs, Rotbarbe:* Pinot noir. Zu Lachs passt auch erstklassiger Chardonnay, Grand cru Chablis, Spitzen-Riesling.
Forelle: Guter Chardonnay, Riesling, Pinot noir.
Heilbutt, Steinbutt: Am besten ein voller, trockener Weißer, etwa Spitzen-Chardonnay, gereifte Riesling-Spätlese.
Schwertfisch: Körperreicher trockener Weißer (und warum nicht auch ein Roter?) des Herkunftslandes. Nichts allzu Feines.
Thunfisch: Am besten nur rare (oder roh) mit einem leichten Roten servieren: junger Cabernet franc von der Loire oder roter Burgunder. Junger Rioja ist auch möglich.

Hummer *Mit reichlich Sauce, z. B. Thermidor:* Jahrgangschampagner, feiner weißer Burgunder, Graves Cru classé, Roussanne, Spitzen-Chardonnay aus Australien. Alternativ Sauternes, um der vorhandenen Süße gerecht zu werden, auch Pfälzer Spät- oder sogar Auslese.
Nur gegrillt oder kalt mit Mayonnaise: Champagner oJ, Elsässer Riesling, Chablis Premier cru, Condrieu, Mosel Spätlese, Grüner Veltliner, Hunter Valley Semillon oder ein lokaler Schaumwein.

Jakobsmuscheln Am besten halbtrockene Weißweine.
Auf asiatische Art: Ein Neuseeländer Chardonnay, Chenin blanc, Godello, Grüner Veltliner, Gewürztraminer.
Gegrillt oder sautiert: Weißer Hermitage, Grüner Veltliner, weißer Pessac-Léognan, Jahrgangschampagner oder Pinot noir.
In Sahnesauce: Deutsche Spätlese, Montrachet, erstklassiger australischer Chardonnay.

Kaviar Eiskalter Wodka; körperreicher Champagner (z. B. Bollinger, Krug). Niemals rohe Zwiebeln dazugeben!

Kedgeree (anglo-indisches Fischgericht) Volle Weißweine, auch schäumend: Mâcon-Villages, südafrikanischer Chardonnay, Grüner Veltliner, ein deutsches Großes Gewächs oder (zum Frühstück) Champagner.

Krabben (Krebse) Krabben und Riesling (oder Champagner) sind füreinander geschaffen.
Mit Chili und Knoblauch: Ein eher kraftvoller Riesling, vielleicht ein Großes Gewächs oder einer aus der Wachau.
Chinesische Art, mit Ingwer und Zwiebeln: Deutscher halbtrockener Riesling (Kabinett oder Spätlese); Tokaji Furmint, Gewürztraminer.
Cioppino: Sauvignon blanc. An der amerikanischen Westküste trinkt man Zinfandel. Auch kalifornischer Schaumwein.
Kalt angemacht: Spitzen-Riesling von der Mosel, trockener Elsässer oder australischer Riesling, oder Assyrtiko.
Mit Schwarzer-Bohnen-Sauce: Kräftiger Barossa-Shiraz oder Syrah.
Softshell Crabs: Chardonnay, Albariño oder deutsche Riesling-Spätlese.
Crabcakes: Ausdrucksvoller Sauvignon blanc (von der Loire, aus Südafrika, Australien, Neuseeland) oder Riesling (deutsche Spätlese oder aus Australien).

(Mies-)Muscheln *Moules marinières:* Muscadet sur lie, Chablis Premier cru, Chardonnay ohne Eichennote.
In Curry: Mittelsüßer Wein; Elsässer Riesling.
Gefüllt, mit Knoblauch/Petersilie: Siehe Vorspeisen/Schnecken.

Paella, mit Schalentieren Körperreicher Weißwein oder Rosé, Chardonnay ohne Eichennote, Albariño oder Godello. Oder lokaler spanischer Rotwein.

Räucherfisch Brauchen Frische und eine gewisse Schärfe; Fino passt zu allen.
Aal: Oft mit Roter Bete und Crème fraîche: Fino oder Mosel-Riesling.
Schellfisch: Guter Chablis, Marsanne, Grüner Veltliner. *Siehe auch* Soufflés.
Bückling: Probieren Sie Oloroso Sherry oder einen Speyside Malt Whisky.
Makrele: Verträgt sich nicht gut mit Wein. Am ehesten Fino.
Lachs: Condrieu, Elsässer Pinot gris, Grand cru Chablis, deutscher Riesling Spätlese, Jahrgangschampagner, Wodka, Klarer oder Aquvavit.
Forelle: Was Feineres: Mosel-Riesling.

Sardellen, mariniert Natürlich Fino, aber auch Franciacorta oder Cava.
In *Salade niçoise* vielleicht provenzalischer Rosé.
Bocquerones: Verdejo, Sémillon ohne Eichennote.

Sashimi Hier hat Koshu seine Domäne, entweder als Orange Wine oder weiß. Er kann es auch mit Wasabi und Sojasauce aufnehmen, soweit das überhaupt möglich ist. Ansonsten körperreichen Weißwein (Chablis Premier cru, Elsässer Riesling) zu weißem Fisch, Pinot noir zu rotem. Beide brauchen Säure. Einfacher Chablis ist vielleicht zu dünn. Wenn Sojasauce dabei ist, passt ein tanninarmer Roter (wieder Pinot). Nicht zu vergessen Sake (oder Fino).

Schalentiere Trockener Weißwein zu gekochten Schalentieren, vollere Weine zu gehaltvollen Saucen. Riesling ist die Traube der Wahl.

Zu einem Meeresfrüchteteller: Chablis, Muscadet de Sèvre et Maine, Picpoul de Pinet, Pinot bianco aus Südtirol.

Seeohr (Abalone) Trockener bis halbtrockener Weißwein, z. B. Sauvignon blanc, Chardonnay ohne Eichennote. Ein Hauch Eiche ist okay für Gerichte mit Soja- oder Austernsauce.
In Hongkong: Mindestens Dom Pérignon.

Skandinavische Fischküche Skandinavische Gerichte sind oft mit Dill, Kümmel und Kardamom gewürzt und verbinden süße und scharfe Noten. Ein Wein dazu braucht Säure und genug Gewicht: Falanghina, Godello, Verdelho, australischer, Elsässer oder österreichischer Riesling.

Sushi Scharfes Wasabi steckt normalerweise in jedem Stück. Koshu ist erste Wahl, sonst trockener deutscher QbA, einfacher Chablis, Alvarinho oder Champagner Brut oJ. Nichts mit zu deutlicher Frucht. Alternativ natürlich Sake und Bier.

Tajine Nordafrikanische Aromen brauchen gehaltvolle Weißweine – Österreich, Rhône – oder frische, neutrale Weiße, die nicht mit ihnen konkurrieren. Vorsicht mit Eichennoten. Viognier oder Albariño können gut passen.

Tarama/Taramosalata Mediterraner, möglichst griechischer Weißwein mit Charakter. Fino Sherry passt gut. Ebenso ein Marsanne von der Rhône.

Teriyaki Eine Zubereitungsmethode ebenso wie eine Sauce, für Fisch wie für Fleisch. Halbtrockener Riesling mit Körper hat sich in Deutschland durchgesetzt. Ein Kabinett kann zu leicht sein.

Tintenfisch Frische Weiße: ALBARIÑO, MUSCADET, Schaumwein. Tintenfischtinte (Risotto, Pasta) verlangt Soave.

Fleisch, Geflügel & Wild

Barbecue Passende lokale Weine kommen aus Australien, Südafrika, Chile oder Argentinien. Rote brauchen Tannin und Kraft. Oder die Frische eines Beaujolais Cru.

Boudin blanc Chenin blanc von der Loire; falls mit Äpfeln serviert: trockener Vouvray, Saumur Savennières; ohne Äpfel: reifer roter Côtes de Beaune.

Boudin noir/Morcilla (Blutwurst) Sauvignon blanc oder Chenin blanc aus der Gegend, insbesondere an der Loire. Oder Beaujolais Cru, v. a. Morgan. Oder ein leichter Tempranillo. Oder Fino.

Brasilianische Küche Intensive, würzige Speisen, bei denen sich verschiedene kulinarische Traditionen mischen. Rotweine aus Rhône-Sorten oder Weißweine mit Substanz: Verdicchio, kalifornischer Chardonnay. Oder auch Caipirinha (aber nur einen).

Bratenreste, Kalte Besser ein sehr aromatischer Weißer als Rotwein. Sehr gut passen Mosel-Spätlese, Hochheimer oder Weine von der Côte Chalonnaise und aus dem Beaujolais. Den Rest aus der Champagnerflasche.

Cajun-Küche Kräftige Rotweine, am besten aus der Neuen Welt: Zinfandel, Carmenère, Shiraz.
Weißes Fleisch oder Fisch: Halbtrockener Riesling, Marsanne, Roussanne. Oder, klar, kaltes Bier.

Cassoulet Rotwein aus dem Südwesten Frankreichs (Gaillac, Minervois, Corbières, St. Chinian, Fitou) oder Shiraz. Am besten ist jedoch ein Wein aus Fronton, ein Beaujolais Cru oder junger Tempranillo.

Chili con carne Junger Rotwein: Beaujolais, Tempranillo, Zinfandel, argentinischer Malbec, chilenischer Carmenère. Oder Bier.

Chinesische Küche Eine »chinesische Küche« gibt es gar nicht, sie ist aufgeteilt in viele regionale Varianten – wie die italienische Küche, nur noch verwirrender. Am einfachsten ist es, sowohl Weiß- als auch Rotwein parat zu haben; kein einzelner Wein passt zu allem. Pekingente verträgt fast alles. Champagner löscht den Durst, Bier natürlich auch.
Kanton-Art: Üppige, leicht süße Aromen passen zu einem Chardonnay mit leichter Holznote, Pinot noir, halbtrockener Riesling. Gewürztraminer wird zwar häufig vorgeschlagen, passt aber selten; Grüner Veltliner trifft es da besser. Der Wein braucht Säure. Trockener Schaumwein (v. a. Cava) passt zur Textur.
Shanghai-Art: Reichhaltiger und öliger als kantonesisches Essen, nicht der ideale Partner für Wein. Es ist nicht so scharf, enthält aber mehr Essig. Deutsche und Elsässer Weißweine, vielleicht ein bisschen süßer als für kantonesische Gerichte. Bei den Roten ist Merlot eine Option, er passt zum Salz. Oder reifer Pinot noir, doch der ist schon fast wieder Verschwendung.
Szechuan-Art: Verdicchio, Elsässer Pinot blanc oder sehr kaltes Bier. Auch hier kann reifer Pinot noir passen (aber *siehe* Eintrag Shanghai-Art). Der natürliche Partner ist schwarzer Tee.
Taiwanesisch: Lambrusco passt zur traditionellen Taiwan-Küche, wenn Sie kein Bier mehr mögen.

Choucroute garnie (Schlachtplatte) Elsässer Pinot gris, Pinot blanc, Riesling oder Bier.

Confit d'oie/de canard Junger, frischer roter Bordeaux, kalifornischer Cabernet Sauvignon oder Merlot sowie Priorat nehmen diesem Gericht die Schwere; Elsässer Pinot gris oder Gewürztraminer passen ebenso.

Coq au vin Roter Burgunder. Der Idealfall ist eine Flasche Chambertin im Gericht und zwei auf dem Tisch. *Siehe auch* Huhn.

Dirty Rice (kreolisch) Voller, geschmeidiger Rotwein: neuseeländischer Pinot noir, Garnacha, Bairrada, Malbec.

Eintopfgerichte Burgunder wie Nuits St-Georges oder Pommard, aber eher einfacher; andernfalls ein kräftiger, geschmacksintensiver Rotwein, z. B. junger Côtes du Rhône, Blaufränkisch, Corbières, Barbera, Shiraz, Zinfandel o. Ä.

Ente oder Gans Pinot noir steht ganz oben wie auch ein vergleichbarer Rotwein, z. B. Garnacha; auch Blaufränkisch. Oder ein gehaltvoller Weißwein, v. a. für Gans: Pfälzer Spätlese oder halbtrockener Elsässer Grand cru. Mit Orangen oder Pfirsichen ist Sauternes zu empfehlen, aber auch Monbazillac bzw. Riesling-Auslese. Reifer, körperreicher Jahrgangschampagner versteht sich überraschend gut mit Rotkohl, ebenso Chianti.
Peking-Ente: Siehe Chinesische Küche.
Wildente: Dafür lohnt es sich, einen guten Pinot noir aufzumachen. Passend ist auch ein österreichischer oder toskanischer Rotwein.
Mit Oliven: Spitzen-Chianti oder ein anderer Toskaner.

Gebratene Entenbrust sowie Confit mit Puy-Linsen: Madiran, St-Émilion, Fronsac.

Gänseleberpastete Süßer Weißwein: Sauternes, Tokaji Aszú 5 Puttonyos, Pinot-gris-Spätlese oder Riesling, Vouvray, Montlouis, Jurançon moelleux, Gewürztraminer. Ein alter trockener Amontillado kann vorzüglich sein.
Warm: Reifer Jahrgangschampagner. Auf keinen Fall Chardonnay, Sauvignon blanc oder irgendein Rotwein.

Gulasch Aromatischer junger Rotwein: ungarischer Kékoportó, Zinfandel, Tannat aus Uruguay, roter Douro, Mencía, junger australischer Shiraz, Saperavi. Oder trockener Tokaj Szamarodni.

Hammel Der Geschmack ist intensiver als bei Lamm, das Fleisch wird meist durchgebraten. Braucht eine kräftige Sauce. Hier ist ein robuster Rotwein angeraten – und auf jeden Fall erstklassig: reifer Cabernet Sauvignon oder Syrah. Eine gewisse süße Fruchtnote (z. B. Barossa) passt gut.

Hase Hasenpfeffer verlangt nach einem vollduftigen Rotwein: nicht zu reifer Burgunder oder Bordeaux, von der Rhône (z. B. Gigondas), Bandol, Barbaresco, Ribera del Duero oder Rioja Reserva. Dasselbe gilt für Hasenrücken oder -ragout mit Pappardelle.

Huhn, Perlhuhn, Pute, gebraten So gut wie jeder Wein, auch bester trockener bis halbtrockener Weißwein und feiner alter Rotwein (v. a. Burgunder). Welcher Wein am besten passt, entscheidet die Sauce.
Frittiert: Schaumwein macht sich gut
Huhn Kiewer Art: Elsässer Riesling, Collio, Chardonnay, roter Bergerac.

Indische Küche Hier gibt es viele Möglichkeiten; trockener Sherry passt ausgezeichnet. Wählen Sie einen einigermaßen gewichtigen Fino zu Fisch und einen Palo Cortado, Amontillado oder Oloroso zu Fleisch, je nach Schwere des Essens. Die Schärfe ist kein Problem, und die Textur passt auch. Ansonsten lieblichen Weißwein ohne Holznote, gut gekühlt: Orvieto abboccato, südafrikanischen Chenin blanc, Elsässer Pinot blanc, Torrontés, indischen Schaumwein, Cava oder Champagner oJ. Rosé passt im Prinzip immer. Tannin – Barolo, Barbaresco bzw. andere geschmacksintensive Rotweine wie Châteauneuf-du-Pape, Cornas, australischer Grenache bzw. Mourvèdre oder Amarone della Valpolicella – betont die Schärfe. Sauer-scharfe Gerichte brauchen einen säurehaltigen Wein.

Japanische Küche Auf Textur und Balance kommt es an, die Aromen sind sehr delikat. Guter reifer Schaumwein passt ebenso wie reifer trockener Riesling: Säure, etwas Körper und Komplexität sind gefragt. Aber auch trockener Furmint kann passen. Fleischgerichte mit viel Umami freunden sich mit leichten, geschmeidigen Roten wie Beaujolais oder reifem Pinot noir an. Der intensive Geschmack von Yakitori braucht ähnliche Rote in einer lebhaften, fruchtigen, jüngeren Version. Koshu mit rohem Fisch – aber warum nicht gleich Sake? Orange Koshu mit Wagyu-Rindfleisch. *Siehe auch* Sashimi, Sushi, Teriyaki (Fischgerichte).

Kalb Gut für feine Weine. Rioja Reserva, Cabernet-Verschnitte, Nebbiolo, deutscher oder österreichischer Riesling, Vouvray, Elsässer Pinot gris, italienischer Greco di Tufo.

Kalbsbries Ein reichhaltiges Gericht, also ein großer Weißwein: Rheingau-Riesling, Silvaner Spätlese aus Franken, Elsässer Grand cru Pinot gris oder Condrieu, abhängig von der Sauce.

Kaninchen Lebendiger, mittelschwerer, junger italienischer Rotwein, etwa Aglianico del Vulture, Refosco; Chiroubles, Chinon, Saumur Champigny oder Roséwein von der Rhône.
Mit Pflaumen: Mächtigerer, gehaltvollerer, fruchtigerer Rotwein.
Als Ragout: Mittelschwerer Rotwein mit genug Säure: Aglianico, Nebbiolo.
Mit Senf: Cahors.

Koreanische Küche Fruchtbetonte Weine scheinen am besten mit dem kräftigen, scharfen Geschmack dieser Speisen zurechtzukommen. Probieren Sie Pinot noir, Beaujolais oder Valpolicella, wichtig ist die Säure. Oder nichtaromatische Weiße: Grüner Veltliner, Silvaner, Vernaccia. Auch Bier.

Lamm, gebraten Traditionell einer der besten Partner für sehr guten roten Bordeaux oder entsprechenden Cabernet Sauvignon aus der Neuen Welt. In Spanien feinster alter Rioja, Ribera del Duero Reserva oder Priorat, in Italien ebensolcher Sangiovese.

Langsam geschmorter Braten: Ideal für Spitzenrotweine, allerdings mit weniger Tannin als für rosa gebratenes Fleisch. *Siehe auch* Tajine.

Milchlamm: Eine so feine Speise verdient einen erstklassigen feinen Bordeaux, Burgunder oder Spanier.

Leber Junger Roter: Beaujolais-Villages, St-Joseph, italienischer Merlot, Breganze-Cabernet-Sauvignon, Zinfandel, Priorat, Bairrada.

Kalbsleber: Roter Rioja Crianza, Fleurie. Oder eine mächtige Pfälzer Riesling-Spätlese.

Mexikanische Küche Kalifornier bevorzugen Riesling, besonders deutschen. Oder Bier.

Moussaka Rot- oder Roséwein, z. B. griechischer Naoussa, Sangiovese, Corbières, Côtes de Provence, Ajaccio, junger Zinfandel, Tempranillo.

'Nduja Die würzig-scharfe kalabrische Wurst verlangt nach einem mächtigen, saftigen Rotwein: junger Rioja, Valpolicella, Cabernet franc, Aglianico, Carignan, Nerello Mascalese.

Ochsenbrust, geschmort Ein wunderbar zartes, schmackhaftes Fleisch, das den besten körperreichen Rotweinen schmeichelt: Vega Sicilia, St-Émilion.

Ochsenschwanz Ziemlich gehaltvoller Rotwein: St-Émilion, Pomerol, Pommard, Nuits-St-Georges, Barolo, Rioja Reserva, Priorat oder Ribera del Duero, kalifornischer oder Coonawarra-Cabernet-Sauvignon, Châteauneuf-du-Pape, mittelschwerer Shiraz, Amarone.

Ossobuco Geschmeidige, tanninarme Rotweine: Dolcetto d'Alba oder Pinot noir. Auch trockener italienischer Weißwein wie Soave.

Paella Junge spanische Weine: Rote, trockene Weiß- oder Roséweine, z. B. Penedès, Somontano, Navarra oder Rioja.

Pastete Hühnerleber braucht einen pikanten Weißen (Elsässer Pinot gris oder Marsanne) oder milden Roten (leichter Pomerol, Volnay, neuseeländischer Pinot noir). Zu kräftigeren Pasteten (Entenleber usw.) passt Gigondas, Moulin-à-Vent, Chianti Classico oder guter weißer Graves. Amontillado eignet sich wunderbar.

Pastrami Elsässer Riesling, junger Sangiovese, St-Émilion.

Philippinische Küche Der spanische Einfluss auf die Gerichte ist deutlich: viel Knoblauch, Paprikaschoten, Adobo, nicht unbedingt sehr scharf. Schon in Mode in San Francisco, greift weiter um sich. Einfacher Weißwein mit Säure und ohne Eichennote (Adobo kann sehr essiglastig sein) oder Schaumwein, Côtes de Gascogne, Rueda, Riesling, Rosé, sogar ein leichter Roter.

Pot au feu, Bollito misto, Cocido Rustikale Rotweine aus dem jeweiligen Heimatland; Sangiovese di Romagna, Chusclan, Lirac, Rasteau, portugiesischer Alentejo oder spanischer Yecla bzw. Jumilla.

Quiche Eier und Speck sind nicht ideal für Wein, aber man muss ja etwas trinken. Klassiker sind Elsässer Riesling oder Pinot gris, sogar Gewürztraminer. Beaujolais könnte auch gut sein.

Rindfleisch (*siehe auch* **Steak**) *Gebraten:* Jede Art von feinem Rotwein. Sogar Amarone. *Siehe auch* im Folgenden die Bemerkung zu Senf. Je seidiger das Fleisch texturiert ist, umso seidiger muss der Wein sein.

Gekocht: Rotwein, z. B. Bordeaux (Bourg oder Fronsac), Roussillon, Gevrey-Chambertin oder Côte Rôtie. Gut ist auch weißer Burgunder aus dem mittleren Segment, z. B. Auxey-Duresses. In Österreich könnte man Ihnen dazu einen Traminer anbieten. Senf lässt tanninreiche Rote sanfter erscheinen, Meerrettich ruiniert Ihren Geschmackssinn – aber manchmal muss man eben Opfer bringen.

Geschmort: Stämmige Rote: Pomerol oder St-Émilion, Hermitage, Cornas, Barbera, Shiraz, Ribera del Duero, roter Douro.

Bœuf Stroganoff: Massiver Rotwein: Barolo, Valpolicella Amarone, Priorat, Hermitage, Zinfandel Spätelese. Georgischer Saperavi oder moldawischer Negru de Purkar.

Saté Shiraz aus dem McLaren Vale, Elsässer oder neuseeländischer Gewürztraminer. Mit der Erdnusssauce hat es kein Wein leicht.

Schinken, gegart Weichere rote Burgunder, z. B. Volnay, Savigny, Beaune, Chinon oder Bourgueil; lieblicher deutscher Weißwein, z. B. Riesling-Spätlese; ein leichter Cabernet Sauvignon (z. B. aus Chile) oder Pinot noir aus der Neuen Welt. Schinken und Sherry sind eine göttliche Kombination. *Siehe auch* Schinken, roh oder luftgetrocknet, unter Vorspeisen.

Schweinefleisch Eine kräftige Grundlage für leichte Rote oder reichhaltige Weiße.

Gebraten: Ein ★★★-Wein sollte es schon sein, z. B. ein Médoc. Zu portugiesischem Spanferkel trinkt man Bairrada, zu Schweinefleischgerichten aus Südamerika Carignan, zu chinesischen Pinot noir.

Mit Backpflaumen oder Aprikosen: Etwas Süßeres, z. B. Vouvray.

Mangalitza-Schwein: Das fette Fleisch des Wollschweins liegt im Trend. Kékfrankos oder ein anderer schmissiger Roter.

Schweinebauch: Langsam gegart und sehr zart, benötigt er einen Roten mit ausreichend Tannin oder Säure, vielleicht einen Italiener: Barolo, Dolcetto oder Barbera. Sonst Loire-Rotwein, leichter argentinischer Malbec. Chinesisch gewürzt: Viognier, Chenin blanc.

Pulled Pork: Wird mit einer würzigen Sauce serviert: saftiger Rotwein aus der Neuen Welt.

Singapur-Küche Teils indisch, teils malaysisch, teils chinesisch. Sehr kräftige Geschmacksnoten, nicht einfach mit Wein. Halbtrockener Riesling ist einen Versuch wert. Zu Fleischgerichten reife, geschmeidige Rote: Valpolicella, Pinot noir, Dornfelder, Merlot ohne Holznote oder Carmenère.

Steak Ein rare gebratenes Steak braucht energischere, tanninreichere Rotweine, für ein durchgebratenes müssen sie eher saftig und fruchtig sein, etwa argentinischer Malbec. Fettere Cuts verlangen nach Säure und Tannin.

Bistecca alla fiorentina: Chianti Classico Riserva oder Brunello.

Filet: Seidiger Rotwein wie Pomerol.

Ribeye, Tomahawk, Tournedos: Mächtige, eindringliche Rote: Barolo, Cahors, Shiraz, Rioja.

Sirloin: Die meisten guten Roten passen: Bordeaux-Verschnitte, Toskaner.

Koreanisches Yuk Whe (das weltbeste Steak Tatar): Sake.

Pfeffersteak: Eher junger Roter von der Rhône oder Cabernet Sauvignon. Nichts, was zu süß-fruchtig ist.

Tatar: Wodka oder ein leichter, junger Rotwein: Beaujolais, Bergerac, Valpolicella.

T-Bone: Strukturreicher Rotwein wie Barolo, Hermitage, australischer Cabernet Sauvignon oder Shiraz, chilenischer Syrah, Douro.

Wagyu: Ein feiner, seidiger Roter oder Orange Wine.

Von älteren Rindern: Tief, üppig, deftig. Italienischer oder spanischer Spitzenrotwein.

Tajine (nordafrikanisches Schmorgericht) Kommt drauf an, was unter dem Deckel schmort, doch fruchtige junge Rote sind meist gut: Beaujolais, Tempranillo, Sangiovese, Merlot, Shiraz. Amontillado ist großartig, Amarone hat gerade viele Anhänger.

Huhn mit eingelegten Zitronen und Oliven: Viognier.

Tandoori Chicken Riesling, Sauvignon blanc oder junger roter Bordeaux, auch leichter, gekühlter Roter aus Norditalien. Ebenso Cava oder Champagner oJ, oder aber Palo Cortado oder Amontillado Sherry.

Taube Pinot noir passt perfekt; sonst junger Rhône-Wein, argentinischer Malbec, junger Sangiovese. Oder probieren Sie eine Silvaner-Spätlese aus Franken.

Thai-Küche Ingwer und Zitronengras passen zu pikantem Sauvignon blanc (Loire, Australien, Neuseeland, Südafrika) oder Riesling (Spätlese oder aus Australien). Die meisten Currys mögen aromatische Weiße mit einem Hauch Süße wie Gewürztraminer.

Vietnamesische Küche Riesling, trocken oder als Spätlese aus Deutschland, Österreich, Neuseeland. Auch Grüner Veltliner oder Sémillon; bei Rotwein Pinot noir, Cabernet franc, Blaufränkisch.

Vitello tonnato Körperreicher Weißwein, v. a. Chardonnay; leichter Rotwein (z. B. Valpolicella), kühl serviert. Oder ein Rosé aus dem Süden.

Wachtel Rioja Reserva, reifer roter Bordeaux, Pinot noir. Oder ein milder Weißer wie Vouvray oder St-Péray.

Wild Mächtige Rotweine, u. a. Mourvèdre – reinsortig wie aus Bandol oder in Verschnitten. Rhône-Wein, Languedoc, Bordeaux, Gimblett Gravels (Neuseeland) oder kalifornischer Cabernet Sauvignon eines reifen Jahrgangs; auch voller Weißwein, z. B. Pfälzer Spätlese oder Elsässer Pinot gris. Auch ein erstklassige Italiener.

Wild mit süß-scharfer Beerensauce: Probieren Sie einen deutschen Riesling Großes Gewächs oder einen chilenischen Carmenère oder Syrah.

Wildgeflügel *Jung, gebraten:* Der beste Rotwein, den man auftreiben kann, aber nicht zu schwer. Rebhuhn ist feiner als Fasan, der wiederum feiner ist als Moorhuhn. Entsprechend geht es mit dem Gewicht der Weine aufwärts, beginnend mit jungem Pinot noir, Blaufränkisch, Syrah, Garnacha und so weiter.

Ältere Exemplare in der Kasserolle: Gevrey-Chambertin, Pommard, Châteauneuf-du-Pape, St-Émilion Grand cru classé, Rhône-Wein.

Gut abgehangen: Vega Sicilia, ein großer Roter von der Rhône, Château Musar aus dem Libanon.

Kaltes Wildgeflügel: Bester deutscher Riesling oder reifer Jahrgangschampagner.

Wildpastete *Kalt:* Guter weißer Burgunder oder ein Erstes Gewächs aus Deutschland, Beaujolais Cru oder Champagner.

Warm: Rotwein: Pinot noir aus Oregon, St-Émilion Grand cru classé.

Wildschwein Spitzen-Toskaner oder Priorat, neuseeländischer Syrah. Ich habe auch schon Port dazu getrunken; ein Kompromiss wäre Amarone.

Zunge Ausladender Rot- oder Weißwein. Elsässer Pinot gris oder Gewürztraminer, guter Grüner Veltliner. Auch Beaujolais, Rotwein von der Loire, Tempranillo sowie voller, trockener Rosé.

Vegetarische Gerichte

Sie haben kaum Tannine, die helfen oder im Weg stehen, also geht es bei der Weinauswahl zu vegetarischen Gerichten um Süße, Säure, Gewicht und Textur. *Siehe auch* Vorspeisen.

Agrodolce Eine süßsaure italienische Spezialität mit Pinienkernen, Sultaninen, Kapern, Essig und eventuell Sardellen. Frische Weiße wie Verdicchio oder Chardonnay ohne Eichennote passen. Oder Orange Wine.

Artischocken Ein ausdrucksvoller, trockener Weißer, z. B. neuseeländischer Sauvignon blanc, Côtes de Gascogne oder ein Grieche (ein vier Jahre alter Malagousia, um genau zu sein). Orange Wine: ja; Rotwein: nein, außer es geht gar nicht anders. Dann muss er Säure haben: Lagrein, Dolcetto.

Auberginen Kommen in ganz verschiedenen Zubereitungen auf den Tisch, meist intensiv im Geschmack. Robuste Rote mit Säure sollten passen: Shiraz, griechisch, libanesisch, bulgarisch, ungarisch, türkisch. Weißweine mit

Struktur, beispielsweise Verdicchio. Mit Orange Wine gehen Sie noch einen Schritt weiter.

Avocado Kein Selbstläufer. Ein trockener bis leicht lieblicher Riesling Kabinett nimmt es mit dem Dressing auf. Sonst was Leichtes, Frisches: Aligoté, Trebbiano, Pinot grigio.

Bärlauch Nicht einfach. Am ehesten ein neutraler Weißer mit guter Säure.

Blumenkohl *Geröstet, gebraten etc.:* Richten Sie sich nach den (meist kräftigen) Geschmacksnoten und probieren Sie österreichischen Grünen Veltliner, Valpolicella, neuseeländischen Pinot noir.

Mit Käse überbacken: Frischer, aromatischer Weißwein: Sancerre, Riesling-Spätlese, Muscat, Albariño, Godello. Auch Chardonnay oder Beaujolais Villages.

Mit Kaviar: Doch wirklich. Jahrgangschampagner.

Brunnenkresse, roh Dazu schmeckt jeder Wein dieser Welt einfach nur schauderhaft.

Chilischoten Manche stehen auf Schärfe, die besten Weine aber nicht. Tannin rückt dann noch mehr in den Vordergrund, das muss man mögen. Leichte, fruchtige Rot- und Weißweine wirken erfrischend: Tempranillo, chilenischer Merlot, neuseeländischer Sauvignon blanc. Für **Harissa** gilt das Gleiche. *Siehe auch* Chili con carne, chinesische Küche und indische Küche im Abschnitt Fleisch.

Couscous mit Gemüse Junger Rotwein mit Biss: Shiraz, Corbières, Minervois; Rosé; Orange Wine; italienischer Refosco oder Schioppettino.

Dal Gibt es in vielen Varianten, aber alle haben eine erdige Note. Ein einfacher Roter aus einem warmen Klima eignet sich am besten: Carmenère, Dão oder ein Süditaliener.

Fenchelgerichte Sauvignon blanc (Pouilly-Fumé oder aus Neuseeland), Silvaner oder englischer Seyval blanc oder auch ein junger Tempranillo. Geschmorter Fenchel mit seinem intensiven Geschmack: leichter Gamay oder Pinot noir.

Fermentierte Speisen *Siehe auch* Choucroute garnie, koreanische Küche (Fleisch). Kimchi und Miso sind Teil vieler asiatischer Speisen. Hier wird generell Frucht und Säure benötigt. Zu vegetarischen Gerichten mit erkennbarer Süße passt vielleicht ein Elsässer.

Kichererbsen Hängt von den anderen Aromen ab. Zu Eintöpfen passt Tempranillo oder ein südfranzösischer Rotwein.

Hummus: Jeder einfache Rot-, Rosé- oder Weißwein – oder natürlich Fino.

Knollensellerie *Aus dem Ofen oder als Püree:* Hat kaum Einfluss auf das Hauptgericht. Säure tut gut, also klassische Cabernet-Verschnitte, Beaujolais oder Pinot noir, je nach Hauptspeise.

Mit Remouladensauce und Räucherschinken Braucht einen hellen Roten: Dolcetto, einfacher Gamay, Valpolicella. Oder weiß: Grüner Veltliner.

Kürbis in Ravioli/Risotto Körperreicher, fruchtiger, trockener oder halbtrockener Weißwein: Viognier oder Marsanne, halbtrockener Vouvray, Gavi, südafrikanischer Chenin blanc. Wenn es ein Roter sein soll: Merlot, Zinfandel.

Linsengerichte Ein stämmiger Roter: Corbières, Zinfandel oder Shiraz. *Siehe auch* Dal.

Mais-Fritters Werden oft mit einer scharf-würzigen Sauce serviert. Rosé, Orange Wine oder neutraler Weißer.

Makkaroniauflauf, mit Käse überbacken Wie für überbackenen Blumenkohl.

Maroni *In einem Schmorgericht oder als Pürée:* erdiger, reichhaltiger Rotwein aus der Toskana oder von der südlichen Rhône.

Mediterranes Gemüse, gegrillt Ein weißer Italiener; oder rot: Brouilly, Barbera, Tempranillo oder Shiraz.

Paprikaschoten Mittelgewichtiger Wein von Rhône-Trauben, CARMENÈRE, Rioja; oder reifer Sauvignon blanc (v. a. mit ungarischer Spitzpaprika).

Gefüllt: Vollaromatischer Rot-, Weiß- oder Roséwein: Languedoc, griechisch, spanisch. Oder Orange Wine.

Pilze (in den meisten Zubereitungen) Die meisten Roten und einige Weiße passen ganz ausgezeichnet. Art und Zubereitung spielen eine große Rolle. Pomerol, kalifornischer Merlot, Rioja Reserva, Spitzen-Burgunder oder Vega Sicilia.
Champignons mit Sahne: Feine Weiße, sogar Jahrgangschampagner.
Steinpilze: Ribera del Duero, Barolo, Chianti Rufina, Pauillac, St-Estèphe oder Gimblett Gravels (Neuseeland).
Auf Toast: Nehmen Sie Ihren besten Bordeaux – oder sogar Port.

Eine sichere Bank

Einige Weine sind nützlicher als andere – vielseitiger, nachsichtiger. Wenn Sie im Restaurant für eine ganze Gruppe den Wein auswählen oder einfach Ihren eigenen Keller mit den Basics auffüllen wollen, halten Sie sich am besten an diese: **Rot:** Alentejo, BARBERA d'Asti/d'Alba, BLAUFRÄNKISCH, Beaujolais, Chianti, GRENACHE/GARNACHA (nicht zu stark extrahiert oder zu eichenlastig), junger MALBEC (auch mit Eichennote), PINOT NOIR, SYRAH (vielseitiger als Shiraz), Valpolicella. **Weiß:** Elsässer PINOT BLANC, ASSYRTIKO, CHARDONNAY aus kühlem Klima, CHENIN BLANC von der Loire oder aus Südafrika, Fino Sherry, GRÜNER VELTLINER, trockener RIESLING, Sancerre, guter Soave, VERDICCHIO. Wählen Sie immer den besten Erzeuger, den Sie sich leisten können, und lassen Sie sich – innerhalb gewisser Grenzen – nicht zu sehr von Appellationen oder sogar Jahrgängen leiten. Wenn ein guter Chablis Ihr Budget sprengt, nehmen Sie lieber einen Assyrtiko als einen billigen Chablis.

Ratatouille (oder Piperade) Kräftiger junger Rotwein: Chianti; Cabernet Sauvignon aus Neuseeland, Merlot, Malbec, Tempranillo, Languedoc. Oder guter Rosé.

Rote Bete Hat eine Note, die auch roter Burgunder zeigt. Bleiben Sie dabei. Gut ist auch Grenache/Garnacha der neuen Welle (sprich: leicht), Gamay ebenso.

Safran Findet sich in süßen und herzhaften Speisen und passt gut zu vollen Weißweinen wie Roussanne, Viognier, Pinot gris. Auch Orange Wines können gut sein. Bei Desserts: Sauternes oder Tokaji. *Siehe auch* Tajine.

Seetang (Nori) Hängt ab vom Kontext. *Siehe auch* Sushi (Fisch). Die Jodnote passt gut zu Grünem Veltliner oder Riesling aus Österreich.

Spargel Sowohl grüner als auch weißer Spargel sind leicht bitter und brauchen deshalb Säure – sofern Wein überhaupt nötig ist. Spargel solo: eher kein Wein; Spargel mit anderen Zutaten: Richten Sie sich nach diesen.

Tahin Hat kaum Einfluss auf die Weinauswahl, die hängt von den restlichen Zutaten des Gerichts ab.

Tapenade Manzanilla oder Fino Sherry oder jeder leicht scharfe, trockene Weißwein oder Rosé. Auf keinen Fall Champagner.

Trüffel Schwarze Trüffel passen zu feinstem Bordeaux vom rechten Ufer, aber noch besser zu gereiftem weißem Hermitage oder Châteauneuf. Weiße Trüffel verlangen nach dem besten Barolo oder Barbaresco aus ihrer Heimat Piemont. Mit Pasta und Butter: Lugana. Zum Frühstück auf Rührei: Barbera.

Wurzelgemüse, gebraten Sowohl mediterranes als auch Wurzelgemüse haben jede Menge Süße. Rosé, v. a. mit etwas Körper, oder Orange Wine. Leichte

Rote mit Säure, um gegen das Dressing zu bestehen. Mit Pesto eher ein Weißwein mit Gewicht.

Zwiebel- oder Lauchtarte Fruchtiger, trockener bis halbtrockener Weißer: Elsässer Pinot gris oder Gewürztraminer, Riesling aus Kanada, Australien oder Neuseeland, Jurançon. Oder Cabernet franc von der Loire.

Desserts

Apfelkuchen, -strudel oder -tarte Süßer Weißwein aus Deutschland, Österreich oder von der Loire, Tokaji Aszú oder kanadischer Eiswein.

Birnen in Rotwein Rivesaltes, Banyuls oder Riesling-Beerenauslese.

Crème brûlée Sauternes oder Rheinwein-Beerenauslese bzw. bester Madeira oder Tokajer.

Cremes und Puddings Sauternes, Loupiac, Ste-Croix-du-Mont oder Monbazillac. *Siehe auch* Schokoladen-, Kaffee-, Rumdesserts.

Eiscreme und Sorbet Zu Vanilleeis PX oder australischer Liqueur Muscat. Sorbets: Gönnen Sie dem Wein eine Pause.

Himbeeren (ohne Sahne, wenig Zucker) Sehr gut zu feinen Rotweinen, die selbst eine Himbeernuance besitzen: junger Juliénas, Regnié. Noch besser: mit Sahne und etwas aus dem Sauternes-Spektrum.

Kaffeedesserts Süßer Muscat, australischer Liqueur Muscat, Tokaji Aszù.

Käsekuchen Süßer Weißwein (Vouvray, Anjou) oder Vin Santo – nichts zu Spezielles.

Kuchen und Gebäck Bual- oder Malmsey-Madeira, Oloroso oder Cream Sherry. *Siehe auch* Schokoladen-, Kaffee-, Rumdesserts.

Meringen Recioto di Soave, Asti oder reifer Jahrgangschampagner.

Nüsse Feinster Oloroso Sherry, Madeira, Jahrgangs-Port oder Tawny (ideal für Walnüsse), Tokáji Aszú, Vin Santo, Moscatel de Setúbal. Cashews mit Champagner sind fantastisch, Pistazien passen besser zu Fino.
Salziges Nussparfait: Tokaji Aszú, Vin Santo.

Orangengeschmack, Desserts mit Versuchsweise alter Sauternes, Tokaji Aszú oder kalifornischer Orange Muscat.

Panettone Vinsanto. Jurançon moelleux, Riesling-Spätlese, Barsac, Tokaji Aszú.

Pecan Pie Orange Muscat oder Liqueur Muscat.

Rumdesserts (Baba, Mousse) Muscat – vom Asti bis zu australischem Likörwein, je nach Schwere des Desserts.

Schokoladendesserts Hier zählt die Textur. Bual, kalifornischer Orange Muscat, Tokaji Aszú, australischer Liqueur Muscat, 10-Year-Old Tawny oder sogar junger Vintage Port, Asti für leichte, luftige Mousse. Oder Vin doux naturel Banyuls, Maury oder Rivesaltes. Manche mögen Médoc zu schwarzer Bitterschokolade, ist aber eher eine Verschwendung für beide. Syrah mit Bitterschokolade geht gar nicht, das habe ich ausprobiert. Armagnac oder guter Rum.

Soufflés, süß Sauternes oder Vouvray moelleux; süßer (oder reichhaltiger) Champagner.

Tiramisu Vin Santo, junger Tawny, Muscat de Beaumes-de-Venise, Sauternes oder australischer Liqueur Muscat. Noch besser: gar kein Wein.

Trifle Sollte bereits reichlich mit Sherry (Oloroso) getränkt sein.

Walderdbeeren *Ohne Sahne:* Mit roten Bordeaux (sehr erlesen ist Margaux) übergießen.
Mit Sahne: Sauternes oder ähnlicher süßer Bordeaux, Vouvray moelleux oder Jurançon Vendange tardive.

Zabaglione Leichter, goldener Marsala, edelfauler australischer Semillon, Asti.

Zitronengeschmack, Desserts mit Für Nachspeisen wie Tarte au Citron bietet sich süßer deutscher oder österreichischer Riesling an, aber auch Tokaji Aszú – je saurer, desto süßer.

Wein & Käse

Anders als man meinen möchte, sind Weißweine hier sicherer als Rote. Feine Rotweine werden von kräftigen Käsesorten geradezu erschlagen. Trotz gewisser Ausnahmen sollte man sich an folgende Prinzipien halten: Je härter der Käse ist, desto tanninhaltiger darf der Wein sein. Und je cremiger der Käse ist, desto mehr Säure benötigt der Wein – und keine Angst vor Süße! Käse wird durch seine Konsistenz und die Beschaffenheit seiner Rinde klassifiziert. Sein Aussehen gibt daher schon einen Hinweis darauf, welcher Wein zu ihm passt.

Blauschimmelkäse Der hohe Salzgehalt von Roquefort und den meisten anderen Blauschimmelkäsen erfordert Süße beim Wein: Sauternes, Tokaji, relativ junger Vintage oder Tawny Port, v. a. mit Stilton. Gehaltvoller alter Oloroso, Amontillado, Madeira, Marsala und andere gespritete Weine passen zu den meisten Blauschimmelsorten. Trockener Rotwein passt nicht. Ganz sicher.

Frischkäse, Rahmkäse, Fromage frais, Mozzarella Leichter, knackiger Weißwein wie Chablis, Bergerac, Entre-Deux-Mers; auch ein saftiger Rosé kann gut sein.

Gerichte mit geschmolzenem Käse *Frico:* Ein traditionelles Gericht im Friaul. Der Käse wird mit Kartoffeln oder Zwiebeln in der Pfanne geröstet oder gebacken. Säurereicher lokaler Refosco (rot) oder Ribolla gialla (weiß).
Mont d'Or: Gebacken und mit Kartoffeln serviert eine Köstlichkeit. Relativ neutraler, frischer Weißwein: Grüner Veltliner, Savoie.
Fondue: Liegt wieder im Trend. Leichter, frischer Weißer wie oben.
Makkaroni oder Blumenkohl mit Käse überbacken: Einfacher Rot- oder trockener Weißwein.

Halbweicher Käse – Livarot, Pont l'Evêque, Reblochon, Tomme de Savoie, St-Nectair Kräftiger weißer Bordeaux, Chardonnay, Elsässer Pinot gris, trockener Riesling, süditalienischer oder sizilianischer Wein, alter weißer Rioja, trockener Oloroso Sherry. Die stärksten Vertreter dieser Käsesorten sind tödlich für fast jeden Wein. Probieren Sie Marc oder Calvados.

Hartkäse – Gruyère, Manchego, Parmesan, Cantal, Comté, alter Gouda, Cheddar Schwierig für eine allgemeine Regel, aber leicht, im Einzelfall das Richtige zu finden. Gouda, Gruyère und einige englische Käsesorten harmonieren gut mit feinem rotem Bordeaux oder Cabernet Sauvignon sowie großen Shiraz-/Syrah-Weinen. Kräftige Käse indessen verlangen nach weniger edlen Weinen, vorzugsweise lokalen Erzeugnissen. Der rote holländische Mimolette, der Comté oder der Beaufort passen zu einem feinen, reifen Bordeaux. Oder zu Tokaji Aszú. Sie können aber auch Weißwein probieren.

Käse mit natürlicher Rinde (insbesondere Ziegenkäse) – St-Marcellin Sancerre, leichter Sauvignon blanc, Jurançon, Savoie, Soave, italienischer Chardonnay; oder junger Vintage Port.

Weichkäse mit flaumiger Rinde – Brie, Camembert, Chaource Voller trockener weißer Burgunder oder Rhône-Wein. Kein tanninbetonter Roter.

Würziger Weichkäse mit gewaschener oder klebriger orangeroter Rinde – Langres, reifer Epoisses, Maroilles, Carré de l'Est, Milleens, Münsterkäse Lokale Rotweine, besonders zu Burgunder-Käse; lebhafter Languedoc, Cahors, Côtes du Frontonnais, Bairrada sowie Wein aus Korsika, Süditalien oder Sizilien. Auch kräftige Weißweine, v. a. elsässischer Gewürztraminer oder Muscat. Zu Münsterkäse immer Gewürztraminer.

Technische Weinsprache

An jedes Gespräch über Weinstile und veränderte Moden schleichen sich unweigerlich Begriffe aus der Kellertechnik und Weinbereitung ein. Die folgenden verwenden wir in diesem Buch am häufigsten.

Alkoholgehalt (vorwiegend Ethanol) Er wird in Volumenprozent (Vol.-%) angegeben, d. h. in Prozent des Gesamtflüssigkeitsvolumens. Tischwein enthält in der Regel zwischen 12,5 und 14,5 Vol.-%. Den Alkoholgehalt unter Kontrolle zu halten ist eine der großen Herausforderungen für den modernen Weinbau.

Alte Reben ergeben einen intensiveren Geschmack. Der Begriff ist aber gesetzlich nicht definiert: manche *vieilles vignes* sind ca. 30 Jahre alt, doch 50 oder mehr Jahre sollten es schon sein, um ernst genommen zu werden.

Amphoren Das Gärgefäß von vor 7.000 Jahren feiert gerade fröhliche Urständ. Amphore öffnen, Trauben einfüllen, Amphore wieder verschießen und in sechs Monaten wiederkommen. Riskant, aber manchmal gelingt's.

Barrique Kleines (225 l) Eichenfass, das für die Gärung und/oder Reifung von Wein verwendet wird. Je neuer das Holz, umso stärker wirkt sich der Eicheneinfluss auf Geruch und Geschmack des Weins aus; französische Eiche wirkt subtiler als amerikanische. Heute wird Eichenholz rund um den Globus wieder viel zurückhaltender eingesetzt.

Betoneier Die aufrecht stehenden Gärbehälter in Eiform sind zurzeit schwer in Mode; durch die Form bleibt der Hefesatz in Bewegung. Beton hat insgesamt in einer Weinwelt, die sich teilweise von der Eiche abwendet, viele Anhänger gefunden.

Biodynamisch Diese Methode des Weinbaus verwendet Präparate aus Kräutern, Mineralien und organischen Stoffen in homöopathischen Mengen und richtet sich auch nach den Mondphasen und den Bewegungen der Planeten. Ist inzwischen fast Mainstream geworden.

Biologischer Säureabbau (BSA) Inkorrekt auch malolaktische oder Zweitgärung genannt, findet der BSA nach der alkoholischen Gärung statt: Die scharfe Apfelsäure wird in die mildere Milchsäure umgewandelt. Sowohl Rot- als auch Weißweine können dabei komplexer werden. Wird in heißen Gegenden, wo der Säuregehalt von Natur aus gering und daher kostbar ist, meist vermieden.

Bio/öko Beim ökologischen/biologischen Weinbau (die Begriffe werden gleichbedeutend verwendet) sind die meisten chemischen Produkte im Weinberg verboten. Ein als Bio-Wein etikettierter Wein darf nur in geringem Umfang geschwefelt werden und muss von biologisch angebauten Trauben erzeugt sein.

Ganztraubenvergärung ist vor allem für Pinot noir beliebt: Ganze Trauben werden mit Stielen in den Gärbehälter gefüllt. Liefert eine merkliche Herzhaftigkeit, Pfeffer, Lebhaftigkeit, Länge, Raffinesse, Geradlinigkeit. Kann das Aroma dominieren.

Gemischter Satz Englisch »field blend«: Unterschiedliche Sorten wachsen im selben Weingarten und werden auch gemeinsam gelesen und vergoren. Derzeit ein Megatrend.

Kohlensäuremaischung Ganze (rote) Trauben werden in einen verschlossenen Behälter gefüllt, woraufhin ohne Zugabe von Hefe die Gärung innerhalb der einzelnen Beeren stattfindet. Sorgt für einen leichten, saftigen Stil.

Mikrooxidation So heißt eine weitverbreitete Methode, den Wein während der Reifezeit kontrolliert mit Sauerstoff in Kontakt treten zu lassen. Sie macht den Geschmack weicher und hilft, den Wein zu stabilisieren.

Mineralisch Ein Verkostungsbegriff, der mit Vorsicht verwendet werden sollte: als Beschreibung für kreidige/steinige Eigenschaften eines Weins in Ordnung; oft aber falsch verwendet, um zu implizieren, dass Mineralien aus dem Boden in den Wein gelangt seien. Das ist unmöglich.

Naturwein Es gibt keine feste Definition für diese Art Weine, hat aber auf jeden Fall mit ökologischem oder biodynamischem Weinbau zu tun sowie mit minimalen Eingriffen in der Kellerei und minimaler oder gar keiner Zugabe von SO_2. Die besten sind großartig; als Ausrede für Fehler darf »natürlich« aber nicht gelten. Werden nicht selten in Amphoren oder Betoneiern bereitet.

Orange Wines Dies sind tanninhaltige, auf den Schalen vergorene Weißweine, womöglich in Amphoren. Wie bei den Naturweinen gibt es gute und weniger gute. Als Essensbegleiter ausgezeichnet.

Pét-Nat (pétillant naturel) Wein, der vor dem Ende der Gärung in Flaschen abgefüllt wird. Die Gärung setzt sich dort fort; der Wein perlt, behält etwas Restsüße und ist relativ alkoholarm. Derzeit ungeheuer in Mode.

pH-Wert Das Maß für die Säure: je niedriger der pH-Wert, umso mehr Säure. Im Wein beträgt der pH-Wert normalerweise 2,8 bis 3,8. In heißen Ländern kann ein zu hoher pH-Wert zum Problem werden. Ein niedriger pH-Wert ergibt eine bessere Farbe, wirkt schädlichen Bakterien entgegen und lässt mehr freies, konservierendes SO_2 zu – ist also im Allgemeinen ein gutes Zeichen.

Restsüße ist der nach Beendigung oder Unterbrechung der Gärung im Wein verbliebene Gesamtzucker, gemessen in Gramm pro Liter (g/l). Trockener Wein hat fast keine Restsüße.

Säure kommt im Wein in nichtflüchtiger und in flüchtiger Form vor. **Nichtflüchtige Säuren** sind insbesondere Wein-, Apfel- und Zitronensäure aus der Traube sowie Milch- und Bernsteinsäure aus der Gärung. Die Säure kann von Natur aus vorhanden oder (in warmen Klimata) künstlich zugesetzt sein. Die wichtigste **flüchtige Säure** ist Essigsäure, die bei Sauerstoffkontakt von Bakterien gebildet wird. Ein Hauch an flüchtiger Säure ist nicht ungewöhnlich und kann die Komplexität erhöhen. Zu viel davon, und es gibt Essig. Gesamtsäure nennt man die Summe aus flüchtigen und nichtflüchtigen Säuren.

Schwefeldioxid (SO_2) gibt man dem Wein bei, um Oxidation oder andere Fehlentwicklungen bei der Weinbereitung zu verhindern. Ein Teil des SO_2 verbindet sich mit dem Zucker und ist also »gebunden«. Nur »freies« SO_2 wirkt konservierend. Der Trend weltweit geht dahin, weniger SO_2 zu verwenden. Ganz darauf zu verzichten, verlangt Mut.

Tannine (Gerbstoffe) sind ein wesentlicher Bestandteil der meisten Rotweine, aller Orange Wines und auch einiger Weißer. Sie stammen aus den Traubenschalen und -kernen und sind deshalb auch in Weißweinen zu finden, die in Amphoren vinifiziert wurden. Die Tanninreife in den Trauben tritt normalerweise nach der Zuckerreife auf, und wer in warmen Klimata auf Erstere warten muss, hat sich auf hohe Alkoholgrade einzustellen.

Terroir nennt man die Grundidee, dass Boden, Klima, Ausrichtung zur Sonne und Höhenlage im Zusammenspiel jedem Weinberg einen eigenen Fingerabdruck verleihen. Je kleiner und besser das betreffende Gebiet ist, umso mehr gewinnt das Terroir an Bedeutung. Hohe Erträge, überreife Trauben, stark interventionistische Weinbereitung usw. tendieren dazu, das Terroir zu verschleiern. Mehr Kellermeister reden darüber, »das Terroir auszudrücken«, als es tatsächlich zu tun.

Toastwürze kommt von der Anröstung des Fasses auf der Innenseite, die dafür sorgt, dass der Wein die Holzaromen integrieren kann. Eine zu starke Anröstung verleiht dem Wein karamellähnliche, verkohlte Aromen, zu wenig kann paradoxerweise die Holznote zu stark werden lassen.

Die richtige Temperatur

Nichts tut einem Wein beim Servieren so wohl oder weh wie die Temperatur. Weißwein schmeckt unweigerlich flach und langweilig, wenn er zu warm ins Glas kommt, und Rotwein zeigt enttäuschend wenig Duft und Geschmacksfülle, wenn er zu kalt ist. Nachstehend sollen einige Hinweise auf die richtige Serviertemperatur für verschiedene Weine gegeben werden.

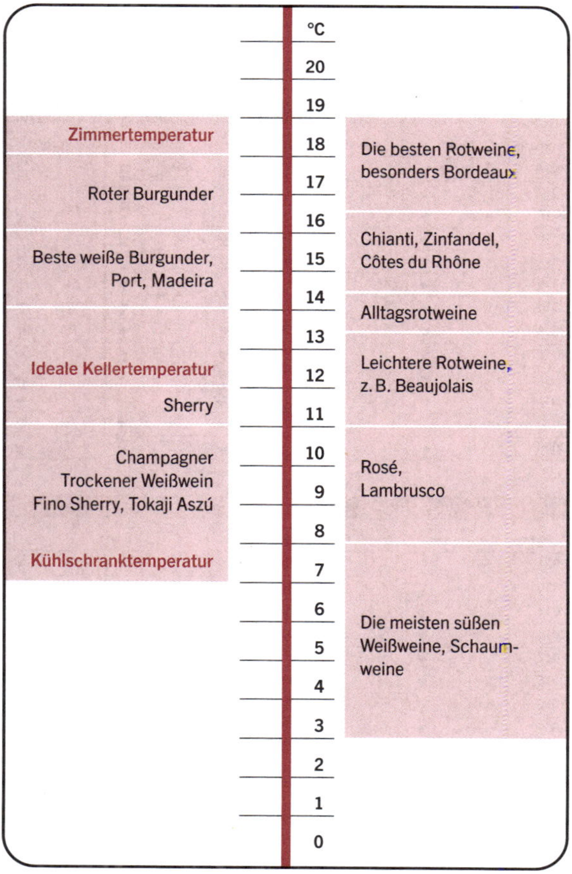

Übersichtstabelle der Weinjahrgänge

Diese Tabellen sollen ein allgemeines Bild der in den Hauptanbaugebieten erzeugten Qualitäten vermitteln und als Anleitung dienen, ob ein Wein getrunken oder noch aufbewahrt werden sollte. Verallgemeinerungen sind unvermeidlich.

- [trinken] jetzt trinken
- [Genuss] kann jetzt mit Genuss getrunken werden, bessere Weine lohnen jedoch weitere Aufbewahrung
- [lagern] muss noch länger lagern
- [meiden] meiden
- 0 nicht gut
- 10 am besten

	Deutschland		Italien		Spanien
Jahrgang	Rhein	Mosel	Piemont rot	Toskana rot	Rioja
2021	7–8 [lagern]	6–7 [lagern]	7–8 [lagern]	8-9 [lagern]	7-8 [lagern]
2020	6–8 [lagern]	7–8 [lagern]	7–8 [lagern]	7–9 [lagern]	7–8 [lagern]
2019	6–8 [Genuss]	7–8 [Genuss]	7–9 [lagern]	8–9 [lagern]	8–9 [lagern]
2018	8–9 [Genuss]	8–9 [Genuss]	7–8 [lagern]	7–8 [lagern]	7–8 [lagern]
2017	7 [Genuss]	7–8 [Genuss]	6–7 [lagern]	6–7 [lagern]	7–9 [Genuss]
2016	7–8 [Genuss]	7–8 [Genuss]	8–9 [lagern]	7–9 [Genuss]	6–7 [Genuss]
2015	8–9 [Genuss]	8–9 [Genuss]	8–9 [Genuss]	8–9 [Genuss]	8–9 [Genuss]
2014	5–6 [Genuss]	6–7 [Genuss]	6–7 [Genuss]	6–7 [Genuss]	7–8 [Genuss]
2013	6–7 [Genuss]	5–6 [Genuss]	6–7 [Genuss]	6–8 [Genuss]	6–8 [trinken]
2012	7–8 [Genuss]	7–8 [Genuss]	5–7 [Genuss]	5–7 [trinken]	7–9 [trinken]
2011	8–9 [Genuss]	8–10 [Genuss]	6–7 [trinken]	5–8 [trinken]	7–8 [Genuss]
2010	6–8 [trinken]	6–8 [Genuss]	8–9 [Genuss]	7–8 [Genuss]	8–9 [Genuss]
2009	7–9 [Genuss]	6–8 [Genuss]	7–9 [trinken]	7–8 [trinken]	8–9 [Genuss]

	Australien		Champagne		Port	
Jahrgang	Barossa Shiraz	Marg. R. Chard.	Jahrgang		Jahrgang	
2021	9–10 [lagern]	9–10 [Genuss]	2021	5–7 [lagern]	2021	7–8 [lagern]
2020	8–9 [lagern]	9–10 [Genuss]	2020	8–9 [lagern]	2020	6–7 [lagern]
2019	7–8 [Genuss]	6–8 [Genuss]	2019	8–9 [lagern]	2019	5–8 [lagern]
2018	7–8 [Genuss]	7–8 [Genuss]	2018	6–9 [lagern]	2018	7–9 [lagern]
2017	7–8 [Genuss]	6–7 [Genuss]	2017	6–8 [lagern]	2017	8–10 [lagern]
2016	8–9 [Genuss]	7–9 [Genuss]	2016	7–9 [lagern]	2016	8–9 [lagern]
2015	8–9 [Genuss]	8–9 [Genuss]	2015	6–9 [lagern]	2015	8–9 [lagern]
2014	6–7 [Genuss]	8–9 [Genuss]	2014	6–7 [Genuss]	2014	6–9 [Genuss]
2013	7–9 [Genuss]	8–10 [Genuss]	2013	7–8 [Genuss]	2013	5–8 [Genuss]
2012	8–9 [Genuss]	8–9 [Genuss]	2012	8–9 [Genuss]	2012	7–8 [trinken]
2011	4–5 [trinken]	8–9 [Genuss]	2011	6–7 [Genuss]	2011	8–10 [Genuss]
2010	9–10 [Genuss]	9–10 [Genuss]	2010	7–9 [Genuss]	2010	6–8 [Genuss]

	Kalifornien		Neuseeland		Südafrika
Jahrgang	Cabernet	Chardonnay	Hawke's B. rot	Marlb. weiß	Stellenbosch rot
2021	7–8 [lagern]	7–8 [Genuss]	7–8 [lagern]	7–8 [Genuss]	8–9 [lagern]
2020	6–8 [lagern]	6–8 [Genuss]	7–9 [lagern]	7–9 [Genuss]	7–8 [lagern]
2019	7–8 [Genuss]	6–8 [Genuss]	7–9 [lagern]	7–9 [Genuss]	7–9 [lagern]
2018	6–9 [Genuss]	6–9 [Genuss]	6–7 [lagern]	6–7 [Genuss]	7–8 [Genuss]
2017	6–8 [Genuss]	7–8 [Genuss]	6–8 [lagern]	6–8 [Genuss]	8–10 [Genuss]

Frankreich					
	Roter Bordeaux		Weißer Bordeaux		Elsass
Jahrgang	Médoc/Graves	Pom/St-Ém	Sauternes & süß	Graves & trocken	
2021	5–7	5–7	7–8	7–9	6–8
2020	7–8	7–9	7–8	7–8	8–9
2019	7–9	6–9	7–8	7–9	6–8
2018	8–9	8–9	7–9	7–8	7–9
2017	6–8	6–7	8–9	7–8	9–10
2016	8–9	8–9	8–10	7–9	7–8
2015	7–9	8–10	8–10	7–9	7–9
2014	7–8	6–8	8–9	8–9	7–8
2013	4–7	4–7	8–9	7–8	8–9
2012	6–8	6–8	5–6	7–9	8–9
2011	7–8	7–8	8–10	7–8	5–7
2010	8–10	7–10	7–8	7–9	8–9
2009	7–10	7–10	8–10	7–9	8–9
2008	6–8	6–9	6–7	7–8	7–8
2007	5–7	6–7	8–9	8–9	6–8
2006	7–8	7–8	7–8	8–9	6–8
2005	9–10	8–9	7–9	8–10	8–9
2004	7–8	7–9	5–7	6–7	6–8
2003	5–9	5–8	7–8	6–7	6–7

Frankreich Fortsetzung					
	Burgund			Rhône	
Jahrgang	Côte d'Or rot	Côte d'Or weiß	Chablis	Nord	Süd
2021	6–7	6–7	7–8	6–7	6–8
2020	6–8	7–9	6–8	7–8	6–8
2019	7–9	7–10	7–9	8–9	7–9
2018	6–9	7–8	7–9	7–9	6–8
2017	6–9	8–9	8–9	7–9	7–9
2016	7–8	6–8	5–7	7–9	8–9
2015	7–9	6–8	7–8	8–9	8–9
2014	6–8	8–9	7–9	7–8	6–8
2013	5–7	6–7	6–8	7–9	7–8
2012	8–9	7–8	7–8	7–9	7–9
2011	7–8	7–8	7–8	7–8	6–8
2010	8–10	8–10	8–10	8–10	8–9
2009	7–10	7–8	7–8	7–9	7–8
2008	7–9	7–9	7–9	6–7	5–7

Beaujolais 21 20 19 18 17 15 14; Crus länger haltbar. **Mâcon-Villages** (weiß) jetzt trinken: 21 20 19 18 17 15. **Loire** (süße Weine aus dem Anjou und der Touraine) beste neuere Jahrgänge: 21 20 19 18 15 10 09 07 05 02 97 96 93 90; Bourgueil, Chinon, Saumur-Champigny: 21 20 19 18 17 15 14 10 09 06 05 04. **Obere Loire** (Sancerre, Pouilly-Fumé): 21 20 19 18 17 15 14. **Muscadet** BV.

Frankreich

Die folgenden Abkürzungen werden im Text verwendet:

Beauj	Beaujolais
Bg	Burgund
Bx	Bordeaux
Cas	Castillon – Côtes de Bordeaux
Champ	Champagne
El	Elsass
Fron	Fronsac
H-Méd	Haut-Médoc
Lang	Languedoc
Lo	Loire
Méd	Médoc
N-Rh	Nördliche Rhône
Prov	Provence
Rouss	Roussillon
Saut	Sauternes
Sav	Savoyen
S-Rh	Südliche Rhône
SWF	Südwestfrankreich
ZF	Zentralfrankreich
AC	Appellation Contrôlée
Ch(x).	Château(x)
Dom.	Domaine

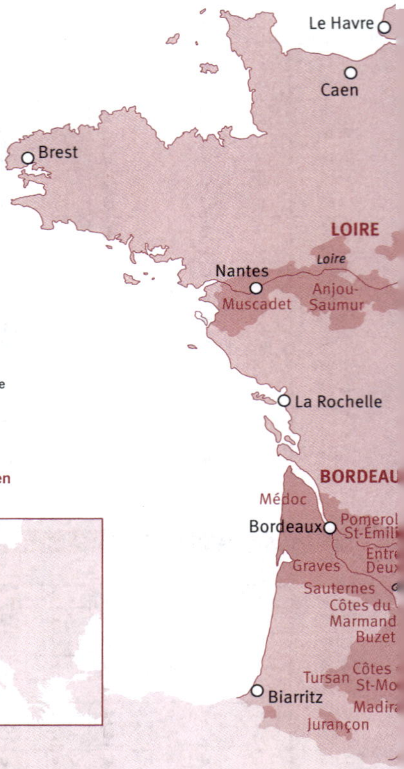

Die dunklen Flächen bezeichnen die Weinbaugebiete

Welchen Zweck haben die klassischen Gewächse Frankreichs heutzutage, da die Qualität der Weine auf der ganzen Welt nie besser war? Die Nachfrage nach Bordeaux und Burgunder der Spitzenklasse ist ungebrochen, die Preise sind unverändert hoch: Jene Zeiten, als Burgunder gegenüber Bordeaux vergleichsweise preiswert erschien, sind vorbei. Wer jetzt nach echtem Wert sucht, der wende sich der Rhône zu: 2020 ist ein schöner Jahrgang, und die Preise sind noch nicht ins Astronomische gestiegen. Auch der Süden hat viele Schätze zu bieten, ebenso das Elsass und die Loire-Region.

Der Klimawandel macht sich im Glas bemerkbar. Neulinge unter den Weinliebhabern mögen sich an der neuen Opulenz klassischer Weine erfreuen, doch die Unverwechselbarkeit geht verloren, und wir werden neue Wege finden müssen, um diese Weine von anderen zu unterscheiden – eine Aufgabe, die Frankreich zu bewältigen hat.

Für viele Weinliebhaber, vor allem die weniger abenteuerlustigen, ist Frankreich nach wie vor das Maß aller Dinge in Sachen Qualität. Ein Blick in dieses Buch wird Ihnen viele Einblicke in neue feine Weine ermöglichen. Es sind im Idealfall keine Kopien französischer Stile, sondern Kreationen, die den jeweiligen Terroirs und Rebsorten Rechnung tragen. Sie fußen auf den Traditionen Frankreichs (sehr oft sogar), Spaniens, Italiens und vieler anderer Länder – Georgien zum Beispiel. Die Welt des Weins entwickelt sich in viele Richtungen, eine Idee beflügelt die andere. Und sie alle stehen auf den Schultern eines Riesen.

Verweise können sich auch auf das Kapitel »Die Châteaux von Bordeaux« beziehen.

Neuere Jahrgänge klassischer französischer Weine

Roter Bordeaux

Médoc/roter Graves Bei vielen Weinen ist Flaschenalterung wünschenswert, bei diesen aber unerlässlich. Kleinere Gewächse aus leichteren Jahrgängen brauchen heutzutage oft nur 1–2 Jahre, aber selbst einfache Weine aus guten Jahrgängen können über etwa 10 Jahre hinweg noch gewinnen; die großen Kreszenzen solcher Jahrgänge profitieren sogar von der doppelten Zeit.

2021 Ein kompliziertes Jahr mit Frost, Regen und Mehltau. Cabernet Sauvignon durchwachsen, stilistisch aber klassisch. Seien Sie wählerisch.

2020 Cabernet Sauvignon fällt sehr voll, dunkel und ausdrucksstark aus – Eleganz überwiegt, trotz hohem Alkoholgehalt. Merlot und Petit Verdot sind ebenfalls gut. Geringe Erträge.

2019 Die herrlich ausgewogenen Weine sind konzentriert und zugleich frisch. Hoher Cabernet-Sauvignon-Anteil in den Verschnitten. Zum Einlagern.

2018 Reintöniger, intensiv aromatischer Cabernet Sauvignon mit Fülle und Kraft (hoher Alkoholgehalt), dabei aber ausgewogen – großes Alterungspotenzial.

2017 Ansprechende Weine: schön ausgewogen, relativ früh zu trinken. Großteils geringer Ertrag.

2016 Cabernet Sauvignon zeigt Farbe, Tiefe und Struktur – ein Jahrgang, auf den man sich freuen kann.

2015 Hervorragendes Cabernet-Sauvignon-Jahr, allerdings nicht mit der Struktur von 2005 oder 2010. Einige Schwankungen. Liegen lassen.

2014 Cabernet Sauvignon ist hell und nachklingend. Gut bis sehr gut, klassischer Stil; beginnt sich zu öffnen.

2013 Der schlechteste Jahrgang seit 1992. Auf Cru-classé-Niveau ungleichmäßige Qualität. Muss früh getrunken werden.

2012 Cabernet Sauvignon reifte nicht überall aus, verfügt aber über frühreifen Charme. Greifen Sie zu.

2011 Unterschiedliche Qualität, aber besser als ihr Ruf. Klassische Frische mit moderatem Alkoholgehalt. Nach einer plumpen Phase öffnet er sich jetzt.

Weitere gute Jahrgänge: 2009, 2008, 2006, 2005, 2000, 1998, 1996, 1995, 1990, 1989, 1988, 1986, 1985, 1982, 1975, 1970, 1966, 1962, 1961, 1959, 1955, 1953, 1949, 1948, 1947, 1945, 1929, 1928.

St-Émilion/Pomerol

2021 Merlot hatte massiv unter Frost und Mehltau zu leiden – geringe Erträge, uneinheitliche Ergebnisse. Besser schnitt Cabernet franc ab.

2020 Sehr voller, schwelgerischer Merlot. Cabernet franc und Sauvignon ebenfalls sehr gut. Jede Menge Potenzial.

2019 Dürre; hervorragender Merlot von Kalkstein- und Lehmböden, weniger gut aus eher sandigen Untergründen.

2018 Kraftvoll, jedoch reintönig. Am besten von Kalkstein- und Lehmböden. Ertragseinbußen durch Mehltau.

2017 Schöne Ausgewogenheit, klassische Früchtekuchennoten. Wird bald getrunken werden müssen.

2016 Dieselben Bedingungen wie im Médoc. Einige junge Reben litten unter Trockenstress, die Qualität ist aber durchweg sehr gut.

2015 Großartiges Merlot-Jahr, perfekte Bedingungen: Farbe, Konzentration, Ausgewogenheit.

2014 Mehr Regen als im Médoc, weshalb Merlot unterschiedlich ausfiel. Sehr guter Cabernet franc. Jetzt trinken.

2013 Merlot mit schwieriger Blüteperiode (deshalb geringer Ertrag) und Fäulnis. Mäßiger Jahrgang, früh zu trinken.

2012 Dieselben Bedingungen wie im Médoc; Merlot fiel ein klein wenig besser aus. Jetzt trinken.

2011 Ebenso schwierig wie im Médoc. Guter Cabernet franc. Pomerol schneidet womöglich am besten ab. Nicht links liegen lassen.

Weitere gute Jahrgänge: 2009, 2005, 2001, 2000, 1998, 1995, 1990, 1989, 1988, 1985, 1982, 1971, 1970, 1967, 1966, 1964, 1961, 1959, 1953, 1952, 1949, 1947, 1945.

Roter Burgunder

Côte d'Or Die Rotweine von der Côte de Beaune sind meist früher ausgereift als die gewichtigeren Kreszenzen von der Côte de Nuits. Die leichteren Weine, z. B. Volnay und Beaune, sind am frühesten trinkreif, am längsten brauchen die Grands crus z. B. von Chambertin und Musigny. Aber auch der beste Burgunder ist jung ansprechender als gleichwertiger roter Bordeaux. Und wenn er Jahre später zu voller Entfaltung gelangt, ist das mitunter ein magisches Erlebnis.

2021 Im Idealfall elegante, leichte Weine mit mittlerer Lebenserwartung. Andere sind teils allzu zart gebaut.

2020 Konzentrierte Weine, einige mit dem Potenzial zur Legende, andere verkocht. Spät gelesene Weine meiden.

2019 Ein üppig-luxuriöser Jahrgang mit vielen großen und einigen allzu alkoholstarken Weinen. Die besten Exemplare werden sich ewig halten.

2018 Zahlreiche brillante, schwelgerische Rote, die jung wie alt gleichermaßen köstlich schmecken dürften, nebst einigen überreifen oder sogar fehlerhaften Exemplaren.

2017 Ansprechende Weine, in der Regel von ausreichender Reife und stilvoll leichterer Art, die bereits trinkreif sind. Côte de Beaune siegt um eine Nasenlänge.

2016 Einige spektakuläre Rote voller Energie und frischer Säure. Schließen Sie sie trotzdem im Keller ein.

2015 Dicht gewirkte, konzentrierte Weine, ähnlich wie 2005, aber mit der Fruchtigkeit der 2010er. Erwerben sich gerade großes Renommee – unbedingt zugreifen! Weine aus geringeren Appellationen sind jetzt ansprechend.

2014 Ansprechende, frische Rotweine, einigen fehlt es an Tiefe. Sollten demnächst verkostet werden.

2013 Gern übersehener Jahrgang: schwierig an der Côte de Beaune, teilweise triumphal für die Côte de Nuits, v. a. bei den Grands crus. Jetzt zugänglich.

2012 Côte de Beaune schnitt gut ab, wo der Hagel den Ertrag nicht zunichtemachte. Schöne Gewächse an der Côte de Nuits: sehr üppig und trotzdem erstklassig. Ein übersehener Jahrgang, der jetzt ausgegraben werden sollte.

2010 Großer klassischer Jahrgang: reintönige, feingliedrige und dennoch beeindruckend dichte Rote. Alle Weine sind schon jetzt ein Genuss.

Weitere gute Jahrgänge: 2009, 2005, 2002, 1999, 1996, 1993 (reif), 1990, 1989, 1985, 1978, 1971, 1969, 1966, 1964, 1962, 1959.

Weißer Burgunder

Côte de Beaune Weiße Burgunder werden heutzutage nur noch selten für eine lange Lagerung bereitet, doch sollten Spitzengewächse nach wie vor bis zu 10 Jahre von einer Alterung profitieren. Die meisten Mâconnais- und Châlonnais-Weine (St-Véran, Mâcon-Villages, Montagny) sollten jung (nach 2–3 Jahren) getrunken werden.

2021 Verheerender Frost zerstörte fast alles. Die Überlebenden mit ihrem schönen Duft sind jedoch vielversprechend.
2020 Guter Ertrag, anders als bei den Roten. Kraftvoll-körperreiche Weine von überraschender Frische. Äußerst verheißungsvoll.
2019 Ein großartiger Jahrgang für Liebhaber des volleren Stils, da sich die meisten Weine ihre Ausgewogenheit bewahrt haben: herrliche Struktur, reifere Aromatik.
2018 Rettung in einem heißen Jahr war der hohe Ertrag; die Weine besitzen mehr Potenzial als zunächst gedacht. Sie sind jetzt schon köstlich, können aber noch etliche Jahre liegen bleiben.
2017 Ein moderner Klassikerjahrgang, der nun sehr interessant wird. Reife, ausgewogene, konstant gute Weine mit ausreichend Säure. Die meisten sind jetzt zugänglich.
2016 Vielfach Frostschäden, geringer Ertrag, uneinheitliche Ergebnisse. Die meisten sind jetzt trinkreif.
2015 Volle, konzentrierte Gewächse: Die meisten Winzer lasen früh und erzielten gute Ergebnisse, ansonsten können die Weine zu schwer ausfallen. 2009 ist ein vergleichbarer, aber erfolgreicherer Jahrgang. Die Besten einlagern.
2014 Der feinste und einheitlichste Jahrgang seit einer Generation: elegante, ausgewogene Weiße. Die Spitzengewächse scheinen immer jünger zu werden – lassen Sie sie liegen.
2013 Teilweise Fäulnisbefall; sollte ausgetrunken werden.
2012 Saubere, klassische Weiße mit frischem Abgang. Halten sich gut, sind jetzt aber großteils trinkreif.

Weitere gute Jahrgänge (alle trinkreif): 2010, 2009, 2008, 2007, 2005, 2002, 1999, 1996, 1993, 1992, 1985, 1979, 1973, 1959.

Chablis. Grands crus aus Jahrgängen mit Kraft und gutem Säuregehalt müssen mindestens 5 Jahre eingelagert werden und können sich dann 15 Jahre und länger herrlich entwickeln, Premiers crus entsprechend kürzer, aber auch sie brauchen mindestens 3 Jahre. Sie sollten mit Kellertemperatur (nicht eisgekühlt) serviert und vor dem Trinken unbedingt dekantiert werden.

2021 Verheerender Frost. Was überlebt hat, dürfte ziemlich gut sein.
2020 Trotz des heißen, trockenen Jahrgangs haben sich die Weine als gut entpuppt, v. a. bei den renommierten Erzeugern.
2019 Sehr geringe Erträge, konzentrierte Weine: typischer maritimer Chablis mit exotischen Noten.
2018 In puncto Ertrag ein Jahrhundertjahrgang; Weine von ansprechender Qualität, die bald trinkreif sein werden. 2017 jedoch noch besser.

2017 Trotz abermaligem Frost Weine im klassischen Stil, doch mit zusätzlicher Opulenz. Ab jetzt trinken.

2016 Hagel, Frost, noch mehr Hagel, so gut wie kein Wein – und wenn, dann ist er oft unausgewogen. Links liegen lassen.

Weitere gute Jahrgänge: 2012, 2010, 2008, 2002, 2000.

Beaujolais

2021 Frost und ein grauenhaft nasser Sommer – eine Herausforderung für die Winzer.

2020 Erschreckend frühe Lese, aber vielversprechende Qualität.

2019 Ein heißer, trockener Sommer und supersaftige, angenehme Weine.

2018 Heißer Sommer; einige Weine sind dennoch erfreulich und schön ausgewogen.

2017 Hoher Ertrag, allerdings schlimme Hagelschäden in Fleurie und Moulin-à-Vent.

Languedoc-Roussillon

2021 Ein Cocktail aus Frost, Trockenheit und Regen vor der Lese in weiten Teilen des Languedoc. Gemischte Qualität; die Besten haben Statur und Frische. Besser im Roussillon; von dort sehr gute Weine.

2020 Ein nicht allzu heißer Sommer lieferte hübsch ausgewogene Weine mit schöner Säure und Frische. Im Roussillon recht geringer Ertrag, aber gute Qualität.

2019 Der heiße, trockene Sommer sorgte teils für Sonnenbrand. Geringer Ertrag; die Qualität ist gut bis sehr gut.

2018 Mehltaubefall, die besten Rot- und Weißweine fallen dennoch lebhaft aus. Mächtige, ungemein volle, sehr gute Rote aus Pic St-Loup.

2017 Geringer Ertrag (Spätfröste), hervorragende Qualität. Das Roussillon schnitt womöglich besser ab als 2015. Die Cabardès-Rotweine sind ausgewogen und werden sich lang halten, die Weißen besitzen Säure und Frucht.

Südwestfrankreich

2021 Eine gnadenlose Abfolge von Frost, Regen, Mehltau und noch mehr Regen. Halten Sie sich in Sachen Rot an ältere Jahrgänge.

2020 Ein wegen sommerlicher Hitze und Dürre vielleicht etwas uneinheitlicher, im Großen und Ganzen aber guter und stellenweise sogar außergewöhnlicher Jahrgang.

2019 Frühjahrsstürme sorgten für Verwüstungen, v.a. in Bergerac. Was übrig blieb, rettete der durchweg heiße Sommer. Geringe Erträge, schöne Qualität.

2018 Ein wuchtiger Jahrgang. Die trockenen Weißen sind großteils trinkreif, ebenso die meisten Roten (v.a. wenn in Eiche ausgebaut) und Süßweine. Mächtigere Versionen werden länger brauchen.

2017 Mehr Finesse als gewohnt, die Weine sind jetzt hervorragend. Madiran- und Cahors-Gewächse können noch im Keller bleiben.

2015 Ein überragender Jahrgang mit herrlich vollen, fruchtigen Weinen. Die weißen Süß- und die wuchtigen Rotweine werden noch viele Jahre überdauern.

Nördliche Rhône

Diese Region der kleinen Parzellen und besonderen Terroirs bringt Weine hervor, die so langlebig sein können wie Burgunder. Weißer Hermitage hält sich oft genauso lang wie roter. Verallgemeinerungen sind unmöglich – probieren Sie's, ob rot oder weiß, einfach in aller Ruhe aus.

2021 Ein regenüberflutetes, sehr heikles Jahr. Bei den (deutlich weniger alkoholstarken) fruchtig-aromatischen Roten geht Reintönigkeit vor Kraft. Hermitage- und Cornas- sind voller als Côte-Rôtie-Weine; nicht lange einlagern. Ausgewogene schöne Weiße.

2020 Stilvoll-charmante, sehr gute Rote. Côte Rôtie ist sehr überzeugend, großer Hermitage, fülliger Cornas. Die Spitzenweißweine, v. a. auf Marsanne-Grundlage, sind sehr gut.

2019 Die gigantischen Côte-Rôtie-Rotweine sind ziemlich alkoholstark und konzentriert. Sie erinnern an 2016, sind aber stoffiger und weisen eine etwas bessere Säure auf als die 2018er – also ruhig noch liegen lassen. Die Weißen sind konzentriert und sonnenverwöhnt, v. a. Hermitage und Saint-Joseph.

2018 Hochwertige Rotweine – ein Jahr für Spitzenterroirs. Sehr voller roter Hermitage wie auch Côte Rôtie; Crozes-Hermitage uneinheitlich. Äußerst gelungene Weißweine mit Tiefe und überraschender Frische, v. a. Condrieu, Hermitage und St-Péray.

2017 Sehr gut, v. a. Côte Rôtie. Volle Rote mit mehr Tiefe als 2016 zeigen Sonne satt und jede Menge feste Tannine, brauchen also Zeit. Die Weißen schmecken prima zu herzhaften Speisen. Condrieu fällt unterschiedlich aus.

2016 Gut bis sehr gut; die Roten von der Côte Rôtie sind harmonisch und klassisch, ebenfalls bemerkenswert die Cornas- und Crozes-Hermitage-Gewächse. Fantastische Hermitage-Weiße, die anderen Weißen sind gelungen und rein.

2015 Durchweg exzellente, konzentrierte, tanninstarke Rotweine; sehr langlebig die Hermitage- und Côte-Rôtie-Gewächse. Zeit ist das A und O. Volle, teils alkoholstarke Weiße.

2014 Saftige Rotweine, die mit der Zeit an Tiefe gewannen und jetzt schön zu trinken sind. Hervorragende, frische, stil- und gehaltvolle Weißweine.

2013 Sehr gute Rotweine, die sich jetzt allmählich zu öffnen beginnen. Außergewöhnliche Weiße, v. a. Hermitage, Saint-Joseph, Saint-Péray.

2012 Sehr guter Jahrgang für Hermitage und offenherzigen Côte Rôtie. Frische Rotweine, die sich mindestens 15 Jahre halten werden. Frische Weiße mit Stil.

Südliche Rhône

2021 Aprilfrost, mäßiger Sommer, späte Lese; in Vacqueyras fiel die Ernte nur halb so groß aus wie sonst. Die Roten sind gut, möglicherweise unterschätzt. Zweifellos sehr gut sind die ausdrucksstarken, charmanten Weißen.

2020 Offene Rotweine, die besten zeigen bemerkenswerte Frucht. Die Qualität kann unterschiedlich sein. Spitzengewächse (v. a. von guten Terroirs) sind reichhaltig, voll, mit schöner Säure. Bei den Weißen aus geringeren Bereichen ist es etwas heikel; halten Sie sich an die einschlägigen Erzeuger und Orte.

2019 Durchweg sehr gute und einige prachtvolle Rote. Grenache zeigt Tiefgang, Châteauneuf-du-Pape ist wieder in Form, Gigondas hervorragend. Gewächse von Spitzenerzeugern erfordern Geduld. Die Weißen sind körperreich und sehr gut.

2018 Unterschiedlich, teilweise sehr gut. Gute Weine aus Valréas, Visan, Vinsobres, wo die Rebflächen höher liegen und die Trauben später gelesen werden, sowie aus Lirac und Rasteau. Sehr volle Weiße.

2017 Sehr gut, kann aber unterschiedlich ausfallen. Wuchtig-volle Rote, teilweise fleischige Tannine. Am besten schnitten die Spitzengüter ab: Die Weine werden sich stilvoll entwickeln. Gut schlugen sich Rasteau und Visan. Volle Weiße.

2016 Durchweg hervorragend, triumphal von den alten Grenache-Reben in Châteauneuf-du-Pape. Sinnliche Rotweine mit enorm viel Frucht und ebenso viel Lebhaftigkeit. Sonnendurchglühte Weiße – man sollte ein paar Flaschen einlagern.

2015 Sehr gute Rotweine: voll, dunkel, jede Menge Körper, feste Tannine und oft verführerisches Flair. Durchweg hohe Qualität (v. a. Gigondas). Sehr gute, körperreiche Weiße.

2014 In Châteauneuf-du-Pape setzt man wieder auf aromatische Finesse. Halten Sie sich an die renommierten Erzeuger (v. a. Gigondas, Rasteau, Cairanne). Frische Weißweine.

2013 Funkelnde, lebhafte, nachhaltige Rote; das Beste aus Châteauneuf-du-Pape stammt von alten Reben. Sehr gute, langlebige Weiße.

2012 Ein Bilderbuchjahrgang: Die Rotweine sind voll und lebhaft mit schönen Tanninen, die Weißen geben feine Essensbegleiter ab.

Champagne

2021 Ein kaltes Frühjahr mit Aprilfrost und Mehltau führte zu massiven Ertragseinbußen, v. a. im Marne-Tal. Der Gewinner wird Chardonnay sein.

2020 Das triumphale Trio: 2018, 2019, 2020. Herrlich reife Weine.

2019 Hervorragende Qualität. Die Weine sind frischer, reintöniger, spannungsreicher, das Säurespiel ist besser als im bejubelten Jahrgang 2018.

2018 Der beste Pinot noir kommt aus den Grands crus nördlich von Montagne. Chardonnay uneinheitlich (Hitzestress), teils fehlt es an Säure.

2017 Regen: Chardonnay rettete die Côte des Blancs. Athletische Weine voller Anmut und Energie.

2016 Ein unterbewerteter Jahrgang. Viel Freude schenken die Pinot-noir-Weine.

2015 Ein heißes Jahr. Manche Weine wirken schweißig, mit verwischten Aromen, andere sind kleine Triumphe: klassische, fein gemeißelte Weine einer späten Saison.

2014 Die Kirschessigfliege fiel über die dunklen Trauben her. Guter Jahrgang für ausgereiften Chardonnay.

Weitere gute Jahrgänge: 2012, 2010, 2009, 2008, 2007, 2006, 2004, 2002, 2000, 1998, 1996, 1995, 1992, 1990.

Loire

2021 Ein schwieriges, vertracktes Jahr: Frost, Mehltau, mancherorts Hagel. Der schöne Herbst gestattete wenigstens eine kleine Ernte. Die Weine zeigen sich frischer als früher.

2020 Der unglaubliche siebte sehr gute Jahrgang in Folge. Frühe Lese, schöne Qualität und Quantität.

2019 Ausgewogene Weine von geringen Erträgen (Aprilfrost), v.a. in den Muscadet-Bereichen und Anjou.
2018 Außergewöhnliche Qualität und Quantität, v.a. bei den Roten. Gute Süßweine, den trockenen Weißen fehlt es mitunter an Frische. Ein 1947 gleichwertiger Jahrgang.
2017 Gute Qualität, doch im April wiederum Frost in Bourgueil und Menetou-Salon; nur Sancerre wurde verschont.

Elsass

2021 Sintflutartiger Regen und Rebkrankheiten machten den Pinot-Varietäten zu schaffen, während Riesling vom sonnigen September profitierte.
2020 Möglicherweise ein Jahrgang mit ungeheuer raffinierten, eleganten und duftenden Weinen, da die Erzeuger den Klimawandel nun in den Griff bekommen.
2019 Ein heißer Sommer. Nach Osten ausgerichtete (Grand-cru-)Lagen erbringen teils sehr gute, reife und trockene Weine (Riesling, Pinot gris, Gewürztraminer). Problematisch könnten Weine aus der Ebene sein.
2018 Warme, gleichwohl frische Weine; Spitzenreiter sind Gewürztraminer, Pinot gris und Riesling aus hoch gelegenen Grand-cru-Parzellen.
2017 Einer der besten Jahrgänge seit dem Zweiten Weltkrieg, erinnert an 1971 und 2008, allerdings bei geringen Erträgen.
2016 Klassischer, fein ausgewogener Jahrgang, und davon jede Menge – ganz anders als 2013, 2014 und 2015.
2015 Üppiger Jahrgang, einer der trockensten überhaupt. Großartiger Pinot gris sowie reifer und dennoch frischer Silvaner, allerdings nur in geringen Mengen.

Weitere gute Jahrgänge: 2012, 2010, 2008, 2007, 2004, 2002, 1996, 1995, 1992, 1990.

Abymes Sav Die AC für Vin de Savoie von der Jacquère-Traube umfasst die Steillagen auf dem Kalkbruchstein des Mont Granier unweit von APREMONT. Empfehlenswerte Erzeuger: L'Epervière, Giachino (★★), Labbé (★), A. et M. Quenard, P. et S. Ravier.

AC oder AOC (Appellation Contrôlée)/AOP Staatliche Herkunfts- und Produktions- (aber keineswegs Qualitäts-)kontrolle für das Gros der französischen Spitzenweine; etwa 45 % der Gesamtmenge. Wird sukzessive in AOP (Appellation d'Origine Protégée) umbenannt – was der Wahrheit deutlich näher kommt als »Contrôlée«…

Agenais SWF ★ BV – IGP-Wein aus der schönen Landschaft des Departements Lot-et-Garonne, das für seinen Obstbrand Vieille Prune bekannt ist. Die Weine sind schlicht, die Rebsortenvielfalt ist enorm. Eine Handvoll Erzeuger, u.a. die DOMAINES du Boiron, Campet und Lou Gaillot.

Agrapart Champ ★★★★ Pascal Agrapart erzeugt geschliffenen CHAMPAGNER mit striktem Fokus auf Terroir aus äußerst penibel gepflegten Weinbergen. Feiner Spitzenwein Avizoise (**13'** 17 19' 20) sowie bester CHARDONNAY des Jahrgangs 2021.

Allemand, Thierry N-Rh ★★★★ **01' 05' 06' 07' 08' 09' 10' 12' 13'** 15' 16' 17' 18' 19' 20' 21 – Der unkonventionelle, talentierte Eigentümer der 5-ha-DOMAINE, ein Selfmademan, erzeugt unwiderstehlichen, kaum geschwefelten CORNAS aus Ökoanbau. Zwei schwer aufzutreibende, kostspielige und sehr tiefe, rauchige Weine: Spitzengewächs ist der profunde, komplexe, langlebige Reynard (20 Jahre und mehr), der Chaillot mit überbordender Frucht und floralen Noten ist früher zugänglich.

Alliet, Philippe Lo ★★★ **17'** 18' **19'** 20' (21) – Hervorragender Erzeuger in CHINON. Traditionsbewusstsein, Ertragsbeschränkung, alte Reben und zwei Steillagen östlich von Chinon erbringen die Premium-CUVÉE Coteau de Noiré und den L'Huisserie. Zum Einkellern.

Aloxe-Corton Bg ★★→★★★ **05'** 09' 10' 12' 15' **17** 18' 19' 20' – Weinbauort am Nordende der CÔTE DE BEAUNE, berühmt für seine GRAND-CRU-Lagen CORTON und CORTON-CHARLEMAGNE; die PREMIER-CRU- und Village-Weine sind weniger interessant. Wenn Überextraktion vermieden wurde, können die Roten ansprechend sein – die vergangenen warmen Jahre trugen zu einer Milderung der Tannine bei. Beste Erzeuger sind die DOMAINES Capitain-Gagnerot, Follin-Arbelet, Rapet, Senard und TOLLOT-BEAUT.

Alsace Grand cru El ★★★→★★★★ 08' 10' **12 13 14** (v. a. Riesling) **15 17' 18' 19** 20' – AC nur für die 51 besten, allerdings hier und da zu großen Lagen (ca. 1.600 ha, 800 ha unter Produktion) und vier Edelrebsorten: RIESLING, PINOT GRIS, GEWÜRZTRAMINER und MUSCAT (eventuell kommt demnächst noch PINOT NOIR dazu). Die Einführung von PREMIERS CRUS für gute Lagen ist in Planung. Unter den großen Häusern akzeptiert inzwischen auch TRIMBACH den Grand-cru-Status.

Amirault, Yannick Lo ★★★→★★★★ 16' 17' 18' 19' 20' 21 – Yannick und sein Sohn Benoît erzeugen eine Reihe von sorgfältig bereiteten BOURGUEIL- und ST-NICOLAS-DE-BOURGUEIL-Weinen aus ökologischem Anbau. Aus einer kleinen Parzelle kommt zudem CHENIN BLANC.

André Jacquart Champ ★★★→★★★★ Marie Doyard besitzt 24 ha Weinberge, darunter 18 ha im GRAND CRU Le MESNIL-SUR-OGER. Aushängeschild ist der Mesnil Experience, fantastisch das Jahrgangstrio 2018', 2019', 2020'. Spezialisiert auf phänomenalen BLANC DE BLANCS.

Angerville, Marquis d' Côte d'Or ★★★★ Der diskrete Superstar des biologisch-dynamischen Anbaus in VOLNAY mit einem großartigen Angebot an klassischen Kreszenzen, allen voran der legendäre Clos des Ducs (MONOPOLE). *Siehe auch* das Projekt Dom. du PÉLICAN im Jura.

Anjou Lo ★→★★★★ Region, aber auch übergeordnete AC an der Loire, die ANJOU und SAUMUR beinhaltet; vorwiegend trockener weißer CHENIN BLANC, saftige Rote (u. a. von GAMAY), fruchtiger Anjou Rouge (auf CABERNET-FRANC-Basis), stämmiger, tanninherber ANJOU-VILLAGES (Cabernet franc/CABERNET SAUVIGNON). Daneben der meist trocken ausgebaute SAVENNIÈRES, der leicht süße bis üppige COTEAUX DU LAYON (Chenin blanc), trockene und liebliche Rosés (v. a. CABERNET D'ANJOU) sowie Schaumweine (v. a. CRÉMANT). Naturwein ist hier ganz groß und wird oft als VIN DE FRANCE etikettiert.

Anjou Blanc Lo ★→★★★★ 18' 19' 20' 21 – Zunehmend bedeutende, spannende AOP für trockenen Weißwein, vorwiegend von CHENIN BLANC, wobei das Spektrum von jung und frisch bis sehr gut und langlebig reicht. Aus den besten Lagen in Layon kommt immer mehr – leider schwer verkäuflicher – Süßwein. An der Schaffung von Crus wird gearbeitet. Beste Erzeuger: Angeli (VIN DE FRANCE), Bablut, Baudouin, BELARGUS, Bergerie, Ch. de Bonnezeaux (Vin de France), CADY, Drost (früher Delesvaux), Forges, Juchepie, Leroy (Vin de France), Ogereau, Passavant, PIERRE-BISE, Plaisance, Terra Vita Vinum.

Anjou-Villages Lo ★→★★★ 16' 17' 18' **19'** 20' (21) – AC für strukturierte ANJOU-Rotweine (CABERNET FRANC/CABERNET SAUVIGNON sowie geringere Mengen von reinsortigem Cabernet Sauvignon). Kann recht tanninherb ausfallen und braucht Flaschenreifung. Beste Erzeuger: Bergerie, Branchereau, Brizé, CADY, Clos de Coulaine, Drost (früher Delesvaux), Ogereau, Ch. PIERRE-BISE, Sauveroy und Soucherie. Der Unterbereich Anjou-Villages-Brissac liegt im selben Gebiet wie COTEAUX DE L'AUBANCE; Erzeuger

Frankreich

hier v. a.: Bablut, Fontaines, Hardières, Haute Perche, Montigilet, Princé, Rochelles, Terra Vita Vinum, Ch. La Varière.

Aphillanthes, Domaine Les S-Rh ★★→★★★ 16' 18' **19' 20'** – Ökologisch und biodynamisch arbeitender Betrieb in PLAN DE DIEU mit fortschrittlicher Weinbergbewirtschaftung und schlagkräftigen, terroirbetonten, preiswerten Weinen. Zwei CUVÉES: des Galets und VIEILLES VIGNES (mit GRENACHE-Anteil von in den 1950ern angepflanzten Reben). Ferner roter CÔTES DU RHÔNE, GIGONDAS PROMESSE sowie »1921« (AOP RASTEAU).

Apremont Sav BV (bis zu 4 Jahre) – Die größte Weinbaugemeinde in SAVOYEN, entsprechend unterschiedlich ist die Qualität. Erzeugt werden stahlige, leichte Weißweine von der Jacquère-Traube aus Kalksteinböden. Erzeuger: v. a. 13 Lunes (★), Apffel, Blard, Dupraz (★), Giachino (★★), Masson (★★), Perrier, Richel.

Arbin Sav ★★ Dunkler, würziger Rotwein aus der MONDEUSE-Traube von einem Steilhang-Cru in SAVOYEN, hält sich 8 Jahre und länger. Erzeuger: v. a. A. et M. QUENARD, Genoux, Jacquet, L'Idylle, Magnin (★★), F. Trosset.

Arbois Jura – Die AOC im nördlichen Jura glänzt mit Wein, Käse, Wanderwegen und Louis Pasteur (Museum). Weißweine von CHARDONNAY und/oder SAVAGNIN, außerdem VIN JAUNE und Rote von den Sorten Poulsard/Ploussard, Trousseau oder PINOT NOIR. Probieren Sie die Weine des terroirbesessenen Stéphane TISSOT (★★★), burgundische Stile von der Dom. du Pélican (★★★) und Rijckaert (★) oder die Ungeschwefelten von Maison OVERNOY. Allround-Erzeuger sind Aviet (★★), Pinte (★), Renardière (★), Rolet und Tournelle (★★).

Ardoisières, Domaine des Sav – Die Weinberge des ökologisch bewirtschafteten Guts liegen außerhalb der AOC Vin de Savoie und sind daher als IGP Vin des Allobroges etikettiert. Buntes, hervorragendes Sortiment, u. a. die rote Cuvée Améthyste (★★★), Quartz Altesse sowie die weiße Cuvée Schist.

Arlaud Côte d'Or ★★★→★★★★ Führendes Weingut in MOREY-ST-DENIS, das von der Energie Cyprien Arlauds profitiert und mit dem Jahrgang 2019 neue Höhen erklomm. Schön ausgewogene, moderne Weine mit Tiefe und Klasse, angefangen vom außergewöhnlichen BOURGOGNE Roncevie bis hin zu GRAND-CRU-Gewächsen. Feines Angebot an PREMIER-CRU-Weinen aus MOREY-ST-DENIS, v. a. Les Ruchots.

Arlot, Domaine de l' Côte d'Or ★★→★★★ Das Weingut im Besitz von AXA bietet ein umfassendes Sortiment stilvoller, duftender Rotweine aus den HAUTES-CÔTES DE NUITS bis hin zum GRAND CRU ROMANÉE-ST-VIVANT. Star ist der NUITS-ST-GEORGES Clos des Forêts St-Georges. Ferner interessante Weiße.

Armand, Comte Côte d'Or ★★★★ Der CLOS des Épeneaux (MONOPOLE) ist womöglich der anmutigste Wein von POMMARD, leichtfüßig und alterslos. Außerdem preiswerter AUXEY und VOLNEY.

Arnoux-Lachaux, Domaine Côte d'Or ★★★★ Der neue Star in VOSNE-ROMANÉE; unter Charles Lachaux ändert sich alles: Kein Pflügen mehr, kein Schnitt, die Reben dürfen hochwachsen, Vinifikation mit leichter Hand, einschließlich Ganztraubenvergärung. Atemberaubend ätherische Weine, Spitzengewächse zu Spitzenpreisen aus den PREMIERS CRUS Les Suchots und Aux Reignots sowie dem GRAND CRU ROMANÉE-ST-VIVANT.

Aube Champ – Von dem südlichen Ausläufer der Champagne, der Côte des Bars, kommt sehr guter PINOT NOIR, der von Spitzenerzeugern in Reims wie KRUG oder VEUVE CLICQUOT verwendet wird. Der Aube-Jahrgang **2011'** ist überragend. 2021 war ein Albtraum von Regenfluten und Superhitze; ein paar gute Erzeuger lasen erst Ende September.

Aubert et Mathieu Lang ★★★ Von zwei Freunden ins Leben gerufener ambitionierter neuer Négociant mit Weinen aus den besten LANGUEDOC-Terroirs wie z. B. La Livinière und TERRASSES DU LARZAC. CHARDONNAY und PINOT NOIR für die IGP-Abfüllungen Hors Piste stammen aus kühleren Lagen. Umweltfreundliche Verpackung, auffallende Etiketten.

Aupilhac, Domaine d' Lang ★★★ Sylvain Fadat, der Pionier von MONTPEYROUX, kultiviert alte MOURVÈDRE- und CARIGNAN-Reben in Lagen mit Südausrichtung. Die höher gelegene, nach Norden ausgerichtete Lage Les Cocalières im Mont Baudile liefert SYRAH- und Weißweintrauben.

Buntes Dorfleben – die Besten der Côtes du Rhône-Villages

Die besten Orte dieser preiswerten Appellation sind Gadagne, MASSIF D'UCHAUX, Ste-Cécile, SIGNARGUES und VISAN. Beste Erzeuger: Châteaux Bois de la Garde, Fontségune, Signac sowie Domaines Les Aphillanthes (biodynamisch), Aure, Bastide, Bastide St Dominique, Biscarelle, Bois St Jean, Cabotte (biodynamisch), Coulange, Coste Chaude (öko), Crève Cœur (biodynamisch), Echevin (auch gute Weiße), Florane (biodynamisch), Grand Veneur, Grands Bois (öko), Gravennes, Janasse (Spitzenklasse), Jérome, Mas de Libian (biodynamisch, Flair), Montbayon, Montmartel (öko), Mourchon, Pasquiers (öko), Pique-Basse (auch gute Weiße), Rabasse-Charavin, Réméjeanne (sehr gut), Renjarde, Romarins, Saladin (öko), St-Siffrein, Ste-Anne, Valériane und Viret, außerdem die Genossenschaften Cave de RASTEAU und Les VIGNERONS d'Estézargues (gute Auswahl).

Auxey-Duresses Côte d'Or ★★→★★★ r **15' 16 17** 18' **19'** 20' w **14' 15' 17' 18 19'** 20' – Ort der CÔTE DE BEAUNE-Villages im Tal hinter MEURSAULT mit ähnlichen, aber preiswerten Weißweinen. Die Roten, denen die Klimaerwärmung zupasskommt, stammen heute von ausgereiftem Traubengut. Beste Beispiele (rot): ARMAND, d'Auvenay (Les Boutonniers), COCHE-DURY, Gras, Jessiaume, Paquet, Prunier; (weiß:) Diconne, Lafouge, LEROUX, Paquet, Vincent.

Aveyron SWF ★ IGP BV – Süffige Weine aus dem Lande des Roquefort. Erzeuger: v. a. Domaines Bertau und Bias.

Avize Champ ★★★★ Der GRAND-CRU-Ort (CHARDONNAY) an der Côte des Blancs ist die Heimat der Spitzenerzeuger AGRAPART, Bonville, SELOSSE und Thienot. Die riesige Genossenschaft Union Champagne versorgt die großen Champagnerhäuser mit Grundweinen; ihre Marke Pierre Vaudon lohnt das Aufspüren.

Aÿ Champ – Hochgeschätzter Ort für PINOT NOIR, Heimat von BOLLINGER und DEUTZ. Mischung aus Négociant- und Winzerweinen, die teils in Tanks, teils in Fässern ausgebaut werden: z. B. von Claude Giraud, dem Meister der Argonne-Eiche (inzwischen hat Schwiegersohn Sébastien die Leitung übernommen). Der Noirs d'Aÿ von Gosset-Brabant übertrifft alle. Der Aÿ Rouge (AC COTEAUX CHAMPENOIS) ist in Jahrgängen mit stärker ausgereifter Frucht (v. a. **15'** 18' und der ★★★(★)-Jahrgang 19') hervorragend. In der Regel besitzen die Weine viel Körper, Kraft und Finesse.

Ayala Champ – Zu neuem Leben erwecktes Champagnerhaus in AŸ, im Besitz von BOLLINGER. Dank Kellerchefin Caroline Latrive jetzt charakterisiert durch Präzision, Energie und Komplexität. Zwei Paradepferde: der intensive, aber nie kratzige, sehr feine BRUT Nature Zéro Dosage und der bezaubernde Blanc de Blancs (★★★★-Jahrgang **13** sowie **14 19** 20').

Ayze Sav ★★ Der dem Mont Blanc am nächsten gelegene Cru wird manchmal auch Ayse geschrieben. Die seltene Gringet-Traube erbringt fruchtigen

Schaum- sowie supermineralischen trockenen Weißwein und wurde von dem 2021 verstorbenen Dominique Belluard berühmt gemacht.

Bachelet Bg ★★→★★★★ Weitverbreiteter Familienname an der CÔTE D'OR. Exzellente Weißweine kommen von Bachelet-Monnot (v. a. Puligny, BÂTARD-MONTRACHET) und Jean-Claude Bachelet (z. B. CHASSAGNE-MONTRACHET, ST-AUBIN). Nicht verwandt mit Denis Bachelet (großartiger GEVREY-CHAMBERTIN).

Bandol Prov ★★★ Die edlen, langlebigen Rotweine werden vorwiegend von MOURVÈDRE bereitet, plus GRENACHE und CINSAULT. Das Gros der Produktion entfällt inzwischen auf Rosé, teils in blass-provenzalischem Stil, teils herzhafter (gut zum Essen) von Mourvèdre. Dazu ein paar Weiße von CLAIRETTE, UGNI BLANC und gelegentlich SAUVIGNON BLANC. Spitzenerzeuger: Ch. La Bastide Blanche, Dom. de la Bégude, Dom. du Gros'Noré, Dom. Lafran Veyrolles, Ch. Mas de la Rouvière, Ch. Pibarnon, Ch. Pradeaux, Dom. Ray-Jane, Dom. La Suffrène, Dom. de Terrebrune, Dom. TEMPIER, Ch. Val d'Arenc, Ch. Vannières.

Banyuls Rouss ★★★ Zu Unrecht verkannter, manchmal glanzvoller VIN DOUX NATUREL in allen Farben, ob oxidativ ausgebaut oder nicht, von GRENACHE-NOIR-, GRENACHE-BLANC- und Grenache-gris-Reben. Jung und frisch schmeckt ein *Rimage*, die Stars sind aber die lang gereiften, kräftig-intensiven RANCIOS – lecker zu Schokolade. Beste Erzeuger: DOMAINES Madeloc, du Mas Blanc, de la Rectorie, de la Tour Vieille, Vial Magnères sowie Les Clos de Paulilles und Coume del Mas. *Siehe auch* MAURY.

Barbier, Christophe Lang ★★★ »Monsieur BOURBOULENC« zeigt, was in dieser unterschätzten Sorte steckt, die er in küstennahen Lagen bei La CLAPE kultiviert. Preiswert ist der nicht in Eiche ausgebaute Domaine de Simonet (IGP), mindestens 5 Jahre eingekellert werden muss der eichenwürzige Les Terres Salées. In der Version als sortenreiner MERLOT reüssiert Letzterer, wo andere LANGUEDOC-Erzeuger zu kämpfen haben. Ferner sehr ordentlicher La Clape unter dem Etikett Château Bouïsset.

Barmes-Buècher, Domaine El ★★→★★★ Geneviève Barmès (geborene Buecher) gründete das Gut in Wettolsheim 1995; heute vinifiziert ihr Sohn Maxime guten CRÉMANT und feine SÉLECTIONS DE GRAINS NOBLES sowie drei Grand-cru-Gewächse; RIESLING aus der Parzelle CLOS Sand ist oft ein echtes Schnäppchen.

Barrique In Bordeaux (und Cognac) gebräuchliche Bezeichnung für ein 225-l-Eichenfass. Die gegenwärtige Mode verlangt weniger und zugleich subtiler getoastete neue Eiche. Der Preis für ein Fass liegt im Durchschnitt bei 750 Euro.

Barroubio, Domaine de Lang ★★★ Raymond Miquel ist gewissermaßen »Monsieur Muscat« mit seinen fünf VINS DOUX NATURELS Muscat de Saint-Jean de MINERVOIS, unter denen der Etiquette noir ein besonders gutes Preis-Leistungs-Verhältnis bietet. Weiße Kreideböden in 300 m Höhe sorgen für Reinheit und Frische. Der neue Les Cresses reift in Amphoren.

Barsac Saut ★★→★★★★ **09' 11' 13 14 15' 16'** 18 19 20 – Nachbar von SAUTERNES mit ähnlichen, jedoch frischeren und nicht so wuchtigen edelfaulen Weinen von tiefer gelegenen Kalksteinböden. Der Jahrgang 2020 war gut, aber spärlich, 2021 von Frost betroffen. Spitzenweine von Climens, COUTET, DOISY-DAËNE, Doisy-Védrines, preiswerte Abfüllungen von Cantegril, La Clotte-Cazalis, Liot.

Barthod, Ghislaine Côte d'Or ★★★→★★★★ Ein Grund, sich in CHAMBOLLE-MUSIGNY zu verlieben, falls das nicht bereits geschehen ist: duftende, zarte Weine, die dennoch Tiefe und Konzentration mitbringen. Seit 2019 ist Ghislaines Sohn Clément der Chef und arbeitet an einer weiteren Verfeinerung des Stils. Unschlagbare Reihe von elf verschiedenen PREMIERS CRUS, darunter Les Baudes, Beaux Bruns, Cras und Fuées.

Bâtard-Montrachet Côte d'Or ★★★★ 08' 09' 10 12 14' 15 **17'** 18 19' 20' – GRAND CRU (12 ha) unterhalb von Le MONTRACHET. Grandiose, stämmige Weine, denen man Zeit geben sollte. Sie sind kraftvoller als die eher anmutigen Gewächse aus den Nachbarlagen BIENVENUES-BÂTARD-MONTRACHET und CRIOTS-BÂTARD-MONTRACHET. Besonders empfehlenswert: BACHELET-Monnot, BOILLOT (sowohl Henri als auch Jean-Marc), FAIVELEY, GAGNARD, LATOUR, Dom. LEFLAIVE, Olivier LEFLAIVE, LEROUX, MOREY, PERNOT, Ramonet, SAUZET, VOUGERAIE; außerdem J.-C. Bachelet und J. CARILLON mit ihren Bienvenues-Versionen.

Baudry, Domaine Bernard Lo ★★→★★★ 17' **18'** 19' **20'** (21) – Ökologisch bewirtschaftete, unterschiedliche Böden – Sand-Ton, Kies, Kalkstein – und Lagen erbringen feine CHINON-Weine: Rosés und Rote auf CABERNET-FRANC-Basis sowie Weiße von CHENIN BLANC. Außerdem fruchtiger Les Granges, weißer und roter Clos Guillot (Kalkstein), Croix Boissée und Les Grézeaux.

Baudry-Dutour Lo ★★→★★★ 18' 19' 20' 21 – Größter Erzeuger in CHINON – Weinmacherin ist Justine Baudry –mit verlässlich gutem Angebot, das von leichten Alltagsweinen bis hin zu Roten und Weißen zum Einkellern reicht: Châteaux de la Grille, La Perrière, La Roncée und de St-Louans (rot und weiß) sowie weißer 3 Coteaux (IGP). 2020 wurden 60 ha im Osten der TOURAINE erworben, plus 55 ha SAUVIGNON BLANC.

Baumard, Domaine des Lo ★★→★★★ 17' **18' 19'** 20' 21 – Das gut bereitete Angebot der Domaine in ANJOU umfasst u. a. Clos Ste-Catherine, QUARTS DE CHAUME (Kryoextraktion ist inzwischen untersagt) und SAVENNIÈRES.

Baux-de-Provence, Les Prov ★★→★★★ Die Stadt ist ein malerisches Touristenziel im Zentrum der AC, in der die Weine fast durchweg aus ökologischem bzw. biodynamischem Anbau stammen. Es sind vorwiegend Rote von CABERNET SAUVIGNON, GRENACHE und SYRAH. Weißweine von CLAIRETTE, GRENACHE BLANC, Rolle und ROUSSANNE. Die Riege der besten Erzeuger wird von der Dom. de TRÉVALLON angeführt, die die IGP Alpilles bevorzugt, gefolgt von Dom. Dalmeran, Ch. d'Estoublon, Dom. Hauvette, Dom. de Lauzières, Mas de Carita, Mas de la Dame, Mas de Gourgonnier, Mas Ste Berthe, Dom. Milan (atypisch), Ch. ROMANIN, Dom. des Terres Blanches, Dom. de Valdition.

Béarn SWF AOP ★→★★ r 18 19 (20); rs w BV – Rotweine erzeugen die Genossenschaft JURANÇON sowie Dom. Lapeyre et Guilhemas (beide ★). Die Rebsorten sind dieselben wie in den AOPs MADIRAN und Jurançon.

Beaucastel, Château de S-Rh ★★★★ 01' 05' 06' 07' **09' 10' 12' 13'** 15' 16' 17' 18 19' 20 – Großes, seit Langem ökologisch bewirtschaftetes CHÂTEAUNEUF-Gut mit alten MOURVÈDRE- und 100 Jahre alten ROUSSANNE-Reben, die auf dem klassischen Kieselboden *(galet)* wachsen. Gehört zur Firma Famille Perrin, die mit Maison Les Alexandrins (elegant) auch ein expandierendes Handelshaus an der nördlichen Rhône betreibt. In letzter Zeit geschliffenere, auf Eleganz abzielende Weine mit dunkler Frucht, die entweder im zweiten Jahr oder erst nach 7–8 Jahren getrunken werden sollten. Hochklassig der atemberaubende, strahlende rote Hommage à Jacques Perrin mit 60 % Mourvèdre. Wundervoller, komplexer Roussanne Vieilles Vignes (alte Reben), 5–25 Jahre trinkbar. Unverfälschter, stilvoller roter CÔTES DU RHÔNE Coudoulet de Beaucastel (Lebensdauer mind. 10 Jahre). Fein und authentisch sind Famille Perrin GIGONDAS (sehr gut), RASTEAU und VINSOBRES (am besten). Bemerkenswert ist der Ökowein Perrin Nature Côtes du Rhône (rot und weiß). *Siehe auch* TABLAS CREEK im Kapitel »Kalifornien«.

Beaujolais ★ BV – Einfache Appellation der großen Region Beaujolais, in deren Wein man sich jetzt wieder verlieben kann: wenn man ihm in seiner schlichten frisch-fruchtigen Variante von Erzeugern mit Hanglangen begegnet und nicht als Massenprodukt aus Überertrag. Die Vermarktung ist auch unter dem Etikett COTEAUX BOURGUIGNONS zulässig.

Beaujolais Primeur (oder Nouveau) Beauj – Ist eher ein Ereignis als ein Getränk. Der BEAUJOLAIS des neuen Jahrgangs wird im Schnellverfahren bereitet, damit er am dritten Mittwoch im November um Mitternacht freigegeben werden kann. Genießen Sie seine saftige Fruchtigkeit, lassen Sie sich dadurch aber nicht von den wahren Genüssen abbringen.

Beaujolais-Villages Beauj ★★ **17** **18' 19'** **20'** – Nach den zehn »Crus« (z. B. MOULIN-À-VENT) die nächstbeste Kategorie. Die Namensnennung der besten Gemeinden, z. B. Lantigné, ist zulässig. Erzeuger: v. a. Ch. de Basty, F. Berne, J.-M. BURGAUD, N. Chemarin, F. Forest und Ch. des Vergers.

Beaumes-de-Venise S-Rh ★★ r **10' 15' 16' 17'** **18** 19'; Muscat BV – Gemeinde der CÔTES DU RHÔNE südlich von GIGONDAS mit sowohl steinigen Hang- als auch ebenen Lagen, bekannt für VIN DOUX NATUREL von der MUSCAT-Traube. Der als Aperitif oder zum Dessert getrunkene, potenziell langlebige Wein zeigt Trauben- und Honignoten und sollte gut gekühlt serviert werden, z. B. von Doms. Beaumalric, Bernardins (komplex), Coyeux, Durban (voll, langlebig), Fenouillet (lebhaft), JABOULET, Perséphone (stilvoll), Pigeade (frisch, sehr gut), VIDAL-FLEURY und der Genossenschaft Rhônéa. Ferner stämmige, rauchige, griffig texturierte Rote, v. a. von den Domaines Les Baies Gouts, Cassan, Durban, de Fenouillet, Ferme St Martin (öko), Mathiflo, St-Amant (guter Weißer) und Ch. Redortier, die 2–3 Jahre lagern sollten. Ferner einfache trockene Weiße (Muscat, VIOGNIER) in kleiner Auflage.

Beaumont des Crayères Champ ★★★ Die kleine, aber feine Genossenschaft bei Épernay erzeugt erstklassigen CHAMPAGNER auf PINOT-MEUNIER-Basis aus besten Kreidelagen. Der Fleur de Prestige ist sein Geld mehr als wert (**18'** 19' 20'). Außerdem Cuvée Nostalgie (**16'**) auf CHARDONNAY-Basis und neuerdings Fleur de Meunier BRUT Nature (**18'** **19'** 20'). Ein Fragezeichen hinterlässt das Ausscheiden eines wichtigen Direktoriumsmitglieds aus der Genossenschaft 2021.

Beaune Côte d'Or ★★★ **05' 09' 10'** **12 15' 16** **17** 18' 19' 20 – Das Zentrum des burgundischen Weinhandels, Sitz der berühmten HOSPICES DE BEAUNE sowie klassischer Weinhändler wie BOUCHARD, CHANSON, DROUHIN, JADOT und LATOUR, aber auch jüngerer Firmen wie Bernstein, Lemoine, LEROUX und Pacalet. Spitzenerzeuger sind die Domaines Bellène, Besancenot, Croix, MONTILLE, Dominique LAFON, Morot und die berühmten Hospices de Beaune. Anmutige, duftende, günstige PREMIER-CRU-Rotweine, z. B. aus Bressandes, Cras und Vignes Franches, kraftvollere Gewächse aus Grèves. Empfehlenswerte Weiße aus den Lagen Aigrots, Clos St-Landry und v. a. Clos des Mouches von Drouhin.

Beauregard, Château de Bg ★★→★★★ Frédéric Burrier bietet ein außergewöhnliches Spektrum an sehr empfehlenswerten POUILLY-FUISSÉ-Abfüllungen, v. a. Les Reisses, Ménétrières und Vers Cras. Außerdem feiner BEAUJOLAIS aus den Crus FLEURIE und MOULIN-À-VENT.

Bee, Domaine of the Rouss ★★★ Justin Howard-Sneyd (Master of Wine) bewirtschaftet »4 ha Nektar« bei MAURY. Der GRENACHE Domaine of the Bee ist preiswert, der Spitzenwein Les Genoux stammt von 100 Jahre alten Reben aus einer Einzellage.

Begude, Domaine Lang ★★→★★★ Die AC LIMOUX auf 300 m Höhe sorgt für Frische und makellose Frucht. Aushängeschild ist der sehr noble CHAR-

DONNAY Arcturus. Preiswert sind GEWÜRZTRAMINER, PINOT NOIR und VIOGNIER unter dem Etikett IGP PAYS D'OC.

Bégude, Domaine de la Prov ★★★★ Guillaume Tari erzeugt staunenswerten, langlebigen BANDOL, allen voran der kraftvolle, komplexe rote La Brulade. Der charaktervolle Rosé lohnt das Einkellern.

Belargus, Domaine Lo ★★★→★★★★ **18'** 19 20' (21) – Die biodynamisch bewirtschaftete Domaine im Besitz von Ivan Massonat erzeugt vorwiegend trocken ausgebauten, sehr reintönigen, hochklassigen CHENIN BLANC aus Einzellagen (AOPS ANJOU, QUARTS DE CHAUME, SAVENNIÈRES). 2021 erwarb Massonat die Domaine de Beauséjour in CHINON.

Bellivière, Domaine de Lo ★★→★★★ **19' 20'** (21) – JASNIÈRES- und COTEAUX-DU-LOIR-Weine sowie Pineau d'Aunis aus biodynamischem Anbau; sehr präzise bereiteter CHENIN BLANC, z. B. Les Rosiers. Das zum Betrieb gehörende Handelshaus heißt Les Arches de Bellivière.

Bergerac SWF ★→★★★ **15' 17 18** 19 20 – Das eher kontinentale Klima der AOP sorgt für körperreichere Weine. Süße Weiße oder vollere Rote aus beschränktem Ertrag bietet die AC Côtes des Bergerac. Die Unterschiede in puncto Stil und Qualität sind enorm. Am besten von Dom. de l'Ancienne Cure, Ch. Tour des Gendres (beide ★★★) sowie den Chx. de la Jaubertie, Moulin Caresse, Thénac und Tirecul La Gravière (alle ★★). *Siehe auch* Sub-AOPs MONBAZILLAC, MONTRAVEL, PÉCHARMANT, ROSETTE, SAUSSIGNAC.

Berthet-Bondet, Domaine Jura ★★ Der größte Erzeuger von (trotzdem nicht üppigen Mengen) VIN JAUNE in der AC CHÂTEAU-CHALON hat auch rote und weiße Jura-Weine sowie CRÉMANT von verlässlicher Qualität zu bieten: preiswert und aus Ökoanbau.

Besserat de Bellefon Champ ★★ Champagnerhaus in Épernay, das sich auf sanft schäumende Weine (nach Art des früheren CRÉMANT) spezialisiert hat. Gehört zu Lanson-BCC. Respektable Qualität, moderate Preise (v. a. **13 14** 17'); 2017 geringe Mengen, aber hervorragend. Das Jahrgangstrio 2018, 2019, 2020 bietet opulente Aromen.

Beyer, Léon El ★★★★ Die Spitzenweine sind als Comtes d'Eguisheim etikettiert; Aushängeschild ist der RIESLING Comtes d'Eguisheim. Der berühmte erztraditionelle Familienbetrieb erzeugt intensive, trockene Weine, die sich auf den Karten etlicher Sternerestaurants finden, und hat noch viele alte Jahrgänge im Keller. Grandios sind die SÉLECTIONS DE GRAINS NOBLES.

Bichot, Maison Albert Bg ★★→★★★★ Bedeutendes Handelshaus in Beaune mit biodynamisch bewirtschafteten eigenen Domaines im BEAUJOLAIS (Rochegrès), in CHABLIS (LONG-DEPAQUIT), MERCUREY (Adélie), NUITS-ST-GEORGES (Clos Frantin) und POMMARD (Pavillon). Sehr solide Quelle mit wachsendem Flair.

Bienvenues-Bâtard-Montrachet Côte d'Or *Siehe* BÂTARD-MONTRACHET.

Billaud Chablis ★★★→★★★★ Man hat die Qual der Wahl zwischen dem CHABLIS der Dom. Billaud-Simon (die in FAIVELEY-Besitz zu alter Form zurückgekehrt ist) und dem sensationellen Gewächs, das Samuel Billaud in Eigenregie bereitet: Beide sind brillant.

Billecart-Salmon Champ ★★★★ Für die Spitzenqualität des gefeierten familiengeführten Champagnerhauses bürgen Mathieu Roland-Billecart und sein begabter junger *chef de cave*. Neu und innovativ ist der lang auf der Hefe gereifte, sortenreine Rendezvous de Billecart: No.1 steht für 100% PINOT MEUNIER, No.2 für PINOT NOIR, No.3 für CHARDONNAY. Die Cuvée Louis BLANC DE BLANCS **2007** kann jetzt getrunken werden, muss aber nicht. Ausgezeichnet ist der Clos St-Hilaire (**02**), der NF Billecart wahrscheinlich der Jahrgangsbeste **2002,** exzellent die Cuvée Elisabeth Salmon Rosé (**02 06'**).

Frankreich

Bize, Simon Côte d'Or ★★★ Chisa Bize erzeugt sensationelle Rote aus Ganztraubenvergärung über das ganze Spektrum von einfachem BOURGOGNE bis hin zum GRAND CRU LATRICIÈRES-CHAMBERTIN; besonders empfehlenswert sind die SAVIGNY-LÈS-BEAUNE-Lagen Aux Grand Liards, Aux Guettes und Aux Vergelesses (beide PREMIER CRU). Auch die Weißen sind lecker.

Blagny Côte d'Or ★★→★★★ 05' **09'** 10' 12 **15' 16'** 17 18' 19' 20' – Weinbaugemeinde auf einem Hügel oberhalb von MEURSAULT und PULIGNY-MONTRACHET. Die recht strengen, aber herrlich duftenden Roten mit eigener AC werden immer seltener erzeugt. Die Weißen sind als PREMIER CRU Meursault-Blagny etikettiert. Die besten Lagen sind Jeunelotte, Pièce sous le Bois und Sous le Dos d'Âne. Beste Erzeuger: Chérisey (weiß), JOBARD (weiß), Lamy-Pillot (rot), LATOUR (weiß), LEFLAIVE (weiß), LEROUX (rot), Matrot (rot und weiß).

Blanc de Blancs Ein Weißwein nur aus weißen Trauben, insbesondere bei CHAMPAGNER. Eine Bezeichnung für den Stil, nicht für Qualität.

Blanc de Noirs Weißwein aus roten Trauben (oft mit rosigem Schimmer), insbesondere CHAMPAGNER; stilistisch manchmal etwas stämmig, inzwischen fallen die Weine dank des feiner gewordenen PINOT NOIR und neuer Bereitungstechniken aber oft kultivierter aus. Die Klimaerwärmung sorgt zudem für mildere Tannine.

Blanck, Paul et Fils El ★★★→★★★★ Der alteingesessene Betrieb in Kientzheim zählt zu den besten Erzeugern des Elsass. Die feinsten Gewächse stammen von den 6 ha im GRAND CRU Furstentum (GEWÜRZTRAMINER, PINOT GRIS, RIESLING) und von der Grand-cru-Lage SCHLOSSBERG (großartiger Riesling; 17' **18'**). Hervorragende, günstige Weine auf Einsteigerniveau.

Blanquette de Limoux Lang ★★ Frischer, apfelfruchtiger, vergnüglicher Schaumwein von 90% Mauzac plus CHARDONNAY und CHENIN BLANC. Klassischer sind die Gewächse der AC CRÉMANT de LIMOUX mit Chardonnay, Chenin blanc, PINOT NOIR und weniger Mauzac im Verschnitt. Größter – und recht ordentlicher – Produzent ist die Genossenschaft Sieur d'Arques; weitere Erzeuger: Antech, La Coume-Lumet, Delmas, Les Hautes Terres, Jo Riu, LAURENS, Monsieur S. und Robert.

Blaye Bx ★→★★ 14 15 16 17 **19** 20 – Bezeichnung für die besseren Rotweine (Ertragsbeschränkung, höhere Pflanzdichte, längere Reifung) aus der AC BLAYE – CÔTES DE BORDEAUX.

Blaye – Côtes de Bordeaux Bx ★→★★ 15 16' 17 19 **20** – AC am rechten Ufer der Gironde, hauptsächlich für Rotweine mit hohem MERLOT-Anteil und wenige trockene Weiße (vorwiegend SAUVIGNON BLANC). Die besten CHÂTEAUX: Bel Air la Royère, Cantinot, de la Chapelle, Gigault (CUVÉE Viva), Haut-Bertinerie, Haut-Grelot, Jonqueyres, Monconseil-Gazin, Mondésir-Gazin, Montfollet, Peybonhomme Les Tours, Roland la Garde, Ste-Luce Bellevue und des Tourtes. Außerdem empfiehlt sich die fortschrittliche Genossenschaft Les VIGNERONS de Tutiac (Rot- und Weißweine).

Boeckel, Domaine El ★★★ Die Familie ist seit dem 17. Jh. im Weinbau tätig, das Gut wurde 1853 gegründet und umfasst heute 23 ha, die ökologisch bewirtschaftet werden. Voll und rund ist der RIESLING CLOS Eugénie (18 **19' 20**). GRAND CRU Zotzenberg ist eine Spitzenlage für Sylvaner, erbringt jedoch auch schönen Riesling (großartig **17'**): üppig, aber raffiniert, passt zu Meeresfrüchten oder Trüffeln.

Boillot Côte d'Or – Führende Winzerfamilie in Burgund. Feine, langlebige Weiße finden Sie bei Jean-Marc (★★★) in POMMARD, mächtige, stilvolle Weine beider Farben bei Henri (★★→★★★★) in MEURSAULT, großartige Rote von beiden Côtes bei Louis (★★★) in CHAMBOLLE-MUSIGNY sowie bei dessen Bruder Pierre (Dom. Lucien Boillot ★★→★★★) in GEVREY-CHAM-

BERTIN. Marthe Henry Boillot, eine entfernte Verwandte, erzeugt interessante postmoderne Weine.

Boisset, Jean-Claude Bg – Im Lauf der vergangenen 50 Jahre entstandene, überaus erfolgreiche Handelsgruppe. Exzellente Weine unter dem Etikett Boisset (umwerfende neue Kellerei in NUITS-ST-GEORGES) und v. a. vom eigenen Weingut Dom. de la Vougeraie. Neuere Errungenschaften sind der Ankauf der Burgundermarken Alex Gambal und Vincent GIRARDIN. Außerdem Unternehmungen im BEAUJOLAIS, im Jura und jenseits des Atlantiks in Kalifornien (familiäre Verbindungen zu Gallo), Kanada, Chile und Uruguay.

Boizel Champ ★★★ Familienbetrieb mit rigorosem Qualitätsanspruch und sehr günstigen Preisen. Der gut gereifte BLANC DE BLANCS oJ fällt auf Basis der Jahrgänge 2013' und 2017' besonders fein aus. Die CUVÉE Sous Bois präsentiert sich klar und rein, aber nicht holzlastig. Das Vorzeigegewächs heißt Joyau de France; v. a. die Rosé-Version 2012 ist jetzt schön zu trinken. Sammler finden hier alte Jahrgänge bis zu den 80ern (in begrenzter Menge).

Bollinger Champ ★★★★ Großartiges klassisches Champagnerhaus mit immer besser und präziser werdenden Weinen. Der BRUT Spécial oJ ist seit 2012 in Höchstform; außerdem »R.D.« (04) und Grande Année (**08** 12' 14'). Der auf PINOT NOIR basierende, innovative Vintage Rosé (**12**) ist kraftvoll, mit satten 30 % rotem Côte aux Enfants (**14**). Neue Spezial-CUVÉES in kleiner Auflage zeigen neue Aspekte der Pinot-noir-Gemeinden, so der feine »PN VZ **15**« zum fairen Preis. *Siehe auch* LANGLOIS-CHÂTEAU.

Bonneau du Martray, Domaine Côte d'Or r ★★★ w ★★★★ Vorbildlicher Erzeuger von CORTON-CHARLEMAGNE, 2016 von Stanley Kroenke erworben, der neben Screaming Eagle (Kalifornien) auch den britischen Fußballklub FC Arsenal besitzt. Die prachtvollen Weine, eine gloriose Verbindung aus intensiver Frucht und mineralischer Unterfütterung, sind zum Einlagern (etwa 10 Jahre) gedacht. Außerdem kleine Mengen von feinem rotem CORTON.

Bonnes-Mares Côte d'Or ★★★★ **90'** 93 **96'** 99' 02' 05' 09' 10' **12'** 15' 16' 18 19 20 – GRAND-CRU-Lage zwischen CHAMBOLLE-MUSIGNY und MOREY-ST-DENIS, die ein wenig von der wilderen Art Letzterer hat. Robuste, langlebige Weine, weniger duftend als MUSIGNY. Spitzenerzeuger: ARLAUD, d'Auvenay, Bart, H. BOILLOT, Bruno CLAIR, Drouhin-Laroze, DUJAC, Groffier, JADOT, MORTET, ROUMIER, de VOGÜÉ, VOUGERAIE.

Bonnezeaux Lo ★★★→★★★★ 16 17 **18' 19** 20 (21) – Sehr langlebiger CHENIN-BLANC-Süßwein aus drei nach Süden ausgerichteten (potenziellen Grand-cru-)Hanglagen mit Schieferboden in den COTEAUX DU LAYON. Die besten Erzeuger sind die DOMAINES des Deux Arcs, des Fontaines, Les Grandes Vignes, de Mihoudy, du Petit Val, de la Petite Croix sowie die CHÂTEAUX de Fesles und La Varière.

Bordeaux ★→★★ 18 19 20 – Riesige, allumfassende AC für Bordeaux-Weine (unter der fast die Hälfte der Produktion der Region läuft). Die meisten Markenweine (Dourthe, Michel Lynch, MOUTON CADET, Sichel) fallen unter diese Kategorie; die Trauben stammen überwiegend aus dem Entre-Deux-Mers-Gebiet. Empfehlenswert: Chx. Bauduc, Beauregard-Ducourt, BONNET, Bouillerot, La Freynelle (CABERNET SAUVIGNON), Lamothe-Vincent und Reignac.

Bordeaux Supérieur Bx ★→★★ 16 17 18 **19** 20 – Höherer Mindestalkoholgehalt, geringere Erträge und längere Reifezeit als bei Weinen der einfachen AC BORDEAUX. Das Gros der Produktion sind Erzeugerabfüllungen. Verlässliche Qualität von: Chx. Argadens, Bellevue Peycharneau, Camarsac, Grand Village, Grée-Laroque, Jean Faux, Landereau, Méaume, Parenchère

(Cuvée Raphaël), Penin, Pey la Tour (Réserve), Pierrail, Reignac, Thieuley und Turcaud.

Borie-Manoux Bx – Bewundernswertes Weinhandelshaus mit eigenen Gütern in BORDEAUX: u. a. Chx. BATAILLEY, BEAU-SITE, LYNCH-MOUSSAS, TROTTE VIEILLE und Dom. DE L'EGLISE. Außerdem Eigentümer des Négociant Mähler-Besse.

Bouchard Père et Fils Bg ★★→★★★★ Rühriges Handelshaus in BEAUNE, mit vielseitigem Angebot an strammen, langlebigen Weinen. Die besten Weißen kommen aus MEURSAULT und von GRAND-CRU-Lagen, v. a. CHEVALIER-MONTRACHET. Aushängeschilder unter den Roten sind Beaune Vigne de L'Enfant Jésus, CORTON und Volnay Caillerets Ancienne Cuvée Carnot. *Siehe auch* William FÈVRE (CHABLIS).

Boulay, Gérard Lo ★★★→★★★★ **16' 17' 18 19'** 20' (21) Der erstklassige SANCERRE-Erzeuger war bis vor Kurzem noch ein Geheimtipp. Die Weine sind herrlich rein und langlebig, v. a. Clos de Beaujeu, La Côte, Monts Damnés und der seltene Comtesse. Der Vater wird jetzt von Sohn Thibault unterstützt.

Bouley Bg ★★→★★★ Kommende Stars in VOLNAY, mit ihren höher erzogenen Reben ganz am Puls der Zeit. Elegante Rote, v. a. aus Volnay-PREMIERS-CRUS, bieten die Cousins Thomas (Dom. Jean-Marc et Thomas Bouley) und Pierrick Bouley.

Bourgeois, Famille Lo ★★→★★★ **17' 18' 19' 20'** (21) – SANCERRE-Erzeuger und -Händler; Patriarch Jean-Marie tritt mit 79 Jahren nun in den verdienten Ruhestand. Sehr gute, teils langlebige Weine, ab 2023 aus Ökoanbau. Das Angebot deckt sämtliche AOPS der mittleren Loire sowie Petit Bourgois (IGP) ab. Am besten sind La Bourgeoise (rot und weiß), Les Côtes aux Valets, Le Graveron (rot: Monts Damnés), Etienne Henri, Jadis, Les Ruchons (weiß: Silex) und Sancerre d'Antan. Außerdem sehr guter CLOS Henri aus Marlborough (Neuseeland).

Bourgogne Bg ★→★★ r **15' 17 18' 19'** 20' w **14' 17' 18 19'** 20' – Umfassende AC für Burgund; die Qualität reicht von Massenerzeugnissen bis zu preiswerten Schätzen. Manchmal wird der Unterbereich, z. B. CÔTE CHALONNAISE, HAUTES CÔTES oder seit Neuestem CÔTE D'OR an den AC-Namen angehängt. CHARDONNAY-Weißwein, der nicht unter die AC Bourgogne ALIGOTÉ fällt, und Rotwein von PINOT NOIR, aber auch herabgestufter BEAUJOLAIS Cru kann als Bourgogne etikettiert werden (und wird als Bourgogne GAMAY verkauft). Unter die AC Bourgogne passe-tout-grains fallen Pinot-noir/Gamay-Verschnitte, die mehr als 30 % Pinot noir enthalten.

Bourgueil Lo ★★→★★★ **16 17' 18'** 19' 20' (21) – AOP für körperreiche Weine zum Einkellern auf CABERNET-FRANC-Basis. Erzeuger: v. a. Yannick Amirault, Ansodelles, Audebert, Dom. de la Butte, Dom. de la Chevalerie, Courant, Gambier, LAMÉ DELISLE BOUCARD, Ménard, Minière, Nau Frères, Omasson, Revillot, Rochouard.

Bouscassé, Château SWF ★★★ **15'** 17 18 19 (20) – MADIRAN-König Alain BRUMONTS Palast im Napa-Valley-Stil. Die Rotweine sind ein klein wenig früher trinkreif als sein eichenstrotzendes Flaggschiff MONTUS. Star ist der sortenreine TANNAT VIEILLES VIGNES.

Bouvet-Ladubay Lo ★★→★★★ Das riesige Angebot an Schaumweinen umfasst u. a. Brut Zéro, Rubis, Saphir und Trésor (rosé und weiß). Spitzenreiter unter den SAUMUR-CHAMPIGNY-Gewächsen ist Les Nonpareils.

Bouzereau Côte d'Or ★★→★★★ Die Familie Bouzerau ist – im positive Sinne – überall in MEURSAULT zugange. Anführer ist DOMAINE Michel Bouzerau, probierens- und relativ preiswerte Weiße gibt's zudem bei Jean-Marie Bouzereau, Philippe Bouzereau (Ch. de Citeaux) Vincent Bouzereau und Bouzereau-Gruère & Filles.

Bouzeron Bg ★★ 17' 18 19 20' – Ort an der CÔTE CHALONNAISE mit der einzigen auf ALIGOTÉ und v. a. Aligoté doré beschränkten AC. Das Potenzial ist größer und das Regelwerk strenger als für Weine der einfachen AC BOURGOGNE Aligoté. Überragend sind Maison Chanzy und die Domaine A. et P. de Villaine. Aus Bouzeron kommt zudem guter CHARDONNAY und PINOT NOIR (Bourgogne Côte Chalonnaise).

Bouzy Rouge Champ ★★★ **09 12 15'** 18' – Der rote Stillwein aus dem berühmten PINOT NOIR-Ort ähnelte früher einem sehr leichten Burgunder, ist mittlerweile dank Klimawandel und besserer Weinbaumethoden aber intensiver und raffinierter. Beste Erzeuger sind VEUVE CLICQUOT (Les Clos Colin) und Paul Bara.

Boxler, Albert El ★★★★ Die klassische DOMAINE zählt zu den fünf besten Elsässer Erzeugern. Die langlebigen Weine sind so komplex wie große Burgunder und kommen nicht nur aus GRANDS CRUS, sondern sogar aus Grand-cru-Unterbereichen, so der RIESLING Brand (Unterbereiche Kirchthal, Kirchberg) und der Riesling Sommerberg (Dudenstein, Eckberg). Überragende Spätlesen, v. a. der PINOT GRIS Wibtal (**17**). Ein einzigartiges Preis-Leistungs-Verhältnis bieten PINOT BLANC und SYLVANER (**18**).

Brice Champ ★★★(★) Die spannende Domaine in Bouzy hat den brillanten Christophe Constant (zuvor bei JL Vergnon) als neuen *chef de cave* verpflichtet. Gastronomiefreundliche Weine; der spitzenmäßige Poteau CHARDONNAY, 2019' in 350-l-Eichenfässern ausgebaut, ist nur in Magnumflaschen erhältlich.

Brocard, J.-M. Chablis ★★→★★★ Qualität und Geschäftssinn unter einem Dach vereint, wie der CHABLIS Sainte Claire sowie das schöne Angebot an PREMIER-CRU- und GRAND-CRU-Abfüllungen beweisen. Sohn Julien Brocard zeichnet für die Reihe Les 7 Lieux aus biodynamischem Anbau verantwortlich.

Brochet, Emmanuel Champ ★★★ Der ökozertifizierte Boutique-Erzeuger hat außergewöhnlichen CHAMPAGNER aus dem steilen Mont Bernard zu bieten. Der reintönige, beglückende Mont Benoît Extra Brut wird langsam und geduldig vinifiziert und bleibt 9 Monate im Fass. Keine Schönung oder Filtration. Mit dem **2018'** hat Brochet sich selbst übertroffen, rassig-klassischer fällt der 2019er aus.

Brouilly Beauj ★★ 17 18' 19' 20' – Der größte der zehn BEAUJOLAIS-Crus: solide, runde Weine mit einem gewissen fruchtigen Tiefgang, die früh zugänglich, aber auch 3–5 Jahre haltbar sind. Spitzenerzeuger: Ch. de la Chaize, Doms. Chermette, L. & R. Dufaitre, J.C. Lapalu, Piron. Noch besser ist der Nachbar-Cru Côte de Brouilly, v. a. Ch. Thivin.

Brumont, Alain SWF ★★★★ Pionier des MADIRAN und eine lebende Legende: Brumont ist nicht nur Schöpfer von Ch. BOUSCASSÉ, Ch. MONTUS und La Tyre, sondern hat auch leichter Zugängliches zu bieten wie den Gascogner Torus (★) und eine Reihe süffiger IGP-Weine. Überragend sind die trockenen und süßen PACHERENC-DU-VIC-BILH-Gewächse (★★★); sie sind nach dem Lesemonat gemäß Französischem Revolutionskalender benannt, z. B. Vendemiaire (September/Oktober), Frimaire (November/Dezember).

Brut Champ – Bezeichnung für trockenen klassischen Schaumwein. In den letzten Jahren haben die meisten Champagnerhäuser und -winzer die *dosage* (Zusatz von Süße) reduziert. Nichtsdestotrotz werden immer noch fantastische Champagner mit 8–9 g Restzucker erzeugt.

Brut Ultra/Zéro Bezeichnung für knochentrockenen CHAMPAGNER (ohne *dosage*) – auch als Brut Nature bekannt –, der zurzeit in Mode ist, v. a. bei Sommeliers. Die Qualität nimmt mit den wärmeren Sommern zu; Voraussetzung ist ausgereifte Frucht, alte Reben und ein Maximum an Sorgfalt.

Empfehlenswert: z. B. Pol Roger Pure, ROEDERER et Philippe Starck Brut Nature (12'), Veuve Fourny Nature.

Bugey ★→★★ Kleine AOP westlich der AC SAVOYEN für helle, frische Schaum- sowie (rote, rosé und weiße) Stillweine. Zu den Crus zählen Cerdon (rosafarbener GAMAY/Poulsard nach der *méthode ancestrale*), Montagnieu (Altesse, MONDEUSE, Schaumwein). Weißweine vorwiegend von Altesse (AOC Roussette du Bugey) sowie CHARDONNAY. Die Sorten für Rosé und Rotwein sind Gamay, Mondeuse und PINOT NOIR. Erzeuger: v. a. Angelot, P. Balivet (Cerdon), Bonnard (★), Bugiste, Grangeons de l'Albarine (★), Renardat-Fache (Cerdon; ★★), Peillot (★★), Tissot, Trichon.

Burgaud, Jean-Marc Beauj ★★★ In MORGON ansässiger Erzeuger, dessen Spitzenabfüllungen aus besten Lagen wie Charmes, Côte du Py, Grands Cras etc. vom ersten Tag an mit Frucht und Saftigkeit verlocken, aber auch etliche Jahre im Keller bleiben können. Jean-Marcs Neffe Alexandre Burgaud ist ebenfalls vielversprechend.

Burn, Ernest/Clos Saint-Imer El ★★→★★★★ Francis Burn ist ein Verfechter der späten Lese und erzeugt einige der vollsten und opulentesten Weine des ELSASS. Der CLOS Saint-Imer ist ein MONOPOLE im GRAND CRU GOLDERT; die Spitzenweine heißen La Chapelle. Unglaublich voller SYLVANER und (womöglich der beste Elsässer) MUSCAT (**10 13 15 16 17 18 19**), ferner hervorragender PINOT GRIS (10 12 **15' 18**).

Bursin, Agathe El ★★★→★★★★ Agathe hat dem führenden Familiengut in Westhalten neues Leben eingehaucht. Überragender, moderner SILVANER (Lutzental und v. a. Eminence) mit Tiefe und Klasse von sehr alten Reben (und aus den Spitzenlagen Bollenberg und GRAND CRU Zinnkoepflé). Ferner sehr guter RIESLING und SÉLECTION DE GRAINS NOBLES.

Buxy, Vignerons de Bg ★→★★ Führende Genossenschaft der CÔTE CHALONNAISE mit anständigem CHARDONNAY und PINOT NOIR. Außerdem Traubenlieferant für die Markenweine diverser Handelshäuser und größter Lieferant der AC MONTAGNY.

Buzet SWF ★★ 18 19 20 – Die AOP ist sozusagen der füllige Cousin von BORDEAUX und wird von der vorbildlichen Genossenschaft (u. a. Ch. de Gueyze, Padère) beherrscht. Ch. Pierron ist ein ebenbürtiger unabhängiger Erzeuger.

Cabernet d'Anjou Lo ★→★★ BV – Die mengenmäßig größte Loire-AOP. CABERNET FRANC und CABERNET SAUVIGNON liefern sanfte Aromen von roter Frucht. Erzeuger: v. a. Bablut, Bergerie, Chauvin, Clau de Nell, Grandes Vignes, Montgilet, Ogereau, Plessis-Duval und de Sauveroy.

Cabidos SWF ★★★ 15 16 17 – Das Château liegt im BÉARN, jedoch außerhalb des JURANÇON; die Weine sind ähnlich. Der Gaston Phoebus (★★) ist ein trockener PETIT MANSENG, der Saint Clément dessen fantastische goldfarbene, unbedingt probierenswerte süße Version (★★★). L'Or de Cabidos ist himmlisch konzentriert.

Cabrol, Domaine de Lang ★★★ Langjähriger Star der AC Cabardès (bei Carcassonne) mit ihren MÉDOC- und Bordeaux-Rebsorten. SYRAH-betont ist der kräftig duftende Vent d'Est in unverkennbarem Médoc-Stil. Der Vent d'Ouest mit höherem CABERNET-SAUVIGNON-Anteil tritt leiser auf, ist aber nicht weniger fein.

Cadillac – Côtes de Bordeaux Bx ★→★★ 16 18 **19 20** – In dem lang gestreckten, schmalen, hügeligen Bereich am rechten Ufer der Garonne wird vorwiegend MERLOT angebaut, außerdem CABERNET SAUVIGNON und CABERNET FRANC. Mittelschwere, frische Rotweine von sehr unterschiedlicher Qualität, am besten von: Alios de Ste-Marie, Biac, Brethous, Ch. Carignan, Carsin, Clos Chaumont, Clos Ste-Anne, Le Doyenné, Grand-Mouëys, Lamothe de Haux, Mont-Pérat, Plaisance, Réaut (Carat), Reynon, de Ricaud und Suau.

Cady, Domaine Lo ★★→★★★ 17' 18' 19' 20 – Familienbetrieb in ANJOU, sehr gut v. a. in puncto CHENIN BLANC, z. B. Cheninsolite (trocken), und COTEAUX DE LAYON, v. a. Chaume. Nach dem Brand der Kellerei 2021 kommt man jetzt wieder auf die Beine.

Cahors SWF ★★★ 15' 16 18' 19 20 – Die historische AOP am Fluss Lot, 2021 durch Spätfröste schwer geschädigt, erkämpft sich ihr Geburtsrecht als Heimat des MALBEC zurück. Erzeugt wird ausschließlich Rotwein (die wenigen Weißweine sind als IGP etikettiert). Die Stilistik verändert sich fortwährend und zum Glück in Richtung weniger Extraktion. Süffig-unkomplizierte Abfüllungen bieten CLOS Coutale und Ch. de Hauterive (★★), Substanzielleres kommt von Ch. de la Bérengeraie, Ch. du Cèdre (★★★), Clos Triguedina, Clos Troteligotte, Clos d'Un Jour, Dom. Cosse-Maisonneuve, Haut-Monplaisir; ferner von den Chx. La Coustarelle, Les Croisille, Gaudou (★★), Hautes-Serres, Lamartine, Mas La Périé und Ponzac.

Cailloux, Les S-Rh ★★★ 90' 98' 03' 05' 09' 10' **16' 18** 19' 20' – Der Familienbetrieb in CHÂTEAUNEUF-DU-PAPE erzeugt handwerklich bereitete, elegante, tiefgründige, würzige Rotweine mit lokaler Prägung zu sehr günstigen Preisen. Die kostspielige, edle CUVÉE Centenaire wird aus den ältesten GRENACHE-Reben (von 1889) bereitet (von unübertrefflicher Eleganz: 16' 19'). Außerdem Weine unter dem Etikett Dom. André Brunel (v. a. der preiswerte rote CÔTES DU RHÔNE Est-Ouest).

Cairanne S-Rh ★★→★★★ 10' 15' 16' 17' 18 **19'** 20' – Große Auswahl an charaktervollen Weinen von Garrigue-Böden mit dunkler Frucht, Kräuternoten, Textur und Finesse. Besonders empfehlenswert: Alary (stilvoll, Ökoanbau), Amadieu (reintönig, biodynamisch), Boisson (herzhaft), Brusset (tiefgründig), Clos des Mourres (öko), Clos Romane (ausdrucksstark), Cros de Romet, Escaravailles (mit Flair), Grands Bois (öko), Grosset, Hautes Cances (schlanker seit 2019), Jubain, Oratoire St Martin (erstklassig, biodynamischer Anbau), Rabasse-Charavin (funkelnd), Richaud (großartige Frucht) und Roche. Außerdem schöne Weiße, die gut zum Essen passen.

Canard-Duchêne Champ – Das Champagnerhaus im Besitz von Alain THIÉNOT wird jetzt von seinen Kindern geleitet. Sehr gute CUVÉE Léonie (★★★); die Cuvée Authentique aus Ökoanbau ist besser geworden (12' **13 15** 17' 18' 20). Der Avize Gamin (**12** 13 17' 19' 20') stammt aus einer Einzellage.

Canon-Fronsac Bx ★★→★★★ 14 15 16 **18** 19' 20' – Kleine, umweltbewusste Enklave in FRONSAC mit recht ähnlichen Weinen. Die besten Gewächse sind umfangreich, voll und fein strukturiert. Beste Erzeuger: Barrabaque, Canon Pécresse, Cassagne Haut-Canon (La Truffière), La Fleur Caillou, GABY, Grand-Renouil, MOULIN PEY-LABRIE, Pavillon, Toumalin.

Carillon Côte d'Or ★★★ Zwei unterschiedliche Erzeuger in PULIGNY-MONTRACHET: Jacques führt die Tradition fort, sein bester PREMIER CRU ist Referts. Einen spannenden modernen Ansatz verfolgt sein Bruder François, v. a. bei den Combettes- und Folatières-Abfüllungen. Die Puligny-Village-Weine sind von beiden großartig.

Castelmaure Lang ★★→★★★ Exzellente Genossenschaft im wilden CORBIÈRES mit einer Fülle von CARIGNAN-Weinen, u. a. der unkomplizierte La Pompadour und die terroirbetonte Grande CUVÉE mit Aromen von dunkler Frucht, Wildkräutern und heißem Stein. Paradepferd ist der tiefgründig-wuchtige N° 3, der 5 Jahre Flaschenreifung verlangt.

Castelnau, Champagne de Champ ★★★ Die aufstrebende Genossenschaft setzt beim exzellenten BLANC DE BLANCS (v. a. Millésime 02) auf längere Hefesatzreifung. Innovative Premiumreihe Hors Catégorie, verschnitten aus den besten Weinen und jedes Jahr anders; in der aktuellen Ausgabe namens CCF2067 spielt feiner PINOT MEUNIER die Hauptrolle. Neue Kellermeisterin ist Carine Bailleul.

Castigno, Château Lang ★★ Das Weingut in belgischem Besitz in SAINT-CHINIAN hat das verschlafene Städtchen Assignan durch Restaurants und Hotel nebst nachhaltiger, mit Kork ausgekleideter, flaschenförmiger Kellerei in einen Touristenmagneten verwandelt. Der rote Secret des Dieux ist ein in Eiche ausgebauter, gereifter SYRAH/CARIGNAN/GRENACHE-Verschnitt, stilvoll ist der weiße Grace des Anges auf ROUSSANNE-Basis.

Chablis

Nirgends findet der alles und alle erobernde CHARDONNAY einen besseren Ausdruck als in den vollen, aber straffen, klaren, mineralischen Weinen, die er auf den sanft gewellten Kalkböden in CHABLIS hervorbringt. Die meisten Erzeuger machen wenig oder gar keinen Gebrauch von neuen Eichenfässern, um die Prägung durch das jeweilige Terroir nicht zu überdecken. **Top:** BILLAUD, V. DAUVISSAT, Droin, W. FÈVRE, LAROCHE, L. Michel, C. MOREAU, Pinson, RAVENEAU. **Herausforderer:** Bessin, J.-M. BROCARD, CHABLISIENNE, Collet, D. Dampt, Davenne, B. Defaix, DROUHIN-Vaudon, Duplessis, N. et G. Fèvre, Grossot, LAROCHE, LONG-DEPAQUIT, Malandes, MOREAU-Naudet, Picq, Piuze, Pommier, Oudin, Tribut. **Aufstrebend:** J. et Fils Dauvissat, Gautheron, d'Henri, Lavantureux, E. & E. Vocoret, Vrignaud. **Ökoanbau/Naturweine:** Ch. de Béru, J. Brocard, Goulley, de Moor, Pattes Loup.

Castillon – Côtes de Bordeaux Bx ★★→★★★ 15 16 **18 19** 20 – Reizvoller Anbaubereich östlich von ST-ÉMILION, in der Regel preiswert. Die Weine, z. T. mit Alterungspotenzial, sind ähnlich wie in der Nachbarregion. Ein Viertel der insgesamt 230 Betriebe arbeitet ökologisch. Spitzenerzeuger: de l'A, d'Aiguilhe, Alcée, Ampélia, l'Aurage, Joanin Bécot, Cap de Faugères, La Clarière-Laithwaite, Clos Louie, Clos Les Lunelles, Clos Puy Arnaud, Côte Montpezat, l'Hêtre, Montlandrie, de Pitray, Poupille, Le Rey, Roquevieille, Veyry.

Cathiard, Domaine Sylvain Côte d'Or ★★★★ Sébastien Cathiard bereitet Weine von erstaunlicher Qualität aus Lagen in VOSNE-ROMANÉE (v. a. Les Malconsorts, Orveaux, Reignots) und NUITS-ST-GEORGES (v. a. Aux Thorey, Murgers). Neuerdings hat er auch eine Reihe einfacher Burgunder im Angebot. Die Trauben werden spät gelesen und entrappt.

Cave Kellerei; auch jede beliebige Weinfirma.

Cave coopérative Genossenschaftskellerei. Auf Betriebe dieser Art entfällt mehr als die Hälfte der französischen Weinproduktion. Die Weine sind oft preiswert, reißen einen aber in der Regel nicht vom Hocker. Derzeit geben viele Betriebe auf.

Cazes Rouss ★★★ Großer, biodynamisch bewirtschafteter, beeindruckender Betrieb. Zu den VINS DOUX NATURELS zählen RIVESALTES Ambré, Tuilé, Grenat und der sensationelle gereifte Aimé Cazes. Außerdem MAURY SEC sowie süßer Ambré (GRENACHE BLANC) und Le Canon du Maréchal (GRENACHE/SYRAH). Der rote Spitzenwein Le Crédo ist wie Ego und Alter ein CÔTES DU ROUSSILLON-VILLAGES. Ferner Weine von Les Clos de Paulilles, aus BANYULS und COLLIOURE.

Cébène, Domaine de Lang ★★★★ Brigitte Chevalier erzeugt aufregende FAUGÈRES-Gewächse aus hoch gelegenen, ökologisch bewirtschafteten Weinbergen. Das Aushängeschild, der langlebige Felgaria (überwiegend

MOURVÈDRE), ist pure Eleganz und Kraft. Les Bancèls (SYRAH und weitere rote Sorten) ist früher trinkreif, aber nicht weniger fein. Der Belle Lurette zeigt, wie gut CARIGNAN sein kann.

Cèdre, Château du SWF ★★→★★★ 15' 16 17 18 19 20 – Die Brüder Verhaeghe sind namhafte Vertreter der modernen CAHORS-Stilrichtung mit einer breiten Auswahl an Stilen und Preiskategorien. Ein köstlicher Alltagswein ist der IGP MALBEC (★★).

Cellier aux Moines Bg ★★★ Der aktuelle Spitzenerzeuger in GIVRY, mit Lagen hauptsächlich im gleichnamigen Weinberg, schwang sich mit Investitionen in eine neue Kellerei und der Verpflichtung des Kellermeisters Guillaume Marko zu neuen Höhen auf. Die Spitzenweine stammen vom CLOS Givry, ferner gibt es Interessantes von der CÔTE DE BEAUNE.

Cendrillon, Domaine de La Lang ★★★ Familie Joyeux erzeugt geschliffene, am Terroir orientierte Ökoweine aus der Umgegend von Narbonne. Der cremige, eichenwürzige Nuance ist ein Verschnitt aus acht Rebsorten, u. a. PETIT MANSENG, GRENACHE BLANC und gris, ALBARIÑO. Der rote Inédite ist ein erstklassiger CORBIÈRES.

Cépage Rebsorte. *Siehe* Gesamtverzeichnis Seiten 11–23.

Cérons Bx ★★ 15' 16 18 **19** – Die sehr kleine AC (20 ha) gilt für Süßweine, die jedoch weniger intensiv sind als die Gewächse aus dem benachbarten SAUTERNES. Beste Erzeuger: Ch. de Cérons, Ch. de CHANTEGRIVE, Clos Bourgelat, Ch. Grand Enclos, Ch. du Seuil.

Chablis ★★→★★★ 14' **15** 17' **18' 19'** 20 – Was für ein klangvoller Name und was für herrliche Weine! Wenn sie dem Original mit der typischen maritimen Mineralität treu bleiben – der CHARDONNAY-Traube mit zermahlenen Austernschalen. Die leichtere Version, PETIT CHABLIS, sollte jung getrunken werden.

Chablis Grand cru Chablis ★★★→★★★★ 10' 12' **14' 15** 17' 18' 19' 20 – Ein zusammenhängender Weinbergblock oberhalb des Flusses Serein bringt die konzentriertesten aller CHABLIS-Gewächse hervor; der Wein braucht 5–15 Jahre, um seine Nuancen zu entfalten. Die sieben Lagen: Blanchots (blumig), Bougros (einschließlich Côte Bougerots), Les CLOS (in der Regel am besten), Grenouilles (würzig), Les Preuses (weich wie Kaschmir), Valmur (strukturiert) und Vaudésir (mit der nicht klassifizierten Enklave La Moutonne). Viele gute Erzeuger.

Chablisienne, La Chablis ★★→★★★ Die vorbildliche Winzergenossenschaft ist für ein Gutteil der CHABLIS-Produktion verantwortlich und verbirgt sich hinter diversen Eigenetiketten von Supermarktketten. Der Trend geht jetzt zu PETIT-CHABLIS- und Chablis-CUVÉES aus biodynamischem Anbau. Spitzenwein ist der GRAND CRU Château Grenouilles.

Chablis Premier cru Chablis ★★★ 14' **15** 17' 18' 19' 20 – Etwas teurer als einfacher CHABLIS, aber lohnend. Die besseren Lagen erstrecken sich an sanften Hügeln; hier die Favoriten in puncto Mineralität: Montmains, Vaillons, Vaucoupin sowie, etwas weicher, Côte de Léchet und Fourchaume und schließlich, opulenter, Mont de Milieu, Montée de Tonnerre und Vaulorent.

Chambertin Côte d'Or ★★★★ 90' 93 **96'** 99' **02'** 05' 09' 10' **12' 14** 15' 16 17 18' 19' 20' – Der König von Burgund – in engem Kontakt mit seiner femininen Seite. Ein wahrhaft gebieterischer Wein: erstaunlich dicht, opulent, langlebig und teuer. Erzeuger, die dem hohen Anspruch gerecht werden: Bernstein, BOUCHARD Père et Fils, Charlopin, Damoy, DROUHIN, DUGAT-Py, Dom. LEROY, MORTET, ROSSIGNOL-TRAPET, ROUSSEAU und TRAPET. In der Jugend etwas zugänglicher sind die Gewächse aus der Nachbar-AOC Clos de Bèze, mit samtiger Textur und ungemein anmutig, v. a. von Bart,

Bruno CLAIR, Damoy, Drouhin, Drouhin-Laroze, Duroché, FAIVELEY, Groffier, JADOT, Prieuré-Roch, Rousseau.

Chambolle-Musigny Côte d'Or ★★★→★★★★ 93 99' 02' **05' 09'** 10' **12' 15' 16** 17 19' 20 – Samtig-seidige Weine von der CÔTE DE NUITS: Stoffigkeit bieten Gewächse aus den PREMIER-CRU-Lagen Les Charmes und Combe d'Orveau, in feiner ziselierter Form aus Cras und Fuées, während die Weine aus Les Amoureuses und den GRAND-CRU-Lagen BONNES-MARES und MUSIGNY einfach verführerisch sind. Die Superstars unter den Erzeugern heißen BARTHOD, MUGNIER, ROUMIER und de VOGÜÉ, empfehlenswert sind aber auch Amiot-Servelle, DROUHIN, Felettig, Groffier, HUDELOT-Baillet, Pousse d'Or, RION und Sigaut.

Champagne Le Mesnil Champ ★★★→★★★★ Erstklassige Genossenschaft mit Sitz in Le Mesnil-sur-Oger, dem großartigen GRAND-CRU-Ort für CHARDONNAY. Hervorragende CUVÉE Sublime (**08' 09** 13 15 17 19 20) von besten Lagen; die majestätische Cuvée Prestige (05) schlägt alles. Echte Schnäppchen!

Champagner Nach der MÉTHODE CHAMPENOISE erzeugter Schaumwein von PINOT NOIR, PINOT MEUNIER und/oder CHARDONNAY aus der 33.805 ha (unter Produktion) umfassenden Champagne, etwa 145 km östlich von Paris. Pro Jahr werden über 300 Millionen Flaschen verkauft. Für Frische sorgt etwas PINOT BLANC aus AUBE. Schaumwein anderer Herkunft, so gut er auch sein mag, darf sich nicht Champagner nennen.

Chandon de Briailles, Domaine Côte d'Or ★★★ Biologisch-dynamischer Anbau, jede Menge Stiele im Gärbottich, minimaler Schwefelzusatz und Verzicht auf neue Eiche, das sind die Kennzeichen dieses Betriebs. Ergebnis: strahlend reintönige Rotweine, die immer neue Höhen erklimmen, v. a. CORTON Les Bressandes und PREMIER CRU Île de Vergelesses (in PERNAND-VERGELESSES).

Chanson Père et Fils Bg ★→★★★ Handelshaus in BEAUNE mit hochwertigen Weißweinen (CLOS DES MOUCHES, CORTON-Vergennes) und stilvollen, wenn auch eigentümlichen Roten (aus der Ganztraubenvergärung herrührende Aromatik), v. a. CLOS des Fèves.

Chapelle-Chambertin Côte d'Or ★★★ 99' 02' **05** 09' 10' **12'** 15' 16 18' 19' 20' – Nachbar von CHAMBERTIN mit leichteren, feingliedrigeren, nicht ganz so fleischigen Weinen; die dünnere Bodenauflage erweist sich in feuchtkühlen Jahren als vorteilhaft. Spitzenerzeuger: Damoy, Drouhin-Laroze, JADOT, PONSOT, ROSSIGNOL-TRAPET, TRAPET, Tremblay.

Chapoutier N-Rh ★★→★★★★ Der eloquente Winzer und Weinhändler in HERMITAGE war der Erste, der seine Etiketten mit Brailleschrift versah. Er bietet stilvolle, teure rote CUVÉES aus ertragsbeschränkten, ausgewählten Parzellen. Intensive GRENACHE-Weine aus CHÂTEAUNEF-DU-PAPE, z. B. Barbe Rac, Croix de Bois (beide rot), CÔTE RÔTIE La Mordorée; Hermitage-Weine L'Ermite (rot und weiß, hervorragend) und Le Pavillon (rot, Granitboden, Tiefe), Cuvée de l'Orée (weiß) und Le Méal (weiß). Außerdem ST-JOSEPH Les Granits (rot und weiß). Fantastische weiße Hermitage-Gewächse von 100 % MARSANNE (alte Reben). Preiswerter Crozes Meysonniers. Außerdem Weinbergbesitz in den COTEAUX D'AIX-EN-PROVENCE, CÔTES DU ROUSSILLON-VILLAGES (guter Dom. Bila-Haut) und in RIVESALTES. Neben Weinbergbesitz im ELSASS gehören auch Ferraton in Hermitage, das Handelshaus Trenel im BEAUJOLAIS und Ch. des Ferrages in der PROVENCE zu Michel Chapoutiers Imperium; außerdem unterhält er Joint Ventures in Australien (v. a. Doms. Tournon und Terlato & Chapoutier mit duftenden Weinen) und betreibt ein Hotel mit Vinothek in TAIN.

Charbonnière, Domaine de la S-Rh ★★★ 05' 09' 10' 16' **17 18** 19' 20' – Von zwei Schwestern geführtes Gut in CHÂTEAUNEUF-DU-PAPE, mit ausdrucksstarken, kräuterwürzigen Weinen. Verlässliche rote Tradition, außerdem tiefgründige Gewächse der besonderen Art: VIEILLES VIGNES (ungeheuer kraftvoll, am besten), authentischer Mourre des Perdrix sowie Hautes Brusquières. Ferner ein sehr eleganter, reintöniger Weißer und pfeffriger roter VACQUEYRAS.

Chardonnay Nicht nur eine Weißweintraube, sondern auch der Name eines MÂCON-VILLAGES-Weinorts; daher Mâcon-Chardonnay.

Charlemagne Côte d'Or ★★★★ 14' 15' 17' 18 19' 20' – Die nahezu erloschene Schwesterappellation von CORTON-CHARLEMAGNE wurde 2013 von der Domaine de la VOUGERAIE wiederbelebt, die hier wie dort denselben Maximen folgt.

Drei Champagnererzeuger für die Watchlist

Didier Doué, Montueux: vorbildlich, Ökoanbau; besonders zu empfehlen: BRUT NATURE. **Lancelot-Pienne,** Cramant: mustergültiger Champagner oJ plus an die Artus-Sage erinnernde Namen wie Cuvée de la Table Ronde. **Veuve Fourny,** Vertus: Erzeuger des feinsten Brut Nature von alten Reben; außerdem fantastischer Clos Faubourg Notre Dame de Vertus (CHARDONNAY von alten Reben aus einer Einzellage).

Charlopin Côte d'Or ★★→★★★ Philippe Charlopin erzeugt ein beeindruckendes Spektrum an Rotweinen, vorwiegend von Trauben aus GEVREY-CHAMBERTIN. Preiswert sind die BOURGOGNE-CÔTE-D'OR- und MARSANNAY-Abfüllungen, Spitzenreiter die GRAND-CRU-Gewächse. Ebenso spannend ist das Projekt Charlopin-Tissier von Sohn Yann Charlopin.

Charmes-Chambertin Côte d'Or ★★★★ 99' 02' **03 05' 09'** 10' **12'** 15' 16 **17** 18' 19' 20' – GRAND-CRU-Lage mit 31 ha, einschließlich der Nachbarlage MAZOYÈRES-CHAMBERTIN, in GEVREY-CHAMBERTIN. Die Weine zeigen Noten von Himbeere und Sahne nebst Schwarzkirschfrucht, haben eine opulente Textur und einen aromatischen Abgang. Viele, viele gute Erzeuger: v. a. ARLAUD, BACHELET, Castagnier, Coquard-Loison-Fleurot, DUGAT, DUJAC, Duroché, LEROY, MORTET, Perrot-Minot, Roty, ROUSSEAU, Taupenot-Merme, VOUGERAIE.

Chartogne-Taillet Champ – Alexandre Chartogne, ein Schüler von Anselme SELOSSE, ist ein Star in der Champagne. Formvollendeter BRUT Ste Anne oJ sowie Einzellagenweine Le Chemin de Reims und Les Barres mit frappanter Energie. Das magische Trio 2018, 2019, 2020 berechtigt zu den schönsten Hoffnungen.

Charvin, Domaine S-Rh ★★★ 06' 07' 09' **10'** 12' **15'** 16' 17' 18' 19' 20' – Das 8-ha-Gut, eines des besten in CHÂTEAUNEUF-DU-PAPE, setzt strikt auf Terroir. Die Rebflächen sind zu 85 % mit GRENACHE bestockt, Eiche wird nicht verwendet, und es gibt nur eine einzige, handwerklich bereitete CUVÉE: Der Rotwein ist würzig, mineralisch, energiegeladen und bringt präzise den jeweiligen Jahrgang zum Ausdruck. Außerdem sehr preiswerter, unverfälschter, langlebiger mineralischer roter CÔTES DU RHÔNE sowie (seit Kurzem) guter Weißwein.

Chassagne-Montrachet Côte d'Or ★★→★★★★ w 08' **09'** 12' **14'** 15 17' 18' 19' 20' – Großes Dorf am Südende der CÔTE DE BEAUNE. Die PREMIER-CRU-Lagen wie z. B. Blanchot, ROMANÉE und Ruchottes sowie die GRANDS-CRUS liefern großartige Weißweine. Empfehlenswert sind die Erzeugerfamilien COLIN, GAGNARD, MOREY und PILLOT sowie die Domaines Heitz,

MOREAU, Niellon und Ramonet. Noch unterschätzt sind die Gewächse aus Rotweinlagen wie Boudriotte, Clos St-Jean und Morgeot.

Château Bezeichnung für ein Weingut, egal ob groß oder klein, gut oder mittelmäßig, v. a. in BORDEAUX gebräuchlich (*siehe* Kapitel »Die Châteaux von Bordeaux«). Im wörtlichen Sinn Schloss oder großes Haus. In Burgund herrscht der Ausdruck DOMAINE vor.

Château-Chalon Jura ★★★→★★★★ 99' 05' **09** 10' 14 – Kein Weingut, sondern eine AC und eine Ortschaft, wo die Krönung des VIN JAUNE aus der SAVAGNIN-Traube erzeugt wird: ein mindestens 6 Jahre im Fass gereifter Wein, eine Art nicht gespriteter, weinigerer Sherry, der sechs Jahre im Fass unter Hefeflor reift – nicht ganz billig, aber sein Geld wert. Er kann Jahrzehnte alt werden und passt gut zu einem Comté-Käse oder einem Hühnchengericht. Empfehlenswert von BERTHET-BONDET (★★), Macle (★★★★) oder Stéphane TISSOT (★★★); alte Jahrgänge findet man bei Bourdy.

Château-Grillet N-Rh ★★★★ 07' 09' 10' 12' 14' 15' 16' **17' 18 19' 20'** 21' – Frankreichs kleinste AC, mit halbkreisförmigem (und aufmerksam gepflegtem), malerischem 3,7-ha-Weinberg südlich von CONDRIEU auf Sand-Granit-Boden. Seit dem Erwerb durch F. Pinault von Ch. LATOUR setzt man bei den Weinen mehr auf Finesse statt auf Fülle – mit 20 Jahren können sie großartig sein. Die Preise sind sehr hoch. Der duftende, ölige, präzise bereitete VIOGNIER sollte dekantiert und gekühlt genossen werden, am besten zu gehobener Küche.

Châteaumeillant Lo ★→★★ 20' 21 – Die isoliert gelegene AC erwacht gerade zu neuem Leben. Erzeugt werden v. a. leichte Rote von GAMAY und PINOT NOIR sowie VIN GRIS; für Letzteren sind 10 % PINOT GRIS zugelassen. Erzeuger: v. a. BOURGEOIS, Chaillot, Gabrielle, Goyer, Joffre, Lecomte, Joseph MELLOT, Nairaud-Suberville, Roux, Rouzé und Siret-Courtaud.

Châteauneuf-du-Pape S-Rh ★★★→★★★★ 01' 07' 09' **10'** 12 15 16' 17 19' 20 – Gut 3.200 ha großes Gebiet bei Avignon mit unterschiedlichen Böden, u. a. Ton, Sand, Kalkstein, und rund 50 guten Erzeugern (die Qualität der anderen 85 ist gemischt bis dürftig). Verschnitte von bis zu 13 roten und weißen Rebsorten, angeführt von GRENACHE, plus SYRAH, (zunehmend) MOURVÈDRE und Counoise. Die warmen, würzigen, langlebigen Gewächse mit schöner Textur können märchenhaft fein und reintönig sein, doch bis Mitte der 2010er-Jahre gab es zu viele schwere, einfach nur süffige Weine. Kleinere, traditionelle Betriebe bieten oft ein gutes Preis-Leistungs-Verhältnis. Auf der anderen Seite stehen die Premiumgewächse von alten Reben (sehr guter Grenache: 16' 19'); meiden sollte man spät gelesene, in neuer Eiche ausgebaute, alkoholstarke (16 Vol.-%), überteuerte Versionen. Die herrlichen Weißen sind entweder frisch und fruchtig oder voll und geschmeidig; die besten halten sich mindestens 15 Jahre. Spitzenerzeuger: *siehe* Kasten Seite 69.

Chave, Domaine Jean-Louis N-Rh ★★★★ 00 01' 03' 04 05' 07' **09'** 10' **11' 12'** 13' 15' 16' 17' 18' 19' 20' – Erstklassige familiengeführte Domaine im Herzen von HERMITAGE mit einem guten Mix an Böden und daher kunstvollen Verschnitten. Klassische seidige, langlebige SYRAH-Rotweine, sehr selten auch mal Cathelin. Stilvolle, sehr gute, komplexe Weiße zum Einkellern (v. a. von MARSANNE). Dunkelroter, würziger ST-JOSEPH mit toller Frucht; sehr stilvoll ist der Clos Florentin (seit 2015) aus Einzellagen. Außerdem lebhafter St-Joseph Offerus unter der Marke J.-L. Chave, herzerwärmender CÔTES DU RHÔNE Mon Cœur sowie zwei solide und preiswerte Abfüllungen, die Chave als Négociant vertreibt: Hermitage Farconnet (rot) und Blanche (weiß).

Chavignol Lo – Weinbaugemeinde in SANCERRE mit den Steillagen Cul de Beaujeu und Les Monts Damnés, die das malerische Dorf umgeben. Der ton- und kalkhaltige Boden bringt hervorragende körperreiche, mineralische, langlebige (mind. 15 Jahre) Weiß- und Rotweine hervor. Sehr gute junge Weinmacher: Matthieu Delaporte (Domaine Delaporte) und Pierre Martin. Weitere Erzeuger: v. a. Boulay, Bourgeois, Cotat, Dagueneau, Thomas Laballe, Alphonse Mellot und Paul Thomas.

Chénas Beauj ★★★ **15' 16** 18' 19' 20' – Der kleinste der BEAUJOLAIS-Crus liegt zwischen MOULIN-À-VENT und JULIÉNAS und verdiente mehr Aufmerksamkeit. Die Weine sind fleischig und können eingelagert werden, die Preise sind moderat. Vorbildlich ist die Domaine Thillardon, probierenswert sind aber auch Janodet, LAPIERRE, Pacalet, Piron, Trichard und die Genossenschaft.

Châteauneuf-du-Pape – die Schlossherren

Die bekanntesten Namen dieser riesigen und vielfältigen (Böden, Verschnitte, Stile) Appellation sind: Châteaux de BEAUCASTEL, Fortia, Gardine (auch Weißwein), Mont-Redon, Nalys, Nerthe, RAYAS, Sixtine und Vaudieu; Domaines du Banneret (traditionell), Barroche, Beaurenard (biodynamisch, hochklassig), de la Biscarelle, Bois de Boursan, Henri Bonneau, Bosquet des Papes, Les CAILLOUX (preiswert), Chante Cigale, Chante Perdrix, CHARBONNIÈRE, CHARVIN, Clos du Caillou, Clos du Mont-Olivet, Clos des Papes, Clos St-Jean (Maßstäbe setzend), Cristia, Isabel Ferrando, Fontavin, Font-de-Michelle, Galet des Papes, Grand Tinel, Grand Veneur, de la Janasse, Marcoux (v. a. VIEILLES VIGNES), Mas du Boislauzon, Pegaü, Pierre André (biodynamisch, klassisch), Porte Rouge, Roger Sabon, Sénéchaux, P. Usseglio, R. Usseglio (biodynamisch), Vieux Donjon (klassisch), de la Vieille Julienne (biodynamisch), VIEUX TÉLÉGRAPHE.

Chevalier-Montrachet Côte d'Or ★★★★ 08 09' 10 **12** 14' 15 17' 18' 19' 20' – Geografisch ein wenig oberhalb von MONTRACHET, qualitativ ein ganz klein wenig unterhalb, bringt nichtsdestotrotz strahlende, kristalline Weine hervor, in denen weiße Frucht mit weißen Blumen tanzt. Sie sind sehr langlebig, aber häufig auch schon in der Jugend ansprechend. Spitzenerzeuger ist Dom. LEFLAIVE; Spezialcuvées aus der Lage Les Demoiselles von JADOT und Louis LATOUR, aus La Cabotte von BOUCHARD. Außerdem: Chartron, Philippe COLIN, Dancer, MONTILLE, Niellon, VOUGERAIE.

Cheverny Lo ★→★★ 19' 20' 21 – AC an der Loire bei Blois mit viel Rebfläche in der Ebene, daher sehr frostgefährdet (2021 schwere Schäden). Weißweine großteils als Verschnitt von SAUVIGNON BLANC und CHARDONNAY; leichte Rote, vorwiegend von GAMAY und PINOT NOIR (auch von CABERNET FRANC, CÔT). Der von der Romorantin-Traube bereitete weiße Cour Cheverny (bis zu ★★★) lohnt das Einkellern. Erzeuger: v. a. Cazin, Clos Tue-Bœuf (auch VIN DE FRANCE) sowie die Doms. Bellier, Huards (biodynamisch), de Montcy, du Moulin, Sauger, Tessier, de Veilloux und H. Villemade.

Chevillon, R. Côte d'Or ★★★ Gemeinsam mit GOUGES das Maß aller Dinge in puncto dunkelfruchtige, aber nicht mit Tannin überfrachtete PREMIER-CRU-Gewächse aus NUITS-ST-GEORGES: Bousselots, Chaignots und Pruliers heißen die zugänglicheren Gewächse, Cailles, Les St-Georges und Vaucrains die langlebigen.

Chevrot, Domaine Côte d'Or ★★ Bei Pablo und Vincent Chevrot findet man hervorragende, fruchtig-saftige MARANGES-Weine, angeführt vom Sur le

Chênes und dem PREMIER CRU Croix Moines. Außerdem sehr annehmbare einfache Weiße, v. a. ALIGOTÉ Tilleul und Maranges Fussière, sowie CRÉMANT. Die lebhaften Weine zeichnen sich auch durch faire Preise aus.

Chidaine, François Lo ★★★ **17' 18' 19' 20'** (21) – Sehr guter MONTLOUIS-SUR-LOIRE aus biodynamisch bewirtschafteten Einzellagen. Der Fokus liegt auf präzise gearbeiteten SEC- und DEMI-SEC-Weinen, die sich gut halten. Die VOUVRAY-Abfüllungen, u. a. Clos Baudoin, müssen idiotischerweise als VIN DE FRANCE etikettiert werden; ferner TOURAINE-Weine (Cher-Tal). Probierenswert: v. a. Clos du Breuil, Clos Habert und Les Truffeaux. Außerdem zwei Weine aus Spanien.

Chignin Sav ★→★★ BV – Die Hauptrebsorten der AOP sind Jacquère (Weißwein) und MONDEUSE. Der Chignin-Bergeron wird sortenrein von ROUSSANNE bereitet. Erzeuger: v. a. A. et M. QUENARD, J.-F. Quenard (beide ★), Berthollier (★★), Partagé (★★★).

Chinon Lo ★★→★★★ **16' 17' 18' 19'** 20' (21) – AC in der TOURAINE mit Sand-, Kies- und Kalksteinböden, von denen erstklassiger leichter bis voller CABERNET FRANC kommt. Spitzenjahrgänge halten sich 30 Jahre und mehr. Auch einige trockene CHENIN-BLANC-Weiße. Die besten Erzeuger: Alliet, Baudry, BAUDRY-DUTOUR, Beauséjour, Pierre et Bertrand Couly, Couly-Dutheil, Grosbois, Jourdan-Pichard, Landry, Dom. de la Noblaie, Pain, Pallus, Petit Thouars, Dom. de l'R, J.M. Raffault, Saut au Loup und Pierre Sourdais.

Chiroubles Beauj ★★ **15' 18' 19'** 20' – Der BEAUJOLAIS-Cru in den Hügeln oberhalb von FLEURIE liefert frischen, fruchtigen, schmackhaften Wein. Winzer: Berne, Cheysson, Ch. de Javernand, Lafarge-Vial, Métrat, Passot, Raousset; Handelshäuser: DUBŒUF, Trenel.

Chorey-lès-Beaune Côte d'Or ★★ **15' 17 18 19'** 20 – Ortschaft unmittelbar südlich von BEAUNE. TOLLOT-BEAUT ist und bleibt die Messlatte für die erschwinglichen, fruchtbetonten Weine dieser AC; vielversprechend ist Dom. Gay. Außerdem probierenswert von Arnoux, DROUHIN, Gay, Guyon, JADOT, Rapet und ROUGET.

Clair, Bruno Côte d'Or ★★★→★★★★ Das erstklassige Gut an der CÔTE DE NUITS mit geschmeidigen, subtilen, aromatischen Weinen könnte mit der jungen Generation sogar noch einen Schritt weiter gehen. Preiswerter MARSANNAY, La Dominode von alten Reben (SAVIGNY), CLOS ST-JACQUES und Cazetiers (beide GEVREY-CHAMBERTIN) sowie überragender CHAMBERTIN-CLOS DE BÈZE. Unter den Weißen am besten sind die CORTON-CHARLEMAGNE- und MOREY-ST-DENIS-Gewächse.

Clairet Bx – Sehr heller Rotwein, fast Rosé. BORDEAUX Clairet ist eine AC. Empfehlenswert: Ch. Penin, Ch. Sainte-Catherine, Ch. Turcaud.

Clairette de Die N-Rh ★★ oJ – Sträflich unterschätzter, preiswerter lieblicher Schaumwein mit Feuerstein- oder (besser) MUSCAT-Note und niedrigem Alkoholgehalt. Auch trockener Clairette-Weißwein, 3 Jahre haltbar. Erzeuger: v. a. Achard-Vincent, David Bautin (Ökoanbau), Carod, Jaillance (preiswert), Poulet et Fils (Terroircharakter, roter Châtillon-en-Diois), J.-C. Raspail (öko, guter IGP SYRAH). Ein feiner Aperitif, unbedingt probieren!

Clape, Domaine Auguste N-Rh ★★★→★★★★ **01' 03' 05' 06' 07' 09'** 10' **12' 14'** 15' 16' 17' 18' 19' 20' 21 – Die Könige von CORNAS: erstklassige SYRAH-Rebflächen, alte Reben, gute Bodenbearbeitung (Granit). Tiefgründige, komplexe Rotweine mit präziser Jahrgangscharakteristik, die mind. 6 Jahre zur Entfaltung brauchen und mind. 25 Jahre alt werden können. Strahlende Frucht zeigt der Renaissance von jüngeren Reben. Außerdem hervorragender CÔTES DU RHÔNE, VIN DE FRANCE (rot) und ST-PÉRAY (schöner Stil, noch besser geworden).

Clape, La Lang ★★★→★★★★ Aus dem Kalksteinhügelgebiet an der Küste bei Narbonne kommen charaktervolle, kräuterwürzige, langlebige Rotweine, v. a. von MOURVÈDRE (rot) plus GRENACHE und SYRAH, sowie Weiße von BOURBOULENC mit Salz- und Kräuternote. Erzeuger: v. a. Chx. d'ANGLÈS, Camplazens, l'Hospitalet, Laquirou, Mire l'Etang, La NÉGLY, Pech-Céleyran, Pech-Redon, Ricardelle, ROUQUETTE-SUR-MER sowie Dom. La Combe St-Paul und Sarrat de Goundy.

Climat Bg – Ausdruck für eine Einzellage mit eigenem Namen an der CÔTE D'OR, z. B. MEURSAULT Tesson oder MAZOYÈRES-CHAMBERTIN. Die burgundischen Climats zählen seit 2015 zum UNESCO-Weltkulturerbe.

Clos Bezeichnung für eine einzelne (mit Mauern) umfriedete Reblage. Oft ist ein Clos in der Hand eines einzigen Besitzers (v. a. in Burgund, der Champagne und im ELSASS) und mit Prestige verbunden.

Clos Alivu Korsika ★★→★★★ Unter diesem Namen erzeugt der begabte Eric Poli in der AOP Patrimonio stilvolle, frische Weine. Seine Domaine Poli ist eine Quelle preiswerter Abfüllungen unter den Etiketten AOP Corse (rot, rosé, weiß) und IGP Île de Beauté.

Clos Canarelli Korsika ★★★ Das viel gepriesene, biodynamisch bewirtschaftete Gut im Süden der AC Corse Figari erweckt lokale Rebsorten zu neuem Leben, kultiviert aber auch Bekannteres wie NIELLUCCIO und SCIACARELLO. Die lohnende Reihe Amphora wird tatsächlich in Amphoren ausgebaut. Spitzenwein ist der exzellente Tarra di Sognu (rot und weiß), der seltene Tarra d'Orasi (rot, weiß) stammt von wurzelechten Reben.

Clos Cibonne Prov ★★★ Das kleine Gut in der Nähe von Toulon erzeugt in der AOP CÔTES DU PROVENCE Rote und Rosés von der seltenen lokalen Rebsorte Tibouren. Herrlich traditionelle Etiketten und für die Gastronomie geeignete, ätherische Weine. Die Reihe Tentations ist fruchtiger und früher zugänglich.

Clos de la Roche Côte d'Or ★★★★ 90' 93' **96' 99' 02'** 05' 08 09' 10' 15' 16' 17 18' 19' 20' – Unterschätzt, wenngleich nicht unterbezahlt: wohl der feinste GRAND CRU von MOREY-ST-DENIS. Die Weine besitzen ebenso viel Grazie wie Kraft und sind eher aromatisch (Blaubeere) als opulent. Brauchen viel Zeit zur Entfaltung. Maßstäbe setzen ARLAUD, Dujac, Hubert LIGNIER und PONSOT, ebenfalls empfehlenswert sind Amiot, Bernstein, Castagnier, Coquard, LEROY, Lignier-Michelot, Pousse d Or, Remy und ROUSSEAU.

Clos des Fées Rouss ★★ Das Gut bietet charaktervolle Weine aus einer ganzen Reihe von ökologisch bewirtschafteten Terroirs. Beständig gut ist Les Sorcières (rot und weiß) aus der AOC Côtes du Roussillon. Spitzenreiter ist der rote Le Clos des Fées Hervé Bizeul. Ferner guter GRENACHE BLANC von alten Reben (IGP CÔTES CATALANES).

Clos des Lambrays Côte d'Or ★★★ 05' 09' 10' **15'** 16' 18' 19' 20' – Die GRAND-CRU-Lage in MOREY-ST-DENIS, praktisch ein MONOPOLE, ist jetzt im Besitz von LVMH. Massive Investitionen und seit 2019 ein neuer Weinmacher sollen für einen Qualitätssprung sorgen. Bis dahin wurden die ansprechenden Weine nach den Maximen frühe Lese, keine Entrappung, Gewürznoten bereitet.

Clos des Mouches Côte d'Or ★★★ w **02 05' 09'** 10' **14'** 15 **17'** 18 19' 20' – PREMIER-CRU-Lage in mehreren burgundischen ACS, aus der vorwiegend Rotweine (PINOT NOIR) kommen, aber auch der berühmte weiße BEAUNE. Mit *mouches* sind Honigbienen gemeint, wie sie das Etikett von DROUHINS gefeierter Beaune-Abfüllung zieren. Ebenfalls empfehlenswert: BICHOT, CHANSON (Beaune) sowie CLAIR, Germain (MEURSAULT), MOREAU und Muzard (SANTENAY).

Clos des Papes S-Rh ★★★★ **01' 03' 04' 05' 07' 09'** 10' **12'** 13' **14'** 15' 16' 17' 18' 19' 20' 21 – Überragendes CHÂTEAUNEUF-DU-PAPE-Gut der Familie Avril, die auf rigide Ertragsbeschränkung, burgundische Eleganz und Langlebigkeit Wert legt. Ungemein stilvolle, provokante Rotweine (von GRENACHE und viel MOURVÈDRE; trinkreif mit 2–3 Jahren oder erst nach mind. 8 Jahren) sowie hervorragende, komplexe Weiße (sechs verschiedene Rebsorten), denen man Zeit gönnen sollte und die (nach 2–3 oder erst nach 10–20 Jahren) zu gehobener Küche passen.

Clos de Tart Côte d'Or ★★★★ **02'** 05' **08' 10' 13'** 14 15' 16' 17 18' 19' 20' – Der GRAND CRU in MOREY-ST-DENIS ist ein MONOPOLE des Pinault-Imperiums (Groupe Artemis: u. a. Chx. GRILLET, LATOUR). Der Wein hat seinen Preis. Mit der neuerdings früheren Lese gewinnt er an Finesse, ohne seine natürliche Intensität einzubüßen. Die Kellerei wurde von Grund auf renoviert.

Clos de Vougeot Côte d'Or ★★★→★★★★ **90' 99' 02' 03'** 05' **09' 10'** 12' 13' 15' 16 17 18' 19' 20' – Der GRAND CRU an der CÔTE DE NUITS ist unter viele Besitzer aufgeteilt. Der Wein fällt manchmal grandios aus und braucht mind. 10 Jahre, um echte Klasse zu zeigen; die Klimaerwärmung kommt ihm sehr zupass. Stil und Qualität hängen vom Können, von den Ideen und Techniken des Erzeugers sowie der Lage am Hang ab. Am besten von: ARNOUX-LACHAUX, EUGÉNIE, Faiveley, GRIVOT, Gros (Anne), HUDELOT-Noëllat, LEROY, Comete LIGER-BELAIR, Thibault LIGER-BELAIR, MÉO-CAMUZET, MORTET, Ch. de la Tour, Vougeraie. Ebenfalls sehr gut von: BOUCHARD, Castagnier, Y. Clerget, Coquard-Loison-Fleurot, DROUHIN, Forey, MONTILLE, MUGNERET-Gibourg.

Clos du Mesnil Champ ★★★★ Von dem berühmten ummauerten Weinberg des Champagnerhauses KRUG in der GRAND-CRU-Lage Le Mesnil kommen langlebige, reintönige CHARDONNAY-Jahrgangs-CUVÉES: Der **1995**er z. B. ist jetzt *à point* und wird es bis mind. 2024 bleiben. Die Jahrgänge **2002** und insbesondere **2003**, 2008' und 2013' werden zu den Klassikern zählen, ebenso wie 2017' und 2019'.

Clos du Roi Côte d'Or ★★→★★★ Dieser Lagenname, manchmal auch Clos du Roy geschrieben, kommt in Burgund häufiger vor – der König pflegte gut zu wählen. Im GRAND CRU CORTON ist es die beste Parzelle; empfehlenswerte Erzeuger: de MONTILLE, Pousse d'Or, VOUGERAIE. In MERCUREY ist es die beste PREMIER-CRU-Lage, in BEAUNE eine weniger gute und in MARSANNAY eine Spitzenlage (möglicherweise demnächst Premier cru).

Clos Rougeard Lo ★★★★ **09 10 11 12 14 15** – Die einst legendäre, winzig kleine DOMAINE gehört jetzt Martin und Olivier Bouygues (Ch. MONTROSE, Bordeaux). Langlebige Weine von großer Finesse aus den Bereichen SAUMUR-CHAMPIGNY und SAUMUR Blanc. Eine große Kellerei ist derzeit im Bau.

Clos St-Denis Côte d'Or ★★★ **90' 93' 96' 99' 02'** 05' 09' **10'** 12' 15' 16' 17 18' 19' 20' – GRAND CRU in MOREY-ST-DENIS. Der Wein ist in der Jugend üppig und gewinnt mit zunehmendem Alter an seidiger Textur. Überragend von Dujac und Ponsot (seit 2016 Laurent Ponsot). Weitere empfehlenswerte Erzeuger: Amiot-Servelle, ARLAUD, Bertagna, Castagnier, Coquard-Loison-Fleurot, Heresztyn-Mazzini, JADOT, Jouan und LEROUX.

Clos Ste-Hune El ★★★★ Aus TRIMBACHS legendärer Einzellage im GRAND CRU ROSACKER kommt der vielleicht großartigste trockene RIESLING der Welt (super: **71' 75' 13'** 16' 17' **18'**); er braucht ein Jahrzehnt Flaschenreife. Ein komplexes Gewächs, perfekt für die Gastronomie (v. a. zu Jakobsmuscheln, Flusskrebs, Lachs).

Clos St-Jacques Côte d'Or ★★★★ **90' 93 96' 99' 02'** 05' **09' 10' 12'** 15' 16 **17** 18' 19' 20' – PREMIER-CRU-Hanglage in GEVREY-CHAMBERTIN mit perfekter Südostausrichtung, die sich fünf hervorragende Erzeuger teilen: CLAIR, ESMONIN, FOURRIER, JADOT und ROUSSEAU. Ihre kraftvollen, samtigen, langlebigen Weine werden höher eingeschätzt als viele GRAND-CRU-Gewächse – und sind oft teurer.

Clusel-Roch, Maison N-Rh ★★★ 01 05' **09' 10' 11 12' 13' 14** 15' 16 17' 18' 19' 20 – Die Domaine, einer der wenigen Ökobetriebe an der CÔTE RÔTIE (mit entsprechend höheren Kosten), verfügt über eine Reihe guter Reblagen, die vorwiegend mit Serine (ein spezieller SYRAH-Klon) bestockt sind. Die Weine sind straff und rauchig und erfordern Geduld. Schön für den Einstieg ist Les Schistes, hohe Qualität bieten La Viallière und Les Grandes Places (Schiefer, Eisen). Sohn Guillaume Clusel bereitet fabelhaften, sehr süffigen CÔTEAUX DU LYONNAIS (rot: GAMAY und weiß).

Coche-Dury Côte d'Or ★★★★ Die ausgezeichnete DOMAINE in MEURSAULT wird von Raphaël Coche geführt, dem Sohn des legendären Jean-François. Außergewöhnliche Weiße von ALIGOTÉ bis CORTON-CHARLEMAGNE und sehr schöne Rotweine zu astronomischen Preisen. Deutlich günstiger, aber stilistisch anders geartet sind die Weine der Dom. Coche-Bizouard (z. B. Meursault Goutte d'Or) von Cousin Fabien Coche.

Colin Côte d'Or ★★★→★★★★ Die führende Erzeugerfamilie in CHASSAGNE-MONTRACHET und ST-AUBIN erregt gegenwärtig Aufsehen mit brillanten Weißen, v. a. von Pierre-Yves COLIN-MOREY, Domaine Marc Colin, Joseph Colin und ihren Cousins Bruno Colin, Philippe Colin und Simon Colin.

Colin-Morey Bg ★★★ Pierre-Yves Colin-Morey hat sich einen Namen gemacht mit seinen lebhaften, prickelnden Weißweinen nebst charakteristischem Feuersteinbukett, v. a. Saint-Aubin und CHASSAGNE-MONTRACHET PREMIER CRU. Außerdem schöne Weine aller Qualitätsstufen, auch Händlerabfüllungen.

Collin, Ulysse Champ – Wohldurchdachte CHAMPAGNER aus den Côteaux du Petit Morin südwestlich von Vertus: durchweg aus Einzellagen, mit subtiler Eichenwürze und geringer, aber nicht gänzlich ohne Dosage. Spitzenreiter: Les Pierrières Blanc de Blancs auf 2015er-Basis (★★★).

Collines Rhodaniennes N-Rh ★★ Die IGP (zu Deutsch »Rhône-Hügel«) an der nördlichen Rhône hat – auch dank der sehr guten Steillage Seyssuel (Schieferboden) bei Vienne – Charakter und Qualität zu bieten: knackige, lebhafte Rote aus Granit(hang)lagen zu sehr günstigen Preisen, oft von Spitzenerzeugern. Bereitet werden sie vorwiegend von SYRAH (die besten) plus GAMAY. Die Weißen werden qualitativ von der Miniaturausgabe eines CONDRIEU VIOGNIER angeführt. Rotweine von: E. Barou, Bonnefond, N. Champagneux, L. Chèze, Clos de la Bonnette (Ökoanbau), Y. CUILLERON, J.-M. Gérin, Hameau Touchebœuf, Jamet, Jasmin, Monier-Pérreol (biodynamisch), S. OGIER, A. Paret, A. PERRET, S. Pichat und ROSTAING. Weißweine von: Alexandrins, Amphores, Barou, Y. Cuilleron, X. Gérard, F. Merlin, P. Marthouret, A. Perret (sehr gut), G. Vernay und P.-J. Villa.

Collioure Rouss ★★→★★★ Zwillingsappellation von BANYULS für Tischwein aus denselben spektakulären terrassierten Küstenlagen. Vorherrschende Rebsorte ist GRENACHE für Weine aller Farben, wobei Rosé mitunter mehr kann, als bloß süffig zu sein. Spitzenerzeuger: Dom. Augustin, Bila-Haut, Les Clos de Paulilles, Coume del Mas, Madeloc, Dom. du Mas Blanc, Dom. de la Rectorie, Dom. du Traginer, Dom. La Tour Vieille, Dom. Vial-Magnères sowie die Genossenschaften Banyuls l'Etoile und Cellier des Templiers. Neu ist die Dom. Pedres Blanques mit Naturwein (Vin de France).

Combe Blanche, Domaine Lang ★★→★★★ Vielfältiges Angebot an feinen, langlebigen La-LIVINIÈRE-Weinen (La Chandelière, La Galine), PINOT NOIR und TEMPRANILLO aus Hängen mit Nordausrichtung. Preiswert sind die AC-

Frankreich

MINERVOIS-Abfüllungen und der Misunderstood (CINSAULT). Ferner schöner Clos du Causses und duftender GRENACHE.

Comte Abbatucci Korsika ★★★ Die biodynamisch bewirtschaftete Domaine, Retterin autochthoner Rebsorten, vermarket ihre Weine bescheiden als VIN DE FRANCE. Dabei ist die Qualität spitze! Etwa bei der CUVÉE Faustine (rot und rosé) oder dem Valle de Nero (rot, rosé); die Namen der Weine erinnern an die Militärzeit eines Ahnen: Er war ein Kamerad von Napoleon.

Comté Tolosan SWF ★ meist BV – Die IGP umfasst einen Großteil des Südwestens und ein entsprechend breites Spektrum an Stilen. Die Dom. de Ribonnet (★★) ragt aus der Masse der großteils bescheidenen Erzeugnisse heraus.

Condrieu N-Rh ★★★→★★★★ **18' 19 20'** 21' – Duftender, blumiger Weißwein mit Aprikosen- und Pfirsicharomen von Sand-Granit-Hängen aus der angestammten Heimat des VIOGNIER. Die Besten sind reintönig und präzise (2020 und 2021 noch besser als 2019) und passen wie kaum ein anderer Weißer zu Spargel; hüten sollte man sich hingegen vor übermäßiger Eichenwürze, Süße und Alkohol. Doch die – nicht durchweg guten – 80 Erzeuger passen sich den Hitzesommern allmählich an. Spitzenerzeuger: Boissonnet, CHAPOUTIER, Clos de la Bonnette (öko), Y. CUILLERON, DELAS, Faury (v. a. La Berne), Gangloff, X. Gérard (preiswert), GUIGAL, F. Merlin, Monteillet, Niéro, A. Paret, A. Perret (alle drei Weine sind gut), C. Pichon, ROSTAING, St Cosme, Semaska, G. Vernay (fein, u. a. herrlicher, langlebiger Coteau de Vernon), F. Villard (in letzter Zeit leichtere Weine).

Corbières Lang ★→★★★ Aus der größten AC des LANGUEDOC kommen charaktervolle Rotweine, ja sogar manche Schätze, in deren unterschiedlichen Stilen sich das vielfältige Terroir widerspiegelt – von den Lagunen an der Küste bis zu den (trockenen) Ausläufern der Pyrenäen. CARIGNAN spielt die Hauptrolle (v. a. AOC Corbières Boutenac). Außerdem einige sehr gute Weiße. Erzeuger: v. a. CHÂTEAUX Aiguilloux, Aussières, la BARONNE, Borde-Rouge, de CARAGUILHES, Grand Moulin, Lastours, Ollieux Romanis, Les Palais, Pech-Latt, de Sérame, VAUGELAS, la Voulte Gasparets und die DOMAINES de la CENDRILLON, de Fontsainte, du Grand Crès, Trillol, du Vieux Parc und de Villemajou sowie Clos de l'Anhel, Les Clos Perdus, FAMILLE FABRE, Grand Arc, MAXIME MAGNON, Sainte-Croix und Serres Mazard. Hervorragend ist die Genossenschaft Castelmaure.

Cornas N-Rh ★★★ **01' 05' 09'** 10' **12'** 15' 16' 17' 18' 19' 20' 21 – SYRAH in Spitzenqualität aus Granitboden von der nördlichen Rhône, derzeit *très à la mode*. Dunkler, überaus fruchtbetonter, mineralisch konturierter Wein, den man z. T. jung (mit lebhafter Frucht) trinken können sollte, in Wirklichkeit aber mind. 5 Jahre einlagern muss. Spitzenerzeuger: Allemand (Überflieger), Balthazar (traditionell, ohne Schwefelzusatz), M. Barret (biodynamisch), M. Bourg, Clape (der Maßstab), Colombo (modern), Courbis (modern), Delas, Dumien Serrette, E. & J. Durand (rassige Frucht), G. Gilles (schöne Stilistik), P. & V. Jaboulet, Lemenicier, Lionnet (öko), V. Paris, Tardieu-Laurent (voll, eichenwürzig), Dom. du Tunnel, A. & E. Verset,Voge (chic, eichenwürzig).

Corton Côte d'Or ★★★→★★★★ **99' 02' 03'** 05' **09' 10' 12'** 15' **17** 18' 19' 20' – Der GRAND CRU wird seinem Ruf großteils nicht gerecht, andererseits aber auch bisweilen unterschätzt, was seine besten Lagen angeht: CLOS DU ROI, Les Bressandes, Les Renardes und Le Rognet. Diese Weine können fein und elegant ausfallen und sind alles andere als Kraftmeier. Maßstäbe setzende Erzeuger: BOUCHARD, CHANDON DE BRIAILLES, DRC, Dubreuil-Fontaine, FAIVELEY (CLOS DES CORTONS), Follin-Arbelet, MÉO-CAMUZET, Rapet und TOLLOT-BEAUT. Nicht so sehr im Rampenlicht und teils preiswert: Bichot, H. & G. Buisson, Capitain-Gagnerot, Clavelier, Dom.

des Croix, Camille Giroud, Mallard, Pousse d'Or und Terregelesses. Die besten Weißen liefert die Lage Vergennes, etwa von CHANSON, HOSPICES DE BEAUNE und Ch. de MEURSAULT.

Corton-Charlemagne Côte d'Or ★★★→★★★★ 05' 09' 10' 14' **15' 17'** 18 19' 20' – Potenziell strahlender GRAND-CRU-Weißwein aus Burgund mit vielschichtigen mineralischen Noten, der eigentlich gut altern sollte. Wächst auf den nach Südwesten und Westen ausgerichteten Kalksteinlagen des Corton-Hügels, dazu kommt ein östlicher Streifen um den Gipfel herum. Spitzenerzeuger: BIZE, Bonneau du Martray, BOUCHARD, CLAIR, Coche-Dury, DRC (seit 2019), FAIVELEY, HOSPICES DE BEAUNE, JADOT, P. Javillier, LATOUR, Mallard, MONTILLE, Rapet, Rollin. Die Domaine Vougerai verwendet die (auf Etiketten selten anzutreffende) Schwester-AC CHARLEMAGNE.

Costières de Nîmes S-Rh ★→★★ Vom Mistral durchwehtes Anbaugebiet im nördlichen Rhône-Delta südwestlich von CHÂTEAUNEUF-DU-PAPE mit ähnlich steinigen Böden. Hier findet man gute Qualität zum kleinen Preis. Die vollen, würzigen Roten (GRENACHE, SYRAH) können bis zu 10 Jahre alt werden. Am besten von den CHÂTEAUX Grande Cassagne, L'Ermitage, Mas des Bressades (erstklassige Frucht), Mas Carlot (schöne Frucht), Mas Neuf, Monfrin (öko), Mourgues-du-Grès (öko), de Nages, d'Or et des Gueules (voll), Roubaud, Tour de Béraud (Vessière, weiß), de Valcombe sowie den DOMAINES Galus, M. Gassier, M. KREYDENWEISS (biodynamisch), de la Patience (öko), Petit Romain, Terres des Chardons (biodynamisch) und du Vieux Relais. Ferner lebhafte Rosés (gute Speisebegleiter) und ein paar stilvolle Weiße (guter ROUSSANNE).

Coteaux Bourguignons Bg ★ BV – Die seit 2011 vorwiegend für Rotweine (GAMAY, PINOT NOIR) geltende AC ersetzt die AC Bourgogne Grand Ordinaire und pimpt einfachen BEAUJOLAIS mit einem »schickeren« Namen auf – was im Handel gut ankommt. Auch geringe Mengen Weißwein von ALIGOTÉ, CHARDONNAY, MELON DE BOURGOGNE, PINOT BLANC und PINOT GRIS.

Coteaux Champenois Champ ★★★ BV (Weißwein) – Die AC für die Stillweine der Champagne, z. B. BOUZY. Jahrgänge wie bei CHAMPAGNER. Die Rotweine gewinnen im Zuge des Klimawandels (v. a. 12'). Eine beeindruckende Auswahl an Coteaux Champenois Grands Blancs (Basis: 17') findet man bei Charles HEIDSIECK, außerdem feinen weißen Burgunder.

Coteaux d'Aix-en-Provence Prov ★★ Ausgedehnte AC rings um Aix mit Unmassen von blassem, fruchtigem Rosé auf GRENACHE- und CINSAULT-Grundlage. Im kühleren Norden wird mehr CABERNET SAUVIGNON angebaut, empfehlenswert v. a. von den CHÂTEAUX Pigoudet, Revelette und VIGNELAURE. Die Weine aus Mittelmeersorten sind oft interessanter, wenn sie aus wärmeren Lagen stammen. Erzeuger: v. a. Ch. Bas, Ch. Beaupré, Ch. Calissanne und die Domaines Les Bastides, Les Béates, d'Eole (in den Alpilles), de la Réaltière sowie Villa Baulieu. *Siehe auch* Les BAUX-DE-PROVENCE.

Coteaux d'Ancenis Lo ★→★★ 19 20' (21) – Aus der kleinen AOP an beiden Loire-Ufern östlich von Nantes kommen süßer Malvoisie (PINOT GRIS) zum Einkellern sowie leichte Rotweine und Rosés, vorwiegend von GAMAY (plus max. 10 % CABERNET FRANC). Erzeuger: v. a. Galloires, Guindon, Landron Chartier, Merceron-Martin, Paonnerie (Naturwein).

Coteaux de l'Ardèche S-Rh ★→★★ 19' – Die bergige Region westlich der südlichen Rhône ist als IGP-Bereich ausgewiesen, doch wird auch oft die weniger einschränkende VIN-DE-FRANCE-Kategorie verwendet. Zudem ist Naturwein auf dem Vormarsch. Die Qualität der – oft preiswerten – Weine legt stetig zu. Frische, klare Rote sowie VIOGNIER (z. B. CHAPOUTIER, Mas de Libian) und MARSANNE. Die besten Rotweine werden von SYRAH bereitet, außerdem GAMAY (oft von alten Reben) und CABERNET SAUVI-

GNON (Serret). Burgunderartigen, verhaltenen Ardèche-CHARDONNAY erzeugt Louis LATOUR (der Grand Ardèche bekommt zu viel Eiche mit). Empfehlenswert: DOMAINES Flacher, Grangeon, J.-F. Jacouton und Vigier sowie Mas d'Intras (Ökoanbau) und Ch. de la Selve.

Coteaux de l'Aubance Lo ★★→★★★ **15' 16 17 18'** 19 20 (21) – Kleine AC für CHENIN-BLANC-Süßweine zum Einkellern; sie stammen aus weniger steilen Lagen, sind nerviger und im Allgemeinen weniger üppig als COTEAUX DU LAYON. Erzeuger: v. a. Bablut, Dittière, Montgilet, Ch. Princé, Rochelles, Sainte-Anne, Terra Vita Vinum, Ch. la Varière.

Coteaux du Giennois Lo ★→★★ **20'** 21 – Kleine AC mit verstreut liegenden, frostgefährdeten Weinbergen. Der zitrusfruchtige SAUVIGNON BLANC kann ein Schnäppchen sein; die leichten Rotweine sind GAMAY/PINOT-NOIR-Verschnitte. Am besten von: Émile Balland, Berthier, Bourgeois, Charrier, Langlois, Treuillet, Terres Blanches, Villargeau.

Coteaux du Layon Lo ★★→★★★★ **16 17 18'** 19 20' 21 – Sehr guter, aber leider sehr aus der Mode gekommener, langlebiger süßer CHENIN BLANC. Sieben Orte dürfen ihren Namen vor die AC setzen, wobei Chaume jetzt als PREMIER CRU klassifiziert ist. Spitzenappellationen sind BONNEZEAUX und QUARTS DE CHAUME. Erzeuger: v. a. Baudouin, Bellevue, Breuil, Pierre Chauvin, Drost (früher Delesvaux), Felses, des Forges, Guegniard, Juchepie, Ogereau, Ch. Pierre-Bise, Soucherie. Eine weitere AC für süßen Chenin blanc ist ANJOU – Coteaux de la Loire.

Coteaux du Loir Lo ★→★★★ **18' 19' 20'** (21') – Der Loir ist ein von Norden kommender Nebenfluss der Loire, die dazugehörige AOP derzeit ziemlich spannend, u. a. dank der Subappellation Jasnières. Stahlige, feine, langlebige Weine von CHENIN BLANC, ferner Rotweine von GAMAY und pfeffrigem Pineau d'Aunis, außerdem Schaumwein sowie Grolleau (rosé), CABERNET FRANC und CÔT. Spitzenerzeuger: Ange Vin, BELLIVIÈRE, Breton, Le Briseau, Cezin, Gigou, Janvier, Les Maisons Rouges, Roche Bleue, Ryke.

Coteaux du Lyonnais Beauj ★ BV – Kleinere AC des BEAUJOLAIS. Als PRIMEUR-Weine am besten. Erzeuger: v. a. CLUSEL-ROCH (120-jährige GAMAY-Reben), gefolgt von Les Pessiaux.

Coteaux du Quercy SWF ★ **16** 18 20 – AOP zwischen CAHORS und GAILLAC. Die herzhaften Landweine basieren auf CABERNET FRANC, hinzu kommt TANNAT oder MALBEC. Der rührigen Genossenschaft die Stirn bieten die unabhängigen DOMAINES du Guillau, Lacoste und de Revel (alle ★★).

Coteaux du Vendômois Lo ★→★★ **20' 21'** – Aus der AC im Loir-Tal kommen VIN GRIS von der Pineau-d'Aunis-Traube und pfeffrige Rotweine sowie Verschnitte von CABERNET FRANC, GAMAY und PINOT NOIR. Rebsorten für die Weißen sind CHARDONNAY und CHENIN BLANC. Beste Erzeuger: Brazilier, Patrice Colin (gut), Four à Chaux, Cave du Vendômois (gut).

Coteaux Varois-en-Provence Prov ★→★★ Die Provence Verte mit ihren kühleren, höheren Hanglagen ist die »Hollywood-Ecke«: Hier liegen Ch. Miraval von Angelina Jolie und Brad Pitt sowie nebenan George Lucas' Ch. Margüi. Ansonsten gibt's SYRAH und VIOGNIER aus dem kühleren Norden und die interesssante IGP Coteaux du Verdon. Erzeuger: v. a. Chx. Duvivier und Trians sowie Doms. des Aspras, du Deffends, la Grand' Vigne, du Loou, Routas, St-Mitre und Les Terres Promises.

Côte Chalonnaise Bg ★★ Weinbaugebiet unmittelbar südlich der CÔTE-D'OR-Weinberge mit leichteren und nicht ganz so teuren Weinen, das immer in Gefahr schwebt, »entdeckt« zu werden. Aus BOUZERON kommen Weiße von der ALIGOTÉ-Traube, aus Rully zugängliche, fruchtbetonte Weine beider Farben, aus Mercurey und GIVRY etwas strukturiertere Gewächse mit Alterungspotenzial und aus MONTAGNY eher schlanker CHARDONNAY.

Côte de Beaune Côte d'Or ★★→★★★★ Die südliche Hälfte der CÔTE D'OR, aber auch ein eigenständiger AC-Bereich auf der Hügelkuppe oberhalb von BEAUNE. Die roten und weißen DROUHIN-Abfüllungen umfassen auch herabgestuften Beaune PREMIER CRU; ebenfalls empfehlenswert ist Dom. VOUGERAIE. Verwirrenderweise nichts damit zu tun hat die AOC Côte de Beaune-Villages – sie gilt für geringere Gemeinden der Südhälfte der Côte d'Or, die vielfach Verschnitte erzeugen.

Côte de Brouilly Beauj ★★ **15' 17 18' 19'** 20' – Große Bandbreite an Stilen und Bodenarten von unterschiedlichen Hanglagen des Mont Brouilly; eine Aufstufung gegenüber der einfachen AOP BROUILLY wäre angebracht. Maß aller Dinge ist Ch. THIVIN, gefolgt von Brun, Dufaitre, LAFARGE-Vial Martray und Pacalet.

Côte de Nuits Côte d'Or ★★→★★★★ In der nördlichen Hälfte der CÔTE D'OR wird nahezu ausschließlich Rotwein erzeugt: CHAMBOLLE-MUSIGNY, FIXIN, GEVREY-CHAMBERTIN, MARSANNAY, MOREY-ST DENIS, NUITS-ST GEORGES, VOSNE-ROMANÉE, VOUGEOT.

Côte de Nuits-Villages Côte d'Or ★★ **10' 12' 15' 16 17 18'** 19' 20' – Eine neuere AC für das äußerste Nord- und Südende der CÔTE DE NUITS; oft sehr preiswerte Weine. Spezialisierte Erzeuger sind Chopin, Gachot-Monot und Jourdan; erstklassige Gewächse aus Einzellagen sind CLOS du Chapeau (Arlot), Croix Violette (FOURNIER, Pernot), Faulques (Millot), Leurey (J.J. Confuron), Meix Fringuet (TRAPET), Montagne (diverse Erzeuger), Robignotte (Jourdan) und Vaucrains (JADOT). Den besten Weißwein liefert die Lage Les Monts de Boncourt.

Côte d'Or Bg – Departementname, gilt für den mittleren und Hauptteil der burgundischen Weinberghänge, bestehend aus der CÔTE DE BEAUNE und der CÔTE DE NUITS. Der Name wird auf Etiketten nicht verwendet, außer für die 2017 eingeführte AC BOURGOGNE Côte d'Or.

Côte Roannaise Lo ★★→★★★ **19' 20'** 21 – Sehr gute GAMAY-AOP. Erzeuger: v. a. Bonneton, Désormiere, Giraudon, Paroisse, Plasse, Pothiers, Rochette, SÉROL und Vial. Außerdem sehr feiner IGP-Weißwein Urfé von ALIGOTÉ, CHARDONNAY, CHENIN BLANC, ROUSSANNE und VIOGNIER.

Côte Rôtie N-Rh ★★★→★★★★ **01' 05' 09' 10' 12'** 15' **16'** 17' 18' 19' 20' – Der raffinierteste Rhône-Rotwein, vorwiegend von SYRAH plus etwas VIOGNIER, kommt von Granit- und Schieferböden und lehnt sich stilistisch an Burgunder an. Duftet nach Veilchen, ist reintönig (besonders 2016, 2019), komplex und mit zunehmendem Alter (nach 5–10 oder mehr Jahren) sehr fein. Sensationell und sehr langlebig sind die Jahrgänge 2010, 2015 und 2019, seidig 2020. Spitzenerzeuger: Barge (traditionell), Billon (energiegeladen), Bonnefond (Eiche), Bonserine (v. a. La Garde), Burgaud, B. Chambeyron, CHAPOUTIER, Clusel-Roch (Ökoanbau), Y. CUILLERON, DELAS, Duclaux, Gaillard (Eiche), Garon, X. Gérard, J.-M. Gérin, Guigal (langer Eichenausbau), Jamet, Jean-Luc Jamet, Jasmin, Lafoy, Levet (traditionell), S. Ogier (Eiche), Dom. de Rosiers, Rostaing (fein), Semaska, J.-M. Stéphan (öko), VIDAL-FLEURY (La Chatillonne).

Côtes Catalanes Rouss ★★★ Vermutlich die derzeit spannendste IGP in ganz Frankreich. Die Bandbreite reicht von fruchtigen, preiswerten Abfüllungen der großen Genossenschaft Vignerons Catalans bis hin zu ernst zu nehmenden, langlebigen Weinen von einigen der besten Winzer des ROUSSILLON, z. B. Danjou-Banessy, Gérard GAUBY oder Ch. de l'OU.

Côtes d'Auvergne Lo, ZF ★★ **19' 20' 21'** – Die AC lohnt den Abstecher nach Clermont-Ferrand – ehrlich. Rebsorten: GAMAY, PINOT NOIR und CHARDONNAY (für IGP Puy de Dôme ist auch SYRAH zugelassen). Gemeinden: Boudes, Chanturgue, Châteaugay, Corent (Rosé) und Madargue (Rotwein).

Erzeuger: v. a. Cave St-Verny, Les Chemins de l'Arkose, Miolanne, Montel, Pelissier und Sauvat.

Côtes de Bordeaux Bx ★ 2008 eingerichtete AOP für Rotwein, die den bereichsübergreifenden Verschnitt von Lesegut aus CASTILLON, FRANCS, BLAYE, CADILLAC und Ste-Foy gestattet. Winzer, die die Identität einzelner Terroirs bewahren wollen, unterliegen nun strengeren Auflagen, dürfen aber Namen wie Cadillac, Castillon usw. der AC-Bezeichnung voranstellen. BLAYE – CÔTES DE BORDEAUX, FRANCS – CÔTES DE BORDEAUX und Sainte Foy – Côtes de Bordeaux erzeugen auch etwas trockenen Weißwein. Die alles in allem rund 950 Winzer stehen für 10% der gesamten Bordeaux-Produktion (jährlich 65 Millionen Flaschen). Probierenswert: Châteaux Dudon, Lamothe de Haux, Malagar.

Côtes de Bourg Bx ★→★★ **16** **18** **19** 20 – AC am östlichen Gironde-Ufer für solide, leckere Rot- und einige trockene Weißweine; ab 2025 ist nur noch zertifiziert umweltfreundlicher Weinbau zulässig. Spitzen-CHÂTEAUX: Brulesécaille, Bujan, Falfas, Fougas-Maldoror, Grand-Maison, Grave (Nectar VIEILLES VIGNES), Haut-Guiraud, Haut-Macô, Haut-Mondésir, Macay, Mercier, Nodoz, Roc de Cambes, Rousset, Sociondo und Tour de Graves.

Côtes de Duras SWF ★→★★ **17'** **18'** 19 20 – AOP südlich von Bergerac mit vergleichbaren, aber erschwinglichen Weinen, v. a. knackige Weiße. Solide Qualität liefert die Genossenschaft Berticot, nach Höherem streben Dom. de Laulan und Dom. du Grand Mayne (beide ★★).

Côtes de Gascogne SWF ★→★★ BV – Aus dem überwiegend im Departement Gers gelegenen IGP-Bereich, direkter Nachbar von Armagnac, kommt das Gros der französischen Weißweine. Die Brüder Grassa (★★-Dom. du TARIQUET, Dom. La Hitaire) haben zur Einführung einer riesigen Rebsortenzahl beigetragen. Der Wein ist typischerweise sauber, aromatisch und leicht. Empfehlenswert: DOMAINES JOŸ, Ménard, Miselle und Pellehaut (alle ★★), ferner die bekannte Marke Combebelle der stets beeindruckenden Genossenschaft PLAIMONT.

Côtes de Millau SWF ★ BV – IGP-Wein aus der Umgegend der reizvollen Schlucht Gorges du Tarn. Die beliebte Genossenschaft feierte mit ihren Weinen den Viadukt Norman Fosters. Unter den unabhängigen Erzeugern sind Dom. de La Tour St Martin und Dom. du Vieux Noyer (beide ★) am besten.

Côtes de Provence Prov ★→★★★ BV – Derzeit beliebter blasser Rosé, der häufig mehr Chichi als Substanz zu bieten hat, aus einer Reihe von Weinbergen zwischen Marseille und Cannes sowie im Hinterland. Viel interessanter sind oft die Weißweine (zunehmend sortenrein von ROLLE) und die Roten (SYRAH und GRENACHE, in Küstennähe plus MOURVÈDRE) dieser AOC. Unterbereiche sind FRÉJUS, La Londe Pierrefeu, Notre Dame des Anges und SAINTE-VICTOIRE. Führende Erzeuger: DOMAINE Gavoty (grandios), CHÂTEAUX d'ESCLANS, Gasqui (bodynamisch), La Gordonne, La Mascaronne, de Selle (Ott) sowie Clos Cibonne (vorwiegend Tibouren), Estandon VIGNERONS, Mirabeau und Rimauresq. *Siehe auch* BANDOL, COTEAUX D'AIX, COTEAUX VAROIS.

Côtes du Brulhois SWF ★ **16** **17** **18** 19 (20) – Kleine AOP bei Agen; wesentliches Kennzeichen des hiesigen Weins ist der obligatorische TANNAT-Anteil nebst milderndem CABERNET SAUVIGNON und MERLOT plus MALBEC. Anders als anderswo werden die wenigen unabhängigen Erzeuger von der Genossenschaft unterstützt.

Côtes du Forez Lo ★→★★ **19'** **20'** 21 – Die südlichste AC der Loire mit lebhaften, prachtvoll fruchtigen GAMAY-Weinen (rot und rosé). Erzeuger: v. a. Bonnefoy, CLOS de Chozieux, Guillot, Mondon et Demeure, Poyet und

Verdier/Logel. Spannende Weiße (IGP) von CHARDONNAY, CHENIN BLANC, PINOT GRIS, ROUSSANNE und VIOGNIER.

Côtes du Jura Jura ★★→★★★ Die AOC umfasst den gesamten Jura, de facto aber v. a. dessen südlichen Teil. Die Tendenz zu Ökoanbau und Naturweinen befeuert den Export, sodass die Weine teils teuer sind. Vorwiegend Weiße in verschiedenen Stilen: von mineralisch (CHARDONNAY) bis kontrolliert oxidativ (SAVAGNIN, einschließlich VIN JAUNE). Leichte Rote mit schönem Bukett von PINOT NOIR, Poulsard und Trousseau. Die Weine passen wunderbar zum Essen. Klassisches gibt's von Badoz oder Ch. d'Arlay, Ökologisches von BERTHET-BONDET (★★), Buronfosse (★), Labet (★★), Marnes Blanches (★) und Pignier (★★); die Naturweinstars sind GANEVAT und Miroirs (beide ★★★). *Siehe auch* die ACs ARBOIS, CHÂTEAU-CHALON und L'ETOILE.

Côtes du Marmandais SWF ★→★★ r 15' 16 18 19 20 – Die AOP in der Gascogne, Nachbar von Bordeaux, bringt zunehmend exzentrische Weine hervor, was der Vermählung der hiesigen Abouriou-Traube mit SYRAH zu verdanken ist. Erstere steht bei Kultweinmacher Elian Da Ros bzw. seiner gleichnamigen Domaine und Ch. de Beaulieu (beide ★★★) im Mittelpunkt, während sie bei den Domaines Beyssac, Bonnet, Cavenac und Ch. Lassolle (alle ★★) mit den üblichen Bordeaux-Sorten verschnitten wird. Ch. de Beaulieu (★★) bevorzugt Syrah. Die Genossenschaften (95 % der Gesamtproduktion) sind immer noch verschnarcht.

Côtes du Rhône S-Rh ★→★★ 19' 20 – Die breite Basis der südlichen Rhône mit rund 170 Weinbaugemeinden, unter die auch Brézème und St-Julien-en-St-Alban (nördliche Rhône) mit ihren guten SYRAH-Weinen leichteren Stils fallen. Das Spektrum reicht von erfreulichen, handwerklich bereiteten, hochwertigen Weinen (v. a. von CHÂTEAUNEUF-DU-PAPE-Gütern, Tendenz steigend, hervorragendes Preis-Leistungs-Verhältnis) bis hin zu öder Massenware. Inzwischen wird entschieden mehr Wert auf lebhafte Frucht gelegt. Vorwiegend GRENACHE, aber auch Syrah und CARIGNAN; großteils BV. Die Vaucluse schneidet am besten ab, gefolgt von GARD (Syrah). Die Weißen werden immer besser und lohnen den Kauf, v. a. 2021.

Côtes du Rhône-Villages S-Rh ★→★★★ 19' 20 – Füllige, würzige Rotweine von 7.700 ha, darunter die 22 renommiertesten Orte der südlichen Rhône. Es kommen ständig neue (teilweise auch bis dato unbekannte) Gemeinden hinzu, 2020 z. B. Nyons. Die besten Weine sind umfangreich, tief, lebhaft und preiswert; die Grundlage bildet GRENACHE, dazu kommen SYRAH und MOURVÈDRE. Auch Weißweine von steigender Qualität, oft unter Zugabe von etwas VIOGNIER und ROUSSANNE zu CLAIRETTE und GRENACHE BLANC – gut zum Essen, v. a. 2021. *Siehe auch* LAUDUN, PLAN DE DIEU (schöne Auswahl), SABLET, ST-GERVAIS, SÉGURET (Qualität), VALRÉAS und VISAN (wird immer besser, viel Ökoanbau). Beste Erzeuger: *siehe* Kasten Seite 53.

Côtes du Roussillon(-Villages) Rouss ★→★★★ AOP für das Roussillon mit oft sehr guten Weinen sehr unterschiedlicher Stilrichtungen; CARIGNAN ist die Hauptrebsorte für Rotweine, GRENACHE BLANC (von alten Reben) und Grenache gris sowie Maccabéo liefern die Weißen. Die AOP Côtes du Roussillon-Villages ist kleiner und auf – teils hervorragenden – Rotwein beschränkt. Insgesamt gibt es 32 Gemeinden; auf den Etiketten namentlich erwähnt werden Caramany, Latour de France, Les Aspres, Lesquerde und Tauravel. Gute Genossenschaften Brial sowie sehr gute unabhängige Erzeuger: Boucabeille, CAZES, des Chênes, CLOS DES FÉES, Clot de l'Oum, GAUBY, Mas Bécha, Mas Crémat, Modat, Charles Pérez, Piquemal, Rancy, Roc des Anges, Thunevin-Calvet, de Vénus und Les Vignes de Bila Haut (CHAPOUTIER). *Siehe auch* CÔTES CATALANES.

Frankreich

Coulée de Serrant Lo ★★ **14 15 16** 18 19 (20) – Bemerkenswerte (und frostgefährdete) historische CHENIN-BLANC-AOP (7 ha) oberhalb der Loire im Herzen der AC SAVENNIÈRES. Die Weine fallen uneinheitlich aus und sollten in Anbetracht ihrer Herkunft und ihres Preises wirklich besser sein. Gutsleiterin ist Virginie Joly, Tochter des Biodynamie-Papsts Nicolas.

Coupe-Roses, Château Lang ★★→★★★ Die biodynamisch bewirtschaftete MINERVOIS-Domaine verfügt über höher gelegene Weinberge – die Weine vereinen Mittelmeer und Frische. Gut ist der auf GRENACHE basierende Granaxa, der ungeschwefelte Naturamania strotzt vor knackiger Frucht.

Courcel, Domaine de Côte d'Or ★★★ Eigenwilliges Gut in POMMARD, dessen Weine von spät gelesenen Trauben stammen und eine Ganztraubenvergärung durchlaufen – wenn's funktioniert, sind sie blumig und fein. Die Spitzen-PREMIERS-CRUS sind Rugiens und Les Epenots (beide langlebig), außerdem interessante CUVÉE Croix Noires.

Crémant AC für hochwertigen, nach der klassischen Methode bereiteten Schaumwein aus BORDEAUX, Burgund, dem ELSASS, Die, dem Jura, LIMOUX, von der Loire, aus Luxemburg und SAVOYEN. Viele gute Versionen.

Crémant de Loire Lo ★★→★★★ AOP für reichlich produzierten, aber guten Schaumwein in großer stilistischer Bandbreite von den Sorten CABERNET FRANC, CABERNET SAUVIGNON, CHARDONNAY, CHENIN BLANC, Grolleau, Orbois, Pineau d'Aunis und PINOT NOIR. Erzeuger: v. a. Ackerman, Aulée, Bouvet-Ladubay, Arnaud Lambert, Langlois-Chateau, Monmousseau, Nerleux.

Criots-Bâtard-Montrachet Côte d'Or ★★★ **09 10 12** 14' 15 17' 18 19' – Mit nur 1,57 ha die kleinste und zerstückeltste Lage der MONTRACHET-Familie. Empfehlenswerte Erzeuger: Blain-GAGNARD, Fontaine-Gagnard, Lamy und jetzt auch Caroline MOREY – oder d'Auvenay, wenn Sie sehr vermögend sind.

Cros, Pierre Lang ★★★ Zu den Mainstream-Weinen des unkonventionellen Erzeugers zählt der CARIGNAN VIEILLES VIGNES (AOP MINERVOIS). Der sortenreine SYRAH Les Aspres ist maskulin und strahlend. Aus in Vergessenheit geratenen LANGUEDOC-Sorten wird der fruchtig-leichte Mal Amiès bereitet. Auch NEBBIOLO und TOURIGA NACIONAL sind hier vertreten.

Cros Parantoux Bg ★★★★ Der PREMIER CRU in VOSNE-ROMANÉE erlangte durch den 2006 verstorbenen Henri Jayer Kultstatus. Die Domaines ROUGET und MÉO-CAMUZET verhelfen ihm nun zu noch höherem Ansehen, die Preise steigen entsprechend. Aber ist der Premier cru Brulées in kühlen Jahren nicht doch besser?

Crozes-Hermitage N-Rh ★★→★★★ **17' 18 19' 20** – Mit SYRAH bestockte, großteils flache Lagen (heiße Sommer sind eine Gefahr) in der Nähe des Flusses Isère erbringen Weine mit dunklen Beeren-, Lakritze- und Teernoten, die meist jung (nach 2–5 Jahren) zu trinken sind. Die zurückhaltenden, komplexen, kühleren Versionen stammen oft von Granithängen bei HERMITAGE: feine, rotfruchtige Gewächse, denen man Zeit lassen muss. Die Besten (einfache CUVÉES) sind ideale Begleiter bei Grillabenden und Partys; eichenholzwürzige Exemplare von alten Reben sind teurer und teils langlebig. Spitzenerzeuger: Aléofane (rot und weiß), Belle (Ökoanbau), Les Bruyères (biologisch-dynamisch, mächtige Frucht), Y. Chave, Chapoutier, Dom. du Colombier (großartig: Gaby), Dom. Combier (Ökoanbau), Dard & Ribo (öko), Delas (sehr gut ist Le Clos, außerdem Dom. des Grands Chemins), Dumaine (öko), des Entrefaux, Laurent Fayolle (sehr stilvoll, sehr guter Clos Cornirets), A. Graillot, Habrard (öko), Hauts-Châssis, des Lises (fein), Machon, Dom. des Martinelles (traditionell), Melody, Michelas St Jemms, Mucyn (fein), Remizières (Eiche), G. Robin, Rousset, de Thalabert (JABOULET), Ville Rouge und Vins de Vienne. Weißweine (von MARSANNE) jung trinken; die letzten Jahrgänge sind sehr gut, v. a. 2021. Schönes Preis-Leistungs-Verhältnis.

Cuilleron, Yves N-Rh ★★★ Ein klangvoller Name in CONDRIEU (nördliche Rhône) und ein Erzeuger, der bei Weißweinen immer ein gutes Händchen beweist. Spitzenreiter unter den Condrieu-Gewächsen ist Les Chaillets; von alten Reben stammt der rote ST-JOSEPH Les Serines. Die CÔTE-RÔTIE-Weine sind okay, in Eiche ausgebaut, angeführt von La Viaillière. Auch die IGP-Abfüllungen von MARSANNE und VIOGNIER sind gut. Vor Kurzem wurde der Weinbergbesitz erweitert.

Cuve close Abgekürztes Verfahren der Schaumweinherstellung im Tank. Die Bläschenbildung im Glas kommt schneller zum Stillstand als bei der traditionellen Methode.

Cuvée Normalerweise Ausdruck für »Verschnitt«; abgeleitet von frz. *cuve* (ein Bottich, der Wein enthält). Bei CHAMPAGNER bezeichnet er erstgepresste, beste Weine.

Dagueneau, Didier/Louis-Benjamin Lo ★★★→★★★★ 14' 15' 16' **17** **18'** 19 20 (21) – Maßstäbe setzender SAUVIGNON BLANC aus biodynamischem Anbau: umwerfend präzise bereitet und langlebig. Der Betrieb wird von Louis-Benjamin (Kellerchef) und seiner Schwester Charlotte Dagueneau geleitet. Empfehlenswert: v. a. Buisson Renard, Pur Sang und Silex. Außerdem SANCERRE Le Mont Damné (CHAVIGNOL) und Les Jardins de Babylone (JURANÇON).

Danjou-Banessy, Domaine Rouss ★★★★ Die Brüder Benoît und Sébastien erzeugen im Agly-Tal außerordentlich komplexe, frische Weine aus biodynamischem Anbau, die als IGP CÔTES CATALANES etikettiert sind. Ein sortenreiner CARIGNAN ist Les Myrs, sehr gut La Truffière (rot und weiß).

Dard & Ribo N-Rh ★★★ Das unkonventionelle Duo ist bei Naturwein-Aficionados zu Recht en vogue. Die CROZES-HERMITAGE- und ST-JOSEPH-Abfüllungen von alten Reben zeigen Charakter und Charme, auch dank minimalinvasiver Vinifikation. Probierenswert: die Weißen, u. a. ROUSSANNE, sowie Crozes-Hermitage des Bâties (rot, weiß) und St-Joseph Pitrou (rot, weiß).

Dauvissat, Vincent Chablis ★★★★ Unbeirrbar biologisch-dynamisch arbeitender Erzeuger von CHABLIS, der in alten Fässern, u. a. den lokalen 132-Liter-*feuillettes*, ausgebaut wird. Grandiose, langlebige Weine, vergleichbar mit denen seiner Cousins RAVENEAU. Am besten sind Les Clos, Les Fôrets, Preuses und Séchet. Ebenfalls probierenswert sind die Weine der Dom. Jean Dauvissat et Fils (nicht mit Vincent verwandt).

Deiss, Domaine Marcel El ★★★ Das berühmte Weingut in Bergheim wird jetzt weitgehend von Jean-Michels Sohn Mathieu Deiss geleitet. Auch er legt Wert auf Terroircharakteristik sowie gemischte Bestockung und Verschnitte. Bester Wein: RIESLING Schoenenbourg (überragend: 13' **17**').

Delamotte Champ – BRUT; BLANC DE BLANCS 07' 08 13 (★★★); großartig das Trio 18 19 20 – Das kleine, feine Champagnerhaus setzt vorwiegend auf CHARDONNAY und wird ebenso wie SALON von LAURENT-PERRIER gemanagt.

Delas Frères N-Rh ★★★ Handelshaus im Besitz von ROEDERER an der nördlichen Rhône mit (teils eigenen) Lagen in CONDRIEU, CROZES-HERMITAGE, CÔTE RÔTIE und HERMITAGE. Geschliffene Rotweine, hohe Qualität, schicke neue Kellerei. Spitzengewächse: Côte Rôtie Landonne, Hermitage Domaine des Tourettes (rot, weiß), Les Bessards (rot; sehr fein, rauchig, Granitterroir) und ST-JOSEPH Ste-Épine (rot; straff, interessant). Von der südlichen Rhône besonders empfehlenswert sind die Roten St-Esprit (CÔTES DU RHÔNE) und Grignan-les-Adhémar (preiswert). Die Weißen fallen in letzter Zeit leichter aus.

Delaunay, Edouard Côte d'Or ★★→★★★ Der alte burgundische Name wurde durch Laurent Delaunay in NUITS-ST-GEORGES and L'Étang-Vergy wiederbelebt. Gutes Sortiment an Négociant-CUVÉES aller Preisklassen, das immer bekannter und beliebter wird.

Demi-sec »Halbtrocken«, eher lieblich (z.B. beträgt die *dosage* bei CHAMPAGNER in der Regel 45 g/l).

Derenoncourt, Stéphane Bx – Führender international tätiger önologischer Berater (Teil eines sechsköpfigen Teams); ein Autodidakt, bei dem das Terroir im Mittelpunkt steht. Besitzt in CASTILLON ein eigenes Gut, die Domaine de l'A.

Deutz Champ – Eines der besten unter den kleineren Champagnerhäusern, im Besitz der Familie ROEDERER. Führender Vertreter des Ausbaus ohne Eiche; die Weine sind besser denn je. Spitzenreiter: die CHARDONNAY-CUVÉE Amour de Deutz (**08**) und Amour de Deutz Rosé (**12** ★★★★). Grandiose Cuvée William Deutz (08'), klassischer BLANC DE BLANCS (**13**). Fantastisches Preis-Leistungs-Verhältnis.

Didier Doué Champ ★★★★ Fein modellierter CHARDONNAY aus einem sonnenverwöhnten Hügel oberhalb von Troyes. Doué meidet Eiche und zielt stattdessen auf Finesse und Eleganz ab. Der Wein fiel **2018'** etwas füllig aus, besser war **2019'** mit seiner Frische und Terroircharakteristik.

Dirler-Cadé, Domaine El ★★→★★★★ Die Weine zeichnen sich durch Substanz und Finesse aus: fabelhafter MUSCAT GRAND CRU Saering und Spiegel sowie überragender SILVANER VIELLES VIGNES (**16** 17' 18' 19 20) von alten Reben, außerdem sehr guter RIESLING Grand cru Saering (**10** **14'** **16** 17' 18 19 20). Jean Dirler und seine Frau Ludivine Cadé besitzen Reben in der Parzelle Heisse Wanne, dem besten Teil des Grand Cru Kessler.

Domaine Gutshof, Weingut.

Dom Pérignon Champ – Vincent Chaperon ist jetzt Kellerchef der Luxusmarke von MOËT & CHANDON, die nun seine eigene Handschrift trägt: ein Schaumwein von ungemein beständiger Qualität in unglaublichen Mengen, zu der nicht zuletzt sein cremiger Zauber beiträgt, v.a. nach 10–15 Jahren Flaschenreife. Die Plénitude-Ausgaben (viele Jahre in der Flasche gereift, erst kürzlich degorgiert, astronomische Preise) heißen P1, P2, P3 usw., je nach Reifestufe (7, 16, über 30 Jahre). Der P2 (**98**) ist grandios, der P3 (**70**) immer noch voller Leben. Beim Dom Pérignon liegt der Fokus seit 2000 stärker auf PINOT NOIR, v.a. beim unterschätzten, aber exquisiten Jahrgang (**06**; Blanc und Rosé). Neu herausgekommen ist der exzellente Jahrgang 2012.

Dopff au Moulin El ★★★→★★★★ Berühmter Name im herausgeputzten Städtchen Riquewihr; die Weine sind inzwischen weniger konzentriert und qualitativ weniger verlässlich. Am besten sind die GEWÜRZTRAMINER GRAND CRU Brand und Sporen (**12** **16** 18' 20'), der RIESLING SCHOENENBOURG (**13** **17'**) sowie der Sylvaner de Riquewihr (19'). Wegbereiter des CRÉMANT d'Alsace.

Dourthe, Vins et Vignobles Bx – Großes Handelshaus und Erzeuger mit qualitätsorientiertem Angebot und neun eigenen Betrieben, u.a. Chx. BELGRAVE, Le BOSCQ, La GARDE, Grand Barrail Lamarzelle Figeac, PEY LA TOUR, RAHOUL, REYSSON. Gut gemachter einfacher AC BORDEAUX ist Dourthe N° 1 (v.a. der Weiße).

Drappier, Michel Champ – Großartiges familiengeführtes Champagnerhaus in der Region AUBE; die Leitung haben nun Michel Drappiers Kinder übernommen. Feiner PINOT NOIR, von mehr als 60 ha zertifiziert biodynamischem Weinbergbesitz, sowie Champagner oJ auf Pinot-noir-Basis, BRUT ZÉRO, Brut *sans souffre* (ungeschwefelt), Millésime Exception (**12**). Des Weiteren Prestige-CUVÉE Grande Sendrée (**08'** **09** **12** ★★★★), voll und süffig sind die Jahrgänge 2015 und 2018, noch besser – in ausgewogen frischem Stil – fallen 2019 und 2020 aus. Außerdem Cuvée Quatuor (von vier Rebsorten) und superbe ältere Weine (**82 95'**) in Magnumflaschen. Dank konsequenter Forschung bis zurück ins 17. Jh. halten die Reben dem Klimawandel stand. Zunehmende Verwendung großer Eichen-*foudres*.

DRC (Domaine de la Romanée-Conti) Côte d'Or ★★★★ Das grandioseste Weingut Burgunds (bzw. der Welt). Dieser Kaiser ist wahrlich nicht nackt. Der Besitz umfasst die MONOPOLE-Lagen ROMANÉE-CONTI und LA TÂCHE sowie größere Teile von ÉCHEZEAUX, GRANDS-ÉCHEZEAUX, RICHEBOURG und ROMANÉE-ST-VIVANT, zudem einen sehr kleinen Teil von Le MONTRACHET. Seit 2009 auch CORTON- und seit 2019 CORTON-CHARLEMAGNE-Wein. Majestätische Preise. Spitzenjahrgänge benötigen jahrzehntelange Flaschenreife.

Drouhin, Maison Joseph Bg ★★★→★★★★ Feines BEAUNE-Handelshaus und -Erzeugerbetrieb in Familienhand; der Weinbergbesitz wird durchweg biodynamisch bewirtschaftet, darunter für die Weißweine Clos de Mouches und MONTRACHET (Marquis de LAGUICHE; beide Beaune) sowie umfangreiche Besitzungen in CHABLIS. Stilvolle Rotweine mit schönem Bukett, vom hübschen CHOREY-LÈS-BEAUNE durch alle großen Lagen in BEAUNE, CHAMBOLLE-MUSIGNY, VOSNE-ROMANÉE (v. a. Petits Monts) und jetzt auch GEVREY-CHAMBERTIN. Auch die Domaine Drouhin Oregon (DDO) gehört zum Besitz (*siehe* Kapitel »Vereinigte Staaten«).

Dubœuf, Georges Beauj ★★→★★★ Vom Helden – als Retter des BEAUJOLAIS – zum nicht mehr ganz so tollen Hecht (allzu viel BEAUJOLAIS PRIMEUR), aber immer noch ein bedeutender Akteur und Quelle sehr ordentlicher Abfüllungen aus diversen Beaujolais-Crus und MÂCON. Als Georges Dubœuf Anfang 2020 starb, hatte Sohn Franck bereits seit mehreren Jahren die Gutsleitung inne.

Dubosc, André SWF – Der wegweisende Winzer und Agronom, Herz und Seele der Gascogne, ist die treibende Kraft hinter PLAIMONT, der AOP SAINT-MONT und der Wiederbelebung von Trauben wie Arrufiac, Manseng noir und TANNAT. Viele alte Rebsorten sind noch zu identifizieren und werden jetzt erforscht.

Dugat Côte d'Or ★★★ Die Cousins Claude und Bernard (Dugat-Py) erzeugten jeweils ausgezeichnete, tieffarbige GEVREY-CHAMBERTIN- bzw. Markenweine. Die junge Generation führt die Tradition fort. Geringe Mengen, v. a. aus GRAND-CRU-Lagen, gepfefferte Preise (v. a. Dugat-Py), da Sammlerterrain. Beide bieten jedoch das Vergnügen (gerade noch) erschwinglicher Gevrey-Chambertin-Village-Weine.

Dujac, Domaine Côte d'Or ★★★→★★★★ Erzeuger in MOREY-ST-DENIS, ursprünglich bekannt für sinnlich-rauchige Rote, angefangen von unschlagbaren Morey-Village-Weinen bis hin zu überragenden GRAND-CRU-Gewächsen, v. a. CLOS ST DENIS, CLOS DE LA ROCHE und ÉCHEZEAUX. Heute ist der Stil etwas mehr dem Mainstream angepasst. Ferner gute Weißweine aus Morey-St-Denis und PULIGNY-MONTRACHET. Négociant-Weine der leichteren Art bieten z. B. Dujac Fils et Père und Dom. Triennes (COTEAUX VAROIS).

Dureuil-Janthial Bg ★★ Chef des hervorragenden Guts in RULLY ist Vincent Dureuil-Janthial, der frische, ausdrucksstarke Weiße und fruchtig-muntere Rote bereitet. Die Weine sind durchweg empfehlenswert, allen voran der Maizières (rot, weiß) und der weiße PREMIER CRU Meix Cadot.

Duval-Leroy Champ – Champagnerhaus in Familienhand mit 200 ha Weinbergbesitz, vorwiegend mit CHARDONNAY bestockte gute Cru-Lagen, und Fokus auf Domaine-Weine. Sehr guter Fleur de Champagne oJ und exzel-

Frankreich

lente ★★★★-Prestige-CUVÉE Femme de Champagne (13), ein absoluter Spitzenchampagner, auch 2018' und 2019' großartig.

Échezeaux Côte d'Or ★★★ 99' 02' **05'** 09' 10' 12' 15' **16 17** 18' 19' 20' – GRAND CRU neben CLOS DE VOUGEOT mit stilistisch ganz andersartigen, nämlich filigranen, ätherischen, funkelnden Weinen, deren Art sehr stark vom jeweiligen Standort der Reben abhängen kann. Überragend in puncto Qualität und Preis: ARNOUX-LACHAUX, Bizot, Coquard-Loison-Fleurot, DRC, DUJAC, EUGÉNIE, GRIVOT, GROS, LIGER-BELAIR, MÉO-CAMUZET, Mugneret-Gibourg, G. NOËLLAT, ROUGET und Tremblay. Weitere gute Erzeuger: Berthaut-Gerbet, Guyon, Lamarche, Millot, MUGNERET, Naudin-Ferrand, Tardy.

Edelzwicker El ★ BV – Leichter Weißweinverschnitt. Gut sind Ch. d'Ittenwiller und der Gentil von HUGEL.

Elsass ★★→★★★★ Die Weinberge im Regenschatten der Vogesen sind das trockenste Weinbaugebiet Frankreichs, den Rest besorgen die jährlich 1.800 Sonnenstunden: aromatische, fruchtige, volle Weiße und immer besser werdende Rote (PINOT NOIR), die heute (meist) wieder in klassisch trockenen Stilen vinifiziert werden. Die immense geologische Vielfalt ist ein Eldorado für Terroirspezialisten, und die Weine halten sich wunderbar (40 Jahre sind noch gar nichts: 61' 67' 71' 83' 90' 10' **17' 18** 19).

Entraygues et du Fel und d'Estaing, Vins d' SWF ★→★★ BV – Zwei sehr kleine, benachbarte AOPS auf extrem steilen Terrassen über dem Lot-Tal. Knochentrockene CHENIN-BLANC-Weißweine gibt es v. a. bei den ★★-Domaines Méjannassère und Laurent Mousset; Letzere hat auch gute Rote, v. a. den La Pauca, und hervorragenden Rosé im Angebot. Nicolas Carmarans (★★) erzeugt Weine innerhalb und außerhalb der Appellation.

Entre-Deux-Mers Bx ★→★★ BV – Oft preiswerter trockener weißer BORDEAUX (*entre deux huitres* zu trinken) aus der Gegend zwischen Garonne und Dordogne. Die besten CHÂTEAUX: Les Arromans, l'Aubrade, BONNET, Fontenille, La Freynelle, Haut Rian, Landereau, Lestrille, Marjosse, Martinon, La Mothe du Barry (French Kiss), Nardique-la-Gravière, Sainte-Marie, Tour de Mirambeau, Turcaud und Vignol.

Esclans, Château d' Prov ★→★★★ Sacha Lichine ist der Erfinder des hochpreisigen Rosés, den er als Lifestyle-Getränk vermarktet und exportiert; Miteigentümer des Guts ist LVMH. Langlebig und teuer ist das Spitzengewächs, der eichengereifte Garrus (GRENACHE/ROLLE), preiswert und gut der Rock Angel. Whispering Angel heißt die enorm erfolgreiche Handelsmarke.

Esmonin, Domaine Sylvie Côte d'Or ★★★ Sehr volle, dunkle Weine von gänzlich ausgereiften Beeren, Ganztraubenvergärung und neue Eiche. Spitzenreiter: GEVREY-CHAMBERTIN VIEILLES VIGNES und CLOS ST-JACQUES. Für Spitzenburgunder moderate Preise.

Etoile, L' Jura ★★ AC im JURA für eleganten CHARDONNAY aus Kalkstein- und Mergelböden, der in der Regel oxidativ ausgebaut wird. Ebenfalls zugelassen sind VIN JAUNE und VIN DE PAILLE, nicht jedoch Rotwein, der unter die AOC CÔTES DU JURA fällt. Erzeuger: v. a. Montbourgeau (★★), Rolet und P. Vandelle.

Eugénie, Domaine d' Côte d'Or ★★★→★★★★ François Pinaults erster Vorstoß nach Burgund. Die intensiven, tiefdunklen Weine werden jetzt durch mehr Ganztraubenvergärung auf Touren gebracht. Überragend sind CLOS VOUGEOT und GRANDS-ÉCHEZEAUX, probierenswert ist der VOSNE-ROMANEE-Village CLOS d'Eugénie.

Fabre, Famille Lang ★★★ Fortschrittliche Familie in Corbières mit fünf Châteaux. Meisterlich und schroff ist der rote Ch. de Luc Boutenac, ungemein smart der rote Les Amouries von Ch. Fabre Gasparets; von Letzteren gibt's auch Rosé auf MOURVÈDRE-Basis.

Faiveley, Domaine Bg ★★→★★★★ Eher Winzer als Weinhändler, ein seit 2005 von Erwan Faiveley wiederbelebter Betrieb (einschließlich Komplettrenovierung), der jetzt hochklassige Rot- und solide Weißweine erzeugt; Hauptakteur an der CÔTE CHALONNAISE. Noch besser angelegt ist Ihr Geld jedoch in den Spitzenweinen aus CHAMBERTIN-CLOS DE BÈZE, CHAMBOLLE-MUSIGNY, CORTON Clos des Cortons und NUITS-ST-GEORGES. Die erstklassige Dom. Billaud-Simon in CHABLIS gehört ebenfalls zum Besitz.

Faller, Théo/Domaine Weinbach El ★★★→★★★★ Die Reblagen sind die feinsten des ELSASS und erbringen Weine in außergewöhnlich elegantem und rein trockenem, für die Gastonomie geeignetem Stil: MUSCAT, SILVANER, RIESLING GRAND CRU SCHLOSSBERG, GEWÜRZTRAMINER Furstentum und Mambourg sowie PINOT GRIS Altenbourg (**10' 13' 17' 18' 19'**). Der Pinot gris SÉLECTION DES GRAINS NOBLES ist der beste der Welt.

Faugères Lang ★★★ Das seltene Beispiel einer AC mit nur einer Bodenart, nämlich Schiefer, an den südlichen Ausläufern der Cevennen. Die Weine zeichnen sich durch ihre schöne Balance von Frische und Fruchtigkeit aus und besitzen Alterungspotenzial. Elegante Weiße von GRENACHE BLANC, MARSANNE, ROUSSANNE und VERMENTINO. Erzeuger: u. a. Dom. de l'Ancienne Mercerie, Dom. Bardi d'Alquier, Dom. Léon Barral, Dom. Cébène, Ch. Chenaie, Ch. Estanilles, Ch. Grézan, Ch. de la LIQUIÈRE, Mas d'Alezon, Mas Gabinèle, Dom. du Méteore, Dom. Ollier-Taillefer, Dom. Saint Antonin, Dom. La Sarabande, Dom. des Trinités.

Félines-Jourdan, Domaine Lang ★★→★★★ Klassisch strenger PICPOUL DE PINET von Claude Jourdan bei Mèze. Aushängeschild ist der weiße Féline (Ertragsbeschränkung, Bâttonage) – ein Wein zum Nachdenken, nicht zum Wegsüffeln.

Ferraton Père & Fils N-Rh ★★★ Erzeuger und Händler in HERMITAGE; Eigentümer ist CHAPOUTIER. Großes Spektrum an guten bis sehr guten Weinen aus biodynamischem Anbau, allen voran der rote und weiße Grand Courtil (AOC CROZES-HERMITAGE), die Hermitage-Abfüllungen Le Méal (rot), Le Reverdy (weiß) und Les Dionnières (rot) sowie der rote Bonneveau (ST-JOSEPH).

Fèvre, William Chablis ★★★→★★★★ Größter Eigentümer von GRAND-CRU-Lagen in CHABLIS; Bougros Côte Bougerots und Les Clos sind hervorragend. Es werden keine Kosten gescheut und die Erträge beschränkt, die Preise sind dementsprechend. Erstklassige Quelle für reichhaltige Gewächse zum Einlagern, aber auch einige bescheidenere Abfüllungen. Ebenfalls empfehlenswert sind die Weine der Cousins von der Domaine Nathalie et Gilles Fèvre, v. a. PREMIER CRU Vaulorent and GRAND CRU Preuses.

Fiefs Vendéens Lo ★→★★★ 19' 20' (21) – AC in der Vendée mit ernst zu nehmenden Erzeugern und charaktervollen, langlebigen Weinen. Rebsorten: CHARDONNAY, CHENIN BLANC, MELON und SAUVIGNON BLANC (weiß); CABERNET FRANC, CABERNET SAUVIGNON, GAMAY, Grolleau gris, Négrette und PINOT NOIR (rot und rosé). Erzeuger: v. a. Jumeaux (biodynamisch), Mourat, Prieuré-la-Chaume (biodynamisch) und Dom. St-Nicolas (biodynamisch).

Fitou Lang ★★→★★★ Zweigeteilte AC: Schieferboden auf den Hügeln südlich von Narbonne, in Küstennähe Kreide und Kalkstein. Die meistangebaute Rebsorte ist CARIGNAN, dementsprechend würzig, voll und stoffig fallen die sonnenverwöhnten Weine aus. Erzeuger: v. a. DOMAINES Astruc, Bertrand-Bergé, Grand Guilhem, JONES, Lérys sowie Ch. Champ des Sœurs und Ch. de Nouvelles.

Fixin Côte d'Or ★★★ **05'** 09' 10' 12' **14 15'** 16 **17** 18' 19' 20' – Unterbewerteter, aber ebenbürtiger nördlicher Nachbar von GEVREY-CHAMBERTIN. Stämmige Rotweine, die manchmal prachtvoll, mitunter jedoch auch rustikal geraten und von warmen Jahren profitieren. Beste Lagen: Les Arvelets, CLOS de la Perrière, Clos du Chapître, Clos Napoléon. Die hiesigen Stars: Berthaut-Gerbet, Gelin, Joliet und Naddef, gefolgt von Bart, CLAIR, FAIVELEY und MORTET.

Fleurie Beauj ★★★ 15' 18' 19' **20'** – Der beste der BEAUJOLAIS-Crus, mit herrlich duftenden, seidig texturierten, erdbeerfruchtigen Weinen. Rassigere Exemplare kommen von der Hanglage La Madone, vollere von tieferen Lagen. Bewährte Erzeuger: Ch. Beauregard, Brun, Chatelard, Chignard, Clos de la Roilette, Depardon, DUBŒUF, Metrat, Pacalet, Ch. de Poncié und die Genossenschaft. Naturweine bieten: Balagny, Dutraive, Métras, Pacalet und Sunier. Neuere Betriebe: Dom. Chatel, Clos de Mez, Dom. de Fa, Dom. Hoppenot und Lafarge-Vial.

Fourrier, Domaine Côte d'Or ★★★★ Jean-Marie Fourrier hat die tadellose DOMAINE in GEVREY-CHAMBERTIN an die Spitze geführt – die Preise sind entsprechend. Sinnliche, beschwingte Rotweine aller Qualitätsstufen von altehrwürdigen Reben; am besten sind CLOS ST-JACQUES, Combe aux Moines und GRIOTTE-CHAMBERTIN. *Siehe auch* Bass Phillip im Kapitel »Australien«.

Francs – Côtes de Bordeaux Bx ★★ 15 16 18 **19** 20 – Die kleine BORDEAUX-AC bei CASTILLON ist fest in der Hand der Familie Thienpont (von Ch. PAVIE-MACQUIN). Überwiegend Rotwein (60% MERLOT), daneben auch einige gute Weiße (z.B. Ch. Les Charmes-Godard, Ch. Puyanché). Die Spitzen-CHÂTEAUX: Cru Godard, de Francs, Godard Bellevue, Marsau, La Prade, Puyfromage und Puygueraud.

Fronsac Bx ★★→★★★ 14 15 16 **18** 19' 20' – Hügelige AC mit Ton-Kalk-Böden westlich von POMEROL mit ausgesprochen preiswerten Rotweinen (vorwiegend MERLOT), die z.T. auch lagern können. Spitzen-CHÂTEAUX: Arnauton, DALEM, la Dauphine, Fontenil, Haut-Carles, Mayne-Vieil (CUVÉE Aliénor), Moulin Haut Laroque, Puy Guilhem, de la Rivière, La Rousselle, Tour du Moulin, Les TROIS CROIX, La VIEILLE CURE, Villars. *Siehe auch* CANON-FRONSAC.

Fronton SWF ★★ 16 18 19 (20) – In der AOP unweit von Toulouse ist die Verwendung der Rebsorte Négrette vorgeschrieben. Sie wird manchmal sortenrein aus- und praktisch nur hier angebaut und erbringt Weine mit Veilchen-, Kirsch- und Lakritznoten. Oft ist aber auch SYRAH mit im Spiel. Erzeuger: v.a. Boujac, Bouissel, Caze, Laurou, Plaisance (alle ★★★) und Château Bellevue-la-Forêt (★★) sowie Ch. Boujac, Ch. Clamens, Ch. La Colombière, und Dom. Viguerie de Belaygues (alle ★). Bis dato gibt es keine AOP für die Weißweine.

Fuissé, Château Bg ★★→★★★ Smarte Unternehmung in POUILLY-FUISSÉ mit langer Erfolgsbilanz dank der konzentrierten, in Eiche ausgebauten Weißweine. Spitzenterroirs: Les Clos und Combettes. Ist auch in BEAUJOLAIS-Cru-Bereichen wie JULIÉNAS präsent.

Gagnard Côte d'Or ★★→★★★ Angesehener Clan in CHASSAGNE-MONTRACHET. Langlebige Weine, v.a. Caillerets und BÂTARD-MONTRACHET von Jean-Noël Gagnard. Das umfassende Angebot von Blain-Gagnard und Fontaine Gagnard schließt auch raren CRIOTS-BÂTARD-MONTRACHET sowie MONTRACHET selbst ein. Die Preise sind bei allen durchweg fair. Außerdem erzeugen alle sehr annehmbare Rote.

Gaillac SWF ★→★★ 18' 19' (20) – Historische AOP nordöstlich von Toulouse mit einem wahren Füllhorn an Rebsorten, u.a. Braucol (Fer), Duras, SYRAH (alle für Rotwein), Len de l'El und Mauzac (Weißwein). Prunelard (rot) gewinnt an Boden, die weiße Ondenc hat bei PLAGEOLES Legendenstatus erlangt. Die Qualität ist uneinheitlich, empfehlenswert sind jedoch DOMAINES de Brin, Causse-Marines, Le Champ d'Orphée, L'Enclos des Roses, d'Escausses, Peyres-Roses, Plageoles, La Ramaye, Rotier und La Vigneuse (alle ★★★). Der Perlé ist ein sommerlich-erfrischender, leicht perlender Weißwein und kann köstlich sein, z. B. von den (günstigen) Genossenschaften.

Ganevat Jura ★★★→★★★★ Der Superstar der CÔTES DU JURA wurde 2021 an den russischen Oligarchen Dmitry Pumpyansky verkauft, die Familie Ganevat bleibt jedoch für den Betrieb verantwortlich. Einzellagen-CHARDONNAYS (z. B. Les Chalasses, Les Grand Teppes) und zudem innovative Rote – allerdings zu Superstar-Preisen.

Gauby, Domaine Gérard Rouss ★★★ Ein biologisch-dynamisch arbeitender, äußerst innovativer Erzeuger (immer mehr Naturweine) unweit der Ortschaft Calce; jetzt übernimmt Sohn Lionel den Betrieb. Die Weinberge liegen bis zu 550 m hoch, wobei Kreideuntergrund den Weinen frische Säure verleiht. Empfehlenswert: Muntada und Les Calcinaires VIEILLES VIGNES (rot und weiß). Ist auch an Dom. Le Soula beteiligt.

Gaure, Château de Lang ★★★★ Pierre Fabres CHARDONNAY Oppidum (AC LIMOUX) ist grandios. Der Pour Mon Père (AC LANGUEDOC) ist ein CARIGNAN/GRENACHE/SYRAH-Verschnitt. Einige Rebflächen liegen im ROUSSILLON im Agly-Tal.

Gevrey-Chambertin Côte d'Or ★★★ **05'** 09' 10' 12' 15' 16 **17** 18' 19' 20' – Bedeutende AC für feine aromatische Rote aller Qualitätsstufen bis hin zum großartigen CHAMBERTIN und seinen GRAND-CRU-Cousins. Spitzenlagen sind die PREMIERS CRUS Cazetiers, Combe aux Moines, Combottes und CLOS ST-JACQUES. Preiswerte Einzellagenweine auf Village-Niveau (En Champs, La Justice) und VIEILLES-VIGNES-Abfüllungen. Spitzenerzeuger: BACHELET, L. BOILLOT, BURGUET, Damoy, Drouhin-Laroze, DUGAT, Dugat-Py, Duroché, ESMONIN, FAIVELEY, FOURRIER, Harmand-Geoffroy, Heresztyn-Mazzini, LEROY, H. Magnien, MARCHAND-GRILLOT, MORTET, ROSSIGNOL-TRAPET, Roty, ROUSSEAU, Roy, SÉRAFIN, TRAPET sowie alle guten Händler. Auch die Dom. Rebourseau ist seit 2018 wieder auf der Höhe.

Gigondas S-Rh ★★→★★★ 05' 06' 09' **10'** 12' 13' 15' 16' 17' 18 19' 20 – Erstklassige Rote aus dem südlichen Rhône-Tal von beeindruckenden Weinbergen auf steinigem Lehm-Sand-Boden, die zu gebirgigen Kalksteinhängen östlich von Avignon ansteigen. Volle, klare, mentholfrische Weine von GRENACHE, ergänzt durch SYRAH und MOURVÈDRE, die besten mit schöner dunkelroter Frucht. Die Jahrgänge 2010, 2015, 2016 und 2019 sind fantastisch. In neuerer Zeit mehr Einsatz von Eichenholz und entsprechend höhere Preise; viele Weine zeigen aber einen unverfälscht lokalen Charakter. Empfehlenswerte Erzeuger: P. Amadieu (sehr beständig), Dom. Boissan, Dom. des Bosquets (modern und gut), Dom. Bouïssière (schwungvoll), Brusset, Cayron (gut, traditionell), Clos des Cazaux (preiswert), Clos du Joncuas (Ökoanbau), Famille Perrin, Goubert, Gour de Chaulé (fein), Grapillon d'Or, Longue Toque, Ch. de Montmirail, Moulin de la Gardette (stilvoll), Dom. Notre Dame des Pallières, Dom. les Pallières, Dom. du Pesquier, Pourra (stämmig), Dom. Raspail-Ay (lagerfähig), Roubine (herzhaft), Ch. de Saint-Cosme (nobel), Dom. Santa-Duc (jetzt mit Stil), Dom. St-Gayan (langlebig), Dom. Les Semelles de Vent, Dom. les Teyssonnières. Alkoholstarke Rosés.

Gimonnet, Pierre Champ ★★★★ Didier Gimonnet bereitet wunderbar beständigen CHARDONNAY aus 28 ha Rebfläche, einschließlich GRAND-CRU- und PREMIER-CRU-Lagen, an der nördlichen Côte des Blancs. Dennoch ist er kein Freund von Einzellagenchampagner. Der Spécial Club ist der unübertroffen komplexe Ausdruck eines großen Chardonnay (13 17' 19 20) – zum Einlagern. Der Jahrgangschampagner, Cuvée Gastronome, gelang **2012'** spitzenmäßig.

Ginglinger, Paul El – Der Betrieb in Eguisheim erzeugt reintönigen, rassigen RIESLING und PINOT BLANC; beide gerieten 2018 und 2019 gut. Außerdem hervorragender CRÉMANT.

Girardin, Vincent Côte d'Or ★★→★★★ Handelshaus in MEURSAULT mit Spezialgebiet Weißwein, jetzt im Besitz von BOISSET. Vincent Girard selbst hat die Leitung seiner Domaine Pierre Vincent in Meursault vor Kurzem an seinen Sohn Pierre-Vincent übergeben. Vielversprechend, zumal an Kapital kein Mangel herrscht.

Givry Bg ★★ 15' 17 18' **19'** 20' – Geheimtipp für die CÔTE CHALONNAISE: köstliche Rotweine mit Alterungspotenzial und besserem Preis-Leistungs-Verhältnis als MERCUREY. Am besten von Cellier aux Moines, CLOS Salomon, Faiveley, JOBLOT, F. Lumpp, Masse und Thénard. Auch ein wenig Weißwein in nussigem Stil.

Goisot Bg ★★★ Guilhem und Jean-Hugues Goisot arbeiten biologisch-dynamisch und erzeugen hervorragende Einzellagenabfüllungen aus ST-BRIS (SAUVIGNON BLANC) sowie unter der AC Bourgogne Côtes d'Auxerre CHARDONNAY und PINOT NOIR. Da kommt keiner auch nur annähernd ran.

Goldert El – Der GRAND-CRU-Weinberg auf Kalkmergel im südlichen ELSASS erbringt außergewöhnliche, hocharomatische Weine von MUSCAT (der beste des Elsass?), SILVANER und GEWÜRZTRAMINER. Beste Erzeuger: Ernest BURN, ZIND-HUMBRECHT.

Gonon, Domaine N-Rh ★★★ 09' 10' 12 **13'** 14 15' **16'** 17 18' 19' 20' – Derzeit äußerst gefragtes Spitzengut in ST-JOSEPH; die Brüder Pierre und Jean Gonon wirtschaften ökologisch und bearbeiten ihre großteils mit alten Reben bestockten Parzellen (10 ha) ausschließlich manuell. Die Weine werden vorwiegend mittels Ganztraubenvergärung in alten 600-l-Fässern vinifiziert. Der Rotwein hat pfeffrige und an Eisen erinnernde Noten, der geschmeidige, verführerische weiße Les Oliviers ist ungeheuer aromatisch und ein großartiger Speisenbegleiter; beide halten sich 20 Jahre.

Gosset Champ – Das älteste aller Champagnerhäuser hat seinen Sitz in AŸ und gehört Cointreau. Kellerchef Odilon de Varine begeistert sich für Terroir. Der Grand Blanc de Meunier ist ein erstklassiger CHAMPAGNER eines Grande-Marque-Hauses: elegant und auf dem CHARDONNAY-Hefesatz gereift (v. a. **07**). Die Prestige-CUVÉE Celebris Bris Extra BRUT zählt zu den besten ihrer Art, der Jahrgang **2004** ist ein Klassiker. Außerdem der grandiose, extralang gereifte Gosset Célébrissimes (**95'**) und, im selben Geist, der »12 ans de cave a minima«.

Gosset-Brabant Champ – Erzeuger in AŸ mit großartigen PINOT-NOIR-Lagen. Der Noirs d'Aÿ (12 **16 18'** 19 20') ist in Sachen Pinot-Aromen die absolute Krönung.

Gouges, Henri Côte d'Or ★★★ Seit mehreren Generationen das Maß aller Dinge in puncto fleischiger, langlebiger NUITS-ST-GEORGES; heute leiten Grégory und Antoine Gouges das Gut. Sie können aus einem breiten Spektrum verschiedener PREMIER-CRU-Lagen schöpfen, darunter Clos des Porrets, Vaucrains und v. a. Les St-Georges. Außerdem hervorragende, rare Weiße aus Nuits-St-Georges von PINOT BLANC.

Graillot, Domaine Alain N-Rh ★★★ 15' 16' 17 **18'** 19' **20'** – Ökologisch bewirtschaftete Reblagen auf ebenem, steinigem Untergrund und Vinifikation per Ganztraubenvergärung. Flotte rote CROZES-HERMITAGE-Gewächse; die gewichtige langlebige Spitzen-CUVÉE heißt La Guiraude. Ferner weißer Crozes-Hermitage und roter ST-JOSEPH. Sohn Maxime zeichnet für die

Domaine des Lises (Crozes-Hermitage) und deren (gute) Boutique-Handelsmarke Equis (CORNAS, St-Joseph) verantwortlich.

Gramenon, Domaine S-Rh ★★→★★★ **19' 20'** – Das seit 2007 biodynamisch bewirtschaftete Weingut im Departement Drôme, Provence, ist im Höhenflug. Die kaum geschwefelten Weine zeigen wunderbar reintönige Frucht, z. B. die CÔTES-DU-RHÔNE-Abfüllungen La Papesse (GRENACHE), Poignée des Raisins (pure Freude), La Sagesse und Sierra du Sud (SYRAH).

Grand cru Offizieller Begriff, der in den verschiedenen Anbaugebieten jedoch unterschiedliche Bedeutungen hat. In Burgund bezeichnet er eine Spitzenlage mit eigener AC, im Elsass eine der 51 Spitzenlagen innerhalb des AC-Bereichs ALSACE GRAND CRU, für die nun jeweils eigene Vorschriften gelten. In ST-ÉMILION fallen 60 % der – oft mittelmäßigen – Produktion unter die AC St-Émilion Grand cru. Im MÉDOC gibt es fünf Grand-cru-classé-Stufen. In der Champagne werden die besten Gemeinden als Grands crus bezeichnet. An der Loire gibt es seit 2011 eine Grand-cru-Kategorie für QUARTS DE CHAUME, im Languedoc entsteht momentan ein Cru-System. In der Provence ist der Begriff mit Vorsicht zu genießen.

Grande Rue, La Côte d'Or ★★★ **05'** 06 **09'** 10' **12'** 15' 16 **17** 18' 19' 20' – GRAND-CRU-Lage zwischen LA TÂCHE und ROMANÉE-CONTI, ein MONOPOLE der Dom. Lamarche. Qualität und Beständigkeit der Weine haben unter Nicole Lamarche zugelegt. Die Spezialabfüllung namens »1959« ist nicht besser, nur anders.

Grands-Échezeaux Côte d'Or ★★★★ **90'** 93 **96'** 99' 02' 05' 09' **10' 12'** 15' 17 18' 19' 20' – GRAND-CRU-Spitzenlage neben CLOS DE VOUGEOT. Die Weine gleichen mit ihrer seidigen Art jedoch eher MUSIGNY und sind gewichtiger als das Gros der ÉCHEZEAUX-Erzeugnisse. Am besten von: BICHOT (Clos Frantin), Coquard-Loison-Fleurot, DRC, DROUHIN, EUGÉNIE, Lamarche (bis 2021), Millot, G. NOËLLAT.

Grange des Pères, Domaine de la Lang ★★★ IGP Pays de l'HERAULT vom Kultweingut gleich neben MAS DE DAUMAS GASSAC. Rotweine von CABERNET SAUVIGNON, SYRAH und MOURVÈDRE, Weißweine von 80 % ROUSSANNE plus CHARDONNAY und MARSANNE. Nicht leicht aufzutreiben, aber ein ganz spezielles Vergnügen!

Gratien, Alfred und Gratien & Meyer Champ ★★★ BRUT 93 **12 13** 15' 18'; Brut oJ; Prestige-CUVÉE Paradis Brut auf CHARDONNAY-Basis; Rosé oJ – Kleines, aber prestigeträchtiges Champagnerhaus im Besitz der Henkell-Freixenet-Gruppe. Feine, sehr trockene, langlebige Schaumweine, die im Eichenfass vergoren werden, u. a. Hauschampagner von The Wine Society. Das Traubengut, vorwiegend Chardonnay, wird von Spitzen-Crus sorgfältig ausgewählter Winzer bezogen. Der Schwesterbetrieb Gratien & Meyer in SAUMUR erzeugt rote Stillweine sowie Schaum- und Süßweine.

Graves Bx ★→★★ 15 16 18 **19** 20 – Leckere, stoffige Rotweine von MERLOT und CABERNET SAUVIGNON sowie frische trockene Weiße von SAUVIGNON BLANC/SÉMILLON. Bieten derzeit mit das beste Preis-Leistungs-Verhältnis unter den Bordeaux-Erzeugnissen. Einige ausgewählte Betriebe dürfen sich »Ambassadeurs de Graves« nennen. Die Bezeichnung Graves Supérieures steht für *moelleux* (lieblich) ausgebaute Weine. Spitzen-CHÂTEAUX: d'ARCHAMBEAU, Brondelle, de Cérons, CHANTEGRIVE, Clos Bourgelat, Clos Floridène, CRABITEY, Ferrande, Fougères, Grand Enclos du Château de Cérons, Haura, Magneau, Pont de Brion, Rahoul, Respide-Médeville, Roquetaillade La Grange, Saint-Robert (CUVÉE Poncet Deville), Seuil, Vieux Château Gaubert und Villa Bel Air.

Graves de Vayres Bx ★ BV – Mini-AOP innerhalb des Gebiets ENTRE-DEUX-MERS; Rot-, Weißwein und *moelleux* (lieblich).

Grignan-les-Adhémar S-Rh ★→★★ AC mit steinigen Böden; die besten Roten sind (kräuter)würzig und sollten binnen 5 Jahren getrunken werden. Führende Erzeuger: Baron d'Escalin, Ch. Bizard, Dom. de Bonetto-Fabrol, Ch. la Décelle (auch weißer CÔTES DU RHÔNE), DELAS (preiswert), Dom. de Grangeneuve (am besten, v. a. der VIEILLES VIGNES), Dom. de Montine (stilvolle Rote, gute Weiße und Rosés, außerdem roter Côtes du Rhône), Dom. St-Luc und La Suzienne (preiswert).

Griotte-Chambertin Côte d'Or ★★★★ **90' 96' 99' 02'** 05' **09' 10' 12'** 15' 16 17 18' 19' 20' – Kleine GRAND-CRU-Lage neben CHAMBERTIN; viel Platz hat hier keiner. Die Weine zeigen lebhafte Noten von roten Früchten mit Tiefgang und Alterungspotenzial, v. a. von DROUHIN, DUGAT, Duroché, FOURRIER und (Laurent) Ponsot.

Gripa, Domaine Bernard N-Rh ★★★ **10' 13' 15' 16'** 17' 18' 19' 20' – Spitzenerzeuger von ST-JOSEPH- und ST-PÉRAY-Gewächsen mit Fokus auf äußerst kultivierte Weißweine. Der weiße St-Joseph Le Berceau stammt zu 100 % von 60 Jahre alten MARSANNE-Reben, erstklassig ist der vorwiegend von ROUSSANNE bereitete St-Péray Les Figuiers. Beide St-Joseph-Rotweine sind gut, der Spitzenreiter Le Berceau verrät den Jahrgang: viel Tiefe (15), reine Frucht (16), Dichte (17), Wucht (18), Fülle (19) oder Stil (20).

Grivot, Jean Côte d'Or ★★★→★★★★ Die DOMAINE in VOSNE-ROMANÉE wird womöglich noch besser, nun da Mathilde Grivot das Ruder übernommen hat. Die erstklassige Auswahl an PREMIERS CRUS (v. a. Les Beaux Monts sowie Aux Boudots in NUITS-ST-GEORGES) wird noch übertroffen von den GRANDS CRUS CLOS DE VOUGEOT, ÉCHEZEAUX und RICHEBOURG. Die Preise sind deutlich gestiegen.

Gros, Domaines Côte d'Or ★★★→★★★★ Winzerfamilie in VOSNE-ROMANÉE: Anne bereitet stilvolle Gewächse (üppiger RICHEBOURG), Michel saftig-fruchtige Rote (CLOS de Réas); weitere Familienmitglieder sind Anne-Françoise (jetzt in BEAUNE) und Gros Frère et Sœur (Clos VOUGEOT Musigni). Abgesehen von den GRANDS CRUS gibt es aber auch probierenswerte günstige HAUTES-CÔTES-DE-NUITS-Weine. Anne ist außerdem Mitbesitzerin der Dom. Gros-Tollot im MINERVOIS. In allen vier Domaines hat nun die nachfolgende Generation die Leitung übernommen, ohne dass stilistische Änderungen erkennbar wären. 2022 gehen einige Reblagen innerhalb der Familie in andere Hände über.

Gros Plant du Pays Nantais Lo ★→★★ BV – AC für Weißweine von Gros Plant (FOLLE BLANCHE), die sehr viel besser sind als ihr Ruf: rassig, leicht salzig, ideal zu Austern und Meeresfrüchten. Erzeuger: v. a. Basse Ville, Haut-Bourg, LUNEAU-PAPIN, Poiron-Dabin und Preuille. Auch Schaumwein, entweder sortenrein oder als CUVÉE.

Guigal, E. N-Rh ★★→★★★★ Zu Recht berühmter und stetig expandierender Erzeuger vorwiegend von CÔTE-RÔTIE-Wein, aber auch CONDRIEU, CROZES-HERMITAGE, HERMITAGE und ST-JOSEPH, sowie Handelshaus: Condrieu, Côte Rôtie, Crozes-Hermitage, Hermitage, südliche Rhône. Besitzt VIDAL-FLEURY (steigende Qualität) und die Dom. de Bonserine (Côte Rôtie), zudem in CHÂTEAUNEUF-DU-PAPE 52 ha Rebflächen des Ch. de Nalys nebst weiteren Parzellen (7 und 18 ha) sowie in TAVEL das Ch. d'Aqueria. Erstklassige, sehr teure Côte-Rôtie-Weine La Mouline, La Landonne und La Turque (42 Monate Ausbau in neuen Eichenfässern, daher eher untypisch). Außerdem sehr guter, dichter roter Hermitage und St-Joseph Vignes de l'Hospice. Auch die Standardweine sind gut, v. a. die unglaublich preiswerten Côtes-du-Rhône-Abfüllungen (rot, rosé, weiß). Die besten Weißen sind Condrieu, Condrieu La Doriane (eichenwürzig), Hermitage und St-Joseph Lieu-dit.

Hautes-Côtes de Beaune/de Nuits Côte d'Or ★★ r 15' 18' 19' 20'; w 17' 18 19' 20' – Übergreifende AC für die burgundischen Weinbauorte in den Hügeln hinter den Hauptweinbergen der CÔTE D'OR. Ansprechende, eher leichte Rot- und Weißweine (BV), die im Zuge des Klimawandels an Körper zulegen. Man halte sich an die Gemeinden Arcenant, Meloisey, Nantoux und die Orte auf dem Plateau oberhalb der CÔTES DE NUITS. Erzeuger: v. a. Carré, Boris Champy, CHEVROT, Devevey, Dom. de la Douaix, Faure, Hoffmann-Jayer, Jacob, Claire Naudin, Parigot und Vantey.

Haut-Médoc Bx ★★→★★★ 14 15 16' 18 19' 20 – Erstklassige Quelle für bekömmliche trockene Rotweine von CABERNET und MERLOT, die im Norden meist stämmiger und im Süden graziler ausfallen. Alle sind in der Regel erschwinglich. Jede Menge Cru-bourgeois-CHÂTEAUX sowie 5 Crus classés: BELGRAVE, CAMENSAC, Cantemerle, La Lagune und La TOUR-CARNET. Außerdem 8 CRUS BOURGEOIS exceptionnels: d'AGASSAC, Arnauld, BELLE-VUE, CAMBON LA PELOUSE, Charmail, de Malleret, du Taillan und Malescasse. Weitere Spitzen-Châteaux: CISSAC, CITRAN, COUFRAN, de Lamarque, Lamothe-Bergeron, LANESSAN, Larose Perganson, REYSSON, SÉNÉJAC und Sociando-Mallet.

Haut-Poitou Lo ★→★★ 20 21 – Abgelegene AC mit vorwiegend unkomplizierten Weinen (BV) von CABERNET SAUVIGNON, CABERNET FRANC, GAMAY, PINOT NOIR sowie CHARDONNAY und SAUVIGNON BLANC. Das Weingut Ampelidae beherrscht das Feld mit seinen IGP-Abfüllungen. Weitere Erzeuger: Lacheteau (Ohh! Poitou) und Morgeau La Tour.

Heidsieck, Charles Champ ★★★★ Das legendäre Champagnerhaus ist jetzt nicht mehr so groß wie früher, doch die Weine sind exquisit wie eh und je. Kellermeister ist seit 2012 Cyril Brun. Der Brut oJ ist ganz Reintönigkeit und subtile reife Komplexität, der Blanc des Millénaires 2006 unvergleichlich, **2007** etwas straffer und feinnerviger. Außerdem überragender BRUT Réserve Vintage (**12'** ist jetzt trinkreif, hält sich aber bis 2030), die älteren Collection-Abfüllungen glänzen mit schöner Reife (v. a. **81** 83). Die Prestige-CUVÉE Champagne Charlie soll ab 2023 wieder eingeführt werden. Der BLANC DE BLANCS oJ kostet nicht die Welt und ist köstlich.

Hengst El – Der GRAND CRU auf Kalkmergel in Wintzenheim erbringt kraftvolle Weine. Spitzengewächse: PINOT NOIR (Albert MANN), PINOT GRIS, AUXERROIS (JOSMEYER), GEWÜRZTRAMINER (ZIND-HUMBRECHT).

Henri Abelé Champ ★★★ Neuer Name für das traditionsreiche Champagnerhaus Abel Lepitre, das sich jetzt auf den Export konzentriert. Die beste CUVÉE ist Sourire de Reims Brut (**12** 15 19'), außerdem neuer Sourire de Reims Rosé (15) aus der Gemeinde Les Riceys (AUBE) in sinnlich burgundischem Stil. Preiswert.

Henriot Champ – Feines Champagnerhaus mit fantastischem BLANC DE BLANCS de CHARDONNAY oJ sowie Brut (**98' 02'** 08) und Brut Rosé (09). Außergewöhnliche neue Nobelabfüllung Hemera (**05** 06); von der langlebigen früheren Prestige-CUVÉE Les Enchanteleurs (wuchtig-kraftvoll: **88'**) sind immer noch Vorräte vorhanden.

Hermitage N-Rh ★★★→★★★★ 01' 05' 06' 07' 09' 10' 11' 12' **13'** 15' 16' 17' 18' 19' 20' – Von einem markanten Hügel (teils Granit) am Ostufer der Rhône kommen SYRAH-Gewächse der grandiosesten, tiefsten und majestätischsten Art (die Jahrgänge 2010 und 2015 sind brillant) sowie sehr langlebige, komplexe, nussig-fruchtige, faszinierende Weiße (MARSANNE mit etwas ROUSSANNE), die man mindestens die ersten 6–7 Jahre lang am besten in Ruhe lässt. Spitzenerzeuger: Alexandrins, Belle (öko), Chapoutier (biodynamisch, hinreißende Weiße), J.-L. Chave (voll, elegant), Colombier, DELAS, Faurie (reintönig; 2020 war der letzte Jahrgang), GUIGAL, Habrard (Weißwein), Paul JABOULET AÎNÉ (erlesen), Philippe & Vincent Jaboulet (rot und weiß), M. SORREL (mächtiger roter Le Gréal; Marc ist seit 2018 im Ruhestand, Chef ist jetzt Sohn Guillaume Sorrel, unverändert hohe Qualität) und Tardieu-Laurent (Eiche). Gute Weine auch von der Genossenschaft in TAIN (v. a. roter Gambert de Loche und weißer VIN DE PAILLE).

Horizon, Domaine de l' Rouss ★★★ Unverfälschter Ausdruck des zerklüfteten ROUSSILLON-Terroirs unter dem Etikett IGP CÔTES CATALANES aus einer Lage mit alten Reben bei Calce. Der Mar y Muntanya ist ein preiswerter SYRAH, der Rosé passt gut zum Essen.

Hortus, Domaine de l' Lang ★★★→★★★★ Rühriges Familiengut in PIC ST-LOUP mit feinen Rotweinen auf SYRAH-Basis, u. a. eleganter Bergerie und Grande CUVÉE (in Eiche ausgebaut). Neu ist der sortenreine Syrah Le Dit d'Hortus. Daneben verführerischer weißer Bergerie IGP Val de Montferrand von sieben Rebsorten; außerdem roter CLOS du Prieur aus dem kühleren Bereich TERRASSES DU LARZAC.

Hospices de Beaune Côte d'Or – Die seit dem Mittelalter bestehende Stiftung versteigert im spektakulären Gebäudekomplex des Hôtel-Dieu jeweils am dritten Sonntag im November in einer großen Wohltätigkeitsauktion (jetzt von Sotheby's durchgeführt) ihre von 61 ha Weinbergbesitz stammenden Fassweine. Privatpersonen dürfen ebenso mitbieten wie der Handel. Erwerben können Sie hier BEAUNE-CUVÉES, VOLNAY-Weine sowie teure GRANDS CRUS, etwa CORTON, ÉCHEZEAUX oder MAZIS-CHAMBERTIN (rot) bzw. BÂTARD-MONTRACHET (weiß). Weinmacherin Ludivine Griveau leistet großartige Arbeit. Die Qualitätsansprüche sind hoch, Schnäppchen eher unwahrscheinlich – hier geht's um Wohltätigkeit.

Hudelot Côte d'Or ★★★ Winzerfamilie an der CÔTE DE NUITS. Hudelot-Noëllat (VOUGEOT) zählt zur Spitzenklasse, v. a. mit den GRAND-CRU-Gewächsen ROMANÉE-ST-VIVANT und RICHEBOURG, doch Hudelot-Baillet (CHAMBOLLE-MUSIGNY) macht ihm mit seinen schlagkräftigen Roten harte Konkurrenz.

Huet Lo ★★★★ **16' 17 18' 19' 20'** (21) – Das angesehene Weingut in VOUVRAY, schon seit 1990 biologisch-dynamisch bewirtschaftet, setzt regional wie weltweit Maßstäbe in Sachen CHENIN BLANC. Besitzer ist Anthony Hwang, dem auch die Kellerei Királyudvar gehört (*siehe* Abschnitt »Ungarn« im Kapitel »Mittel- und Osteuropa«). Einzellagen: CLOS du Bourg und Le Mont (Première Côte) sowie, ganz in der Nähe, Le Haut Lieu (höherer Lehmanteil). Die Weine sind sehr langlebig, insbesondere die Süßweine (1919 1947 1959 und im neuen Jahrtausend 03 05 06 07 08 10 11 15 18).

Hugel et Fils El ★★→★★★ Der bereits seit zwölf Generationen bestehende Erzeugerbetrieb in Riquewihr ist berühmt für seine Spätlesen, v. a. RIESLING und GEWÜRZTRAMINER VENDAGE tardive sowie SÉLECTION DE GRAINS NOBLES (als deren »Erfinder« Johnny Hugel gilt). Der Riesling Schoelhammer (**10 13** 17) aus dem GRAND CRU Schoenenburg ist grandios.

IGP (Indication Géographique Protégée) Potenziell die dynamischste Kategorie im französischen Weinsystem (mit mehr als 150 Regionen), da sie jede Menge Spielraum bietet. Hat seit dem Jahrgang 2009 den VIN DE PAYS abgelöst, allerdings haben noch immer nicht alle Gebiete die neue Bezeichnung akzeptiert. Die Namen der einzelnen Zonen sind höchst individuell, u. a. etwa CÔTES DE GASCOGNE, Côtes de Thongue, Pays des Cévennes oder Haute Vallée de l'Orb. Enorme Vielfalt in Geschmack und Qualität und immer wieder überraschend.

Irancy Bg ★★ **15' 16 17 18'** 19 – Strukturierter Rotwein aus der Nähe von CHABLIS, bereitet von PINOT NOIR und der etwas rustikaleren Lokaltraube César. Nicht empfehlenswert sind Abfüllungen aus sehr warmen, trockenen Jahren. Die besten Lagen sind Mazelots und Palotte, die besten Erzeuger Cantin, Ferrari, GOISOT, Maison Chapelle, Renaud und Richoux.

Irouléguy SWF ★→★★★ **15’ 16 18’** 19 (20) – AOP in den üppig grünen Hügeln des französischen Baskenlands; die Weine basieren auf Axéria (CABERNET FRANC) und TANNAT. Interessant sind wiederentdeckte Sorten wie Arrouya (Manseng noir) oder Erremaxaoua. Erzeuger: v. a. Arretxea, Bordaxuria, Ilarria (alle ★★★). Außerdem fruchtige Weiße auf Basis der Petit-Courbu-Traube und der beiden MANSENG-Sorten, z. B. von Brana (★★★), wo es auch Obstbrände und Gin gibt sowie den neuen roten Liberum (von 1850 in der Prä-Reblaus-Ära gepflanzten Tannat-Reben).

Jaboulet Aîné, Paul N-Rh – Erzeuger und Weinhandelsfirma in TAIN mit ökologisch bewirtschafteten Reblagen in den ACS HERMITAGE, CONDRIEU, CORNAS, CROZES-HERMITAGE, CÔTE-RÔTIE und ST-JOSEPH. Weine in fruchtig-geschmeidigem Stil, allerdings etwas seelenlos. Einst führender Erzeuger von HERMITAGE, v. a. La Chapelle (★★★★) mit den legendären Jahrgängen 1961, 1978, 1990), dann wechselnde Qualität, seit 2010 bei den Roten wieder einigermaßen in der Spur. Ferner CORNAS St-Pierre, Crozes Thalabert (kann stilvoll ausfallen) und Roure (reell). Außerdem Handelshaus für weitere Rhône-Weine, v. a. strammen VACQUEYRAS und VENTOUX (rot; hochwertig und günstig). Den Weißweinen (meist BV) fehlt es an Rhône-typischem Körper; der neue, sehr teure weiße La Chapelle wird nicht jedes Jahr erzeugt.

Jacquart Champ ★★★ Champagnermarke im Besitz einer Genossenschaft, die das Sortiment eingeschränkt hat und sich auf das konzentriert, was sie am besten beherrscht: CHARDONNAY aus PREMIER-CRU-Lagen der Côte de Blancs von Mitgliedswinzern. Feine BLANC-DE-BLANCS-Auswahl (**13 17** 19’ 20’) und sehr guter Jahrgangsrosé (**12**).

Jacquesson Champ ★★★★ Fantastisches Champagnerhaus in Dizy mit präzise bereiteten, sehr trockenen Weinen. Herausragend der Einzellagenchampagner Avize Caïn (**12’**), außerdem Corne Bautray (CHARDONNAY) und Dizy (**10 13’**) sowie die ausgezeichneten nummerierten Cuvées oJ: **730’, 731, 732, 733, 734**, 735, 738, 739, 740, 741, 742, 743, 744. Der Fokus liegt eher auf der jeweiligen Jahrgangscharakteristik eines jeden Grundweins als auf einem stets wiedererkennbaren einheitlichen Stil.

Jadot, Louis Bg ★★→★★★★ Rühriges Handelshaus, derzeit in sehr guter Form, mit bedeutendem Weinbergbesitz an der CÔTE D’OR und in MÂCON, u. a. POUILLY-FUISSÉ (Dom. Ferret), sowie im Beaujolais in MOULIN-À-VENT (Ch. des Jacques). Die Weißen sind kraftvoll und werden mit Korken der Firma Diam Bouchage (garantierter Ausschluss von Korkfehlern) verschlossen, die Roten sind gut gebaut und langlebig.

Jamet, Domaine N-Rh ★★★★ **05’ 09’** 10’ **12** 13’ 14 15’ 16’ 17’ 18’ 19’ 20’ – Erzeuger an der CÔTE RÔTIE, dessen Weine ein Muss sind: erhabene, sehr langlebige, komplexe *vins de terroir* aus diversen Lagen, vorwiegend mit Schieferboden. Fein gewirkter, klassischer Rotwein mit schmissiger Frucht; der rote Côte Brune ist mächtig, rauchig und geheimnisvoll (hält sich mind. 30 Jahre). Ferner hochwertiger CÔTES DU RHÔNE (rot und weiß) sowie COLLINES RHODANIENNES (rot).

Jasnières Lo ★★→★★★ **18’ 19’ 20’** – AOP auf Südhängen im Loir-Tal für knochentrocken bis süß ausgebauten CHENIN BLANC mit Alterungspotenzial. Erzeuger: v. a. de L’Ange Vin (auch VIN DE FRANCE), de Bellivière, Breton, Le Briseau, Gigou, Janvier, Les Maisons Rouges, Métais, Raderie, Roche Bleue, de Rycke.

Jobard Côte d’Or ★★★ Winzerfamilie in MEURSAULT. Antoine Jobard ist v. a. für seine langlebigen Gewächse aus den Crus Charmes, Genevrières und Poruzots bekannt, seit 2019 kommen die Roten der früheren Domaine Mussy (POMMARD) hinzu. Rémi Jobard erzeugt auf Anhieb elegante

Meursault-Weine, v. a. Poruzots. Auch Valentin Jobard hat Beeindruckendes zu bieten.

Jones, Domaine Rouss ★★→★★★ Die Britin Katie Jones erzeugt verlässlich gute FITOU- und CÔTES-DU-ROUSSILLON-Weine, die klassisch auf Terroir setzen, aber mit modernem Dreh. In den sozialen Medien kann man mit Katie live durch die Weinberge streifen.

Languedoc-Rebsorten auf dem Weg zurück in die Zukunft

Im Zuge des Klimawandels sind LANGUEDOC-Winzer auf der Suche nach neuen und alten Rebsorten, die mit den veränderten klimatischen Verhältnissen klarkommen. Die gut angepasste weiße Terret wie auch die roten Sorten Counoise, Piquepoul noir und Rivairenc haben mit Hitze keine Schwierigkeiten, wurden aber zugunsten trendiger internationaler Trauben wie CHARDONNAY und SYRAH aufgegeben. Die Domaines Clos du Gravillas und Mas de la Seranne bemühen sich um die Wiedereinführung alter Sorten. Andere orientieren sich an Griechenland, genauer: der (weißen) ASSYRTIKO, so die Domaines Sarrat de Goundy und La Tasque, Pech Redon kultiviert zudem (rote) Calabrese aus Sizilien. Auch NERO D'AVOLA und PRIMITIVO werden angepflanzt. Spannend!

Joseph Perrier Champ ★★★→★★★★ Feines familiengeführtes Champagnerhaus mit guten Lagen für PINOT NOIR und PINOT MEUNIER, v. a. die hauseigenen Lagen in Cumières. Eigentümer Jean-Claude Fourmon, eine der großen Persönlichkeiten der Champagne, übergibt die Leitung nun an seinen Sohn. Fantastische Prestige-CUVÉE Joséphine (**12'**), außerdem hervorragende Cuvée Royale BRUT oJ – so üppig wie eh und je, dank geringerer Dosage nun jedoch präziser – und markant-herber BLANC DE BLANCS (**08** **13'** **17'** 19 20). Neuerdings trockener und feiner ist die Cuvée Royale Brut oJ; ältere Blanc-de-Blancs-Jahrgänge halten sich sehr gut (v. a. **95**).

Josmeyer El ★★→★★★★ Der Familienbetrieb, Wegbereiter des biologisch-dynamischen Weinbaus im ELSASS, wird jetzt von den Schwestern Meyer geleitet: Isabelle ist die Önologin, Céline Geschäftsführerin. Prachtvoller RIESLING und PINOT GRIS GRAND CRU HENGST (**13** **14** **16** 17' 18' 19'); außerdem Pinot AUXERROIS H Vieilles Vignes (der beste Auxerrois des Elsass) und hervorragender SILVANER Peau Rouge (eine rotbeerige Variante).

Juliénas Beauj ★★★ **15'** **18'** **19'** 20' – Quelle für dunkel-fruchtigen BEAUJOLAIS mit schöner Struktur, besonders aus CLIMATS wie Beauvernay oder Capitans. Erzeuger: v. a. Audras (Clos de Haute-Combe), Aufranc, Ch. Beauregard, Besson, Burrier, Ch. FUISSÉ, Dom. du Granit Doré und Dom. Perrachon.

Jurançon SWF ★→★★★ tr **16** **17'** **18'** 19 (20); s **15'** **16'** **18** 19 20 – Separate AOPS für trockene und süße Weißweine, die sich durch schöne Ausgewogenheit von Fülle und Säure auszeichnen. Erzeuger: v. a. DOMAINES Cauhapé, Guirardel, Lapeyre, Larrédya und Clos Larrouyat (alle ★★★) sowie Ch. Jolys und Doms. Bellegarde, Bordenave, Castéra, Nigri, Uroulat sowie Clos Benguères (alle ★★). Gute, preiswerte Genossenschaft in Gan (★). *Siehe auch* CABIDOS.

Kientzler, André El ★★→★★★ Familienbetrieb in fünfter Generation mit opulent-sinnlichem GEWÜRZTRAMINER aus dem GRAND CRU Kirchberg (**16** **17'** **18'** 19 20) und klassischen VENDANGE-tardive-Süßweinen. Vorbildliche Weinbergpflege.

Korsika (Corse) ★→★★★ Île de Beauté ist genau der richtige Name für die IGP, die die gesamte Insel umfasst. Die Vielfalt ist groß; Höhe und Meeresbrisen sorgen für Frische. Elegante, würzige Rote von der SCIACARELLO-Traube, strukturierter von der – in geringerem Umfang angebauten – NIELLUCCIO (SANGIOVESE). Außerdem gute Rosés und herbe Vermentino-Weißweine. Ferner süßer VIN DOUX NATUREL von MUSCAT. Meister der einheimischen Rebsorten sind Spitzenerzeuger wie CLOS CANARELLI und COMTE ABBATUCCI. Die Insel verfügt über neun ACS mit den Crus Patrimonio im Norden und Ajaccio im Westen. Zur AC Vin de Corse gehören der Cru Coteaux du Cap Corse sowie die Orte Calvi und Sartène. Spitzenerzeuger: die CLOS ALIVU, d'Alzeto, Calviani, Capitoro, Culombu, Nicrosi, Poggiale und Venturi sowie die DOMAINES Alzipratu, Fiumicicoli, Granajolo, Yves Leccia, Peraldi, PIERETTI, Saperale, Torraccia und Vaccelli.

Kreydenweiss, Marc El ★★→★★★★ Seit Jahrzehnten biologisch-dynamisch bewirtschaftete Domaine mit Rebflächen auf sehr unterschiedlichen Böden: PINOT GRIS GRAND CRU Moenchberg von Kalkstein und majestätischer RIESLING Grand cru Kastelberg (**10 18'** 19; **17'**: ★★★★) von Schwarzschiefer, der sich bis zu 20 Jahre hält. Kreydenweiss ist auch in COSTIÈRES DE NÎMES tätig.

Krug Champ – Das De-luxe-Champagnerhaus mit enormem Prestige bietet sehr volle, nussige, in Eiche vergorene Weine von höchster Qualität zu entsprechenden Preisen. Grande CUVÉE (★★★★), v. a. die 160ème Édition auf der großartigen 2012er-Basis und die 169ème Édition auf der klassischen Basis von 2013'. Ferner Jahrgangschampagner (**98 02 04**), Rosé, Clos du Mesnil (**98 02**), Clos d'Ambonnay (**95' 98' 00**), Krug Collection (**69 76' 81 85**). Schade, dass Krug keinen 2012er herausgebracht hat, ein wahrhaft großer Jahrgang.

Kuentz-Bas El ★★→★★★ Ernsthafte, gleichwohl zugängliche Weine aus biologisch-dynamisch bewirtschafteten Reblagen: RIESLING in eher trockenem Stil (**13** 17' 20) und GEWÜRZTRAMINER VENDANGE tardive Cuvée Caroline (**09 12** 17).

Labet, Domaine Jura ★★★ Das wichtigste Ökoweingut der CÔTES DU JURA (in Rotalier) hat sich mit seinen lebhaften CHARDONNAY-Weinen aus Einzellagen, u. a. La Bardette, En Chalasse und Les Varrons, einen Namen gemacht. Außerdem guter PINOT NOIR und Poulsard.

Ladoix Côte d'Or ★★ r **15' 17 18' 19'** 20'; w **14' 15 17' 18 19'** 20' – Überschwängliche Weißweine, z. B. Les Gréchons, und fruchtige Rote, v. a. vom PREMIER CRU Les Joyeuses. Wichtigste Erzeuger: Chevalier, FAIVELEY, Loichet (weiß); Capitain-Gagnerot, Mallard, Ch. de MEURSAULT, Naudin-Ferrand, Ravaut (rot).

Lafarge, Michel Côte d'Or ★★★★ Überragendes, biologisch-dynamisch bewirtschaftetes VOLNAY-Gut unter Leitung von Frédéric Lafarge. Unschlagbar sind die PREMIER-CRU-Gewächse Clos des Chênes und CLOS du Château des Ducs. Ferner feine BEAUNE-Abfüllungen, v. a. Grèves (rot) und Clos des Aigrots (weiß). Lafarge-Vial heißt die Domaine in FLEURIE.

Lafon, Domaine des Comtes Bg ★★★★ Die legendäre, biologisch-dynamisch bewirtschaftete DOMAINE erzeugt MEURSAULT-Weine, v. a. PREMIERS CRUS Les Perrières, Genevrières sowie GRAND CRU MONTRACHET, und den ebenso hervorragenden, langlebigen roten VOLNAY Santenots. Ein ausgezeichnetes, preiswertes Mâconnais-Sortiment bietet die Domaine Les Héritiers du Comte Lafon. Ebenfalls empfehlenswert sind Dominique Lafons unter eigenem Namen erzeugte Gewächse aus BEAUNE, Meursault, PULIGNY-MONTRACHET und Volnay.

Laguiche, Marquis de Côte d'Or ★★★★ Größter Grundbesitzer in Le MONTRACHET. Herrliche Weine, auch feiner PREMIER CRU CHASSAGNE-MONTRACHET, hervorragend von DROUHIN bereitet.

Lalande de Pomerol Bx ★★→★★★ 14 15 16 18 19 20 – Satellitennachbar von POMEROL mit ähnlichen, allerdings weniger tiefen und hochklassigen, dafür aber preiswerten Weinen. Vorwiegend MERLOT von Ton-, Kies- und Sandböden. Spitzen-CHÂTEAUX: Ame de Musset, Belles-Graves, Chambrun, La Chenade, Les Cruzelles, La FLEUR DE BOÜARD, Enclos de Viaud, Garraud, Grand Ormeau, Jean de Gué, Haut-Chaigneau, Les Hauts-Conseillants, Pavillon Beauregard, Sabines, Samion, La Sergue, Siaurac, Tournefeuille.

Lallier Champ – Handwerklich bereiteter Champagner aus mit PINOT NOIR bestockten GRAND-CRU-Parzellen in AŸ. Bei der neuen Reihe Black Label R kommt in der 2012er- und 2013er-Version der Jahrgang phänomenal zum Ausdruck. Außerdem schöner CHARDONNAY Oger. Lallier ist jetzt im Besitz der Campari-Gruppe; Kellerchef ist Dominique Demarville. Könnte die Hierarchie der *grandes maisons* in Frage stellen.

La Londe Prov ★★ Unterbereich der CÔTES DE PROVENCE auf Schieferboden an der Küste, der auch die Île de Porquerolles (drei Reblagen) einschließt. Chanel hat hier die Domaine de l'Île erworben, LVHM gehört Château de Galoupet; weitere Erzeuger: v. a. CLOS Mireille, Léoube, Perzinsky, Ste Marguerite.

Lamé Delisle Boucard Lo ★★→★★★ Eine gute Quelle für alte Jahrgänge, die sich brillant entfalten. Die seit 1869 bestehende Domaine in BOURGUEIL wird jetzt ökologisch bewirtschaftet. Weine von sehr verlässlicher Qualität, preiswert ist der fruchtige Domaine des Chesnaies Cuvée Prestige.

Lamy Côte d'Or ★★★ Die Domaine Hubert Lamy ist die erste Adresse in SAINT-AUBIN: atemberaubend frische, konzentrierte Weißweine, oft aus Lagen mit höherer Pflanzdichte; auch die Rotweine verdienen inzwischen Beachtung. Außerdem Dom. Lamy-Caillat (intensive Weiße) und Dom. Lamy-Pillot (eher traditionell), beide in CHASSAGNE-MONTRACHET.

Landes SWF BV – IGP-Bereich tief im Südwesten, CÔTES DE GASCOGNE vergleichbar. Bekannter sind die Sanddünen. Empfehlenswert ist der Sables Fauves von Château Laballe. Eine eigene IGP ist Coteaux de Chalosse mit einer Fülle bizarrer Rebsorten – sehen Sie sich bei der Genossenschaft in TURSAN um.

Landron, Domaines Lo ★★→★★★ 20' 21 – Der extravagante Jo Landron erzeugt feinen MUSCADET-SÈVRE-ET-MAINE mit Alterungspotenzial, darunter Fief du Breil und Atmosphères (Schaumwein).

Langlois-Chateau Lo ★★→★★★ Gut gemachte Weine: feiner CRÉMANT de Loire sowie Stillweine der ACS SAUMUR – u. a. der sehr gute, langlebige Saumur Blanc VIEILLES VIGNES (16' 17' 18') –, CHINON, POUILLY-FUMÉ, SANCERRE (Ch. Fontaine-Audon, Ch. Thauvenay) und SAUMUR-CHAMPIGNY. Im Besitz von BOLLINGER.

Languedoc Die Region und AC erstreckt sich von Nîmes bis zur spanischen Grenze und im Inland von Carcassonne bis LIMOUX. Innerhalb der AC-Pyramide des Languedoc ist dies gewissermaßen der Boden – andere Bereiche wie FAUGÈRES, MINERVOIS oder ST-CHINIAN bieten Spezielleres, mehr an Qualitätsstufen und Terroir Orientiertes. Zu den Unterbereichen zählen Cabrières, Grès de Montpellier, PÉZENAS, Quatourze, St-Saturnin und St-Georges d'Orques. Aus der kleinen AOP CLAIRETTE du Languedoc kommt Weißwein von der gleichnamigen Traube. Qualitativ an der Spitze stehen u. a. die Crus La CLAPE, CORBIÈRES-Boutenac, MINERVOIS la Livinière, PIC ST-LOUP und TERRASSES DU LARZAC. Die meistangebauten Rebsorten sind CARIGNAN, CINSAULT, GRENACHE, MOURVÈDRE, SYRAH (Rotwein) sowie

GRENACHE BLANC, ROUSSANNE, VERMENTINO (Weißwein), daneben gibt es viele weitere. Die IGP d'Oc umfasst das gesamte Gebiet, darüber hinaus existieren regionale IGPs.

Lanson Père et Fils Champ ★★★ Bedeutendes Champagnerhaus, Teil des Konzerns Lanson-BCC. Black Label oJ; Rosé oJ; BRUT im Aufwind (v. a. 02 **08** **12** **15** **18'**). Fantastisch ist die Noble Cuvée als BLANC DE BLANCS oJ, Rosé und Jahrgangschampagner; ferner Jahrgangs-Brut Clos Lanson (12) aus einer Einzellage. Der Extra Age (aus mehreren Jahrgängen) und der Blanc de Blancs sind besonders gut. Der erfahrene Kellermeister Hervé Dantan (seit 2015 bei Lanson) lässt in gewissem Umfang biologischen Säureabbau zu, um einen runderen Stil zu erhalten.

Lapierre, Marcel Beauj ★★★ Mathieu und Camille Lapierre gehörten zu den Ersten, die auf Schwefeldioxidzusatz verzichteten. Ihr Angebot umfasst eine schöne Palette an BEAUJOLAIS- und MORGON-Cuvées in diversen Stilen.

Frankreich

Laplace, Domaine SWF – Der älteste (und zeitweise einzige) MADIRAN-Erzeuger ist nach wie vor spitze. Premiumgewächs ist Château d'Aydie (★★★), der deutlich mehr Zeit braucht als der Odé d'Aydie. Wunderbar geschliffen und mit weniger Extraktion als früher, leichter und runder präsentiert sich Les 2 Vaches (★) – eine prima Einführung ins Thema TANNAT. Außerdem exzellente trockene und süße PACHERENC-DU-VIC-BILH-Gewächse (★★★) sowie süßer gespriteter Maydie (à la BANYULS), der gut zu Schokolade passt.

Laroche Chablis ★★ Bedeutender Akteur in CHABLIS, mit dem hochwertigen Verschnitt St Martin, der Spezialcuvée Vieille Voye und dem außergewöhnlichen GRAND CRU Réserve de l'Obédiencerie (das gleichnamige historische Gebäude, der Firmensitz, lohnt einen Besuch). Mas La Chevalière im LANGUEDOC gehört ebenfalls zum Betrieb. Weinmacher Gregory Viennois besitzt das Gut Maison la Chapelle in IRANCY.

Latour, Louis Bg ★★→★★★ Traditionsreiches Handelshaus und Erzeugerbetrieb mit körperreichen Weißweinen von Lagen an der CÔTE D'OR (v. a. CORTON-CHARLEMAGNE), dem Mâconnais und der Ardèche (alle CHARDONNAY). Über die Roten kann man geteilter Ansicht sein, die Spitzengewächse, CORTON und ROMANÉE-ST-VIVANT, sind aber langlebig. Zum Besitz gehört auch Henry Fessy im BEAUJOLAIS.

Latricières-Chambertin Côte d'Or ★★★★ 99' 05' **09'** 10' **12'** 15' 16 **17** 18' 19' 20' – Der GRAND CRU neben CHAMBERTIN mit tiefem Boden und kühlerem Mikroklima erbringt in warmen, trockenen Jahren sehr volle, erdige Rotweine. Spitzenerzeuger: ARNOUX-LACHAUX, BIZE, Drouhin-Laroze, Duband, Duroché, FAIVELEY, LEROY, Remy, ROSSIGNOL-TRAPET und TRAPET.

Laudun S-Rh ★→★★ 19' **20** – Weinbauort der CÔTES DU RHÔNE-VILLAGES am Westufer: schwungvolle Weißweine mit klarer Frucht der gehobenen Art, fruchtig-pfeffrige Rote (viel SYRAH) und lebhafte Rosés. Weine mit unmittelbar ansprechender Aromatik bietet die Genossenschaft Maison Sinnae (früher Laudun CHUSCLAN Vignerons). Die DOMAINE Pelaquié ist am besten, v. a. der frische Weiße; daneben die CHÂTEAUX de Bord, Courac, Juliette sowie die Domaines Carmélisa, Duseigneur (biodynamisch), des Maravilhas (biodynamisch; Rot- und Weißwein mit Charakter) und Olibrius.

Laurens, J. Lang – Ein Spezialist für LIMOUX-Schaumwein. Sehr preiswert ist der BLANQUETTE DE LIMOUX Le Moulin. Der Jahrgangs-CRÉMANT Clos des Demoiselles kann es sogar mit vielen Champagnern aufnehmen.

Laurent-Perrier Champ – Bedeutende Champagnerfirma, zu der auch DELAMOTTE und SALON gehören; die Besitzerfamilie tritt jetzt wieder stärker in Erscheinung. Der BRUT oJ (auf CHARDONNAY-Basis) ist ein idealer Aperitif, der sehr gute Rosé wird mit Schalenkontakt vinifiziert. Feine Jahrgangschampagner (v. a. **08** 12'). Gut in Form ist die aus mehreren Jahrgängen bereitete CUVÉE Grand Siècle, unvergleichlich der Grand Siècle Alexandra Rosé (**12** ★★★★). Der 2020 verpflichtete renommierte Kellermeister Dominique Demarville blieb genau vier Monate, dann wechselte er zu LALLIER; Grund war angeblich die Unvereinbarkeit der Persönlichkeiten und das Thema Eiche.

Lavantureux, Roland Chablis ★★ Ein Spezialist für PETIT CHABLIS und CHABLIS, v. a. der Vauprin aus einer Einzellage. Seit 2019 wird auch roter AC BOURGOGNE Épineuil erzeugt, der ebenfalls einen fabelhaften Eindruck macht.

Leccia, Yves Korsika ★★★ Kleines Ökogut bei Bastia auf KORSIKA mit intensivem Wein, der sich eher durch präzise Frucht als durch Eichenwürze auszeichnet, v. a. die Reihen E Croce (AC Patrimonio) und YL (IGP Île de Beauté). Lohnend!

Leflaive, Domaine Bg ★★★★ Die Maßstäbe setzende DOMAINE in PULIGNY-MONTRACHET ist seit 2017 qualitativ wie preislich wieder an der Spitze. Weine aus überragenden GRAND-CRU-Lagen, u. a. Le MONTRACHET und CHEVALIER-MONTRACHET, sowie legendäre Premiers crus wie Combettes, Folatières und Pucelles. Ebenfalls empfehlenswert ist die Reihe an einfachen Burgundern, z. B. MÂCON Verzé.

Leflaive, Olivier Côte d'Or ★★→★★★ Auf Weißwein spezialisiertes Handelshaus in PULIGNY-MONTRACHET. Überragender BOURGOGNE Les Sétilles und Weine aller Qualitätsstufen bis hin zu GRAND-CRU-Abfüllungen. Die Roten werden besser. Das Hotel-Restaurant »La Maison d'Olivier« mit Verkostungsraum gehört ebenfalls zum Besitz.

Leroux, Benjamin Côte d'Or ★★★ Der Négociant in BEAUNE ist sowohl bei Rot- als auch bei Weißweinen zu Hause, die man als smart in jeder Hinsicht bezeichnen kann. Ausschließlich CÔTE-D'OR-Gewächse; die Weißen kommen vorwiegend aus MEURSAULT (expandierende eigene Domaine), die Rotweine aus BLAGNY, GEVREY-CHAMBERTIN und VOLNAY.

Leroy, Domaine Côte d'Or ★★★★ Lalou Bize Leroy, die legendäre Wegbereiterin des biologisch-dynamischen Anbaus, bietet außerordentlichen roten Burgunder von winzigen Erträgen in VOSNE-ROMANÉE und von der Dom. d'Auvenay (mehr Weißweine) – zu verteufelt hohen Preisen, sogar ab Hof. Außerdem ein staunenswerter Schatz von älteren Weinen aus dem Handelshaus der Familie, Maison Leroy.

Liger-Belair, Comte Côte d'Or ★★★★ Comte Louis-Michel Liger-Belair erzeugt strahlend ätherische Weine in VOSNE-ROMANÉE, einen stetig wachsenden Schatz, der vom La ROMANÉE angeführt wird. Außerdem probierenswert: La Colombière, PREMIER CRU Aux Reignots und die NUITS-ST-GEORGES-Crus. Auch in Oregon und Chile tätig.

Liger-Belair, Thibault Côte d'Or ★★★→★★★★ Der fleischig-saftige, biologisch-dynamisch erzeugte Burgunder entsteht jetzt in der neuen Kellerei in NUITS-ST-GEORGES, angefangen von den einfachen ACS bis hin zu Les St-Georges und GRAND CRU RICHEBOURG. Auch der ALIGOTÉ ist hervorragend. Außerdem eine Reihe fantastischer MOULIN-À-VENT-Einzellagenweine von alten Reben.

Lignier Côte d'Or ★★★ Familie in MOREY-ST-DENIS. Das Angebot der DOMAINE Hubert Lignier ist durchweg hervorragend, allen voran CLOS DE LA ROCHE. Sehr gut sind auch die PREMIER-CRU-Gewächse von Virgile Lignier-Michelot (v. a. Faconnières); bezüglich der Dom. Georges Lignier sind die Meinungen geteilt.

Lilbert-Fils Champ – Ein Juwel von einem Champagnerhaus, mit höchsten Standards. Die jungen CHARDONNAYS sind so hart wie Diamant, entfalten sich aber über 30 Jahre hinweg sehr anmutig. Ein guter Einstieg ist der

Perle GRAND CRU oJ. Der Jahrgangschmpagner 2017 ist schön zu trinken, 2019 wird noch besser sein.

Limoux Lang ★★→★★★ Die quirlige Marktgemeinde ist bekannt für schäumenden BLANQUETTE DE LIMOUX und CRÉMANT de Limoux. Nicht entgehen lassen sollte man sich die stilvollen Weißen der AC Limoux von CHARDONNAY, CHENIN BLANC und Mauzac, die längere Fassreife benötigen. Die Roten der AC basieren auf MERLOT plus SYRAH, GRENACHE und beiden CABERNET-Sorten. PINOT NOIR ist nur für Crémant und die IGP Haute Vallée de l'Aude zugelassen. Erzeuger: v. a. DOMAINES de l'Aigle, de Baronarques, Begude, de Fourn, de Mouscaillo sowie Ch. de Gaure, Ch. RIVES-BLANQUES, Cathare und Jean-Louis Denois.

Liquière, Château de la Lang ★★ Unaufgeregtes Familiengut mit fruchtigen Weinen aus der AC FAUGÈRES. Unglaublich günstig ist die Reihe Les Amandiers (alle drei Farben), von alten Reben stammt Cistus (rot, weiß). Les Malpas ist ein erstklassiger SYRAH.

Lirac S-Rh ★★→★★★ 15' 16' 17' 18 **19' 20** – Vier Gemeinden auf steinigen, guten Böden nahe TAVEL. Volle, würzige Rote (halten sich mindestens 5 Jahre); gute neue Impulse kommen von einigen CHÂTEAUNEUF-DU-PAPE-Erzeugern, die für knackigere Frucht und mehr Flair sorgen. Empfehlenswert: v. a. DOMAINES Carabiniers (biodynamischer Anbau), Duseigneur (biodynamisch), Giraud, Joncier (biodynamisch, Charakter), Lafond Roc-Epine (öko), La Lôyane, Maby (La Fermade, guter Weißwein), Marcoux (stilvoll), de la Mordorée (öko; bei Rot- und Weißwein der Beste), Plateau des Chênes, la Rocalière (schöne Frucht), CHÂTEAUX Boucarut (öko; wieder im Rennen), de Bouchassy, de Manissy, Maravilhas (biodynamisch), de Montfaucon (sehr gute Weiße, u. a. CÔTES DU RHÔNE), Mont-Redon, St-Roch sowie Mas Isabelle (handwerkliche Bereitung), Rocca Maura (v. a. die Weißen), R. Sabon und P. Usseglio. Die frischen, körperreichen Weißen sind immer gut und halten sich 5 Jahre, die Rosés sind brauchbare Speisenbegleiter.

Listrac-Médoc H-Méd r ★★→★★★ 14 15 **16' 18** 19 20 – AC für (sehr viel besser gewordenen) leckeren roten Bordeaux: Die Weine zeichnen sich jetzt durch mehr Frucht, Tiefe und MERLOT (dank Lehmböden) aus. Auch guter Weißwein, als AC BORDEAUX etikettiert (z. B. Le Cygne de Fonréaud). Beste CHÂTEAUX: Cap Léon Veyrin, CLARKE, Ducluzeau, l'Ermitage, FONRÉAUD, Fourcas-Borie, FOURCAS DUPRÉ, FOURCAS HOSTEN, Lestage, Liouner, MAYNE LALANDE, Reverdi, SARANSOT-DUPRÉ.

Long-Depaquit Chablis ★★★ CHABLIS-DOMAINE im Besitz von BICHOT mit der berühmten Spitzenmarke des Hauses, La Moutonne.

Lorentz, Gustave El ★★→★★★ Die Stärke des Erzeugers und Händlers in Bergheim ist RIESLING, am besten die Version aus dem GRAND CRU Altenberg de Bergheim (12 **13 14** 16 **18** 19): hochkultiviert und langlebig, allerdings nicht der Allerkonzentrierteste. Die Weine auf Einstiegsniveau (u. a. GEWÜRZTRAMINER) sind passabel.

Lot SWF ★→★★ BV – Die IGP im Departement Lot wird zunehmend von CAHORS-Erzeugern (z. B. Château du CÈDRE, CLOS DE GAMOT) für Rosés und Weiße genutzt, da in der AOP nur Rotwein zugelassen ist. Außerdem probierenswert: Dom. Belmont, Dom. de Sully, Tour de Belfort (alle ★★).

Loupiac Bx ★★ 14 15 16 **18** 19 – Nicht ganz so hoch angesehener Dessertwein (*liquoreux*) wie SAUTERNES auf SÉMILLON-Basis in leichterem, frischerem Stil vom anderen Garonne-Ufer. Spitzen-CHÂTEAUX: CLOS Jean, du Cros, Dauphiné-Rondillon, Loupiac-Gaudiet, Noble, de Ricaud, Les Roques.

Luberon S-Rh ★→★★ 19' – Hügelige Touristenregion im Osten des Weinbaugebiets Südliche Rhône mit sehr trockenem Terroir, das lediglich Annehmbares erbringt – zu viele technische, seelenlose Weine, hauptsächlich von SYRAH. Die Weißen werden besser. Herausragend ist Ch. de la Canorgue (Ökoanbau). Außerdem gut: Dom. Laura Aillaud, Dom. La Cavale (chic), Dom. de la Citadelle (öko), Chx. Clapier, Edem, Fontvert (biodynamisch, guter Weißwein), Dom. de Fontenille (öko), Marrenon, Maslauris (öko), Dom. Le Novi (terroirbetont), Puy des Arts (weiß), O. Ravoire, Ch. St-Estève de Neri (stetig steigende Qualität), Tardieu Laurent (gehaltvoll, Eichenausbau), Ch. Val-Joanis und La Vieille Ferme (weiß und rot, teils als VIN DE FRANCE etikettiert, preiswert).

Luneau-Papin, Domaine Lo – Die erstklassige, biodynamisch bewirtschaftete Domaine in Familienhand erzeugt aufsehenerregenden MUSCADET: tadellos und langlebig. Das Renommee aufgebaut haben Pierre Luneau und Monique Papin, nun verfolgt ihr Sohn Pierre-Marie mit seiner Frau Marie den Weg nach oben weiter.

Lussac St-Émilion Bx ★★ 15 16 18 **19** 20 – Die nördlichste der Satelliten-AOCS von ST-ÉMILION, mit den leichtesten Weinen. Spitzen-CHÂTEAUX: Barbe-Blanche, Bel Air, Bellevue, Courlat, La Grande Clotte, de LUSSAC, du LYONNAT, Mayne Blanc, Le Rival, La Rose-Perrière.

Macle, Domaine Jura ★★★ Legendärer Erzeuger von langlebigem VIN JAUNE (AC CHÂTEAU-CHALON), den man frühestens 10 Jahre nach der Abfüllung genießen sollte. Außerdem weißer CÔTES DU JURA.

Mâcon Bg ★ BV – Einfache, saftig-fruchtige Rote (von GAMAY) und die schlichteste Spielart von Weißweinen (CHARDONNAY) aus dem Mâconnais.

Mâcon-Villages Bg ★★ **14'** 17' 18 **19'** **20'** – Hauptappellation für Weißweine aus dem Mâconnais, es kann aber auch der Name der jeweiligen Ortschaft genannt werden, z. B. Mâcon-Lugny. Das beste Preis-Leistungs-Verhältnis bieten die Genossenschaften Lugny, TERRES SECRÈTES und Viré, brillante Winzerweine gibt's bei Guffens-Heynen, Guillot, Guillot-Broux, Maillet und Merlin sowie bei den an der CÔTE D'OR beheimateten Domaines J.-M. BOILLOT, LAFON und LEFLAIVE. Außerdem sind große Handelshäuser wie DROUHIN und LATOUR hier ansässig.

Macvin Jura – Likörwein aus dem Südosten Frankreichs: Traubensaft wird mit regional gewonnenem Tresterbrand (Marc) gespritet, was einen süßen Aperitif mit 16–22 Vol.-% Alkohol ergibt. Die meisten Jura-Erzeuger haben einen Macvin im Angebot – normalerweise weiß, es gibt aber auch rote Versionen. Lecker z. B. auch als Topping für Eiscreme.

Madiran SWF ★★→★★★ **05' 10** 12 15' 16 18 19 (20) – Die AOP in der Gascogne, die französische Heimat der Rebsorte TANNAT, hat ernst zu nehmende, oft auch langlebige Weine in großer Stilvielfalt zu bieten. Erzeuger: v. a. die ★★★-CHÂTEAUX BOUSCASSÉ, und MONTUS (beide im Besitz von Alain BRUMONT, dem damit 15 % der gesamten AOP gehören), Laffitte-Teston und Laplace. Ein breites Spektrum findet man bei den DOMAINES Berthoumieu, Capmartin, Damiens, Dou Bernés, Labranche Laffont, Laffont, Pichard sowie Clos Basté, Ch. Arricaud-Bordès und Ch. de Gayon (alle ★★★). Dicht dahinter folgen Barréjat, Crampilh und Maouries (alle ★★).

Mailly Grand Cru Champ – Erstklassige Genossenschaft in der Champagne, das gesamte Lesegut stammt aus GRAND-CRU-Lagen. Die Prestige-CUVÉE des Echansons (08 **12'**) kann sehr alt werden. Außerdem üppiger Echansons Rosé (**12**) und raffinierter, erstklassiger L'Intemporelle (**15 18 19'**). Kellermeister Sébastien Moncuit (seit 2014) ist ein echtes Talent.

Mann, Albert El ★★→★★★★ Der hervorragende Erzeuger in Wettolsheim unter der Leitung der Familie Barthelmé zeichnet sich nicht zuletzt durch viel Fingerspitzengefühl bei der Vinifikation aus. Fantastische Reihe von GRAND-CRU-Weinen aus den Lagen HENGST und SCHLOSSBERG (v. a. 17') mit RIESLING als Mittelpunkt. Außerdem eines der beiden besten PINOT

NOIR-Gewächse des ELSASS: Les Saintes Claires (15 18' 19). Biodynamischer Anbau.

Maranges Côte d'Or ★★ 15' **17** 18' **19'** 20' – Den Namen sollte man sich merken, denn aus dieser südlichsten AC der CÔTE DE BEAUNE kommen stramme Rotweine zu günstigen Preisen. Probierenswert aus den PREMIERS CRUS Boutière, Croix Moines und Fussière, am besten von: BACHELET-Monnot, Chevrot, Giroud, MATROT und Rouges Queues.

Marcillac SWF ★★ 15' 18 19 20 – Die AOP in AVEYRON liefert leichte, ländliche Rote, die (praktisch sortenrein) von der Mansois-Traube (FER SERVADOU) bereitet werden: Die fruchtigen (Himbeere, Johannisbeere) Weine mit geringem Alkoholgehalt werden zum Essen getrunken. Mit 3 Jahren sind sie am besten und ebenso lecker zu Erdbeeren wie zu Aufschnitt, Bratwurst und natürlich *aligot* (eine lokale Spezialität aus Kartoffelstampf, Knoblauch und ungesunden Mengen an Käse). Größter unabhängiger Erzeuger ist Dom. du Cros (★★; auch gute IGP-Weißweine), daneben die DOMAINES des Boissières und Laurens sowie die exzellente Genossenschaft. Die heißen Sommer der jüngsten Vergangenheit haben für hervorragende Weine gesorgt.

Margaux H-Méd ★★→★★★★ 09' **10'** 14 **15** 16' 18 19' 20' – Die südlichste kommunale APPELLATION des MÉDOC ist berühmt für elegante, duftige Weine, hat aber auch noch andere Stile zu bieten. Spitzen-CHÂTEAUX: BRANE-CANTENAC, DAUZAC, FERRIÈRE, GISCOURS, ISSAN, KIRWAN, LASCOMBES, MALESCOT ST-EXUPÉRY, MARGAUX, PALMER, RAUZAN-SÉGLA, DU TERTRE. Ein gutes Preis-Leistungs-Verhältnis bieten die Châteaux ANGLUDET, Arsac, Deyrem Valentin, LABÉGORCE, Mongravey, Paveil de Luze, SIRAN und La TOUR DE MONS.

Marionnet, Henry Lo ★★→★★★ 19' 20' 21 – Die DOMAINE im Osten der TOURAINE, nun von Henrys Sohn Jean-Sébastien geführt, ist für ihre seltenen wurzelechten (Romorantin-)Reben (auf Sandboden) berühmt. Das große Angebot umfasst u. a. SAUVIGNON BLANC (hält sich gut), GAMAY, Provignage (von um 1820 gepflanzten Romorantin-Reben), La Pucelle de Romorantin sowie Renaissance (aus wurzelechten Gamay-Reben, ungeschwefelt). Bewirtschaftet den historischen Weinberg von Ch. de Chambord.

Marsannay Côte d'Or ★★→★★★ r 15' 17 18' **19'** 20 – AOP ganz im Norden der CÔTE DE NUITS, die noch immer auf PREMIER-CRU-Status z. B. für ihre Lagen Champ Salomon, Clos du Roy und Longeroies hofft. Immerhin wurden 2019 neue Lagen für den Village-Status zugelassen, u. a. Le Chapitre. Zugängliche, knackige, äußerst fruchtbetonte Weine von rührigen Erzeugern: v. a. Audoin, Bart, Bouvier, Charlopin, CLAIR, Derey, Fournier, Ch. de Marsannay und Pataille. Den aus der Mode gekommenen, aber sehr guten Rosé sollte man erst nach 1–2 Jahren trinken. Die Weißen werden allmählich besser.

Mas Amiel Rouss ★★★ Das führende Gut in MAURY bietet CÔTES-DU-ROUSSILLON-, Maury- und IGP-Weine. Der Altaïr (weiß), der Origine, der Vers le Nord und der Vol de Nuit von sehr alten CARIGNAN- und GRENACHE-Reben lohnen die Suche. Außerdem gibt es hervorragenden VIN DOUX NATUREL, angefangen vom fruchtigen jungen Grenat bis hin zum ehrwürdigen, 20 bis 40 Jahre alten RANCIO (AOC Maury), der in gläsernen 60-l-Ballonflaschen reift – intensiv süß und hocharomatisch.

Mas de Daumas Gassac Lang ★★★→★★★★ Seit den 1980er-Jahren einer der Starerzeuger des MIDI, jetzt in zweiter Generation von Samuel Guibert geleitet, der die Weinbergbearbeitung per Pferd eingeführt hat. Langlebige Rote auf CABERNET-SAUVIGNON-Basis (aus einem offenbar einzigartigen Boden), außerdem ein herrlich duftender weißer CHENIN-BLANC-

Verschnitt, die rote Super-CUVÉE Emile Peynaud und den Rosé Frizant. Sehr gut ist auch der süße Vin de Laurence (MUSCAT/SERCIAL).

Mas de l'Ecriture Lang ★★→★★★ Auf dem kleinen Ökogut in den TERRASSES DU LARZAC erzeugt ein Vater-Tochter-Gespann exquisite Rotweine.

Mas Gabriel Lang ★★★ Das Angebot der biodynamisch bewirtschafteten kleinen Domaine in PÉZENAS ist nicht sehr groß. An der Spitze steht der erstklassige Clos des Lièvres (SYRAH/GRENACHE), sehr gut ist der Champ des Bleuets (überwiegend VERMENTINO).

Mas Jullien Lang ★★★ Der Star der AC TERRASSES DU LARZAC bietet Weine mit typischer Larzac-Frische. Bei den Roten liegt der Schwerpunkt auf LANGUEDOC-Rebsorten wie CARIGNAN und MOURVÈDRE: Autour de Jonquières, Carlan, États d'âme und Lous Rougeos. Bei den Weißen spielen Carignan blanc und gris sowie CHENIN BLANC die Hauptrolle.

Mas Llossanes Rouss ★★★ Der höchstgelegene Weinberg im Roussillon (700 m) sorgt für Frische und Eleganz. Im Pure SYRAH und im Pur CARIGNAN kommt die Rebsorte fantastisch zum Ausdruck; gute rote Verschnitte sind Dotrera und Au Dolmen. Am spannendsten ist aber wohl der weiße Pur Chasan. Außerdem IGP CÔTES CATALANES.

Massif d'Uchaux S-Rh ★★ **16' 18' 19' 20** – Gute Weinbaugemeinde der CÔTES DU RHÔNE-VILLAGES mit strahlend fruchtigen, frischen, würzigen Rotweinen, die nicht leicht an den Mann zu bringen, aber im Bestfall unverfälscht und stilvoll sind. Erzeuger: v. a. Ch. St-Estève (auch guter VIOGNIER von alten Reben) sowie Domaines La Cabotte (biologisch-dynamisch, in sehr guter Form), Cros de la Mûre (interessant, preiswert), de la Guicharde, Renjarde (noble Frucht).

Matrot Bg ★★→★★★ Seit die Töchter Elsa und Adèle die Leitung des Guts in MEURSAULT übernommen haben, steigen Qualität und Beständigkeit. Die Roten (BLAGNY, VOLNAY Santenots) sind ebenso gut wie die Weißen (MEURSAULT-Lagen Perrières, Charmes, Blagny sowie PREMIERS CRUS in PULIGNY-MONTRACHET). Neues Holz oder Ganztraubenvergärung schätzt man hier nicht besonders.

Maury Rouss ★★→★★★ Süßer VIN DOUX NATUREL von GRENACHE noir, blanc und gris aus Schieferboden (inmitten von Kalkstein) in den Stilrichtungen *ambré, tuilé* und RANCIO. Nicht zu verwechseln mit der AC Maury SEC, die für trockene Rotweine gilt. Führender Betrieb in beiden Appellationen ist MAS AMIEL. Weitere Erzeuger: v. a. Dom. of the BEE, Dom. Lafage, Mas Lavail, Ch. de l'OU, Dom. Pouderoux und die Genossenschaft in Maury.

Maxime Magnon Lang ★★→★★★ Der gebürtige Burgunder bewirtschaftet (biodynamisch) hoch gelegene Steilhänge im felsigen CORBIÈRES. Der rote Rozeta ist eine würzig-elegante Fruchtbombe, der Rosé Métisse altmodisch dunkel, aber köstlich.

Mazel, Le S-Rh ★★ **18' 19' 20** – Die Goldader für gänzlich ungeschwefelten Naturwein von der Rhône liegt im Departement Ardèche. Gérald Oustric vinifizierte seinen ersten Jahrgang 1997; er setzt auf Kohlensäuremaischung, Stahltanks (kein Holz) und niedrige Alkoholwerte für seine CARIGNAN- und GRENACHE-Weine. Auch die Weißen – CHARDONNAY und VIOGNIER – verdienen Beachtung. Die gesamte Produktion ist als VIN DE FRANCE etikettiert.

Mazis- (oder Mazy-)Chambertin Côte d'Or ★★★★ **90' 93 96' 99'** 05' 09' **10' 12'** 15' 16' **17** 18' 19' 20' – GRAND CRU von GEVREY-CHAMBERTIN; der obere Teil des Hangs ist Spitzenklasse und liefert intensive, himmlische Weine. Beste Erzeuger: Bernstein, DUGAT-Py, FAIVELEY, HOSPICES DE BEAUNE, LEROY, MORTET, Rebourseau (ab 2019), ROUSSEAU und Tawse.

Mazoyères-Chambertin Côte d'Or ★★★★ Wird in der Regel als CHARMES-CHAMBERTIN etikettiert, hat aber eine andere Stilistik: weniger Saftigkeit und eine stärker von Stein geprägte Struktur. Empfehlenswert: DUGAT-Py, MORTET, Perrot-Minot, Taupenot-Merme, Tawse.

Médoc Bx ★★ 15 16 **18** 19 20 – AC für Rotwein aus dem flacheren nördlichen Teil der Médoc-Halbinsel, dem Bas-Médoc. Oft mehr Power als Anmut. Bei gezielter Auswahl kann man hier durchaus das eine oder andere Schnäppchen machen. Spitzen-CHÂTEAUX: Castera, La Cardonne, d'Escurac, Fleur La Mothe, Goulée, GREYSAC, Loudenne (Le Château) Lousteauneuf, Les ORMES SORBET, Patache d'Aux, POITEVIN, Potensac, PREUILLAC, La Tour de By, La TOUR HAUT CAUSSAN, TOUR ST-BONNET, Vieux Robin sowie Dom. Rollan de By (Ch. HAUT CONDISSAS) und Clos Manou.

Meffre, Gabriel S-Rh ★★→★★★ Das Rhône-Handelshaus mit verlässlichem Angebot besitzt auch die Dom. Longue Toque in GIGONDAS (Spitzengewächs: Hommage à Gabriel Meffre). Neuerdings bessere Frucht und weniger Eicheneinfluss. Außerdem: CHÂTEAUNEUF-DU-PAPE (gut ist Chapelle Saint-Théodoric; außerdem kleine Domaines) und VACQUEYRAS (St-Barthélemy). Verlässliche bis gute Reihe Laurus (Eiche) von der südlichen und nördlichen Rhône, v. a. CONDRIEU, HERMITAGE (beide weiß) und ST-JOSEPH.

Mellot, Alphonse Lo ★★→★★★★ **17' 18' 19'** 20' – Beeindruckende SANCERRE-Weine – die Roten sind wahre Kraftpakete – aus biodynamischem Anbau, vinifiziert in Kellern mitten unter der Ortschaft Sancerre. Die Lese erfolgt durchweg von Hand: Cuvée Edmond, Génération XIX (rot und weiß), La Moussière (rot, weiß), dazu die (guten) Einzellagenweine La Demoiselle, En Champs und Satellite. Ferner CHARDONNAY und PINOT NOIR Les Pénitents (IGP Côtes de la Charité).

Menetou-Salon Lo ★★→★★★ **19' 20'** 21 – SANCERRE benachbarte AOP mit (ähnlichen) SAUVIGNON-BLANC-Weinen sowie Roten von PINOT NOIR. Erzeuger: v. a. Chatenoy, Gilbert (biodynamisch), Joseph Mellot, Henry Pellé (öko), Prieuré de Saint-Céols, Jean-Max Roger, Teiller, Tour St-Martin.

Méo-Camuzet Côte d'Or ★★★★ Berühmte DOMAINE in VOSNE-ROMANÉE mit Anteilen an den legendären Lagen Aux Brulées, CROS PARANTOUX und RICHEBOURG. Stämmige, eichenwürzige Weine, die schön altern. Günstig von Méo-Camuzet Frères et Sœurs (der Négociant-Zweig), ansonsten jede Menge Auswahl jeder Preisklasse. Interesssant ist der weiße Clos St-Philibert (HAUTES-CÔTES DE NUITS).

Der »schwarze Wein« von Cahors (die Hitze entzieht den Beeren Saft) war im Mittelalter berühmt und kam viel rum in der Welt.

Mercurey Bg ★★→★★★ 15' 17 **18' 19'** 20' – Führender Rotweinort der CÔTE CHALONNAISE; vorwiegend muskulöse Rote, daneben aromatische Weiße. Empfehlenswerte Erzeuger: BICHOT, Ch. de Chamirey, Les Champs de l'Abbaye, FAIVELEY, Génot-Boulanger, M. Juillot, Juillot-Theulot, Lorenzon, Philippe Le Hardi, Raquillet und Dom. de Suremain.

Merlin Bg ★★→★★★ Olivier Merlin, der Zauberer des Mâconnais, wird jetzt von seinen Söhnen unterstützt. Spitzengewächse sind der MÂCON La Roche Vineuse Les Cras, die wachsende Reihe an POUILLY-FUISSÉ-Abfüllungen sowie der MOULIN-À-VENT La Rochelle. Das Château des Guarts gehört den Merlins und Dominique LAFON gemeinsam.

Mesnil-sur-Oger, Le Champ – Aus dem besten Ort der Côte des Blancs-Villages (mit der berühmten Einzellage Les Chétillons) kommt sehr langlebiger CHARDONNAY, der mind. 10 Jahre Flaschenreife braucht. Am besten von: ANDRÉ JACQUART, PIERRE PÉTERS und J. L. Vergnon. Den klassisch kühlen Jahrgang 2019' sollte man im Auge behalten.

Frankreich

Méthode champenoise Champ – Traditionelle aufwendige Methode der Champagnerbereitung durch Zweitgärung in der Flasche. Außerhalb der Champagne ist nur die Bezeichnung »Méthode traditionnelle« oder »klassische Methode« zulässig.

Meursault Côte d'Or ★★★→★★★★ **09' 10' 12 14' 15 17' 18** 19' 20' – Potenziell herrlich körperreiche Weißweine aus den PREMIERS CRUS Charmes, Genevrières, Perrières, nerviger aus den höheren Lagen Narvaux, Tesson, Tillets. Erzeuger: v.a. Ballot-Millot, BOILLOT, Boisson-Vadot, M. BOUZEREAU, V. Bouzereau, COCHE-DURY, Ente, Fichet, Girardin, Javillier, JOBARD, Lafon, Latour-Giraud, LEROUX, Matrot, Ch. de Meursault, Michelot, Mikulski, Dom. de Montille, P. Morey, PRIEUR, Rougeot, Roulot. Empfehlenswerter Meursault-BLAGNY von Dom. de Chérisey.

Meursault, Château de Côte d'Or ★★★ Das kürzlich auf biodynamische Bewirtschaftung umgestellte 61-ha-Weingut im Besitz der Unternehmerfamilie Halley hat enorme Fortschritte gemacht. Die Roten aus Lagen in BEAUNE, POMMARD und VOLNAY werden immer besser, einige der Weißweine jedoch sind atemberaubend, v.a. die aus MEURSAULT; außerdem sehr guter BOURGOGNE Blanc und PULIGNY-MONTRACHET PREMIER CRU.

Minervois Lang ★★→★★★ Der AC-Bereich mit den sanft gewellten Hügeln nordöstlich von Carcassonne hat eine große Auswahl zu bieten. Charaktervolle, aromatische Rotweine, v.a. von den Erzeugern Abbaye de Tholomiès, d'Agel, Borie-de-Maurel, CLOS Centeilles, COUPE-ROSES, Pierre CROS, Pierre Fil, de Gourgazaud, la Grave, des Homs, Laville-Bertrou, Maris, Oupia, Paumarhel, St-Jacques d'Albas, STE-EULALIE, J.-B. Sénat, La Tour Boisée und Villerambert-Julien. Gros und Tollot (aus Burgund) legen die Messlatte höher. La Livinière an den Hängen der Montagnes Noires mit seinen feinen, langlebigen Roten erhielt kürzlich Cru-Status; beste Erzeuger: Clos d'Ora (Gerard BERTRAND), COMBE BLANCHE, Gayda, Maris, de l'Ostal, Piccinini, Ste-Eulalie. Die AC MUSCAT de St Jean de Minervois gilt für köstlich frischen VIN DOUX NATUREL, am besten von Barroubio und Clos du Gravillas.

Mise en bouteille au Château, au Domaine Erzeugerabfüllung. Häufig gebrauchte Angaben wie *»dans nos caves«* (in eigener Kellerei abgefüllt) oder *»dans la région de production«* (im Erzeugungsgebiet abgefüllt) haben dagegen nicht viel zu besagen.

Moët & Chandon Champ – Das mit Abstand größte Champagnerhaus glänzt mit einer für solch einen Giganten beeindruckenden Qualität. Der BRUT Impérial oJ gerät jetzt frischer und trockener. Die seltene Luxuscuvée MCIII aus einer »Solera« bietet beängstigende Komplexität zu astronomischen Preisen. Fraglos besser ist das Preis-Leistungs-Verhältnis der Grand Vintages Collection mit lang auf dem Hefesatz gereiften Jahrgangsweinen, mal elegant (**09**), mal etwas strenger (**08**). Umwerfend: **12**, fein ziseliert: **13** (beide ★★★★). Hat Ableger überall in der Neuen Welt. *Siehe auch* DOM PÉRIGNON.

Monbazillac SWF ★★→★★★ 15' **17 18** 19 – Sub-AOP von BERGERAC: Tirecul La Gravière (★★★★) macht guten SAUTERNES-Süßweinen Konkurrenz, gefolgt von L'Ancienne Cure, CLOS des Verdots, Les Hauts de Caillavel und Ch. de Monbazillac von der Genossenschaft (alle ★★★). Außerdem die Chx. de Belingard-Chayne, Le Fagé, Grande Maison, Kalian, Monestier la Tour, Pech La Calevie und Pécoula (alle ★★). Die Weine der Nachbar-AOP SAUSSIGNAC sind ähnlich.

Monopole Reblage in der Hand eines einzigen Besitzers.

Montagne St-Émilion Bx ★★ **15 16 18 19** 20 – Größter Satellit von ST-ÉMILION mit solidem Ruf. Spitzen-CHÂTEAUX: Beauséjour, Clos de Boüard, Corbin, La Couronne, Croix Beauséjour, Faizeau, Maison Blanche, Roc de Calon,

Roudier, Teyssier, Tour Bayard, Vieux Bonneau, Vieux Ch. Palon und Vieux Château St-André sowie Dom. Simon Blanchard.

Montagny Bg ★★ **14' 17 18 19' 20'** – Ort an der CÔTE CHALONNAISE mit knackig-frischen Weißweinen, vorwiegend in der Hand der Genossenschaft Cave de BUXY, doch es gibt auch gute Négociants, z. B. Louis LATOUR, O. LEFLAIVE. Spitzenwinzer: Aladame, Berthenet, Cognard, Feuillat-Juillot, Lorenzon.

Natur pur im Jura

Mit seinem Füllhorn an Stilen ist der Jura ein Liebling der internationalen Weinwelt. Der traditionell oxidativ ausgebaute (weiße) SAVAGNIN führt ebenso wie die reduktiven lokalen Rotweine Poulsard (oder Ploussard) und Trousseau ganz von selbst zu natürlichen Bereitungsmethoden, zu denen die Verwendung von einheimischen Hefen und geringer Schwefelzusatz gehören. Ein solches Naturerlebnis bescheren Ihnen z. B. der Ploussard von Overnoy, der Léandre (rot) der Domaine Pignier oder der Fleur de Savagnin der Domaine de la Tournelle. Siehe auch ARBOIS, CÔTES DU JURA.

Monthélie Côte d'Or ★★→★★★ **15' 16 17 18'** 19' 20' – Dorf auf dem Hügel oberhalb von VOLNAY mit hübschen, aber etwas rustikaleren Weinen. Der beste PREMIER CRU ist Les Duresses. Erzeuger: v. a. Changarnier, Dubuet, Dujardin, Garaudet und Ch. de Monthelie (Dom. de Suremain). Die Weißen sind interessant, wenn sie aus Hanglagen stammen.

Montille, Domaine de Côte d'Or ★★★ Dichte, würzige Rotweine (Ganztraubenvergärung) aus BEAUNE (v. a. Taillepieds), CÔTE DE NUITS (Malconsorts), POMMARD (Rugiens) und VOLNAY (Taillepieds) sowie außergewöhnliche Weiße aus MEURSAULT und hervorragender PULIGNY-MONTRACHET Caillerets. Seit 2017 tragen die Weine von Ch. de Puligny ebenfalls das Etikett der Dom. de Montille. Neue Projekte in Sta. Rita Hills (Kalifornien) und Hokkaido (Japan).

Montlouis-sur-Loire Lo ★★→★★★★ **17' 18 19'** 20' – AC mit erstklassigem CHENIN BLANC, der rassiger ist als die ANJOU-Versionen (v. a. trocken ausgebaut), sowie Schaumwein, darunter Pétillant Originel. Spitzenerzeuger: Berger, Chanson, CHIDAINE, Delecheneau, Jousset, Mérias, Pierres Ecrites, Saumon, Taille aux Loups, Vallée Moray, Weisskopf. Geringe Erträge 2021.

Montpeyroux Lang ★★★ Cru am Fuß des Mont Baudile, 40 km nördlich von Montpellier, mit innovativen Erzeugern wie Dom. d'AUPILHAC, aber auch A. Chabanon, Divem, La Jasse Castel, du Joncas, Mas d'Amile oder Villa Dondona; zudem ernst zu nehmende Genossenschaft.

Montrachet, (Le) Côte d'Or ★★★★ **02' 04 05 08 09' 10 12** 14' 15 17 18 19' 20' – GRAND-CRU-Lage in PULIGNY und CHASSAGNE-MONTRACHET. Der potenziell großartigste weiße Burgunder: intensiv, reich an Frucht, mit anhaltendem Duft. Spitzenerzeuger: BOUCHARD, COLIN, DRC, LAFON, LAGUICHE (DROUHIN), LEFLAIVE und Ramonet.

Montravel SWF ★★ r **15' 18'** 19 20; rs w BV – Sub-AOP von BERGERAC für Rotweine in modernem Stil, für die Eichenausbau vorgeschrieben ist. Spitzenerzeuger: DOMAINES du Bloy und de Krevel (beide ★★★), gefolgt von den CHÂTEAUX Jonc Blanc, Masburel, Masmontet und Moulin-Caresse (alle ★★). Diese und viele weitere Erzeuger bieten zudem trockene Weiße (★★).

Montus, Château SWF ★★★ **12' 14 15' 16 17 18** 19 (20) – Alain BRUMONTS Flaggschiff ist berühmt für seine lang extrahierten, im Eichenfass gereiften

Gewächse. Die langlebigen, sortenreinen TANNAT-Rotweine werden von Liebhabern des altmodischen MADIRAN-Stils in höchsten Tönen gepriesen. Außerdem klassisch süße und trockene, lang im Fass ausgebaute weiße PACHERENC-DU-VIC-BILH-Abfüllungen. Der La Tyre und der Prestige könnten auch aus einem Cru classé stammen.

Mordorée, Domaine de la S-Rh ★★★ 15' **16' 17' 18'** 19' 20 – Der Spitzenerzeuger in TAVEL bietet Rosés mit Flair und Schwung aus Ökoanbau sowie LIRAC-Weine, u. a. roten und weißen La Reine des Bois. Ferner gute CHÂTEAUNEUF-DU-PAPE-Abfüllungen La Reine des Bois (mit GRENACHE von 1929 angepflanzten Reben) und La Dame Voyageuse (rot). Raffiniert ist der VIN DE FRANCE Remise (rot, rosé, weiß).

Moreau Chablis ★★→★★★ Weitverzweigte Winzerfamilie in CHABLIS. Die Domaine Christian Moreau ist für ihre Cuvée Guy Moreau PREMIER CRU Vaillons und ihren GRAND CRU Clos des Hospices bekannt. Louis Moreau hat ein eher kommerzielles Sortiment; die Dom. Moreau-Naudet bietet konzentrierte Weine, die man einige Jahre einlagern kann.

Moreau Côte d'Or ★★→★★★★ Name mehrerer Erzeuger am Südende der CÔTE D'OR. Überragenden CHASSAGNE-MONRACHET PREMIER CRU gibt es bei der Domaine Bernard Moreau, außerdem schönen roten La Cardeuse. David Moreau bietet ein kleines, aber feines Sortiment an SANTENAY- und MARANGES-Gewächsen. Keine Verwandtschaft mit der Moreau-Dynastie in CHABLIS.

Morey, Domaines Côte d'Or ★★★ Winzerfamilie in CHASSAGNE-MONTRACHET. Besonders empfehlenswert sind die Weine von Caroline Moret und ihrem Ehemann Pierre-Yves COLIN-MOREY sowie von Marc (En Virondot), Sylvain, Thomas (sehr feine, reintönige Weiße), Vincent (fülligerer Stil) und Thibault Morey-Coffinet (La ROMANÉE). Pierre Morey in MEURSAULT bereitet Perrières- und BÂTARD-MONTRACHET-Weine.

Morey-Saint-Denis Côte d'Or ★★★→★★★★ 99' **02'** 05' **09'** 10' **12'** 15' 16' **17** 18' 19' 20' – Fantastische Quelle für roten Burgunder der Spitzenklasse, den Nachbarorten GEVREY-CHAMBERTIN und CHAMBOLLE-MUSIGNY ebenbürtig. GRAND-CRU-Lagen: CLOS DES LAMBRAYS, CLOS DE LA ROCHE, CLOS ST-DENIS und CLOS DE TART. Spitzenerzeuger: ARLAUD, Clos de Tart, Dujac, Dom. des Lambrays (Clos des Lambrays), H. LIGNIER, Perrot-Minot, PONSOT, Roumier und Tremblay. Ebenfalls empfehlenswert: Amiot, Castagnier, Coquard-Loison-Fleurot, Lignier-Michelot, Magnien, Remy und Taupenot-Merme. Außerdem interessante Weiße, v. a. aus dem PREMIER CRU Monts Luisants.

Morgon Beauj ★★★ **15' 17** 18' **19'** 20' – BEAUJOLAIS-Cru; der Vulkanschiefer der Côte du Py liefert kraftvoll-fleischige Weine mit Alterungspotenzial, der Lehmboden von Les Charmes weichere, früher trinkreife Versionen. Die Lagen Grands Cras und Javernières sind ebenfalls interessant. Probierenswert: Burgaud, Desvignes, Foillard, Gaget, Godard, Lapierre, Ch. des Lumières (JADOT), Piron, Ch. de Pizay und Sunier.

Mortet, Denis Côte d'Or ★★★→★★★★ Arnaud Mortet ist in Hochform mit seinen kraftvollen und dennoch raffinierten Roten – vom BOURGOGNE Rouge bis hin zum CHAMBERTIN. Paradepferde sind der Mes Cinq Terroirs (GEVREY-CHAMBERTIN) sowie die PREMIER-CRU-Gewächse Champeaux und Lavaut St-Jacques. Seit 2016 gibt es eine separate Reihe unter dem Etikett Arnaud Mortet, die ebenso brillant ist, u. a. mit CHARMES-CHAMBERTIN- und MAZOYÈRES-CHAMBERTIN-Weinen.

Moueix, J.-P. et Cie Bx – Das angesehene Erzeuger- und Handelshaus mit Hauptsitz in Libourne ist nach dem legendären Gründer Jean-Pierre Moueix benannt und immer noch in Familienhand. CHÂTEAUX: u. a. BELAIR-MONANGE, Clos La Madeleine, La Grave à Pomerol, HOSANNA, La FLEUR-

PÉTRUS, LATOUR À POMEROL, Trotanoy. In Kalifornien besitzt Moueix das Gut Dominus Estate (*siehe* dort).

Moulin-à-Vent Beauj ★★★ **09'** 11' 15' **18' 19'** 20' – Der erhabenste Cru des Beaujolais, in dem die GAMAY-Traube über sich hinauswächst. Kommt an Körper und Würzigkeit der Rhône nahe, entwickelt bei Reifung aber Fülle und die Wildnoten von PINOT NOIR. Wachsendes Interesse an Einzellagenabfüllungen, u. a. von Ch. des Jacques (im Besitz von JADOT) und Ch. du Moulin-à-Vent sowie den Domaines Janin, Janodet, Labruyère, Merlin (La Rochelle) und Rottiers. CÔTE-D'OR-Erzeuger wie BICHOT (Rochegrès), L. BOILLOT (Les Brussellions) und Thibault LIGER-BELAIR (Les Rouchaux) sind hier zunehmend vertreten.

Moulin de la Gardette S-Rh ★★★ **16' 17' 19' 20** – Die Weine (Ökoanbau) des Familienbetriebs in GIGONDAS sind purer Garrigue-Ausdruck und profitieren von Flaschenreifung. Preiswert ist der Petite Gardette, der Hauptwein Tradition (auf GRENACHE-Basis) zeigt schöne Terroircharakteristik und hält sich mind. 20 Jahre. Gewichtig ist der Ventabren (Eichenausbau).

Moulis H-Méd ★★→★★★ 14 15 **16 18** 19 20 – Im Landesinneren gelegene kleine AC westlich von MARGAUX mit ehrenwerten, günstigen Weinen, die man im Bestfall einlagern kann. Spitzen-CHÂTEAUX: Anthonic, Biston-Brillette, BRANAS GRAND POUJEAUX, BRILLETTE, Caroline, Chasse-Spleen, Dutruch Grand Poujeaux, Gressier Grand Poujeaux, MAUCAILLOU, Mauvesin Barton, Poujeaux.

Mourgues du Grès, Château S-Rh ★★→★★★ 19' 20 **21** – Führender Erzeuger der COSTIÈRES DE NÎMES, Ökobetrieb, mit der sehr guten Reihe Les Galets (alle drei Farben) für frühen Trinkgenuss, einschließlich rassigem Rosé. Ferner die etwas strafferen Capitelles-Weine sowie Terre d Argence (SYRAH) und Terre de Feu (GRENACHE).

Klimawandel in Burgund: Pinot ist unersetzlich, aber vielleicht wird in den Weißwein-Villages bald mehr Aligoté angebaut?

Moutard Champ – Der ursprüngliche Meister der hiesigen Rebsorte Arbanne erzeugt auch Eaux de vie. Die Qualität hat sich enorm gesteigert, v. a. beim CHARDONNAY Persin (14) und der CUVÉE des 6 Cépages (**11 15'** 18 19').

Mugneret Côte d'Or ★★★→★★★★ Winzerfamilie in VOSNE-ROMANÉE. Sublime Weine gibt's bei Georges Mugneret-Gibourg (von einfachem AC BOURGOGNE bis ÉCHEZEAUX), jetzt ebenso gut sind die Cousins von der Domaine Gérard Mugneret. Außerdem empfehlenswert: Dom. Mongeard-Mugneret.

Mugnier, J.-F. Côte d'Or ★★★★ Überragender Erzeuger von CHAMBOLLE-MUSIGNY Les Amoureuses und Musigny, die sich durch Finesse statt durch kraftstrotzende Art auszeichnen. Den PREMIER CRU Les Fuées sollte man sich nicht entgehen lassen. Ebenso gut gelingt der NUITS-ST-GEORGES Clos de la Maréchale (MONOPOLE). Junge Musigny-Jahrgänge kommen nun nicht mehr auf den Markt, um (sozusagen) Kindsmord zu vermeiden.

Mumm, G. H. & Cie Champ – Mächtige Champagnerfirma im Besitz von Pernod Ricard; *chef de cave* ist der talentierte Laurent Fresnet (zuvor bei HENRIOT) – sorgt er für eine Renaissance? Besonders hervorzuheben sind Mumm de Verzenay BLANC DE NOIRS (08) und RSVR BLANC DE BLANCS (**12'** ★★★★). Der Mumm de Cramant hieß früher Blanc de Blancs und zeigt subtile Eleganz. Sehr viel besser geworden ist der Cordon Rouge oJ auf Pinot-Basis: gewichtig, schwungvoll, feinnervig. Mumm beeindruckt auch im Napa Valley, Kalifornien.

Muré/Clos Saint Landelin, Domaine du El ★★→★★★★ Einer der ganz großen Namen im ELSASS; der 1650 in Westhalten gegründete Betrieb hat seinen Sitz inzwischen in Rouffach und wird von Véronique und Thomas Muré geleitet. Der ausgefallene, körperreiche PINOT GRIS (17' 18) stammt aus dem eisenhaltigen Boden des Clos Saint Landelin, ein 12-ha-MONOPOLE im GRAND CRU Vorbourg. Die Cuvée »V« (15' 18') ist der beste PINOT NOIR des Elsass, ebenso gut sind die CRÉMANTS.

Muscadet Lo ★→★★★ 19' 20' 21 – Der beliebte knochentrockene Wein aus der Gegend von Nantes passt ideal zu Fisch und Meeresfrüchten. Halten Sie sich an Abfüllungen aus AC-Muscadet-Unterbereichen: Coteaux de la Loire (Carroget, Guindon, Landron-Chartier), Côtes de Grandlieu (Eric Chevalier, Haut-Bourg, Herbauges, Malidain) oder SÈVRE-ET-MAINE. Sehr gut sind die MUSCADET CRUS COMMUNAUX.

Muscadet crus communaux Lo ★★→★★★ MUSCADET auf bemerkenswertem Spitzenniveau: komplexe Weine aus ausgewählten Lagen, lang auf der Hefe gelagert, nicht teuer und alterungswürdig. Sieben Weinbaugemeinden genießen Cru-Status: Clisson, Gorges, Goulaine, La Haye Fouassière, Monnières-St Fiacre, Mouzillon-Tillières und Le Pallet. Weitere Kandidaten sind Champtoceaux, Côtes de Grandlieu und Vallet.

Muscadet-Sèvre-et-Maine Lo ★→★★★ 18' 19' 20' 21 – Der größte der MUSCADET-Bereiche liefert oft hervorragende Qualität, und das auch noch preiswert. Spitzenerzeuger: u. a. Bonnet-Huteau (öko), Brégeon, Ch. Briacé, Caillé, Chéreau Carré, Cormerais, Delhommeau, Douillard, de l'Ecu, Gadais, Grand Mouton, de la Haute Fevrie, Huchet, Landron, Lieubeau, Luneau-Papin (biodynamisch), Olivier, Pépière, Sauvion und Vignobles Günther-Chéreau. 2021 schwere Frostschäden.

Musigny Côte d'Or ★★★★ 93 **96' 99' 02'** 05' 09' 10' 12' 15' 17 18 19' 20' – Dem GRAND CRU verdankt nicht nur die Ortschaft CHAMBOLLE ihre Namenserweiterung, er erbringt auch die schönsten aller Burgunder – mit betörendem Duft und darunterliegender sehniger Kraft. Beste Erzeuger: DROUHIN, FAIVELEY, JADOT, LEROY, Mugnier, PRIEUR, ROUMIER, de VOGÜÉ und VOUGERAIE.

Nature Ungesüßt, v. a. bei CHAMPAGNER: ohne Dosage. Lecker, wenn von ausgereiften Trauben bereitet, ansonsten eher krude. Vin nature bedeutet Naturwein; *siehe* Kapitel »Technische Weinsprache«.

Négly, Château la Lang ★★★→★★★★ Aufstrebendes Gut in La CLAPE mit eindrucksvollem Angebot. Es reicht von Alltagsweinen wie dem salzigen Brise Marine (weiß), La Côte (rot) und La Falaise (rot) bis hin zu den Spitzengewächsen La Porte du Ciel (SYRAH), L'Ancely (auf MOURVÈDRE-Basis) und dem extravaganten Clos des Truffiers (aus der ältesten Syrah-Lage im LANGUEDOC bei Pézenas).

Négociant-éleveur Händler, der den Ausbau des Weins übernimmt.

Nicolas Maillart Champ ★★★ In Edelstahl und zu einem kleinen Teil (wegen Belüftung) auch im Fass ausgebauter CHAMPAGNER. Klassische Jahrgänge zum Einlagern des BRUT PREMIER CRU Platine sind **2012**, 2015 und 2019'.

Noblaie, Domaine de la Lo ★★→★★★★ Jérôme Billard hat das Familiengut in CHINON in die Spitzenriege geführt. Sein exzellentes Angebot reicht vom fruchtigen Le Temps des cerises über die Einzellagenabfüllungen Les Chiens-Chiens und Les Blancs Manteaux bis hin zum komplexen Pierre de Tuf (alle rot). Auch der CHENIN BLANC ist fein.

Noëllat Côte d'Or ★★★ Namhafte Familie in VOSNE-ROMANÉE. Die Dom. Georges Noëllat ist unter der Leitung von Maxime Cheurlin in Topform; probieren Sie seine Weine aus den PREMIERS CRUS Les Boudot (NUIT-ST-GEORGES) und Les Petit Monts (Vosne-Romanée) und dem GRAND CRU ÉCHEZEAUX sowie seine preiswerten Abfüllungen aus weniger berühmten Appellationen. Die Cousins bei Michel Noëllat sorgen allmählich für Aufsehen. Die Dom. HUDELOT-Noëllat in VOUGEOT (sehr stilvolle Weine) gehört ebenfalls zum Clan.

Nuits-St-Georges Côte d'Or ★★→★★★★ 99' 02' **05' 09'** 10' **12'** 15' 16 **17** 18' 19 20' – Die große AC ist dreigeteilt: Aus der Lage Prémeaux kommen elegante Gewächse (diverse Clos: des Corvées, des Forêts, de la Maréchale, St-Marc), aus dem Zentrum (Cailles, Les St-Georges, Vaucrains) dichte, dunkle, pflaumenwürzige Weine und aus dem Norden (Boudots, Cras, Murgers, Richemone) die alkoholstärksten. Spitzenerzeuger: l'ARLOT, ARNOUX-LACHAUX, CATHIARD, CHEVILLON, Faiveley, GOUGES, GRIVOT, LEROY, Liger-Belair und Mugnier; außerdem empfehlenswert: Ambroise, Chauvenet, Chicotot, Confuron, Gavignet, Lechéneaut, Ledy, Machard de Gramont, Michelot, Millot, Perdrix und Rion.

Ogier, Stéphane N-Rh ★★★ Rührige CÔTE-ROTIE-Domaine mit Weinen im eichengereiften, modern-schicken fruchtigen Stil. Die Spitzengewächse: Belle Hélène, Côte Blonde und La Viaillière. Auch die IGP-Abfüllungen (COLLINES RHODANIENNES) SYRAH d'Ogier, VIOGNIER de Rosine und Syrah de Seyssuel sind gut.

Oratoire Saint Martin, Domaine S-Rh ★★★ 16' 17' **18'** 19' **20** 21 – Die Domaine in CAIRANNE mit sorgfältig ausgewählten Reblagen gehört jetzt zu Ch. Mont-Redon (CHÂTEAUNEUF-DU-PAPE). Erstklassig und sehr reintönig sind die Rotweine Haut-Coustias (von rund 70 Jahre alten Reben) und Les Douyes (GRENACHE, MOURVÈDRE von 1905 gepflanzten Stöcken) aus biodynamischem Anbau. Außerdem gut zum Essen passende schöne Weiße (v. a. CLAIRETTE und Réserve des Seigneurs).

Orchidées Lo ★→★★★ Dachmarke für die diversen Ackerman-Unternehmungen. Besonders gut sind die Weine auf Einstiegsniveau von Ch. de SANCERRE, Les Celliers du Prieuré, Donatien Bahuaud, Drouet Frères, Hardières (COTEAUX DU LAYON) Monmousseau, Perruche, Rémy-Pannier und Varière (ANJOU).

Osmin, Lionel SWF – Angesehener Négociant mit umfassendem Sortiment an Weinen aller Stile aus dem Südwesten.

Ostertag, Domaine El ★★★ Der großartige biodynamisch arbeitende Winzer André Ostertag hat die Gutsleitung an Sohn Arthur übergeben. Terroirbetonter RIESLING GRAND CRU Muenchberg (**10 14 18'**) und avantgardistisch im Barrique vergorener, sehr voller PINOT GRIS Muenchberg (**15**). Außerdem exzellenter SILVANER VIEILLES VIGNES (**15 18'** 19').

Ou, Château de L' Rouss ★★★→★★★★ Das fortschrittliche Ökogut erzeugt wunderbar handwerklich bereitete Weine aller Farben und Stile. Der Secret de Schistes zeigt Eleganz und Kraft, Aushängeschild ist der GRENACHE Rhapsody.

Overnoy, Maison Jura – Der Betrieb in der Subappellation ARBOIS-Pupillin wurde von Naturweinpionier Pierre Overnoy gegründet und wird von Emmanuel Houillon geleitet. CHARDONNAY, SAVAGNIN und Ploussard alias Poulsard (★★) wirken wie aus einer anderen Welt. Einige andere Overnoy-Güter im Jura gehören Verwandten.

Pabiot, Jonathan Lo ★★★→★★★★ Biodynamisch zertifizierter POUILLY-FUMÉ-Spitzenerzeuger mit bezaubernden, präzise bereiteten, lebhaften Weinen aus Lagen oberhalb des Dörfchens Les Loges. Am besten: Aubaine, Florilège, Prédilection, Prélude, Utopia.

Pacherenc du Vic-Bilh SWF ★★→★★★ MADIRAN benachbarte AOP für trockenen und süßen Weißwein von Gros und Petit MANSENG, manchmal auch Petit Courbu und der lokalen Aruffiac-Traube. Die trockenen Versionen sollte man jung trinken, die süßen kann man einlagern, v. a. die in Eiche ausgebauten Versionen. Empfehlenswerte Erzeuger *siehe* Madiran, plus Ch. de Mascaraàs (★★).

Paillard, Bruno Champ ★★★→★★★★ Das jüngste der *Grande-marque*-Champagnerhäuser (1981). Erstklassiger BRUT Première CUVÉE oJ und Rosé Première Cuvée. Raffinierter Stil, v. a. bei der nur langsam reifenden Prestigecuvée N.P.U. (95 **02' 04**); bisher am vollendetsten ist wohl der 2008er: elegant, präzise, klassisch. Bruno Paillard steht dem Champagnerkonzern Lanson-BCC vor; bei Paillard hat Tochter Alice das Ruder übernommen.

Palette Prov ★★★ Kleine AC bei Aix-en-Provence mit charaktervollen Roten vorwiegend von GRENACHE und MOURVÈDRE, duftenden Rosés und verlockenden Weißen mit Waldote im Bukett sowie Kuriositäten wie FURMINT. Ch. Crémade, Ch. Henri Bonnaud und Ch. Simone stehen für traditionelle, seriöse Weine.

Partagé, Domaine Sav ★★ Gilles Berlioz' biodynamisch bewirtschaftete kleine DOMAINE in CHIGNIN erzeugt sehr guten Altesse, JAQUÈRE, MONDEUSE (★★) und eine Reihe vergnüglicher ROUSSANNE-Abfüllungen (★★★), u. a. Les Christine, Les Filles und Les Fripons.

Pataille, Sylvain Bg ★★→★★★ Der lockenköpfige Guru Sylvain Pataille hat sich eine treue Anhängerschaft erworben mit seinen Roten (Einzellagen-MARSANNAY), Weißen (v. a. ALIGOTÉ La Charme Aux Pretres und Clos du Roy) und Rosés (Fleur de Pinot), die lange reifen und nur wenig Schwefel enthalten. Spitzenmäßige und zudem verlässliche Qualität.

Pauillac H-Méd ★★★→★★★★ 00' 05' **10' 15** 16' 18' 19' 20 – Kommunale AC im MÉDOC mit 18 Crus classés (u. a. die CHÂTEAUX LAFITE, LATOUR, MOUTON ROTHSCHILD), berühmt für langlebige Weine – CABERNET SAUVIGNON in Vollendung. Weitere Spitzen-CHÂTEAUX sind CLERC MILON, DUHART-MILON, GRAND-PUY-LACOSTE, LYNCH-BAGES, PICHON BARON, PICHON LALANDE und PONTET-CANET. Verhältnismäßig preiswert sind die Chx. BATAILLEY, PÉDESCLAUX und PIBRAN.

Gut zu wissen: An der nördlichen Rhône verwendet »Famille Sowieso« gekauftes Lesegut, während »Domaine Sowieso« eigenes Rebland besitzt.

Paul Mas Lang ★★→★★★ Das gewaltige Imperium des Jean-Claude Mas erstreckt sich von Grès de Montpellier bis ins ROUSSILLON, einschließlich Hotel und Restaurant »Côté Mas« in Montagnac. Überwiegend IGP-Weine, an Öko- und biodynamischem Anbau sowie verringertem Schwefeleinsatz wird gearbeitet. Besonders bekannt ist die Reihe Arrogant Frog; außerdem Côté Mas, La Forge, Les Tannes und Les Vignes de Nicole. Des Weiteren Dom. de la Ferrandière und Dom. des Crès Richard (beide TERRASSES DU LARZAC) sowie Ch. Martinolles (LIMOUX), Ch. Lauriga (ROUSSILLON) und Ch. Villegly (MINERVOIS).

Pays d'Oc, IGP Lang ★→★★★ Die größte IGP-Region umfasst das gesamte LANGUEDOC-ROUSSILLON und bietet ein riesiges Qualitätsspektrum, das von schlichten, süffigen, reinsortig ausgebauten Weinen bis hin zu innovativen, spannenden Kreationen reicht. 58 verschiedene Rebsorten sind zugelassen; zunehmend beliebt ist CARIGNAN, v. a. von alten Reben. Zu den Hauptakteuren zählen: Bruno Andreu, Gérard BERTRAND, Jeanjean, PAUL MAS und die Genossenschaft FONCALIEU.

Pécharmant SWF ★★ 17 18 19 20 – AOP am Rand der Stadt und innerhalb des Bereichs BERGERAC mit eisen- und manganhaltigen Böden, weshalb hier die wuchtigsten und langlebigsten Weine der ganzen Gegend entstehen. Empfehlenswerte Erzeuger: die Veteranen Ancienne Cure, Dom. du Haut-Pécharmant und Ch. de Tiregand (alle ★★★) sowie Dom. des Bertranoux, Ch. Beauportail, Ch. Corbiac, Ch. du Rooy und Ch. Terre Vieille (alle ★★).

Peira, La Lang ★★★★ Das TERASSES-DU-LARZAC-Weingut der Superlative erzeugt volle, intensive Rote: La Peira (SYRAH/GRENACHE), Las Flors de la Peira (Syrah/Grenache/MOURVÈDRE) und Obriers de la Peira (CARIGNAN/CINSAULT).

Pélican, Domaine du Jura ★★★ Das Gut in der Nähe von ARBOIS gehört Marquis d'ANGERVILLE (VOLNAY). Zu den biodynamisch bewirtschafteten Weinbergen zählen auch jene des legendären Jacques Puffeney, der jetzt im Ruhestand ist – alles tadellose Lagen.

Pernand-Vergelesses Côte d'Or ★★★ r **09' 10' 12 15' 17** 18' 19' 20'; w **14' 15' 17' 18' 19'** 20' – Ortschaft, zu deren Gemarkung der nach Westen ausgerichtete Teil des CORTON-CHARLEMAGNE gehört. Die heutzutage nicht mehr so kargen Weine stammen u. a. aus den PREMIER-CRU-Lagen Île des Vergelesses (rot) sowie Combottes und Sous Frétille (weiß). Die Erzeugerriege wird angeführt von den hiesigen Domaines CHANDON DE BRIAILLES, Dubreuil-Fontaine, Rapet und Rollin.

Perret, André N-Rh ★★★ **15' 16' 17 18'** 19' 20' 21 – Erzeuger zweier hervorragender CONDRIEU-Weine: klassisch-stilvoll und klar der Clos Chanson, sehr voll mit Moschusnote der Coteau de Chéry. Außerdem roter und weißer ST-JOSEPH sowie hellfruchtiger, klassischer roter St-Joseph Les Grisières mit Tiefgang. Ferner guter COLLINES RHODANIENNES (rot und weiß).

Perrier-Jouët Champ – Das erste Haus, das bereits im 19. Jahrhundert trockenen CHAMPAGNER (für den britischen Markt) erzeugte, hat jetzt ein gutes Kellerteam beisammen, was Veränderungen zum Besseren erwarten lässt. Die Stärke ist CHARDONNAY aus GRAND-CRU-Lagen, der am besten in den guten Jahrgangsweinen zum Ausdruck kommt, v. a. in der Luxusmarke Belle Epoque (**12'** ★★★★) in bemalten Flaschen. Ferner BRUT oJ, Blason de France oJ, Blason de France Brut und Rosé oJ, Belle Epoque Rosé (**12'**) sowie feiner neuer BLANC DE BLANCS.

Pessac-Léognan Bx ★★★→★★★★ **05' 09' 10' 15 16** 18 19' 20 – 1987 eingerichtete AC für den besten Teil des nördlichen GRAVES mit den Weinbergen all der CRU-CLASSÉ-Güter (des Jahres 1959) wie CHEVALIER, HAUT-BAILLY, HAUT-BRION, LA MISSION HAUT-BRION, PAPE CLÉMENT, SMITH HAUT LAFITTE usw. Ein nicht klassifizierter Aufsteiger ist CARMES HAUT-BRION. Feste, körperreiche, erdige Rote und zudem die feinsten trockenen weißen BORDEAUX-Gewächse. Ein gutes Preis-Leistungs-Verhältnis bieten die CHÂTEAUX Brown, de la Solitude und La LOUVIÈRE.

Petit Chablis Chablis ★ BV – Süffiger Beinahe-CHABLIS von etwas außerhalb und nicht auf Kimmeridge-Böden gelegenen Weinbergen. Die besten Weine kommen von BILLAUD, BROCARD, Defaix, DAUVISSAT, LAVANTUREUX, Pommier, RAVENEAU und der Genossenschaft La CHABLISIENNE.

Pézenas Lang – Die charmante mittelalterliche Stadt ist der Geburtsort Molières. Die Böden dieses Bereichs der AC LANGUEDOC sind unterschiedlich und wecken Entdeckerfreude. Weitere empfehlenswerte Erzeuger neben Platzhirsch PAUL MAS und dem kleineren Mas Gabriel: Allegria, La Croix Gratiot, Magellan, Prieuré St Jean de Bebian, Turner-Pageot und Villa Tempora.

Philipponnat Champ ★★→★★★★ Kleiner Erzeuger, jetzt im Besitz von Lanson-BCC, mit intensivem CHAMPAGNER, v. a. die unter wohlbedachtem Einsatz von Eiche (seit **18**) bereitete, reintönige CUVÉE Mareuil-sur-Ay. Champagne oJ, Rosé oJ, BRUT, Cuvée »1522« (**04**). Berühmt ist der majestätische Einzellagenwein Clos des Goisses (**04**; auf CHARDONNAY-Basis: **08**; außergewöhnlicher kürzlich degorgierter Jahrgang: **09**).

Picpoul de Pinet Lang ★→★★ BV – AOC für die Rebsorte PICPOUL, die rund um die Ortschaft Pinet wächst. Die Hänge in Meeresnähe oberhalb von Austernbänken erbringen leicht salzige, zitrusfruchtige Weine, die gut zu

Meeresfrüchten passen und aufgrund ihrer besonderen Art derzeit bei Sommeliers en vogue sind (v. a. die nicht in Eiche ausgebauten Versionen). Gut sind die Genossenschaften in Pinet und Pomérols, außerdem die Domaines La Croix Gratiot, FÉLINES-JOURDAN, Font-Mars, des Lauriers, Petit Roubié und St Martin de la Garrigue.

Pic St-Loup Lang ★★★ Die landschaftlich spektakuläre AOC bei Montpellier verfügt über einige höher gelegene Weinberge; der relativ häufige Regen verleiht den Weinen Eleganz. Vorgeschrieben sind mind. 50% SYRAH, plus GRENACHE und MOURVÈDRE. Die Roten sind zum Einlagern gemacht; für Weißwein bestünde Potenzial, er muss aber einstweilen als AC LANGUEDOC oder IGP Val de Montferrand etikettiert werden. Erzeuger: v. a. Bergerie du Capucin, Cazeneuve, Clos de la Matane, Clos Marie, Gourdou, Dom. de l'HORTUS, de Lancyre, Lascaux, MAS BRUGUIÈRE, Mas Peyrolle, Pégaline, Ch. PUECH-HAUT, Valflaunès. Sehr gut ist die kleine Genossenschaft Hommes et Terres du Sud.

Pieretti, Domaine Korsika – Kleines Gut auf der windumtosten Halbinsel Cap Corse, nördlich von Bastia. Lina Pieretti-Venturi erzeugt nicht nur Rosé der Spitzenklasse, sondern auch köstlichen Roten und süßen MUSCAT.

Pierre-Bise, Château Lo ★★→★★★★ 17 18' **19'** 20' 21 – Feiner Erzeuger in den COTEAUX DU LAYON; auch QUARTS DE CHAUME (opulent) und SAVENNIÈRES, u. a. ROCHE-AUX-MOINES (konzentriert und präzise bereitet; besonders gut: 18). Ferner ANJOU BLANC Haut de la Garde (sehr voll), ANJOU-VILLAGES und Anjou-GAMAY (konzentriert). Verschiedene exzellente Süßweine aus einer Einzellage. Der ideenreiche Claude Papin ist in den Ruhestand getreten, das Gut wird nun von Sohn René geleitet.

Pierre Fil, Domaine Lang ★★★ Das Gut in der AC MINERVOIS erzeugt seinen einzigartigen MOURVÈDRE durch Kohlensäuremaischung. Die roten Spitzenweine Dolium und »M« sind grandios und lohnen das Einlagern. Die Wartezeit verkürzen Sie sich am besten mit dem Orebus – *garrigue* pur.

Pierre Péters Champ ★★★★ Erstklassiges Champagnerhaus an der Côte des Blancs mit Anteilen an der Spitzenlage Les Chétillons und der gleichnamigen Spezial-CUVÉE (**05 07 13 14** 17'), dem wohl langlebigsten CHARDONNAY der ganzen Champagne; 2019' ist ein klassischer kühlerer Jahrgang.

Pillot Bg ★★→★★★★ Talentierte Familie in CHASSAGNE-MONTRACHET, deren Betriebe sämtlich prima in Form sind: Fernand et Laurent Pillot (durchweg sehr ordentlich), Jean-Marc Pillot (v. a. CLOS St Marc) und Paul Pillot (Grandes Ruchottes, La ROMANÉE u. a.). Von allen dreien empfehlenswert sind auch die Roten aus den Chassagne-PREMIERS-CRUS.

Pinon, François Lo ★★★ 17 18' 19' **20'** 21 – François (verstorben 2021) hat den Ruf des Guts begründet, das nun von Sohn Julien geleitet wird. Das Angebot umfasst u. a. VOUVRAY zum Einlagern sowie sehr guten Schaumwein.

Piper-Heidsieck Champ ★★★ Die historische Champagnerfirma surft jetzt auf einer Welle der Qualität. Lebhafter Brut Essentiel mit längerer Reifezeit und weniger Zucker – blumig und doch kraftvoll, passt perfekt zu Sushi und Sashimi. Der Prestige Rare, jetzt als separate Marke im Haus erzeugt, ist ein Juwel an Präzision, Reinheit und raffinierter Textur (**08** 12' 18' 19' 20'; noch liegen lassen: 13), des Weiteren außergewöhnlicher Rare Rosé (**12'**).

Plageoles, Domaine SWF – Eine Winzerfamilie, die sich für die Bewahrung des echten GAILLAC-Stils einsetzt und seltene hiesige Rebsorten wiederentdeckte, z. B. Ondenc (Grundlage des berühmten süßen Vin d'Autan; ★★★), Prunelard (fruchtiger Rotwein mit Tiefe; ★★) oder Verdanel (weiß, trocken, eichengereift) sowie zahllose Mauzac-Unterarten. Weitere Rotweine liefern Braucol (alias FER SERVANDOU) und Duras.

Plaimont SWF – Gigantin, die sie ist, hat die rührigste Genossenschaft Frankreichs Mitglieder in ST-MONT, MADIRAN sowie den CÔTES DE GASCOGNE.

BORDEAUX-Rebsorten hat sie inzwischen aufgegeben zugunsten traditioneller Trauben des Südwestens, wobei auch einige Bestände aus der Prä-Reblaus-Ära entdeckt wurden. Weine aller Farben und Stile (überwiegend ★★), aller Geschmacksrichtungen und aller Preisklassen. *Siehe auch* André DUBOSC.

Plan de Dieu S-Rh ★→★★ 16' 18 19' **20** – AC der CÔTES DU RHÔNE-VILLAGES auf einer steinigen, windigen Garrigue-Ebene bei CAIRANNE mit wuchtig-pfeffrigen Weinen (vorwiegend GRENACHE), die gut zu Wild- und Eintopfgerichten passen. Die Auswahl ist groß. Beste Erzeuger: CHÂTEAUX La Courançonne, Le Plaisir, DOMAINES APHILLANTHES (charaktervoll), Arnesque, La Bastide St Vincent, Durieu (voll), Espigouette, Favards (öko), Longue Toque, Martin (traditionell), Pasquiers (öko), St-Pierre sowie Clos St Antonin.

Pol Roger Champ ★★★★ BRUT **04 06 08' 09** 12' 13 15 (die Letzteren beiden bezaubernd); Rosé 09; BLANC DE BLANCS 09 – Champagnerhaus in Familienbesitz in Épernay. Der Brut Réserve oJ, seit 2012 mit etwas geringerer Dosage, ist überragend. Ferner feiner Pure *(dosage zéro)* sowie CUVÉE Sir Winston Churchill (üppig: **02**; verführerisch: **09**; 12), stets erste Wahl zum Einlagern und die preiswerteste aller Prestige-Cuvées.

Pomerol Bx ★★★→★★★★ 05' 09' **10' 15** 16' 18' 19' 20 – Kleine, teure AC, berühmt für ihre auf MERLOT basierenden Weine in fülligem bis schwelgerischem und dennoch langlebigem Stil. Chemische Unkrautvernichtungsmittel sind jetzt verboten – ein Vorbild für andere ACs. Spitzengüter: CLINET, La CONSEILLANTE, L'EGLISE-CLINET, L'ÉVANGILE, La FLEUR-PÉTRUS, HOSANNA, LAFLEUR, PETRUS, Le PIN, TROTANOY und Vieux Château Certan. Die Preise sind generell hoch, es gibt aber einige wenige Ausnahmen (BOURGNEUF, Clos du Clocher, La POINTE).

Pommard Côte d'Or ★★★→★★★★ 90' 96' 99' **03** 05' 09' 10' **12** 15' 16' 17 18' 19' 20' – Machen Sie sich auf eine Revolution gefasst: Pommard wächst im Zuge der Klimaerwärmung über sich selbst hinaus. Beste PREMIER-CRU-Lagen: Epenots liefert anmutige, Rugiens kraftvolle Weine; auf Village-Niveau empfiehlt sich Les Noizons. Spitzenerzeuger: ARMAND, BICHOT (Dom. du Pavillon), Clerget, Commaraine (seit 2019), de COURCEL, DE MONTILLE, HOSPICES DE BEAUNE, J.-M. BOILLOT, Launay-Horiot, Lejeune, Parent, Ch. de Pommard, Rebourgeon-Mure und Violot-Guillemard.

Die neueste Weinbauregion: die Bretagne. Meereseinfluss und weniger Frost als an der Loire – der erste Schaumwein kommt 2023 heraus.

Pommery Champ ★★ Historisches Champagnerhaus mit spektakulären Kellergewölben; die Marke gehört jetzt Vranken. Der BRUT oJ ist von verlässlicher, wenn auch nicht funkelnder Qualität, ferner Rosé oJ und Jahrgangs-Brut (**04 08** 09 12'). Die einst überragende Cuvée Louise (02 **04**) gerät in den letzten Jahren weniger beeindruckend. Besitzt Reblagen in England.

Ponsot Côte d'Or ★★→★★★★ Der eigenwillige Erzeugerbetrieb in MOREY-ST-DENIS wird seit Laurent Ponsets Weggang (2016) von Rose-Marie Ponsot geleitet – der Stil hat sich nicht merklich verändert. Paradeweine: Clos de la Roche (rot) und der weiße PREMIER CRU Monts Luisants (ALIGOTÉ).

Ponsot, Laurent Côte d'Or ★★→★★★★ Der Mann, der 30 Jahre lang die Weine der Domaine PONSOT vinifizierte, verließ den Familienbetrieb 2016, um ganz in der Nähe sein eigenes Haute-Couture-Label zu kreieren. Pachtverträge verbinden ihn weiterhin mit der Familie, u. a. für Parzellen in CLOS ST-DENIS und GRIOTTE-CHAMBERTIN. Laurent kauft zudem ständig Rebland und tüftelt – in der eigens dafür gebauten Kellerei – an Weißweinen.

Pouilly-Fuissé Bg ★★→★★★ 14' 15 17 18 19' 20' – Spitzenappellation des Mâconnais mit kraftvollen, runden und zugleich intensiven Weißen aus der Umgegend von Fuissé, während die aus Vergisson mineralischer ausfallen – entweder jung oder nach etlichen Jahre Flaschenreife trinken. Die PREMIER-CRU-Einstufung ist 2020 erfolgt – hurra! Spitzenerzeuger: Barraud, Ch. de Beauregard, Bret, Carette, Cornin, Ferret, Forest, Ch. de FUISSÉ, Lassarat, Merlin, Paquet, Ch. des Quarts, Renaud, Robert-Denogent, Rollet, Ch. des Rontets, Saumaize, Saumaize-Michelin, VERGET.

Pouilly-Fumé Lo ★★→★★★★ 19' 20' 21 – AC gegenüber von SANCERRE am anderen Loire-Ufer mit etwas milderen Weißen von unterschiedlicher Qualität. Sie werden von SAUVIGNON BLANC bereitet und fielen 2021 frischer aus als in den vergangenen Jahren. Die besten Erzeuger: Bain, Belair, Bouchié-Chatellier, Bourgeois, Cailbourdin, Chatelain, Didier Dagueneau (seit 2017 als VIN DE FRANCE etikettiert), Serge Dagueneau et Filles, Ch. de Favray, E. & A. Figeat, Jolivet, Ladoucette, Landrat-Guyollot, Masson-Blondelet, Joseph Mellot, Jean Pabiot, Jonathan Pabiot, Redde, Saget, Tabordet, Ch. de Tracy, Treuillet. Die CHASSELAS-AOP Pouilly-sur-Loire ist mittlerweile eine historische Kuriosität.

Pouilly-Loché Bg ★★ 14' 15 17 18 19' 20' – Das am wenigsten bekannte Mitglied der Pouilly-Familie im Mâconnais. Führender Erzeuger ist Clos des Rocs, gefolgt von Bret Brothers, Tripoz und der hiesigen Genossenschaft CAVE des Grands Crus Blancs.

Pouilly-Vinzelles Bg ★★ 14' 15 17 18 19' 20' – Die AC ist geografisch wie auch qualitativ nah an PUILLY-FUISSÉ angesiedelt; mit Abstand am besten ist die Lage Les Quarts. Beste Erzeuger: DROUHIN, Soufrandière (Bret Brothers), Valette und Ch. de Vinzelles. Mengenmäßig größter Erzeuger ist die Genossenschaft Cave des Grands Crus Blancs.

Premier cru In BORDEAUX Lagen 1. Klasse, in Burgund (einschließlich CHABLIS) jedoch Lagen 2. Klasse, hinter GRAND CRU. An der Loire neuerdings Einstufung für Lagen 2. Klasse; bislang gilt sie einzig für COTEAUX DU LAYON Chaume.

Premières Côtes de Bordeaux Bx ★→★★ 16 18 19 20 – Die AC ist geografisch mit CADILLAC – CÔTES DE BORDEAUX identisch, gilt aber ausschließlich für weißen Süßwein. Weine in lieblichem (*moelleux*) Stil auf SÉMILLON-Basis, in der Regel BV. Beste CHÂTEAUX: Crabitan-Bellevue, Faugas, du Juge, Marsan.

Prieur, Domaine Jacques Côte d'Or ★★★ Bedeutendes Weingut in MEURSAULT, das auch über eine Reihe hervorragender GRAND-CRU-Lagen von MONTRACHET bis MUSIGNY verfügt. Der Stil zielt eher auf Gewichtigkeit durch späte Lese und Eichenausbau ab als auf Finesse. Neu ist der rote Labruyère-Prieur Sélection Bourgogne. Die Eigentümerfamilie Labruyère ist zudem in der Champagne und in MOULIN-À-VENT engagiert und besitzt das BORDEAUX-Château ROUGET.

Primeur Frischer, belebender junger Wein, besonders BEAUJOLAIS, auch VIN DE PAYS. *En primeur*-Verkauf bezieht sich dagegen auf Wein, der noch im Fass liegt und erst nach der Flaschenabfüllung ausgeliefert wird.

Propriétaire-récoltant Champ – Besitzer und Betriebsleiter; *récoltant* ist vom Verb *récolter* abgeleitet, das »ernten«, »sammeln« bedeutet.

Puech-Haut, Château Lang ★★★ Der kraftvolle Prestige (rot, weiß) und Tête de Belier (alle drei Farben) sind noble Weine in entsprechender Aufmachung (AC LANGUEDOC St Drézéry). Preiswert ist der Rosé Argali (IGP). Ebenfalls zum Besitz gehört das PIC-ST-LOUP-Château Lavabre (★★★).

Puisseguin St-Émilion Bx ★★ 15 16 18 19 20 – Der östlichste der vier Satelliten von ST-ÉMILION mit fleischig-festen Weinen auf MERLOT-Basis. Spitzen-CHÂTEAUX: l'Anglais, Beauséjour, Le Bernat, Branda, Clarisse,

Durand-Laplagne, Fongaban, Guibot La Fourvieille, Haut-Bernat, des LAURETS, La Mauriane, Soleil.

Puligny-Montrachet Côte d'Or ★★★→★★★★ **09' 10' 12 14' 15 17' 18 19' 20'** – Blumiger, feingliedriger, flirrender weißer Burgunder: auf Village-Niveau ordentlich, hervorragend aus höheren Lagen, allen voran Les Enseignières sowie die PREMIERS CRUS Caillerets, Champ Canet, Combettes, Folatières, Pucelles plus die unglaublichen MONTRACHET-GRANDS-CRUS. Erzeuger: v. a. J.-M. Boillot, Carillon, Chartron, Chavy, Drouhin, Ente, Dom. Leflaive, O. Leflaive, (Familie) Pernot, Ch. de Puligny, Sauzet, Thomas-Collardot.

Pyrénées-Atlantiques SWF Meist BV – IGP-Bezeichnung für Weine, die den AOP-Bestimmungen im äußersten Südwesten nicht entsprechen. Empfehlenswerte Erzeuger: das abgeschiedene Ch. CABIDOS (ausgezeichnete sortenreine, langlebige trockene und süße weiße PETIT-MANSENG-Versionen; ★★★) und die Dom. Moncaut bei Pau (durch und durch JURANÇON, abgesehen vom Namen; ★★).

Quartironi de Sars, Château Lang ★★→★★★ Duftender, mineralischer ST-CHINIAN, der sein Terroir – Schieferboden, Wildkräuter – getreulich wiedergibt. Der Haut-Priou ist das rote Spitzengewächs, eine Offenbarung der weiße Skhistos (Carignan blanc).

Quarts de Chaume Lo ★★★→★★★★ **10' 11' 14' 15' 16 17 18'** 20 (21) – Hanglage bei Layon ausschließlich für CHENIN BLANC, der im Idealfall eine vielschichtige Textur aufweist und praktisch unsterblich ist. Leider findet er heute kaum noch Abnehmer, weshalb sich die Winzer zunehmend auf trocken ausgebaute Versionen verlegen. Spitzenerzeuger: Baudouin, Bellargus, Bellerive, Branchereau, FL, Guegniard, Ogereau, Ch. Pierre-Bise, Plaisance und Suronde.

Quénard Sav – Es gibt sechs verschiedene Quénard-Güter rings um CHIGNIN. Besonders empfehlenswert (alle ★★) sind André & Michel Quénard (handfeste Weine), Jean-François Quénard (wird immer besser) sowie Pascal et Annick Quénard (klein, aber fein und öko). Alle drei haben erstklassigen ROUSSANNE (Chignin-Bergeron), Jacquère und MONDEUSE im Angebot.

Quincy Lo ★★ **20' 21** – Wiederbelebter AOP-Bereich für SAUVIGNON BLANC aus Sand- und Kiesböden im Cher-Tal. Der zitrusfruchtige Wein ist in der Regel weniger komplex als SANCERRE. Erzeuger: v. a. Ballandors, l'Epine, Eric Louis, Portier, Rouzé, Siret-Courtaud, Tremblay, Villalin.

Rancio Rouss – Die Bezeichnung (spanisch »ranzig«) bezieht sich auf die durch ausgedehnte oxidative Reifung entstehenden komplexen entwickelten Aromen. Erinnert an Tawny Port oder alten Oloroso (Sherry) und wird v. a. in BANYULS, MAURY, RASTEAU und RIVESALTES erzeugt. Kann etwas ganz Besonderes sein – unbedingt probieren!

Rangen El – Der südlichste elsässische GRAND CRU in Thann auf extrem steilen Hängen (im Durchschnitt 90 % Gefälle) mit wärmespeicherndem vulkanischem Boden. Spitzenweine: PINOT GRIS Clos St Urbain (**08' 10'** 17') von ZIND-HUMBRECHT (der großartigste Pinot gris der Welt) und RIESLING Clos St-Théobald (**15'** 17') von SCHOFFIT.

Rasteau S-Rh ★★ **16' 17' 18 19' 20** – Vor allem Vollgasweine vorwiegend von GRENACHE, vor allem von Tonböden, aber auch einige geschliffenere Versionen. In sehr warmen Jahren fallen sie am besten aus; die Qualität ist verlässlich. Erzeuger: v. a. Beaurenard (seriös, mit schönem Entfaltungspotenzial, aus biodynamischem Anbau), Cave Ortas/Rhonéa, Famille Perrin, Ch. La Gardine und Ch. du Trignon sowie die DOMAINES Beau Mistral, M. Boutin, Didier Charavin, Collière (stilvoll), Combe Julière (massiv), Coteaux des Travers (biodynamisch), Élodie Balme (weich), Escaravailles (stilvoll), Girasols, Gourt de Mautens (eigenwillig, talentiert; seit 2010 auch IGP-Weine),

Frankreich

Gramiller (öko), Grand Nicolet (charaktervoll, Tiefe), Grange Blanche, Rabasse-Charavin (voll), St-Gayan, Soumade (geschliffen) und Trapadis (biodynamisch). Die Qualität des als VIN DOUX NATUREL von Grenache erzeugten Dessertweins steigt (Doms. Banquettes, Combe Julière, Coteaux des Travers, Escaravailles, Trapadis). Die Rasteau-Güter sind auch eine gute Quelle für roten CÔTES DU RHÔNE.

Raveneau Chablis ★★★★ Der CHABLIS-Spitzenerzeuger setzt auf klassische Bereitungsmethoden, deshalb sind die Weine außerordentlich langlebig – zwar ein wenig moderner in letzter Zeit, aber immer weiter an Statur gewinnend. Sie sind ein echter Schatz (wenn auch nicht auf dem Sekundärmarkt). Lagen: v. a. die PREMIERS CRUS Butteaux, Chapelot, Vaillons und die GRANDS CRUS Blanchots, und Les Clos.

Rayas, Château S-Rh ★★★★ **05' 06' 07'** 09' 10' 11' 15' 16' 17' 19' – Überragendes, extrem auf Tradition und strikteste Ertragsbeschränkung bedachtes Gut in CHÂTEAUNEUF-DU-PAPE. Der Jahrgang 2018 fiel komplett aus wegen Mehltaubefall. Die sinnlichen Roten (100 % GRENACHE) aus von Bäumen umstandenen, sandigen Reblagen altern großartig – unbedingt aufheben. Auch der weiße Rayas (CLAIRETTE, GRENACHE BLANC) hält sich gut und gern 20 und mehr Jahre. Der stilvolle Pignan ist das Zweitetikett. Glorios ist Ch. Fonsalette (CÔTES DU RHÔNE), u. a. der fantastische, langlebige SYRAH. Alle Weine müssen dekantiert werden, jeder ist ein Ereignis. Ferner Ch. des Tours (VACQUEYRAS) und guter Dom. des Tours (VIN DE PAYS de Vaucluse).

Régnié Beauj ★★ 18' 19 **20'** – Die sandigen Böden des jüngsten der BEAUJOLAIS-Crus erbringen Weine in leichterem Stil; fleischiger geraten sie in der Gegend von MORGON. So langsam siedeln sich hier gute Erzeuger an. Probierenswert von Burgaud, Chemarin, Dupré, de la Plaigne, Rochette, A. Sunier und J. Sunier.

Reuilly Lo ★→★★★ 20' 21 – Im Westen an QUINCY grenzende AC mit ähnlichen SAUVIGNON-BLANC-Weinen sowie zarten Rosés und Vin gris von PINOT NOIR und/oder Pinot gris; die guten Rotweine von Pinot noir sind mit jenen aus SANCERRE vergleichbar. Beste Erzeuger: Claude Lafond, Cordaillat, Jamain (biodynamischer Anbau), Pagerie, Renaudat, Rouzé und Sorbe.

Riceys, Rosé des Champ BV – Bedeutendste AC in AUBE, ausschließlich für einen bemerkenswerten PINOT-NOIR-Rosé. Erzeuger: A. Bonnet, BRICE, Jacques Defrance und Morize. Großartiger Jahrgang 09 und umwerfender Jahrgang 15'.

Das berühmte Fahrrad, auf dem Lily Bollinger durch die Weinberge der Champagne strampelte, war ein Standardfabrikat – mit Hermès-Sattel.

Richebourg Côte d'Or ★★★★ 90' 93' **96'** 99' 02' 05' **09' 10'** 12' 15' 16 17 18' 19' 20' – GRAND CRU in VOSNE-ROMANÉE. Das Nonplusultra des Burgunders, Weine mit unendlicher Geschmackstiefe, aber auch unglaublich teuer. Erzeuger: DRC, GRIVOT, GROS, Hudelot-NOËLLAT, LEROY, Thibault LIGER-BELAIR, MÉO-CAMUZET.

Rion Côte d'Or ★★→★★★ DOMAINES in NUITS-ST-GEORGES and VOSNE-ROMANÉE, deren Besitzer verwandt sind. Patrice Rions hervorragende Weine stammen aus Nuits-St-Georges (Clos St Marc, Clos des Argillières) und CHAMBOLLE-MUSIGNY, Daniel Rions PREMIER-CRU-Gewächse aus den Bereichen Nuits-St-Georges und Vosne-Romanée (der Weinbergbesitz wurde jetzt zwischen zwei Familienmitgliedern aufgeteilt). Die Weine der Domaine Armelle et Bernard Rion kommen großteils aus Vosne-Romanée. Alle drei Betriebe zeichnen sich durch faire Preisgestaltung aus.

Rivesaltes Rouss ★★→★★★ Unterschätzter VIN DOUX NATUREL in den Stilen Ambré, RANCIO/Hors d'Age, Rosé und Tuilé aus der AOC MUSCAT de Rivesaltes. Die Suche lohnen: CAZES, Ch. Valmy sowie die Domaines Boucabeille, des Chênes, Puig-Parahy, de Rancy, Le Roc des Anges, Sarda-Malet, des Schistes und Vaquer. Sie werden nicht enttäuscht sein.

Rives-Blanques, Château Lang ★★★ Caryl und Jan Panman – sie Irin, er Holländer – erzeugen gemeinsam mit Sohn Jan-Ailbe weißen (und rosé) LIMOUX-Stillwein, darunter der ungewöhnliche sortenreine Mauzac Occitania, der Verschnitt Trilogie und der CHENIN BLANC Dédicace zum Einlagern. Außerdem BLANQUETTE de Limoux und CRÉMANT.

Roederer, Louis Champ ★★★★ Das einzigartige Champagnerhaus in Familienhand verfügt über beneidenswerten Weinbergbesitz und ist der größte biodynamisch bewirtschaftete Betrieb. Der BRUT Premier oJ wird im Kampf um mehr Frische jetzt durch den MV Collection 242 ersetzt. Außerdem gut zum Essen passender BLANC DE BLANCS (13), herrlicher Cristal Vinothèque Blanc und Rosé (95). Ferner Brut NATURE Philippe Starck (ausschließlich aus dem Cru Cumières: **09** 12 18' 20'). Eigentümer u.a. von DEUTZ und Ch. PICHON LALANDE. *Siehe auch* »Kalifornien« im Kapitel »Vereinigte Staaten«.

Rolland, Michel Bx – Ein Veteran unter den französischen önologischen Beratern und MERLOT-Spezialist (in BORDEAUX und weltweit). Eigentümer von Ch. FONTENIL in FRONSAC.

Rolly Gassmann El ★★★ Bewunderter Erzeuger, v.a. wegen seiner Weine aus der Lage Moenchreben. Das Angebot nimmt fast kein Ende: vorwiegend halbtrockene, volle, sinnliche Weine (für den einen oder anderen vielleicht zu süß). Der jetzt ausnahmslos biologisch-dynamische Anbau sorgt für mehr Finesse. Mineralisch-aromatisch ist der RIESLING, sehr voll der SILVANER (13 **16** 17' 18 19').

Romain Portier Lang ★★★ Der frühere Weinhändler erzeugt in der AOC TERRASSES DU LARZAC ausdrucksvolle, fein strukturierte Weine von einer Vielzahl von Rebsorten (biodynamischer Anbau).

Romanée, La Côte d'Or ★★★★ **09'** 10' 12' 15' 16' **17** 18' 19' 20 – Der kleinste GRAND CRU in VOSNE-ROMANÉE; MONOPOLE von Comte LIGER-BELAIR. Außerordentlich feine, duftende, intensive Weine, die gegenwärtig auf höchstem Niveau erzeugt werden und verständlicherweise sehr teuer sind.

Romanée-Conti Côte d'Or ★★★★ 90' 93' **96' 99'** 00 02' 05' 09' **10'** 12' 14' 15' 16' 17 18' 19' 20' – GRAND CRU in VOSNE-ROMANÉE, MONOPOLE von DRC. Die mit Abstand berühmteste Reblage Burgunds liefert eine in Flaschen gefüllte Legende – vorausgesetzt, man bringt die nötige Geduld auf (10–20 Jahre). Hüten Sie sich jedoch vor »Kennern«, die Ihnen Fälschungen ins Haus schleppen!

Romanée-St-Vivant Côte d'Or ★★★★ 90' 99' 02' **05' 09'** 10' **12'** 15' 16' **17** 18' 19' 20' – GRAND CRU in VOSNE-ROMANÉE, etwas tiefer gelegen als ROMANÉE-CONTI. Der Wein hat ein betörendes Bukett und ist eher zart, aber intensiv, etwas früher trinkreif als seine berühmten Nachbarn. Erzeuger: Wem ARNOUX-LACHAUX, DRC, LEROY und inzwischen auch CATHIARD und HUDELOT-NOËLLAT zu teuer sind, der halte sich an ARLOT, J.J. Confuron, Follin-Arbelet, LATOUR oder Poisot. Das nimmt sich nichts.

Romanin, Château Prov ★★★ Führende biodynamisch wirtschaftende Domaine in Les BAUX-DE-PROVENCE; allein schon der prachtvolle kathedralenartige Keller lohnt einen Besuch. Der *Grand vin* ist in roter wie in weißer Ausführung majestätisch. Ferner IGP Alpilles in allen drei Farben.

Roquemale, Dom de Lang – Gut in Grés de Montpellier (LANGUEDOC). Kühlende Meeresbrisen verleihen der ausgereiften Frucht Auftrieb und Eleganz. Sehr preiswert ist der Méli Mélo (IGP ALICANTE BOUSCHET), das rote Spit-

Frankreich

zengewächs Mâle eine tiefgründig-pfeffrige Freude (beide mit Ökozertifikat).

Roquette-sur-Mer, Château Lang ★★★★ Beeindruckendes Gut in La CLAPE mit Weinbergen und Garrigue-Landschaft direkt am Meer. Der weiße Arpège ist knackig, kräuterwürzig und unglaublich günstig. Der Clos de la Tour und der L'Absolu (beide MOURVÈDRE/SYRAH) werden in Eiche ausgebaut und sind hervorragend.

Rosacker El – GRAND CRU in Hunawihr mit Kalk-Mergel-Boden. Von hier kommt mit der langlebigste RIESLING des ELSASS (CLOS STE-HUNE).

Rosé d'Anjou Lo ★→★★ BV – Große AOP für lieblichen bis süßen Rosé (vorwiegend von Grolleau): beliebt und zunehmend gut bereitet. Empfehlenswert von: Ackerman, Mark Angeli (VIN DE FRANCE), Bougrier, Ch. de Brissac, Clau de Nell und Grandes Vignes.

Wein und Speisen – mal was Neues

Die Weine von BANYULS, MAURY, RIVESALTES sind prachtvoll und unterschätzt. Diese süßen, gespriteten VINS DOUX NATURELS in unendlicher Stilvielfalt passen nämlich hervorragend zu Speisen. Probieren Sie mal frischen weißen MUSCAT der AOC Rivesaltes zu Ziegenkäse oder Apfelkuchen. Andere Weiße wie GRENACHE BLANC, Grenache gris oder MACCABÉO munden zu Pastete oder Aprikosensorbet (natürlich nicht gleichzeitig). Ambré ist ein gereifter, oxidativer Stil. RANCIO ist noch (viel) älter, komplex und nussig und sehr lecker zu Hart- oder Blauschimmelkäse. Rote auf GRENACHE-Basis – fruchtiger, jugendlicher Grenat oder Banyuls Rimage, im Unterschied zum gereiften Tuilé – schmecken zu Schokolade einfach himmlisch. Am besten von: MAS AMIEL, Ch. de L'OU, Parcé Frères und den Domaines CAZES, Comelade, Gardiès, F. Jaubert und Madeloc.

Rosé de Loire Lo ★→★★ BV – Große, bereichsübergreifende AC für trockenen Rosé von den sechs Rebsorten Grolleau gris, Grolleau noir, CABERNET FRANC, CABERNET SAUVIGNON, GAMAY und PINOT NOIR. Erzeuger: v. a. Bablut, Beaujardin, Bois Brinçon, Branchereau, CADY, Fontaines, Passavant und Robert & Marcel.

Rosette SWF ★★ BV – Im Kerngebiet von BERGERAC wird jetzt in einer eigenen kleinen AOP der traditionelle halbtrockene weiße Aperitifwein wiederbelebt, der auch zu Foie gras oder Pilzgerichten mundet. Eichenausbau ist hier eine stilistische Verirrung – meiden. Probierenswert von CLOS Romain, den DOMAINES de la Cardinolle, de Coutancie, du Grand-Jaure und den CHÂTEAUX Combrillac, Monplaisir, de Peyrel, Puypezat-Rosette und Spingulèbre.

Rossignol-Trapet Côte d'Or ★★★ Ebenfalls biologisch-dynamisch arbeitende Cousins der Eigentümer von Dom. TRAPET, im Besitz etlicher GRAND-CRU-Lagen, v. a. CHAMBERTIN. Angefangen vom GEVREY VIEILLES VIGNES bietet das gesamte Sortiment ein gutes Preis-Leistungs-Verhältnis. Auch einige Lagen in BEAUNE (aus Rossignol-Besitz). Der Jahrgang 2020 ist wunderbar ausgefallen.

Rostaing, Domaine N-Rh ★★★ 01' 05' **09' 10' 12'** 13' 15' 16' 17' 18' 19' 20' – Sehr qualitätsbewusster Erzeuger an der CÔTE-RÔTIE mit fünf dicht gewirkten Weinen aus Spitzenlagen: Fein, reintönig, klar und unter dezentem Eicheneinsatz bereitet, sollten sie mind. 6 Jahre reifen und dekantiert werden. Im Einzelnen: verführerischer, komplexer, erstklassiger Côte Blonde (mit 5 % VIOGNIER), Côte Brune (von eisenhaltigem Boden) und La

Landonne (dunkle Früchte, 20–25 Jahre haltbar). Außerdem mineralisch-fester Condrieu sowie roter und weißer IGP COLLINES RHODANIENNES und roter und weißer Dom. Puech Noble (LANGUEDOC).

Rouget, Domaine Côte d'Or ★★★★ Die junge Generation hat das »Emmanuel« im Namen durch »Domaine« ersetzt. Sie möchte den Ruhm wieder aufleben lassen, der sich auf das Erbe von Henri Jayers Weinbergbesitz, allen voran CROS PARANTOUX, gründete. Eine späte Lese sorgte in den neueren Jahrgängen für supergewichtige Weine.

Roulot, Domaine Côte d'Or ★★★→★★★★ Die hervorragende DOMAINE in MEURSAULT wird geleitet von Jean-Marc Roulot, der auch als Schauspieler bekannt ist, und hat inzwischen Kultstatus erlangt. Kaufen Sie die Weine also besser nicht auf dem Sekundärmarkt. Roulots Motto: »Ich lese, wann ich will«. Großartig sind die PREMIER-CRU-Gewächse wie Charmes, Clos des Bouchères und Perrières, preiswerter diejenigen aus besten Villages-Lagen wie Les Luchets, Meix Chavaux und v. a. Clos du Haut Tesson.

Roumier, Georges Côte d'Or ★★★★ Das Musterweingut für BONNES-MARES und andere brillante Chambolle-Musigny-Weine (u. a. aus den PREMIERS CRUS Les Amoureuses und Les Cras), bereitet von Christophe Roumier. Langlebige, aber auch schon in der Jugend ansprechende Gewächse, die als »Kultweine« inzwischen sehr hoch gehandelt werden. Das beste Preis-Leistungs-Verhältnis bietet der Clos de la Bussière (MOREY-SAINT-DENIS).

Rousseau, Domaine Armand Côte d'Or ★★★★ Cyrielle setzt gemeinsam mit Vater Eric die Familientradition fort: Die unvergleichliche DOMAINE in GEVREY-CHAMBERTIN brilliert mit ausgewogenen, duftenden, raffinierten und langlebigen Weinen, angefangen von Village- bis hin zu GRAND-CRU-Gewächsen, plus dem legendären PREMIER CRU CLOS ST-JACQUES.

Roussette de Savoie Sav – Die regionale AOC, geografisch identisch mit der AOC SAVOIE, liefert sortenreinen ROUSSETTE-Weißwein, der sich mind. 5 Jahre hält. Erzeuger: v. a. Curtet, Dupasquier (★), Lupin, St-Germain (★★), Prieuré St-Christophe (★★★).

Roussillon Das oft mit dem LANGUEDOC in einen Topf geworfene und der AC Languedoc eingegliederte Anbaugebiet hat gleichwohl eine eigene Identität – ein spannender Bereich mit unterschiedlicher Bodenbeschaffenheit und Topografie und inspirierten Erzeugern. Es gibt viele alte Rebstöcke, Hauptsorte ist GRENACHE. Die größte Subappellation, CÔTES DU ROUSSILLON, liefert preiswerte würzige Rotweine. Ferner ursprünglicher manchmal umwerfender traditioneller VIN DOUX NATUREL (z. B. BANYULS, MAURY, RIVESALTES) sowie ernst zu nehmende rote und weiße Tischweine mit Alterungspotenzial. *Siehe auch* die AOPs COLLIOURE, CÔTES DU ROUSSILLON-VILLAGES, MAURY (Sec) und die IGP CÔTES CATALANES.

Ruchottes-Chambertin Côte d'Or ★★★★ **99' 02' 05' 09' 10' 12'** 15' 16 **17'** 18' 19' 20' – Kleiner GRAND-CRU-Nachbar von CHAMBERTIN; weniger körperreicher, dafür ätherischer, fein gewirkter, langlebiger roter Burgunder von großer Finesse. Spitzenerzeuger: MUGNERET-Gibourg, ROUMIER, ROUSSEAU, gefolgt von F. Esmonin, H. Magnien, Marchand-Grillot, Ch. de Marsannay und Pacalet plus, seit 2021, Lambrays.

Ruinart Champ ★★★★ Das bereits hohe Niveau der ältesten Champagnerfirma (gegründet 1729) steigt immer weiter. Die Weine sind reichhaltig und elegant: R de Ruinart BRUT oJ, Ruinart Rosé oJ, R de Ruinart Brut (**08**). Die Prestige-CUVÉE Dom Ruinart ist einer der beiden besten BLANC-DE-BLANCS-Jahrgangsweine der Champagne (z. B. **90'** in der Magnumflasche; **02 04' 07**). Auch der Dom Ruinart Rosé (**06**) ist etwas ganz Besonderes. Der Blanc de Blancs oJ ist sehr viel besser geworden. Der klassisch kühle Jahrgang **13'** weckt große Hoffnungen. Kellerchef Frédéric Panaiotis vollbringt wahre Wunder.

Frankreich

Rully Bg ★★ r **15' 17 18' 19'** 20'; w **17' 18 19' 20'** – Ort an der CÔTE CHALONNAISE für leichten, frischen, leckeren, preiswerten Weißwein. Bei den Roten steht nicht so sehr Struktur als viemehr die Frucht im Vordergrund. Die besten Lagen sind Grésigny, Pucelle und Rabourcé. Erzeuger: v. a. Briday, Champs l'Abbaye, Devevey, DROUHIN, Dureuil-Janthial, FAIVELEY, de la Folie, Jacqueson, Jaeger-Defaix, C. Jobart, O. Leflaive, de Villaine.

Sablet S-Rh ★★ **19' 20** – Aus dem bei GIGONDAS gelegenen Ort der CÔTES DU RHÔNE-VILLAGES kommen unkomplizierte, manchmal auch tiefgründigere Weine. Saubere, beerenfruchtige Rote auf GRENACHE-Basis aus (vorwiegend) sandigen Böden, v. a. von der Genossenschaft CAVE des Vignerons du Gravillas, Ch. Cohola (Ökoanbau), Ch. du Trignon sowie den DOMAINES de Boissan (öko, voll), Les Goubert (rot und weiß), Pasquiers (öko, voll) und Piaugier (rot und weiß). Auch gute, körperreiche Weißweine, als Aperitif wie auch zum Essen, v. a. von Boissan, SAINT GAYAN.

Saint-Amour Beauj ★★ **18' 19' 20'** – Nördlichster Cru im BEAUJOLAIS mit unterschiedlichen Böden und daher unterschiedlichen Weinen. Erzeuger: v. a. Cheveau, Dom. de Fa, Patissier, Pirolette, Revillon.

Saint-Aubin Côte d'Or ★★★ w **14' 15 17 18'** 19' 20' – Gute Quelle für lebhafte, erfrischende Weißweine. Abfüllungen aus dem PREMIER CRU St-Aubin sind oft preiswerter und besser als CHASSAGNE-MONTRACHET-Village-Weine. Außerdem nette Rote (meist BV). Beste Lagen: Chatenière, En Remilly, Murgers Dent de Chien. Beste Erzeuger: J.C. BACHELET, Joseph Colin, Marc COLIN, COLIN-MOREY, Lamy und Larue. Preiswertes findet man bei Prudhon.

Saint-Bris Bg ★ BV – Die einzige AC für SAUVIGNON BLANC in Burgund. Frische, lebhafte Weine von GOISOT und de Moor, die sich zum Einkellern eignen. Auch interessant: Bersan, Davenne, Felix, Simonnet-Febvre, Verret.

Saint-Chinian Lang ★→★★★ Ausgedehntes, hügeliges Gebiet bei Béziers mit Schiefer- (Nordwesten), Lehm- und Kalksteinböden (Südosten) und solidem Ruf; enthält die CRUS du Languedoc Berlou (vorwiegend CARIGNAN) und Roquebrun (vorwiegend SYRAH). Warme, würzige Rotweine auf Basis von Syrah, Carignan, GRENACHE und MOURVÈDRE. Die Weißen werden von GRENACHE BLANC, MARSANNE, ROUSSANNE und VERMENTINO bereitet. Erzeuger: die Genossenschaft in Roquebrun (gut), Dom. Borie la Vitarèle, Ch. Castigno, CLOS Bagatelle, Dom. la Dournie, Dom. Les Eminades, Dom. des Jougla, Dom. La LINQUIÈRE, Dom. La Madura, Mas Champart, Mas de Cynanques, Ch. Milhau Lacugue, Dom. Navarre, Dom. QUARTIRONI DE SARS, Dom. Rimbert und Ch. Viranel.

Saint Cosme, Château de S-Rh ★★★ **09' 10' 11' 12' 13' 14'** 15' 16' 17' 18' 19' 20 21 – Das biodynamisch bewirtschaftete Weingut unweit der Ortschaft Gigondas bietet hohe Qualität: Weine mit Flair, Schwung und Eichennote. Darunter die aus einzelnen Parzellen stammenden Roten Le Poste und Valbelle (beide GIGONDAS) sowie Les Deux Albion (CÔTES DU RHÔNE). Seit 2018 gehört auch Château de Rouanne (VINSOBRES) dazu. Außerdem Weinhandel mit guter Auswahl von der nördlichen Rhône, v. a. CÔTE RÔTIE und CONDRIEU.

Sainte-Anne, Domaine S-Rh ★★ Das Gut in St-Gervais mit altem Rebbestand und hohen Qualitätsstandards erzeugt stramme Rote, u. a. Rouvières (vorwiegend MOURVÈDRE) und Mourillons (auf SYRAH-Basis), die 15 Jahre alt werden können. Ferner guter VIOGNIER (VIN DE FRANCE) von 1977 angepflanzten Reben – subtiler als allgemein üblich.

Sainte-Croix-du-Mont Bx ★★ **15 16 18 19** 20 – AC für süße Weißweine (*liquoreux*), deren Böden aus versteinerten Austern bestehen. Die besten Exemplare sind voll, cremig und langlebig. Spitzen-CHÂTEAUX: Les Arroucats, La Caussade, Crabitan-Bellevue, Loubens, du Mont und La Rame.

Sainte Eulalie, Château Lang ★★★ Verlässlich gute MINERVOIS-Domaine in einem hübschen Tal oberhalb von La LIVINIÈRE mit Weinen, die nicht angeberisch sind, sondern eine leichte Hand verraten. Sehr gut ist das Spitzengewächs La Cantilène, preiswert der Printemps d'Eulalie.

Saint-Émilion Bx ★★→★★★★ 05' 09' 10' **15' 16 18** 19' 20' – Großer Bereich von BORDEAUX auf dem rechten Ufer, ab 2023 mit vorgeschriebenem zertifiziert umweltfreundlichem Anbau. Hauptrebsorte ist MERLOT, gefolgt von CABERNET FRANC. Umfasst die AOCs St-Émilion und einen großen Teil von St-Émilion GRAND CRU; St-Émilion PREMIER GRAND CRU CLASSÉ ist den Spitzengewächsen vorbehalten. Warmer, voller, runder Stil; aufgrund unterschiedlicher Terroirs, Bereitungsmethoden und Verschnittrezepte ist die Bandbreite allerdings groß – die besten Weine sind fest und sehr langlebig. Spitzen-CHÂTEAUX: ANGÉLUS, AUSONE, CANON, CHEVAL BLANC, FIGEAC und PAVIE.

Saint-Estèphe H-Méd ★★→★★★★ 00' 05' 09' **10' 15** 16' 18 19' 20 – Nördlichste kommunale AC im MÉDOC mit unterschiedlichen Terroirs (Kies, Kalkstein). Solide, strukturierte, auf Langlebigkeit ausgelegte Weine. Fünf Crus classés: CALON-SÉGUR, COS D'ESTOURNEL, COS LABORY LAFON-ROCHET und MONTROSE. Die besten Châteaux ohne Klassifizierung: Le BOSCQ, CAPBERN, LE CROCK, HAUT-MARBUZET, LILIAN LADOUYS, MEYNEY, ORMES DE PEZ, de PEZ, PHÉLAN SÉGUR.

Sainte-Victoire Prov ★★ Der Unterbereich der CÔTES DE PROVENCE an den Kalksteinhängen der Montagne Ste-Victoire spendet die in heißen Jahren so dringend benötigte Frische. Erzeuger: v. a. Domaines Gassier, Richeaume (IGP-Weine) St Pancrace und de St-Ser sowie Mathilde CHAPOUTIER und Mas de Cadenet.

Saint-Gall, De Champ – Markenname der Union Champagne, der von Spitzenwinzern gebildeten Genossenschaft in AVIZE. CHAMPAGNER: BRUT oJ, Extra Brut oJ, Brut BLANC DE BLANCS oJ, Brut Rosé oJ, Brut Blanc de Blancs (08), CUVÉE Orpale Blanc de Blancs (zum Einlagern: 09 **13'**). Außerdem feiner und preiswerter Pierre Vaudon oJ auf Pinot-Basis. Erzeugt auch erstklassige Grundweine für einige der großen Champagnerhäuser.

Saint Gayan, Domaine S-Rh ★★★ 01' **05'** 06' **07' 10' 15'** 16' 17 18' 19' – Verlässlicher Spitzenerzeuger langlebiger, nur dezent eichenwürziger Weine in GIGONDAS; ein Schnäppchen ist der Origine (80 % GRENACHE). Außerdem sehr guter, voller roter RASTEAU Ilex und bezaubernder weißer SABLET L'Oratory.

Mehr als die Hälfte der auf Korsika erzeugten Weine sind rosa. Kein politisches Statement.

Saint-Georges Saint-Émilion Bx ★★ 15 16 18 **19** 20 – Der kleinste Satellit von ST-ÉMILION mit stämmigen, gut strukturierten Weinen. Spitzen-CHÂTEAUX: Calon, Cap St-Georges, Macquin St-Georges, St-André Corbin, St-Georges, Tour du Pas St-Georges sowie Clos Albertus.

Saint-Joseph N-Rh ★★→★★★ 09' 10' 12' 15' 16' 17' **18'** 19' **20'** – Rund 65 km lange AC entlang des Westufers der nördlichen Rhône mit teils höheren Lagen und vorwiegend Granitböden. Rotweine von SYRAH. Aus den ältesten und besten Lagen bei Tournon kommen stilvolle Gewächse mit Noten roter Früchte, weiter nördlich bei Chavanay sind die Weine dunkler, pfeffriger, und es wird mehr neue Eiche verwendet. Vollständigere, interessantere Weine als CROZES-HERMITAGE, v. a. von CHAPOUTIER (Les Granits), J.-L. Chave, Gonon (Spitzenklasse), Gripa und GUIGAL (Vignes de l'Hospice). Daneben: Alexandrins, Amphores (biodynamisch), S. Blanchon, Boissonnet, J. Cécillon, Chèze, Courbis (modern), Coursodon (rassig, modern), Cuilleron, E. Darnaud, Delas, J. & E. Durand, Faury, Ferraton, Gaillard, P. Marthouret, Monier-Perréol (biodynamisch) A. PERRET (Grisières), Vallet, P.-J. Villa, F. Villard, Vins de Vienne. Gute, zum Essen passende Weiße (hauptsächlich Marsanne), v. a. von Barge, Chapoutier (Les Granits), Cuilleron, Curtat, Faury, Gonon, Gouye, Gripa, GUIGAL, A. Perret, J. Pilon und Vallet.

Saint-Julien H-Méd ★★★→★★★★ **00 05' 09' 10' 15** 16' 18 19' 20 – Kommunale AC im mittleren MÉDOC von superbeständiger Qualität – Inbegriff des harmonischen, duftenden und nuancenreichen Rotweins. Elf CHÂTEAUX, die in die Klassifizierung von 1855 aufgenommen wurden, besitzen das Gros der Rebfläche, darunter die drei LÉOVILLE-Châteaux sowie BEYCHEVELLE, DUCRU-BEAUCAILLOU, GRUAUD LAROSE, LAGRANGE, LANGOA BARTON und TALBOT.

Saint-Mont SWF ★★ r **16 17 18 19** 20 – AOP im Herzen der Gascogne. Die Weine ähneln MADIRAN, sind aber oft weicher und weniger intensiv. André DUBOSC und seine PRODUCTEURS PLAIMONT sind nicht nur für die Einführung der AOP verantwortlich, sondern auch für einen Großteil der Erzeugnisse – probieren Sie den Château de Sabazan (★★★). Der Weißwein ist trocken und dem PACHERENC DU VIC-BILH ähnlich, aber weniger intensiv und unglaublich günstig.

Saint-Nicolas-de-Bourgueil Lo ★→★★★ **17' 18' 19' 20'** 21 – Westlich an BOURGUEIL angrenzende AC mit ähnlichen Böden (Sand, Kies, Kalk) und, wenn überhaupt, etwas leichteren Weinen (CABERNET FRANC). Erzeuger: v. a. Xavier Amirault, Yannick Amirault, David, Delanoue, Jamet, Frédéric Mabileau (jetzt Sohn Rémy), Laurent Mabileau, Mabileau-Rezé, Ménard, Mortier, Taluau-Foltzenlogel, Vallée.

Saint-Péray N-Rh ★★ **19' 20' 21'** – Eleganter weißer Rhône-Wein (MARSANNE plus ROUSSANNE) von Weinbergen auf Granit- sowie einigen Kalksteinhügeln gegenüber von Valence; jede Menge Neuanpflanzungen. Einst berühmt für Schaumwein nach der *méthode champenoise*, der auch heute noch das Probieren lohnt (R. Nodin, J.-L. Thiers, A. Voge, die Genossenschaft in TAIN). Der weiße Stillwein sollte fein abgestimmt sein und eine Feuersteinnote aufweisen. Spitzenerzeuger: CHAPOUTIER, Clape (reintönig), Colombo (stilvoll), Cuilleron, E. & J. Durand, L. Fayolle, Gripa (am besten, v. a. der auf ROUSSANNE basierende Figuiers), J. Michel, R. Nodin, J.-L. Thiers, du Tunnel (sehr elegant), Vins de Vienne, Voge (Eiche) sowie die Genossenschaft in Tain.

Eine Flasche Perrier-Jouët des Jahrgangs 1874 wurde 2021 für 42.875 britische Pfund (rund 50.000 Euro) verkauft. Sehen Sie mal in Ihrem Keller nach.

Saint-Pourçain Lo, ZF ★→★★ **19' 20' 21** – AOC für gute, erfrischende Rot- und Roséweine von GAMAY und PINOT NOIR (sortenreiner Pinot noir ist nicht zugelassen) sowie Weißweine von der Lokalsorte Tressalier und/oder CHARDONNAY bzw. SAUVIGNON BLANC. Erzeuger: v. a. Dom. de Bellevue, Bérioles (komplex, langlebig), Clos de Breuilly, Grosbot-Barbara, Nebout, Pétillat, Ray, Les Terres d'Ocre, Terres de Roa und die Genossenschaft VIGNERONS de St-Pourçain (mit der Marke La Ficelle).

Saint-Romain Côte d'Or ★★ w **15 17' 18' 19'** 20' – Knackig-frische Weißweine aus einem Nebental der CÔTE DE BEAUNE, für burgundische Verhältnisse äußerst preiswert. Die besten Lagen heißen Combe Bazin, Sous le Château und Sous la Roche. Die Spezialisten sind H. & J. Buisson (überragend), Dom. de Chassorney und Alain Gras, aber auch die meisten Négociants führen gute Exemplare. Ferner etwas Rotwein in frischem Stil. Man sollte die AOC im Auge behalten.

Saint-Véran Bg ★★ **17 18’** 19 20’ – AC im Süden des Mâconnais, nördlich und südlich von POUILLY-FUISSÉ. Die besten Lagen hat die Gemeinde Davayé. Erzeuger: v. a. Ch. de Beauregard, Chagnoleau, Corsin, Deux Roches, Litaud und Merlin; Preiswertes findet man bei DUBŒUF, Poncetys und der Genossenschaft Terres Secrètes.

Salon Champ ★★★★ Der ursprüngliche BLANC DE BLANCS aus Le MESNIL an der Côte des Blancs. Winzige Produktion. Die langlebigen, ungeheuer kostspieligen Weine genießen ein Ehrfurcht gebietendes Renommee, fallen in Wirklichkeit aber ungleichmäßig aus. In neuerer Zeit sind sie jedoch auf der Höhe (**83’ 90** 97’), nur 1999 enttäuscht. Salon ist ebenso wie DELAMOTTE im Besitz von LAURENT-PERRIER. Nach dem überstürzten Weggang des neuen *chef de cave* muss man die künftige Entwicklung abwarten.

Sancerre Lo ★→★★★★ 18 19’ 20’ 21 – Der Maßstab für SAUVIGNON BLANC; auch der PINOT NOIR kann sehr gut sein. Das Spektrum reicht vom jugendlich-zitrusfruchtigen Alltagswein bis zu komplexen Gewächsen zum Einlagern. Die Spitzenerzeuger arbeiten äußerst gewissenhaft, so etwa Boulay, Bourgeois, Cotat, François Crochet, Lucien Crochet, Vincent Delaporte, Dezat, Fleuriet, Fouassier, Jolivet, Thomas Laballe, Alphonse Mellot, Joseph Mellot, Pierre Martin, Natter, Neveu, Pinard, Paul Prieur, Pascal et Nicolas Reverdy, Raimbault, Claude Riffault, Roblin, D. Roger, Jean-Max Roger, Thomas, Vacheron, Vatan, Vattan.

Sang des Cailloux, Le S-Rh ★★★ 10’ 12’ **13’ 15’** 16’ 17’ 18’ 19’ – Der beste Erzeuger in VACQUEYRAS bewirtschaftet seine großteils mit GRENACHE bestockten Reblagen mitten in der Garrigue biodynamisch. Der Name des klassischen Roten wechselt im Dreijahresrhythmus: Azalaïs (2013), Floureto (2019), Doucinello (2020). Das rote Spitzengewächs Lopy altert sehr schön. Ferner strammer Un Sang Blanc (weiß).

Santenay Côte d’Or ★★→★★★ **09’** 12 **15’** 16 17 18’ 19’ 20’ – Das Südende der CÔTE DE BEAUNE mit feinen Rotweinen. Die besten Lagen sind CLOS Rousseau, Clos de Tavannes und Les Gravières (rot und weiß). Lokale Erzeuger: v. a. Bachey-Legros, Chevrot, Justin Girardin, Ch. Philippe le Hardi, Jessiaume, MOREAU, Muzard, Vincent; ferner: Giroud, JADOT (jetzt inkl. Dom. Prieur-Brunet), LAMY. Außerdem einige gute Weiße, z. B. von Dom. Charmes.

Sarrat de Goundy Lang ★★→★★★ Die rote, weiße und rosé CUVÉE du Planteur (La CLAPE) des innovativen Olivier Calix ist in allen drei Farben ein Schnäppchen. Die rote CUVÉE Sans Titre duftet nach NIELLUCCIO, der sortenreine BOURBOULENC (weiß) zeigt florale und mineralische Noten.

Saumur Lo ★→★★★★ 17 18’ 19’ 20’ 21 – Große AOP für leichte bis langlebige Weißweine und oft unkomplizierte Rote (falls sie nicht dem Bereich SAUMUR-CHAMPIGNY entstammen) sowie Rosé von CABERNET FRANC und CABERNET SAUVIGNON, außerdem Zentrum der Loire-Schaumweinproduktion. Saumur Le-Puy-Notre-Dame heißt die AOP für Rotweine auf Cabernet-franc-Basis, Coteaux de Saumur jene für spät gelesenen CHENIN BLANC. Beste Erzeuger: BOUVET-LADUBAY, Domaine du Ch. de Brézé, Clos Mélaric, Clos Rougeard, Ditterie, Antoine Foucault, Guiberteau, Arnaud Lambert, Nerleux, Paleine, Ch. Parnay, Robert et Marcel (Genossenschaft), Rocheville, Ch. de Targé, Ch. de Villeneuve und Ch. Yvonne.

Saumur-Champigny Lo ★★→★★★★ 17’ 18’ 19’ **20’** 21 – Neun Gemeinden umfassende AC für teils erstklassige CABERNET-FRANC-Rotweine: Sie sind in der Regel komplexer als SAUMUR-Abfüllungen, gute Jahrgänge halten sich mind. 15–20 Jahre. Beste Erzeuger: Bonnelière (preiswert), Bruno Dubois, Champs-Fleuris, Clos Cristal (jetzt eine Genossenschaft), CLOS ROUGEARD, de la Cune, Ditterie, Filliatreau, Hureau, Arnaud Lambert, Nerleux, Petit St-Vincent, Robert et Marcel (Genossenschaft), Roches Neuves, de Rocheville, St-Vincent, Seigneurie, Antoine Sanzay, Ch. de Targé, Val Brun, Ch. de Villeneuve und Ch. Yvonne.

Saussignac SWF ★★ 16' 17 18' 19 (20) – Sub-AOP von BERGERAC, westlich an MONBAZILLAC grenzend, mit ähnlichen, vielleicht einen Tick säurereicheren Weinen. Beste Erzeuger: die DOMAINES Lestevénie, La Maurigne, Les Miaudoux und de Richard (alle ★★★) sowie die CHÂTEAUX Le Chabrier, Le Payral und Le Tap (alle ★★).

Sauternes Bx ★★→★★★★ 09' 11' 13 14 **15' 16'** 18 19 20 – In dieser AC werden aus edelfaulen Trauben Frankreichs beste *liquoreux*-Weine bereitet: üppig, goldfarben, langlebig. Wegen Frostschäden war 2021 der Ertrag sehr gering. Zu den 1855 klassifizierten CHÂTEAUX zählen GUIRAUD, Lafaurie-Peyraguey, RIEUSSEC, SIGALAS RABAUD, SUDUIRAUT, La TOUR BLANCHE und natürlich d'YQUEM. Nicht klassifiziert, aber dennoch hervorragend sind die Châteaux de Fargues und Raymond-Lafon. Günstigere Preise bieten Ch. HAUT-BERGERON und Ch. LAVILLE.

Sauzet, Etienne Côte d'Or ★★★ Führender Erzeuger in PULIGNY-MONTRACHET mit großartigen PREMIERS CRUS (am besten sind Champ Canet und Les Combettes) sowie den GRANDS CRUS Montrachet und BÂTARD-MONTRACHET. Konzentrierte, lebhafte, jetzt auch wieder langlebige Weine aus zertifiziert biologisch-dynamischem Anbau.

Savennières Lo ★★→★★★★ 16 18' 19' 20' (21) – AC in ANJOU mit langlebigen, von markanter Säure geprägten trockenen Weißen (CHENIN BLANC) sowie ein paar halbtrockenen Versionen. Frost ist hier ein häufiges Übel: 2017 war der Ertrag gleich null, 2021 sehr gering. Erzeuger: v. a. Baudouin, Baumard, Belargus, Bergerie, Boudignon, Closel, Ch. d'Epiré, Dom. FL, Laureau, Mahé, Mathieu-Tijou, Morgat, Ogereau, Ch. PIERRE-BISE und Ch. Soucherie.

Savennières Roche-aux-Moines Lo ★★→★★★★ 18' 19 20' (21) – SAVENNIÈRES-Cru mit strikteren Vorschriften: Erstklassiger hiesiger CHENIN BLANC ist in der Regel eine Stufe höher angesiedelt als einfacher Savennières. Die besten Erzeuger sind Dom. des Forges, Dom. FL, Laureau, Dom. aux Moines, Ch. PIERRE-BISE.

Savigny-lès-Beaune Côte d'Or ★★★ 05' 09' 10' 15' **18' 19'** 20' – Bedeutender Nachbarort von BEAUNE mit ähnlich mittelschweren Weinen, deren aromatische Art allerdings manchmal ins Rustikale abgleitet. Beste Lagen: Dominode, Les Guettes, Lavières, Vergelesses. Erzeuger im Ort: Bize, Camus-Bruchon, Chandon de Briailles, Chenu, Girard, Guillemot (weiß), A. Guyon, Pavelot, Rapet und Tollot-Beaut. Außergewöhnliche CUVÉES haben CLAIR, DROUHIN, J.-P. Guyon und LEROY im Angebot.

Savoyen (Savoie) ★★→★★★ Die AOC in den französischen Alpen (zwei Drittel Weißwein) umfasst drei Sub-AOCs und 20 Crus, darunter APREMONT, ARBIN, Ayze, Chautagne CHIGNIN, Crépy und Jongieux. Regionale ACs sind CRÉMANT de Savoie, Roussette de Savoie (Altesse) und SEYSSEL. Zugelassen sind 25 Rebsorten; die Rotweine werden vorwiegend von GAMAY, MONDEUSE, Persan und PINOT NOIR bereitet, die Weißen von Altesse, CHARDONNAY, CHASSELAS, Gringet, Jacquère und ROUSSANNE. Halten Sie sich an die Ökostars unter den Erzeugern: Baraterie (★), A. Berlioz (★★), Chevillard, Côtes Rousses, St-Germain oder an die verlässlichen alten Hasen: E. Carrel, P. Grisard (★), Perrier, Viallet.

Schlossberg El – GRAND CRU in Kientzheim, berühmt seit dem 15. Jahrhundert. Glorioser, unwiderstehlicher RIESLING von WEINBACH (**10**) und neuerdings von TRIMBACH. Der Jahrgang 2015 lieferte großartigen Riesling.

Schlumberger, Domaines El ★★→★★★★ Riesiger, erstklassiger Betrieb im südlichen ELSASS, dem etwa 1% aller elsässischen Weinberge gehören, u. a. Parzellen in den GRANDS CRUS Kitterlé und Saering (exzellenter RIES-

LING: **08** 17' 18). Unangefochten an der Spitze stehen jedoch die GEWÜRZTRAMINER, v. a. der VENDANGES Tardives Cuvée Christine (unvergesslich: **76'**) und der mirakulöse Sélection de grains nobles Cuvée Anne (ein Meisterwerk: **89'**).

Schoenenbourg El – Der GRAND CRU in Riquewihr war schon immer berühmt (Voltaire besaß hier Rebparzellen) und liefert sehr feine Weine, z. B. VENDAGE tardive und SÉLECTION DE GRAINS NOBLES von DOPFF AU MOULIN. Auch HUGELS RIESLING Schoelhammer stammt von hier.

Schoffit, Domaine El ★★★★ Der außergewöhnliche Winzer Bernard Schoffit in Colmar erzeugt üppig-vollmundige trockene und süße Weißweine. Einen Kontrast bilden der RIESLING GRAND CRU RANGEN Clos St-Théobald (**10' 17' 18'** 20') von Vulkanböden und der Riesling Grand cru Sonnenberg (**13 15 16** 17') von Granitböden. Der CHASSELAS VIEILLES VIGNES ist der beste Chasselas des Elsass. Ferner exzellente VENDANGES tardives und SÉLECTIONS DE GRAINS NOBLES von GEWÜRZTRAMINER und PINOT GRIS.

Sec Wörtlich »trocken«; so bezeichneter CHAMPAGNER ist allerdings eher lieblich (geeignet für Sektfrühstück und Hochzeiten).

Séguret S-Rh ★★ 19' **20** – Malerischer Weinbauort bei GIGONDAS mit Lagen in der warmen Ebene und auf kühlen Hügeln, zählt zu den besten drei CÔTES-DU-RHÔNE-VILLAGES. Pfeffrige, recht tiefe Rotweine, vorwiegend von GRENACHE, sowie angenehm fruchtige Weißweine. Erzeuger: v. a. Ch. La Courançonne (gute Weiße), DOMAINES Amandine, de l'Amauve (fein; gute Weiße), de Cabasse (stilvoll), Crève Cœur (biodynamisch), J. David (öko), Fontaine des Fées (öko), Garancière, Maison Plantevin (öko), Malmont (fein), Mourchon (Tiefe), Pourra (intensiv, braucht Zeit) und Soleil Romain.

Sélection de grains nobles El – Von HUGEL geprägter Ausdruck für das elsässische Gegenstück zur deutschen Beerenauslese; wird immer strengeren Bestimmungen unterworfen. Die Weine werden heute großteils aus edelfaulen Trauben bereitet, obwohl die betreffenden Vorschriften auch schlicht an der Luft eingetrocknete Trauben zulassen.

Selosse, Anselme Champ ★★★★ Ein führender Erzeuger, für viele eine Ikone. Selosse baut seine Weine in weinigem, oxidativem Stil unter Vergärung in Eiche aus; Sohn Guillaume sorgt für Finesse. Der Version Originale ist nach 7 Jahren auf der Hefe immer noch lebhaft. Spitzengewächs ist wohl der Mesnil Les Carelles: salzig, komplex, ein schäumender Verwandter des MEURSAULT Perrières (klassisch kühl: **16'** 19; ein – allerdings vielversprechendes – Baby: 02).

Die Eisenbahn hat die Weine des Südwestens aus dem Würgegriff der Bordeaux-Händler befreit – neue Wege zum Markt.

Sérafin Père et Fils Côte d'Or ★★★ Die neue Chefin Frédérique führt die Philosophie ihres Onkels Christian Sérafin fort: tiefdunkle Farbe, intensive Aromen und neue Eiche – Sérafin-Weine brauchen Zeit zur Entfaltung, z. B. Les Cazetiers, Charmes-Chambertin und GEVREY-CHAMBERTIN VIEILLES VIGNES. Halten Sie daher nach älteren Jahrgängen Ausschau.

Sérol, Domaine Lo ★★★ Der führende biodynamisch bewirtschaftete Familienbetrieb an der CÔTE ROANNAISE bietet sortenreinen GAMAY: eine Reihe sehr guter, charaktervoller Einzellagengewächse mit Alterungspotenzial. Außerdem gut gemachter CHEIN BLANC und VIOGNIER. Les Blondins (rot) entspringt der langjährigen Partnerschaft mit Michel Troisgros.

Seyssel Sav – Die kleine regionale AOC liefert leichte weiße Still- und Schaumweine von den Rebsorten Altesse und Molette (Schaumwein auch von

Frankreich

CHASSELAS). Empfehlenswert: Lambert de Seyssel (v. a. Royal Seyssel; ★) und Mollex.

Sichel & Co. Bx – Nobles, familiengeführtes BORDEAUX-Handelshaus, gegründet 1883 (eine Spitzenmarke ist Sirius), bei dem nun die siebte Generation die Leitung innehat. Beteiligungen an den CHÂTEAUX d'ANGLUDET, Argadens, Daviaud und PALMER.

Simone, Château Prov ★★★ Geschichtsträchtiges Weingut südlich von Aix-en-Provence, auf dem Winston Churchill einst die Montagne Ste-Victoire malte. Seit fast 200 Jahren im Besitz der Familie Rougier; praktisch ein Synonym für die AC PALETTE. Die Nordlagen auf Kalkstein mit Lehm und Kies verleihen den Weinen Frische. Die langlebigen Weißen aufzuspüren lohnt sich; außerdem charaktervoller Rosé und elegante Rotweine (GRENACHE, MOURVÈDRE). Teilweise seltene Rebsorten wie Castets und Manosquin (beide rot).

Sipp, Louis El ★★→★★★ Großer Négociant für junge Weine, aber auch Winzer mit Besitz in zwei GRAND-CRU-Lagen. Feiner RIESLING GRAND CRU Kirchberg (**13 16**), üppiger Grand cru Osterberg GEWÜRZTRAMINER VENDANGE tardive (**09 15 16** 18 19).

Sipp-Mack El ★★→★★★ Großes Angebot an lebhaften, unkomplizierten, trockenen Weinen mit mineralischer Note, die allerdings nicht zu den konzentriertesten zählen. Am besten sind der RIESLING GRAND CRU ROSACKER und der ausladende PINOT GRIS.

Sorg, Bruno El ★★★ Kleiner Betrieb in Eguisheim mit den GRANDS CRUS Florimont und Pfersigberg; Ersterer liefert RIESLING (**13 14** 16'; großartig: 17'), Letzterer MUSCAT (18'). Tadellose umweltfreundliche Weinbergbewirtschaftung.

Sorrel, Marc N-Rh ★★★ Der kleine, qualitätsbewusste HERMITAGE-Erzeuger glänzt mit alten Reben nebst felsenfester Beständigkeit und hat auch CROZES-HERMITAGE-Abfüllungen im Angebot. Der Stil ist traditionell, mit Tiefe und Charakter. Spitzengewächse sind der rote Hermitage Le Gréal (große Tiefe, zum Einkellern) und der weiße Les Rocoules (ab 10 Jahren fabelhaft).

Souffrène, La Prov ★★★ Diverse VIN-DE-FRANCE- und IGP-Var-Abfüllungen; am besten sind die BANDOL-Rotweine, v. a. das Spitzengewächs Les Lauves.

Sur lie »Auf der Hefe«. MUSCADET wird meist direkt vom Fass abgefüllt, um Schwung, Körper und Charakter zu bewahren.

Tâche, La Côte d'Or ★★★★ **90' 93' 96' 99' 02' 03** 05' 09' **10'** 12' 15' 16' **17** 18' 19' 20' – GRAND CRU in VOSNE-ROMANÉE, MONOPOLE von DRC. Der Wein ist in der Jugend verschlossen und auch tanninherber als seine Gefährten, entwickelt im Alter aber betörende Düfte (Rosenblüten, Walderdbeeren) und ist einfach glorios.

Taille aux Loups, Domaine de la Lo ★★★→★★★★ **17 18'** 19' 20 – Spitzenwinzer Jacky BLOT wird von Ehefrau Joëlle und Sohn Jean-Philippe unterstützt. Exzellenter MONTLOUIS-SUR-LOIRE und VIN DE FRANCE (VOUVRAY), großteils knochentrocken ausgebaut und schön ausgewogen, besonders gut von den Einzellagen CLOS Mosny, Clos Michet (beide Montlouis) und Clos de Venise (Vouvray). Außerdem Perlwein (*pétillant*) Triple Zéro Montlouis (weiß und rosé) sowie sehr gute BOURGUEIL-Gewächse von DOMAINE de la Butte. Rote wie Weiße entfalten sich großartig; umwerfend ist der weiße 2019er.

Tain, Cave de N-Rh ★★→★★★ Spitzengenossenschaft der nördlichen Rhône: viele Weinberge mit älterem Rebbestand, darunter ein Viertel der Gesamtrebfläche von HERMITAGE. Solider bis sehr guter roter Hermitage, v. a. Gambert de Loche (am besten), opulenter weißer Hermitage Au Cœur des Siècles mit gutem Preis-Leistungs-Verhältnis. Guter ST-JOSEPH (rot und weiß) und ST-PÉRAY sowie interessante Ökoreihe namens Bio (St-Joseph), sonst eher moderne Mainstream-Weine. Des Weiteren erlesener, unverfälschter VIN DE PAILLE (MARSANNE).

Taittinger Champ ★★★★ Familiengeführtes Haus in Reims mit erlesen eleganten CHAMPAGNERN. BRUT oJ, Rosé oJ, Brut und Collection Brut Millésime (**89 95'**) sind mit ihrer unnachahmlich federleichten Art der Inbegriff des klassischen Aperitifstils. Ferner Comtes de Champagne (Luxus pur: **95'**; klassisch erhaben: **08'**); ob der heikle Jahrgang 2011 wirklich eine Comtes-Ausgabe wert war, ist umstritten. Der Comtes de Champagne Rosé brilliert (**12'**). Der neue Kellermeister ist bestrebt, die großen Fußstapfen Loïc Duponts auszufüllen. Ein neues Schaumweinprojekt ist die Domaine Evremond in der englischen Grafschaft Kent. *Siehe auch* Dom. Carneros im Kapitel »Vereinigte Staaten«, Abschnitt »Kalifornien«.

Tavel S-Rh ★★ großteils BV – Der traditionsreiche Rosé auf GRENACHE-Basis (plus Textur gebende Weißweinsorten) sollte leuchtend rot, voll und kräuterwürzig sein, passend zur aromatischen Mittelmeerküche, und sich 3–4 Jahre halten. Wird heute oft im leichteren Provence-Stil ausgebaut und als Aperitif getrunken – ein Jammer. Spitzenerzeuger: Dom. de l'Anglore (ungeschwefelte Weine), Ch. Aquéria, Dom. des Carabiniers (biodynamisch), Dom. Corne-Loup, Ch. la Genestière (öko), GUIGAL, Lafond Roc-Epine (öko), Maby, Ch. de Manissy (öko), Dom. de la Mordorée (Topadresse, öko), Moulin-La-Viguerie (charaktervoll), Prieuré de Montézargues (fein, öko), Rocalière (fein, öko), Ségriès, Tardieu-Laurent, Trinquevedel (fein, öko), VIDAL-FLEURY.

Tempier, Domaine Prov ★★★★ Der bekannteste Erzeuger der AC BANDOL, für deren Wiederbelebung Lucien und Lulu Peyraud in den 1930er-Jahren sorgten – und in puncto Eleganz, Konzentration und Langlebigkeit ist Dom. Templier noch immer spitze. In den Einzellagenweinen Cabassaou und La Tourtine findet MOURVÈDRE ihren schönsten Ausdruck. Außerdem fescher Rosé.

Terrasses du Larzac Lang ★★★ Das großartige Terroir der hoch gelegenen AOC mit Kalksteinboden und kühlen Nächten erbringt frische stilvolle Rote. Das Gebiet zieht innovative Winzer an, die ihre kleinen Parzellen zu mehr als 50% ökologisch und biodynamisch bewirtschaften. Erzeuger: v. a. Jonquières, Dom. de Malavielle, Mas Cal Demoura, Mas Combaréla, Mas Conscience, MAS DE L'ECRITURE, MAS JULLIEN, Montcalmès, La PEIRA und Pas de l'Escalette. Empfehlenswert in der Nachbar-AOC LANGUEDOC Saint-Saturnin: Archimbaud und Virgile Joly.

Terre des Dames Lang ★★★→★★★★ Ein niederländisches Mutter-Töchter-Gespann erzeugt unweit von ST-CHINIAN verblüffend reine, fokussierte Weine. Preiswert ist das AOP-LANGUEDOC-Trio La Dame (rot, weiß, rosé), echte Klasse besitzt der IGP d'Oc La Diva (rot, weiß).

Thénard, Domaine Bg ★★→★★★★ Traditionsreicher Erzeuger mit großem Besitz an Le MONTRACHET, der Wein wird jedoch großteils an Négociants verkauft. Halten Sie sich also an die sehr guten Roten aus GIVRY, wo die Domaine beheimatet ist.

Thévenet, Jean Bg ★★★ Erstklassiger Erzeuger von gehaltvollem, teilweise edelfaulem CHARDONNAY im Mâconnais, z. B. CUVÉE Levroutée von der Domaine de la Bongran. Die Dom. de Roally und Emilian Gillet gehören ebenfalls zum Besitz.

Thézac-Perricard SWF ★★ 16 18' 19 – CAHORS benachbarter IGP-Bereich mit Rotweinen von MALBEC und MERLOT, die etwas leichter sind als die Cahors-Gewächse. Einziger unabhängiger Betrieb ist Sandrine Annibals

Frankreich

Domaine de Lancement (★★), die rührige Genossenschaft ist fast ebenso gut.

Thiénot, Alain Champ – Die relativ junge Champagnerfirma wird jetzt von Stanislas und Garance Thiénot geleitet. Stetig steigende Qualität, faire Preisgestaltung. Weine: BRUT oJ (★★★), Rosé Brut oJ; CUVÉE Stanislas (**02 04 06 08' 09 12'** 13 15), fülliger Vigne aux Gamins BLANC DE BLANCS (Einzellagen-Avize **02 04 06**), Cuvée Garance CHARDONNAY (strahlend: **07**; klassisch: 08, braucht noch Zeit). Auch Eigentümer von CANARD-DUCHÊNE in der Champagne sowie von Joseph PERRIER und Ch. Ricaud in LOUPIAC.

Thivin, Château Beauj ★★→★★★ Seit acht Generationen erzeugt Familie Geoffray großartige Côte-de-Brouilly-Weine; in den Einzellagenabfüllungen spiegeln sich die Bodenarten wider. Ebenfalls zugreifen sollte man beim Verschnitt Sept Vignes.

Tissot Jura – Tonangebende Winzerfamilie in der AC ARBOIS. Jacques Tissot (★) setzt mehr auf Quantität, Jean-Louis Tissot (★★) auf moderate Preise. Stéphane Tissot (★★★), der auch die Dom. André et Mireille Tissot führt, erzeugt erstklassigen Einzellagen-CHARDONNAY und VIN JAUNE aus biodynamischem Anbau, außerdem tiefgründige Rote und klassischen CRÉMANT du Jura namens Indigène.

Die rote Persan-Traube Savoyens ist zurück: Aus den 3 ha in den 90er-Jahren sind jetzt mehr als 20 ha geworden.

Tollot-Beaut Côte d'Or ★★★ Verlässlicher Erzeuger mit 20 ha Weinbergbesitz in BEAUNE, (u. a. BEAUNE-Grèves und CLOS du Roi), CORTON (Bressandes), SAVIGNY-LÈS-BEAUNE (allen voran der MONOPOLE-PREMIER-CRU Champ Gevrey) und in seinem Heimatort CHOREY-LÈS-BEAUNE (v. a. Pièce du Chapitre). Die Frucht-und-Eiche-Kombi der Weine ist einfach zum Verlieben. Außerdem guter CORTON-CHARLEMAGNE.

Touraine Lo ★→★★★ 19' 20' 21 – Riesige Region mit einer Vielzahl von AOPS (z. B. BOURGUEIL, CHINON, VOUVRAY) sowie der umfassenden AC Touraines fruchtige bis mittelschwere und langlebige Rote (CABERNET FRANC, CÔT, GAMAY, PINOT NOIR), Weiße (SAUVIGNON BLANC), Rosés und Schaumweine. Die Touraine-Village-AOPs heißen AMBOISE, Azay-le-Rideau, Chenonceaux, Mesland, Noble-Joué (Rosé) und Oisly. Erzeuger: v. a. Aulée, Biet, Bois-Vaudons, Cellier de Beaujardin, Corbillières, Desroches-Manois, Joël Delaunay, Echardières, Fontenay, Garrelière, Gosseaume, Grosbois, Lacour, Mandard, Marionnet, Morantin, Presle, Prieuré, Ricard, Roche, Roussely, Rousseau, Sauvète, Tue-Bœuf und Villebois. Der Jahrgang 2021 bedeutete die Rückkehr zu einem frischeren Stil.

Touraine-Amboise Lo ★→★★★ 19' 20' 21 – François 1er ist ein beliebter Verschnitt (GAMAY/CÔT/CABERNET FRANC) der TOURAINE-Village-AOC, die besten Weine werden aber von Côt (MALBEC) und CHENIN BLANC bereitet; im Idealfall sind sie reif und fein texturiert. Erzeuger: v. a. Bessons, Closerie de Chanteloup, T. Frissant, X. Frissant, Gabillière, La Grange Tiphaine, Mesliard, Montdomaine, Plou. Amboise strebt für Chenin-blanc- und Côt-Lagen Cru-Status an.

Trapet Père et Fils, Domaine Côte d'Or ★★★ Alteingesessene DOMAINE in GEVREY-CHAMBERTIN mit sinnlichen Gewächsen aus biologisch-dynamischem Anbau, deren Spektrum vom Hingucker COTEAUX BOURGUIGNONS bis zum CHAMBERTIN GRAND CRU reicht; außerdem Weißweine von »angeheiratetem« Besitz im ELSASS. Die junge Generation legt die Messlatte höher. *Siehe auch* Dom. ROSSIGNOL-TRAPET (Cousins).

Trévallon, Domaine de Prov ★★★ Das von dem 2021 verstorbenen Eloi Dürrbach geschaffene berühmte Gut in Les BAUX-DE-PROVENCE wird nun von

Tochter Ostiane geleitet. Da die Weine keinen GRENACHE-Anteil enthalten, müssen sie als IGP Alpilles etikettiert werden. Nichtsdestotrotz ist der ausgezeichnete Ruf gerechtfertigt, nicht zuletzt wegen der vorbildlichen Weinbergarbeit. Der rote CABERNET SAUVIGNON/SYRAH-Verschnitt ist intensiv und langlebig. Außerdem im Barrique ausgebauter MARSANNE/ROUSSANNE mit einem Spritzer CHARDONNAY und jetzt auch GRENACHE BLANC. Sagenhaft.

Trimbach, F. E. El ★★★★ Absolut unvergleichlich ist der RIESLING CLOS STE-HUNE (immer noch großartig: 71' 75' 89'; klassisch: **13 17' 18**), beinahe ebenso gut (und deutlich günstiger) der Frédéric Emile (**10 12 13 14** 16 17') – trockene, elegante Weine für die gehobene Cuisine. Zudem unterschätzter, frischer PINOT GRIS und bombiger SILVANER aus dem Lieu-dit Trottacker.

Trinités, Domaine des Lang ★★★ Simon Coulshaws Le Portail ist ein ausgewogenes, komplexes FAUGÈRES-Gewächs, während der sortenreine Cinsault L'Etranger »nur« als VIN DE FRANCE firmiert, ebenso wie der kesse Coulsh Rôtie (SYRAH/VIOGNIER).

Tursan SWF ★★ Meist BV – AOP in den LANDES. Die Weine, die Starkoch Michel Guérard (★★★) in seinem kapellenartigen Keller auf CHÂTEAU de Bachen erzeugt, sind anmutig, aber keine traditionellen Tursan-Gewächse, wie die Domaine de Perchade (★★) sie erzeugt. Schöne trockene Weiße aus den beiden MANSENG-Sorten plus der seltenen Baroque bietet die Dom. de Cazalet (★★). Die an sich achtbare Genossenschaft kann da nicht mithalten.

Vazart-Coquart Champ – Familienbetrieb, gegründet 1954 und auf CHARDONNAY spezialisiert. Fantastischer Jahrgang 2014 (★★★★) des Special Club: ein Medley aus gelben Früchten und salzigem Fisch.

Vacqueyras S-Rh ★★ 09' 10' **15' 16'** 17' **18** 19' 20 – Nachbar-AOP von GIGONDAS mit sehr warmen, flachen Reblagen (trotzdem 2021 üble Frostschäden) und strammen, würzigen Weinen auf GRENACHE-Basis, die gut zu Wild und anderen Gerichten mit ausgeprägter Aromatik passen. Halten sich 10 und mehr Jahre. Empfehlenswert: JABOULET, CHÂTEAUX de Montmirail, des Tours (sehr fein), Clos de Caveau (Ökoanbau, charaktervolle Weine), Clos des Cazaux (sehr preiswert) sowie die DOMAINES Amouriers (öko), Archimbaud-Vache, Charbonnière, Couroulu (voll, sehr gut), Famille Perrin, Font de Papier (Ökoanbau), Fourmone, Garrigue, Grapillon d'Or, Monardière (öko, sehr gut), Montirius (biologisch-dynamisch), Montvac (öko), Roucas Toumba (öko, charaktervoll), SANG DES CAILLOUX (öko, sehr gut v. a. Cuvée de Lopy), Semelles de Vent, Verde. Außerdem beachtliche Weiße, v. a. Clos des Cazaux, Ch. des Roques, Sang des Cailloux.

Val de Loire Lo meist BV – Einer der vier regionalen IGP-Bereiche Frankreichs; hieß früher Jardin de la France.

Valençay Lo ★→★★ 20' 21' – Kleine AOP in der östlichen TOURAINE mit angenehmen Verschnitten von SAUVIGNON BLANC und CHARDONNAY (weiß) bzw. CÔT, GAMAY und PINOT NOIR (rot). Erzeuger: v. a. Bardon, Delorme, Jourdain, Lafond, Preys, Sinson, Vaillant, VIGNERONS de Valençay.

Valréas S-Rh ★★ 19' 20' (21) – Der Ort der CÔTES DU RHÔNE-VILLAGES im windigen Norden (d. h. spät reifende Frucht) der Trüffelregion Vaucluse wird immer besser; es gibt eine große Genossenschaft. Würzige, mitunter alkoholstarke, rotfruchtige Rotweine (hauptsächlich GRENACHE) und Weiße von zunehmender Qualität. Empfehlenswert: CLOS Bellane einschl. Dom. du Val des Rois (Ökoanbau), Ch. la Décelle, Dom. Gramenon (biologisch-dynamisch), Dom. des Grands Devers, Dom. de la Prévosse (öko), Mas de Sainte Croix und Dom. du Séminaire.

Vaugelas, Château Lang ★★→★★★ Das von Benediktinermönchen geschaffene Gut ist heute im Besitz der Familie Bonfils. Weine: u. a. würzig-warmer, klassischer CORBIÈRES, preiswerter roter Le Prieuré und die ambitionierte, kraftvolle CUVÉE »V«.

Vendange Lese. *Vendange tardive* bedeutet »Spätlese«; im Elsass das Pendant zur deutschen Auslese, in der Regel allerdings mit höherem Alkoholgehalt.

Venoge, Champagne de Champ ★★★ Das altehrwürdige Champagnerhaus hat an Präzision und Eleganz gewonnen, seit es im Besitz von Lanson-BCC ist. Gute Nischenweine: Cordon Bleu Extra BRUT, Jahrgangs-BLANC-DE-BLANCS (**00 04 06** 08 **12** 13 14 16 17), exzellenter Jahrgangs-Rosé (**09**), CUVÉE 20 Ans und die Prestige-CUVÉE Louis XV, ein 10 Jahre alter BLANC DE NOIRS.

Das Elsass in Kürze: der beste Gewürztraminer der Welt, trocken und süß, sowie unterschätzter Silvaner, ebenfalls trocken und süß.

Ventoux S-Rh ★★ 19 20 (21) – Ausgedehnte AOC mit Reblagen rings um den Mont Ventoux zwischen Rhône und PROVENCE. Einige führende Erzeuger bieten Rotweine zu einem sehr moderaten Preis – immer eine gute Wahl. Fruchtige, herbe Rotweine (GRENACHE/SYRAH, vom Hauswein bis zu volleren, pfeffrigen Versionen; Qualität steigend), Rosés und gute Weiße (zunehmend in Eiche ausgebaut). Am besten von: CLOS des Patris (öko), Ferme St-Pierre (öko; weiß, rosé), Gonnet, St-Marc, Terra Ventoux, Ch. Unang (öko; gute Weiße), Ch. Valcombe, La Vieille Ferme (rot, z. T. VIN DE FRANCE), Les VIGNERONS du Mont-Ventoux, Vignobles Brunier sowie DOMAINES Allois (öko), Anges, Berane, Brusset, Cascavel, Champ-Long, Croix des Pins (gute Weiße), Fondrèche (öko), Grand Jacquet, Paul JABOULET, Martinelle (öko, stilvoll), Murmurium, Olivier B (öko), Pesquié, Pigeade, St-Jean du Barroux (öko, charaktervoll), Terres de Solence, du Tix, Verrière, Vieux Lazaret und VIDAL-FLEURY, Vignobles Brunier sowie die Genossenschaft Bédoin.

Vernay, Domaine Georges N-Rh ★★★★ 18' 19' 20' 21' – Einer der Spitzenerzeuger in CONDRIEU; drei ausgewogene, stilvolle, reintönige Weine: Les Terrasses de l'Empire ist ein Aperitif de luxe, Chaillées de l'Enfer überaus voll, und Coteau de Vernon in zauberisch erlesenem Stil hält sich mind. 20 Jahre. Die zurückhaltenden CÔTE-RÔTIE- und ST-JOSEPH-Rotweine setzen auf klare Frucht. Ferner sehr guter IGP COLLINES RHODANNIES (rot und weiß).

Veuve Clicquot Champ ★★★★ Das historische Champagnerhaus ist sowohl traditionsbedacht als auch kreativ. Immer besser wird der Carte Jaune oJ mit einem Hauch Eiche (5 %), der DEMI-SEC oJ ist der beste seiner Art. Die CUVÉE Extra Brut Extra Old wird seit dem Jahrgang 2021 leider nicht mehr erzeugt – schuld ist die Pandemie. Ferner Champagner Réserve, dessen ★★★★-Jahrgang **2012'** – womöglich der beste für PINOT NOIR seit 1952 – wie ein märchenhaftes Wunder an vollkommener Reife und elegantem Säurespiel anmutet. Luxusweine: La Grande Dame (mit 92 % Pinot noir überaus anmutig: **12**) und La Grande Dame Rosé (jetzt trinkreif und köstlich: 06). Ältere Grande-Dame-Jahrgänge halten sich mühelos (**04**) und fallen mal fest (**71**), mal sogar glorios (89) aus; 2002 wurde kein Grande Dame erzeugt. Kellermeister ist seit 2020 Didier Mariotti.

Veuve Devaux Champ ★★★ Der Spitzen-CHAMPAGNER der mächtigen Genossenschaft Union Auboise in Bar-sur-Seine. Hervorragend sind die gereifte Grande Réserve oJ, der Rosé Œil de Perdrix und die Prestige-CUVÉE »D« (**08**) sowie der Jahrgangs-BRUT (in Topform: **12 15'** 17 18' 19).

Vézelay Bg ★→★★ Hübscher Ort (mit Abtei) im Nordwesten Burgunds und seit 2017 AOP für leckere Weiße von CHARDONNAY, die man 1–2 Jahre einkellern sollte. Ebenfalls probierenswert sind die Weine von der wiederauferstandenen Sorte MELON (COTEAUX BOURGUIGNONS) und die leichten PINOT-NOIR-Gewächse (einfache AC BOURGOGNE). Am besten von: Dom. de la Cadette, La Croix Montjoie, Les Faverelles, Elise Villiers.

Vidal-Fleury, J. N-Rh ★★→★★★ Im Besitz von GUIGAL befindliches Rhône-Handelshaus und Erzeuger von CÔTE-RÔTIE-Weinen. Erstklassiger, vollendeter La Chatillonne (Côte Blonde, 12 % VIOGNIER, Eichennote, mindestens 7 Jahre einkellern). Aus dem umfangreichen, qualitativ ordentlichen Angebot: guter CAIRANNE, CHÂTEAUNEUF-DU PAPE (rot), CÔTES DU RHÔNE (rot, rosé), MUSCAT de BEAUMES-DE-VENISE, ST-JOSEPH (rot, weiß) TAVEL und VENTOUX.

Vieille Ferme, La S-Rh ★→★★ Preiswerte Marke von Famille Perrin (Ch. de BEAUCASTEL), jetzt zu einem beträchtlichen Teil als VIN DE FRANCE etikettiert bzw. (nicht in allen Ländern) als VENTOUX (rot) sowie LUBERON (weiß, rosé). Seit einigen Jahren wieder in Form, auch der Rote und der Rosé.

Vieilles Vignes »Alte Reben«. Sie vermögen einem Wein besondere Tiefe und Komplexität zu verleihen, z. B. de VOGÜÉ MUSIGNY. Allerdings ist das genaue Alter nicht festgelegt, deshalb kann die Bezeichnung auch ein Marketingschwindel sein.

Vieux Télégraphe, Domaine du S-Rh ★★★ **01' 05' 07' 09'** 10' **12' 14' 15'** 16' 17' 18' 19' 20' 21 – Große DOMAINE erster Güte mit Lagen auf klassisch steinigen Böden auf der Hochebene. Erzeuger von rotem CHÂTEAUNEUF-DU-PAPE, der Zeit zur Entfaltung braucht, allen voran La Crau (knackig, supervoll) und seit 2011 Pied Long et Pignan (sandig, ungemein reintönig, elegant; kein 2018er). Außerdem die körperreichen, prachtvollen Garrigue-Weißweine La Crau (sehr gut: 15 16 18 19 20) und CLOS La Roquète (edel, toll zum Essen). Besitzt zusammen mit der US-Importfirma Kermit Lynch die Dom. Les Pallières in GIGONDAS, die feine, komplexe, langsam sich entfaltende Weine erzeugt.

Vignelaure, Château de Prov ★★★ Spitzenerzeuger für Rotwein der AC COTEAUX D'AIX-EN-PROVENCE. Höhere Lagen (300 m) verleihen CABERNET SAUVIGNON und SYRAH Tiefe und Frische; die Weine halten sich 10 Jahre. Ferner guter Rosé und faszinierende ROUSSANNE-, Rolle- und SÉMILLON-Abfüllungen.

Vigneron Winzer.

Vigne/Vignoble Rebstock; Weinberg.

Vignoble du Rêveur El ★★★ Für ihre gemeinsame Unternehmung (seit 2013) nutzen Mathieu DEISS und Emanuelle Milan die Rebstöcke seiner Familie mütterlicherseits in Bennwihr, die biodynamisch bewirtschaftet werden. Die Weine des ungewöhnlich talentierten Duos sind trocken, reintönig und gute Essensbegleiter – also keineswegs buchstäblich umwerfend wie so viele Naturweine. Hervorragend sind der Singulier und der Pierre Sauvages (**17' 18**).

Vigouroux, Georges SWF – Der Spitzenerzeuger in CAHORS spielte bei der Wiederbelebung der gleichnamigen AOC eine entscheidende Rolle. Zu den Gütern zählen Ch. de Haute Serre und Ch. de Mercuès. Die Generationen haben gewechselt, die Weine scheinen nach einer etwas langweiligen Phase besser zu werden.

Villeneuve, Château de Lo ★★★→★★★★ **16' 17'** 18' **19'** 20' 21 – Das Spitzengut mit Fokus auf Ausgewogenheit und Finesse erzeugt langlebige rote und weiße SAUMUR-Blanc- (CHENIN BLANC, v. a. Les Cormiers) und SAUMUR-CHAMPIGNY-Weine (v. a. Grand Clos und Vieilles Vignes) aus ökologischem Anbau. Tochter Cécile unterstützt jetzt die Eltern.

Vin de France Ersetzt im Prinzip die Kategorie VIN DE TABLE, gestattet aber die Angabe von Rebsorte(n) und Jahrgang. Oft handelt es sich um Verschnitte aus mehreren Bereichen unter einem Markennamen. Kann ein Quell unerwarteter Genüsse sein, wenn ein talentierter Weinmacher diese Kategorie zur Umgehung bürokratischer Zwänge nutzt; ein Beispiel sind die VIOGNIER-Abfüllungen von Mark Angeli und Yves CUILLERON. Auch im Süden der IGP ARDÈCHE und im ANJOU gibt es immer mehr Vins de France.

Vin de paille Wein aus Trauben, die vor dem Pressen mehrere Monate lang getrocknet werden (ursprünglich auf Strohmatten, daher der Name »Strohwein«), folglich sehr süß; v. a. im Jura zu finden. *Siehe auch* CHAVE.

Vin de pays (VdP) *Siehe* IGP.

Vin doux naturel (VDN) Rouss – Süßer, mit Weingeist gespriteter Wein; die Süße ist also »natürlich«, nicht aber der Alkoholgehalt. Eine Spezialität des ROUSSILLON; basiert dort auf GRENACHE noir, gris, blanc. Spitzenweine, v. a. ältere RANCIOS, können ein Menü mit einem erlesenen Schlusspunkt krönen. Gute MUSCAT-Weine kommen aus BEAUMES DE VENISE, Frontignan, Lunel, RIVESALTES, ROUSSILLON, St-Jean de MINERVOIS.

Vin gris »Grauer Wein«; er ist blassrötlich und wird aus roten Trauben bereitet, die vor dem Einsetzen der Gärung gepresst werden – anders als beim Rosé, der nach kurzer Gärung abgepresst wird. Oder er wird von nicht ganz so hellen weißen Sorten wie z. B. PINOT GRIS bereitet. Œil de Perdrix ist ungefähr dasselbe. In Kalifornien sagt man »*blush*« dazu.

Vin jaune Jura ★★→★★★★ Spezialität des Jura: Der unnachahmliche (gar nicht so) »gelbe« SAVAGNIN-Wein reift mindestens 6 Jahre im Fass, wobei sich Flor entwickelt – ähnlich wie Sherry, aber ohne zugesetzten Alkohol. Er hält sich Jahrzehnte. Die besten Versionen liefert die AOC CHÂTEAU-CHALON. Wird in spezielle 62-cl-Flaschen namens Clavelin abgefüllt. Bei Stéphane TISSOT liegt der Fokus auf Einzellagenabfüllungen, bei Bourdy auf alten Jahrgängen. *Siehe auch* ARBOIS, CÔTES DU JURA und L'ETOILE.

Vinsobres S-Rh ★★ 16' 18' **19' 20** – Erwachende AOC mit beachtlichem SYRAH, unterschiedlichen Hanglagen sowie Rebflächen auf der Hochebene. Die besten Rotweine besitzen geschmeidige Tiefe, passen gut zu rotem Fleisch und halten sich 10 Jahre. Wachsende Zahl neuer Betriebe. Führende Erzeuger: CAVE la Vinsobraise, Clos Volabis (Ökoanbau), Ch. Rouanne sowie die Domaines Autrand, Bicarelle, Chaume-Arnaud (biodynamisch, sehr gut), Constant-Duquesnoy, Famille Perrin (erstklassig ist der Hauts de Julien, preiswert der Cornuds), Jaume (modern), Moulin (traditionell, gute Rote und Weiße), Péquélette (biodynamisch, charaktervoll), Serre Besson, du Tave und Vallot (biodynamisch).

Viré-Clessé Bg ★★ 14' 17' **18 19'** 20' – AC im Umkreis der zwei besten Weißweinorte des Mâconnais. Bekannt für einen ausgesprochen üppigen Stil, v. a. aus dem Bereich Quintaine, manchmal auch Spätleseweine. Spezialisierte Erzeuger: A. Bonhomme, Chaland, Gandines, Gondard-Perrin, Guillemot-Michel, J.-P. Michel, THÉVENET, Dom. de la Verpaille sowie alle guten Négociants des Mâconnais.

Visan S-Rh ★★ 16' 19' 20' (21) – Fortschrittliche Weinbaugemeinde der CÔTES DU RHÔNE-VILLAGES, jetzt unter den drei besten. Die Roten, meist von GRENACHE und häufig aus ökologischem Anbau, besitzen schöne Tiefe nebst klarer Frucht und pfeffriger Würze, manche auch etwas Schmelz. Außerdem ordentliche Weiße. Am besten sind die DOMAINES Bastide, Coste Chaude (Ökoanbau), Dieulefit (biodynamisch, geringer Schwefeleinsatz), Florane (biodynamisch), Fourmente (v. a. der Nature; biologisch-dynamisch), Guintrandy (öko, voll), Montmartel (öko), Philippe Plantevin, Roche-Audran (öko, stilvoll), VIGNOBLE Art Mas (öko).

Vogüé, Comte Georges de Côte d'Or ★★★★ Dem aristokratischen Weingut in CHAMBOLLE-MUSIGNY gehört der Löwenanteil an der Lage MUSIGNY. Aus dem Fass genossen ist der Wein großartig, doch braucht er viele Jahre Flaschenreife, um seine Glorie zu entfalten. Ferner einzigartiger weißer Musigny. Seit 2021 neuer Kellerchef – Entwicklungen im Auge behalten.

Volnay Côte d'Or ★★★→★★★★ **99' 05' 09' 10'** 15' 16 **17'** 18 19 20 – Quelle für erstklassige Rotweine von der CÔTE DE BEAUNE, außer wenn es hagelt oder zu heiß ist. Können strukturiert und sollten seidig sein, überraschen mit zunehmendem Alter. Beste Lagen: Caillerets, Champans, CLOS des Chênes, Santenots (mehr Lehm), Taillepieds sowie die MONOPOLES Clos de la Bousse d'Or, Clos de la Chapelle, Clos des Ducs und Clos du Ch. des Ducs. Spitzenerzeuger: d'ANGERVILLE, Lafarge, de Montille und Pousse d'Or. Außerdem sehr gut: Bitouzet-Prieur, H. BOILLOT, Bouley, Buffet, Clerget, Glantenay, HOSPICES DE BEAUNE, Lafon, Rossignol.

Winzer im Süden probieren es mit Solarpaneelen über den Reben: schattig, kühler und weniger frostgefährdet.

Vosne-Romanée Côte d'Or ★★★→★★★★ **90' 93' 96' 99' 02' 05' 09' 10' 12** 15' 16' **17** 18' 19' 20' – Der Ort mit den grandiosesten Crus von Burgund (z. B. ROMANÉE-CONTI, La TÂCHE) und herausragenden PREMIERS CRUS wie Beaumonts, Brulées, Malconsorts. Gewöhnlichen Wein gibt es in Vosne nicht (sollte es zumindest nicht geben), das einzige Problem ist der Preis … Spitzenerzeuger: ARNOUX-LACHAUX, Bizot, CATHIARD, Coquard Loison-Fleurot, DRC, EUGÉNIE, GRIVOT, GROS, Lamarche, LEROY, LIGER-BELAIR, MÉO-CAMUZET, MUGNERET, NOËLLAT, ROUGET. Sehr gern mag ich auch Clavelier, Forey, Guyon und Tardy.

Vougeot Côte d'Or ★★★ **99' 02' 05' 09' 10' 12'** 15' 16 **17** 18' 19' 20 – Vorwiegend GRAND-CRU- (u. a. CLOS DE VOUGEOT), aber auch Villages- und PREMIER-CRU-Weine (wie Cras oder Petits Vougeots) tragen diesen Namen, einschließlich des außergewöhnlichen weißen Clos Blanc de Vougeot (MONOPOLE der Dom. de la VOUGERAIE). Die besten Erzeuger sind Clerget, Fourrier, HUDELOT-Noëllat, LEROUX und Vougeraie.

Vougeraie, Domaine de la Côte d'Or ★★★→★★★★ In dieser DOMAINE sind sämtliche Weinberge der Firma BOISSET vereinigt. Feingliedrige, herrlich duftende Weine aus Ganztraubenvergärung; besonders bekannt sind die sinnlichen GRAND-CRU-Gewächse, v. a. BONNES-MARES, CHARMES-CHAMBERTIN oder MUSIGNY. Außerdem feine Weiße, darunter der einzigartige Clos Blanc de Vougeot, nebst vier Grands crus, u. a. der unnachahmliche CORTON-CHARLEMAGNE.

Vouvray Lo ★★→★★★★ tr **16 17 18' 19'** 20' 21; s **08 09' 10 11 15 16 18'** 20' – DEMI-SEC ist der klassische Stil in der CHENIN-BLANC-AOC, in guten Jahren jedoch kann *moelleux* bei ausgleichender Säure überaus voll ausfallen und ist dann fast ewig haltbar. Der Perlwein *(pétillant)* ist eine feine hiesige Spezialität. Beste Erzeuger: Aubuisières, Autran, Bonneau, Brunet, Carême, Champalou, Clos Baudoin (VIN DE FRANCE), Florent Cosme, Mathieu Cosme, Fontainerie, Foreau (vorbildlich), Ch. Gaudrelle, Huet (vorbildlich), Meslerie (Hahn), Perrault-Jadaud, Pinon, Rouvre, Dom. de la Taille aux Loups (Vin de France), Vigneau-Chevreau.

Zind-Humbrecht, Domaine El ★★★★ Weltweit einer der ganz Großen. Überirdisch sind die Gewächse aus den GRANDS CRUS Brand, HENGST, GOLDERT und RANGEN. Der Jahrgang **2018'** ist überragend, v. a. der PINOT GRIS. Nicht nur vergleichsweise günstig, sondern auch eine der zwei besten Muscat-Versionen des ELSASS ist der MUSCAT Grand cru Goldert (üppig: 18; klassischer: 19).

Die Châteaux von Bordeaux

Die dunklen Flächen bezeichnen die Weinbaugebiete

Die folgenden Abkürzungen werden im Text verwendet:

Bar	Barsac	Pau	Pauillac
Bx	Bordeaux	Pes-L	Pessac-Léognan
Cas	Castillon	Pom	Pomerol
Fron	Fronsac	Saut	Sauternes
H-Méd	Haut-Médoc	St-Ém	St-Émilion
Mar	Margaux	St-Est	St-Estèphe
Méd	Médoc	St-Jul	St-Julien

Lange Zeit beruhte das Renommee der Bordeaux-Weine auf ihrer Fähigkeit, alt zu werden. Komplexität und Nuancenreichtum entfalten sich nur allmählich, und die besten Gewächse des linken und rechten Gironde-Ufers können sich, lässt man sie in Würde ruhen, zu etwas ganz Besonderem entwickeln. Heutzutage jedoch sieht die Realität so aus, dass Rotweine immer jünger getrunken werden: aus Mangel an Kellerraum, aus Budget- und sogar Geschmacksgründen. Angesichts dieser neuen Norm sind die Weinmacher in Bordeaux nun gezwungen, Weine sowohl mit jugendlicher Anziehungskraft als auch mit genügend Standfestigkeit für ein langes Leben zu kreieren. Zu Ersterem trägt zweifellos die Klimaerwärmung bei, indem sie für gut ausgereifte Trauben und damit für Fruchtigkeit und Opulenz sorgt, während sie alles Grüne tilgt. Hinzu kommen das Know-how und das Arsenal der Erzeuger – präziseres Weinbergmanagement, Lese zum exakt passenden Zeitpunkt, sorgfältige Selektion der Beeren und Trauben, Temperaturkontrolle sowie Geräte, die einen schonenden Umgang mit dem Lesegut ermöglichen –, und so haben die aggressiven Tannine von anno dazumal nun eine geschmeidigere Art gewonnen. Entscheidend hierfür ist die Handhabung besagter Tannine: Sie sind unverzichtbar für Struktur und Alterungspotenzial, aber untragbar, wenn sie so hart und aggressiv auftreten wie früher. Die Jahrgänge seit 2015 zeigen ein anschwellendes Crescendo der Exaktheit von Textur und Mundgefühl, allerdings mag ein schwierigerer Jahrgang wie 2021 eine andere Einschätzung mit sich bringen.

Denn 2021 beendete den Reigen der »Sonnenjahre« (2017 bis 2020) mit Wetterverhältnissen wie in längst vergangenen Zeiten: Frost im April und Regen während der gesamten Wachstumsperiode, begleitet von Mehltaubefall, bedeuteten ein heikles Jahr, besonders für Merlot. Die Erträge sind gering, die Qualität durchwachsen (wenngleich nicht so schlecht wie 2013). Chaptalisierung bis zu 1,5 Volumenprozent war erlaubt, was heutzutage selten vorkommt. Ein Jahr also, in dem man wählerisch sein und besser nicht mit Langstreckenläufern rechnen sollte. Glücklicherweise ist jetzt aber eine ganze Reihe von Jahrgängen trinkreif. Die sinnlichen 2009er sind auf jedem Niveau verführerisch. Die 2008er haben zu sich selbst gefunden. Die 2010er öffnen sich gerade (ebenso wie der »klassische« Jahrgang 2014), obwohl die Grands crus noch Zeit brauchen. Unter den Jungspunden empfehlen sich die oft bezaubernden 2012er oder die unterbewerteten 2011er, die von der Flaschenreife profitiert haben. Unter den neueren Jahrgängen werden die weicheren 2017er wohl als Erste ins Glas fließen. Empfehlenswerte reife Jahrgänge sind 1996 (am besten Médoc), 1998 (vor allem rechtes Ufer), 2000 und 2001 (ebenfalls rechtes Ufer), 2004 und 2006. Auch einige der prachtvollen 2005er öffnen sich gerade, dennoch gilt: Geduld ist eine Tugend. Trockener weißer Bordeaux bleibt in puncto Qualität und Preisgestaltung verlässlich und schnitt 2021 trotz des Wetters gut ab. Man weiß ja, dass feiner weißer Graves oft ebenso gut altert wie weißer Burgunder – manchmal sogar besser. Sauternes schließlich bietet eine ganze Reihe bemerkenswerter Jahrgänge, zu denen voraussichtlich auch 2021 zählen wird, allerdings in sehr geringer Menge. Das Problem ist und bleibt die Qual der Wahl. Denn sogar mäßige Jahrgänge wie 2006, 2008 und 2014 haben Zugänglichkeit und den Beiklang größerer Frische zu bieten, während die großen Jahrgänge 2009, 2011, 2015 und 2016 dank ihrer Konzentration und ihres hedonistischen Zaubers unverwüstlich sind.

Verweise können sich auch auf das Kapitel »Frankreich« beziehen.

A, Domaine de l' Cas ★★ 14 15 **16 18** 19 20 – Das führende Weingut in CASTILLON – CÔTES DE BORDEAUX, im Besitz von Stéphane DERENCNCOURT und seiner Frau Christine: Qualität ist garantiert.

Agassac, d' H-Méd ★★ 14 15 **16' 18** 19 20' – CRU BOURGEOIS exceptionnel im südlichen HAUT-MÉDOC mit Weinen in modernem, zugänglichem Stil. Gehört seit 2021 zum selben Stall wie FOURCAS DUPRÉ.

Aiguilhe, d' Cas ★★ 12 14 15 **16 18** 19 20 – Das große Gut ist ebenso wie CANON LA GAFFELIÈRE und LA MONDOTTE im Besitz Stephan von Neippergs. Weine auf MERLOT-Basis mit Kraft und Finesse. Besucher sind willkommen.

Andron Blanquet St-Est ★★ 14 15 16' **18** 19 – Schwester-CHÂTEAU von COS LABORY. Teilweise gutes Preis-Leistungs-Verhältnis.

Angélus St-Ém ★★★★ 05 09 **10' 11 14** 15' 16' 17 18' 19' 20 21 – PREMIER GRAND CRU CLASSÉ (A) bis 2022, zieht sich danach aus der Klassifikation zurück. Pionier des modernen ST-ÉMILION-Stils: dunkel, voll, opulent; jede Menge CABERNET FRANC (mind. 40 %), seit 2019 mit mehr Finesse. Zweit-

Bordeaux

etikett: Carillon d'Angélus. Außerdem No 3 d'Angélus und neuer Hommage à Elisabeth Bouchet: CABERNET FRANC von alten Reben, nur in Spitzenjahren (16) erzeugt.

Angludet Mar ★★ **09' 10' 14 15' 16' 18'** 19 20 – Das Gut im Besitz des Bordeaux-Handelshauses SICHEL erzeugt duftende, stilvolle Weine von CABERNET SAUVIGNON, MERLOT und PETIT VERDOT (13 %). Oft gutes Preis-Leistungs-Verhältnis.

Archambeau, d' Graves ★★ r **15 16 18 19** 20; w **19 20** – Das Gut in Illats ist im Besitz der Familie Dubourdieu. Guter fruchtiger trockener Weißwein (60 % SAUVIGNON BLANC, 40 % SÉMILLON) und duftender MERLOT/CABERNET-Verschnitt (je 50 %). Außerdem Rosé.

Arche, d' Saut ★★ **09' 10' 11 14 15 16 17' 18** 20 – Auf dem Deuxième-cru-Gut wird permanent an Verbesserungen gearbeitet, wie z. B. das neue Kellerteam (seit 2020) zeigt. Bietet manchmal viel fürs Geld.

Beam mich runter, Scotty!

Zwölf Flaschen PETRUS des Jahrgangs 2000 haben 14 Monate im Orbit verbracht, auf der Internationalen Raumstation, und sind im Januar 2021 zur Erde zurückgekehrt. Sofort wurden Verkostungen veranstaltet, um herauszufinden, ob es irgendwelche Unterschiede gab zwischen dem kosmisch und dem irdisch gereiften Wein. Fazit: Gewisse Farbabweichungen, ja, was jedoch den Geschmack anging, so hing dieser eher von der Sensitivität des Verkosters ab. Das weitaus dollere Ding ist der Preis, den man bei der Auktion für den spacigen Wein zu erzielen hofft – der Schätzpreis liegt bei einer Million US-Dollar. Gleichwohl hat das alles seinen guten Grund, denn der Auktionserlös soll in weitere Experimente zur Unterstützung der Landwirtschaft vom Weltraum aus fließen.

Armailhac, d' Pau ★★★ **08 09' 10' 12 14 15' 16' 17** 18 19 20 21 – Großer 5. Cru im Besitz der Familie (MOUTON) ROTHSCHILD mit recht früh zugänglichen Weinen. In Bestform, die Preise sind fair.

Aurelius St-Ém ★★ **16 17 18** – Spitzen-CUVÉE der fortschrittlichen Genossenschaft ST-ÉMILION, jährlich 16.000 Flaschen. Konzentrierter Stil, neue Eiche, vorwiegend MERLOT.

Ausone St-Ém ★★★★ **00' 01' 03' 04 05' 06' 08 09' 10' 12 14** 15' 16' 17 18' 19' 20 21 – Sehr kleiner, aber legendärer Besitz der Familie Vauthier. War bis 2022 PREMIER GRAND CRU CLASSÉ (A) und kehrte dann dem Klassifikationssystem den Rücken. Die windgeschützten Reblagen sind nach Süden und Südosten ausgerichtet. Langlebige, voluminöse Weine mit reichlich CABERNET FRANC (50 % im Jahr 2020), Textur und Finesse, sehr teuer (nur rund 1.500 Kisten). Zweitetikett: Chapelle d'Ausone (500 Kisten). Schwester-Châteaux sind La Clotte, FONBEL, MOULIN-ST-GEORGES und Simard.

Balestard la Tonnelle St-Ém ★★ **10 14 15 16** 18 19 20 – Historisches Gut auf dem Kalksteinplateau mit neuer Kellerei (2021). Weine auf MERLOT-Basis in modernem Stil.

Barde-Haut St-Ém ★★→★★★ **08 09 10 14 15' 16** 18 19' 20 – GRAND CRU CLASSÉ mit (vorwiegend MERLOT-)Weinen in vollem, geschmeidigem, modernem Stil aus zertifiziert umweltfreundlichem Anbau.

Bastor-Lamontagne Saut ★★ **10 11 14 15 16 17 18** 19 21 – Das ökologisch zertifizierte große Gut in Preignac erzeugt früh trinkreife Weine, vorwiegend SÉMILLON. Zweitetikett: Les Remparts de Bastor. Außerdem trockener weißer B de Bastor-Lamontagne.

Batailley Pau ★★★ 05' 08 09' **10' 11** 12 **14 15** 16 17 18 19 20 – 5. Cru mit (vergleichsweise) günstigen Weinen auf CABERNET-SAUVIGNON-Basis. Zweitetikett: Lions de Batailley.

Beaumont H-Méd ★★ 09' 10' 14 15 **16 18** 19 20 – Großer CRU BOURGEOIS supérieur, Schwesterbetrieb von BEYCHEVELLE. Früh trinkreife, wunderbar zugängliche Weine.

Beauregard Pom ★★★ 05' 09' 10' 12 **14 15 16** 18 19' 20' 21 – Das sehr viel besser gewordene POMEROL-Gut wird seit 2014 kräftig aufgemöbelt und betreibt zertifiziert ökologischen Anbau. Zweitetikett: Benjamin de Beauregard. Ch. Pavillon Beauregard (LALANDE DE POMEROL) gehört ebenfalls dazu. Übernachtungsmöglichkeit.

Beau-Séjour Bécot St-Ém ★★★ 05 08 09' **10'** 12 **14 15 16** 17 18 19 20' 21 – Unverwechselbarer PREMIER GRAND CRU CLASSÉ (B) auf dem Plateau – das Kalksteinterroir klingt im Wein an – und alten, in den Fels gehauenen Kellern für die Flaschenreifung. Die Weine sind heutzutage von etwas leichterer Art, aber immer noch tendenziell langlebig.

Beauséjour Duffau St-Ém ★★★ 05' 08 09' **10'** 12 **14 15** 16 17 18' 19' 20' – Sehr kleiner PREMIER GRAND CRU CLASSÉ, seit 2021 im Besitz von Joséphine Duffau-Lagarrosse und der Familie Courtin (Kosmetikfirma Clarins). Sehr volle Weine zum Einlagern.

Beau-Site St-Est ★★ 09 10 15 **16 18** 19 20 – SAINT-ESTÈPHE-Cru im Besitz des Négociant BORIE-MANOUX mit Keller aus dem 18. Jh. Geschmeidige, frische, zugängliche Weine, günstig.

Bélair-Monange St-Ém ★★★ 05' 08 09' **10'** 11 12 **14** 15 16' 17 18 19 20 21 – PREMIER GRAND CRU CLASSÉ (B) mit Reblagen auf dem Kalksteinplateau und in den Côtes. In die Weinberge und den jeweils neuesten Stand der Kellertechnik wurde in den vergangenen 15 Jahren sehr viel Geld gesteckt. Die Weine sind jetzt intensiver, in feinerem Stil und präziser bereitet. Zweitetikett: Annonce de Belair-Monange.

Belgrave H-Méd ★★ 05' 09' 10' 14 **15** 16 18 19 20 21 – 5. Cru im Besitz von DOURTHE im nördlichen HAUT-MÉDOC. Weine in modern klassischem Stil von beständiger Qualität aus zertifiziert umweltfreundlichem Anbau. Zweitetikett: Diane de Belgrave.

Bellefont-Belcier St-Ém ★★ 08 09' 10' **14 15' 16** 17 18 19' 20 – Der GRAND CRU CLASSÉ in den südlichen Côtes im Besitz der Groupe Vignobles K ist seit 2017 qualitativ im Aufwind.

Belle-Vue H-Méd ★★ 09 10 14 **15' 16 17 18** 19 – CRU BOURGEOIS exceptionnel im südlichen HAUT-MÉDOC mit dunklen, dichten, aber festen Weinen; im Verschnitt sind 15–25 % PETIT VERDOT enthalten.

Berliquet St-Ém ★★ 08 09 10 14 **15'** 16' **17** 18 19' 20 21 – Der kleine GRAND CRU CLASSÉ auf dem Plateau und in den Côtes, im selben Besitz wie CANON und RAUZAN-SÉGLA, ist stark im Kommen.

Bernadotte H-Méd ★★ 10' 14 **15' 16' 17 18'** – CRU BOURGEOIS supérieur im Besitz des Hongkonger Unternehmens King Power; önologischer Berater ist Hubert de Boüard (ANGÉLUS). Weine in süffigem Stil, die besten werden 15 Jahre alt.

Beychevelle St-Jul ★★★ 05' 08 09' **10' 11** 12 **14 15'** 16' 17 18 19' 20 21 – Relativ großer 4. Cru im Besitz von Castel und Suntory. Die Weine sind durchweg eher elegant als kraftvoll (vorwiegend CABERNET SAUVIGNON, aber auch 40 % MERLOT). Zweitetikett: Amiral de Beychevelle.

Biston-Brillette Moulis ★★ 14 15 16' **18** 19 – CRU BOURGEOIS supérieur in Familienbesitz mit preiswerten, ansprechenden, früh trinkreifen Weinen (je zur Hälfte MERLOT und CABERNENT SAUVIGNON).

Bonalgue Pom ★★ 09 10 12 14 **15 16 18** 19 20 – Für POMEROL-Verhältnisse preiswerter Wein (überwiegend MERLOT) aus Sand-, Kies- und Tonböden.

Das Gut ist im Besitz des Négociant J.B. Audy. Schwesterbetriebe: Clos du Clocher und Ch. Les Hauts-Conseillants (LALANDE DE POMEROL).

Bonnet Bx ★★ r 16 18 **19** 20; w BV – Nach dem Tod André Lurtons leitet nun sein Sohn Jacques das Gut. Die Weine des Großproduzenten gehören mit zum Besten, was ENTRE-DEUX-MERS und roter BORDEAUX (eichengereifte Réserve) zu bieten haben. Couhins-Lurton, Cruzeau, La LOUVIÈRE und ROCHEMORIN (alle in PESSAC-LÉOGNAN) sind Stallgefährten.

Ein geschäftiger Platz

Die Place de Bordeaux, gewissermaßen die Börse der Bordelaiser Händler und Erzeuger, gründet ihren Ruf auf das Vermögen, große Mengen Bordeaux-Wein in der ganzen Welt zu vertreiben. Jetzt nutzen Erzeuger aus dem Ausland und aus dem übrigen Frankreich dieses Potenzial für ihre Zwecke. Unter den Weinen, die an der Place de Bordeaux verkauft werden, findet man heutzutage den Hommage à Jacques Perrin von BEAUCASTEL und den Clos des Goisses von PHILIPPONNAT ebenso wie den Rubicon von Inglenook (Kalifornien), den Masseto (Toskana), den Barolo von Michele Chiarlo, den Vin de Constance von Klein Constantia (Südafrika), den Yjar aus Rioja und, und, und. Der Handel liegt ihnen eben im Blut.

Bon Pasteur, Le Pom ★★★ 05' 09' 10' 11 12 14 **15' 16** 17 18 19 20 – Sehr kleines Weingut an der Grenze zu ST-ÉMILION mit 21 verschiedenen Parzellen. Die Weinbereitung obliegt Michel ROLLAND – eine Garantie für reife, opulente, verführerische Gewächse. Zweitetikett: L'Etoile de Bon Pasteur.

Boscq, Le St-Est ★★ 09' 10 12 14 **15' 16' 17** 18' 19' – Der CRU BOURGEOIS exceptionnel im Besitz von DOURTHE bietet stets ein hervorragendes Preis-Leistungs-Verhältnis.

Bourgneuf Pom ★★ 09 10 11 12 14 **15' 16' 17** 18 19' 20 21 – Das Gut hat im Lauf der Jahre stetig Fortschritte gemacht. Subtile, aromatische Weine, fantastisches Preis-Leistungs-Verhältnis.

Bouscaut Pes-L ★★★ r 09 10' 12 14 **15** 16' **17** 18 19 20; w 15 16 17 18 19 20 – Zertifiziert umweltfreundlich bewirtschaftetes Cru-classé-Gut in GRAVES. Strukturierte Rote auf MERLOT-Basis sowie süffige Weiße (SAUVIGNON BLANC/SÉMILLON) zum Einkellern.

Boyd-Cantenac Mar ★★★ 05' 09' **10'** 12 **14 15** 16 18 – Dezenter 3. Cru in Cantenac, seit 1932 im Besitz der Familie Guillemet, der auch Ch. POUGET gehört. Die Weine – auf CABERNET-SAUVIGNON-Grundlage – brauchen Zeit. Zweitetikett: Jacques Boyd.

Branaire-Ducru St-Jul ★★★ 05' 08 09' 10' **14 15** 16' **17** 18' 19 20 – Zertifiziert umweltfreundlich bewirtschafteter, verlässlicher 4. Cru mit potenziell langlebigen, oft preiswerten Weinen. Zweitetikett: Duluc.

Branas Grand Poujeaux Moulis ★★ 05' 09 10 12 **14 15'** 16' **17** 18 19' 20' – Kleines Nachbargut von CHASSE-SPLEEN und POUJEAUX, seit 2020 mit vergrößertem Weinbergbesitz nebst sonstigen Investitionen. Weine in vollem, modernem Stil; önologischer Berater ist Hubert de Boüard. Zweitetikett: Les Eclats de Branas.

Brane-Cantenac Mar ★★★→★★★★ 05' 08 09' 10' **11** 12 **14 15'** 16' 17 18 19' 20 – 2. Cru im Besitz von Henri Lurton mit klassischem, duftendem MARGAUX, der ausreichend Struktur für ein langes Leben besitzt. Zweitetikett: Baron de Brane, beständig gut und preiswert. Seit 2019 außerdem weißer Bordeaux.

Brillette Moulis ★★ 10 **14** 15 **16' 18** 19 – Angesehenes Gut im Besitz der Familie Flageul (seit 1975) mit Reblagen auf Kiesböden – solide und unterbewertet. Der Brin de Brillette ist vegan.

Cabanne, La Pom ★★ 00' 06 09' 10' **14 15 16'** 18 19 20 – Die Reblagen auf tiefem Lehmboden sind zu über 95 % mit MERLOT bestockt. Gutsegentümer ist Familie Estager. Der Wein ist in der Jugend sehr verschlossen, er braucht Flaschenreifung.

Caillou Saut ★★ 12 13 14 15' **16 18** – Der 2.-Cru-Familienbetrieb in BARSAC erzeugt reintönigen *liquoreux* (100 % SÉMILLON). Außerdem CUVÉE Reine und Cuvée Prestige.

Calon-Ségur St-Est ★★★★ 00' 05' 08 09' 10' 11 **12 14** 15' 16' 17 18' 19' 20 21 – Der 3. Cru ist im Höhenflug. Der CABERNET-SAUVIGNON-Anteil ist nun höher (78 % beim Jahrgang 2020); die Weine sind fest, aber fein und komplex. Zweitetikett: Le Marquis de Calon.

Cambon la Pelouse H-Méd ★★ 10' 12 14 15 **16'** 17 **18** 19 20 – Wuchtiger Wein von verlässlicher Qualität; der CRU BOURGEOIS exceptionnel ist im Besitz des australischen Weingiganten Treasury Wine Estates.

Camensac, de H-Méd ★★ 09 10' 11 14 **15** 16 18' 19 20 – Mit dem 5. Cru im nördlichen HAUT-MÉDOC im Besitz der Familie Merlaut geht es stetig aufwärts: Die jüngsten Jahrgänge sind eindeutig besser. Önologischer Berater ist Eric Boissenot. Zweitetikett: La Closerie de Camensac.

Canon St-Ém ★★★★ 05' 06 08' 09' **10'** 12 13 **14** 15' 16' 17 18' 19' 20 21 – Berühmter PREMIER GRAND CRU CLASSÉ (B) auf dem Kalksteinplateau, ebenso wie BERLIQUET und RAUZAN-SÉGLA im Besitz von Wertheimer. Jetzt in Hochform mit eleganten, komplexen, langlebigen Weinen. Zweitetikett: Croix Canon (er wird in einer eigenen Kellerei vinifiziert, einer einstigen Kapelle aus dem 12. Jahrhundert).

Canon la Gaffelière St-Ém ★★★ 05' 08 09' 10' 12 13 **14 15' 16** 17 18 19' 20 – PREMIER GRAND CRU CLASSÉ (B) am unteren Südhang; wie d'AIGUILHE, CLOS DE L'ORATOIRE und La MONDOTTE in Neipperg'schem Besitz. Hoher CABERNET-FRANC-Anteil (40 %) plus CABERNET SAUVIGNON (10 %). Stilvolle, beeindruckende Weine aus zertifiziert ökologischem Anbau.

Cantemerle H-Méd ★★★ 05' 08 09' 10' **14 15** 16 18 19' 20 – Der große 5. Cru, derzeit gut in Form, im südlichen HAUT-MÉDOC wird seit 2021 von Laure Canu gemanagt. Im Verlauf der vergangenen 40 Jahre wurde jede Menge renoviert und neu angepflanzt. Preiswerte Weine auf Grundlage von CABERNET SAUVIGNON.

Cantenac Brown Mar ★★★ 05' 08 09' **10'** 11 **14 15** 16' **17** 18 19' 20 – Der 3. Cru ist im Besitz der Familie Le Lous, die 2020 den Reblagenbestand vergrößerte. Die neue Ökokellerei, komplett aus Erde erbaut, soll 2023 in Betrieb gehen. 2022 werden als Kunstprojekt zum Thema Weinbergboden NFTs aus Drohnenaufnahmen erstellt. Halten Sie Ihre Kryptowährung bereit. Beim Wein pflegt man heute einen sinnlicheren, raffinierteren Stil. Zweitetikett: BriO de Cantenac Brown. Ferner trockener weißer Alto (vorwiegend SAUVIGNON BLANC).

Capbern St-Est ★★ 08' 09' 10' 11 12 **14 15'** 16' 18 19 20 21 – Das Gut hieß bis 2013 Capbern-Gasqueton und hat denselben Besitzer und Geschäftsführer wie CALON-SÉGUR. Gut in Form und preiswert; CABERNET SAUVIGNON spielt die Hauptrolle.

Cap de Mourlin St-Ém ★★ 09 10 11 14 **15 16** 18 19 20 – GRAND CRU CLASSÉ auf Hanglagen mit Nordausrichtung und Kalkstein-, Ton- sowie Sandböden, die mit 65 % MERLOT, 25 % CABERNET FRANC und 10 % CABERNET SAUVIGNON bestockt sind. Feste, tanninherbe Weine.

Carbonnieux Pes-L ★★★ 05' 08 09' 10 12 **14 15'** 16' 18 19' 20 – Das Cru-classé-Gut in GRAVES, Schwesterbetrieb von Ch. Tour Léognan, ist im

Besitz der Familie Perrin. Erzeugt werden gediegene Rot- und Weißweine in beträchtlichen Mengen. Die Weißen mit 65 % SAUVIGNON-BLANC-Anteil (z. B. 18 19 20) sind frisch, die Roten langlebig. Zweitetikett: La Croix de Carbonnieux. Besucher sind willkommen.

Carles, de Fron ★★ 11 12 14 **15 16 18** 19 – Die Prestige-CUVÉE heißt Haut-Carles; sie wird in opulentem, modernem Stil bereitet (90 % MERLOT).

> **Mein Freund, der Baum**
>
> Agroforstwirtschaft, in diesem Fall das Anpflanzen von Bäumen in einem Weinberg oder ringsherum, ist in Bordeaux wieder groß im Kommen. Früher war es ganz normal, dass zwischen den Rebzeilen Pfirsich- oder Birnbäume standen, doch der zunehmenden Mechanisierung waren sie im Weg. Heute aber, da sich mehr und mehr Châteaux einer umweltfreundlichen Bewirtschaftung zuwenden, gelten Bäume wieder als positiver Faktor: Sie bieten Schutz vor Wind und Sonnenglut und sorgen ebenso für Biodiversität wie für Bodenstabilität und -fruchtbarkeit dank aktiver Mikroben. Unter den Konvertiten sind CHEVAL BLANC (dort wurden 2.000 Bäume gepflanzt) und Claire Villars-Lurton von HAUT-BAGES LIBÉRAL.

Carmes Haut-Brion, Les Pes-L ★★★ 05' 08 09' **10'** 12' **14** 15 16' 17 18' 19' 20' 21 – Kleiner Betrieb, derzeit in Hochform, im Herzen der Stadt Bordeaux. Strukturierte, aber schmeichelnde Weine in Bestform auf Basis von CABERNET FRANC (mind. 40 %) und CABERNET SAUVIGNON. Ausbau in Fässern, *foudres* und Amphoren. Zweitetikett: Le C des Carmes Haut-Brion (von Reben in Léognan).

Caronne Ste Gemme H-Méd ★★ 09' 10' 14 **15 16** 18 19 20 – Historisches Gut mit frischen, strukturierten Weinen auf CABERNET-SAUVIGNON-Basis (60 %); mitunter gutes Preis-Leistungs-Verhältnis.

Carruades de Lafite Pau ★★★ Das Zweitetikett von Ch. LAFITE, 20.000 Kisten jährlich. 2. Cru, entsprechende Preise. Der Wein ist kultiviert, geschmeidig, aromatisch und zugänglich, kann aber auch alt werden.

Carteau Côtes Daugay St-Ém ★★ 09 10' 14 15 **16' 18** 19 – GRAND-CRU-Gut in ST-ÉMILION mit preiswerten, hoch aromatischen, geschmeidigen Weinen (70 % MERLOT).

Certan de May Pom ★★★ 05' 08 09' 10' 11 12' **14** 15' 16' **17** 18 19' 20 21 – Das kleine Nachbargut von VIEUX CHÂTEAU CERTAN erzeugt eleganten, komplexen, langlebigen Wein.

Chantegrive, de Graves ★★→★★★ 10' 12 14 15 **16 18** 19 20' – Das führende Gut in GRAVES ist recht groß und bietet sehr gute Qualität zu günstigen Preisen. Hubert de Boüard (ANGÉLUS) berät. Cuvée Caroline heißt der wunderbar duftende weiße Spitzenwein (18 19 20). Ferner Château de Chantegrive CÉRONS (weiß, süß).

Chasse-Spleen Moulis ★★★ 05' 08 09' 10' **14 15** 16' **17** 18 19' 20 – Renommiertes, großes Gut (100 ha) mit oft beeindruckendem, lang reifendem Wein mit klassischer Struktur und Nase aus zertifiziert umweltfreundlichem Anbau. Zweitetikett: L'Oratoire de Chasse-Spleen.

Chauvin St-Ém ★★ 09 10' 11 12 14 **15** 16' 18' 19' 20' 21 – Das GRAND-CRU-CLASSÉ-Gut liegt an der Grenze zu POMEROL. Weine auf MERLOT-Basis, die qualitativ stetig zulegen. Zweitetikett: Folie de Chauvin.

Cheval Blanc St-Ém ★★★★ 01' 05' 06 08 09' **10' 11 12 13 14** 15' 16' 17 18' 19' 20' 21 – PREMIER GRAND CRU CLASSÉ (A) bis 2022, als die Direktion beschloss, aus dem Klassifikationssystem auszusteigen. Die Weine dieses

Superstars von ST-ÉMILION kann man leichter ins Herz schließen als erwerben: feste, duftende Gewächse mit hohem Anteil an CABERNET FRANC (60%) und POMEROL-Einschlag. Sie schmecken jung schon köstlich und leben doch eine Generation lang. Zweitetikett: Le Petit Cheval. Außerdem Le Petit Cheval Blanc (100% SAUVIGNON BLANC).

Chevalier, Domaine de Pes-L ★★★★ 02 04 05' 06 08 09' **10' 12 13 14** 15' 16' 17 18' 19' 20 – Verlässlicher GRAVES-Cru-classé mit reintönigem, dichtem, fein texturiertem Rotwein. Der beeindruckende, langlebige Weißwein besticht in der Jugend durch seine Frucht, in späteren Jahren durch seine Komplexität (15' 16' 17' **18 19'** 20). Zweitetikett: L'Esprit de Chevalier (rot und weiß). Dom. de la Solitude gehört ebenfalls dazu.

Cissac H-Méd ★★ 09 11 12 14 **15 16'** 17 **18** 19 – CRU BOURGEOIS supérieur im nördlichen HAUT-MÉDOC mit klassischen Weinen auf CABERNET-SAUVIGNON-Basis, die früher streng ausfielen, heute aber reinere Frucht zeigen. Zweitetikett: Reflets du Ch. Cissac.

Citran H-Méd ★★ 10' 14 15 **16 18** 19 20 – Großes Gut im südlichen HAUT-MÉDOC; Eigentümer ist die Familie Merlaut. Wein von mittlerem Körper, der bereits jung getrunken werden kann.

Clarence de Haut-Brion, Le Pes-L ★★★ 05 06 08 09' **10'** 11 **12 14** 15 16' **17** 18 19' 20 21 – Zweitetikett von Ch. HAUT-BRION, hieß bis 2007 Bahans Haut-Brion. Der Verschnitt ändert sich mit jedem Jahrgang (in der Regel vorwiegend MERLOT), doch was die geschmeidige Textur und Eleganz anbelangt, folgt er immer dem *grand vin*. Der Clarence ist früher zugänglich, aber ebenfalls langlebig.

Clarke Listrac ★★→★★★ 09' 10' 12 **14 15** 16' **17** 18 19 20 – Besitzer war bis zu seinem Tod im Januar 2021 Benjamin de Rothschild. Sehr guter, auf MERLOT (70%) basierender Rotwein, der sich unter dem Beistand von Eric Boissenot seit 2016 stilistisch etwas geändert hat und nun mehr Länge und Präzision aufweist. Außerdem der trockene weiße Le Merle Blanc du CHÂTEAU Clarke.

Clauzet St-Est ★★ 09 10 12 14 **15 16' 17** – Das ST-ESTÈPHE-Gut zeichnete sich durch günstige Weine von beständiger Qualität auf CABERNET-SAUVIGNON-Basis aus. Der Betrieb wurde 2018 verkauft; die Reblager gingen an Ch. LILIAN LADOUYS, Marke und Gebäude übernahm Ch. La Haye.

Clerc Milon Pau ★★★ 05' 06 08 09 **10' 11** 12 **14** 15 16' **17** 18' 19' 20 21 – 5. Cru, u. a. mit Sand-Kies- und Kalkstein-Lehm-Böden, im Besitz der (MOUTON) Rothschilds. Der Wein ist kraftvoll, dabei aber harmonisch und von verlässlicher Qualität, allerdings zu hohen Preisen.

Climens Bar ★★★★ 01' 02 05 **06** 07 09' **10' 11'** 12' **13' 14 15 16'** 19 – Das Cru-classé-Gut erzeugt konzentrierte Weine mit lebhafter Säure und garantierter Langlebigkeit aus zertifiziert biologisch-dynamischem Anbau. Die Jahrgänge 2017, 2018, 2020 und 2021 fielen aufgrund von Frostschäden aus. Zweitetikett: Les Cyprès (preiswert). Außerdem atypischer trockener weißer Asphodèle von 100% SÉMILLON (18 19 20).

Clinet Pom ★★★ 05' 06 08 09' **10'** 11 12 **14 15'** 16' 17 18 19 20 21 – Das Gut im Besitz der Familie Laborde mit schönen Lagen auf dem Plateau wird von Ronan Laborde geleitet. MERLOT herrscht vor (80%), daneben 20% CABERNET SAUVIGNON. Weine in üppig-modernem Stil zum Einkellern.

Clos de l'Oratoire St-Ém ★★ 05' 09 10' **14 15** 16' **17** 18 19 – GRAND CRU CLASSÉ im Besitz von Stephan von Neipperg (CANON LA GAFFELIÈRE); geschmeidiger Wein von 80% MERLOT.

Clos des Jacobins St-Ém ★★→★★★ 05' 09 10' 12 **14 15' 16'** 18 19 20 – Das GRAND-CRU-CLASSÉ-Gut in den Côtes gehört der Familie Decoster. Renoviert und modernisiert, zeigt es jetzt tolle Beständigkeit; der Stil ist kraftvoll-modern. Önologischer Berater ist Hubert de Boüard (ANGÉLUS).

Bordeaux

Clos du Marquis St-Jul ★★→★★★ 05' 08 09' 10' 11 12 **14** 15' 16' **17** 18' 19' 20 21 – Gut im Besitz von Jean-Hubert Delon (dem auch LÉOVILLE-LAS CASES, NÉNIN und POTENSAC gehören). Der Wein zeigt schönen ST-JULIEN-Charakter. Zweitetikett: La Petite Marquise.

Clos Floridène Graves ★★ r 10' 12 14 15' **16 18'** 19 20; w 17' 18 19 **20** – Der Betrieb gehört der Familie Dubourdieu, die ihn auch leitet. SAUVIGNON BLANC/SÉMILLON von Kalksteinböden liefert feinen, modernen weißen Graves; beim lebhaften Roten spielt CABERNET SAUVIGNON die Hauptrolle. Die neue Kellerei wurde 2018 fertiggestellt. Zweitetikett: Drapeaux de Floridène (rot und weiß). Ch. REYNON gehört ebenfalls zum Besitz.

Clos Fourtet St-Ém ★★★ 05' 08 09' 10' **11** 12 **14 15'** 16' 17 18 19 20 21 – PREMIER GRAND CRU CLASSÉ (B) im Besitz der Familie Cuvelier auf dem Kalksteinplateau. Klassisch-stilvoller ST-ÉMILION; beständig in guter Form. Die unterirdischen Keller erstrecken sich über 13 ha. Zweitetikett: La Closerie de Fourtet. Ch. POUJEAUX in MOULIS gehört ebenfalls dazu.

Clos Haut-Peyraguey Saut ★★★ 05' 07 08 10' 11' 12 13 14 **15 16 17** 18 19 20 21 – Das PREMIER-CRU-Gut in Bommes ist im Besitz des Weinmagnaten Bernard Magrez (dem auch FOMBRAUGE und PAPE CLÉMENT gehören). Elegante, harmonische Weine auf SÉMILLON-Basis (95 %), teils zum Einlagern. Zweitetikett: Symphonie.

Clos l'Église Pom ★★★ 05' 06 08 09' **10 12** 14 **15'** 16 18 19 20 – Verlässliches Spitzengut am Rand des Plateaus; 80 % MERLOT und 20 % CABERNET FRANC aus Lehm-Kies-Boden. Verführerischer, langlebiger Wein aus zertifiziert umweltfreundlichem Anbau.

Clos Puy Arnaud Cas ★★ 10 11 12 14 **15 16'** 17 **18** 19' 20' – Das zertifiziert biodynamische Weingut gibt in CASTILLON – CÔTES DE BORDEAUX den Ton an und wird von Thierry Valette mit Leidenschaft geführt. Die lebhaften Weine bersten vor Energie. Ein sortenreiner CABERNET FRANC ist Les Acacias.

Clos René Pom ★★ 08 09 10 11 12 **14 15'** 16 18 19 20 – Seit Generationen im Besitz derselben Familie. Weine mit hohem MERLOT-Anteil und ein wenig würzigem MALBEC (aus Sand- und Kiesböden): eher klassisch als modern, dafür in Anbetracht der AOC aber relativ günstig.

Clotte, La St-Ém ★★→★★★ 09' 10' 11 12 14 **15'** 16' 17 18 19' 20 21 – Seit dem Erwerb durch AUSONE legt das Gut qualitativ ständig zu. Der Wein ist kraftvoll, aber ausgewogen.

Conseillante, La Pom ★★★★ 01 05' 06' 07 08 **09' 10' 11** 12 13 **14** 15' 16' 17 18 19' 20 – Seit 1871 im Besitz der Familie Nicolas, ebenso alt (und unverändert) sind die Reblagen. Eines der nobelsten und am üppigsten duftenden POMEROL-Gewächse mit der Struktur für ein langes Leben. Zertifiziert umweltfreundlicher Anbau.

Corbin St-Ém ★★ 08 09 10' 12 14 **15' 16'** 18 19 20 – Verlässliches GRAND-CRU-CLASSÉ-Gut unweit der Grenze zu POMEROL mit ungemein köstlichen, zugänglichen Weinen.

Cos d'Estournel St-Est ★★★★ 00 01 05' 06 08 **09' 10' 11** 12 **13 14** 15' 16' 17 18 19' 20' 21 – Großes 2.-Cru-Gut mit hochmoderner Kellerei. Der kultivierte, schmeichelnde Wein erzielt hohe Wertungen. Die gravierte Flasche des Jahrgangs 2020 feiert die 20-jährige Eigentümerschaft Michel Reybiers. Der Weißwein auf SAUVIGNON-BLANC-Basis ist zu teuer, hat jetzt aber mehr Finesse. Zweitetikett: Les Pagodes de Cos (rot und weiß).

Cos Labory St-Est ★★→★★★ 00 05 06 08 09' **10' 11** 12 **14 15** 16' 18 19 – Der kleine 5. Cru, Nachbar von COS D'ESTOURNEL mit geschmacksintensiven, festen Weinen zu meist günstigen Preisen. Zweitetikett: Charme de Cos Labory.

Coufran H-Méd ★★ 09' 10 11 12 14 15' **16'** 17 18 19 20 – Für das nördliche HAUT-MÉDOC untypisches Gut, dessen Reben (85 % MERLOT) in einer einzigen zusammenhängenden Lage stehen. Geschmeidige Weine, die dennoch alt werden können. Zweitetikett: N° 2 de Coufran.

Couhins-Lurton Pes-L ★★→★★★ r 09 10' 14 **15 16** 17 **18** 19 20; w 05 06 08' 09 15' 16 17 18 **19 20** – Cru-classé-Gut mit feinen Weißweinen von (100 %) SAUVIGNON BLANC, straff und langlebig; ferner geschliffener Roter auf MERLOT-Basis (bis zu 100 %).

Couspaude, La St-Ém ★★★ 05 06 08 09' 10' 14 **15** 16 18 19 20 – GRAND CRU CLASSÉ auf dem Kalksteinplateau. Sehr voller, cremiger, auf MERLOT basierender Stil mit kräftiger Eichenholzwürze.

Coutet Saut ★★★ 01' 04 05 07 09' 10' **11'** 13 **14'** **16** **17'** 18 19 20 21 – Das Gut im Besitz der Familie Baly (mit Aline bereits in dritter Generation) bietet beständig sehr feine Weine. Cuvée Madame (01 03 09) ist eine sehr volle Auslese von alten Reben. Zweitetikett: La Chartreuse de Coutet. Außerdem sehr guter trockener weißer Opalie.

Couvent des Jacobins St-Ém ★★ 05 09 10 12 **14 15** 16' 18 19' 20 – Seit 2020 zertifiziert ökologischer GRAND CRU CLASSÉ mit Kellerei in der Stadt. Der Wein ist umfangreich, aber frisch. Außerdem die Cuvée Calicem (nur knapp 3.000 Flaschen pro Jahr).

Crabitey Graves ★★ r 14 15 **16** 17 **18 19** 20; w 17 18 19 20 – Das Gut im Besitz von Arnaud de Butler erzeugt aus den kiesigen Böden von Portets harmonische Rote auf CABERNET-SAUVIGNON-Basis und in kleiner Auflage lebhaften Weißen von SAUVIGNON BLANC (70 %) plus SÉMILLON.

Die 782 Hektar Rebfläche in Pomerol teilen sich 138 Winzer.

Crock, Le St-Est ★★ 09' 10 11 14 **15 16'** 18 19' 20 – CRU BOURGEOIS exceptionnel mit festem, aber geschliffenem, potenziell langlebigem und normalerweise preiswertem Wein. Stallgefährte von LÉOVILLE POYFERRÉ.

Croix, La Pom ★★ 09 10 11 12 14 **15 16** 18 19 (20) – Erzeuger von sehr vollen Weinen, vorwiegend von MERLOT, mit kräftiger Eichenwürze. Das Gut ist seit 1960 im Besitz des Négociant Janoueix, dem u. a. auch Ch. HAUT-SARPE gehört.

Croix de Gay, La Pom ★★★ 05 08 09' 10' 12 **14 15** 16 **17** 18 19 20 – Der kleine, vorwiegend mit MERLOT (95 %) bestockte Weinberg liefert sehr vollen, runden Wein. Die CUVÉE La Fleur de Gay stammt aus verschiedenen Einzellagen.

Croix du Casse, La Pom ★★ 12 14 15' **16 18** 19 20 – Das Gut mit Sand-Kies-Böden in POMEROL im Besitz von BORIE-MANOUX (seit 2005) erzeugt geschmeidige, relativ früh zugängliche Weine auf MERLOT-Basis (mind. 90 %) zu erschwinglichen Preisen.

Croizet-Bages Pau ★★ 05 08 09 10' 12 14 **15 16'** 18 19 20 – Der aufstrebende 5. Cru zeigt seit 2015 mehr Beständigkeit, es ist aber immer noch Luft nach oben. Weine vorwiegend von CABERNET SAUVIGNON. Zweitetikett: Alias de Croizet-Bages.

Cru bourgeois Méd – Im Jahr 2020 eingeführte dreistufige Klassifikation: Cru bourgeois, Cru bourgeois supérieur und Cru bourgeois exeptionnel; sie gilt für die Jahrgänge 2018 bis 2022 und wurde 2020 an insgesamt 249 CHÂTEAUX vergeben.

Cruzelles, Les Lalande de Pomerol ★★ 09 10 12 14 **15' 16' 17** 18 19' 20 21 – Verlässlicher, ausdrucksstarker, preisgünstiger Wein (90 % MERLOT); Spitzenjahrgänge können alt werden. Stallgefährte u. a. von L'EGLISE-CLINET und Montlandrie.

Dalem Fron ★★ 08 09' 10' 12 14 **15 16** 17 18' 19 20 – Geschmeidige, frische Weine von reifer Frucht (90% MERLOT). Im selben Besitz wie Ch. de la Huste.

Dassault St-Ém ★★ 09' 10 12 14 **15 16** 18' 19 20 – GRAND CRU CLASSÉ mit Weinen in vollem, modernem Stil (70% MERLOT, 30% CABERNET FRANC und CABERNET SAUVIGNON), die zu 70% in neuer Eiche ausgebaut werden. Zweitetikett: D de Dassault. Die CHÂTEAUX Faurie de Souchard, La Fleur und Trimoulet gehören ebenfalls dazu.

Dauphine, de La Fron ★★→★★★ 09' 10' 12 14 **15 16 17** 18' 19 20 – Das führende Gut in FRONSAC wurde seit 2000 renoviert, erweitert (2021 kam Ch. Vrai Canon Bouché dazu) und auf Ökoanbau umgestellt. Die Weine zeigen jetzt mehr Substanz und Finesse. Zweitetikett: Delphis. Ferner Le Blanc de La Dauphine (80% SAUVIGNON BLANC, 20% SÉMILLON).

Dauzac Mar ★★→★★★ 09' **10'** 11 12 **14** 15 16' **17** 18' 19 20 – Nachhaltig bewirtschaftetes, rühriges 5.-Cru-Gut in Labarde im Besitz der Familie Roulleau mit Eric Boissenot als önologischem Berater. Dichte, volle, dunkle Weine. Zweitetikett: La Bastide Dauzac. Außerdem fruchtiger Aurore de Dauzac und D de Dauzac (vegan).

Desmirail Mar ★★→★★★ 05 09' 10' 12 **14 15** 16' 18 19 20 – 3. Cru in Lurton-Besitz mit feinem, erlesenem Stil. Zweitetikett: Initial de Desmirail.

Destieux St-Ém ★★ 05' 08 09' **10** 11 12 **14 15** 16 18 19 20 – GRAND-CRU-CLASSÉ-Gut in St-Hippolyte mit Weinen in festem, kraftvollem, modernem Stil (MERLOT plus 30% CABERNET FRANC und CABERNET SAUVIGNON), die Zeit brauchen.

Doisy-Daëne Bar ★★★ 05' 07 08 09 **10'** 11' 12 **13' 14 15' 17'** 18' 19 20 21 – Das Gut, ein Juwel unter den Schätzen der Familie Dubourdieu (Ch. REYNON), erzeugt feinen süßen Barsac. L'Extravagant (16 17' 18' 19') ist eine ungeheuer volle und teure Cuvée (100% SAUVIGNON BLANC). Ferner trockener weißer Doisy-Daëne Sec.

Doisy-Védrines Bar ★★★ 04 05' 09 10' 11' **13 14 15' 16'** 17 **18'** 19 20 – Das Gut im Besitz der Familie Castéja mit seinem köstlichen und preiswerten Wein ist seit Langem einer meiner Favoriten. Zweitetikett: Petit Védrines.

Dôme, Le St-Ém ★★★ 09 10' 11 12 **14 15** 16 17 18 19 20 – Sehr voller, moderner, kraftstrotzender Wein in Miniauflage. Zwei Drittel alte CABERNET-FRANC-Reben, der Ausbau erfolgt zu 80% in neuer Eiche. Hypermoderne Kellerei unweit von ANGÉLUS. Ch. Teyssier (preiswert) gehört ebenfalls dazu.

Dominique, La St-Ém ★★★ 05' 08 09' 10' 11 12 **14 15** 16' **17** 18' 19 20 21 – GRAND-CRU-CLASSÉ-Gut im Besitz von Clément Fayat. Weine in reichhaltigem, saftigem Stil, vorwiegend von MERLOT (81%). Zweitetikett: Relais de la Dominique. Der Kellerchef war zuvor bei HAUT-BAILLY. Kellerei mit Dachrestaurant (»La Terrasse Rouge«) und Laden.

Ducru-Beaucaillou St-Jul ★★★★ 04 **05'** 06 07 08 09' **10' 11 12 13** 14 15' 16 17 18' 19' 20' 21 – Überragendes 2.-Cru-CHÂTEAU im Besitz von Bruno Borie, der vorwiegend auf CABERNET SAUVIGNON (mind. 85%) setzt. Hervorragend in Form: klassisch nach Zedernholz duftender Bordeaux, der auf ein langes Leben ausgelegt ist. Der Jahrgang 2020 trägt zur Feier des 300-jährigen Bestehens des Guts ein besonderes Etikett.

Duhart-Milon Rothschild Pau ★★★ 00' 05' 06 08 09' 10' 11 12 **14** 15 16' **17** 18' 19' 20 21 – Die Trauben reifen relativ spät auf dem Terroir des 4. Cru im Besitz der Rothschilds von LAFITE. CABERNET SAUVIGNON herrscht vor (70%), die Qualität ist sehr fein und wird immer noch besser.

Durfort-Vivens Mar ★★★ 05 06 08 09' **10' 11** 13 **14 15'** 16' **17** 18 19' 20' 21 – Erheblich besser gewordenes 2.-Cru-Gut in MARGAUX; die letzten Jahrgänge sind tipptopp. CABERNET SAUVIGNON herrscht vor (90%). Zertifiziert ökologischer und biodynamischer Anbau; Reifung in Amphoren. Zweitetiketten: Vivens und Relais de Durfort-Vivens.

Eglise, Domaine de l' Pom ★★ 05' 06 08 09 **10' 11 12 14 15** 16 18 19 20 – Gut auf dem Plateau (Kies-Ton-Böden) im Besitz von BORIE-MANOUX; Nachbar von L'EGLISE-CLINET. In letzter Zeit beständig gute, fleischige Weine. Schwester-Château ist La CROIX DU CASSE.

Eglise-Clinet, L' Pom ★★★★ 00' 01' 04 **05'** 06 08 09' **10' 11' 12** 13 **14** 15' 16' 17 18 19' 20' 21 – Erstklassiges kleines Gut in POMEROL: Der Jahr um Jahr hervorragende Wein ist voll, konzentriert und fleischig, allerdings teuer. Zweitetikett: La Petite Eglise. (Keller-)Chefin ist jetzt Noëmie Durantou, Tochter des 2020 verstorbenen Denis.

Süßweine machen ein Prozent der Bordeaux-Gesamtproduktion aus, ebenso wie Crémant de Bordeaux.

Évangile, L' Pom ★★★★ 05 06 08 09' **10' 11** 12 13 **14 15'** 16' 17 18' 19' 20' 21 – Das Gut gehört seit 1990 den (LAFITE-)Rothschilds; Kellerchefin ist jetzt Juliette Couderc. Weine in stets vollem, opulentem Stil, vorwiegend von MERLOT (80%) plus CABERNET FRANC. Zweitetikett: Blason de l'Évangile.

Fargues, de Saut ★★★ 03' 04 05' 06 07 08 09' **10' 11' 13 14 15'** 16' **17'** 18 19 20 21 – Nicht klassifiziertes, aber erstklassiges Gut, seit 1472 im Besitz der Familie Lur Saluces. Überaus volle, ölige und dennoch raffinierte, wenn auch hochpreisige Weine zum Einkellern.

Faugères St-Ém ★★→★★★ 08 09' 10' 11 12 **14 15 16'** 18 19' 20 – Größerer GRAND CRU CLASSÉ im Besitz von Silvio Denz mit sehr vollen, wuchtigen, modernen Weinen. Schwester-CHÂTEAUX sind Péby Faugères (ebenfalls klassifiziert) und Cap de Faugères (CASTILLON – CÔTES DE BORDEAUX).

Ferrand, de St-Ém ★★→★★★ 05 06 08 09 **10'** 12 14 **15 16** 18 19 20 – Das zertifiziert umweltfreundliche große GRAND-CRU-CLASSÉ-Gut in St-Hippolyte erzeugt frische, feste, ausdrucksstarke Weine auf MERLOT-Basis (75%). Im Aufwind!

Ferrande Graves ★★ 10 14 15 **16'** 17 **18** 19 20 – Größeres Gut im Besitz des Handelshauses Castel, das für erhebliche Verbesserungen gesorgt hat. Gefälliger Roter und cremiger Weißer (SÉMILLON/SAUVIGNON BLANC/Sauvignon gris).

Ferrière Mar ★★★ 05 06 08 09 **10'** 12 **14 15** 16' **17** 18 19 20 – Weniger bekannter 3. Cru in der Ortschaft MARGAUX. Dunkle, feste Weine mit herrlichem Bukett aus zertifiziert ökologischem und biodynamischem Anbau.

Feytit-Clinet Pom ★★→★★★ 05' 06 08 09' **10' 11** 12 **14 15** 16' **17** 18 19' 20 – Das kleine Gut (6 ha) im Besitz der Familie Chasseuil zeigt sich beständig in Bestform: volle, verführerische Weine (90% MERLOT) aus Kies-Lehm-Böden. Für POMEROL-Verhältnisse relativ preiswert.

Fieuzal Pes-L ★★★ r **06 08 09' 10' 11 12 14 15** 16' 18' 19' 20; w 15 16 18 19 20 – Cru classé im Besitz der irischen Familie Quinn. Sehr volle Weiße zum Einlagern auf SAUVIGNON-BLANC-Basis und üppige, feste Rote. Zweitetikett: L'Abeille de Fieuzal (rot und weiß).

Figeac St-Ém ★★★★ 00' 01' 04 **05'** 06 07 08 **09' 10' 11 14** 15 16' 17' 18' 19' 20' 21 – Der große PREMIER GRAND CRU CLASSÉ (B) ist gegenwärtig im Höhenflug (die Jahrgänge 2016 bis 2020 sind prachtvoll). Die Reblagen (Kies) sind zu einem ungewöhnlich hohen Anteil (70%) mit CABERNET FRANC und CABERNET SAUVIGNON bestockt. Jetzt vollere, aber stets elegante Weine, die lange reifen müssen. Zweitetikett: Petit-Figeac. Seit 2021 ist die neue Kellerei in Betrieb; Besucher sind willkommen.

Filhot Saut ★★ 01 05 07 09' 10' **11' 13 14 15 16 17** 18 19 20 – Das 2.-Cru-Gut gehört der Familie Vaucelles; 60 % SÉMILLON, 36 % SAUVIGNON BLANC und 4 % MUSCADELLE. In letzter Zeit sind die Weine reintöniger und voller.

Fleur Cardinale St-Ém ★★ 09' 10' 11 12 14 **15 16'** 18 19' 20' 21 – Das GRAND-CRU-CLASSÉ-Gut ist in Höchstform: Weine in reifem, öligem und modernem Stil. Zweitetikett: Intuition. Seit 2021 Umstellung auf ökologischen Anbau.

Die St-Émilion-Klassifikation – was sich 2022 wahrscheinlich ändert

Die aktuelle Klassifikation (2012) umfasst insgesamt 82 CHÂTEAUX: 18 PREMIERS GRANDS CRUS CLASSÉS und 64 GRANDS CRUS CLASSÉS. Ch. ANGÉLUS und Ch. PAVIE wurden in den Rang Premier grand cru classé (A) erhoben, während der Kategorie Premier grand cru classé (B) die Châteaux CANON LA GAFFELIÈRE, LARCIS DUCASSE, La MONDOTTE und VALANDRAUD hinzugefügt wurden. Erstmals den Status Grand cru classé erhielten die Châteaux BARDE-HAUT, Le Chatelet, Clos de Sarpe, Clos La Madeleine, La Commanderie, Côte de Baleau, FAUGÈRES, de FERRAND, La Fleur Morange, FOMBRAUGE, JEAN FAURE, Péby Faugères, de PRESSAC, QUINAULT L'ENCLOS, Rochebelle und SANSONNET. Die Klassifizierung wird alle zehn Jahre überprüft, 2022 war es wieder so weit, allerdings nach Redaktionsschluss. Eins steht jetzt schon fest: Die Châteaux ANGÉLUS, AUSONE und CHEVAL BLANC (sowie ihre Geschwister La CLOTTE and QUINAULT L'ENCLOS) werden bei der nächsten Runde nicht dabei sein – sie haben sich offiziell vom Klassifikationssystem verabschiedet. Eine weitere als sicher geltende Änderung ist die Nobilitierung von FIGEAC zum Premier Grand Cru Classé (A). Nun ja, man wird sehen …

Fleur de Boüard, La Lalande de Pomerol ★★→★★★ 09 10 11 12 13 **14 15 16' 17** 18 19 20 – Das führende Gut in LALANDE DE POMEROL gehört der Familie Boüard (ANGÉLUS) und erzeugt dunklen, dichten, modernen Wein aus zertifiziert unweltfreundlichem Anbau. Die Spezial-CUVÉE Le Plus, ein sortenreiner MERLOT, ist von extremerer Art. Zweitetikett: Le Lion.

Fleur-Pétrus, La Pom ★★★★ 05' 08 09' 10' 11 12 **14 15** 16 17' 18 19' 20' 21 – Das Spitzengut ist im Besitz von J.-P. MOUEIX. Die 18,7 ha auf dem Plateau sind mit MERLOT (91 %), CABERNET FRANC (6 %) und PETIT VERDOT (3 %) bestockt. Hochkultivierter Wein, der lang reifen muss.

Fombrauge St-Ém ★★→★★★ 05 06' 08 09 10 **14 15** 16' 18 19 20 – Das große GRAND-CRU-CLASSÉ-Gut im Besitz von Bernard Magrez (PAPE CLÉMENT) erzeugt sehr volle, dunkle, cremige, opulente Weine. Magrez-Fombrauge ist eine rote Spezial-CUVÉE und außerdem der Name für den trockenen weißen BORDEAUX.

Fonbadet Pau ★★ 05' 08 09' 10' 14 **15 16'** 18 19' 20' – Der Wein (60 % CABERNET SAUVIGNON) des nicht klassifizierten kleinen Guts ist nicht ganz so langlebig wie andere, dafür aber von verlässlicher Qualität und recht preiswert. Die Jahrgänge 2019 und 2020 sind hervorragend.

Fonbel, de St-Ém ★★ 10 12 14 15 **16 18** 19 20 – Verlässliche Quelle für fruchtigen, frischen, nicht überteuerten Wein auf MERLOT-Basis plus CARMENÈRE. Im Besitz der Familie Vauthier (AUSONE).

Fonplégade St-Ém ★★ 08 09' 10 12 14 **15** 16' 18' 19 20' 21 – GRAND CRU CLASSÉ in amerikanischem Besitz mit zertifiziert biodynamischem Anbau. Der Stil der Weine war früher modern-konzentriert, jetzt legt man mehr Wert auf Frucht und Ausgewogenheit.

Fonréaud Listrac ★★ 05 06 08 09' 10' 12 14 **15** 16' **17** 18 19 20 – Eines der größeren und besseren LISTRAC-Güter, seit 2020 CRU BOURGEOIS supérieur, mit überzeugenden, süffigen Weinen. Ferner sehr guter trockener weißer Le Cygne in kleiner Auflage. Stallgefährte von LESTAGE.

Fonroque St-Ém ★★★ 05 06 08 09' 10' 12 14 **15 16** 18 19 20' – GRAND CRU CLASSÉ in den Côtes, nordwestlich der Stadt ST-ÉMILION. Frische Weine mit mineralischer Note und mittlerem Körper aus zertifiziert biodynamischem Anbau.

Fontenil Fron ★★ 09' 10' 11 12 14 **15' 16** 18' 19 20 – Führendes Gut in FRONSAC, Eigentümer ist Michel ROLLAND. Reifer, schokoladiger, opulenter Wein (100% MERLOT).

Forts de Latour, Les Pau ★★★★ 05' 06 **08** 09 10 11 12 14 15 16' 17 18 19' 20 – Das Zweitetikett von Ch. LATOUR: authentischer PAUILLAC-Geschmack in etwas leichterem Format zu hohen Preisen. Ein *En-primeur*-Verkauf findet nicht mehr statt, die Freigabe der Weine erfolgt nun, wenn sie für trinkreif erachtet werden – der 2015er kam 2021 heraus –, obgleich ihnen weitere zehn Jahre durchaus guttun.

Fourcas Dupré Listrac ★★ 09 10' 12 **15' 16'** 17 **18** 19 20 – Gut geführtes CHÂTEAU, im selben Besitz wie Ch. d'AGASSAC, qualitativ einigermaßen beständig: trockener, frischer Wein von mittlerem Körper. Außerdem ein trockener Weißer.

Fourcas Hosten Listrac ★★→★★★ 09 10' 12 14 **15 16 17** 18 19 20 – Das zertifiziert ökologisch bewirtschaftete große Gut in LISTRAC (die Besitzer sind mit Hermès verbandelt) glänzt jetzt mit Präzision und Finesse. Außerdem ein trockener Weißer (vorwiegend SAUVIGNON BLANC).

France, de Pes-L ★★ r 09 10 12 14 **15 16'** 18 19 20 18 19; w 15 16 17 18 19 **20** – Nicht klassifiziertes Nachbargut von FIEUZAL, im Besitz der Familie Thomassin, mit reifen, modernen Rotweinen. Die Weißen sind frisch und ausgewogen. Preiswert.

Franc Mayne St-Ém ★★ 05 08 09 10' 12 14 **15** 16 **17** 19' – Kleiner GRAND CRU CLASSÉ in den Côtes mit frischen, gut strukturierten Weinen. Zweitetikett (seit 2018): Ilex.

Gaby Fron ★★ 08 09 10 12 14 **15 16** 18 19' (20) – Schöne Südlagen in CANON-Fronsac erbringen von MERLOT dominierten Wein zum Einkellern. Zertifiziert ökologischer Anbau. Außerdem die Spezialabfüllung Gaby CUVÉE.

Gaffelière, La St-Ém ★★★ 05' 08 09 10' 12 14 **15 16'** 18 19' 20 21 – PREMIER CRU im Besitz der Familie de Malet-Roquefort am Fuß der Côtes. Investitionen und Fortschritte; ein Teil der Rebflächen wurde neu bestockt. Elegante, langlebige Weine mit hohem CABERNET-FRANC-Anteil (40%). Zweitetikett: Clos la Gaffelière.

Garde, La Pes-L ★★ r 09' 10' 12 14 **15 16'** 18 19 20; w 17 18 19 **20** – Nicht klassifiziertes Gut mit geschmeidigen Roten (CABERNET SAUVIGNON/MERLOT). Außerdem Weißwein von SAUVIGNON BLANC (90%) und SÉMILLON in kleiner Auflage. 2020 wurde die 30-jährige Eigentümerschaft von DOURTHE u. a. mit der Einweihung der neuen Kellerei gefeiert.

Gay, Le Pom ★★★ 05 08 09' 10' **11** 12 **14 15** 16 17 18' 19' 20 – Nachbar von LAFLEUR; sehr volle, einschmeichelnde Weine (90% MERLOT) mit Alterungspotenzial. Zweitetikett: Manoir de Gay. Ch. Montviel und Ch. La Violette gehören ebenfalls zum Besitz.

Gazin Pom ★★★ 05 08 09 10' **11** 12 **14 15'** 16' 18' 19' 20 – Eigentümer ist in fünfter Generation die Familie Bailliencourt. Sehr gut in Form: vollmundige (90% MERLOT), langlebige Weine aus zertifiziert umweltfreundlichem Anbau.

Gilette Saut ★★★ 75 86 88 89 90 96 97 99 – Außergewöhnliches kleines Gut in Preignac, seit dem 18. Jh. im Besitz der Familie Médeville, das seine schwelgerischen Weine 16 bis 20 Jahre in Betontanks lagert; die Bestände reichen bis ins Jahr 1953 zurück. CHÂTEAU Les Justices in SAUTERNES ist das Schwestergut.

Giscours Mar ★★★ 05 08 09 10' 11 12 **14** 15 16' **17** 18' 19' 20' – Größerer 3. Cru; 60% CABERNET SAUVIGNON. Körperreicher, langlebiger MARGAUX, die neueren Jahrgänge sind klasse. Önologischer Berater ist seit 2019 Thomas Duclos. Zweitetikett: La Sirène de Giscours. Außerdem ein wenig Rosé (AC BORDEAUX).

Saint-Émilion ist gegen Hagel gewappnet

Erzeuger in ST-ÉMILION und den Satelliten PUISSEGUIN und LUSSAC haben ein Hagelkontrollsystem installiert, das sie gemeinsam nutzen. Vorgewarnt durch ein Radar, das Sturmfronten erkennt, können die Winzer, wenn der Sturm noch sieben Kilometer entfernt ist, insgesamt 37 über das Gebiet verteilte Abschussvorrichtungen aktivieren. Diese setzen Heliumballons mit hygroskopischen Salzen frei, die die Wolken »impfen« und dadurch Niederschläge hervorrufen sollen. Ein Hoch auf das neue System, wenn es den Hagel tatsächlich bezwingt.

Glana, du St-Jul ★★ 08 09 10 **15 16' 17** 18 19' 20 – Großes, nicht klassifiziertes Gut, im Besitz der Familie Meffre, mit anspruchslosen, strammen, preiswerten Weinen (65% CABERNET SAUVIGNON). Zweitetikett: Pavillon du Glana.

Gloria St-Jul ★★→★★★ 05 06 08 09' 10' 12 **14 15** 16' **17** 18 19' 20 21 – Das Gut im Besitz der Familie Triaud ist nicht klassifiziert, verkauft seinen Wein aber zu 4.-Cru-Preisen. CABERNET SAUVIGNON herrscht mit 65% vor. In neuerer Zeit hervorragend in Form. Ch. ST-PIERRE gehört ebenfalls dazu.

Grand Corbin-Despagne St-Ém ★★→★★★ 05 08 09' 10' 11 12 14 **15 16'** 18' 19' 20' 21 – Das GRAND-CRU-CLASSÉ-Gut wird von François Despagne geführt, der hohe Maßstäbe anlegt: Die aromatischen Weine haben nun eine reifere, vollere Note. Zertifiziert ökologischer und versuchsweise biodynamischer Anbau. Gutes Preis-Leistungs-Verhältnis. Zweitetikett: Petit Corbin-Despagne. Zum Besitz gehört auch Ch. Ampelia (CASTILLON – CÔTES DE BORDEAUX).

Grand cru classé St-Ém – Die Einstufung wird alle zehn Jahre einer Revision unterzogen (das letzte Mal fand 2022 statt); 2012 wurden 64 CHÂTEAUX klassifiziert. *Siehe auch* Kasten »Die St-Émilion-Klassifikation«, Seite 146.

Grand Mayne St-Ém ★★★ 08 09' 10' 12 **14** 15 16' **17** 18 19' 20 21 – Beeindruckendes GRAND-CRU-CLASSÉ-Gut in den und am Fuß der Côtes. Verlässliche Qualität: körperreiche Weine mit schöner Struktur. Zweitetikett: Filia de Grand Mayne.

Grand-Puy Ducasse Pau ★★★ 05' 06 08 09' 10' 12 **14 15'** 16' 18 19' 20 21 – 5. Cru mit stetig steigender Qualität; der Jahrgang 2019 war die (bisherige) Krönung. 60% CABERNET SAUVIGNON, 40% MERLOT. Zweitetikett: Prélude à Grand-Puy Ducasse. Schwesterbetrieb von Ch. MEYNEY.

Grand-Puy-Lacoste Pau ★★★ 05' 06 08 09' **10' 12 14** 15' 16' 17' 18' 19' 20 – Der 5. Cru, im Besitz von François-Xavier Borie, ist berühmt für seine PAUILLAC-Gewächse zum Einkellern (75% CABERNET SAUVIGNON). Die Reblagen bilden ein zusammenhängendes Areal rund ums CHÂTEAU. Zweitetikett: Lacoste-Borie.

Grave à Pomerol, La Pom ★★★ 05 08 09' **10** 12 13 **14 15** 16' **17** 18 19' 20 21 – Das J.-P. MOUEIX gehörende kleine Gut am Westhang des Plateaus (vorwiegend Kiesböden) erzeugt kultivierte Weine mit hohem MERLOT-Anteil (85 %), die alt werden können. Preiswert.

Greysac Méd ★★ 10' 12 14 15 **16'** 17 **18** 19 (20) – Der CRU BOURGEOIS supérieur mit Château aus dem 18. Jh. erzeugt feine, frische Weine (65 % MERLOT) von verlässlicher Qualität.

Gruaud Larose St-Jul ★★★★ 05' 06 08 09' 10' 12 **14** 15' 16' **17** 18' 19' 20' – Eines der größten und beliebtesten 2.-Cru-Güter: kraftstrotzender roter Bordeaux zum Einlagern; die Jahrgänge 2018, 2019 und 2020 sind der Knaller. Ökozertifikat seit 2022. Zweitetikett: Sarget de Gruaud Larose.

Guadet St-Ém ★★ 09 10 12 14 **15 16'** 18 19 20 – Das kleine GRAND-CRU-CLASSÉ-Gut ist neuerdings, seitdem die siebte Generation das Sagen hat, besser in Form. Zertifiziert biologisch-dynamischer Anbau. Stéphane DERENONCOURT berät.

Guiraud Saut ★★★ 05' 06 07 08 09 10' **11' 13** 14 **15' 16'** 17' 19 20 – Cru-classé-Gut mit Ökosiegel. Ungewöhnlich hoher SAUVIGNON-BLANC-Anteil von 35 %. Luc Planty hat nun die Gutsleitung von seinem Vater Xavier übernommen. Zweitetikett: Petit Guiraud. Der trockene Weißwein heißt Le G de Château Guiraud.

Gurgue, La Mar ★★ 09' 10 **14 15** 16' 18 19 20 – Feiner, nicht überteuerter Wein aus zertifiziert ökologischem und biodynamischem Anbau; früher zugänglich als der des Schwesterbetriebs Ch. FERRIÈRE.

Hanteillan H-Méd ★★ 09' 10 14 15 16' 18 19 20 – Großer CRU BOURGEOIS in Cissac mit jung zu trinkenden Weinen (50 % CABERNET SAUVIGNON) von verlässlicher Qualität. Zweitetikett: Ch. Laborde.

Haut-Bages Libéral Pau ★★★ 05' 06 08 09' 10' 12 **14 15'** 16 18 19' 20' – Das 5.-Cru-Gut (neben LATOUR) legt qualitativ zu, die Jahrgänge 2019 und 2020 waren bislang die besten. Weine aus ökologischem Anbau auf CABERNET-SAUVIGNON-Basis (70 %) zu vernünftigen Preisen. Zweitetikett: Le Pauillac de Haut-Bages Libéral.

Haut-Bailly Pes-L ★★★★ 05' 06 08' 09' **10'** 11 12 **14** 15' 16' 17 18' 19' 20' 21 – Cru-classé-Gut der Spitzenklasse mit raffiniert-elegantem Wein (gemischt bestockte Parzelle mit mind. 100 Jahre alten Reben). Zweitetikett: Haut-Bailly II (früher La Parde de Haut-Bailly). 2021 wurde die neue kreisrunde Kellerei eingeweiht. Ch. Le Pape (PESSAC-LÉOGNAN) gehört ebenfalls zum Besitz.

Haut-Batailley Pau ★★★ 05 06 08 09' 10' **11** 12 **14** 15 16' 17 18' 19' 20' 19' – Der 5. Cru gehört seit 2017 der Familie Cazes (LYNCH-BAGES) und ist im Aufwind: Wein mit elegantem Dreh. Zweitetikett: Verso.

Haut-Beauséjour St-Est ★★ 09 10 14 **15 16 17** 19 – Das vom Champagnerhaus ROEDERER geschaffene und weiterentwickelte Gut wurde 2017 an die Familie Rousseau (Ch. Laffitte Carcasset) verkauft. Weine mit hohem MERLOT-Anteil (mind. 60 %).

Haut-Bergeron Saut ★★ 05 07 09 10 11 13 14 **15' 16 17'** 18 19 20 – Nicht klassifiziertes Gut in Preignac, seit neun Generationen in Familienbesitz. Reblagen in SAUTERNES und BARSAC, vorwiegend SÉMILLON (90 %). Voller, opulenter, nicht überteuerter Wein. Verlässliche Qualität.

Haut-Bergey Pes-L ★★→★★★ r 09 10 12 **15 16' 18'** 19 20'; w 18 19 **20** – Das nicht klassifizierte Gut in Léognan erzeugt sehr vollen, mächtigen Rotwein (von allen fünf Bordeaux-Sorten) sowie frischen trockenen Weißen auf SAUVIGNON-BLANC-Basis. Zertifiziert ökologischer und biodynamischer Anbau.

Haut-Brion Pes-L ★★★★ 00' 01 04 **05 06** 07 08 **09' 10' 11'** 12 13 **14** 15' 16' 17' 18' 19' 20' 21 – Der einzige Premier cru in der Klassifikation von 1855, der nicht im MÉDOC liegt; seit 1935 im Besitz der US-amerikanischen Familie Dillon. Weinbau ist hier jedoch seit 1521 beurkundet. Chef

Bordeaux

des Hauses ist heute Clarence Dillons Urenkel Prinz Robert von Luxemburg. Auf dem Gut wird ständig renoviert; aktuell ist ein neuer *cuvier* (Fasskeller) im Entstehen. Überaus harmonische Gewächse mit wundervoller Textur, in Sachen Bordeaux für viele die erste (zumindest aber die zweite) Wahl. Für sehr reiche Menschen auch schwelgerischer trockener Weißwein (SAUVIGNON BLANC/SÉMILLON) in kleiner Auflage (15' **16' 17 18 19** 20 21). Außerdem neuer weißer La Clarté, ein Gemeinschaftsprojekt von Haut-Brion und La MISSION HAUT-BRION. Zweitetikett: Le CLARENCE DE HAUT-BRION (früher Bahans Haut-Brion).

Haut Condissas Méd ★★★ 09' 10' 12 14 **15 16** 17 **18** 19' (20) – Spitzenwein des Jean-Guyon-Stalls (Ch. GREYSAC, Ch. Rollan de By), von dem jährlich nur 5.000 Kisten erzeugt werden: sehr voll, überbordend und modern (vorwiegend MERLOT plus 20 % PETIT VERDOT).

Haut-Marbuzet St-Est ★★→★★★ 05' 08' 09 10' 12 **15 16** 18 19' 20' – Der Betrieb im Besitz der Familie Duboscq wurde 1952 mit gerade mal 7 ha gegründet, jetzt sind es 70 ha. Nicht klassifiziertes Gut mit Weinen zum Verlieben (vorwiegend CABERNET SAUVIGNON plus MERLOT, CABERNET FRANC und PETIT VERDOT): herrlich duftend, üppig, zu 100 Prozent in Fässern aus neuer Eiche ausgebaut. Knapp zwei Drittel der Produktion werden direkt ab CHÂTEAU verkauft. Zweitetikett: Mac Carthy.

Mehr als 65 Prozent der Rebflächen im Bordelais werden zertifiziert umweltfreundlich bewirtschaftet.

Haut-Sarpe St-Ém ★★ 08 09 10 12 **14 15'** 16' 18 19 20 – GRAND CRU CLASSÉ auf dem Kalksteinplateau mit Weinen in reifem, modernem Stil (70 % MERLOT).

Hosanna Pom ★★★★ 05' 06 08 09 10' **11** 12 **14 15** 16' 17 18 19' 20' 21 – Im Jahr 1999 von J.-P. MOUEIX geschaffenes kleines Gut mit Rebgelände mitten auf dem Plateau; Nachbar von Ch. PETRUS und VIEUX CHÂTEAU CERTAN. Der Wein (70 % MERLOT sowie 30 % CABERNET FRANC von alten Reben) besitzt Kraft, Reintönigkeit, Ausgewogenheit und braucht Zeit.

Issan, d' Mar ★★★ 05' 06 08 09' **10'** 11 12 **14 15'** 16' **17** 18' 19' 20 21 – 3. Cru mit burgähnlichem CHÂTEAU, jetzt in Bestform mit herrlich duftenden Weinen (60 % CABERNET SAUVIGNON) zum Einkellern. 2020 wurde der Rebbestand um CABERNET FRANC, MALBEC und PETIT VERDOT (alte Reben) erweitert. Zweitetikett: Blason d'Issan.

Jean Faure St-Ém ★★ 08 09 10' 11 12 **14 15 16** 18' 19' 20' – GRAND CRU CLASSÉ mit Lehm-, Sand- und Kiesböden unweit von CHEVAL BLANC, die zertifiziert ökologisch, teils auch biodynamisch bewirtschaftet werden. Frischer, eleganter Stil dank CABERNET FRANC und einem Schuss MALBEC.

Kirwan Mar ★★★ 05' 06 08 09 **10'** 12 **14** 15' 16' 18 19' 20' – 3. Cru; vorwiegend CABERNET SAUVIGNON (60 %). In den 1990er-Jahren waren die Weine dicht gewirkt und fleischig, jetzt zeigen sie mehr Finesse. Zweitetikett: Charmes de Kirwan. Besucher sind willkommen.

Labégorce Mar ★★→★★★ 05' 08 09 **10'** 12 **14 15 16' 17** 18' 19 20 – Das nicht klassifizierte Gut größeren Zuschnitts ist im Besitz der Familie Perrodo, die beträchtliche Investitionen tätigte. Weine in reifem, modernem, aber frischem Stil. Ch. Marquis d'Alesme gehört ebenfalls dazu.

Lafaurie-Peyraguey Saut ★★★ 01' 05' 06 07 09' **10'** 11 13 **14** 15' 16' 17' 18 19 20 21 – Führender Cru classé, im Besitz von Silvio Denz (Luxusgüterunternehmen Lalique; *siehe auch* FAUGÈRES). Sehr voller, harmonischer Süßwein (90 % SÉMILLON) – 2020 belief sich der Ertrag auf gerade mal 7 hl/ha. Zweitetikett: La Chapelle de Lafaurie-Peyraguey. Außerdem trockener weißer BORDEAUX auf Sémillon-Basis. Ein Luxushotel mit Restaurant gehört ebenfalls dazu.

Lafite Rothschild Pau ★★★★ 02 **05' 06** 07 **08' 09' 10' 11' 12 13** 14' 15' 16' 17 18' 19' 20' 21 – Von dem großen PREMIER CRU (112 ha) kommen Weine mit dem berühmten verschwenderischen Duft und Stil, die niemals schwer, heutzutage allerdings dichter gewirkt und geschmeidiger sind. Jetzt leitet Saskia de Rothschild den Betrieb; die umweltfreundliche Bewirtschaftung wird derzeit auf Ökoanbau umgestellt, außerdem ist eine Erweiterung der Kellerei geplant. Zweitetikett: CARRUADES DE LAFITE. Zum Besitz gehören auch die Châteaux DUHART-MILON, L'ÉVANGILE und RIEUSSEC.

Lafleur Pom ★★★★ 04' 05' 06 07 08 09' **10' 11 12 13** 14 15' 16' 17' 18' 19' 20 21 – Ausgezeichnetes, wenn auch sehr kleines Gut in Familienhand. Elegante, intensive Weine zum Einkellern, allerdings teuer. Zweitetikett: Pensées de Lafleur. Außerdem sehr guter Les Champs Libres (100% SAUVIGNON BLANC).

Lafleur-Gazin Pom ★★ 09 10 12 **14 15** 16' **17** 18' 19 20' – Kleines Gut im Besitz von J.-P. MOUEIX; 85% MERLOT, 15% CABERNET FRANC. Elegante, frische und zudem preiswerte Weine.

Lafon-Rochet St-Est ★★★ 00' 01 04 **05' 06** 07 **08 09' 10' 11 12** 13 **14** 15' 16' **17** 18' 19 20 – Der 4. Cru, Nachbar von Ch. COS LABORY und seit 2021 Stallgefährte von LILIAN LADOUYS und PÉDESCLAUX, ist gut in Form, wie die festen, aber würzigen Weine zeigen. Zweitetikett: Les Pélerins de Lafon-Rochet. Auffallende goldgelbe Etiketten und Gebäude.

Lagrange St-Jul ★★★ 05' 06' 08' 09' **10'** 12 **13 14** 15' 16' 17 18 19' 20 21 – Das große 3.-Cru-Gut (118 ha), im Besitz des japanischen Getränkekonzerns Suntory, erzeugt frischen Wein in verlässlicher Qualität – als Speisepartner schlagen wir japanische Gerichte vor. In Weinberge und Keller wurde kräftig investiert. Zweitetikett: Les Fiefs de Lagrange (günstig). Außerdem trockener Weißer Les Arums de Lagrange.

Lagrange Pom ★★ 09 10 14 **15' 16' 18** 19 20 – Kleine Reblage im Nordosten des Plateaus (100% MERLOT), seit 1953 im Besitz von J.-P. MOUEIX. Runde, früh zugängliche Weine.

Lagune, La H-Méd ★★★ 05' 08 09' **10'** 11 **14** 15' 16' **17** 19 20 21 – 3. Cru ganz im Süden des MÉDOC, seit 2021 zertifiziert biodynamisch. Schwächelte in den 1990er-Jahren, ist jetzt aber wieder in Form. Schön konturierte Weine, die jetzt mehr Struktur und Tiefe haben. Zweitetikett: Moulin de La Lagune. Der Jahrgang 2018 fiel wegen Hagel komplett aus.

Lamarque, de H-Méd ★★ 08 09' 10' **14 15** 16 18 19' 20 – Gut mittlerer Größe mit mittelalterlicher Burg. Preiswerte, sachkundig bereitete, süffige und einigermaßen langlebige Weine mit hohem PETIT-VERDOT-Anteil. Zweitetikett: D de Lamarque.

Lanessan H-Méd ★★ 09 10' 12 14 15' **16' 17** 18 19' 20 – Gut unmittelbar südlich von ST-JULIEN mit preiswertem, zugänglichem klassischem Bordeaux. Eric Boissenot berät.

Langoa Barton St-Jul ★★★ 05' 06 08' 09' 10' **11 12 14** 15' 16' 17 18' 19' 20 21 – Kleiner 3. Cru, Schwestergut von LÉOVILLE BARTON, mit charmanten, eleganten Weinen (mind. 55% CABERNET SAUVIGNON). Gegenwärtig ist die neunte Barton-Generation am Ruder.

Larcis Ducasse St-Ém ★★★ **05'** 06 08 09' **10 12 14** 15' 16' **17** 18 19' 20 21 – Der PREMIER GRAND CRU CLASSÉ mit terrassiertem Rebhang in Südlage (80% MERLOT) präsentiert sich derzeit in Bestform mit seinem langlebigen Wein. Zweitetikett: Murmure de Larcis Ducasse.

Larmande St-Ém ★★ 05 08 09' **10** 12 14 **15** 16 **18'** 19' 20 – Zertifiziert umweltfreundliches GRAND-CRU-CLASSÉ-Gut, Schwesterbetrieb von SOUTARD. Solide Weine, wenn auch eher leichterer Art, dafür aber zugänglich.

Bordeaux

Laroque St-Ém ★★→★★★ 08 09' 10' 11 12 14 **15 16 17** 18' 19' 20' 21 – Großer GRAND CRU CLASSÉ mit terroirgeprägten Weinen, die seit 2017 mehr Finesse zeigen.

Larose Trintaudon H-Méd ★★ 10 12 14 15 **16 18** 19' (20) – CRU BOURGEOIS supérieur mit der größten Rebfläche im MÉDOC: 165 ha, zertifiziert umweltfreundlich bewirtschaftet; 75.000 Kisten/Jahr. Der Wein ist in der Regel auf frühen Genuss ausgelegt. Zweitetikett: Les Hauts de Trintaudon.

Laroze St-Ém ★★ 09' 10' 12 14 **15 16'** 18' 19' 20 – GRAND CRU CLASSÉ im Besitz von Guy Meslin mit Weinen der leichteren Art (70% MERLOT), die aber schön fruchtig und ausgewogen sind. Zertifiziert umweltfreundliche Bewirtschaftung. Zweitetikett: La Fleur Laroze.

Larrivet Haut-Brion Pes-L ★★★ 05' 06 08 09 **10' 12 14 16'** 18' 19 20 – Nicht klassifiziertes Gut, seit 1987 im Besitz der Familie Gervoson (Konfitürenhersteller Bonne Maman), die die Rebfläche von 17 ha auf 72,5 ha vergrößert hat. Opulenter, verführerischer Rotwein; außerdem sehr voller, cremiger Weißer (18 19 20). Zweitetikett: Les Demoiselles de Larrivet Haut-Brion (rot und weiß). Besucher können u. a. eiförmige Betontanks mit Dekor bestaunen.

Lascombes Mar ★★★ 05' 06 08 09 10' **11** 12 **14 15'** 16' 17 18 19' 20 – Großer 2. Cru (120 ha) mit wechselvoller Geschichte. Die Weine sind sehr voll, dunkel, konzentriert und modern mit einem Hauch des MARGAUX-typischen Dufts; mehr als 50% MERLOT. Zweitetikett: Chevalier de Lascombes. Außerdem ein HAUT-MÉDOC.

Latour Pau ★★★★ 01 02 04 **05'** 06 07 **08 09' 10' 11 12 13** 14 15' 16' 17 18' 19' 20' – Der PREMIER CRU gilt als grandioseste Verkörperung des roten Bordeaux. Die Weine sind tiefgründig, intensiv, aus guten Jahrgängen fast ewig haltbar, und sogar schwächere Jahrgänge zeigen den unverwechselbaren Geschmack und halten sich viele Jahre. Nachhaltige und ökologische Bewirtschaftung. Der *En-primeur*-Verkauf wurde 2012 eingestellt, die Freigabe erfolgt jetzt erst, wenn der Wein als genussreif erachtet wird (z. B. 2021 der Jahrgang 2013 – immer noch fast zu früh, muss dekantiert werden). Neue Keller bieten mehr Lagerfläche. Eigentümer ist die Familie Pinault, die auch Reblagen in Burgund, an der Rhône und im Napa Valley besitzt. Zweitetikett: Les FORTS DE LATOUR, Drittetikett: Pauillac; selbst Letzterer kann bis zu 20 Jahre alt werden.

Latour à Pomerol Pom ★★★ 05' 06 08 09' **10'** 12 **14** 15' 16' **17** 18 19' 20 21 – Aus Lagen mit Ton-Kies- und Lehmböden kommen außerordentlich verlässliche, schön strukturierte Weine, die gut altern. Besitzer ist J.-P. MOUEIX.

Latour-Martillac Pes-L ★★→★★★ 05' 08 09' **10'** 12 14 **15'** 16 17 18' 19 20; w 18 19 20 – Der GRAVES-Cru-classé ist seit 1930 im Besitz der Familie Kressmann. Zertifiziert umweltfreundlicher Anbau. Frischer Roter mit schönem Bukett und leckerer Weißer, in der Regel zu günstigen Preisen.

Laurets, des St-Ém ★★ 14 15 **16 18** 19 (20) – Das Gut zählte zum Besitz des 2021 verstorbenen Benjamin de Rothschild. Größerer Betrieb, MERLOT dominiert. Die Sélection Parcellaire stammt aus Parzellen mit alten Reben.

Laville Saut ★★ 11' 13 14 15 **16 18** – Jean-Christophe Barbe, der auch Professor an der Önologischen Fakultät der Universität Bordeaux ist, leitet das (nicht klassifizierte) Gut seiner Familie in Preignac. Die von SÉMILLON (85%) sowie etwas SAUVIGNON BLANC und MUSCADELLE bereiteten edelfaulen Weine sind üppig und preiswert.

Léoville Barton St-Jul ★★★★ 04 **05' 06** 07 **08 09' 10' 11 12** 13 **14** 15' 16' 17 18' 19' 20' 21 – Das 2.-Cru-Gut im Besitz der anglo-irischen Familie Barton (seit 1826) wird gegenwärtig von Lilian Barton geleitet; Anthony Barton verstarb 2022. Harmonischer, klassischer roter Bordeaux mit hohem CABERNET-SAUVIGNON-Anteil (74%). Die Keller werden seit einiger Zeit renoviert und erweitert, u. a. um eine mit Schwerkraft betriebene neue *cuverie*. Zweitetikett: La Réserve de Léoville Barton.

Léoville-Las Cases St-Jul ★★★★ 00' 04' **05' 06 08** 09' 10' 11' 12 13 14 15' 16' 17' 18' 19' 20' 21 – Das größte der drei Léoville-CHÂTEAUX und seit jeher ein »Super Deuxième cru«; Eigentümer ist Jean-Hubert Delon. Elegante, komplexe Weine, die auf ein langes Leben ausgelegt sind, vorwiegend von CABERNET SAUVIGNON, aber auch CABERNET FRANC. Zweitetikett: Le Petit Lion. Die Keller werden ständig erweitert.

Léoville Poyferré St-Jul ★★★★ 04 **05'** 06 07 08 **09' 10' 11' 12 13** 14 15' 16' 18' 19' 20' 21 – Seit 1920 im Besitz der Familie Cuvelier, gegenwärtig von Sara Lecompte Cuvelier geleitet. Jetzt auf dem Niveau eines »Super Deuxième cru«, mit dunklen, sehr vollen, würzigen, langlebigen Weinen. Der Ch. Moulin Riche stammt von einer separaten 21-ha-Parzelle. Ch. Le CROCK gehört ebenfalls dazu.

Lestage Listrac ★★ 09 10 12 14 15 **16' 18** 19' 20 – Bei dem CRU BOURGEOIS exceptionnel übernimmt jetzt die dritte Generation der Familie Chanfreau die Leitung. Feste, etwas verschlossene Weine.

Lilian Ladouys St-Est ★★ 09' 10' 12 14 15 **16' 17** 18' 19' 20 – Relativ großer CRU BOURGEOIS exceptionnel im Besitz der Familie Lorenzetti (wie auch die Châteaux LAFON-ROCHET und PÉDESCLAUX), dessen Weine in den neueren Jahrgängen mehr Finesse zeigen. Zweitetikett: La Devise de Lilian.

Ein Quadratmeter Rebfläche auf dem Plateau von St-Émilion kostet 800 Euro, in der Ebene sind's nur 30 Euro.

Liversan H-Méd ★★ 10 14 15 **16' 18 19** 20 – Der CRU BOURGEOIS im nördlichen HAUT-MÉDOC verfügt über eine zusammenhängende Reblage; Besitzer ist die Kellereigruppe AdVini. Weine in rundem, süffigem, früh trinkreifem Stil.

Loudenne Méd ★★ 14 15 **16 18** 19' 20 – Das große MÉDOC-Gut mit denkmalgeschützter rosafarbener *chartreuse* (Kartause) aus dem 17. Jh. am Flussufer ist jetzt in chinesischem Besitz. Die geschmeidigen Roten (je 50% MERLOT und CABERNET SAUVIGNON) kann man jung trinken; außerdem Weißwein auf SAUVIGNON-BLANC-Basis. Besucher sind willkommen.

Louvière, La Pes-L ★★★ r **08** 09' 10' 12 14 **15** 16' 17 18 19 20; w 16 17 18 19 **20** – Das Gut im Besitz von Vignobles André Lurton wird jetzt von Jacques Lurton geleitet. Exzellenter Weißwein (100% SAUVIGNON BLANC) sowie aromatischer, potenziell langlebiger Rotwein (meist auf CABERNET-SAUVIGNON-Basis).

Lussac, de St-Ém ★★ 14 15 16 **18 19** (20) – Das Spitzengut in LUSSAC ST-ÉMILION hat geschmeidigen Rotwein und Rosé zu bieten und außerdem Übernachtungsmöglichkeiten.

Lynch-Bages Pau ★★★★ 02 04' 05' 06 07 **08 09' 10' 11 12 13 14** 15 16' 17 18 19' 20' – Seit eh und je beliebtes Weingut, heute ein regelrechter Star, der das übliche 5.-Cru-Niveau weit überstrahlt. Eigentümer ist die Familie Cazes, Geschäftsführer Jean-Charles Cazes. Langlebiger dicht gewirkter, sehr voller Wein mit hohem CABERNET-SAUVIGNON-Anteil. Zweitetikett: Echo de Lynch-Bages. Außerdem ein guter Weißwein: Blanc de Lynch-Bages. Die beeindruckende neue Kellerei wird mit Schwerkraft betrieben.

Lynch-Moussas Pau ★★ 08 09 10' 12 **14 15 16** 18 19' 20 – Das 5.-Cru-Gut im Besitz der Familie Castéja erzeugt Weine in etwas weniger gravitätischem Stil als die PAUILLAC-Spitzengewächse (75% CABERNET SAUVIGNON), hat in den vergangenen Jahren qualitativ aber deutlich zugelegt.

Lyonnat St-Ém ★★ 15 16 **18 19** (20) – Führendes Gut in LUSSAC ST-ÉMILION; in letzter Zeit präziser bereitete Weine (vorwiegend MERLOT). Ferner Spezial-CUVÉE Emotion und die Cuvée Sans Sulfites (ohne Schwefelzusatz).

Malartic-Lagravière Pes-L ★★★ r 09 10 11 **14** 15' 16' **17** 18 19' 20'; w 17 19 **20** – Cru classé in GRAVES, in den viel Geld gesteckt wurde – Besucher sind willkommen. Sehr volle, moderne Rote (vorwiegend CABERNET SAUVIGNON), die seit 2019 rassiger ausfallen, sowie süffiger Weißwein (überwiegend SAUVIGNON BLANC). Ch. Gazin Rocquencourt (PESSAC-LÉOGNAN) gehört ebenfalls zum Besitz.

Malescasse H-Méd ★★ 09 10 12 14 **15' 16'** 17 **18** 19 20 – CRU BOURGEOIS exceptionnel, in dessen Aufrüstung kräftig investiert wurde. Reife, fleischige, geschliffene Weine für frühen Genuss.

Malescot St-Exupéry Mar ★★★ 05' 08 09' 10' 12 **14** 15' 16' **17** 18' 19 20 – 3. Cru im Besitz von Jean-Luc Zuger mit reifem, duftendem, fein strukturiertem MARGAUX, der von CABERNET SAUVIGNON, MERLOT, CABERNET FRANC und PETIT VERDOT bereitet wird.

Malle, de Saut ★★★ w; s 01' 05 06 09 **10'** 11' 13 14 **15' 16'** 17' **18** 19 – 2. Cru im Besitz der Familie Bournazel. Feiner, mittelschwerer SAUTERNES. Zweitetikett: Les Fleurs de Malle.

Margaux, Château Mar ★★★★ 04' **05' 06'** 07 08 **09' 10' 11 12 13 14** 15 16' 17 18' 19' 20' 21 – Premier cru, seit 1977 im Besitz der Familie Mentzelopoulos; der verführerischste und beständigste aller MARGAUX-Weine mit dem legendären Bukett und einem CABERNET-SAUVIGNON-Anteil von bis zu 90 %. Der *grand vin* macht etwa 37 % der Gesamtproduktion aus. Zweitetikett: Pavillon Rouge (09 10' 11 16' **17** 18' 20 21). Drittetikett: Margaux du Château Margaux. Der Pavillon Blanc (100 % SAUVIGNON BLANC) ist der beste Weißwein des MÉDOC und in den letzten Jahren (17 18' **19' 20** 21) frischer ausgefallen.

Marojallia Mar ★★★ 08 09' **10** 12 **15** 16 **17** 18' 19' 20 – Das Mikro-Château zielt mit seinen mächtigen, sehr vollen und MARGAUX-untypischen Weinen (70 % CABERNET SAUVIGNON) aufs Hochpreissegment ab. Zweitetikett: Clos Margalaine.

Marquis de Terme Mar ★★→★★★ 06 08 09' **10'** 12 14 **15** 16' **17** 18' 19' 20 – 4.-Cru-Gut mit Weinbergbesitz im Umkreis der Ortschaft MARGAUX. In den vergangenen Jahren wurden Investitionen getätigt und Fortschritte erzielt, man pflegt jedoch immer noch einen eher robusten Margaux-Stil. Zweitetikett: La Couronne. Ferner ein Rosé.

Maucaillou Moulis ★★ 09 10 11 12 14 **15' 16'** 18 19' 20 – Großes, verlässliches Weingut in MOULIS mit sauber bereiteten, günstigen Weinen (vorwiegend CABERNET SAUVIGNON, aber auch 7 % PETIT VERDOT). Zweitetikett: N° 2 de Maucaillou.

Mayne Lalande Listrac ★★ 10 12 14 15 **16 18** 19 (20) – Das Gut wurde von Eigentümer Bernard Lartigue, der Ende 2020 verstarb, geschaffen (1982) und persönlich geleitet. Volle, fein texturierte Weine. Bed & Breakfast für Übernachtungsgäste.

Mazeyres Pom ★★ 09 10 14 **15 16' 18** 19' 20 – Eher leichter, aber verlässlicher, früh zugänglicher POMEROL auf MERLOT-Basis. Zertifiziert ökologischer und biologisch-dynamischer Anbau. Chef ist Alain Moueix.

Meyney St-Est ★★→★★★ 04 **05'** 06 08 **09' 10' 11** 12 **14** 15' 16' 17 18' 19' 20' – Großer Besitz am Uferhang, hervorragende Reblage neben Ch. MONTROSE. In Anbetracht des Niveaus preiswerte, schön strukturierte Weine zum Einlagern auf CABERNET SAUVIGNON-Basis (60 %) nebst einem ordentlichen Schuss PETIT VERDOT (13 % waren es 2020). Zweitetikett: Prieur de Meyney.

Mission Haut-Brion, La Pes-L ★★★★ 02 04 **05'** 06 07 **08 09' 10' 11 12** 13 14 15' 16' 17' 18' 19' 20 21 – Das Gut ist ebenso wie das benachbarte Ch. HAUT-BRION im Besitz der Familie Dillon, die in den vergangenen 35 Jahren beträchtliche Investitionen getätigt hat. Beständig hochklassiger, vollblütiger Wein mit langer Reifezeit. Zweitetikett: La Chapelle de La Mission. Außerdem überwältigender, von SÉMILLON dominierter Weißwein (2020 war der SAUVIGNON-BLANC-Anteil höher): früher Laville Haut-Brion, seit 2009 in La Mission Haut-Brion Blanc (17' **18** 19' 20' 21) umbenannt. Weißes Zweitetikett: La Clarté de Haut-Brion.

Monbousquet St-Ém ★★★ 05' 08 09' 10' 12 **14 15** 16' 18 19 20 – Der GRAND CRU CLASSÉ in der sandig-kiesigen Ebene wurde von Gérard Perse (Ch. PAVIE) gründlich umgekrempelt. Konzentrierte Weine der üppigsten Art mit Eichennote. Zudem sehr guter Sauvignon blanc/Sauvignon gris (AC BORDEAUX) in sehr kleiner Auflage. Zweitetikett: Angélique de Monbousquet.

Monbrison Mar ★★→★★★ 08 09' **10'** 12 **14 15'** 16 **17** 18 19 20 – Kleiner Betrieb im Besitz der Familie Vonderheyden mit delikatem, duftendem MARGAUX (75 % CABERNET SAUVIGNON).

Mondotte, La St-Ém ★★★→★★★★ 05' 06 08 09' **10'** 11 **12 14 15'** 16 17 18 19' 20' – Sehr kleiner PREMIER GRAND CRU CLASSÉ (4,5 ha) auf dem Kalkstein-Ton-Plateau; zertifizierter Ökoanbau. Intensive, kraftvolle Weine (75 % MERLOT, 25 % CABERNET FRANC). Wie d'AIGUILHE und CANON LA GAFFELIÈRE in Neipperg'schem Besitz.

Montrose St-Est ★★★★ 04 **05'** 06 07 08 **09' 10' 12** 13 **14** 15' 16' 17 18' 19' 20' 21 – 2. Cru mit Reblagen an der Gironde, berühmt für wuchtigen, langlebigen Rotwein. Die Jahrgänge 1979 bis 1985 fielen leichter aus. Besitzer sind die Brüder Martin und Olivier Bouygues, die konsequent auf umweltfreundlichen Anbau setzen: Artenvielfalt, CO_2-Neutralität bis 2050, Kompostierung und Traktoren mit Elektroantrieb. Zweitetikett: La Dame de Montrose.

Moulin du Cadet St-Ém ★★ 09 10' 12 **14 15'** 16 18' 19' 20' – Winziger GRAND CRU CLASSÉ (2,85 ha) auf dem Plateau, im selben Besitz wie Ch. SANSONNET. Moderne Weine (100 % MERLOT), in denen das Terroir anklingt.

Der Salcombe Gin »Phantom« reift jetzt auch in Fässern des Barsac-Guts Château Climens.

Moulinet Pom ★★ 09 10 12 **15** 18 19 20 – Für POMEROL-Verhältnisse großes Gut: 18 ha, zu 85 % mit MERLOT bestockt. Weine in leichterem Stil. Stéphane DERENONCOURT berät.

Moulin Haut Laroque Fron ★★ 09' 10' 11 12 14 **15' 16 17** 18' 19' 20' – Der verstorbene Jean-Noël Hervé hat das Gut bekannt gemacht. Verlässliche, strukturierte Weine mit Alterungspotenzial.

Moulin Pey-Labrie Fron ★★ 09' 10' 12 **15 16** 18 19 20' – Das zertifiziert ökologisch bewirtschaftete Gut erzeugt stämmige CANON-FRONSAC-Weine (vorwiegend MERLOT) mit guter Struktur, die alt werden können.

Moulin St-Georges St-Ém ★★★ 09' 10' 12 14 **15'** 16' **17** 18' 19' 20 – Lebhafte, frische, harmonische Weine, angesichts des Niveaus preiswert. Gehört zum selben Stall wie AUSONE und FONBEL.

Mouton Rothschild Pau ★★★★ 02 04' **05'** 06 07 **08' 09' 10'** 11 **12** 13 **14** 15' 16' 17' 18' 19' 20' 21 – Das Gut ist seit 1853 in Rothschild-Besitz. Der exotischste und sinnlichste der PREMIERS CRUS von PAUILLAC ist jetzt in Bestform. Das Etikett für den Jahrgang 2018 wurde von dem chinesischen Künstler Xu Bing gestaltet. Neuer Kellerchef (seit 2020) ist Jean-Emmanuel Danjoy (früher bei CLERC MILON). Der Weißwein namens Aile d'Argent

(SAUVIGNON BLANC/SÉMILLION) fällt jetzt anmutiger aus. Zweitetikett: Le Petit Mouton. *Siehe auch* d'ARMAILHAC.

Nairac Bar ★★ 05' 06 **07 09 10 11** 13 **15 16** 17 – Das 2.-Cru-Gut wird von den Geschwistern Nicolas und Eloïse Tari-Heeter geleitet. Sehr voller und doch frischer Wein (90 % SÉMILLON). Zweitetikett: Esquisse de Nairac.

Nénin Pom ★★★ 05 06 08 09' **10'** 12 **14** 15' 16' **17** 18' 19' 20' 21 – Eigentümer Jean-Hubert Delon (LÉOVILLE-LAS CASES) hat in das große Gut viel Geld gesteckt. Die Weine geben sich jetzt zurückhaltend (2020 fiel üppiger aus), sind aber generös, präzise bereitet und auf ein langes Leben ausgelegt; der CABERNET-FRANC-Anteil wurde auf 40 % erhöht. Zweitetikett: Fugue de Nénin (günstig).

Olivier Pes-L ★★★ r 08 09' 10' 12 **14 15 16'** 18 19' 20; w 17 18 **19' 20** – Das sehr große Gut ist im Besitz der Familie Bethmann. Der Rotwein (55 % CABERNET SAUVIGNON) ist schön strukturiert, der Weiße (75 % SAUVIGNON BLANC) fruchtig. In Anbetracht des Niveaus preiswert.

Ormes de Pez, Les St-Est ★★ 05 06 08' 09' 10' 12 **14** 15' 16' **17** 18' 19 20' – Im Besitz der Familie Cazes von Ch. LYNCH-BAGES; die Weine sind kühl, klassisch und zum Einlagern gemacht.

Nur neun Prozent der Rotweinreben in Bordeaux sind Cabernet franc.

Ormes Sorbet, Les Méd ★★ 10' 12 14 15 **16' 18** 19 (20) – Stets verlässliches MÉDOC-Gut, in neunter Generation in Familienbesitz, mit eleganten, leicht eichenwürzigen Weinen (65 % CABERNET SAUVIGNON) aus zertifiziert umweltfreundlichem Anbau.

Palmer Mar ★★★★ 04 **05'** 06' 07 **08** 09' **10' 11 12 13** 14 15' 16' 17 18' 19' 20' 21 – 3. Cru, der den »Super Deuxième crus« (und bisweilen so manchem PREMIER CRU) ebenbürtig ist. Sinnlicher Wein mit Wucht, Komplexität und viel MERLOT (mind. 40 %). Biodynamischer Anbau ist hier Trumpf – selbstverständlich zertifiziert. Das Gut ist in holländischem (Mähler-Besse) und britischem (Familie SICHEL) Besitz. Der Wein gelangt zu 50 % *en primeur* in den Verkauf, zu 50 % nach zehnjähriger Reifung (z. B. 2021 der Jahrgang 2011). Zweitetikett: Alter Ego de Palmer.

Pape Clément Pes-L ★★★★ r 04 05 06 **08** 09' **10'** 12 13 **14 15'** 16' 17 18' 19' 20; w 18 **19** 20 – Das historische Gut im Besitz des Weinmagnaten Bernard Magrez (FOMBRAUGE, La TOUR CARNET) liegt am Rand der Stadt Bordeaux. Erzeugt werden dichte, langlebige Rotweine sowie ein voller Weißer mit Eichennote, allerdings in sehr kleinen Mengen. Zweitetikett: Clémentin (rot und weiß).

Patache d'Aux Méd ★★ 12 14 15 **16' 18 19** 20 – Größerer CRU BOURGEOIS mit klassischem, aromatischem Wein; die Qualität ist recht beständig, der Preis moderat. Stéphane DERENONCOURT berät.

Pavie St-Ém ★★★★ **05'** 06 07 08 **09' 10' 11 12 13** 14 15' 16' 17 18 19' 20' 21 – PREMIER GRAND CRU CLASSÉ (A) mit prachtvollen Reblagen auf dem Plateau sowie in den südlichen Côtes und beeindruckender Kellerei. Die Weine sind intensiv, kraftvoll und auf ein langes Leben ausgelegt, in den letzten Jahren jedoch weniger extrem. MERLOT herrscht vor, neuerdings wird aber der Anteil an CABERNET FRANC und CABERNET SAUVIGNON erhöht (2019 und 2020 auf 50 %). Zweitetikett: Arômes de Pavie.

Pavie-Decesse St-Ém ★★★ 05 06 08 09' **10' 12** 14 15' 16 17 18 19' 20' 21 – Kleines GRAND-CRU-CLASSÉ-Gut mit straffem, tanninherbem Wein (90 % MERLOT), der Zeit braucht.

Pavie Macquin St-Ém ★★★ 05' 06 08 09' **10 12** 15 16' 17 18' 19' 20' 21 – PREMIER GRAND CRU CLASSÉ (B) mit Reblagen auf dem Kalksteinplateau: 80 % MERLOT, 20 % CABERNET FRANC und CABERNET SAUVIGNON. Chef ist

Nicolas Thienpont. Stämmige, sehr körperreiche Weine, die Flaschenreife benötigen. Zweitetikett: Les Chênes de Macquin. Seit 2022 neuer Keller.

Pédesclaux Pau ★★ 09 10' 12 14' 15 16' **17** 18 19' 20 – Der 5. Cru schöpfte sein Potenzial nicht aus, wurde aber vom Eigentümer Jacky Lorenzetti komplett umgekrempelt. Er investiert seit 2014 massiv in Kellerei (mit Schwerkraft betrieben) und Weinbergankauf. Die Weine sind leichter als die PAUILLAC-Spitzengewächse, aber schön konturiert.

Petit-Village Pom ★★★ 05 06 08 09' **10'** 12 **14** 15' 16' **17** 18' 19 20' 21 – Das Gut auf dem Plateau hat qualitativ erheblich zugelegt; der CABERNET-FRANC- und CABERNET-SAUVIGNON-Anteil beträgt atypische 40%. Schmeichelnder, dicht gewirkter Wein mit zunehmend feineren Tanninen. Seit 2020 Umstellung auf Ökoanbau; die Keller wurden renoviert.

Petrus Pom ★★★★ 01 02 04 **05'** 06 07 **08 09' 10' 11' 12** 13 14 15' 16' **17** 18' 19' 20' 21 – Das inoffizielle Spitzengewächs von POMEROL: reiner, himmlischer MERLOT. Der Blaulehmboden (11,5 ha) erbringt Weine von unvergleichlicher Fülle und Konzentration (2.500 Kisten), die zum Einlagern gemacht sind und ihren Preis haben. Eigentümer ist Jean-François Moueix, Kellerchef Olivier Berrouet. Kein Zweitetikett.

Pey La Tour Bx ★★ 15 16 **18 19** 20 – Großes Gut (176 ha) im Besitz von DOURTHE mit qualitätsorientiertem BORDEAUX SUPÉRIEUR. Drei rote Cuvées, an der Spitze steht die Réserve du Château (vorwiegend MERLOT). Außerdem Rosé und trockener weißer BORDEAUX.

Peyrabon H-Méd ★★ 09' 10 12 15 **16** 17 **18** 19 20 – CRU BOURGEOIS supérieur im nördlichen HAUT-MÉDOC; Eigentümer ist das Handelshaus Millésima. Leckerer Wein.

Pez, de St-Est ★★★ 08 09' **10'** 11 12 **14 15'** 16' **17** 18' 19' (20) – Hatte im 16. Jh. denselben Besitzer wie HAUT-BRION, nämlich Jean de Pontac, und ist heute Schwestergut von PICHON LONGUEVILLE COMTESSE. Dicht gewirkte Weine in verlässlicher Qualität.

Phélan Ségur St-Est ★★★ 05' 06 08 09 **10' 11** 12 **14** 15' 16' 17 18' 19' 20 – Verlässliches, ausgezeichnetes, nicht klassifiziertes Château im Besitz des Belgiers Philippe Van de Vyvere. Weine in nachhaltigem, geschmeidigem Stil. Zweitetikett: Frank Phélan.

Pibran Pau ★★ 08 09' **10' 11** 12 14 **15** 16' **17** 18' 19' 20 21 – Das mit PICHON BARON verbundene Gut erzeugt schönen PAUILLAC (MERLOT und CABERNET SAUVIGNON zu etwa gleichen Teilen), der relativ früh trinkreif ist.

Pichon Baron Pau ★★★★ 04 **05'** 06 07 **08 09' 10' 11 12 13 14** 15' 16' 17 18' 19' 20 21 – Das 2.-Cru-Gut im Besitz der AXA-Versicherung ist derzeit in Hochform. Es liefert kraftvollen und langlebigen, allerdings ziemlich teuren PAUILLAC. Zweitetiketten: Les Tourelles de Longueville (zugänglich dank höherem MERLOT-Anteil) und Les Griffons de Pichon Baron (in der Regel vorwiegend CABERNET SAUVIGNON). 2023 werden der neue *cuvier* (Fasskeller) und das Besucherzentrum eingeweiht.

Pichon Longueville Comtesse de Lalande (Pichon Lalande) Pau ★★★★ 02 04 **05'** 06 07 08 09' **10' 11 12 13 14** 15' 16' 17 18' 19' 20' 21 – Eigentümer ROEDERER investiert kräftig in den 2. Cru neben Ch. LATOUR. Stets Spitzenerzeugnisse: langlebige Weine von fabelhafter Rasse. In den 80ern und 90ern von MERLOT dominiert, seit einigen Jahren mehr CABERNET SAUVIGNON (Jahrgang 2020: 77% plus 6% CABERNET FRANC). Zweitetikett: Réserve de la Comtesse.

Pin, Le Pom ★★★★ 04 05' 06' 07 **08'** 09' **10' 11 12 14** 15 16' 17 18' 19' 20' 21 – Der allererste BORDEAUX-Kultwein (von nur 2,8 ha); Nachbar von Ch. TROTANOY. Langlebiger, sortenreiner MERLOT, fast so üppig wie das Vermögen seiner Genießer – die Preise sind jenseits von Gut und Böse. Ch. L'If (ST-ÉMILION) und L'Hêtre (CASTILLON – CÔTES DE BORDEAUX) sind ebenfalls im Besitz von Jacques Thienpont. Ab dem Jahrgang 2022 ist Diana Berrouet Garcia (ehemals PETIT-VILLAGE) neue Geschäftsführerin.

Plince Pom ★★ 08 09 10 12 **14 15** 16' 18 19 (20) – Weine in leichterem POMEROL-Stil von sandigen Böden (84 % MERLOT), die in der Jugend viel Eichenwürze aufweisen.

Pointe, La Pom ★★ 08 09' 10 11 12 14 **15' 16'** 18 19 20 – Der große, gut geführte Betrieb erzeugt qualitativ verlässliche, wenn auch weniger intensive Weine als die POMEROL-Spitzengewächse. Preiswert.

Poitevin Méd ★★ 12 14 15 **16** 17 **18 19** (20) – CRU BOURGEOIS supérieur mit preiswerten Weinen von verlässlicher Qualität. Außerdem trockener weißer BORDEAUX.

Pontet-Canet Pau ★★★★ 02 04 **05'** 06' 07 08 **09' 10'** 12 **14** 15 16' **17** 18' 19' 20 21 – Der große 5. Cru mit Zertifikat für biologisch-dynamischen Weinbau ist im Besitz der Familie Tesseron. Im Zuge der umfassenden Verbesserungsmaßnahmen sind die Preise rasant gestiegen. Im Wein dominiert CABERNET SAUVIGNON (mind. 60 %); er wird seit 2012 in Amphoren ausgebaut (sowie zu 50 % in neuen Eichenfässern). Klassischer PAUILLAC, aber umfangreich und hochkultiviert.

Potensac Méd ★★→★★★ 09' 10' **11** 12 **14 15** 16' 17 18' 19' 20' 21 – Feste, langlebige, preiswerte Weine auf MERLOT-Basis (45 %) mit beträchtlichem Anteil an CABERNET FRANC (bis zu 20 %) von alten Reben. Zweitetikett: Chapelle de Potensac. Eigentümer ist die Familie Delon (LÉOVILLE-LAS CASES).

Pouget Mar ★★ 08 09' **10'** 12 14 **15'** 16 18 19 (20) – Zu Ch. BOYD-CANTENAC gehörendes kleines 4.-Cru-Gut (10 ha). Der Wein ist eher stämmig (variierendes Verschnittrezept) und benötigt Flaschenreife.

Poujeaux Moulis ★★ 08 09 10 12 **14 15'** 16' **17** 18' 19 20 – Zu CLOS FOURTET gehörendes Gut mit vollen, strammen Weinen zum Einlagern. Önologischer Berater ist Stéphane DERENONCOURT. Zweitetikett: La Salle de Poujeaux.

Premier grand cru classé St-Ém – 2012 wurden 18 Klassifizierungen vergeben; die letzte Überprüfung fand 2022 statt. *Siehe auch* Kasten »Die St-Émilion-Klassifikation«, Seite 146.

Pressac, de St-Ém ★★ 09 10 12 14 **15' 16' 17** 18' 19' 20' – GRAND CRU CLASSÉ östlich der Stadt St-Émilion. Preiswerte, bezaubernde Weine von fünf BORDEAUX-Rebsorten in reifem, sehr vollem Stil.

Preuillac Méd ★★ 10 15 16 **18 19'** 20 – CRU BOURGEOIS supérieur mit aromatischem, schön strukturiertem Wein (54 % MERLOT). Stéphane DERENONCOURT berät.

Prieuré-Lichine Mar ★★★ 09' 10' **11** 12 **14 15'** 16' **17** 18' 19' 20' – Alexis Lichine hat das 4.-Cru-Gut in den 1960er-Jahren hochgebracht, und es ist gegenwärtig in guter Verfassung: Weine mit schönem Bukett (60 % CABERNET SAUVIGNON) aus Parzellen in allen fünf Margaux-Gemeinden (zertifizert umweltfreundliche Bewirtschaftung). Außerdem guter Weißer (SAUVIGNON BLANC/SÉMILLON). Besucher sind willkommen.

Puygueraud Bx ★★ 10 14 15' **16'** 17 **18'** 19 20 – Führender Erzeuger in der kleinen AC FRANCS – CÔTES DE BORDEAUX; im Besitz der Familie Thienpont. Weine von überraschender Klasse auf MERLOT-Basis. Ferner die Cuvée George (vorwiegend MALBEC/CABERNET FRANC) sowie trockener Weißwein (SAUVIGNON BLANC/Sauvignon gris) in kleiner Auflage. Hagelschlag machte 2020 einen Großteil der Ernte zunichte.

Quinault l'Enclos St-Ém ★★→★★★ 10 12 14 **15** 16' **17** 18' 19' 20 – Der GRAND CRU CLASSÉ in Libourne hat denselben Besitzer wie CHEVAL BLANC, auch das Team ist dasselbe. In letzter Zeit wurde beträchtlich investiert. Im Wein herrscht MERLOT vor; 26 % CABERNET SAUVIGNON/CABERNET FRANC sorgen für eine Extraportion Frische und Finesse.

Quintus St-Ém ★★★ 11 12 **14 15** 16' **17** 18' 19' 20' – Das Gut wurde von der Besitzerfamilie Dillon (HAUT-BRION) durch Zusammenlegung der einstigen CHÂTEAUX Tertre Daugay und L'Arrosée geschaffen, 2021 kamen die Lagen von Ch. Grand-Pontet hinzu. Der Wein gewinnt an Statur, ist allerdings teuer. Zweitetikett: Le Dragon de Quintus.

Rabaud-Promis Saut ★★→★★★ 09' 10 11 13 **14 15' 16** 17' **18** 19 – PREMIER CRU classé (seit 1855) mit guter Qualität zu günstigen Preisen. Für den Jahrgang 2018 wurde eine besondere Flasche kreiert.

Rahoul Graves ★★ 14 15 **16'** 17 **18** 19 20 – Zertifiziert umweltfreundlich bewirtschaftetes Gut im Besitz von DOURTHE: verlässlicher Rotwein auf MERLOT-Basis und von SÉMILLON geprägter Weißer (18 19' 20). Preiswert.

Das Budget für die Erweiterung der Lafite-Kellerei beträgt 18 Millionen Euro.

Ramage la Bâtisse H-Méd ★★ 10 15 16 18 **19** (20) – CRU BOURGEOIS supérieur mit internationalem Vertriebsnetz. Wein auf CABERNET-SAUVIGNON/MERLOT-Basis mit hohem PETIT-VERDOT-Anteil (2018: 16%).

Rauzan-Gassies Mar ★★★ 08 09' 10 14 **15** 16' 18 19 20' – Der 2. Cru, Schwestergut von CROIZET-BAGES, hat in den vergangenen Jahren qualitativ zugelegt, reicht aber (noch) nicht an die MARGAUX-Spitzengüter heran (der bislang beste Jahrgang war 2020). Zweitetikett: Gassies.

Rauzan-Ségla Mar ★★★★ 00' 05' 06 08 09' **10' 11 12 14** 15' 16' 17 18' 19' 20' – Der führende 2. Cru ist ebenso wie die Châteaux BERLIQUET und CANON im Besitz der Chanel-Mehrheitseigentümer Wertheimer. Strukturierter Wein auf CABERNET-SAUVIGNON-Basis (60%) mit herrlichem Bukett. Zweitetikett: Ségla (preiswert).

Raymond-Lafon Saut ★★★ **05' 06 07' 09' 10 11' 13 14 15' 16' 17' 18** 19 20 – Nicht klassifiziertes SAUTERNES-Gut mit Weinen in Premier-cru-Qualität: vorwiegend SÉMILLON (80%), sehr voll, komplex, langlebig – und preiswert.

Rayne Vigneau, de Saut ★★★ 05' 07 09' **10'** 11' 13 **14 15' 16'** 17 **18'** 19' 20 21 – Die Weine des recht großen, zertifiziert umweltfreundlich bewirtschafteten PREMIER-CRU-Guts haben Fülle und Schmelz und sind langlebig (74% SÉMILLON). Außerdem Spezial-CUVÉE Gold. Zweitetikett: Madame de Rayne. Besucher sind willkommen.

Respide-Médeville Graves ★★ r 14 15 16 **18 19** 20; w 18 19 20 – Erstklassiges Gut in GRAVES mit eleganten Rot- und komplexen Weißweinen. Im selben Besitz wie Ch. GILETTE.

Reynon Bx ★★ 16' **18 19'** 20' – Führendes Gut der AC CADILLAC – CÔTES DE BORDEAUX, im Besitz von Denis Dubourdieu Domaines. Rotwein auf MERLOT-Grundlage und weißer BORDEAUX von SAUVIGNON BLANC (BV).

Reysson H-Méd ★★ 10' 14 15 **16 18** 19 20 – CRU BOURGEOIS supérieur; überwiegend MERLOT (90%) sowie CABERNET FRANC und PETIT VERDOT. Weine in sehr vollem Stil mit wunderbarem Bukett.

Rieussec Saut ★★★★ 05' 06 07 09' 10' 11' 13 **14 15' 16' 17** 18' 19 – PREMIER CRU mit umfangreichem Weinbergbesitz in Fargues; Eigentümer sind die (LAFITE-)Rothschilds. Der Wein ist stets kraftvoll und opulent. Seit 2019 neue Flasche mit gelbem Etikett in Form einer Krone. Zweitetikett: Carmes de Rieussec.

Rivière, de la Fron ★★ 14 15 **16' 18** 19 20 – Das größte (65 ha) und eindrucksvollste Gut in FRONSAC mit einem Château aus dem 16. Jh. Die ehemals mächtigen, tanninstarken Weine sind inzwischen kultivierter geworden (vorwiegend MERLOT plus CABERNET SAUVIGNON, CABERNET FRANC und MALBEC). Besucher sind willkommen, auch als Übernachtungsgäste.

Roc de Cambes Bx ★★★ 05 06 08 09 **10'** 11 12 **14 15'** 16' 17 18 19 20 21 – Unangefochtener Spitzenreiter in den CÔTES DE BOURG mit aromatisch-opulenten, allerdings teuren Weinen. Ebenso wie Ch. TERTRE ROTEBŒUF im Besitz von François Mitjavile, der auch der Kellerchef beider Güter ist. Ferner Domaine de Cambes.

Rochemorin, de Pes-L ★★ r 14 15 **16 18'** 19 20; w 18 19 20 – Das große Weingut in Martillac im Besitz von Vignobles André Lurton erzeugt fleischigen, dunkelfruchtigen Rotwein (je 50% MERLOT und CABERNET FRANC) und aromatischen Weißen (100% SAUVIGNON BLANC) in ziemlich beständiger Qualität.

Rol Valentin St-Ém ★★ 09' 10' 12 14 **15'** 16' 18 19 20' – Weinbergbesitz in zwei verschiedenen Lagen. Reife, konzentrierte, strukturierte Weine auf MERLOT-Basis (85%) nebst 5% MALBEC.

Rouget Pom ★★ 08 09' 10' 12 **14 15** 16' 18 19 20 – Fortschrittliches und für POMEROL-Verhältnisse recht großes Gut am Nordrand des Plateaus im Besitz der Familie Labruyère; derzeit wird auf Ökoanbau umgestellt. Reichhaltig-kraftvolle, fette Weine. Zweitetikett: Le Carillon de Rouget.

Saint-Georges St-Ém ★★ 10 12 14 **15 16 18** 19 (20) – Der Weinbergbesitz umfasst ein Viertel der AOC ST-GEORGES; die Hauptrebsorte ist MERLOT (80%) plus je 10% CABERNET FRANC und CABERNET SAUVIGNON. Weine von guter Qualität, Direktverkauf ab Château. Zweitetikett: Puy St-Georges. Außerdem Trilogie, ein MERLOT von alten Reben.

Saint-Pierre St-Jul ★★★ 05' 06 08 09' **10'** 11 **12 14** 15' 16' 18' 19' 20 21 – Das kleine 4.-Cru-Gut sollte man im Auge behalten: stilvoller, verlässlicher, klassischer ST-JULIEN (75% CABERNET SAUVIGNON). Im selben Besitz wie Ch. GLORIA.

Sales, de Pom ★★ 09 10' 12 **15 16 17 18** 19' 20' – Das größte Rebenareal von POMEROL (47,6 ha). Der ungekünstelte, süffige Wein, der jedoch durchaus alt werden kann, erhält seit 2017 neue Impulse: mehr Tiefgang und Schliff. Zweitetikett: Ch. Chantalouette.

Sansonnet St-Ém ★★→★★★ 08 09' 10' 12 **14 15** 16' **17** 18 19' 20 21 – GRAND-CRU-CLASSÉ-Gut auf dem Plateau mit Weinen im modernen Stil, aber durchaus erfrischend. Gehört zum selben Stall wie MOULIN DU CADET und Villemaurine.

Saransot-Dupré Listrac ★★ 09' 10' 12 **15 16 18** 19 (20) – CRU BOURGEOIS supérieur mit Rotweinen in festem, umfangreichem Stil auf MERLOT-Basis plus PETIT VERDOT (2018: 20%) sowie CABERNET FRANC und CABERNET SAUVIGNON.

Sénéjac H-Méd ★★ 09 10' 12 14 **15 16' 18** 19' 20' – Gut im südlichen HAUT-MÉDOC (Le Pian-Médoc) mit verlässlichen, schön ausgewogenen Weinen, die jung genossen, aber auch alt werden können. Schwester-CHÂTEAU von TALBOT.

Serre, La St-Ém ★★ 09' 10 12 14 **15** 16' **17** 18' 19' 20' 21 – Der kleine GRAND CRU CLASSÉ auf dem Plateau erzeugt frische, fruchtige, stilvolle Weine von verlässlicher Qualität.

Sigalas Rabaud Saut ★★★ 05 07' 09' 10' **11'** 13 **14 15' 16 17'** 18 19' 21 – Das kleine PREMIER-CRU-CLASSÉ-Gut erzeugt anmutige Weine mit herrlichem Duft. Zweitetikett: Le Lieutenant de Sigalas. Außerdem trockener weißer La Sémillante.

Siran Mar ★★→★★★ 05 08 09' **10'** 12 **14 15'** 16' **17** 18' 19' 20 – Das nicht klassifizierte MARGAUX-Gut in Labarde wird von Edouard Miailhe geleitet. Die Weine glänzen mit Substanz und schönem Bukett; Hubert de Boüard (ANGÉLUS) berät. Zweitetikett: S de Siran. Besucher sind willkommen.

Smith Haut Lafitte Pes-L ★★★★ r 05' 06 08 09' **10' 11** 12 **14** 15' 16' **17** 18 19'; w 18 19' **20** – Das gefeierte Cru-classé-Gut mit Wellnesshotel (»Les

Sources de Caudalie«) zählt regelmäßig zu den Stars von PESSAC-LÉOGNAN. Die Weißen sind voll, reif und süffig, die Roten präzise und nobel (alle aus zertifiziert ökologischem Anbau). 2020 war der 30. Jahrgang der Eigentümerfamilie Cathiard. Zweitetikett: Les Hauts de Smith. Außerdem Le Petit Haut Lafitte auf CABERNET-SAUVIGNON-Basis.

Sociando-Mallet H-Méd ★★★ 05 06' 08 09' 10' 11 12 **14 15'** 16' 18 19' 20 – Großes Gut in St-Seurin-de-Cadourne (HAUT-MÉDOC), 1969 von Jean Gautreau begründet. Weine auf Cru-classé-Niveau zum Einlagern (54% MERLOT, 46% CABERNET SAUVIGNON/CABERNET FRANC). Zweitetikett: La Demoiselle de Sociando-Mallet.

Sours, de Bx ★★ Erzeuger mit gutem Ruf für BORDEAUX-Rosé (BV); außerdem guter Weißwein und annehmbarer roter Bordeaux. Seit der chinesische Internetunternehmer Jack Ma (Alibaba) den Betrieb 2015 erwarb, vollzieht sich ein grundlegender Wandel.

Soutard St-Ém ★★★ 09 **10** 12 14 **15** 16' **17** 18' 19' 20' 21 – Potenziell hervorragender GRAND CRU CLASSÉ auf dem Kalksteinplateau. Beträchtliche Investitionen seit 2018 haben große Fortschritte bewirkt. Hauptrebsorte ist MERLOT (63%). Zweitetikett: Petit Soutard. Besucher sind willkommen. Schwesterbetrieb ist Ch. LARMANDE.

Suduiraut Saut ★★★★ 05' 06 07' 09 10' **11'** 13 **14 15' 16'** 17' 18 19' 20' 21 – Einer der allerbesten SAUTERNES-Erzeuger: Die Qualität der üppigen Weine (überwiegend SÉMILLON) ist sehr beständig. Dafür sorgt seit vielen Jahren Kellerchef Pierre Montégut. Zweitetiketten: Castelnau de Suduiraut und Les Lions de Suduiraut (fruchtiger). Außerdem die trockenen Weißweine »S« und Le Blanc Sec (Einstiegsniveau).

Taillefer Pom ★★ 08 09' 10 12 14 **15** 16 18' 19 20' – Die Weine auf MERLOT-Basis (75%) stammen aus eher sandigen Böden und sind zwar von etwas leichterer Art, dafür aber geschliffen und raffiniert. Gutsleiterin ist Claire Moueix.

Talbot St-Jul ★★★ 04 **05'** 08 09' 10' 11 **12 14 15** 21 – Großer 4. Cru (110 ha) im Herzen der AC ST-JULIEN. Sehr voller, absolut hinreißender Wein von verlässlicher Qualität. Stéphane DERENONCOURT berät. Zweitetikett: Connétable de Talbot. Außerdem zugänglicher Caillou Blanc auf SAUVIGNON-BLANC-Basis.

Tertre, du Mar ★★★ 08 09' 10' 12 **14 15'** 16' 18' 19' 20 – Der isoliert gelegene 5. Cru südlich von MARGAUX hat seit 2021 einen neuen Eigentümer, Grands Chais de France. Frische (dank 5% PETIT VERDOT), fruchtige Weine mit schöner Struktur und herrlichem Duft (20% CABERNET FRANC). Zweitetikett: Les Hauts du Tertre. Auch trockener weißer VIN DE FRANCE namens Tertre Blanc. Besucher sind willkommen.

Tertre Rotebœuf St-Ém ★★★★ 04 05' 06' 07 08 09' 10' 11 12 **14' 15'** 16' 17 18' 19 20 21 – Das kleine, nicht klassifizierte Gut, der Star der Côtes von ST-ÉMILION, erzeugt konzentrierten, exotischen, langlebigen Wein – das Werk von François Mitjavile (dem auch ROC DE CAMBES gehört). Erschreckend hohe Preise.

Thieuley Bx ★★ Das ENTRE-DEUX-MERS-Weingut erzeugt verlässlich guten roten und weißen AOC BORDEAUX sowie die in Eiche ausgebaute CUVÉE Francis Courselle (rot und weiß). Chefinnen sind die Schwestern Marie und Sylvie Courselle.

Tour Blanche, La Saut ★★★ 05' 06 07' 08 09' **10'** 11' **13 14 15 16' 17** 18' 19' 20 21 – Hervorragender PREMIER CRU CLASSÉ in SAUTERNES mit sehr vollen, ausladend-kraftvollen Weinen der eher süßen Art; SÉMILLON (83%) herrscht vor. 2020 belief sich der Ertrag nur auf 1,8 hl/ha. Zweitetikett: Les Charmilles de La Tour Blanche.

Tour Carnet, La H-Méd ★★★ 04 05' 06 08 09' 10' 12 **14 15** 16' 18' 19' 20 21 – Großes Cru-classé-Gut im nördlichen HAUT-MÉDOC von Bernard Magrez (FOMBRAUGE, PAPE CLÉMENT), der hier auch eine Privatsammlung von 75 Rebsorten anlegte. Der Wein ist konzentriert und opulent. Zweitetikett: Les Pensées de La Tour Carnet. Besucher sind willkommen.

Tour de By, La Méd ★★ 09 10 12 14 **15' 16' 18** 19' 20' – Größerer Familienbetrieb im nördlichen MÉDOC mit zertifiziert umweltfreundlicher Bewirtschaftung. Stämmige, aber beliebte und verlässliche Weine auf CABERNET-SAUVIGON-Basis (60 %), die alt werden können. Außerdem ein Rosé.

Im Jahr 2020 wurden im Bordelais 19.952 Hektar (zertifiziert) ökologisch bewirtschaftet.

Tour de Mons, La Mar ★★ 08 09' 10 12 14 **15' 16'** 18' 19 20 – Der CRU BOURGEOIS supérieur hat seit 2020 denselben Besitzer wie LABÉGORCE; seitdem geht es kräftig aufwärts. Preiswert.

Tour du Haut-Moulin H-Méd ★★ 05' 06 08 09 10 14 **15' 16' 18** 19 (20) – CRU BOURGEOIS (2020 bestätigt) im nördlichen HAUT-MÉDOC mit intensiven, strukturierten, klassischen Weinen zum Einlagern.

Tour du Pas St-Georges St-Ém ★★ 10 12 14 15 **16 18** 19 (20) – Gut in ST-GEORGES-ST-ÉMILION unter Leitung der Familie Delbeck. Weine in klassischem Stil. Ferner die Spezial-Cuvée Âme.

Tour Figeac, La St-Ém ★★ 09' 10' 12 14 **15' 16'** 18' 19' 20 21 – GRAND CRU CLASSÉ im Kiesbodenbereich von ST-ÉMILION. Feine, blumige Weine aus biodynamischem Anbau.

Tour Haut Caussan, La Méd ★★ 09 10' 12 14 15 **16' 18** 19 (20) – Von der Familie Courrian geführtes Gut mit verlässlichen, günstigen Weinen von jeweils 50 % CABERNET SAUVIGNON und MERLOT aus Kalk-Lehm-Boden.

Tournefeuille Lalande de Pomerol ★★ 09 10' 12 14 15' **16 18** 19 20 – Verlässliches Gut in LALANDE DE POMEROL mit Ton- und Kiesböden. Runder, fester, fleischiger Wein.

Tour St-Bonnet, La Méd ★★ 10' 15 **16 18** 19 (20) – CRU BOURGEOIS mit (in der Regel) preiswertem Wein (MERLOT, CABERNET SAUVIGNON, CABERNET FRANC, PETIT VERDOT, MALBEC), der in Spitzenjahren am besten gerät.

Trois Croix, Les Fron ★★ 09 10 12 14 15 **16' 17 18'** 19' 20 – Verlässliches Gut im Besitz der Familie Léon (seit 1995); für die Weinbereitung ist Bertrand Léon zuständig. Ausgewogene, feine und preiswerte Weine (80 % MERLOT) aus Kalk-Lehm-Böden.

Tronquoy-Lalande St-Est ★★★ 09' 10' 11 12 **14 15'** 16' **17** 18' 19' 20 21 – Die Weine aus quasiökologischem Anbau sind von beständiger Qualität, tiefdunkel und überzeugend; vorwiegend Merlot (49 %). Zweitetikett: Tronquoy de Ste-Anne. Außerdem ein wenig weißer BORDEAUX. Ch. MONTROSE gehört ebenfalls dazu.

Troplong Mondot St-Ém ★★★ 08 09 **10** 12 **14** 15' 16 17 18' 19' 20 21 – PREMIER GRAND CRU CLASSÉ (B) auf dem Kalksteinplateau; seit 2017 (Eigentümerwechsel) fließt jede Menge Geld in den Betrieb, u. a. neue Kellerei, Restaurant, außerdem stilistische Neuorientierung. Zunehmend elegantere und frischere Weine mit Kraft und Tiefe (frühere Lese, weniger neue Eiche). Zweitetikett: Mondot.

Trotanoy Pom ★★★★ 05' 06 08 09' **10'** 11 12 **14 15'** 16' 17 18' 19' 20 21 – Das Gut zählt zu den Kronjuwelen des J.-P. MOUEIX: Die Weine sind kraftvoll, dicht gewirkt und langlebig (90 % MERLOT, 10 % CABERNET FRANC; 2019 und 2020 ausschließlich Merlot).

Trotte Vieille St-Ém ★★★ 08' 09' **10'** 12 **14 15** 16' 17 18' 19' 20 – PREMIER GRAND CRU CLASSÉ (B) im Besitz von BORIE-MANOUX. Die Qualität ist jetzt beständiger, die Weine sind frisch und strukturiert mit langem Abgang. Hoher CABERNET-FRANC-Anteil (mind. 50 %). Die Kelleranlagen wurden kürzlich renoviert. Zweitetikett: La Vieille Dame de Trotte Vieille.

Valandraud St-Ém ★★★★ 05' 06 08 09' **10** 11 12 **13 14** 15' 16' 17 18 19' 20 21 – Das einstige Garagenwein-Wunder ist jetzt ein PREMIER GRAND CRU CLASSÉ (B). Der früher extrem konzentrierte Wein ist heute voll, dicht und ausgewogen. 2021 wurden an Nachhaltigkeitskriterien orientierte neue Kelleranlagen in Betrieb genommen. Außerdem Virginie de Valandraud und Valandraud Blanc.

Vieille Cure, La Fron ★★ 10' 14 15 **16'** 17 **18'** 19' 20 – Führendes Gut in FRONSAC mit verlockenden, günstigen Weinen. Önologischer Berater ist Jean-Luc Thunevin (VALANDRAUD).

Vieux Château Certan Pom ★★★★ 05' 06 07 08 09' **10' 11' 12 13** 14 15' 16' 17 18' 19' 20' 21 – Eines der großen POMEROL-Gewächse, stilistisch aber ganz anders als Nachbar PETRUS, nämlich elegant, harmonisch und mit herrlichem Duft. Einer der Gründe ist der hohe Anteil (30 %) alter CABERNET-FRANC- und CABERNET-SAUVIGNON-Reben. Große Beständigkeit und Langlebigkeit. Geleitet wird der Betrieb von Alexandre Thienpont und seinem Sohn Guillaume.

Vieux Château St-André St-Ém ★★ 10 14 15' **16'** 17 **18** 19 (20) – Kleines Weingut im Besitz des früheren Kellerchefs von PETRUS in MONTAGNE ST-ÉMILION (vorwiegend MERLOT). Gutes Preis-Leistungs-Verhältnis.

Villegeorge, de H-Méd ★★ 09' 10 14 15 **16 18** 19 20 – Kleines Gut im südlichen HAUT-MÉDOC mit leichten, aber eleganten Weinen (63 % CABERNET SAUVIGNON). Eigentümerin ist Marie-Laure Lurton.

Vray Croix de Gay Pom ★★★ 08 09' **10** 12 14 **15** 16' 17 **18'** 19' 20' – Sehr kleine Reblage (insgesamt sieben Parzellen) im besten Bereich von POMEROL, zertifiziert umweltfreundlicher Anbau mit Ökoeinschlag. Eigentümer ist die Versicherungsgesellschaft Suravenir (CALON-SÉGUR). Die Weine zeigen neuerdings mehr Finesse.

Yquem, d' Saut ★★★★ 01' 02 03' 04 05' 06' 07 08 09' **10' 11' 13'** 14 **15' 16'** 17' 18' (19) – Der König der *liquoreux* (Süßweine): stark, intensiv und üppig, 2 Jahre Fassausbau. Die meisten Jahrgänge sollten mindestens 15 Jahre reifen; einige überdauern auch 100 Jahre und mehr in überirdischer Grandezza. Derzeit stehen 100 ha unter Ertrag (75 % SÉMILLON, 25 % SAUVIGNON BLANC). Kein Yquem wurde in den Jahren 1951, 1952, 1964, 1972, 1974, 1992 und 2012 erzeugt. Außerdem halbtrockener »Y« (sprich: Igrek) von 75 % SAUVIGNON BLANC und 25 % SÉMILLON (5 g/l Restsüße) in geringen Mengen. Neuer technischer Direktor seit 2021. Kellermeisterin Sandrine Garbay hat die Reifezeit verkürzt und die Weine frischer gemacht. Yquem wird in der Spitzengastronomie jetzt jung und glasweise ausgeschenkt.

Italien

Die folgenden Abkürzungen werden im Text verwendet:

Abr	Abruzzen
Ao	Aostatal
Apu	Apulien
Bas	Basilikata
Em-Ro	Emilia-Romagna
F-JV	Friaul–Julisch Venetien
Kal	Kalabrien
Kamp	Kampanien
Lat	Latium
Lig	Ligurien
Lomb	Lombardei
Mar	Marken
Mol	Molise
Piem	Piemont
Sar	Sardinien
Siz	Sizilien
Tosk	Toskana
T-S	Trentino–Südtirol
Umb	Umbrien
Ven	Venetien
DOC(G)	Denominazione di Origine Controllata (e Garantita): Kontrollierte (und garantierte) Herkunftsbezeichnung; DOCG ist die höchste Stufe der DOC; *siehe auch* Seite 169.
IGT	Indicazione Geografica Tipica

Alles steht und fällt mit dem Terroir. Wie kommt es, dass Barolo aus de Lage Vignarionda sich so sehr vom Barolo Brunate desselben Pro duzenten unterscheidet, obwohl er genauso hergestellt wird? Und warun schmecken Weine von der australischen Fiano-Traube so anders als die au Kampanien? Alle Rebsorten übermitteln Informationen über ihren Standort aber manche (Riesling, Pinot noir, Nebbiolo) anscheinend mehr als andere Einheimische italienische Reben lassen sich in dieser Hinsicht auch nicht lum pen, aber weil sie weniger bekannt sind, wird man sich gar nicht bewusst, wi terroirspezifisch einige bzw. eigentlich sogar die meisten von ihnen sind. Di alten Römer nannten das treffend Genius Loci oder »Ortsgeist«, und es gi auf jeden Fall für Lebens- und Genussmittel, denn sie künden von dem Or an dem sie entstehen, und von den Personen, die sie erzeugen. Und deshal ist Chianti Classico von 100% Sangiovese aus den beiden Unterbereiche Gaiole und Radda gemeinhin schlanker und säurereicher als der aus Castel nuovo Berardenga, einem weiteren Unterbereich, der wärmer ist und desse Böden weniger Eisen und mehr Kalkstein enthalten. Italien verfügt über ei breites Spektrum von Habitaten mit erheblichen Unterschieden im Hinblic auf Ausrichtung und Höhenlage, Temperaturen, Regenfälle und Böden. Di Weinberge erstrecken sich von den Alpen mit hohen Tagestemperaturschwan kungen über Hügellandschaften mit kontinentalem Klima bis zu mediterrane Klimazonen (wo der größte Teil der italienischen Rebflächen anzutreffen ist Die für Italien typischen unzähligen Terroirs sind eine direkte Folge seine Topografie und seiner geologischen Ursprünge. Blanc de Morgex et de la Sall (im Aostatal) sowie die Roten und Weißen aus dem Valtellina und vom Ätn sind Bergweine; von hohen Hügeln stammen die Weine aus den piemonte sischen Langhe oder aus Matelica (Marken), während die Trauben im Colli (Friaul–Julisch Venetien) und in Teilen der Franciacorta auf niedrigeren Hü

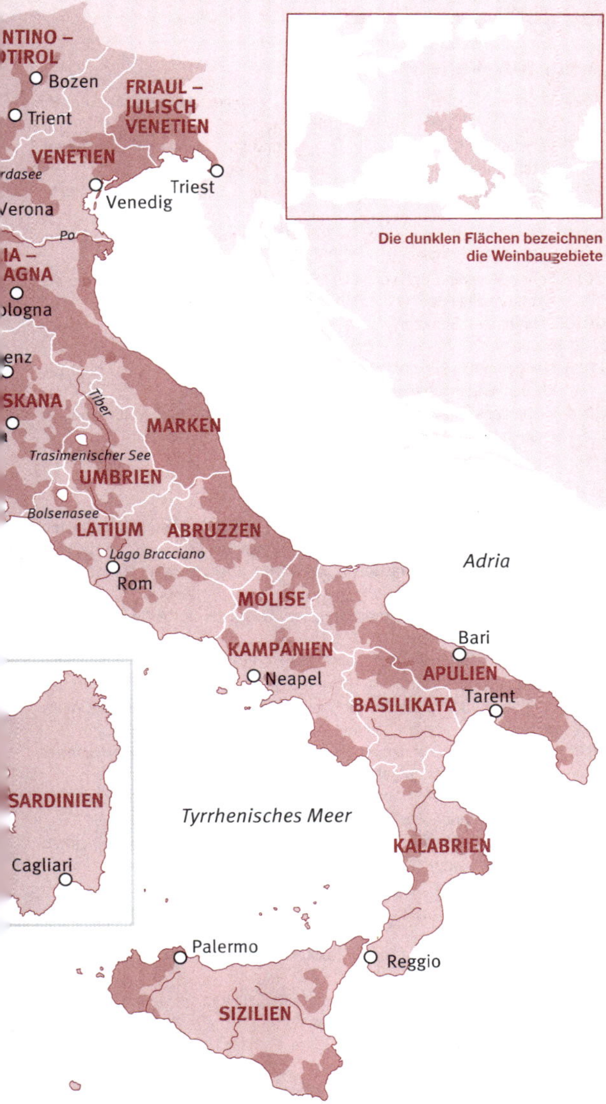

Die dunklen Flächen bezeichnen die Weinbaugebiete

geln wachsen. In der Ebene sind einige Lambrusco-Gewächse aus der Emilia-Romagna, der unglaublich intensive Nero d'Avola aus Pachino (Sizilien) und der großartige Vernaccia di Oristano aus Sardinien beheimatet. Natürlich sind Weine aus einem speziellen Terroir nicht »besser« als die aus einem anderen, nur eben anders. Und das muss man einfach genießen.

Neuere Jahrgänge

Amarone, Venetien, Friaul

2021 Venetien: trocken, sehr gute Qualität, geringere Mengen. Friaul: sehr gute Qualität, ungleichmäßige Mengen.

2020 Venetien: ausgewogen, gute Qualität und gute Mengen. Friaul: verregneter Juni, ungleichmäßig, besser für Weißweine.

2019 Geringe Mengen. Venetien: gut für Amarone, Soave. Friaul: ordentliche Qualität.

2018 Optimale Wetterbedingungen. Gute Mengen und gute Qualität, besonders frische Weißweine.

2017 Sehr schwierig (Regen ohne Unterlass); krautiger Amarone steht zu befürchten, allgemein grüne Rotweine.

2016 Sehr heißer Sommer; runde, aber säurearme üppige Rote, robuste Weiße.

2015 Mengenmäßig gut, qualitätsmäßig besser; sehr gute Rote aus Friaul. Die Weißen sind frischer als ursprünglich angenommen.

2014 Nicht denkwürdig für Amarone, besser für Soave und Weißweine aus Friaul; sehr guter Valpolicella.

Kampanien und Basilikata

2021 Kampanien: ausgewogen, gute Qualität, geringere Mengen (am besten für Rotwein). Basilikata: späte Lese, klassischer, sehr guter Jahrgang.

2020 Ähnlich wie 2019. Klassisch, ausgewogen, aber geringere Mengen. Gut für Rot- und Weißweine.

2019 Klassischer, ausgewogener Jahrgang. Am besten für Aglianico, gut für Weiße.

2018 Regnerisch, aber die Weißen sind frisch und lebhaft; geschmeidige Rote (Aglianico am besten).

2017 Geringe Mengen an Rotweinen, denen körnige Tannine zusetzen. Weißweine flach; Greco am besten.

2016 Ein kühler Frühling verzögerte die Blüte, dank dem heißen Sommer konnte das wieder aufgeholt werden. Fiano am besten.

2015 Heißer, trockener, früher Sommer: reife (bisweilen anspruchsvolle) Rote, ausladende Weiße. Austrinken.

2014 Regen; wechselhafte Qualität. Grünen Aglianico und Piedirosso meiden. Die Weißen sind recht gut.

Marken und Abruzzen

2021 Heiß, trocken, späte Lese. Gute Qualität, aber geringe Erträge. Gut für spät reifende Sorten.

2020 Ungleichmäßig, aber stellenweise hohe Qualität; verregneter Juni, frisches Wetter. Gut für spät reifende Sorten.

2019 Schwieriges Jahr. Verregneter, kalter Frühling. Geringe Mengen, mittlere Qualität.

2018 Wechselhafter Frühling. Weine ausgewogener als 2017. Sehr große Mengen, gute Qualität bei Roten und Weißen.

2017 Getrost vergessen: heiß und trocken. Rote körnig, Weiße überreif. Geringe Mengen.

2016 Regen, Kälte und Sonnenmangel sorgten für ein schwieriges Jahr. Am besten schlug sich wahrscheinlich der Pecorino: Zitronen- und Feigennoten.

2015 Heißer Sommer; die Weißen sind frischer als erwartet (v. a. Trebbiano), die Roten reif.

2014 Marken: geschmeidige Rot-, klassische Weißweine. Abruzzen: Pecorino am besten.

Piemont

2021 Guter Jahrgang trotz des warmen, trockenen Sommers. Gute Qualität, geringere Mengen.

2020 Klassisch. Etwas weniger ausgewogen als 2019, aber elegant. Besser für Barbera als für Nebbiolo.

2019 Klassischer Jahrgang, ausgewogener als 2018. Geringere Mengen, aber höhere Qualität.

2018 Trotz eines schwierigen Frühlings potenziell klassischer Barolo und Barbaresco.

2017 Man kann sich an kaum ein Jahr erinnern, in dem so früh gelesen wurde. Manchen Weinen fehlt es an Tiefe.

2016 Potenzieller Spitzenjahrgang; klassischer, duftender, lagernswerter Barolo/Barbaresco.

2015 Hervorragender Barolo/Barbaresco. Sollte lange halten. Barbera und Dolcetto gut, Grignolino weniger.

2014 Regen: Spät gelesene Trauben entwickelten sich prächtig. Barbaresco (nicht Barolo) am besten.

Frühere gute Jahrgänge: 2010, 2008, 2006, 2004, 2001, 2000, 1999, 1998, 1997, 1996, 1995, 1990. Jahrgänge, die noch lagern können: 2010, 2006, 2001, 1999, 1996. Jahrgänge, die man austrinken sollte: 2011, 2009, 2003, 2000, 1997, 1990, 1988.

Toskana

2021 Sehr guter Jahrgang (obwohl warm und trocken), vor allem für Sangiovese (besser in frischeren Lagen).

2020 Sehr guter, aber komplizierter Jahrgang. Weniger Kraft und Alkohol als 2019, elegant.

2019 Vielleicht einer der besten Jahrgänge seit 2000. Klassisch, ausgewogen. Gute Qualität und Mengen.

2018 Rotweine gut: mit stahliger Persönlichkeit und Langlebigkeit.

2017 Heißer, sehr schwieriger Jahrgang. Besser im Chianti Classico als in der Maremma an der Küste.

2016 Heißer Sommer, frischer September; Erfolg in der ganzen Region. Geringe Mengen.

2015 Reichhaltige, geschmacksintensive Rote mit guter Reife; manche weich.

2014 Gesteigerte Mengen, wechselhafte Qualität, Vorsicht beim Kauf.

Frühere gute Jahrgänge: 2011, 2010, 2008, 2007, 2006, 2004, 2001, 1999, 1997, 1995, 1990. Jahrgänge, die noch lagern können: 2010, 2001, 1999. Jahrgänge, die man austrinken sollte: 2007, 2006, 2004, 2003, 2000, 1997, 1995, 1990.

Abrigo, Orlando Piem ★★★ BARBARESCO von der mineralischsten, stahligsten, ausgefeiltesten Sorte. Spitzenweine: Meruzzano, Montersino und der neue Barbaresco 111 (Rosé von 100% NEBBIOLO).

Accornero Piem ★★★ Einige der besten mittelschweren Rotweine Italiens. Grignolino in Höchstform im Bricco del Bosco (in Stahl ausgebaut) und im Vigne Vecchie (in Eiche ausgebaut). Ebenfalls sehr gut ist der BARBERA Cima.

Adriano, Marco e Vittorio Piem ★★★ Hohe Qualität, niedrige Preise, BARBARESCO voller früher Anmut. Eine der sicheren Empfehlungen für italienischen Wein. Spitze: Basarin, Sanadaive.

Aglianico del Taburno Kamp ★→★★★ DOCG – Rund um Benevento. Vulkanböden, meist lehm- und kalkhaltig. Allgemein kühleres Klima als Taurasi. Würzigere Noten (Leder und Tabak) und Kräuter, mehr Säure als andere AGLIANICO-Weine. Gute Erzeuger: CANTINA del Taburno, Fontanavecchia, La Rivolta.

Aglianico del Vulture Bas ★→★★★ DOC(G) **12 13** 15 16 (18) – DOC nach einem Jahr Reife, SUPERIORE nach drei Jahren, RISERVA nach fünf Jahren. Von den Hängen des erloschenen Vulkans Monte Vulture. Floraler (Veilchen), mehr dunkle Früchte (Pflaumen), Rauch und Gewürze als andere AGLIANICO-Weine. Spitzenerzeuger: Elena FUCCI, GRIFALCO. Ebenfalls gut: CANTINA di Venosa, Cantine del Notaio, D'Angelo, Mastrodomenico, Paternoster, Re Manfredi.

Alba Piem – Trüffeln, Haselnüsse und die prestigeträchtigsten Weine des Piemont, wenn nicht Italiens: BARBARESCO, BARBERA D'ALBA, BAROLO, DOGLIANI (Dolcetto), Langhe, NEBBIOLO D'ALBA, ROERO.

Albana di Romagna Em-Ro ★→★★★ BV – Die erste »weiße« DOCG in Italien – die nur der süße PASSITO rechtfertigt, denn der trockene Wein und der Schaumwein sind oft unbedeutend. Am besten: Passito Fattoria Zerbina, Giovanna Madonia, PODERE Morini (PASSITO Cuore Matto), Tre Monti.

Alessandria, Fratelli Piem ★★★ Seit 1870 BAROLO-Spitzenerzeuger in VERDUNO. Die besten Crus: Monvigliero, San Lorenzo. Sehr gut auch der Verduno Speziale und der neue Barolo di Verduno.

Allegrini Ven ★★ Beliebter VALPOLICELLA-Erzeuger. Der beste Wein ist der elegante AMARONE. Eigentümer von POGGIO al Tesoro und Poggio San Polo in der TOSKANA.

Almondo, Giovanni Piem ★★★→★★★★ Spitzenweingut im ROERO. Am besten sind der Roero ARNEIS Bricco delle Ciliegie und Rive del Bricco. Auch hervorragender Freisa. Sehr gut: der rote Roero Bric Valdiana.

Alta Langa Piem ★★→★★★ DOCG – Der erste italienische METODO CLASSICO wird seit Mitte des 19. Jh. in »unterirdischen Kathedralen« erzeugt. Nur Jahrgangswein und einfach PINOT NERO und CHARDONNAY. Beste Erzeuger: BANFI (Cuvée Aurora und Aurora 100 Mesi), COCCHI-BAVA, Contratto, FONTANAFREDDA, Gancia, Ettore GERMANO, Rizzi, Enrico Serafino (RISERVA Zero 140 und Riserva Zero).

Altare, Elio Piem ★★★ Jetzt unter Leitung von Elios Tochter Silvia. Besonders empfehlenswert sind die BAROLO-Weine Arborina, Cannubi, Cerretta VIGNA Bricco, Unoperuno (eine Auslese aus der Lage Arborina).

Alto Adige (Südtirol) T-S DOC – Aus der gebirgigen Provinz Bozen kommen heute die wohl besten Weißweine Italiens, aber auch unterschätzte Rotweine. Es dominieren deutsche Rebsorten: GEWÜRZTRAMINER, KERNER, SYLVANER, aber auch PINOT GRIGIO. GRÜNER VELTLINER und RIESLING sind hoffnungslos überbewertet; der PINOT BIANCO hat das Zeug zum Weltbesten. Der PINOT NERO ist oft zu eichenlastig; Lagrein in guten Jahren.

Alto Piemonte Piem – Die Wiege Piemonteser Qualität im 19. Jh. (40.000 ha). Saure Böden, die Ausrichtung, das Klima und unterschiedliche Höhenlagen im nordöstlichen PIEMONT bieten ideale Bedingungen für viele verschiedene Weine von NEBBIOLO (der hier Spanna heißt). Die wichtigsten DOC(G)s sind BOCA, BRAMATERRA, Colline Novaresi, Coste della Sesia, Fara, GATTINARA, GHEMME, LESSONA, Sizzano, Valli Ossolane. Viele herausragende Weine. In Wirklichkeit selten sortenrein: Es werden meist geringe Mengen von Croatina, Uva Rara und Vespolina beigemischt.

Ama, Castello di Tosk ★★★★ Das Weingut erzeugte in den 1980er-Jahren als eines der ersten CHIANTI CLASSICO und setzte auf Qualität. Am besten ist der Gran Selezione VIGNETO Bellavista; La Casuccia belegt den hervorragenden zweiten Platz. Sehr gut auch der San Lorenzo. Der MERLOT L'Apparita ist einer der drei Besten seiner Art in Italien.

Was die Abkürzungen bedeuten

Denominazione di Origine Controllata (DOC) Geprüfte Herkunftsangabe; entspricht der französischen AC.

Denominazione di Origine Controllata e Garantita (DOCG) Geprüfte und garantierte Herkunftsangabe; die höchste Qualitätsstufe in Italien. Garantie? Das Risiko trägt nach wie vor der Käufer.

Indicazione Geografica Tipica (IGT) Geografische Angabe des Typs. Umfassender und weniger reguliert als DOC, vergleichbar mit dem französischen Vin de pays.

Denominazione di Origine Protetta/Indicazione Geografica Protetta (DOP/IGP) Geschützte Herkunftsbezeichnung/geografische Angabe. Wenn es nach der EU ginge, würden diese Kategorien Italiens DOC/IGT ersetzen.

Menzione Geografica Aggiuntiva (MGA) Zusätzliche geografische Erwähnung, z. B. Unterbereich, entspricht dem französischen Cru.

Amarone della Valpolicella Ven ★★→★★★★ DOCG **10** 11' 13 15 16 (17) (18) – Das (historische) CLASSICO-Gebiet sowie Val d'Illasi und Valpantena (im erweiterten Bereich) bringen teilweise einzigartige Weltklasseweine von rosinierten Trauben hervor; leider sind jedoch trotz des Kults viele weniger gut, als sie sein sollten. Beim Kauf ist Sorgfalt angeraten. *Siehe auch* VALPOLICELLA und Kasten Seite 203.

Antinori, Marchesi L. & P. Tosk ★★→★★★★ Diese Familie spielte eine maßgebliche Rolle für die Renaissance des italienischen Weins im 20. Jahrhundert. Spitze sind der CHIANTI CLASSICO (Tenute und Badia a Passignano), Cervaro (Castello della Sala, Umbrien), die zwei ausgezeichneten SUPERTOSKANER (TIGNANELLO und SOLAIA) sowie der BAROLO von Prunotto (PIEMONT). Auch MONTALCINO (Pian delle Vigne), MONTEPULCIANO (La Braccesca), Weine aus APULIEN (Tormaresca), Friaul–Julisch Venetien (Jermann) und der toskanischen MAREMMA (Fattoria Aldobrancesca).

Antoniolo Piem ★★★ Langlebiger, mustergültiger GATTINARA. Herausragend die RISERVA-Weine Osso San Grato und San Francesco.

Apulien Italienisch Puglia, der Absatz des italienischen Stiefels. Viele preiswerte Rotweine von Reben wie Bombino nero, NEGROAMARO, PRIMITIVO, Susumaniello und Uva di Troia. Bombino bianco, der aromatische Minutolo und Verdeca sind die interessantesten Weißweine. Die besten Bereiche sind Castel del Monte, Gioia del Colle Primitivo, PRIMITIVO DI MANDURIA und SALICE SALENTINO.

Argiano, Castello di Tosk ★★★ Markanter, ausgefeilter, aber schmackhafter BRUNELLO vom Gut der Familie Sesti. Der klassische Brunello und der RISERVA Phenomena sind anders, aber ebenso gut.

Argiolas Sar ★★→★★★ Spitzenerzeuger, Trauben von der Insel. Hervorragend sind die Einzellagenweine Iselis Monica, Iselis Nasco, Turriga (★★★), Vermentino di Sardegna (Meri) und der Spitzensüßwein Angialis (hauptsächlich von der einheimischen Nasco-Rebe). Bovale Korem, CANNONAU RISERVA Senes, CARIGNANO DEL SULCIS (Is Solinas und Cardenera) sowie der neue Schaumwein Argiolas M.C. (von Nuragus-Trauben) sind sehr gut.

Barbaresco-Unterbereiche

BARBARESCO entsteht hauptsächlich in vier Gemeinden, in vier unterschiedlichen Stilen: **Barbaresco** – am vollendetsten, ausgewogensten. Asili (Bruno GIACOSA, CA' DEL BAIO, CERETTO, PRODUTTORI DEL BARBARESCO), Martinenga (MARCHESI DI GRESY), Montefico (Produttori del Barbaresco, ROAGNA), Montestefano (Giordano Luigi, Produttori del Barbaresco, Rivella Serafino), Ovello (CANTINA del Pino, ROCCA ALBINO), Pajè (Roagna), Pora (Ca' del Baio, Musso, Produttori del Barbaresco), Rabaja (CASTELLO DI VERDUNO, Cortese Giuseppe, Bruno GIACOSA, Produttori del Barbaresco, Rocca Bruno), Rio Sordo (Cascina Bruciata, Cascina delle Rose, Musso, Produttori del Barbaresco), Roncaglie (Poderi COLLA). **Neive** – am kraftvollsten, fleischigsten. Albesani (Castello di Neive, Cantina del Pino), Basarin (ADRIANO MARCO E VITTORIO, Giacosa Fratelli, Negro Angelo, PAITIN, SOTTIMANO), Bordini (La Spinetta), Currá (Bruno Rocca, Sottimano), Gallina (Castello di Neive, Cerretto, Lequio Ugo, ODDERO, La Spinetta), Serraboella (Cigliuti, Paitin), Starderi (La Spinetta). **San Rocco Seno d'Elvio** – am zugänglichsten, weichsten. Rocche Massalupo (Lano, Tenuta Barac), Sanadaive (Adriano Marco e Vittorio). **Treiso** – am frischesten, ausgefeiltesten. Bernardot (Ceretto), Bricco di Treiso (PIO CESARE), Marcarini (Ca' del Baio), Montersino (Orlando ABRIGO, ROCCA ALBINO), Nervo (RIZZI), Pajoré (Rizzi, Sottimano), Rombone (Fiorenzo Nada, Luigi Oddero).

Asti Piem ★→★★ oJ – Schaumwein von MOSCATO bianco, geringere Qualität als MOSCATO D'ASTI und seinen DOCG-Status nicht wirklich wert. Probierenswert: Bera, Cascina Fonda, Caudrina, Vignaioli di Santo Stefano. Jetzt auch trockener Asti Secco.

Avignonesi Tosk ★★★ Großes biodynamisch arbeitendes Gut. Italiens bester Vin Santo. Spitzenreiter sind VINO NOBILE Poggetto di Sopra (von einer Einzellage) und Grandi Annate, aber MERLOT Desiderio, 50&50 (Merlot/SANGIOVESE) und CHARDONNAY Il Marzocco sind beachtliche internationale Weine.

Azelia Piem ★★★ Markante, elegante BAROLOS von Luigi Scavino und Sohn Lorenzo. Einige der besten Crus. Spitzenweine sind Bricco Fiasco, Ceretta, San Rocco und RISERVA Bricco Voghera. Auch sehr guter LANGHE NEBBIOLO.

Azienda agricola (oder agraria) Ein – großes oder kleines – Weingut, das selbst angebaute Trauben verkeltert.

Badia a Coltibouno Tosk ★★★ Einer der besten CHIANTI-CLASSICO-Erzeuger; jeder Wein lohnt den Kauf: Großartige Terroirs sind der Schlüssel zum beispiellosen Erfolg. Der SANGIOVETO ist sehr gut. Bioweingut.

Banfi (Castello oder Villa) Tosk ★→★★★ Riesenkellerei in MONTALCINO, doch der erstklassige, in limitierten Mengen erzeugte POGGIO all'Oro ist ein großartiger BRUNELLO. Sehr guter Moscadello und ALTA LANGA.

Barbaresco Piem ★★→★★★★ DOCG **11 12 13** 14 15 16 18 19 (20) – Oft besser als BAROLO, das mäßigere Renommee ist ungerechtfertigt. Wenn alle Voraussetzungen stimmen, suchen die Anmut, Alterungsfähigkeit und duftende Intensität ihresgleichen in Italien – und der ganzen Welt. Mindestalterung 26 Monate, davon neun im Holz; nach vier Jahren RISERVA. Beste Einzellagen und Erzeuger: *siehe* Kasten gegenüber. Zwei Hauptbodentypen: serravallianisch (abwechselnd sandige Schichten und grauer siltiger Mergel), im Allgemeinen elegante Weine mit ausgeprägtem Duft, nicht zu füllig und vielleicht weniger langlebig (vor allem in San Rocco Seno d'Elvio und Treiso); tortonisch (blaugrauer Mergel mit mehr oder weniger Sand), kräftig gebaute Weine, die altern (vor allem in Barbaresco und Neive).

Barbera d'Alba Piem DOC – Einzigartiger saftiger, sinnlicher BARBERA, ganz anders als die lebhaftere Variante mit mehr Säure aus Asti. AZELIA (Punta), BREZZA, CAVALLOTTO (Cuculo), CLERICO Domenico (Tre Vigne), Giacomo CONTERNO, CONTERNO FANTINO (Vignota), Ettore GERMANO (della Madre), Poderi COLLA (Costa Bruna), SOTTIMANO und VIETTI (Scarrone) setzen Zeichen. Der Pre-Phylloxera von COGNO ist konkurrenzlos.

Barbera d'Asti Piem – Der große DOCG-Bereich umfasst sehr unterschiedliche Böden (sandig bis mergelhaltig) und klimatische Bedingungen. Die Weine sind unterschiedlich, haben jedoch einen hohen Säuregehalt und fruchtige Noten gemein. Der SUPERIORE ist von höherer Qualität (aber oft zu eichenlastig). Der Nizza ist am besten – 100 % BARBERA aus Spitzenlagen – und braucht Zeit. Gute Erzeuger: BAVA, BRAIDA, Cascina Castlet, Dacapo, Marchesi di Gresi (Monte Colombo), TENUTA Olim Bauda, SCARPA (La Bogliona), Spertino, Vietti (La Crena).

Barbera del Monferrato Superiore Piem DOCG – Kalkreiche Böden bringen körperreichen BARBERA mit recht scharfen Tanninen und guter Säure hervor. Spitzenerzeuger: Accornero (Bricco Battista und Cima), Castello di Uviglie, Iuli (Barabba, Rossore).

Barberani Umb ★★→★★★ Bio-Gut an den Hängen des Lago di Corbara mit gutem bis ausgezeichnetem ORVIETO. Der Einzellagenwein Luigi e Giovanna ist der Star, gut sind auch Polvento und Calcaia (mit Edelfäule).

Bardolino Ven DOC(G) BV – Leichter, frischer Rotwein von den typischen VALPOLICELLA-Trauben; äußerst gefragt bei den Touristen am Gardasee. Die Anpflanzung von CABERNET SAUVIGNON, um üppigere Weine zu erzeugen, hat sich als tragischer Irrtum erwiesen. Am besten ist heute der Rosé, der in diesem Waldstreifen CHIARETTO heißt. Empfehlenswert: Cavalchina, Guerrieri Rizzardi, Zeni.

Barolo Piem DOCG 09 10' **11 12** 13 15 16' 17 (18) (19) – »König der Weine und Wein der Könige«: hundertprozentiger NEBBIOLO von insgesamt 2.000 ha. Muss bei der Freigabe 38 Monate (fünf Jahre für RISERVA) ausgebaut worden sein, davon 18 Monate im Holzfass. Die besten sind langlebige Weine mit Kraft und Eleganz, einem verlockenden floralen Duft und Sauerkirscharoma. Traditionell ein Verschnitt aus verschiedenen Lagen oder Gemeinden, heute sind jedoch die meisten Einzellagenweine. An die Stelle des »Cru«-Konzepts treten (zumindest in Barolo und Barbaresco) Unterbereiche, die offiziell MGA (Menzioni Geografiche Aggiuntive) heißen. Derzeit gibt es für Barolo elf Orts- und 170 (!) weitere geografische Bezeichnungen. Die oft unterschätzten Village-Weine (»Barolo del Comune di …«) sind eigentlich der beste Weg, um die unterschiedlichen Terroirs zu entdecken; am besten sind die aus Barolo (Virna), Grinzane (Canonica), La Morra (Ciabot Berton) und Serralunga (Ettore Germano, RIVETTO). Einzellagen und Spitzenerzeuger *siehe* Kasten Seite 172. Drei Hauptbodentypen: messinianisch (Kalk-Schwefel-Formation), weniger interessante Weine, Westhang von La Morra; serravallianisch (gräulicher gelbroter lockerer Kalkmer-

Italien

gel und Sand), Castiglione Falletto (Kraft), Monforte (Struktur), Serralunga (Wucht); tortonisch (blaugrauer kompakter Mergel und kalkiger Sand, jünger), Barolo (Anmut), La Morra (Duft).

Spitzen-Barolos

Hier sind einige erstklassige Einzellagen und ihre besten Erzeuger. **Bricco Boschis** (Castiglione Falletto): CAVALLOTTO (RISERVA VIGNA San Giuseppe); **Bricco delle Viole** (BAROLO): G. D. VAJRA; **Bricco Rocche** (Castiglione Falletto): CERETTO; **Briccolina** (Serralunga): RIVETTO; **Brunate** (La Morra, Barolo): Ceretto, ODDERO, Giuseppe RINALDI, VIETTI; **Bussia** (Monforte): Poderi COLLA (Dardi Le Rose), Aldo CONTERNO (Gran Bussia e Romirasco), FENOCCHIO Giacomo (auch Riserva 90 Dì), Oddero (Bussia Vigna Mondoca); **Cannubi** (Barolo): BREZZA, EINAUDI, FENOCCHIO Giacomo, PIRA & FIGLI – Chiara Boschis, Luciano SANDRONE, Virna; **Cerequio** (La Morra, Barolo): BOROLI, Roberto Voerzio; **Falletto** (Serralunga): Bruno GIACOSA (Riserva Vigna Le Rocche); **Francia** (Serralunga): Giacomo CONTERNO (Barolo Cascina Francia und Monfortino); **Ginestra** (Monforte): Domenico CLERICO (Ciabot Mentin), CONTERNO FANTINO (Sorì Ginestra and Vigna del Gris); **Lazzarito** (Serralunga): Ettore GERMANO (Riserva), Vietti; **Monprivato** (Castiglione Falletto): Giuseppe MASCARELLO (Mauro); **Monvigliero** (VERDUNO): G. B. BURLOTTO, CASTELLO DI VERDUNO, Fratelli ALESSANDRIA, Paolo SCAVINO; **Mosconi** (Monforte): Domenico Clerico, Conterno Fantino, PIO CESARE, Pira & Figli – Chiara Boschis; **Ornato** (Serralunga): Pio Cesare; **Ravera** (Novello): Elvio COGNO (Bricco Pernice), G. D. Vajra, Vietti; **Rocche dell'Annunziata** (La Morra): RATTI, Rocche Costamagna, Paolo Scavino (Riserva), TREDIBERRI, Roberto Voerzio; **Rocche di Castiglione** (Castiglione Falletto): BROVIA, Oddero, Roagna, Vietti; **Vigna Rionda** (Serralunga): Ettore Germano, VR Massolino, Oddero, Figli Luigi Oddero; **Villero** (Castiglione Falletto): Boroli, Brovia, Fenocchio Giacomo, Giuseppe Mascarello. Und der Barolo von Bartolo Mascarello enthält Rebgut aus Cannubi San Lorenzo, Ruè und Rocche dell'Annunziata. Eine Freude für Sommeliers.

Bastianich F-JV ★★→★★★ Der FRIULANO Plus ist einer der 30 besten italienischen Weißweine; der Bianco Vespa liegt nicht weit dahinter. Die Rotweine (Calabrone, REFOSCO del Peduncolo Rosso RISERVA Solo, Vespa Rosso) sind in weniger guten Jahren manchmal krautig und rau (unreife Trauben an der Luft zu trocknen, empfiehlt sich nie wirklich), in guten Jahren dagegen durchaus bemerkenswert.

Belisario Mar ★★→★★★ Qualitätsgenossenschaft, gutes Preis-Leistungs-Verhältnis. Größter Erzeuger von VERDICCHIO DI MATELICA. Spitzenwein: Cambrugiano RISERVA.

Benanti Siz ★★★ Dank der Familie Benanti ruhen die Augen der Welt auf dem Wein vom Ätna. Der Bianco SUPERIORE Pietramarina ist einer der besten italienischen Weißweine. Spitze sind der rote ETNA Riserva (Rovittello, Serra della Contessa) sowie die Selezione Contrade (Cavaliere, Monte Serra und Rinazzo). Ebenfalls sehr gut: Lamorèmio (NERELLO MASCALESE) und Noblesse 48 Mesi (Schaumwein von CARRICANTE).

Berlucchi, Guido Lomb ★★ Erzeugt Millionen Flaschen METODO-CLASSICO-Schaumwein. Flaggschiff ist der FRANCIACORTA Brut Cuvée Imperiale; sehr gut: Nature Dosaggio Zero 61.

Bersano Piem ★★→★★★ Große Mengen, trotzdem gute Qualität. BARBERA D'ASTI, GRIGNOLINO und Ruchè, alle nicht teuer und köstlich.

Bertani Domains (Toskana) Tosk ★★→★★★ Altbewährter Erzeuger von VALPOLICELLA und SOAVE. Zum Besitz gehört auch Fazi Battaglia in der MAREMMA.

Bertinga Tosk ★★★ Gut in Gaiole, CHIANTI. Am besten sind Bertinga (SANGIOVESE/MERLOT) und Punta di Adine (Sangiovese).

Biondi-Santi Tosk ★★★★ Erfand den BRUNELLO. Hohe Qualität, viel Säure und Tannine, die Jahrzehnte brauchen, bevor sie sich vollständig entfaltet haben.

Bisol Ven ★★★ Im Besitz der Familie Lunelli (FERRARI); setzt Qualitätsmaßstäbe bei PROSECCO. Die Top-Weine sind CARTIZZE und Relio Rive di Guia, doch Crede und Molera haben mit das beste Preis-Leistungs-Verhältnis in ganz Italien.

Boca Piem DOC – *Siehe* ALTO PIEMONTE. Gehört zum Kreis der großartigsten Rotweine. NEBBIOLO (70–90 %) sowie bis zu 30 % Uva Rara und/oder Vespolina. Vulkanische Quarzporphyr-Böden. Höchster, frischester Bereich in Alto Piemonte. Muss lange gelagert werden. Spitzenerzeuger: Le Piane. Gut: Carlone Davide, Castello Conti.

Bolgheri Tosk DOC – Mittlere Maremma, an der Küste, Wiege vieler teurer SUPERTOSKANER, vornehmlich auf der Basis französischer Sorten. Klingende Namen und hervorragende Qualität: ANTINORI (Guado al Tasso), GAJA (CÀ MARCANDA), Grattamacco. Am besten sind Le Macchiole, SAN GUIDO (SASSICAIA, das Original), Michele SATTA (Marianova, Piastraia) und ORNELLAIA (FRESCOBALDI); zur Spitzenriege zählt auch der legendäre sortenreine MERLOT Masseto.

Borgo del Tiglio F-JV ★★★→★★★★ Nicola Manferrari (einer der Spitzenweißweinerzeuger in Italien) und sein Sohn Mattia führen eines der besten Weingüter im COLLIO. Die Topreihe heißt Black Label: Collio FRIULANO RONCO della Chiesa, MALVASIA Selezione, Rosso della Centa und Studio di Bianco sind besonders eindrucksvoll.

Borgogno, Virna Piem ★★★ Familienbetrieb unter der Leitung von Virna Borgogno und ihrer Schwester Ivana. Äußerst preiswerter BAROLO aus berühmten Einzellagen: Cannubi und Sarmassa. Sehr gut auch Barolo del Comune di Barolo, Barolo Noi, RISERVA und der neue StoFuori (von Timorasso).

Boroli Piem ★★★ Achille leitet jetzt diese Kellerei, die ausschließlich BAROLO gewidmet ist. Am besten: Brunella (Alleinbesitz), Cerequio und Villero.

Boscarelli, Poderi Tosk ★★★ Kleines Weingut mit stets hochwertigem VINO NOBILE DI MONTEPULCIANO. Am besten sind Costa Grande (100 % SANGIOVESE aus einer Einzellage), Nocio dei Boscarelli und RISERVA Sotto Casa.

Bosco, Tenute Siz ★★★ Kleines Gut am Ätna im Besitz von Sofia Bosco, hohe Qualität. Am besten ist ETNA Rosso VIGNA Vico Prephylloxera, sehr gut auch Piano dei Daini (Rot-, Weiß- und Roséwein).

Botte (Plural *botti*) Großes Fass mit 6 bis 250 hl, meist aber zwischen 20 und 50 hl Kapazität, traditionell aus slawonischer, immer öfter jedoch auch aus französischer Eiche. Für Traditionalisten der ideale Behälter für den Ausbau italienischer Weine, in denen kein zu deutlicher Eichenton erwünscht ist.

Braida Piem ★★★ Wenn der BARBERA D'ASTI heute bekannt ist, dann verdankt er das der Familie Bologna, Botschafter dieses Weins auf der ganzen Welt. Spitzenweine sind Bricco dell'Uccellone, Bricco della Bigotta und Ai Suma; sehr gut sind Monella und Montebruna. Der GRIGNOLINO d'Asti Limonte ist einer der fünf besten in Italien.

Bramaterra Piem DOC r – Vulkanischer Porphyr und marine Sedimente; größte Vielfalt bei den Böden. Die Weine sind tendenziell leichter und weniger wuchtig als in den anderen Bereichen des ALTO PIEMONTE. Am besten von Antoniotti Odilio und Proprietà SPERINO.

Brezza Piem ★★★ Bio-Weingut; eine sichere Bank für Liebhaber traditioneller BAROLO-Weine. Außerdem sehr preiswerte Weine von berühmten Einzellagen, u. a. Cannubi, Castellero, Sarmassa (v. a. RISERVA VIGNA Bricco). Sehr guter BARBERA D'ALBA SUPERIORE und LANGHE NEBBIOLO; hervorragender Freisa.

Brigaldara Ven ★★★ Stefano Cesari erzeugt auf seinem Gut eleganten, aber kraftvollen AMARONE, der Zeichen setzt. Spitzenwein: Case Vecie.

Brolio, Castello di Tosk ★★→★★★ Das seit 1141 von der Familie RICASOLI geführte Gut ist das größte und älteste im CHIANTI-CLASSICO-Gebiet. Hervorragend sind Gran Selezione Castello di Brolio, Colledilà, Ceniprimo und Roncicone. Sehr gut auch der Casalferro (MERLOT).

Brovia Piem ★★★→★★★★ Seit 1863, klassischer BAROLO in Castiglione Falletto. Ökologisch zertifiziert. Spitzenweine: Ca' Mia, Garblèt Sue, Rocche und Villero. Nach zehn Jahren wieder der legendäre DOLCETTO D'ALBA Solatio. Wir warten mit Spannung auf den neuen METODO-CLASSICO-Schaumwein.

Brunelli, Gianni Tosk ★★★ Herrlich ausgefeilter, benutzerfreundlicher BRUNELLO (Spitzen-RISERVA) und ROSSO aus zwei Lagen: Le Chiuse di Sotto nördlich von MONTALCINO und Podernovone im Süden.

Brunello di Montalcino Tosk DOCG **07 09** 10' **12 13** 15' 16 (18) (19) – Weltberühmt, aber wechselhafte Qualität. Guter Brunello ist denkwürdig und alterslos, SANGIOVESE wie er im Buche steht. Die Probleme rühren hauptsächlich daher, dass der Produktionsbereich gierig ausgeweitet wurde (auf mehr als 2.000 ha: absurd), alles andere als ideal für den launischen Sangiovese und Weltklasseweine. Jüngste Vorstöße, einen Verschnitt daraus zu machen, wurden (zumindest vorerst) erfolgreich abgewehrt. Die Böden in Montalcino reichen vom kalksteinreichen Galestro im nördlichen Teil (die Weine sind schlanker, floraler und mineralischer und haben im Allgemeinen mehr Säure) bis zum lehmigeren, siltigeren sandigen Ton im Süden (ausladendere, kraftvollere Weine). Beste Erzeuger: *siehe* Kasten gegenüber.

Bucci Mar ★★★★ Der Villa Bucci Riserva ist einer der zehn besten italienischen Weißen. Alle Weine sind fast burgundisch, v. a. der komplexe VERDICCHIO, der langsam reift, aber hervorragend altert. Sehr gut der rote Pongelli, empfehlenswert die Vintage Collection

Burlotto, Commendatore G. B. Piem ★★★★ Fabio Alessandria bewahrt die hohe Qualität und den Schwerpunkt seines Vorfahren Commendatore G. B. Burlotto (der 1880 als einer der Ersten BAROLO bereitete und abfüllte). Am besten sind der Barolo Monvigliero und der überragende Freisa. Ebenfalls ausgezeichnet: Barolo Acclivi und Cannubi sowie Verduno Pelaverga.

Bussola, Tommaso Ven ★★★★ Der Autodidakt erzeugt AMARONE, RECIOTO und RIPASSO der Spitzenriege. Der große Bepi Quintarelli war sein Mentor, er übernimmt diese Funktion nun für seine beiden Söhne. Die Reihe TB ist top.

Cà dei Frati Lomb ★★★ Führender Qualitätserzeuger in der wiederbelebten DOC LUGANA. Der I Frati ist ein guter Wein auf Einstiegsniveau, der Brolettino ein Spitzen-Cru.

Ca' del Baio Piem ★★★ Familienbetrieb; bietet von allen Erzeugern in BARBARESCO das beste Preis-Leistungs-Verhältnis. Hervorragend sind Asili (auch RISERVA) und Pora, sehr gut Autinbej, LANGHE RIESLING und Vallegrande.

Ca' del Bosco Lomb ★★★★ Italiens wohl bester METODO-CLASSICO-Schaumwein, berühmtes Weingut in der FRANCIACORTA, das der Familie Zanella und der Unternehmensgruppe Santa Margherita gehört. Herausragend und unvergesslich der Dosage Zéro Annamaria Clementi RISERVA (auch als Rosé). Dosage Zéro und Dosage Zéro Noir Vintage Collection sind praktisch ebenso gut; außerdem ausgezeichneter roter Maurizio Zanella im Bordeaux-Stil, PINOT NOIR und CHARDONNAY.

Ca' Marcanda Tosk ★★★★ GAJAS Weingut in BOLGHERI. In preislicher Reihenfolge (hoch, höher, am höchsten): Promis, Magari und Ca' Marcanda; hauptsächlich internationale Rebsorten.

Die besten Brunellos

Jeder der folgenden Erzeuger liefert einen anständigen BRUNELLO DI MONTALCINO; diejenigen, die wir für die besten halten, sind mit einem Sternchen gekennzeichnet.
Castello di ARGIANO*, Altesino*, Baricci*, BIONDI-SANTI*, Gianni BRUNELLI*, Campogiovanni, Canalicchio di Sopra*, Canalicchio di Sotto, Caparzo*, Casanova di Neri*, CASE BASSE*, Castelgiocondo, CASTIGLION DEL BOSCO, Ciacci Piccolomini, Donatella Cinelli, COL D'ORCIA*, Il Colle, Collemattoni*, Colombini, Costanti*, Cupano*, Eredi FULIGNI*, Fossacolle, La Gerla, Giodo, LISINI*, La Magia, Il Marroneto*, Mastrojanni*, Silvio Nardi, Franco Pacenti*, Siro Pacenti, Il Paradiso di Manfredi, PIAN DELL'ORINO*, Piancornello, Pieri Agostina, Pieve di Santa Restituta, La Poderina, POGGIO ANTICO, POGGIO DI SOTTO*, TENUTA Il POGGIONE*, Le Potazzine*, Le Ragnaie*, Le Ripi, Salvioni*, San Filippo, Sesta di Sopra, Stella di Campalto*, Talenti, Tenuta di Sesta, Uccelliera, Val di Suga.

Caiarossa Tosk ★★★ Gut in niederländischem Besitz (Château Giscours; *siehe* Bordeaux) nördlich von BOLGHERI. Ausgezeichnet sind der Caiarossa Rosso sowie die Rotweine Aria und Pergolaia.

Calcagno Siz ★★★→★★★★ Zwergengröße und Riesenqualität kennzeichnen diesen Familienbetrieb am Ätna. Herausragende mineralische Rotweine von NERELLO MASCALESE; die Rotweine Arcurìa und Feudo di Mezzo sind vortrefflich; sehr gut auch der weiße Ginestra, der rote Nireddu und der Rosé Pomice delle Sciare.

Calì, Paolo Siz ★★★ Der passionierte Paolo Calì erzeugt zahlreiche Weine, die extrem typisch für den Bereich Vittoria sind. Spitze: CERASUOLO DI VITTORIA Forfice und Frappato. Sehr gut auch der weiße Grillo Blues, der rote Manene und der Rosé-Schaumwein Mood.

Caluso/Erbaluce di Caluso Piem ★→★★★ DOCG – Moränenböden erbringen sehr interessante mineralische Still-, Schaum- und Süßweine (Caluso PASSITO). Spitze: Ferrando (Cariola), Giacometto, TAPPERO MERLO (Schaumwein Kin). Cieck (Misobolo), Favaro (Le Chiusure) und Orsolani sind alle sehr gut.

Canalicchio di Sopra Tosk ★★★→★★★★ Eines der zehn besten BRUNELLO-Weingüter. Der Eigentümer Francesco Ripaccioli hat stets ein Auge aufs Terroir und auf den typischen MONTALCINO-Charakter. Der RISERVA ist für gewöhnlich spektakulär; sehr guter Brunello, La Casaccia aus einer Einzellage und ROSSO DI MONTALCINO.

Cantina Kellerei, doch auch Weinbars schmücken sich mit diesem Namen.

Capezzana, Tenuta di Tosk ★★★ Das zertifizierte ökologische Weingut der adligen Familie Bonacossi, die CARMIGNANO seinen Ruf bescherte, wird nun von den Kindern des Gründers geführt. Ausgezeichneter Carmignano (Villa di Capezzana und Trefiano) und hervorragender VIN SANTO, einer der fünf besten Italiens.

Capichera Sar ★★★★ Es gibt keinen besseren VERMENTINO als den der Familie Ragnedda, die auch das Talent zu Spitzenrotweinen hat (Mantènghja von 100% CARIGNANO). Top sind Capichera, Isola dei Nuraghi Bianco Santigaìni und Vendemmia Tardiva, sehr gut auch Assajè (Carignano, SYRAH) und Vigna'ngena (Vermentino).

Caprai Umb ★★★→★★★★ Führender MONTEFALCO-Erzeuger dank Marco Caprai. Viele herausragende Weine (z.B. 25 Anni); Sehr gut sind auch Collepiano (weniger Eiche), GRECHETTO Grecante und Rosso di Montefalco (geschmeidig, elegant).

Carema Piem ★★→★★★ DOC **10 11** 13 15 16' 18 (19) – Nur 22 ha, nördlich von Turin. Steile Terrassen mit Moränenböden erbringen hervorragenden leichten, mineralischen, intensiven NEBBIOLO. Spitze: Ferrando (v.a. Black Label), Monte Maletto, Murajè und Sorpasso. Sehr gut auch Cella Grande, Chiussuma, Milanesio und Produttori Nebbiolo di Carema.

Carignano del Sulcis Sar ★★→★★★ DOC **14 15** 16 19 (20) – Aus dem Südwesten SARDINIENS kommt Weltklasse-CARIGNANO, der anmutig reift, aber auch schon jung überaus zugänglich und ansprechend ist. Am besten sind Rocca Rubia und Terre Brune von Argiolas, Mesa und SANTADI.

Carpineti, Marco Lat ★★★ Phänomenale biodynamische Weißweine von den kaum bekannten Rebsorten Bellone, GRECO moro und Greco giallo. Maßstäbe setzen Moro und Ludum, einer der besten Süßweine Italiens. Neu sind Collesanti 2 (100% Bellone aus einer Einzellage), Kius Pas Dosé (100% Nero Buono).

Cartizze Ven ★★★→★★★★ DOCG – Diese 107 ha große PROSECCO-Superspitzenlage ist angeblich das zweitteuerste Rebland in Italien (nach BAROLO). Äußerst steile Hügel im Herzen von CONEGLIANO VALDOBBIADENE zeigen aufs eindrücklichste, wie großartig Prosecco DOCG sein kann. Dank voll ausgereifter Trauben normalerweise eher süß. Am besten von BISOL, Bortolomiol, Col Vetoraz, Le Colture, Nino FRANCO, Merotto und Ruggeri.

Case Basse Tosk ★★★★ Gianfranco Solderas Kinder halten den Kult-BRUNELLO auf ähnlich hohem Niveau. Langer Ausbau in Eiche. Rar und kostbar.

Castel del Monte Apu ★→★★ r **15 16** 18 19; w rs DOC BV – Trockene, frische, zunehmend anspruchsvolle Weine aus einer DOC in APULIENS Mitte. Besonders empfehlenswert ist der Bocca di Lupo von Tormaresca (ANTINORI). Il Falcone RISERVA (Rivera) ist Kult. Sehr gut: Torrevento (Riserva).

Castel Juval, Unterortl T-S ★★★ Im Besitz von Reinhold Messner. Markant, kristallklar. Am besten ist der WEISSBURGUNDER. Auch sehr guter RIESLING (Windbichel) und PINOT NOIR.

Castell' in Villa Tosk ★★★ Traditionelles CHIANTI-CLASSICO-Weingut im äußersten Südwesten des Gebiets. Weine großer Klasse, äußerst langlebig. Spitzen-RISERVA.

Cataldi Madonna Abr ★★★ Am besten ist der PECORINO Frontone, der von den ältesten Pecorino-Reben in den Abruzzen erzeugt wird; sehr gut: CERASUOLO D'ABRUZZO Piè delle Vigne und MONTEPULCIANO d'Abruzzo.

Caudrina Piem ★★★→★★★★ Romano Dogliotti ist einer der besten Erzeuger von MOSCATO D'ASTI. Spitzenweine sind ASTI La Selvatica und La Galeisa. Sehr gut auch La Caudrina.

Cavallotto Piem ★★★→★★★★ Zertifiziertes ökologisches Weingut. Sichere Adresse für traditionellen BAROLO in Castiglione Falletto. Herausragend sind RISERVA VIGNA San Giuseppe und Riserva Vignolo, sehr gut BARBERA

D'ALBA SUPERIORE Vigna Cuculo und LANGHE NEBBIOLO. Außerdem überraschend guter GRIGNOLINO und Freisa.

Cave Mont Blanc Ao ★★★ Erstklassige Genossenschaftskellerei am Fuß des Mont Blanc mit 60 bis 100 Jahre alten ungepropften einheimischen Prieblanc-Reben und Bio-Zertifizierung. Hervorragender Schaumwein. Am besten sind Blanc de Morgex et de la Salle Rayon und die Schaumweine (Brut Nature Cuvée des Guides, Cuvée du Prince, X.T.).

Cerasuolo d'Abruzzo Abr ★ DOC – Die BV-ROSATO-Version von MONTEPULCIANO D'ABRUZZO, nicht zu verwechseln mit dem roten CERASUOLO DI VITTORIA aus SIZILIEN. Ist manchmal hervorragend; die (mit Abstand) besten Erzeuger sind CATALDI MADONNA (Piè delle Vigne), Emidio PEPE, Praesidium, TIBERIO und VALENTINI.

Cerasuolo di Vittoria Siz ★★ **16 17** 18 19 – Verschnitt aus Frappato und NERO D'AVOLA. Die einzige DOCG in Sizilien, im Südosten rund um die Stadt Vittoria gelegen, das beste Terroir für Frappato. Empfehlenswert von Paolo CALÌ, COS, GULFI, Arianna OCCHIPINTI, PLANETA und Valle dell'Acate (Iri da Iri).

Ceretto Piem ★★★→★★★★ Führender Erzeuger von BARBARESCO (Asili, Bernadot, Gallina) und BAROLO (Bricco Rocche, Brunate, Bussia, Cannubi San Lorenzo, Prapò) sowie LANGHE Bianco Blange (ARNEIS). Ökologischer/biodynamischer Anbau. Die Weine sind in letzter Zeit klassischer.

Cerruti, Ezio Piem ★★★ Kleines Gut in gutem Gebiet für MOSCATO. Am besten ist der süße Sol von natürlich getrockneten Trauben. Sehr gut auch der trockene Fol, der neue Mac-Fol (auf den Schalen) und der Rosso (Freisa)

Cesanese (Comune und di Affile) Lat ★→★★★ DOCG – Zwei Rebsorten: Comune (häufiger im Bereich Olevano Romano im Süden von Latium anzutreffen) und d'Affile (in den Bereichen Affile und Piglio). Drei Weine: Cesanese del Piglio, am besten von Casale della Ioria (Torre del Piano); Cesanese di Affile, am besten von Colline di Affile (Le Cese); Olevano Romano Cesanese, am besten von Damiano CIOLLI.

Chianti Tosk ★→★★★ DOCG – Guter Chianti ist ein köstlicher, unkomplizierter, frischer Rotwein, der prima zum Essen passt. Das heutige Anbaugebiet erstreckt sich über fast die ganze Toskana; Topografie, Klima und Böden unterscheiden sich erheblich in den einzelnen Bereichen. RUFINA ist das einzige Terroir mit ähnlicher Qualität wie das historische Anbaugebiet (das nun CHIANTI CLASSICO heißt).

Chianti Classico Tosk ★★→★★★ DOCG 15 16' 17 18' 19' (20) – Kein italienischer Wein ist in den letzten 20 Jahren so viel besser geworden als der Chianti Classico, der inzwischen oft sortenreiner SANGIOVESE ist. Er wird in neun Gemeinden des historischen (hoch gelegenen, felsigen) Chianti-Anbaugebiets zwischen Florenz und Siena erzeugt. Das Klima ist im nördlichen Teil ganz anders als im Süden, und es gibt drei Hauptbodentypen – Alberese (weißlicher Mergel), Galestro (Tonschiefer) und Macigno (Mischung aus Sand und Sandstein) –, deshalb können die Weine unter Umständen sehr unterschiedlich sein. Gran Selezione ist die neue Spitzenkategorie, über RISERVA. *Siehe auch* Kasten »Wer macht wirklich guten Chianti Classico?« Seite 178.

Ciabot Berton Piem ★★★ Marco und Paola Oberto sind in die Fußstapfen ihres Vaters getreten und haben dieses Gut in La Morra zu einem Erzeuger mit sehr gutem Preis-Leistungs-Verhältnis gemacht. Sehr guter verschnittener BAROLO (»1961« und Barolo di La Morra); die Crus Roggeri und Rochettevino haben einen ausgeprägten Einzellagencharakter; LANGHE NEBBIOLO.

Cinque Terre Lig ★★ DOC – Trockene Weißweine auf VERMENTINO-Basis von der ligurischen Steilküste. Die süße Version heißt Sciacchetrà. Empfehlenswerte Erzeuger: Arrigoni, Bisson, Buranco, De Battè.

Ciolli, Damiano Lat ★★★ Eine der interessantesten Kellereien in Italien. Am besten ist der Cirsium, 100 % Cesanese d'Affile von 80 Jahre alten Reben. Sehr gut auch der Silene. Neu ist der Botte 22, ein Verschnitt aus TREBBIANO verde (alias VERDICCHIO) und Ottonese.

Cirò Kal ★→★★★ DOC – Frischer kräftiger Rotwein von der wichtigsten kalabrischen Traube Gaglioppo oder leichter, fruchtiger Weißwein von GRECO (BV). Spitzenerzeuger: 'A Vita, Caparra & Siciliani (RISERVA Volvito), IPPOLITO 1845, Librandi (Duca San Felice ★★★), San Francesco (Donna Madda und RONCO dei Quattro Venti), Santa Venere.

Classico Bezeichnung für Wein aus einem begrenzten, meist historischen und edleren Bereich innerhalb einer kommerziell ausgeweiteten DOC. *Siehe* CHIANTI CLASSICO, SOAVE, VALPOLICELLA, VERDICCHIO und zahlreiche andere.

Wer macht wirklich guten Chianti Classico?

Da das Chianti-Classico-Gebiet groß ist und sich dort Hunderte von Erzeugern tummeln, ist es gar nicht so einfach, die besten herauszupicken. Die Allerbesten sind mit einem Stern gekennzeichnet.
AMA*, ANTINORI, BADIA A COLTIBUONO*, Le Boncie, BROLIO, Capraia, Casaloste, Casa Sola, CASTELLARE, CASTELL'IN VILLA, Le Cinciole*, Le Corti, Mannucci Droandi, I Fabbri*, FELSINA*, Le Filigare, FONTERUTOLI, FONTODI*, Gagliole, ISOLE E OLENA*, Lilliano, Meleto, Il Molino di Grace, MONSANTO*, Monte Bernardi, Monteraponi*, NITTARDI, NOZZOLE, Palazzino, Paneretta, Tenuta Perano – Frescobaldi, Poggerino, Poggiopiano, QUERCIABELLA*, Rampolla, RIECINE, Rocca di Castagnoli, Rocca di Montegrossi*, RUFFINO, San Fabiano Calcinaia, SAN FELICE, SAN GIUSTO A RENTENNANO*, Savignola Paolina, Selvole, Vecchie Terre di Montefili, Verrazzano, Vicchiomaggio, VIGNAMAGGIO, Villa Calcinaia*, Villa La Rosa*, Viticcio, Castello di VOLPAIA*.

Clerico, Domenico Piem ★★★ Einflussreicher BAROLO-Erneuerer und -Erzeuger der modernistischen Fraktion in Monforte d'ALBA, v. a. mit den Crus Ginestra (Ciabot Mentin und Pajana) und Mosconi (Percristina nur in den besten Jahrgängen, **10** sollte man nicht verpassen). Sehr gut: Barolo Aeroplanservaj (aus der Einzellage Baudana). Auch sehr guter BARBERA D'ALBA (Trevigne) und LANGHE NEBBIOLO (Capisme-e).

Clivi, I F-JV ★★★ Eine Fülle (bis zu 90 Jahre) alter Reben (in FRIULI COLLI ORIENTALI und COLLIO). Mit die reinsten, langlebigsten und mineralischsten Weine in FRIAUL–Julisch Venetien, die in der ersten Liga italienischer Weißweine mitspielen. Am besten sind die Einzellagenweine von MALVASIA und FRIULANO; außerdem ein hervorragender trockener VERDUZZO.

Cocchi-Bava Piem ★★★ 1891 gegründeter Wermuterzeuger. Spitzenweine sind ALTA LANGA Pas Dosé, Toto Corde, Vermouth RISERVA La Venaria und Storico di Torino. Sehr gut: BARBERA D'ASTI Stradivario, NIZZA Piano Alto, Ruchè und BAROLO Scarrone.

Cogno, Elvio Piem ★★★★ Spitzenweingut mit absolut erstklassigem, sprödem, elegantem BAROLO aus der Einzellage Ravera. Am besten sind Bricco Pernice, RISERVA VIGNA Elena (von NEBBIOLO Rosé), sehr gut Anas-Cëtta (100 % Nascetta) und BARBERA D'ALBA Pre-Phylloxera (100 Jahre alte Reben).

Col d'Orcia Tosk ★★★ Das drittgrößte Weingut in MONTALCINO (Besitzer Francesco Marone Cinzano) mit Top-Qualität. Am besten ist der BRUNELLO

RISERVA POGGIO al Vento, neu der Brunello Nastagio. Col d'Orcia ist das Tal zwischen Montalcino und Monte Amiata.

Colla, Poderi Piem ★★★★ Familienbetrieb, hinter dem die Erfahrung von Beppe Colla steckt. Klassisch, traditionell, lagernswert. Spitzenweine: BARBARESCO Roncaglie, BAROLO Bussia Dardi Le Rose, LANGHE Bricco del Drago; sehr gut auch NEBBIOLO D'ALBA, PINOT NERO (Campo Romano), Schaumwein Pietro Colla, RIESLING.

Colli = Hügel. Einzahl: *colle*. **Colline** (Einzahl: *collina*) sind kleinere Hügel. *Siehe auch* COLLIO, POGGIO.

Colli di Catone Lat ★→★★★ Spitzenerzeuger von FRASCATI und IGT. Herausragende gereifte Weine von MALVASIA del Lazio (alias Malvasia Puntinata) und GRECHETTO.

Colli di Lapio Kamp ★★★ Auf Clelia Romanos Gut entsteht der beste Fiano in Italien. Auch sehr gut GRECO DI TUFO Alèxandros, TAURASI Andrea und der neue Fiano Clelia.

Colli di Luni Lig, Tosk ★★→★★★ DOC – In der Nähe von La Spezia. VERMENTINO- und Albarola-Weißweine; die Rotweine auf SANGIOVESE-Basis sind angenehm zu trinken und ansprechend. Spitzenerzeuger: La Baia del Sole (Oro d'Isèe, Sarticola), Bisson (VIGNA Erta), Giacomelli (Boboli), Ottaviano Lambruschi (Costa Marina, Il Maggiore) und LUNAE.

Collio F-JV ★★→★★★★ DOC – Berühmter Weißweinbereich, der sich leider immer mehr auf den Verschnitt Collio Bianco kapriziert, anstatt die Unterschiede im Terroir der dazugehörigen Gemeinden (u. a. San Floriano und Dolegna mit recht kühlem Klima und das wärmere Capriva) zu betonen. Zum Glück hat Collio talentierte Erzeuger im Überfluss: BORGO DEL TIGLIO, La CASTELLADA, Castello di Spessa, Marco FELLUGA, GRAVNER, Renato Keber, Livon, Podversic, Primosic, Princic, Radikon, RUSSIZ SUPERIORE, Schiopetto, Venica & Venica und VILLA RUSSIZ.

Colterenzio, Cantina Produttori (Schreckbichl) T-S ★★★ Protagonist unter den Kellereigenossenschaften SÜDTIROLS mit Sitz in Girlan. Spitze sind die Weißweine (SAUVIGNON blanc Lafóa, WEISSBURGUNDER Berg und der neue LR) und die Rotweine namens Lafoa (CABERNET SAUVIGNON und BLAUBURGUNDER).

Conegliano Valdobbiadene Ven ★→★★ DOCG BV – Bezeichnung für Spitzen-PROSECCO, die einzeln oder zusammen verwendet werden kann. Extrem steile Hügel; die Qualität müsste besser sein.

Conero Mar ★★→★★★ DOCG 15 17 – Alias Rosso Conero. In dem kleinen Gebiet entsteht kraftvoller, bisweilen zu eichenlastiger MONTEPULCIANO. Empfehlenswert: GAROFOLI (Grosso Agontano), Le Terrazze (Praeludium), Marchetti, Moncaro, Monteschiavo, Moroder (Dorico), UMANI RONCHI (Campo San Giorgio).

Conterno, Aldo Piem ★★★★ Spitzenerzeuger in Monforte d'ALBA, 25 ha für nur 80.000 Flaschen höchster Qualität. BAROLO-Spitzenweine Cicala, Colonnello, Granbussia und besonders Romirasco; sehr gut sind CHARDONNAY Bussiador und LANGHE NEBBIOLO Il Favot.

Conterno Fantino Piem ★★★ Zertifiziertes ökologisches Weingut. Einer der Spitzenerzeuger ausgezeichneter BAROLO-Crus im modernen Stil in Monforte d'ALBA: Ginestra (Sorì Ginestra und VIGNA del Gris), Mosconi (Vigna Ped) und Castelletto (Vigna Pressenda). Ebenfalls gut sind der Ginestrino, der NEBBIOLO-BARBERA-Verschnitt Monprà und der CHARDONNAY Bastia (einer der besten in PIEMONT).

Conterno, Giacomo Piem ★★★★ Für viele ist der Monfortino der beste italienische Wein überhaupt. Roberto Conterno erwarb vor Kurzem das Weingut NERVI in GATTINARA. Hervorragender BARBERA. Unübertroffen sind BAROLO Cascina Francia, Cerretta und nun auch Arione.

Contini Sar ★★★ Mustergültiger VERNACCIA DI ORISTANO; die Weißweine im oxidativen Stil sind sehr gutem Amontillado oder Oloroso nicht unähnlich. Der Antico Gregori ist einer der besten italienischen Weißen. Beeindruckender Flor 22 und RISERVA; gut auch der rote I Giganti.

Ab 2022 gibt es elf MGAs im Chianti Classico. Das hat uns gerade noch gefehlt: elf weitere Knoten im Taschentuch.

Coroncino, Fattoria Mar ★★★ Das traditionelle Bio-Weingut wird von der Familie Canestrari geführt. Am besten sind Gaiospino (auch Fumè), Stragaio, VERDICCHIO DEI CASTELLI DI JESI CLASSICO SUPERIORE; sehr gut: Coroncino.

Correggia, Matteo Piem ★★★ Bio-Zertifizierung. Führender Erzeuger von ROERO (RISERVA Rochè d'Ampsej, Val dei Preti) und Roero ARNEIS sowie BARBERA D'ALBA (Marun) und Roero Arneis Val dei Preti (sechs Jahre gereift). Der neue Apapà (100 % NEBBIOLO) ist Vater Matteo gewidmet.

Cortese, Giuseppe Piem ★★★ Traditioneller Erzeuger von hervorragendem BARBARESCO Rabajà (auch RISERVA). Auch gut: LANGHE NEBBIOLO und Scapulin (CHARDONNAY).

Cretes, Les Ao ★★★ Costantino Charrère ist der Vater des modernen Weinbaus im VALLE D'AOSTA und rettete viele in Vergessenheit geratene Rebsorten. Hervorragender Petite Arvine, zwei der besten CHARDONNAYS in Italien; sehr gut sind Fumin, Torrette, Neblu Brut Nature Rosé (Verschnitt) und PINOT NOIR Revei.

Cristo di Campobello, Baglio del Siz ★★→★★★ Gut der Familie Bonetta etwas östlich von Agrigent. Spitze: Grillo La Luci, NERO D'AVOLA Lu Patri.

Crotta di Vegneron, La Ao ★★→★★★ Qualitätsgenossenschaft in Chambave. Spitze ist die Reihe La Griffe des Lions (Fumin, Nus MALVOISIE); sehr gut auch Chambave Muscat Attente, Chambave Superieur und die Schaumweinreihe Quatremillemètres Vins d'Altitude.

CS (Cantina Sociale) Genossenschaftskellerei.

Custodi delle Vigne dell'Etna, I Siz ★★★→★★★★ Familienbetrieb unter der Leitung von Mario Paoluzi, Mitglied im Konsortium I VIGNERI. Herausragend sind ETNA Rosso RISERVA Saeculare und Aetneus, sehr gut Etna Bianco Ante, Contrada Muganazzi und SUPERIORE Contrada Caselle.

Dal Forno, Romano Ven ★★★★ Erzeuger von VALPOLICELLA, AMARONE und RECIOTO (der nicht mehr als solcher bezeichnet wird) sehr hoher Qualität. Die Weinberge liegen außerhalb des CLASSICO-Gebiets, aber die Weine sind großartig.

D'Ambra Kamp ★★★ Auf ISCHIA; fördert seltene Reben von der Insel. Am besten ist der weiße Einzellagenwein Frassitelli (100 % Biancolella), sehr gut auch der rote Dedicato a Mario d'Ambra, der weiße Forastera, La VIGNA dei Mille Anni und der neue weiße Verschnitt Le Ninfe.

D'Attimis Maniago F-JV ★★★ Eines der besten traditionellen Güter in FRIAUL–JULISCH VENETIEN: hervorragender MALVASIA, RIBOLLA, Pignolo und Schioppettino; umwerfender Tazzelenghe.

De Bartoli, Marco Siz ★★★ Eines der besten Weingüter in ganz Italien. Marco de Bartoli war zeit seines Lebens ein Fürsprecher des »echten« MARSALA – und seinen muss man unbedingt kosten. Am besten sind der Vecchio Samperi und der 20-jährige Ventennale. Köstliche Tafelweine (z. B. Grillo Vignaverde und Grappoli del Grillo, ZIBIBBO Pietranera und Pignatello) und der hervorragende süße Zibibbo di PANTELLERIA Bukkuram.

Dei Piem, Tosk ★★★ Gut in MONTEPULCIANO mit sehr gutem VINO NOBILE. Am besten sind der Bossona und der Einzellagenwein Madonna della Querce.

Derthona Piem ★→★★★ Wein von nur in den COLLI Tortonesi angebauten Timorasso-Trauben. Einer der interessantesten Weißweine Italiens (wie sehr trockener RIESLING aus Rheinhessen). Am besten von La Colombera (Il Montino), Mariotto, Mutti, POGGIO Paolo, Ricci, ROAGNA (Montemarzino), VIGNETI MASSA, VIETTI.

Di Barrò Ao ★★★ Kleines Familienweingut, Spitzenqualitätsweine von typischen Aostatal-Trauben. Am besten sind die roten Mayolet und Torrette SUPERIORE (Ostro) sowie der weiße Petite ARVINE.

Di Majo Norante Mol ★★→★★★ Der bekannteste Erzeuger in Molise mit ordentlichem Biferno Rosso Ramitello, Molise Rosso RISERVA Don Luigi und Molise AGLIANICO Contado.

DOC, DOCG Qualitätsweinbezeichnung; *siehe* Kasten Seite 169.

Dogliani Piem ★→★★★ DOCG – Sortenreiner Dolcetto, zum Teil jung zu trinken, zum Teil für eine nicht allzu lange Lagerung geeignet. Gut: Chionetti, Clavesana, EINAUDI, Pecchenino, Trediberri.

Donnafugata Siz ★★→★★★ Hochklassiges Angebot. Rotweine: ETNA Rosso (Contrada Fragore, Marchesa und Sul Vulcano), Mille e Una Notte, NERO D'AVOLA Sherazade und Tancredi. Weißweine: Chiarandà und Kebir. Dazu der sehr feine MOSCATO PASSITO di PANTELLERIA Ben Ryé.

Duca di Salaparuta Siz ★★ Spitzenweine: Duca Enrico und Bianca di Valguarnera. Auch der Kados von GRILLO-Trauben ist gut.

Einaudi, Luigi Piem ★★★ Ende des 19. Jh. vom späteren italienischen Staatspräsidenten gegründetes 52-ha-Gut in DOGLIANI. Solide BAROLOS aus den Lagen Cannubi und Terlo sowie hervorragender Bussia. Spitzen-Dogliani (DOLCETTO) aus der Lage VIGNA Tecc. Neuer Barolo Monvigliero und BARBARESCO.

Elba Tosk ★→★★ BV – Der Weißwein der Insel, TREBBIANO/ANSONICA, passt gut zu Fisch. Trockene Rotweine auf SANGIOVESE-Basis. Dazu gute weiße (MOSCATO) und rote (Aleatico Passito DOCG) Süßweine. Empfehlenswert: Acquabona, La Mola, Ripalte, Sapereta.

Enoteca »Vinothek«; das kann eine Weinhandlung sein oder auch ein Restaurant mit anspruchsvoller Weinkarte. Die Fortezza in Siena beherbergt eine Enoteca Italiana.

Etna Siz ★★→★★★ DOC r **12** 13 14 15 16 17 (18) – Eines der heißesten Anbaugebiete, bemerkenswerte Entwicklung in den letzten zehn Jahren. 900 ha an der Nordflanke des Ätna, große Höhe, vulkanische Böden. Der Etna Rosso ist üblicherweise ein 90:10-Verschnitt von NERELLO MASCALESE und Nerello Cappuccio, während für den Etna Bianco CARRICANTE entweder pur oder mit CATARATTO (comune oder lucido) verwendet wird. *Siehe auch* Kasten Seite 182.

Falerno del Massico Kamp ★★→★★★ DOC r 15 16 18 (19) – Böden: vulkanischer Tuff, Ton oder Lehm. Der berühmteste Wein der Antike, heute nur noch Durchschnitt. Am besten sind die eleganten AGLIANICO-Rotweine und die fruchtigen trockenen FALANGHINA-Weißweine. Empfehlenswert: Masseria Felicia, Villa Matilde.

Faro Siz ★★★ DOC **13** 14 15 16 17 – Intensive, harmonische Rotweine von NERELLO MASCALESE, NERO D'AVOLA und Nocera in den Hügeln im Hinterland von Messina. Am besten ist Bonavita; Palari ist am bekanntesten, aber Le Casematte ist ebenso gut, wenn nicht besser.

Fay Lomb ★★★ Seit 1971 von der Familie Fay geführter Betrieb im VALTELLINA. Spitzenweine: SFORZATO (RONCO del Picchio), Valgella (Camorei, Carteria RISERVA).

Felline Apu ★★★→★★★★ Gregory Perucci war ein Pionier der Wiederentdeckung von PRIMITIVO und Sussumaniello. Am besten ist der Primitivo di Manduria (Cuvée Anniversario, Dunico, Giravolta und ZINFANDEL), sehr gut

Italien

auch der Sum (Sussumaniello) und der METODO CLASSICO Edmont Dantes (VERMENTINO-Schaumwein).

Felluga, Livio F-JV ★★★ Beständig feine Weine des Bereichs FRIULI COLLI ORIENTALI, v. a. die Verschnitte Terre Alte und Abbazia di Rosazzo sowie Bianco Illivio, Pinot grigio, PICOLIT (Italiens bester?) und der MERLOT-REFOSCO-Verschnitt Sossò.

Felluga, Marco F-JV – *Siehe* RUSSIZ SUPERIORE.

Felsina Tosk ★★★ Ausgezeichnetes CHIANTI-CLASSICO-Gut im Südosten des Gebiets: klassischer RISERVA Rancia und IGT Fontalloro, beides reinsortige SANGIOVESE-Weine; sehr gut der Gran Selezione Colonia.

Die Spitze des Ätna

Einige der aufregendsten Weine Italiens kommen von dem aktiven Vulkan an der Ostküste Siziliens, an dessen Hängen bis in 1.000 m Höhe Reben angebaut werden. In SIZILIEN steht *contrada* für Cru: Unterschiede in Bodenstruktur, Höhe und Alter der Lavaströme. Zu den Spitzenerzeugern zählen Alberelli di Giodo, BENANTI* (rot: Rovittello, Serra della Contessa, weiß: Pietra Marina), Tenute BOSCO (VIGNA Vico), Calabretta, CALCAGNO* (rot: Arcuria, Feudo di Mezzo, weiß: Ginestra), Cottanera (weiß: Calderara, Zottorinoto), I CUSTODI DELLE VIGNE DELL'ETNA (rot: Aetneus, Saeculare, weiß: Ante), Tenuta di FESSINA* (weiß: A' Puddara, rot/weiß: Il Musmeci), Graci (Arcuria, Feudo di Mezzo), GULFI (Reseca), PIETRADOLCE* (rot/weiß: Archineri, Barbagalli, Rampante, Santo Spirito), Girolamo RUSSO (rot: Calderara Sottana, Feudo di Mezzo, San Lorenzo; weiß: San Lorenzo), TASCA D'ALMERITA (Rampante, Sciaranuova, weiß: Buonora), Tenuta delle TERRE NERE* (rot/weiß: Caldera Sottana, Guardiola, San Lorenzo, Santo Spirito), Tornatore (Pietrarizzo, Trimarchisa), Le Vigne di Eli, I VIGNERI* (rot: Vinupetra, weiß: Aurora) und Vini Franchetti* (Guardiola, Rampante, Sciaranuova).

Fenocchio, Giacomo Piem ★★★→★★★★ Kleine, aber hervorragende BAROLO-Kellerei mit Sitz in Monforte d'ALBA.Traditioneller Stil. Einzellagen Bussia (auch RISERVA 90Dì), Cannubi und Villero. Ausgezeichneter Freisa, einer der zwei bis drei besten Italiens.

Ferrara, Benito Kamp ★★★ Vielleicht der beste Erzeuger von GRECO DI TUFO in Italien (Terra d'Uva und Vigna Cicogna). Sein Talent äußert sich auch in ausgezeichnetem TAURASI (Vigna Quattro Confini). Warten Sie auf einen Vigna Cicogna RISERVA.

Ferrari – Tenute Lunelli T-S ★★★→★★★★ Trientiner Produzent eines der zwei besten italienischen METODO-CLASSICO-Schaumweine. Herausragend der Giulio Ferrari (RISERVA del Fondatore, Rosé und Selezione), sehr gut der Brut Riserva Lunelli auf CHARDONNAY-Basis, Perlé Bianco (preiswert), Perlé Zero und der Perlé Nero auf PINOT-NERO-Basis. Tenute Lunelli: Castelbuono in Umbrien (MONTEFALCO Carapace), Margon in Trentino-Alto Adige (CHARDONNAY Villa Margon und Pinot nero Maso Montalto), Podernuovo in der Toskana (Solenida und Teuto).

Fessina, Tenuta di Siz ★★★→★★★★ Silvia Maestrelli hat eines der jüngsten und besten Weingüter im Bereich Rovittello (ETNA). Elegante Weine. Am besten sind A'Puddara (Weißwein), Il Musmeci (Rot- und Weißwein) und der neue Musmeci RISERVA Speciale RS 2017 (Rotwein). Sehr gut: Erse Moscamento 1911 (Rotwein).

Feudi di San Gregorio Kamp ★★→★★★ Äußerst angesagter Erzeuger in KAMPANIEN mit DOCG FIANO DI AVELLINO Pietracalda, GRECO DI TUFO Cutizzi und Goleto, TAURASI Piano di Montevergine und dem neuen RISERVA Gulielmus. Ebenfalls gut: Serpico (AGLIANICO) sowie die weißen Campanaro (Fiano/Greco) und FALANGHINA. Empfehlenswert ist die neue Reihe FeudiStudi: Aus 700 Lagen werden für jeden Jahrgang die ausdrucksstärksten ausgewählt.

Feudo di San Maurizio Ao ★★★★ Hervorragende Weine von den seltenen einheimischen Reben CORNALIN, Mayolet und Vuillermin; die letzteren beiden zählen zu den besten italienischen Rotweinen. Probieren Sie die roten Saro Djablo, Torrette (und SUPERIORE), die Weißweine von GEWÜRZTRAMINER und Petite ARVINE sowie den Schaumwein Trei (CHARDONNAY, PINOT NERO).

Feudo Montoni Siz ★★★★ Herausragendes Gut in höheren Lagen im Osten Siziliens. Am besten sind Nero d'Avola Lagnusa und Vrucara; sehr gut auch die Weißweine GRILLO della Timpa und CATARRATTO del Masso, der rote Perricone del Core und der PASSITO Bianco.

Fiano di Avellino Kamp ★★→★★★★ DOCG **12 15** 16 18 19 – Ist entweder stahlig (am typischsten) oder saftig. Die besten Erzeuger sind COLLI DI LAPIO, FEUDI SAN GREGORIO, I Favati (Pietramara), Joaquin, MASTROBERARDINO, Ciro Picariello, Pietracupa, QUINTODECIMO, Rocca del Principe, Tenuta Sarno, Traerte (Aipierti).

19 offiziell anerkannte Malvasia-Reben in Italien: rot, weiß, rosé, weder verwandt noch verschwägert.

Fino, Gianfranco Apu ★★★★ PRIMITIVO der Spitzenklasse von alten, ertragsarmen Buschreben. Der herausragende Es gehört zu den 20 besten italienischen Rotweinen, Es Red ist eine Selektion mit rotem Etikett; sehr gut auch Jo (NEGROAMARO) und Se (Primitivo).

Florio Siz ★★→★★★ Historischer Qualitätserzeuger von MARSALA; Spezialist für Marsala Vergine Secco. Am besten sind RISERVA Donna Franca und Targa. Sehr gut: Baglio Florio.

Fongaro Ven ★★★★ METODO-CLASSICO-Schaumwein Lessini Durello (Durello ist der Name der Rebe). Hohe Qualität, noch höherer Säuregehalt, lagernswert. Herausragender RISERVA (Pas Dosé und Brut); sehr guter Pas Dosé.

Fontanafredda Piem ★★ Seit 1858, ehemaliges königliches Weingut. Großer Erzeuger von Weinen aus dem PIEMONT. Besonders empfehlenswert sind BAROLO La Rosa, Alta Langa Brut Nature Vigna Gatinera und Contessa Rosa Brut Rosé.

Fonterutoli Tosk ★★★ Historisches CHIANTI-CLASSICO-Gut der Familie Mazzei in Castellina. Bemerkenswert: Chianti Classico Gran Selezione (Badiola, Castello Fonterutoli, Vicoregio 36) und IGT Siepi (SANGIOVESE/MERLOT). Die Tenuta di Belguardo in der MAREMMA und Zisola in SIZILIEN haben denselben Besitzer.

Fontodi Tosk ★★★★ Mit der allerbeste CHIANTI CLASSICO. Spitzenweine sind der 100%ige SANGIOVESE Flaccianello und der Gran Selezione VIGNA del Sorbo. Der IGT SYRAH Case zählt zu den besten Weinen von dieser Rebe in der TOSKANA.

Foradori T-S ★★★ Elisabetta Foradori, die sehr verehrte Grande Dame des Weinbaus im TRENTINO, erzeugt hervorragenden Teroldego, aber auch herrlichen auf der Maische vergorenen, in Amphoren ausgebauten Incrocio Manzoni und Nosiola. Empfehlenswert: TEROLDEGO Morei und Sgarzon (auch in Amphoren ausgebauter Cilindrica) sowie der weiße Nosiola

Fontanasanta. Das Spitzenprodukt ist weiterhin der Granato auf Teroldego-Basis.

Franciacorta Lomb ★★→★★★★ DOCG – Italiens Gebiet für erstklassige METODO-CLASSICO-Schaumweine. Die Böden sind extrem komplex (mehr als 50 verschiedene Typen). Das Gebiet ist zweigeteilt: Im östlichen Abschnitt entstehen allgemein die elegantesten, vertikalsten, frischesten Weine, im westlichen die ausladensten, reichhaltigsten. Die besten Erzeuger sind CA' DEL BOSCO, Cavalleri (RISERVA Giovanni Cavalleri, Blanc de Blancs, Collezione Grandi Cru), MOSNEL, UBERTI, VILLA, VILLA CRESPIA; ebenfalls sehr gut: Barone Pizzini, Ca' del Vent, Cola-Battista (Millesimato Dosaggio Zero, Extra Brut), Majolini, Monte Rossa, Ricci Curbastro, TERRA MORETTI (Bellavista, Contadi Castaldi).

Franco, Nino Ven ★★★→★★★★ Eigentümer Primo Franco erzeugt große Mengen an erstklassigem PROSECCO, der sich überraschend gut hält. Zu den besten zählen Grave di Stecca Brut, Primo Franco Dry, Riva di San Floriano Brut und Rustico. Ausgezeichneter CARTIZZE.

Frascati Lat ★→★★ DOC BV – Der einst stolze Name (Roms Lieblingswein) hat leider seinen Glanz eingebüßt. Kaufen Sie nur Wein von diesen kleinen Erzeugern: Borgo del Cedro (SUPERIORE), Castel de Paolis (Superiore), De Sanctis (Abelos Bio), Merumalia (Primo), Villa Simone (RISERVA Filonardi).

Frascole Tosk ★★→★★★★ Der nördlichste Erzeugerbetrieb im nördlichsten Teil des CHIANTI-RUFINA-Gebiets. Enrico Lippi führt das kleine Bio-Gut mit Augenmerk auf Typizität. Der Chianti Rufina ist das Zugpferd, aber für den VIN SANTO würde man alles geben.

Frescobaldi Tosk ★★→★★★★ Alte Adelsfamilie und führender Pionier für CHIANTI RUFINA auf dem Gut NIPOZZANO (probieren Sie den Montesodi ★★★); außerdem BRUNELLO vom Gut CASTELGIOCONDO in MONTALCINO. Alleineigentümer des Guts LUCE (Montalcino), von ORNELLAIA (BOLGHERI) und der Tenuta Perano (Spitze: CHIANTI CLASSICO Gran Selezione Rialzi). Weinberge auch im COLLIO (Attems), in der MAREMMA (Ammiraglia), in Montespertoli (Castiglioni) und auf der (Gefängnis-)Insel Gorgona.

Friaul–Julisch Venetien Region im Nordosten entlang der Grenze zu Slowenien, (neben Südtirol) Heimat der besten Weißweine Italiens. Die Hügel im Nordosten erbringen den besten Wein, aber das Schwemmland an der Küste (DOC Annia, Aquilea, Latisana) wird zusehends besser. Am besten sind die DOCs Carso, COLLI ORIENTALI, COLLIO und Isonzo. Allen außer Collio ist auf dem Etikett jetzt »Friuli« vorangestellt.

Friuli Colli Orientali F-JV ★★→★★★★ DOC 15 16 18 – Früher COLLI Orientali del Friuli. Hügeliges Gebiet im Osten von FRIAUL nahe COLLIO, anders als dieses aber nicht nur Weißweine, sondern hervorragende Rot- und sehr gute Süßweine von Reben wie Pignolo, Schioppettino und Tazzelenghe (rot) sowie PICOLIT und VERDUZZO friulano (weiß). Spitzenerzeuger: Aquila del Torre, d'Attimis, Ermacora, Livio FELLUGA, Gigante, La Sclusa, LA VIARTE, LE DUE TERRE, Meroi, MIANI, RONCHI DI CIALLA, VIGNA PETRUSSA. Der Ramandolo DOCG ist der beste süße Verduzzo (empfehlenswert von Anna Berra), der Picolit hat das Zeug zum besten Süßwein Italiens: Von Aquila del Torre, Livio Felluga, Ronchi di Cialla, Marco Sara, Vigna Petrussa ist er oft großartig.

Friuli Grave F-JV ★→★★ DOC – Früher Grave del Friuli. Die größte DOC in FRIAUL, v. a. in der Ebene gelegen, oft sehr regnerisch, was die Qualitätsrotweinerzeugung schwierig macht. Die Böden sind recht kieshaltig. Hauptsächlich große Mengen, die Weißweine sind am besten. Empfehlenswert: Borgo Magredo, Di Lenardo, Le Monde, RONCO Cliona, Villa Chiopris.

Friuli Isonzo F-JV ★★★ DOC – Früher schlicht Isonzo. Eine der weltbesten Anbaugebiete in der Ebene, mit eindeutig heißem Mesoklima. Alkoholreiche, kraftvolle, reichhaltige, ausnahmslos komplexe Weißweine von Böden mit hohem Kies- und Ton-Lehm-Anteil. Am besten von LIS NERIS, RONCO del Gelso, VIE DI ROMANS; gut: Borgo Conventi, Pierpaolo Pecorari.

Frizzante Leicht schäumend, mit einem Druck von bis zu 2,5 bar – etwa MOSCATO D'ASTI, der meiste PROSECCO, LAMBRUSCO und Co.

Fucci, Elena Bas ★★★★ Der AGLIANICO DEL VULTURE Titolo wird von 55 bis 70 Jahre alten Reben bereitet, die im »Grand cru« Vulture wachsen, und ist einer der 20 besten italienischen Weine; jetzt auch als RISERVA und SUPERIORE. Bio. Herausragend der Anniversary (13 15 17). Ebenfalls sehr gut der Titolo by Amphora (der 18 Monate in Terrakotta-Amphoren ausgebaut wird) und der Titolo Pink Edition.

Fuligni Tosk ★★★★ Hervorragender Erzeuger von BRUNELLO (auch RISERVA) und ROSSO DI MONTALCINO.

Gaja Piem ★★★★ Altes Familienunternehmen in BARBARESCO unter der Leitung des beredten Angelo Gaja, in dessen Fußstapfen nun Tochter Gaia Gaja tritt. Hohe Qualität, höhere Preise. Spitzenweine: Barbaresco (Costa Russi, Sorì San Lorenzo und Sorì Tildin) und BAROLO (Conteisa, Sperss). Herrlicher CHARDONNAY (Gaia e Rey). Besitzt außerdem CA' MARCANDA in BOLGHERI und Pieve di Santa Restituta in MONTALCINO. Neuerwerbung in ETNA (zusammen mit Graci).

Gancia Piem – Berühmte alte MUSCAT-Schaumweinmarke. Am besten ist der neue Alta Langa (★★★ Cuvée 120, Cuvée 60).

Garofoli Mar ★★→★★★ Spitzenreiter in puncto Qualität in den Marken (bei Ancona), Spezialist für CONERO (Grosso Agontano) und VERDICCHIO (Podium, Serra Fiorese und Brut-RISERVA-Schaumwein).

Gattinara Piem **13** 15 16 17 (18) – Bekanntester einer Gruppe nordpiemontesischer DOC(G)-Bereiche auf der Basis von NEBBIOLO, der an den steilen Hängen wächst. Für lange Lagerung geeignet. Am besten von ANTONIOLO, Cantina del Signore, Iarretti Paride, NERVI, Torraccia del Piantavigna, TRAVAGLINI. *Siehe auch* ALTO PIEMONTE.

Gavi/Cortese di Gavi Piem ★→★★★ DOCG BV – Extrem kultiger, bestenfalls subtiler, trockener Weißwein von Cortese-Trauben. Am besten von Bruno Broglia/La Meirana, Castellari Bergaglio, La Giustiniana, Martinetti, La Scolca, Villa Sparina.

Germano, Ettore Piem ★★★ Der kleine Familienbetrieb in Serralunga wird von Sergio und seiner Frau Elena geführt. Spitzen-BAROLOS: RISERVA Lazzarito, Cerretta und der neue VIGNA Rionda. Ebenfalls sehr gut: Alta Langa (der herausragende Riserva Blanc de Noirs reift 65 Monate auf der Hefe), BARBERA D'ALBA SUPERIORE della Madre, Barolo Prapò, Del Comune di Serralunga, Langhe RIESLING Herzù.

Ghemme Piem ★★→★★★ DOCG – NEBBIOLO (mindestens 85%) sowie bis zu 15% Uva Rara und/oder Vespolina. Hauptsächlich Moränenböden mit Agglomeraten aus brüchigen Kieseln, mineralstoffreich, karg und nicht sehr fruchtbar (die jüngsten im Alto Piemonte). Am besten von Antichi Vigneti di Cantalupo (Collis Braclemae, Collis Carellae), Ioppa (Balsina), Rovellotti (RISERVA); sehr gut auch von Torraccia del Piantavigna (VIGNA Pelizzane). *Siehe auch* ALTO PIEMONTE.

Ghizzano, Tenuta di Tosk ★★★ Historisches Bio-Weingut in den Hügeln von Pisa. Am besten sind Nambrot (roter Bordeaux-Verschnitt), Il Ghizzano und das neue Projekt Mimesi (Rot- und Weißweine).

Giacosa, Bruno Piem ★★★★ Tochter Bruna führt jetzt den Betrieb. Herrlicher BARBARESCO (Asili, Rabajà) und BAROLO (Falletto und Falletto Vigna Rocche) im traditionellen Stil. Spitzenweine (d. h. RISERVAS) bekommen das berühmte rote Etikett. Erstaunlicher METODO CLASSICO Brut, (weißer) Roero Arneis und (roter) Valmaggiore.

Girlan, Cantina T-S ★★→★★★ Qualitätswinzergenossenschaft. Erstklassig die Reihe Le Selezioni: PINOT NOIR RISERVA (VIGNA Ganger, Trattmann, der neue Curlan), PINOT BIANCO Flora, VERNATSCH Alte Reben Gschleier. Sehr gut: Pinot bianco Platt & Riegl.

Grappa Kräftiger Tresterbranntwein (d. h. aus den nach dem Pressen übrig gebliebenen Traubenschalen usw. bereitet). Die Bandbreite reicht von scheußlich bis ausgezeichnet. Entspricht dem französischen Marc.

Gravner, Josko F-JV ★★★ Der umstrittene, aber talentierte Erzeuger im COLLIO bereitet Rot- und Weißweine ohne Temperaturregelung in vergrabenen Amphoren auf den Hülsen. Am besten sind Breg (Rot- und Weißwein) und RIBOLLA GIALLA.

Greco di Tufo Kamp DOCG BV – Tanninreiche, ölige Weißweine von der örtlichen GRECO-Variante (die sich von der ebenfalls hervorragenden kalabrischen Greco bianco unterscheidet). Die besten Erzeuger sind Bambinuto (Picoli), Caggiano (Devon), COLLI di Lapio (Alexandros), Donnachiara, I Favati (Terrantica), FERRARA Benito (Vigna Cicogna), FEUDI DI SAN GREGORIO (Cutizzi, Goleto, FeudiStudi), Macchialupa, Mastroberadino (Nova Serra, Stilema), Pietracupa, QUINTODECIMO, Terredora (Loggia della Serra), Vadiaperti (Tornante).

Grifalco Bas ★★★ Kleines Gut in den erstklassigen Unterbereichen Ginestra und Maschito. Am besten sind AGLIANICO DEL VULTURE Daginestra und Damaschito (SUPERIORE DOCG 15).

Die größte Barolo-MGA: Bricco S. Pietro in Monforte d'Alba mit sage und schreibe 380,9 ha.

Grignolino Piem BV – Zwei DOCS: Grignolino d'Asti und Grignolino del MONFERRATO Casalese. Bestenfalls lebhaft, leicht, mit viel Säure und Tanninen. Empfehlenswerter Grignolino d'Asti von BRAIDA, Cascina Tavijin, Crivelli, Incisa della Rocchetta, Spertino und Tenuta Garetto, Grignolino del Monferrato Casalese von Accornero (Bricco del Bosco, Bricco del Bosco Vigne Vecchie – wie BAROLO bereitet), Bricco Mondalino, Castello di Uviglie, PIO CESARE.

Grosjean Ao ★★★ Spitzenqualität; am besten sind CORNALIN und Premetta. Vigna Rovettaz ist eine der ältesten und größten Einzellagen im Aostatal.

Gruppo Italiano Vini (GIV) Zusammenschluss von Genossenschaften und Kellereien mit dem größten Weinbergbesitz Italiens. Dazu gehören: Bigi, BOLLA, Melini und Negri. Auch im Süden in der Basilikata und in SIZILIEN tätig.

Guerrieri Rizzardi Ven ★★→★★★ Die adlige Familie erzeugt erstklassigen AMARONE und BARDOLINO: AMARONE Villa Rizzardi und Calcarole (von einer Einzellage); sehr guter SOAVE Classico Costeggiola.

Gulfi Siz ★★★★ Der beste Erzeuger von NERO D'AVOLA in SIZILIEN und der erste, der Wein aus einer einzelnen *contrada* (Lage) abfüllte. Bio-Zertifizierung. Herausragend: Nerobufaleffj, Nerosanlorè, der legendäre NeroJbleo und die neuen RISERVAS. Sehr gut sind auch CERASUOLO DI VITTORIA CLASSICO, Nerobaronj, Neromaccarj und der weiße Carjcanti. Interessant: Pinò (PINOT NERO) und ETNA Rosso Reseca.

Haas, Franz T-S ★★→★★★ Spitzenweine: PINOT NERO, LAGREIN (Schweizer), MOSCATO Rosa und IGT-Verschnitt Manna (weiß).

Hofstätter T-S ★★★ Beste Qualität; guter PINOT NERO. Besonders zu empfehlen: Barthenau VIGNA Sant'Urbano, Vigna Roccolo. Auch Weißweine, vorwiegend GEWÜRZTRAMINER (v. a. Kolbehof).

Inama Ven ★★★ Einer der wichtigsten Erzeuger in SOAVE und COLLI Berici mit einigen der besten Weine des Bereichs. Spitzenweine sind Soave CLASSI-

CO (Carbonare, Du Lot, Foscarino) und CARMENÈRE RISERVA; sehr gut auch Carmenère (Carminum) und SAUVIGNON BLANC Vulcaia Fumè.

Indicazione Geografica Tipica (IGT) Immer häufiger als Indicazione Geografica Protetta (IGP) bezeichnet. *Siehe* Kasten Seite 169.

Ischia Kamp ★→★★★ DOC BV – Vor Neapel liegende Insel mit grünen vulkanischen Tuffböden und eigenen Rebsorten (weiß: Biancolella, Forastera; rot: Piedirosso, auch in Kampanien anzutreffen). Die Lage Frassitelli bringt den besten Biancolella hervor. Die besten Erzeuger sind Cenatiempo (Kalimera), D'AMBRA (Biancolella Frassitelli, Forastera), Antonio Mazzella (VIGNA del Lume).

Isole e Olena Tosk ★★★★ Erstklassiges CHIANTI-CLASSICO-Weingut unter Leitung von Paolo de Marchi; großartiger roter IGT Cepparello. Hervorragender VIN SANTO und Chianti Classico, sehr guter CABERNET SAUVIGNON, CHARDONNAY und SYRAH. Besitzt auch die fantastische Proprietà SPERINO in LESSONA.

Kaltern, Cantina T-S ★★→★★★ Qualitätsgenossenschaftskellerei in der Nähe des Kalterer Sees. Am besten ist die Reihe Quintessenz, empfehlenswert auch die limitierte Edition »kunst.stück«.

Kampanien Mit die großartigsten und lagerfähigsten Weißweine in Italien, terroirbewusst und charaktervoll. Die Rotweine sind aufgrund der Kombination überreifer Trauben mit zu viel Eiche leider weniger beständig; einige bemerkenswerte Ausnahmen bestätigen die Regel. Wenige internationale Sorten trüben das Panorama einheimischer Trauben. FIANO d'Avellino könnte durchaus Italiens bestes Weißweinanbaugebiet sein, TAURASI bringt immer bessere Rotweine hervor. Gute Erzeuger: Caggiano, Cantine Lonardo, COLLI DI LAPIO, D'AMBRA, De Angelis, Fattoria La Rivolta, Benito FERRARA, Feudi di San Gregorio, Galardi, Guastaferro, La Sibilla, Luigi Maffini, MARISA CUOMO, Mastroberardino, Nicola Mazzella, Molettieri, Perillo, Pierlingeri, Pietracupa, QUINTODECIMO, Reale, Rocca del Principe, Sarno 1860, Luigi Tecce, Terredora, Vadiapertie. MONTEVETRANO erzeugt Weltklasseweine von internationalen Sorten, v. a. CABERNET.

Köfererhof T-S ★★★→★★★★ Großartige Weißweine: KERNER, SYLVANER, ausgezeichneter MÜLLER-THURGAU.

Lageder, Alois T-S ★★★ Berühmter Erzeuger in SÜDTIROL. Am faszinierendsten sind die sortenreinen Einzellagengewächse: CABERNET SAUVIGNON Cor Römigberg, CHARDONNAY Löwengang, GEWÜRZTRAMINER Am Sand, LAGREIN Lindenburg, PINOT NERO Krafuss und Sauvignon blanc Lehenhof.

Lagrein Alto Adige T-S ★★→★★★ DOC 13 15 16' 18 – Alpiner Rotwein mit dunkler Farbe, vollem Geschmack (inklusive bitterer Note im Hintergrund); auch im erfrischenden Rosé Kretzer ist Lagrein enthalten. Spitzenerzeuger in Südtirol: Cantina Bolzano (Taber), Cantina Santa Maddalena, CS Andriano, Cantina TRAMIN, LAGEDER, MURI-GRIES (Abtei, VIGNA Klosteranger), Ignaz Niedrist, Putzenhof, TIEFENBRUNNER, Elena Walch. Ein empfehlenswerter Lagrein aus dem TRENTINO ist der Deamater von Francesco Moser.

Lambrusco Em-Ro ★→★★★ BV –17 verschiedene Trauben sorgen für ganz unterschiedliche Weine, d. h. »Lambrusco« als solchen gibt es eigentlich gar nicht. Die meisten der Vielzahl von Bereichen beziehen sich auf eine der fünf hauptsächlich angebauten Rebsorten, deshalb hat jeder seine eigenen spezifischen Merkmale. Im Idealfall handelt es sich um einen angenehm perlenden, frischen, lebhaften Rotwein, der göttlich zu reichhaltigen Speisen passt. DOCS: Lambrusco Grasparossa di Castelvetro, Lambrusco Salamino di Santa Croce und Lambrusco di Sorbara. Die besten Erzeuger für Lambrusco Grasparossa: Cleto Chiarli (Enrico Cialdini), Moretto (Monovitigno und Vigna Canova), Pederzana (Canto Libero Semi Secco), Vittorio Graziano (Fontana dei Boschi); für Lambrusco Maestri: Ceci (Nero di Lambrusco Otello), Dall'Asta (Mefistofele); für Lambrusco Marani: Ermete Medici (Quercioli); für Lambrusco Salamino: Cavicchioli (Tre Medaglie Semi Secco), Luciano Saetti (Vigneto Saetti), Medici Ermete (Concerto Granconcerto); für Lambrusco di Sorbara: Cavicchioli (Cristo Secco und Cristo Rosé), Cleto Chiarli (Antica Modena Premium), Medici Ermete (Phermento – *metodo ancestrale*), Paltrinieri.

Langhe Piem – Die Hügel in der Mitte des PIEMONT, Heimat von BAROLO, BARBARESCO usw. DOC für mehrere sortenreine Piemonteser Weine sowie die Verschnitte Bianco und Rosso. Erzeuger, die andere Rebsorten in den NEBBIOLO einbringen möchten, können dies unter der DOC LANGHE NEBBIOLO bis zu einem Limit von 15 % tun: Im Auge behalten!

Langhe Nebbiolo Piem ★★→★★★ Wie NEBBIOLO D'ALBA (Nebbiolo > 85 %), aber aus einem größeren Gebiet, den LANGHE. Darf anders als Nebbiolo d'Alba für herabgestuften BAROLO oder BARBARESCO verwendet werden. Empfehlenswerte Erzeuger: Boroli, BREZZA, BURLOTTO, CIABOT BERTON, CLERICO, Aldo CONTERNO, Giacomo FENOCCHIO, Fratelli ALESSANDRIA, Ettore GERMANO, MASSOLINO, PIO CESARE, Giuseppe RINALDI, TREDIBERRI und VAJRA.

Le Due Terre F-JV ★★★ Kleiner Familienbetrieb in FRIULI COLLI ORIENTALI mit Spitzenwein Sacrisassi Rosso (SCHIOPPETTINO/REFOSCO); sehr gut auch der MERLOT und der Sacrisassi Bianco.

Le Macchiole Tosk ★★★★ Bio. Eine der wenigen Kellereien in einheimischem Besitz in BOLGHERI und eine der ersten, die nach SASSICAIA in Erscheinung traten, erzeugt Italiens besten Cabernet franc (Paleo Rosso) sowie mit den besten MERLOT (Messorio) und SYRAH (Scrio).

Lessona Piem DOCG – *Siehe* ALTO PIEMONTE. NEBBIOLO (mindestens 85 %). Elegant, lagernswert, feines Bukett, nachhaltiger herzhafter Geschmack. Am besten von Proprietà SPERINO, gut auch von Cassina, Colombera & Garella, La Prevostura und Tenute Sella.

Librandi Kal ★★★ Spitzenerzeuger und Vorreiter bei der Nutzbarmachung kalabresischer Rebsorten. Sehr guter roter CIRÒ (Riserva Duca Sanfelice ★★★), IGT Gravello und Terre Lontane (CABERNET SAUVIGNON/Gaglioppo), roter Magno Megonio (Magliocco) und weißer IGT Efeso (Mantonico).

Ligurien ★→★★ Ein schmaler Streifen mit extremem Bergweinbau erbringt denkwürdige Weine von PIGATO und VERMENTINO (weiß) sowie Rossese di Dolceacqua (rot). Empfehlenswerte Erzeuger: Alessandri, Bio Vio, Bruna, Tenuta di Selvadolce, Terre Rosse (Pigato); La Baia del Sole, Giacomelli, Ottaviano Lambruschi (Vermentino). Die Cinque Terre sind wunderschön und der SCIACCHETRÀ ist einer der besten Süßweine Italiens; der rote Ormeasco di Pornassio wird von einem ligurischen Bio-Typ von DOLCETTO gekeltert.

Lisini Tosk ★★★→★★★★ Besonders feiner und lange haltbarer BRUNELLO di Montalcino, v. a. RISERVA Ugolaia.

Lis Neris F-JV ★★★ Spitzenweingut im Bereich FRIULI ISONZO, bekannt für Weiße. Am besten sind PINOT GRIGIO (Gris), SAUVIGNON BLANC (Picol), FRIULANO (Fiore di Campo), Confini und Lis. Sehr gut sind auch der Lis Neris Rosso (MERLOT/CABERNET SAUVIGNON) und der süße Tal Luc (VERDUZZO/RIESLING).

Lo Triolet Ao ★★★ Erzeuger von erstklassigem PINOT GRIS; sehr gut auch Fumin, Coteau Barrage und der neue Heritage (beide SYRAH/Fumin), GEWÜRZTRAMINER und MUSCAT.

Luce Tosk ★★★ Im Besitz von FRESCOBALDI. Der Luce ist ein SANGIOVESE-MERLOT-Verschnitt für Oligarchen, es gibt aber auch einen herrlichen BRUNELLO DI MONTALCINO.

Lugana ★★→★★★ DOC BV – Viel besser gewordener Weißwein vom südlichen Gardasee, der gutem SOAVE aus der Nachbarschaft Konkurrenz macht; Hauptrebe Turbiana (ehemals TREBBIANO di Lugana). Die besten Erzeuger: CÀ DEI FRATI (I Frati, v. a. Brolettino), Domini Veneti, Le Morette, Monte del Frà, Ottella, Roveglia, Tommasi, Zenato (in Eiche ausgebaut), Zeni (Vigne Alte).

Lunae, Cantine German Lig ★★★ Im Besitz der Familie Bosoni in COLLI DI LUNI. Am besten ist der VERMENTINO (Cavagino, Etichetta Nera, Numero Chiuso). Auch ein sehr guter rarer Vermentino nero.

Lungarotti Umb ★★→★★★ Führender TORGIANO-Erzeuger. Spitzenweine sind DOC Rubesco und DOCG RISERVA Monticchio. Auch gut: Giubilante, MONTEFALCO SAGRANTINO, Sangiorgio (SANGIOVESE/CABERNET SAUVIGNON), Vigna Il Pino (VERMENTINO/GRECHETTO/TREBBIANO).

Maculan Ven ★★★ Qualitätspionier in Venetien. Ausgezeichneter CABERNET SAUVIGNON (Fratta, Palazzotto), v. a. bekannt für süßen TORCOLATO (v. a. RISERVA Acininobili).

Malvasia delle Lipari Siz ★★★ DOC – Vollmundiger Süßwein von einer der vielen Reben namens MALVASIA. Die besten Erzeuger sind Capofaro (Dydime, VIGNA di Paola), Caravaglio, Fenech, Lantieri und Marchetta. Gut: Hauner.

Malvirà Piem ★★★→★★★★ Spitzenerzeuger im ROERO mit ökologischer Zertifizierung. Die besten Roero-Einzellagenweine: (roter und weißer) Renesio, Trinità; (weißer) Saglietto. Neu: ARNEIS RISERVA Saglietto.

Manduria (Primitivo di) Apu ★★→★★★ DOC – Wiege des PRIMITIVO alias ZINFANDEL, man mache sich also auf herzhafte, alkoholstarke, manchmal portweinartige Weine gefasst. Am besten von FELLINE, Gianfranco FINO und Morella. Empfehlenswerte Erzeuger in Manduria und anderswo: Cantele, Pietraventosa, Polvanera, Tenute Chiaromonte, Vetrere.

Marchesi di Gresy Piem ★★★ Historischer BARBARESCO-Erzeuger (seit 1797) in der Einzellage Martinenga (Alleinbesitz). Am besten: RISERVA Camp Gros und Gajun; sehr gut der BARBERA D'ASTI Monte Colombo.

Maremma Tosk – Das Küstengebiet in der TOSKANA erlebte im 20. Jh. einen Boom. Ein trockeneres, heißeres Klima und eine kürzere Vegetationsperiode sorgen für ausladendere Weine. Köstliche Rotweine auf SANGIOVESE-Basis (mit manchmal überreifen Aromen) aus den DOC(G)S Monteregio, MORELLINO DI SCANSANO, PARRINA, Pitiglian und Sovana.

Marisa Cuomo Kamp ★★★ Der Fiorduva ist einer der besten Weißweine Italiens. Sehr gut sind auch die roten RISERVA-Weine (Furore, Ravello) und der Costa d'Amalfi.

Marrone, Agricola Piem ★★★ Kleines Gut, BAROLO mit gutem Preis-Leistungs-Verhältnis. Spitze: Bussia, Pichemej; gut: ARNEIS, BARBERA D'ALBA SUPERIORE, Favorita.

Marsala Siz ★→★★★★ DOC – Der einstmals berühmte gespritete Wein SIZILIENS wurde 1773 von den Gebrüdern Woodhouse aus Liverpool »erfunden«. Das Spektrum reicht von trocken bis sehr süß. Der beste ist der sehr trockene Marsala Vergine. *Siehe auch* Marco DE BARTOLI.

Mascarello Piem ★★★★ Zwei führende BAROLO-Erzeuger tragen diesen Namen: der verstorbene Bartolo Mascarello in Barolo, dessen Tochter Maria Teresa den sehr traditionellen Weg ihres Vaters weitergeht (sehr guter Freisa und LANGHE NEBBIOLO), und Giuseppe Mascarello in Monchiero, dessen Sohn Mauro großartigen Barolo im ausgeprägt traditionellen Stil von der Spitzenlage Monprivato in Castiglione Falletto bereitet. Beide sind zu Recht Kult.

Masi Ven ★★→★★★ Der typische und gleichzeitig innovative Veroneser Erzeugerbetrieb wird von Sandro Boscaini geführt, dessen Begeisterung ansteckend ist. Sehr gut sind Rosso Veronese Campo Fiorin und Osar (Oseleta). Die besten AMARONES sind Campolongo di Torbe und Costasera. Masi Wine Estates: Canevel (CARTIZZE, VALDOBBIADENE Campofalco), Conti Bossi Fedrigotti (Bordeaux-Verschnitt Fojaneghe, Trento Conte Federico), Serego Alighieri (Amarone Vaio Armaron).

Massa, Vigneti Piem ★★★ Walter Massa verhalf der schon fast ausgestorbenen weißen Rebe Timorasso zum Comeback. Spitze: Coste del Vento, Montecitorio, Sterpi; sehr gut: Anarchia Costituzionale (MOSCATO bianco), Avvelenata (Freisa), BARBERA Monleale und Bigolla.

Massolino Vigna Rionda Piem ★★★ Eines der besten BAROLO-Güter in Serralunga. Parafada und Margheria, beide ausgezeichnet, haben eine feste Struktur und fruchtige Süffigkeit. Am besten ist der langlebige VIGNA Rionda, sehr gut LANGHE NEBBIOLO und Parussi. Wir warten gespannt auf die neuen BARBARESCO-Weine.

Mastroberardino Kamp ★★★ Erstklassiger historischer Erzeuger in der gebirgigen Provinz Avellino. Am besten ist die Reihe Stilema (Taurasi, FIANO, GRECO), außerdem Taurasi (Naturalis Historia, Radici RISERVA), FIANO DI AVELLINO (More Maiorum, Radici) und GRECO DI TUFO Nova Serra.

Meroi F-JV ★★★ Dynamisches Gut; hervorragender FRIULANO, MALVASIA Zittelle Duri, RIBOLLA GIALLA, SAUVIGNON BLANC Zitelle Barchetta.

Metodo classico/tradizionale Italienisch für »Champagnermethode«.

Miani F-JV ★★★★ Enzo Pontoni ist Italiens bester Weißweinbereiter. Spitze: FRIULANO (Buri und Filip), RIBOLLA GIALLA Pettarin, SAUVIGNON BLANC Zitelle; auch sehr gut: Sauvignon blanc Saurint, CHARDONNAY Zitelle, MERLOT, REFOSCO Buri.

Mirizzi und Montecappone Mar ★★★ Zwei Weingüter im Besitz von Gianluca Mirizzi mit Schwerpunkt VERDICCHIO DEI CASTELLI DI JESI, Ersteres auf Mergel-Sandsteinböden, steile Hänge, biologische und traditionelle Weinbereitung (Spitze: Ergo, Ergo Sum RISERVA), Letzteres auf kalkigem Lehm, reduktive Weinbereitung (Spitze: Federico II, Riserva Utopia).

Mollettieri, Salvatore Kamp ★★★ Hervorragend: RISERVA Vigna Cinque Querce und Taurasi; gut: Fiano di Avellino Apianum.

Monaci Apu ★★→★★★ Gehört zur GRUPPO ITALIANO VINI. Charaktervoller NEGROAMARO-Rosé Kreos, PRIMITIVO Artas und roter SALICE SALENTINO Aiace.

Monica di Sardegna Sar ★→★★★ DOC BV – Köstlich duftend, mittelschwer. Am besten von ARGIOLAS (Iselis), CONTINI, Ferruccio Deiana (Karel), Dettori (Chimbanta), Cantina di MOGORO, Josto Puddu (Torremora) und SANTADI (Antigua).

Montalcino Tosk – Das Hügelstädtchen in der Provinz Siena ist angesagt und berühmt für seinen konzentrierten, teuren BRUNELLO und den etwas zugänglicheren, günstigeren ROSSO DI MONTALCINO, die beide nach wie vor sortenrein von SANGIOVESE gewonnen werden.

Monte Carrubo Siz ★★★ Pionier Peter Vinding-Diers pflanzte SYRAH auf einem Vulkan südlich des Ätna an – mit äußerst interessanten, komplexen Ergebnissen.

Monte del Frà Ven ★★→★★★ Im Besitz der Familie Bonomo; äußerst preiswert. Spitzenweine: AMARONE Lena di Mezzo und RISERVA, Custoza (Bonomo Sexaginta, Ca' del Magro).

Montefalco Sagrantino Umb ★★★→★★★★ DOCG – Einst ausschließlich süßer PASSITO (immer noch der beste Wein des Bereichs); die trockenere Version ist Italiens kraftvollster tanninreicher Rotwein, der optimale Wachstumsbedingungen braucht, um sein Bestes zu geben. Spitzenerzeuger: Adanti, Antonelli (Chiusa di Pannone und normaler Montefalco Sagrantino), CAPRAI (25 Anni, Collepiano), Tenuta Castelbuono, Colleallodole, LUNGAROTTI, Pardi (Sacrantino). Sehr gut auch Bocale, Perticaia, Ruggeri, Sportoletti, Tabarrini, Villa Mongalli.

Montepulciano d'Abruzzo Abr ★★→★★★ DOC r **14** 15 18 – Dank der neuen Generation von Erzeugern waren die Weine der Abbruzzen (auch Montepulciano und TREBBIANO d'Abruzzo) nie besser. Die Rotweine sind entweder leicht und lässig oder fest und reichhaltig. Die besten Erzeuger sind Cataldi Madonna (Piè delle Vigne, Tonì), Filomusi Guelfi, Emidio PEPE, Praesidium, TIBERIO (Colle Vota und normaler Montepulciano), Torre dei Beati (Cocciapazza, Mazzamurello), Valle Reale und natürlich Valentini (am besten, lagernswert).

Montevertine Tosk ★★★★ Zertifiziertes ökologisches Weingut in Radda. Der hervorragende IGT Le Pergole Torte ist ein reinsortiger, lange haltbarer SANGIOVESE von Weltklasse; sehr gut auch der Montevertine.

Montevetrano Kamp ★★★ Angesehene kampanische AZIENDA. Hervorragend: IGT Montevetrano (AGLIANICO/CABERNET SAUVIGNON/MERLOT); sehr gut: Core Rosso (Aglianico) und Core Bianco (FIANO, GRECO).

Morella Apu ★★★→★★★★ Gaetano Morella und seine Frau Lisa Gilbee erzeugen herausragenden PRIMITIVO (La Signora, Mondo Nuovo, Old Vines) von rund 90 Jahre alten Reben. Auch sehr gut sind Rosé Mezzarosa (Primitivo/NEGROAMARO) und Mezzogiorno (FIANO).

Morellino di Scansano Tosk ★→★★★ DOCG **11** 13 15 16' 17 18 – Der berühmteste Rotwein auf SANGIOVESE-Basis aus der MAREMMA ist am besten munter und leicht anstatt eichenlastig und körnig. Am besten von Tenuta Belguardo, Moris Farms, PODERE 414, POGGIO ARGENTIERA (Bellamarsilia), Le Pupille (RISERVA und normaler Morellino), Roccapesta (Calestaia) und Terenzi (Purosangue).

Moris Farms Tosk ★★★ Einer der ersten modernen Erzeuger in der toskanischen MAREMMA. Spitzenweine sind der hoch angesehene IGT Avvoltore (reichhaltiger SANGIOVESE/CABERNET SAUVIGNON/SYRAH-Verschnitt) und der MORELLINO DI SCANSANO (normal und RISERVA), doch auch VERMENTINO und ROSATO Rosamundi sind empfehlenswert.

Moscato d'Asti Piem ★★→★★★ BV – Die Weine sind ähnlich wie die der DOCG ASTI, doch gewöhnlich von besserem Rebgut gekeltert, außerdem weniger alkoholstark, weniger kohlensäurehaltig, süßer und fruchtiger und meist von kleineren Gütern bereitet. Am besten: Ca' d'Gal, Caudrina (La Galeisa), Forteto della Luja, Mongioia, Saracco, Vajra, Vignaioli di Santo Stefano. Sehr gut: L'Armangia, Braida, Cascina Fonda, Il Falchetto, Perrone, RIZZI, Vico.

Mosnel Lomb ★★★ Seit 1836 führt die Familie Barboglio diese Ökokellerei in der FRANCIACORTA. Spitzenweine: EBB, Pas Dosé RISERVA, Nature und der EBB 2010 Riedizione 2020.

Muri-Gries T-S ★★→★★★ Das Kloster im Bozener Vorort Gries ist ein traditioneller und immer noch erstklassiger Erzeuger von SÜDTIROLER LAGREIN DOC. Empfehlenswert v. a. Cru Abtei Muri und Klosteranger.

Musso Piem ★★★ Die Familie Musso führt dieses Weingut in BARBARESCO seit 1929. Am besten sind die Barbarescos Pora (auch RISERVA) und Rio Sordo.

Nals Margreid T-S ★★★ Kleine qualitätsbewusste Winzergenossenschaft mit alpenfrischen Weißweinen (v. a. PINOT BIANCO Sirmian), CHARDONNAY RISERVA und der neuen (weißen) Cuvée Nama.

Nebbiolo d'Alba Piem ★★→★★★ DOC **13 14** 15 16' 18 (19) – 100 % NEBBIOLO. Manchmal ein vollwertiger Ersatz für BAROLO/BARBARESCO, obwohl er aus einem klar abgegrenzten dazwischen gelegenen Gebiet kommt. Am besten von Orlando ABRIGO, BREZZA, CERETTO, Bruno GIACOSA, Hilberg-Pasquero, PAITIN, Poderi COLLA, Luciano SANDRONE.

Nervi Piem ★★★ Die historische Kellerei in GATTINARA gehört jetzt Roberto CONTERNO. Am besten sind Molsino und Valferana; sehr guter ROSATO.

Niedriest, Ignaz T-S ★★★ Der LAGREIN Berger Gei RISERVA setzt Maßstäbe, ebenso wie RIESLING, WEISSBURGUNDER (Limes) und BLAUBURGUNDER Riserva. Sehr gut auch der SAUVIGNON BLANC Limes, der weiße Verschnitt Trias und der CHARDONNAY Vom Kalk.

Nipozzano, Castello di Tosk ★★★→★★★★ Das FRESCOBALDI-Weingut im Bereich RUFINA östlich von Florenz erzeugt exzellenten CHIANTI Rufina. Spitzenweine sind Nipozzano RISERVA (v. a. Vecchie Viti) und IGT Montesodi; sehr gut auch Mormoreto (Bordeaux-Verschnitt).

Nittardi Tosk ★★→★★★ Verlässliche Quelle für modernen CHIANTI CLASSICO guter Qualität (v. a. Casanuova di Nittardi, RISERVA). In deutschem Besitz; Önologe ist Carlo Ferrini.

Nössing, Manni T-S ★★★★ Herausragender KERNER, MÜLLER-THURGAU Sass Rigais, SYLVANER. Die Weine setzen Zeichen.

Nozzole Tosk ★★→★★★ Berühmtes Gut im Zentrum des CHIANTI-CLASSICO-Bereichs, nördlich von Greve; im Besitz von FOLONARI. Sehr guter Chianti Classico RISERVA und ausgezeichneter CABERNET SAUVIGNON Pareto.

Nuragus di Cagliari Sar ★★ DOC BV – Lebhafter, unkomplizierter Weißwein von der Nuragus-Traube, der endlich größere Bekanntheit erlangt. Die besten Erzeuger sind ARGIOLAS (S'Elegas), Mogoro (Ajò) und Pala (I Fiori).

Occhio di Pernice Tosk – »Rebhuhnauge«. Eine Art von VIN SANTO, der vorwiegend von dunklen Trauben, insbesondere SANGIOVESE, bereitet wird. Bester Erzeuger ist Avignonesi. Auch eine seltene dunkle Rebsorte, die u. a. im Chianti Rufina anzutreffen ist.

Occhipinti, Arianna Siz ★★★ Kulterzeugerbetrieb, und das zu Recht. Bio-Zertifizierung. Spitzenweine sind Il Frappato und CERASUOLO DI VITTORIA CLASSICO Grotte Alte.

Oddero Piem ★★★→★★★★ Traditionalistisches Weingut in La Morra mit ausgezeichnetem Einzellagen-BAROLO (Brunate, Bussia RISERVA, VIGNA Rionda Riserva und Villero) und Einzellagen-BARBARESCO (Gallina) sowie anderen anspruchsvollen piemontesischen Weinen. Auch sehr guter, preiswerter Barolo und RIESLING. Ab 2022 Monvigliero.

Oltrepò Pavese Lomb ★→★★★ Multi-DOC mit zahlreichen sortenreinen und verschnittenen Weinen aus der Provinz Pavia; am besten ist der SPUMANTE. Gute Erzeuger: Anteo, Barbacarlo, Castello di Cicognola, Conte Vistarino (MC 1865 und PINOT NERO Bertone), Giorgi, Mazzolino und Travaglino.

Ornellaia Tosk ★★★★ **12** 13 15 16 (18) – Das angesagte, ja kultumwobene Weingut bei BOLGHERI ist inzwischen im Besitz von FRESCOBALDI. Die Spitzenweine, Bolgheri DOC Ornellaia, IGT Masseto (MERLOT) und Ornellaia Bianco (SAUVIGNON BLANC/VIOGNIER), sind im Hinblick auf Rebsorten und Methode an Bordeaux orientiert; ebenfalls gut sind Bolgheri DOC Le Serre Nuove und der weiße POGGIO alle Gazze.

Orvieto Umb ★→★★★ DOC BV – Eines der wenigen Anbaugebiete in Italien, in denen Edelfäule spontan und oft entsteht, ist durch vier Bodentypen gekennzeichnet: sandiger Ton, vulkanisch, Schwemmsand und eine Mischung aus gelbem kompaktiertem Sand und Konglomeraten. Die süße Spätlese kann denkwürdig ausfallen, wobei die locker-leichten trockenen Weißweine ebenfalls sehr populär sind. Der halbtrockene Amabile ist heute weniger angesagt, aber köstlich. Spitzenerzeuger: BARBERANI (Luigi e Giovanna, doch der süße Calcaia ist ebenso gut). Weitere gute Erzeuger: Bigi, Cardeto, Castello della Sala, Decugnano dei Barbi, Palazzone; Sergio Mottura (Latium).

Pacenti, Siro Tosk ★★★ BRUNELLO und ROSSO DI MONTALCINO im modernen Stil.

Paitin Piem ★★★ Die Familie Pasquero-Elia füllt seit Ende des 19. Jh. BARBARESCO ab und erzeugt heute wieder »echten« Barbaresco aus der Einzellage Serraboella in großen Fässern. Sorì Paitin Vecchie Vigne ist der Spitzenwein; sehr gut der neue Barbaresco Basarin.

Paltrinieri Em-Ro ★★→★★★ Einer der drei besten LAMBRUSCO-Erzeuger; produzierte als einer der ersten reinsortigen Lambrusco di Sorbara. Spitzenweine: Leclisse und Secco Radice; sehr gut La RISERVA und MC Grosso.

Pantelleria Siz – Zu SIZILIEN gehörige windige Insel mit schwarzer (vulkanischer) Erde vor der Küste Tunesiens, berühmt für ihre großartigen Süßweine von MOSCATO d'Alessandria. Die PASSITO-Versionen sind dicht und intensiv. Empfehlenswert: Marco DE BARTOLI (Bukkuram), DONNAFUGATA (Ben Ryé), Ferrandes.

Passito Tosk, Ven – Einer der ältesten und charakteristischsten italienischen Stile von Trauben, die kurz in der Spätsommersonne (im Süden) bzw. wochen- oder gar monatelang auf luftigen Dachböden getrocknet werden; der Vorgang heißt *appassimento*. Die bekanntesten Vertreter sind AMARONE/RECIOTO und VALPOLICELLA/SOAVE (Venetien) sowie VIN SANTO (TOSKANA). Empfehlenswert:Loazzolo, MONTEFALCO, ORVIETO, Torcolato, VALLONE. Nie billig.

Pavese, Ermes Ao ★★★ Ein Weingut, eine Rebe: Priè blanc, ungepropft, bis in 1219 m Höhe. Spitzenweine: Blanc de Morgex et de La Salle (Nathan und Le 7 Scalinate), der süße Ninive und der METODO CLASSICO Pavese XXXIV.

Pepe, Emidio Abr ★★★ Handwerklich arbeitende Kellerei, 15 ha mit biodynamischer-ökologischer Zertifizierung. Erstklassiger MONTEPULCIANO D'ABRUZZO, guter PECORINO und TREBBIANO D'ABRUZZO (Old Vines).

Petrussa, Vigna F-JV ★★★ Kleiner Familienbetrieb mit Weinen hoher Qualität. Am besten sind SCHIOPPETTINO di Prepotto (auch RISERVA), PICOLIT und Richenza (Cuvée aus einheimischen Weißweintrauben, alte Reben).

Pian dell'Orino Tosk ★★★★ Das kleine Weingut in MONTALCINO hat sich dem biodynamischen Anbau verschrieben. Der BRUNELLO ist verführerisch und technisch perfekt, der Rosso fast ebenso gut. Viele monumentale Weine.

Piane, Le Piem ★★★ Christoph Künzli hat die DOC BOCA zu neuem Leben erweckt. Sehr gut: die roten Maggiorina, Mimmo (NEBBIOLO/Croatina), Nebbiolo und Piane (Croatina) sowie der weiße Bianco (Erbaluce).

Picolit F-JV ★★→★★★ DOCG **12** 13 15 16 (18) – Hat das Zeug zum besten italienischen Süßwein (meistens von luftgetrockneten Trauben, die seltenen Spätlesen sind noch besser), allerdings gibt es auch dürftige Plagiate, die der Rebe keinen Ausdruck verleihen. Reicht im Gefüge von leicht/süß (selten) bis superdick (PASSITO). Die besten Erzeuger sind Aquila del Torre, Valentino Butussi, Conte d'Attimis, I Comelli, Livio FELLUGA, Perusini, RONCHI DI CIALLA, Marco Sara, Vigna PETRUSSA. Sehr gut auch Girolamo Dorigo, Ermacora und Paolo Rodaro.

Piemont Im Nordwesten, an der Grenze zu Frankreich; die Hauptstadt ist Turin. MONFERRATO, LANGHE, ROERO und ALTO PIEMONTE sind die wichtigsten Anbaubereiche. Neben der TOSKANA Italiens bedeutendste Region für Spitzenqualität (10% aller DOC(G)-Weine). Keine IGT-Weine zugelassen. Rebsorten: u. a. BARBERA, Brachetto, Cortese, DOLCETTO, Freisa, GRIGNOLINO, MALVASIA di Casorzo, Malvasia di Schierano, MOSCATO, NEBBIOLO, Ruché, Timorasso. *Siehe auch* BARBARESCO, BAROLO.

Pieropan Ven ★★★★ Andrea und Dario, Leonildos Sohn, führen jetzt die Kellerei. Bio-Zertizierung. Der Cru La Rocca ist nach wie vor der ultimative in Eiche ausgebaute SOAVE, der Calvarino der beste überhaupt. Sehr gut auch AMARONE und PASSITO della Rocca.

Pietradolce Siz ★★★→★★★★ Die Brüder Faro besitzen eigene Weinberge in den besten Einzellagen am Ätna, oft aus der Zeit vor der Reblaus. Spit-

Italien

zenweine: ETNA Rosso Barbagalli, Rampante und der weiße Sant'Andrea (100% Carricante); sehr gut: Archineri (Rot- und Weißwein).

Pio Cesare Piem ★★★ Erzeugerveteran in ALBA; BAROLO und BARBARESCO in modernen (barriquegereiften) Versionen und im traditionellen Stil (mit Ausbau in großen Fässern). Besonders gut ist der NEBBIOLO D'ALBA, ein kleiner Barolo zum halben Preis. Am besten sind die Einzellagenweine und die »Klassiker« namens Pio.

Pira & Figli – Chiara Boschis Piem ★★★→★★★★ Zertifiziertes Bio-Weingut, das man unbedingt besuchen sollte. Spitzenweine: Cannubi, Mosconi, Via Nuova; sehr guter BARBERA D'ALBA.

Planeta Siz ★★★ Führendes sizilianisches Gut mit Besitzungen überall auf der Insel, u. a. in Menfi (Grillo Terebinto), Noto (NERO D'AVOLA Santa Cecilia), Vittoria (CERASUOLO Dorilli) und seit Kurzem auch am Ätna (Carricante, NERELLO MASCALESE Eruzione 1614). Ebenfalls gut: der rote Nocera, La Segreta (Rot- und Weißweine), Cometa (FIANO).

Podere Tosk – Toskanische Bezeichnung für einen kleinen Hof, der ehemals zu einem größeren Gut gehörte.

Poggio Tosk – Das Wort für »Hügel« im toskanischen Dialekt. **Poggione** heißt »großer Hügel«.

Poggio Antico Tosk ★★★ Paola Gloder leitet dieses mit 32 ha recht große Gut, auf rund 500 m eines der am höchsten gelegenen in MONTALCINO. Der Stil ist verhalten, beständig, manchmal zu vegetabil.

Poggio Argentiera Tosk ★★★ Gut in der MAREMMA im Besitz von TUA RITA. Am besten ist der Capatosta (95% SANGIOVESE); sehr gut auch MORELLINO DI SCANSANO und Poggioraso (CABERNET FRANC).

Poggio di Sotto ★★★★ Kleines Gut in MONTALCINO, das sich in jüngster Zeit hohes Ansehen verschafft hat. Hat angrenzende Weinberge erworben. Herausragender BRUNELLO, RISERVA und Rosso traditionellen Charakters mit individueller Note.

Poggio Scalette Tosk ★★ Vittorio Fiore und sein Sohn Jurij führen das CHIANTI-Bio-Gut in Greve. Der Spitzenwein Il Carbonaione (100% SANGIOVESE) braucht mehrere Jahre Flaschenreife. Überdurchschnittlicher CHIANTI CLASSICO und Bordeaux-Verschnitt Capogatto.

Poggione, Tenuta Il Tosk ★★★ Das Gut im Süden von MONTALCINO erzeugt beständig ausgezeichneten BRUNELLO und Rosso. Spitzenwein: Brunello RISERVA VIGNA Paganelli; sehr guter VIN SANTO.

Poliziano Tosk ★★★ Federico Carlettis Bio-Weingut in MONTEPULCIANO. Am besten ist der VINO NOBILE (v. a. Einzellagenwein Asinone und der neue Le Caggiole); gut: IGT Le Stanze (CABERNET SAUVIGNON/MERLOT) und Cortona In Violas (Merlot).

Pomino Tosk ★★★ DOC r **12 13** 15 16 17 (18) – Ein Anhängsel von RUFINA mit feinen roten und weißen Verschnitten (v. a. Il Benefizio). FRESCOBALDI ist hier praktisch exklusiv vertreten.

Potazzine, Le Tosk ★★★ Bio-Weingut der Familie Gorelli am südlichen Rand von MONTALCINO; die Weinberge liegen recht hoch. Hervorragender BRUNELLO (auch RISERVA) und Rosso: anspruchsvoll und äußerst angenehm zu trinken. Sie können sie im Restaurant der Familie im Ort probieren.

Prà Ven ★★★★ Führender Erzeuger von SOAVE CLASSICO. Empfehlenswert v. a. die Einzellagenweine Colle Sant'Antonio, Monte Grande und Staforte. Ausgezeichneter AMARONE (15 herausragend) und VALPOLICELLA La Morandina.

Produttori del Barbaresco Piem ★★★ Eine der ersten Genossenschaften in Italien, vielleicht die weltbeste, erzeugt ausgezeichneten traditionellen einfachen BARBARESCO sowie die Crus Asili, Montefico, Montestefano, Ovello, Pora, Rio Sordo. Hervorragendes Preis-Leistungs-Verhältnis.

Prosecco Ven ★→★★ DOC(G) BV – Prosecco ist der Wein, Glera die Rebsorte. Die Qualität ist im VALDOBBIADENE höher. Empfehlenswerte Erzeuger: Adami, Biancavigna, BISOL, Bortolin, Canevel, Carpenè-Malvolti, Case Bianche, Col Salice, Col Vetoraz, Le Colture, Silvano Follador, Gregoletto, Mionetto, Nino FRANCO, La Riva dei Frati, Ruggeri, Zardetto.

Quartomoro Sar ★★→★★★ Piero Cella verarbeitet alte Reben und seltene einheimische Sorten. Am besten ist die Reihe Memorie di Vite (Bovale, Monica, Semidano).

Querciabella Tosk ★★★ Erstklassiges CHIANTI-CLASSICO-Gut, seit 2000 biodynamisch. Am besten sind IGT Camartina (CABERNET SAUVIGNON/SANGIOVESE) und Batàr (CHARDONNAY/PINOT BIANCO) sowie die neuen Weine aus einzelnen Gemeinden (Gaiole, Greve in CHIANTI, Radda in Chianti); sehr guter Chianti Classico (und RISERVA). Ab 2022 gibt es den neuen Gran Selezione.

Quintarelli, Giuseppe Ven ★★★★ Erztraditionalistischer Erzeuger von feinem VALPOLICELLA, RECIOTO und AMARONE sowie einem guten Bianco Secco, einem Verschnitt aus verschiedenen Trauben, in handwerklicher Qualität. Tochter Fiorenza und ihre Söhne haben das Steuer übernommen und nichts geändert, auch nicht das Verbot, den Wein beim Verkosten auszuspucken.

Quintodecimo Kamp ★★★→★★★★ Auf dem wunderschönen Gut des Önologieprofessors und Kellermeisters Luigi Moio entsteht herausragender TAURASI Vigna Grande Cerzit und VIGNA Quintodecimo sowie großartiger AGLIANICO (Terra d'Eclano) und GRECO DI TUFO (Giallo d'Arles).

Ratti, Renato Piem ★★→★★★ Legendäres BAROLO-Gut. Moderne Weine mit kurzer Maischezeit, aber viel Substanz, v. a. Barolo Rocche dell'Annunziata und Barolo Conca.

Recioto della Valpolicella Ven ★★★→★★★★ DOCG – Probleme bei der Vermarktung von Süßwein führen dazu, dass diese traditionelle italienische Schönheit immer weniger erzeugt wird. Eine Schande, v. a. weil er immer viel besser ist als viele enttäuschende, übertrieben süße und tanninhaltige AMARONE-Weine.

Recioto di Soave Ven ★★★→★★★★ DOCG – SOAVE von rosinierten Trauben: süß, fruchtig, leichte Mandelnoten; der hohe Säuregehalt hält die Süße in Schach. Zu Käse trinken. Am besten von Anselmi, COFFELE, Gini, PIEROPAN, Tamellini; häufig auch sehr gut von Ca' Rugate, Pasqua, PRÀ, Suavia und Trabuchi.

Refosco (dal Peduncolo Rosso) F-JV ★★ **12 13** 15 16 (18) – Die meistangebaute rote Rebe der Region. Am besten aus der DOC FRIULI COLLI ORIENTALI. Spitzenerzeuger: MIANI, Vigna Petrussa und Volpe Pasini. Ebenfalls gut: D'Attimis, Ca' Bolani, Livio FELLUGA, MEROI, Valchiarò, La Viarte, Vignai da Duline und Zorzettig (Myò).

Ricasoli Tosk – Geschichtsträchtige Familie in der TOSKANA; der erste italienische Premierminister Bettino Ricasoli erfand den Verschnitt für den CHIANTI. Der wichtigste Zweig der Familie lebt im mittelalterlichen Castello di BROLIO.

Riecine Tosk ★★★→★★★★ Seit den 1970er-Jahren ein SANGIOVESE-Spezialist in Gaiole. Riecine di Riecine und La Gioia (100 % Sangiovese) sind potenziell hervorragend; auch gut der Tresette (MERLOT).

Rinaldi, Francesco Piem ★★★ Paola und Piera Rinaldi erzeugen klassischen, eleganten BAROLO. Hervorragend sind Cannubi (auch RISERVA) und Brunate, sehr gut der klassische Barolo und der LANGHE NEBBIOLO.

Rinaldi, Giuseppe Piem ★★★ Beppe Rinaldis Töchter Marta und Carlotta treten in seine äußerst traditionellen Fußstapfen. Hervorragend: BARBERA D'ALBA, BAROLO und Freisa.

Riserva Über eine vorgeschriebene Zeit meist im (großen oder kleinen) Fass gelagerter Wein.

Rivetti, Giorgio (La Spinetta) Piem ★★★ Feiner MOSCATO D'ASTI, ausgezeichneter BARBERA und eine Reihe von äußerst konzentrierten, in Eiche ausgebauten BARBARESCOS. Besitzt auch Weinberge in den DOCGS BAROLO und CHIANTI Colline Pisane sowie den traditionellen SPUMANTE-Erzeuger Contratto (Cuvée Novecento, ALTA LANGA For England).

Rivetto Piem ★★★ Bio-Weingut; Enrico Rivetto ist einer der talentiertesten jungen Kellermeister. Spitzenwein ist der BAROLO Briccolina; sehr gut auch BARBERA D'ALBA, Barolo Serralunga und LANGHE NEBBIOLO.

Rizzi Piem ★★★→★★★★ Unterbereich in Treiso, Gemeinde des BARBARESCO-Gebiets, in dem die Familie Dellapiana 35 ha Rebland besitzt. Bio. Spitzencrus sind Barbaresco Pajore und Rizzi RISERVA Boito, auch sehr gut: ALTA LANGA, Barbaresco (Nervo, Rizzi), MOSCATO D'ASTI.

Roagna Piem ★★★★ Alte Reben, massale Selektion, ökologischer Anbau, wilde Hefen, lange Maischung und langer Ausbau in großen Eichenfässern. Hervorragend sind der BARBARESCO Crichet Pajet sowie die BAROLO- und Barbaresco-Reihe Vecchie Viti (»alte Reben«), sehr gut Barbaresco Pajè, Barolo Pira, Timorasso Montemarzino und der neue Barolo Rocche di Castiglione.

Rocca, Albino Piem ★★★→★★★★ Führender Erzeuger von elegantem, komplexem BARBARESCO; Spitzencrus sind Cottà, Ovello Vigna Loreto, Ronchi, RISERVA.

Rocca, Bruno Piem ★★★→★★★★ Der Familienbetrieb wird jetzt von Brunos Kindern Francesco und Luisa geführt. BARBARESCO in traditionellerem Stil; mehr Eleganz als Wucht. Spitzenweine sind Maria Adelaide und RISERVA. Ebenfalls sehr gut: BARBERA D'ASTI, Currà, Rabajà.

Rocca delle Macie Tosk ★★ Das große Gut in Castellina in Chianti wird von Sergio Zingarelli geführt. Am besten sind Fizzano und Gran Selezione Sergio Zingarelli.

Roero Piem ★★→★★★ DOCG **13** 15 16 18 (19') – Wilder und kühler als die LANGHE. Die Weine verfügen typischerweise über einen mäßigen Alkohol- und Tanningehalt, schöne Eleganz und Frische sowie ein ansprechendes aromatisches Profil. (Roter) NEBBIOLO und (weißer) ARNEIS. Am besten von Giovanni ALMONDO, Ca' Rossa, Cascina Chicco, Cornarea, Matteo CORREGGIA (★), Bruno GIACOSA (★), MALVIRÀ (★), Morra, Negro, Rosso, Taliano, Val di Prete, Valfaccenda.

Ronchi di Cialla F-JV ★★★→★★★★ Führendes Gut in FRIAUL, im Unterbereich Cialla der DOC FRIULI COLLI ORIENTALI, geführt von der Familie Rapuzzi, die auf alte einheimische Reben setzt. Am besten sind Ciallabianco (RIBOLLA GIALLA/VERDUZZO/PICOLIT), Picolit di Cialla, SCHIOPPETTINO di Cialla, sehr gut REFOSCO DAL PEDUNCOLO ROSSO und Sol (trockener Picolit).

Ronco In Nordostitalien, v. a. in FRIAUL–JULISCH VENETIEN, Bezeichnung für eine Hanglage.

Ronco del Gelso F-JV ★★★→★★★★ Straffer, reintöniger Isonzo: FRIULANO Toc Bas, MALVASIA VIGNA della Permuta und PINOT GRIS Sot lis Rivis setzen Maßstäbe in der Region; sehr gut der weiße Verschnitt Latimis.

Rosato Die allgemeine italienische Bezeichnung für Rosé. Andere Namen für Rosé sind CHIARETTO (um den Gardasee), CERASUOLO (Abruzzen) und Kretzer (SÜDTIROL).

Rossese di Dolceacqua/Dolceacqua Lig ★★→★★★ DOC – Interessante Rotweine. Intensiv, salzig, würzig und fruchtiger als die meisten anderen. Die besten Erzeuger sind Maccario-Dringenberg (Curli, Luvaira, Posaù, Sette

Cammini) und Terre Bianche (Bricco Arcagna); sehr gut: Ka Mancine, Poggi dell'Elmo, TENUTA Anfosso.

Rosso di Montalcino Tosk ★★→★★★ DOC **13 15** 16 18 19 (20) – DOC für früher reifende Weine von BRUNELLO-Trauben, die meist aus jüngeren Rebbeständen oder weniger guten Lagen kommen, doch es gibt durchaus Schnäppchen.

Rosso Piceno/Piceno Mar ★ DOC **15** 18 (19) – Verschnitt von MONTEPULCIANO (> 35%) und SANGIOVESE (> 15%). SUPERIORE heißt er nur, wenn er aus dem äußersten Süden des Gebiets kommt. Die besten Erzeuger sind BUCCI, GAROFOLI und Montecappone (Utopia); sehr gut: Boccadigabbia, Moncaro, Monte Schiavo, Saladini Pilastri, Santa Barbara, TENUTA di Tavignano, Velenosi.

Ruffino Tosk ★→★★★ Der ehrwürdige CHIANTI-Betrieb in Pontassieve bei Florenz produziert verlässliche Weine, etwa CHIANTI CLASSICO, RISERVA Ducale und Ducale Oro.

Rufina Tosk ★★→★★★ Der nördlichste CHIANTI-Unterbereich, östlich von Florenz gelegen, ist der mit Abstand beste und interessanteste außerhalb des CHIANTI-CLASSICO-Gebiets. Er liegt am höchsten und bringt daher ausgefeilte, langlebige Weine hervor. Eine Vielfalt an Böden, u. a. Kalkstein, Sand, Galestro alberese, mergeliger Ton. Spitzenerzeuger: Colognole, Frascole, Lavacchio, NIPOZZANO (RISERVA, Vecchie Viti, *siehe* FRESCOBALDI), Il Pozzo, SELVAPIANA (Bucerchiale); sehr gut: Castello del Trebbio, Grignano, Travignoli, Vetrice. Nicht zu verwechseln mit RUFFINO, dessen Hauptsitz sich in Pontassieve befindet, dem wichtigsten Ort von Rufina.

Russiz Superiore F-JV ★★→★★★ Livio FELLUGAS Bruder Marco hat Weinberge in verschiedenen Teilen von FRIAUL angelegt. Jetzt hat Marcos Sohn Roberto das Sagen. Breites Angebot; am besten sind der PINOT GRIGIO und der COLLIO-Bianco-Verschnitt Col Disôre. Sehr guter PINOT BIANCO RISERVA.

Russo, Girolamo Siz ★★★→★★★★ Giuseppe Russo ist einer der drei oder vier besten Erzeuger am Ätna und füllte als einer der ersten einzelne Lagen ab. Spitzenweine: ETNA Rosso (Feudo, Feudo di Mezzo, San Lorenzo) und Etna Bianco (Nerina, San Lorenzo).

Salento Apu – Heimat des besten italienischen Rosé von NEGROAMARO (neben dem von MONTEPULCIANO gekelterten CERASUOLO aus den Abruzzen). Auch sehr guter roter Negroamaro mit ein bisschen Unterstützung von MALVASIA nera und seit Neuestem ein Rotwein von der einheimischen Traube Sussumaniello. *Siehe auch* APULIEN, SALICE SALENTINO.

Salice Salentino Apu ★★→★★★ DOC **15** 16 17 19 – Der bekannteste der zu vielen auf NEGROAMARO basierenden DOC-Weine des SALENTO. Nach zwei Jahren RISERVA. Empfehlenswert von Cantele, Conti Zecca (Cantalupi), Leone de Castris (Riserva), Mocavero, Cosimo Taurino, Agricole Vallone (Vereto Riserva).

Salvioni Tosk ★★★★ Alias La Cerbaiola. Der kultige kleine erstklassige Betrieb in MONTALCINO wird von Vater und Tochter geführt. BRUNELLO und ROSSO DI MONTALCINO gehören zum Besten, was man bekommen kann, und sind ihren hohen Preis wert.

Sandrone, Luciano Piem ★★★→★★★★ ALBA-Weine im modernen Stil. Tiefgründiger BAROLO: Aleste (ehemals Cannubi Boschis), Le Vigne, Vite Talin. Auch gut: NEBBIOLO D'ALBA Valmaggiore.

San Felice Tosk ★★★ Bedeutender historischer Erzeuger in der TOSKANA, im Besitz von Gruppo Allianz und von Leonardo Bellaccini geführt. Feiner CHIANTI CLASSICO und RISERVA POGGIO Rosso von einem Gut in Castelnuovo Berardenga. Ebenfalls gut: BRUNELLO DI MONTALCINO Campogiovanni; IGT Vigorello (der allererste SUPERTOSKANER aus dem Jahr 1968).

Italien

Sangiovese di Romagna Mar ★★→★★★ DOC – Manchmal zu vegetabiler und eichenlastiger, aber oft gut gemachter, ja sogar erstklassiger Rotwein von SANGIOVESE. Empfehlenswert von Ca' di Sopra, Cesari, Condello, Drei Donà, Nicolucci, Papiano, Paradiso, Tre Monti, Trere, Villa Venti (Primo Segno), Fattoria ZERBINA. Auch IGT RONCO delle Ginestre und Ronco dei Ciliegi (Castelluccio).

San Giusto a Rentennano Tosk ★★★★ Erstklassiges CHIANTI-CLASSICO-Gut. Ökologisch zertifziert. Hervorragend sind MERLOT (La Ricolma), SANGIOVESE IGT Percarlo und Vin San Giusto (PASSITO), sehr gut Chianti Classico und RISERVA Le Baroncole.

San Guido, Tenuta Tosk – *Siehe* SASSICAIA.

Sankt Magdalener (Santa Maddalena) T-S ★→★★★ DOC BV – Rotwein in deutsch-österreichischem Stil von Vernatsch (SCHIAVA), der auf sehr steilen Hängen hinter Bozen wächst. Empfehlenswerte Erzeuger: Cantina Tramin, CS Santa Maddalena (Huck am Bach), Gojer, Rottensteiner, Waldgries.

Sankt Michael-Eppan (San Michele Appiano) T-S ★★★ Historische Genossenschaft. Spezialität sind die süffigen alpenfrischen Weißweine. Am besten sind Appius (von Hans Terzer) und The Wine Collection. Sehr gut auch der PINOT BIANCO Schulthauser und die Reihe Sanct Valentin.

San Leonardo T-S ★★★★ Spitzenweingut von Marchesi Guerrieri Gonzaga im TRENTINO. Hauptwein ist der Bordeaux-Verschnitt San Leonardo, der seinem französischen Vorbild am nächsten kommende Wein in Italien. Sehr gut auch CARMENÈRE und Villa Gresti (MERLOT/Carmenère).

San Lorenzo, Fattoria Mar ★★★ Bio-Weingut mit lagernswertem VERDICCHIO aus Montecarotto. Spitzenweine: Campo delle Oche (auch Integrale) und Il San Lorenzo Bianco; sehr gut: Il San Lorenzo Rosso (100% MONTEPULCIANO), Le Oche.

Santadi Sar ★★★ Die beste sardische Winzergenossenschaft und eine der besten Italiens, v.a. wegen der auf CARIGNANO basierenden Rotweine Rocca Rubia RISERVA und Terre Brune (alle DOC CARIGNANO DEL SULCIS). Sehr gut auch MONICA DI SARDEGNA Antigua, Shardana und PASSITO Latinia (von Weißweintrauben).

Saracco, Paolo Piem ★★★★ Erstklassiger MOSCATO D'ASTI; sehr guter CHARDONNAY, LANGHE RIESLING und PINOT NERO.

Sardinien Die zweitgrößte italienische Insel bringt weiße und rote Weltklasseweine hervor. Empfehlenswert sind VERMENTINO DI GALLURA DOCG, VERMENTINO DI SARDEGNA (fruchtiger, weniger mineralisch), der Sherry-ähnliche VERNACCIA DI ORISTANO und der NURAGUS bei den Weißen sowie die süße Spätlese Nasco; der vergessene Semidano hätte Besseres verdient. CANNONAU (GRENACHE) und CARIGNANO sind die berühmtesten Rotweine, aber Bovale Sardo und Pascale sind ebenso gut.

Sassicaia Tosk ★★★★ DOC **06 07' 08 09** 10 13 15' 16 (18) (19) – Italiens einzige DOC (BOLGHERI), die aus einer Einzellage besteht, ein Verschnitt aus CABERNET SAUVIGNON und CABERNET FRANC, der in Premier-Cru-Manier von Marchese Incisa della Rocchetta auf der TENUTA San Guido bereitet wird: eher elegant als üppig, für lange Lagerung gemacht – und oft als Investitionsobjekt gekauft, aber einer der wichtigsten Faktoren für Italiens Spitzenqualitätsimage. Der 2016er ist extrem elegant, einer der besten der letzten Jahre.

Satta, Michele Tosk ★★★ Praktisch der einzige BOLGHERI-Erzeuger, der mit reinsortigem SANGIOVESE (Cavaliere) Erfolg hat. Daneben gibt es die guten roten Verschnitte Piastraia und I Castagni SUPERIORE (beide DOC Bolgheri).

Scarpa Piem ★★★ Historische traditionelle Kellerei in Nizza Monferrato. Spitzenweine: BARBERA D'ASTI La Bogliona, Rouchet (Ruchè); sehr gut: BARBARESCO Tettineive, Freisa.

Scavino, Paolo Piem ★★★ Modernistischer BAROLO-Erzeuger in Castiglione Falletto. Empfehlenswert v. a. die Einzellagenweine Bric del Fiasc, Cannubi, Monvigliero, Ravera und Rocche dell'Annunziata. Sehr gut die neuen Barolo-Einzellagenweine Ravera und Prapò. Wir sind gespannt auf den neuen Bussia Fantini.

Schiava Alto Adige T-S ★ DOC BV – Schiava (auf Deutsch VERNATSCH) entsteht aus einem Verschnitt der drei Hauptvarianten der Rebe (Schiava gentile, grigia und grossa) und als DOC Kalterersee oder St. Magdalener ein leichter bis mittelschwerer, sehr frischer süffiger Rotwein. Am besten von Cantina Bolzano, Cantina Girlan, Produttori Merano, Produttori Valles-Magré, San Michele Appiano, Terlan.

Schiopetto, Mario F-JV ★★★ Das legendäre COLLIO-Pionierweingut gehört inzwischen der Familie Rotolo. Sehr gut sind FRIULANO, Pinot bianco, RIBOLLA GIALLA, SAUVIGNON BLANC (alle DOC), IGT-Verschnitt Blanc de Rosis usw.

Schreckbichl *Siehe* COLTERENZIO.

Sella & Mosca Sar ★★ Bedeutendes Erzeuger- und Handelshaus in SARDINIEN. *Siehe* TERRA MORETTI.

Selvapiana Tosk ★★★★ Das Bio-Weingut in RUFINA gehört zur italienischen Spitzenriege. Am besten sind der RISERVA Bucerchiale und der IGT Fornace, doch schon der einfache Chianti Rufina ist köstlich. Fein sind auch die Rotweine Petrognano, POMINO und Riserva Vigneto Erchi.

Sforzato/Sfursat Lomb ★★★ Der Sforzato di VALTELLINA DOCG wird ähnlich wie AMARONE von luftgetrockneten NEBBIOLO-Trauben gekeltert. Entwickelt sich beim Lagern wundervoll. Spitzenerzeuger ist FAY (RONCO del Picchio); sehr gut: Dirupi (Vino Sbagliato), Mamete Prevostini (Albareda), Nino Negri (Cinque Stelle). *Siehe* Valtellina.

Siddura Sar ★★★ In der Region Gallura, im Nordosten Sardiniens. Am besten sind Cagnulari Bacco, CANNONAU RISERVA Fòla sowie VERMENTINO di Gallura SUPERIORE Maia und Beru.

Sizilien Die größte Mittelmeerinsel ist eine moderne Quelle für interessante, originelle Weine mit gutem Preis-Leistungs-Verhältnis. Einheimische Trauben (rot: Frappato, NERELLO MASCALESE, NERO D'AVOLA; weiß: CATARRATTO, Grecanico, GRILLO, INZOLIA) und internationale Rebsorten. Die Rebflächen liegen in der Ebene im Westen, auf den Hügeln in der Mitte der Insel und an den Hängen des Ätna.

Soave Ven ★→★★★ DOC – Berühmter, immer noch unterschätzter Weißwein aus Verona. Die Böden sind eine Mischung aus hauptsächlich vulkanischen oder kalkigen Elementen. Die Weine von den vulkanischen Böden des CLASSICO-Gebiets sind oft intensiv, mineralisch, sehr fein und ziemlich langlebig. *Siehe auch* RECIOTO. Die besten Erzeuger sind Gini, INAMA, PIEROPAN, PRÀ; sehr gut: Coffele, Nardello, ROCCOLO GRASSI, Suavia.

Solaia Tosk ★★★★ **11** 12 13 15 16 – CABERNET SAUVIGNON/SANGIOVESE von ANTINORI; muss altern.

Sottimano Piem ★★★→★★★★ In Familienhand; einer der bestechendsten Erzeuger in BARBARESCO (Einzellagen: Basarin, Cottà, Currà, Fausoni, Pajorè). Sehr guter BARBERA D'ALBA, DOLCETTO D'ALBA, LANGHE NEBBIOLO.

Speri Ven ★★★ Seit 2015 zertifizierter ökologischer Familienbetrieb in VALPOLICELLA. Traditioneller Stil. Spitzenwein: AMARONE Vigneto Monte Sant'Urbano.

Sperino, Proprietà Piem ★★★→★★★★ Spitzenweingut in LESSONA und eines der besten im ALTO PIEMONTE, geführt von Luca De Marchi (*siehe*

ISOLE E OLENA). Hervorragend: Lessona; sehr gut: L Franc (einer der besten italienischen CABERNET FRANC), Rosa del Rosa (Rosé-Verschnitt von NEBBIOLO und Vespolina) und der rote Uvaggio. Wir sind gespannt auf Bramaterra und RISERVA.

Spumante Schaumwein.

Südtirol T-S – Deutschsprachiger Teil der Region TRENTINO–Alto Adige. *Siehe* ALTO ADIGE.

Superiore Wein mit längerer Fassreife sowie mit 0,5 bis 1% mehr Alkoholgehalt als normaler DOC-Wein. Bezeichnet manchmal auch einen Teil eines Anbaugebiets, z. B. ROSSO PICENO Superiore.

Supertoskaner Tosk – Weine mit hoher Qualität und hohen Preisen, die in den 1970er- und 1980er-Jahren entwickelt wurden, um die damals geltenden unsinnigen Regelungen zu umgehen, heute jedoch, vor allem angesichts der wachsenden Bedeutung der Gran Selezione, kaum noch relevant. Nach wie vor allgemein der (völlig inoffiziellen) Supertoskaner-Kategorie zugerechnet würden CA' MARCANDA, Flaccianello, Guado al Tasso, Messorio, ORNELLAIA, Redigaffi, SASSICAIA, SOLAIA und TIGNANELLO.

Sylla Sebaste Piem ★★★ Verleiht den Vorzügen der seltenen Rebsorte NEBBIOLO rosé Ausdruck: leichterer, außerordentlich duftender BAROLO. Die reinste Pracht.

Tappero Merlo Domenico Piem ★★★ Wurzeln in der Vergangenheit, ein Auge auf die Zukunft und die Erbaluce-Rebe als Lebenspartnerin. Spitzenweine: Acini Perduti (Verschnitt aus 80% der seltenen MALVASIA moscata und 20% Erbaluce), ERBALUCE DI CALUSO (Cuvée des Paladins, Kin); auch sehr gut der PASSITO Bohemien.

Tasca d'Almerita Siz ★★★ Eine neue Generation führt nun das historische und immer noch angesehene Gut am Ätna. Weinberge in großer Höhe; ausgewogene IGT-Weine unter dem Namen Regaleali. Spitzenweine sind der hauptsächlich von NERO D'AVOLA erzeugte Rosso del Conte sowie die ETNA-Weine Rampante und Tascante Sciaranuova. Sehr gut auch GRILLO Mozia TENUTA Whitaker und MALVASIA delle Lipari Capofaro.

Taurasi Kamp ★★★ DOCG **10 11 12** 13 15 16 (18) (19) – Die erste DOCG in Süditalien. Der beste AGLIANICO in KAMPANIEN: Keiner ist potenziell so komplex, anspruchsvoll, unendlich lohnend. 17 Gemeinden, vier Unterbereiche (Nordwesten, Westen, Taurasi, Süden). Spitzenerzeuger: Contrade di Taurasi (Vigne d'Alto, Coste), I Favati (Terzotratto), Guastaferro (Primum), MASTROBERARDINO (Radici, Stilema), MOLETTIERI Salvatore (Vigna Cinque Querce), QUINTODECIMO (Quintodecimo und Vigna Gran Cerzito). Auch sehr gut: FERRARA Benito (VIGNA Quattro Confini), FEUDI DI SAN GREGORIO (Piano di Montevergine, Rosamilia, Candriano), Perillo.

Tedeschi Ven ★★★ Jede Menge sehr feiner VALPOLICELLA, AMARONE. Am besten sind der RECIOTO Capitel Monte Fontana und der Amarone Capitel Monte Olmi.

Tenuta Landwirtschaftliches Gut (*siehe* unter dem Eigennamen, z. B. TRINORO, Tenuta di).

Terlano, Cantina di T-S ★★★→★★★★ Erstklassige Genossenschaftskellerei, deren PINOT BIANCO Maßstäbe setzt. Hervorragend sind die Spezialabfüllungen reifer Weißweine namens Rarity und Primo Terlaner I Grande Cuvée (PINOT BIANCO/SAUVIGNON BLANC/CHARDONNAY); sehr gut: LAGREIN RISERVA Porphyr, Pinot bianco Vorberg und Sauvignon blanc Quarz.

Teroldego Rotaliano T-S ★★→★★★ DOC – Die beste einheimische Rebe des TRENTINO erbringt auf dem flachen Campo Rotaliano wirklich schmackhaften Wein. Spitzenerzeuger ist Foradori. Ebenfalls gut: Dorigati, Endrizzi, die RISERVA Nos von Mezzacorona sowie Zeni.

Terra Moretti Lomb, Sar, Tosk ★★★ Drei Regionen, sechs Weingüter. In der FRANCIACORTA: Bellavista (Alma Non Dosato, Teatro alla Scala Brut) und Contadi Castaldi (Pinònero und Zèro); in SARDINIEN Sella & Mosca (weißer Torbato Terre Bianche, VERMENTINO Cala Reale, Monteoro); in der TOSKANA Acquagiusta La Baiola, Petra (Quercegobbe) und Teruzzi.

Terre Nere, Tenuta delle Siz ★★★★ Marc de Grazia beweist, dass von NERELLO und CARRICANTE an der begehrten Nordflanke des Ätna großartiger Wein bereitet werden kann. Am besten: die Reihe Cuvée delle Vigne Niche, Guardiola, Vigne Niche und La VIGNA di Don Peppino von Reben aus der Zeit vor der Reblaus, sehr gut: Le Vigne di Eli. Halten Sie Ausschau nach dem neuen ER Bocca d'Orzo (Alleinbesitz) und dem EB Montalto.

Terriccio, Castello del Tosk ★★★ Großes Weingut südlich von Livorno mit vorzüglichem, sehr teurem IGT Lupicaia im Bordeaux-Stil sowie den sehr guten IGTs Tassinaia und Terriccio (Verschnitt von hauptsächlich Rhône-Sorten).

Tiberio Abr ★★★★ Herausragend sind TREBBIANO D'ABRUZZO Fonte Canale (von 60 Jahre alten Reben), einer der besten italienischen Weißweine, sowie MONTEPULCIANO D'ABRUZZO Colle Vota und Archivio (beide von Einzellagen). CERASUOLO D'ABRUZZO, einer der besten italienischen Roséweine, und PECORINO sind ebenfalls außergewöhnlich.

Tiefenbrunner T-S ★★★→★★★★ Erzeuger- und Handelsbetrieb im Schloss Turmhof im südlichen SÜDTIROL. Breites Spektrum an gebirgsfrischen weißen und klar definierten roten Sortenweinen, v. a. der MÜLLER-THURGAU Feldmarschall von Fenner aus Weingärten auf 1.000 m Höhe – einer der besten Weißweine Italiens. Auch sehr gut: CABERNET SAUVIGNON Vigna Toren und SAUVIGNON BLANC RISERVA Rachtl.

Tignanello Tosk ★★★★ **11 12 13** 15 16 17 18 (19) – Im Barrique ausgebauter Verschnitt von SANGIOVESE und CABERNET SAUVIGNON von der Familie ANTINORI.

Tommasi Ven ★★★ Jetzt ist die vierte Generation am Ruder. Spitzenweine: VALPOLICELLA Rafael, AMARONE (RISERVA Ca' Florian). Weitere Güter in der Basilikata (Paternoster), dem OLTREPÒ PAVESE (TENUTA Caseo), APULIEN (Masseria Surani) und Venetien (Filodora).

Torgiano Umb ★★ DOC und **Torgiano Rosso Riserva** ★★→★★★ DOCG **11 12** 13 15 16 18 (19) – Guter bis hervorragender Rotwein aus Umbrien. Am besten ist der Rubesco RISERVA Vigna Monticchio von LUNGAROTTI. Kann viele Jahre lagern.

Torrette Ao ★→★★★ DOC – Verschnitt von Petit Rouge und anderen einheimischen Rebsorten. Am besten ist der Torrette Superieur; gute Erzeuger: Anselmet, Les CRETES, D&D, DI BARRÒ, FEUDO DI SAN MAURIZIO, Didier Gerbelle, GROSJEAN, Elio Ottin.

Toskana Heimat des weltbesten SANGIOVESE. CHIANTI CLASSICO, BRUNELLO DI MONTALCINO und RUFINA sind die Spitzengewächse, aber BOLGHERI ist ebenso gut und Weltklasse für internationale Trauben (v. a. CABERNET FRANC und MERLOT), auch wenn der SASSICAIA (CABERNET SAUVIGNON) am berühmtesten ist.

Tramin, Cantina T-S ★★★ Qualitätsgenossenschaftskellerei mit Maßstäbe setzendem GEWÜRZTRAMINER. Hervorragend: Epokale, Nussbaumer und Terminum; sehr gut: PINOT GRIGIO Unterebner sowie CHARDONNAY Le Selezioni und Troy.

Travaglini Piem ★★★ Solider Erzeuger von nordpiemontesischem NEBBIOLO, mit sehr gutem GATTINARA RISERVA, Gattinara Tre Vigne; gut auch der Coste della Sesia und der METODO-CLASSICO-Schaumwein Nebolé von NEBBIOLO.

Trebbiano d'Abruzzo Abr ★→★★★★ DOC BV – Für gewöhnlich frischer, einfacher Wein, aber die Exemplare von Tiberio (Fonte Canale) und VALENTI-

NI sind zwei der besten italienischen Weißweine; sehr gut auch von EMIDIO PEPE und Valle Reale.

Trediberri Piem ★★★ Dynamisches Gut mit erstklassigem (äußerst preiswertem) BAROLO Rocche dell'Annunziata sowie sehr gutem BARBERA D'ALBA, DOGLIANI (DOLCETTO) und LANGHE NEBBIOLO.

Trentino T-S ★→★★★ Nach der Rebsorte benannte DOC-Weine. Die besten sind duftend, schmackhaft und preiswert, weniger erfolgreiche dünn, langweilig, neutral. Am besten sind GEWÜRZTRAMINER, MARZEMINO, MÜLLER-THURGAU, Nosiola, SCHIAVA und TEROLDEGO. Trento DOC ist der Name potenziell erstklassiger METODO-CLASSICO-Weine.

Trento T-S ★★→★★★★ DOC Erstklassiger METODO-CLASSICO-Schaumwein. Spitzenerzeuger: Abate Nero (handwerkliche Produktion unter der Leitung von Roberta Lunelli, v. a. RISERVA Cuvée dell'Abate, Domini und Domini Nero), FERRARI, Maso Martis (von Antonio Stelzer, v. a. Blanc de Blancs Brut, Madame Martis Riserva); sehr gut: Letrari.

Trinoro, Tenuta di Tosk ★★★★ Individualistisches Gut für Rotweine, Pionier in der DOC Val d'Orcia zwischen MONTEPULCIANO und MONTALCINO. Großer Anteil an Bordeaux-Trauben im Flaggschiff-Wein TENUTA di Trinoro sowie in Camagi, Palazzi, Magnacosta und Tenagli. *Siehe auch* VINI FRANCHETTI (Etna).

Tua Rita Tosk ★★★★ Als neues BOLGHERI in den 1990er-Jahren der erste Erzeuger des vielleicht großartigsten MERLOT Italiens: Redigaffi (der 2019 seinen 25. Geburtstag feierte). Hervorragend sind auch der Bordeaux-Verschnitt Giusto di Notri, der SYRAH Per Sempre und Keir (Amphoren). Auch Besitzer von POGGIO ARGENTIERA in der MAREMMA (am besten: Capatosta, MORELLINO DI SCANSANO).

Uberti Lomb ★★★→★★★★ Das historische Gut bringt das Terroir der FRANCIACORTA hervorragend zum Ausdruck. Ausgezeichnet sind Comarì del Salem, Dequinque (ein Verschnitt von zehn Jahrgängen) und Quinque (von fünf Jahrgängen). Sehr gut auch Dosaggio Zero Sublimis und Francesco I.

Umani Ronchi Mar ★★→★★★ Führender Erzeuger in den Marken; v. a. VERDICCHIO (Casal di Serra, Plenio), CONERO Cumaro, IGT-Weine Le Busche (weiß) und Pelago (rot).

Vajra, G. D. Piem ★★★→★★★★ Führender BAROLO-Erzeuger in Vergne. Hervorragend sind Bricco delle Viole und LANGHE Freisa Kyè; gut: Langhe RIESLING Petracine, Barolo (Coste di Rose, Ravera), der Barolo von Luigi Baudana aus Serralunga (Cerretta), DOLCETTO Coste & Fossati und BARBERA D'ALBA SUPERIORE.

Val di Cornia Tosk ★★→★★★ DOC(G) **13 15** 16 18 (19) – Qualitätsbereich südlich von BOLGHERI. MERLOT, MONTEPULCIANO, SYRAH. Empfehlenswert: Bulichella, Casadei, Gualdo del Re, Terricciola, TUA RITA.

Valentini, Edoardo Abr ★★★★ Sammler reißen sich um CERASUOLO D'ABRUZZO, MONTEPULCIANO D'ABRUZZO und TREBBIANO D'ABRUZZO, die zu den allerbesten Italiens zählen. Traditionell, lagernswert.

Valle d'Aosta Ao ★★→★★★ DOC – Die kleinste Region bringt mit die besten Rot- und Weißweine Italiens hervor, die allerdings schwer aufzutreiben sind. Moränenböden (heterogene Gletscherablagerungen aus kiesigem Sand). Die DOCS sind größtenteils Sortenweine; zu den bekanntesten zählen Arnad Montjovet und Donnas auf NEBBIOLO-Basis, TORRETTE (rot, v. a. Petit Rouge), der von Prié gekelterte weiße Schaumwein Blanc de Morgex, Chambave (von einem örtlichen Bio-Typ des weißen MUSCAT), Nus MALVOISIE (mit PINOT GRIS), Cornalin, Mayolet, Premetta (ein herrlicher leichter Rotwein).

Valle Isarco (Eisacktaler) T-S ★★ DOC BV – DOC in SÜDTIROL für sieben sortenreine Weißweine, die entlang des Eisack (ital. Isarco) nordöstlich von

Bozen entstehen. Spitzenerzeuger sind CS Eisacktaler, Kloster Neustift, KÖFERERHOF, Kuenhof, Manni NÖSSING. Guter GEWÜRZTRAMINER, MÜLLER-THURGAU, RIESLING und SYLVANER.

Valpolicella Ven ★→★★★★ DOC(G) – Leichter, zugänglicher Rotwein (Valpolicella), mittelschwer bis kraftvoll-alkoholstark, reichhaltig, tanninreich (AMARONE) und supersüß (RECIOTO); der zwischen Valpolicella und Amarone angesiedelte Valpolicella RIPASSO ist beliebt, aber selten denkwürdig. *Siehe* Kasten »Valpolicella – die Besten« unten.

Valpolicella Ripasso Ven ★★→★★★ DOC **11 12** 13 15 16 18 (19) – Äußerst gefragt, deshalb seit 2016 veränderte Bedingungen: Früher wurde nur VALPOLICELLA SUPERIORE (nur einmal) auf den Traubenschalen von RECIOTO oder AMARONE erneut vergoren, um einen lagernswerteren Wein zu erhalten; jetzt darf man 10% Amarone mit normalem Valpolicella verschneiden und das dann Ripasso nennen. Am besten von BUSSOLA, Castellani, DAL FORNO, QUINTARELLI und ZENATO.

Valtellina Lomb ★→★★★ DOC/DOCG – Ungewöhnlicherweise von Osten nach Westen verlaufendes Tal südlich der Schweizer Grenze mit sandiglehmigen Böden; Heimat des CHIAVENNASCA. Der beste ist als Valtellina SUPERIORE etikettiert (fünf Unterbereiche: Grumello, Inferno, Maroggia, Sassella und Valgella), *siehe* SFORZATO. Spitzenerzeuger sind ArPePe (Grumello RISERVA Sant'Antonio, Inferno Fiamme Antiche, Rocce Rosse, Sassella Riserva Nuova Regina), Dirupi (Grumello Riserva), FAY, Mamete Prevostini (Sassella Sommarovina).

Valpolicella – die Besten

Es ist an der Zeit, guten VALPOLICELLA ernster zu nehmen. AMARONE DELLA VALPOLICELLA und RECIOTO DELLA VALPOLICELLA sind nun DOCG, während für den VALPOLICELLA RIPASSO neue Regeln gelten. Folgende Betriebe erzeugen gute bis großartige Weine (die Crème de la Crème ist mit einem Sternchen gekennzeichnet): Stefano Accordini*, Serego Alighieri*, ALLEGRINI*, Begali, Bertani, BOLLA, Boscaini, Brigaldara*, BRUNELLI, BUSSOLA*, Ca' la Bianca, Campagnola, Ca' Rugate, Castellani, Corteforte, Corte Sant'Alda, CS Valpantena, Cantina Valpolicella, Valentina Cubi, DAL FORNO*, Guerrieri-Rizzardi, MASI*, Mazzi*, MONTE DEL FRÀ, Nicolis, Prà, QUINTARELLI*, Roccolo Grassi*, Le Ragose, Le Salette, Speri*, TEDESCHI*, Tommasi*, Venturini, VIVIANI*, ZENATO, Zeni.

Vecchio Samperi Siz – *Siehe* DE BARTOLI.

Verdicchio dei Castelli di Jesi Mar ★★→★★★ DOC BV – Vielseitiger Weißwein aus der Gegend um Ancona an der Adria. Leicht und süffig oder schäumend oder strukturiert, komplex und langlebig (v.a. als RISERVA DOCG mit mindestens zwei Jahren Reifung), meist leichter und floraler als Verdicchio di Matelica. Die Weine aus Montecarotto sind fester, die aus Cupramontana lebhafter. Auch CLASSICO. Die besten Erzeuger sind Bucci (Riserva), Coroncino (Gaiospino, Stracacio und Stragaio), GAROFOLI (Podium), Marotti Campi (Salmariano), Montecappone (MIRIZZI Ergo Sum, Riserva Utopia), Fattoria San Lorenzo, Sartarelli (Balciana, eine seltene Spätlese, und Tralivio), TENUTA di Tavignano (Misco). Sehr gut auch: Casalefarneto, Colonnara (Cuprese), La Staffa, Monte Schiavo, Santa Barbara, TENUTA di Tavignano (Misco), UMANI RONCHI.

Verdicchio di Matelica Mar ★★→★★★ DOC BV – Mehr Säure, aber auch körperreicher und alkoholstärker als die Weine aus Jesi, intensive Mineralität, deshalb langlebiger, doch jung nicht so ansprechend. Die niedrigen Reblagen gründen auf Schwemmland, während höhere Hänge komplexe Böden aus Kalkareniten, Mergel, Kalkstein, Kies und Konglomeraten aufweisen. Der RISERVA ist ebenfalls DOCG. Empfehlenswert von Belisario, Bisci, Borgo Paglianetto, Collestefano, La Monacesca (Mirum).

Verduno Piem ★★★ DOC BV – Beeren- und Kräuteraromen. Spitzenerzeuger: CASTELLO DI VERDUNO (Basadone), Fratelli ALESSANDRIA (Speziale), G. B. BURLOTTO. Gut: Bel Colle und Reverdito.

Verduno, Castello di Piem ★★★ Ein Ehepaar erzeugt sehr guten BARBARESCO Rabajà und Rabajà Bas, BAROLO Massara und Monvigliero (auch RISERVA) sowie VERDUNO Basadone.

Verduzzo F-JV ★★→★★★ DOC FRIULI COLLI ORIENTALI – Körperreicher Weißwein von einer einheimischen Traube. Ramandolo (DOCG) ist der bedeutendste Unterbereich für Süßweine. Spitzenerzeuger: I Clivi, Marco Sara, Scubla.

Vermentino di Gallura Sar ★★★ DOCG – Viel mehr Feuerstein- und Salznoten als VERMENTINO DI SARDEGNA. Ganz andersartige Böden mit hohem Anteil an rosa Granit (eine Seltenheit in Italien), hoher Säure und Mineralität. Vielleicht der beste in ganz Italien. Spitzenerzeuger sind CAPICHERA, CS del Vermentino (Funtanaliras), CANTINA di Gallura (Canayli), Paolo Depperu (Ruinas), Masone Mannu (Petrizza), Mura (Sienda), Pala (Stellato), SIDDURA, Surrau.

Vermentino di Sardegna Lig ★★ DOC BV – Aus allen Teilen SARDINIENS; im Allgemeinen fruchtiger (weniger fest), umkomplizierter und früher ansprechend als VERMENTINO DI GALLURA. Die besten Erzeuger sind ARGIOLAS, Deiana, Mora e Memo, QUARTOMORO, Santadi, Sella & Mosca.

Vernaccia di Oristano Sar ★→★★★ DOC – Unter Flor gereifter Wein, ähnlich leichtem Sherry, ein wenig bitter und körperreich. Köstlich zu Bottarga. Unbedingt probieren! Spitzenerzeuger: CONTINI (Antico Gregori ★, RISERVA und Flor 22); gut: Silvio Carta, Orro und Serra.

Vernaccia di San Gimignano Tosk ★★→★★★ Die Basisversion ist besser als der RISERVA. Spitzenerzeuger: Fontaleoni (VIGNA Casanuova), Guicciardini Strozzi/Fattoria di Cusona (1933), La Lastra, Giovanni Panizzi, Sono Montenidoli (Fiore).

Viarte, La F-JV ★★→★★★ Bio-Weingut in den COLLI ORIENTALI. Sehr gut: Friulano, SCHIOPPETTINO di Prepotto und Tazzelenghe

Vie di Romans F-JV ★★★→★★★★ Gianfranco Gallo hat das Gut seines Vaters im DOC-Bereich FRIULI ISONZO an die Spitze geführt. Hervorragend sind Isonzo PINOT GRIGIO Dessimis, MALVASIA, SAUVIGNON BLANC Piere und Vieris (in Eiche ausgebaut) sowie der Verschnitt Flors di Uis.

Vietti Piem ★★★★ Bio-Weingut in Castiglione Falletto im Besitz der Krause Group, aber weiterhin von Luca Currado und Mario Cordero geführt. Charaktervolle Weine. Mustergültiger BAROLO: Brunate, Lazzarito, Ravera, Rocche di Castiglione, Villero RISERVA sowie neuerdings Cerequio und Monvigliero. Ebenfalls sehr gut: BARBERA D'ALBA Scarrone, BARBERA D'ASTI La Crena, BARBARESCO Masseria und der neue DERTHONA. Für 2023 ist ein Barbaresco Rabajà angekündigt.

Vigna oder vigneto Einzellage. In der Regel ein Zeichen für bessere Qualität.

Vigneri, I Siz ★★★→★★★★ Winzerkonsortium und dazugehöriges Weingut am Ätna unter der Leitung von Salvo Foti, dem größten Experten für NERELLO MASCALESE und andere Rebsorten des Anbaugebiets ETNA. Die Mitglieder des Konsortiums setzen auf in Buschform erzogene Reben, einheimische Sorten und Respekt für das Land. Hervorragend die Gutsweine Vinupetra (rot) Etna Bianco SUPERIORE, Vigna di Milo; sehr gut der weiße Aurora, der rote I Vigneri und der ROSATO Vinudilice.

Villa Lomb ★★★ Im Besitz der Familie Bianchi, in einem kleinen mittelalterlichen Ort in der FRANCIACORTA. Die besten Schaumweine sind Diamant Pas Dosé, Emozione Brut Millesimato und RISERVA, Selezione Riserva.

Villa Crespia Lomb ★★★ Familienweingut in der FRANCIACORTA; Bio. Spitzenweine: Brut Millè RISERVA, Dosaggio Zero Numero Zero und Riserva del Gelso; sehr gut: Brut Millè.

Villa Russiz F-JV ★★★ Historisches Gut mit DOC-COLLIO-Weinen. SAUVIGNON BLANC und MERLOT (v. a. die Auslesen namens De la Tour) sowie CHARDONNAY, FRIULANO, PINOT BIANCO und PINOT GRIGIO sind alle sehr gut.

Vini Franchetti Siz ★★★→★★★★ Das Gut am Ätna (das früher Passopisciaro hieß) wird von Franchetti (*siehe* TENUTA DI TRINORO) geführt und trägt maßgeblich zum Ruhm des Bereichs ETNA bei. Hervorragend der Rosso Franchetti (PETIT VERDOT/Cesanese d'Affile) und die Einzel-Contrada-Weine von NERELLO MASCALESE: Am besten sind Contrada C, Contrada G und Contrada S; sehr gut auch Contrada R. Neu: Contrada PC (CHARDONNAY).

Vino Nobile di Montepulciano Tosk ★★→★★★ **13 15** 16 17 18 (19) – Der erste italienische DOCG-Wein (1980) auf der Basis von Prugnolo gentile (SANGIOVESE) aus der toskanischen Stadt MONTEPULCIANO (nicht zu verwechseln mit der gleichnamigen Rebsorte der Abruzzen). Neuerdings Schwerpunkt auf Einzellagenweinen. Komplexe, nachhaltige Sangiovese-Versionen, häufig anspruchsvoll mit adstringierenden Tanninen. Spitzenerzeuger: AVIGNONESI, BOSCARELLI, La Braccesca, DEI, POLIZIANO, Salcheto. Ebenfalls gut: Bindella, Fattoria del Cerro, Montemercurio, Fattoria della Talosa, Valdipiatta. Nach drei Jahren RISERVA.

Vin Santo, Vinsanto oder Vino Santo T-S, Tosk ★★→★★★★ DOC – PASSITO-Süßwein, in der TOSKANA (Vin Santo) meist von TREBBIANO, MALVASIA und/oder SANGIOVESE, im TRENTINO (Vino Santo) von Nosiola. Toskanische Exemplare sind sehr unterschiedlich, von trocken und sherryartig bis süß und unglaublich reichhaltig. Viele reifen zwischen drei und zehn Jahren in kleinen Fässern, den *caratelli,* ohne umgefüllt zu werden. Legendär ist der Vin Santo von Avignonesi, doch es gibt auch andere hervorragende Erzeuger: CAPEZZANA, FELSINA, FRASCOLE, ISOLE E OLENA, Rocca di Montegrossi, SAN GIUSTO A RENTENNANO, SELVAPIANA, Villa Sant'Anna, Villa di Vetrice. *Siehe auch* OCCHIO DI PERNICE.

Volpaia, Castello di Tosk ★★→★★★ CHIANTI-CLASSICO-Gut in Radda, sehr gut, Bio-Zertifizierung. Am besten sind Balifico (SANGIOVESE/CABERNET SAUVIGNON), Chianti Classico RISERVA und Gran Selezione Coltassala (Sangiovese/Mammolo).

Der Vermouth di Torino entstand im 18. Jh.: bitter, kräuterwürzig, wunderbar.

Zenato Ven ★★★ Sehr verlässliche, manchmal bestechende Weine vom Gardasee. Auch AMARONE, LUGANA, SOAVE und VALPOLICELLA. Empfehlenswerte Etiketten: RISERVA Sergio Zenato.

Zerbina, Fattoria Em-Ro ★★★ Führendes Weingut in der Romagna. Am besten ist der süße DOCG ALBANA (AR und Scacco Matto), sehr gut sind SANGIOVESE (Pietramora) und der im Barrique ausgebaute IGT Marzieno.

Zibibbo Siz ★★★ Verlockender süßer MUSCAT d'Alessandria, der hauptsächlich auf der Insel PANTELLERIA und im äußersten Westen SIZILIENS entsteht. Musterbeispiele für die trockene Version kommen von DE BARTOLI.

Zonin Ven ★→★★ Sehr großer Eigentümer von Weingütern in Italien, beheimatet in Gambellara (Venetien), aber auch einflussreich im FRIAUL, in der TOSKANA, in APULIEN, auf SIZILIEN und anderswo auf der Welt (z. B. im US-Bundesstaat Virginia).

Deutschland

Die folgenden Abkürzungen werden im Text verwendet:

Bad	Baden
Fran	Franken
Hess-B	Hessische Bergstraße
M	Mosel (einschließlich Saar und Ruwer)
MM	Mittelmosel
MR	Mittelrhein
Na	Nahe
Pfz	Pfalz
Rhg	Rheingau
Rhh	Rheinhessen
Sa-Un	Saale-Unstrut
Würt	Württemberg

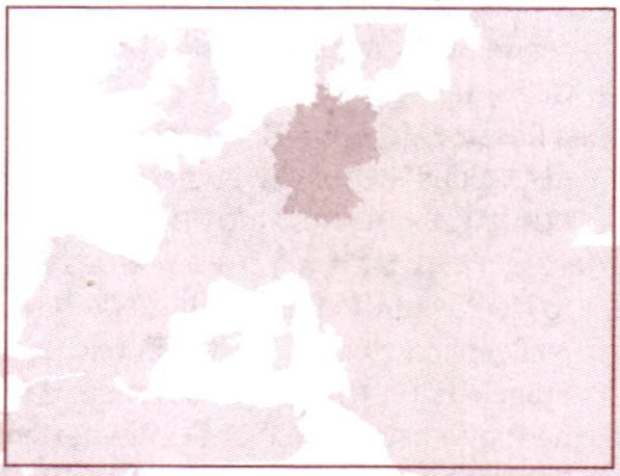

Die dunklen Flächen bezeichnen die Weinbaugebiete

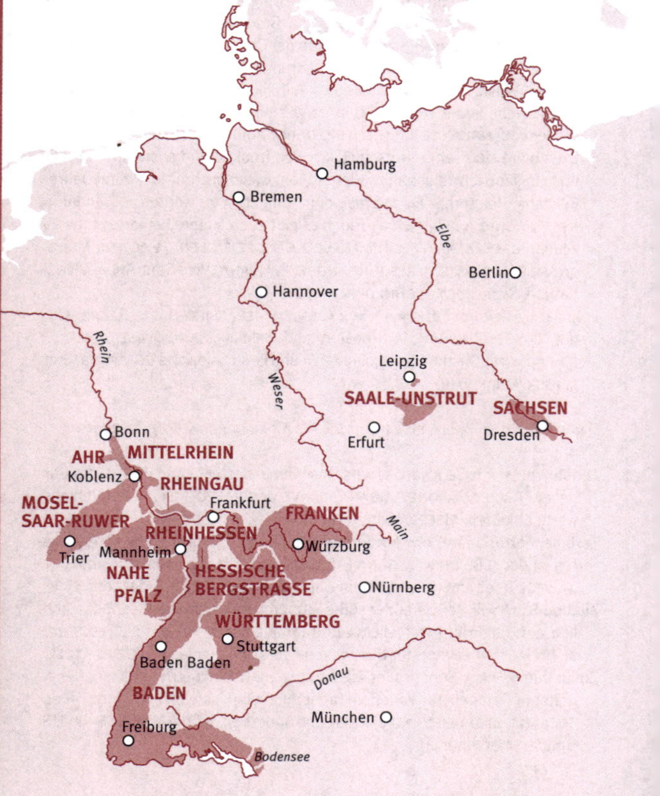

Erstmals in der Geschichte der Bundesrepublik hatten 2020 alle Bundesländer außer Berlin, Bremen und Hamburg kommerzielle Rebflächen. Noch vor wenigen Jahren hätte man Berichte über Weinberge in Ostfriesland, auf Sylt oder Rügen oder im Osten Brandenburgs an der Grenze zu Polen als Aprilscherz abgetan – jetzt werden dort überall Reben angebaut. Natürlich sind es jeweils nur ein paar Hektar, aber Ambitionen und Engagement sind ebenso groß wie im Rheingau und an der Mosel, es handelt sich nicht um ein Hobby, sondern die Leute verdienen sich damit ihren Lebensunterhalt. Das wird den deutschen Wein nicht revolutionieren, den allseits bekannten Geschmack von Riesling, Spätburgunder, Silvaner und anderen wird es weiterhin geben, ebenso wie die straffe Säure und die reife Frucht. Auch die bekannten Namen werden bleiben, doch die neuen, sehr kühlen Lagen sind das sichtbarste Zeichen von Umwälzungen, die still und leise auch in den etablierten Regionen stattfinden. Auch dort werden kühle Seitentäler (wieder) bepflanzt, Weinberge nach oben erweitert und Rebsorten aus Südeuropa ausprobiert. So wurden beispielsweise im warmen Jahr 2018 in der Pfalz Cabernet Sauvignon und Merlot sogar überreif. Deutsche Bordeaux-Verschnitte mit Marmeladengeschmack und 15 % Alkohol? Hm, mal sehen, was im deutschen Weinbau als Nächstes passiert. Irgendetwas wird man sich schon einfallen lassen.

Neuere Jahrgänge

Ahr/Rheingau/Rheinhessen/Nahe/Pfalz

Rheingauweine sind die potenziell langlebigsten aller deutschen Erzeugnisse. Sie entfalten sich über mindestens 15 Jahre hinweg, wobei sich Spitzengewächse aus Rheinhessen, aus der Pfalz oder von der Nahe ebenso lange halten – und das trifft nicht nur auf Spätlesen und Auslesen zu, sondern auch Große Gewächse können ohne Weiteres zehn Jahre oder länger altern. Das Gleiche gilt für Rotweine von der Ahr und ihre Pendants aus Baden und anderen süddeutschen Regionen.

2021 Klassischer Jahrgang wie in den 80ern, gute Säure und mäßiger Alkoholgehalt, intensiver Geschmack.
2020 Frühe, schnelle Lese, mittelschwere Weine.
2019 Trockenheit und Hitzewellen im Juli, Regen im August und September. Ausgezeichneter Riesling mit guter Säure.
2018 Rekordsommer, kraftvolle Weine. Die Winzer durften aufsäuern.
2017 Roter Hang und Mittelhaardt sind herausragend: Frische in Kombination mit Extrakt.
2016 Durchwachsen in Qualität und Quantität.
2015 Heißer, trockener Sommer. Rheingau-Weine ausgezeichnet, sowohl die trockenen als auch die edelsüßen.
2012 Unterdurchschnittliche Mengen, aber sehr gute, auf jeder Qualitätsstufe klassische Weine.

Weitere gute Jahrgänge: 2011, 2009, 2008, 2005, 2003, 2002, 2001, 1999 1998, 1997, 1996, 1993, 1990, 1983, 1976, 1971, 1969, 1964, 1959, 1953 1949, 1945, 1937, 1934, 1921.

Mosel

Weine von der Mosel sollte man nicht zu jung trinken. Natürlich sind sie schon bald nach der Abfüllung köstlich, aber um in den Genuss ihrer maximalen Komplexität zu kommen, sollte man Großen Gewächsen (GG) mindestens drei, Kabinettweinen drei bis fünf, Spätlesen fünf bis sieben und Auslesen sieben bis zehn Jahre Zeit lassen.

2021 Fäule, Regen, Lese bis in den November hinein, leichtere, schön ausgewogene Weine.
2020 Das dritte trockene Jahr in Folge, gute Qualität und gute Mengen.
2019 Geringe Mengen (-25 %, Ruwer -40 % durch Frost), aber sprichwörtliche Rasse.
2018 Kraftvoll, wenig Säure (aber mehr als 2003). Kristallklare Trockenbeerenauslesen.
2017 Frostbedingt niedriger Ertrag = sehr extraktreiche Weine. Brillanter Kabinett, Spätlesen.
2016 Gut ausbalancierte Weine.
2015 Ein warmes Jahr, gehaltvolle trockene Weine und Spätlesen. Auslesen mit Lagerpotenzial.
2012 Klassische zurückhaltende Weine, die noch großes Lagerpotenzial entwickeln könnten.
2011 Ein brillanter Jahrgang, besonders an Saar und Ruwer. Sensationelle Trockenbeerenauslesen.

Weitere gute Jahrgänge: 2009, 2008, 2007, 2005, 2004, 2003, 2001, 1999, 1997, 1995, 1994, 1993, 1990, 1989, 1988, 1976, 1971, 1969, 1964, 1959, 1953, 1949, 1945, 1937, 1934, 1921.

Adams Rhh ★★★ Simone Adams, promovierte Önologin, setzt auf die lebhafte Frische, die die kalkhaltigen Böden in INGELHEIM erbringen können. Beste Einzellagen: Auf dem Haun und Pares.

Adelmann, Weingut Graf Würt ★★→★★★ 1297 gegründet und von Felix Graf Adelmann jung gehalten. Klassischer LEMBERGER und Riesling, aber auch köstliche Extravaganzen wie Muskattrollinger-EISWEIN.

Ahr ★★→★★★★ Kleines Flusstal südlich von Bonn; eleganter, fruchtbetonter SPÄTBURGUNDER von Schieferböden. Im Juli 2021 durch Hochwasser verwüstet (10 m Pegelstand; *siehe* Kasten). Die besten Produzenten sind Adeneuer, BERTRAM, Brogsitter, Burggarten, Deutzerhof, Kreuzberg, MEYER-NÄKEL, Nelles, Riske, SCHUMACHER, Sermann und STODDEN. Auch zwei gute Winzergenossenschaften: Dagernova, Mayschoss-Altenahr.

Aldinger, Weingut Gerhard Würt ★★★→★★★★ Sowohl Weiß- als auch Rotweine besitzen Dichte und Tiefgang. Hervorragend der SEKT Brut Nature. Der neueste Geniestreich ist der TROLLINGER ALTE REBEN Blanc de Noirs, der an CHARDONNAY von der Côte de Beaune (*siehe* Frankreich) erinnert.

Alte Reben Kein Mindestalter festgelegt.

Alter Satz Fran – Weine von alten Weinbergen, v. a. in FRANKEN, auf denen bunt durcheinander oft über 100 Jahre alte, unveredelte Reben verschiedener Sorten wachsen. Empfehlenswert: Weißweine von Otmar Zang, Scheuring, Scholtens oder Rotweine von Stritzinger.

Amtliche Prüfungsnummer (A.P.Nr.) Muss auf jedem Etikett eines Qualitätsweins abgedruckt sein. Besonders nützlich zur Unterscheidung von AUSLESEN aus verschiedenen Parzellen desselben Weinbergs.

Assmannshausen Rhg ★★→★★★★ Spätburgunder-Hochburg im RHEINGAU. Der steile Höllenberg (45 ha Schieferböden) ist das Wahrzeichen, die benachbarten Lagen (Frankenthal, Hinterkirch) profitieren vom Klimawandel. Erzeuger: Allendorf, K. Berg, BISCHÖFLICHES WEINGUT RÜDESHEIM, CHAT SAUVAGE, HESSISCHE STAATSWEINGÜTER, Karl Schön, KESSELER, König, KRONE, KÜNSTLER und SOLVEIGS.

Auslese Weine von besonders reifen Trauben, oft durch Edelfäule verfeinert und entsprechend gehaltvoll, (traditionell) jedoch eher elegant als superkonzentriert. 99 % sind süß, doch Spezialisten (J. B. BECKER, Koehler-Ruprecht) zeigen, dass auch eine Auslese TROCKEN elegant sein kann.

Die EU-Terminologie

Die Umsetzung der neuen EU-Klassifikation für Wein hat in Deutschland dazu geführt, dass die Bezeichnung »Tafelwein« zugunsten von »Wein« (im Amtsdeutsch »Deutscher Wein ohne Herkunftsbezeichnung«) abgeschafft wurde. Das ist bis jetzt aber auch die einzige auf Etiketten sichtbare Veränderung. LANDWEIN heißt nach wie vor Landwein, auch wenn die offizielle Bezeichnung »Wein mit geschützter geografischer Angabe« (g.g.A.) lautet; generell erlaubt Brüssel, etablierte Bezeichnungen weiterhin zu verwenden. »Wein mit geschützter Ursprungsbezeichnung« (g.U.) sollte eigentlich die Stufen QUALITÄTSWEIN und PRÄDIKATSWEIN ersetzen, gilt jedoch bisher in erster Linie für ganze Anbaugebiete wie AHR, BADEN und FRANKEN etc. Da es schwierig ist und Zeit (vier bis sechs Jahre) braucht, um eine orts- oder lagenspezifische g.U. anerkennen zu lassen, gab es bis Ende 2021 nur sechs davon: den Bürgstadter Berg (*siehe* Weingut FÜRST), die Parzellen Blaufüßer Lay, Laubach und Roth Lay im WINNINGER Uhlen (*siehe* HEYMANN-LÖWENSTEIN), den WÜRZBURGER Stein-Berg und den Monzinger Niederberg (NAHE); für den Iphöfer Echter-Berg (*siehe* WIRSCHING) läuft der Antrag. Die Prädikate (SPÄTLESE, AUSLESE usw.) bleiben erhalten, die Regeln dafür haben sich nicht geändert und werden sich auch in Zukunft nicht ändern. *Siehe auch* Kasten Seite 220.

Aust, Karl Friedrich Sachsen ★★★ Gutes Familienweingut in Radebeul bei Dresden mit bedeutendem Besitz in der steilen Terrassenlage Goldener Wagen. Karl Friedrich ist auch Steinmetz und kann Weinbergmauern reparieren. Hervorragender TRAMINER und SPÄTBURGUNDER.

Ayl M ★→★★★ Alle Weinberge sind seit 1971 unter dem Namen der historisch besten Lage bekannt: Kupp. Erzeuger: BISCHÖFLICHE WEINGÜTER TRIER, Lauer, Vols, ZILLIKEN.

Bacharach MR ★→★★★ Kleines, idyllisches Städtchen am Fluss, Zentrum der RIESLING-Erzeugung am MITTELRHEIN. GROSSE LAGEN: Hahn, Posten, Wolfshöhle. Erzeuger: Bastian, JOST, Kauer, RATZENBERGER.

Baden Große Region im Südwesten und früheres Großherzogtum. Es umfasst 15.000 ha, die sich über eine Länge von 300 km ziehen. Vor allem bekannt für die verschiedenen Burgundertrauben (BLAU- bzw. SPÄT-, GRAU- und WEISSBURGUNDER) mit Enklaven von RIESLING, der in der Regel trocken ausgebaut wird. Zwei Drittel des Leseguts gehen an Winzergenossenschaften.

Bassermann-Jordan Pfz ★★★ Das berühmte historische Weingut erzeugt RIESLING aus FORST und DEIDESHEIM. Spontan vergorener, in Eiche ausgebauter, feinherber Riesling Ancestrale (aus der Lage Pechstein) und in Amphoren gereifter SPÄTBURGUNDER.

Battenfeld-Spanier Rhh ★★★ Der passionierte H. O. Spanier (*siehe auch* KÜHLING-GILLOT) ist der führende Erzeuger auf den kalkigen Böden in Hohen-Sülzen. Mölsheim und ZELLERTAL (der Auktions-RIESLING wird gerade Kult), Bio. Brillanter Brut Nature.

Becker, Friedrich Pfz ★★→★★★★ Herausragender SPÄTBURGUNDER (Heydenreich, Kammerberg, Sankt Paul) aus dem südlichsten Teil der PFALZ. Besitzt einige Weinberge auf der anderen Seite der Grenze im Elsass. Fünf bis zehn Jahre Kellerreife bekommen den Weinen gut. Auch gute Weißweine (v. a. CHARDONNAY und WEISSBURGUNDER).

Becker, J. B. Rhg ★★→★★★ Herrlich altmodischer, fassgereifter (und langlebiger) trockener RIESLING und SPÄTBURGUNDER in WALLUF und Martinsthal. Die älteren Jahrgänge (bis zurück in die 1990er) sind außerordentlich preiswert.

Deutschlands größte Weinstadt? Stuttgart: 600.000 Einwohner, 420 ha Rebland.

Beerenauslese Köstlich süßer Wein aus besonders reifen, einzeln ausgelesenen Beeren, durch Edelfäule verfeinert.

Bercher Bad ★★★ Familienweingut am KAISERSTUHL, äußerst verlässlich vom ORTSWEIN bis hoch zum GROSSEN GEWÄCHS, langjährige Erfahrung im Barriqueausbau, am besten sind meist GRAUBURGUNDER Haslen und Kesselberg.

Bergdolt Pfz ★★★ Bio-Weingut in Neustadt-Duttweiler, bekannt für tafelfreundlichen WEISSBURGUNDER Mandelberg GG, mineralischen RIESLING und straffen SPÄTBURGUNDER. Umwerfender Sekt (Brut Nature Fluxus).

Bernkastel MM ★→★★★★ Zentrum der MITTELMOSEL: Fachwerkhäuser und duftige, balsamische RIESLINGE. Am prestigereichsten ist der DOCTOR, doch Badstube, Graben, Johannisbrünnchen und Lay sind ebenfalls hervorragende Lagen. Spitzenerzeuger: Kerpen, J. J. PRÜM, Lauerburg, LOOSEN, MOLITOR, SCHLOSS LIESER, Studert-Prüm, THANISCH (beide Güter), WEGELER. Der Name Kurfürstlay (GROSSLAGE) ist irreführend, meiden!

Bernkasteler Ring M – Eine von zwei Winzervereinigungen an der MOSEL, die jedes Jahr Mitte bis Ende September eine Auktion abhalten. Die andere ist der GROSSE RING.

Bertram-Baltes, Weingut Ahr ★★★ Shootingstar an der AHR. Eine frühe Lese und ein maßhaltender Einsatz neuer Eichenfässer sorgen für frische, kompakte, rassige SPÄTBURGUNDER von erstklassigen Lagen. Vom Hochwasser an der Ahr (*siehe* Kasten) schwer getroffen.

Bischöfliches Weingut Rüdesheim Rhg ★★★ 8 ha bester Lagen in ASSMANNSHAUSEN und RÜDESHEIM. Gewölbekeller im berühmten Kloster von Hildegard von Bingen. Peter Perabo, früher Kellermeister bei KRONE, ist Spezialist für Spätburgunder, aber auch der RIESLING ist sehr gut.

Bischöfliche Weingüter Trier M ★★ 130 ha potenziell erstklassiger Lagen aus historischen Schenkungen. Nicht sehr verlässlich; kaufen sollte man nur nach vorheriger Verkostung.

Bocksbeutel Fran – Die typisch bauchige Flaschenform datiert zurück auf das 18. Jh. Ihre Verwendung ist heute nur in FRANKEN und dem Ort Neuweier in BADEN erlaubt. Neu: der modernisierte, stapelbare »Bocksbeutel PS« – endlich!

Bodensee Bad – Idyllischer Bereich im südlichen BADEN und am bayerischen Seeufer mit Lagen in 400 bis 580 m Höhe. Trockener, eleganter MÜLLER-THURGAU, leichter, aber delikater SPÄTBURGUNDER.

Boppard MR ★→★★★ Weinstadt am MITTELRHEIN mit der GROSSEN LAGE Bopparder Hamm, die wie ein Amphitheater geformt ist. Erzeuger: Heilig

Grab, Lorenz, M. Müller, Perll, WEINGART. Unschlagbares Preis-Leistungs-Verhältnis.

Brauneberg MM ★★★→★★★★ Erstklassiger Weinort an der MITTELMOSEL mit ausgezeichneten, sehr aromatischen und herrlich rassigen RIESLINGEN. GROSSE LAGEN: Juffer, Juffer-SONNENUHR. Erzeuger: M. Conrad, Fritz Haag, Willi Haag, KESSELSTATT, Paulinshof, Max Ferd. RICHTER, Sankt Nikolaus Hospital, SCHLOSS LIESER, THANISCH.

Bremer Ratskeller Der 1405 erbaute Keller des Bremer Rathauses (UNESCO-Welterbe) birgt die größte Sammlung deutscher Weine. Der älteste ist ein 1653er RÜDESHEIMER Apostelwein.

Breuer, Georg Rhg ★★★→★★★★ Exquisiter RIESLING aus RAUENTHAL, RÜDESHEIM und neuerdings LORCH. Der Nonnenberg altert in Würde, der Berg Schlossberg 90' 96' 97' 08' **12' 13' 14** 15' 16 17' 18 19 20 besitzt viel Tiefe bei 12 Vol.-%, der Pfaffenwies (erster Jahrgang 19') ist voll floraler Eleganz. Spannende Experimente mit der historischen Rebe Gelber Orleans.

Buhl, Reichsrat von Pfz ★★★ Historisches Pfälzer Weingut in DEIDESHEIM, dem es in letzter Zeit an Beständigkeit fehlt: drei verschiedene Kellermeister in drei Jahren.

Bürgerspital zum Heiligen Geist Fran ★★★ Alter Stiftsbesitz mit großer Kontinuität: Es gab nur sechs Gutsleiter in den vergangenen 180 Jahren. Traditionell bereitete Weißweine von den besten Lagen in und um WÜRZBURG. Der SILVANER GG aus der Monopollage Stein-Harfe 15' 16' 17' 18' 19 20 ist ein Monument. Der RANDERSACKERER Pfülben RIESLING (20') besitzt Tiefe und Eleganz.

Bürklin-Wolf, Dr. Pfz ★★→★★★★ 30 ha der besten Lagen der MITTELHAARDT, darunter so herausragende wie FORSTER Kirchenstück, Jesuitengarten und Pechstein, Bio. Wegbereiter der VDP-Klassifikation (1994).

Busch, Clemens M ★★★★ Die Steillage Pündericher Marienburg wird in Handarbeit und biodynamisch bewirtschaftet und erbringt sieben GROSSE GEWÄCHSE aus verschiedenen Parzellen. Am besten sind gewöhnlich Felsterrasse (mineralisch, tiefgründig), Raffes (Kraft, Ausgewogenheit) und Rothenpfad (seidig, balsamisch). Jetzt auch Kollektion von Reserven mit zwei Jahren Fassreife.

Chat Sauvage Rhg ★★★→★★★★ Das burgundischste Weingut im RHEINGAU: körperreicher und aromatischer PINOT NOIR aus ASSMANNSHAUSEN, JOHANNISBERG, LORCH, RÜDESHEIM; runder CHARDONNAY.

Christmann Pfz ★★★ VDP-Präsident Steffen Christmann, Pionier des biologisch-dynamischen Anbaus in der MITTELHAARDT bekommt jetzt Unterstützung von seiner Tochter Sophie, SPÄTBURGUNDER-Expertin. Vielversprechendes neues SEKT-Projekt Christmann & Kauffmann mit Mathieu Kauffmann (ehemals bei Bollinger, *siehe* Frankreich).

Clüsserath, Ansgar M ★★★ Straffer RIESLING aus der TRITTENHEIMER Apotheke. Köstlich die KABINETT-Versionen. Präzise Weine, die in alten Eichen-Fudern reifen.

Corvers-Kauter Rhg ★★★ Bio-Weingut in Mittelheim, 31 ha: mustergültiger RIESLING aus RAUENTHAL (Baiken), RÜDESHEIM, und MARCOBRUNN; der PINOT NOIR aus ASSMANNSHAUSEN ist ebenso gut.

Crusius, Dr. Na ★★→★★★ Familiengut in TRAISEN. Die junge Rebecca Crusius sorgt für frischen Wind: Die sensationellen 20er (z. B. Schloßböckelheimer Felsenberg) vereinen Finesse mit Ausdruck.

Deidesheim Pfz ★★→★★★★ Zentrum der MITTELHAARDT. Die besten Lagen sind Grainhübel, Hohenmorgen, Kalkofen, Kieselberg und Langenmorgen. Spitzenerzeuger: BASSERMANN-JORDAN, Biffar, BUHL, BÜRKLIN-WOLF, CHRISTMANN, Fusser, MOSBACHER, Seckinger, Siben, Stern und von WINNING. Gute Winzergenossenschaft.

Diel, Schlossgut Na ★★★→★★★★ Caroline Diel folgt dem Beispiel ihres Vaters: Sie bereitet exquisiten Riesling GG (am besten ist meist der Dorsheimer Burgberg), prachtvolle SPÄTLESEN und ernst zu nehmenden Sekt (Goldloch RIESLING und Cuvée Mo).

Doctor MM – Exemplarische Steillage in BERNKASTEL und der Ort, an dem die TROCKENBEERENAUSLESE erfunden wurde (1921 von THANISCH). Nur 3,2 ha groß, aber von fünf Besitzern bewirtschaftet: beide Thanisch-Weingüter, WEGELER (1,1 ha), Lauerburg und die örtliche Heilig-Geist-Stiftung (0,26 ha, bis 2024 an MOLITOR und SCHLOSS LIESER verpachtet). Die RIESLINGE sind außerordentlich tiefgründig und reichhaltig, aber kostspielig – bis zum Rekordpreis von 1.437 € für eine Flasche 2019er Molitor TROCKEN.

Dönnhoff, Hermann Na ★★★→★★★★ Cornelius Dönnhoff hat seinen Stil gefunden: trockener und mineralischer als der seines Vaters Helmut, aber ebenfalls köstlich. Herrliche 2019er, und die 2020er stehen ihnen kaum nach, z. B. Eiswein und GROSSES GEWÄCHS (Auktion) aus der Monopollage Brücke.

Egon Müller – Scharzhof M ★★★★ **59 71 83 90 03 15 16** 17 18 19 20 21 – Legendärer Familienbetrieb in WILTINGEN an der SAAR mit einem wahren Schatz an alten Reben. Der rassige SCHARZHOFBERGER RIESLING zählt zu den besten Weinen der Welt: erhaben, lebhaft, unsterblich. Die Kabinette präsentieren sich federleicht und langlebig. Neu (seit 2018): ein trockener Scharzhofberg.

Einzellage Individuelle Weinberglage, nicht zu verwechseln mit GROSSLAGE.

Eiswein Wein aus am Stock gefrorenen Trauben mit stark herabgesetztem Wassergehalt, daher sehr konzentriert und mit mindestens dem Reifegrad der BEERENAUSLESE. Herausragende Jahrgänge für Eiswein waren 1998, 2002, 2004 und 2008. Im vergangenen Jahrzehnt wurde immer weniger produziert: Der Klimawandel ist der größte Feind des Eisweins.

Eller, Juliane Rhh ★★ Ehrgeizige Jungwinzerin in Alsheim, bekannt für die Weinlinie Juwel und die Zusammenarbeit mit Joko und Klaas (III Freunde).

Emrich-Schönleber Na ★★★ Werner Schönleber und Sohn Frank erzeugen klar umrissenen RIESLING aus den klassifizierten Lagen Monzinger Frühlingsplätzchen und Halenberg.

Erden MM ★★★→★★★★ Ort mit Lagen auf roten Schieferböden. Edle AUSLESEN und trockene RIESLINGE von seltener Delikatesse. GROSSE LAGEN: Prälat und Treppchen. Weingüter: BREMER RATSKELLER, J. J. CHRISTOFFEL, Erbes, LOOSEN, MERKELBACH, MOLITOR, Mönchhof, Rebenhof, Schmitges.

Erste Lage An zweithöchster Stelle klassifizierte Weinberglage, vergleichbar dem Premier Cru im Burgund. Die Bezeichnung wird von VDP-Mitgliedern außerhalb der Anbaugebiete AHR, MITTELRHEIN, MOSEL, NAHE und RHEINHESSEN geführt.

Erzeugerabfüllung Das Gleiche wie eine GUTSABFÜLLUNG, aber auch auf dem Etikett von Winzergenossenschaften erlaubt.

Escherndorf Fran ★★★ Weinbauort mit der GROSSEN LAGE Lump (Steillage). Der Name spielt möglicherweise darauf an, dass die schmalen Flurstücke nach einem Regen wie graue Lappen oder »Lumpen« aussehen. Fabelhafter Silvaner und RIESLING, trocken und süß. Weingüter: Michael Fröhlich, Horst SAUER, Rainer SAUER, Egon Schäffer, zur Schwane.

Feinherb Nicht genau definierter Begriff für Weine mit 10–25 g/l Restsüße, die man nicht unbedingt immer herausschmeckt. Flexiblere Bezeichnung als HALBTROCKEN.

Forst Pfz ★★→★★★★ Herausragender Weinort in der MITTELHAARDT, berühmt für seine GROSSEN LAGEN Freundstück, Jesuitengarten, Kirchenstück, Pechstein und Ungeheuer. Der ORTSWEIN ist für gewöhnlich außerordentlich preiswert. Spitzenerzeuger: Acham-Magin, BASSERMANN-

JORDAN, BÜRKLIN-WOLF, Margarethenhof, MOSBACHER, Reichsrat von BUHL, H. Spindler, von WINNING, WOLF.

Franken Anbaugebiet mit markanten trockenen Weinen, besonders SILVANER, meist in BOCKSBEUTEL-Flaschen. Mittelpunkt ist WÜRZBURG.

Franz Keller – Schwarzer Adler Bad ★★★→★★★★ Spitzenweingut in Oberbergen am KAISERSTUHL unter der Leitung von DFB-Präsident Fritz Keller und Sohn Friedrich. Der (rote und weiße) Burgunder zeigt, dass Frankreich nicht weit ist. Das Familienrestaurant Schwarzer Adler hat eine der umfangreichsten Weinkarten in Deutschland: ein Who's who von Bordeaux und Burgund bis zurück in die 1950er-Jahre.

Flutkatastrophe an der Ahr

Am 14. Juli 2021 warnten die Meteorologen nach tagelangen heftigen Regenfällen vor einer Flut im Ahrtal mit einem Höchststand von zwei Metern über dem normalen Pegel. Während sie Sandsäcke vor ihren Häusern aufschichteten, merkten die Einwohnerinnen und Einwohner schon, dass das nicht reichen würde: Das Hochwasser kam schneller als erwartet und stieg auf acht bis zehn Meter an. Viele Menschen verbrachten die Nacht auf dem Dach, rochen das aus zerdrückten Autos entweichende Benzin, hörten, wie Mauern und Häuser in sich zusammenstürzten. 141 Menschen starben in den Fluten. Von den 65 Weinkellereien im Tal wurden 62 komplett zerstört. Fässer mit dem 2020er Spätburgunder trieben weg oder liefen aus, die Flaschen mit dem 2019er Jahrgang zerbrachen oder wurden unter Schlamm begraben. »Unser ganzes Leben wurde weggeschwemmt«, kommentierte Meike Näkel von MEYER-NÄKEL. Es ist ein Wunder, dass nur zehn Wochen nach der Flut die meisten Weingüter einen 2021er Jahrgang pressen konnten. Die Solidarität unter den Winzern trug maßgeblich dazu bei: Hunderte kamen aus ganz Deutschland und aus Nachbarländern, um bei den Aufräumarbeiten zu helfen und Maschinen auszuleihen; viele Betriebe schickten sogar ihr eigenes Weinbergteam zur Rebenpflege an die Ahr, andere sammelten Spenden. Glück im Unglück: 90 % der Lagen sind steile Hänge und blieben vom Hochwasser verschont.

Fricke, Eva Rhg ★★★ Dichter, körperreicher, ja sogar seidiger RIESLING von 17 ha in KIEDRICH und LORCH. Einige Flaschen wurden 2021 bei Sotheby's versteigert.

Fuder Traditionelles deutsches Fass für Gärung und (früher langen) Ausbau mit einem Volumen von 600 bis 1800 Litern, je nach Anbaugebiet.

Fürst, Weingut Fran ★★★→★★★★ Spätburgunder **05' 09 10 15' 16** 17 18' 19 20 mit großer Finesse von roten Sandsteinböden (am dichtesten gewirkt: Hundsrück, am kraftvollsten: Schlossberg, am typischsten: Centgrafenberg, am preiswertesten: Bürgstadter Berg). FRÜHBURGUNDER und Weißweine sind ebenfalls hervorragend.

Fürstlich Castell'sches Domänenamt Fran ★★→★★★ Ferdinand Fürst zu Castell – dessen Familie seit 1057 Wein erzeugt – denkt in großen Zeiträumen: Der SILVANER GG aus der Monopollage Schlossberg (**08 09 11 12 15' 16** 17') kommt erst fünf Jahre nach der Lese auf den Markt.

Gallais, Le M – Das Zweitgut von EGON MÜLLER mit der 4-ha-Lage Braune Kupp (in Alleinbesitz) in WILTINGEN, deren Schieferboden einen höheren Lehmanteil aufweist als der SCHARZHOFBERG. Die AUSLESEN können grandios sein.

Deutschland

Geisenheim Rhg – Das Städtchen im RHEINGAU ist vor allem bekannt als Sitz der deutschen Hochschule für Weinbau und Önologie. Die GROSSE LAGE Rothenberg (WEGELER) ist weniger bekannt, aber eine der besten im Rheingau.

Goldkapsel M, Na, Rhg, Rhh – In manchen deutschen Anbaugebieten wie RHEINGAU, MOSEL und PFALZ verwendete Bezeichnung (auch der Flaschenverschluss) für edelsüße Weine von AUSLESE bis TROCKENBEERENAUSLESE mit strikt selektiertem Lesegut. Dabei geht es nicht um Gewicht und Süße, sondern um Finesse und Komplexität. Die lange Goldkapsel steht für noch höhere Qualität.

Graach MM ★★★→★★★★ Kleiner Ort zwischen BERNKASTEL und WEHLEN. GROSSE LAGEN: Domprobst, Himmelreich, JOSEPHSHOF. Weingüter: Kees-Kieren, KESSELSTATT, LOOSEN, MOLITOR, J. J. Prüm, S. A. PRÜM, SCHAEFER, Selbach-Oster, Studert-Prüm, WEGELER.

Großlage, Große Lage und Bereich – trau, schau, wem!

Derzeit kann auf deutschen Weinetiketten GROSSLAGE oder GROSSE LAGE stehen, was aber keinesfalls dasselbe ist: Ersteres ist eine Ansammlung von meist Hunderten Hektar zweitrangiger Lagen, Letzteres genau das Gegenteil – eine herausragende EINZELLAGE, ein deutscher »Grand Cru« nach der Klassifikation des Winzerverbands VDP. Bisher konnte eine Großlage sich als Einzellage ausgeben, denn wer weiß schon, ob »Forster Mariengarten« eine Einzellage oder eine Großlage ist? (Es ist Letzteres.) Doch zum Glück ist das noch nicht das Ende der Geschichte: Ab 2026 darf der Name einer Großlage nicht mehr zusammen mit einem Ortsnamen erwähnt werden, und statt »Forster Mariengarten« muss es dann »Region Mariengarten« heißen. Die Bezeichnung »Bereich« wird ebenfalls durch »Region« ersetzt. Nach dem deutschen Weinrecht ist ein »Bereich« ein größerer Abschnitt innerhalb eines Anbaugebiets. Auf einem Etikett, wie z. B. bei »Bernkastel (Bereich)«, ist diese Bezeichnung als Warnsignal zu verstehen: Der Wein ist ein Verschnitt aus beliebigen Lagen innerhalb dieses Bereichs und sollte besser nicht gekauft werden.

Griesel & Compagnie Hess-B ★★★ Ein SEKT-Start-up aus Bensheim mit einer erstklassigen Prestigereihe (Rosé Extra Brut, Pinot Brut Nature). Seit 2016 auch ausgezeichneter Stillwein der Marke Schloss Schönberg.

Große Lage Die Spitze der Lagenklassifikation des VDP, gilt jedoch nur für Mitglieder des VDP. Darf auf keinen Fall mit der GROSSLAGE verwechselt werden. Trockene Weine von einer Großen Lage werden als GROSSES GEWÄCHS bezeichnet. Also immer ganz genau hinsehen.

Großer Ring M – Gruppe von Spitzenweingütern (VDP) im Anbaugebiet MOSEL, bei deren jährlicher Auktion im September in TRIER manchmal sogar Weltrekordpreise erzielt werden.

Großes Gewächs (GG) Bezeichnung für einen trockenen Spitzenwein aus einer GROSSEN LAGE nach der Klassifizierung des VDP. Aus Gründen der internationalen Verständlichkeit wird auch die Schreibweise »Grosses Gewächs« verwendet (vom VDP nur so).

Großlage Eine vielleicht sogar mit Absicht so gewählte verwirrende Bezeichnung: eine Ansammlung zweitrangiger Weinberge ohne Identität, die nichts, aber auch gar nichts mit einer GROSSEN LAGE zu tun hat. Nach der letzten Änderung des Weingesetzes müssen Weine aus Großlagen zusätzlich die Bezeichnung »Region« tragen, während die Erwähnung des Orts

(z. B. Piesporter Michelsberg) nicht mehr erlaubt ist. Es gibt jedoch eine Übergangsphase.

Gunderloch Rhh ★★★→★★★★ Historisches Weingut in NACKENHEIM, in Carl Zuckmayers Stück *Der fröhliche Weinberg* (1925) porträtiert. Bekannt für edelsüße RIESLINGE und den köstlichen Kabinett Jean-Baptiste von Spitzenlagen am ROTEN HANG. Neuerdings rücken trockene Weine in den Fokus, z. B. der Rothenberg GG (15 16 **17'** 18' 19' 20).

Gut Hermannsberg Na ★★★ Die historische preußische Staatsdomäne in NIEDERHAUSEN produziert einige der dichtesten RIESLING GROSSE GEWÄCHSE der NAHE. Der Kupfergrube aus Schloßböckelheim kommt erst nach fünf Jahren auf den Markt. Stilvolles neues Gästehaus.

Gutsabfüllung Auf Weingütern (im Unterschied zu Genossenschaften) anstelle von ERZEUGERABFÜLLUNG verwendet.

Gutswein Wein, bei dem keine Weinberg- oder Ortsbezeichnung, sondern nur der Name des Erzeugers auf dem Etikett steht: Basiskategorie. Idealerweise sollte ein Gutswein eine ERZEUGERABFÜLLUNG (von eigenen Trauben) sein, aber das ist nicht immer der Fall.

Haag, Fritz M ★★★★ BRAUNEBERGS Spitzenweingut; Oliver Haag führt das Werk seines (2020 verstorbenen) Vaters Wilhelm fort, aber seine Weine sind moderner. *Siehe auch* SCHLOSS LIESER.

Haag, Willi M ★★→★★★ Familienweingut in BRAUNEBERG, geleitet von Marcus Haag. RIESLING alter Schule, meist süß und voll, aber ausgewogen und preisgünstig.

Haart, Reinhold MM ★★★→★★★★ Das beste Weingut in PIESPORT mit wertvollem Besitz in der berühmten Lage Goldtröpfchen. Die RIESLINGE, SPÄTLESEN, AUSLESEN und höheren PRÄDIKATE, sind rassige Moselweine wie aus dem Bilderbuch.

Haidle Würt ★★★ Familienweingut, das mittlerweile von dem jungen Moritz Haidle geführt wird. Er setzt auf das etwas kühlere Klima des Remstals und erzeugt Weine von ausgeprägter Frische. Empfehlenswert der 2020er Pulvermächer RIESLING GG; die LEMBERGER sind ebenso lohnend.

Halbtrocken Mit 9–18 g/l Restsüße. Die Bezeichnung »halbtrocken« auf dem Etikett kommt heutzutage nicht mehr so gut an – FEINHERB klingt besser.

Hattenheim Rhg ★★→★★★★ Weinort, bekannt für die Lagen Nussbrunnen und Wisselbrunnen, die, wie ihr Name schon sagt, auf wasserspeichernden Schichten ruhen, und für den über den Häusern aufragenden legendären STEINBERG. Weingüter: Barth, HESSISCHE STAATSWEINGÜTER, Kaufmann, Knyphausen, Schloss Reinhartshausen, Ress und SPREITZER.

Heger, Dr. Bad ★★★ Das Weingut am KAISERSTUHL ist bekannt für seine Parzellenauslesen von vulkanischen Böden in Achkarren und IHRINGEN, besonders Vorderer Berg (SPÄTBURGUNDER, GRAUBURGUNDER WEISSBURGUNDER, RIESLING) von der steilen Terrassenlage Winklerberg Spätburgunder Häusleboden von 1956 angepflanzten alten Stecklingen aus dem Clos de Vougeot (*siehe* Frankreich). Joachim Heger steht jetzt Tochter Rebecca zur Seite.

Heitlinger/Burg Ravensburg Bad ★★→★★★ Zwei führende Weingüter im Kraichgau im selben Besitz: Heitlinger ist eleganter, Burg Ravensburg körperreich.

Hessische Bergstraße ★→★★★ Deutschlands kleinstes Anbaugebiet mit nur 460 ha liegt nördlich von Heidelberg.

Hessische Staatsweingüter Kloster Eberbach Hess-B, Rhg ★★→★★★★ Domäne des Landes Hessen mit Vinothek im KLOSTER EBERBACH; 238 ha in erstklassigen Lagen des RHEINGAUS und der HESSISCHEN BERGSTRASSE; reicher Vorrat an reifen Weinen, die bis auf 1706 zurückgehen.

Hey, Weingut ★★★ Dynamisches junges Weingut in Naumburg, SAALE-UNSTRUT, straffer RIESLING GG aus der Lage Steinmeister. Jetzt Mitglied im VDP.

Heymann-Löwenstein M ★★★ Reinhard Löwenstein war ein Pionier des terroirbewussten Weinbaus mit spontan vergorenem RIESLING von Steilterrassen in WINNINGEN. Jetzt steht Tochter Sarah bereit, um das Ruder zu übernehmen.

Jahrgangsangaben im Kapitel Deutschland

Die Jahrgangsangaben bei den Stichwörtern im Kapitel Deutschland erfolgen meist nach einem anderen Schema als sonst in diesem Buch üblich. Wird der Jahrgang eines bestimmten Weins bewertet oder auf Rotweingebiete Bezug genommen, entspricht die Angabe dem in diesem Buch ansonsten üblichen Schema (siehe »Zum richtigen Gebrauch« ganz vorn). Für Bereiche, Gemeinden und Erzeuger aber gibt es zwei verschiedene Kategorien:
Fettdruck (z. B. **16**) – Klassischer, reifer Jahrgang mit einem hohen Anteil von Spät- und Auslesen bzw. bei Rotweinen mit schöner phenolischer Reife und einem guten Mostgewicht.
Normaldruck (z. B. 17) – Erfolgreicher, aber nicht außergewöhnlicher Jahrgang.
Deutsche Weißweine, insbesondere Riesling, kann man in der Regel jung trinken, um ihre intensive Fruchtigkeit zu genießen, aber auch 10–20 Jahre lagern, wodurch sie eine größere aromatische Finesse entwickeln.

Hochheim Rhg ★★→★★★★ Weinstadt am Main, östlich vom Hauptgebiet des RHEINGAUS. Voller, erdiger RIESLING aus den GROSSEN LAGEN Domdechaney, Hölle, Kirchenstück (oft am besten), KÖNIGIN VIKTORIABERG und Reichestal. Erzeuger: Domdechant Werner, Flick, HESSISCHE STAATSWEINGÜTER, Himmel, Im Weinegg, KÜNSTLER.

Hock Von »HOCHHEIM« abgeleitete traditionelle englische Bezeichnung für Rheinwein.

Hövel, von M ★★★ Feines Bio-Weingut in Oberemmel an der SAAR mit der Lage Hütte (4,8 ha in Alleinbesitz), dem Hörecker im KANZEMER Altenberg sowie einem Anteil am SCHARZHOFBERG.

Huber, Bernhard Bad ★★★→★★★★ Der junge Julian Huber hat eine Vision von BADEN als dem deutschen Burgund: Der SPÄTBURGUNDER Wildenstein ist generös, kompakt und kostspielig, die CHARDONNAYS Alte Reben und Hecklinger Schlossberg sind straff und anspruchsvoll; sehr guter (roter und weißer) ORTSWEIN.

Ihringen Bad ★→★★★ Der Ort am KAISERSTUHL ist für seine feinen SPÄTBURGUNDER, GRAUBURGUNDER und WEISSBURGUNDER (ursprünglich auch für SILVANER) vom Vulkanboden des steilen Winklerbergs bekannt. Spitzenweingüter: Dr. HEGER, Konstanzer, Michel, Stigler.

Ingelheim Rhh ★★→★★★★ Weinort in RHEINHESSEN gegenüber dem Rheingau auf der anderen Seite des Rheins; Weinberge mit Kalksteinuntergrund. Das historische Renommee für SPÄTBURGUNDER erhält neue Nahrung durch dynamische Weingüter wie ADAMS, Bettenheimer, Dautermann, NEUS, Schloss Westerhaus, Wasem und Werner.

Iphofen Fran ★★→★★★ Weinort im STEIGERWALD mit der berühmten GROSSEN LAGE Julius-Echter-Berg. Reicher, aromatischer SILVANER mit Lagerpotenzial von Gipsböden. Erzeuger: Arnold, Emmerich, JULIUS-

SPITAL, Popp, RUCK, Seufert, Vetter, Weigand, WELTNER, Wirsching und Zehntkeller.

Johannisberg Rhg ★★→★★★★ Weinort im RHEINGAU. Legendär ist SCHLOSS JOHANNISBERG; weitere Erzeuger: CHAT SAUVAGE, JOHANNISHOF – ESER, Prinz v. Hessen, Schamari-Mühle. Die GROSSLAGE Erntebringer unbedingt meiden!

Johannishof – Eser Rhg ★★→★★★ Familienweingut mit Lagen in JOHANNISBERG und RÜDESHEIM. RIESLINGE mit perfekter Ausgewogenheit von reifer Frucht und stahliger Säure.

Josephshöfer M ★★→★★★ GROSSE LAGE in GRAACH, Alleinbesitz von Reichsgraf von KESSELSTATT. Harmonischer, beerenfruchtiger RIESLING.

Jost, Toni MR ★★★ Führendes Weingut in BACHARACH mit der Lage Hahn (in Alleinbesitz), jetzt unter der Leitung von Cecilia Jost. Aromatisch-nerviger RIESLING und neuerdings ein bemerkenswerter SPÄTBURGUNDER. Die Familie betreibt auch ein Gut in WALLUF (RHEINGAU).

Jülg Pfz ★★→★★★★ Dichter SPÄTBURGUNDER sowie scharf mineralischer CHARDONNAY und SAUVIGNON BLANC von Kalksteinlagen in SCHWEIGEN. Neues VDP-Mitglied.

Juliusspital Fran ★★★ Alte kirchliche Stiftung in WÜRZBURG mit besten Lagen in ganz FRANKEN, bekannt für seine trockenen Silvaner, die schön altern.

Kabinett *Siehe* Kasten Seite 220. Deutschlands einzigartiger Beitrag zur Weinwelt in der Federgewichtsklasse, immer beliebter, obwohl (oder weil) der Klimawandel die Erzeugung immer schwieriger macht; es braucht hohe Lagen und eine frühe, schnelle Lese.

Kaiserstuhl Bad – Erloschener Vulkan nahe dem Rhein in Südbaden mit ausgesprochen warmem Klima und schwarzem Boden. Lagen bis in 400 m Höhe. SPÄTBURGUNDER und GRAUBURGUNDER mit Klasse und Renommée.

Kanzem M ★★★ Kleiner Ort an der SAAR mit dem Altenberg, einer steilen GROSSEN LAGE auf Schiefer und Rotliegend. Erzeuger: BISCHÖFLICHE WEINGÜTER TRIER, Cantzheim (mit Gästehaus), VAN VOLXEM, von OTHEGRAVEN.

Karthäuserhof M ★★★★ Die Flaschen des historischen RUWER-Weinguts, die markanterweise nur ein Etikett am Hals tragen, stehen für erfrischende trockene Weine. Nach wechselhaften Ergebnissen in den letzten paar Jahren soll nun ein neues Team an den alten Ruhm anknüpfen: Mathieu Kauffmann (früher bei Bollinger, *siehe* Frankreich) und Dominik Völk (früher bei VAN VOLXEM).

Keller, Franz Bad *Siehe* FRANZ KELLER – SCHWARZER ADLER.

Keller, Weingut Rhh ★★★★ Star in RHEINHESSEN, kultisch verehrt für seinen RIESLING ALTE REBEN G-Max aus einer unbekannten (Kalk-)Parzelle und die GROSSEN GEWÄCHSE aus den Lagen Hubacker und Morstein. Außerdem Riesling aus den NIERSTEINER Lagen Hipping und Pettenthal. Auch an der MITTELMOSEL präsent (PIESPORTER Schubertslay). Rekordpreise bei Auktionen.

Kesseler, August Rhg ★★★★ Hervorragendes Weingut in ASSMANNSHAUSEN. August Kesselers 1985er Höllenberg SPÄTBURGUNDER war der Beginn des neuen deutschen Spätburgunderwunders. Inzwischen haben langjährige Angestellte den Betrieb übernommen und arbeiten genauso perfektionistisch. Ebenfalls hervorragend der RIESLING (dicht, mit Beerenduft).

Kesselstatt, Reichsgraf von M ★★→★★★ 46 ha Spitzenlagen an der MOSEL und ihren Nebenflüssen, in unruhigen Gewässern, seitdem die Visionärin Annegret Reh-Gartner 2016 starb. Der langjährige Kellermeister und Geschäftsführer ging kurz vor der Lese 2021.

Kiedrich Rhg ★★→★★★★ Erstklassiger Weinort im RHEINGAU und fast im Alleinbesitz des Guts von Robert Weil. Andere Erzeuger (u. a. FRICKE, Prinz von Hessen und Knyphausen) besitzen hier nur kleine Parzellen. Berühmt für Kirche und Chor.

Kloster Eberbach Rhg – In dem stimmungsvollen Zisterzienserkloster aus dem 12. Jh. bei HATTENHEIM wurde *Der Name der Rose* gedreht. Sitz der HESSISCHEN STAATSWEINGÜTER.

Klumpp, Weingut Bad ★★★ Die Brüder Markus und Andreas Klumpp haben die Kellerei im nordbadischen KRAICHGAU an die Spitze geführt, v. a. mit fruchtbetontem SPÄTBURGUNDER und ausgefeiltem GRAUBURGUNDER aus der Bruchsaler Lage Rothenberg.

Knebel, Weingut M ★★★ Familiengut in Topform in WINNINGEN. Ausgefeilte TROCKENBEERENAUSLESEN und elegante, aromatische trockene Weine.

Knewitz, Weingut Rhh ★★★ Die jungen Brüder Björn und Tobias Knewitz haben weniger als zehn Jahre gebraucht, um das unbekannte Weingut ihrer Eltern zu einem der führenden in RHEINHESSEN zu machen und dem VDP beizutreten. Das Meisterstück ist der Appenheimer Hundertgulden RIESLING (15' 16' **17' 18** 19' 20').

Knipser Pfz ★★★→★★★★ Werner Knipser machte sich schon vor über zehn Jahren für die Vermarktung von Großen Gewächsen stark, und jetzt sind diese Weine in. Manche Reserven werden erst nach fünf Jahren verkauft (z. B. der legendäre SPÄTBURGUNDER Réserve du Patron 15', ★★★★ CHARDONNAY 15'). Viele Spezialitäten, u. a. der rare Gelbe Orleans und der Clarette Rosé auf CABERNET-SAUVIGNON-Basis.

K. P. Keller (Rheinhessen) baut Riesling in Norwegen an: 76 Oechsle, also norwegischer Kabinett.

Königin Viktoriaberg Rhg ★★→★★★ Historische Weinlage in HOCHHEIM, 4,5 ha entlang des Mainufers, heute vom Weingut Flick in Wicker bewirtschaftet. Nach ihrem Besuch im Jahr 1845 erlaubte Queen Victoria dem damaligen Besitzer, die Lage nach ihr umzubenennen.

Kraichgau Bad – Kleiner Bereich südöstlich von Heidelberg. Spitzenerzeuger: HEITLINGER/BURG RAVENSBURG, Hoensbroech, Hummel, KLUMPP.

Kranz, Weingut Pfz ★★★→★★★★ Spitzenweingut im südpfälzischen Ilbesheim. Hervorragender RIESLING, SPÄTBURGUNDER und WEISSBURGUNDER aus der Einzellage Kalmit. Bio.

Krone, Weingut Rhg ★★★ Für seinen SPÄTBURGUNDER berühmtes Weingut mit alten Parzellen in ASSMANNSHAUSEN (Schieferböden), betrieben von WEGELER. In die Spitzen-Cuvée Juwel (**13' 14 15'**) gehen Trauben vom legendären Höllenberg und kühleren benachbarten Parzellen ein.

Kühling-Gillot Rhh ★★★★ Erstklassiges Bio-Weingut, geleitet von Caroline Gillot und ihrem Mann H. O. Spanier. Sie überzeugen mit ihrem herausragenden RIESLING vom ROTEN HANG: Rothenberg GROSSES GEWÄCHS von über 70 Jahre alten, wurzelechten Reben.

Kühn, Peter Jakob Rhg ★★★ Ausgezeichnetes Weingut in OESTRICH unter der Leitung von P. J. Kühn und Sohn. Dank leidenschaftlichem Bio-Weinbau und langen Maischestandzeiten entsteht unkonventioneller, aber aufregender RIESLING. Die Reserve PJK Unikat reift vier Jahre im Fass. Der Doosberg GG (**16'** 17' 18' 19') ist verlässlich auf höchstem Niveau.

Kuhn, Philipp Pfz ★★★ Große Bandbreite; sehr verlässlich. RIESLING (z. B. SAUMAGEN, Schwarzer Herrgott), fassgereifter SPÄTBURGUNDER sowie Spezialitäten (CHARDONNAY, FRÜHBURGUNDER, SAUVIGNON BLANC, SEKT).

Künstler, Franz Rhg ★★★ Gunter Künstler konnte die Lagen von Graf von Schönborn in MARCOBRUNN übernehmen (erster Jahrgang 2021) und hat somit GROSSE GEWÄCHSE aus allen Teilen des RHEINGAU, konzentriert sich jedoch auch weiter auf seine Heimatstadt HOCHHEIM: hervorragend die RIESLINGE GG aus Hölle und Kirchenstück.

Kuntz, Sybille M ★★★ Progressives 12-ha-Bio-Weingut in Lieser, v. a. in der Lage Niederberg-Helden. Pionier für trockenen MOSEL-Wein; die intensiven Weine, einer in jeder Reifekategorie, sind für die Gastronomie gemacht und stehen in vielen Spitzenrestaurants auf der Weinkarte.

Laible, Andreas Bad ★★★ Kristallklarer trockener RIESLING vom DURBACHER Plauelrain (Granit). Alexander, der jüngere Bruder von Andreas Laible jun., hat ein eigenes Weingut.

Nihon arigatō!

Es ist allseits bekannt, dass japanische Orchester meisterhafte Interpretationen von Bach und Beethoven liefern, doch verstehen japanische Kellerfachleute RIESLING und SPÄTBURGUNDER? Die Antwort lautet Ja, und diese Personen liefern den Beweis: Chie Sakata produziert bei Bernhard Koch in der Südpfalz vorzüglichen Spätburgunder, Masato Nagasawa ausgewogenen Riesling bei PRINZ SALM; Kazuyuki Kaise ist verantwortlich für den vortrefflichen Sekt von RAUMLAND; in NIERSTEIN bereitet Hideki Asano bei Strub einen eigenen feinherben Riesling, der gut zu japanischem Essen passt, und Fumiko Tokuoka, die Tochter eines Händlers aus Osaka, ist nicht nur Kellermeisterin, sondern auch Eigentümerin des Weinguts Biffar in DEIDESHEIM.

Landwein Eigentlich »Wein mit geschützter geografischer Angabe« (g.g.A.; *siehe* Kasten Seite 220) und für Weine mit nur grob eingegrenztem Herkunftsgebiet gedacht, aber jetzt bei ehrgeizigen Winzern beliebt, die (z. B. wegen spontaner Gärung oder niedriger Schwefelwerte) der offiziellen Qualitätsprüfung aus dem Weg gehen wollen. Am bekanntesten sind Brenneisen, Enderle & Moll, Forgeurac, Greiner, Höfflin, Nieger, Vorgrimmler, WASENHAUS und ZIEREISEN (alle aus BADEN); Drei Zeilen, Vetter, Weigand (FRANKEN); Schmitt (RHEINHESSEN); Konni & Evi (SAALE-UNSTRUT).

Lauer, Peter M ★★★ Feiner, präziser RIESLING von der SAAR: straff, ausgewogen. Abfüllungen aus einzelnen Parzellen der ausgedehnten Lage Ayler Kupp. Am besten: Kern, Schonfels, Stirn.

Leitz, J. Rhg ★★★ Familienbetrieb in RÜDESHEIM mit hervorragenden GROSSEN GEWÄCHSEN, am besten ist für gewöhnlich der Berg Schlossberg (10' 11' 12' **13'** 15' 16 17 18 19). Hat einigen hohen Lagen am Berg Kaisersteinfels neues Leben eingehaucht. Preisgünstige, aber verlässliche Marke Eins-Zwei-Dry.

Liebfrauenstift-Kirchenstück Rhh – Der umfriedete Weingarten in Worms bringt auf Kiesböden blumige RIESLINGE hervor. Erzeuger: Gutzler, Schembs, Weingut LIEBFRAUENSTIFT. Hat nichts mit der billigen, faden Imitation Liebfrauenmilch zu tun!

Loewen, Carl M ★★★ RIESLING mit Eleganz, Spannung und Komplexität. Die beste Lage ist der 1896 bestockte, wurzelechte Maximin Herrenberg in Longuich. Ausgezeichnet das Preis-Leistungs-Verhältnis beim Einstiegs-Riesling Varidor.

Loosen, Dr. MM ★★→★★★★ Der charismatische Ernst Loosen erzeugt feinen traditionellen RIESLING von alten Reben an der Mittelmosel, sein ERDENER Prälat AUSLESE ist seit Jahrzehnten Kult. Außerdem eine Reihe trockener Reserven (zwei Jahre Fassreife, erster Jahrgang 2011) und der einzigartige Indotiumarus von der WEHLENER SONNENUHR (der 1981er, der

27 Jahre im Fass lagerte, kam 2021 auf den Markt). Der Riesling Dr. Loosen von zugekauften Trauben ist verlässlich. *Siehe auch* J. L. WOLF in der PFALZ und Chateau Ste Michelle im US-Bundesstaat Washington.

Lorch Rhg ★→★★★ Ort im äußersten Westen des RHEINGAUS mit klimatischen Bedingungen wie am MITTELRHEIN. Wird gerade wegen seiner kristallin-scharfen Weine, sowohl RIESLING als auch SPÄTBURGUNDER, wiederentdeckt. Die besten Erzeuger sind BREUER (Pfaffenwies 19' 20'), CHAT SAUVAGE, FRICKE, von Kanitz, KESSELER und SOLVEIGS.

Die deutschen Qualitätsstufen

Die amtlichen Qualitäts- und Prädikatsstufen in aufsteigender Reihenfolge (*siehe auch* Kasten Seite 209):

1. **Deutscher Wein ohne Herkunftsangabe** (oder schlicht **Wein**; ersetzt die Bezeichnung Tafelwein): leichter, meist lieblicher Wein ohne näher festgelegte Eigenart.
2. **Wein mit geschützter geografischer Angabe (g.g.A.)** (ersetzt Landwein): trocken oder halbtrocken, gebietstypisch. Meist nicht zu empfehlen, doch einige erfolgreiche Güter nutzen die Kategorie *Landwein,* um bürokratische Zwänge zu umgehen.
3. **Wein mit geschützter Ursprungsbezeichnung (g.U.)** Ersetzt den bisherigen Begriff QUALITÄTSWEIN. Bis jetzt wurden aber erst sechs Appellationen im engeren Sinn des Wortes von der EU genehmigt.
4. **Qualitätswein**: Trockener oder auch süßer Wein, dem vor der Gärung Zucker zugesetzt wurde, um ihn kräftiger zu machen. Qualitätsgetestet und von regional- und sortentypischem Geschmack. Jetzt nicht verzweifeln.
5. **Kabinett:** Trocken bis lieblich (ungezuckert) mit ausgeprägter, gelegentlich vorzüglicher Eigenart und charakteristischer Leichtigkeit. Mehrjährige Reife tut ihm gut.
6. **Spätlese:** Kräftiger und meist süßer als ein KABINETT. Körperreich, aber ohne Botrytis. Trockene SPÄTLESEN (oder was man dafür halten mag) werden heute meist als Qualitätswein verkauft (auch wenn sie nicht aufgezuckert sind).
7. **Auslese:** Süßer und kräftiger als Spätlese, vielfach mit an Honig erinnerndem Aroma, intensiv und langlebig. Gelegentlich trocken und schwer. Je weniger Alkoholgehalt das Etikett verrät, desto süßer ist der Wein.
8. **Beerenauslese:** Sehr süß, dicht und intensiv, aber nur selten alkoholreich. Kann hervorragend sein.
9. **Eiswein:** Von im Winter am Rebstock gefrorenen Trauben der Qualitätsstufe für BEEREN- oder TROCKENBEERENAUSLESE, hochkonzentriert, mit spritziger Säure und intensiv süß. Sollte nicht die geschmacklichen Charakteristika der Edelfäule aufweisen (tut das aber manchmal).
10. **Trockenbeerenauslese:** Intensiv süß und aromatisch, oft nicht allzu alkoholreich. Ein außergewöhnlicher, unendlich haltbarer Wein.

Löwenstein, Fürst Fran, Rhg ★★★ Klassischer RIESLING aus HALLGARTEN (RHEINGAU), einzigartiger SILVANER und Riesling vom ultrasteilen Homburger Kallmuth (FRANKEN).

Lützkendorf, Weingut Sa-Un ★★→★★★ Nach dem Mauerfall Pionier im Anbaugebiet SAALE-UNSTRUT. Uwe Lützkendorf übernahm nach dem Tod seines Vaters Udo 2020. Traminer!

Marcobrunn Rhg – Historische, 7 ha umfassende GROSSE LAGE in Erbach mit Potenzial für tiefgründigen und langlebigen RIESLING. Erzeuger: CORVERS-KAUTER, HESSISCHE STAATSWEINGÜTER, Höhn, Knyphausen, KÜNSTLER, von Oetinger, PRINZ und Schloss Reinhartshausen.

Markgraf von Baden Bad ★★→★★★ Renommiertes Nobelweingut mit 112 ha in Schloss Salem am BODENSEE und auf Schloss Staufenberg in der ORTENAU.

Markgräflerland Bad – Weinbaubezirk südlich von Freiburg mit kühlerem Klima (Winde aus dem Schwarzwald) und Kalksteinboden. Bekannt für den GUTEDEL, einen angenehmen Begleiter der regionalen Küche. Burgundersorten mit wachsendem Erfolg.

Markgräfler Winzer Bad ★→★★★ Genossenschaft mit 940 ha, früher mittelmäßig, jetzt vom ehemaligen LVMH-Geschäftsführer völlig umgekrempelt. Bemerkenswerte Spitzenreihe DER CHARDONNAY, DER SPÄTBURGUNDER.

Maximin Grünhaus M ★★★★ Maximin von Schubert hat das Steuer in diesem erstklassigen Gut an der RUWER übernommen. Dank der sehr traditionellen Weinbereitung entsteht ein kräuterwürziger, feingliedriger, langlebiger Riesling. Jedes Jahr ernster zu nehmen: cremiger PINOT BLANC und eleganter PINOT NOIR.

Merkelbach, Weingut MM ★★→★★★ Winziges Weingut in ÜRZIG, 2 ha. Die Brüder Alfred und Rolf, beide um die 80, erzeugen preiswerte MOSEL-Weine, die nicht zum Nippen, sondern zum Trinken gedacht sind.

Meßmer, Weingut Pfz ★★→★★★ Familienweingut in der Südpfalz; unter vielen Spezialitäten am besten ist der Burrweiler Schäwer RIESLING.

Meyer-Näkel Ahr ★★★→★★★★ Raffinierter, fruchtbetonter SPÄTBURGUNDER von Steilterrassen am Walporzheimer Kräuterberg (09 12 13' **14 15' 16'** 17' 18) und anderen Spitzenlagen an der AHR. Außer sechs Barriques ging der gesamte 2020er Jahrgang in der Flut verloren (*siehe* Kasten Seite 213). Auch in Südafrika (Zwalu, mit Neil Ellis) und Portugal (Quinta da Carvalhosa) tätig.

Mittelhaardt Pfz –Der beste Teil der PFALZ (nördliche Mitte) mit DEIDESHEIM, FORST, RUPPERTSBERG und WACHENHEIM. Größtenteils mit RIESLING.

Mittelmosel Der mittlere und beste Teil der MOSEL mit BERNKASTEL, BRAUNEBERG, GRAACH, PIESPORT, WEHLEN usw. – ein RIESLING-Eldorado.

Mittelrhein ★★→★★★ Wildromantisches Anbaugebiet am Rhein in der Nähe der bei Touristen sehr beliebten Loreley. Beste Weinbaugemeinden: BACHARACH, BOPPARD und Oberwesel. Die delikaten und zugleich stahligen Rieslinge werden unterschätzt und unter Wert verkauft. Der langjährige Produktionsrückgang hat nun endlich ein Ende.

Molitor, Markus M, MM ★★★→★★★★ Der Perfektionist Markus Molitor bewirtschaftet mehr als 20 EINZELLAGEN (120 ha), von denen viele trockene (weiße Kapsel), halbtrockene (grün) und süße (gold) Weine verschiedener Prädikatsstufen erbringen, was zu einer Preisliste mit enzyklopädischen Ausmaßen führt.

Mosbacher, Georg Pfz ★★★ Einige der besten RIESLINGE der Kategorie GROSSES GEWÄCHS in FORST. Die eher finessereichen als massiven Weine reifen traditionsgemäß in großen Eichenfässern. Außerdem exzellenter SAUVIGNON BLANC (»Fumé«).

Mosel Anbaugebiet, das früher Mosel-Saar-Ruwer hieß, mit insgesamt 8.690 ha, 62 % RIESLING. Die Bedingungen an den Nebenflüssen SAAR und RUWER unterscheiden sich erheblich von denen an der Mosel.

Nackenheim Rhh ★→★★★★ Nachbarort von NIERSTEIN mit der GROSSEN LAGE Rothenberg auf Rotschiefer. Berühmt für den vollsten Riesling in Rheinhessen sowie herrliche TROCKENBEERENAUSLESEN. Spitzenerzeuger: Gunderloch, KÜHLING-GILLOT.

Nahe Nebenfluss des Rheins und dynamisches Anbaugebiet (4.230 ha) mit einer Handvoll Spitzengütern (u. a. DIEL, DÖNNHOFF, SCHÄFER-FRÖHLICH), Dutzenden weniger bekannten Erzeugern und einem ausgezeichneten Preis-Leistungs-Verhältnis. Große Bodenvielfalt. Die besten RIESLINGE von Schieferböden haben eine fast moselartige Rasse.

Neipperg, Graf von Würt ★★★ Das wohl traditionsreichste Weingut in WÜRTTEMBERG, Mitglieder der Familie Neipperg sollen im 17. Jh. den LEMBERGER nach Deutschland gebracht haben. SPÄTBURGUNDER voller Anmut und Reintönigkeit, fruchtbetonter Lemberger, der SCHWARZRIESLING (rot) ist ebenfalls von Adel. Stephan, der jüngere Bruder von Graf Karl Eugen von Neipperg, erzeugt Wein in Canon-La-Gaffelière in St-Émilion und an anderen Orten.

Neus Rhh ★★★ Wiederbelebtes Traditionsweingut in INGELHEIM, exzellenter SPÄTBURGUNDER, am besten der Pares.

Niederhausen Na ★★→★★★★ Weinort im mittleren Nahetal. Komplexe RIESLINGE aus der herrlichen GROSSEN LAGE Hermannshöhle und von den benachbarten Steillagen. Spitzenerzeuger: CRUSIUS, DÖNNHOFF, Gut HERMANNSBERG, J. Schneider, Mathern.

Nierstein Rhh ★→★★★★ Die GROSSLAGE Gutes Domtal sollte man unbedingt meiden. Echter Niersteiner RIESLING ist reichhaltig, straff und komplex, z. B. aus den GROSSEN LAGEN Brudersberg, Hipping, Ölberg, Orbel und Pettenthal. Weingüter: Bunn, Gehring, Gröhl, GUNDERLOCH, Guntrum, Hofmann, Huff (beide), KELLER, KÜHLING-GILLOT, Manz, SCHÄTZEL, ST. ANTONY, Strub.

Sommersprossen bürgen für Qualität

Wie wählt man die besten Trauben aus? Durch die Messung des Zucker- und Säuregehalts? Durch Probieren? Benutzt man einen optischen Traubensortierer oder verlässt man sich auf seine Augen? Karl Friedrich AUST, Winzer in Radebeul bei Dresden, erkennt die besten TRAMINER-Trauben auf den ersten Blick, und zwar nicht nur an ihrer dunklen Färbung. Stattdessen achtet er auf die Farbintensität – und auf Sommersprossen. Das ist allemal billiger als eine Hightech-Sortiermaschine.

Ockfen M ★★→★★★ Weinbauort an der SAAR, bekannt für die GROSSE LAGE Bockstein. Erzeuger: Markus MOLITOR, OTHEGRAVEN, SANKT URBANS-HOF, VAN VOLXEM, WAGNER, ZILLIKEN. Die historische Lage Geisberg wurde im 20. Jh. aufgegeben, weil sie zu kühl war, aber nun hat Van Volxem 10 ha neu bestockt.

Odinstal Pfz ★★→★★★ Das Gut mit dem höchstgelegenen Weinberg der PFALZ, 150 m oberhalb von WACHENHEIM. Bio-Anbau und Vinifizierung unter minimalem Einsatz von Technik ergeben reintönigen GEWÜRZTRAMINER, RIESLING und SILVANER. Neues VDP-Mitglied (2021).

Oechsle Maßeinheit für den Zuckergehalt des Traubenmosts. Bis in die 1990er-Jahre galt: je mehr Oechsle, desto besser der Wein. Doch die globale Erderwärmung hat die Karten neu gemischt.

Ökonomierat Rebholz Pfz ★★★ Spitzenweingut im Bereich SÜDLICHE WEINSTRASSE mit knochentrockenen, pikanten, verlässlichen RIESLINGEN der Kategorie GROSSES GEWÄCHS, der beste ist in der Regel der Kastanienbusch von rotem Schiefer. Auch guter CHARDONNAY und SPÄTBURGUNDER. Hansjörg Rebholz wird nun von den Zwillingssöhnen Hans und Valentin unterstützt.

Oppenheim Rhh ★→★★★ Nachbarstadt von NIERSTEIN, aber mit anderem Mikroklima (kein direkter Einfluss des Rheins) und anderem Boden (Kalkstein statt rotem Schiefer). GROSSE LAGEN Kreuz und Sackträger. Weingüter: Guntrum, Kissinger, KÜHLING-GILLOT, Manz. Imposante Kirche aus dem 13. Jh.

Ortenau Bad ★★→★★★ Bereich um und südlich von Baden-Baden. Vorwiegend Klingelberger (RIESLING) und SPÄTBURGUNDER von Granitböden.

Ortswein Zweituntersteste Stufe in der Qualitätspyramide des VDP, viele Ortsweine sind echte Schnäppchen. *Siehe* nächster Eintrag.

Ortswein aus Ersten Lagen Rhh Neue Bezeichnung des VDP RHEINHESSEN, meist ein Verschnitt aus Weinen verschiedener ERSTER LAGEN. Merkwürdigerweise gibt es keine Weine aus einzelnen Ersten Lagen in Rheinhessen.

Othegraven, Weingut von M ★★★ Feines 16-ha-Gut an der SAAR, vor allem bekannt für trockenen und süßen RIESLING von der ausgezeichneten GROSSEN LAGE KANZEMER Altenberg. Seit 2010 im Besitz des Fernsehmoderators (und Mitglieds der Familie Othegraven) Günther Jauch, im Fokus neuerdings (vier verschiedene) fruchtige KABINETTE.

Pfalz Mit 23.700 ha das zweitgrößte deutsche Anbaugebiet. Sehr mildes Klima, bekannt für genussvollen Lebensstil. Die besten RIESLINGE kommen aus der MITTELHARDT, in der südlichen Pfalz (SÜDLICHE WEINSTRASSE) gedeihen Burgundersorten besser. ZELLERTAL kommt wegen seines kühleren Klimas gerade in Mode.

Piesport MM ★→★★★★ Weinort an der MITTELMOSEL, bekannt für körperreichen und aromatischen RIESLING. GROSSE LAGEN: Domherr und Goldtröpfchen. Erzeuger: Grans-Fassian, Johann Haart, Julian HAART, Reinhold Haart, Hain, KESSELSTATT, SANKT URBANS-HOF, SCHLOSS LIESER. Die GROSSLAGE Michelsberg meiden.

Piwi ★→★★★ Kreuzungen aus europäischen und amerikanischen Rebsorten, die gegen Pilzbefall widerstandsfähig sind. Am beliebtesten ist Regent (rot). Eine neue Generation von Kreuzungen sollte man im Auge behalten, z. B. Souvignier gris (weiß) und Satin noir (rot).

Prädikat Gesetzlich festgelegte Qualitätsstufe mit Mindestmostgewicht. *Siehe* QMP und Kasten Seite 220.

Prinz, Weingut ★★★ Ausgesprochen frischer, eleganter RIESLING von hohen Lagen des Hallgarten; Bio-Anbau. Der KABINETT GOLDKAPSEL ist manchmal grandios. Jetzt auch MARCOBRUNN.

Prüm, J. J. M ★★★★ **59 71 76 83 90 03 11 15 18** 19 20 – Legendäres Weingut mit besten Lagen in WEHLEN sowie in BERNKASTEL und GRAACH. Grazile, doch extrem langlebige Weine mit Finesse und ganz eigenem Charakter. Steigende Preise für den SONNENUHR Kabinett.

Prüm, S. A. M ★★→★★★ Qualitätsrevolution, seit Saskia A. Prüm 2017 die Leitung übernommen hat. Hervorragend die 20er SONNENUHR SPÄTLESE; der 20er WEHLENER Ortswein ist ein Schnäppchen.

QbA – Qualitätswein bestimmter Anbaugebiete Hinsichtlich Anbaugebiet, Rebsorten und Jahrgang bestimmten Vorschriften unterliegende Weine. Die Zugabe von Zucker zum Most vor der Gärung (Chaptalisierung) ist erlaubt. Gedacht als Kategorie für mittlere Qualitäten, doch der VDP legt seinen Mitgliedern inzwischen nahe, ihre besten trockenen Weine (GROSSE GEWÄCHSE) als QbA zu etikettieren. Das neue EU-Label g.U. (geschützte Ursprungsbezeichnung) ist nur sehr selten auf Etiketten zu finden (*siehe auch* Kästen Seite 209 und 220).

QmP – Qualitätswein mit Prädikat Spitzenkategorie deutscher Qualitätsweine, sechs Kategorien, die den Reifegraden des Lesegutes entsprechen: von KABINETT bis TROCKENBEERENAUSLESE. Aufzuckerung und andere Formen der Anreicherung sind verboten.

Randersacker Fran ★★→★★★ Ort südlich von WÜRZBURG mit der GROSSEN LAGE Pfülben, einer der besten für RIESLING in FRANKEN. Spitzenerzeuger: Bardorf, BÜRGERSPITAL, Göbel, JULIUSSPITAL, Schmitts Kinder, Staatlicher Hofkeller, Störrlein & Krenig, Trockene Schmitts.

Rauenthal Rhg ★★→★★★★ Würziger, strenger, aber komplexer RIESLING von Hanglagen abseits des Rheins. Die Weinberge Baiken, Gehrn und Rothenberg enthalten Parzellen, die teils als GROSSE LAGEN, teils als ERSTE LAGEN eingestuft sind, während der benachbarte Nonnenberg (Alleinbesitz von BREUER) trotz seiner gleichermaßen hervorragenden Qualität nicht klassifiziert wurde.

Raumland, Sekthaus Rhh ★★★ SEKT-Spezialist mit einem tiefen Keller und breitem Angebot an schönen, ausgewogenen Cuvées; die erste reine Sektkellerei, die Mitglied im VDP wurde. Am besten sind CHARDONNAY Brut Nature (nach zehn Jahren degorgiert), Cuvée Triumvirat und MonRose.

Restsüße Unvergorener Traubenzucker, der im Wein verbleibt (oder bei billigen Weinen zugesetzt wird), um ihm Süße zu verleihen. Das reicht von 1 g/l in trockenen Weinen bis zu 300 g/l in TROCKENBEERENAUSLESEN.

Rheingau ★★→★★★★ Der Geburtsort des RIESLINGS. Historische Süd- und Südwesthänge über dem Rhein zwischen Wiesbaden und RÜDESHEIM. Klassischer, gehaltvoller Riesling, berühmt für sein stahliges Rückgrat. Dazu kleine Mengen graziler SPÄTBURGUNDER.

Rheinhessen ★→★★★★ Deutschlands mit Abstand größtes und immer noch wachsendes Anbaugebiet (26.940 ha). Es liegt zwischen Mainz und Worms, produziert viel Fasswein, ist aber auch eine Fundgrube für preislich korrekte Weine von talentierten jungen Winzern.

Richter, Max Ferd. MM ★★→★★★ Verlässliches Weingut in Mülheim, besonders guter voller, aromatischer süßer RIESLING. Großartig die 19er WEHLENER SONNENUHR AUSLESE No. 42 (★★★). Runder, ansprechender Brut (EISWEIN-Dosage).

Riffel Rhh ★★★ Das ökologisch bewirtschaftete, für seinen puristischen Stil bekannte Familienweingut verhilft Bingens einst berühmtem Scharlachberg (rote Erde) zum Comeback.

Rings, Weingut Pfz ★★★→★★★★ Dichter, außerordentlich frischer RIESLING und SPÄTBURGUNDER von erstklassigen Lagen in der Nordpfalz. Das Kreuz ist ein beliebter Bordeaux-Verschnitt.

Roter Hang Rhh ★★→★★★★ Führende RIESLING-Lage in RHEINHESSEN (NACKENHEIM, NIERSTEIN). Der Name bezieht sich auf den roten Ton- und Sandstein an den Hängen. Im Bestfall reichhaltig und mineralisch, aber dürreanfällig.

53 % der Beschäftigten im deutschen Weinbau sind Saisonarbeitskräfte, immerhin 33 % Familienmitglieder.

Ruck, Johann Fran ★★★ Würziger, schön reifender RIESLING, SCHEUREBE und TRAMINER aus IPHOFEN.

Rüdesheim Rhg ★★→★★★★ Kleine Stadt im Westen des RHEINGAUS, Touristenmagnet und Zentrum der Rheinromantik, mit einzigartigem RIESLING von den Schieferböden aus der Lage Berg (Kaisersteinfels, Roseneck, Rottland und Schlossberg). Körperreiche, aber nie schwerfällige, florale Weine, auch in ungünstigeren Jahren gut. Am besten sind BISCHÖFLICHE WEINGÜTER RÜDESHEIM, Breuer, CHAT SAUVAGE, CORVERS-KAUTER, HESSISCHE STAATSWEINGÜTER, JOHANNISHOF, Kesseler, KÜNSTLER, Leitz, Ress.

Ruwer M ★★→★★★★ Bei TRIER in die MOSEL mündender Nebenfluss, kühl mit später Reife. Sowohl süffige, leichte trockene als auch intensive süß ausgebaute RIESLINGE. Beste Erzeuger: Beulwitz, Karlsmühle, KARTHÄUSERHOF, KESSELSTATT und MAXIMIN GRÜNHAUS.

Saale-Unstrut ★→★★★ Nordöstlich von Leipzig gelegenes Anbaugebiet am Zusammenfluss dieser beiden Flüsse. Die Weinbergterrassen gehen auf die Zisterzienser zurück. Erzeuger: Böhme, Born, Gussek, HEY (VDP-Mitglied), Kloster Pforta, Konni & Evi (LANDWEIN), LÜTZKENDORF (VDP), Pawis (VDP).

Saar M ★★→★★★★ Nebenfluss der MOSEL, eingebettet in steile Hügel. Erzeugt die herbsten, stahligsten, brillantesten RIESLINGE – Charaktereigenschaften, die vom Klimawandel noch begünstigt werden.

»Überhaupt nicht sauer«

Niemand anderes als Thomas Jefferson hat uns einen RHEINGAU-Reisebericht aus dem 18. Jh. hinterlassen. Am 11. April 1788 legte der zukünftige Präsident der Vereinigten Staaten in Begleitung seines Dieners in einer Art Paddelboot die Strecke von Mainz nach RÜDESHEIM zurück. Jefferson beschrieb die Rüdesheimer Weine als »überhaupt nicht sauer und für meinen Geschmack weit besser als HOCHHEIMER«. Auf der Rückfahrt nach Mainz äußerte er sich sogar noch begeisterter über die Weine von SCHLOSS JOHANNISBERG: »die besten vom Rhein«. Er kam auch in Erbach am MARCOBRUNN vorbei und urteilte, dass dieser »Wein zweiter Güte« hervorbringe. Damals schon, so scheint es, waren Weinkritiker manchmal zu kritisch.

Saarburg M – Kleine Stadt im Saartal mit der GROSSEN LAGE Rausch. Erzeuger: WAGNER, ZILLIKEN.

Sachsen ★→★★★ Anbaugebiet im Elbtal um Meißen und Dresden mit charaktervollen trockenen Weißweinen, eine Spezialität ist TRAMINER. Beste Erzeuger: Aust, Drei Herren, F. Fourré, Gut Hoflössnitz, Vincenz Richter, Rothes Gut, Schloss Proschwitz, SCHLOSS WACKERBARTH, Schuh, Schwarz, ZIMMERLING.

Salm, Prinz Na, Rhh ★★→★★★ Besitzer von Schloss Wallhausen an der NAHE mit Weinlagen dort und im rheinhessischen BINGEN; Ex-Präsident des VDP.

Salwey Bad ★★★→★★★★ Führender Weinbaubetrieb am KAISERSTUHL. Konrad Salwey befürwortet eine frühe Lese, um die Frische zu erhalten. Am besten sind die GROSSEN GEWÄCHSE: GRAUBURGUNDER von Henkenberg und Eichberg sowie SPÄTBURGUNDER und WEISSBURGUNDER von Steingrubenberg und Kirchberg.

Sankt Urbans-Hof M ★★★ Von Nik Weis geführtes großes Familienweingut (40 ha) in Leiwen, die Weinberge liegen an MITTELMOSEL und SAAR. Kristallklarer RIESLING von tadelloser Reintönigkeit und Rasse; schönes Reifepotenzial.

Sauer, Horst Fran ★★★ Der Mann, der den Süßwein aus FRANKEN hoffähig gemacht hat. Sensationelle BEERENAUSLESEN und TROCKENBEERENAUSLESEN aus der ESCHERNDORFER Steillage Lump; auch sehr gute trockene Weine. Tochter Sandra ist jetzt am Steuer.

Sauer, Rainer Fran ★★★ Erstklassiges Familienweingut, das sieben verschiedene trockene SILVANER von der Steillage ESCHERNDORFER Lump erzeugt. Die Besten sind das GROSSE GEWÄCHS am Lumpen und der L (**99' 03' 07' 18 19'**). Überaus empfehlenswert sind auch der ORTSWEIN-Silvaner und der von der ERSTEN LAGE.

Saumagen Beliebte kulinarische Spezialität und einer der besten Weinberge der PFALZ: eine kalkhaltige Lage in Kallstadt, die ausgezeichneten RIESLING und SPÄTBURGUNDER hervorbringt.

Schaefer, Willi M ★★★ Willi Schaefer und Sohn Christoph sind die besten Winzer in GRAACH, 4 ha in mehr als 100 Parzellen. MOSEL-RIESLING vom Feinsten: rein, kristallin und federleicht. Hervorragend der WEHLENER SONNENUHR KABINETT (20').

Schäfer-Fröhlich Na ★★★→★★★★ Familiengut an der NAHE, spontan vergorenen RIESLINGE von enormer Intensität, GROSSE GEWÄCHSE u. a. aus den Lagen Bockenau, Felseneck, Stromberg sowie Schloßböckelheimer Felsenberg und Kupfergrube. Ausgezeichnet sind Schiefergestein und Vulkangestein in mittlerer Preislage.

Scharzhofberg M ★★→★★★★ Spitzenlage an der SAAR, 28 ha: Ein seltenes Zusammenspiel von Mikroklima, Boden und menschlicher Intelligenz bringt RIESLING in Vollendung hervor. Spitzenerzeuger: EGON MÜLLER, HÖVEL, KESSELSTATT, VAN VOLXEM.

Schätzel, Weingut Rhh ★★→★★★ 15-ha-Familienbetrieb in NIERSTEIN. Kai Schätzel hat sich mit dem herrlichen Pettenthal KABINETT und mit RIESLING voller Extrakt (und sogar Tannine) bei 11,5% Alkohol einen Namen gemacht. Empfehlenswert ist der Fuchs (18'; aus der GROSSEN LAGE Hipping, aber als LANDWEIN ausgewiesen).

Schloss Johannisberg Rhg ★★★ Historisches Gut und Villa des Fürsten von Metternich im RHEINGAU, der Ort, an dem die SPÄTLESE erfunden wurde; ausschließlich RIESLING, im Besitz von Henkell (Oetker-Gruppe). Derzeit in Spitzenform; sogar der einfache Gelblack erstrahlt in adligem Glanz.

Schloss Lieser MM ★★★★ Thomas Haag, der ältere Bruder von Oliver Haag (Fritz HAAG), produziert sorgfältig sowohl trocken als auch süß ausgebaute RIESLINGE aus BRAUNEBERG, Lieser (Lage Niederberg-Helden), PIESPORT und WEHLEN. Dazu kommt jetzt eine kleine (gepachtete) Parzelle im BERNKASTELER DOCTOR. Das gleichnamige Hotel Schloss Lieser hat übrigens nichts mit dem Weingut zu tun.

Schloss Proschwitz Sachsen ★★→★★★ Ein neues Team sorgt für beachtliche Verbesserungen im 70-ha-Weingut von Prinz zur Lippe: Die 18er SPÄTBURGUNDER (sowohl ERSTE LAGE als auch GROSSES GEWÄCHS) sind erste Wahl.

Schloss Vaux Rhg ★★→★★★ Die RHEINGAUER SEKT-Manufaktur, zu deren Eigentümern Prinz Salm zählt, ist v. a. für ihre RIESLING-Sekte aus Einzellagen bekannt.

Schloss Wackerbarth ★★→★★★ Sächsische Staatsdomäne am Stadtrand von Dresden, als Erlebniskellerei mit Restaurant, Park, Veranstaltungen und 190.000 Besuchern im Jahr konzipiert. Auch weinmäßig in Spitzenform; am besten sind trockener RIESLING, ALTE REBEN und TRAMINER-SPÄTLESE (alle aus der Radebeuler Lage Goldener Wagen).

Schnaitmann Württ ★★→★★★★ Exzellente, im Fass ausgebaute Rotweine aus Fellbach nahe Stuttgart. Auch die Weißen wie RIESLING oder SAUVIGNON BLANC, SEKT (Evoé!) und selbst Weine von nicht ganz so hoch gehandelten Rebsorten wie SCHWARZRIESLING oder TROLLINGER schmecken gut.

Schneider, Markus Pfz ★★ Shootingstar in Ellerstadt, PFALZ. Umfassendes Angebot an sauber bereiteten Weinen mit trendigen Etiketten.

Schoppenwein Wein im offenen Ausschank.

Schumacher, Paul Ahr ★★★ Perfektionistischer Winzer in Marienthal, nur 4 ha. Langlebige SPÄTBURGUNDER (Kräuterberg **09' 11 12 13 15'** 16 17' 18 19'). War nach dem AHR-Hochwasser (*siehe* Kasten Seite 213) kurz davor aufzugeben, macht aber zum Glück weiter.

Schwegler, Albrecht Würt ★★★→★★★★ Das 11 ha große Familiengut wird von dem jungen Aaron Schwegler geführt. Rote Cuvées Beryll, Granat und Saphir, kraftvoller CHARDONNAY und RIESLING ALTE REBEN.

Seckinger, Weingut Pfz ★★→★★★ Drei Brüder (30 und jünger) aus Niederkirchen/MITTELHAARDT machen sich einen Namen mit DEIDESHEIMER RIESLING im Naturweinstil, aber ohne zu extrem zu werden. Bio.

Sekt ★→★★★★ Deutscher Schaumwein. Billige Angebote meiden: Flaschengärung ist nicht vorgeschrieben. Ernst zu nehmende Sektproduzenten machen spektakuläre Fortschritte, z. B. ALDINGER, H. Bamberger, Bardong, Barth, BATTENFELD-SPANIER, BERGDOLT, BREUER, BUHL, DIEL, F. John, GRIESEL, Gut Hermannsberg, HEYMANN-LÖWENSTEIN, LAUER, Leiner, Melsheimer, MOLITOR, RAUMLAND, Reinecker, Schembs, SCHLOSS VAUX, SCHWARZER ADLER, Solter, S. Steinmetz, Strauch, WAGECK, WEGELER, Wilhelmshof, ZILLIKEN. Eine VDP-Klassifizierung für Sekt ist in Arbeit.

Selbach-Oster MM ★★★ Gewissenhafter Erzeuger in ZELTINGEN mit einer Reihe exzellenter Lagen; bekannt für seinen klassischen Stil und den Fokus auf süße PRÄDIKATSWEINE.

Solveigs Rhg ★★→★★★★ SPÄTBURGUNDER von Rotschieferlagen in ASSMANNSHAUSEN und LORCH, nur 2 ha; Bio-Anbau und minimale Eingriffe bei der Weinbereitung. Am besten sind die Lagen Micke 06' 13' 15' 16' 18' und Present 95' 99' 03' 04 06 09' 12 **13'** 15' 16' 18'.

Sonnenuhr MM – Name mehrerer GROSSER LAGEN in BRAUNEBERG, Pommern, WEHLEN und ZELTINGEN.

Spätlese Prädikatsklasse über KABINETT; reifer und süßer als Kabinett. Braucht mindestens fünf Jahre Reife.

Spreitzer Rhg ★★★ Die Brüder Andreas und Bernd Spreitzer erzeugen köstliche rassige, harmonische RIESLINGE von Weinbergen in HATTENHEIM, Mittelheim und OESTRICH. Die Kollektion ALTE REBEN im mittleren Preissegment ist ein echtes Schnäppchen. Auch eine atemberaubende TROCKENBEERENAUSLESE (20' Eiserberg).

Staatsweingut (auch **Staatliche Weinbaudomäne**) Es gibt sie in BADEN (IHRINGEN, Meersburg), in WÜRTTEMBERG (Weinsberg), in der PFALZ (Neustadt), an der NAHE (Bad Kreuznach), im RHEINGAU (HESSISCHE STAATSWEINGÜTER), in RHEINHESSEN (OPPENHEIM), in Sachsen (WACKERBARTH) und in SAALE-UNSTRUT (Kloster Pforta).

St. Antony Rhh ★★→★★★ Bio-Weingut in NIERSTEIN mit erstklassigen Lagen, bekannt für robusten und lagerfähigen RIESLING vom ROTEN HANG. Seit 2019 werden alle Steilhänge von Hand bewirtschaftet.

Steigerwald Fran – Bereich im östlichen FRANKEN mit Weinbergen in beträchtlicher Höhe. Die besten Erzeuger sind CASTELL, Hillabrand, Roth, RUCK, VETTER, WELTNER und Wirsching.

Steinberg Rhg ★★★ Von Mauern umgebene Lage oberhalb von HATTENHEIM, vor 700 Jahren von Zisterziensermönchen angelegt: eine Art deutsches Clos de Vougeot. Im Alleinbesitz der HESSISCHEN STAATSWEINGÜTER. 14 von insgesamt 37 ha der Parzellen sind klassifiziert und haben so einzigartige wie vielfarbige Phyllit-Schiefer-Böden. Faszinierende alte Jahrgänge. Nicht zu verwechseln mit der WÜRZBURGER GROSSEN LAGE Stein-Berg.

Steinwein Fran – Wein aus WÜRZBURGS bester Lage, dem Stein. Goethe liebte ihn. Es gibt nur sechs Produzenten: BÜRGERSPITAL, JULIUSSPITAL, L. Knoll, Meinzinger, Reiss und den Staatlichen Hofkeller. Hugh Johnson hat einmal den 1540er Jahrgang verkostet.

Stodden, Jean Ahr ★★★→★★★★ SPÄTBURGUNDER von der AHR mit burgundischem Einschlag, am besten sind meist ALTE REBEN (19' sensationell) und Recher Herrenberg GOLDKAPSEL. Die Gebäude wurden vom Hochwasser verwüstet (*siehe* Kasten Seite 213), aber die Ernte konnte gerettet werden.

Südliche Weinstraße Pfz – Besonders für Burgundersorten bekannter Bereich. Die besten Erzeuger sind BECKER, JÜLG, KRANZ, Leiner, Minges, Münzberg, REBHOLZ, Siegrist und WEHRHEIM.

Taubertal Bad, Fran, Würt ★→★★★ Flusstal mit kühlem Klima, von Napoleon in eine badische, eine fränkische und eine württembergische Sektion unterteilt. SILVANER (Kalksteinböden) und die hier heimische rote Rebe Tauberschwarz. Frost kann zum Problem werden. Erzeuger: Hofmann, Schlör; gute Genossenschaft in Beckstein.

Thanisch, Witwe Dr. H. MM ★★★ 1636 gegründetes Weingut in BERNKASTEL, berühmt für seinen Anteil an der Lage DOCTOR. Nach der Trennung der Familie 1988 entstanden zwei Güter mit demselben Namen und ähnlicher Weinqualität: Erben Müller-Burggraef (moderner) und Erben Thanisch (VDP, klassischer Stil).

Trier M – Die nördliche Hauptstadt des Römischen Reiches an der MOSEL, etwa auf halbem Weg zwischen SAAR und RUWER gelegen. Inmitten der beeindruckenden Ruinen aus römischer Zeit haben die großen Stiftungsweingüter von der Mosel ihre Keller.

Trittenheim MM ★★→★★★ Rassige, mustergültige RIESLINGE von der MITTELMOSEL, wenn sie aus den wenigen guten Parzellen der ausgedehnten GROSSEN LAGE Apotheke stammen. Erzeuger: A. CLÜSSERATH, Clüsserath-Weiler, E. Clüsserath, F. J. Eifel, Grans-Fassian, Milz.

Trocken Bezeichnung für einen Wein mit einem Restzuckergehalt von höchstens 9 g/l. Als Faustregel gilt: Je weiter südlich das Anbaugebiet liegt, desto mehr trockene Weine gibt es.

Trockenbeerenauslese (TBA) Die süßeste und teuerste Kategorie deutscher Weine. Sehr selten, dicht und konzentriert, voller Aromen von Trockenfrüchten. Von stark selektierten ausgetrockneten Beeren mit Edelfäule (Botrytis) bereitet. Die halben Flaschen sind eine gute Idee.

Ürzig MM ★★★→★★★★ Weinort an der MOSEL auf rotem Sandstein und rotem Schiefer, berühmt durch unveredelte alte Stöcke und einzigartigen, würzigen Riesling aus der Lage Würzgarten. Erzeuger: Berres, Christoffel, Erbes, Loosen, MERKELBACH, Molitor, Mönchhof, Rebenhof.

Van Volxem M ★★★ Das historische SAAR-Weingut wurde von dem leidenschaftlichen Roman Niewodniczanski wiederbelebt. Sehr geringe Erträge aus Spitzenlagen erbringen monumentalen (überwiegend trockenen) RIESLING. Spektakuläres burgartiges neues Kellereigebäude in einer Schleife der Saar nahe Wiltingen – und die Möglichkeit, ausgewählte Weine fünf Jahre und länger im Tank zu lagern.

VDP – Die Prädikatsweingüter Einflussreicher Verband von 200 Spitzenwinzern, der höchste Standards setzt. Achten Sie auf das Adler-Emblem auf der Kapsel und das auf die Flasche aufgeprägte GG-Logo. Ein VDP-Wein ist in der Regel eine gute Wahl. Präsident ist Steffen CHRISTMANN.

Wachenheim Pfz ★★★ Der berühmte Weinbauort verfügt über keine vom VDP als GROSSE LAGE ausgewiesenen Rebflächen. Urteilen Sie selbst. Spitzenerzeuger: Biffar, BÜRKLIN-WOLF, Karl Schäfer, ODINSTAL, WOLF und der preiswerte Zimmermann.

Wageck Pfz ★★→★★★ Weingut an der MITTELHAARDT mit ungekünsteltem, frischem CHARDONNAY (Still- und Schaumwein) sowie SPÄTBURGUNDER von großer Finesse. Die beste Lage ist der Geisberg.

Wagner, Dr. M ★★→★★★ Das Weingut mit Rebland in Saarstein und OCKFEN (SAAR) wird von der jungen Christiane Wagner geführt. Ihre RIESLINGE präsentieren sich frisch und reintönig.

Wagner-Stempel Rhh ★★★ Handwerklich toll gemachte Weine aus Siefersheim in RHEINHESSEN, unweit der Grenze zum Anbaugebiet NAHE. Der

RIESLING GROSSES GEWÄCHS Heerkretz von Porphyrböden ist in der Regel am besten.

Walluf Rhg ★★★ Unterschätzter Weinbauort zwischen Wiesbaden und Eltville mit bedeutenden Lagen, darunter die GROSSE LAGE Walkenberg. Erzeuger: J. B. Becker, Jost.

Wasenhaus M ★★★ Nach Burgund schielender SPÄTBURGUNDER Bellen und WEISSBURGUNDER Möhlin von 2 ha Kalksteinlagen im MARKGRÄFLERLAND, produziert von den jungen Talenten Alexander Götze (mit Lehrjahren bei Domaine Leflaive und Comte Armand, *siehe* Frankreich) und Christoph Wolber (der weiterhin bei der Domaine de Montille arbeitet). Die Weinberge werden von Hand bewirtschaftet, und alle Weine sind als LANDWEIN etikettiert.

Wegeler MM, Rhg ★★→★★★★ Bedeutende Weingüter in OESTRICH und BERNKASTEL (beide in Bestform) sowie ein Anteil am berühmten Gut KRONE in ASSMANNSHAUSEN. Die Cuvée Geheimrat J setzt sehr hohe Standards, Einzellagen-RIESLINGE und ORTSWEINE sind in der Regel außerordentlich preiswert. Auch alte Jahrgänge sind erhältlich (Vintage Collection).

Wehlen MM ★★★→★★★★ Weinbauort mit der legendären Steillage SONNENUHR, die RIESLING von Schieferböden in seiner schönsten Ausdrucksform hervorbringt: reichhaltig und fein, ewig haltbar. Spitzenerzeuger: Kerpen, KESSELSTATT, LOOSEN, MOLITOR, Pauly-Bergweiler, J.J. PRÜM, S.A. PRÜM, M. F. RICHTER, Sankt Nikolaus Hospital, W. SCHÄFER, SCHLOSS LIESER, SELBACH-OSTER, Studert-Prüm, THANISCH und WEGELER.

Die Deutschen trinken pro Jahr durchschnittlich 102 Liter Bier und 24 Liter Wein (inklusive Schaumwein).

Wehrheim, Dr. Pfz ★★★ Ökologisch arbeitendes Spitzenweingut an der SÜDLICHEN WEINSTRASSE; sehr trockene Weine, kulinarischer Stil, besonders die weißen Burgundersorten.

Weil, Robert Rhg ★★★→★★★★ **01 05 09 12 15 16 17 18** 19 20 – Hervorragendes Weingut in KIEDRICH mit der GROSSEN LAGE Gräfenberg (generös, die Parzellen-Auslese Monte Vacano ist nur durch Subskription erhältlich) sowie den ERSTEN LAGEN Klosterberg (ausgewogen) und Turmberg (verhalten). Ausgezeichneter süßer KABINETT bis hin zu TROCKENBEERENAUSLESEN.

Weingart MR ★★★ Hervorragendes Weingut in Spay mit Weinbergbesitz in BOPPARD (u. a. Hammer Feuerlay). Raffinierte, straffe RIESLINGE, die ohne technischen Aufwand auskommen, ausgezeichnetes Preis-Leistungs-Verhältnis.

Weißherbst Heller, sortenreiner Rosé (oft SPÄTBURGUNDER) von höchst unterschiedlicher Qualität.

Weltner, Paul Fran ★★★ Das Familiengut im STEIGERWALD erzeugt dicht gewebten SILVANER mit gutem Lagerpotenzial von der unterschätzten Lage Rödelseer Küchenmeister.

Wiltingen M ★★→★★★★ Das Herz des Weinbaus an der SAAR. Der berühmte SCHARZHOFBERG ist die beste einer Reihe GROSSER LAGEN, zu denen auch Braune Kupp, Braunfels, Gottesfuß und Kupp gehören. Der ORTSWEIN ist meist ein Schnäppchen.

Wind, Katrin Pfz ★★→★★★ Shootingstar in Arzheim. Direkte, aber nuancierte Weine, z. B. FRÜHBURGUNDER, SPÄTBURGUNDER und RIESLING aus der Kalmit.

Winning, von Pfz ★★★→★★★★ Gut in DEIDESHEIM, mit erstklassigen Lagen ebendort und in FORST. Riesling von großer Reinheit und schönem Terroircharakter, in neuen FUDERN vergoren.

Winningen M ★★→★★★ Stadt an der unteren MOSEL nahe Koblenz; kraftvolle trockene RIESLINGE und TROCKENBEERENAUSLESEN. GROSSE LAGEN: Röttgen, Uhlen. Spitzenerzeuger: HEYMANN-LÖWENSTEIN, Knebel, Kröber und R. Richter.

Wirsching, Hans Fran ★★★ Renommiertes Weingut in IPHOFEN, bekannt für klassisch strukturierten trockenen RIESLING und Silvaner. Andrea Wirsching ergänzt ihr Angebot durch den spontan vergorenen Riesling Sister Act und koscheren SILVANER. Gelegentlich auch BEERENAUSLESEN und TROCKENBEERENAUSLESEN von herrlicher Reinheit.

Wittmann Rhh ★★★ Führendes Bio-Weingut, kristallklarer, schwungvoller trockener RIESLING GROSSES GEWÄCHS Brunnenhäuschen, Kirchspiel und Morstein (05 07' 08 11 12' **15 16** 17 18 19'). Spitzenwein ist der ALTE REBEN La Borne von einer Parzelle im Morstein.

Wöhrle Bad ★★★ Seit mehr als 30 Jahren Pionier im ökologischen Weinbau. Sohn Markus ist Experte für Burgundersorten. Exzellente GROSSE GEWÄCHSE.

Wolf, J. L. Pfz ★★→★★★ Das Gut in WACHENHEIM ist von Ernst LOOSEN aus BERNKASTEL gepachtet. Die Qualität ist eher solide und beständig als aufregend.

Der deutsche Weinbau soll immaterielles UNESCO-Kulturerbe werden.

Württemberg Dank der Experimentierfreude vieler junger Winzer eine dynamische Weingegend. Am besten sind in der Regel LEMBERGER und SPÄTBURGUNDER. Nur 30 % weiße Rebsorten. RIESLING braucht höhere Lagen.

Würzburg Fran ★★→★★★★ Schöne alte Barockstadt am Main, bekannt für die Spitzenlage Stein (STEINWEIN). 2020 wurden die besten Parzellen des Stein unter dem Namen Stein-Berg ins Register der geschützten Ursprungsbezeichnungen (g.U.) aufgenommen. *Siehe* Kästen Seite 209, 220.

Zellertal Pfz ★★→★★★★ Hoch gelegener, kühler Bereich im Norden der PFALZ, in dem seit Kurzem Goldgräberstimmung herrscht: BATTENFELD-SPANIER, Weingut KELLER und Philipp KUHN haben sich in der dortigen Spitzenlage Schwarzer Herrgott oder der benachbarten Lage Zellerweg am Schwarzen Herrgott jenseits der Grenze zu RHEINHESSEN eingekauft. Gute örtliche Erzeuger: Bremer, Full, Janson Bernhard, Schwedhelm, Wick.

Zeltingen MM ★★→★★★ Bedeutender Ort an der MOSEL, trotz ähnlicher Anbaubedingungen vom Nachbarort WEHLEN überstrahlt. GROSSE LAGE: SONNENUHR. Spitzenweingüter: MOLITOR, J.J. PRÜM, SELBACH-OSTER.

Ziereisen Bad ★★→★★★ Hervorragendes Gut im MARKGRÄFLERLAND, Fürsprecher von LANDWEIN, GUTEDEL, Burgundersorten und SYRAH. Am besten sind die SPÄTBURGUNDER von den kleinen Parzellen Rhini, Schulen und Talrain. Selektionen von alten Reben heißen Jaspis. Der Spitzenwein Gutedel 104 (Kostenpunkt 125 €) ist nicht nur eine Provokation, sondern zeigt, zu welchem Terroirausdruck die Rebe fähig ist.

Zilliken, Forstmeister Geltz M ★★★→★★★★ **01 03 04 05 07 08 09 10 11 12 15 16 17 18 19 20** – Das Familienweingut an der SAAR: wurde von der jungen Dorothee Zilliken übernommen: Der Riesling vom Saarburger Rausch und dem OCKFENER Bockstein ist rassig, saftig und delikat, u. a. köstliche, langlebige AUSLESEN und TROCKENBEERENAUSLESEN (18'); auch sehr guter SEKT – und Ferdinands Gin.

Zimmerling, Klaus Sachsen ★★★ Das kleine, perfektionistische Weingut wurde als eines der ersten nach dem Fall der Mauer gegründet. Die beste Lage ist der Königliche Weinberg in Pillnitz bei Dresden. Großartige 2018er (v. a. RIESLING und WEISSBURGUNDER).

Luxemburg

Rekordverdächtige 61,3 l Wein trinken die Luxemburger im Jahr, und die Winzer sind zugleich die Spitzenverdiener innerhalb der EU. Die Weinlagen befinden sich stromaufwärts der bekannteren Moselabschnitte; die Böden bestehen aus Kalkstein – damit sind sie näher an Chablis als an Piesport. Riesling hat nur einen Anteil von 11 %, Müller-Thurgau (alias Rivaner) überwiegt. Spezialitäten sind Auxerrois und Crémant. Die meisten Weißen haben eine leichte Süße, auf den Etiketten wird der Unterschied zwischen trocken und halbtrocken allerdinsg nicht vermerkt. Ein gebräuchlicher Begriff (aber ohne große Aussagekraft) ist »Premier Grand Cru«. Vereinigungen ambitionierter Winzer wie Domaine et Tradition sind da zuverlässiger.

Alice Hartmann ★★★→★★★★ Platzhirsch in Luxemburgs bester RIESLING-Lage, dem Koeppchen. Auch in Burgund und an der Mosel/Saar tätig.

Aly Duhr ★★→★★★ Feiner RIESLING Ahn Nussbaum, terroirbetonter 20er Monsalvat (80 % CHARDONNAY, 20 % AUXERROIS).

Bernard-Massard ★→★★★ Großproduzent, v. a. Crémant. Spitze: Château de Schengen/Thill's und Clos des Rochers. Erzeugt auch in Deutschland.

Caves Berna ★★→★★★ Herausragender PINOT NOIR Göllebour.

Gales ★★→★★★ Am besten: Crémant und die Reihe Domaine et Tradition.

Kox, R&L ★★→★★★ Fußgetretener ELBLING (Rhäifrensch) von alten Reben, ungeschwefelter Crémant, PINOT BLANC als Orange Wine.

Pauqué, Ch. ★★★→★★★★ Bestechender RIESLING (trocken und süß), fassvergorener CHARDONNAY Clos de la Falaise. Teilweise Bio-Anbau.

Ruppert, Henri ★★★ RIESLING im Stil von Trockenbeerenauslesen, körperreicher PINOT NOIR Ma Tâche.

Sunnen-Hoffmann ★★★ Führendes Bio-Weingut in Familienhand. RIESLING Wintrange Felsbierg VV Domaine et Tradition aus einer 1943 gepflanzten Weinlage, AUXERROIS Schengen Fels, eichenfassgereifter CHARDONNAY Kolteschbierg. Toller PINOT NOIR Hommelsbierg (20').

Andere empfehlenswerte Güter: Bentz, Cep d'Or, Desom, Häremillen, Kohll-Leuk, Krier Frères, Mathes, Mathis Bastian, Schmit-Fohl und Schumacher-Lethal. Domaines Vinsmoselle ist ein Zusammenschluss von Winzergenossenschaften.

Belgien

Als kühlklimatisches Weinland ist Belgien stark im Kommen. Die Weine sind vorwiegend weiß oder schäumend, doch auch immer mehr beachtliche Rote entstehen. Reben stehen inzwischen auf über 750 ha; die meisten Weine werden vor Ort verkauft und getrunken. Die wichtigsten klassischen Trauben sind Auxerrois, Chardonnay und Pinot blanc/gris/noir, zusammen mit den krankheitsresistenten Sorten Johanniter, Regent und Solaris. Gute Resultate erzielen auch Acolon, Riesling, Souvignier gris und sogar Albariño, Grüner Veltliner und Tempranillo.

Empfehlenswert: Aldeneyck, Bon Baron, Chant d'Éole, Chapitre, Clos d'Opleeuw, Crutzberg, des Marnières, d'Hellekapelle, Driesse, Entre-Deux-Monts, Genoels-Elderen, Gloire de Duras, Haksberg, Kitsberg, Neuve-Eglise, Pietershof, Schorpion, Stuyvenberg, Ten Gaerde, Vandersteene, Vignoble des Agaises, Vin de Liège, Waes, Wijnfaktorij.

Spanien

Die dunklen Flächen bezeichnen die Weinbaugebiete

Die folgenden Abkürzungen werden im Text verwendet:

Bask	Baskenland	**Mont-M**	Montilla-Moriles
Cas-L	Castilla y León	**Mur**	Murcia
Cas-La M	Castilla-La Mancha	**Nav**	Navarra
Cos del S	Costers del Segre	**Pen**	Penedès
Emp	Empordà	**Pri**	Priorat
Gal	Galicien	**R Ala**	Rioja Alavesa
Kan	Kanarische Inseln	**R Alt**	Rioja Alta
Kat	Katalonien	**R Baj**	Rioja Baja
Madr	Madrid, Vinos de	**Rib del D**	Ribera del Duero
Mál	Málaga	**Som**	Somontano
Mall	Mallorca	**Tar**	Tarragona
Man	Manzanilla	**U-R**	Utiel-Requena

Spanien ist das Land des Rotweins, stimmt's? Na ja, nicht ganz. Zwar wird überwiegend Rotwein erzeugt, aber überall in diesem vielgestaltigen Land entstehen jetzt Weißweine moderner Art, die (fast durchweg) von lokalen Rebsorten bereitet werden. Nicht nur von Garnacha blanca und Viura/Macabeo, sondern auch von Albillo real, Malvasía Castellana (alias Doña Blanca), Malvasía de Sitges oder Maturana blanca. Eine besonders große Rolle spielt das Thema Qualitätssprung bei Rioja-Weißweinen: Die Erzeuger suchen kühlere, höher gelegene Weinberge und widmen dem Ausbau im Eichenfass echte Sorgfalt. Auch sonst tut sich einiges in Rioja. So fordern kleinere Betriebe mit Nachdruck die Abkehr vom DO-System – die Erzeuger im baskischen Anbaubereich Rioja Alavesa haben dies bereits in die Tat umgesetzt. Auch die Einführung der »Viñedos Singulares« (Einzellagen) war nicht ganz einfach. Dieser Trend besteht in ganz Spanien, allerdings ist die Rioja-Version eindeutig noch in der Entwicklung begriffen, auch weil etliche Akteure mit der Definition keineswegs einverstanden sind.

In der Sherry-Region hat man unterdessen entscheidende Schritte unternommen, um einer sich verändernden Umwelt Rechnung zu tragen, und

längst in Vergessenheit geratene Rebsorten wieder eingeführt. Die Namen der Pagos (Reblagen) dürfen nun auf den Etiketten genannt werden. Eine wichtige Änderung besteht darin, dass das Aufspriten (bei Fino zum Beispiel auf 15 Prozent) nicht mehr zwingend vorgeschrieben ist. Und der bisher so vage Begriff »En rama« soll geregelt werden.

Neuere Rioja-Jahrgänge

2021 Ein in puncto Wetter heikles Jahr, trotzdem tiefdunkle Rote mit schöner Struktur und Alterungspotenzial.

2020 Schwieriges Jahr; frische Weine mit moderatem Alkoholgehalt.

2019 Geringere Erträge, insgesamt schöne Qualität, offiziell *excelente*. Könnte 2001 ähneln.

2018 Ein gutes Jahr: üppige Erträge, geringerer Alkoholgehalt, frische Weine.

2017 Verheerender Frost; was übrig blieb, ist sehr gut.

2016 Größte Ernte seit 2005, ausgewogene Weine, viel Reizvolles.

2015 Die Spitzenweine erweisen sich als so gut wie 2010, sehr voll und charakterstark. Die besten noch liegen lassen.

2014 Die Rückkehr zu alter Form in puncto Qualität und Quantität nach zwei mageren Jahren. Jetzt trinken oder noch liegen lassen.

2013 Kühles Jahr mit Regen und später Ernte; uneinheitlich, doch einige gute Weine. Jetzt trinken.

2012 Der Ertrag zählte zu den niedrigsten der vergangenen 20 Jahre, was zu schöner Konzentration führte. Austrinken.

Aalto, Bodegas y Viñedos Rib del D ★★★→★★★★ Der Hochadel von Ribeiro del Duero erzeugt zwei Weine: den Aalto und das Aushängeschild PS (aus 200 kleinen Parzellen). Mitgründer Mariano GARCÍA, früher bei VEGA SICILIA, macht Weine zum Einlagern, die nach 10 und mehr Jahren ihre volle Blüte erreichen. Außerdem (zusammen mit Bodegas Masaveu) Eigentümer von Enate (SOMONTANO), Fillaboa (RÍAS BAIXAS), Murúa (RIOJA) und Valverán, das sehr guten *sidra* (Apfelwein) erzeugt.

Abadía de Poblet Conca de Barbera ★★ Fesselndes Projekt im Zisterzienserkloster, der Grablege aragonischer Könige; Eigentümer ist CODORNÍU RAVENTÓS. Ricard Rofes, Weinmacher von SCALA DEI, und sein Team arbeiten hier mit lokalen Rebsorten, v. a. Garrut, Trepat (beide rot) sowie MACABEO und Parellada (beide weiß).

Abadía Retuerta Cas-L ★★★ Luxushotel im Besitz von Novartis und Kellerei in direkter Nachbarschaft zu RIBERA DEL DUERO. Sehr gut ist der weiße Verschnitt Le Domaine (BV); ferner ernst zu nehmende Rote aus Einzellagen von internationalen Rebsorten, z. B. SYRAH Pago Garduña, CABERNET SAUVIGNON Pago Valdeballón oder PETIT VERDOT PV.

Abel Mendoza R Ala ★★→★★★ Kaum jemand weiß über Weinbaugemeinden und Rebsorten in RIOJA so gut Bescheid wie Abel und Maite Mendoza. Allein fünf sortenreine Weiße sind hier zu entdecken. Für die Weine der Reihe Grano a Grano wird jede TEMPRANILLO- und GRACIANO-Beere einzeln handverlesen.

Águila, Dominio del Rib del D – Wie Jorge Monzón beweist, hat RIBERA DEL DUERO auch ein anderes Gesicht: spritzig, grazil und gelegentlich auch spielerisch. Sein Rosé Clarete ist erfrischend, seine rote Cuvée Pícaro del Águila lebhaft.

Alberto, Bodegas de Rueda ★★★ Außergewöhnlicher, in Glasballon und Solera oxidativ ausgebauter VERDEJO mit Aromen von Karamell, Walnuss, Vanille und Rosinen.

Algueira Rib Sac ★★→★★★ Außergewöhnlicher Erzeuger in RIBEIRA SACRA, Spezialist für den von extremen Bedingungen geprägten hiesigen Weinbau. Schöne Auswahl an eleganten Rotweinen von lokalen Rebsorten. Herausragend ist der Merenzao (im Jura Trousseau genannt) in fast burgundischem Stil.

Alicante ★→★★★ Alicante verdient einen genaueren Blick. Hier ist die geistige Heimat der MONASTRELL-Traube, die würzige Rotweine und den seltenen gespriteten Fondillón liefert. Aber auch trockene Weine von der früher kaum geschätzten MOSCATEL de Alejandría werden hier erzeugt, dazu Rotweine von der Lokalsorte Giró. Spitzenerzeuger: ARTADI, TELMO RODRÍGUEZ; ferner Enrique Mendoza, Finca Collado, Les Freses, Murviedro.

Allende, Finca R Alt ★★→★★★★ Vom unverwüstlichen Miguel Ángel de Gregorio geleitete und in jeder Beziehung überragende RIOJA-BODEGA in einem Handelshaus in BRIONES, von dessen Turm man über die ganze Stadt zu den Weinbergen blickt. Überragender weißer Rioja, neuerdings auch Rosé.

Almacenista Man, Sherry – Eine Kellerei mit Sherry-Beständen, die Weine ausbaut und an BODEGAS verkauft, die damit ihre eigenen Bestände auffrischen oder erweitern. Spielt beim MANZANILLA eine wichtige Rolle. Unter den wenigen verbliebenen Almacenistas setzen viele auf Direktverkauf an den Verbraucher, z. B. GUTIÉRREZ COLOSÍA oder El MAESTRO SIERRA. Sie haben teils Großartiges zu bieten.

Alonso, Bodegas Man ★★★→★★★★ Teil der Bodega-Renaissance in SANLÚCAR DE BARRAMEDA, die jetzt auf den jahrelangen Niedergang nebst etlichen Insolvenzen folgt: ein neuerer Sherry-Erzeuger, im Besitz der Brüder Asencio, denen auch Dominio del Urogallo (Asturien) gehört. Sie erwarben die berühmten Bestände der insolventen BODEGA Pedro Romero, darunter sehr feine SOLERAS von Gaspar Florido. Aus Letzteren wurde eine exzellente, allerdings superteure Vier-Flaschen-Kollektion zusammengestellt. Preiswerter sind der Velo Flor und 9–10 Jahre alter MANZANILLA.

Alonso del Yerro Rib del D ★★→★★★ Der önologische Berater Stéphane Derenoncourt (*siehe* Frankreich) vermag dem extremen Kontinentalklima in RIBERA DEL DUERA Eleganz zu entlocken. Mit dem Jahrgang 2016 setzte ein Wandel ein, die Weine sind jetzt graziler. Der Familienbetrieb erzeugt ausschließlich Gutsweine. Das Spitzengewächs heißt María.

Alta Alella Kat ★★→★★★ Die für ihre CAVAS bekannte BODEGA, ein Familienbetrieb gleich oberhalb der Küste von Barcelona, erzeugt auch süßen roten Dolç Mataró von MONASTRELL. Ökologischer Anbau. Die Marke Celler de les Aus steht für minimalinvasiv und ohne Schwefelzusatz bereitete Weine.

Alvear Ext, Mont-M ★★→★★★★ Die historische Bodega verfügt über eine ganze Reihe hervorragender PX-Weine aus MONTILLA-MORILES. Gute FINOS C.B. und Capataz, wunderbar süßer SOLERA 1927, üppiger DULCE Viejo. Sehr feine Jahrgangsweine. Zum Besitz gehört auch die BODEGA Palacio Quemado in der Extremadura.

Añada Jahrgang.

Aragón Im Mittelalter ein mächtiges Königreich, erstreckt sich die heutige autonome Gemeinschaft südlich der Pyrenäen und umfasst die DOS Calatayud, CAMPO DE BORJA, CARIÑENA und SOMONTANO. Früher ein Land der genossenschaftlichen Fassweine, erregt die Weinregion Aragón inzwischen Interesse wegen der neuen Generation von Winzern, die alten Reben wieder zu ihrem Recht verhelfen, u. a. GARNACHA, MACABEO, Moristel (rot).

Arizcuren Rioja ★★ Javier Arizcuren ist gelernter Architekt und entwarf Kellereien in RIOJA, einschließlich seiner eigenen kleinen BODEGA im Zentrum von Logroño (die einen Besuch wert ist). Ist auf GARNACHA-Gewächse aus Hochlagen in RIOJA ORIENTAL, Mazuelo (CARIÑEÑA, in Rioja nur selten sortenrein ausgebaut) und Amphorenweine spezialisiert. Im Auge behalten.

Arrayán, Bodegas Méntrida ★★ Weinmacherin Maite Sánchez holt das Beste aus ihrem breiten Rebsortenspektrum heraus, angefangen bei den lokalen Raritäten Mizancho, Moravia und Albillo real über GARNACHA bis hin zu internationalen Sorten. Weine aus den DOS CEBREROS, SIERRA DE GREDOS und MÉNTRIDA.

Artadi, Bodegas y Viñedos Alava, Alicante, Bask, Nav ★★→★★★★ Der äußerst bestimmte Carlos López de Lacalle (wird jetzt von Sohn Carlos unterstützt) kehrte der DO RIOJA Ende 2015 den Rücken, weil sie seiner Meinung nach bei der Qualitätssicherung versagt; seither steht nur noch »Álava« auf dem Etikett. Der Fokus liegt auf Einzellagen: luxuriöser La Poza de Ballesteros und dunkler, steiniger El Carretil sowie überragender El Pisón. Auch in ALICANTE vertreten mit El Sequé (rot) und in NAVARRA mit Artazuri (rot; rosé BV). Der Izar-Leku ist ein weißer TXAKOLI aus der DO Getaria.

Artuke Rioja ★★ Unter den Händen der Brüder Arturo und Kike de Miguel haben sich die Weine des Familienguts in herrlich elegante Gewächse verwandelt, die von subtilem Einsatz großer Eichenfässer zeugen. Zwei tolle Einzellagenweine: El Escolladero aus Kalksteinboden und La Condenada aus eisenhaltigem Sandstein.

Astobiza Alava ★★ Junge Kellerei in der kleinsten TXAKOLÍ-DO. Sehr feine Weine, Beraterin ist Ana Martín (*siehe* CASTILLO DE CUZCURRITA). Mineralischer Malkoa; auch Gin wird erzeugt.

Atlantic Wines Bask, Gal, Rioja – Im englischen Sprachraum inoffizieller Sammelbegriff für hellen, oft nicht in Eiche ausgebauten Wein mit zumeist prägnanter Säure, wird aber zunehmend auch auf frische, grazile Rotweine angewandt. Bezieht sich insbesondere auf Wein aus Lagen in RÍAS BAIXAS oder TXAKOLÍ. Wird zudem zur Beschreibung kühlklimatischer Einflüsse verwendet, etwa in den Binnenland-DOS GALICIENS, sowie für spezielle Jahrgänge in RIOJA Alavesa und Rioja Alta.

Ausàs Rib del D ★★ Xavier Ausàs, früher Kellerchef von VEGA SICILA, macht hier seinen eigenen Wein, den Interpretación. Die Trauben kommen von ausgewählten Winzern, sodass Ausàs RIBERA DEL DUERO »interpretieren« kann.

Barbadillo, Bodegas Cádiz, Man ★→★★★★ Das Angebot reicht von Supermarktqualität bis hervorragend. Erstaunlich ist der Bestand an feinen alten Sherrys, die jetzt allmählich auf Weinauktionen auftauchen. Pionier des MANZANILLA EN RAMA. Sherry-Guru Armando Guerra berät bei gewagten neuen Kreationen wie einem nicht gespriteten PALOMINO. Unschlagbar ist die Reihe Reliquia, v. a. AMONTILLADO und PALO CORTADO. Ferner der spanische Bestseller Castillo de San Diego (VINO DE LA TIERRA de Cádiz), ein Gute-Laune-Weißwein von Palomino fino, den man in allen andalusischen Fischlokalen findet. Zum Besitz gehören auch Vega Real (RIBERA DEL DUERO) und BODEGA Pirineos (Somontano).

Barrio de la Estación Rioja – Das »Bahnhofsviertel« von Haro; von hier aus wurde Wein per Eisenbahn nach Bordeaux verschickt, als die Weinberge dort von der Reblaus verwüstet worden waren. Heute sind hier sieben Spitzenerzeuger ansässig: BODEGAS Bilbaínas (CODORNÍU), CVNE, GÓMEZ CRUZADO, LA RIOJA ALTA, LÓPEZ DE HEREDÍA, MUGA, RODA.

Belondrade Cas-L, Rueda ★★→★★★ VERDEJO, wie er sein sollte, aber selten ist: Didier Belondrade war einer der Ersten, die das Potenzial dieser Rebsorte unter Beweis stellten, als er 1994 seine auf dem Hefesatz ausgebaute RUEDA-Version herausbrachte.

Bentomiz, Bodegas Mál ★★→★★★ Clara (Weinmacherin) und André (Chef) Verheij, Holländer von Geburt und Spanier aus Leidenschaft, sind freundliche Gastgeber in Axarquía im Hinterland von MÁLAGA und zeigen ihren Besuchern, wie sie ihren süßen MOSCATEL und MERLOT bereiten. Ferner trockener Rosé aus der seltenen Rebsorte Romé.

Bhilar, Bodegas R Ala ★→★★ David Sampedro Gil stammt aus El Villar und hat seine Weine mit Fokus auf (biodynamischem) Weinbau und traditionellen Methoden auf ein neues Niveau gebracht. Eine Hommage an die traditionellen Weißweine RIOJAS ist der Phinca La Revilla »Sexto Año«, der sechs Jahre im Eichenfass verbringt. Dicht und würzig ist der rote Phinca Lali aus einem 100 Jahre alten Weinberg.

Bierzo, El ★→★★★★ Sie sind auf der Suche nach dem etwas anderen Geschmack Spaniens? In den aromatischen, mittelschweren, oft knackig frischen Roten von der MENCÍA-Traube werden Sie ihn finden. Schieferböden verleihen dem Wein Duft und Ähnlichkeit mit Pinot. Zwei Erzeuger haben der DO zu internationalem Ruhm verholfen: RAÚL PÉREZ und Ricardo Pérez Palacios (nicht miteinander verwandt). Aber Achtung, die Qualität ist uneinheitlich. Halten Sie sich an Erzeuger wie DESCENDIENTES DE J. PALACIOS und Raúl Pérez sowie Dominio de Tares, Losada, Luna Berberide, Mengoba, Verónica Ortega. Auch feiner GODELLO (weiß).

Bodega 1. Kellerei; 2. Weinhandlung; 3. eine Firma, die sich mit der Herstellung, dem Verschnitt bzw. dem Versand von Wein befasst.

Butt Sherry – Fass mit 600 l Fassungsvermögen aus lang gelagerter amerikanischer Eiche, das für den Sherry-Ausbau verwendet und nur zu fünf Sechsteln gefüllt wird, damit sich eine FLOR-Schicht bilden kann. Immer mehr Weinkellereien – und Whiskybrennereien – verwenden gebrauchte Butts für die Reifung, um ihren Erzeugnissen eine Sherry-Note zu verleihen, z. B. CVNE mit dem Monopole Clásico oder BARBADILLO mit dem Mirabras.

Callejuela Man, Sherry ★★→★★★ Die Blanco-Brüder besitzen Reblagen in einigen der berühmtesten Sherry-PAGOS und gehören jener Bewegung an, die Sherry mit Terroircharakter anstrebt.

Campo de Borja Aragón ★→★★ Das selbst ernannte »Reich der GARNACHA« ist dank des Schatzes alter Reben in Kombination mit jungen Weinbergen die erste Wahl für preiswerten Garnacha; allmählich kommt auch seriöse Qualität auf den Markt, z. B. von Alto Moncayo, Aragonesas, Borsao.

Campo Viejo Rioja ★→★★ Campo Vieja war der erste Erzeuger, der die Welt (oder deren Großteil) mit der DO RIOJA bekannt machte. Neben preiswerter RESERVA und GRAN RESERVA bietet das Markenschwergewicht auch sortenreinen GARNACHA und ergänzt das weiße Rioja-Sortiment um Tempranillo blanco. Sehr gut ist die Spitzen-Reserva Dominio. Gehört zu Pernod Ricard (ebenso wie die in letzter Zeit sehr viel besser gewordene Kellerei YSIOS in Rioja).

Cangas ★→★★ Die isolierte DO im wilden Asturien macht sich allmählich einen Namen. Der Reiz des Anbaubereichs liegt in seinen einzigartigen Rebsorten: frischer Albarín blanco (weiß), fester Roter von Albarín negro, Verdejo negro und, am vielversprechendsten, Carrasquín. Erzeuger: v. a. Dominio del Urogallo (im Besitz von Bodegas ALONSO), Monasterio de Corias und VidAs.

Cariñena Aragón ★→★★ Die DO trägt denselben Namen wie die Rebsorte. Dieses einst von Genossenschaften dominierte Gebiet erzeugt heute Weine mit gutem Preis-Leistungs-Verhältnis. Jorge Navascués, Weinmacher bei CONTINO (RIOJA), erzeugt eigene Weine unter dem Etikett Navascués Enología und beim Vino de Pago Finca Aylés. Probieren Sie den roten Verschnitt Cuesta del Herrero.

Casa Castillo Jumilla ★★→★★★ José María Vicente beweist in seinem Familienbetrieb auf dem *altiplano*, dass JUMILLA tipptopp sein kann. Hervorragende MONASTRELL-Weine, v. a. der PIE FRANCO aus einer kleinen Parzelle, die der jüngsten Reblausplage entging, und sehr feiner Las Gravas aus einer Einzellage.

Castell d'Encús Cos del S ★★→★★★ Raül Bobet (auch bei FERRER BOBET im PRIORAT), der etwas von einem philosophierenden Monarchen an sich hat, ist fortwährend mit Planen und Ideen-Entwickeln beschäftigt. Seine Reben wachsen auf 1.000 m Höhe, sodass er herrlich frische, originelle Weine kreieren kann. Hier trifft Tradition auf Moderne: Die Trauben werden in Granit-*lagares* aus dem 12. Jh. vergoren, die Kellerei hingegen ist mit neuester Technik ausgestattet. In weniger als zehn Jahren sind der RIESLING Ekam, der PINOT NOIR Acusp und der SYRAH Thalarn zu Klassikern avanciert.

Castilla y León ★→★★★ Der größte Weinbaubereich Spaniens ist dank seiner Vielfältigkeit für spannende Entdeckungen gut – nicht zuletzt wegen seiner Fülle an einzigartigen Rebsorten wie z. B. Cenicienta, Juan García oder Puesta en Cruz. Die DOS: Arlanza, Arribes, BIERZO, CIGALES, Sierra de Salamanca (mit der Rotweinsorte Rufete – im Auge behalten), Tierra de León, Tierra del Vino de Zamora, TORO, Valles de Benavente und Valtiendas. Die übergreifende DO heißt Vino de la Tierra de Castilla y León und kann eine Quelle sehr feiner Weine sein, z. B. von Barco del Corneta oder Máquina y Tabla. Spitzenerzeuger: ABADÍA RETUERTA, MARQUÉS DE RISCAL (VERDEJO), Mauro, Ossian, Prieto Pariente.

Castillo de Cuzcurrita R Alt ★★ Schöner ummauerter Weinberg mit Schloss; sehr feiner RIOJA.

Castillo Perelada Emp, Nav, Pri ★→★★★ Glamouröses Weingut und beliebtes Touristenziel. Temperamentvolle CAVAS, v. a. Gran Claustro und Stars, und moderne rote Verschnitte. Zudem seltener, 12 Jahre in der SOLERA gereifter GARNATXA de l'EMPORDÀ. Sehr fein ist der Casa Gran del Siurana (PRIORAT). CHIVITE gehört ebenfalls zum Besitz.

Catalunya Die übergreifende, sehr große DO umfasst ganz Katalonien: Küste, Berge und alles, was dazwischenliegt. Etliche Spitzenköche und Spitzen-BODEGAS. Die derzeitige DO ist allerdings zu groß für eine gemeinsame Identität.

Cava ★→★★★ Cava ist Spaniens nach der traditionellen Methode bereiteter Schaumwein; er wird zu 90% in PENEDÈS erzeugt. Da Prosecco etwas aus der Mode gekommen ist, werden mit Blick auf Qualitätsverbesserung gerade neue Regelungen für Cava vereinbart. Die Vorschläge erstrecken sich auf eine verlängerte Mindestreifezeit, ökologischen Weinbau, garantierte Herkunftsbezeichnung und mehr. Neue Kategorien sind Cava de Guarda und Cava de Guarda Superior (einschließlich RESERVA, GRAN RESERVA und CAVA DE PARAJE CALIFICADO). Zu spät für jene Erzeuger, die die DO verließen, um eigene DOs ins Leben zu rufen: CLÀSSIC PENEDÈS, Conca del Ríu Anoia und CORPINNAT, alle mit strengeren Qualitätsvorschriften.

Cava de Paraje Calificado Cava – Im Jahr 2017 vom Consejo Regulador del Cava eingeführte Spitzenkategorie für Einzellagen-CAVA mit strengen Vorschriften: Einzelerzeuger, geringe oder gar keine Dosage, 36 Monate Mindestreifezeit (wird meist überschritten).

Cebreros Cas-L ★→★★ Die junge (2017) DO illustriert die dynamische Entwicklung der SIERRA DE GREDOS und ihrer unterschiedlichen Zonen mit jeweils eigener Identität. GARNACHA (rot) herrscht wie überall vor, es gibt aber auch die weiße Albillo Mayor. Erzeuger: v. a. Daniel Ramos, Ruben Díaz, Rico Nuevo, Soto Manrique, TELMO RODRÍGUEZ.

Celler del Roure Val ★→★★ Im unterirdischen Keller der sehenswerten BODEGA südlich der Stadt VALENCIA sind riesige Amphoren bis zum Hals im Boden vergraben. Sehr gute, frische, elegante Weine; Cullerot, Parotet und Safrà stammen von lokalen Rebsorten.

César Florido Sherry ★→★★★ Seit 1887 ein Meister der unterschätzten Sherry-Traube MOSCATEL (ein Geheimtipp); entdecken Sie das wunderbar duftende, saftige Trio Dorado, Especial und Pasas.

Chacolí *Siehe* TXAKOLI.

Chipiona Sherry – Das sandige Küstengebiet liefert MOSCATEL-Trauben; Weine im Bestfall von floraler Anmut und viel weniger dicht als PX. Gemäß neuer Vorschriften darf Wein in der Stadt Chipiona nicht nur erzeugt, sondern auch gereift werden.

Chivite Nav ★★→★★★ Ein großer Name in der Weinwelt von NAVARRA. Die Weine der Reihe Colección 125, einschließlich des erstklassigen CHARDONNAY, zählen zu den großartigsten Spaniens. Ferner guter Spätlese-MOSCATEL. Gehört nun zu CASTILLO PERELADA, das die notwendigen Investitionen bereitstellt.

Clàssic Penedès Pen – Kategorie der DO PENEDÈS für nach der traditionellen Methode bereiteten Schaumwein, strengere Regeln als für CAVA: mindestens 15 Monate Reifung sowie Ökoanbau. Zu den Mitgliedern gehören Albet i Noya, Colet, LOXAREL und Mas Bertran.

Clos Mogador Pri ★★→★★★ René Barbier, der Vater von René Junior, gehörte zum Quintett jener Erzeuger, die das PRIORAT wiederentdeckten, und war für viele ein Mentor. Sein Gut erwarb als eines der Ersten den Status Vi de Finca. Sehr schöner Manyetes CARIÑENA.

Codorníu Raventós Cos del S, Pen, Pri, Rioja ★→★★★★ Die im Jugendstil erbaute CAVA-Kellerei lohnt einen Besuch. Sehr fein ist das Trio sortenreiner CAVAS DE PARAJE CALIFICADO aus Einzellagen. Außerdem »456«, ein Verschnitt aus drei Lagen und die teuerste Cava, die je das Licht der Welt erblickte. Doch auch die Cavas fürs einfache Volk, z. B. Anna oder Cuvée Barcelona, werden immer besser. Unter den Codorníu-Kellereien bietet Legaris in RIBERA DEL DUERO gute Ortsweine, Raimat in COSTERS DEL SEGRE ist das größte Ökoweingut Europas (muss seinen Weg allerdings noch finden). Die BODEGA Bilbaínas in RIOJA, jetzt wieder in Form, bietet den beliebten Viña Pomal sowie die Reihe Vinos Singulares. Ein Juwel (und Teileigentümer) ist die überragende PRIORAT-Bodega SCALA DEI. Das neueste Projekt ist ABADÍA DE POBLET.

Conca de Barberà Kat – In der kleinen katalanischen DO, die früher große Unternehmen mit Traubengut versorgte, gibt es inzwischen einige exzellente Erzeuger, darunter ABADÍA DE POBLET und TORRES.

Consejo Regulador Amtliche Organisation für Erhaltung, Kontrolle und Förderung einer Denominación de Origen; jede DO hat ihren eigenen Consejo Regulador. Die Qualität ist so uneinheitlich wie die Weine, die die Organisation vertritt – mal steht Bürokratie, mal unternehmerisches Denken im Vordergrund.

Contino, Viñedos del R Ala ★★→★★★★ Zu dem Gut im Besitz von CVNE gehört eine der großartigen Einzellagen von RIOJA. Die Entwicklungen unter Weinmacher Jorge Navascués sind vielversprechend.

Corpinnat Kat ★★→★★★★ Die Corpinnat-Gruppe erzeugt hochwertige Schaumweine nach der traditionellen Methode, deren Qualität stringenter ist als die von CAVA. Dazu gehören Júlia Bernet, Can Descregut, Can Feixes, GRAMONA, Llopart, Mas Candí, Nadal, Pardas, RECAREDO, Sabaté i Coca und Torelló.

Corrales, Viña Jerez ★★★ So heißt ein 8–9 Jahre alter FINO EN RAMA aus der Lage Pago Balbaina von PETER SISSECKS BODEGA in JEREZ. Sissecks Ehrgeiz ist es, Sherrys aus (auf längere Sicht ökologisch bewirtschafteten) Einzellagen herauszubringen. Viña La Cruz ist ein AMONTILLADO vom Pago Macharnudo.

Costers del Segre Cos del S ★→★★★ Die geografisch geteilte DO vereint Erzeugerbetriebe in so unterschiedlichen Lagen wie CASTELL D'ENCÚS in den Bergen und Castell del Remei und Raimat weiter unten.

Cota 45, Bodegas Sherry ★★ BODEGA des umsichtigen und immer interessanten Weinmachers Ramiro Ibáñez in SANLÚCAR. Der Ube wird von PALOMINO aus verschiedenen berühmten Einzellagen *(pagos)* bereitet, u. a. Carrascal und Miraflores. Er hat eine Salz- und Apfelnote und wird nicht gespritet, aber in Sherry-BUTTS gereift. Enthüllt große Terroirunterschiede. *Siehe auch* DE LA RIVA, WILLY PÉREZ.

Crianza Altersangabe für Wein in RIOJA. Muss mindestens zwei Jahre gereift sein, Rotweine davon mindestens ein Jahr im Eichenfass, Weiße und ROSADOS sechs Monate. Der Begriff wird auch in anderen Regionen oft verwendet, allerdings sind die Vorschriften dort anders.

Cusiné, Tomàs Conca de Barbera, Cos del S ★★→★★★ Der Weinmacher führt eine innovative Gruppe an; zu seinen Weinen gehören die Kollektion Finca und die Verschnitte namens Tomás Cusiné. Auch in COSTERS DEL SEGRE und CONCA DE BARBERÀ.

CVNE – Compañía Vinícola del Norte de España R Ala, R Alt ★★→★★★★ Einer der großen Namen in RIOJA (ausgesprochen »Kune«) mit Sitz im BARRIO DE LA ESTACIÓN in Haro und 545 ha Weinbergbesitz. Gegründet wurde die Compañia Vinícola del Norte de España im Jahr 1879. Heute hat sie vier Kellereien in Rioja: CONTINO, CVNE, Imperial und Viña Real. Außerordentlich eindrucksvoll im Spitzenbereich. Besitzt auch Kellereien in RIBERA DEL DUERO und VALDEORRAS.

Delgado Zuleta Man ★→★★ Die älteste Bodega in SANLÚCAR, 1774 gegründet. Flaggschiff ist der 5–6 Jahre alte La Goya MANZANILLA PASADA; außerdem 10 Jahre alter Goya XL EN RAMA sowie AMONTILLADO Quo Vadis? mit 40-jähriger Reifezeit.

DO (Denominación de Origen), DOP (Denominación de Origen Protegida) – Denomiación de Origen Protegida (DOP) hat die bisherige Kategorie Denominación de Origen (DO) ersetzt.

Spaniens neue feine Weine

Hier einige Vorschläge für unerwartete Aromen und unerwartete Bezugsquellen für Weine, die nicht klassisch, aber unbestreitbar brillant sind: **Bodegas Lanzaga,** Las Beatas, RIOJA: erlesene Feinheit. **Cota 45,** Miraflores, Vino de España: Neuartiges aus dem Sherry-Gebiet. **De la Riva,** OLOROSO Viejísimo, JEREZ-Xérès-Sherry: eine in Vergessenheit geratene, wiederbelebte BODEGA. **Finca Sandoval,** La Rosa, LA MANCHA: neuer Weinmacher, neuer Ansatz. **Frontonio,** El Jardín de Las Iguales, Vino de la Tiera Valdejalón: MACABEO von alten Reben. **José Luis Ripa,** ROSADO, Rioja: Rosado der ernst zu nehmenden Art. **L'Enclòs de Peralba,** Vi Fi Blanc, CATALUNYA: Weißwein der nächsten Generation. **Suertes del Marqués,** Vidonia, Teneriffa: texturierter, mineralischer, ursprünglicher Weißer. **Viña Meín – Emilio Rojo,** O Gran Meín Tinto, RIBEIRO: autochthone Rebsorten in Reinkultur.

Dulce Süß. Kann sich um Spätlesen, edelfaule oder gespritete Weine handeln. Entsprechende Schätze findet man u. a. bei den Erzeugern ALTA ALELLA, BENTOMIZ, GUTIÉRREZ DE LA VEGA, OCHOA, TELMO RODRÍGUEZ und TORRES bzw. in den DOS EMPORDÁ, Málaga, TXAKOLI und YECLA.

Emilio Hidalgo Sherry ★★★→★★★★ Hervorragende BODEGA in Familienbesitz in JEREZ. Alle Weine (außer PX) reifen zunächst unter FLOR. Ausgezeichneter, ungefilterter, 15 Jahre alter FINO La Panesa, fesselnder 50 Jahre alter AMONTILLADO Tresillo 1874 und seltener PX Santa Ana 1861.

Empordà Kat ★→★★ Eines von vielen Zentren der Kreativität in Katalonien. Die besten Erzeuger sind CASTILLO PERELADA, Celler Martí Fabra, Pere Guardiola und Vinyes dels Aspres. Das spleenige junge Weingut Espelt baut stolze 17 Sorten an; probieren Sie den Sauló (GARNACHA/CARIGNAN). Celler Espolla bietet mit dem SOLERA GRAN RESERVA einen üppigen natursüßen Wein an.

En rama Sherry – Sherry wie direkt aus dem Fass abgefüllt, und zwar unter geringstmöglicher Filtration, mit maximaler Frische und stärkerer Aromatik. Bezieht sich v. a. auf MANZANILLA und FINO, doch ist jeder auf diese Weise abgefüllter Sherry ein En rama. Bald sollen genauere Vorschriften folgen.

Envinate Vier Weinmacher, die in weniger bekannten Bereichen wie Almansa (Albahra), RIBEIRA SACRA (Lousas) und Teneriffa (Táganan) erfolgreich tätig sind.

Equipo Navazos Man, Sherry ★★★→★★★★ Mit ihren Abfüllungen aus ausgewählten einzelnen BUTTS waren der Wissenschaftler Jesús Barquín und Sherry-Weinmacher Eduardo Ojeda Wegbereiter des Négociant-Sherrys. Für die Flaschenreifung von MANZANILLA haben sie sehr gute Argumente. Die jüngst freigegebenen Weine drücken auf faszinierende Weise alle dieselbe Lage Pago Miraflores in SANLÚCAR DE BARRAMEDA aus: hervorragender La Bota no.100, Manzanilla Pasada; eleganter no.99 (Palomino 2019 ohne FLOR und ungespritet); unverwechselbarer Manzanilla I Think.

Escocés Volante, El Aragón, Gal ★→★★★ Der schottische Master of Wine Norrel Robertson war in ganz Spanien als Flying Winemaker tätig (*escocés volante* bedeutet »fliegender Schotte«). Nun hat er sich in Calatayud niedergelassen und konzentriert sich auf GARNACHA von alten Reben aus Höhenlagen, den er gern mit lokalen Rebsorten verschneidet. Die individuellen, charaktervollen Weine tragen zur (positiven) Veränderung ARAGÓNS bei.

Espumoso Bedeutet »Schaumwein«, aber Achtung: Die Bezeichnung gilt sowohl für billiges Geblubber mit zugesetzter Kohlensäure als auch für nach der traditionellen Methode hergestellten Schaumwein wie CAVA.

Fernando de Castilla Sherry ★★→★★★★ Wunderbar beständige Qualität. Besonders empfehlenswert ist die Reihe Antique Sherries: Alle Weine wären als VOS oder VORS qualifiziert, aber auf dem Etikett steht das nicht. Der FINO Antique ist faszinierend, komplex und auf die traditionellen, aber unüblichen 17 Vol.-% aufgespritet. Sehr gut sind der OLOROSO und der PX Singular. Daneben sehr feiner Brandy und Essig. Bevorzugter Lieferant von EQUIPO NAVAZOS.

Flor Sherry – Das spanische Wort für »Blume« bezeichnet die Schicht aus *Saccharomyces*-Hefen, die sich typischerweise in einem zu fünf Sechsteln gefüllten BUTT auf der Oberfläche von FINO- und MANZANILLA-Sherry bildet. Die Flor-Schicht bindet Sauerstoff und weitere Stoffe (ein Vorgang, den man »biologische Reife« nennt) und bewahrt den Wein vor Oxidation. In den Städten El PUERTO DE SANTA MARÍA und SANLÚCAR, die näher an der Küste liegen, ist die Flor-Schicht dicker, was die feinere Art der dortigen Sherrys erklärt. Neuerdings gelangt auch immer mehr ungespriteter und nur kurz unter Flor gereifter PALOMINO auf den Markt. Das Interesse an der Erzeugung ungespriteter Flor-Weine wächst: in Spanien, im Jura, in Argentinien und Neuseeland.

Fondillón Alicante ★→★★★ Legendärer ungespriteter lieblicher roter *rancio*-Wein von überreifen MONASTRELL-Trauben. Heute wird er mind. 10 Jahre in Eiche gereift; einige SOLERAS sind sehr alt. Leider aus der Mode gekommen, deshalb zu schnell schrumpfende Produktion, u. a. von Brotons (sehr feine Jahrgänge 64' 70'), GUTIÉRREZ DE LA VEGA und Louis XIV Colección de Toneles Centenarios. Unter der Marke Bodegas Monóvar bringt MG Wines sehr alte Weine wieder auf den Markt.

Freixenet Cava, Pen ★→★★★ Größter CAVA-Erzeuger, im Besitz des Sektgiganten Henkell, bekannt vor allem für den in schwarzen Flaschen abgefüllten Cordón Negro. Casa Sala ist eine CAVA DE PARAJE CALIFICADO. Weitere Cava-Marken: Castellblanch und Segura Viudas. Außerdem: Morlanda (PRIORAT), Solar Viejo (RIOJA), Valdubón (RIBERA DEL DUERO), Vionta (RÍAS BAIXAS). Ferner Finca Ferrer (Argentinien), Gloria Ferrer (USA) und Katnook (Australien).

Frontonio Aragón ★→★★ Fernando Mora sorgt für Aufsehen, weil er alte GARNACHA- und GARNACHA-BLANCA-Reben aufspürt. Außerdem sehr guter MACABEO von alten Reben aus der Lage El Jardin de la Iguales.

Fundador Pedro Domecq Sherry – Die ehemaligen Domecq-BODEGAS wurden im Zuge der diversen Umbildungen in Stücke gerissen. Die VORS-Weine sind im Besitz von OSBORNE; Botaina, La Ina, Rio Viejo und Viña 25 sind an LUSTAU übergegangen. Den Rest, v. a. Domecqs Fundador-Brandy-Bestände, erwarb der Brandy-Gigant Emperador. Zum Unternehmen gehören auch Terry Centenario (Brandy), Harvey's, berühmt für Bristol Cream und sehr guten VORS, und Garvey, bekannt für den FINO San Patricio.

Galicien Abgelegener Anbaubereich im Nordwesten, Heimat vieler Spitzenweißweine Spaniens (*siehe* MONTERREI, RÍAS BAIXAS, RIBEIRA SACRA, RIBEIRO, VALDEORRAS) und schlanker, knackig-frischer Roter. Dank der isolierten Lage haben sich hier seltene Rebsorten erhalten.

Garcia, Mariano & Söhne Mariano García ist eine feste Größe in Nord- und Nordwestspanien. Viele Jahre lang bestand sein Leben aus VEGA SICILIA, wo er bis 1998 Kellerchef war, bevor er AALTO mitgründete und Mauro (CASTILLA Y LEÓN) ins Leben rief. Mit seinen Söhnen Eduardo und Alberto leitet er außerdem die Bodegas Garmón (RIBERA DEL DUERO) und San Román (TORO), spezialisiert auf Lagenselektionen. Seit 2020 auch in RIOJA tätig, wo in Baños de Ebro der erste Jahrgang entstand.

Genérico Rioja – Um einen Genérico handelt es sich, wenn auf einer Flasche RIOJA sonst nichts auf dem Etikett steht (z. B. »Reserva«). Bei Genéricos dürfen die Ausbauvorschriften der DO (wie etwa Fassgröße oder Mindestreifezeit) teilweise außer Acht gelassen werden. Hinter der wenig aussagekräftigen Bezeichnung verbergen sich mitunter sehr gute und sogar hervorragende Weine – man muss nur wissen wo, d. h. bei welchem Erzeuger.

Gómez Cruzado R Alt – BODEGA zwischen MUGA und La RIOJA ALTA im BARRIO DE LA ESTACIÓN. Sehr guter weißer Verschnitt Montes Obarenes und GARNACHA Pancrudo.

González Byass Cádiz, Sherry ★→★★★★ González Byass (gegründet 1845) ist und bleibt ein Familienunternehmen. Der liebenswürdig-poetische, aber äußerst fachkundige Kellermeister Antonio Flores gewinnt aus der Tío Pepe-SOLERA eine feine EN-RAMA-Abfüllung und die grandiose Reihe Palmas (die 2020 ihren 10. Geburtstag feierte). Dazu kommen stets geschliffener AMONTILLADO Viña AB, OLOROSO Matúsalem, PX Noë. Empfehlenswertes Boutiquehotel auf dem Gelände (das erste Hotel in Jerez in einem laufenden BODEGA-Betrieb). Weitere Kellereien: Beronia (RIOJA), Pazos de Lusco (RÍAS BAIXAS), Vilarnau (CAVA), Viñas del Vero (Somontano), Dominio Fournier (RIBERA DEL DUERO) sowie Croft Original Pale Cream Sherry (keine Offenbarung, aber beliebt). Die Finca Moncloa in der Nähe von Jerez erzeugt nach wie vor Rotweine sowie Tintilla de Rota, einen gespriteten roten Süßwein.

Gramona Kat, Pen ★★→★★★★ Die Cousins, Gründungsmitglieder der CORPINNAT-Gruppe, erzeugen beeindruckend lang gereifte Schaumweine nach der traditionellen Methode, v. a. Enoteca, III Lustros und Celler Batlle. Es wird viel Forschung betrieben, u. a. Versuche mit biodynamischem Anbau. Ferner süße Abfüllungen einschließlich Eiswein sowie experimentelle und Tischweine. Die junge Generation, d. h. Roc Gramona, hat den L'Enclòs de Peralba entwickelt.

Gran Reserva In RIOJA muss ein roter Gran Reserva mindestens 60 Monate reifen, davon mindestens zwei Jahre im Barrique (225 l) und zwei Jahre in der Flasche. Weiße und ROSADOS reifen mindestens 4 Jahre, davon 6 Monate im Fass. Die Suche nach grandiosen alten Rioja-Jahrgängen lohnt sich, zumal sie oft erstaunlich günstig sind.

Guita, La Man ★→★★★ Klassischer Manzanilla: Das Lesegut stammt ausschließlich aus küstennahen Lagen bei SANLÚCAR DE BARRAMEDA. Im Besitz der Grupo Estévez, der auch VALDESPINO gehört.

Gutiérrez Colosía Sherry ★→★★★ Eine der wenigen am Fluss verbliebenen BODEGAS in El PUERTO DE SANTA MARÍA, im Besitz der Familie Gutiérrez Colosía. Ehemaliger ALMACENISTA mit herrlichem altem PALO CORTADO.

Gutiérrez de la Vega Alicante ★→★★★ Die bemerkenswerte Bodega in ALICANTE ist auf Süßwein spezialisiert, v. a. MOSCATEL und FONDILLÓN, und hat der DO nach einem Zerwürfnis wegen der Vorschriften den Rücken gekehrt. Tochter Violeta leitet jetzt den Betrieb neben ihrem eigenen Projekt Curii, bei dem Alberto Redrado ihr Partner ist (fokussiert auf roten Giró).

Hacienda Monasterio, Bodegas Rib del D ★★★ Peter SISSECK ist hier, wo er seine Karriere in RIBERA DEL DUERO begann, Miteigentümer und Berater. Die Weine sind dem Geldbeutel wie auch dem Gaumen zugänglicher als sein Dominio de PINGUS.

Hidalgo La Gitana Man ★★→★★★★ 1792 gegründeter Familienbetrieb in SANLÚCAR. Ein Klassiker ist der MANZANILLA La Gitana, am feinsten der aus einer Einzellage stammende Pasada Pastrana, fast ein AMONTILLADO. Hervorragende VORS-Reihe, darunter Amontillado Napoleon, PX Triana und Palo Cortado Wellington.

Jerez de la Frontera Sherry – Hauptstadt der Sherry-Region zwischen Cádiz und Sevilla. Das Wort Sherry ist eine Abwandlung des maurischen Namens Sherish, französisch Xérès, der DO-Name lautet daher Jerez-Xérès-Sherry. MANZANILLA hat eine eigene DO: Manzanilla-SANLÚCAR DE BARRAMEDA.

Joven (vino) Junger, nicht in Eiche gereifter Wein.

Juan Carlos Sancha Rioja ★★ Ein Professor für Önologie, der sich zum Weinmacher wandelte: Juan Carlos Sancha versteht sich auf RIOJAS Böden und Traditionen. Er arbeitet mit weniger bekannten Rebsorten wie Tempranillo blanco, Maturana tinta, Maturana blanca und Monastel (MOURVÈDRE), aber auch mit GARNACHA.

Juan Gil Family Estates Jumilla ★→★★★ Ihren mittlerweile guten Ruf verdankt die DO JUMILLA nicht zuletzt diesem Familienbetrieb. Gute junge MONASTRELL-Weine (z. B. 4 Meses), langlebige Spitzengewächse Clio und El Nido. Zum Unternehmen gehören weitere Kellereien wie Ateca (Calatayud), Can Blau (MONTSANT) und Shaya (RUEDA).

Jumilla Mur ★→★★★ Sehr trockenes Anbaugebiet in den Bergen nördlich von Murcia mit einem Erbe alter MONASTRELL-Reben. Spitzenerzeuger: CASA CASTILLO und JUAN GIL.

Juvé y Camps Cava, Pen ★★→★★★ Beständig gute CAVA; die RESERVA de la Familia ist der Grundpfeiler, La Capella eine CAVA DE PARAJE CALIFICADO.

Kanarische Inseln ★→★★★ Sieben Hauptinseln mit neun DOS, wobei allein auf Teneriffa fünf entfallen. Für Entdecker gibt es hier seltene Sorten, alte Reben, ausgeprägte Mikroklimata und vulkanische Böden, einzigartige Methoden des Rebschnitts. Trockene Weiße von LISTÁN (alias PALOMINO) und Marmajuelo, Rote von Listán negro, Negramoll (TINTA NEGRA) und Vijariego. Außerdem gute MALVASÍA- und MOSCATEL-Dessertweine, v. a. der gespritete Malvasía El Grifo aus Lanzarote. Spitzenerzeuger: Borja Pérez, ENVINATE und SUERTES DEL MARQUÉS; auf La Palma: Victoria Pecis Torres; auf Lanzarote: Puro Rofe und El Chupadero. Es gibt aber auch jede Menge langweiliger Touristenweine, also Vorsicht!

Katalonien *Siehe* CATALUNYA

La Mancha Cas-La M ★→★★ Das Land des Don Quijote südlich von Madrid ist (abgesehen von seiner Ausdehnung) das am wenigsten beeindruckende Anbaugebiet Spaniens und liefert hauptsächlich Trauben für die Brandy-Produktion, v. a. die neutrale AIRÉN. Zu viel Massenwein, dennoch sind Spitzenleistungen durchaus möglich: MARTÍNEZ BUJANDA mit dem Finca Antigua, PESQUERA mit dem El Vínculo und der Neuling VERUM.

Landi, Daniel Méntrida – Die Weine des führenden Vertreters der jungen Generation von GARNACHA-Erzeugern stammen aus Hochlagen in der ganzen SIERRA DE GREDOS, in CEBREROS, MÉNTRIDA und drum herum.

Lively Wines El B, Rib del D, Rioja – Der Name sagt alles: Germán Blanco geht die Dinge gern mit einem Lächeln an. Die Weine: Casa Aurora (BIERZO), La Bicicleta Voladora (RIOJA) und Quinta Milú (RIBERA DEL DUERO). Ökoanbau.

López de Heredia R Alt ★★→★★★★ Der älteste Erzeugerbetrieb im BARRIO DE LA ESTACIÓN in Haro, gegründet 1877 und in Familienhand, bietet Weine, die inzwischen Kult geworden sind. Einen Besuch lohnen allein schon der Txori-toki-Turm und der von Zaha Hadid entworfene Laden. Ein Ort, an dem man sehen kann, wie RIOJA erzeugt wurde (und hier immer noch wird). Viña Cubillo heißt die jüngere Reihe mit GARNACHA, dunkler ist Viña Bosconia, anmutig und reif der Viña Tondonia. Auch die Weißen reifen ausgiebig in Fass und Flasche; einzigartig ist der ROSADO GRAN RESERVA. Hier nimmt man keine Abkürzungen.

Loxarel Pen ★★ Traditionell bereitete Schaumweine, aber anders, denn Josep Mitjans ist leidenschaftlich seinem Terroir und der Rebsorte XAREL·LO (»Loxarel« ist ein Anagramm) verbunden. Sein Angebot umfasst auch unter Hülsenmaischung bereitete und Amphorenweine – komplex, trüb, ungeschwefelt, jugendlich. Biologisch-dynamischer Anbau.

Lupier, Domaine Nav ★→★★ Das Gut hat alten GARNACHA-Bestand aus verstreuten Reblagen gerettet und damit den Ruf NAVARRAS wiederhergestellt. Zwei außergewöhnliche Weine: der florale La Dama und der breitschultrige El Terroir. Biologisch-dynamischer Anbau.

Lustau Sherry ★★★→★★★★ Mustergültige Sherrys aus JEREZ, SANLÚCAR und El PUERTO DE SANTA MARÍA von stets hervorragender Qualität. Initiator der originalen ALMACENISTA-Kollektion. Die einzige BODEGA, die EN RAMA-Sherry aus allen drei Städten erzeugt. Der Emilín ist ein erlesener MOSCATEL, der PX VORS überragend – trotz Alter und Süße kommt er leichtfüßig daher.

Maestro Sierra, El Sherry ★★★ Die kleine BODEGA führt vor, wie es früher in JEREZ-Kellereien zuging. Sie wird von Mari-Carmen Borrego geleitet, die ihre Respekt einflößende Mutter Pilar Plá abgelöst hat. Feiner AMONTILLADO 1830 VORS, FINO sowie OLOROSO 1/14 VORS.

Málaga Mál ★→★★★ Wer MOSCATEL liebt, sollte einmal die Hügel von Málaga durchstreifen. TELMO RODRÍGUEZ stieß die Neubelebung einstiger Glorie mit seinem subtilen süßen Molino Real an. Der fassgereifte Moscatel No 3 Viejas Viñas von Jorge Ordoñez ist wunderbar üppig, bei BENTOMIZ findet man eine beeindruckende Auswahl. Für trockene Tischweine gibt es die DO Sierras de Málaga.

Mallorca ★→★★★ Die Weine sind qualitativ uneinheitlich: einige sehr gut, andere lediglich Prestigeprojekte. Oft sind sie teuer und außerhalb der Insel auch schwer aufzutreiben. Erzeuger: u. a. 4 Kilos, Ánima Negra, Bàrbara Mesquida, Biniagual, Binigrau, Can Ribas, Miquel Gelabert (mit breitem Spektrum), Toni Gelabert, Son Bordils, Tramuntana. Die Roten sind Verschnitte von traditionellen Rebsorten (Callet, Fogoneu, Mantonegro) plus CABERNET SAUVIGNON, SYRAH und MERLOT. Die Weißen (v. a. CHARDONNAY) holen schnell auf. DOS: BINISSALEM und PLÁ I LLEVANT.

Manchuela ★→★★ Die DO war lange Zeit eine Art vergessene Region – bis Juan Antonio PONCE kam und jetzt Javier REVERT, Technischer Direktor von Finca SANDOVAL, die die Wellen hoch schlagen lassen. Ebenfalls sehr gut ist BOBAL.

Marqués de Cáceres, Bodegas R Alt ★→★★ Führte in den 1970er-Jahren französische Bereitungsmethoden in RIOJA ein. Auch frischer Weißer und Rosé. Modern ist der Gaudium, die GRAN RESERVA zeigt sich traditionell klassisch. Auch in RUEDA und RÍAS BAIXAS aktiv.

Marqués de Murrieta R Alt ★★★→★★★★ RIOJA ist quasi eine Schöpfung der beiden »Markgrafen«, Marqués de Murrieta und Marqués de Riscal. Qualitativ hat Murrieta einen großen Sprung gemacht, und jetzt kommt noch eine neue BODEGA auf dem Gelände hinzu. Weine in klassischem wie auch in modernem Stil – einer der großen Rioja-Klassiker ist die GRAN RESERVA

Castillo de Ygay. Die neueste Abfüllung einer Gran Reserva Blanco ist der Jahrgang **1986** (!), der Gran Reserva Tinto **1975.** Einen beeindruckenden Kontrast stellt der sehr gut bereitete rote Dalmau im glamourös-modernen Rioja-Stil dar. Capellanía heißt der frische, straffe, komplexe Weiße – einer von Riojas besten. Sehr hell und ungewöhnlich ist der Primer Rosé aus der Rebsorte Mazuelo. Außerdem sehr guter ALBARIÑO Pazo de Barrantes (RÍAS BAIXAS).

Marqués de Riscal Cas-L, R Ala, Rueda ★★→★★★★ Hier wird die Geschichte von RIOJA lebendig: Die BODEGA konnte eine Verkostung aller Jahrgänge bis zurück zu ihrem ersten, dem 1862er, auf die Beine stellen. Man hat die Wahl unter diversen Stilen: verlässliche RESERVA, moderner Finca Torrea und ausgewogene GRAN RESERVA. Kraftvoll ist der Barón de Chirel Reserva. Marqués de Riscal entdeckte RUEDA und brachte 1972 seinen ersten Rueda-Wein heraus; erzeugt wird dort lebhafter SAUVIGNON BLANC und VERDEJO (beide BV). Außerdem sehr guter Verdejo Barón de Chirel, allerdings jetzt aus CASTILLA Y LEÓN, nicht aus Rueda. Das von Frank Gehry entworfene Hotel neben dem Firmensitz in Elciego ist ein umwerfender Anblick.

Mas Doix Pri ★★→★★★★ Die elegante neue BODEGA in Poboleda (PRIORAT) erlaubt es Mas Doix zu expandieren; die Mittel dazu hat der neue Mitbesitzer bereitgestellt, das kalifornische Unternehmen Lede Family Wines. Die Schätze sind der großartige Cariñena 1902, benannt nach dem Jahr, in dem der Weinberg angelegt wurde: ganz Blaubeer und Samt, erstaunlich reintönig, sowie der Garnacha 1903 von alten Reben. Jetzt auch Weißwein: Murmuri, GARNACHA BLANCA, und der Verschnitt Salix (BV).

Mas Martinet Pri ★★→★★★ Sara Pérez ist die Tochter von Josep Lluís Pérez, der zum Quintett der ursprünglichen PRIORAT-Entdecker gehört. Sie hält sich aber aus der Geschichte raus, ist freimütig, abenteuerlustig und offen für neue Herangehensweisen: z. B. Amphoren, Gasballons, Verschnitte.

Méntrida Cas-La M ★→★★ Früheres Genossenschaftsgebiet südlich von Madrid, erlangt jetzt Bekanntheit dank Erzeugern wie ARRAYÁN, Canopy und Daniel Gomez Jiménez-LANDI mit Albillo und GARNACHA.

Monterrei Gal ★→★★★ Kleine DO an der portugiesischen Grenze, wo einst die Römer Wein erzeugten. Rebsorten sind MENCÍA (rot) und GODELLO (weiß). Bester Erzeuger ist Quinta da Muradella (José Luis Mateo), einschließlich des preiswerten Candea (Mateo und Raúl PÉREZ).

Montilla-Moriles ★→★★★ Die Weine aus der DO nahe Córdoba stehen immer noch im Schatten von JEREZ. PX erbringt trockene Weine im FINO-Stil, aber auch sehr Süßes. Am besten greift man am oberen Ende des Angebots zu, bei den herrlich vollen, zum Teil lange in SOLERAS gereiften Leckereien. Spitzenerzeuger: ALVEAR, PÉREZ BARQUERO, TORO ALBALÁ. Wichtiger Lieferant von PX-Trauben für die DO Jerez.

Montsant Kat ★→★★★ Der preiswerte Nachbar des PRIORAT, das von der DO umschlossen wird. Feiner GARNACHA BLANCA (Acústic) und charaktervolle Rote: Can Blau, Celler de Capçanes, Domènech, Espectacle, Joan d'Anguera, Mas Perinet, Masroig und Venus la Universal.

Muga, Bodegas R Alt ★★→★★★★ Beispiel für einen jener seltenen Familienbetriebe, wo Geschwister und Cousins erfolgreich zusammenarbeiten – und Muga wird immer besser. Zwei verschiedene Stile: klassische GRAN RESERVA Prado Enea und moderner, kraftvoller Torre Muga. Ferner heller ROSADO, eleganter Weißer und lebhafter Schaumwein nach traditioneller Methode.

Mustiguillo Val ★★→★★★ Toni Sarrión war die treibende Kraft hinter der Wiederentdeckung der ungeliebten indigenen BOBAL-Traube wie auch der weißen Merseguera; schuf den VINO DE PAGO Finca El Terrerazo. Hacienda

Solano in RIBERA DEL DUERO ist ein weiteres Projekt Sarrións, außerdem ist er Präsident von GRANDES PAGOS.

Navarra ★→★★★ Allmählich wieder mit im Spiel, angetrieben von GARNACHA und der jungen Generation. Die DO stand stets im Schatten ihres Nachbarn RIOJA, und der frühzeitige Fokus auf internationale Rebsorten verschleierte ihre Identität. Am besten: CHIVITE, Domaines LUPIER, Nekeas, OCHOA, Tandem und VIÑA ZORZAL. Ferner süße MOSCATEL-Abfüllungen.

Numanthia Toro ★★→★★★ Eines der Schwergewichte der DO TORO, gegründet von der Familie Egurens (SIERRA CANTABRIA), die die Bodega 2008 an LVMH verkaufte. Außergewöhnliche, kraftvolle Weine; das Spitzengewächs Termanthia braucht 10 Jahre Flaschenreife. Für Einsteiger gibt es den Termes.

Ochoa Nav ★→★★ Vater Javier Ochoa Martínez hat zur Entwicklung der DO NAVARRA in neuerer Zeit Erhebliches beigetragen. Tochter und Kellermeisterin Adriana Ochoa nennt ihre Reihe mit Weinen unterschiedlicher Stilrichtungen »8a« (*ocho* heißt »acht«); diese umfasst u. a. den Mil Gracias GRACIANO, den süffigen, an Asti erinnernden süßen Schaumwein MdO (Moscato de Ochoa) sowie klassischen MOSCATEL.

Osborne Sherry ★★→★★★★ Die historische BODEGA in El PUERTO DE SANTA MARÍA ist ein wahres Schatzkästlein, z. B. AMONTILLADO AOS und PALO CORTADO PDP, und zudem im Besitz einstiger VORS-Stars von DOMECQ, u. a. Amontillado 51–1a. Der Fino Quinta und der reife Fino Coquinero sind typische Sherrys dieser Stadt. Das Unternehmen erzeugt auch in RIOJA, RUEDA und RIBERA-DEL-DUERO-Wein.

Pago de Carraovejas Rib del D ★★★ Kultivierte, elegante RIBERA-DEL-DUERO-Gewächse aus einer Kellerei in spektakulärer Lage unterhalb der romantischen Burg von Peñafiel. Das Unternehmen selbst heißt Alma Carraovejas und besitzt auch EMILIO ROJO (RIBEIRO), Marañones (SIERRA DE GREDOS), Milsetentayseis (Ribera del Duero) und Ossian (erstklassiger VERDEJO aus CASTILLA Y LÉON).

Pago de los Capellanes Rib del D ★★→★★★ Das Gut war, wie der Name verrät, einst im Besitz der katholischen Kirche (*capellanes* heißt »Kaplane«); die BODEGA wurde 1996 gegründet und erzeugt ausschließlich TEMPRANILLO-Gewächse: El Nogal hat noch viele Jahre vor sich; der Spitzenwein El Picón zeigt RIBERA DEL DUERO von seiner besten Seite.

Pago/Vino de Pago/Grandes Pagos Pago bezeichnet eine Einzellage, die üblicherweise einen Eigennamen hat, also z. B. Pago Miraflores oder Pago Balbaína im Sherry-Gebiet. **Vino de Pago** ist offiziell (aber nicht unbedingt in Wirklichkeit) die höchste Stufe innerhalb der Kategorie DOP. Vinos de Pago finden sich in der Regel in weniger namhaften Anbaubereichen. Nicht zu verwechseln mit **Grandes Pagos,** dem Netzwerk von in Familienbesitz befindlichen Erzeugerbetrieben; einige genießen den Status Vino de Pago, andere nicht. Der aktuelle Präsident (MUSTIGUILLO) leitet vielversprechende Verbesserungsmaßnahmen ein und wirbt neue Mitglieder.

Palacio de Fefiñanes Gal ★★→★★★★ Der Rías-Baixas-Standardwein (BV) zählt zu den feinsten ALBARIÑO-Gewächsen überhaupt. Zwei höherwertige Stile sind der fassvergorene »1583« (das Gründungsjahr dieser ältesten Kellerei der DO) sowie der »III« – herrlich duftend und auf dem Hefesatz gelagert. Der Palast mit Kellerei in Cambados lohnt einen Besuch.

Palacios, Álvaro El B, Pri, Rioja ★★★→★★★★ Fast im Alleingang hat Álvaro Palacios mit seiner Qualitätsbesessenheit Spaniens heutigen Ruf in der Weinwelt begründet. Zudem gehört er dem Quintett der PRIORAT-Wiederentdecker an und hat dort für ein Qualitätsstufensystem gesorgt, das vom Ortswein bis zum Grand cru (Gran Vi de Vinya) reicht. Bei PALACIOS REMONDO stellt Álvaro den Ruf der DO RIOJA ORIENTAL und seiner GARNACHA-

Weine wieder her, und gemeinsam mit seinem Neffen Ricardo ist er darüber hinaus bei DESCIENDIENTES DE J. PALACIOS (BIERZO) tätig.

Palacios, Descendientes de J. El B ★★★→★★★★ Die MENCÍA-Traube in Bestform. Ricardo Pérez Palacios, Álvaro PALACIOS' Neffe, bewirtschaftet seine an steilen Schieferhängen wachsenden alten Reben biodynamisch. Preiswerter, blumiger Pétalos und Villa de Corullón; Las Lamas und Moncerbal bringen beide ihr – unterschiedliches – Terroir zum Ausdruck: einmal Ton, einmal Felsgestein. Außergewöhnlich ist der La Faraona (nur ein Fass) aus der gleichnamigen, sehr steilen Parzelle auf einer tektonischen Falte.

Palacios, Rafael Gal ★★★→★★★★ Es ist unmöglich, an Rafael Palacios' Weinen einen Makel zu entdecken. In VALDEORRAS liegt der Fokus auf der Sorte GODELLO, und zwar aus 32 Parzellen *(sortes)* auf Felsgestein. Ergebnis: der hübsche Louro do Bolo, der eine Stufe höher angesiedelte As Sortes und der Sorte O Soro, fraglos Spaniens bester Weißwein. Dazu der Sorte Antiga (alte Reben), ein sehr delikater Orange Wine sowie der Sorte Souto (eine Spätlese in Kleinstauflage).

Palacios Remondo R B ★★→★★★ Álvaro PALACIOS hat RIOJA ORIENTAL und dessen GARNACHA-Weine verdientermaßen ins Rampenlicht gerückt. Ein komplexer Weißer ist der ursprünglich von Álvaros Bruder Rafael PALACIOS kreierte Plácet. Spitzengewächs ist der Quiñón de Valmira aus Hanglagen am Monte Yerga.

Pariente, José Rueda ★★→★★★ VERDEJO-Weine von funkelnder Klarheit. Die Cuvée Especial wird in eiförmigen Betontanks vergoren; außerdem seidige Spätlese Apasionado. Tochter Martina unterstützt ihre Mutter, betreibt zudem gemeinsam mit ihrem Bruder Ignacio die Bodega Prieto Pariente und ist auch in CASTILLA-Y-LEÓN und SIERRA DE GREDOS tätig.

Pazo Señorans Gal ★★★ Das prachtvolle Gut in RÍAS BAIXAS erzeugt beständig hervorragende ALBARIÑO-Weine. Der hervorragende Selección de Añada reift mindestens 30 Monate auf dem Hefesatz und ist der beste Beweis, dass Albariños sehr wohl alt werden können.

Penedès Kat ★→★★★★ Das Anbaugebiet westlich von Barcelona ist das bedeutendste und vielfältigste KATALONIENS. Beste Erzeuger: Agustí Torelló Mata, Alemany i Corrio, Can Ràfols dels Caus, GRAMONA, Jean León, Parés Baltà, TORRES.

Península Vinicultores Cas-L, Rioja ★★ Das junge beeindruckende Unternehmen hat sich der Nachhaltigkeit und Authentizität verschrieben. Badiona (RIOJA) setzt auf das Kühlklima von Rioja Alavesa; Vinos de Montana (CEBREROS, SIERRA DE GREDOS) bringt frische Hochlagenweine hervor. Ferner feiner TXAKOLÍ.

Pepe Mendoza Casa Agrícola Alicante ★→★★ Nach einer langen Karriere im Familienbetrieb (Enrique Mendoza) brachte Pepe 2016 sein persönliches Projekt auf den Weg. Fokussiert auf die elegante rote Giró, MONASTRELL und MOSCATEL, bringt er Verschnitte, reinsortige, experimentelle und in Amphoren ausgebaute Weine hervor.

Pérez, Raúl El B ★★→★★★ Ein Star, der das Rampenlicht scheut, berühmt für Finesse und Weinbereitung mit minimalen Eingriffen. Neue Weinmacher in seiner Kellerei in BIERZO lässt er bei sich wohnen und ist ein Anziehungspunkt für (v. a. spanische und argentinische) Weinmacher. Hervorragender Vizcaina Mencías, außerordentlich reintöniger El Rapolao.

Pérez, Willy Jerez, Sherry – Betreibt gemeinsam mit seinem Kollegen Ramiro Ibáñez von COTA 45 die Rückkehr zu alten Methoden in JEREZ, indem sie Praktiken, Traditionen, seltene Rebsorten und Terroirs erforschen und wiederbeleben. Die Familie hat ein früheres Sandeman-Gut mit alten *lagares* gekauft. Interessiert sich für ungespriteten PALOMINO. Zu seinen Projekten gehört u. a. DE LA RIVA.

Pérez Barquero Mont-M ★→★★★ Führender Erzeuger in MONTILLA-MORILES. Guter Gran Barquero FINO, AMONTILLADO und OLOROSO sowie PX La Cañada. Beliefert EQUIPO NAVAZOS.

Pie franco Ungepfropfte, wurzelechte Reben, manche (deutlich) mehr als 100 Jahre alt. Typischerweise wachsen sie auf sandigen Böden, wo die Reblaus keine Chance hatte: viele in TORO, einige in CASTILLA Y LÉON und RUEDA.

Pingus, Dominio de Rib del D ★★★★ Einer der ganz großen Namen in RIBERA DEL DUERO. Das kleine biologisch-dynamisch wirtschaftende Weingut erzeugt den Pingus (so wurde der gebürtige Däne Peter SISSECK als Kind genannt) von alten TINTO-FINO-Reben und enthüllt die feineren Nuancen der Traube in einem extremen Klima. Der Flor de Pingus stammt von jüngeren Reben; der nach Sissecks Frau benannte weiße Amelia ist eine Einzelfass-Selektion. Für den PSI wird Lesegut von Winzern verwendet – ein langfristiges soziales Projekt Sissecks, damit die Weinbauern nicht in die Stadt abwandern. *Siehe auch* VIÑA CORRALES.

Ponce Manchuela ★★ Juan Antonio Ponce hat das Familienunternehmen zielstrebig zum herausragenden Erzeuger in der DO gemacht. Er gehört zu den Leuten, die der BOBAL-Traube wieder einen guten Ruf verschaffen, zudem hat er eine PIE-FRANCO-Abfüllung im Angebot, den »P.F.«. Biodynamischer Anbau.

Priorat ★★→★★★★ Von hier kommen einige der feinsten Weine Spaniens. Der Name rührt von dem unter schroffen Felsen hingeduckten ehemaligen Kloster her. Es ist der Schieferboden, hier *llicorella* genannt, der den Unterschied macht. Die besten Weine zeigen bemerkenswerte Reinheit, Finesse und Terroircharakteristik. Das Priorat ist Pionier bei der Einführung einer Qualitätspyramide mit Stufen vom Ortswein über den Vi de Vila bis hin zum Gran Vi de Vinya. Nach einer Zeit, in der man CABERNET SAUVIGNON und SYRAH für am besten geeignet hielt, haben sich die Erzeuger jetzt wieder auf die traditionellen Reben GARNACHA und CARIÑENA besonnen und den Einsatz von neuer Eiche zurückgefahren. Das Ergebnis ist mehr Eleganz als früher.

Puerto de Santa María, El Sherry – Eine der drei Städte, die das »Sherry-Dreieck« bilden. Geblieben sind nur die BODEGAS GUTIÉRREZ COLOSÍA, OSBORNE (gute Weinbar!) und Terry. Die FINOS aus Puerto sind leichter als die aus JEREZ und weniger »salzig« als die aus SANLÚCAR. Das EN-RAMA-Trio von LUSTAU zeigt die Unterschiede auf.

Ramón Bilbao R Baix, Rib del D, Rioja, Rueda ★→★★ Der große Erzeugerbetrieb macht qualitativ Fortschritte und probiert Verschiedenes aus. Er hat BODEGAS in RÍAS BAIXAS (Mar de Frades), RUEDA und RIBERA DEL DUERO (Cruz de Alba). Aus RIOJA ORIENTAL kommt frischer GARNACHA von Hochlagen. Das jüngste Projekt ist die Kellerei Lalomba in RIOJA, ein Paradies für maßgefertigte Betontanks, wo zwei rote Einzellagenweine und ein ROSADO im provenzalischen Stil erzeugt werden.

Raventós i Blanc Kat ★→★★★ Pepe Raventós führte das Familienunternehmen 2012 aus der DO CAVA hinaus und begründete die Ursprungsbezeichnung Conca del Ríu Anoia für hochklassige Schaumweine mit strenger Qualitätskontrolle. Weine: u. a. ROSADO De Nit, Mas de Seral und der außerordentlich reintönige Textures de Pedra. 2017 wurde auf dem Gut Can Sumoi das Projekt für Naturwein gestartet, inkl. XAREL·LO und Pét-Nat-Weinen. Biodynamischer Anbau.

Recaredo Pen ★★→★★★ Der biologisch-dynamisch arbeitende kleine Familienkonzern erzeugt erstklassige Schaumweine nach der traditionellen Methode – wenige Weine, aber alle sind großartig. Sämtliche Flaschen werden von Hand degorgiert. Paradepferde sind der charaktervolle, mineralische Turó d'en Mota von im Jahr 1940 gepflanzten Reben, der hervorragend altert, sowie die RESERVA Particular. Mitglied von CORPINNAT. Die Stillweine mit geringem Alkoholgehalt der Reihe Celler Credo zeigen umwerfende Feuersteinnoten und Reintönigkeit und stammen ebenfalls aus biodynamischem Anbau.

Remelluri, La Granja Nuestra Señora R Ala ★★→★★★ Auf dem ökologisch bewirtschafteten Gut seiner Familie konzentriert sich TELMO RODRÍGUEZ auf die außergewöhnlichen Einzellagen mit alten GARNACHA-Reben, die ätherische Weine liefern. Ferner ein sehr feiner weißer Verschnitt sowie TEMPRANILLO-Gewächse von alten Reben.

Reserva Das Wort hat in RIOJA tatsächlich etwas zu besagen: Rote Reserva-Weine müssen mindestens 3 Jahre gereift sein, davon mindestens 1 Jahr im 225-l-Eichenfass und mindestens 6 Monate in der Flasche. Weiße und Rosados: mindestens 2 Jahre, davon mindestens 6 Monate im Fass. Immer mehr Erzeuger folgen ihren eigenen Regeln. *Siehe auch* GENÉRICOS.

Revert, Javier ★→★★ In den familieneigenen Reblagen stehen lokale Rebsorten wie Tortosí, Trepadell und viele andere. Drei unterschiedliche Weine: Micalet, Simeta, Sensal, alle sind unverfälschter Ausdruck des mediterranen Terroirs. Für neue Kreationen sorgt Revert bei der Finca SANDOVAL.

Rías Baixas Gal ★★→★★★ Die DO am Atlantik ist in fünf Unterbereiche aufgeteilt, die Weine sind meist BV. Beste Erzeuger: Forjas del Salnés, Gerardo Méndez, Martín Códax, PALACIO DE FEFIÑANES, Pazo de Barrantes (MARQUÉS DE MURRIETA), Pazo Señorans, Terras Gauda und ZÁRATE. Diese Region der *minifundia*, der kleinen Landgüter, war bis vor Kurzem Spaniens beste Weißwein-DO, steht jetzt allerdings an der Grenze zur Überproduktion. Vorherrschende Rebsorte ist ALBARIÑO; die allerbesten Weine können altern und burgunderartige Eleganz entwickeln. Außerdem einige verblüffend frische, knackige Rote.

Ribeira Sacra Gal ★★→★★★ Märchenhafte DO im Nordwesten GALICIENS mit terrassierten Steillagen, die zum Fluss Sil hin abfallen. Einige eindrucksvolle, originelle, frische leichte Rotweine von der MENCÍA-Traube. Spitzenerzeuger: Adegas Moure, ALGUEIRA, Castro Candaz, Dominio do Bibei, Finca Viñoa, Guímaro, Rectoral de Amandi.

Ribeiro Gal ★→★★★ Historisches Anbaugebiet, im Mittelalter für den Süßwein Tostado berühmt. Verdient eine Wiederentdeckung wegen der schön texturierten Weißweine von GODELLO, LOUREIRO und Treixadura. Zudem ein paar knackig-frische Rote. Spitzenerzeuger: Casal de Armán, Coto de Gomariz, VIÑA MEÍN – EMILIO ROJO, Finca Viñoa.

Ribera del Duero ★→★★★★ Die ambitionierte DO (geschaffen 1982) steht in Spanien hoch im Kurs. Alles, was von AALTO, HACIENDA MONASTERIO, PINGUS und VEGA SICILIA kommt, ist ernst zu nehmen. Die Spanier haben eine Vorliebe für eichenlastige Konzentration, doch allmählich setzt sich Eleganz durch. Die anmutigsten Gewächse stammen von Betrieben in Soria im Osten der DO (Dominio de Atauta, Dominio de Es). Auch gut: ALONSO DEL YERRO, PAGO DE CARRAOVEJAS, PAGO DE LOS CAPELLANES. Interessant sind außerdem Arzuaga, Bohórquez, Cillar de Silos, Garmón, Hacienda Solano, Tomás Postigo, Valduero. *Siehe auch* ABADÍA RETUERTA und Mauro im benachbarten CASTILLA Y LEÓN.

Rioja ★→★★★★ Spaniens berühmteste Weinbauregion, mit den drei Unterbereichen Rioja Alavesa, Rioja Alta und Rioja Oriental. Rioja besteht aus den beiden Provinzen La Rioja und Álava (Baskenland), und die wachsenden politischen Spannungen zwischen den beiden schlagen sich auch in den Bestrebungen baskischer Erzeuger nieder, die DO zu verlassen. Die

Einführung der Kategorie »Viñedo Singular« indes war kein durchschlagender Erfolg. Die junge Generation verfolgt einen anderen Ansatz: Sie erweitert das Spektrum des traditionellen Rioja-Images.

Rioja Alta, Bodegas La R Ala, R Alt ★★→★★★★ Die bevorzugte BODEGA der Liebhaber klassischer RIOJA-Gewächse legt die Messlatte stetig höher. Spitzenweine sind die Gran Reserva 904 und die GRAN RESERVA 890. Aber auch das restliche Angebot, vom Ardanza bis hinunter zu Arana und Alberdi, ist geprägt vom klassischen Stil des Hauses und durchweg von Gran-Reserva-Qualität. Torre de Oña mit Weinen in modernem Stil, Lagar de Cervera (RÍAS BAIXAS) und Áster (RIBERA DEL DUERO) gehören ebenfalls zum Besitz. Hier gibt's nichts zu meckern.

Rioja Oriental Rioja – Der neue Name für Rioja Baja. Die Änderung erfolgte, um jegliche Möglichkeit einer abwertenden Bedeutung von *baja* (»niedrig«) zu vermeiden. Weist außerdem darauf hin, dass es sich um den östlichsten *(oriental)* Unterbereich von RIOJA handelt (und auch den größten). Hatte früher nicht den besten Ruf, erregt jetzt aber mit seinem GARNACHA Aufmerksamkeit, allen voran PALACIOS REMONDO, gefolgt vom Lalomba von RAMÓN BILBAO.

Riva, De La Jerez ★★→★★★ Projekt von WILLY PÉREZ und Ramiro Ibáñez (von COTA 45) auf der Grundlage der alten aufgegebenen BODEGA De La Riva. Außergewöhnlich feine Weine.

Roda, Bodegas R Alt, Rib del D ★★→★★★ BODEGA am äußersten Ende des BARRIO DE LA ESTACIÓN, spezialisiert auf TEMPRANILLO: Roda, Roda I, Cirsión und zugänglicher Sela. Außerdem Eigentümer der Bodegas La Horra in RIBERA DEL DUERO, die den weißen Corimbo sowie den Corimbo I erzeugen. Hübscher Kontrast zu seinen Nachbarn LÓPEZ DE HEREDIA und MUGA, und alle drei sind in Bestform.

Rosado Rosé. Die dunklen GARNACHA-Rosados aus NAVARRA sind letzten Endes dem provenzalischen Hellrosa unterlegen. Seit einiger Zeit schlägt Spanien mit blassen Rosés zurück, v. a. mit dem Pla dels Àngels von SCALA DEI (PRIORAT), dem Primer Rosé von MARQUÉS DE MURRIETA (RIOJA) und dem Pícaro Clarete von Dominio del Águila (RIBERA DEL DUERO).

Rueda Cas-L ★→★★★ Spaniens Antwort auf SAUVIGNON BLANC: zitrusfrischer VERDEJO (meist BV). Die Qualität lässt allerdings allzu oft zu wünschen übrig. Beste Erzeuger: Belondrade, José PARIENTE. Die Kategorie Pálido gilt für unter FLOR gereiften und 3 Jahre in Eiche ausgebauten Verdejo. Exzeptioneller, in einer SOLERA ausgebauter BODEGAS DE ALBERTO.

Saca Abstich von Sherry aus der SOLERA (der ältesten Reifestufe) für die Flaschenabfüllung. Die *saca* für EN-RAMA-Sherrys findet üblicherweise im Frühling *(primavera)* und im Herbst *(otoño)* statt, wenn die schützende FLOR-Schicht am dicksten ist.

Sánchez Romate Sherry ★★→★★★ 1781 gegründete BODEGA mit umfangreichem Angebot, die zudem seltene BUTTS für Händler abfüllt. Fino Perdido (8 Jahre alt), nussiger AMONTILLADO NPU und PALO CORTADO Regente, ausgezeichneter VORS Amontillado und OLOROSO La Sacristía de Romate, üppiger PX Sacristía.

Sandoval, Finca Manchuela ★→★★★ Die Kellerei wurde von dem Weinkritiker Victor de la Serna gegründet. Neue Investoren holten Weinmacher Javier REVERT als Berater, der dem Betrieb wieder zu Format und zu einem aufgefrischten Sortiment verhalf. Spitzenwein: La Rosa.

Sanlúcar de Barrameda Man, Sherry – Stadt des »Sherry-Dreiecks« (neben JEREZ und El PUERTO DE SANTA MARÍA) am Guadalquivir. Von ihrem Hafen aus stachen Magellan, Kolumbus und der Kommandant der Armada in See. Die Feuchtigkeit in den tief gelegenen Kellern begünstigt das FLOR-Wachstum, die Meeresluft sorgt angeblich für eine salzige Note. Hier gereifte Weine dürfen die DO MANZANILLA-Sanlúcar de Barrameda in Anspruch nehmen.

Scala Dei, Cellers de Pri ★★→★★★ Die kleinen Parzellen der »Himmelsleiter« ziehen sich an zerklüfteten Hängen entlang. Miteigentümer ist CODORNÍU. Weinmacher Ricard Rofes ist zu den alten Methoden zurückgekehrt und vergärt z. B. in steinernen *lagares*. Schwerpunkt auf lokalen Sorten. Die Einzellagenweine Sant'Antoni und Mas Deu geben ihr Terroir zu erkennen. Ferner ein seltener GARNACHA-BLANCA/CHENIN-BLANC-Verschnitt.

Sierra Cantabria R Ala, Toro ★★★ Außergewöhnlicher Familienbetrieb; mit minimalen Eingriffen bereitete, elegante Einzellagenweine. Ein Weißer namens Organza, die Roten werden durchweg von TEMPRANILLO bereitet. Vom Gut Viñedos de Paganos kommen der vorzügliche El Puntido und der gut strukturierte La Nieta. Außerdem zählen Señorio de San Vicente in RIOJA und Teso la Monja in TORO (Spitzenwein: Alabaster) zum Besitz.

Sierra de Gredos Cas-L ★→★★ Die Gebirgsregion nordwestlich von Madrid hat sich einen Ruf für GARNACHA erworben. Die Besten sind von blasser Farbe und ätherisch. Mehr und mehr DOS tauchen auf: CEBREROS, Madrid MÉNTRIDA. Erzeuger: 4 Monos, Bernabeleva, Canopy, Comando G, DANIEL GOMEZ JIMÉNEZ-LANDI, Marañones, TELMO RODRÍGUEZ.

Sisseck, Peter Rib del D, Sherry – Mit seinem Dominio de PINGUS lenkte der Däne die Aufmerksamkeit der Weinwelt auf RIBERA DEL DUERO, jetzt hat er sich JEREZ zugewandt. Gemeinsam mit seinem Partner Carlos del Rio bringt er den FINO VIÑA CORRALES (aus einer alten SOLERA) heraus und hat die Einzellage Pago Balbaína erworben. Sein Statement »Sherry ist der beste Weißwein Spaniens« hat wahre Wunder vollbracht. Sisseck ist auch am Bordeaux-Château Rocheyron beteiligt.

Solera Sherry – System zum Verschneiden von Sherry und, seltener, von Madeira (*siehe* Portugal) sowie von Spezialitäten wie dem Dorado von de ALBERTO oder den Reserva-Weinen von GRAMONA: Fässer (BUTTS) mit reiferem Wein werden nach und nach mit jüngerem Wein derselben Sorte aus der vorherigen Stufe (*criadera*) aufgefüllt. Bei Finos und Manzanillas erhält dies die Vitalität des FLORS und sorgt bei sämtlichen Stilen für Einheitlichkeit und Frische der reifen Weine.

Suertes del Marqués Kan ★→★★ Der Primus unter den schicken neuen Kellereien auf Teneriffa ist ein smarter Botschafter seiner unvergleichlichen Insel. Er erzeugt lebhafte Orts- und Einzellagenweine von LISTÁN blanco, Listán negro, Tintilla und Vijariego. Außergewöhnliche Weinberge mit einzigartigen, im *trenzado*-System (in Form von in Zöpfen) erzogenen Rebstöcken. Einen Besuch wert.

Telmo Rodríguez, Compañía de Vinos Mál, Rioja, Toro ★★→★★★★ Der bahnbrechende Weinmacher Telmo Rodríguez ist zu REMELLURI in RIOJA, dem Gut seiner Familie, zurückgekehrt, arbeitet aber weiter mit Pablo Eguzkiza zusammen: in ALICANTE (Al-Murvedre), Cigales (Pegaso), MÁLAGA (Moscatel Molina Real), RUEDA (Basa), TORO (Dehesa Gago) und Valdeorras (GODELLO Gaba do Xil, BV; ferner drei außergewöhnliche rote Einzellagenabfüllungen). Seit seiner Rückkehr nach Rioja und zur Bodega Lanzaga beschäftigt er sich mit der Wiederbelebung alter Weinberge, denen er Weine entlockt wie den außergewöhnlich reintönigen La Estrada, Las Beatas und Tabuérniga. Die letzte Ausgabe des Yjar aus der Sierra de Toloño (Rioja Alavesa) ist komplett ausverkauft.

Terra Alta Kat – Die DO des Spitzen-GARNACHA: Hier liegen 90 % der katalanischen und 75 % der gesamtspanischen GARNACHA-BLANCA-Weinberge. Die Weine sind komplex mit schöner Textur. Erzeuger: v. a Bárbara Forés, Celler Piñol, Edetària, Lafou.

Sherry-Stile

Manzanilla Der Sherry in sehr trockenem Stil reift in SANLÚCAR DE BARRAMEDA nahe am Meer, wo der FLOR eine dicke Schicht bildet und der Wein eine salzige Note bekommt. Der Alkoholgehalt beträgt meist 15 Vol.-%. Gekühlt servieren; passt zu fast allem, insbesondere aber zu Krebs- und Schalentieren. Beispiele: I Think (EQUIPO NAVAZOS), La GUITA, La Gitana.

Manzanilla Pasada Wenn nach 8 oder mehr Jahren die Flor-Schicht am Absterben ist, wird Manzanilla zu AMONTILLADO; sehr trocken und komplex. Beispiel: ALMACENISTA Cueva Jurado von LUSTAU.

Fino Trockener, in JEREZ oder El PUERTO DE SANTA MARÍA biologisch gereifter Sherry, gewichtiger als MANZANILLA; beide müssen mindestens 2 Jahre lagern, doch so jung ist Fino noch nicht der wahre Genuss. Der Trend geht zu mehr als 8 Jahre lang gereiften Finos, z. B. Antique von FERNANDO DE CASTILLA. Ein neuer Trend ist, Finos und Manzanillas in der Flasche einzukellern und altern zu lassen.

Amontillado Ein FINO, bei dem der FLOR bereits abgestorben ist. Durch Sauerstoff gewinnt der Wein an Komplexität. Von Natur aus trocken. Beispiel: Amontillado del Castillo von LUSTAU. Viele Marken-Amontillados sind gesüßt, erkennbar am Etikettbegriff »medium«.

Oloroso Oxidativ ausgebaut, d. h. nicht unter FLOR gereift. Von Natur aus supertrocken und herrlich deftig, manchmal sogar richtig wild. Kann auch gesüßt und als Oloroso Cream verkauft werden. Beispiele: Gobernador (trocken) und Old East India (süß), beide von EMILIO HIDALGO.

Palo Cortado Derzeit Kult. Traditionellerweise ein Wein, der zwischen AMONTILLADO und sehr zartem OLOROSO steht. Schwer mit letzter Sicherheit zu identifizieren, aber immer raffiniert und komplex. Beispiele: Reliquía von Barbadillo, Antique von FERNANDO DE CASTILLA.

Cream Mit Traubenmost, PX und/oder MOSCATEL gesüßter Verschnitt – ein kommerzielles, mittelsüßes Getränk.

En rama Noch ein Kult: In der Regel MANZANILLA oder FINO, der kaum gefiltert und ohne Kaltstabilisierung vom Fass (BUTT) in die Flasche abgefüllt wird und den unverfälschten Charakter eines Sherrys zeigt. Die Bezeichnung gilt aber auch für jeden anderen Sherry, der kaum oder

Terroir al Límit Pri ★★→★★★ Der Deutsche Dominik Huber blickt bereits auf zwei Jahrzehnte im Priorat zurück. Jetzt beeindruckend elegant: weniger Eichenwürze bei zunehmender Raffinesse. Ein feiner GARNACHA ist Les Manyes, der CARIÑENA Les Tosses glänzt mit Reintönigkeit, Blaubeerfrucht und Schiefernote.

Tinaja – Amphore. Die Tonbehälter zählen zu den uralten Traditionen Spaniens und kommen im Zuge der Wiederbelebung traditioneller Bereitungsmethoden in allen möglichen Größen im ganzen Land zum Einsatz, z. B. bei ALVEAR, CELLER DEL ROURE, LOXAREL oder MAS MARTINET. Sie finden sich ebenso bei Boutique-Erzeugern wie bei Nobelkellereien à la NUMANTHIA.

Toro ★→★★★★ Die kleine DO am Duero ist bekannt für breitschultrige Rotweine von Tinta del Toro (ein Phänotyp des TEMPRANILLO: ähnlich, aber nicht identisch). Die besten sind mittlerweile etwas zurückhaltender, haben aber immer noch zupackende Tannine. Für Glamour sorgen Pintia, Teil des VEGA-SICILIA-Portfolios, und NUMANTHIA, im Besitz von LVMH, sowie die Familie Eguren, Eigentümerin von SIERRA CANTABRIA und von Teso la Monja. Bei Bodegas San Román, im Besitz von Mariano GARCÍA und Familie, gibt es ebenfalls GARNACHA-Abfüllungen sowie sehr guten, würzigen gar nicht gefiltert in die Flasche gelangt. Ist aromatischer und angeblich empfindlich. Die SACA, der Abstich, findet statt, wenn der FLOR am dicksten ist, üblicherweise im Frühjahr. Die unterschiedlichen Auslegungen des Begriffs En rama sollen demnächst vereinheitlicht und geregelt werden.

Pedro Ximénez (oder **PX**) Rosinensüßer dunkler Wein von teilweise in der Sonne getrockneten PEDRO-XIMÉNEZ-Trauben: üppig, süffig und ein Schnäppchen; köstlich zu Eiscreme. Beispiele: Santa Ana 1861 von EMILIO HIDALGO, VORS von LUSTAU.

Moscatel Aromatisch und verführerisch, mit nur etwa halb so viel Zucker wie PX. Beispiele: Emilín von LUSTAU, Toneles von VALDESPINO.

VOS/VORS Sherrys (nur AMONTILLADO, OLOROSO, PALO CORTADO und PX) mit Jahrgangsangabe: einige Schätze der BODEGAS von Jerez. Ein mehr als notwendiger Schritt, um das Ansehen des Sherrys in der allgemeinen Wahrnehmung zu heben. Weine, die über 20 Jahre alt sind, heißen VOS (Very Old Sherry/Vinum Optimum Signatum), ab 30 Jahren VORS (Very Old Rare Sherry/Vinum Optimum Rare Signatum). Auch 12 und 15 Jahre alte Exemplare sind erhältlich. Beispiel: VOS Jerez Cortado Wellington von HIDALGO LA GITANA. Manche VORS-Weine werden mit PX gesüßt – gelegentlich übertreiben es die Erzeuger aber leider damit.

Añada Sherry mit Jahrgangsangabe – entgegengesetzt zur Tradition der SOLERA, die verschiedene Jahrgänge verschneidet. Früher nur private Abfüllungen, jetzt allgemein wertgeschätzt. Beispiele: die Añada-Reihe von WILLIAMS & HUMBERT, süßer Oloroso Añada 1997 von LUSTAU.

Ungespriteter Palomino Ein starker Trend. Teils durchwachsene Qualität, dürfte aber mit zunehmender Erfahrung besser werden, etwa von COTA 45, Forlong, Muchada-Leclapart.

In Kürze werden einige wesentliche Änderungen erwartet: die Anerkennung neuer Zonen, in denen Sherry reifen darf; die Nennung des PAGO auf dem Etikett; die Stärkung alter, in Vergessenheit geratener Rebsorten und die Aufhebung der Vorschrift, dass Sherry gespritet sein muss. Neu ist auch die Kategorie Fino Viejo für mind. 7 Jahre gereiften Fino. Auch zum Süßegrad stehen Änderungen an: Er soll für »Dry« von 5 g auf 4 g/l herabgesetzt werden und bei »Medium Sweet« bis zu 50 g/l betragen dürfen.

MALVASÍA Castellana (weiß). Der Trend zu Garnacha als leichterer Alternative zu den traditionellen Roten wächst. Außerdem: Dominio del Bendito, Fariña, Las Tierras de Javier Rodríguez, Matsu.

Toro Albalá Mont-M ★→★★★★ Warum bloß ist MONTILLA-MORILES nicht bekannter? Toro Albalá verfügt über einen historischen Schatz an PX-Weinen, darunter AMONTILLADO Viejísimo, üppiger Don PX Convento Selección 31 und sehr gute GRAN RESERVA 1990.

Torres ★★→★★★★ Die Familie Torres ist nicht zu bremsen. Nach 150 Jahren könnte man immerhin Spuren der Ermüdung erwarten, aber nichts da: Miguel junior ist Geschäftsführer, seine Schwester Miereia Technische Direktorin sowie Chefin von Jean Léon, Miguel senior ist an vielen Fronten des Ökoweinbaus engagiert. Torres hat eine Qualitätspyramide für seine Weine entwickelt. An der Spitze steht die Reihe Antología Familia Torres, eine hervorragende Kollektion katalanischer Terroirs: der Bordeaux-Verschnitt Reserva Real, der erstklassige CABERNET SAUVIGNON Mas la Plana (PENEDÈS), das CONCA-DE-BARBERÀ-Duo Milmanda (einer der feinsten spanischen CHARDONNAYS), der makellose Grans Muralles (ein Verschnitt lokaler Sorten) und der Mas de la Rosa von einer Einzellage (erhält dennächst den Status Gran Vi de Vinya, die Spitzenkategorie des PRIORAT). Ferner PAGO del Cielo (RIBERA DEL DUERO), Camino de Magarín (RUEDA), Pazo Torre Pezelas (RÍAS BAIXAS), La Carbonera (RIOJA) und Vardon Kennett (nach der traditionellen Methode bereiteter Schaumwein). Nicht zu vergessen das übrige Angebot, z. B. der berühmte, qualitativ beständige, preiswerte Viña Sol. Torres ist auch ein Pionier in Chile und mit dem Marimar Torres Estate ein Star von Sonoma (USA).

Tradición, Bodegas Sherry ★★→★★★★ Die BODEGA unter der Leitung des großen José Ignacio Domecq kann sich einer außergewöhnlichen Auswahl an SOLERAS rühmen, die von der ältesten bekannten Sherry-Kellerei (Bodega CZ – J.M. Rivero, gegründet 1650) stammen. Gloriose VOS- und VORS-Sherrys sowie ein 12 Jahre alter FINO. Vortreffliche Kunstsammlung und Archiv zur Sherry-Geschichte, die allein schon den Besuch lohnen.

Txakoli/Chacolí Bask ★→★★ Der Wein aus den ländlichen baskischen DOS in Getaria, Bizkaia und Álava galt als schlicht und säurereich; zusätzliche Spritzigkeit erhält der Txakoli (BV) noch dadurch, dass er in langem Strahl aus der Höhe ins Glas gegossen wird. Trinken Sie ihn in den Bars vor Ort. Die Weine aus Bizkaia jedoch, wo die Reblagen weniger exponiert sind, besitzen Tiefe und müssen nicht unbedingt gleich getrunken werden. Spitzenerzeuger: Ameztoi, ASTOBIZA, Doniene Gorrondona, Izar-Leku (von ARTADI) und Txomín Etxaníz sowie Gorka Izagirre mit dem Restaurant »Azurmendi« (drei Michelin-Sterne).

Valdeorras Gal ★→★★★★ Die wärmste und am weitesten im Landesinneren liegende DO GALICIENS ist nach dem Gold benannt, das die Römer in den hiesigen Tälern fanden. Die ausgezeichnete GODELLO-Traube ist interessanter als so mancher ALBARIÑO. Rafael PALACIOS hat Godello zu seiner Lebensaufgabe gemacht, TELMO RODRÍGUEZ erzeugt besonders feine MENCÍA-Gewächse. Außerdem: Godeval, Valdesil.

Valdepeñas Cas-La M ★→★★ Große DO südlich von La MANCHA, historischer Lieferant billiger Rotweine.

Valdespino Sherry ★★→★★★★ Kellermeister Eduardo Ojeda ist zuständig für den FINO Inocente aus der erstklassigen Einzellage Macharnudo, einen seltenen, in Eiche vergorenen Sherry (die EN-RAMA-Version wird von EQUIPO NAVAZOS abgefüllt). Außerdem grandioser trockener AMONTILLADO Tío Diego und überragender 80 Jahre alter MOSCATEL Toneles (mit Abstand der beste in JEREZ). Gehört zur Grupo Estévez (Eigentümer von La GUITA).

Valencia ★→★★ War bekannt für Massenweine und beliefert nach wie vor Supermärkte mit billigem gespritetem MOSCATEL. Doch es tut sich was, dank alter Reben in höheren Lagen und minimalinvasiver Weinbereitung, bei Erzeugern wie z. B. El Angosto, Aranleon, Baldovar 923, CELLER DEL ROURE, Los Frailes Javier REVERT, Rafael Cambra.

Vega Sicilia Rib del D, Rioja, Toro ★★★★ Geschichte und Renommee von Vega Sicilia wiegen schwer, werden aber mit Bedacht getragen, in dem Bewusstsein, dass man über den Moden steht. Die Kellerei ist makellos, die Weinberge werden bestens gepflegt, und die Weine sind für die Ewigkeit gemacht. Der Valbuena reift 5 Jahre in Eichenholz und in der Flasche, der Único fast 10 Jahre in Eichenfässern unterschiedlicher Größe und in der Flasche. Die RESERVA Especial (oJ) ist ein Verschnitt aus drei Jahrgängen. Es ist geplant, einige ältere Jahrgänge auf den Markt zu bringen. Der Alión (gedacht als moderne RIBERA-DEL-DUERO-Version) macht sich immer besser. Der Pintia (TORO) hat eine Transformation durchlaufen, er ist jetzt frischer und weniger schwer. Macán (RIOJA), ein Joint Venture mit Benjamin de Rothschild, geht in die richtige Richtung. Oremus in Tokaj

(Ungarn) hat neben Süßwein auch einen elektrisierend frischen trockenen FURMINT, den Petracs, im Angebot.

Verum Cas-La M ★ Nach höchst bescheidenen Anfängen hat Elias López nun Erfolg. In Tomelloso, wo seine Kellerei steht, wird sonst vor allem AIRÉN für die (wachsende) Brandy-Erzeugung angebaut. Alte Reben und Amphoren sind eine hervorragende Zusammenstellung. Im Auge behalten.

Viña Weinberg; Rebstock.

Viña Meín – Emilio Rojo Gal ★★★ Rojos einziger Wein gleichen Namens ist eine aufregend frische Treixadura-Cuvée. Der Star von RIBEIRO. Im Jahr 2019 erwarb PAGO DE CARRAOVEJAS (RIBERA DEL DUERO) den Betrieb, doch Emilio Rojo hat im Keller nach wie vor ein Wörtchen mitzureden, unterstützt von Weinmacherin Laura Montero.

Vino de la Tierra (VdT) Tafelwein zumeist höherer Qualität aus einer bestimmten Region ohne DO-Status. Diese Kategorie bietet große geografische Freiheiten, weshalb viele renommierte Erzeuger unter ihr produzieren. Sie stellen sich damit absichtlich außerhalb ihrer DO, um deren oft starren Regeln zu entkommen und die Rebsorten anzubauen, die sie für richtig halten. (*Siehe auch* »Supertoskaner« im Kapitel »Italien«.)

Vivanco R Alt ★→★★ Die BODEGA in Briones ist für ihre Weine bekannt, aber mehr noch für ihr hervorragendes Weinmuseum (Museo Vivanco de la Cultura del Vino).

Williams & Humbert Sherry ★→★★★★ Weinmacherin Paola Medina hat die historische BODEGA umgemodelt: War Williams & Humbert ursprünglich für seine Marken Dry Sack und Winter's Tale (AMONTILLADO) sowie den süßen OLOROSO As You Like It bekannt, gibt es hier jetzt Spezialitäten wie Sherry aus ökologischem Anbau oder Jahrgangs-Sherrys (einschließlich FINO). Dynamisch, außergewöhnliche Qualität.

Yecla Mur – Der traditionelle Anbaubereich für Fasswein verändert sich, in erster Linie dank Familie Castaño mit ihren MONASTRELL-Weinen. Castaño Dulce ist ein moderner Klassiker.

Ysios Rioja ★→★★ Die Kellerei mit dem wellenförmigen Dach, entworfen von Santiago Calatrava, ist bereits berühmt. Allmählich erhalten auch die Weine so viel (verdiente) Aufmerksamkeit wie das Gebäude.

Yuste Man, Sherry ★★→★★★ BODEGA mit wachsender SOLERA-Kollektion, Heimat der MANZANILLAS Aurora und La Kika. Der 2016 erworbene SANLÚCAR-Erzeuger Herederos de Argüeso brachte den sehr guten San León, die dicht gefügte RESERVA San León mit Salznote und den jugendlichen Las Medallas mit ein.

Zárate Gal ★★→★★★ Nichts eröffnet einem größeres Verständnis für RÍAS BAIXAS und ALBARIÑO als die Weine des Eigentümers und Kellerchefs Eülogio Pomares. El Palomar stammt von 100 Jahre alten wurzelechten Reben in einem der ältesten Weinberge der DO und wird im *foudre* ausgebaut. Der Fontecon ist ein ungewöhnlicher Rosé, ferner gibt es eine Reihe faszinierender sortenreiner Rotweine von lokalen Rebsorten.

Zorzal, Viñ Nav ★→★★★ Die unternehmerisch denkende junge Generation hat den Familienbetrieb umgekrempelt. Sie setzt auf junge, preiswerte Weine, z. B. sortenreinen GRACIANO. Von rekultivierten alten GARNACHA-Reben stammt z. B. der Malayeto; überhaupt verfolgt man hier Projekte mit alten Reben. Jorge Navascués von CONTINO berät.

Portugal

Portugiesische Weine waren noch nie so gut wie heute; man besinnt sich auf die Tradition. Lange galt es als Sakrileg, doch jetzt kehren die indigenen Sorten in die Portfolios der Produzenten zurück. Nicht nur im Alentejo (*siehe* Vinho de Talha) werden Weine in Amphoren bereitet. Eine leichtere Stilistik, oft erreicht durch das Verschneiden von weißen mit roten Trauben *(palhete, clarete)* wird wieder geschätzt. Aus alten Reben (jetzt reguliert als »Vinhas Velhas«) oder gemischtem Satz (aus zum Teil mehr als 30 Rebsorten) entstehen einzigartige Weine, die dem Klimawandel trotzen. Alte Regionen wie Bairrada, Dão und Portalegre werden wiederentdeckt. Innovation gibt es natürlich auch: neue Regionen (Azoren, Beira Interior, Madeira-Tischweine) und neue Stile (leichtere Douro-Weine, seriöser Vinho Verde). Selbst Port, der ja nach jahrhundertealten Regeln produziert wird, erlaubt jetzt neue Kategorien (50 Jahre alter Tawny, Very Very Old Tawny). Zurück in die Zukunft!

Die Portugal-Karte ist auf Seite 234 zu finden.

Die folgenden Abkürzungen werden im Text verwendet:

Alen	Alentejo	**Lis**	Lisboa
Bair	Bairrada	**Mad**	Madeira
Bei-At	Beira Atlântico	**Set**	Setúbal
Bei-In	Beira Interior	**Res**	Reserva

Neuere Port-Jahrgänge

Port-Jahrgänge werden »deklariert«, wenn ein Wein die höchsten Qualitätsstandards des Unternehmens erfüllt. In guten, aber nicht ganz klassischen Jahren verwenden die meisten Erzeuger (und zunehmend auch Einzellagen-Erzeuger in Spitzenjahren) die Namen ihrer Güter für Single-Quinta-Weine, die echten Charakter besitzen (und ihren Preis wert sind), aber über weniger Struktur und Langlebigkeit verfügen. Dazu kommt eine wachsende Anzahl an Vintage Ports (oft aus Einzellagen) in limitierter Auflage. Die Jahrgänge, die man jetzt trinken sollte, sind 1963, 1966, 1970, 1977, 1980, 1983, 1985,1987, 1992, 1994, 2000, 2003, 2004, 2005, 2007, obwohl auch sehr junger Vintage Port ganz köstlich sein kann.

2021 Gute Qualität dank guter Wetterkonditionen: milder Juli und ein ausreichend feuchter Winter.

2020 Ein herausforderndes Jahr wegen des Wetters und der Pandemie.

2019 Ausgewogenheit und Frische, aber weniger Struktur.

2018 Gute Qualität, wurde von manchen Erzeugern deklariert, v.a. Douro Superior. Spitzenreiter: Ferreira, Noval, Sandeman, Taylor, Vesúvio.

2017 Ein von den meisten Erzeugern deklariertes Superjahr: sehr heiß und trocken, wird mit dem Jahrgang 1945 verglichen.

2016 Ein klassisches, großteils deklariertes Jahr. Großartige Struktur und Finesse.

2015 Ein sehr trockenes, heißes, zwiespältiges Jahr, von vielen Erzeugern deklariert (Spitzenqualität bei Niepoort und Noval), allerdings nicht von Fladgate, Symington und Sogrape.

2014 Hervorragendes Lesegut von Reblagen, die vom Regen im September verschont wurden; geringe Produktion.

2013 Single-Quinta-Jahr: Regen mitten in der Lesezeit. Spitzenreiter: Vesúvio, Fonseca Guimaraens.

2012 Single-Quinta-Jahr. Die Stars sind Quinta do Noval und Malvedos. Elegant, jetzt trinken.

2011 Klassischer Jahrgang, großteils deklariert. Wird weithin mit dem Kultjahrgang 1963 gleichgesetzt. Tintendunkle Weine von überragender Konzentration und Struktur. Die Stars sind Noval Nacional, Vargellas Vinha Velha und Fonseca. Kann ab jetzt getrunken werden.

2010 Single-Quinta-Jahr. Heiß und trocken. Senhora da Ribeira und Vesúvio sind die Stars.

Weitere gute Jahrgänge: 2007, 2003, 2000, 1997, 1994, 1992, 1991, 1987, 1983, 1980, 1977, 1970, 1966, 1963, 1945, 1935, 1931, 1927.

Neuere Tischwein-Jahrgänge

2021 Sowohl Qualität als auch Quantität; sehr gute Weiße und frische, elegante Rote.

2020 Überall gute Erträge. Sehr gute Weißweine. Sie haben die Wahl bei den Rotweinerzeugern.

2019 Kühler Sommer, kein Regen. Durch die Bank sehr gute Qualität. Einlagern.

2018 Schwere Regenfälle, sehr niedrige Erträge. Aromatische Weiß- und konzentrierte Rotweine.

2017 Der dritte gute Jahrgang in Folge. Ausnahmslos sehr gute Qualität. Einlagern, hält sich lang.

2016 Sehr gute Qualität bei jenen Erzeugern, die geduldig abwarteten. Hält sich viele Jahre.

2015 Gutes Jahr: aromatische, ausgewogene, sehr schön zu trinkende Rotweine zum Einkellern.

2014 Frische Weiß- und strahlende Rotweine (vorausgesetzt, es wurde vor dem Regen gelesen). Jetzt trinken.

Açores/Azoren ★→★★★ Die Atlantikinselgruppe der Azoren besteht aus neun vulkanischen Inseln mit den DOCS Pico, Biscoitos und Graciosa. Die Landschaft der Insel Pico mit ihren rebschützenden *currais* (Steinmauern) sind UNESCO-Welterbe. Dynamische Winzer, vulkanische Böden und Reben unter Meereseinfluss erzeugen Weißweine mit Salznoten und einige interessante *licorosos* (spät gelesen/gespritet) von den autochthonen Sorten Arinto dos Açores, Terrantez do Pico und VERDELHO. Im Auge behalten: ★★ Adega do Vulcão, ★★★ Azores Wine Company, ★★ Magma, ★★ Pico Wines.

AdegaMãe Lis ★→★★★ Ehrgeiziges Weingut, das von dem Kabeljau-Unternehmen Riberalves betrieben wird. Star-Kellermeister Diogo Lopes macht klare, langlebige, vom Atlantik beeinflusste Weißweine. Dory ist eine preiswerte Reihe sortenreiner Weine (v. a. ARINTO, Viosinho. Der erstklassige Terroir ist eine mineralisch-salzige, eichenfassgereifte weiße Cuvée (Viosinho/ALVARINHO/Arinto). Das Gutsrestaurant serviert dazu passende Kreationen vom Kabeljau.

Aldeia de Cima Alen ★★★★ Luisa Amorim von QUINTA NOVA zieht hier sehr ambitioniert ihr Herzensprojekt durch. Im frischen Terroir des ALENTEJO verbindet sie Tradition und Moderne: terrassierte Weinberge, heimische Rebsorten, alte Reben und traditionelle Ausbaumethoden wie Amphoren, Beton oder Eichenfässer. Erstklassiges, alterungswürdiges Angebot.

Alentejo ★→★★★ Beliebte, zuverlässig heiße und trockene Region, die fast ein Drittel von Portugal abdeckt. Bekannt für würzige, fruchtbetonte, füllige Rote, besonders aus ALICANTE BOUSCHET, SYRAH, TOURIGA NACIONAL oder TRINCADEIRA. Die verschiedenen Merkmale der Unterregionen erlauben auch andere Weinstile: mineralisch an der Küste von Costa Vicentina (CORTES DE CIMA, Vicentino); frisch im hoch gelegenen PORTALEGRE (SUSANA ESTEBAN, ★★★ Terrenus); frisch in Vidigueira (ROCIM); erdiger VINHO DE TALHA aus alten Tonamphoren (★★ XXVI Talhas, ROCIM). Klassiker: CARTUXA, ESPORÃO, ★★★ Herdade dos Grous, JOÃO PORTUGAL RAMOS, JOSÉ DE SOUSA, ★★★ MALHADINHA NOVA, MOUCHÃO. Interessant: ★★★ ALDEIA DE CIMA, ★★ Fita Preta, ★★ Fonte Souto (im Besitz von SYMINGTON).

Alves de Sousa Douro, Port ★★→★★★ Familiengeführter DUORO-Pionier mit Sitz im kühleren Baixo Corgo. Mit Tiago Alves de Sousa ist die nächste Generation am Start – ein talentierter Weinmacher und studierter Önologe. Guter, langlebiger Quinta da Gaivosa und einzigartige, erst spät freigegebene RESERVA Pessoal. Sehr guter Abondonado und Vinha de Lordelo aus gemischtem Satz von alten Reben. Wachsendes Portweinangebot, inkl. elegantem 20 Jahre alten TAWNY und VINTAGE PORT.

Ameal, Quinta do Minho ★★★ Erstklassiger VINHO VERDE aus Bio-Anbau. Langlebiger, rassiger LOUREIRO mit Zitrusnoten. Der Preis stimmt beim Bico Amarelo, dazu Solo Único aus einer Einzellage und Escolha mit Eichennote. Charmantes Hotel. Im Besitz von Herdade do ESPORÃO.

Andresen Port ★★→★★★★ Gut in portugiesischem Besitz mit ausgezeichneten TAWNY-Ports wie dem 20 Jahre alten. Herausragende Colheitas (die Jahrgänge **1900'** und **1910'** werden auf Wunsch immer noch abgefüllt; sonst **68' 80' 91' 00' 03' 05**). Wegbereiter des WHITE PORT mit Altersangabe: 10-, 20- und sehr guter 40-Year-Old.

Aveleda Minho ★→★★ Größter und bekanntester Produzent von Vinho Verde. Das Angebot an knackigen Weißen aus ALVARINHO und LOUREIRO wird größer, z. B. in den Reihen Parcela von Solos. An der Spitze der Manoel Pedro Guedes, eine Cuvée aus Alvarinho/Loureiro mit Eichennote. Diese Spitzengüter gehören dazu: VALE D. MARIA (DOURO), ★★ D'Aguieira (BAIRRADA), ★ Villa Alvor (Algarve). Das Besucherzentrum ist nur 30 Min. von Porto entfernt.

Bacalhôa – Vinhos de Portugal Alen, Lis, Set ★★→★★★ Hauptmarke und Sitz des Unternehmens von Milliardär und Kunstliebhaber José Berardo. Sehr gut die lagerfähige Bordeaux-Cuvée QUINTA da Bacalhôa mit CABERNET SAUVIGNON von 1974 gepflanzten Reben. Der findet sich auch im ikonischen Spitzenwein Palácio da Bacalhôa. Erstklassige Fässer mit MOSCATEL DE SETÚBAL inkl. des seltenen Roxo. Quinta do Carmo bietet fruchtbetonte Rote aus ALENTÉJO. Beliebte Reihen sind Catarina, Serras de Azeitão (SETUBAL) und TINTO da Ânfora (Alentéjo).

Bairrada ★★→★★★★ Vom Atlantik beeinflusster DOC-Bereich sowie VINHO REGIONAL Beira Atlântico. Berühmte Gegend für Spanferkel und lagerfähige, gut strukturierte Rote aus der Rebsorte BAGA (viele von alten Reben), dazu Weiße von der Sorte Bical mit Zitrusnote. Guter Schaumwein trägt den Namen Baga Bairrada. Die besten Erzeuger: ★★★ Bágeiras, ★★ Casa de Saima, CAVES SÃO JOÃO, Filipa Pato, Foz de Arouce, ★★ Kompassus, LUÍS PATO, ★★ São Domingos, ★★★ Sidónio de Sousa, ★★ Vadio. Interressant: ★★★ Mira do Ó, NIEPOORT'S ★★ QUINTA de Baixo.

Barbeito Mad ★★→★★★★ Angesehener Erzeuger mit einem Sortiment voller Feinheit und Eleganz. Einzigartige FRASQUEIRAS aus Einzellagen oder Einzelfässern. Überragende MALVASIAS, die 20, 30 oder 40 Jahre alt sind, dazu der 50 Jahre alte Old Bastardo. Die Reihe Historic Series zahlt darauf ein, dass Madeira im 18. und 19. Jh. der beliebteste Wein in den USA war. Immer mehr gute Tischweine mit salziger Note.

Barca Velha Douro ★★★★ Portugals teuerster Kultrotwein wurde 1952 zum ersten Mal abgefüllt, also Jahrzehnte vor der Revolution der DOURO-Tischweine. Er kommt erst nach vielen Jahren Reifezeit und nur in außergewöhnlich guten Jahren auf den Markt (91' 95' 99 00 **04 08' 11'**). Zu teuer? In Jahren ohne Barca Velha wird der Zweitwein Reserva Especial von den besten Fässern der Casa FERREIRINHA abgefüllt (89' 94' 97' 01' **07** 09). Beide Weine halten sich jahrzehntelang. Die Jahrgänge 89' 94' 97' 01' 09 hätten sich durchaus für Barca Velha geeignet.

Barros Port ★★→★★★ 1913 gegründet, verfügt das Gut über große Lagerbestände an gereiftem TAWNY. Sehr gut die COLHEITAS aus allen Jahrzehnten seit 1930, ebenso wie Tawnys, die 20, 30 oder 40 Jahre alt sind. Auch toller VINTAGE PORT. Seit 2006 im Besitz von Sogevinus.

Blandy Mad ★★→★★★★ Seit sieben Generationen in Familienhand. Die charmante alte Wine Lodge in Funchal beherbergt eine riesige Sammlung von FRASQUEIRA-Jahrgängen (BUAL 1920' 1957' 1966'; MALMSEY 1988' 1977' 1981'; Sercial 1968' 1975' 1980' 1988' 2008'; Terrantez 1975' 1980' VERDELHO 1976 1979'). Sehr guter 20 Jahre alter Malmsey, Terrantes und COLHEITA (Bual 1996 **2008**; Malmsey **1999 2004**; Sercial **2002**; Verdelho **2000 2008**). Vorzüglicher 50 Jahre alter Malmsey. Der teure, seltene MCDXIX ist ein Verschnitt von elf Weinen aus den Jahren 1863 bis 2004, der das 600. Jubiläum der Entdeckung Madeiras (1419) feiert. Dazu die Tischweine RAINWATER und Atlantis.

Boavista, Quinta da Douro ★★★★ Das historische gefeierte Gut in Cima Corgo ist jetzt im Besitz von Sogevinus. Spitzensortiment mit DOURO-Weinen aus altem gemischten Satz: 80 Jahre alte Reben, würziger Oratório aus einer Einzellage und der Ujo mit Piniennoten; verführerisch auch die Reserve-Cuvées von alten und jüngeren Reben.

Was passt zu portugiesischen Törtchen wie Pastel de Nata? Süßer Madeira, Moscatel oder Tawny.

Bual (oder Boal) Mad – Klassische MADEIRA-Rebsorte: mittlerschwere (süße), rauchige Weine mit würziger Note, leichter als MALVASIA. Prima zu gereiftem Käse. Alte Jahrgänge können großartig sein. Das perfekte Getränk zur gebratenen Ente.

Burmester Port ★→★★★ Das Portweinhaus im Besitz von Sogevinus erzeugt eleganten, preiswerten Tawny, besonders 20 und 40 Jahre alt, sowie COLHEITAS. Köstlich die 30 und 40 Jahre alten WHITE PORTS. Dazu guter VINTAGE PORT und DOURO-Weine. Besucherzentrum in VILA NOVA DE GAIA.

Cálem Port ★→★★★ Portweinerzeuger im Besitz von Sogevinus. Bestseller ist der Velhotes auf Einsteigerniveau. Am besten sind die COLHEITA (61'), sowie der 10 und 40 Jahre alte TAWNY. Beliebte Lodge mit Restaurant in VILA NOVA DE GAIA.

Canteiro Mad – Die Methode der natürlichen Fassreifung feinster MADEIRAS (jetzt auch TINTA-NEGRA-Weine); die langsame Erwärmung in feuchten Lagerhäusern bringt komplexere Weine hervor als das ESTUFAGEM-Verfahren.

Carcavelos Lis ★★★ Ein verstecktes Juwel. Einzigartige, zupackende, halbtrockene Aufgespritete, die nach mehr schmecken. Villa Oeiras hat dieser kleinen und sehr alten DOC am Meer neues Leben eingehaucht.

Cartuxa, Adega da Alen ★★→★★★★ Historisches Gut in ALENTEJO mit alten Kellergewölben. Restaurant und das moderne Kunstmuseum liegen in Évora. Flaggschiff ist der körperreiche Rote Pêra Manca – Kenner lieben ihn. Gut und fair kalkuliert ist der Cartuxa RESERVA; der Scala Coeli aus einer Einzellage fällt jedes Jahr sehr unterschiedlich aus.

Portugal

Carvalhais, Quinta dos Dão ★→★★ Weingut im Besitz von SOGRAPE. Sehr gutes, beständiges, lagerfähiges Sortiment, v. a. der in Eiche ausgebaute ENCRUZADO oder die roten und weißen RESERVEN. Dazu erdiger Alfrocheiro, floraler TOURIGA NACIONAL und das rote Spitzengewächs Único. Ungewöhnlich ist der Branco Especial, ein Verschnitt verschiedener Encruzado-Jahrgänge. Beliebt sind die Marken Duque de Viseu und Grão Vasco.

Chocapalha, Quinta de Lis ★★★ Der Familienbetrieb an der Küste erzeugt lagerfähige Weine mit salzigen Noten, die zu den besten der Region Lisboa zählen. Kellermeisterin ist Sandra Tavares da Silva (WINE & SOUL). Lebendige, mineralische Weiße wie guter Chardonnay, RESERVEN und Arinto CH von alten Reben. Preiswerte Rote wie QUINTA oder CASTELÃO; dazu fein strukturierter Vinha Mãe und fülliger TOURIGA NACIONAL.

Chryseia Douro ★★★★ Prestigeträchtiges Gemeinschaftsprojekt am DOURO von Bruno Prats aus Bordeaux und SYMINGTON FAMILY ESTATES. Blitzblanke, strukturierte Weine auf der Basis von TOURIGA. Günstig: Post Scriptum.

Churchill's Douro, Port ★★★ 1981 von John Graham gegründetes, familiengeführtes Portweinhaus. Trockener WHITE PORT, 20 und 30 Jahre alt, ungefilterter LBV sowie VINTAGE PORT. Von der QUINTA da Gricha kommen DOURO-Rotweine wie der preiswerte Churchill's Estates und üppiger TOURIGA NACIONAL. Die Lodge in VILA NOVA DE GAIA lohnt einen Besuch, ebenso wie das Gästehaus aus dem 19. Jh. im Douro.

Cockburn's Port ★★→★★★ Das Gut im Besitz von SYMINGTON zeigt sich wieder in alter Form. VINTAGE PORT ist jetzt frischer und trockener (**11' 15' 16' 17' 18'**); außergewöhnlich die Jahrgänge **1908' 27' 34 63 67 70'**. Der beständig gute Special Reserve wird länger im Fass gereift als andere, der lebhafte LBV ein Jahr weniger. Sehr guter Single-QUINTA dos Canais. Eine neue Reihe nennt sich Tails of the Unexpected. Das Besucherzentrum in VILA NOVA DE GAIA bietet Führungen an.

Colares Lis ★★★ Einzigartiger historischer DOC-Bereich (seit 1908) an der Küste. Die westlichsten Weinlagen von Europa. Vom Wind gepeitschte, wurzelechte Reben auf sandigem Boden erzeugen lagerfähige Weine: tanninhaltige Rote aus Ramisco und frische, salzige Weiße aus MALVASIA. Gut: ★★★ Adega Regional de Colares und Viúva Gomes (inkl. älterer Jahrgänge), ★★ Casal Santa Maria.

Colheita Mad, Port – Immer beliebter werdende Kategorie für nussigen, umgehend trinkreifen, oxidativen TAWNY Port aus nur einem Jahrgang. Mindestens sieben Jahre Fassreife, oft mehr als 50. Einige mehr als 100 Jahre alte Weine werden nach Bedarf abgefüllt. Das Abfülldatum ist auf dem Etikett vermerkt. Am Besten: ANDRESEN, Dalva, GRAHAM'S, KOPKE, NIEPOORT, NOVAL, POÇAS und TAYLOR'S. Das Gleiche gilt für MADEIRA: Hier liegt die Fassreife bei mindestens fünf Jahren.

Cortes de Cima Alen ★★★ Der Pionier in Sachen SYRAH in ALENTEJO durchläuft gerade eine Art Ökorevolution. Neue Cuvée von LOUREIRO/ALVARINHO: frisch und mit Salznote. Ansonsten bleibt das Sortiment konsequent fruchtbetont wie beim Cortes de Cima (rot/weiß), den RESERVEN und sortenreinen Abfüllungen von ARAGONEZ, PINOT NOIR, Syrah und TRINCADEIRA. Außerdem VINHO DE TALHA, der Spitzenrotwein Incógnito und sehr gute Weiße aus den Lagen an der Küste.

Cossart Gordon Mad ★★★ Seit 1745 das älteste MADEIRA-Handelshaus, bekannt für seinen eigenen, eher trockenen Stil. Sehr gute Jahrgangsabfüllungen. Im Besitz der MADEIRA WINE COMPANY.

Crasto, Quinta do Douro, Port ★★★→★★★★ Renommiertes Familiengut in umwerfender Hügellage. Eine Krone voller Juwelen: Gemischter Satz, Einzellagen, komplexe Rote wie Vinha da Ponte und Vinha Maria Teresa. Beide sind vereint in der »Super-Cuvée« Honore. Hat sich auch einen Namen für TAWNY gemacht, der 100 Jahre und älter ist. Die RESERVEN von alten Reben sind fair kalkuliert. Toll die Weine aus TINTA RORIZ und TOURIGA NACIONAL. Attraktive Spitzenreihe vom Douro: geschmeidige Rote und innovative Weiße, die in Akazienholz ausgebaut sind, dazu SYRAH mit einem Schuss VIOGNIER. Mitglied bei den DOURO BOYS.

Croft Port ★★→★★★ Portweinhaus im Besitz von FLADGATE mit Besucherzentrum in den grandiosen Weinbergen nahe Pinhão. Süßer, körperreicher VINTAGE PORT (75 77 82 85 91 94 **00 03'** 07 09' 11' 16' 17'). Der Vintage Port Quinta da Roêda (**07 08' 09 12'** 15' 18' 19') bietet viel fürs Geld. Außerdem grandioser Sērikos (**17'**) von alten Reben. Beliebt sind auch Indulgence, Triple Crown und der ROSÉ PORT Pink.

Crusted Port – Überzeugend opulenter Portwein oJ für wenig Geld – Portugals verborgener Schatz. Verschnitt aus zwei oder mehr guten Jahrgängen, bis zu 4 Jahre im Fass und 3 Jahre in der Flasche gereift. Da er nicht gefiltert wird, bildet sich ein Depot *(crust)*, er muss also dekantiert werden. Am besten: CHURCHILL'S, DOW, FONSECA und NIEPOORT.

Dão ★★→★★★★ Die historische DOC erzeugt elegante, lagerfähige Rote, die zum Essen passen, und Weiße auf Basis von ENCRUZADO. Moderne Projekte wie CASA DA PASSARELLA oder TABOADELLA erhöhen das Ansehen. Diese Klassiker liefern Qualität: ★★ Boas Quintas, ★ Cabriz, ★★ CARVALHAIS, ★★ Casa de Santar, ★ Lusovini, ★★ Ribeiro Santo. Weinbereitung mit wenig Eingriffen: ★★ António Madeira, bio: ★★ CASA DE MOURAZ, Spitzenklasse: ★★★ Druida, elegant: ★★ Terra Chama, gut strukturiert: ★★ Textura, High-End: VINHOS IMPERFEITOS. Dão Nobre (»nobel«) ist die Bezeichnung für Spitzenqualität. Seltene, lagerfähige GARRAFEIRAS zum fairen Preis. Oft als das Burgund Portugals bezeichnet.

DOC (Denominação de Origem Controlada) – Bezeichnung für Qualitätswein mit kontrollierter Herkunft, vergleichbar der AOC in Frankreich. Neuerdings auch hin und wieder als DOP (P=Protegida – geschützt) ausgewiesen. *Siehe auch* VINHO REGIONAL.

Dona Maria Alen ★★★ Angeblich ein Gut aus dem 19 Jh. und seinerzeit ein Geschenk des Königs an seine Mätresse, dem jetzt neues Leben eingehaucht wird. Hervorragende, klassische ALENTEJO-Weine mit Lagerpotenzial: Spitzenrotweine aus fußgestampften Trauben von ALICANTE BOUSCHET wie der Júlio B. Bastos oder die würzige Grande RESERVA. Sehr schöne Einzellagenweine (TOURIGA NACIONAL, PETIT VERDOT) und eleganter Amantis; preiswerter Gutswein (rot/weiß).

Ein Dilemma der Moderne: Port kann weit über 50 Jahre alt werden, aber Hedonisten trinken ihn meist viel früher.

Douro ★→★★★★ Der weltweit erste abgegrenzte und regulierte Weinbaubereich (1756) ist nach seinem Fluss benannt und wegen der spektakulären Landschaft UNESCO-Welterbe. Früher war die Region unzugänglich, doch nun ist sie bereit für den Weintourismus. Ihr Ruhm gründet sich auf Portwein, aber inzwischen wird genauso viel Qualitätstischwein erzeugt (DOC Douro). Es gibt drei Subregionen: die kühleren Bereiche Baixo Corgo und Cima Corgo sowie den wärmeren, rasch wachsenden Bereich Douro Superior. Über 100 einheimische Rebsorten (mindestens 80 Jahre alt, oft im gemischten Satz) wachsen auf Terrassen mit erbarmungslosen Schieferböden. Kraftvolle, strukturierte Rot- und feine Weißweine aus höheren Lagen. Die besten Erzeuger: ALVES DE SOUSA, Barca Velha, BOAVISTA, Carvalhas, Casa Ferreirinha, Chryseia, CHURCHILL'S, CRASTO, Maria Izabel, Muxagat, Niepoort, ★★★ Poeira, QUINTA NOVA'S, RAMOS PINTO, Vale D. Maria, ★★★ Vale Meão, ★★ Vallado, VESÚVIO, Wine & Soul. Auch gut:

Portugal

★★ Costa Boal, KRANEMANN, ★★★ Luis Seabra, MÁRCIO LOPES, ★★ Murças, Nicolau de Almeida, POÇAS, ★★ Quanta Terra.

Douro Boys Douro – Zusammenschluss von Freunden mit unterschiedlichen Weinbereitungsstilen: QUINTA do CRASTO, NIEPOORT, Quinta do VALE DONA MARIA, Quinta do VALE MEÃO, Quinta da VALLADO.

Dow Port ★★★★ Das renommierte historische Portweinhaus gehört zu SYMINGTON FAMILY ESTATES. Langlebiger VINTAGE PORT im trockeneren Stil. Legendäre Jahrgänge: 27, 45, 55, 63, 66, 70, 80, 94; aktuell: 07' 11' 16' 17' Single-QUINTAS do Bomfim und Senhora da Ribeira (2015, 2018 und 2019 sind sehr gut) in nicht deklarierten Jahrgängen. In Pinhão ist das Besucherzentrum der Quinta do Bomfim.

Duorum Douro, Port ★★→★★★ Hier haben sich zwei ikonische Weinmacher zusammengetan: JOÃO PORTUGAL RAMOS aus dem ALENTEJO und José Maria Soares Franco (vorher bei FERREIRA/BARCA VELHA). Erstklassiger, mehrere Jahre gereifter O. Leucura. Preiswertes Sortiment auf hohem Niveau: feine RESERVEN, der fruchtige Einsteigerwein Tons und COLHEITA. Dazu straffer VINTAGE PORT von 100-jährigen Reben und der günstige LBV.

Esporão, Herdade do Alen ★★→★★★ Dynamisches, umweltbewusstes Team mit wegweisendem Gut. Hochklassige, fruchtbetonte, moderne Weine. Raffinierte, GARRAFEIRA-artige, in Holz ausgebaute Private Selection: lebhafter weißer SÉMILLON mit Schmelz und sehr dichte Cuvées aus roten heimischen Sorten. So feiner wie seltener Torre do Esporão. Neu ist VINHO DE TALHA, sortenreine Abfüllungen ebenfalls aus heimischen Reben. Auch DOURO-Weine (QUINTA dos Murças) und VINHO VERDE (AMEAL). Führender Olivenölproduzent.

Diese Paarung ist ein Geschenk des Himmels: Meeresfrüchte mit Alvarinho, Arinto, Bical oder Loureiro.

Espumante Schaumwein. Die besten mit Lagerpotenzial werden seit 1890 in BAIRRADA erzeugt (v. a. von Aliança, Marquês de Marialva, Poço do Lobo, ★★ São Domingos, ★★ São João). Es lohnt, auf die BAGA-Qualitätsbezeichnung Bairrada zu achten. Preiswerter Távora-Varosa (besonders der MURGANHEIRA). Am DOURO: ★★★ Vértice.

Esteban, Susana Alen ★★→★★★ Hier liegt der Fokus auf den sehr alten, hoch gelegenen Weinbergen von PORTALEGRE. Flaggschiff ist der reintönige Procura (rot/weiß). Aventura heißt der preiswerte Zweitwein. Sehr innovativ das Gemeinschaftsprojekt Sidecar und der mineralische Foudre von 80-jährigen Reben.

Estufagem Mad – Methode, mit der MADEIRA mind. 3 Monate lang in Tanks auf 50° C erhitzt wird, damit er schneller reift und dabei den charakteristischen Beigeschmack von verbrannter Erde annimmt. Wird überwiegend bei einfachen Weinen angewendet.

Falua Tejo ★→★★ Weingut in französischem Besitz, das gerade wiederbelebt wird. Ein gutes Preis-Leistungs-Verhältnis bieten die Einsteigerweine Conde de Vimioso (und darüber die RESERVAS). Gut ist die Reserve-Reihe Falua (rot/weiß), noch besser der Vinha do Convento von steinigen Böden. Ein vielversprechendes VINHO-VERDE-Projekt nennt sich Barão do Hospital.

Ferreira Port ★★★→★★★★ Historisches Prestige-Portweinhaus im Besitz von SOGRAPE.Teils überragende VINTAGE PORTS (**11' 16' 18'**) und preiswerter Single-QUINTA do Porto)**17' 19'**). Nach Ansicht von Weinmacher Luis Sottomayor (BARCA VELHA) sind die LBV-Weine inzwischen genauso gut wie die Vintage Ports des vergangenen Jahrzehnts. Sehr günstige, würzige, elegante TAWNYS: RESERVA Dona Antónia, dazu 10 und 20 Jahre alte Tawnys sowie die neue limitierte Auflage mit 30-jährigen.

Ferreirinha, Casa Douro ★★→★★★★ Große, angesehene DOURO-Marke im Besitz von SOGRAPE. Heimat des ikonischen Barca Velha, der seltenen Reserva Especial, dem lagerfähigen, hochklassigen Quinta da Lêda und des preiswerten Vinha Grande. Das Portfolio wird erweitert mit dem Spitzengewächs Antónia Adelaide Ferreira (rot/weiß), Tinta Francisca aus einer Einzellage, Touriga Fêmea und dem eleganten Castas Escondidas (von fast unbekannten heimischen Rebsorten).

Junge Wilde

Dynamische und abenteuerlustige Weinmacher drehen das Rad zurück, indem sie auf heimische Rebsorten und (oft) minimale Eingriffe bei der Weinbereitung setzen. Die Besten haben ein Sternchen. **Algarve** Monte da Casteleja. **Azoren** *ADEGA do Vulcão, *Azores Wine Company. **Alentejo** Argilla Wines, *Cabeças de Reguengo, Miguel Louro, *XXVI TALHAS. **Bairrada** *COZs, FILIPA PATO, *Giz, *Mira do Ó. **Beira Interior** *Biaia, Casas Altas, Termos. **Colares** *Viúva Gomes. **Dão** CASA DE MOURAZ, *João Tavares de Pina, *Textura. **Douro** Bago de Touriga, Carolina, *Costa do Pinhão, MUXAGAT, PORMENOR. **Lisboa** *Baías e Enseadas, *Espera Wines, *Hugo Mendes, Humus, Marinho, Olival da Murta, Serradinha, *Vale da Capucha, *Várzea da Pedra. **Tejo** Areias Gordas. **Trás-os-Montes** Arribas Wine Company, *Casa do Jôa, *Menina d'Uva. **Vinho Verde** *A&D, Aphros. **Überregional** *ANTÓNIO MAÇANITA, *Lés-a-Lés, *LUÍS SEABRA, *NIEPOORT, *VINHOS IMPERFEITOS.

Fladgate Port – Bedeutende unabhängige Partnerschaft in Familienhand. Eigentümer der führenden Port-Häuser CROFT, FONSECA, KROHN und TAYLOR. Ein wachsender Geschäftszweig sind Hotels und Restaurants in Lissabon, Pinhão, Porto und VILA NOVA DE GAIA. Highlights sind das Sternerestaurant The Yeatman und das Besucherzentrum The World of Wine (WOW) mit sechs Museen in Porto.

Fonseca Port ★★★→★★★★ 1815 gegründet, heute im Besitz von FLADGATE. Spitze ist der VINTAGE PORT (**63' 70' 85' 94' 00' 03'** 11' 16' 17'). Großartiger Fonseca Guimaraens (**13' 15' 18' 19'**). Dazu Single-QUINTA Panascal; sehr guter 20 und 40 Jahre alter TAWNY; preiswerter Bin 27.

Fonseca, José Maria da Alen, Set ★→★★★★ Der Produzent in siebter Generation besteht seit 200 Jahren. Das Juwel in der Krone ist der gespritete Moscatel de Setúbal, dessen Altbestände gerade reduziert werden. Darunter die super kalkulierten 20 Jahre alten Alambre und Moscatel Roxo sowie der tolle Superior (**55' 66 71**). Spitze der Hexagon (rot/weiß), dazu BSE, Lancers, João Pires, PERIQUITA und preiswertere Marken. Besitzt die historische, in Amphoren ausgebaute Marke José de Sousa aus dem ALENTEJO.

Foz de Arouce, Quinta de Bei-At ★★★ Historisches Familiengut, Außenstelle von JOÃO PORTUGAL RAMOS in Beira Atlântico. Bemerkenswerte Reihe mit Lagerpotenzial: Cercial mit Charakter, eine Cuvée von TOURIGA NACIONAL/BAGA und hervorragender, dichter Vinhas Velhas von alten Baga-Reben.

Frasqueira Mad – Hochgeschätzte, begehrte MADEIRA-Kategorie, auch Vintage genannt. Wein eines einzigen Jahrgangs von einer einzigen edlen Rebsorte, der mindestens 20 Jahre, aber meist viel länger im Fass reift. Das Datum der Abfüllung muss angegeben werden. Am besten sind BARBEITO und die MADEIRA WINE COMPANY.

Garrafeira Der Begriff steht für ein Spitzenprodukt zum sehr guten Preis-Leistungs-Verhältnis. Rote reifen dabei mindestens für 30 Monate (oft sehr viel

Portugal

länger) und liegen zusätzlich noch ein Jahr in der Flasche. Weiße benötigen 12 Monate im Fass und sechs in der Flasche.

Global Wines Bair, Dão ★★→★★★ Ehemals DÃO Sul, mit Sitz in Dão und Gütern in vielen weiteren Regionen. Äußerst preiswert sind die Marken Cabriz (v. a. RESERVE) und Casa de Santar (v. a. Reserve, großartiger Nobre). Erstklassiger, lagerfähiger Vinha do Contador: der Rote dicht und cremig, der Weiße in Bio-Qualität. Moderne Weine, beeindruckende Architektur, Besucherzentrum in der QUINTA do Encontro in BAIRRADA. Weitere Marken: Grilos, Encostas do Douro (DOURO), Monte da Cal (ALENTEJO), Quinta de Lourosa (VINHO VERDE).

Graham's Port ★★★→★★★★ Sehr renommiertes Portweinhaus im Besitz von SYMINGTON FAMILY ESTATES mit erstklassigem, lagerfähigem VINTAGE PORT (**27' 63' 66' 85' 91' 94' 97 00' 03' 07' 11' 16' 17'**), der nach der Abfüllung direkt trinkreif ist. Gerade ist der **94**er freigegeben worden (dazu DOW'S und WARRE'S). Sehr üppig der Stone Terraces (**11' 15' 16' 17'**). Ferner preiswerter RESERVE RUBY Six Grapes sowie äußerst günstiger Single-QUINTA dos Malvedos (**12 15 18' 19'**), dazu ansprechender 20, 30 und 40 Jahre alter TAWNY und LBV. Feine COLHEITAS namens Single Harvest (v. a. **40' 50' 52' 61' 63' 69' 72' 82 94' 03**). Eine echte Wucht ist der Very Old Tawny Ne Oublie aus einem von drei Fässern, die 1882 befüllt wurden.

Gran Cruz Port ★→★★★ Portugals größte Portweinmarke, Porto Cruz, gehört der französischen La-Martiniquaise-Gruppe. Der Fokus liegt auf Massenproduktion und Cocktails inkl. Port auf Eis. Betreibt ein Museum in VILA NOVA DE GAIA mit beliebter Bar auf der Dachterrasse und ein Hotel in Porto. Die Marke Dalva umfasst ausgezeichnete TAWNY-Bestände wie sehr guten COLHEITAS, 10, 20 und 40 Jahre alte trockene Weiße und den umwerfenden Golden White Port (**52' 63' 71' 89'**). Schön auch die Weine der QUINTA de Ventozelo in Pinhão, die auch ein charmantes Hotel hat.

Grous, Herdade dos Alen, Douro ★★→★★★ Renommiertes Weingut und Hotel im Besitz der Pohl-Familie. Erstklassiges Angebot, darunter RESERVA (üppiger, eichenfassgereifter Weißer und feiner Roter). Neu ist die Spitzenreihe Concrete, für die der Wein zwei Jahre in Beton gelagert wurde. Dazu der weiche Moon Harvested und 23 Barricas (wird in den besten Fässern ausgebaut). Vom Außenposten QUINTA de Valbom kommt sehr guter DOURO-Rotwein von alten Reben.

Henriques & Henriques Mad ★★→★★★★ Erstklassiges MADEIRA-Haus im Besitz des Rum-Giganten La Martiniquaise. Spannend sind die 20 Jahre alten Malvasia und Terrantez, tolle FRASQUEIRAS (in alten Bourbon-Fässern ausgebaut: **97' 98'**); BUAL (**2000'**), SERCIAL (**71'**), Terrantez (**54'**), VERDELHO (**57**). Fesselnder TINTA NEGRA 50-Year-Old.

Justino Mad ★→★★★★ Das größte MADEIRA-Unternehmen ist im Besitz des Rum-Giganten La Martiniquaise und erzeugt auch die Weine der Marke Broadbent. Die Stars sind Terrantez Old RESERVE (ohne Jahrgangsangabe, vermutlich rund 50 Jahre alt), Terrantez (**78'**) und MALVASIA (**64' 68' 88'**).

Kopke Port ★→★★★★ Das älteste aller Portweinhäuser von 1638 ist im Besitz von Sogevinus. Bekannt für seine sehr guten würzigen, strukturierten COLHEITAS ab 1935. Bemerkenswertes Angebot an WHITE PORT, v. a. die inzwischen seltenen Jahrgänge (**35' 40'**) sowie die 20, 30, 40 und 50 Jahre alten Weine. Die Reihe vom DOURO nennt sich jetzt São Luiz, inkl. der sehr guten Winemaker's Collection von alten Reben.

Kranemann Wine Estates Douro ★★→★★★ Historisches Weingut aus dem 12. Jh., das von einem deutschen Chirurgen wiederbelebt wurde. Berater Diogo Lopes (von ADEGAMÃE) erzeugt DOURO- und Portweine. Sehr guter

RESERVE QUINTA do Convento aus Höhenlagen sowie 20 Jahre alter TAWNY. Preiswerte frische Rote und Weiße in der Reihe Hasso.

Krohn Port ★→★★★ Port-Firma von 1865 im Besitz von FLADGATE. Tolle Lagerbestände an fassgereiftem TAWNY, Quelle für TAYLOR'S 50 Jahre alten Single Harvest. Sehr gute, gehaltvolle 10 und 20 Jahre alte COLHEITAS sowie gute, elegante VINTAGE PORTS.

LBV (Late Bottled Vintage) Port – Großartige und bezahlbare Alternative zu VINTAGE PORT. Ein Jahrgangswein, der 4–6 Jahre, also doppelt so lang wie Vintage Port, im Fass reift und früh trinkreif ist. Auch sehr gute, langlebige, ungefiltert abgefüllte Versionen, z. B. von FERREIRA, NIEPOORT, NOVAL, RAMOS PINTO, SANDEMAN, TAYLOR und WARRE. Herrlich zu Schokolade, gibt aber auch nur für sich ein köstliches Dessert ab.

Lisboa ★→★★★ Unterschätzte Küstenregion mit großen Kontrasten: kleine und große Marken, heimische und französische Rebsorten. Immer mehr dynamische kleine Produzenten mit dem Fokus auf Qualität und Bio-Anbau. Fair kalkulierte, lagerfähige Rote z. B. von CHOCAPALHA oder vom SYRAH-Pionier MONTE D'OIRO. Beinhaltet COLARES mit einzigartigem Mikroklima und die trockenen, rassigen Bucelas-Weine (Weiße auf ARINTO-Basis, v. a. von ROMEIRA). Empfehlenswert: ADEGAMÃE (großartige Weiße), QUINTA DE SANT'ANA (sehr guter Ramisco), ★★ Pancas (lagerfähige Weine), ★★ Pinto (preiswerte Cuvées), ★★ Ramilo (mineralische Weiße). Auf regionale Reben wie Arinto, CASTELÃO, Vital besinnen sich junge Winzer: Casal Figueira (authentisch), Espera (mineralisch), Hugo Mendes (originell), Serradinha (Naturwein), Vale da Capucha (öko), Viuva Gomes.

Sie mögen Nebbiolo? Gereifter Baga ist altem Barolo oder Barbaresco verblüffend ähnlich.

Lopes, Márcio Douro, Minho ★★→★★★ VINHO VERDE ist die Basis, aber der innovative und aufstrebende Weinmacher hat noch andere Interessen: Die preiswerte Reihe Pequenos Rebentos bietet ALVARINHO/LOUREIRO, dazu DOURO-Weine wie Proibido Clarete im Clairet-Stil (*siehe* Frankreich), Einzellagenweine (Vinha do Pombal und Anel aus Douro Superior) sowie Telegrafo aus dem spanischen RIBEIRA SACRA von 70 Jahre alten Reben.

Maçanita, Antonio Alen, Douro ★★→★★★ Der rastlose Weinmacher und Berater ist in vielen Regionen unterwegs. Im ALENTEJO betreut er das Gut Fita Preta. Weine wie der Palpite sind modern, sexy und voller Charakter, dazu kommt die traditionelle Reihe Chão dos Eremitas. Auf den AZOREN läutete er das Revival der vulkanischen Inselweine ein mit sehr gutem ARINTO do Açores, herausragendem Terrantez do Pico und dem Vinha dos Utras von alten Reben. Am DOURO entstehen gemeinsam mit seiner Schwester Joana preiswerte Weine (rot/weiß).

Madeira ★→★★★★ Atlantikinsel und DOC zugleich. Nur acht Firmen stellen den berühmten und spannenden Aufgespriteten her. Die Stars: BARBEITO und MADEIRA WINE COMPANY. Die anderen: BORGES, HENRIQUES E HENRIQUES, JUSTINO'S ★★ Pereira d'Oliveira ★ Faria & Filhos ★ Madeira Vintners. Die Reihe an Tischweinen mit Salznoten wird erweitert: ★★ Atlantis, ★★★ Barbeito, ★ Terras do Avô, ★ Ilha (auf TINTA-NEGRA-Basis).

Madeira, Rui Roboredo Bei-In, Douro ★★→★★★ Dynamischer Pionier mit sehr hohen Lagen in DOURO Superior. Preiswerte Weine wie der beliebte Castello d'Alba und der mineralische Pedra Escrita. Der Spitzenwein von alten Reben heißt wie der Chef. Auch aus Beira Interior kommen bezahlbare, frische Weine aus hohen Lagen wie die Reihe Beyra inkl. des eleganten Jaen und Grande RESERVA.

Madeira Wine Company Mad – Familienunternehmen mit Marken wie BLANDY, COSSART GORDON, Leacock und Miles. Produziert über 50 % aller abgefüllten MADEIRA-Exporte.

Malhadinha Nova, Herdade da Alen ★★★ Das jetzt komplett biodynamisch arbeitende Familiengut im südlichen ALENTEJO ist zugleich ein schickes Landhotel. Lagerfähige Weine quer durchs Sortiment inkl. der Gutsweine. Dazu der unlängst abgefüllte, füllige Marias da Malhadinha, mineralischer MM, dicht gewebter Menino António auf Basis von ALICANTE BOUSCHET und CABERNET SAUVIGNON Pequeno João. Neu ist der gute Vale Travessos von alten Reben (1949, rot/weiß), außerdem sortenreine Weine z. T. aus Einzellagen. Preiswert die Weine aus der Reihe Monte da Peceguina. Der jüngste Coup ist eine hohe Weinlage im angesagten PORTALEGRE.

Portugiesische Spitzenweine – weiß

Alentejo Aldeia de Cima GARRAFEIRA, ESPORÃO Private Selection, Grande ROCIM, Retorto. **Dão** Villa Oliveira. **Douro** Branco da Ribeira, Coche, Guru, Mirabilis, NIEPOORT Reserva, No Millésime, Vinhas da Princesa. **Lisboa** ADEGAMÃE Terroir. **Vinho Verde** Curtimenta, Manoel Pedro Guedes, Parcela Única.

Malmsey (Malvasia Candida) Mad – Die süßeste und vollste der edlen MADEIRA-Rebsorten, jedoch mit der typisch scharfen Note. Das dekadente Ende einer Mahlzeit.

Maria Izabel, Quinta Douro ★★★ Einer der kommenden Stars. Das elegante Portfolio wird von Dirk NIEPOORT betreut, v. a. die Weine QUINTA und Vinhas da Princesa von alten Reben (rot/weiß). Der Ana basiert auf ARINTO. Dazu der verblüffend leichte und aromatische rote Sublime und der ebenso seltene wie teure Bastardo. Experimenteller GAMAY (der erste am Douro) entsteht in Zusammenarbeit mit Marcel Lapierre (*siehe* Frankreich).

Mateus Rosé ★ Der beliebte Rosé ist leicht und frisch, halbtrocken und prickelnd. Hat aber mehr im Angebot.

Mendes, Anselmo Minho ★★★→ ★★★★ »Mr. Alvarinho« setzt Maßstäbe für seine Mineralität und sein Reifepotenzial. Der Contacto lag lange auf der Hefe, üppig zeigt sich der auf den Schalen vergorene Curtimenta. Dazu Parcela Única mit Feuersteinnote, Orange Wine namens Tempo sowie Muros de Melgaço. Preiswert sind die Weine der Reihe Muros Antigos.

Monte da Ravasqueira Alen ★★→★★★ Familienbetrieb mit sehr gutem Terroir (hoch gelegen in Form eines Amphitheaters; Ton-Kalkstein auf Granit). In der Reihe Premium ist v. a. ALICANTE BOUSCHET sehr gut. Preiswerter Vinhas das Romãs (rot/weiß) aus einer Einzellage.

Monte d'Oiro, Quinta do Lis ★★→★★★ Ursprünglich hat das Bio-Weingut in Familienhand mit Hermitage-Reben von Maison Chapoutier begonnen. Heute gibt es feine, lagerfähige Reserven von SYRAH/VIOGNIER wie den eben erst freigegebenen 2011er. Cremig und trotzdem lebendig die Reserve von Viognier. Spitze ist der Ex-Aequo aus Syrah/TOURIGA NACIONAL als Gemeinschaftsprojekt von Bento und Chapoutier; gute Einstiegsweine.

Moscatel de Setúbal Set ★★→★★★★ Einer der Schätze Portugals: gespriteter süßer MOSCATEL, u. a. exquisiter Roxo und Superior. Beste Erzeuger: BACALHÔA VINHOS, ★★ Horácio Simões, JOSÉ MARIA DA FONSECA (verfügt über 100 Jahre alte Reben) und Horácio Simões. Preiswert: ★ Piloto, ★ SIVIPA. Passt zu Crème brulée oder salzigem Hartkäse.

Mouchão, Herdade do Alen ★★★ Das älteste Gut im ALENTEJO, Pionier für ALICANTE BOUSCHET, Familienbesitz. Der Gutswein (Erstabfüllung 1949) ist fußgestampft und in großen Fässern gereift. Frisch freigegeben sind die COLHEITAS der Reihe Antigas, dazu fein strukturierter Tonel 3–4 und ein einzigartiger gespriteter Alentejo-Wein. Der duftige rote Ponte bietet viel fürs Geld; gut ist auch der Dom Rafael von alten Reben (rot/weiß).

Mouraz, Casa de Dão ★★ Biodynamischer Pionier mit Rebflächen in Familienbesitz. Das Gut ist ein Neubau, nachdem fast alles von Buschbränden zerstört wurde. Ein lebendiges und authentisches Portfolio – toll der Elfa von 80 Jahre alten Reben; preiswert sind die Weine aus der Reihe AIR. Nina ist ein bezaubernder neuer Wein im Clairet-Stil (*siehe* Frankreich).

Murganheira, Caves ★★ Namhafter ESPUMANTE-Erzeuger; auch im Besitz der beliebten Marke RAPOSEIRA. Cuvées und Schaumweine von heimischen und französischen Rebsorten: Vintage, Grande RESERVA, Czar (rosé), dazu der seltene und teure Esprit de la Maison (PINOT NOIR/BLANC/MEUNIER).

Muxagat Douro ★★★ Das Gut in DOURO Superior (Mêda) mit seinen klaren, frischen und eleganten Weinen wird von Luis SEABRA beraten. Maßstäbe setzt der komplexe Xistos Altos auf Basis von Rabigato aus hohen Lagen. Sehr gut die sortenreinen Roten, dazu einzigartiger Cisne mit Cuvées von roten und weißen Trauben.

Nicolau de Almeida Douro ★★★ Feines Boutiquewein-Projekt der alteingesessenen Familie Nicolau de Almeida (der Großvater hat den BARCA VELHA kreiert). Betörend und spannend der Monte Xisto, sehr gut und elegant: Órbita und Oriente.

Niepoort Bair, Douro, Dão ★★★→★★★★ Weingut des Tischwein-Pioniers und schon jetzt legendären Dirk Niepoort. Feines Portfolio vom DOURO, v. a. Redoma inkl. Reserva (weiß), Batuta, ikonischer Charme, erstklassiger Coche (weiß), strukturierter Robustus und Turris aus Einzellagen. Der Diálogo/Fabelhaft ist ein preiswerter Globetrotter. Leicht zugänglich die Naturweinreihe Nat'Cool. Zu Niepoorts Vision gehören auch BAIRRADA mit der QUINTA de Baixo (GARRAFEIRA, Poeirinho, VV), DÃO (vor allem Conciso) und VINHO VERDE. Highlights in Sachen Portwein: VINTAGE PORT (**15' 17' 19'**), darunter preiswerter Crusted, einzigartiger, im Glasballon gereifter Garrafeira und der Bioma in Ökoqualität von einer Einzellage. Sehr guter TAWNY, v. a. die flaschengereiften COLHEITAS. Neues Besucherzentrum im historischen Keller in VILA NOVA DE GAIA.

Sie mögen Pinot noir? Probieren Sie alternativ Bastardo vom Douro, Jaen aus Dão oder Rufete aus Beira Interior.

Noval, Quinta do Douro, Port ★★★→★★★★ Das historische Gut ist seit 1993 im Besitz von AXA. Der feine VINTAGE PORT kommt jetzt jedes Jahr auf den Markt. Das Kronjuwel namens Nacional (**00' 01' 03' 04' 11' 16' 17' 19'**) stammt von 2,5 ha wurzelechter Reben. Sehr guter ungefilterter LBV. Daneben grandiose COLHEITAS, 20 und 40 Jahre alt. Das Angebot an Tischweinen wird größer: Cedro (rot/weiß), lagerfähige RESERVAS, sortenreine Abfüllungen von PETIT VERDOT und TOURIGA NACIONAL. Jetzt auch im Besitz von ★★ Passadouro.

Offley Port ★★ Das Portweinhaus von 1737 ist im Besitz von SOGRAPE. Guter, fruchtbetonter VINTAGE PORT, ungefilterter LBV. Für Cocktails ist die Reihe Clink attraktiv.

Passarella, Casa da Dão ★★→★★★★ Historisches Gut. Die Weine von Starwinzer Paulo Nunes setzen Maßstäbe und bringen Glanz nach DÃO. Kronjuwel ist der unlängst abgefüllte Vindima (09'), ein gemischter Satz von 80 Jahre alten Reben. Hochklassig die Reihe Villa Oliveira, besonders der in Eiche gereifte ENCRUZADO. Pedras Altas stammt ebenfalls von 80 Jahre alten Reben. Einzigartig der 2ª Edição aus fünf Encruzado-Jahrgängen. Vergleichsweise preiswert ist der Boutiquewein Fugitivo.

Pato, Filipa Bair ★★→★★★ Die Starwinzerin ist die Tochter von LUIS PATO. Sie arbeitet biodynamisch und steht für »ungeschminkte« Weine. Herausragende Rote: seidiger Nossa Missão von 130 Jahre alten wurzelechten Reben und erdiger Nossa Calcario von 90 Jahre alten Reben. Auch sehr gute Weiße. Überzeugend die Reihe Post-Quercus mit Weinen, die in Amphoren gereift sind.

Pato, Luís Bair ★★→★★★★ Der nonkonformistische Star unter den Weinmachern, Vater von FILIPA PATO, erzeugt wahrhaft langlebige Baga-Weine aus Einzellagen (Vinhas Barrio, Barrosa und Pan) sowie zwei Pé-Franco-Weine von wurzelechten Reben (ausgezeichneter, auf Sandboden wachsender Ribeirinho und Valadas von Kreide-Ton-Böden). Sofort trinkreif: VINHAS VELHAS (rot und weiß) sowie BAGA Rebel. Lagerfähige Weiße: cremiger Vinha Formal aus einer Einzellage und rassiger Parcela Cândido.

Península de Setúbal Set ★→★★ Dem Atlantik zugewandte Seite im Süden von Lissabon mit zwei DOCS, die das Gebiet abdecken, aber unterschiedliche Stile hervorbringen: MOSCATEL DE SETÚBAL und Palmela (Tischweine auf Basis von CASTELÃO). Empfehlenswert ★★ António Saramago, BACALHÔA VINHOS, ★★ Brejinho da Costa, ★★ Cebolal, JOSÉ MARIA DA FONSECA, ★★ Horácio Simões, ★★ Pegos Claros (besonders Grande Escolha), ★★ Piloto, ★★ Portocarro. VINHO-REGIONAL-Weine mit gutem Preis-Leistungs-Verhältnis. Beliebt: Adega de Pegões, Casa Ermelinda Freitas.

Pereira d'Oliveira Vinhos Mad ★★→★★★★ Der Familienbetrieb verfügt über einen enormen Vorrat (1,6 Mio. Liter) an altem FRASQUEIRA, der nur auf Bestellung abgefüllt wird. Viele dieser Weine kann man in der Kellerei aus dem Jahr 1619 verkosten – wahrlich eine Zeitreise! Zu den besten gehören überwältigende Jahrgänge aus dem 19. Jh. (MOSCATEL 1875; SERCIAL 1875; Terrantez 1880) und der seltene Bastardo 1927.

Periquita Zweiter Name der CASTELÃO-Traube, aber auch der Name der erfolgreichen Marke von José Maria da FONSECA.

Sie mögen Chardonnay? Dann probieren Sie alternativ Encruzado (Dão) oder Arinto aus Portugal.

Pico Wines ★★ Größte und älteste Genossenschaft auf den AZOREN. Die Weine vulkanischen Ursprungs werden besser. Preiswert sind die Reihen Terras de Lava und Frei Gigante, dazu sehr guter sortenreiner VERDELHO, ARINTO, Terrantez do Pico, dazu Gruta das Torres von 100 Jahre alten Reben. Köstlich der 10 Jahre gelagerte Licoroso.

Poças Douro, Port ★★→★★★ Das 100 Jahre alte Portweinhaus in Familienbesitz steht für TAWNY, erzeugt aber zunehmend auch Tischweine: Sehr gut sind der Símbolo, der in Zusammenarbeit mit dem Bordelaiser Berater Hubert de Boüard entsteht, und der in Eiche ausgebaute weiße Branco da Ribeira. Ferner gute RESERVA (rot) und sehr günstiger Vale de Calvados (rot/weiß). Neu und ungewöhnlich ist die Reihe Fora da Série. Die alten Port-Bestände ermöglichen fantastische Abfüllungen bis zurück ins Jahr 1918, sowie feine 20, 30 und 40 Jahre alte COLHEITAS. Außerdem sehr guter LBV und VINTAGE PORT.

Pôpa, Quinta do Douro ★★ Ein junges und dynamisches Familiengut. Carlos Raposo (VINHOS IMPERFEITOS) fungiert als Berater. Der erstklassige gemischte Satz Vinhas Velhas wird nur in speziellen Jahren abgefüllt, dazu gut strukturierter Homenagem, eine Reihe ansprechender sortenreiner Weine (TOURIGA NACIONAL, Tinta Roriz, preiswerter Pôpa Black (rot/

weiß) sowie die Unoaked-Weine. Neu sind amphorengereifte Weine und die Reihe Curtimenta (auf den Schalen vergoren). Familienfreundliches Besucherzentrum.

Pormenor Boutique Douro ★★★ Boutiqueweingut, das mit minimalen Eingriffen arbeitet. Alte Reben (VINHAS VELHAS) liefern feine, lagerfähige Weine vom DOURO: eleganter, mineralischer Trilho aus Hochlagen, straffer, herber A de ARINTO sowie cremiger und doch lebhafter Pormenor Reserva. Sehr gutes Preis-Leistungs-Verhältnis.

Portalegre Alen ★→★★★ Ein Zeichen für die Renaissance des nördlichsten ALENTEJO-Unterbereichs ist der Kauf hoch gelegener, kühlerer Weinberge (oft gemischt bestockt mit sehr alten Reben) durch ESPORÃO, SYMINGTON und SOGRAPE. Zu den Vorreitern zählen: ★★ Cabeças do Reguengo, ★★ Monte da Cal, RUI REGUINGA, SUSANA ESTEBAN, ★★ Tapada do Chaves.

Portugiesische Spitzenweine – rot

Alentejo Alyantiju, Grande Rocim, J de JOSÉ DE SOUSA, Júlio B. Bastos, Marias da Malhadinha, MOUCHÃO Tonel 3–4. **Bairrada** FOZ DE AROUCE VINHAS VELHAS, Nossa Missão, Quinta do Ribeirinho. **Dão** CASA DA PASSARELLA Vindima. **Douro** Abandonado, Aeternus, Antónia Adelaide Ferreira, BARCA VELHA, Charme, CHRYSEIA, Manoella VV, MARIA IZABEL Sublime, Maria Teresa, Mirabilis, Oratório, Pintas, QUINTA da Leda, RESERVA Especial, Robustos, Turris, VESÚVIO, Vinha da Ponte, Vinha do Moinho, Vinha do Rio. **Lisboa** Monte d'Oiro Ex-Aequo.

Quinta Portugiesisch für »Weingut« (im ALTENTEJO *herdade*). Als »Single-Quinta« werden VINTAGE PORTS von einzelnen Weingütern bezeichnet (oft sehr preisgünstig), die in nicht deklarierten Jahren erzeugt werden (und immer häufiger auch in Spitzenjahren).

Quinta Nova Douro ★★→★★★★ Das 250 Jahre alte Weingut auf einem Hügel wurde von Familie Amorim (berühmt für ihre Korken) aufgemöbelt, inkl. des charmanten Hotels. Die großartige Reihe Vinha Centenária bietet Cuvées von TINTA RORIZ und TOURIGA NACIONAL mit Weinen von 100 Jahre alten Reben. Daraus entsteht auch der bestechende Aeternus; preiswerte Rote und Weiße liefern die Reihen Grainha und Pomares. Luisa Amorim ist unermüdlich: Sie führt das Gut TABOADELLA in DÃO, dazu das Herzensprojekt ALDEIA DE CIMA in ALENTEJO.

Rainwater Mad – MADEIRA in einem leichteren und trockeneren Stil. TINTA NEGRA mit einem Hauch von VERDELHO. Mindestens fünf Jahre gereift. Gekühlt als Aperitiv oder zum Essen.

Ramos, João Portugal Alen ★→★★★ Der ALENTEJO-Pionier ist jetzt auch in Sachen VINHO VERDE, DOURO (DUORUM) sowie in Beira Atlântico (FOZ DE AROUCE) unterwegs. Preisgünstige Marken: roter Marquês de Borba (auch als RESERVA), VINHAS VELHAS (rot/weiß) sowie Vila Santa. Sehr gut sind die Einzellagenweine Jeremias, São Lázaro oder Viçosa. An der Spitze steht der Estremus.

Ramos Pinto Douro, Port ★★★ Im Besitz des Champagnerhauses Roederer. Komplexer Single-Quinta TAWNY, 10 Jahre alt, und als Klassenbester der 20 Jahre alte. Neu ist der rote Ervamoira vom gleichnamigen Gut. Schön auch verschiedene Reihen wie Duas Quintas RESERVA (rot) und Reserva Especial (überwiegend TOURIGA NACIONAL). Dazu lagerfähiger VINTAGE PORT inkl. der Single-QUINTA-Abfüllungen Bom Retiro und Ervamoira.

Real Companhia Velha Douro, Port ★→★★★ Das historische Unternehmen (1756) wird von der Familie Silva Reis geleitet. Sie bringt frischen Wind in ihr Portfolio mit Port (inkl. Delaforce, Royal Oporto) und DOURO-Weinen. Sehr präzise im An- und Ausbau auf mehr als 500 ha: Carvalhas (rot/weiß), die Reihe Cidrô, weißer Síbio, 20 Jahre alter TAWNY und VINTAGE PORT. Grandjó ist eine der besten Spätlesen in Portugal; preiswert die Reihe Acipprestes. Dazu ein Port-Museum und eine Weinbar.

Reguinga, Rui Alen, Tejo ★★★ Der Star unter den Weinberatern setzt auf eigene Projekte. In PORTALEGRE: die sehr gute Reihe Terrenus von alten Reben, inkl. des weißen Vinha da Serra von 100-jährigen Reben. Elegant der in Amphoren gereifte Vinha da Ammaia. TEJO: Von der Rhône inspirierter Tributo und Vinha da Talisca mit viel Schmelz.

Weingenuss in Portugal

In puncto Ambiente und Angebot sind dies die besten Weinlokale (die allerbesten haben ein Sternchen): **Algarve** *Epicur, Rolha Wine Bar; **Braga** *Delicatum; **Cascais** *Terroso; **Estremoz** Howard's Folly; **Évora** Enoteca Cartuxa, Fita Preta; **Lissabon** Black Sheep, By The Wine, *Comida Independente, *JNcQuoi, Jobim, *Senhor Uva, *Vino Vero, *Wines by Heart; **Penafiel** Casa da Viúva; **Porto und Umgebung** A Cave Do Bon Vivant, Capela Incomun, *Enoteca 17.56, *Garage Wines, Portologia, *Prova Wine, *Vinum, Wine Quay Bar.

Reserva/Reserve Port – Höhere Qualität als normal oder vor dem Verkauf länger gereift; die Grande Reserva ist noch eine Stufe höher angesiedelt und wird von einem regionalen Verkostungsteam genehmigt. Die Regeln variieren allerdings von Region zu Region, eine gewisse Skepsis ist also angebracht. Bei Portwein: ohne Altersangabe abgefüllt (für RUBY und TAWNY verwendet, oft recht preiswert).

Rocim Alen ★★→★★★ Dynamisches Unternehmen im kühleren Vidigueira, Pionier für die Wiederentdeckung des VINHO DE TALHA. Großartig der Grande Rocim (körperreicher ALICANTE BOUSCHET in Rot; eichenlastiger ARINTO in Weiß) und der erst kürzlich abgefüllte Crónica #328. Sehr gut und in Ton gereift der fußgetretene Clay Aged (rot), dazu eleganter Amphora (rot/weiß). Auch der spannende VINHO VERDE ALVARINHO reift in Tongefäßen. In Zusammenarbeit mit NIEPOORT entsteht der Nat'Cool. Gute Weine von alten Reben und aus Einzellagen wie Olho de Mocho (rot/weiß) und Alicante Bouschet Indígena. Köstlicher gemischter Satz Bela Luz vom DOURO.

Romeira, Quinta da ★★ Historisches Gut in BUCELAS im Besitz von SOGRAPE. Der Fokus liegt auf ARINTO. Fair kalkuliert: knackiger Prova Regia und eichenwürziger Morgado de Sta. Catherina.

Rosa, Quinta de la Douro, Port ★★★ Familienbetrieb in Pinhão mit einem charmanten Gästehaus. Die Qualität der Port- und DOURO-Weine steigt unter Weinmacher Jorge Moreira (Poeira) stetig. Sehr guter LBV, 30 Jahre alter TAWNY und VINTAGE PORT. Sehr volle und dennoch elegante Weine, v. a. RESERVA (rot/weiß). Die Marke Passagem umfasst preiswerte, körperreiche Weine.

Rozès Douro, Port ★★★ Im Besitz von Vranken-Pommery (*siehe* Frankreich). Der LBV stammt aus dem wärmeren Bereich DOURO Superior. Gute Tischweine in der Reihe Terras do Grifo, inkl. lagerfähiger RESERVA und Grande Reserva.

Ruby Port – Flaschengereifter Port, der zuvor im Holz lag: zwei Jahre für Vintage Port, vier bis sechs Jahre für LBV, sechs Jahre für RESERVAS. So heißt aber auch der einfachste, jüngste, billigste und süßeste Port – kann köstlich sein.

Sandeman Port Port ★★→★★★ Historische Firma im Besitz von SOGRAPE mit berühmtem Logo: der Mann im Cape mit Hut (der Don). Sehr guter, preiswerter 20, 30 und 40 Jahre alter TAWNY und ungefilterter LBV. Der neue VINTAGE PORT lässt das Haus im alten Glanz erstrahlen. Wunderbarer Very Old Tawny Cask 33.

Sant'Ana, Quinta de Lis ★★→★★★ Historisches, idyllisches Familiengut, das mineralische Weine mit Salznoten erzeugt. Antonio MAÇANITA arbeitet mit heimischen und französischen Rebsorten. Knackige Weiße wie ALVARINHO oder ARINTO. Sehr gute, langlebige Rote wie Homenagem und RESERVA. Exquisiter Ramisco oJ.

São João, Caves Bair ★★→★★★ Der Betrieb ist berühmt für seine riesigen Lagerbestände mit Abfüllungen, die 50 Jahre und älter, zum Teil 100 Jahre alt sind. BAIRRADA: Frei João, Poço do Lobo. DÃO: Porta dos Cavaleiros. Gut auch ARINTO/CHARDONNAY (weiß) und Schaumwein-Cuvées.

Seabra, Luis Douro, Minho ★★★ Der moderne Starwinzer arbeitet mit minimalen Eingriffen. Das ergibt hochklassige, elegante Abfüllungen von Einzellagen am DOURO sowie VINHO VERDE aus heimischen Rebsorten. An der Spitze die Reihe Xisto Cru: sehr mineralisch von steinigen Böden in großer Höhe. Berater von Pormenor und MUXAGAT.

Sercial Mad – Bringt den rassigsten und trockensten MADEIRA hervor – ein überaus feiner Aperitif, der perfekt zu Sushi oder kurz gebratenem Thunfisch passt. Findet sich auch in Tischweinen vom Festland (*siehe* Kapitel Rebsorten).

Soalheiro, Quinta de Minho ★★→★★★ Führender Spezialist für ALVARINHO. Gutes Angebot an lagerfähigen Weinen wie der frische Clássico, der mineralische Granit und der feine, fassgereifte Primeiras Vinhas von alten Reben. Neuer Keller mit Verkostungsraum.

Sobroso, Herdade do Alen ★★→★★★ Großes Gut mit 1600 ha und Boutiquehotel im Landhausstil. Erstklassige Rote: samtiger Arché (ALICANTE BOUSCHET, CABERNET SAUVIGNON, TOURIGA NACIONAL) und fülliger Grande RESERVA (Alicante Bouschet, Cabernet Sauvignon). Zuverlässige Auswahl an Gutsweinen wie die Reihe Sobroso.

Sogrape Alen, Douro, Minho ★→★★★★ Großes, weltweit tätiges Unternehmen. Produziert den MATEUS ROSÉ. Port-Marken sind FERREIRA, OFFLEY und SANDEMAN. Anbaubereiche und Erzeuger: ALENTEJO (preiswerter Herdade do Peso), DÃO (Boutiquebetrieb CARVALHAIS), DOURO (die angesehene Casa FERREIRINHA und ikonischer BARCA VELHA), LISBOA (günstiger Quinta da ROMEIRA) und VINHO VERDE (preiswerter Azevedo). Das Angebot an feinen Weinen wird ausgebaut: Antónia Adelaide Ferreira (rot/weiß), Legado von 100-jährigen Reben sowie der Série Ímpar (BAIRRO Sercialinho, PORTALEGRE Retorto von alten Reben).

Sousa, José de Alen ★★→★★★ Im Besitz von JOSÉ MARIA DA FONSECA. Das historische Gut hält mit 114 Amphoren (die größte *talhas*-Sammlung in ganz Portugal) die Tradition lebendig. Darin entstehen der würzige, reife José de Sousa zum fairen Preis, eleganter J und fülliger Mayor mit super Preis-Leistungs-Verhältnis.

Symington Family Estates Douro, Port ★★→★★★★ Der größte Grundbesitzer am DOURO ist zugleich Pionier in Sachen Nachhaltigkeit. Das Familienunternehmen in fünfter Generation vereint Tradition und Innovation. Dazu zählt eine Reihe erstklassiger Porthäuser wie COCKBURN, DOW, GRAHAM'S, VESÚVIO oder WARRE. Restaurant und Besucherzentrum namens 1890 Lodge in VILA NOVA DE GAIA setzen Maßstäbe. Tolles Angebot an Tischweinen: blitzblanker CHRYSEIA und fruchtbetonter Vesúvio. Sehr gut die Reihe Altano. Vom Außenposten im hoch gelegenen PORTALEGRE kommt der frische Souto.

Taboadella Dão ★★★ Das Projekt der Familie Amorim bringt Prestige nach DÃO. Die Stars von QUINTA NOVA kümmern sich um An- und Ausbau der Weine. Vielversprechendes Angebot: eleganter Grande Villae (rot/weiß); überzeugende Reihen mit sortenreinen Abfüllungen wie Alfrocheiro oder der preiswerte Einstiegswein Villae. Markanter, mit Kork ausgekleideter Keller.

Talha, Vinho de Alen – Amphoren aus Ton wie bei den alten Römern erleben gerade ihr Revival. Jetzt auch in der DOC ALENTEJO. Die Weinbereitung: Man nehme ganze Trauben und lasse sie fünf bis sechs Wochen auf den Schalen gären. Jahrzehntealte Amphoren sind begehrte Schätze: Das historische Gut JOSÉ DE SOUSA besitzt 114 davon und macht tolle Sachen mit ihnen. Auch empfehlenswert: ★★ Casa Relvas, CORTES DE CIMA, ESPORÃO, ★★ Gerações da Talha, ★★ José Piteira, ROCIM, ★★ XXIV Talhas (besonders Mestre Daniel).

Tawny Port – Im Holzfass gelagerter Port, trinkreif nach der Abfüllung: oxidativ, nussig, süß und rassig. Nach dem Öffnen zwei Monate haltbar. Gekühlt servieren. Passt zu Crème brulée oder Hartkäse. Weine mit Jahrgangsangabe oder Verschnitte aus unterschiedlichen Jahrgängen werden mit dem Alter komplexer und teurer: Es gibt 10, 20, 30 und 40 Jahre alte (die 20 Jahre alten sind meist gut ausgewogen); eine neue Kategorie weist 50 Jahre alte Weine aus. Fassgereifte Jahrgangs-COLHEITAS kommen bis auf 100 Jahre. In der Luxusklasse köstlicher Very Old Tawny. Die Besten: ANDRESEN, Dalva (GRAN CRUZ), GRAHAM'S, KOPKE, KROHN, NIEPOORT, NOVAL, Otima (WARRE'S), POÇAS, RAMOS PINTO, TAYLOR'S, VASQUES DE CARVALHO. Auch preiswerte RESERVA (sechs Jahre im Holz) kann köstlich sein.

Taylor, Fladgate & Yeatman (Taylor's) Port ★★→★★★★ Historisches Portweinhaus und FLADGATES Kronjuwel mit imposanten VINTAGE PORTS (**63' 66' 70' 77' 94' 97'**). Zu diesen zählen auch Single-QUINTA-Weine (Terra Feita und Vargellas), darunter der seltene Vargellas Vinha Velha von über 70 Jahre alten Reben. Herausragender TAWNY, u. a. sehr gute, 50 Jahre alte COLHEITAS (**68' 69' 70' 71'**), Very Old Tawny Scion (**1863'**) und die neue Kingsman Edition (Durchschnittsalter 90 Jahre).

Tejo ★→★★★ Die Flussregion wandelt sich von Quantität zu Qualität. Die heimischen Rebsorten CASTELÃO (rot) und FERNÃO PIRES (weiß) bringen vielversprechende Ergebnisse, besonders von alten Reben. Solide: ★★ Alorna, ★★ Casa Cadaval, ★★ Lagoalva de Cima, ★★ Lapa. Etwas ambitionierter: ★★★ Casal Branco, ★★★ Casal das Aires, FALUA und RUI REGUINGA.

Vale Dona Maria, Quinta do Douro, Port ★★→★★★ Angesehener Tischwein-Pionier im DOURO. Sehr füllige Rote inkl. der Gutsweine, Vinha do Rio aus einer Einzellage, Vinha da Francisca und das neue Spitzengewächs Vinha do Moinho; rauchige und trotzdem lebhafte Weiße mit Eichennote wie die Reihen VVV und Vinha do Martim, dazu preiswerte Weine aus dem Gebiet Douro Superior. Guter LBV, RESERVA, VERY OLD TAWNY und VINTAGE PORT. Mitglied der DOURO BOYS.

Vale Meão, Quinta do Douro ★★★ Familiengeführtes Gut, Wiege des BARCA VELHA. Feines Sortiment mit Lagerpotenzial: hochelegante Rote, sehr gute Weine aus Einzellagen, die sortenreine Reihe Monte Meão und preiswerter Meandro (rot/weiß). Außerdem guter VINTAGE PORT. Mitglied bei den DOURO BOYS.

Vallado, Quinta do Douro ★★→★★★ Familienweingut in Baixo Corgo mit moderner Kellerei und Hotel. Erzeugt im Bereich DOURO Superior sehr preiswerte Bio-Weine (QUINTA do Orgal). Sehr gute RESERVA aus gemischtem Satz, dazu die Reihe Sousão und sortenreine Abfüllungen von TINTA RORIZ und TOURIGA NACIONAL. Guter 10, 20, 30 und 40 Jahre alter TAWNY.

Adelaide heißt ein Spitzenrotwein von 80 Jahre alten Reben. Spannender, seltener VERY OLD TAWNY aus Zeiten vor der Reblaus. Mitglied der DOURO BOYS.

Vasques de Carvalho Douro, Port ★★★ Neuer Produzent (eine Seltenheit in Portugal), 2012 aus dem Familienerbe mit Kellern, Beständen und Weinbergen gegründet. Erstklassiger, teurer, stilvoller 10, 20, 30 und 40 Jahre alter TAWNY. Neu sind köstliche, 10 und 20 Jahre alte WHITE PORTS, dazu guter VINTAGE und eine Reihe vom DOURO. Schöner Verkostungsraum in VILA NOVA DE GAIA.

In den Weinbergen am Douro wachsen 48 weiße und 64 rote Rebsorten.

Verdelho Mad – Klassische und sehr wandelbare MADEIRA-Traube: süßer als SERCIAL, trockener als BUAL. Macht aus schlichten Dingen wie Currywurst oder Backfisch ein Festmahl; mit Hartkäse ein toller Aperitif. Findet sich nun auch in Madeira-Tischweinen.

Vértice Douro ★★★→★★★★ Schaumweinproduzent am DOURO, für viele der beste Portugals: sehr preiswerter Gouveio und Millésime. Vorzüglicher, 84 Monate gereifter PINOT NOIR aus einer Höhenlage.

Very Old Tawny Port ★★★★ Die Deluxe-Kategorie von TAWNY – diese Weine reifen jahrzehntelang im Holzfass. Eine interessante Zeitreise mit zwei Haltestellen: Very Old Tawny (die Weine sind 40–80 Jahre alt) und Very Very Old Tawny (die Weine sind 80 und älter). Zeitkapseln: 1900 1910 (ANDRESEN) 1918 (POÇAS), 5G (WINE & SOUL), 1888 ABF (VALLADO), António Vieira de Sousa, CNK (KOPKE), Costa Boal, Honore (CRASTO), Ne Oublie (GRAHAM'S), Scion and Kingsman Edition (TAYLOR), VV (NIEPOORT).

Vesúvio, Quinta do Douro, Port ★★★→★★★★ Die prachtvolle historische QUINTA am Fluss erzeugt langlebige Weine: roter Gutswein von alten Reben, als Zweitwein preiswerter roter Pombal do Vesúvio. Auch der Einstiegswein Comboio ist prima. Portwein auf Augenhöhe mit den Besten. Hier werden die Trauben noch fußgestampft.

Vilacetinho, Casa de Minho ★★ Weingut aus dem 18. Jh. an der Grenze zum DOURO. Preiswertes Sortiment auf Basis von Avesso wie z. B. Escolha, dazu Cuvées mit ALVARINHO. Sehr guter Superior und Reserva.

Vila Nova de Gaia Douro, Port – Historische Heimat der großen Portwein-Handelshäuser. Die beliebtesten Touristenattraktionen sind die Straßenbahn, die doppelstöckige Brücke, Bootstouren, Hotels (mit dem Sternerestaurant The Yeatman), Restaurants und Bars wie Enoteca 17·56 oder Vinum, tolle Weinkeller (CÁLEM, COCKBURN'S, FERREIRA, GRAHAM'S, POÇAS, SANDEMAN, TAYLOR'S) und nicht zuletzt das ambitionierte Museum World of Wine von FLADGATE.

Vinhas Velhas Alte Reben; häufig auf Etiketten zu lesen, allerdings hat jede Region ihre eigene Auffassung von »alt«. Am DOURO ist das jetzt geregelt mindestens 40 Jahre alte Weinlagen, mit mindestens vier Rebsorten bestockt, geringe Erträge. Andere Regionen wollen folgen.

Vinho Regional (VR) oder Indicação Geográfica Protegida (IGP) Entspricht der französischen Kategorie IGP und bietet mehr Freiraum zum Experimentieren als eine DOC.

Vinho Verde Minho ★→★★★ Portugals größte, grünste und feuchteste Region an der nördlichen Grenze zu Spanien. Die Qualität hat sich in den vergangenen Jahren verbessert mit eleganten Weißen zu bezahlbaren Preisen. Die besten kommen aus den Unterregionen: Spitzen-ALVARINHO aus Monção e Melgaço (ANSELMO MENDES, LUIS SEABRA, MÁRCIO LOPES ★★★ Regueiro, ★★ Santiago, SOALHEIRO, ★★ Vale dos Ares); LOUREIRO aus Lima (besonders AMEAL, biodynamisch erzeugt ★★ Aphros), Avesso aus Baião (biodynamisch ★★ A&D, ★★ Covela), Amarante (Casa de Cello, CASA DE VILACETINHO, ★★ Sem Igual). Große Marken (★ Adega de Monção, ★ AVELEDA, ★ Azevedo) sind oft leicht prickelnd (Casal Garcia, Gazela, Muralhas), DYA. Minho als VINHO REGIONAL kommt aus derselben Gegend.

Vinhos Imperfeitos Dão, Minho ★★★ Ambitioniertes High-end-Projekt von Carlos Raposo (ehemals NIEPOORT, Berater von QUINTA DO PÔPA). Exquisite und lagerfähige Weiße: Der DÃO wird als gemischter Satz von 100-jährigen Reben in Eiche oder Zement ausgebaut; mineralischer VINHO VERDE von ARINTO/LOUREIRO/Avesso; D&V ist ein spannender, mineralischer Verschnitt von Weinen aus zwei Regionen. Die teuersten Weißen von Portugal. Bezahlbar ist die elegante Reihe WWW mit DÃO-Weinen (rot/weiß).

Vintage Port Port – Einer der großen klassischen Weine der Welt. Wird nur in den besten Jahren produziert (bekannt als »klassisch« oder mit »deklariertem« Jahrgang), nach zweijähriger Fassreife und anschließender jahrzehntelanger Flaschenreife. Hedonisten trinken ihn immer öfter auch jung. Präzision in Sachen Weinbau und Weinbereitung gehen zunehmend Hand in Hand. Zu den neuen Super-Selektionen zählen Capela (VESÚVIO), Sērikos (CROFT), Stone Terraces (GRAHAM'S) und Vinha da Pisca (NIEPOORT). Bildet Depot, weil er ungefiltert ist, und sollte immer dekantiert werden. Single-QUINTA Vintage Ports werden in nicht deklarierten Jahren produziert. Einfach nur traumhaft.

Sind Sie bereit für White Port & Tonic? Ja, sind Sie – am besten mit Cockburns, Offley oder Taylor's.

Warre Port ★★★→★★★★ Die erste und älteste britische Portweinfirma (1670 gegründet), heute im Besitz von SYMINGTON. Erzeugt volle, langlebige VINTAGE PORTS und ungefilterten LBV. Eleganter Single-QUINTA da Cavadinha. Voll und trotzdem frisch ist der 20 Jahre alte Tawny Otima mit unschlagbarem Preis-Leistungs-Verhältnis.

White Port Port – Portwein aus weißen Trauben. Meist halbtrocken, manchmal auch trocken. Nicht länger ein Nischenprodukt sind hochwertige White Ports mit Altersangabe: 10, 20, 30 oder 40 Jahre alt (ANDRESEN, KOPKE, Quevedo, Vieira de Sousa); seltene COLHEITAS erzeugen z. B. Dalva und Kopke. Lágrima ist preiswert und sehr süß. Port und Tonic ergeben einen beliebten erfrischenden Aperitif.

Wine & Soul Douro, Port ★★★→★★★★ Angesehenes Familienweingut. Bemerkenswertes Angebot an lagerfähigen DOURO-Weinen von alten Reben. An der Spitze: eichenfassgereifter Guru (für den No Millésime reift die Cuvée drei Jahre lang); würziger, eleganter QUINTA da Manoella VINHAS VELHAS und kraftvoller Pintas. Preiswert: der gemischte Satz Pintas Character und der Zweitwein Manoella (rot/weiß). Knackiger Vinha do Altar, sowie guter Vintage Port Pintas. Herausragend der mehr als 100-jährige VERY OLD TAWNY 5G.

Schweiz

Die folgenden Abkürzungen werden im Text verwendet:

AG	Aargau
BE	Bern
BI	Basel-Land
BS	Basel-Stadt
FR	Freiburg (Fribourg)
GE	Genf (Genève)
GR	Graubünden
LU	Luzern
NE	Neuenburg (Neuchâtel)
SG	St. Gallen
SH	Schaffhausen
TG	Thurgau
TI	Tessin (Ticino)
VD	Waadt (Vaud)
VS	Wallis (Valais)
ZH	Zürich

Die dunklen Flächen bezeichnen die Weinbaugebiete

Ja, Schweizer Weine werden oft übersehen, aber nicht von allen. Nehmen wir Caroline Frey, Mitbesitzerin der Weingüter Château La Lagune (Bordeaux) und Paul Jaboulet Aîné (Hermitage, nördliche Rhône): Was hat es zu bedeuten, wenn sie ihr Herzensprojekt im Wallis realisiert – in einem Mini-Weingarten in Fully? Außerdem haben so exklusive Weinlocations wie der Privatclub 67 Pall Mall in London oder das Restaurant Eleven Madison Park in New York Schweizer Weine im Angebot. Erstaunlich auch, dass japanische Weinliebhaber bereit sind, im Laden von Louis Robuchon 88.000 Yen (ca. 650 Euro) für eine Flasche Pinot noir von Martin Donatsch zu berappen. Vielleicht sollte man den Schweizer Wein nicht mehr so in den Himmel loben …

Neuere Jahrgänge

2021 Frost, Hagel, Mehltau: die geringste Ernte in 20 Jahren. Leichtere Weine von mittlerer Qualität.

2020 Frühe, ertragsarme Ernte, 20–40 % weniger als üblich: unregelmäßige Blüte, Trockenheit; sehr gute Qualität.

2019 Regen zur Lese, v. a. in der Ostschweiz; Waadt und Wallis erging es besser.

2018 Kraftvolle, runde Weine quer durchs Land.

2017 Frost; einige Kantone konnten nur 20 % der üblichen Menge ernten. Sehr gute Qualität.

2016 Frost im April, verregneter Sommer, später sonnig: überwiegend mittelschwere Weine.

Ältere gute Jahrgänge: 2013, 2010 (Pinot noir), 2015, 2009, 2005 (alle), 1999 (Dézaley), 1997 (Dézaley), 1990 (alle).

Aigle VD ★→★★★ Beliebte AOC für CHASSELAS, aber seien Sie wählerisch. Empfehlenswert: BADOUX, Terroir du Crosex Grillé.

AOC Äquivalent zur französischen Appellation Contrôlée. Insgesamt gibt es 62 AOCs.

Auvernier, Château d' NE ★★→★★★ Bedeutendes Weingut (60 ha) mit zuverlässigem, typischem CHASSELAS aus NEUCHÂTEL sowie CHARDONNAY, ŒIL-DE-PERDRIX, PINOT NOIR (am besten von der Einzellage Les Argiles).

Bachtobel, Schlossgut TG ★★★ Seit 1784 im Besitz der Familie Kesselring, bekannt für wunderbar feinen PINOT NOIR. Die Qualitätsstufen sind mit den Ziffern 1–4 benannt, je höher, desto besser. Echte Schnäppchen sind der 2020er Nr. 1 und der 2019er Nr. 2.

Der Dank geht an Frankreich

Die Schweiz baut PINOT NOIR schon viel länger an als die meisten anderen: Bereits im 9. Jh. brachte der Karolinger Karl III. die Rebe an den Bodensee. Amadeus VIII., Herzog von Savoyen, und seine Gattin Maria von Burgund sollen angeblich im 15. Jh. Winzern am Genfer See Rebstöcke übergeben haben. Irgendwann ist der Pinot noir dann in Graubünden angekommen, der Legende nach über Herzog Heinrich II. während des Dreißigjährigen Krieges. Das alles würde nicht viel bedeuten, wäre der Schweizer Pinot nicht so großartig, wie er ist – unterschiedlich je nach Region, aber immer mit der typischen Kombination aus Feinheit und Tiefe.

Bad Osterfingen SH ★★★ Restaurant und Weingut in einer historischen Badeanstalt von 1472. Bekannt für PINOT BLANC und PINOT NOIR (Badreben, Badreben Abt); die Reserve Privée wird nur in Spitzenjahren produziert. Die Weine sind als Essensbegleiter und zum Einlagern gedacht. In Coproduktion entsteht der ZWAA.

Badoux, Henri VD ★★ Erzeuger, dessen AIGLE les Murailles (mit der klassischen Eidechse auf dem Etikett) zu den beliebtesten Schweizer Weinmarken zählt. Sehr ambitioniert ist die Kollektion Lettres de Noblesse mit Fassreifung im YVORNE-Barrique.

Baumann, Ruedi SH ★★★ Perfektionistisches Familiengut in Oberhallau. Beatrice, Ruedi und Sohn Peter sind vor allem für feinfruchtigen PINOT NOIR (z. B. Ann Mee, R und ZWAA) bekannt.

Bern Hauptstadt und Kanton mit Weinorten am Bieler und Thuner See. Spitzenerzeuger: Andrey, Johanniterkeller, Keller am See, KREBS & STEINER, Schlössli, Schott.

Besse, Gérald VS ★★★ Führendes Familiengut im WALLIS mit Gérald und Patricia Besse sowie Tochter Sarah. Überwiegend Lagen in Steilterrassen auf bis zu 600 m Höhe. Intensive Ermitage Les Serpentines von alten Reben (**10' 13'** 15 16 17): MARSANNE von Granitböden, auf denen die Reben 1945 gepflanzt wurden.

Bonvin VS ★★→★★★ Alteingesessener Erzeuger im WALLIS mit faszinierenden Gewächsen von lokalen Reben: Reihe Nobles Cépages (z. B. HEIDA, PETITE ARVINE, SYRAH).

Bovard, Louis VD ★★→★★★★ Spitzengut in Cully im LAVAUX. Klassische Weine mit Lagerpotenzial. La Médinette (**99' 05' 07' 11' 12'** 15 16 17' 18' 19 20) steht beispielhaft für DÉZALEY. Weine aus anderen AOCS sind ebenso zuverlässig; alte Jahrgänge sind auf der Domaine erhältlich.

Bündner Herrschaft GR ★★→★★★★ Klein-Burgund mit vier Gemeinden nahe Chur: FLÄSCH, Jenins, Maienfeld und MALANS. PINOT NOIR voller Struktur, Frucht und Reifepotenzial. Ausgewogenes Klima dank milder Winde aus dem Süden und kühleren Strömungen aus den nahen Bergen.

Calamin VD ★★★ GRAND CRU im LAVAUX, 16 ha auf den tiefen, kalkhaltigen Böden einer Geröllawine, herberer CHASSELAS als im benachbarten DÉZALEY. Erzeuger sind u. a. BOVARD, Dizerens und DUBOUX.

Chablais VD ★★→★★★ Weinbaugebiet am oberen Ende des Genfer Sees rund um AIGLE und YVORNE. Der Name leitet sich vom lateinischen *caput lacis,* Kopf des Sees, ab.

Chanton VS ★★★ Arche Noah für alte Sorten aus dem WALLIS (Eyholzer Roter, Gwäss, HEIDA, Himbertscha, Lafnetscha, Resi); Weinberge in bis zu 800 m Höhe.

Chappaz, Marie-Thérèse VS ★★★→★★★★ Kleines, biodynamisch bewirtschaftetes Gut, berühmt für seine Süßweine von Petite ARVINE und Ermitage (MARSANNE), den wohl besten der Schweiz. Selbst der einfache FENDANT La Liaudisaz ist toll – hier lohnt sich alles.

Colombe, Domaine la VD ★★→★★★ Biodynamisch geführtes Gut in FÉCHY, LA CÔTE. Bestens bekannt für seinen lagerfähigen CHASSELAS Brez (**12' 15'** 19' 20'). Neu ist der in Ton ausgebaute gemischte Satz Curzilles und der großartige SAVAGNIN Amédée.

Cortaillod NE – Der Ort am Neuenburgersee ist bekannt für seinen feinen PINOT NOIR. Ein ertragsarmer örtlicher Klon heißt genauso.

Cruchon, Henri VD ★★★ Biodynamischer Betrieb in LA CÔTE, jetzt unter der Leitung der jungen Catherine Cruchon, mit vielen SPEZIALITÄTEN, z. B. dem hervorragenden Altesse. Spitzengewächs ist PINOT NOIR aus dem örtlichen Klon Servagnin, der sich bis ins 15 Jh. zurückverfolgen lässt (Raissennaz **10' 13'** 15' 17', Servagnin 18 19').

Dézaley VD ★★★ GRAND CRU im LAVAUX, der steil zum Genfer See hin abfällt, 54 ha, im 12. Jh. von Zisterziensermönchen angelegt. Mächtige CHASSELAS-Weine, die sich mit der Reifung ab sieben Jahren schön entwickeln. Am besten sind DUBOUX, Fonjallaz, LEYVRAZ, Louis Bovard, Monachon, VILLE DE LAUSANNE.

Dôle VS ★→★★ Die Antwort des WALLIS auf den Passetoutgrains aus Burgund: PINOT NOIR mit GAMAY ergibt leichte, süffige Rote.

Donatsch, Thomas GR ★★★ Seit 1974 Barrique-Pionier in MALANS, jetzt hat Sohn Martin das Sagen: Der PINOT NOIR Reserve Privée (**13'**) erzielte bei einer Auktion 1.075 Franken pro Flasche.

Duboux, Blaise VD ★★★ Familienbetrieb mit 5 ha in LAVAUX. Herausragender DÉZALEY *vieilles vignes* Haut de Pierre (sehr üppiger, mineralischer Stil), CALAMIN Cuvée Vincent.

Féchy VD ★→★★★ Berühmte, aber unzuverlässige AOC in LA CÔTE, überwiegend CHASSELAS.

Fendant VS ★→★★★ WALLISER Appellation für körperreichen CHASSELAS mit typisch balsamischem Duft; passt perfekt zu Käsefondue oder Raclette. Empfehlenswert: BESSE, Cornulus, GERMANIER, PROVINS und Simon MAYE.

Fläsch GR ★★★→★★★★ Weinort in der BÜNDNER HERRSCHAFT, bekannt für PINOT NOIR von Schiefer- und Kalkböden. Viele empfehlenswerte Güter,

Schweiz

vor allem Mitglieder der Familien Adank, Hermann und Marugg. Gantenbein ist herausragend.

flétri/mi-flétri Spät gelesene Trauben, aus denen süßer bzw. leicht süßer Wein gekeltert wird.

Fromm, Weingut GR ★★★ Spitzenerzeuger in MALANS (bis 2008 auch in Neuseeland), bekannt für subtilen PINOT NOIR aus Einzellagen wie Fidler, Selfi/Selvenen, Schöpfi oder Spielmann. Jetzt biodynamisch bewirtschaftet.

Gantenbein GR ★★★★ **10' 12 13' 15'** 16 17 18 19 20 – Die Winzerstars Daniel und Martha Gantenbein in FLÄSCH sind für ihren PINOT NOIR berühmt, doch der in winzigen Mengen erzeugte CHARDONNAY ist noch faszinierender.

Weinregionen der Schweiz

Die Schweiz ist grob in sechs Weinregionen unterteilt: WALLIS (Valais), WAADT (Vaud), GENÈVE (Genf), TESSIN (Ticino), Drei-Seen-Land (Neuenburger-, Murten- und Bielersee) und die Deutschschweiz, zu der der Aargau, GRAUBÜNDEN, SCHAFFHAUSEN, St. Gallen, der Thurgau, ZÜRICH und einige kleinere Weinbaukantone gehören.

Genève (Genf) – Die 1.400 ha Rebflächen sind weit vom See entfernt (die meisten Weinberge dort gehören zum Kanton WAADT). Erzeuger: Balisiers, Grand'Cour, Les Hutins und Novelle.

Germanier, Jean-René VS ★★→★★★ Großes Gut (150 ha) im WALLIS mit verlässlichem FENDANT Les Terrasses, SYRAH Cayas und und einer Spezialität aus der lokalen Rebsorte AMIGNE von Schieferböden aus Vétroz (edelsüßer Mitis, trockener Balavaud **13 15 16** 17' 19).

Glacier, Vin du (Gletscherwein) VS ★★★ Eine Art alpiner Sherry, der im Val d'Anniviers aus der seltenen Sorte Rèze gekeltert und in großen Lärchenfässern ausgebaut wird. Kann im Rathaus von Grimentz verkostet werden.

Grain Noble ConfidenCiel VS – Qualitätsbezeichnung für ursprüngliche Süßweine. Empfehlenswert: CHAPPAZ, Domaine du MONT D'OR, Dorsaz (beide Güter), GERMANIER, Philippe Darioli und PROVINS.

Grand Cru VD, VS – Widersprüchlicher Begriff, der im WALLIS und in der WAADT verwendet wird. Manchmal bezieht er sich auf bestimmte Rebsorten, auf ertragsreduzierten Anbau oder Zusatzbezeichnungen wie Clos, Château oder Abbaye. Nur bei CALAMIN und DÉZALEY handelt es sich um eine Lagenklassifikation.

Graubünden (Grisons) Hauptsächlich deutschsprachiger Bergkanton. PINOT NOIR ist König. *Siehe* BÜNDNER HERRSCHAFT; außerdem: Manfred Meier, von TSCHARNER.

Huber, Daniel ★★→★★★ Pionier, der historische Lagen 1981 aus Brachland wieder urbar gemacht hat. Bewirtschaftet sie teilweise biodynamisch. Sohn Jonas hat die Leitung übernommen. Hervorragend die lagerfähige Cuvée Montagna Magica aus MERLOT/CABERNET FRANC (der **2001**er hat sich 2021 als taufrisch erwiesen).

Johannisberg VS – Synonym für SILVANER im WALLIS, oft halbtrocken oder süß ausgebaut. Schmeckt großartig zu Fondue. Exzellent von der Domaine du Mont d'Or.

Joris, Didier VS ★★★→★★★★ Kleines Bio-Weingut mit 3 ha und einem Dutzend Sorten. Hier wird die lokale weiße Rebsorte Diolle vor dem Aussterben bewahrt. Die Weine sind allerdinsg nur schwer aufzutreiben.

Krebs & Steiner BE ★★★ Zusammenschluss zweier Familiengüter am Bielersee. Am besten ist der CHARDONNAY Clos au Comte unter dem Steiner-Etikett.

La Côte VD ★→★★★ Chasselas, so weit das Auge reicht: 2.000 ha westlich von Lausanne am Genfer See, sehr wechselhaft in Sachen Qualität. Gemeinden: U. a. FÉCHY, Mont-sur-Rolle und Morges.

Lausanne VD ★★→★★★ Fünf Güter mit insgesamt 36 ha sind im Besitz der Gemeinde Lausanne. Am bekanntesten: Clos des Moines und Clos des Abbayes in DÉZALEY, beide biodynamisch.

Lavaux VD ★★→★★★★ Die 30 km steilen, nach Süden ausgerichteten Weinbergterrassen östlich von Lausanne sind UNESCO-Welterbe. Einzigartig voller, mineralischer CHASSELAS. Zwei GRANDS CRUS (DÉZALEY, CALAMIN) und diverse Gemeinde-AOCS.

Leyvraz, Pierre-Luc VD ★★★→★★★★ Perfektionistischer Winzer im LAVAUX; intensiv vom Terroir bestimmter ST-SAPHORIN Les Blassinges und DÉZALEY.

Litwan, Tom AG ★★★ 2006 hat er in Schinznach die Seiten gewechselt: vom Maurer zum biodynamischen Winzer. Auf 5 ha wächst fülliger CHARDONNAY (Büel, Wanne), dazu die Reihe Chalofe mit üppigen Einzellagenweinen. Feiner PINOT NOIR Auf der Mauer und straffer, mineralischer Rüeget.

Maison Carrée, La NE ★★★ Familienweingut mit 10 ha, gegründet 1827; sehr traditionelle Weinbereitung inkl. Verwendung alter Holzpressen, v. a. für PINOT NOIR (Auvernier, Hauterive, Einzellagenweine, Le Lerin von alten Reben).

Malans GR ★★→★★★★ Gemeinde in der BÜNDNER HERRSCHAFT. Spitzenerzeuger des hiesigen PINOT NOIR sind u. a. DONATSCH, FROMM, Liesch, Studach und Wegelin. Aus der spät reifenden Lokalsorte Completer wird ein langlebiger, phenolischer Weißwein bereitet. Adolf Boner (01' **05'**) ist hier der Gralshüter.

Maye, Simon et Fils VS ★★★ 11-ha-Familienbetrieb. Der dicht gewebte SYRAH Vieilles Vignes ist vielleicht der beste der gesamten Schweiz; dazu würziger, kraftvoller Païen (HEIDA).

Mémoire des Vins Suisses Verband von 57 führenden Erzeugern mit dem Ziel, einen Bestand an Schweizer Weinikonen aufzubauen, um deren Alterungspotenzial nachzuweisen. Die ältesten Weine sind von 1999.

Mercier, Anne Catherine et Denis VS ★★★→★★★★ Familienweingut in SIERRE, jetzt unter der Leitung der jungen Madeleine Mercier. Das akribisch betriebene Weinbergmanagement erbringt dichte, aromatische Rote wie z. B. den seltenen CORNALIN (05' 09' 10' 11 **15'** 16 17 18 19), dazu SYRAH.

Mont d'Or, Domaine du VS ★★→★★★★ Legendäres Gut im WALLIS mit edelsüßen Weinen, v. a. JOHANNISBERG Saint-Martin. Neuerdings wird mehr Wert auf trockene Weine gelegt.

Morcote, Castello di TI ★★★ Burgruine und gleichnamiges Weingut mit 14 ha. Gaby Gianini ist Besitzerin in dritter Generation und betreibt es jetzt biodynamisch. Exzellente Riserva (16' 17 18').

Neuchâtel (Neuenburg) ★→★★★ 606 ha im Umland der Stadt und des Sees mit kalkhaltigen Böden. Leicht perlender CHASSELAS und exquisiter PINOT NOIR von einem örtlichen Klon (CORTAILLOD). Am besten sind Château d'AUVERNIER, Domaine de Chambleau, La MAISON CARRÉE, PORRET und TATASCIORE.

Œil de Perdrix NE – »Rebhuhnauge« – Blasser Rosé von PINOT NOIR. Ursprünglich aus NEUCHÂTEL, jetzt auch anderswo anzutreffen.

Pircher, Urs ZH ★★★→★★★★ Weine von bewunderswerter Konsistenz entstehen an einem steilen Südhang über dem Rhein bei Eglisau. Kristallkla-

Schweiz

re Weiße, komplexer PINOT NOIR Stadtberger Barrique (15' 16 17 18 19 20) von alten Schweizer Klonen. Urs Pircher hat die Leitung an Gianmarco Ofner übergeben.

Porret NE ★★→★★★★ Führender Familienbetrieb in CORTAILLOD mit CHARDONNAY und PINOT NOIR in burgundischem Stil (am besten ist die Cuvée Elisa, die Jahrzehnte lagern kann).

In Sion (Wallis) fallen jährlich 583 mm Niederschläge, im feuchteren Locarno (Tessin) sind es 1855 mm.

Provins VS ★→★★★ Winzergenossenschaft mit mehr als 4.000 Mitgliedern, der größte Produzent der Schweiz mit 1.500 ha Rebflächen und 34 Rebsorten. Ordentliche Einstiegsweine, sehr gute Kollektion Maître de Chais (Eichenausbau).

R3 ZH ★★★ **12' 17' 18** 19 20 – Räuschling-Joint-Venture dreier führender Winzer am ZÜRICHSEE: Lüthi, Rütihof und SCHWARZENBACH.

Riehen, Weingut BS ★★→★★★★ Das neue Boutiqueweingut (2014 gegründet) in der gleichnamigen Stadt nahe Basel wird von Hanspeter Ziereisen (*siehe* Deutschland) und den Kaufleuten Jacqueline und Urs Ullrich geleitet. PINOT NOIR (Le Petit, Le Grand) mit Charakter und großem Potenzial.

Rouvinez Vins VS ★→★★★ Weingigant in Sierre im WALLIS, wurde 1947 gegründet und verschaffte sich mit den Cuvées La Trémaille (weiß) und Le Tourmentin (rot) seinen Ruf. Starke Expansion durch Übernahme von BONVIN (2009), Caves Orsat (1998) und Imesch (2003).

Ruch SH ★★★ Exzellenter und extrem seltener PINOT NOIR aus Hallau (Chölle von 60 Jahre alten Reben, Haalde von einer Steillage sowie Buck, der auf Sandstein gewachsen ist) und Gächlingen (Schlemmweg von Kalksteinböden). Nur 3 ha. Außerdem MÜLLER-THURGAU und Cidre, die in Amphoren ausgebaut werden.

St. Jodern Kellerei VS ★★→★★★ Die Genossenschaft in VISPERTERMINEN ist bekannt für ihren Heida Veritas von wurzelechten alten Reben.

St-Saphorin VD ★→★★★ An DÉZALEY angrenzende AOC. Die Weine sind leichter, aber ebenso fein. Am besten sind LEYVRAZ und Monachon.

Schaffhausen ★→★★★ Gilt als Land des BLAUBURGUNDERS, aber eine Flut von billigen Supermarktweinen hat dem Ruf geschadet. Spitzenerzeuger (z. B. BAD OSTERFINGEN, BAUMANN, RUCH) gehören zu den besten der Schweiz.

Schenk S. A. VD ★→★★★ Weltweit agierender Weingigant mit Hauptsitz in Rolle, 1893 gegründet. Saubere Weine (vor allem aus der WAADT und dem WALLIS); beträchtliche Exporte.

Schwarzenbach Weinbau ZH ★★★ Familienbetrieb am Zürichsee mit 10 ha. Ein Drittel davon gehört der lokalen Rebsorte Räuschling, die Herrmann Schwarzenbach senior in den 1950ern vor dem Aussterben bewahrt hat. Der lagerfähige Seehalden (**07' 10' 15' 17'** 18' 19' 20 21) aus einer Einzellage genießt Kultstatus. Auch viele andere SPEZIALITÄTEN wie Completer oder Freisamer.

Spezialitäten Rebsorten, die nur in kleinen Mengen vorkommen, bringen mit die besten Weine der Schweiz hervor: Räuschling, GEWÜRZTRAMINER und PINOT GRIS in der Deutschschweiz sowie lokale Sorten (wie JOHANNISBERG, MARSANNE und SYRAH) im WALLIS.

Sprecher von Bernegg GR ★★★ Historisches Gut in Jenins in der BÜNDNER HERRSCHAFT. Vor allem PINOT NOIR: Vom Lindenwingert, Vom Pfaffen/Calander.

Stucky-Hügin TI ★★★→★★★★ MERLOT-Pionier Werner Stucky, Sohn Simon und Jürg Hügin. Am besten sind der Conte di Luna (Merlot/CABERNET SAUVIGNON), der Soma (Merlot/CABERNET FRANC) und der Temenos (Completer/SAUVIGNON BLANC).

Tatasciore, Jacques NE ★★★★ Ausgefeilter (und seltener) PINOT NOIR aus NEUCHÂTEL.

Tessin (Ticino) ★→★★★★ Italienischsprachige Südschweiz. MERLOT ist seit 1948 die vorherrschende Rebsorte und wird im straffen Stil ausgebaut. Am besten sind Agriloro, CASTELLO DI MORCOTE, Chiericati, Delea, Gialdi, HUBER, Klausener, Kopp von der Crone Visini, Pelossi, STUCKY, Tamborini, Valsangiacomo, Vinattieri und ZÜNDEL.

Tscharner, von ★★★ Familienbetrieb am Zusammenfluss von Vorder- und Hinterrhein. Epischer, tanninreicher PINOT NOIR (Churer Gian-Battista, Jeninser Alte Reben), der die Spitzenposition des Weinguts auf der ganzen Länge des Rheins (1.230 km) rechtfertigt.

Twann BE ★→★★★ Ort am Bielersee, berühmt für CHASSELAS (Gutedel) und PINOT NOIR, aber schwankende Qualität. Gute Erzeuger: Johanniterkeller Klötzli, KREBS & STEINER, Schott (biodynamisch).

Visperterminen VS ★→★★★ Weinbaugebiet im Oberwallis, v. a. für HEIDA Besitzt mit dem Rieben einen der höchsten Weinberge Europas auf über 1.000 m Höhe. Empfehlenswert: CHANTON, ST. JODERN KELLEREI.

Vully FR, VD ★→★★★ Kleine, aber feine AOC am Ufer des Murtensees, geteilt zwischen den Kantonen Fribourg (116 ha) und WAADT (46 ha). CHASSELAS, PINOT NOIR und TRAMINER. Die Besten: Château de Praz, Chervet, Cru de l'Hôpital, Javet & Javet, Petit Château.

Waadt (Vaud) – Zweitgrößter Weinbaukanton, an den Ufern des Genfer Sees gelegen. Seine Familiengüter sind für ihre konservative Haltung bekannt. Große Häuser: u. a. Bolle, Hammel, Obrist und SCHENK.

In einer archäologischen Grabungsstätte im Wallis ist Traubensaat aus dem 7. Jh. vor Christus gefunden worden. Man sollte sie aussäen.

Wallis (Valais) – Größter Weinbaukanton der Schweiz im trockenen, sonnigen oberen Rhône-Tal; am besten sind MARSANNE und SYRAH, die den französischen Legenden Konkurrenz machen. Viele exquisite lokale Sorten. Jede Menge gute Familienweingüter und talentierte junge Leute.

Yvorne VD ★★→★★★ Ort im CHABLAIS mit Rebflächen auf dem Geröll einer 1584 niedergegangenen Lawine. Erzeuger sind z. B. BADOUX, Château Maison Blanche, Commune d'Yvorne und Domaine de l'Ovaille.

Zündel, Christian TI ★★★→★★★★ Biodynamisches Weingut mit 4 ha bei Beride. Der Perfektionist Christian Zündel wird jetzt von Tochter Myra unterstützt. Weine von Reinheit und Finesse, vor allem MERLOT/CABERNET SAUVIGNON Orizzonte und die CHARDONNAYS Velabona sowie Dosso.

Zürich Größte Stadt der Schweiz und größter Weinbaukanton in der Deutschschweiz mit 610 ha. Angebaut wird überwiegend BLAUBURGUNDER. Beste Erzeuger: Besson-Strasser, E. Meier, Gehring, Lüthi, PIRCHER, SCHWARZENBACH, Staatskellerei und Zahner.

Zürichsee Schwyz, ZH – Dynamische AOC, in der die Rebflächen der Kantone ZÜRICH und Schwyz am Ufer des Zürichsees zusammengeschlossen sind. Besten Erzeuger: Bachmann, Diederik, Kloster EINSIEDELN, Höcklistein, Lüthi, E. Meier, Rütihof, Schipf, Schnorf, SCHWARZENBACH.

Zwaa SH ★★★ Zusammenarbeit zweier Weingüter: Bei BAUMANN sind die Böden tief und kalkhaltig, bei BAD OSTERFINGEN leicht und kiesig. PINOT NOIR (94' 09' 13' **15'** 16 17 18 19); sein weißes Gegenstück aus WEISSBURGUNDER/CHARDONNAY ist genauso langlebig.

Österreich

Die folgenden Abkürzungen werden im Text verwendet:

Bgl	Burgenland
Carn	Carnuntum
NÖ	Niederösterreich
S-Stm	Südsteiermark
Stm	Steiermark
Therm	Thermenregion
Vulk	Vulkanland Steiermark
W-Stm	Weststeiermark

Die dunklen Flächen bezeichnen die Weinbaugebiete

Auf leisen Sohlen hat sich Österreich an die Spitze der Weinwelt geschlichen. Kaum ein anderes Land in Europa hält eine derart hohe durchschnittliche Qualität. Der Stil ist makellos: Weiße von kristalliner Reinheit, ausgewogene Rote voller Frische mit einem gerüttelt Maß an Säure und Frucht. Die Aromen sind so überraschend, dass sie sehr anziehend wirken auf alle, die etwas Neues entdecken möchten. Sie passen perfekt zur zeitgemäßen Küche. Dazu kommt der Trend, dass immer mehr Spitzengüter biodynamisch produzieren, mit wilden Hefen und experimentellen Techniken arbeiten. In diesem Land lohnt es sich, einfach alles zu probieren. Regionale Identität zählt: Der Wechsel in das Appellationssystem DAC, Districtus Austriae Controllatus, hat 2002 begonnen und ist weitgehend abgeschlossen. Nach den letzten Zugängen fehlt nur noch die Thermenregion.

Neuere Jahrgänge

2021 Wechselhafter Sommer, perfekter Herbst: schön ausgewogene, reife Weine mit eleganter Säure.
2020 Ein paar Krankheiten und etwas Hagel. Ausgewogener, klassischer Jahrgang.
2019 Traumhafter Jahrgang mit Reife und Frische.
2018 Das Hitzewellenjahr: reifes Lesegut in Hülle und Fülle.
2017 Gute saftige und runde Weine.
2016 Schöne Frucht, feine Frische, aber genaues Hinsehen bei der Auswahl der Winzer lohnt.
2015 Sehr gute Qualität. Körperreiche, reife Weine mit Lagerpotenzial.

Alzinger Wachau ★★★★ 10 **13 15** 16 17 – Klarer, kristalliner, langlebiger RIESLING, GRÜNER VELTLINER.

Ambrositsch, Jutta Wien ★★ Köstlicher GEMISCHTER SATZ. Der großartige Pop-up-HEURIGE in WIEN nennt sich Buschenschank in Residence.

Atzberg Wachau ★★★ Beeindruckendes Rekultivierungsprojekt hoch gelegener, aufgelassener Weinberge unter Federführung der Familie GRITSCH und eines Wiener Immobilieninvestors.

Ausbruch Qualitätsbezeichnung, ausschließlich im DAC RUSTER AUSBRUCH verwendet. Produziert aus edelfaulen, getrockneten Trauben; das Mostgewicht muss mindestens 30° KMW oder 145,8° Oechsle betragen.

In Würde altern

Österreich ist bekannt dafür, dass Wein jung getrunken wird. Lange galt alles, was älter als ein Jahr ist, als unverkäuflicher Restposten. Seit ein paar Jahren ändert sich das. Spitzenweine werden jetzt später abgefüllt und können danach umso länger lagern. GRÜNER VELTLINER reift hervorragend und erbringt gleichzeitig junge Alltagsweine: Man sollte sie nur nicht verwechseln. SAUVIGNON BLANC und PINOT aus der STEIERMARK sowie BLAUFRÄNKISCH aus dem BURGENLAND haben ebenfalls Lagerpotenzial. Zu den »Local Heroes« gehören ZIERFANDLER aus der THERMENREGION und ROTER VELTLINER aus WAGREIN. Einige Produzenten füllen jetzt ältere Weine ab: *siehe* S. 456

Braunstein, Birgit Bgl ★★★ **15 16** 17 19 – Individualistischer Biodynamie-Star in LEITHABERG. Herrlicher BLAUFRÄNKISCH. Probieren Sie die in Amphoren ausgebauten Weine der Reihe Magna Mater.

Bründlmayer, Willi Kamptal ★★★★ 10 **13 15** 17 19 20 – Ikonischer Erzeuger für GRÜNEN VELTLINER und RIESLING (vor allem Heiligenstein Lyra und Alte Reben). Auch feiner Sekt sowie frankophiler PINOT NOIR.

Burgenland Bundesland und Weinbauregion im Osten Österreichs an der ungarischen Grenze. Wärmeres Klima als in NIEDERÖSTERREICH, deshalb vorwiegend rote Reben wie BLAUFRÄNKISCH, ST. LAURENT und ZWEIGELT. Rund um den flachen NEUSIEDLER SEE herrschen ideale Bedingungen für edelfaule Süßweine, besonders in RUST und im SEEWINKEL.

Carnuntum NÖ – Das früher unbekannte Anbaugebiet südöstlich von WIEN boomt nun mit vollendet frischen Rotweinen, v. a. ZWEIGELT, der als Rubin Carnuntum vermarktet wird. Empfehlenswert: BLAUFRÄNKISCH vom Spitzerberg. Am besten: G. Markowitsch, GRASSL, MUHR und TRAPL.

Christ Wien ★★★ Tonangebend in WIEN und sehr beliebter HEURIGER. Erlesener GEMISCHTER SATZ und ungewöhnliche rote Verschnitte.

DAC (Districtus Austriae Controllatus) Herkunfts- und qualitätsbasiertes Appellationssystem für gebietstypische Weine und Stile. Der erste DAC war 2002 das WEINVIERTEL. Die Hierarchie orientiert sich an Burgund: Gebietsweine, Ortsweine und Lagenweine. Aktuell sind es 17 DACs: EISENBERG, Kamptal, Kremstal, LEITHABERG, MITTELBURGENLAND, NEUSIEDLERSEE, Rosalia, SÜDSTEIERMARK, TRAISTAL, VULKANLAND STEIERMARK, Weinviertel, Wiener GEMISCHTER SATZ, WESTSTEIERMARK; zuletzt aufgenommen wurden CARNUNTUM, Ruster AUSBRUCH, WACHAU und WAGRAM.

Domäne Wachau Wachau ★★★ Weltweit führende Genossenschaft mit beneidenswerten Weinlagen. Klarer und ausdrucksstarker puristischer Stil. Blitzsauberer GRÜNER VELTLINER und RIESLING, v. a. Achleiten, Kellerberg. Durch die Bank sehr preiswert. Interessant der experimentelle Backstage.

Ebner-Ebenauer Weinviertel ★★★★ Treibende Kraft im WEINVIERTEL, von Jahr zu Jahr ausdrucksvoller. GRÜNER VELTLINER (Einzellage), ST. LAURENT von alten Reben, PINOT NOIR. Feiner Blanc de Blancs Brut Nature.

Edlmoser Wien ★★★ Führendes Gut im Süden von WIEN. Feine, mineralische Weiße, kraftvolle Rote. Im hauseigenen HEURIGEN schmeckt z. B. der RIESLING Sätzen.

Eichinger, Birgit Kamptal ★★★ Stets herausragender RIESLING, v. a. Heiligenstein, und enorm würziger, feingliedriger GRÜNER VELTLINER, v. a. Hasel.

Eisenberg Bgl – Kleiner DAC für BLAUFRÄNKISCH von Schieferböden. Kraftvoll und trotzdem elegant.

Erste Lage Qualitätsbezeichnung für Einzellagen (bei Gütern, die dem ÖTW angehören) in CARNUNTUM, KAMPTAL, KREMSTAL, TRAISENTAL, WAGRAM und WIEN: 68 Mitglieder mit 81 Ersten Lagen, weitere werden hinzukommen.

Federspiel Wachau – In der Klassifizierung der VINEA WACHAU die mittlere Kategorie in Sachen Reife und Alkohol: mindestens 11,5 %, maximal 12,5 %. Unaufdringliche Weine für die Gastronomie, manche mit Reifepotenzial wie der SMARAGD.

Feiler-Artinger Bgl ★★★★ Biodynamischer Erzeuger mit Intuition, der feingliedrige Rotweine und phänomenalen AUSBRUCH hervorbringt; historisches Barockhaus im Zentrum von RUST.

Fritsch, Karl Wagram ★★★ **18** 19 20 – Voller Leidenschaft für die Biodynamie: RIESLING Mordthal und exzellenter PINOT NOIR P.

Fritz, Josef Wagram ★★ **19** 20 – Führender Produzent für eine Spezialität von WAGRAM: ROTER VELTLINER. Es lohnt sich, alle Varianten zu probieren.

Gemischter Satz Wien – Wiederbelebte Tradition, bei der mehrere weiße Rebsorten im selben Weinberg wachsen und gemeinsam als Cuvée vinifiziert werden. Komplexe Weine. V. a. im WEINVIERTEL und in WIEN verbreitet. In Wien erhielten bestimmte Erzeuger 2013 den Wiener Gemischter Satz genannten DAC-Status. Keine Sorte darf zu mehr als 50 % enthalten sein. Empfehlenswert sind AMBROSITSCH, CHRIST, GROISS und WIENINGER.

Geyerhof Kremstal ★★★ Bio-Weingut von Weltklasse; wunderbarer GRÜNER VELTLINER und RIESLING, bemerkenswerter Einsteigerwein Stockwerk.

Grassl, Philipp Carn ★★★ Beeindruckender ZWEIGELT, toller ST. LAURENT, PINOT NOIR.

Gritsch Mauritiushof Wachau ★★★ Stets lebhaft fruchtbetonter, konzentrierter RIESLING, v. a. von der Lage 1000-Eimerberg. Pfeffriger GRÜNER VELTLINER. Einer der Erzeuger im ATZBERG.

Groiss, Ingrid Weinviertel ★★★ Die für die Wiederbelebung alter Weinberge bekannte Winzerin im WEINVIERTEL hat sich auf GEMISCHTEN SATZ sowie pfeffrigen GRÜNEN VELTLINER spezialisiert. Hübscher Rosé Hasenhaide.

Gruber-Röschitz Weinviertel ★★★ Ungewöhnlich für das WEINVIERTEL erzeugt das von drei Geschwistern geführte Bio-Weingut auch rassigen RIESLING von Granitböden; feiner GRÜNER VELTLINER.

Gut Oggau Bgl ★★ Nicht nur die Etiketten sind ein Blickfang auf diesem biodynamischen Weingut.

Hager, Matthias Kamptal ★★ Langjährige Biodynamie-Ikone. Probieren Sie den GRÜNEN VELTLINER Mollands, die vorzügliche Trockenbeerenauslese und den Eiswein sowie den ungeschwefelten Urgestein und den Pét-Nat.

Harkamp S-Stm ★★★ Der beste Sekt in der STEIERMARK, v. a. lang gereifte Große Reserve, Zero und Solera.

Hartl, Heinrich Therm ★★★ Aufstrebender Star in der THERMENREGION, spezialisiert auf geschmeidigen PINOT NOIR und perfekt gemachte heimische Weiße aus ZIERFANDLER und ROTGIPFLER.

Heinrich, Gernot Bgl ★★★★ Hat sich mit kraftvollem BLAUFRÄNKISCH einen Namen gemacht. Konzentriert sich neuerdings auf unwiderstehliche, auf der Schale vergorene Weißweine.

K. u. k. lässt grüßen

FURMINT (Šipon in Slowenien) erobert sich wieder seinen Platz unter den weißen Rebsorten im BURGENLAND. Die Sorte war weit verbreitet und sehr beliebt, solange das Burgenland noch zu Ungarn gehörte – also bis vor rund 100 Jahren. Seit 1921 ist es Teil Österreichs, woraufhin die Rebe vom GRÜNEN VELTLINER verdrängt wurde. Jetzt wird wieder vermehrt Furmint gepflanzt, was erfrischende, würzige trockene Weiße ergibt. Empfehlenswert: Hannes Schuster, HEIDI SCHRÖCK, FRANZ WENINGER, MICHAEL WENZEL sowie Herrenhof Lamprecht aus dem VULKANLAND STEIERMARK.

Herrenhof Lamprecht Vulk ★★→★★★ Eigenwilliger Weinbauer im VULKANLAND STEIERMARK. Hinreißender FURMINT, PINOT BLANC und RIESLING. Probieren Sie alles vom Buchertberg.

Heuriger Steht sowohl für den Wein der letzten Ernte als auch für eine gemütliche Schenke, in der die Winzer oft unter freiem Himmel ihre Weine ausschenken und dazu rustikale regionale Speisen servieren – ein fester Teil der österreichischen Kultur. Heißt außerhalb von Wien Buschenschank.

Hiedler Kamptal ★★★ Schön bereiteter pfeffriger GRÜNER VELTLINER, v. a. Thal und Kittmannsberg.

Hirsch Kamptal ★★★★ **15 17** 19 20 – Herausragender RIESLING und GRÜNER VELTLINER aus den Einzellagen Heiligenstein und Lamm. Der Einstiegswein Grüner Veltliner Hirschvergnügen macht seinem Namen alle Ehre.

Hirtzberger, Franz Wachau ★★★★ 08 10 13 **14 15** 19 20 – Ikone in Spitz, maßgeblich beteiligt an der Definition des Stils in der WACHAU. Bekannt für Opulenz, wird aber immer eleganter. Grandiose Einzellagenweine von RIESLING und GRÜNEM VELTLINER, v. a. Honivogl und Singerriedel.

Huber, Markus Traisental ★★★ Steht mit RIESLING und GRÜNEM VELTLINER für den feingliedrigen Weinstil von Kalkböden im TRAISENTAL. Weine mit brillanter Zitrusfrucht, Strahlkraft und Schlankheit.

Illmitz Bgl – Gemeinde in SEEWINKEL am NEUSIEDLER SEE, bekannt für Beeren- und Trockenbeerenauslesen (*siehe* Deutschland). Bester Erzeuger: Angerhof-Tschida und KRACHER.

Jalits Bgl ★★★ Alteingesessenes Weingut am EISENBERG mit kraftvollem BLAUFRÄNKISCH; langlebig sind die Einzellagenweine Szapary und Diabas.

Jamek, Josef Wachau ★★★ Eine Institution in der WACHAU. Unter der Führung der nächsten Generation auf dem Weg zurück zu altem Glanz. RIESLING und GRÜNER VELTLINER aus den Einzellagen Achleiten und Klaus.

Johanneshof Reinisch Therm ★★★ Nachdrückliche Verfechter der lokalen Spezialitäten ROTGIPFLER und ZIERFANDLER; verdientermaßen auch berühmt für langlebigen PINOT NOIR und ST. LAURENT von Weltklasse.

Jurtschitsch Kamptal ★★★★ Das biodynamische Weingut belebt das KAMPTAL mit phänomenalen Interpretationen aus den Einzellagen Heiligenstein, Käferberg und Loiserberg. Dazu gesellen sich Schaumwein und Pét-Nat.

Kamptal NÖ – Weinbaugebiet am Donaunebenfluss Kamp nördlich der WACHAU: runderer Stil, flachere Hügel, beeindruckende Mineralität und Präzision. Spitzenlagen: Heiligenstein, Käferberg, Lamm, Loiserberg und Seeberg. Am besten sind BRÜNDLMAYER, EICHINGER, HIEDLER, HIRSCH, JURTSCHITSCH, LOIMER, SCHLOSS GOBELSBURG. DAC für GRÜNEN VELTLINER und RIESLING.

Österreichs neue feine Weine

Ein paar gibt es auf jeden Fall. In den einzelnen Einträgen werden noch viel mehr genannt, aber die nachfolgenden Winzer haben keine eigenen Einträge: **Diwald** GRÜNER VELTLINER RIED Goldberg: Koriander und Pfeffer. **Fuchs & Hase** Pét-Nat Rosé: schöne Salznote. **Grabenwerkstatt** RIESLING Ried Trenning Smaragd: saftig präzise. **Hannes Schuster** ST-LAURENT Zagersdorf: Pinot-ähnliche Eleganz. **Karl Schnabel** BLAUFRÄNKISCH Hochegg, SAUSAL Urgestein: pures Terroir. **Michael Edlmoser** Wiener GEMISCHTER SATZ Ried Himmel Maurerberg: Aromen von Rauch und Birne.

Klosterneuburg Wagram – Wichtigste Weinstadt in WAGRAM, Sitz der bereits 1860 gegründeten Weinbauschule mit Weinforschungsanstalt. *Siehe* nächster Eintrag.

KMW Abkürzung für »Klosterneuburger Mostwaage«, in Österreich gebräuchliche Maßeinheit für den Zuckeranteil im Most. 1 °KMW entspricht etwa 4,86 °Oechsle (*siehe* Deutschland).

Knoll, Emmerich Wachau ★★★★ 05 06 07 **08 10** 15 19 20 – Ikone in der WACHAU, die die Tradition der kühlen, ausdrucksstarken Reinheit beim RIESLING fortsetzt. Der GRÜNE VELTLINER aus der Einzellage Ried Schütt ist Sinnbild des kristallklaren Stils. Halten Sie Ausschau nach den langlebigen Gewächsen der Reihe Vinothekfüllung.

Kopfensteiner Bgl ★★★ Steht unter den Erzeugern in EISENBERG in der ersten Reihe. Begnadeter BLAUFRÄNKISCH von den Magerböden im RIED Saybritz.

Kracher Bgl ★★★★ 05 **07 09 10 13** 15 16 17 18 – Überragendes Genie botrytisierter (edelfauler) Weine. Nicht in Eiche gereift sind die Gewächse der Reihe Zwischen den Seen, das eichengereifte Sortiment heißt Nouvelle Vague. Umwerfende Auswahl an enorm komplexen, extrem süßen Weinen über alle Rebsorten hinweg. Viele ältere Jahrgänge in der Reihe Kollektion.

Kremstal Weinbaugebiet und DAC für GRÜNEN VELTLINER und RIESLING. Beste Erzeuger: GEYERHOF, MALAT, MOSER, NIGL, PROIDL, SALOMON-UNDHOF, STIFT GÖTTWEIG und WEINGUT STADT KREMS.

Krutzler Bgl ★★★ **11 13** 15 16 19 – Lokalmatador für hoch konzentrierten, körperreichen BLAUFRÄNKISCH. Kultwein ist der Perwolff.

Lackner Tinnacher S-Stm ★★★★ Präziser, mineralischer SAUVIGNON BLANC, v. a. von der RIED Steinbach, auch WEISSBURGUNDER.

Leithaberg Bgl – Bedeutender DAC am Nordufer des NEUSIEDLER SEES mit Kalkstein- und Schieferböden. Rotwein nur von BLAUFRÄNKISCH (der zu den besten in Österreich zählt), bei den Weißen sind GRÜNER VELTLINER,

PINOT BLANC, CHARDONNAY und NEUBURGER zugelassen – sortenrein oder als Verschnitt.

Lesehof Stagård Kremstal ★★★ Reintönige, spannungsgeladene RIESLINGE von Einzellagen. Toll der Steiner Gaisberg, und selbst der Einstiegswein namens Handwerk ist hinreißend.

Lichtenberger González Bgl ★★★ Das spanisch-österreichische Paar zeigt die schönsten Seiten des LEITHABERG in Rot und Weiß; NEUBURGER Leithaberg DAC oder der BLAUFRÄNKISCH Vorderberg.

Loimer, Fred Kamptal ★★★★ 10 **13** 15 19 20 – Der biodynamische Erzeuger ist ein Individualist mit langer Tradition. Berühmt für seinen RIESLING und GRÜNEN VELTLINER, v.a. aus den Einzellagen Heiligenstein, Steinmassl und Seeberg. Immer eleganterer PINOT NOIR und wunderbarer Schaumwein mit und ohne Jahrgang. Wunderbar die prickelnde Große Reserve Langenlois oder die neue Große Reserve GUMPOLDSKIRCHEN.

Malat Kremstal ★★★★ Klar umrissener, konzentrierter RIESLING und GRÜNER VELTLINER, v. a. aus den Einzellagen Gottschelle und Silberbichl. Pionier für PINOT NOIR. Außerdem drei probierenswerte Schaumweine.

Mantlerhof Kremstal ★★★ Üppiger GRÜNER VELTLINER von biodynamisch bewirtschafteten Lössböden.

Mayer am Pfarrplatz Wien ★★ Eine Institution in Heiligenstadt. Im HEURIGEN hat Beethoven seine 3. Symphonie geschrieben, heute ist er der 7. Himmel für Touristen. Schöner RIESLING Weißer Marmor vom Nussberg.

Mittelburgenland Bgl – DAC (seit 2005) an der ungarischen Grenze: strukturierter, lagerfähiger BLAUFRÄNKISCH. Erzeuger: GESELLMANN, J. HEINRICH, Kerschbaum und WENINGER.

Moric Bgl ★★★★ 10 11 13 15 19 – Kult-Produzent mit nicht nachlassendem Fokus auf BLAUFRÄNKISCH und dafür zu Recht berühmt; hervorragend die mit alten Reben bestockten Einzellagen Neckenmarkt und Lutzmannsburg.

Muhr Carn ★★★★ Hat die Kalksteinhänge des Spitzerbergs wiederbelebt. Ungezwungener und doch tiefgründiger BLAUFRÄNKISCH von seltener, duftender Schönheit.

Neumeister Vulk ★★★★ **12 15** 18 19 20 – Weltklasseadresse für aromatische Weiße. Herausragender SAUVIGNON BLANC, v. a. aus den Einzellagen Klausen und Moarfeitl. Empfehlenswert: Stradener Alte Reben. Auch schöner GEWÜRZTRAMINER und PINOT NOIR.

Neusiedler See Bgl – Größter Steppensee Europas und Naturreservat an der ungarischen Grenze. Mikroklima und Luftfeuchtigkeit begünstigen Edelfäule. Der DAC Neusiedlersee gilt nur für ZWEIGELT und Süßweine (mit und ohne Edelfäule).

Niederösterreich Die Region im Nordosten gliedert sich in drei Teile: die Donau (KAMPTAL, KREMSTAL, TRAISENTAL, WACHAU, WAGRAM), das WEINVIERTEL im Nordosten und den Süden (CARNUNTUM, THERMENREGION). 59 % der österreichischen Rebflächen.

Nigl Kremstal ★★★★ Ausdrucksstarker, aromatischer RIESLING und GRÜNER VELTLINER, v. a. aus der Reihe Privat.

Nikolaihof Wachau ★★★★ 08 10 **13 15** 17 19 20 – Eines der ersten biodynamisch geführten Weingüter der Welt. Beispielhafter, reintöniger, strukturierter RIESLING und GRÜNER VELTLINER, v. a. die lang gereiften Gewächse der Vinothek-Reihe.

Nittnaus, Anita und Hans Bgl ★★★★ Biodynamie-Pionier; präziser CHARDONNAY von den Einzellagen Bergschmallister und Freudshofer und BLAUFRÄNKISCH vom Jungenberg, Lange Ohn und Tannenberg. Verführerisch der Einstiegswein Kalk & Schiefer. Berühmt für MERLOT-Verschnitte.

Österreich

Ott, Bernhard Wagram ★★★★ Biodynamie-Ikone mit salzigem, pikantem GRÜNEN VELTLINER von immer feingliedrigerer Eleganz, v. a. aus den Lagen Rosenberg, Spiegel und Stein. Fass 4 genießt Kultstatus.

ÖTW (Österreichische Traditionsweingüter) Private Vereinigung, die sich mit der Klassifizierung von Weinbergslagen befasst. Zurzeit 68 angeschlossene Weingüter und 90 klassifizierte Lagen in CARNUNTUM, KAMPTAL, KREMSTAL, TRAISENTAL, WAGRAM und WIEN. *Siehe auch* ERSTE LAGE; ohne die WACHAU.

Sekt: nur das Beste

Auch billiger Sekt kann lustig machen, aber es gibt ja gute Alternativen. Für **Sekt Austria,** die unterste Stufe der neuen österreichischen »Sektpyramide«, sind neun Monate auf dem Hefelager vorgeschrieben. Da darf man noch keine Wunder erwarten. **Sekt Austria Reserve** muss schon 18 Monate auf der Hefe liegen, nach der traditionellen Methode bereitet und als Brut, Extra Brut oder Brut Natur ausgewiesen sein. Eine **Sekt Austria Große Reserve** verbringt 36 Monate auf der Hefe, enthält maximal 12 g Zucker pro Liter und ist oft Extra Brut oder Brut Natur. Jede Art von Trauben für Qualitätswein ist zugelassen. Beliebt sind GRÜNER VELTLINER, Cuvées von PINOT oder auch ZWEIGELT. Die besten Winzer dafür finden sich im KAMPTAL und im WEINVIERTEL: BRÜNDLMAYER, Ebner-Ebenauer, JURTSCHITSCH, LOIMER, MALAT, SCHLOSS GOBELSBURG, Szigeti und Zuschmann-Schöfmann.

Pichler, Franz Xaver Wachau ★★★★ 08 10 13 15 19 20 – Geschichtsträchtiges Weingut mit langlebigem RIESLING und GRÜNEM VELTLINER von Toplagen in der WACHAU. Der Riesling Unendlich genießt Kultstatus. Hat nach Jahrzehnten die VINEA WACHAU verlassen. Seit dem Jahrgang 2021 werden die Bezeichnungen FEDERSPIEL oder SMARAGD nicht mehr verwendet.

Pichler, Rudi Wachau ★★★★ 10 **13 15** 17 19 20 – Herrlicher, klar strukturierter RIESLING und GRÜNER VELTLINER aus den Spitzenlagen Achleiten und Steinriegl.

Pichler-Krutzler Wachau ★★★ Stets schwungvoller, spannender Riesling aus Einzellagen in der WACHAU, v. a. In der Wand und Kellerberg.

Pittnauer Bgl ★★★★ Seltenes Talent für langlebigen, eleganten ST. LAURENT; lustige Abfüllungen von auf den Schalen vergorenem Mash Pitt, erfrischender Pét-Nat.

Prager, Franz Wachau ★★★★ 10 **13 14 15 19** – Philosoph und Kellermeister Toni Bodenstein ist die gelehrte graue Eminenz der WACHAU mit fesselndem RIESLING und GRÜNEM VELTLINER, v. a. Stockkultur.

Preisinger, Claus Bgl ★★★ Hipper, aber bodenständiger Biodynamie-Erzeuger mit sowohl ernsthafter als auch lustiger Angebotspalette, wie z. B. dem Puszta Libre mit Kronkorken.

Prieler Bgl ★★★★ War maßgeblich an der Qualitätsrevolution in den 1980ern beteiligt. Berühmt für kraftvollen BLAUFRÄNKISCH, der Flaschenreife braucht, v. a. Goldberg und Marienthal. Weniger bekannt für gehaltvollen PINOT BLANC mit Lagerpotenzial.

Proidl, Weingut Kremstal ★★★ Stets brillanter RIESLING und GRÜNER VELTLINER, beide aus der Lage Ehrenfels. Noch besser, seit Sohn Patrick mit an Bord ist. Interessant sind die älteren Riesling-Abfüllungen.

Rebenhof S-Stm ★★★ Spannende auf den Schalen vergorene Weißweine.

Reserve Attribut für DAC-Weine mit mind. 13 % Alkohol und längerer Fassreifung.

Ried Österreichischer Ausdruck für Lage. Seit 2016 gebräuchlich für Abfüllungen aus Einzellagen.

Rust Bgl – Festungsstadt aus dem 17. Jh. am NEUSIEDLER SEE, Heimat lärmender brütender Störche. Berühmt für den Ruster AUSBRUCH. Spitzenerzeuger: FEILER-ARTINGER, SCHRÖCK, TRIEBAUMER und WENZEL.

Sabathi, Erwin S-Stm ★★★ Bestens bekannt für eleganten, tiefgründigen SAUVIGNON BLANC und MORILLON vom Pössnitzberg mit seinen Kalkstein- und Mergelböden (hier *Opok* genannt).

Sabathi, Hannes S-Stm ★★★ Führendes Weingut, v. a. SAUVIGNON BLANC aus der Einzellage Kranachberg. Wiederbelebte Weinlagen in der steirischen Landeshauptstadt Graz namens Falter Ego.

Salomon-Undhof Kremstal ★★★★ Geschmeidiger, eleganter, schlanker GRÜNER VELTLINER und RIESLING aus den Einzellagen Kögl, Pfaffenberg und Wachtberg. Pét-Nat und sommerlicher Rosé-Schaumwein machen Laune.

Sattlerhof S-Stm ★★★★ 12 15 18 19 20 – Unangestrengt brillanter Weltklasse-SAUVIGNON-BLANC und -MORILLON, v. a. aus den Einzellagen Kranachberg und Sernauberg. Spitze auch der DAC Sauvignon blanc Gamlitz.

Sausal – Unterregion in der SÜDSTEIERMARK mit Schiefer- und Kalksteinböden. Die Weinberge liegen bis zu 600 m hoch. Die kleine Enklave erzeugt außerordentlich eleganten RIESLING und SAUVIGNON BLANC.

Schauer S-Stm ★★★ Leichte, aber durchweg gehaltvolle Weiße von den Schieferböden im SAUSAL. RIESLING, SAUVIGNON BLANC und der besonders bemerkenswerte PINOT BLANC Höchtemmel.

Schiefer, Uwe – Domaines Kilger Bgl ★★★ Individueller BLAUFRÄNKISCH vom EISENBERG, dazu ausdrucksstarker, glasklarer WELSCHRIESLING.

Schilcher W-Stm Rassiger und pfeffriger Rosé von großer lokaler Bedeutung aus der heimischen Rebsorte Blauer Wildbacher, einer Spezialität der WESTSTEIERMARK. Interessant auch als Schaumwein oder in der orangen Version.

Schloss Gobelsburg Kamptal ★★★★ 13 **14** 15 16 19 20 – Von Zisterziensern gegründetes Gut mit exquisitem, lagerfähigem RIESLING und GRÜNEM VELTLINER unter der Leitung des Qualitäts-Champions Michael Moosbrugger. Bemerkenswert die Reihe Tradition sowie die Einzellagenweine Gaisberg, Heiligenstein, Lamm und Renner. Feiner Schaumwein. Auch eleganter ZWEIGELT und PINOT NOIR.

Schlumberger Wien – War im 19. Jh. Sekt-Pionier. Produziert heute im großen Stil hochwertig Prickelndes nach traditioneller Methode. Probieren Sie den Sekt von GRÜNEM VELTLINER.

Schmelz, Johann Wachau ★★★ Exquisite und authentische Weine, die erstaunlicherweise viel zu wenig wahrgenommen werden.

Schröck, Heidi Bgl ★★★★ Die Doyenne der Ruster Spezialität AUSBRUCH hat es sich zum Ziel gesetzt, attraktive Essensbegleiter zu produzieren; auch toller trockener FURMINT. Jetzt sind auch ihre Zwillingssöhne mit an Bord.

Seewinkel Bgl – Naturreservat und Teil des Weinbaugebiets am östlichen NEUSIEDLER SEE. Ideale Voraussetzungen für Botrytis-Weine.

Smaragd Wachau – Kategorie für den höchsten Reifegrad der VINEA WACHAU, die Weine müssen einen Alkoholgehalt von mind. 12,5% haben, überschreiten manchmal aber 14%. Sie sind trocken, mächtig und lagerfähig. Früher oft mit Botrytis-Einfluss und trotzdem trocken ausgebaut.

Spätrot-Rotgipfler Therm – Verschnitt von ROTGIPFLER und Spätrot (ZIERFANDLER). Aromatisch, gewichtig und gut strukturiert. Typisch für GUMPOLDSKIRCHEN. *Siehe auch* das Kapitel »Rebsorten«.

Spitzer Graben Wachau – Kühleres Seitental und neuerdings Hotspot in der WACHAU. Auf Steilterrassen und sehr trockenen Magerböden wächst exzellenter RIESLING und NEUBURGER. Interessante Weingüter abseits der Touristenpfade wie Grabenwerkstatt, Martin Muthenthaler oder Peter VEYDER-MALBERG.

Stadlmann Therm ★★★ Beispielhafter, klar definierter ZIERFANDLER/ROTGIPFLER, besonders aus den Einzellagen Tagelsteiner und Mandelhöh. Subtiler, poetischer PINOT NOIR.

Steiermark Südlichste Weinbauregion Österreichs, bekannt für aromatische, ausdrucksstarke trockene Weiße, v. a. SAUVIGNON BLANC, spannende weiße Pinots und CHARDONNAY (MORILLON). *Siehe auch* SÜDSTEIERMARK, VULKANLAND STEIERMARK und WESTSTEIERMARK.

Steinfeder Wachau – Leichteste Kategorie der VINEA WACHAU für trockene Weine mit maximalem Alkoholgehalt von 11,5%. Wegen der immer wärmeren Bedingungen schwierig bis unmöglich zu produzieren. Wird kaum exportiert.

Stift Göttweig ★★★ Die Hügellage macht das von Weinbergen umgebene Benediktinerstift weithin sichtbar. Hoher Qualitätsanspruch, kristalline RIESLINGE und GRÜNE VELTLINER aus den RIEDEN Gottschelle und Silberbichl.

Südsteiermark Weinbaugebiet in der STEIERMARK nahe der slowenischen Grenze, berühmt für seinen zarten, aber hoch aromatischen MORILLON, MUSKATELLER und SAUVIGNON BLANC aus atemberaubenden Steillagen. DAC seit 2018. Beste Erzeuger: Gross, LACKNER TINNACHER, SABATHI (Erwin und Hannes), SATTLERHOF, TEMENT und WOHLMUTH.

Tement, Manfred S-Stm ★★★ ★ **12 13 15 17 18** 19 20 – Unglaublich subtile und alterungsfähige Weine, v. a. SAUVIGNON BLANC und MORILLON. Toplagen: Grassnitzberg und Zieregg. Klasse die Sauvignon blanc RESERVE Zieregg, die nur in außergewöhnlichen Jahren erzeugt wird. Jetzt unter der Leitung von Manfreds Söhnen Armin und Stefan.

Thermenregion NÖ – Kurregion östlich von WIEN mit dem Zentrum GUMPOLDSKIRCHEN, Heimat der einheimischen Reben ZIERFANDLER und ROTGIPFLER, traditionelle PINOT-NOIR-Hochburg. Erzeuger: Alphart, HARTL, JOHANNESHOF REINISCH und STADLMANN.

Tinhof, Erwin Bgl ★★★ Zu wenig beachtetes, dabei großartiges biodynamisches Weingut am LEITHABERG. BLAUFRÄNKISCH Gloriette von alten Reben und ST. LAURENT Feuersteig. Auch Spezialist für PINOT BLANC und NEUBURGER aus der Lage Golden Erd.

Traisental NÖ – Kleiner Bezirk südlich von KREMS am südlichen Ufer der Donau. Der Kalkstein verleiht den Weinen Finesse und Genauigkeit. Spitzenerzeuger: HUBER, Neumayer.

Trapl, Johannes Carn ★★★ Brillantes Naturtalent für poetische, ausdrucksstarke, lagenspezifische Rotweine. Floraler BLAUFRÄNKISCH wie der Spitzerberg und burgunderähnlicher ZWEIGELT.

Triebaumer, Ernst Bgl ★★★★ 08 09 10 **12 15** 17 18 19 20 – Ikonischer Erzeuger in RUST, der jetzt seinen progressiven Kindern das Ruder übergeben hat. Probieren Sie die auf den Schalen vergorenen Weine der Reihe Urwerk.

Tschida Bgl – Ein Star in Naturweinkreisen aus Illnitz im SEEWINKEL. Beachtlicher ZWEIGELT/CABERNET SAUVIGNON Himmel auf Erden.

Umathum, Josef Bgl ★★★★ 13 15 **16 17** 18 19 20 – Der Pionier des biodynamischen Weinbaus ist fast schon eine Legende. Außergewöhnlich elegante Rote und vermutlich Österreichs bester ZWEIGELT von der Einzellage Hallebühl. Auch BLAUFRÄNKISCH Kirschgarten.

Velich ★★★ Publikumsscheuer Produzent im SEEWINKEL, der aber kultisch für seine CHARDONNAYS Darscho und Tiglat verehrt wird.

Veyder-Malberg Wachau ★★★ Boutiqueweingut in der WACHAU mit alten Reben, die in kleinen Parzellen auf 4 ha im SPITZER GRABEN stehen. Produziert RIESLING und GRÜNEN VELTLINER.

Vinea Wachau Wachau – Winzervereinigung mit strenger Qualitäts-Charta, die nach einer Reifeskala drei Kategorien für trockene Weine definiert: FEDERSPIEL, SMARAGD und STEINFEDER.

Vulkanland Steiermark Stm – Das früher als Südoststeiermark bekannte Weinbaugebiet ist seit 2018 DAC und berühmt für seinen GEWÜRZTRAMINER aus Klöch. Perfekte Bedingungen für MORILLON und die PINOT-Sorten. Die besten Erzeuger sind Frauwallner, NEUMEISTER und Winkler-Hermaden.

Wachau NÖ – Die Weinbauregion an der Donau genießt weltweites Ansehen für ihre langlebigen RIESLINGE und GRÜNEN VELTLINER. Spitzenerzeuger: ALZINGER, DOMÄNE WACHAU, HIRTZBERGER, JAMEK, KNOLL, Muthenthaler, NIKOLAIHOF, F.X. PICHLER, R. PICHLER, PICHLER-KRUTZLER, PRAGER, Tegernseerhof und VEYDER-MALBERG.

Wachter-Wiesler, Weingut Bgl ★★★ Prägender Erzeuger von geschmeidigem, konzentriertem, dennoch elegantem BLAUFRÄNKISCH aus EISENBERG, auch WELSCHRIESLING.

Wagram NÖ – Weinregion gleich westlich von WIEN, zu der auch KLOSTERNEUBURG gehört. Seit 2022 DAC, basierend auf GRÜNEM VELTLINER, RIESLING und ROTEM VELTLINER. Die tiefen Lössböden sind ideal für Grünen Veltliner und zunehmend auch PINOT NOIR. Am besten sind FRITSCH, Josef FRITZ, Nimmervoll und OTT.

Weingut Stadt Krems Kremstal ★★★ Hervorragendes stadteigenes Gut von Krems mit 31 ha Weinberglagen innerhalb der Stadtgrenzen. Gleicher anspruchsvoller Kellermeister wie von STIFT GÖTTWEIG.

Weinviertel Größte österreichische Weinregion; auch gleichnamiger DAC für GRÜNEN VELTLINER in klassischer und RESERVE-Version. Stillte lange den Weindurst von WIEN, baut heute auf Qualität. Auch die Basisweine für Sekthäuser werden hier produziert. Empfehlenswert: EBNER-EBENAUER, GROISS, GRUBER-RÖSCHITZ, Schödl Loidesthal und Herbert ZILLINGER.

Weninger, Franz Bgl ★★★★ **10 13 15** 16 17 – Brillanter, sehr konzentrierter BLAUFRÄNKISCH, v.a. aus den Einzellagen Hochäcker und Kirchholz.

Wenzel, Michael ★★★ 15 17 18 19 20 – Ein ruhiger Mann, der lieber seine Weine sprechen lässt. Exzellenter FURMINT wie der Einstiegswein Aus dem Quartz, dazu Prädikatsweine.

Werlitsch S-Stm ★★★ Ewald Tscheppe ist einer der Naturweinstars der SÜDSTEIERMARK. Probieren Sie den SAUVIGNON BLANC/CHARDONNAY Ex Vero.

Weststeiermark Kleine Weinregion; Spezialität SCHILCHER. DAC seit 2018.

Wien Die Hauptstadt brüstet sich mit 637 ha Rebflächen innerhalb der Stadtgrenzen. Lange Tradition, jetzt mit wiedererstarktem Qualitätsbewusstsein. Der traditionelle Anbau verschiedener Reben in einem Weinberg ist seit 2013 als DAC GEMISCHTER SATZ verankert. Heurigen in den Weinbergen; der Besuch ist ein Muss. Am besten: CHRIST, EDLMOSER und WIENINGER.

Wieninger, Fritz Wien ★★★★ **13 14** 15 16 18 – Treibende Kraft der WIENER Renaissance und Bio-Pionier. Beispielhafter GEMISCHTER SATZ vom Nussberg und Rosengartl. Großartiger PINOT NOIR. Sein HEURIGER in Wien inmitten der Reben des Nussbergs ist eine Institution. Gönnt sich eine experimentelle Spielwiese mit seinem zweiten Gut Hajszan-Neumann in Grinzing.

Wohlmuth S-Stm ★★★★ Phänomenaler, subtiler und dennoch strahlender CHARDONNAY, RIESLING und SAUVIGNON BLANC, v.a. aus den Einzellagen Edelschuh, Gola und Hochsteinriegl. Rekultiviert die Steillage Dr. Wunsch.

Zillinger, Herbert Weinviertel ★★★★ Brillanter, außergewöhnlicher, komplexer GRÜNER VELTLINER.

England

Man könnte meinen, dass englische Schaumweine preiswerter sein müssten als vergleichbare Qualitäten aus der Champagne. Aber auf der Insel sind die Erträge niedriger, weil es feuchter und das Krankheitsrisiko höher ist. Außerdem kommt billiger Champagner aus riesigen Fabriken. So etwas gibt es nicht in England. Was es dort aber definitiv gibt, ist Spitzenqualität, die weiter nach Höherem strebt. 2016er und ältere Jahrgänge sind jetzt trinkreif. Alle hier genannten Weine sind Schaumweine, sofern nicht anders angegeben.

Die folgenden Abkürzungen werden im Text verwendet:

Bucks	Buckinghamshire	Oxf	Oxfordshire
Hamps	Hampshire	O-Sx	Ost-Sussex
Heref	Herefordshire	W-Sx	West-Sussex

Ambriel W-Sx – Zarter, harmonischer Schaumwein ohne biologischen Säureabbau. Wunderbare Tiefe zeigt der Cloud Ten in der Magnumflasche.

Black Chalk Hamps ★★★ Die kleinen Auflagen sind spitze. Rein, mit feiner Säure, straff und voller Tiefe, alles von Kreideböden.

Breaky Bottom O-Sx ★★★★ Schöne Weine voller Präzision und Tiefe von winzigen Rebflächen. CHARDONNAY/PINOT NOIR, interessanter SEYVAL BLANC.

Bride Valley Dorset ★★ Besser und interessanter, wenn er schon am Vortag geöffnet wurde. Superknackig mit beschwingter Frucht.

Camel Valley Cornwall ★★→★★★ Interessanter rosé PINOT NOIR Brut, lebhafter Cornwall Brut: aromatisch, ausgeglichen, preiswert.

Chapel Down Kent – Kommerzielle Weine, die in großen Mengen hergestellt werden. Die Reihe Kit's Coty (★★) umfasst Still- und Schaumweine.

Coates & Seely Hamps ★★★ Der delikate La Perfide altert hervorragend.

Cottonworth Hamps – Weine mit guter Länge und Tiefe, v. a. Classic Cuvée.

Court Garden O-Sx – Kraftvoller Stil. Straffer Blanc de Blancs, elegante Classic Cuvée mit Biskuitnote, voller Blanc de Noirs. Knackiger Rosé.

Denbies Surrey – Groß und kommerziell, mit ausgeprägten Röstaromen. Touristisch gut erschlossen mit Hotel in den Weinbergen.

Digby Hamps, Kent, W-Sx ★★★ Elegant der 13er, kräftig der 14er Rosé, bereitet von Kellermeister Dermot SUGRUE, der bei WISTON unter Vertrag steht.

Exton Park Hamps ★★★ Die brillanten neuen Brut-Reserve-Weine heben das Gut auf das nächste Level: Anmut, kombiniert mit schöner Reife.

Grange, The Hamps ★★★ Fein und gut gereift, mit klassischen Noten von Zitronen-Shortbread. Damit prickelt die Pause in der Oper (oder anderswo).

Greyfriars Surrey – Schön knackige und feine Schaumweine, v. a. der Rosé Reserve. Gut strukturierter Blanc de Noirs.

Gusbourne Kent, W-Sx ★★★ Immer mehr auf den Punkt: Der 12er ist auf dem Markt, und er lohnt sich. Auch saftiger stiller roter PINOT NOIR mit Biss.

Hambledon Vineyard Hamps ★★★ Tiefe, geschmeidige Weine, komplex, ausgewogen. Rosé mit Gewicht und Kraft. Preiswertere Reihe: Meonhill.

Harrow & Hope Bucks ★★ Erfreulich gut gemachte, klassische Weine. Der füllige Blanc de Noirs passt gut zum Essen.

Hart of Gold Heref ★★ Abgerundet und mit Biskuitnote; ansprechender Brut.

Hattingley Valley Hamps ★★★ Knackige, straffe Weine, stets tadellos bereitet. Die 14er Kings Cuvée bringt Toastnoten und eine schöne Tiefe mit.

Henners O-Sx ★★ Verlässlicher Brut, kirschfruchtiger Rosé. Stets elegant.

Herbert Hall Kent ★★→★★★ Wunderbare Präzision, Spannung und Reife, dazu eine sehr gute Länge. Ein Genuss.

Hoffmann & Rathbone O-Sx ★★ Straffe, gut gemachte Weine aus zugekauftem Lesegut.

Hundred Hills Oxf – Ganz neu mit sehr frischen, leckeren und runden Weinen. Empfehlenswert sind Blanc de Blancs, Preamble, Rosé.

Hush Heath Estate Kent ★★★ Aromastarker Schaumwein und stiller CHARDONNAY als Spezialität. Das Flaggschiff Brut Balfour Rosé ist gut wie eh und je. Prima organisiertes Touristenziel mit gutem Restaurant.

Pink, pinker, am pinkesten

Hätten Sie gern einen schönen stillen Rosé, knackig und hell wie aus der Provence, den sie wahrscheinlich nur direkt beim Winzer kriegen, weil die Mengen überschaubar sind? Bekommen Sie in England von: Artelium, Ashling Park, BALFOUR, Brenley, BRIDE VALLEY, Crouch Valley, Dillions, Folc, Gorsley, Heppington, SIMPSONS, Nutbourne, Whitehall, Woolton Farm.

Jenkyn Place Hamps ★★ Weine, die von Dermot SUGRUE bereitet werden, können eigentlich nur gut sein. Erwachsen und ausgewogen.

Langham Wine Estate Dorset ★★ Ausdrucksstarke Schaumweine, v. a. der kräftige Blanc de Blancs. Feiner PINOT MEUNIER, preiswerter Corallian.

Leckford Estate Hamps ★ Waitroses eigenes Weingut, vinifiziert wird bei RIDGEVIEW. Schön gereift, gute Frucht, geradlinig.

Litmus – Vinifiziert bei DENBIES und besser als die Weine von dort. Stillwein, Orange Wine von BACCHUS und der Element mit Salznote.

Nyetimber W-Sx ★★★★ Die Cuvée 1086 ist für den Luxusmarkt. Andere freuen sich über Tiefe und Komplexität der Schaumweine oJ; dazu die ausgezeichnete Classic Cuvée und Rosé mit Rückgrat.

Plumpton College O-Sx ★★ Das einzige Wein-College Großbritanniens; erzeugt hübsche, fruchtbetonte Schaumweine. Auch guter Stillwein.

Pommery England Hamps – Knackig, ausgewogen – womöglich besser als der gleichnamige Champagner. Wird zur Zeit noch bei HATTINGLEY produziert.

Raimes Hamps – Gute Frucht, straffer Stil. Wird bei HATTINGLEY erzeugt.

Rathfinny O-Sx ★★★ Elegante Weine von Kreideböden. Der stillöe Cradle Valley ist noch immer saftig und ansprechend. Auch Gin und Wermut.

Ridgeview O-Sx ★★ Zuverlässig füllig mit Toastnoten. Unzählige Cuvées und gut gereifeter 09er Blanc de Blancs.

Roebuck W-Sx – Knackiger Stil mit Tiefgang. Würzige Classic Cuvée mit Salznoten; der Blanc de Noirs ist ein guter Essensbegleiter.

Simpsons Kent ★★ Elegante Schaumweine, v. a. Chalklands, dazu gute Stillweine wie der PINOT NOIR Rabbit Hole. Es geht aufwärts.

Squerryes Kent – Die Trauben vom Gut North Downs sorgen für gut gereifte Weine: saftig-würziger 15er Brut, tiefgründiger, spät degorgierter 11er.

Sugrue O-Sx ★★★★. Herrlicher The Trouble with Dreams, dichter ZODO (Zéro Dosage). Zu Recht teuer. Dermot Sugrue ist Kellermeister bei WISTON.

Trotton W-Sx – Der Spectacular Sparkling ist elegant, fein und gut gemacht; dazu guter Stillwein aus BACCHUS/PINOT GRIS.

Westwell Kent ★★★ Reintöniger Pelegrim, sehr guter roter, mit Lokalhefen bereiteter Field (PINOT NOIR/CHARDONNAY), hübscher Ortega Amphora.

Wiston W-Sx ★★★★ Gekonnt gemacht von Dermot SUGRUE, elegant und finessenreich, stahliger, straffer Stil; sollte nicht zu jung geöffnet werden, sondern braucht Flaschenreife. Der 14er Blanc de Noirs ist ein Genuss.

Wyfold Oxf ★★★ Der Brut glänzt mit straffer Fülle, der blasse Rosé (schäumend) überzeugt mit Aromatik und Reife. Einfach schöne Weine.

Mittel- und Südosteuropa

Die folgenden Abkürzungen werden im Text verwendet:

Ungarn

Bal	Balaton
N-Pan	Nordpannonien
NU	Nordungarn
S-Pan	Südpannonien
Tok	Tokaj

Bulgarien

Don	Donauebene
Thrak	Thrakische Ebene

Slowenien

Pod	Podravje
Pos	Posavje
Prim	Primorska

Kroatien

Dalm	Dalmatien
Is & Kv	Istrien und Kvarner Bucht
Slaw	Slawonien

Tschechische Republik

Bö	Böhmen
Mäh	Mähren

Rumänien

Cri-Mar	Crişana und Maramures
Dob	Dobrogea (Dobrudscha)
Mold	Moldau
Munt	Muntenien und Oltenien

Die dunklen Flächen bezeichnen die Weinbaugebiete

Ungarn

Ausgedehnte vulkanische Böden, fantastische Rebsorten wie Furmint, Hárslevelű, Kadarka und Kékfrankos sowie eine dynamische Erzeugerszene sind die Trümpfe, mit denen Ungarn als Kraftzentrum der Region glänzen kann. Frische, Eleganz und Originalität sind von diesen Trauben zu erwarten.

Aszú Tok – Durch die Einwirkung von Botrytis geschrumpfte Trauben sowie der süße Wein, der in TOKAJ daraus gekeltert wird. Das gesetzliche Minimum für einen Aszú sind 120 g/l Restzucker, was 5 PUTTONYOS entspricht (etwa wie Sautenes). Weine der Kategorie 6 Puttonyos sind noch reichhaltiger, wie auch der nicht länger zugelassene Aszú Eszencia. Aszú ist durch seine erstaunliche Säure stets ausgeglichen. Wird von den meisten Erzeugern nur in bestimmten Jahren erzeugt.

Badacsony Bal – Charakteristische vulkanische Hänge am Nordufer des Balaton; reichhaltige, mineralische, strukturierte Weißweine, v. a. der wiederbelebte seltene Kéknyelű. Empfehlenswert: Borbély, Gilvesy, Laposa, Patzay, Sabar, Szászi, SZEREMLEY, ValiBor, Villa Sandahl.

Balassa Tok ★★★ Persönliches Projekt des Winzers für GRAND TOKAJ. Kein Wunder, dass die FURMINT-Lagenselektionen wunderbar bereitet sind, v. a. Mézes-Mály, Szent Tamás und der grandiose üppige Betsek Kvarc SZAMORODNI.

Balaton Weinbauregion um den Plattensee (ungarisch Balaton), den größten See des östlichen Mitteleuropas. Eingeschlossen sind die Bezirke BADACSONY, Balatonboglár (gut von: Budjosó, GARAMVÁRI, IKON, Kislaki, KONYÁRI, Kristinus [biodynamisch], Légli und der Gigant TÖRLEY), Balatonfüred-Csopak (nördlich des Sees mit geschütztem Status für Lagenselektionen von OLASZRIZLING; Erzeuger v. a. Béla És Bandi, Dobosi, Figula, Homola, Jasdi, Liszkay, St Donát), Balaton-felvidék (SOMLÓ und Zala, v. a. von Bussay und Pálffy). Mineralreiche Weißweine, v. a. Olaszrizling dominiert, aber auch FURMINT, RIESLING. Dazu mehr und mehr gute Rote von KÉKFRANKOS, MERLOT, CABERNET FRANC.

Barta Tok ★★★→★★★★ Tolles Weingut in einem restaurierten Rákóczi-Herrenhaus, dem die höchstgelegenen Weinberge in TOKAJ gehören. Vivien Ujvári bereitet intensive, doch elegante Weine, v. a. Öreg Király FURMINT, HÁRSLEVELŰ. Grandioser SZAMORODNI, der ASZÚ ist reinsortiger Furmint.

Béres Tok ★★→★★★ In Ungarn auch berühmt für eine beliebte Medizin. Das wunderbar gelegene Weingut erzeugt zuverlässig auszezeichneten honigartigen ASZÚ und gute trockene Weine, v. a. FURMINT Lőcse.

Bikavér r ★→★★★ Wörtlich »Stierblut«; geschützte Ursprungsbezeichnung nur für EGER und SZEKSZÁRD. Immer ein Verschnitt aus mindestens vier Sorten. In Szekszárd sind mindestens 5 % KADARKA und mindestens 45 % KÉKFRANKOS vorgeschrieben; festgelegter Ausbau in Eiche. Empfehlenswert: Eszterbauer (v. a. Tüke), HEIMANN, Markvart, Meszáros, Sebestyén, TAKLER, Tuske, Vestergombi, Vida. Egri Bikavér ist aus mindestens vier Sorten bereitet, davon 30–65 % Kékfrankos, und reift sechs Monate in Eiche. Für Superior und Grand Superior sind die Erträge begrenzt und zwölf Monate Fassausbau vorgeschrieben. Der beste Egri Bikavér kommt von BOLYKI, Bukolyi, Csutorás, GÁL TIBOR, Grof Buttler, Kovács Nimród, ST. ANDREA, Thummerer.

Bock, József S-Pan ★★→★★★ Der Pionier für Qualitätswein in VILLÁNY erzeugt reife, körperreiche Rote mit Eichennote. Empfehlenswert: Bock CABERNET FRANC Fekete-Hegy, SYRAH, Capella, neue Cuvée 70+.

Mittel- und Südosteuropa

Bolyki NU ★★ Spektakuläre Kellerei in einem Steinbruch in EGER, tolle Etiketten, ansprechende, saftige Weine: sehr guter Egri Csillag, Meta Tema, Rosé und BIKAVÉR.

Csányi S-Pan ★→★★ Die größte Kellerei in VILLÁNY. Deutlich verbesserte Sortenweine auf Einsteigerniveau plus Spitzenreiter Ch. Teleki; seriöser Kővilla mit guter Struktur.

Degenfeld, Gróf Tok ★★→★★★ Tolles Schlosshotel mit biodynamisch bewirtschafteten Weinbergen. Eindrucksvolle üppige Süßweine: FURMINT Andante botrytis, Fortissimo, ASZÚ.

Demeter, Zoltán Tok ★★★★ Mustergültige Kellerei für elegante, intensive trockene Weine, stets als Lagenselektionen: v.a. Boda und Veres (beide FURMINT), auch exzellenter HÁRSLEVELŰ Szerelmi. Der PEZSGŐ (Schaumwein) ist ein Pionier in der Region. Feine SZAMORODNIS Anett und Eszter, ausgezeichneter ASZÚ.

Dereszla, Chateau Tok ★★→★★★ Exzellenter ASZÚ. Auch guter trockener FURMINT und Kabar sowie verlässlicher PEZSGŐ. Seltener, unter Flor gereifter trockener SZAMORODNI Experience.

Disznókő Tok ★★★→★★★★ Wunderschön gelegenes Weingut mit klasse Restaurant. Fantastische, seidige Süßweine, die wunderschön altern – einer der wenigen Erzeuger, die jedes Jahr ASZÚ bereiten. Großartiger Kapi (Einzellage) in Spitzenjahren. Sehr guter SZAMORODNI 1413. Auch gut der weiße Inspiration.

Dobogó Tok ★★★ Hübscher Familienbetrieb in der Stadt Tokaj. Maßstäbe setzender ASZÚ 6 PUTTONYOS und Spätlese Mylitta, ausgezeichneter langlebiger trockener FURMINT und ungewöhnlicher, aber guter PINOT NOIR Izabella Utca.

Dűlő Einzellage oder Cru mit eigenem Namen. Erstklassige *dűlő* in Tokaj sind u. a. Betsek, Bomboly, Király, Mézes-Mály, Nyúlászó, Szent Tamás, Úrágya.

Ein um 1500 erfundenes Gefährt ist nach der Stadt Kocs benannt – die Kutsche.

Duna (Donau) Die Große Tiefebene ist die größte Region für leichte Weine, unterteilt in die Bezirke Csongrád, Hajós-Baja (Koch, Sümegi) und Kunság (Frittmann, Font, Gedeon).

Eger NU – Die Südhänge des Bukk-Gebirges liefern feine kühlklimatische rote Verschnitte und elegante frische Weiße, v. a. Egri BIKAVÉR und den trockenen Weißweinverschnitt Egri Csillag, den »Stern von Eger« von Trauben aus den Karpaten. Empfehlenswert: Bukolyi, Csutorás, Gróf Buttler, Kaló Imre (Naturwein), Ostorosbor, Petrény, Thummerer, Tóth Ferenc.

Essencia/Eszencia Tok – Legendärer sirupartiger Tropfen aus Vorlaufmost von ASZÚ-Trauben, der kaum gärt. Mindestens 450 g/l Restzuckergehalt. Erweckt angeblich Tote wieder zum Leben.

Etyek-Buda N-Pan – Aus der hügeligen Weinregion kommen ausdrucksstarke, frische Weißweine (v.a. SAUVIGNON BLANC), gute Schaumweine und vielversprechender PINOT NOIR. Führende Erzeuger: ETYEKI KÚRIA, HARASZTHY, Kertész, Nyakas, Rókusfalvy, TÖRLEY Sparkling Cellar.

Etyeki Kúria N-Pan ★★ Führende Kellerei in ETYEK-BUDA mit sehr gutem SAUVIGNON BLANC und eleganten Rotweinen. Kellermeister Meresz Sandor hat auch ein eigenes Projekt mit Naturweinen – gut ist der Zenit.

Figula Bal ★★→★★★ Familienweingut nahe CSOPAK mit bemerkenswerten Lagenselektionen von OLASZRIZLING, v. a. Öreghegy, Sáfránkert, Szákas. Exzellenter Weißweinverschnitt Köves.

Gál Tibor NU ★★ Ansprechender Egri Csillag, feiner KADARKA und moderner BIKAVÉR TiTi.

Garamvári Bal ★★ Führender Spezialist für PEZSGŐ mit Flaschengärung, v. a. FURMINT Brut und Evolution Rosé. Gute Reihe Garamvári, v. a. SAUVIGNON BLANC, IRSAI OLIVÉR. Verlässliche, sehr preiswerte Sortenweine unter dem Etikett Lellei.

Gere, Attila S-Pan ★★★→★★★★ Der Familienbetrieb war Vorreiter in VILLÁNY und erzeugt einige der besten Rotweine des Landes: Attila Cuvée, Kopar Cuvée, MERLOT Solus, VILLÁNYI FRANC (CABERNET FRANC). Eleganter Fekete-Járdovány (eine seltene historische Sorte von einer Ökoparzelle), guter TEMPRANILLO.

Gizella Tok ★★★ Hervorragende kleine Familienkellerei. Einladender reinsortiger FURMINT, reizvoller HÁRSLEVELŰ Barát, köstlicher SZAMORODNI.

Grand Tokaj Tok ★→★★ Massive Investitionen beim größten Erzeuger in TOKAJ haben die Spitzenweine verbessert; verantwortlich sind der hoch angesehene Karoly Áts im Keller und István BALASSA im Weinberg. Ansprechender Arany Késői Late Harvest mit Honig- und Zitronennoten, stilvoller trockener FURMINT Kővágó DŰLŐ und sehr guter ASZÚ.

Haraszthy NU ★★ Schönes Weingut in ETYEK-BUDA für ausdrucksstarken, präzisen SAUVIGNON BLANC und knackigen, aromatischen weißen Sir Irsai.

Heimann S-Pan ★★→★★★ Familienkellerei in SZEKSZÁRD v. a. mit intensivem Barbár und Franciscus. Auch feiner KADARKA und KÉKFRANKOS Alte Reben. Neue Terroir-Reihe mit lokalen Sorten und natürlicher Gärung unter dem Namen Heimann & Fiai.

Hétszőlő Tok ★★★ Historische Kellerei und toller biodynamischer Weinberg im Besitz von Michel Rebier, dem Eigentümer von Cos d'Estournel (*siehe* Bordeaux). Probieren Sie den eleganten Kis-Garai FURMINT und den feinen ASZÚ.

Heumann S-Pan ★★★ Das Gut in deutsch-schweizerischem Besitz in Siklós erzeugt großartigen KÉKFRANKOS Reserve, CABERNET FRANC Trinitás, köstlichen Rosé und hochklassigen SYRAH.

Hilltop N-Pan ★★ Kellerei in Neszmély; preisgünstige, sorgfältig bereitete sortenreine Weine (BV) unter den (Export-)Etiketten Hilltop und Moonriver. Sehr gute Premiumreihe Kamocsay (CHARDONNAY, Ihlet Cuvée).

Holdvölgy Tok ★★→★★★ Supermoderne Kellerei in MÁD, bekannt für komplexe trockene Weine (v. a. Vision, Expression) sowie sehr guten SZAMORODNI Eloquence.

Ikon Bal ★★ Gut bereitete Weine aus KONYÁRI und der ehemaligen Abtei Tihany. Probieren Sie den CABERNET FRANC Evangelista.

Juliet Victor Tok ★★★ Ehrgeizige Investition vom Gründer des Billigfliegers Wizzair. Eindrucksvoll mit Gutsweinen und Lagenselektionen: trockene FURMINTS (v. a. Bomboly und Király), grandioser reichhaltiger SZAMORODNI, ASZÚ.

Kikelet ★★★ Wunderbar elegante Weine (v. a. die Lagenselektionen von HÁRSLEVELŰ and FURMINT) von einem kleinen Familiengut im Besitz einer französischen Kellermeisterin und ihres ungarischen Mannes.

Királyudvar Tok ★★★ Biodynamischer Erzeuger in den alten königlichen Gewölben in Tarcal. Toller FURMINT Sec, PEZSGŐ Henye, Cuvée Ilona (Spätlese) sowie als Aushängeschild ASZÚ Lapis 6 PUTTONYOS.

Konyári Bal ★★→★★★ Familienbetrieb der nächsten Generation nahe dem Balaton. Probieren Sie den Rosé (BV) und den Loliense (rot und weiß). Sehr guter KÉKFRANKOS Jánoshegy, schicker MERLOT Sessio, eindrucksvoller Páva.

Kovács Nimród NU ★★→★★★ Erzeuger im Zentrum von EGER. Empfehlenswert: CHARDONNAY Battonage, FURMINT Sky, BIKAVÉR Rhapsody, KÉKFRANKOS Blues, NJK, PINOT NOIR 777.

Kreinbacher Bal, Somló ★★→★★★ Führender Erzeuger von Pezsgő, stets mit FURMINT im Verschnitt. Sehr guter Classic Brut, großartiger Prestige Brut. Auch gute Stillweine: Juhfar und eine Reihe von Furmint- und HÁRSLEVELŰ-Selektionen.

Mád Tok – Historische Weinhandelsstadt mit großartigen Lagen; Sitz des Mád Circle, einer Gruppe führender Weingüter: Árvay, Áts (das Familienprojekt von Karoly Áts, der auch bei GRAND TOKAJ tätig ist), BARTA, Budaházy, Demetervin (guter FURMINT aus Mád, Úrágya DŰLŐ), JULIET VICTOR, HOLDVÖLGY, Lenkey (einzigartige, lange gereifte, komplexe Weine), Mád Hill, Pelle, Orosz Gabor, ROYAL TOKAJI, SZEPSY, Tokaji Classic.

Mad Wine Tok ★★ Ansehnliche Kellerei am Rand von MÁD (mit nettem Café). Ehemals Szent Tamás, jetzt unter dem Etikett MAD. Guter trockener FURMINT, Late Harvest, sehr gute Einzellagen-Furmints und SZAMORODNI. Die Flaggschiffweine laufen unter MAD One.

Malatinszky S-Pan ★★★ Zertifizierter Ökoerzeuger in VILLÁNY. Exzellenter langlebiger Kúria Cabernet franc und roter Kövesföld. Gut auch die als Noblesse etikettierten Weine.

Mátra NU ★→★★ Weinregion für frische, lebhafte Weiße, Rosés und leichtere Rote. Bessere Erzeuger: Balint, Benedek, Centurio, Gábor Karner, NAG, Nagyombos (Rosé-Spezialist), Szöke Mátyás.

Mór N-Pan – Die kleine Region ist berühmt für den feurigen einheimischen Ezerjó. Empfehlenswert ist die Kellerei Czetvei (★★).

Oremus Tok ★★★→★★★★ Im Besitz von Vega Sicilia (*siehe* Spanien). Der trockene FURMINT Mandolás setzt weiterhin Maßstäbe. Auch feiner, eleganter ASZÚ und SZAMORODNI.

Pajzos-Megyer Tok ★★→★★★ Zwei Güter unter einer Leitung in französischem Besitz. Megyer steht für leckere, preisgünstige reinsortige Spätleseweine und beachtlichen, komplexen, unter Flor gereiften trockenen SZAMORODNI. Pajzos erzeugt trockenen, aber fruchtigen FURMINT T und großartigen ASZÚ.

Pannonhalma N-Pan ★★→★★★ Das Weingut neben der tollen, 800 Jahre alten Abtei erzeugt erstklassige Verschnittweine namens Hemina und sehr guten SAUVIGNON BLANC. Die Tricollis-Blends sind ein guter Einstieg.

Patricius Tok ★★→★★★ Stahlige, lebhafte trockene FURMINT-Weine, auch in Ökoqualität. Neuer Fokus auf PEZSGŐ. Toller ASZÚ (v. a. 17).

Pezsgő Ungarisch für Schaumwein – ein wachsender Trend. Muss flaschenvergoren sein, wenn er aus der g.U. TOKAJ stammt.

Puttonyos (Butten) Angabe für Süße und Stil des TOKAJI ASZÚ je nach Restzuckergehalt. Traditionell die Menge der 25 kg fassenden Tragen bzw. Butten *(puttony)* voll Aszú-Trauben, die einem 136-Liter-Fass *(gönci)* Grundwein hinzugegeben wurden.

Royal Tokaji Wine Co. Tok ★★★→★★★★ Kellerei in MÁD, die die Renaissance des TOKAJERS einläutete (Hugh Johnson war 1990 Mitbegründer). Ausgezeichnete 6-PUTTONYOS-Einzellagenabfüllungen: v. a. Betsek, Mézes-Mály, Nyulászó und Szent Tamás. Der Blue Label setzt den Maßstab für 5 Puttonyos. Auch preiswerter Late Harvest und trockene Weine.

Sauska S-Pan, Tok ★★→★★★★ Heimgekehrter Expat, der umwerfende Kellereien in VILLÁNY und TOKAJ gegründet hat; ein neuer Keller für PEZSGŐ ist im Bau. Erlesener KADARKA, KÉKFRANKOS und CABERNET FRANC sowie eindrucksvolle rote Verschnitte, v. a. Cuvée 7 und Cuvée 5. Beständiger, mineralischer FURMINT aus Tokaj sowie komplexe Lagenselektionen Medve and Birsalmás.

Somló Bal – Markanter erloschener Vulkan, berühmt für feste, mineralische Weiße, v. a. Juhfark (»Schafschwanz«). Kleine Erzeuger dominieren, v. a.

Fekete, Györgykovács, Kolonics, Royal Somló, Somlói Apátsági, Somlói Vándor, Spiegelberg.

Sopron N-Pan – Die Fortsetzung des Burgenlands nach Ungarn – fast burgundische Rotweine, v.a. von der meistangebauten Sorte KÉKFRANKOS. WENINGER (biodynamisch) setzt die Standards. Gut auch Luka, Pfneiszl, Taschner, Vinceller, Wetzer.

St. Andrea NU ★★★ Von Vater-und-Sohn-Gespann geleiteter führender Erzeuger in EGER mit spannendem modernem BIKAVÉR (fruchtiger Áldás, Einzellagen-Hangács, vom Sohn bereiteter Axios, Fassauslese Merengő, umwerfender Nagy-Eged-Hegy als Flaggschiffwein). Auch guter Egri Csillag (weiß): Boldogságos, Napbor, Örökké. Der Mária auf FURMINT-Basis ist der weiße Spitzenwein.

Szamorodni Tok – Ursprünglich aus dem Polnischen stammende Bezeichnung für TOKAJER aus Ganztraubenvergärung, teils mit Edelfäule. Erfreut sich wachsender Beliebtheit, seitdem es keinen ASZÚ mit 3 und 4 PUTTONYOS mehr gibt – wird für authentischer erachtet als die Spätlese. *Édes* (süß) ist er mit mindestens 45g/l (meist mehr) Zucker und sechs Monaten Eichenfassreifung. Empfehlenswert: BALASSA, BARTA, Bott, DEMETER, Demetervin, GIZELLA, HOLDVÖLGY, JULIET VICTOR, KIKELET, Kvaszinger, MAD WINE, Nobilis, OREMUS, Pelle, SZEPSY. Die besten trockenen *(szaraz)* Versionen reifen unter Flor wie Sherry, etwa von Breitenbach, CH. DERESZLA, Karádi-Berger, Megyer, Tinon.

Weine aus Somló wurden wegen ihres Mineralreichtums früher von Apothekern verkauft.

Szekszárd S-Pan – Das Gebiet ist bekannt für reife, reichhaltige Rote. Das Augenmerk liegt zunehmend auf BIKAVÉR, KÉKFRANKOS und der wiederbelebten leichteren KADARKA. Empfehlenswert: Dúzsi (rosé), Eszterbauer (Nagyapám Kadarka, Tüke Bikavér), HEIMANN, Lajver, Markvárt (Kadarka, Kékfrankos), Pósta (Kadarka), Sebestyén (Ivan-Volgyi Bikavér), Szent Gaál, TAKLER, Tüske (Kadarka, Menek), VESZTERGOMBI, VIDA.

Szepsy, István Tok ★★★★ Maßstäbe setzender, kompromissloser Erzeuger in der 17. und 18. Generation in MÁD, jetzt geführt von István Szepsy jr. Der Fokus liegt auf komplexem, terroirbetontem trockenem FURMINT (Bányász, Percze, Szent Tamás, Urbán) und exzellentem süßem SZAMORODNI. Auch sehr guter Guts-Furmint. Großartiger ASZÚ, inkl. neuer Einzellagengewächse.

Szeremley Bal ★★ Pioniergut in BADACSONY. Vulkanische Hanglagen liefern intensive, mineralische, langlebige Weißweine, v.a. RIESLING, Szürkebarát (alias PINOT GRIS) und seltenen KÉKNYELŰ.

Takler S-Pan ★★ Familienbetrieb für reife, geschmeidige Rotweine aus SZEKSZÁRD. Am besten sind die Reserve-Auslesen von BIKAVÉR, CABERNET FRANC und KÉKFRANKOS.

Tinon, Samuel Tok ★★★ Franzose, der 1991 in TOKAJ Wurzeln geschlagen hat. Langlebiger, komplexer ASZÚ in eher traditionellem Stil mit langer Maischestandzeit und Ausbau in Eiche; guter FURMINT als Lagenselektion. Wunderbarer trockener unter Flor gereifter Szamorodni.

Tokaj Nobilis Tok ★★★ Kleiner, aber sehr feiner biodynamischer Betrieb unter der Leitung von Sarolta Bárdos, einer der inspirierenden Weinmacherinnen in TOKAJ. Exzellenter trockener FURMINT Rány & Barakonyi, sehr guter ASZÚ, hübscher 3 Gracia (süß). Der Maßstab für Furmint PEZSGŐ.

Tokaj/Tokaji (Tokajer) Nach der Stadt und Weinregion Tokaj wurde der berühmte süße Likörwein Ungarns benannt: Tokaji auf Ungarisch, Tokajer auf Deutsch. Neben den Erzeugern mit eigenem Eintrag sind zu empfehlen: Árvay, Áts, Bardon, Basilicus, Bodrog Borműhely, Bott Pince, Breitenbach, Budahazy, Carpinus, Demetervin, Erzsébet, Espák, Füleky, Harsányi, Hommona Atilla, Karádi-Berger, Kvaszinger, Lenkey, Orosz Gábor, Pelle, Pendits, Peter, Sanzon, Szarka, Szóló, TR, Zombory, Zsadányi, Zsirai.

Törley ★→★★ Ansprechende, preiswerte sortenreine Weine (BV) von internationalen und einheimischen Rebsorten (Etiketten u. a. Chapel Hill, St. Stephen's Crown), Spitzenauslesen unter dem Namen György-Villa. Großer Erzeuger von Schaumwein (v. a. mit den Marken Törley, Gala und Hungaria); sehr gut der Rosé Brut François President und der CHARDONNAY Brut (oJ) nach der klassischen Methode.

Tornai Bal ★★ Großes Gut in Somló. Preisgünstige sortenreine Weine auf Einsteigerniveau, exzellente, komplex-mineralische Reihe Top Selection mit FURMINT, Juhfark, TRAMINI.

Tűzkő S-Pan ★★ Im Besitz von Antinori in Tolna. Guter CABERNET FRANC, KÉKFRANKOS, MERLOT, TRAMINI.

Vesztergombi S-Pan ★★→★★★ Familiengut in SZEKSZÁRD; die neue Generation hat auf beeindruckende Weise das Ruder übernommen. Empfehlenswert: Bikavér, Kétvölgy Kékfrankos, Vintage.

Vida S-Pan ★★→★★★ Familienweingut der nächsten Generation in SZEKSZÁRD. Ansprechender Tündértánc für Einsteiger. Wunderbarer KADARKA Bonsai (von alten Reben), KÉKFRANKOS Hidaspetre, La Vida.

Über 1.500 Thermalquellen gibt es in Ungarn – heiß baden ist Brauch im Land.

Villány S-Pan – Ungarns südlichste Weinbauregion, bekannt für ernsthafte, reife Weine von Bordeaux-Sorten, v. a. exzellenter CABERNET FRANC – etikettiert als VILLÁNYI FRANC mit eigenen Regeln für Premium und Superpremium-Kategorien. Saftiger KÉKFRANKOS und PORTUGIESER. Hohe Qualität liefern folgende Erzeuger ohne eigenen Eintrag: Gere Tamás & Zsolt (Aureus Cuvée), Günzer Tamás (Mátyás Cuvée, Bocor), Hummel, Jackfall, Janus, Kiss Gabor, Lelovits (Cabernet franc), Maul Zsolt (Creátor Kékfrankos, Dávid), Polgar, Riczu (Symbol Cuvée), Stier (MERLOT, Villányi Cuvée), Ruppert, Tiffán, Wassmann (biodynamisch).

Vylyan S-Pan ★★→★★★ Rotweinspezialist mit sehr guten Einzellagenselektionen, v. a. PINOT NOIR Gombás, CABERNET FRANC Mandolás, MERLOT Montenuovo und Pillangó. Das rote Aushängeschild ist die Cuvée Duennium. Auch köstlicher, seltener Csókaszőlő.

Weninger NU ★★★ Standards setzender biodynamischer Erzeuger in SOPRON, geleitet von dem Österreicher Franz Weninger jr. Der Steiner Kékfrankos von einer Einzellage ist großartig. Eindrucksvoll auch SYRAH, CABERNET FRANC und der rote Verschnitt Frettner. Auch der Rózsa ist einen Versuch wert.

Bulgarien

Neue Projekte, neue Kellereien und alte Rebsorten sind die Themen in diesem kleinen, aber dynamischen Weinland. Ja, auch die preisgünstigen Sortenweine aus internationalen Trauben für den Export sind noch da, es gibt aber noch jede Menge mehr zu entdecken. Suchen Sie sich einen spezialisierten Weinimporteur, oder – besser! – besuchen Sie Bulgarien (wo Sie sich eines freundlichen Empfangs sicher sein können), und lassen Sie sich überraschen.

Alexandra Estate Thrak ★★ Der Reserve bleibt eindrucksvoll, ebenso der sehr gute, in Akazienholz ausgebaute VERMENTINO; dazu eleganter Rosé.

Angel's Estate Thrak ★★ Smarte, geschmeidige Rote in der Reihe Stallion sowie eindrucksvoller Deneb, v. a. SYRAH.

Bessa Valley Thrak ★★★ Eines der ersten richtigen Weingüter der neuen Ära; die Reben haben jetzt ein gutes Alter für echte Tiefe. Zu empfehlen sind der Enira, die sehr guten SYRAH Enira und Enira Reserve sowie die exzellente Grande Cuvée.

Better Half Thrak ★★ Garagenkellerei, Familienbetrieb, kleine Mengen. Probieren Sie die Reihe Dalakov Kvevri und den sehr guten roten Reserve.

Etwa die Hälfte der Weinmacher Bulgariens sind Weinmacherinnen – in dieser Hinsicht ist das Land Gleichstellungsweltmeister.

Black Sea Gold Thrak ★ 600 ha nahe der Schwarzmeerküste. Zu den besseren Etiketten gehören Salty Hills, Vera Terra und Golden Rhythm (preisgünstig).

Bononia Don ★★ Zur Weinkellerei umrenovierte Brauerei nahe der Donau mit sehr gutem CHARDONNAY, Gomotartzi Gamza, SAUVIGNON BLANC Istar und Rosé Ooh La La.

Borovitsa Don ★★★ Von Hand bereitete Terroirweine aus winzigen Parzellen. Aushängeschild ist der langlebige Dux. Probieren Sie auch die Cuvée Bella Rada (RKATSITELI), den seltenen lokalen Evmolpia sowie GAMZA (Black Pack), MRV, Sensum.

Boyar, Domaine Thrak ★→★★★ Große moderne Kellerei mit künstlerisch bemalten Lagertanks. Verlässliche Einsteigerweine in den Reihen Bolgaré und Deer Point. Mittelklasse: Elements, Quantum. Spitzenweine: Solitaire von einer Einzellage (MERLOT). Aus der Boutiquekellerei Korten kommen sehr guter Grand Vintage und Natura.

Bratanov Thrak ★★ Die Familienkellerei in Sakar arbeitet mit Wildhefen. Weine: CHARDONNAY, SYRAH, 3-Blend, Symbiose, Tamianka.

Burgozone Don ★★ Familienweingut an der Donau. Gute Weißweine, v. a. Eva, SAUVIGNON BLANC, VIOGNIER; raffinierte Rote, v. a. Iris Creation, Esperanto.

Damianitza Thrak ★★→★★★ Ganzheitlicher Erzeuger im STRUMA-TAL. Empfehlenswert: Redark, Dzindzifkite CABERNET FRANC, Uniquato und das Aushängeschild Kometa.

Das bulgarische Rosental produziert etwa 85% des Rosenöls weltweit. Das müsste man schon aus dem Weltall riechen können.

Dragomir Thrak ★★→★★★ Intensive, langlebige Rote, v. a. Pitos, das Flaggschiff RUBIN Reserve und CABERNET FRANC. Interessante fruchtbetonte Reihe Sarva (v. a. MAVRUD, Rosé).

Eolis Thrak ★★→★★★ Winziges biodynamisch geführtes Gut; sehr guter VIOGNIER, SYRAH und der Verschnitt Inspiration (rot).

Katarzyna Thrak ★★ Saftige, reife, gut gemachte Weine. Eindrucksvoller Reserve als Flaggschiff, dazu MAVRUD, MERLOT, Question Mark, Seven Grapes.

Logodaj Thrak ★★ Kellerei im STRUMA-TAL für extrem reife Rote, v. a. MELNIK Nobile Early, sehr guter Rosé, flaschenvergorener Satin.

Maryan Don ★★ Familienbetrieb mit sehr gutem Reserve (rot), Ivan Alexander (rot) und CHARDONNAY Kera Tamara.

Medi Valley Thrak ★★→★★★ Die eigenen Weinberge in 550 m Höhe nahe dem Kloster Rila erbringen sehr gute Rotweine, v. a. Great Bulgarian, Incanto Black und MELNIK 55. Auch feiner VIOGNIER.

Menada Thrak ★ Großer Erzeuger, bekannt für die süffigen Verschnitte namens Tcherga.

Midalidare Estate Thrak ★★ Makellose Boutiquekellerei. Präzise Weiße, sehr gute Rote (v. a. Grand Vintage) und der beste Schaumwein des Landes.

Projekte und mehr

Bulgarien ist nach wie vor ein faszinierendes Experimentiergebiet mit neuen Weinen und neuen Namen. Achten Sie auf: Abdyika, Augeo, Balar, Bendida, Ch. Copsa, Damyanov, Four Friends, Georgiev/Milkov, Glushnik, Haralambievi, Ivo Varbanov, Kapatovo, Levent Wine House, Libera Estate, Melvino, Pink Pelican, Red Church (von Alex Kanev), Roxs, Rupel, Seewines, Staro Oryahovo, Stratsin, Uva Nestum, Varna Winery, Via Verde, Via Vinera Karabunar, Villa Bassarea, Villa Yustina, Yalovo, Zaara Estate.

Minkov Brothers Thrak ★→★★ Große Boutiquekellerei nahe Karnobat. Zu empfehlen: CABERNET FRANC, die Reihe Cycle, Le Photografie PINOT NOIR, SYRAH.

Miroglio, Edoardo Thrak ★★★ Mustergültiges Weingut mit einem Ruf für grandiosen flaschenvergorenen Schaumwein. Aufregender PINOT NERO, v. a. die Riserva; sehr gute Reihe Elenovo, v. a. CABERNET FRANC, MAVRUD, Rubin sowie das Flaggschiff Soli Invicto.

Neragora Thrak ★★ Das Ökoweingut erzeugt guten MAVRUD und CABERNET SAUVIGNON Selection.

Orbelia Thrak ★★ Familienbetrieb im STRUMA-TAL mit feinem CABERNET FRANC, sehr guter Reihe Via Aristotelis und neuem Reserve-Gutswein.

Orbelus Thrak ★★ Ökokellerei im STRUMA-TAL. Lebhafte Weißweine namens Orelek, guter MELNIK 55.

Dass Bakterien Joghurt erzeugen, wurde erstmals 1905 in Bulgarien entdeckt.

Rossidi Thrak ★★→★★★ Pionierbetrieb nahe Sliven. Exzellenter, im Beton-Ei vergorener CHARDONNAY. Sehr guter MAVRUD, RUBIN, ausgezeichneter SYRAH. Verführerischer orangefarbener GEWÜRZTRAMINER.

Rumelia Thrak ★★ Sehr guter Spezialist für MAVRUD. Empfehlenswert: Rumelia Reserve, Erelia, Merul ohne Eichennote.

Salla Estate Don ★★ Präzise Weiße, v. a. CHARDONNAY Barrel, Vrachanski MISKET, RIESLING. Eleganter CABERNET FRANC.

Santa Sarah Thrak ★★★ Qualitätspionier, jetzt mit eigenem Gut. Sehr gut sind die Roten namens Bin, Flaggschiff ist der Privat. Ansprechender Rosé No Saints.

Slavyantsi, Vinex Thrak ★→★★ Besitzt das »Fair for Life«-Zertifikat für die Arbeit mit der örtlichen Roma-Gemeinschaft. Verlässliche preisgünstige sortenreine Weine und Verschnitte, v. a. unter dem Markennamen Leva.

Stefan Pirev Wines ★★→★★★ Das persönliche Projekt eines renommierten Weinmachers; sehr gute Verschnitte Eager (rot und weiß), CHARDONNAY Kosara.

Struma-Tal Thrak – Grandiose Landschaft in Bulgariens wärmster Region, gut organisiert für den Tourismus. Der Fokus liegt auf einheimischen Reben: MELNIK 55, Sandanski MISKET, Shiroka Melnik (alias Breitblättriger Melnik). Interessante Erzeuger: Abdyika, Augeo (Ruen), Kapatovo (GRENACHE/MOURVÈDRE/SHIRAZ), Libera (Hotovo, Orange Keratsuda), Rupel, Seewines (v. a. weißer Colorito, Disegno), Via Verde, Zlaten Rozhen sowie Newcomer Damyanov (Breitblättriger Melnik).

Terra Tangra Thrak ★★ Großes Gut in Sakar mit zertifiziert ökologischen Lagen für die Rotweine; guter MALBEC, MAVRUD (rot, rosé), seriöser Roto.

Tohun Don ★★ Präzise, erfrischende Weiß- und Roséweine, v. a. CHARDONNAY Barrique, Rosé Tohun und vielversprechender CABERNET SAUVIGNON/MERLOT Tohun.

Tsarev Brod Don ★★ Innovativer Erzeuger im Norden. Empfehlenswert: Pét-Nat-RIESLING, Gergana (seltene lokale Sorte), CHARDONNAY Amber, rosé Evmolpia, komplexer SAUVIGNON BLANC Reserve. Sehr guter Riesling-Eiswein.

Villa Melnik Thrak ★★ Familienweingut mit Fokus auf einheimische Trauben, v. a. MAVRUD, MELNIK. Guter Orange Wein von SAUVIGNON BLANC, eindrucksvolle Etiketten Reserve und Hailstorm.

Villa Yambol Thrak ★ Sortenreine Weine und Cuvées in der preiswerten Reihe Kabile.

Yamantiev's Thrak ★→★★ Sauberer kommerzieller Kaba Gayda und SHIRAZ. Exzellenter Marble Land (rot) und Yamantiev's Grand Reserve (CABERNET SAUVIGNON).

Zagreus Thrak ★★ Ökobetrieb mit MAVRUD in allen Stilen, von Weiß über Rosé bis zum komplexen Vinica von halb getrockneten Trauben im Amarone-Stil. Preiswerte Reihe St. Dimitar.

Zelanos Thrak ★★ Makellose neue Kellerei mit neuen Weinen. Zu empfehlen: frischer Red MISKET (weiß), PINOT GRIS, eleganter PINOT NOIR Z und CABERNET FRANC.

Slowenien

Weinbau in Slowenien kann halsbrecherische Arbeit an steilen, oft felsigen Hängen erfordern. Das geht meist nur mit Handarbeit, was die Kosten in die Höhe treibt, doch die Qualität ist so gut, dass die Weine immer noch als günstig bezeichnet werden müssen. Die Umwelt in der grünen, waldreichen Landschaft ist weitgehend intakt, weshalb nachhaltiger, oft ökologischer Weinbau vorherrscht, der die spannendsten Weine der Region hervorbringt. Slowenien bleibt ein Hotspot für Hülsenmaischung, Orange Wines und Minimalintervention, doch jene hervorragenden Erzeuger, die einen eher klassischen Ansatz verfolgen, sollten dabei nicht übersehen werden.

Albiana Pos ★★ Kleines Familiengut in DOLENJSKA mit grandiosen Weinbergen. Schöne Weißweine, ein Rosé und guter Modra Frankinja Alto.

Batič Prim ★★ Sehr angesehener Erzeuger von biodynamischen und Naturweinen in VIPAVA: Verschnitte namens Angel, MALVAZIJA, PINELA, REBULA, Zaria (weiß).

Bjana Prim ★★★ PENINA-Spezialist aus BRDA, der stets elegante Schaumweine nach der traditionellen Methode vorwiegend von der lokalen REBULA-Traube bereitet.

Brda Prim – Erstklassiger Bezirk. Empfohlene Erzeuger (ohne eigenen Eintrag): Benedetič, Blažič, Dobuje, Emeran Reya, Klinec, Medot (sehr guter PENINA), Moro (sehr guter Margherita rot und weiß), Mulit, Zanut (Brjač, REBULA, SAUVIGNON BLANC).

Burja Prim ★★★★ Das Bio-Weingut in VIPAVA arbeitet minimalinvasiv, der Fokus liegt auf lokalen Sorten und Spontangärung. Zu empfehlen: Burja Bela, Burja Noir (PINOT NOIR), Burja Reddo.

Dolenjska Pos – Traditioneller scharfer roter CVIČEK war einst die Grundlage der kaum beachteten Weinregion. Deutlich bessere Weine kommen heute von ALBIANA, Dular, FRELIH, Klet Krško (süßer Izbor LAŠKI RIZLING, Turn MODRA FRANKINJA), KOBAL (PINOT GRIS, Luna Modra Frankinja), Kozinc (Schaumwein Joker, SAUVIGNON BLANC). Die lokale Žametovka-Traube eignet sich ausgezeichnet für Schaumwein, v. a. Domaine Slapšak, FRELIH.

Dolfo Prim ★★→★★★ Familienweingut in BRDA; guter PENINA Spirito, ansprechender weißer Gredic, MALVAZIJA, REBULA.

Dveri-Pax Pod ★★→★★★ Historische Kellerei bei Maribor im Besitz von Benediktinern (der Name bedeutet »Tor des Friedens«). Frische, straffe, preiswerte Weißweine. Sehr gute Auslesen von alten Reben, v. a. der FURMINT Ilovci; auch exzellenter Furmint Penina.

Edi Simčič Prim ★★★★ Der schöne Familienbetrieb in BRDA setzt Maßstäbe, jetzt mit den exzellenten Lagenselektionen Fojana und Kozana sowie einigen der besten Rotweine des Landes, v. a. den Fassauslesen Kolos und Kozana MERLOT. Auch sehr gute Classic-Reihe und Verschnitte namens Lex.

Erzetič Prim ★★ Biodynamische Familienkellerei mit Kellermeister der nächsten Generation. Sehr gute Amphorenweine: PINOT GRIS, REBULA.

Ferdinand Prim ★★★ Weingut auf einem Hügel mit neuer Kellerei. Köstlicher, grenzüberschreitender Sinefinis-Schaumwein zusammen mit Gradis'ciutta (Italien), komplexer Brutus, exzellenter Epoca (rot und weiß).

Frelih Pos ★★ Von der Frau des Hauses geführte Familienkellerei: Echo, PENINA, MODRA FRANKINJA, SILVANER.

Gašper Prim ★★★ Beeindruckende Marke von Gašper Čarman mit KLET BRDA; sehr guter MALVAZIJA, REBULA Selekcija, neuer Markisa Rosé, exzellenter CABERNET FRANC.

Gross Pod ★★★ Umwerfende Terroirweine von einem Weinmacher-Ehepaar. Tolle FURMINTS namens Gorca und Iglič, SAUVIGNON BLANC Colles, RIESLING sowie eindrucksvoller Furmint Brut Natur.

Guerila Prim ★★ Biodynamischer Erzeuger in VIPAVA mit sehr gutem PINELA, MALVASIA, BARBERA, CABERNET FRANC.

Istenič Pos ★★ Wegweisender Schaumweinspezialist. Probieren Sie Prestige Extra Brut, Gourmet Rosé, Brut N°1 und den neuen Rare Brut Natur.

Istrien (Slovenska Istra) – Im slowenischen Teil der Halbinsel werden hauptsächlich MALVAZIJA und REFOŠK angebaut. Beste Erzeuger: Bordon, Brič, Korenika & Moškon (biodynamisch), MonteMoro, Pucer z Vrha, Rodica (öko), Rojac, SANTOMAS, Steras (herrlicher Epulon, Saurin Malvazija), VINAKOPER, Zaro.

Jakončič Prim ★★★ Erzeuger in BRDA; sehr gut sind v. a. die Reihe Carolina und der mit Schalenkontakt erzeugte Uvaia PINOT GRIS.

Joannes Pod ★★ Zuverlässiger, langlebiger RIESLING vom biodynamisch arbeitenden Gut.

Kabaj Prim ★★★ Das Gut in BRDA unter französischer Leitung ist sehr angesehen für komplexe Weiße mit Schalenkontakt und mächtige Rote.

Klet Brda Prim ★★→★★★ Sloweniens größte Genossenschaft zeigt sich zukunftsorientiert und dynamisch. Sehr gute, frische Reihe Quercus, Krasno ohne Eichennote, Colliano für den US-Markt. Exzellente Lagenselektionen namens Bagueri, v. a. REBULA. Sehr feine Reihe De Baguer und superber Flaggschiffwein A+ (rot und weiß). Erzeugt auch die sehr guten Schumacher-Weine.

Kobal Pod ★★ Bojan Kobals persönliche Vision; sehr guter FURMINT, SAUVIGNON BLANC Black Label.

Kogl Pod ★★ Historisches Gut bei Ormož, 1542 gegründet. Spannende, präzise gearbeitete Weiße, lebhafter Rosé.

Krapež, Vina Prim ★★→★★★ Familienbetrieb in VIPAVA. Lapor Belo, Rdece sind stets sehr gut; fantastischer MALVAZIJA, aber nur in winzigen Mengen.

Kras Prim – Bekannt v. a. für die umstrittene Denomination TERAN. Empfehlenswert: Vinakras und Čotar für gute, langlebige Weine aus minimalinvasiver Produktion.

Kristančič Prim ★★ Familienbetrieb in BRDA. Empfehlenswert der Pavó von alten Reben.

Kupljen Pod ★★ Pionier für trockene Weine bei Jeruzalem. Empfehlenswert: Aldebaran RIESLING, Loona, ŠIPON, White Star.

Marof Pod ★★→★★★ Pionierweingut in Prekmurje. Empfehlenswert: Breg, SAUVIGNON BLANC Bodonci, CHARDONNAY Kramarovci.

Der Balkan wird orange

Die nächste Herausforderung für die slowenischen Winzer sind Einzellagenweine. Dazu lenkt die Slovenska Velika Lega, eine Gruppe von Spitzenerzeugern (EDI SIMČIČ, MAROF, ŠUKLJE, Vino Gross), die Aufmerksamkeit auf die besonderen und historischen Terroirs Sloweniens. Ihr Plan ist auch, sich für eine neue Gesetzgebung starkzumachen – das aktuelle nationale Verzeichnis der Lagen ist 40 Jahre alt. Alle vier Erzeuger der Gruppe produzieren bereits umwerfende Einzellagenweine, und auch andere wie BURJA (Stranice), KLET BRDA (MERLOT De Baguer, Motnik), MARJAN SIMČIČ (Opoka), PASJI REP (Merlot Breg) und Zanut (Brjač, Jama) bringen Lagenselektionen heraus. Zwar darf man nicht unerwähnt lassen, dass viele kleine Erzeuger ohnehin nur auf einem einzigen Weinberg arbeiten, doch um das slowenische Terroir bekannter zu machen, ist die Initiative auf jeden Fall zu begrüßen.

Movia Prim ★★★→★★★★ Von dem charismatischen Aleš Kristančič geleitete biodynamische Kellerei, jetzt zusammen mit Sohn Lan. Exzellente Reihe Veliko, v. a. Belo (weiß), Rdeče (rot), umwerfender Puro Rosé (Schaumwein). Neuer Schaumwein Kapovolto. Wird auch für den Orange Wine Lunar mit langer Hülsenmaischung bewundert (Versionen mit CHARDONNAY und REBULA).

Pasji Rep Prim ★★ Ökoweingut der nächsten Generation in VIPAVA. Sehr gut gemachte Weine, v. a. bezaubernder MERLOT Breg, dazu Verschnitte namens Jebatschin und PINOT NOIR.

Penina Name für Qualitätsschaumwein (Tankgärung oder traditionelle Methode). Im Trend.

Podravje Die größte Weinregion umfasst Štajerska Slovenjia und Prekmurje im Osten. Am besten sind die lebhaften trockenen Weißen, eindrucksvoll auch die Süßweine; die meist von MODRA FRANKINJA und PINOT NOIR erzeugten Rotweine werden besser.

Posavje Die Weinregion im Südosten umfasst DOLENJSKA, Bizeljsko-Sremič (ISTENIČ, Klet Krško, Dular, Tajfl) und Bela Krajina (achten Sie auf Gaube, Metlika, Prus, Šturm, ŠUKLJE). Verlegt sich zunehmend auf sehr guten, frischen Schaumwein und eleganten MODRA FRANKINJA. Der süße Izbor kann mit seiner großartigen Säure exzellent sein.

PRA-VinO Pod – War in den 1970er-Jahren der Vorreiter der privaten Weinerzeugung. Am besten sind die Süßweine, u. a. Eiswein *(ledeno vino)* und edelfaule Gewächse.

Primorska Im Westen gelegene Region (auch Primorje genannt), die das slowenische ISTRIEN, BRDA, VIPAVA und KRAS umfasst.

Puklavec Family Wines Pod ★★→★★★ Große Familienkellerei mit verlässlich ausdrucksstarken Weißweinen unter den Etiketten Puklavec & Friends und Jeruzalem Ormož. Sehr gute Reihe Seven Numbers, fantastische Archivweine aus den 1970ern. Auch gute Rotweine aus Nordmazedonien.

Pullus Pod ★★ Verlässliche, frische, angenehme Weine unter dem Etikett Pullus. Eindrucksvoll die Reihe G und die Süßweine.

Radgonske Gorice Pod ★→★★ Die historische Schaumweinkellerei erzeugt den Bestseller Srebrna (silberner) PENINA. Sehr guter Rosé Brut nach der klassischen Methode, eleganter Untouched by Light, der im Dunkeln gelesen und verkeltert wird.

Santomas Prim ★★→★★★ Maßstäbe setzender REFOŠK-Erzeuger, v. a. Antonius von 60 Jahre alten Reben. Auch sehr guter CABERNET SAUVIGNON und Mezzo Forte (rot).

Slowenien liegt unter Europas waldreichsten Ländern an dritter Stelle; 53 % der Landschaft sind geschützt.

Ščurek Prim ★★★ Familienweingut in BRDA; fünf Söhne. Gute Sortenweine für Einsteiger. Wunderbarer Rebula Up, attraktiver Stara Brajda (rot/weiß).

Simičič, Marjan Prim ★★★★ Die Einzellagenweinreihe Opoka von alten Reben hat Weltklasse (neuer PINOT NOIR Breg und Sauvignon vert). Großartiger UnicoM (rote Cuvée). Auch gut: Selekcija, Teodor-Verschnitte. Der süße Leonardo ist stets großartig.

Štajerska Slovenija Pod – Bedeutende Weinregion im Osten, zu der die bedeutenden Bezirke Haloze, Ljutomer-Ormož und Maribor gehören. Knackige, lebhafte Weiße und erstklassige Süßweine. Empfehlenswerte Erzeuger: Conrad Fürst & Söhne, Domaine Ciringa, Doppler, Frešer, Gaube, Heaps Good Wine, Horvat, Krainz, M-vina, Roka, Sanctum, SiSi, Šumenjak, Valdhuber, Zlati Grič.

Steyer Pod ★★ Spezialist für TRAMINER in der ŠTAJERSKA SLOVENIJA, v. a. Vaneja.

Šuklje ★★→★★★ Das kleine Familiengut setzt mit Lagenselektionen in Bela Krajina neue Maßstäbe. Probieren Sie den SAUVIGNON BLANC Lozice, den Lodoma und den exzellenten MODRA FRANKINJA Vrbanjka.

Sutor Prim ★★★→★★★★ Ausgezeichneter kleiner Erzeuger in VIPAVA. Bezaubernder Sutor White, feiner CHARDONNAY, eleganter Rotwein auf MERLOT-Basis.

Tilia Prim ★★→★★★ Stets frische, ausdrucksstarke Weißweine der Reihe Sunshine. Die Vorliebe des Besitzers für PINOT NOIR zeigt sich in verschiedenen Ausformungen, vom süffigen Gutswein bis zum ernsthaften Merljaki und den Black-Label-Weinen.

Verus Pod ★★★ Feine, sehr schön bereitete, lebhafte Weiße: sehr guter FURMINT, PINOT GRIS, raffinierter RIESLING, aromatischer SAUVIGNON BLANC. Super Preis-Leistungs-Verhältnis.

Vinakoper Prim ★★ Große Kellerei in Istrien, steigert sich weiter. Achten Sie auf die Etiketten Capo D'Istria, Capris und Rex Fuscus, v. a. MALVAZIJA, REFOŠK.

Vipava Prim – Für seine kalten Burja-Winde bekanntes Tal in PRIMORSKA. Empfohlene Erzeuger: Benčina, Bizjak, Fedora, Ferjančič, Guštin, JNK, Lepa Vida, Lisjak, Marc, Miška, Mlečnik, Saksida, Štokelj, Vina Ušaj Ussai.

Vipava 1894 Prim ★→★★ Deutlich verbessert; gut v. a. die Reihe Lanthieri und der MALVAZIJA Terase.

Kroatien

Beinahe 20 Millionen Touristen tranken vor dem Lockdown eine Menge Wein an Kroatiens Adriaküste und auf den Inseln, und auch wenn sich die Zahlen 2021 etwas erholt haben, sind die Kellereien in den Touristengebieten immer noch in Nöten. Bessere Qualität und eine stattliche Anzahl einheimischer Rebsorten (120 an der Zahl), die sich auf verschiedene Regionen verteilen, sorgen jedoch für nahezu unendliche Faszination – am besten erkundet man das alles persönlich.

Antunović Slaw ★★ Die erste Kellerei Kroatiens in weiblichem Besitz. Mutter und Sohn erzeugen sehr schönen GRAŠEVINA und komplexen Jubilea Reserve.

Arman, Franc Is & Kv ★★ 1850 gegründetes Familienweingut für sehr gute Rotweine, frischen MALVAZIJA und Malvazija Classic mit Hülsenmaischung.

Arman, Marijan Is & Kv ★★ Der Besitzer Marijan Arman verstarb Anfang 2022, hinterließ aber ein wunderbares Erbe an eindrucksvollem MALVAZIJA, v. a. Grand Cru, und sehr gutem TERAN.

Badel 1862 ★→★★ Besitzer der Kellereien Benkovac, Duravar und Ivan Dolac. Probieren Sie die weichen, reifen Rotweine der Reihe Korlat. Auch ordentlicher DINGAČ 50° und PLAVAC MALI.

Benvenuti Is & Kv ★★★ Maßstäbe setzender Familienbetrieb, von einem Brüderpaar geleitet. Exzellenter TERAN, v. a. Santa Elisabetta und Verschnitt Caldierosso. Verlässlicher frischer MALVAZIJA, umwerfender süßer MUŠKAT San Salvatore.

Bibich Dalm ★★→★★★ Familiengut aus dem 15. Jahrhundert mit Fokus auf lokalen Sorten, v. a. die weiße Debit, plus SYRAH sowie Verschnitte. Probieren Sie den Lučica von einer Einzellage und den süßen Ambra.

Bire Dalm ★★→★★★ Spezialist auf der Insel Korčula für sehr guten Grk in allen Stilen, v. a. komplexer Defora.

Boškinac Dalm ★★→★★★ Eindrucksvolle, langlebige Rotweine von der Insel Pag, v. a. Cuvée; auch Restaurant mit Michelin-Stern. Probieren Sie auch den seltenen Gegić Ocu.

Bura-Mrgudić Dalm ★★ Das Familiengut ist bekannt für den gewichtigen, traditionellen Bura PLAVAC MALI. Auch moderner Benmosche DINGAČ und ZINFANDEL.

Cattunar Is & Kv ★★ Weingut auf einem Hügel für MALVAZIJA von den vier verschiedenen Böden Istriens. Der spät gelesene Collina ist immer beeindruckend.

Clai Is & Kv ★★ Naturweinpionier, bewundert für seine Orange Wines mit Schalenkontakt, v. a. MALVAZIJA Sveti Jakov und die Ottocento-Verschnitte. Lagerfähiger roter Bombonero.

Coronica Is & Kv ★★→★★★ Winzer in dritter Generation auf *terra-rossa*-Boden, hoch angesehen für fassgereiften Gran MALVAZIJA und Gran TERAN.

Dalmatien (Dalmacija) Felsige Küste, wunderbare Inseln, viele spannende Weingüter.

Damjanić Is & Kv ★★→★★★ Immer beeindruckenderer Familienbetrieb; sehr guter Borgonja (alias BLAUFRÄNKISCH), Clemente (rot/weiß) und MALVAZIJA.

Dingač Dalm – Historische geschützte Ursprungsbezeichnung für stämmige Rotweine von PLAVAC MALI von der Halbinsel Pelješac. Erzeuger: Benmosche, BURA-MRGUDIĆ, Crna Ovca, KIRIDŽIJA, Lučić, Madirazza, Matuško, Miličić, SAINTS HILLS, SKARAMUČA, Vinarija Dingač.

Enjingi, Ivan Slaw ★★ Legendärer Naturweinerzeuger in SLAWONIEN. Bekannt für GRAŠEVINA und langlebigen Venje.

Enosophia Slaw ★→★★ Wird besser. GRAŠEVINA, Miraz Frankovka, CABERNET FRANC, alle BV.

Fakin Is & Kv ★★★ Der junge Kellermeister bleibt spannend und beeindruckend. Probieren Sie den frischen MALVAZIJA und das Spitzenetikett La Prima sowie den TERAN Il Primo.

Galić Slaw ★★★ Präzise, raffinierte Weine: sehr guter Brut Natur (Schaumwein), Crno 9, GRAŠEVINA Leon, CHARDONNAY, PINOT NOIR.

Grabovac Dalm ★★★ Die Familienkellerei beeindruckt mit Trnjak, Modro Jezero Riserva, Kujundzuša (Hülsenmaischung).

Istrien & Kvarner Bucht

Von der Halbinsel in der nördlichen Adria und der Inselwelt außen herum kommen auch gutes Olivenöl und Trüffel. Die vielseitige MALVAZIJA ist die Hauptsorte, dazu kommt die umstrittene Teran-Traube, die jetzt »Hrvatska Istra Teran« etikettiert werden muss. Auch guter MERLOT. Empfehlenswerte Erzeuger: Banko Mario, Capo, Cossetto, Degrassi, Deklić, Domaine Koquelicot, Dubrovac, Franković, Ipša, Medea, Meneghetti, Misal Peršurić (Schaumwein), Novacco, Piquentum, Radovan, Rossi, Sirotić, Tercolo, Trapan, Veralda, Zigante. In der Kvarner Bucht: KATUNAR WINE ESTATE; Ivan Katunar und Sipun für Žlahtina und seltenen Sansigot.

Gracin Dalm ★★→★★★ Prof. Leo Gracin war der Pionier der Wiederbelebung der BABIĆ-Traube, die er zu einem ebenso komplexen wie eleganten Wein ausbaute. Auch sehr guter Kontra in Zusammenarbeit mit KIRIDŽIJA.

Grgić Dalm ★★ Mike Grgich, die kalifornische Legende, berühmt geworden 1976 durch die Weinjury von Paris, ist zu seinen kroatischen Wurzeln zurückgekehrt und produziert mit Tochter und Neffen auf der Halbinsel Pelješac sehr reichhaltigen PLAVAC MALI und eleganten POŠIP.

Hvar Dalm – Auf der Adria-Insel ist die Ebene von Stari Grad mit ihrem Weinberg *chora,* der schon im 4. Jahrhundert v. Chr. bewirtschaftet wurde, UNESCO-Welterbe seit 2008. Bekannt für PLAVAC MALI. Gute Erzeuger: Carić, Duboković, PZ Svirče, TOMIĆ, ZLATAN OTOK.

Iločki Podrumi Slaw ★★ Europas älteste durchgehend betriebene Weinkellerei: seit 1450. Empfehlenswert: GRAŠEVINA und TRAMINAC Premium sowie die Reihe Principovac.

Kabola Is & Kv ★★→★★★ Makelloses Bio-Weingut, Garant für Qualität. Sehr guter MALVAZIJA als Schaumwein, als junger Wein, als fassgereifter Unica und als Amfora-Version. Auch guter TERAN Amfora.

Katunar Wine Estate Is & Kv ★★ Führender Erzeuger von Žlahtina, einer Sorte, die man nur auf der Insel Krk findet. Probieren Sie den Sveta Lucija. Auch guter PLAVAC MALI.

Kiridžija Dalm ★★ Guter PLAVAC MALI, sehr guter gewichtiger, aber fruchtiger DINGAČ.

Komarna Dalm – In der neuen Weinregion sind sieben Erzeuger tätig, alle Ökowinzer. Volarević beeindruckt mit gutem PLAVAC MALI in Rosé, Rot und als komplexe Gold Edition. Rizman mit POŠIP Nonno, SYRAH; Terra Madre mit Pošip *sur lie;* SAINTS HILLS mit Sv. Roko.

Korta Katarina Dalm ★★ Kroatischer Wein mit US-Wurzeln und Luxushotel auf Korčula; guter POŠIP, gewichtiger PLAVAC MALI.

Kozlović Is & Kv ★★★→★★★★ Schönes Gut mit prachtvollen Weinen: sehr guter MALVAZIJA und TERAN, v. a. die Santa-Lucia-Auslesen, köstlicher MUŠKAT Momjanski Sorbus.

Krajančić Dalm ★★→★★★ Treibende Kraft für das Revival der spannenden POŠIP-Traube: Intrada, Sur Lie, Statut, Orange Wine.

Krauthaker Slaw ★★★ Pionier und Spezialist für GRAŠEVINA aus KUTJEVO, v. a. Mitrovac und süße Trockenbeerenauslese. Probieren Sie auch den Zelenac Rosenberg.

Die kroatische Währung Kuna ist nach dem einheimischen Marder benannt, dessen Pelz früher Zahlungsmittel war.

Kutjevo Cellars Slaw ★★ Großproduzent mit Kellerei von 1232; Augenmerk hauptsächlich auf GRAŠEVINA. Auch Premiumwein De Goth und schöner Eiswein.

Matošević Is & Kv ★★★ Mustergültiger MALVAZIJA, v. a. Alba, Alba Robinia (in Akazienholz ausgebaut), Alba Antiqua. Auch sehr guter roter und weißer Grimalda sowie SAUVIGNON BLANC.

Međimurje Hochland – Im kühlsten Weinbaugebiet im Norden herrschen Pušipel (alias FURMINT) und frischer SAUVIGNON BLANC vor. Zu empfehlen: Cmrečnjak, DK Vina, Horvat, Jakopić, Kocijan, Lovrec, Štampar.

Miloš, Frano Dalm ★★ Bewundert für seinen traditionellen, strukturierten Stagnum, dazu zugänglicherer PLAVAC MALI und Rosé.

Pilato Is & Kv ★★ Verlässlicher Familienbetrieb mit sehr gutem MALVAZIJA, PINOT BLANC und Rotweinen, v. a. Grande Cuvée.

Prošek Dalm – Umstrittener Süßwein von sonnengetrockneten lokalen Trauben in DALMATIEN. Erstmals erwähnt im Jahr 1556. Hat den Status einer geschützten Ursprungsbezeichnung ab 2021 beantragt; die italienischen Prosecco-Erzeuger sind dagegen.

Roxanich Is & Kv ★★→★★★ Naturweinerzeuger mit Weinhotel, bekannt für Weißweine mit langer Maischestandzeit (Antica, Ines, Milva) sowie komplexe Rote, v. a. TERAN Re und SuperIstrian Cuvée.

Saints Hills Dalm, Is & Kv ★★→★★★ Zwei Güter in Istrien und Dalmatien, Berater ist Michel Rolland. Sehr guter Frenchie und Nevina (beide weiß), Posh (Pošip), strukturierter DINGAČ, üppig-fruchtiger PLAVAC MALI St. Roko.

Skaramuča Dalm ★★ Eine der größten privaten Kellereien in Kroatien, in Familienbetrieb. Guter, fruchtbetonter PLAVAC MALI, POŠIP. Eine Stufe darüber rangiert das Etikett Elegance mit sehr gutem DINGAČ, Plavac.

Slawonien Region im Binnenland, auch berühmt für ihr Eichenholz. Am häufigsten angebaut werden GRAŠEVINA und andere weiße Sorten; die Rotweine sind deutlich besser geworden. Erzeuger: Adzić, Antunović, Bartolović, Belje, ENJINGI, ENOSOPHIA, GALIĆ, KRAUTHAKER, KUTJEVO, Mihalj, Orahovica, Sontacchi, Zdjelarević.

Stina Dalm ★★→★★★ Von den sehr steilen Weinbergen auf der Insel Brač kommen sehr guter PLAVAC MALI (v. a. mit dem Etikett Majstor und dem Spitzenwein Remek Djelo), POŠIP, Vugava. Guter Tribidrag (alias ZINFANDEL).

Testament Dalm ★★→★★★ Junge Kellerei in historischem Gebiet bei Šibenik, Ökoweinbau. Sehr guter POŠIP, Tribidrag (alias ZINFANDEL), BABIĆ als Rotwein und Opolo (rosé). Leckerer Dalmatian Dog (rot/weiß). Schwesterbetrieb ist Merga Victa auf Korčula.

Tomac ★★→★★★ Pionier für Amphoren- und Naturweine nahe Zagreb. Beachtlicher Schaumwein, Pét-Nat und Orange Wein von TRAMINEC.

Tomaz Is & Kv ★★★ Der Familienbetrieb setzt die Grenzen in Istrien neu. Sehr eindrucksvoller TERAN Barbarossa, komplexer MALVAZIJA Sesto Senso.

Tomić Dalm ★★ Mächtige Weine von einer führenden Persönlichkeit auf HVAR mit ökologisch erzeugtem PLAVAC MALI. Gute Rote (v. a. Plavac Barrique); auch süßer PROŠEK Hectorovich.

Vina Laguna Is & Kv ★★→★★★ Bedeutendes Weingut auf *terra rossa*. Verlässlicher, preisgünstiger MALVAZIJA und erstklassiger, lagerfähiger Višinada. Die Reihen Festigia (Premium) und Riserva werden immer eindrucksvoller.

Zlatan Otok Dalm ★★ Familienweingut auf HVAR; Weinberge auch in Makarska und Šibenik. Berühmt für reife Rotweine und guten POŠIP (BV).

Bosnien-Herzegowina, Kosovo, Nordmazedonien, Montenegro, Serbien

Die Weine des Westbalkans sind unendlich faszinierend und entwickeln sich flott – Kellereien im neuen Stil tauchen auf, etablierte Erzeuger gehen mit der Zeit. Die einheimischen Konsumenten schätzen immer noch den Glanz der internationalen Trauben, doch Ausländer interessieren sich vor allem für den Schatz der einheimischen Rebsorten.

Bosnien-Herzegowina Star hier ist die weiße Žilavka, v. a. von den sonnigen Karstlagen um Mostar. Auch geschmeidiger roter Blatina und dunkler, besser strukturierter Trnjak erregen Interesse. Empfehlenswert: Andrija (Arhivsko, Selekcija Žilavka, Res), Begić (PLAVAC MALI rot/rosé), Brkić (Mjesečąr; biodynamisch), Carska Vina (David, Žilavka), Hercegovina Produkt (Etiketten Zlatna Dolina, Charisma), Jungić (Premium-CABERNET-SAUVIGNON, Šikar), Keža (Reihe Ž), Marjanović (Blatina Barrique), Nuić (Blatina, Trnjak), Rubis (Veteribus Blatina, Žilavka), Škegro (Krš Orange, Krš Trnjak, Carsus Blatina), Tolj (Kavalkada Žilavka), Tvrdos Monastery (VRANAC), Vilinka (Žilavka, X-Line), Vinarija Čitluk (Reihe Teuta), Vino Milas (Blatina Reserve, Žilavka), Vukoje (Carsko-Vino, Selekcija, Vranac).

Kosovo erklärte sich 2008 für unabhängig, hat aber noch immer zwei Gesetzeswerke zum Wein – das eigene und das Serbiens. Die größte Region ist Dukagjini (Metohija im serbischen Sprachgebrauch) mit Rahovec als größtem Weinbaubereich. 37 Kellereien sind lizensiert, von denen Stonecastle und Old Cellar (Bodrumi i Vjetër) die größten sind. Kleinere Betriebe wie Kosova und Sefa werden besser, v. a. mit Vranac. Am häufigsten angebaut werden Vranac, Prokupac, Smederevka/DIMIAT, GAMAY, WELSCHRIESLING. Exporte gehen vor allem in die Nachbarländer.

Montenegro Als Rebsorte dominiert hier die tiefdunkelrote Vranac, als Erzeuger 13. Jul Plantaže mit einer Einzellage von 2.310 ha – einer der größten Weinproduzenten Europas. Die Weine sind recht gut, v. a. von Vranac – probieren Sie Premijer, Pro Corde, Stari Podrum; die besten können reifen. Die kleinen Kellereien werden besser: Lipovac, Rupice, Savina, Sjekloča, Vukicevic. Forschungen zeigen, dass Montenegro ein Reben-Hotspot ist: Von hier stammen Vranac und ZINFANDEL (lokaler Name: Kratošija).

Nordmazedonien tendiert immer mehr weg von billiger Fassware und hin zu Qualität, v. a. mit der Hauptsorte Vranec (örtliche Schreibweise), die tiefdunkle Weine mit Alterungspotenzial hervorbringt und auch das Terroir ausdrücken kann. Der Gigant Tikveš hat einen in Frankreich ausgebildeten Kellermeister und ein intensives Forschungsprogramm; er beeindruckt mit Weinen wie Barovo und Bela Voda von Einzellagen, der guten Special Selection, reichhaltigem, in Eiche gereiftem Domaine Lepovo und der verlässlichen Alexandra Cuvée. Auch gut: Bovin (Alexandar, superreichhaltiger A'gupka, Dissan Barrique), Dalvina (v.a. die Etiketten Armageddon, Dionis, Hermes, Synthesis); Ezimit (günstige Sortenweine), Imako (Black Diamond), Lazar (roter Erigon, Kratošija), Puklavec Family Vyds (Instinct Vranec); Stobi (sehr guter Vranec Veritas, ebefalls guter roter Aminta, Cuvée, RKATSITELI, Vranec Classic). Ch. Kamnik ist die führende Boutiquekellerei in Skopje: sehr guter 10 Barrels, Cuvée Prestige (öko) als Auslese des Kellermeisters sowie Vranec Terroir.

Serbien hat so viele neue Kellereien, und es wird so viel experimentiert, dass man kaum mithalten kann. Über 20.000 ha Rebland und 353 Kellereien. Angebaut wird ein Mix aus internationalen Sorten und wiederbelebten einheimischen Lokaltrauben, v.a. Prokupac, aber auch Eigentümlichkeiten wie Bagrina, Morava, Neoplanta, Probus, Seduša. Empfehlenswert: Aleksandrović (Regent Reserve, Rodoslov, Reihe Trijumf), Aleksić (Amanet, Tamjanika), Bikicki (Uncensored TRAMINER), Botunjac, BT Winery (Marselan Limited Edition, President Vranac), Budimir (Boje Lila, Svb Rosa, Triada), Chichateau, Cilić, Čokot, Despotika, Deurić (Aksiom Probus, Brut Nature, Morava), Doja (Breg Prokupac), Dukay-Sagmeister (Kadarka, v.a. Cru-Selektionen), Erdevik (Stifler's Mom SHIRAZ, CHARDONNAY), Grabak (Vivat Prokupac), Ivanović (seit 2020 öko; probieren Sie Prokupac, No.1/2), Janko (Bifora, Zavet Stari), Kovačević, Lastar (Chardonnay, Tamjanika, Triangl PINOT NOIR), Matalj (Kremen Kamen, Terasa), Maurer (Fodor, Kadarka 1880), Pusula, Radovanović, Rajković (Rskavac), Rubin (Rubinov Prokupac), Šijački (Seduša), Temet (Beli Kamen, Tri Morave), Tonković, Virtus (Credo, Credo Beli, Ergo), Zvonko Bogdan (Cuvée No.1, Icon Campana Rubimus, MERLOT).

Tschechische Republik

Mit all den Einschränkungen, die die Weingastronomie in der letzten Zeit betrafen, mussten sich die tschechischen Erzeuger sehr nach der Decke strecken, um sich über Wasser zu halten. Onlineshops mit Gratislieferung und Verkostungen via Zoom oder Skype sind zur Norm geworden. Die Konsumenten werden zudem immer anspruchsvoller und verlangen Weine mit klarer Angabe aller Zusätze, nicht nur dem gesetzlich vorgeschriebenen Sulfitgehalt. Viele entscheiden sich auch für Produkte handwerklicher Fertigung mit eindeutiger Herkunft und spezifischen Qualitäten anstatt von Massenware.

Baloun, Radomil Mäh ★★→★★★ Große Auswahl sehr süffiger Weine, alle trocken. Der preisgekrönte MERLOT und die weiß ausgebauten PINOT NOIR Blanc und BLAUFRÄNKISCH Blanc sind Kuriosa.

Cibulka, Vino Mäh ★★ Eindrucksvoller CABERNET SAUVIGNON und MERLOT, verführerischer Blauer Silvaner Brut, alles öko.

Dobrá Vinice Mäh ★★★ Exzellenter RIESLING, SAUVIGNON BLANC, PINOT NOIR und WELSCHRIESLING in *qvevri* (Tonamphoren) aus Georgien. Spitzenverschnitte: Cuvée Kambrium, Quatre und die langlebigen VDB und VDČ.

Dva Duby Mäh ★★★ Der Fokus liegt auf BLAUFRÄNKISCH/ST. LAURENT, gewachsen auf dem für Dolní Kounice typischen Granodiorit-Unterboden. Biodynamische Prinzipien. Spitzenetiketten: Ex Opere Operato, Impera, Mille e Tre, Rosa Inferni, Vox Silentium.

Lobkowicz, Bettina Bö ★★→★★★ Bewunderungswürdiger PINOT NOIR Barrique Selection und RIESLING-Schaumwein nach der klassischen Methode, dazu Saphira und sehr guter preiswerter Lady Lobkowicz (rot, rosé, weiß) auf Einstiegsniveau.

Mádl, František Mäh ★★ Der Familienbetrieb trägt den Spitznamen »Malý vinař« (kleiner Winzer); Spitzenetiketten sind BetOn, Mlask und Cuvée 1+1, auch sehr guter PINOT GRIS, SAUVIGNON BLANC.

Naturvini Mäh ★★ Patrik Staško, der aus der Slowakei stammt, gründete den Betrieb 2010. Charakteristischer Pálava und WELSCHRIESLING vom Fuß der Pálava-Hügel, wo beide Sorten gut gedeihen; zu 90 % biodynamisch.

Porta Bohemica Bö ★★ Die Weinberge liegen auf Mergelböden nördlich von Prag. RIESLING, PINOT NOIR, MÜLLER-THURGAU. Hervorragender Frühroter Veltliner, interessante Verschnitte Charpin, MüVé.

Springer, Jaroslav Mäh ★★★ Vater und Sohn Tomáš erzeugen bemerkenswerten Einzellagen-PINOT-NOIR Záhřebenské. Auch Verschnitt Roučí (Etikett Jaroslav), Čtvrtě (Etikett Tomáš).

Stávek, Richard Mäh ★★→★★★ Entschiedener »Terroirist«; beste Lagen: Kolberg, Špigle-Bočky, Veselý. Sein Orange Wine und Pét-Nat sind in New York und Japan der Hit.

Vican Mäh ★★★ Gegründet 2015 von einem Filmproduzenten. Vor allem weiße Sorten mit Akzent auf PINOT GRIS und Pálava; die Weine reifen in mährischer Eiche. Auch sehr gute Reihe Quevri House.

Znovín-Znojmo Mäh ★→★★ Wichtiger Erzeuger und Weinzentrum nahe der österreichischen Grenze. Schwerpunkt auf SAUVIGNON BLANC, RIESLING (v. a. in Akazienholz ausgebauter Robinia) und PINOT NOIR Duel.

Slowakische Republik

Die Weinbaubedingungen hier werden nicht länger als marginal angesehen. Es gibt sechs Weinregionen: Zentralslowakei, Ostslowakei, Kleine Karpaten, Nitra, Südslowakei und Tokaj. New-Wave- und authentische Kellereien sind auf dem Vormarsch.

Bott Frigyes Südslowakei ★★★ Eindrucksvolle Kollektion biodynamischer Weine. V. a. traditionelle Sorten, von denen viele, etwa FURMINT, Lipovina (HÁRSLEVELŰ), JUHFARK oder KADARKA, aus dem benachbarten Ungarn kommen, außerdem bezaubernder PINOT NOIR und RIESLING.

Château Belá Südslowakei ★★★ Feiner RIESLING im Mosel-Stil aus einem Joint Venture von Egon Müller (Deutschland) und Miroslav Petrech.

Château Rúbaň Südslowakei ★★ Ehrgeiziges Unternehmen; interessant sind körperreicher Alibernet, Milia, Noria und die Svojsen-Sortenweine.

Dubovský & Grančič Kleine Karpaten ★★★ Kleine junge Kellerei: St. George Edition und zwei Sekte.

Dudo, Miroslav Kleine Karpaten ★★ Preisgekrönter CABERNET SAUVIGNON, dazu ungewöhnliche Sorten und Kreuzungen: FETEASCĂ ALBĂ, Devín oder Dunaj.

Elesko Kleine Karpaten ★★→★★★ Große, supermoderne Kellerei mit einer Kunstgalerie, in der Warhol-Originale zu bewundern sind; konkurrenzlos in Ostmitteleuropa.

J. & J. Ostrožovič Tok ★★★ Führender Erzeuger in der Verlängerung der ungarischen Region Tokaj.

Karpatská Perla Kleine Karpaten ★★→★★★ Bedeutender Winzer, spezialisiert auf RIESLING von Einzellagen (Kramáre, Suchý vrch) und GRÜNEN VELTLINER (Ingle, Noviny).

Pivnica Brhlovce Nitra ★★★ 2011 vom Fotografen Ján Záborský gegründet. Handwerkliche Produktion »vulkanischer« Weine in Troglodytenbehausungen.

Rumänien

Allenthalben entstehen in Rumänien neue Kellereien, unterstützt durch EU-Förderung und eine aufkeimende weingastronomische Szene in den Städten. Die Rumänen sind große Weintrinker, weshalb nur ein paar größere Erzeuger Wein exportieren. Eine guter Grund, um selbst einmal hinzufahren.

Avereşti, Domeniile Mold ★→★★ Stark verbesserte große Kellerei, v. a. mit den Etiketten Diamond und Nativus für die Lokaltrauben Busuioacă, FETEASCĂ NEAGRĂ und Zghihară.

Avincis Munt ★★ Spektakuläre Kellerei auf einer Anhöhe in DRĂGĂŞANI. Sehr guter Negru de Drăgăşani und Cuvée Grandiflora. Attraktiver Crâmpoşie Selecţionată sowie Schaumwein.

Balla Gèza Cri-Mar ★★→★★★ Erzeuger in Miniş, geleitet von einem Professor für Gartenbau. Exzellente Reihe Stonewine von roten Böden auf 400 m Höhe, dazu sehr gute Selection-Weine mit Cadarca und FETEASCĂ NEAGRĂ.

Banat Dynamische Region im Westen. Empfehlenswert: Agape Artă&Natură, Crama Aramic, Thesaurus.

Bauer Winery Munt ★★→★★★ Ausgezeichneter minimalinvasiver Familienbetrieb von Oliver und Raluca Bauer (auch bei PRINCE ŞTIRBEY). Kleine Mengen von alten Reben, etwa PETIT VERDOT, Sauvignonasse, süßer CRÂMPOŞIE. Pionier für Orange Wine.

Budureasca Munt ★→★★ Das Gut in DEALU MARE hat seit Langem einen britischen Kellermeister. Guter Noble 5, dazu Origini, Zenovius; die Exportweine heißen Vine-in-Flames.

Catleya Munt r ★★ Persönliches Projekt des französischen Kellermeisters Laurent Pfeffer; gut ist der Freamăt, exzellent die Auslese Epopée.

Corcova Roy & Dâmboviceanu Munt ★★ Krondomäne aus dem 19. Jahrhundert mit großartigen Weinbergen. Empfehlenswert: FETEASCĂ NEAGRĂ, SYRAH, ansprechender SAUVIGNON BLANC, Rosé. Gereift ist auch der PINOT NOIR Reserve gut.

Cotnari, Casa de Vinuri Mold ★★ Erzeuger der nächsten Generation in Cotnari, baut lokale Sorten an. Probieren Sie den Valdoianu für FETEASCĂ NEAGRĂ, den Colocviu für GRASĂ de Cotnari, den Busuioacă de Bohotin und die Schaumwein-Reihe Vibe.

Die rumänische Sprache ist 1.700 Jahre alt und die einzige auf Latein beruhende Sprache in Osteuropa.

Cotnari Winery Mold ★ Ehemalige Staatskellerei mit demselben Namen wie die DOC. Hauptsächlich trockene und halbtrockene Weiße von lokalen Trauben. Der gereifte süße Collection kann eindrucksvoll sein.

Crişana und Maramureş Region im Nordwesten. Empfehlenswert: Carastelec (sehr guter flaschenvergorener Schaumwein Carassia und RIESLING), der Ökoerzeuger Nachbil (BLAUFRÄNKISCH, RIESLING, Grandpa) und das Weingut Edgar Brutler (roşu).

Dagon Clan Munt ★★→★★★ Kleines eindrucksvolles Gut, v. a. mit Sandridge und Clearstone.

Davino Munt ★★★★ Hervorragender Erzeuger in DEALU MARE. Fokus auf Verschnitte für die sehr guten, alterungswürdigen Weine Domaine Ceptura, Flamboyant, Rezerva, Revelatio (weiß). Sehr guter FETEASCĂ NEAGRĂ unter dem Etikett Purpura Valahica.

Dealu Mare/Dealul Mare Munt – Der »große Berg« dürfte das beste Weinbaugebiet des Landes sein, v. a. für Rotwein. Geplant ist, es als Rumäniens erste DOCG (DOC Garantat) auszuweisen. Neue, vielversprechende Erzeuger: Ferdi, Gramofon, La Migdali, Velvet. Die seit Langem etablierte biodynamische Domeniile Franco-Române erzeugt PINOT NOIR im burgundischen Stil.

Dobrogea (Dobrudscha) Das Schwarze Meer mäßigt das Klima der Region. Kellereien im Aufwind: Alcovin-Macin (Curtea Regala: frische, saubere Sortenweine), Alira (Rosé, Grand Vin), Bogdan (biodynamisch), Histria (sehr guter CABERNET SAUVIGNON Nikolaos, Rosé), La Sapata (biodynamisch, Fokus auf BĂBEASCĂ NEAGRĂ), Rasova (v. a. Tortuga), Trantu, Vladoi.

DOC *Denumire de Origine Controlată* ist die rumänische Bezeichnung für geschützte Ursprungsbezeichnung (g.U.). Unterkategorien sind etwa DOC-CMD für Weine aus vollreif gelesenen Trauben, DOC-CT für Spätlesen und DOC-CIB für edelfaule Weine. Das Äquivalent zur g.g.A. ist *Vin cu Indicatie Geografica* (IG).

Domeniul Coroanei Segarcea Munt ★→★★ Historische Krondomäne. Berühmt für seinen TĂMÂIOASĂ Roze. Auch probierenswert: Minima Moralia, Principesa Margareta, Rotweinverschnitt Simfonia.

Drăgăşani Munt – Dynamische Weinregion mit langer Geschichte und einzigartigen Trauben, u. a. Crâmpoşie Selecționată, Negru de Drăgăşani, Novac.

Iconic Estate Munt ★→★★ Verlässliche, preiswerte kommerzielle Reihe La Umbra sowie Verschnitte namens Colina Pietra. Probieren Sie den Theia CHARDONNAY, den Kronos PINOT NOIR und das Spitzenetikett Hyperion, v. a. den FETEASCĂ NEAGRĂ.

Jidvei Siebenbürgen ★→★★ Rumäniens größte Einzellage mit über 2.500 ha. Am besten ist der Owner's Choice (mit Marc Dworkin von Bessa Valley in Bulgarien), außerdem Eiswein und Schaumwein Extra Brut.

LacertA Munt ★★ Qualitätsweingut in DEALU MARE mit roter Cuvée IX, weißer Cuvée X, SHIRAZ.

Licorna Wine House Munt ★★ Erzeuger in DEALU MARE, beeindruckt mit dem Serafim (Lokalsorten) und dem Bon Viveur (internationale Verschnitte). Anno heißt die limitierte Top-Selektion.

Liliac Siebenbürgen ★★★ Tadelloses Weingut in österreichischem Besitz; der Name bedeutet »Fledermaus«. Knackige, feine Weißweine, köstlich süßer Nectar und Eiswein in Zusammenarbeit mit Kracher (Österreich); sehr guter Superpremiumwein Titan.

Moldau (Moldova) Die größte Weinregion des Landes liegt im Nordosten des Landes. Frische Weiß- und Roséweine und feine Rote, u. a. von Gramma (lebhaft, frisch weiß/rosé), Hermeziu (v. a. Busuioacă de Bohotin) und dem vielversprechenden Newcomer Strunga (sehr gut: FETEASCĂ ALBĂ, FETEASCĂ NEAGRĂ). Gîrboiu glänzt mit den Reihen Tectonic (v. a. Şarbă), Epicentrum und ganz oben Constantin (rot).

Muntenien und Oltenien Große Weinregion im Süden mit den DOC-Gebieten DEALU MARE, Dealurile Olteniei, DRĂGĂŞANI, Pietroasa, Sâmbureşti, Stefaneşti, Vanju Mare.

Oprişor, Crama Munt ★★→★★★ Verlässliche Kellerei in deutschem Besitz; sehr gut ist die Reihe La Cetate. Außerdem CABERNET SAUVIGNON Crama Oprişor, Rosé Jiana, Rusalcă Albă, exzellenter roter Smerenie.

Petro Vaselo Banat ★★ Ökoerzeuger im BANAT; guter Schaumwein Bendis, FETEASCĂ NEAGRĂ Melgris, roter Ovas. Fruchtbetonte Reihe auf Einsteigerniveau, die Topweine heißen PV.

Prince Ştirbey Munt ★★→★★★ Pioniergut in DRĂGĂŞANI. Feine, lebhafte trockene Weißweine, v. a. Crâmpoşie selecționată (still und schäumend),

FETEASCĂ REGALĂ, TĂMÂIOASĂ, SAUVIGNON BLANC Genius Loci sowie lokale Rote (Novac und Negru de Drăgăşani).

Recaş, Cramele Banat ★★→★★★ Rumäniens erfolgreichster Exporteur mit progressiven, verlässlichen Weinen, die seit Langem von einem australischen und einem spanischen Kellermeister bereitet werden. Sehr günstige Sortenweine unter verschiedensten Etiketten, u. a. Calusari, Paparuda, Schwaben Wein, Wildflower. Mittelfeld: Regno Recas, Sole, Solo Quinta. Exzellent sind die Premiumweine, v. a. Cuvée Überland, La Stejari, Selene.

Sarica Niculiţel, Via Viticola Dob ★→★★ Hier wurde kräftig inverstiert. Guter ALIGOTÉ, FETEASCĂ NEAGRĂ und Rosé unter dem Namen Caii de la Letea. Besitzt auch die Domeniile Prince Matei in DEALU MARE.

SERVE Munt ★★→★★★ Rumäniens erste private Kellerei wurde von dem 2011 verstorbenen Grafen Guy de Poix gegründet; sehr guter Terra Romana, v. a. Cuvée Amaury (weiß), Cuvée Sissi Rosé, PINOT NOIR. Eindrucksvoller FETEASCĂ NEAGRĂ Guy de Poix. Die Cuvée Charlotte setzt den Qualitätsmaßstab für Rotweine.

Siebenbürgen Von den Karpaten umgebene kühle Hochebene. Bekannt für knackige Weißweine. Zu den neuen Erzeugern in Lechinţa zählen die Ökobetriebe Gorgandin, Jelna und Lechberg.

Valahorum Munt ★★→★★★ Von der Kellerei Tohani 2018 gegründetes hochklassiges Projekt, das inzwischen mehrere Kellereien und Marken hat, u. a. den äußerst üppigen Flaggschiffwein Apogeum FETEASCĂ NEAGRĂ, außerdem Mennini, Mierla Alba, Tohani. La Salina aus Siebenbürgen kam 2021 dazu.

Viile Metamorfosis Munt ★★★ In Teilen zu Antinori (Italien) gehörendes Weingut in DEALU MARE. Spitzenwein: Cantvs Primvs, v. a. FETEASCĂ NEAGRĂ. Sehr guter SAUVIGNON BLANC Coltul Pietrei, Via Marchizului (Negru de Drăgăşani, PINOT NOIR) und die fruchtbetonte Reihe Metamorfosis.

Villa Vinèa Siebenbürgen ★★ In italienischem Besitz; DIAMANT, GEWÜRZTRAMINER, KERNER und Rotweinverschnitt Rubin.

Vişinescu, Aurelia Munt ★★ Weingut in DEALU MARE. Der Artisan wird aus lokalen Trauben bereitet; Spitzenetikett ist Anima, v. a. mit dem 3 Fete Negre von ausgelesenen FETEASCĂ-NEAGRĂ-Trauben.

Malta

Malta produziert seit Jahrhunderten Wein, ein Bewusstsein für Qualität hat sich aber erst in diesem Jahrhundert wieder entwickelt. Grob gesagt, kommt aus dem Norden Weiß- und aus dem Süden Rotwein; Gozo erzeugt beides. Ein häufig anzutreffendes Etikett ist Meridiana, Marsovin das größte. Ein paar gute Weine haben beide zu bieten. Mar Casar bereitet einen interessanten Amphoren-Chardonnay. Auf Gozo ist Ta'Mena zu empfehlen. Lokaltrauben sind die rote Gellewza mit relativ leichten Weinen und die weiße Girgentina, die einen weichen, delikaten Stil hervorbringt. Sirakusan ist der hiesige Name für Nero d'Avola. Ansonsten gibt es die üblichen internationalen Sorten und oft einen Tick zu viel Eiche.

Griechenland

Das Erste, was einem an Griechenland auffällt, ist sein enormer Reichtum an einheimischen Rebsorten – deren Potenzial nun ausgeschöpft wird, da die griechischen Winzer sehr erpicht darauf sind, Weine voller Individualität, Charakter und Klasse zu erzeugen. Einzellagenweine kommen immer mehr in Mode, und auch Versuche mit seltenen alten Sorten nehmen zu. Die Trauben für diese Weinstile werden in der Regel eher früher als später gelesen, was den Alkoholgehalt niedrig hält und den Sortencharakter mehr herausstreicht.

Die folgenden Abkürzungen werden im Text verwendet:

Äg	Ägäische Inseln	M Gr	Mittelgriechenland
Ion	Ionische Inseln	Pelop	Peloponnes
Mak	Makedonien	Thess	Thessalien

Aivalis Pelop ★★★ Erstklassiger Erzeuger in NEMEA mit Kultanhängerschaft in Griechenland und anderswo, v. a. für die Rotweine »4« und Armakas. Voller Stil, in neuer Eiche ausgebaut, braucht Reifezeit.

Alpha Estate Mak ★★★ Hervorragendes KTIMA in AMYNTEO mit der größten Rebfläche. Ktima Alpha heißen die (roten und weißen) Klassiker. Die Reihe Ecosystem ist eine Terroirstudie; der XINOMAVRO Barba Yannis wird von jahrhundertealten Reben erzeugt. Sowohl im Keller als auch im Weinberg wird minutiös gearbeitet.

Amynteo Mak – (POP) Packender XINOMAVRO (rot/rosé/schäumend) aus der kühlsten (und coolsten) griechischen Appellation. Mehrere neue Kellereien sind im Bau.

Argyros Äg ★★★★ Spitzenerzeuger auf SANTORINI mit VINSANTO (je älter desto besser). Ganz oben stehen Evdemon und Nyhteri. Größter Weinbergbesitzer der Insel.

Avantis M Gr ★★★ Boutiquekellerei in Evia und SANTORINI (heißt dort Anhydrous). Exquisiter Agios Chronos (SYRAH/VIOGNIER) und Icon Santorini.

Biblia Chora Mak ★★★ Zu Recht beliebtes KTIMA, wie der SAUVIGNON BLANC/ASSYRTIKO beispielhaft zeigt. Die Reihe Ovilos (rot/weiß) macht dreimal so teurem Bordeaux Konkurrenz. Schwesterbetriebe auf dem Peloponnes (Dyo Ipsi), auf Santorini (Mikra Thira) und in GOUMENISSA (Mikro Ktima).

Boutari, J. & Son ★→★★★ Historische Marke mit ausgezeichnetem Preis-Leistungs-Verhältnis, v. a. für den 40 Jahre und länger haltbaren Naoussa Grande Reserve. Spitzenwein ist der NAOUSSA 1879 Legacy aus einem sehr alten Weinberg.

Dalamaras ★★★→★★★★ Beeindruckender Erzeuger in NAOUSSA. Köstliches Weinangebot; der Palaiokalias ist Weltklasse. Versuchen Sie, den Vieilles Vignes aufzutreiben.

Dougos M Gr ★★★ Weingut an den Ausläufern des Olymp, ein Botschafter von RAPSANI, z. B. Old Vines. Alle Rotweine sind erstklassig: MAVROTRAGANO, Opsimo.

Douloufakis Kreta ★★★ Nikos Douloufakis machte die Welt mit der Rebsorte VIDIANO bekannt. Rot wie weiß einige der elegantesten Weine der Insel.

Economou Ktima Kreta ★★★★ Einer der großen Wein-Kunsthandwerker Griechenlands mit Sitz in Sitia; sehr selten.

Gaia Pelop, Äg ★★★ Durch die Bank großartige SANTORINI-Weine. Das Schwestergut in NEMEA, Gaia Estate, ist eines der raffiniertesten in der POP.

Gentilini Ion ★★★ Historischer Erzeuger auf Kefallonia, etwa mit stahligem Robola, v. a. Wild Paths. Maßstäbe setzt der trockene MAVRODAPHNE Eclipse (rot).

Gerovassiliou Mak ★★★ Ein Trendsetter mit fesselndem ASSYRTIKO/MALAGOUSIA und erstklassigem Malagousia (dafür ist er Spezialist). Beste Reihe: Museum. Ist mit BIBLIA CHORA verbunden.

Goumenissa Mak ★★→★★★ (POP) Exzellenter (roter) XINOMAVRO/Negoska. Empfehlenswert: Chatzyvaritis, Mikro KTIMA, TATSIS.

Hatzidakis Äg ★★★ Spitzenerzeuger in SANTORINI; die Kinder des verstorbenen Haridimos, die jetzt das Sagen haben, sind weniger abenteuerlustig. Probieren Sie den Skytali (auch die Version mit Eichennote), v. a. der Jahrgänge 19 und danach, sowie den Louros, wenn Sie ihn auftreiben können. Die Spitzen-Cuvées sind qualitätsmäßig wieder in der Spur.

Karydas Mak ★★★ Winziges Familien-KTIMA mit großartigem Weinberg in NAOUSSA, das komplexen, alterungswürdigen XINOMAVRO erzeugt.

Katogi Averoff Epirus, Pelop ★★→★★★ Name mit Tradition; der Katogi ist ein beliebter Rotwein. Die Reihe Rossiu di Munte kommt aus Lagen in über 1.000 m Höhe.

Katsaros Thess ★★★ Winziger Betrieb am Olymp. Der rote KTIMA kann zwei Jahrzehnte reifen. Auch gut: XINOMAVRO Valos.

Kechris ★★→★★★ Der auf ASSYRTIKO basierende Tear of the Pine ist der vielleicht weltbeste Retsina: ein fantastischer Wein. Ohne Witz.

Kefallonia Ion – Die Insel ist berühmt für mineralisch-floralen ROBOLA (weiß) und immer mehr auch für trockenen MAVRODAPHNE (rot). Viele exzellente Erzeuger, vom ganz auf Naturweine setzenden Sclavos bis zum experimentellen, aber auch zurückhaltenden GENTILINI.

Kir-Yianni Mak ★★→★★★ Fantastischer Erzeuger in NAOUSSA und AMYNTEO, dem auch SIGALAS in SANTORINI gehört und der sich nun auch nach GOUMENISSA, Paros und Tinos orientiert.

Ktima Das griechische Wort für Weingut; immer öfter auf Etiketten zu lesen.

Lazaridi, Domaine Costa Attika, Mak ★★★ KTIMA in Drama und Attika (unter dem Etikett Oenotria Land). Spitzengewächs ist der CABERNET FRANC, der rosé MERLOT Julia ähnelt auf überzeugende Weise einem Provence-Wein. Die Anpflanzungen im Hochland von Drama sind sehr vielversprechend: Probieren Sie den MALAGOUSIA.

Griechische Alternativen

Wenn Sie NEBBIOLO mögen, probieren Sie XINOMAVRO, v. a. aus NAOUSSA und AMYNTEO. MERLOT schmeckt Ihnen? Testen Sie mal AGIORGITIKO aus NEMEA, aber auch aus Makedonien. Ist GRENACHE NOIR Ihr Favorit, könnte Liatiko aus Sitia und Daphnes in Kreta eine gute Wahl sein. Wenn Ihnen MENCÍA gefällt, trifft das wahrscheinlich auch auf Limniona aus Thessalien zu. Und wen MOURVÈDRE fasziniert, der ist mit MAVROTRAGANO von den Inseln Tinos und SANTORINI gut bedient.

Lazaridi, Nico Mak ★→★★★ Ursprünglich aus Drama. Mehrere preiswerte Reihen in großen Mengen erzeugter Weine. Spitzenwein ist der Magiko Vouno (rot/weiß)

Lyrarakis Kreta ★★→★★★ Durchweg tolles Angebot, außergewöhnliche Einzellagenabfüllungen. Der Kotsifali Karnari nimmt eine kretische Tradition wieder neu auf.

Malvasia Gruppe von vier POPS, die den berühmten mittelalterlichen »Malmsey« wiederauferstehen lassen. Sie beruhen nicht auf MALVASIA, sondern auf einheimischen Sorten. Die POPS sind: Monemvasia-Malvasia in Lakonien, Malvasia Paros, Malvasia Chandakas-Candia und Malvasia Sitia, die beiden Letzteren aus Kreta.

Manoussakis Kreta ★★★ Ursprünglich von der Rhône inspiriert, doch griechische Sorten setzen sich durch: ASSYRTIKO, ein voller Muscat of Spina, Vidiano und sogar Romeiko (rot). Üppige Stile.

Es blubbert in den POPs

Schaumweine boomen allerorten, da macht auch Griechenland keine Ausnahme. Hinreichend kühle klimatische Bedingungen findet man POPs wie MANTINIA oder AMYNTEO und auch großartige Trauben, etwa ASSYRTIKO, Athiri oder als Blanc de Noirs vinifizierter XINOMAVRO. Karanikas führt die Riege an, gefolgt von Cair, Douloufakis, Edenia, KIR-YIANNI, Milia Riza, Spiropoulos, TSELEPOS, Tsililis und Zoinos.

Mantinia Pelop – (POP) Hoch gelegene, kühle Appellation für knackige Weißweine schon fast im deutschen Stil von der MUSCAT-ähnlichen Rebsorte Moschofilero. Exzellente Schaumweine von Spiropulos und TSELEPOS. Bosinakis und Troupis werden die neuen Stars.

Mercouri Pelop ★★★ Schönes KTIMA an der Westküste. Sehr guter trockener MAVRODAPHNE/REFOSCO, köstlicher RODITIS Foloi (weiß).

Naoussa Mak ★★★→★★★★ (POP) Herrliche Region für atemberaubenden XINOMAVRO. Die besten stehen qualitativ und stilistisch (aber nicht preislich) auf einer Stufe mit Barolo. Spitzenerzeuger: DALAMARAS, KARYDAS, KIR-YIANNI, THIMIOPOULOS. Sogar Standardabfüllungen können weit über zehn Jahre reifen.

Nemea Lions, das klingt wie ein Football-Team, ist aber die neue oberste Kategorie dieser POP.

Nemea Pelop ★★→★★★ (POP) AGIORGITIKO-Rotweine. Immer bezaubernd; die Stile reichen von frisch über klassisch bis exotisch. Empfehlenswert: Driopi von Aivalis (Neue-Welt-Stil), GAIA, Ieropoulos, Mitravelas, PALYVOS, PAPAÏOANNOU, SKOURAS, TSELEPOS.

Palyvos Pelop ★★→★★★ Feines KTIMA in NEMEA mit ausladenden Rotweinen von AGIORGITIKO und französischen Sorten.

Papaioannou Pelop ★★★ Dieser Erzeuger brachte NEMEA einst auf die Weinlandkarte. Spitzenweine: Palea Klimata (alte Reben), Microclima, Terroir. Halten sich ewig.

Pavlidis Mak ★★★ Premium-KTIMA in Drama mit weißem Thema (ASSYRTIKO/SAUVIGNON BLANC) und sehr beliebtem rosé TEMPRANILLO. Die Top-Reihe Emphasis glänzt mit AGIORGITIKO und Assyrtiko.

PGE Regionalweine; die griechische Bezeichnung für die geschützte geografische Angabe (g.g.A.).

POP Die griechische Entsprechung der *Appellation Contrôlée*. Viele ausgezeichnete Weine sind jedoch nicht enthalten.

Porto Carras, Domaine Mak ★★ Das historische Gut auf der Chalkidiki hat jüngst den Besitzer gewechselt. Der Chateau Porto Carras ist ein zeitloser Klassiker.

Rapsani M Gr – POP am Olymp. Durch TSANTALIS berühmt geworden (v. a. Grande Reserve); nun sorgen DOUGOS und andere für Spannung. Basiert auf XINOMAVRO.

Retsina Die Retsinas des neuen Zeitalters (GAIA, KECHRIS oder als Naturwein von Kamara) besitzen Frische und Charakter und sind eine ausgezeichnete Alternative zu Fino Sherry. Der perfekte Wein zum Essen, wenn man bodenständige griechische Küche mag.

Samos Äg ★★→★★★ (POP) Die Ägäisinsel ist berühmt für ihren süßen MUSCAT BLANC, v. a. für den gespriteten Anthemis und den Nectar aus sonnengetrockneten Trauben. Rare alte Abfüllungen sind echte Schnäppchen. Neue Erzeuger tauchen auf, z. B. Nopera, ebenso trockene Weine, die nicht unter die POP fallen.

Santorini Äg ★★★→★★★★ Vulkaninsel mit dramatischer Landschaft und POP für trockene und süße Weißweine. Üppiger VINSANTO, sehr trockener Assyrtiko mit Salznote. Spitzenerzeuger: ARGYROS, GAIA, HATZIDAKIS, SANTO, SIGALAS, Vassaltis. Die billigsten ★★★★-Weißweine überhaupt, und sie können 20 Jahre altern.

Santo Wines Äg ★★→★★★ Erfolgreiche Genossenschaft auf SANTORINI. Empfehlenswert: reichhaltiger Grande Reserve, komplexe VINSANTOS, für Santorini äußerst preiswert.

Semeli M Gr, Pelop ★★ Riesiges Angebot, gutes Preis-Leistungs-Verhältnis. Hat hauptsächlich NEMEA (v. a. Grande Reserve) und MANTINIA im Fokus.

Sigalas Äg ★★★★ Spitzenerzeuger auf SANTORINI. Kavaliero und Nychteri sind einfach himmlisch. Der Gründer Paris Sigalas ist nicht länger dabei, aber das Team von KIR-YIANNI wirkt hier Wunder.

Tinos wird der nächste Hit

Für Touristen ist die Insel Tinos ein bisschen wie Mykonos, für Weinliebhaber ähnelt sie eher SANTORINI. Planen Sie schon mal die Reise, Trauben wie ASSYRTIKO und MAVROTRAGANO sowie hervorragende Erzeuger wie Domaine de Kalathas, T-OINOS, Vaptistis, Volacus und noch einige andere mehr erwarten Sie.

Skouras Pelop ★★★ Innovativer, moderner Erzeuger mit schlankem, mit Wildhefen vergorenem MOSCHOFILERO Salto. Spitzenrotweine: NEMEA Grande Cuvée von einer Hochlage, Megas Oenos. Probieren Sie den in einer Solera gereiften Labyrinth und den komplexen Rosé Peplo. Der an Recioto erinnernde Titanas ist von der seltenen Sorte Mavrostyfo.

Tatsis Mak ★★★ Naturweinerzeuger in GOUMENISSA, der aber einen sauberen, schönen Stil pflegt. Die Weißen sind herausfordernder, aber reintönig.

Thymiopoulos Mak ★★★★ Superstar-Erzeuger in NAOUSSA und RAPSANI (Terra Petra). Der Naoussa Kaiafas ist der beste, die Märkte erobert aber der Earth and Sky.

T-Oinos Äg ★★★→★★★★ Hat mit seinem eindruckvollen ASSYRTIKO und MAVROTRAGANO Tinos auf die Weltkarte des Weins gebracht. Die Preise entsprechen der Qualität.

Tsantalis Mak ★→★★★ Alteingesessener Erzeuger mit riesigem Angebot. Gute RAPSANI-Rotweine. Die Weine vom Kloster Athos sind beachtlich.

Tselepos Pelop ★★★ Führender Erzeuger in MANTINIA, NEMEA (unter dem Namen Driopi) und SANTORINI (Canava Chrysou). Griechenlands bester MERLOT (Kokkinomylos ★★★★), nicht weit dahinter folgt der CABERNET SAUVIGNON Avlotopi. Großartig der Driopi Reserve und leckere Santorini-Weine.

Vassaltis Äg ★★★ Relativer Neuling auf SANTORINI. Das starke Kellermeisterteam erzeugt Weine von großer Präzision.

Vinsanto Äg ★★★★ Der fassgereifte, üppige Wein aus sonnengetrockneter ASSYRTIKO- und Aidani-Trauben aus SANTORINI ist praktisch unbegrenzt lagerfähig. Unfassbar niedrige Erträge.

Östlicher Mittelmeerraum und Nordafrika

Östlicher Mittelmeerraum

Die Wiege der Weinkultur hat sich in den vergangenen 20 Jahren total verjüngt. Im östlichen Mittelmeerraum herrschen hohe Temperaturen, es gibt Hügel und Bergketten, viel Kalkstein, vulkanische und steinige Böden sowie alte Reben. Dazu kommt ein anhaltendes Interesse an heimischen Sorten. Ein Paradies für Weinmacher, das viel Abwechslung verspricht.

Zypern

Zypern geht gerade den nächsten Schritt bei der Erkundung seines Terroirs und der dominierenden Rebsorte Xynisteri. Viele Weine kommen jetzt aus Einzellagen und oft aus beachtlicher Höhe. Die historische Sorte Commandaria erstrahlt in neuem Glanz – mit getrockneten Trauben und längerer Reifezeit entstehen tolle Süßweine.

Aes Ambelis ★★ Guter CABERNET SAUVIGNON, Promara, XYNISTERI und Rosé; sehr guter gespriteter COMMANDARIA.

Anama Concept ★★ Kleiner Produzent eines sehr üppigen, komplexen Süßweins aus sonnengetrockneteten Trauben von alten MAVRO-Reben im COMMANDARIA-Stil.

Argyrides Vasa Winery ★★ Wunderschönes Weingut in vierter Generation im pittoresken Dorf Vasa. Exzellenter MARATHEFTIKO und MOURVÈDRE, dazu sehr guter CHARDONNAY und VIOGNIER.

Commandaria Reichhaltiger Süßwein mit geschützter Ursprungsbezeichnung von sonnengetrockneten XYNISTERI- und/oder MAVRO-Trauben. Angeblich erstmalig 800 v. Chr. von dem griechischen Dichter Hesiod erwähnt. Kann gespritet werden. Frischer und leichter im Stil: Gerolemo, KYPEROUNDA, Oenou Yi-Vassiliades, TSIAKKAS. Traditionelle Stile: AES AMBELIS, Alasia (Loel), Centurion (ETKO), St Barnabas (Kamanterena) und St John (KEO).

ETKO & Olympus ★ Zyperns älteste Kellerei, seit 1844. Traditioneller, lange gereifter COMMANDARIA sowie die Reihe Haggipavlou für bessere trockene Weine.

Ezousa ★→★★ Boutique-Weingut. Empfehlenswert sind Gris, MARATHEFTIKO, VIOGNIER und XYNISTERI.

Kamanterena (SODAP) ★→★★ Große Genossenschaft in den Hügeln von Paphos. Die besseren Weine laufen in der Reihe Kamanterena. Es gibt recht preiswerten XYNISTERI, den Project X aus einer Einzellage, Rosé und MARATHEFTIKO Stroumbeli. Der COMMANDARIA St. Barnabas ist exzellent.

KEO ★→★★ Getränkegroßhändler; Qualitätsweine entstehen auf dem Gut in Mallia. Gelungen ist der COMMANDARIA St. John im traditionellen Stil.

Kyperounda ★★→★★★ Höchstgelegene Kellerei Zyperns mit Weinlagen bis in 1.390 m Höhe. Der Petritis setzt weiterhin Maßstäbe für XYNISTERI. Schön sind die neuen Abfüllungen aus Einzellagen und der herausragende, aber limitierte Epos. Dazu gute Rote und COMMANDARIA in modernem Gewand.

Makkas ★★ Neues Boutique-Weingut in Familienhand. Bislang erfreuliche Ergebnisse bei Spourtiko, XYNISTERI, Yiannoudi und dem roten En Arhi.

Tsiakkas ★★→★★★ Standards setzender Erzeuger mit Weinbergen bis in 1.460 m Höhe. Sehr schöner SAUVIGNON BLANC, Promara und XYNISTERI. Exzellenter COMMANDARIA, Vamvakada (alias MARATHEFTIKO), Yiannoudi und Bio-Rosé Rodinos. Auch die neuen Weine aus Einzellagen lohnen.

Vasilikon Winery ★★ Konstant zuverlässiges Familiengut. XYNISTERI und Vasilissa sind gelungen. Ayios Onoufrios ist saftig und ansprechend, auch der sortenreine LEFKADA und der langlebige Methy sind gut.

Vlassides ★★→★★★ Beeindruckendes Familienunternehmen; Pionier für hervorragenden CABERNET SAUVIGNON und SHIRAZ. Nun auch sehr gute Weine aus lokalen Rebsorten, v. a. XYNISTERI aus der Lage Alátes, Óroman von der Yiannoudi-Traube und der Spitzenwein Opus Artis. Gut auch die fruchtbetonte Reihe Grifos.

Vouni Panayia ★★→★★★ Eines der ersten privaten Weingüter der Neuzeit auf Zypern, voller Leidenschaft für die heimischen Sorten. Empfehlenswert: XYNISTERI Alina, MAVRO/MARATHEFTIKO, Spourtiko, Plakota und Promara. Experimente mit der Mikro-Weinbereitung.

Zambartas ★★→★★★ Der in Australien ausgebildete Kellermeister erzeugt sehr gute Einzellagenweine, u.a. Margelina von hundertjährigen Reben, XYNISTERI. Sehr gut die Zambartas-Reihe, v. a. MARATHEFTIKO, SHIRAZ/Lefkada, und die fruchtige Reihe Koukouvagia.

Israel

Der Trend geht eindeutig in Richtung mehr Cuvées, mehr mediterrane Sorten, immer bessere Weiße und Weinberge in größeren Höhen. Der Blick richtet sich stärker als bisher auf die Lage und die regionalen Besonderheiten. Obergaliläa, die Golanhöhen und das Judäische Bergland mögen derzeit die besten Weißweine produzieren, am interessantesten dürfte aber die Negev-Wüste sein. Hochinteressante Forschungen zu Rebsorten und Weinbau.

1848 ★→★★ Die Famile Shor erzeugt seit 1848 Wein. Klassischer CABERNET FRANC, elegante rote Cuvée Orient, Argaman von einer Einzellage und monstermäßiger PETITE SIRAH.

Abaya ★★ Rekultiviert verwilderte Weinberge. Leckerer Proletair und feinerer Snunit, beides CARIGNAN-Weine. Wenig bis gar nicht geschwefelt.

Agur ★→★★ Der charakterstarke Weinmacher hat Verstärkung durch einen neuen Partner erhalten. Elegant der rote Kessem.

Ahat ★★ Qualitätsfanatiker mit tollem CHENIN BLANC, komplexem ROUSSANNE/VIOGNIER und neuem Rosé.

Amit Toledo ★★ Stimmt den Minnegesang auf den Wein an. Strahlende, erfrischende Weiße. Dazu schicker, präzise gemachter SYRAH.

Ashkar ★→★★ Das Weingut gehört einer israelisch-arabischen Familie. Guter SAUVIGNON BLANC und SHIRAZ.

Barkan-Segal ★→★★★ Israels größte Kellerei; der Kellermeister ist Master of Wine. Barkan steht für den internationalen Stil: Argaman mit Kirsch- und Beerennoten, neu ist Orange Wine. Segal steht für einen innovativen und etwas »wilden« Stil: Der PINOT NOIR aus Ganztraubenpressung ist empfehlenswert. Dazu Marawi und andere heimische Sorten.

Bat Shlomo ★→★★ In diesem Dorf werden Traditionen wiederbelebt. Knackiger SAUVIGNON BLANC mit Zitrusnoten.

Carmel ★→★★ Das historische Gut wurde 1882 gegründet. Die Marke Carmel steht immer für Spitzenweine.

Castel, Domaine du ★★★★ Der Pionierbetrieb im Judäischen Bergland setzt Standards für Stil und Qualität in Israel. Schöne, moderne Kellerei. Der Grand Vin ist eine komplexe Cuvée im Bordeaux-Stil. Weicher Petit Castel ist der preiswertere Zweitwein. Frischer Rosé. Schön ausgewogener »C« Blanc du Castel (CHARDONNAY). Die nächste Generation steht in den Startlöchern.

Château Golan ★★★ Innovativer und expressiver Kellermeister. Sehr gute Cuvées von Mittelmeersorten namens Geshem (rot/weiß). Eine neue Reihe bietet koschere Weine.

Clos de Gat ★★★ Weingut mit Stil und Individualität. Kraftvoller SYRAH Sycra, seltener, konzentrierter MERLOT, guter CHARDONNAY. Äußerst preiswerter Syrah Harel, Einstiegswein ist der weiße Chanson.

Cremisan ★→★★ Palästinensischer Wein aus einem Kloster, gegründet 1885. Pionier für einheimische Rebsorten. Die weißen Hamdani und Jandali sind am besten.

Das größte byzantinische Weingut ist 1.500 Jahre alt und wurde in Javne südlich von Tel Aviv ausgegraben.

Dalton ★★→★★★ Familienbetrieb mit kreativem Kellermeister. Lebhafter roter Levantina, erfrischender CARIGNAN und mineralischer SEMILLON.

Feldstein ★★→★★★ Individualist; Pionier in Sachen Argaman und Spezialist für Dabouki. Hell und spritzig der Rosé von GRENACHE.

Flam ★★★→★★★★ Brüder führen diesen Familienbetrieb. Eleganter Bordeaux-Verschnitt Noble, fruchtbetonter SYRAH, tiefgründiger MERLOT. Der Classico ist immer sehr preiswert. Frischer, duftender SAUVIGNON BLANC/CHARDONNAY, knackiger Rosé. Der Prestige-Chardonnay Camellia ist seidig und elegant.

Galil Mountain ★→★★ Pionier in Sachen Nachhaltigkeit. Lebendiger PETIT VERDOT und erfrischender GRENACHE. Der Yiron ist fair kalkuliert.

Gvaot ★★→★★★ Betreibt Feldforschung in Sachen lokale Reben. Guter PINOT NOIR, fruchtiger Bittuni.

Jezreel Valley ★→★★ Der üppige CARIGNAN ist sehr gut. Im Luxussegment der massige Icon mit reichlich Eiche.

Kishor ★→★★ Das Gut liegt in einem Dorf für Menschen mit besonderen Bedürfnissen. Klare frische Cuvées von GRENACHE/SHIRAZ/MOURVÈDRE.

Lahat ★★★ Rhône-Spezialist mit bezauberndem GSM und pfeffrigem SYRAH. Die Cuvée von ROUSSANNE/VIOGNIER hat Lagerpotenzial.

Latroun Seit 1890 ein Kloster der Trappisten. PINOT GRIS und SYRAH sind am besten. Der Kellermeister macht auch den Wein für Domaine Kassis, einem vielversprechenden palästinensischen Weingut.

Lewinsohn ★★★ Die Idee zum Garage de Papa ist in einer Garage geboren. Sehr guter CHARDONNAY, feinwürziger SYRAH. Seltene Rote mit Ganztraubenvergärung. Neu ist der Rosé.

Margalit ★★★ Vater und Sohn erzeugen Israels ersten Kultwein, einen reichhaltigen CABERNET FRANC. 2021 gab es gar keinen Wein.

Mia Luce ★★→★★★ Garagenerzeuger. SYRAH im Rhône-Stil, grandioser MARSELAN, feiner COLOMBARD.

Nana ★→★★ Pionier in der Wüste mit fruchtbetontem, fassvergorenem CHENIN BLANC und robustem SYRAH.

Pelter-Matar ★★ Äußerst beliebte Marke. Leichter und duftiger SAUVIGNON BLANC. Koschere Weine in der Reihe Matar.

Psagot ★→★★ Der Erfolg führt zu immer schnellerem Wachstum. Der Peak ist eine mächtige, saftige Cuvée aus Mittelmeersorten.

Razi'el ★★★ Im Besitz der Familie Ben Zaken (CASTEL). Fassgereifter Rosé, fein strukturierter SYRAH/CARIGNAN. Sehr exquisit der neue Schaumwein nach traditioneller Methode, ein Rosé oJ.

Recanati ★★→★★★ Lebhafter, wilder CARIGNAN und eine opulente Special Reserve. Das Weingut ist ein Neubau.

Sea Horse ★★→★★★ Recht eigenwillig mit schrägem Counoise und interessantem Oz, überwiegend aber CINSAULT/GRENACHE.

Shiloh ★★ CABERNET SAUVIGNON zeigt sich hier robust, füllig und eichenlastig. Räumt regelmäßig Preise ab. Das Prestige-Label heißt Mosaic.

Shvo ★★★ Ein Kellermeister, der seinen Job liebt und entsprechend wenig eingreift. Sehr rustikaler Rotwein, seltener SAUVIGNON BLANC Gershon, frischer BARBERA und Rosé mit Charakter.

Sphera ★★★→★★★★ Kühlklimatische Weiße und ordentlicher Schaumwein. Knackige sortenreine Weine in der Reihe White Concept. Harmonischer First Page (SEMILLON/ROUSSANNE/CHENIN BLANC). Der komplexe, seltene White Signature aus Semillon hat Lagerpotenzial.

Tabor ★→★★ Ökologisch bewirtschaftete Weinberge erzeugen sehr gute Weiße, v. a. SAUVIGNON BLANC und ROUSSANNE. Aromatischer Eco.

Teperberg ★→★★★ Seit 1870 Israels größtes Familiengut. Ob körperreicher CABERNET FRANC oder komplexer PINOT GRIS Ramato – in allen Preisstufen wird fair kalkuliert.

Tulip-Maia ★★ Integratives Projekt für Menschen mit Behinderung. Opulenter Black Tulip und spannender SAUVIGNON BLANC Maia im mediterranen Stil. Sehr erfrischende Weine dank griechischer Berater.

Tzora ★★★★ Präzise Weinbereitung mit Sinn fürs Terroir aus der schönen Weinlage Shoresh. Mit dem Siegel Fair'n Green als nachhaltig zertifiziert. Der talentierte Kellermeister ist Master of Wine. Die Weine sind intensiv, ausgewogen und elegant. Knackiger, komplexer Shoresh Blanc; der Judean Hills (rot/weiß) ist unschlagbar im Preis. Der feine Misty Hills aus CABERNET SAUVIGNON/SYRAH stammt aus »urzeitlichen« Parzellen.

Vitkin ★★→★★★ Pionier für qualitativ hochwertigen CARIGNAN sowie PETITE SIRAH von alten Reben. Dazu floraler PINOT NOIR und komplexer GRENACHE BLANC.

Vortman ★→★★ Ein Winzer voller Leidenschaft. Rassiger SEMILLON, dazu der preiswerte rote Shefaya und Pét-Nat, der Spaß macht.

Yaacov Oryah ★★ Kreativer Kunsthandwerker mit dem üppigen Süßwein The Old Musketeer.

Yarden ★★→★★★★ Israels Pionierkellerei. Seltener Prestigewein Katzrin. CABERNET SAUVIGNON ist in jeder Preisklasse ein Hit. Neu ist trockener GEWÜRZTRAMINER, herrlich der prickelnde Blanc de Blancs. Der Zweitwein heißt Gamla. Interessanter SANGIOVESE. Verkaufsschlager ist die Marke Mt. Hermon (rot).

Yatir ★★→★★★ Weingut in der Wüste mit Rebflächen im Wald. Samtiger roter Yatir Forest, feiner und seltener GSM. Preisgünstiger Mt. Amasa und neuer Darom by Yatir.

Libanon

Die Weingüter überstehen politische, wirtschaftliche und finanzielle Krisen, und so scheint der Libanon endlich seine ureigene DNA zu entdecken. Einheimische Rebsorten wie Aswad Karesh, Asmi Noir und Meksassi gelten plötzlich als cool. Sie gesellen sich zu Obeideh und Merwah, die – zusammen mit dem übernommenen »vererbten« Trauben wie Cinsault, Grenache, Carignan und Mourvèdre sowie den regionalen »Söldnern« Assyrtiko und Saperavi – den klassischen Reben aus Bordeaux und von der Rhône den Rang streitig machen, insbesondere im höheren Preissegment. Auch Chardonnay, Sauvignon blanc und Viognier aus höheren Lagen (1.000 m und mehr) überzeugen mit Qualität und Vielfalt.

Aurora ★★ Kleines, familiengeführtes Gut in Batroun. Das mediterrane Klima und kiesige Böden in der Bekaa-Ebene ergeben weichen CABERNET SAUVIGNON, dazu PINOT NOIR und CHARDONNAY.

Belle-Vue, Chateau ★★★ Weingut auf der Seeseite des Libanon-Gebirges mit internationaler Fangemeinde. Le Château und Le Renaissance sind schöne Bordeaux-Verschnitte mit SYRAH. Dazu Petit Geste (SAUVIGNON BLANC/VIOGNIER).

Château Musar ★★★→★★★★ r **02 03 05'** 07' 08 09 10 11 12 13 – Einzigartiger, unverwechselbarer Stil, am besten nach 15 bis 20 Jahren Flaschenreife. Weine aus autochthonen Sorten wie Obaideh und Merweh können unbegrenzt altern; der rote Zweitwein Hochar wird zunehmend besser. Musar Jeune ist weicher und süffiger, aber Weiße und Rosés sind ähnlich interessant.

Clos St-Thomas ★→★★★ Die Reihe Les Gourmets trifft immer den richtigen Ton, in Rot (mit aromatischem CINSAULT), Weiß und Rosé. Gut strukturierter Obaidy (sic!) sowie kräftiger PINOT NOIR aus Hochlagen.

Der Fund des Jahres: Ein schäbiger Weinkrug aus Tyros entpuppt sich Relikt aus phönizischer Zeit: 8. Jh. vor Christus.

Coteaux du Liban ★★ Verschnitt auf CINSAULT-Basis, Obeideh, CHARDONNAY/VIOGNIER. Sollte man im Auge behalten.

Ixsir ★★→★★★ Hoch gelegene Weinberge, Cuvées auf SYRAH-Basis, florale Weiße und Prestigewein El. Die Reihe Altitudes und der Rosé Grande Reserve sind ausgezeichnet.

Kefraya, Château ★★→★★★★ Innovatives Weingut mit französischem Kellermeister. Sortenweine in der Reihe Les Exceptions, in Amphoren ausgebauter SAPERAVI, komplexer Comte de M, Comtesse de M mit Eichennote, fruchtiger Les Breteches.

Ksara, Château ★★★ 1857 gegründet, hat sich das Gut der Innovation verschrieben, v. a. mit CARIGNAN von alten Reben und Merwah. Zuverlässige Qualität, fair kalkuliert. Hervorragender Blanc de Blancs und CHARDONNAY. Der Sunset ist ein ikonischer Rosé.

Marsyas, Château ★★ Ziemlich neues Gut im Dorf Kefraya bei Bekaa. Kraftvolle Cuvée von CABERNET/SYRAH, der B-Qa de Marsyas erinnert mehr an die Rhône, toller Verschnitt von CHARDONNAY/SAUVIGNON BLANC. Produziert auch den komplexen ★★★ Bargylus in Syrien – wunderbare Weine, die unter unmöglichen Bedingungen entstehen.

Massaya ★★ Der Terraces de Baalbeck ist ein raffinierter GRENACHE/SYRAH/MOURVÈDRE. Einstiegsweine in der preiswerten Reihe Les Colombiers. Außerdem roter Cap Est von Lagen im Anti-Libanon und schwungvoller Rosé.

Najm, Domaine ★★★ Das Ehepaar Salim and Hiba Najm führt dieses winzige Gut in Batroun. Nur ein Rotwein: erdiger, rotfruchtiger CABERNET SAUVIGNON/GRENACHE/MOURVÈDRE, der an CHATEAU MUSAR erinnert. Der »Einhorn«-Wein des Libanon.

Sept ★★★ Tüftler und Enfant terrible. Auf den Schalen vergorener Obeideh und andere, mit minimalen Eingriffen erzeugte Sortenweine wie eindringlicher SYRAH.

Terre Joie ★★ Kleine Kellerei in der westlichen Bekaa-Ebene. Nur Rote und ein knackiger Rosé. CINSAULT, CABERNET FRANC sowie hochklassiger MERLOT (selten im Libanon).

Tourelles, Domaine des ★★→★★★★ Das Gut aus dem 19. Jh. wird jetzt von dem dynamischen Kellermeister Fouzi Issa geführt. Klasse SYRAH, guter Marquis des Beys (rot/weiß). Herausragender CARIGNAN und CINSAULT von alten Reben, dazu eine Cuvée von Obaideh/Merwah; ebenso guter klassischer Rotwein und prima Rosé.

Vertical 33 ★→★★ Ökologisch erzeugter CINSAULT, CARIGNAN, Obeideh und PINOT NOIR. CHATEAU MUSAR für die Neuzeit!

Wardy, Domaine ★★ Die neuen Eigentümer kombinieren heimische Rebsorten mit traditionellen französischen Cuvées – Obeideh, SAUVIGNON BLANC, CINSAULT. Dazu ein hervorragender süffiger Roter.

Türkei

Blindverkostungen machen hier wirklich Spaß – allein bei dem Versuch, die Namen der Reben auszusprechen. Es ist immer noch verdammt schwierig, hier als Winzer sein Auskommen zu haben, aber die Türkei ist und bleibt ein faszinierendes Weinland.

Buzbag ★ Wichtige Marke seit den 1940ern, rustikaler ÖKÜZGÖZÜ/BOĞAZKERE (Kayra). Wird besser.

Chamlija ★★→★★★ CABERNET SAUVIGNON/FRANC von verschiedenen Terroirs. Guter PINOT NOIR. Im Spitzensegment: Django.

Corvus ★★ Kellerei auf der Insel Bozcaada. Intensive, eichenlastige Weine im Stil der Neuen Welt.

Doluca ★→★★ Drei Generationen derselben Familie. Fair kalkuliert ist die Reihe Tugra aus regionalen Rebsorten.

Kalpak ★★ Sollte man im Auge behalten für seine klassischen Bordeaux-Cuvées (CABERNET SAUVIGNON/MERLOT/CABERNET FRANC/PETIT VERDOT).

Kavaklidere ★→★★★ Moderne Weine vom größten Gut der Türkei. Fruchtiger Yakut und guter SYRAH Pendore.

Kayra ★→★★ Weicher ÖKÜZGÖZÜ, tanninbetonter BOĞAZKERE und frischer NARINCE. Im Besitz von Diageo.

Pasaeli ★→★★ Frische, lebhafte Bordeaux-Cuvées aus einer Einzellage.

Sevilen ★→★★ Der würzige SYRAH im internationalen Stil ist gut, dazu aromatischer FUMÉ BLANC.

Shiluh Einzigartiges aus Südostanatolien: Die Weine werden in vergrabenen Tongefäßen bereitet und weder gefiltert noch geschönt. Im Besitz einer syrisch-aramäischen Gemeinde.

Sulva ★→★★ Körperreicher Bordeaux-Verschnitt Sur und von Eiche unterstützter fruchtiger SYRAH.

Urla ★★→★★★ Der rote Tempus besitzt Komplexität, der NERO D'AVOLA Karasi ist straff und würzig.

Erwähnenswerte Namen in Nordafrika

Marokko: Baccari ★★ (Première de Baccari), Castel Frères (Boulaouane Vin Gris), Celliers de Meknès (Ch Roslane), Ouled Thaleb ★→★★ (Tandem/Syrocco), Val d'Argan ★→★★ (Orian Red), Volubilia (Epicuria SYRAH). **Tunesien**: Neferis (Selian CARIGNAN).

Östlicher Mittelmeerraum und Nordafrika

Asien, Schwarzes Meer und Kaukasus

Asien

China

China ist nicht nur Weltmeister im Faken von Wein, sondern auch beim Imitieren von Baustilen: Ch. Changyu-Moser XV sieht aus wie Bordeaux plus Loire-Tal aus dem Märchen. Chinas älteste Kellerei ist Changyu, gegründet 1892 mit einem Vermögen, das in Batavia, Penang und Singapur gemacht wurde. Der Österreicher Laurenz Moser ist Kellermeister bei Changyu-Moser XV; neue Eiche kennzeichnet die Spitzenrotweine. Guter CABERNET SAUVIGNON rosé: blass und fein wie Seide.

Für chinesischen Rotwein ist Cabernet Sauvignon ideal. Die Domaine de Long Dai von Lafite verströmt großes Selbstbewusstsein. Ao Yun von Moët-Hennessy ist mit atemberaubenden Preisen dabei. Chinesischer Cabernet von chinesischen Erzeugern bedeutet: je mehr Eiche, desto teurer. Kurswechsel der Kellereien in Bezug auf Eiche und Reifungsdauer im Fass kommen häufig vor. Hundertprozentige Sicherheit gibt es nicht, aber probieren Sie Ch. Rongzi, Grace Vineyard, Jiabeilan, Kanaan Winery, Li Family, Silver Heights, Tiansai. Fei Tswei in Ningxia setzt mehr auf Frucht, v. a. MARSELAN. Ch. Zhongfei und Tiansia in Xinjiang sowie Grace Vineyard in Shanxi erzeugen guten Marselan, die besten glänzen mit floralen Veilchennoten und dunkler Kirschfrucht.

PINOT NOIR bleibt so etwas wie ein heiliger Gral. Gut ist er von Betrieben in weiblichem Besitz oder mit Weinmacherinnen im Keller: u. a. Dom. du 1er Juin, Jiabeilan, Silver Heights. Ch. Chanson liefert guten reinsortigen CABERNET FRANC (irrtümlich, sie dachten, sie hätten Cabernet Sauvignon angepflanzt). Ebenso Tiansai. Von Ch. Guofei kommt leckerer trockener und halbtrockener RIESLING. Der feinste der Taila Winery in Shandong ist ein Süßwein von PETIT MANSENG. Der Clovine von Puchang Vineyard in Xinjiang, gekeltert von der in China gezüchteten Hybride Beichun, erinnert an Ruby Port.

An der Nordküste entsteht Eiswein, meist zu stark geschwefelt. Gut sind u. a. Ch. Changyu Black Diamond Golden Icewine Valley, Ji'an Baite Manor, Cailonglin von Sanhe, alle reinsortig von Vidal.

In China wird Rotwein zu allen möglichen Gerichten serviert. Zueinander passen müssen Wein und Speisen nicht.

Indien

Indiens subtropische Weine bieten reife, üppige Neue-Welt-Frucht, wollen sich aber mehr hin zur Eleganz und Ausgewogenheit der alten Welt orientieren. Die Rotweine haben eine kräftige Eichennote. Beste Schaumweine nach der traditionellen Methode kommen von Chandon und York, v. a. CHENIN BLANC. Sula und Grover Zampa erzeugen guten SAUVIGNON BLANC und CABERNET/SHIRAZ. Duftiger VIOGNIER und RIESLING kommt von Vallonné, fleischiger SANGIOVESE von Fratelli. Der Boutiqueerzeuger KRSMA in den Hügeln bei der Welterbestätte Hampi liefert klassischen Cabernet Sauvignon. Interessante Rebsorten: CHARDONNAY (wiederbelebt), GRENACHE, TEMPRANILLO.

Japan

Yamanashi ist der Geburtsort des japanischen Weins, und Grace Wine ist der Maßstab für Koshu, die mehr oder weniger indigene Traube Japans – sie wurde von einem zurückgekehrten Reisenden nach Japan gebracht und enthält DNA von chinesischen Wildreben. Die Stile entwickeln sich und werden im Allgemeinen besser – sensationell ist der Koshu von Grace Wine aus der Einzellage Misawa in der Subregion Akeno, die die meisten Sonnenstunden während der Wachstumsperiode in Japan hat. Guten Koshu erzeugen auch Aruga Branca, Ch. Mercian, Dom. Hide, Haramo, Huggy Wine, Kurambon, L'Orient, Lumiere, Manns Wines, Marquis, Soryu und Suntory. Die besten haben keine Eichennote. Grace Blanc de Blancs ist Japans feinster Schaumwein: 100 % CHARDONNAY, mind. 5 Jahre auf dem Hefelager. Muscat Bailey A, eine in den 1920ern in Japan gezüchtete Hybride, ist die meistangebaute rote Sorte. Das Aroma von Zuckerwatte mag man entweder oder findet es furchtbar. Die Weine von Dom. Hide haben Konzentration und Intensität. Besonders gut ist der Chitose Kimura Vineyard PINOT NOIR. Rotweine von internationalen Sorten haben oft eine deutliche Holznote. Traubenreife ist stets eine Herausforderung; es ist kaum zu glauben, wie die ohnehin zarte Fruchtigkeit von Eiche erschlagen wird. Am besten: Grace Wine Cuvée Misawa (CABERNET SAUVIGNON/MERLOT/CABERNET FRANC/PETIT VERDOT).

Schwarzes Meer und Kaukasus

Weine der »uralten Welt« sind der unverwechselbare Beitrag Georgiens und Armeniens zur internationalen Weinszene. Mit »uralt« ist die seit Jahrtausenden praktizierte Tradition der in Amphoren vergorenen Weine mit Hülsenmaischung gemeint, die heute unter Weinfreaks und Naturweinadepten extrem beliebt ist. Aserbaidschan, bekannt für Brandy, beginnt gerade mit der Produktion von Qualitätswein. In der Ukraine sind lokal erzeugte trockene Qualitätsweine im Kommen, während Moldawien mit seiner auf ein gutes Preis-Leistungs-Verhältnis ausgerichteten Produktion hervorragende neue Weine bietet. In Usbekistan und Kasachstan lassen sich einige Kuriositäten finden.

Armenien

Armenien übernimmt gerade moderne Geschäftspraktiken, doch seine Weinbaugeschichte ist ebenso alt wie die Georgiens. Beide Länder verwenden Amphoren; hier heißen sie *karas*. Die indigenen Stars des Landes sind die weiße Voskeat und die rote Areni, gute Qualität liefern auch Akhtanak und Karmrahyut. Zu den empfehlenswerten Erzeugern gehören die größeren Betriebe Armenia Wines und Hin Areni sowie die Boutiquekellereien ArmAs, Old Bridge, Tushpa, Van Ardi, Voskeni, Voskevaz, Zorah (sehr gut).

Georgien

Georgiens uralte Weinbereitungsmethoden, die schon seit 8.000 Jahren ununterbrochen praktiziert werden, bringen die landestypischen Weiß- und Rotweine hervor, die mit Hülsenmaischung vergoren und in tönernen *qvevris* gereift werden. Indigene Rebsorten sind ein weiteres einzigartiges Erbe: Etwa 40 werden kommerziell genutzt. Die rote Starsorte SAPERAVI liefert tintenschwarze Weine in vielen Stilen von leicht und halbtrocken bis kraftvoll, trocken, tanninstark und alterungswürdig. Die säurebetonte weiße RKATSITELI, die hauptsächlich in Kachetien angebaut und traditionell auf den Schalen vergoren wird, hat das internationale Phänomen der Orange Wines angestoßen. Beachtung verdienen auch die weißen Sorten Chinuri, Kisi und Mtsvane. Praktisch jeder Haushalt stellt eigenen Wein her. Verlässliche bis ausgezeichnete Qualität bekommt man von Badagoni, Ch. Mukhrani, Jakeli, Khareba, Marani, Papari Valley, Shumi Winery, Tbilvino, Teliani Valley.

Moldawien

Das Land zwischen Rumänien und der Ukraine hat mehr Weinberge als Südafrika und rühmt sich, die höchste Anpflanzungsdichte und die größten Weinkeller der Welt zu haben. Mit einer langen Geschichte im Rücken und dem Ruhm, den es im zaristischen Russland genoss, hat Moldawien heute eine moderne Produktion mit gutem Preis-Leistungs-Verhältnis. Internationale Sorten dominieren, doch es lohnt sich, Ausschau nach den Lokaltrauben zu halten, v. a. FETEASCĂ ALBĂ, FETEASCĂ REGALĂ und Viorica (alle weiß) sowie Rară neagră und FETEASCĂ NEAGRĂ (beide rot). Probieren Sie den ungewöhnlichen Rotweinverschnitt Negru de Purcari (CABERNET SAUVIGNON/SAPERAVI/Rară neagră) und den Eiswein. Führende Erzeuger: Cricova (Schaumwein), Milestii Mici, Vinăria Purcari. Gute bis exzellente Qulität: Asconi, Castel Mimi, Ch. Vartely, Et Cetera, Lion Gri und Vinăria Bostavan, Vinăria din Vale.

Russland

Das sanktionierte Russland erkennt geografische und kontrollierte Ursprungsangaben nur für seine eigenen Weine an, auch wenn sie weder für die örtlichen Verbraucher noch für den Rest der Welt irgendwelche Bedeutung haben. Die besten natürlichen Bedingungen herrschen am Schwarzen Meer und am Fluss Kuban, doch sogar am entlegenen Kaspischen Meer gibt es Weinberge. Das raue Klima im Tal des Don, bekannt für indigene Sorten (rote Krasnostop, Tsimliansky), bedingt, dass die Reben im Winter eingegraben werden müssen. Anderswo dreht sich der Weinbau um internationale Sorten. Bei Redaktionsschluss waren gegen Russland internationale Sanktionen in Kraft, weshalb wir die Empfehlung einzelner Erzeuger für wenig sinnvoll halten.

Ukraine

Bis zu Putins Blutbad erstreckten sich die Rebflächen der Ukraine vom milden Klima am Schwarzen Meer bis zum Kontinentalklima der Karpaten. Es wurden meist internationale Trauben angebaut, aber auch lokale Kuriositäten wie die weiße Telti Kuruk und die rote Odessa Black. Erstklassige Boutiqueweine kamen von der Krim (Oleg Repin, Uppa Winery); zu den etablierten Produzenten trockener Stillweine zählten u.a. Beykush Winery, Esse, Guliev Wines, Kolonist, Prince Trubetskoy Winery, Satera, Shabo, Veles, Villa Tinta. Tradition haben die beliebten Schaumweine nach Champagner-Vorbild, z.B. von ArtWinery, Novy Svet, Odessavinprom, Zolotaya Balka. Der historische gespritete Stil fristet heute ein Nischendasein: Ch. Chizay, Koktebel, Massandra, Solnechnaya Dolina. Aber im Moment: weiß der Himmel, was daraus wird.

Vereinigte Staaten

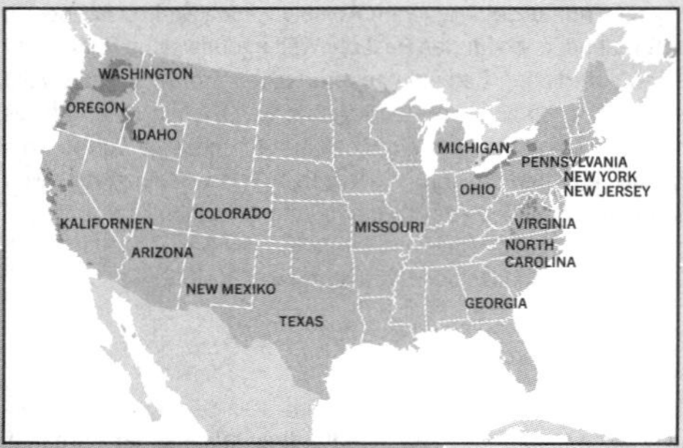

Die dunklen Flächen bezeichnen die Weinbaugebiete

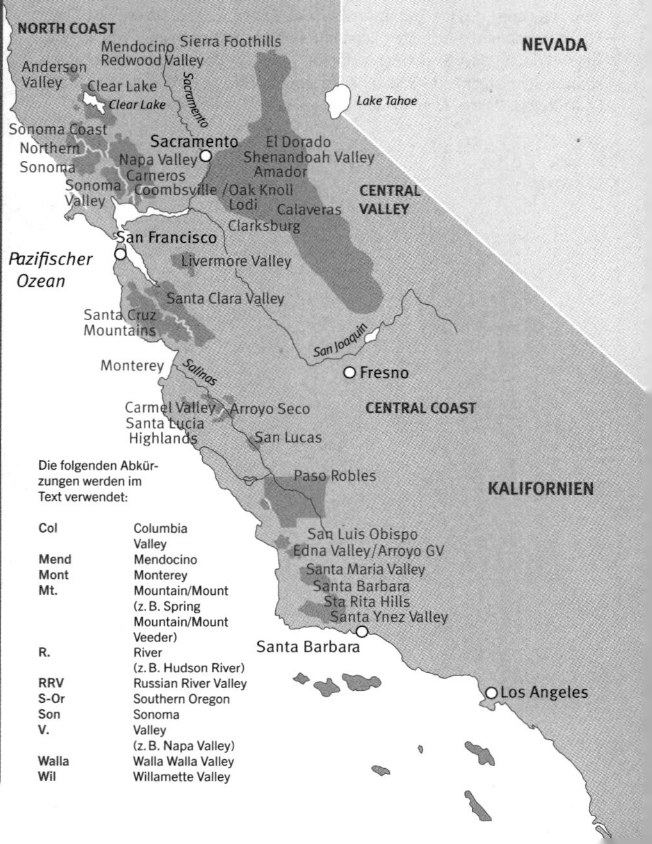

Die folgenden Abkürzungen werden im Text verwendet:

Col	Columbia Valley
Mend	Mendocino
Mont	Monterey
Mt.	Mountain/Mount (z. B. Spring Mountain/Mount Veeder)
R.	River (z. B. Hudson River)
RRV	Russian River Valley
S-Or	Southern Oregon
Son	Sonoma
V.	Valley (z. B. Napa Valley)
Walla	Walla Walla Valley
Wil	Willamette Valley

Wie beschreibt man ein so großes und vielfältiges Land? Kalifornien ist seine bekannteste Weinregion und Napa der berühmteste Flecken innerhalb dieses Bundesstaates. Napa könnte in 20 Jahren ganz anders aussehen als heute. Vielleicht sind es die Erzeuger irgendwann leid, ihre von Waldbränden zerstörten Weinberge immer wieder mit Cabernet zu bestocken, und sie satteln um? (Refosco oder Tempranillo? Die Spielwiesen für Experimente liegen in den preiswerteren Regionen von Kalifornien wie Lodi, Mendocino oder den Sierra Foothills.) Ohne Frage ist man sich hier bewusst, dass die nächste Generation vielleicht ganz andere Ansprüche an Wein hat. Aber wie findet man angesichts des Klimawandels die perfekte Rebsorte, die in 20 Jahren gedeiht? Es herrscht kein Stillstand, alle Regionen entwickeln sich. Für den Moment gibt es eine klare Differenzierung quer durch die USA: Texas spezialisiert sich auf Rhône-Sorten, Viognier gedeiht in Virginia. In Oregon dreht sich nicht länger alles um Pinot, auch wenn es noch so aussieht. An der Ostküste wird ernst zu nehmender Riesling produziert, und selbst in Kalifornien variiert der Stil vom Zinfandel von alten Reben bis hin zu reintönigen und straffen Chardonnays. Aber abseits dieser Schlaglichter gibt es überall Spielraum für Experimente, die vielleicht die Schlagzeilen von morgen sind.

American Viticultural Areas (AVAs)

Ohne Produktionsbestimmungen oder irgendwelche Traditionen, die es zu bewahren gilt, sind die AVAs nur entfernt mit den Appellations contrôlées zu vergleichen. Sie werden von der US-Behörde TBB verwaltet und sind eher Leitfäden für den jeweiligen Standort – bezüglich des Klimas, der Böden oder des Marktes –, insofern etwas stärker auf Wein fokussiert als die üblichen Labels der Staaten oder Countys. Eine AVA kann eine Region innerhalb eines Staates abbilden oder auch über Grenzen gehen, wenn es um bestimmte Merkmale geht. Ein Beispiel ist das hochgelobte Columbia Gorge, das sich Washington und Oregon teilen, oder das kühle, von Wasser bestimmte Lake Erie, welches sich über New York, Pennsylvania und Ohio erstreckt. Es gibt 251 etablierte AVAs, und ständig werden neue ausgelobt und bestätigt. Mit 140 hat Kalifornien die meisten. Es gibt eine Fülle verschachtelter Sub-AVAs wie z.B. den hochgejubelte Stags Leap District im Napa Valley. Mit einem AVA-Label ist der Standard minimal höher als mit einem durchschnittlichen (ein Landes- oder Countylabel verspricht 75 % Regionalität, eine AVA immerhin 85 %). Manche Staaten haben strengere Regeln: Oregon fordert 100 % für die früheren und 95 % für die später dazugekommenen. Hier sind die Zulassungsstandards streng: Die Anträge müssen Unterscheidungsmerkmale aufweisen, die auf den Karten des US Geological Survey überprüfbar sind, und zeigen, wie sie den Weinbau inner- und außerhalb der beantragten Zone beeinflussen. Der vorgeschlagene Name muss der Historie des Gebiets entsprechen, so wie es früher in Zeitungen, Zeitschriften oder Büchern benannt wurde. Die Qualität des Weinbaus und das Weinwissen in den USA werden ständig besser, deshalb argumentiert die TBB: »AVAs erlauben es den Produzenten, die Herkunft ihrer Weine besser zu beschreiben … und den Konsumenten, die Weine leichter zu identifizieren.« Manche unken, dass es dabei nur um höhere Preise geht.

Arizona

Hier gibt es einen mächtigen Schub in puncto Qualität und Innovation, getrieben von hippen Vibes. Hochkarätige Namen etablieren sich dank ihrer Glaubwürdigkeit. 2021 wurde das Verde Valley hinzugefügt, damit hat Arizona jetzt drei hoch gelegene AVAs mit Wüsten-Terroir: Vulkanerde und Kalkstein bei guten Wetterbedingungen für die Traubenreife. Spanische, portugiesische und italienische Reben sowie Bordeaux-Sorten gedeihen hervorragend. Kellereien wie **Alcantara Vineyards** erzeugen elegante, erdige Rote wie die Reihe Confluence oder den trendigen GRENACHE Rosé. **Arizona Stronghold ★★★** Das Flaggschiff ist die SANGIOVESE-basierte Cuvée Mangus, dazu exzellenter Tazi, ein weißer Verschnitt. **Bodega Pierce** Gutseigener SAUVIGNON BLANC. **Burning Tree Cellars** Handwerklich gute, intensive rote Cuvées in kleinen Mengen. **Caduceus Cellars ★★★** Zusammen mit dem Schwesterweingut Merkin Vineyards im Besitz von Altrocker Maynard James Keenan: exzellente weiße Cuvée Dos Ladrones, dazu der rote Nagual del Marzo und der Sangiovese Kitsuné. **Callaghan Vineyards ★★→★★★** Eckpfeiler der Weinbereitung in Arizona mit roten Qualitäts-Cuvées wie dem Aushängeschild Padres, überwiegend aus spanischen Rebsorten. Gut auch der prickelnde Barrett's in Weiß und Rosé. **Chateau Tumbleweed** Relativ neu am Markt. Fokussierte Weine mit schicken Etiketten von Erbgrundstücken. Flaggschiff ist die Grenache-basierte Cuvée namens Willy. **Dos Cabezas WineWorks** Cuvées quer durch die AVAs mit den Reihen El Signature in Rot und El Campo in Weiß. **Javelina Leap Vineyard & Winer** Preisgekrönter Zinfandel. **Page Springs Cellars** Spezialist für Cuvées von Rhône-Sorten, auch in Weiß. Besonders gut sind der rote Verschnitt El Serrano und der runde MARSANNE. **Pillsbury Wine Company ★★** Gutseigene Rhône-Sorten von Filmemacher Sam Pillsbury. SHIRAZ-basierter Guns and Kisses, ganz oben im Portfolio der gemeinsam vergorene Cote-Rotie, dazu mineralischer VIOGNIER und die weiße Cuvée WildChild, trocken und aromatisch.

Colorado

Rund 400 Hektar unter Reben – mit 2.134 Metern die höchsten Weinlagen der USA überhaupt. Es gibt 160 Weingüter. Das extreme Kontinentalklima entspricht dem spanischen La Mancha. Kühlklimatische Sorten gedeihen gut und es wird mit Hybriden experimentiert. 90 % aller Trauben reifen in den AVAs Grand Valley und West Elks. **Bookcliff ★★** Einnehmender GRACIANO; hervorragender CABERNET FRANC Reserve, CABERNET SAUVIGNON, MALBEC, SYRAH und VIOGNIER. **Carboy** Kellerei, Verkaufs- und Verkostungsraum mit vier Locations und ständig wechselndem Mobiliar. **Carlson ★** Historisches Weingut mit trockenem GEWÜRZTRAMINER, RIESLING, LEMBERGER T-Red, dazu körperreiche Rote. **Colterris** Erstklassiger Bordeaux-Stil. Flaggschiff ist der stilvolle Cabernet Sauvignon Coral White. **Jack Rabbit Hill Farm ★** Das einzig zertifizierte biodynamische Weingut im Staat. Interessanter oranger Wein und der beeindruckende Lone Eagle, eine Cuvée aus Riesling und der ungarischen Bianca. Außerdem trendiger Winzer-Cider. **Sauvage Spectrum** Newcomer mit frischen Schaumweinen. **Snowy Peaks (Grande V)** Sehr hoch gelegen, 100 % der Trauben aus Colorado, dazu Rhône-Reben, und für die rote Cuvée Oso werden Hybridsorten genutzt. **Sutcliff Vineyards** Sehr solide Weine im Bordeaux-Stil aus dem Vierländereck der USA. **Stone Cottage Cellars** Unbeständiger MERLOT in Bio-Qualität aus großer Höhe. **The Storm Cellar** Relativ neu auf dem Markt, konzentriert auf Weiße und Rosés aus größen Höhen. Beachtliche Auswahl an Riesling.

Georgia

Die Blue Ridge Mountains verbinden Georgia mit Virginia und North Carolina. Die erste und einzige AVA von Georgia ist Dahlonega mit ihren felsigen Hügeln: Hier gedeihen Bordeaux-Reben, CHARDONNAY, PETIT MANSENG, PINOT NOIR. Die besten Erzeuger: **Crane Creek**, **Engelheim** (PINOT GRIS); **Frogtown** (SANGIOVESE); **Habersham**; **Sharp Mountain** (Sangiovese, GEWÜRZTRAMINER); **Stonewall Creek** (NORTON); **Three Sisters** (die Ältesten auf dem Plateau mit PINOT BLANC und CABERNET FRANC aus der AVA); **Tiger Mountain**; **Wolf Mountain** (Schaumwein nach tradioneller Methode); **Yonah Mountain**.

Idaho

Noch immer eine junge Weinregion, die erst im Entstehen ist. Winzer und Kellermeister tüfteln daran, was wo am besten wächst. Die ersten Ergebnisse lassen hoffen. Kleiner Nebenaspekt: Hier werden die meisten Weine von Frauen gemacht.

Cinder Wines Snake R.V. ★★ Melanie Krause, ehemals bei Chateau Ste Michelle (Washington), produziert in der AVA Snake River Valley samtigen SYRAH und halbtrockenen RIESLING. Auch sehr guter VIOGNIER.

Colter's Creek ★★ Bei den Pionieren im Lewis-Clark Valley herrscht Arbeitsteilung. Mike Pearson kümmert sich um die Reben, Melissa Sanborn macht den Wein. Kräuterwürziger CABERNET und seidiger SYRAH helfen, der Weinkarte ihren Stempel aufzudrücken.

Huston Vineyards Snake R.V. ★ Die RIESLING-Cuvée Chicken Dinner ist ein fruchtiger Genuss.

Rivaura ★★ Neues Gut im Lewis-Clark Valley. Sollte man im Auge behalten, besonders für seinen SYRAH.

Sawtooth Winery Snake R.V. ★ Standhaft im Tal seit 1987. Produziert schmackhafte Gutsweine aus RIESLING, SYRAH und TEMPRANILLO.

Ste Chapelle Snake R.V. ★ Idahos älteste und größte Kellerei konzentriert sich auf süße Weiße und weiche Rote. Süffige Tropfen zum kleinen Preis.

Kalifornien

Schon vor dem Goldrausch von 1849 war Kalifornien ein beeindruckender Motor in Sachen Ökonomie und Landwirtschaft. Es wurden bereits Hunderte von Rebsorten kultiviert, dazu herausragende Produkte von A wie Apfelsinen bis Z wie Zucchini. Die klimatische Vielfalt reicht von der kühlen nebligen Küstenlinie am Pazifik über Berge, warme Täler im Landesinneren und allem Möglichen dazwischen. Ernsthafte Sorgen bereiten Trockenheit und Feuer, dafür gab es 2021 weniger Brände in den Weingegenden, und ein Sturmtief brachte nach der Lese im Norden von Kalifornien viel Regen. So bildete die Lesezeit für fast alle eine willkommene Sorgenpause. Naturweine wie Pét-Nat oder Orange Wine sind nach wie vor auf dem Vormarsch, wenn auch in einem kleinen Marktsegment. Ich bin mir sicher, dass die Amerikaner bereit sind, gute Preise für gute Weine zu bezahlen, die nachhaltig und unter fairen sozialen Bedingungen produziert werden. Diese Diskussion betrifft nicht nur Neueinsteiger und Trendsetter, sondern auch die legendären Marken, die bereits seit Jahrzehnten Wert auf diese Aspekte legen. Das Weinbusiness in Amerika legt aber vielen eine Schlinge um den Hals. Die Bodenpreise sind irrwitzig, der Vertrieb konsolidiert sich, und die Weinpreise sind dann nicht mehr wettbewerbsfähig. Der Klimawandel spielt eine große Rolle – wie in vielen anderen Regionen auch. Wessen Kellerei keinen herausragenden Wein produziert, aber treue Vertriebspartner hat und eine gute Story zu erzählen weiß, ist gut beraten, über einen Verkauf nachzudenken. Viele haben es bereits getan.

Bedeutende Weinbaugebiete in Kalifornien

Es gibt weit über 100 American Viticultural Areas (AVAs) in Kalifornien. Nachfolgend sind die wichtigsten aufgeführt.

Alexander Valley (Sonoma). Warmer Anbaubereich im oberen Sonoma Valley. Bekannt für guten Zinfandel und Cabernet Sauvignon von Hügellagen.
Amador County Warmes Gebiet in der Sierra Nevada. Sein ganzer Reichtum sind alte Zinfandel-Reben. Trauben von der Rhône gedeihen ebenfalls gut.
Anderson Valley (Mendocino). Winde und Nebel vom Pazifik durchziehen das Tal des Navarro-Flusses landeinwärts. Großartiger Pinot noir, Chardonnay und Schaumwein. Sehr guter Riesling und Gewürztraminer, mancher Syrah ist herausragend. Im Auge zu behalten.
Atlas Peak (Napa). Außergewöhnlicher Cabernet Sauvignon und Merlot.
Calistoga (Napa). AVA am Nordende des Napa Valley für Rotwein, v. a. Cabernet Sauvignon.
Carneros (Napa, Sonoma). Kühle AVA am Nordende der San Francisco Bay. Guter Pinot noir, Chardonnay; Merlot, Syrah und Cabernet Sauvignon aus wärmeren Lagen. Sehr guter Schaumwein.
Coombsville (Napa). Kühle AVA in der Nähe der San Francisco Bay. Ausgezeichneter Cabernet Sauvignon im Bordeaux-Stil.
Diamond Mountain (Napa). Reben in hohen Lagen, hervorragender Cabernet Sauvignon.
Dry Creek Valley (Sonoma). Überragender Zinfandel; guter Sauvignon blanc; Cabernet Sauvignon und Zinfandel aus Hanglagen.
Edna Valley (San Luis Obispo). Kühle Winde vom Pazifik. Sehr guter Chardonnay.
El Dorado County Hoch gelegenes Gebiet im Inland rund um Placerville. Hier entwickeln sich gerade große Talente mit Rhône-Trauben, Zinfandel, Cabernet und anderen.
Howell Mountain (Napa). Interessanter Napa-Cabernet-Sauvignon von steilen Hanglagen auf Vulkanböden.
Livermore Valley (Alameda). Warme Region mit Vorstadtcharakter östlich von San Francisco. Gutes Potenzial dank der Kiesböden.
Mendocino County Großes Gebiet nördlich von Sonoma County inkl. des warmen Red Valley und des kühlklimatischen Anderson Valley.
Mendocino Ridge Die Gegend in Mendocino entwickelt sich gerade. Ihre Hügel sind bis zu 365 m hoch. Kühles Klima, kaum Nebel, leichte Böden.
Monterey County (Montana) Große Güter im Salinas Valley bringen erschwingliche Chardonnays und Pinot noirs unter kühlen und windigen Konditionen hervor. Im Carmel Valley ist es ein bisschen wärmer, in Arroyo Seco moderat.
Mount Veeder (Napa). Hoch gelegene Rebflächen für guten Chardonnay und Cabernet Sauvignon.
Napa Valley (Napa). Cabernet Sauvignon, Merlot, Cabernet franc. Halten Sie sich an die Sub-AVAs für aussagekräftige Weine mit Terroircharakter und an die Berggegenden für komplexe Weine mit Lagerpotenzial.
Oakville (Napa). Perfektes Gebiet für Cabernet Sauvignon, der hier auf einem Kiesbett gedeiht.
Paso Robles (San Luis Obispo). Beliebt bei Besuchern. Rhône-Reben, Bordeaux-Sorten, überwiegend Rotwein.
Pritchard Hill (östlich von St Helena, Napa). Hoch gelegenes, waldreiches Weingebiet, perfekt für Cabernet Sauvignon.

Red Hills (Lake County). Nördliche Verlängerung der Bergkette von Mayacama, absolutes Cabernet-Sauvignon-Land.

Redwood Valley (Mendocino). Wärmerer Bereich im Landesinneren. Guter Zinfandel, Cabernet Sauvignon, Sauvignon blanc.

Russian River Valley (Sonoma). AVA am Pazifik, oft bis mittags in Nebel gehüllt. Pinot noir, Chardonnay und guter Zinfandel am Fuß der Berge auf dem flachen Uferland.

Rutherford (Napa). Hervorragender Cabernet Sauvignon, v. a. aus Hanglagen.

Saint Helena (Napa). Herrlich ausgewogener Cabernet Sauvignon.

Santa Lucia Highlands (Monterey). Höher gelegene Südhänge, großartige Pinot noirs, Syrah und Rhône-Sorten.

Santa Barbara County (Santa Barbara) County nördlich von L. A. mit quer verlaufenden Tälern und interessanten Unterzonen – sowohl wärmer als auch kühler.

Santa Maria Valley (Santa Barbara). Kühler Bereich an der Küste. Guter Pinot noir, Chardonnay und Viognier.

Sta. Rita Hills (Santa Barbara). Exzellenter Pinot noir.

Santa Ynez (Santa Barbara). Am besten sind Weine von Rhône-Rebsorten (rot und weiß), Chardonnay und Sauvignon blanc.

Sierra Foothills El Dorado County, Amador County, Calaveras County. Alle werden so langsam besser.

Sonoma Coast (Sonoma). Sehr kühles Klima. Kantiger Pinot noir, Chardonnay und Syrah.

Sonoma Valley (Sonoma). Guter Chardonnay, sehr guter Zinfandel; hervorragender Cabernet Sauvignon aus der Sub-AVA Sonoma Mountain. Achtung: Sonoma Valley ist ein Teil des größeren Anbaubereichs Sonoma.

Spring Mountain (Napa). Edler Cabernet Sauvignon, sehr unterschiedliche Böden und Lagen.

Stags Leap (Napa). Klassische Rotweine, Cabernet Sauvignon mit Noten von dunklen Früchten; sehr guter Merlot.

Neuere Jahrgänge

Kalifornien ist zu unterschiedlich für schlichte Verallgemeinerungen. Sicher gibt es Unterschiede zwischen den nördlichen, mittleren und südlichen Teilen des Staates, aber in den vergangenen zehn Jahren hat es keine wirklich schlechte Lese gegeben. Die jüngsten Buschfeuer waren eine echte Herausforderung, aber nur für die spät gelesenen Trauben.

2021 Geringe Ernte, aber von hoher Qualität. Von Feuern getroffen wurden El Dorado County und Teile von Lake County.

2020 Geringe Ernte; großartige Weißweine. Rauchschäden bei den Roten von der North Coast.

2019 Guter Ertrag. Nur im Alexander Valley gab es geringe Verluste bei der Spätlesen, entstanden durch Feuer und Rauch.

2018 Rekordernte von großartiger Qualität, aber Probleme mit Rauch im Lake County.

2017 Buschfeuer in Napa und Sonoma, aber erst am Ende der Lese. Überwiegend sehr gute Qualität.

2016 Gute Qualität: charmante Rote und Weiße, geprägt von großer Frische

2015 Trockenes Jahr, geringer Ertrag, aber von überraschend guter Qualität sehr konzentriert.

2014 Trotz eines dritten trockenen Jahres in Folge scheint die Qualität hoch.

2013 Wieder große Erntemengen mit exzellenten Aussichten in Bezug auf die Qualität.

Acorn RRV ★★→★★★ Das Gut bewahrt das kalifornische Erbe, indem es einen lebendigen gemischten Satz produziert. Auf der historischen Weinlage Alegria gedeiht ZINFANDEL neben 17 anderen roten Rebsorten.

Alban Vineyards Edna V. ★★★ Der Altmeister für Rhône-Reben macht immer noch großartigen Wein am idealen Standort im EDNA VALLEY. Erstklassiger VIOGNIER und GRENACHE. Seine Vision hat sich ausgezahlt. Es bleibt spannend.

Albatross Ridge Mont ★★★ Das aufstrebende Gut liegt nur 11 km vom Pazifik entfernt bei Carmel. Es verleiht seinen feinen und leckeren CHARDONNAYS und PINOT NOIRS sprichwörtlich Flügel.

Alma de Catteleya RRV – Bibiana González Ravé stammt aus Kolumbien. In ihrem verrückten Lebenslauf finden sich erstklassige Güter, für die sie Wein in Europa und den USA produziert hat. Jetzt setzt sie eigene Maßstäbe in Kalifornien. Reintönige, unprätenziöse und bezahlbare PINOT NOIRS sowie toller CHARDONNAY.

Alma Rosa Sta. Rita Hills ★★★ Mit seinem zweiten Streich produziert Pionier Dick Sanford ganz bewusst raffinierten PINOT NOIR und CHARDONNAY von fünf unterschiedlichen Standorten. In Solvang gibt es einen Verkostungsraum.

Andrew Murray Santa Ynez ★★★ SYRAH hat unter den Rhône-Reben die Nase vorn, aber weißer VIOGNIER, ROUSSANNE oder der frische GRENACHE BLANC sind genauso toll.

Anthill Farms Son Coast ★★★ Drei hart arbeitende Schüler von WILLIAMS-SELYEM produzieren hier konsequent lebendige, durchdachte, kühlklimatische PINOT NOIRS, SYRAHS und Weine von alten Reben. Dazu CHARDONNAY von der SONOMA COAST und dem ANDERSON VALLEY. Der Pinot noir aus dem Valley lohnt sich sehr und ist seinen Preis wert. Ernst zu nehmende Durchstarter.

Antica Napa V. ★★★ Das Projekt ATLAS PEAK von Piero Antinori zeigt großes Potenzial für CABERNET SAUVIGNON. Aber warum hat das so lange gedauert? Die ganze AVA kommt wieder auf die Füße.

Au Bon Climat Santa Barbara ★★★ Jim Clendenen erzeugte schon feinen PINOT NOIR und knackigen CHARDONNAY, bevor es cool war. Er setzte sich für den eleganten Stil ein, der jetzt angesagt ist. Bedeutend wie immer.

Baileyana Edna V. ★★★ Die nachhaltig bewirtschaftete Weinlage Paragon gehört jetzt dem Weinriesen WX Brands. Sie liefert zuverlässig erstklassigen CHARDONNAY, ausgewogenen PINOT NOIR und pfeffrig lebendigen SYRAH. Die Schwestermarken Tangent und Zocker stechen mit knackigen Weißen hervor: ALBARIÑO mit Pfirsichnoten, SAUVIGNON BLANC von Tangent sowie knackiger GRÜNER VELTLINER und RIESLING von Zocker.

Balletto RRV ★★→★★★ Durch und durch herzerfrischend. So schmeckt Kalifornien – und das zu fairen Preisen –, allen voran der ganz klassisch ausgebaute CHARDONNAY aus dem RUSSIAN RIVER VALLEY.

Banshee Wines Son Coast ★★★ Wachsende Marke, die stark auf PINOT NOIR setzt – ohne eigene Weinberge –, aber mit besten Verbindungen zu anderen Winzern. Gut gemachte Einzellagenweine.

Barnett Spring Mt. ★★★ Das unterschätzte Juwel auf der Bergspitze wird von David Tate gemanagt, der außerdem CHARDONNAY und PINOT NOIR im SONOMA VALLEY produziert. Zum Schreien gute Weine quer durchs Sortiment, herrliche Aussichten und Spitzen-CABERNET-SAUVIGNON aus dem NAPA VALLEY – genug Gründe, auf den Berg zu fahren.

Baxter Anderson V. ★★★ Phil Baxter produziert in zweiter Generation subtilen, erdigen PINOT NOIR im Burgunderstil (aus den Weinlagen Oppenlander oder Valenti) und ohne Holznote. Jede Flasche strahlt Leidenschaft, Selbstvertrauen und Kompetenz aus. Beseelt und sehr gut gemacht.

Beaulieu Vineyard Napa V. ★★→★★★ Der CABERNET SAUVIGNON Private Reserve von Georges de Latour ist und bleibt eine Ikone. Auch alle anderen Weine sind durch die Bank gut trinkbar.

Beckmen Vineyards Santa Barbara ★★★ Tom Beckmen hat erst Roland Synthesizers gegründet und dann mit seinem Sohn Steve das biodynamisch bewirtschaftete Bergweingut Purisma Mountain. Beeindruckender SYRAH, GRENACHE und GRENACHE BLANC. Seine erschwingliche rote Cuvée le Bec ist hervorragend und beliebt im ganzen Land.

Bedrock Wine Co. Son V. ★★★ Morgan Peterson stimmt mit seinen Eigenmarken den Lobgesang auf die alten ZINFANDEL-Weinberge und traditionelle Methoden an. Hier paart sich die Weisheit des Alters mit dem klaren Blick der Jugend.

Beringer Napa ★★→★★★★ Der CABERNET SAUVIGNON Private Reserve und einige Cabernets aus Einzellagen sind durchaus ernst zu nehmen und bringen Lagerpotenzial mit. Das historische Gut in St. Helena lohnt einen Besuch. Die CHARDONNAYS sind deutlich besser geworden.

Berryessa Gap Vineyards Central V. ★★ Unterschätztes Projekt im Yolo County nahe Sacramento. Produziert frische Weine mit zarter Holznote im iberischen Stil. Glänzender TEMPRANILLO, auch VERDEJO und DURIF sind köstlich. Tolles Preis-Leistungs-Verhältnis.

Bevan Cellars Napa V., Son ★★★→★★★★ Eine starke Persönlichkeit mit gutem Geschmack. Russel Bevan bedient sich aus feinsten Einzellagen, wo er beste Bordeaux-Reben kultiviert. Sehr begehrt sind CABERNET SAUVIGNON und CABERNET FRANC. Dazu ein wenig PINOT NOIR und himmlischer SAUVIGNON BLANC aus der Lage Dry Stack im Bennett Valley. Teuer, aber eben auch außergewöhnlich.

Amerikanern ist es unangenehm, vor anderen Leuten mit Korkenziehern zu hantieren, und Schraubverschlüsse sind sooo praktisch.

Blackbird Napa V. ★★★→★★★★ Unter der Leitung des tollen Weinmachers Aaron Pott hat es auf diesem Gut einen Strategiewechsel gegeben: weg vom MERLOT und hin zu Bordeaux-Cuvées. Der rote Verschnitt Arise ist für 50 Dollar ein glattes Schnäppchen, ähnlich überzeugend der CABERNET FRANC-betonte Paramour.

Boeger Sierra Foothills ★★ Beständiges Weingut aus den Zeiten des Goldrausches, seit den 70ern bekannt für BARBERA, CHARBONO und ZINFANDEL. Der überraschende CHARDONNAY zählt zu den besten von den SIERRA FOOTHILLS.

Bogle Central V., Lodi ★★ Zuverlässige Marke für unter 15 Dollar – in Familienhand (Lebensmittelhandel). Die breite Palette guter Weine kommt aus LODI, Clarksburg und jetzt aus mehreren Küstenregionen. Alle Weine sind im Holzfass ausgebaut. Respekt!

Boisset Collection Napa V., Son ★★★ Ambitioniertes Portfolio aus nachhaltig bewirtschafteten Gütern und Marken, zusammengestellt von dem schillernden Jean-Charles Boisset. Dazu zählen BUENA VISTA, DELOACH, Lyeth und Wattle Creek in SONOMA COUNTY sowie JCB und Raymond im NAPA VALLEY.

Bokisch Lodi ★★→★★★ Diesem Star folgen in Lodi begeisterte Anhänger seiner spanischen Rebsorten. Sehr guter TEMPRANILLO führt die Riege an, gefolgt von großartigem ALBARIÑO, GRACIANO und charmantem Rosado.

Bonny Doon Mont ★★★ Immer abenteuerlustig und clever – diese Marke hat dem kalifornischen Wein eine künstlerische Stimme verliehen. Der *Vin gris* ist super, saftig der Clos de Gilroy GRENACHE, die Cuvée Le Cigare Volant ist ein Rhône-Klassiker aus Kalifornien. Wurde 2020 verkauft, aber Gründer Randall Grahm bleibt an Bord.

Brewer-Clifton Santa Barbara ★★★ Der Gutsweinproduzent von PINOT NOIR und CHARDONNAY aus der AVA Sta. Rita Hills ist jetzt im Besitz der JACKSON FAMILY WINES. Der Pinot noir zeigt sich immer noch gut in Form, die knackigen Chardonnays reifen in neutraler Eiche.

Der Holznoten überdrüssig?

Warum nur so viel neue Eiche? Dass das auf der ganzen Welt verbreitet wäre, ist ja ein großes Missverständnis. In Europa kommen viele große Weine ohne neue Eichenfässer aus, die schließlich viel Geschmack abgeben. Auch einige kalifornische Winzer sind ihrer inzwischen überdrüssig. Deren frischeren Ansatz auszuprobieren lohnt sich: BERRYESSA GAP (Yolo County), BAXTER PINOT NOIR (schon immer alle Weine in neutraler Eiche), Foursight und Bee Hunter (ANDERSON VALLEY), North Coast CABERNET FRANC von LANG & REED (NAPA VALLEY), Pinot noir von MAGGY HAWK, Saracina (MENDOCINO), Shan Wines (SONOMA).

Buena Vista Son V. ★★→★★★ Historisches Weingut von 1857, dem der Besitzer Jean Charles BOISSET (DELOACH, Raymond) verblüffendes Leben einhaucht mit Kostümtouren, Lichtshows und Computeranimationen wie in Disneyland. Empfehlenswert der SYRAH Count's Selection.

Cade Howell Mt. ★★★ Wunderbare Bergweine: CABERNET SAUVIGNON und SAUVIGNON BLANC kommen von diesem tollen, ultramodernen Gut. Eine Partnerschaft der Getty-Familie mit dem kalifornischen Gouverneur Newsom und dem Manager John Conover.

Cakebread Napa V. ★★★ Angenehmer CABERNET SAUVIGNON, genießt noch immer hohes Ansehen bei den langjährigen Fans. Der SAUVIGNON BLANC ist beliebt, sehr gut der CHARDONNAY. Es lohnt sich, bei einer Fahrt entlang der Route 29 hier kurz anzuhalten.

Calera ★★★→★★★★ PINOT NOIR und CHARDONNAY von Kalksteinböden in Höhenlagen. Das Gut wurde 2017 an DUCKHORN verkauft, aber die Weine sind noch immer außergewöhnlich. Einmal im Leben sollte jeder den monumentalen PINOT NOIR Jensen probieren: Weinhistorie in Flaschen.

Carlisle Son V. ★★★ Herausragende Weine zu machen ist der beste Weg, um historische Weinlagen zu erhalten. Mike Officer produziert brillanten gemischten Satz auf ZINFANDEL-Basis in Nordkalifornien. Eine clevere Kombi aus Geschichtsbewusstsein und moderner Weinbautechnik. Die Roten aus Rhône-Reben sind auch nicht schlecht.

Caymus Napa V. ★★★ Eine der Marken aus Napa mit etabliertem Status. Die CABERNET SAUVIGNONS der Reihe Special Selection werden kultig verehrt, auch am süßeren und saftigeren Ende des Stilspektrums.

Cedarville Sierra Foothills ★★★ Die Anführer in Sachen Qualität im granitreichen Fairplay District in EL DORADO COUNTY. Spitzenweine durch das gesamte Sortiment mit dunkelfruchtigem GRENACHE und SYRAH, feinem CABERNET SAUVIGNON und ZINFANDEL.

Chappellet Napa V. ★★★★ Die raue Gegend am Pritchard Hill bringt seit Jahrzehnten saftigen und langlebigen CABERNET SAUVIGNON hervor. Cabernet Sauvignon aus der Signature-Reihe ist hervorragend. Der trockene CHENIN BLANC ist ein seltener Genuss. Immer noch in Familienbesitz, zu dem auch das von PINOT NOIR und CHARDONNAY bestimmte Gut SONOMA-LOEB zählt.

Charles Krug Napa V. ★★→★★★ Die historisch bedeutende Kellerei hat unlängst ihr Comeback geschafft und verdient Aufmerksamkeit für ihre Rolle im modernen Napa Valley. Der verstorbene Besitzer Peter Mondavi war Roberts Bruder, von dem er sich jedoch entfremdet hatte. Geschmeidiger CABERNET SAUVIGNON, knackiger und reiner SAUVIGNON BLANC.

Chateau Montelena Napa V. ★★★ Extrem geschichtsträchtig mit großer Kontinuität in Sachen Betreiber und Stilistik. Ernst zu nehmender CABERNET SAUVIGNON mit Lagerpotenzial. Der CHARDONNAY hält, was er verspricht. Ein schlossähnliches Weingut in himmlischer Umgebung.

Chateau St. Jean Son V. ★★★ Ein Fels in der Brandung von SONOMA VALLEY, solide auf allen Ebenen. Flaggschiff ist seit Jahrzehnten der Cinq Cépages, eine Cuvée aus fünf Bordeaux-Sorten. Der an Nektarinen erinnernde CHARDONNAY aus der Lage Robert Young ist ebenfalls ein Klassiker.

Chimney Rock Stags Leap ★★★→★★★★ Unterschätzter Erzeuger im Besitz von Terlato, der unter der Führung von Kellermeisterin Elisabeth Vianna bessere Weine produziert als je zuvor. Der CABERNET SAUVIGNON aus der Lage Tomahawk ist erstklassig.

Cliff Lede Stags Leap ★★★ Das Gut läuft unter kanadischer Flagge und produziert erstklassigen, gut strukturierten CABERNET SAUVIGNON. Auch der vollmundige SAUVIGNON BLANC mit Hefenote hat seine Liebhaber. Besitzt die Marke Fel im ANDERSON VALLEY, wo eleganter PINOT NOIR und exotischer PINOT GRIS entstehen.

Constellation ★→★★★ Börsennotiertes Unternehmen, das international Wein, Bier und Spirituosen vertreibt. Besitzt so berühmte Marken wie ROBERT MONDAVI, außerdem Meiomi, THE PRISONER und Woodbridge. Neuerdings besinnt man sich wieder auf Bier und Cannabis-Produkte.

Continuum Napa V., St Helena ★★★★ Roberts Nachkomme Tim Mondavi scheut auf seinem Gut am PRITCHARD HILL keine Kosten und Mühen, um die beste und komplexeste Cuvée aus Bordeaux-Sorten zu produzieren. Der Zweitwein Novicium stammt von jüngeren Reben.

Kalifornien braucht im Binnenland dringend mehr hitzetolerante weiße Reben wie Colombard, Ugni blanc oder Vermentino.

Copain Cellars Anderson V. ★★★ Weine nach dem Vorbild der »alten Welt«, also klassisch ausgebaut. Unlängst an die JACKSON FAMILY WINES verkauft. Stärke ist hier der PINOT NOIR, besonders würzig und strahlend aus der Lage Kiser Vineyard. Die Reihe Tous Ensembles bietet leichtfüßige, zugängliche Weine.

Corison Napa V. ★★★ Während viele im NAPA VALLEY dem Sirenengesang nach »aufgeblasenen« Weinen folgen, die zwar hohe Punktzahlen ergattern, dafür aber umso weniger Spaß machen, bleibt sich Cathy Corison treu und produziert weiterhin elegante, frische Cabernets. Allen voran den konzentrierten und langlebigen CABERNET SAUVIGNON aus der Lage Kronos Vineyard.

Cuvaison Carneros ★★★ Ruhige historische Lage, die kontinuierlich großartige Weine erzeugt. Die Bestnoten gehen an CHARDONNAY und PINOT NOIR vom Gut in Carneros. Daneben CABERNET SAUVIGNON und SYRAH vom Mount Veeder. In der Reihe Single Block u. a. herrlicher Rosé und SAUVIGNON BLANC.

Dalla Valle Oakville ★★★★ Erstklassiges Weingut in den Hügeln, das gerade den Übergang in die zweite Generation durchläuft. Der CABERNET SAUVI-

GNON Maya ist legendär, der gleichnamige Zweitwein hat Kultstatus. Die Marke Collina ist ein preiswerter Einstieg in das Luxussegment aus Napa.

Daou Paso Robles ★★★ Das hoch gelegene Weingut im Adelaida District treibt den CABERNET SAUVIGNON aus PASO ROBLES sprichwörtlich auf ganz neue Höhen – gemessen in Metern und Dollar.

Dashe Cellars Dry Creek V., North Coast ★★★ Mike Dashe, der Veteran aus RIDGE, macht leckeren, bezahlbaren und ausgewogenen ZINFANDEL aus dem DRY CREEK VALLEY und dem ALEXANDER VALLEY in seinem Weingut in Alameda. Toller CARIGNANE von alten Reben und ein knackiger GRENACHE Rosé.

Dehlinger RRV ★★★ Dieser PINOT-NOIR-Spezialist ist auch nach vier Jahrzehnten noch immer auf der Höhe seines Könnens. Auch sehr guter CHARDONNAY, SYRAH und ausgewogener CABERNET SAUVIGNON.

DeLoach Winery Son ★★★ Der extravagante Maestro Jean-Charles BOISSET hat gleich den Wert dieses fortschrittlichen und an der Biodynamie orientierten Weinguts erkannt. Hier entstehen großartiger CHARDONNAY und PINOT NOIR. Ein Investment mit Sex-Appeal, wenn nicht sogar sein Bestes.

Diamond Creek Napa V. ★★★★ Die außergewöhnliche Langlebigkeit dieses CABERNET SAUVIGNON von so ikonischen Lagen wie Volcanic Hill und Gravelly Meadow macht ihn zu einem der begehrtesten Sammlerobjekte aus dem NAPA VALLEY.

Domaine Carneros Carneros ★★★→★★★★ Die Taittinger-Niederlassung wird seit Jahrzehnten von Frauen geführt und produziert einen der besten Schaumweine von Kalifornien, den Blanc de Blancs Le Rêve. Die anderen Prickler und der PINOT NOIR sind ebenfalls klasse.

Domaine Chandon Napa V. ★★→★★★ Der Spezialist für schäumende Luxustropfen in Yountville gehört zu LVMH (Moët Hennessy-Louis Vuitton). Die Flaggschiffe Étoile Blanc oJ und die Rosé Reserve oJ aus PINOT NOIR sind köstlich. Das Restaurant Al Fresco bietet dazu prickelnde Menükombinationen.

Domaine de la Côte Sta. Rita Hills ★★★ Raj Parr und Sashi Moorman produzieren von der Kritik gefeierten, eleganten PINOT NOIR und CHARDONNAY. Vom Burgund inspiriert, aber in anderen Höhen und auf anderen Böden erzeugt, entstehen hier feine kalifornische Weine mit großartigem Geschmack.

Dominus Estate Napa V. ★★★★ Das Weingut von Christian Moueix (*siehe* Frankreich) ist toll, aber nicht öffentlich zugänglich. Die Weine wachsen auf Kiesbett und sind durchweg elegant und beeindruckend. Auch der Zweitwein Napanook ist sehr gut. Ein großer Visionär im südlichen Napa Valley.

Donum North Coast ★★★→★★★★ Anne Moller-Racke beackert seit 1981 leidenschaftlich die Böden in CARNEROS. Der PINOT NOIR aus vier Lagen ist konzentriert, füllig und komplex. Dazu kommen Weinlagen im ANDERSON VALLEY und an der SONOMA COAST.

Drew Family Anderson V., Mend ★★★→★★★★ Der Visionär aus MENDOCINO RIDGE produziert minimalistischen, »wilden« PINOT NOIR im ANDERSON VALLEY und in höheren Lagen. Es lohnt, nach dem Gutswein Field Selections Pinot noir von der Mendocino Ridge zu fragen, oder nach dem SYRAH von den Valenti Vineyards in Küstennähe. Die Jagd ist eröffnet.

Dry Creek Vineyard Dry Creek V. ★★★ Die Fahnenträger vom Dry Creek melden sich zurück in der 1. Liga. Die Inspiration durch die Loire geht auf, grasiger FUMÉ BLANC und andere SAUVIGNON BLANCS sind durchweg köstlich. CHENIN BLANC und alle Roten sind besser als je zuvor – dafür lohnt ein Stop bei Healdsburg. Es gibt nichts zu meckern: Auch die Cuvée aus ZINFANDEL und Bordeaux-Reben zeigt sich in Bestform.

Duckhorn Vineyards Napa V. ★★★→★★★★ Begeistert die Massen mit nachhaltig wunderbarem CABERNET SAUVIGNON und MERLOT aus der berühmten Lage Three Palms Vineyard, dazu guter SAUVIGNON BLANC. Der höchst erfolgreiche Zweitwein Decoy ist seinen Preis wert. Zum Mutterhaus Duckhorn Wine Company gehören die Marken Migration mit CHARDONNAY und PINOT NOIR von der Nordküste, Goldeneye im ANDERSON VALLEY, CALERA sowie KOSTA BROWNE und Washington State Brands. Ist seit 2021 börsennotiert.

Die Renaissance des kalifornischen Chardonnay

Kalifornischer CHARDONNAY ist besser als je zuvor. Entgegen aller Klischees lassen einem die feinen und fokussierten Weine von den kühlklimatischen Zonen an der Küste das Wasser im Munde zusammenlaufen. Einige Beispiele: RAMEY Hyde und Ritchie Vineyards (CARMEL, RUSSIAN RIVER VALLEY), Lioco Demuth Vineyards (ANDERSON VALLEY), MACROSTIE (SONOMA COAST), TONGUE DANCER Bacigalupi Vineyard (RUSSIAN RIVER VALLEY) und FORT ROSS Sea Slopes (Fort Ross-Seaview). Lauter tolle Chardonnays aus kühlen Küstenregionen. Ein MacRostie z. B. kostet im Einzelhandel um die 25 US-Dollar und ist einfach höllisch gut!

Dutton-Goldfield RRV ★★★ Klassisch kühlklimatischer kalifornischer CHARDONNAY und PINOT NOIR vom Power-Winzer aus dem RUSSIAN RIVER VALLEY. Weine ohne große Ecken und Kanten, aber das kann ja auch von Vorteil sein.

Emeritus RRV ★★★→★★★★ Aufstrebendes Weingut mit drei eigenen Weinbergen, die nicht (!) bewässert werden. Unter der Leitung des talentierten Dave Lattin entsteht wunderbar strukturierter PINOT NOIR. Die Abfüllungen aus der Lage Hallberg Ranch sind exquisit und einzigartig im Stil.

Etude Carneros ★★★ Eine ewig beständige Marke, deren Erfolg auf den gleichermaßen großartigen CABERNET SAUVIGNON und PINOT NOIR fußt. Beide Rebsorten werden unter einem Dach mit der gleichen Sorgfalt behandelt. Jetzt im Besitz der Treasury Company, aber die bleibt dem Vermächtnis treu. Für den Pinot Rosé könnte man sterben.

Failla Napa V. ★★★ Der geschickte Ehren Jordan macht handwerklich perfekte CHARDONNAY, PINOT NOIR und SYRAH von verstreuten ersten Lagen in Nordkalifornien und Oregon. Der Pinot noir von der SONOMA COAST ist eine großartige Cuvée.

Far Niente Napa V. ★★★→★★★★ Pionier für CABERNET SAUVIGNON und CHARDONNAY im ausladenden, generösen Napa-Stil. Hedonismus mit Seele. Gefeierter Dessertwein für alle Süßmäuler. Produziert außerdem den Cabernet Nickel & Nickel aus Einzellagen.

Fetzer Vineyards North Coast ★★ Früher Vorreiter in Sachen ökologischer/biodynamischer Weinbau in MENDOCINO. Immer noch gut, am besten mit der Marke Bonterra. Jetzt im Besitz von Concha y Toro (Chile).

Field Recordings Paso Robles ★★★ Beeindruckend tiefgründige und klug gemachte Weine von Andrew Jones. Am besten sind die Cuvées Neverland und Barter & Trade, aber probieren Sie auch den Alloy und den Fiction in 0,5 l-Dosen: Köstlich!

Flowers Vineyard & Winery Son Coast ★★★→★★★★ Extrempionier der SONOMA COAST, nur 3 km vom Pazifik entfernt. CHARDONNAY und PINOT NOIR illustrieren Klima und Höhe auf das Schönste.

Foppiano Son ★★→★★★ Ehrliche Tischweine mit viel sonniger Frucht und wenig Anspruch. PETITE SIRAH und SAUVIGNON BLANC sind bemerkenswert.

Fort Ross Son Coast ★★★ Das sehr hoch gelegene Weingut ist nur einen Steinwurf vom Pazifik entfernt und schlicht fantastisch. Pikanter CHARDONNAY, zupackender PINOT NOIR und überraschend guter PINOTAGE (!).

Freemark Abbey Napa V. ★★★ Ein klassischer Name, den die FAMILIE JACKSON im Jahr 2006 übernommen hat – es wird zunehmend besser. Tolles Preis-Leistungs-Verhältnis, inkl. der Einzellagenabfüllungen Sycamore und Bosché aus CABERNET SAUVIGNON.

Es ist heutzutage eine Seltenheit, sich im Restaurant eine Flasche Wein zu teilen. Die meisten bestellen glasweise.

Frog's Leap Rutherford ★★★ John Williams ist der wahre Pionier des biodynamischen Weinbaus in Kalifornien. Er holt das Beste aus seinem in der Talsohle des NAPA VALLEY gelegenen Gutes heraus. Eleganter CHARDONNAY, frischer SAUVIGNON BLANC, saftiger CABERNET SAUVIGNON und MERLOT sowie brombeerfruchtiger ZINFANDEL.

Gallo, E. & J. ★→★★★ Der größte Weinkonzern der Welt, ein Titan für Weine unter 20 Dollar. Dutzende kalifornische Marken gehören dazu wie Apothic, Barefoot oder Louis Martini. Hat unlängst auch Black Box, Clos du Bois, RAVENSWOOD und Jayson übernommen. *Siehe auch* nächsten Eintrag.

Gallo of Sonoma Son ★★★ Eindrucksvolle Weine von Toplagen in Sonoma und anderen Gebieten, so unkompliziert, wie es sich die Gründer gewünscht hätten. Die Qualität des Leseguts spricht für sich.

Gary Farrell RRV ★★★ Der Gründer und Namensgeber ist lange verblichen, aber trotz einiger Besitzerwechsel sind die Weine noch immer großartig. Das ist vor allem Kellermeisterin Theresa Heredia zu verdanken, Farrells klug gewählter Nachfolgerin. Schon der Einstiegswein strahlt – ein CHARDONNAY vom RUSSIAN RIVER VALLEY. Die Spitzengewächse sind PINOT NOIR aus den Einzellagen Hallberg und Fort Ross.

Gloria Ferrer Carneros ★★★ Herausragender kalifornischer Schaumwein. Ein Hoch auf das seit Jahrzehnten bewährte Team aus Besitzern, Winzern und Kellermeistern, das dieses von Freixenet geführte Unternehmen so außergewöhnlich macht. Alle Weine sind sehr gut, am besten die Jahrgangs-Cuvée Royal.

Goldeneye Anderson V. ★★★→★★★★ Sehr durchdachtes und klug geführtes Weingut mit drei Hauptlagen. Der sehr reife, aber trotzdem köstliche PINOT NOIR stammt aus der Lage The Narrows. Auch die Schaumweine sind etwas Besonderes und Besucher willkommen.

Graziano Family Redwood V. ★★→★★★ Aromatisch, durchweg köstlich, überwiegend italienisch inspiriert und tief verwurzelt in MENDOCINO. Steht für Marken wie Enotria, Graziano, Monte Volpe und Saint Gregory. Die MONTEPULCIANO, PINOT GRIGIO oder SANGIOVESE sind einfach lecker.

Gundlach Bundschu Son V. ★★★ Tolle Weine, einladendender Charme und ein beliebtes Ziel für Verkostungen. Abenteuerliche Konzertreihen wie das coole Huichica-Festival locken jüngere Leute. Am besten sind GEWÜRZTRAMINER, CABERNET SAUVIGNON und MERLOT.

Hall Napa V. ★★★→★★★★ Das schillernde Weingut in St. Helena macht großartigen CABERNET SAUVIGNON im Napastil, allerdings in einer verwirrenden Vielfalt von Selektionen. Die Reihe Signature bietet tollen, samtweichen SAUVIGNON BLANC, der MERLOT zählt zu den besten in Kalifornien. Ebenfalls im Besitz der Marke Walt mit CHARDONNAY und PINOT NOIR von der Küste.

Halter Ranch Paso Robles ★★→★★★ Fast ein Angeber mit mehr als 80 Hektar nachhaltig bewirtschafteter Rebflächen auf der Westseite von PASO ROBLE. Halter denkt groß in dieser AVA als Premiumwinzer und Kellerbetrieb. CABERNET SAUVIGNON und SYRAH sind solide. Der PICPOUL ist eine lebhafte Überraschung.

Hanzell Son V. ★★★ Pinot-Pionier der 50er-Jahre, immer noch mit CHARDONNAY und PINOT NOIR von gutseigenen Reben. Beide profitieren von der Kellerreifung – der Chardonnay ist noch immer spannend. Der Chardonnay Sebella von jungen Reben strotzt vor strahlend frischer Frucht.

Harlan Estate Napa V. ★★★★ Konzentrierter, robuster CABERNET SAUVIGNON – einer der Kultweine, die man nur via Mailingliste zu Spitzenpreisen bekommt. Eigentlich eine Unsitte heutzutage. Sohn Will produziert außerdem The Mascot von jüngeren Reben und den Promotory.

Harney Lane Lodi ★★ Familienbesitz mit 100 Jahren Erfahrung im Traubenanbau. Stars sind die ZINFANDEL von alten Reben aus den Lagen Home Ranch und Lizzy James. Beeindruckend sind auch ALBARIÑO und TEMPRANILLO, die iberischen Reben sind in Lodi groß im Kommen.

Hartford Family Son Coast ★★★ Ganz ruhig beweist Kellermeister Jeff Stewart seinen Killerinstinkt auf diesem Gut im Besitz der JACKSON FAMILY. Kleine Mengen an CHARDONNAY, PINOT NOIR und ZINFANDEL von verschiedenen Lagen entlang der Küste. Nicht verpassen sollte man den straffen Chardonnay Seascape und den subtilen Pinot noir Fog Dance aus dem Green Valley.

HdV Wines Carneros ★★★ Das Juwel von Carmel: feiner, komplexer CHARDONNAY mit geschliffenen Kanten und sehr guter PINOT NOIR vom Gut des Winzers Larry Hyde – in Zusammenarbeit mit Aubert de Villaine von der Domaine de la Romanée-Conti (*siehe* Frankreich). Sehr guter CABERNET SAUVIGNON und SYRAH.

Immer mehr kalifornische Winzer betrachten neue Eichenfässer als das, was sie ja auch sind: Geschmacksverstärker.

Heitz Cellar Napa V. ★★→★★★ Die einst ikonische Marke ist 2018 verkauft worden. Noch immer eine zuverlässige Quelle für guten CABERNET SAUVIGNON zum fairen Kurs; ebenso gut der SAUVIGNON BLANC, dazu seltener GRIGNOLINO.

Hendry Oak Knoll, Napa V. ★★★ Klassische, beseelte und minimalistische Weine – seit 1939. Unverwechselbarer CABERNET SAUVIGNON mit Brombeernoten und ZINFANDEL (der Block 28 ist einen Versuch wert) aus einer kühleren Talecke nahe der Stadt Napa. Niemals enttäuschend.

Hess Collection, The Napa V. ★★★ Großartiges Ziel für einen Ausflug in die Berge mit Kunstgalerie von Weltrang. Auch gute Weine: Eine Spezialität ist der CABERNET SAUVIGNON vom Mount Veeder, dazu die außergewöhnliche 19er Cuvée Block, ein anständiger Verkaufsschlager.

Honig Napa V. ★★★ Die nachhaltig erzeugten Napa-Weine von CABERNET SAUVIGNON und SAUVIGNON BLANC setzen landesweit Maßstäbe. Für ihre beständige Qualität kann man der hart arbeitenden Familie und ihrem Team nur dankbar sein. Spitze ist der Cabernet aus der Lage Bartolucci in ST. HELENA.

Hope Family Paso Robles ★★→★★★ Der altgediente Kellermeister Austin Hope liefert zuverlässig Qualitätsrotweine. Die CABERNET SAUVIGNON und SYRAH Austin Hope sind spitze und fair im Preis. Dazu kommen Treana und die solide Einsteigerreihe Liberty School.

Inglenook Oakville ★★★ Francis Ford Coppola beansprucht den Namen Inglenook wieder für sich. Aushängeschild unter den Roten ist der CABERNET SAUVIGNON Rubicon. Auch sehr guter CHARDONNAY und MERLOT. Vorzeigeobjekt im viktorianischen Stil und beliebt bei internationalen Künstlern.

Iron Horse Vineyards Son ★★★ Beeindruckende Auswahl von zwölf Jahrgangs-Schaumweinen, allesamt wunderbar gemacht. Der Blanc de Blancs Ocean Reserve ist sehr gut, die Cuvée Wedding räumt Preise ab. Sehr guter CHARDONNAY und PINOT NOIR.

Jackson Family Wines ★★→★★★★ Visionärer Großgrundbesitzer von Weinbergen in Kalifornien mit tollen Lagen und Marken und besonderen Hochlagen. Im Besitz der beliebten Marke Kendall-Jackson und der schillernden Cardinale, außerdem COPAIN, Edmeades, FREEMARK ABBEY, HARTFORD FAMILY, La Crema, La Jota, Lokoya, MAGGY HAWK, MATANZAS CREEK, Murphy Goode, Siduri und Verité. Die Reihe Jackson Estate ist toll für CABERNET SAUVIGNON aus den Bergen.

Neue feine Weine aus Kalifornien – eine Handvoll

Was brodelt da im Untergrund? Interessante Rebsorten und Stile, die noch nicht im Mainstream angekommen sind, aber trotzdem ihre Abnehmer finden. Beispiele sind der tropisch-rassige VERDELHO St. Amant, der messerscharfe COLOMBARD Saracina mit Lagerpotenzial und der köstliche VERMENTINO von TABLAS CREEK. Der GRENACHE Enfants Terribles von DASHE erinnert mit seinen Wildbeerennoten an Beaujolais, der SYRAH von WIND GAP hat spannende Aromen von Pfeffer und Blaubeeren. Der ROUSSANNE Stonecrusher von Donkey and Goat zeigt, dass Kalifornien es locker mit herzhaften Weißen von der Rhône aufnehmen kann.

Jessie's Grove Lodi ★★→★★★ 1868 gegründet und tief in Lodi verwurzelt, zählt die Lage Royal Tee zu den ältesten ZINFANDEL-Pflanzungen in Kalifornien. Boss Greg Burns kennt die Rebe in- und auswendig und macht feine und körperreiche Weine daraus. Super ist der Westwind bottling oder ALBARIÑO. Für die Weißweinlaune lohnt der VERMENTINO.

Jordan Alexander V. ★★★ Das Vorzeigegut produziert CABERNET SAUVIGNON als Hommage an Bordeaux für eine treue Anhängerschaft. Der CHARDONNAY, nun von Lagen aus dem RUSSIAN RIVER VALLEY, glänzt mit zitronenfrischem Elan.

Joseph Phelps Napa V. ★★★→★★★★ Das teure »erste Gewächs« Insignia aus Napa war eine der ersten ambitionierten Cuvées aus Bordeaux-Reben in Kalifornien. Er ist immer noch großartig, so wie viele CABERNET SAUVIGNONS aus Napa. Das Angebot ist größtenteils von Topqualität, besonders der SYRAH.

Joseph Swan Son ★★★ Alteingesessener Erzeuger im RUSSIAN RIVER VALLEY mit intensivem ZINFANDEL von alten Reben und PINOT NOIR aus Einzellagen. Auch die oft übersehenen Weine von Rhône-Sorten sind sehr gut, besonders der SYRAH und eine ROUSSANNE/MARSANNE-Cuvée.

Josh North Coast ★★ Die Marke von Joseph Carr geht gerade richtig durch die Decke. Die sehr soliden sortenreinen Massenabfüllungen behaupten sich erfolgreich gegen das preiswerte Segment von E&J GALLO.

Keller Estate Son Coast ★★★ Ein weiteres schönes Beispiel für ausgewogene und elegante Weine aus den kühleren Küstenregionen Kaliforniens. Gleichermaßen spannend sind PINOT NOIR und CHARDONNAY.

Kistler Vineyards RRV ★★★ Der Stil seiner CHARDONNAYS und PINOT NOIRS ist über die Jahre angepasster geworden, aber die Weine haben davon profitiert. Jahr für Jahr immer noch von einem Dutzend Weinberge, immer sehr gefragt.

Korbel ★★ Unschlagbar günstige Schaumweine, auch im Vergleich zur Konkurrenz aus Italien oder Spanien im selben Preissegment. Schöner Verkostungsraum nahe des Russian River.

Kosta Browne Son Coast ★★★→★★★★ Die gefeierte Marke gehört jetzt zu DUCKHORN und die technisch einwandfreien PINOT NOIRS aus ersten Lagen kommen etwas zurückhaltender daher. Über das Wertversprechen muss jeder selbst entscheiden, aber mich hat der Pinot noir Keefer Ranch begeistert.

Ladera Napa V. ★★★→★★★★ Der Stotesberry-Clan hat seine letzten Weinlagen am Howell Mountain verkauft und stattdessen ein neues Gut in ST. HELENA aufgemacht. Die CABERNET SAUVIGNON und MALBEC Hillside sind großartig; auf keinen Fall sollte man sich den tollen SAUVIGNON BLANC ihres neuseeländischen Weinmachers entgehen lassen.

Lang & Reed Mend, Napa ★★★ Kaliforniens passioniertester Bannerträger für CABERNET FRANC ist definitiv John Skupny von Lang & Reed. Die Weine verbinden Duft und Geschmeidigkeit mit der für Napa typischen Üppigkeit. Auch köstlicher CHENIN BLANC aus MENDOCINO.

Larkmead Napa V. ★★★★ Das historische, von Kiesböden umgebene Weingut im Napa Valley ist wieder da. Hervorragender Cabernet Sauvignon sowie köstlich ausgewogener, strahlender SAUVIGNON BLANC. Der seltene Tocai FRIULANO ist pures Vergnügen.

Lindquist Family – Verdad Arroyo G, Arroyo Seco ★★★ Der zweite Streich des Rhône-Rangers Bob Lindquist, nachdem er Qupé in die Spur gebracht hat. Noch mehr herausragende Rhône-Rebsorten unter der Marke Lindquist. Das Label Verdad ist für spanische Reben reserviert wie der ALBARIÑO *auténtico*. TEMPRANILLO stammt vom nahe gelegenen Weingut Sawyer (biodynamisch) mit Lagen im EDNA VALLEY.

Lioco North Coast ★★★ Einflussreicher Champion für elegante und subtile CHARDONNAYS, CARIGNANS und PINOT NOIRS. Die Weine sind ebenso zuverlässig wie beglückend.

Littorai Anderson V., Son Coast ★★★★ Ted Lemon hat seine Ausbildung im Burgund gemacht und produziert an der Nordküste inspirierende und reintönige CHARDONNAYS und PINOT NOIRS, die ihre Herkunft nicht verbergen. Viele Weine, aber durch die Bank elegant und spannend. Interessant auch die Angebote aus den Lagen Cerise, Savoy und Wendling.

Lohr, J. ★★→★★★ Sehr produktiver Erzeuger an der Central Coast mit preiswertem, ausgewogenem CABERNET SAUVIGNON, PINOT NOIR und CHARDONNAY. Die Cuvée Pau und die Cuvée St. E verneigen sich vor dem Bordeaux. Unbedingt probieren sollte man den ans Burgund erinnernden verführerischen Wildflower Valdiguié.

Long Meadow Ranch Napa V. ★★★→★★★★ Weingut mit ganzheitlichem Ansatz und Ausflugsziel mit Restaurant und Kälberzucht auf einem Bio-Hof. Der geschmeidige, langlebige CABERNET SAUVIGNON hat ★★★★-Niveau erreicht. Auch lebhafter SAUVIGNON BLANC im Graves-Stil.

Louis M. Martini Napa, Napa V. ★★→★★★ E&J GALLO hat zu seiner alten Größe zurückgefunden, seit er die Marke Martini mit dem tollen Weinberg Monte Rosso erworben hat. Martini produziert zuverlässig guten CABERNET und ZINFANDEL.

Lucia Santa Lucia Highlands ★★★ Dank großartiger Weinlagen und dem Wissen aus zwei Generationen hat sich Jeff Pisoni gut positioniert. Beeindruckender CHARDONNAY und PINOT NOIR. Die Marken Central Coast und SANTA LH sind vielversprechend.

Macchia Lodi ★★★ Einer der renommiertesten Kellermeister in Lodi – Jahr für Jahr sammelt Tim Holdener in Blindverkostungen Medaillen. Seine Spezialität ist ausgewogener ZINFANDEL von alten Reben. Auch interessant sind SANGIOVESE, TEROLDEGO und sehr guter PETITE SIRAH.

MacPhail Son Coast ★★★ Jetzt im Besitz der HESS COLLECTION. Produziert überwiegend PINOT NOIR aus den kühleren Lagen in SONOMA und MENDOCINO. Highlights sind die Einzelabfüllungen von Gap's Crown, Sundawg Ridge und Toulouse.

MacRostie Son Coast ★★★ Der neue Verkostungsraum ist wunderschön. Die Weine mit Schraubverschluss werden immer besser. Die herrlichen PINOT NOIRS, SYRAHS und CHARDONNAYS von der SONOMA COAST sind einfach köstlich. Diese Weine verdienen es, gekauft zu werden!

Maggy Hawk Anderson V. ★★★ Sara Wuethrich hat bei COPAIN gelernt. Unter ihrer Leitung entstehen hier großartige CHARDONNAYS und PINOT NOIRS aus dem kühleren Ende des ANDERSON VALLEY. Nicht nur trinken, auch das Hinfahren lohnt sich.

Marston Spring Mt. ★★★★ Eine fast kultisch kleine Produktion von CABERNET SAUVIGNON, wohl einem der besten aus dem NAPA VALLEY, mit fester Struktur und Waldaromen. Aktuell wird er von Marbue Marke ausgebaut, der aus Sierra Leone stammt. Der SAUVIGNON BLANC Albion ist ebenfalls herausragend. Hier treffen gute Geschichten auf guten Wein.

Masút Mend ★★★ Das relativ neue, hoch am Eagle Peak gelegene Gut von Ben und Jake Fetzer erzeugt himmlischen PINOT NOIR. Andere Winzer werden nicht lange auf sich warten lassen, um das Terrain zu sondieren.

Matanzas Creek Son ★★★ Auf ihrem außergewöhnlichen Besitz im kühlen Bennett Valley konzentriert sich die Familie JACKSON auf hervorragenden MERLOT und SAUVIGNON BLANC aus einem lavendelduftenden Umfeld.

Matthiasson Napa V. ★★★ Experimentelle Weine, die Kultstatus genießen. Eleganter CABERNET SAUVIGNON, rassiger CHARDONNAY, weiße Cuvées von wahrer Größe, dazu Esoterika wie RIBOLLA GIALLA oder SCHIOPPETTINO.

Mauritson Dry Creek V. ★★★ Clay Mauritson, Winzer in 6. Generation, gebietet über außergewöhnliche Lagen im hoch gelegenen Rockpile. In den 20 Jahren unter seiner Leitung sind die Weine kontinuierlich besser geworden. Flaggschiff ist der ZINFANDEL, aber CABERNET SAUVIGNON und SAUVIGNON BLANC sind ebenfalls exzellent.

Mayacamas Vineyards Mt. Veeder ★★★ Gehört jetzt Charles Banks, dem früheren Partner von SCREAMING EAGLE. Den klassisch kalifornischen Stil mit starkem Rückgrat hat er nicht verändert, aber verbessert. Die lagerfähigen CABERNET SAUVIGNONS und CHARDONNAYS erinnern an die großen Abfüllungen der 70er- und 80er-Jahre.

Merry Edwards RRV ★★★ Der Pionier für PINOT NOIR hat sich zwar zur Ruhe gesetzt, aber die Qualität sollte auf ihrem hohen Level bleiben. Die Einzellagenweine aus Sonoma sind enorm beliebt: Reif und rund – die Roten manchmal ein wenig zu süß für heutige Standards. Auch der halbtrockene SAUVIGNON BLANC mit Moschusnote ist sehr gefragt.

Miraflores Sierra Foothills ★★★ Kellermeister Marco Capelli hat Napa verlassen, um sich in den Sierra Mountains einzurichten. Hier vinifiziert er ein breites Spektrum an feinen Weinen. Mit diesem Gut und dieser Gegend hat er seine Bestimmung gefunden.

Mi Sueño Napa V. ★★★ Rolando Herrera hat als Tellerwäscher in Napa begonnen, um sich dann in Weingütern hochzuarbeiten. Die Familie seiner Frau Lorena kam als Lesehelfer, um irgendwann eigenes Land zu erwerben. Seit sie verheiratet sind, machen sie exzellenten Wein – jeder einzelne taugt für eine gute Geschichte. *¡Felicidades y salud!*

Mount Eden Vineyards Santa Cruz Mt. ★★★→★★★★ Der Weinberg bietet eine sensationelle Aussicht. Eine der ersten Boutiquekellereien Kaliforniens, deren Klone aus dem Burgund noch auf die Tage von Martin Ray zurückreichen. Dichter, mineralischer CABERNET SAUVIGNON und PINOT NOIR. Den tollen CHARDONNAY gibt es seit 1945. Inspiriert vom Burgund, aber mit dem robusten Charakter Kaliforniens.

Mount Veeder Winery Mt. Veeder ★★★ Klassischer kalifornischer CABERNET SAUVIGNON und CABERNET FRANC von zerklüfteten Steillagen in 500 m Höhe. Dichte Weine mit reifen, gut eingebundenen Tanninen.

Mumm Napa Valley Napa V. ★★★ Qualitätsschaumwein seit 1970, bemerkenswerter Blanc de Noir und der teurere, komplexe DVX von einer Einzellage, der ein paar Jahre auf dem Hefelager zubringen darf.

Nalle Dry Creek V. ★★★ Raffinierte Handwerkskunst erzeugt ZINFANDEL auf hohem Level. Einwandfreie, elegante Rote im Clairet-Stil. Das Familienweingut lohnt einen Abstecher bei Healdsburg.

Niner Edna V., Paso Robles ★★→★★★ Junges und ambitioniertes Familienweingut mit hervorragendem CABERNET SAUVIGNON aus Paso Robles. Großartiger ALBARIÑO und CHARDONNAY aus dem EDNA VALLEY. Das Restaurant (kalifornische Küche) empfiehlt sich zum Mittagessen im ländlichen Raum von Paso Robles.

Der »Sommelier-Ellenbogen«: Sehnenverletzung in der Gastronomie, die durch das Einschenken aus Literflaschen verursacht wird.

Obsidian Ridge Lake ★★★ Star im Lake County, dessen Weinlagen sich über die Mayacamas Range erstrecken. Super CABERNET SAUVIGNON und SYRAH aus Höhenlagen, vulkanische Böden mit Einsprengseln von Glimmer. Der Cabernet Reserve Half Mile ist erste Wahl. Auch im Besitz der Marke Poseidon aus CARMEL.

Ojai Santa Barbara ★★★ Adam Tolmach, ehemals Teilhaber von AU BON CLIMAT, ändert seinen Stil: Weg von mächtig, superreif hin zu schlanker und feiner, erzeugt er die besten Weine seiner Karriere: CHARDONNAY, PINOT NOIR und Rhône-Sorten – alle sehr gut. Der Rosé auf SYRAH-Basis ist köstlich.

Opus One Oakville ★★★★ Die aus dem Bordeaux stammende Familie Mouton Rothschild ist immer noch der Bannerträger für feinen CABERNET SAUVIGNON aus Napa. Beliebter Exportschlager der Luxusklasse aus Kalifornien. Die Weine gehören für zehn und mehr Jahre in den Keller.

Pahlmeyer Napa V. ★★★ Marmeladige, hochpreisige, aber gut gemachte Napa-Weine: Bordeaux-Cuvées und MERLOT, dazu bemerkenswert üppiger CHARDONNAY. Der preiswerte Jayson ist sehr beliebt. Gehört jetzt zu E&J GALLO.

Patz & Hall North Coast ★★★★ Jim Hall, einer der umsichtigsten kalifornischen Weinmacher, holt sein Lesegut aus Top-Weinlagen von der Central Coast bis nach Mendocino. Sein Stil ist großzügig, geschmackssicher und immer zuverlässig. Der Chardonnay Zio Tony ist sehr speziell, limonig, üppig und elektrisierend.

Paul Hobbs North Coast ★★★→★★★★ Der weltreisende Weinmacher Paul Hobbs ist noch immer der Überflieger in seiner Region. Die Abfüllungen aus Einzellagen von CABERNET SAUVIGNON, CHARDONNAY, PINOT NOIR und SYRAH sind spitze. Der Zweitwein Crossbarn ist fair kalkuliert.

Peay Vineyards Son Coast ★★★→★★★★ Herausragende Marke aus einer der kühlsten Zonen der SONOMA COAST. CHARDONNAY und PINOT NOIR von großer Finesse, der SYRAH ist hervorragend. Ähnlich gut ist der Zweitwein Cep, hier vor allem der Rosé. Federleichte, tadellos gemachte Weine.

Pedroncelli Son ★★ Erzeuger der alten Schule im Dry Creek Valley; Weinberge und Kellerei sind erneuert. Wunderbar süffiger ZINFANDEL, CABERNET SAUVIGNON und solider CHARDONNAY. Erfrischend unprätentiös.

Peter Michael Winery Son ★★★★ Das hoch gelegene Knight's Valley erzeugt legendäre, langlebige Cuvées von CABERNET SAUVIGNON wie den bemerkenswerten Les Pavots. Verkauft vor allem an Restaurants und per Mailingliste. Außerdem im Angebot sind kühlklimatische CHARDONNAYS und PINOT NOIRS Selektionen von der SONOMA COAST sowie der SAUVIGNON-BLANC-Verschnitt Coeur à Coeur aus der Lage Les Pavots.

Philip Togni Vineyards Spring Mt. ★★★★10 12 14 15 – Legendärer, langlebiger CABERNET SAUVIGNON vom SPRING MOUNTAIN. Die Weine aus dem schroffen Berg-Terroir erfordern viel Zeit und Geduld. Dann sind sie klasse.

Pine Ridge Napa V. ★★★ Hervorragender CABERNET SAUVIGNON aus verschiedenen Lagen im NAPA VALLEY. Die Gutsabfüllung aus STAGS LEAP ist seidig und bezaubernd. Die lebendige Cuvée aus CHENIN BLANC/VIOGNIER ist ein innovativer Klassiker.

Pisoni Vineyards Santa Lucia Highlands ★★★ Der Familienbetrieb ist quasi ein Synonym für den PINOT-NOIR-Boom mit seinen breiten, marmeladigen Weinen. Trotzdem waren und sind seine Pinots gut gemacht und sehr beliebt.

Presqu'ile Santa Maria V. ★★★ Neue Kellerei an der Central Coast mit PINOT NOIR und SYRAH im eleganten Stil. Bemerkenswert ist der in Betoneiern vergorene SAUVIGNON BLANC, ebenso wie der Gutswein aus Pinot noir.

Pride Mountain Napa V., Spring Mt. ★★★→★★★★ Das beeindruckende Weingut an der Spitze der Mayacamas Mountains erstreckt sich an der Grenze zwischen NAPA VALLEY und Sonoma. Mächtiger CABERNET SAUVIGNON und erstaunlicher MERLOT.

Quintessa Rutherford ★★★★ Großartiges Gut im Herzen von NAPA VALLEY, im Besitz des chilenischen, weltweit agierenden Agustin Huneeus. Produziert wird nur ein einziger Wein, eine raffinierte, wunderbare Cuvée aus Bordeaux-Sorten – der Preis im dreistelligen Bereich ist durchaus gerechtfertigt.

Qupé Santa Barbara ★★★ Einer der ersten »SYRAH-Champions« mit brillanter Kollektion an Weinen von Rhône-Sorten, besonders aus dem X Block, einer der ältesten Weinlagen Kaliforniens. Hillside Estate ist ebenfalls grandios, nicht zu vergessen MARSANNE und ROUSSANNE. Der SYRAH von der Central Coast ist unschlagbar im Preis.

Radio-Coteau Son Coast ★★★ Bemerkenswerter PINOT NOIR im neuen Stil von der SONOMA COAST, beachtlicher SYRAH von der Küste und ZINFANDEL von alten Reben in Trockenanbau. CHARDONNAY und Zinfandel sind eine Bank, aber der Pinot noir stiehlt ihnen die Show. Dazu gibt es Gemüse- und Obstgärten, Ziegen, Hühner, Bienen und Katzen.

Ramey Son ★★★→★★★★ Der einflussreiche David Ramey liefert mit seinen CHARDONNAYS reduktiv ausgebaute Weißweine im Burgunderstil aus Hyde, Ritchie und dem RUSSIAN RIVER VALLEY. Die Roten sind gut, aber der Chardonnay sollte an der Weinbauschule UC Davis ein Muss in den Verkostungsseminaren sein.

Rancho Sisquoc Santa Maria V. ★★→★★★ Das Gut mit rustikalem Verkostungsraum und historischer Kapelle liefert ein schönes Spektrum an Weinen im Bordeaux-Stil wie herausragenden CHARDONNAY, CABERNET FRANC und PINOT NOIR.

Ravenswood ★★★ Im Besitz von CONSTELLATION, aber mit ZINFANDEL von so bemerkenswerten Einzellagen wie Bedrock, Old Hill oder Teldeschi. Das Motto lautet: »Keine Weine für Weicheier.«

Red Car Son Coast ★★★ Die angesagte Marke mit den schicken Etiketten produziert präzisen CHARDONNAY, gedrechselten, fruchtbetonten PINOT NOIR und umwerfenden Rosé.

Renwood Sierra Foothills ★★→★★★ Die historische Marke aus Sierra Nevada erholt sich, nachdem sie von der internationalen New Frontier Wine Company erworben wurde. Joe Shebl komponiert schöne, robuste ZINFANDEL von alten Lagen, die ertragsreduziert und unbewässert bearbeitet werden.

Ridge North Coast, Santa Cruz Mt. ★★★★ Gründer Paul Draper ist im Vorruhestand, doch sein Geist lebt fort. Der legendär majestätische Gutswein CABERNET SAUVIGNON Montebello ist einfach grandios und hält sich ewig. Sehr speziell sind die ausgezeichneten Einzellagen-ZINFANDEL. Nicht zu vergessen der mineralische Spitzen-CHARDONNAY.

Robert Mondavi ★★→★★★ Seit CONSTELLATION das Gut im Jahr 2004 übernommen hat, könnten viele Weine besser sein. Ein Wechsel an der Spitze der Kellermeister wäre von Vorteil. Der hauseigene Weinberg To Kalon ist immer noch eine tolle Lage, da steckt Potenzial drin.

Robert Sinskey Vineyards Carneros ★★★ Großartiges Napa-Gut, das auf Ausgewogenheit und Zurückhaltung setzt. Ausgezeichneter CABERNET SAUVIGNON und PINOT NOIR aus CARNEROS. Exzellent sind auch die rassige weiße Cuvée Abraxas und der Rosé aus Pinot.

Rodney Strong Son ★★★ Strong ist auch zu deutsch »stark« – und zwar quer durchs Sortiment; 14 Weinlagen bringen straffe CHARDONNAYS und PINOT NOIRS aus der Küstenregion, super der CABERNET SAUVIGNON Alex V aus den Lagen Alexanders Crown und Rockaway Vineyards. Ihm gehört auch das Gut Davis Bynum im RUSSIAN RIVER VALLEY, hier lohnt der Chardonnay vom River West Vineyard.

Roederer Estate Anderson V. ★★★★ Das abenteuerliche Unterfangen des Champagnerhauses Roederer hat Glamour ins ANDERSON VALLEY gebracht. Finesse und Spitzenklasse findet sich besonders in der Luxuscuvée L'Ermitage. Produziert auch Scharffenberger Schaumwein. Die PINOT-NOIR-Abfüllungen der Domaine Anderson sind exzellent.

Rombauer Napa V. ★★★ Trumpf ist der butterweiche CHARDONNAY, Babyboomer verehren diese Nobelmarke. Aber auch CABERNET SAUVIGNON, MERLOT und ZINFANDEL kommen solide, sonnig und aromatisch daher.

Saintsbury Carneros ★★★ Pionier aus der Region, dessen sehr gute PINOT NOIRS und CHARDONNAYS nach wie vor Maßstäbe setzen. Lecker ist der Rosé Vincent van Gris. Aus der Lage Lee stammt samtiger Pinot – dort wachsen auch Klone der Sorte Swan.

Sanford Santa Barbara, Sta. Rita Hills ★★★ Jetzt im Besitz der Familie Terlato. Die Weine sind nach wie vor hervorragend, besonders La Rinconada, der PINOT NOIR Sanford & Benedict und der CHARDONNAY Santa B.

Schramsberg Napa V. ★★★★ Die besten Schaumweine in Kalifornien? Der hohe Qualitätsanspruch steckt hier in jeder Cuvée. Das gilt besonders für die Luxusabfüllung J. Schram und den Blanc de Noir, die den Vergleich zu Frankreich nicht scheuen müssen. Bietet nach Voranmeldung tolle Touren durch die historischen Weinkeller.

Screaming Eagle Napa V., Oakville ★★★★ Der definitive »Kult«-CABERNET SAUVIGNON, berühmt und selten. Der Preis im hohen vierstelligen Bereich ist dem »teuren« Terroir von Oakville geschuldet. Ebenfalls sehr limitierter SAUVIGNON BLANC. Jonata ist das Schwesterweingut.

Scribe Son ★★★ Der hippe Landhausstil trifft bei jüngeren Weintrinkern voll ins Schwarze. Im Verkostungsraum werden gut gemachte Esoterika wie SYLVANER, ST. LAURENT oder Rosé PINOT NOIR ausgeschenkt.

Sea Smoke Sta. Rita Hills ★★★ Kultiger und opulenter CHARDONNAY, PINOT NOIR und Schaumwein auf sehr hohem Niveau. Das Gut arbeitet mit unglaublicher Kontinuität in Sachen Führung und Talent. Großartige Weine, die jung getrunken (im doppelten Sinne) den größten Spaß machen.

Seghesio Son ★★★ Nicht länger im Familienbesitz, aber noch immer kommen klassische ZINFANDEL aus dem Alexander und dem Dry Creek Valley. Kraftvolle, aber gefällige Rote. Die Abfüllungen der Old Vines bilden den Maßstab für die Preisgestaltung. Im Zinfandel Rockpile steckt reichlich Zündstoff.

Shafer Vineyards Napa V., Stags Leap ★★★→★★★★ Solide Marke, die sowohl von Kritikern als auch Sommeliers weitgehend geschätzt wird. Der CABERNET SAUVIGNON Hillside Select ist und bleibt ein üppiger Kalifornienklassiker. Die Cuvée aus SYRAH/PETITE SIRAH ist kraft- und kunstvoll gemacht. Der One Point Five ist auch sehr schön und sein Geld wert. Dazu feiner CHARDONNAY und MERLOT von Trauben aus dem nahen Carneros.

Shannon Ridge Lake ★★→★★★ Großes und hügeliges Weingut in hoher Lage über dem Clear Lake. Fantastische Rote und Weiße von PETITE SIRAH bis SAUVIGNON BLANC. Besonders die Reserve-Weine sind ihren Preis wert. Kassenschlager ist der Zweitwein Vigilance.

Silver Oak Alexander V., Napa V. ★★★ Üppiger CABERNET im zuverlässig fruchtbetonten Stil.

Silverado Vineyards Stags Leap ★★★ Das Juwel am Silverado Trail ist seit 1976 im Besitz von Nachkommen der Disney-Familie. Immer perfekt gepflegt. CABERNET SAUVIGNON Solo aus einer Einzellage, neue Bordeaux-Cuvée Geo aus Coombsville. Sehr guter CABERNET FRANC.

Sonoma-Cutrer Vineyards Son ★★★ Das Flaggschif des Betriebs ist klassischer CHARDONNAY, den man im ganzen Land auch offen ausgeschenkt bekommt. Üppiger PINOT NOIR Owsley aus dem RUSSIAN RIVER VALLEY.

Sonoma-Loeb Carneros, RRV ★★★ Die Marke gehört dem Sohn von CHAPPELLET und steht für PINOT NOIR und CHARDONNAY. Herausragend ist der Chardonnay aus der Lage Sangiacomo.

Spottswoode St Helena ★★★★ Das Kronjuwel von ST. HELENA. Ein großartiges Gut, das stetig nach Perfektion strebt und in Sachen Nachhaltigkeit die meisten Fleißpunkte des Universums sammelt. Der Guts-Cabernet besticht mit wenig Alkohol. Der Zweitwein Lyndenhurst aus CABERNET SAUVIGNON ist preiswert und der SAUVIGNON BLANC Spottswoode gelingt immer pikant und köstlich.

Spring Mountain Vineyard Spring Mt. ★★★★ Erstklassiges Gut, das CABERNET SAUVIGNON vom Berg mit Lagencharakteristik und gutem Reifepotenzial liefert. Die Bordeaux-Cuvée Elivette zeigt sich vielschichtig und robust. Sensationell die Gutsweine aus CABERNET SAUVIGNON und SAUVIGNON BLANC. Letzterer ein fast tropischer Genuss.

Staglin Family Vineyard Rutherford ★★★★ Zuverlässig erstklassiger und körperreicher CABERNET SAUVIGNON aus dem Familienweingut. Mächtiger und komplexer CHARDONNAY Salus.

Stag's Leap Wine Cellars Stags Leap ★★★ Glücklicherweise ist die Qualität auch nach dem Verkauf an einen Großkonzern noch besser geworden. CABERNET SAUVIGNON ist das Spitzengewächs (v. a. Cask 23, Fay, SLV).

Stags' Leap Winery Napa V., Stags Leap ★★★→★★★★ Wichtiges und sehr schönes Weingut, kürzlich runderneuert. Die Weine sind jetzt super, und ein Besuch lohnt sich sehr (nur auf Voranmeldung). Ganz vorn steht der CABERNET SAUVIGNON, dahinter der PETITE SIRAH, und der gemischte Satz Ne Cede Malis war schon immer sehr speziell.

Sterling Napa V. ★★ Ein Ausflug, der sich lohnt: Mit der Seilbahn geht's 90 Meter hinauf in den Verkostungsraum mit einem herrlichen Blick über das Valley.

Stony Hill Vineyard Spring Mt. ★★★ Das berühmte Weingut im Napa Valley wird für seine Weißen verehrt, vor allem den mineralischen CHARDONNAY mit Lagerpotenzial, dazu GEWÜRZTRAMINER und RIESLING. 2018 an die LONG MEADOW RANCH verkauft. Das hohe Niveau wird bleiben.

St. Supéry Napa ★★★ Im Besitz der Eigentümer von Chanel (ebenso wie Ch. Rauzan-Ségla in Bordeaux) und halbwegs kontinuierlich in der Leistung. Sowohl die weiße Cuvée Virtú als auch die rote Élu aus Bordeaux-Sorten zeigt sich gelungen und ausgewogen. Ein SAUVIGNON BLANC wie der Dollarhide Ranch ist wirklich spannend.

Tablas Creek Paso Robles ★★★→★★★★ Hier wird wirklich alles in Perfektion gemacht, wenn es um mediterrane oder Rhône-Rebsorten geht. Die roten und weißen Cuvées Esprit und Côtes de Tablas sowie Abfüllungen von MOURVÈDRE über VERMENTINO bis hin zu GRENACHE BLANC sind der Hammer. Unbedingt probieren! Tadellose kalifornische Weine mit minimalistischem Anspruch.

Terra Valentine Napa V., Spring Mt. ★★★ Familie Wurtele hat ihr Weingut in den frühen 2000ern liebevoll instand gesetzt und dann in die Hände von Kellermeister Sam Baxter gegeben. Der Fokus liegt auf CABERNET SAUVIGNON vom Berg, die Romanze mit SANGIOVESE ist von Erfolg gekrönt. Sollte nicht unterschätzt werden.

Terre Rouge/Easton Sierra Foothills ★★★ Ein Gut mit zwei Gesichtern: Traditionelle Weine wie der ZINFANDEL von alten Reben laufen unter dem Label Easton, die neueren aus Rhône-Rebsorten nennen sich Terre Rouge. Überwiegend Rote. Die stahlige Cuvée Tête-à-Tête ist erschwinglich, der SYRAH Ascent zuverlässig speziell.

The Prisoner Napa V. ★★ Es wäre kriminell, diesen von Dave Phinney kreierten Überläufer unter den roten Cuvées zu unterschlagen. Damit segelt er jetzt unter der Flagge von CONSTELLATION BRANDS. Ein brutaler Verschnitt von Trauben aus mysteriösen Quellen trifft auf ein erstauntes Publikum.

The Wine Group Central V. ★ Mengenmäßig der zweitgrößte Weinerzeuger der Welt mit preiswerten Marken wie Almaden, Big House, Concannon, Cupcake oder Glen Ellen.

Tongue Dancer Anderson V., Son Coast ★★★ Nachdem er die gleichnamige Marke verlassen hat, verfolgt James MacPhail mit seinem Soloprojekt das gleiche Ziel: robuster CHARDONNAY und PINOT NOIR von tollen Einzellagen an der Nordküste. Chardonnay aus der Lage Bacigalupi hinterlässt einen Wow-Effekt.

Trefethen Family Vineyards Oak Knoll, Napa V. ★★★ Das unterschätzte Weingut im kühleren Oak Knoll verdient mehr Aufmerksamkeit. Es steht für eleganten CABERNET SAUVIGNON, MERLOT, CHARDONNAY und köstlichen trockenen RIESLING.

Trinchero Family Estates Napa V. ★→★★★ Erzeuger mit verwirrender Anzahl von Marken, inkl. Sutter Home für den Massenmarkt. Sehr gefälliger CABERNET SAUVIGNON unter der Marke Napa Wine Company.

Turley Wine Cellars Paso Robles ★★★★ Verkauft hauptsächlich über Mailinglisten. Brillante brombeerfruchtige ZINFANDEL von alten Reben. Die Weinberge liegen quer durchs Land verstreut. Ein wahrer kalifornischer Schatz.

Unti Dry Creek V. ★★★ Die Entwicklung der Weine beginnt in den Weinbergen. Dieser Winzer liefert beseelte, üppige und köstliche BARBERA, GRENACHE, SYRAH oder ZINFANDEL.

Villa Creek Paso Robles ★★★ Der frühere Restaurator Chris Cherry sieht das Klima von Paso Roble durch die spanische Brille. Er macht brillanten, konzentrierten GARNACHA aus Trauben vom 24 ha großen biodynamischen Weingut Maha, dazu soliden CABERNET SAUVIGNON und Cuvées im Rhône-Stil.

Vineyard 29 Napa V. ★★★→★★★★ Die Handschrift von Spitzenweinmacher Philippe Melka ist auf all den großartigen CABERNET SAUVIGNONS dieses sich zunehmend etablierenden Guts zu erkennen. Guter SAUVIGNON BLANC, wenn man Eiche mag.

Volker Eisele Family Estate Napa V. ★★★ Sehr spezielle Lage, versteckt im Hinterland des Chiles Valley. Kontinuierlich überdurchschnittliche CABERNET SAUVIGNONS und andere Weine. Sie suchen das Abenteuer? Dann auf zum kurvigen Offroad-Trip ins Chiles Valley.

Wente Vineyards ★★ Die älteste dauerhaft betriebene Familienkellerei in Kalifornien produziert anständige Weiße und Rote, allen voran herausragenden SAUVIGNON BLANC von Kiesböden. Die Reihe Murietta's Well bietet einige gute Cuvées in Rot und Weiß.

Wilkes, J. Santa Barbara ★★→★★★ Es geht voran unter der Führung des leidenschaftlichen Önologen Wes Hagen (früher bei Clos Pepe). Mit dem unermüdlichen Wes an Bord kann nichts mehr schiefgehen. Rote und Weiße aus SANTA BARBARA und PASO ROBLE.

Williams-Selyem RRV ★★★ Der vom Burgund inspirierte PINOT NOIR setzt seit den 1970ern Maßstäbe und rückte das RUSSIAN RIVER VALLEY als internationales Pinot-Zentrum in den Fokus. Legendär und entsprechend hochpreisig ist der Pinot noir Rochioli Riverblock. Die Weine werden nur minimal bearbeitet, das kann bei der einen oder anderen Flasche auch mal danebengehen.

Wind Gap Son Coast ★★★ Pax Mahle ist einer der talentiertesten Weinmacher Kaliforniens und Experte für kühles Klima. In guten Jahrgängen sind PINOT NOIR und CHARDONNAY exzellent. Der SYRAH von der SONOMA COAST spiegelt das Terroir wunderbar wider.

Michigan

Die »dritte Küste« am riesigen Lake Michigan bildet eine kühle Grenze für den Wein. Die PINOT-Sorten machen sich gut, ebenso wie CHARDONNAY, GEWÜRZTRAMINER, RIESLING, CABERNET FRANC, MERLOT und gelegentlich TEROLDEGO-Hybriden) – und Kirschen. Auch da landen die besten in der Flasche wie bei dem viel beachteten »Cerise noir« von **Chateau Chantal** aus 80% Pinot noir und Montmorency-Kirschbrandy. Vielfalt bieten **Karma Vistas** pfeffriger SYRAH und der dunkelfruchtige würzige SHIRAZ von **Lemon Creek**. BLAUFRÄNKISCH von **Left Foot Charly,** Blanc des Blancs und Noirs von **Mawby** und PINOT BLANC von **Veterra** sind allesamt Klassiker aus Michigan. Der rote Gutswein von **Tabonne Vineyards** zeigt vorbildlich, was Hybride (Baco Noir, Chancellor, Leon Millot, Marechal Foch) mittlerweile können. Einige wenige neue Güter entwickeln sich; bemerkenswert die trockenen Weißen von der Itasca-Traube.

Missouri

Es gibt ambitionierte Pläne der Hoffman Family of Companies: 100 Mio. Dollar Investition in 285 ha Land, um ein Ausflugsziel im Napa-Stil zu schaffen mit Golfplatz, Hotel etc. Bis dahin – abwarten und Wein trinken: Chambourcin, SEYVAL BLANC, VIDAL oder Vignoles in süß oder trocken. **Hermannhof**: Chardonel, Norton und Vignoles; **Stone Hill** in Hermann: guter Chardonel (eine frostharte Hybride aus Seyval blanc und CHARDONNAY), dazu Norton, guten Seyval blanc und Vidal. Außerdem: **Adam Puchta** mit gespriteten Weinen, Norton, Vignoles und Vidal; **Augusta Winery** mit Chambourcin, Chardonel und Eiswein; **Les Bourgeois** mit Chardonel, Montelle, Norton, SYRAH, sehr gutem Chambourcin sowie Cynthiana; **Mount Pleasant** in Augusta mit üppigen gespriteten Weinen und Norton; **St. James** mit Norton, Seyval und Vignoles.

New Jersey

Von den mehr als 60 Kellereien gehören einige zu den besten im Osten der USA. 150 Weinbauern, wenn nicht mehr. Bordeaux-Reben gedeihen im Süden New Jerseys auf den flachen Kiesböden der Outer Coast Plain (inkl. Cape May); die Kalkstein- und Granithügel von Warren Hills im Norden eignen sich für elegante BLAUFRÄNKISCH, GEWÜRZTRAMINER, GRÜNER VELTLINER, PINOT NOIR, RIESLING und SYRAH.

Alba ★★★ Kalkstein und Granitböden in der AVA Warren Hills. Eine der größten Pflanzungen von PINOT NOIR an der Ostküste. Anklänge ans Burgund bei den erdigen Grand Reserves, die 30 Monate gereift sind. Exzellenter CHARDONNAY, dazu guter RIESLING, GEWÜRZTRAMINER und CABERNET FRANC, der 30 Tage lang vergoren wird.

Blaufränkisch wird immer vielseitiger und zuverlässiger in New Jersey und New York. Guter Grüner Veltliner wächst in New Jersey und Pennsylvania.

Beneduce Vineyards ★★★ Familienweingut mit BLAUFRÄNKISCH und PINOT NOIR. Hier wird offen vergoren und fassgereift, Mut zu süßwürzigen Weinen mit reifer, kühlklimatischer Frucht. Für seine trockene Aromatik wird GEWÜRZTRAMINER 10 Tage offen mazerisiert – das macht ihn allerdings leicht bitter im Abgang. Der Chambrusco ist ein Pét-Nat aus Chambourcin, mit wilder Hefe vergoren.

Chambourcin gedeiht prima in Maryland, dem Lambrusco wird in New Jersey Tribut gezollt, und Philadelphia überzeugt mit einer Art Loire-Stil.

Mount Salem ★★★ Österreichische Reben und Methoden aus dem Burgund werden dem Terroir gerecht: Pattenburg bietet Schotter und Lehm auf 215 m Höhe. Aroma- und säurereicher BLAUFRÄNKISCH, ST-LAURENT und ZWEIGELT (sortenrein und als Flaggschiff der meisterliche Verschnitt Matthias), fassvergorener GRÜNER VELTLINER und CHARDONNAY. Dazu CABERNET FRANC in drei Abfüllungen: Chester, Hunterdon und Monmouth Counties, allesamt wild vergoren.

Unionville ★★★ Die Einzellage erinnert ans Burgund: Pheasant Hill erzeugt PINOT NOIR Rosé mit 12% Alkohol, der nachhaltig an Kräuter und Johannisbeeren erinnert, dazu fruchtigen CHARDONNAY mit 13% Alkohol. Straffer, zitrusbetoner Chardonnay stammt vom Home Vineyard. CABERNET FRANC mit Kohlensäuremazeration und ohne Holznote ist ein kühlklimatischer Trinkspaß. Alles andere sind Rhône-Rebsorten: MARSANNE, ROUSSANNE und PICPOUL ab 2024.

William Heritage ★★★ 17 19 – Weine von der kühlen maritimen AVA Outer Coastal Plain. Der CABERNET FRANC vom Normans Vineyard ist vom Bordeaux insipiert, hat Lagerpotenzial für mind. 10 Jahre. Der BDX besteht aus fünf Bordeaux-Sorten, tief, mit Anklang an rote Beeren. Gutswein ist ein erdiger CHARDONNAY Reserve, vielleicht der beste im Osten. 17er und 18er Blanc de Blancs sind spitze, cremig und mit straffer Zitrusnote.

Working Dog ★★★ Fassvergorener CHARDONNAY und VIOGNIER haben eine schöne Reife, dazu MERLOT und SYRAH. Verschiedene, in Eiche ausgebaute CABERNET FRANC – das Flaggschiff nennt sich Retriever – weich, herzhaft und lang im Abgang.

New Mexico

Die älteste Weinregion der USA mit hoch gelegenen Weinlagen, verteilt auf drei AVAs; die größte ist das Mimbres Valley. Traditionell wird hier Schaumwein erzeugt, aber auch die Stillweine machen sich gut. **Black Mesa** ★★ Rote aus lokalen Trauben, MERLOT und PETITE SIRAH; **D.H. Lescombes Family Vineyards** Pionierweingut mit Wurzeln im Burgund; **Gruet** ★★★ Setzte lange den Maßstab für Schaumwein in der Region, die meisten Trauben stammen von der Westküste; **La Chiripada** ★ Die älteste Kellerei im Staat mit mehr als 20 Rebsorten, darunter eine Spitzenreserve aus CABERNET SAUVIGNON, überzeugender RIESLING; **Luna Rossa Winery** Der Fokus liegt auf Italien, gutseigene Weinlagen, sehr gute Reserve von AGLIANICO, neu ist RIBOLLA GIALLA; **Noisy Water** ★★ Weinbereitung mit wenig Eingriffen, kühlklimatische Rebsorten aus dem historischen Engle Vineyard, guter CABERNET SAUVIGNON Reserve und wild vergorener PINOT NOIR von alten Reben; **Vivác** ★★ Ausgezeichnete rote Cuvées wie Divino (italienische Trauben) oder Diavolo (französisch), sowie sehr guter Amante im Portweinstil.

New York

Der drittgrößte Weinbaustaat der USA. Einige Weingüter finden sich in ehemaligen Molkereien, weil hier früher der Fokus auf Rinderzucht lag. Fachwissen und Experimentierfreude sorgen für hohe Qualität. Das Klima ist ähnlich wie in Nordeuropa: Frost im Winter, doch der Einfluss von Flüssen, Seen und dem Ozean lässt BLAUFRÄNKISCH, CABERNET FRANC, GEWÜRZTRAMINER, RIESLING und Bordeaux-Sorten gedeihen, besonders im maritimen Long Island. Von dort kommen einige der schönsten Weine des Landes mit wenig Alkohol sowie Schaumweine. Trocken ausgebaute Hybride werden mehr und besser, besonders von den kühleren Finger Lakes (so viele Sonnenstunden wie im Napa Valley, nur auf weniger Tage verteilt), aus dem Hudson Valley (sehr komplexe Böden) und vom Niagara Escarpment (mit in New York seltenen Kalksteinböden).

21 Brix ★★ Weingut am Lake Erie mit erstklassigem RIESLING, CHARDONNAY, GEWÜRZTRAMINER, GRÜNEM VELTLINER, dazu aromatischer BLAUFRÄNKISCH, CABERNET SAUVIGNON und sehr guter PINOT NOIR. Toller Noiret und Eiswein von VIDAL.

Arrowhead Spring Vineyards ★★★ Das Gut in Niagara glänzt mit PINOT NOIR; auch Bordeaux-Cuvées, dazu CABERNET FRANC und SYRAH: 13 % Alkohol, kombiniert mit kühlklimatischer Säure. Dazu geradliniger CHARDONNAY.

Bedell Long Island, NY ★★★ Herausragendes Weingut seit 1980. Das maritime Klima erzeugt kraftvolle Weine mit Salznoten, unterstützt von natürlicher Hefe. Spitzenmarke ist der Musée aus MERLOT, PETIT VERDOT und MALBEC; dazu sehr guter CABERNET FRANC und SYRAH. Außerdem CHARDONNAY, SAUVIGNON BLANC und VIOGNIER. Die Etiketten wurden u. a. von den Künstlern April Gornik und Chuck Close gestaltet. Kleine Abfüllungen von experimentellen Weinen: Malbec mit Kohlensäure, dazu AUXERROIS und VERDEJO aus der 21er Jungfernlese (unübliche Reben im Osten).

Bloomer Creek Finger Lakes, NY ★★★ 16 18 20 – Biodynamisch bewirtschaftet werden drei Lagen. Der 16er White Horse aus CABERNET FRANC/MERLOT ist von cleverer Strenge. Der 18er RIESLING aus dem Barrow Vineyard offenbart Kräuter- und Honignoten. Neu sind der 20er GRÜNER VELTLINER/CHARDONNAY, der auf den Schalen vergoren wurde, und eine 16er Sammleredition CABERNET FRANC.

Boundary Breaks Finger Lakes, NY ★★★ Spitzenmäßige RIESLINGE von knochentrocken bis süß – üppig und säurebetont. Dazu kommt überzeugender GEWÜRZTRAMINER, außerdem guter kühlklimatischer CABERNET FRANC und MERLOT.

Channing Daughters Long Island, NY ★★★ Das Gut ist bekannt für seine Experimente mit Trauben vom strandnahen Terroir: natürliche Vergärung und italienische Rebsorten. Der dichte FRIULANO ist lagerfähig; ungewöhnlich für New York der kühl-maritime LAGREIN. Floraler PETIT VERDOT aus einer Einzellage, würziger BLAUFRÄNKISCH/DORNFELDER und starker CABERNET FRANC. Gemischter Satz: 16er Mosaico und 17er Meditazione. Der 16er Research Cabernet stammt aus einer Lage, die mit acht roten italienischen und französischen Rebsorten bestockt ist, plus einer weißen.

Element Winery Finger Lakes, NY ★★ Voll und ganz vom Terroir geprägt sind CHARDONNAY, RIESLING, CABERNET FRANC, LEMBERGER, PINOT NOIR oder SYRAH. Ein Fokus liegt auf reifem, kräuterwürzigem MERLOT und fast berauschendem GAMAY. Colloquial Wines nennt sich eines der experimentellen Programme des Gutes: GRENACHE, PINOT NOIR und 21er Blanc de Blancs, der aber erst 2031 auf den Markt kommt.

Fjord Hudson R., NY ★★★ Eingeweihte feiern den herb-zitronigen ALBARIÑO für seinen Schmelz und den spontan vergorenen CABERNET FRANC. Sehr guter 15er Eiswein aus CHARDONNAY. 2020 Neupflanzung von GAMAY und MERLOT. Neu gepflanzter SAPERAVI im gemischten Satz mit BLAUFRÄNKISCH und CABERNET FRANC (19); Cabernet franc (19).

Floral Terranes Long Island, NY ★★★ Die Trauben stammen aus North Fork, die wilde Vergärung in einer kleinen Vorstadtgarage verwandelt sie in ebenso konzentrierte wie ruppige Weine. Der 20er MERLOT gehört in den Keller, bis er sein jugendliches Ungestüm abgelegt hat. Der erdige 20er CABERNET SAUVIGNON Amerena zeigt sich säurebetont. Auch Cider von Äpfeln aus verwilderten Obstgärten.

Fox Run Finger Lakes, NY ★★★ Die RIESLING-Reihe ist sehr gut, darunter Weine aus Einzellagen oder fassvergoren. Dazu die rare 19er Reserve von CABERNET FRANC und LEMBERGER. Außerdem kräuterwürziger CABERNET SAUVIGNON und MERLOT mit Lagerpotenzial. Kellermeister Peter Bell betreut einige der besten Weine an den Finger Lakes.

Frank, Dr. Konstantin Finger Lakes, NY ★★★ 17 19 – Der Gründer hat die ersten Reben an den Finger Lakes gepflanzt; das Weingut steht am Keuka Lake. Der 19er Lena besteht aus fünf Bordeaux-Sorten. Ein für die USA seltener Verschnitt aus SIBERIAN/AMUR hat Potenzial für 5–10 Jahre. Der 19er RKATSITELI Amber ist mit seiner Gradlinigkeit ein Tribut an die georgische Weinbereitung. 19er PINOT NOIR von alten Reben aus einer Lage von 1958; 19er SAPERAVI. Schaumweine von großer Klasse sind der 17er Blanc de Blancs und der Blanc de Noirs.

Heart & Hands Finger Lakes, NY ★★★ Eine kleine und feine Produktion mit nur drei Rebsorten: CHARDONNAY, RIESLING und PINOT NOIR vom Ufer des Cayuga Lake. Da gibt es die an den Finger Lakes seltenen Kalksteinböden (sie stammen erdgeschichtlich aus dem Devon). Klassische kühlklimatische Weiße, dazu Rosé und leckerer Rotwein.

Hermann J. Wiemer Finger Lakes, NY ★★★ Spitzenproduzent der USA für RIESLING mit von Anfang an biodynamisch bewirtschafteten Weinlagen, aus denen es einige Einzelabfüllungen gibt. Auch feiner CHARDONNAY (ebenfalls biodynamisch), GEWÜRZTRAMINER von den ältesten Reben in New York, CABERNET FRANC, PINOT NOIR und Schaumwein der Spitzenklasse. Dazu die fantastische Marke Standing Stone aus SAPERAVI und

Blanc de Blancs von einem 1974 angelegten Weinberg. Pflanzt auch NEBBIOLO an.

Hosmer Finger Lakes, NY ★★★ Die Weinberge am Cayuga Lake wurden 1972 angelegt. Preisgekrönter RIESLING in limitierten Abfüllungen. Das Gleiche gilt für CABERNET FRANC und CHARDONNAY. Seit 1980 auch PINOT NOIR, wovon einiger zu Blanc de Noirs verarbeitet wird.

Keuka Lake Vineyards Finger Lakes, NY ★★★ Rassige RIESLINGE wie der Falling Man aus Steillagen. Sehr guter CABERNET FRANC, dazu Hybride wie Vignole oder die alte Elsässer Rebsorte Léon Millot.

Kühlklimatisch: New Yorks neue feine Weine

Mit einem von Natur aus moderaten Alkoholgehalt ist New York eine Bastion für sowohl klassische als auch neue feine Weine: neu im Stil oder von den Rebsorten her, experimentell und mit dem ganzen Vokabular von herb, strahlend und frisch. BEDELL: AUXERROIS, der »Nr. 1 an der Ostküste« (21). CHANNING DAUGHTERS: Tocai FRIULANO (Long Island), LAGREIN. DR. K FRANK: Amber RKATSETELI von 1983 gepflanzten Reben und in Amphoren ausgebaut, Lena (Rotweinverschnitt). FLORAL TERRANES: MERLOT, Trauben aus Long Island, natürlich vergoren in der Vorstadt (überraschend schroffe Tannine). BLOOMER CREEK: eleganter White Horse mit der Anspielung im Namen auf Ch. Cheval Blanc in Bordeaux.

Keuka Spring Vineyards Finger Lakes, NY ★★ Das Aufgebot an GEWÜRZTRAMINERN hat Weltklasse inkl. Cuvées und Einzellagenabfüllungen im Südtiroler Stil. Der 19er hat Lagerpotenzial. Dazu gibt's LEMBERGER, MERLOT und CABERNET FRANC.

Lakewood Finger Lakes, NY ★★★ Weingut in dritter Generation. Der CABERNET FRANC Reserve ist von hoher Qualität, taugt aber auch als Alltagswein. Dazu beeindruckender GEWÜRZTRAMINER, PINOT GRIS, PINOT NOIR und verschiedene RIESLINGE.

Lamoreaux Landing Finger Lakes, NY ★★★ Enorm unterschiedliche Weinlagen liefern exzellente RIESLINGE (viele unterschiedliche Abfüllungen – die Norm an den Finger Lakes mit ihrem perfekt für Riesling geeigneten Terrain). CHARDONNAY, GEWÜRZTRAMINER und Eiswein, dazu CABERNET FRANC, MERLOT und PINOT NOIR. Der cremige Blanc de Blancs lag 4 Jahre auf der Hefe.

Liten Buffel ★★ Weingut in Niagara mit zwei PINOT NOIRS, dem PINOT GRIS Ramato und RIESLING (in ganzen Trauben vinifiziert, auch Hülsenmaischung). Zusammen vergorener BLAUFRÄNKISCH mit SAUVIGNON BLANC. Wilde Hefen in neutraler Eiche, keine Filterung, kein Schwefel. Manche Jahre bringen Edelfäule.

Macari Long Island, NY, North Fork, NY ★★★ Das elegante Gut liegt hoch auf der Klippe und das Herz schlägt für die Biodynamie. Beispiele sind der SAUVIGNON BLANC Katherine's Field oder der MERLOT-betonte Alexandra: vornehme New Yorker mit rassiger Säure. Auch CABERNET FRANC liebt New York: Der Macari ist eine lichtdurchflutete rote Süßigkeit; ähnlich fröhlich stimmt einen der Pét-Nat Horses.

McCall Long Island, NY, North Fork, NY ★★★ Bekannt für erstklassigen PINOT NOIR aus Einzellagen, Reserve-Weine und Rosé. Guter CABERNET FRANC, SAUVIGNON BLANC und Bordeaux-Cuvées. Züchtet auch die französische Rinderrasse Charolais.

Millbrook Hudson R., NY ★★★ Der Erste, der im Hudson Valley Vinifera-Reben gepflanzt hat. Es gibt Guts-RIESLING, CHARDONNAY, PINOT NOIR, dazu Tocai (FRIULANO) und CABERNET FRANC von Einzellagen. Die Roten halten sich aufgrund der Säure ein paar Jahre.

Paumanok Long Island, NY ★★★ Rassiger CHENIN BLANC mit Lagerpotenzial in still und prickelnd; neu: PINOT NOIR. Dazu exzellente Bordeaux-Cuvées, CABERNET SAUVIGNON und RIESLING. Feiner CHARDONNAY, MERLOT aus Einzellagen, dazu CABERNET FRANC, hin und wieder auch Grand Vintage. Spontanvergärung und wenig Schwefel. Leitet auch das Weingut Palmer: leicht salziger PINOT BLANC, eleganter MERLOT und toller ALBARIÑO.

Ravines Wine Cellars Finger Lakes, NY ★★★ RIESLING aus Einzellagen und verschnitten sowie einer der besten GEWÜRZTRAMINER im Osten. Dazu ein Schwerpunkt auf PINOT NOIR und geradezu überschwänglicher 19er CABERNET FRANC, der in rund 5 Jahren trinkreif ist.

Red Newt Finger Lakes, NY ★★★ Terroirbetonte Weine mit Schwerpunkt auf RIESLING, inkl. großer Crus vom Seneca Lake – Top-US-Qualität. Eleganter GEWÜRZTRAMINER und PINOT GRIS, guter CABERNET FRANC, MERLOT und PINOT NOIR. Der Riesling Tierce aus der Weinlage ARROWHEAD SPRING entsteht in Zusammenarbeit mit Anthony Road. Das Bistro bietet u. a. Käse aus lokaler Produktion.

Red Tail Ridge Finger Lakes, NY ★★★ Seneca Lake. Großartiger CHARDONNAY, RIESLING (wie der mit wilder Hefe vergorene one-block), BLAUFRÄNKISCH und PINOT NOIR. Der schlanke, fruchtige TEROLDEGO ist meist ausverkauft. Dazu Schaumwein wie Blanc de Noir und Pét-Nat.

Shaw Vineyard Finger Lakes, NY ★★★ Am ruhigeren westlichen Ende des Seneca Lake gelegen. Das Ziel sind körperreiche Rote wie CABERNET SAUVIGNON, MERLOT oder PINOT NOIR. Dazu konzentrierte Weiße wie GEWÜRZTRAMINER und RIESLING mit feiner Hefenote, Letzterer auch fassgereift. Orange-Weine, Cuvées u. a. aus Gewürztraminer, außerdem SAUVIGNON BLANC und PINOT GRIS.

Sheldrake Point Finger Lakes, NY ★★ Seit 1997 am Cayuga Lake. Üppiger, kühlklimatischer GAMAY, frische, erdige Bordeaux-Cuvées, verschiedene RIESLINGE, PINOT GRIS aus einer Einzelparzelle und MUSCAT Ottonel. Weiße ohne Holznote. Experimente wie die Reberziehung an Kiefernstäben, um CHARDONNAY körperreicher zu machen.

VineBalance setzt die Standards für Nachhaltigkeit im Weinbau. New York zählt jetzt dazu: Es lohnt sich, nach dem »VB«-Logo Ausschau zu halten.

Silver Thread Finger Lakes, NY ★★★ Sehr guter biodynamischer CHARDONNAY, RIESLING, CABERNET FRANC und PINOT NOIR. Überzeugendes Terroir-Management: Die Böden der Weinberge dürfen regenerieren und passen sich denen der umliegenden Wälder an. Solarstrombetrieben.

Sparkling Pointe Long Island, NY ★★★ Überzeugende Schaumweine, ein französischer Kellermeister und klassische Champagnerreben von Lehmböden. In der Reihe Cuvée Carnaval (rot/weiß/rosé) fließt MERLOT mit in den Verschnitt.

Suhru Long Island, NY ★★★ 2008 von einem Australier gegründet. Maritimer SHIRAZ von Gletscherböden. Sehr gute Cuvée von Bordeaux-Reben mit Lagerpotenzial, dazu SAUVIGNON BLANC und TEROLDEGO. Rosé im Stil der Provence (MERLOT/CABERNET FRANC).

Weis Vineyards Finger Lakes, NY ★★ Keuka Lake. Kellermeister Hans Peter Weis ist Winzersohn von der Mosel. RIESLING von trocken bis edelsüß. Das rote Repertoire reicht von PINOT NOIR bis SAPERAVI. Die ersten gutseigenen

Reben wurden 2020 gepflanzt: CHARDONNAY, Riesling, CABERNET FRANC und Saperavi.

Whitecliff Hudson R., NY ★★ Lage und Böden werden clever genutzt, inkl. eines ehemaligen Kirschgartens. Die quartzhaltigen Hügellagen von Olana eignen sich für sehr guten, fassgereiften CABERNET FRANC oder GAMAY. PINOT NOIR wächst auf Kalkstein. CHARDONNAY hat Anklänge von Pfirsich, außerdem kernige Reserve-Weine von RIESLING.

Wölffer Estate Long Island, NY ★★★ Erstklassiger Betrieb und schönes Ausflugsziel in South Fork. Der klassische Anspruch zeigt sich in der Qualität: CHARDONNAY im Burgunderstil oder der neue SAUVIGNON BLANC mit maritimen Anklängen. Auf den guten Rosé sind sie in den Hamptons ganz wild.

North Carolina

Von den Blue Ridge Mountains und Piedmont Hills im Westen (**Raffaldini** nutzt hier die italienische *appassimento*-Methode für MONTEPULCIANO; SAGRANTINO und SANGIOVESE mit Umami-Anklängen, dazu Inspirationen aus der Toskana) bis zur Küste im Osten (auf den Outer Banks produziert **Sanctuary Vineyards** den komplexen ALBARIÑO Pearl, seriösen CABERNET SAUVIGNON, dunklen lagerfähigen Shipwreck aus PETIT VERDOT, SYRAH und TEMPRANILLO, sowie den Double Barrel aus TANNAT und Petit Verdot). Terroirbetonte Empfehlungen aus dem Yadkin Valley: **Jones Von Drehle**: Tempranillo; MALBEC Reserve; **Junius Lindsay**: Syrah; **McRitchie**: trockener MUSCAT; **RayLen**; **Shelton**.

Ohio

Der Lake Erie mildert den Winter. Fünf AVAs mit CHARDONNAY, MÜLLER-THURGAU, RIESLING, PINOT GRIS, Bordeaux-Sorten, DOLCETTO und PINOT NOIR. Erzeuger: **Debonne** seit den 70ern, **Ferrante** GEWÜRZTRAMINER, GRÜNER VELTLINER, **Firelands**, **Harpersfield** KERNER/RIESLING/MUSCAT OTTONEL, **Laurentia** Weiße aus Betontanks, **Markko** CABERNET SAUVIGNON, Chardonnay, Pinot noir vom Lake Erie; hat 1968 von Dr. Frank aus New York gelernt, Reben in Ohio zu ziehen, **M Cellars** RKATSITELI, **St Joseph Vineyard** experimentiert mit CORVINA, SANGIOVESE.

Oregon

Oregon ist ein Lehrstück in Sachen Kontraste und Wachstum. Es gibt viele kleine, qualitätsorientierte Winzer, andererseits haben Fremdinvestitionen einige zu Giganten heranwachsen lassen. In den letzten zehn Jahren hat sich die Zahl der Produzenten verdoppelt. Die Qualität bleibt auf hohem Niveau, Experimentierfreude kommt aus den weniger bekannten Gegenden wie Südoregon oder Columbia Gorge. Der Trockenanbau bewährt sich, und selbst bei den größeren Erzeugern geht der Trend immer stärker in Richtung Öko und Biodynamie. Fast eine Garantie für gute Weine ist das Willamette Valley und hier besonders PINOT NOIR und CHARDONNAY. Weine aus Oregon haben ein unschlagbares Preis-Leistungs-Verhältnis. Die jüngsten Jahrgänge sind gut bis sehr gut, Rauchschäden gab es allerdings 2020 sowie 2018 (Südoregon) und 2017 (Columbia Gorge).

Bedeutende Weinbaugebiete in Oregon

Columbia Gorge. Liegt je zur Hälfte in Washington und Oregon. Experimente, Vielfalt, nachhaltiger Weinbau.

Rocks District of Milton-Freewater. (Walla Walla Valley) Liegt ausschließlich in Oregon und bringt dichten Syrah mit Lagerpotenzial hervor.

Southern Oregon. Die wärmste Anbauregion umfasst einen Großteil des westlichen Oregon und den Süden des Willamette Valley. Die südliche Sub-AVA Rogue Valley inkl. Applegate. Die nördliche Sub-AVA Umpqua inkl. Elkton und Red Hill Douglas County. Am besten gedeihen Rebsorten von der Rhône und aus Spanien. Die Qualität ist wechselhafter als im Willamette Valley, aber vielversprechend.

Willamette Valley. Mit den Sub-AVAs Chehalem Mountains, Dundee Hills, Eola-Amity Hills, McMinnville, Ribbon Ridge, Van Duzer Corridor, Yamhill-Carlton, Laurelwood District und Tualatin Hills. Neu dazu gekommen sind Laurelwood District auf der Nordseite der Chehalem Mountains und Tualatin Hills westlich von Portland. Die nächsten Anwärter: Lower Long Tom, Mount Pisgah und Polk County. Pinot blanc, Pinot gris, Riesling oder Gamay gedeihen hier prächtig, Chardonnay wird schön, aber Pinot noir bleibt eindeutig der Star.

00 (Double Zero) Wil ★★★ Spezialist für CHARDONNAY und PINOT NOIR, der seine Trauben von prestigeträchtigen Weinlagen aus verschiedenen AVAs bezieht. Am besten sind die Cuvées mit Pinot noir namens Hermann und VGR.

Abacela Umpqua V. ★★→★★★ Hat als Erster in den USA TEMPRANILLO gepflanzt. Die Barrel-Select-Auslesen wie der Fiesta sind sehr gut und ihr Geld wert. Schön auch der reife ALBARIÑO mit klassischen Noten von Steinobst.

Abbott Claim Yamhill-Carlton ★★★→★★★★ Das historische Anwesen ist jetzt im Besitz von Antony Beck (*siehe* Graham Beck, Südafrika). Alles bio und ohne künstliche Bewässerung. Köstliche PINOT NOIRS Due North und Orientate.

Adelsheim Chehalem Mt. ★★→★★★ Die Cuvées von PINOT NOIR und CHARDONNAY sind zuverlässig gut. Ein gutes Preis-Leistungs-Verhältnis bieten der Chardonnay Staking Claim und der Pinot noir Breaking Ground.

Alloro Chehalem Mt. ★★★ Eleganter CHARDONNAY, PINOT NOIR und RIESLING aus einer wunderschönen Lage. Die Gutsweine Riservata und Justina haben sehr gutes Lagerpotenzial.

Analemma Col Gorge ★★★ Das Gut ist ein umgewandelter Bauernhof und seit 2018 Demeter-zertifiziert. Vorwiegend spanische Rebsorten, aber auch bekannt für frische Schaumweine. Empfehlenswert der florale GODELLO und GRENACHE mit Anklängen an rote Früchte und Lavendel.

Antica Terra Wil ★★★ Einzigartige Stilistik bei klassischen Rebsorten. Würziger PINOT NOIR. Opulenter, goldener CHARDONNAY mit deutlichen Tanninen. Hier machen Verkostungen Spaß.

Archery Summit Dundee Hills ★★★ Summit, Looney und Arcus liefern tolle Lagenweine, dazu eine Cuvée aus ganzen Trauben und der exotische, in Betoneiern vergorene PINOT GRIS namens Ab Ovo.

Argyle Wil ★★ Anständige Jahrgangsschaumweine wie z. B. der Brut Rosé.

Arlyn Chehalem Mt. ★★★ Bio-Anbau ohne künstliche Bewässerung. Das Team von LINGUA FRANCA macht den Wein. Alles wunderbar harmonisch.

A to Z Wineworks S Oregon ★ Vernünftige Preise, solide gemacht.

Audeant Wil ★★★ Vielversprechendes neues Projekt, die Trauben kommen aus verschiedenen AVAs. Die PINOT NOIRS Nysa und Luminous Hills aus Einzellagen sind am besten.

Ayoub Dundee Hills ★★★★ Hervorragende Weinlagen und ein gutes Händchen für den Einsatz von Eiche. Tolle Guts-PINOT-NOIRS, sowohl der normale, als auch der aus ganzen Trauben gekelterte. Vergleichende Verkostung empfohlen.

Ayres Ribbon Ridge ★★★ Pflanzungen von 2001; 15 Hektar, die Parzellen in Familienhand bringen dunkelfruchtigen, würzigen PINOT NOIR hervor; hier lohnen sich vor allem Pionier und One.

Oregons neue feine Weine

Die folgenden Produzenten sind erwähnenswert für nachhaltige Anbaumethoden und reine Weine, oft aus ungewöhnlichen Rebsorten: **Golden Cluster** (Willamette Valley) Müller? ein Orange Wine. **Idiot's Grace** (Columbia Gorge) CHENIN BLANC. **Johan Drueskall** (Van Duzer Corridor), PINOT GRIS. **Niew** (Willamette Valley) CHARDONNAY. **Teutonic Red Blend** (Willamette Valley) GEWÜRZTRAMINER/PINOT NOIR. **Troon** (Applegate Valley) VERMENTINO.

Beaux Frères Ribbon Ridge ★★★ Überwiegend im Besitz des Champagnerhauses Henriot (*siehe* Frankreich). Eine neue, lagenbetonte Reihe rückt andere AVAs in den Mittelpunkt; die Stars bleiben aber biodynamisch erzeugte Gutsweine wie der elegante, erdige PINOT NOIR Belles Soeurs.

Bergström Wil ★★★★ 100% gutseigene Trauben seit 2020. Im Familienbesitz. Der Bio-Anbau bringt elegante, kraftvolle PINOT NOIRS und CHARDONNAYS hervor, die noch viele Jahre vor sich haben. Chardonnay Sigrid ist einer der Besten der USA.

Bethel Heights Eola-Amity Hills ★★★ In Familienhand. Trauben in Bio-Qualität. Langlebiger PINOT NOIR. Von echtem Wert ist der Pinot noir West Block (Pflanzungen von 1977). Den CHARDONNAY kann man links liegen lassen, aber der Guts-PINOT-GRIS (zuletzt 2019 gelesen) ist hervorragend.

Big Table Farm Wil ★★★ Komplexe und etwas eigenartige Weine, besonders der CHARDONNAY Elusive Queen. Der Rosé Laughing Pig und alle PINOT NOIRS stammen aus Einzellagen.

Brick House Ribbon Ridge ★★★★ Alles biodynamisch bis hin zur wilden Hefe. Die ganze Familie legt bei der Weinbereitung Hand an. Exzellenter CHARDONNAY Cascadia, PINOT NOIR Les Dijonnais und die älteren Jahrgänge der Cuvée du Tonnelier (Neupflanzungen von 2018).

Brooks Eola-Amity Hills ★★★ Biodynamischer Familienbetrieb. Außergewöhnlicher RIESLING in ca. 20 Cuvées – gut sind Ara, Bois Joli oder der Gutswein. Ebenfalls sehr gut ist der PINOT NOIR Rastaban.

Christopher, J. Wil ★★→★★★ Kooperation zwischen Ernst Loosen (*siehe* Deutschland) und Jay Somers. Die PINOT NOIRS sind durch die Bank erfreulich – hell, rotfruchtig, blumig und leicht zu trinken. Frischer, intensiver SAUVIGNON BLANC Über.

Cristom Eola-Amity Hills ★★★ 36 Hektar eigene Weinberge, die biodynamisch bewirtschaftet werden. Langlebige, würzige und rotfruchtige PINOT NOIRS – besonders gut sind Jessie und Eileen.

David Hill Vineyards & Winery Tualatin Hills ★★★ Die ersten Pflanzungen hat Charles Coury 1966 angelegt. Elsässer Rebsorten. Sehr gut die Abfüllungen von Black Jack aus wurzelechtem PINOT NOIR. Die Reihe Discovery bietet experimentelle Naturweine.

Domaine Divio Ribbon Ridge ★★★★ Die Abfüllungen aus verschiedenen AVAs im Willamette Valley spiegeln die unterschiedlichen Terroirs. Die Parzelle Clos Gallia wird biodynamisch bewirtschaftet und erzeugt besten PINOT NOIR. Dazu exzellenter CHARDONNAY und seit 2021 auch ALIGOTE.

Domaine Drouhin Oregon Dundee Hills ★★★ Inspiriert vom Burgund. Am besten sind der CHARDONNAY, die Édition Limitée und der PINOT NOIR Louise. Das Schwesterlabel Drouhin Oregon Roserock in den Eola-Amity Hills liefert ebenso feine Weine wie z. B. den Pinot noir Zéphirine.

Domaine Roy & fils Dundee Hills ★★★ Die 15 Hektar gutseigener Rebflächen werden ökologisch bewirtschaftet. Die PINOT NOIRS Iron Filbert und Quartz Acorn sind am besten. Herausragend der CHARDONNAY Iron Filbert.

EIEIO Yamhill-Carlton ★★→★★★ Jay McDonald ist so etwas wie eine One-Man-Show. Er pachtet Weinberge (überwiegend in Yamhill-Carlton) und macht Weine mit minimalen Eingriffen. Die CHARDONNAYS und PINOT NOIRS Yates Conwill strahlen.

Elk Cove Wil ★★★ Rund 160 Hektar in Familienhand, ohne künstliche Bewässerung, teilweise wurzelechte Reben. Die erste Lese fand 1977 statt. PINOT NOIRS aus Einzellagen sind sehr gut, vor allem Clay Court, Five Mountain und Mount Richmond, dazu toller PINOT BLANC und PINOT GRIS. Die Schwestermarke Pike Road produziert Weine aus zugekauften Trauben.

Et Fille Wil ★★→★★★★ Ganz in Familienhand; kleine gutseigene Flächen und sechs Parzellen im WILLAMETTE VALLEY, die nachhaltig bewirtschaftet werden. Herausragend der PINOT NOIR Gabriella und der prickelnde Père Honneur.

Eyrie Vineyards Dundee Hills ★★★★ So geht Bio: keine Bewässerung, keine Bodenbearbeitung und möglichst minimale Eingriffe bei der Weinbereitung. Ältester Produzent im WILLAMETTE VALLEY, die ersten Reben wurden 1965 gepflanzt. Elegant und lagerfähig bei wenig Alkohol. Der CHARDONNAY Daphne, PINOT GRIS Sisters oder PINOT NOIR South Block sind allesamt Wunder an Textur.

Haden Fig Wil ★★★→★★★★ Schwestermarke von EVESHAM WOOD; PINOT NOIR aus Einzellagen, dazu der CHARDONNAY Juliette: aromatisch, faszinierend und bezahlbar.

Die EU hat das Willamette Valley als geografische Angabe anerkannt. Das galt bisher ausschließlich für Napa.

Idiot's Grace Col Gorge ★★→★★★★ Das Bio-Weingut in Familienhand verzichtet auf künstliche Bewässerung. CHENIN BLANC ist herausragend, der klare, frische GRENACHE kommt mit Erdbeernoten, dazu guter GAMAY und SANGIOVESE.

Johan Van Duzer Corridor ★★★ Das biodynamisch geführte Gut verzichtet in den eigenen Lagen auf Bewässerung und Bodenbearbeitung. Wurde 2021 von Katherine »Mini« Banks gekauft, der auch Cowhorn gehört. Einzigartige Interpretationen von CHARDONNAY, PINOT GRIS/NOIR. Sehr guter Pinot noir Nils.

Ken Wright Cellars Wil ★★→★★★ Die lange Geschichte sorgt für tolle Weinbergs-Selektionen von PINOT NOIR. Die Qualität ist durchgehend auf hohem Niveau. Besonders viel fürs Geld liefert die Cuvée aus dem WILLAMETTE VALLEY. Die Weine werden mit dem Alter besser.

King Estate Wil ★★★ Das Gut ist jetzt der größte biodynamische Produzent der USA. PINOT GRIS (wie z. B. Backbone, Domaine, Johnson School und Steiner) bildet den Markenkern im Portfolio. Dazu kommen ein Dutzend PINOT NOIRS, außerdem CHARDONNAY, GEWÜRZTRAMINER, SAUVIGNON BLANC und neuerdings Sekt.

Lange Estate Winery Dundee Hills, Wil ★★★ Feiner PINOT GRIS, Cuvées und der Guts-PINOT-NOIR Freedom Hill. Der CHARDONNAY überflügelt alle. Die Reihe Classiqué bietet ein gutes Preis-Leistungs-Verhältnis.

Lingua Franca Eola-Amity Hills ★★★ Master Sommelier Larry Stone hat das Gut mitbegründet, Dominique Lafon (Burgund, *siehe* Frankreich) berät. Stilvolle CHARDONNAYS wie Bunker Hill, Estate oder Sisters, dazu weiche PINOT NOIRS wie z. B. Mimi's Mind und The Plow.

Loop de Loop Col Gorge ★★→★★★★ Bio ohne Bewässerung oder Bodenbearbeitung. Fast ätherisch ist der rotfruchtige und würzige PINOT NOIR, besonders gut der Four Winds. Die Zweitmarke Wallflower wurde während der Waldbrände 2020 ins Leben gerufen und dient jetzt für experimentelle Projekte.

Morgen Long Wil ★★★★ Seth Morgen Long konzentriert sich auf CHARDONNAY aus seinen bevorzugten Weinlagen. Präzise, mineralisch, mit gutem Säuregerüst, Zitrusnoten und gut eingebundener Eiche. Unglaubliches Lagerpotenzial. Herausragend sind Seven Springs und Omni.

Ovum OR ★★★ Handwerklich erzeugter RIESLING und GEWÜRZTRAMINER, beide aus Nord- wie aus Süd-Oregon. Preiswert ist die Cuvée Big Salt.

Patricia Green Cellars Wil ★★★ Eine exzellente Aufstellung von PINOT NOIRS aus Einzellagen. Die Gründerin ist verstorben, aber Wertigkeit und Qualität sind geblieben. Bonshaw Block, Etzel Block, Mysterious oder Notorious sind allesamt superb. Dazu der in Oregon seltene SAUVIGNON BLANC.

Ponzi Vineyards Laurelwood ★★★ Von Bollinger 2021 gekauft; Luisa Ponzi ist geblieben. Die PINOT NOIRS Abetina und Aurora sind sehr gut, das Gleiche gilt für die CHARDONNAYS Aurora und Avellana. Pinot noir Tavola und Classico sind erschwinglich.

Quady North Applegate V., Rogue V., S Oregon ★★★ Herb Quady glänzt mit Rhône-Rebsorten. Sehr gut die frische Cuvée Pistoleta, lebhaft der Rosé Counoise. Herausragend der SYRAH Mae's.

Résonance Wil ★★★ Projekt von Jadot in Oregon (*siehe* Burgund). Weinmacher Guillaume Large erzeugt langlebige CHARDONNAYS und PINOT NOIRS. Die Gutsabfüllungen sind spitze, dazu preiswerte Cuvées aus dem WILLAMETTE VALLEY.

Rex Hill Wil ★★ PINOT NOIR aus der Lage Jacob-Hart. Dazu feiner, fassgereifter CHARDONNAY.

Generell kann man behaupten, dass die komplexeren Pinots von vulkanischen Böden stammen und die leichteren von Löss.

Roco Wil ★★→★★★ Hervorragender Jahrgangssekt RMS Brut, prickelnd und vielschichtig. Dazu lagerfähiger CHARDONNAY und PINOT NOIR. Private Stash ist eine Reserve, preiswerter ist Gravel Road.

Shea Wine Cellars Wil, Yamhill-Carlton ★★★★ Die besten Kellermeister lechzen nach den Trauben von Shea, aber die eigenen Weine sind ebenso gut. Spitze sind die Block Selections und der PINOT NOIR Homer; ausgezeichneter CHARDONNAY.

Sokol Blosser Dundee Hills, Wil ★★ Sehr gut ist die hochwertige Reihe Evolution, die PINOT NOIRS Peach Tree und Orchard sind spitze, der Rest ist Durchschnitt.

Soter Vineyards Wil ★★★→★★★★ Der legendäre kalifornische Weinmacher Tony Soter glänzt mit CHARDONNAY, PINOT NOIR und Schaumwein. Zwei Marken: gutseigener Mineral Springs Ranch und preisgünstiger Planet Oregon. Das Gut arbeitet biodynamisch (inkl. Tierhaltung); beste Qualität.

Stoller Family Estate Dundee Hills ★★→★★★ PINOT NOIR und CHARDONNAY wie die Reserve Elsie's werden immer besser. Zur Stoller Wine Group gehören jetzt auch die Marken Canned Oregon, Chehalem, Chemistry und History.

Trisaetum Ribbon Ridge, Wil ★★★★ Sorgfältig gemachte Gutsweine und RIESLING quer durch alle Stile. Sehr guter CHARDONNAY und PINOT NOIR, dazu toller Schaumwein mit Namen Pashey.

Troon Applegate V. ★★★ Der zweite Weinberg in den USA, der von Demeter zertifiziert ist. Hervorragender Guts-SYRAH (am besten der Siskiyou) und VERMENTINO. Das restliche Portfolio tendiert in Richtung flippige, frische, helle Rote und orange Weine wie den Glou Glou aus GRENACHE oder den Kubli Bench Amber.

Vincent Wil ★★→★★★ Das Gut arbeitet mit Winzern aus den Eola-Amity Hills und Ribbon Ridge, die ohne Bewässerung auskommen. Nur gebrauchte Fässer, um die Frucht hervorzuheben. Glänzt mit CHARDONNAY wie etwa dem Tardive.

Walter Scott Eola-Amity Hills ★★★★ Der Familienbetrieb konzentriert sich auf bestes Traubenmaterial. Präziser und gradliniger CHARDONNAY, ausgewogener PINOT NOIR mit gut integrierter Eiche. Auch der GAMAY ist sehr gut. Die Spitzenlagen sind X-Novo, Freedom Hill und Sojourner. Gutes Lagerpotenzial.

Willamette Valley Vineyards Wil ★★ Viele Aktionäre und Teilhaber; ausgedehnte Weinlagen, vorwiegend PINOT NOIR und CHARDONNAY. Im Rocks District sind jetzt auch Maison Bleue und Pambrun zu Hause.

Winderlea Wil ★★★→★★★★ Biodynamischer Winzer mit beschwingtem PINOT NOIR aus Einzellagen wie Crawford Beck, Shea, Weber oder Winderlea Legacy. Auch sehr guter CHARDONNAY mit Reifepotenzial.

Pennsylvania

Die neuen Stars heißen ALBARIÑO, besonders von **Galen Glen, Galer, Maple Springs,** und GRÜNER VELTLINER, dazu PINOT NOIR und Bordeaux-Sorten. Viele Italiener von BARBERA bis FIANO. Das Kontinentalklima wird im Nordwesten vom Lake Erie gemildert. Angenehme Temperaturen im Südosten: **Va La** der gemischte Satz Avondale aus CORVINA und neun NEBBIOLO-Klonen genießt Kultstatus; **Vox Vineti** Nebbiolo, fassvergorener Rosé, saubere Bordeaux-Verschnitte und streng limitierter PETIT VERDOT; im zentralen Leigh Valley: **Galen Glen** produziert in windigen 305 m Höhe, im Keller liegen Schätze von den ältesten Reben: Grüner Veltliner, der 2003 gepflanzt wurde; **Stony Run** sehr guter 18er Brut und weicher Albariño. **Allegro**, zuverlässig seit den 70ern; **Armstrong Vine** CABERNET FRANC, MERLOT; **Fero Vineyards** heller LEMBERGER, gefeierter SAPERAVI; **Karamoor**; **Mazza** TEROLDEGO vom Lake Erie; **Mural City Cellars** urbane Kellerei in Philadelphia; **Penns Woods** SAUVIGNON BLANC, tiefgründiger CABERNET SAUVIGNON; **Presque Isle**; **Vynecrest** Lemberger-Verschnitt; **Waltz** Cabernet franc; **Wayvine** guter fassgereifter Carmine.

Texas

Jedes Jahr liefern immer mehr Produzenten Qualität, mehr Winzer kommen aus östlichen Regionen dazu, und dank der jüngsten Gesetzgebung findet sich auf immer mehr Weinetiketten aus Texas die Herkunftsbezeichnung aus einem County, einer AVA oder einem Weinberg. Ca. 400 Winzer produzieren überwiegend in zwei riesigen AVAs – Texas Hill Country und Texas High Plains –, da haben sie allen Grund, den Fokus auf Regionalität und lokale Identität zu legen. Der Bundesstaat ist eine Art Labor, in dem höchst erfolgreiche Experimente mit portugiesischen und mediterranen Reben durchgeführt werden. Auch der Pét-Nat glänzt. Aktuell ist der 2017er-Jahrgang der beste.

Ab Astris – Ziemlich neues Boutiqueweingut in Familienbesitz. Das Augenmerk liegt auf dem örtlichen Terroir und den Rebsorten, die dort am besten gedeihen. Erwähnenswert sind PICPOUL und TANNAT.

Becker Vineyards ★★★ Große, reife Weine im Bordeaux- oder Rhône-Stil. Prairie Rotie ist der Vorzeigewein. Ganz vorn ist gerade der CABERNET SAUVIGNON aus dem Wilmeth Vineyard. Das Gleiche gilt für die ROUSSANNE Reserve vom Farmhouse Vineyard.

Bending Branch ★★★ Erste Adresse für TANNAT. Unverkennbare kräftige Rote wie PETITE SIRAH, PETIT VERDOT oder Sagratino. Sehr gut auch PICPOUL, ROUSSANNE, SOUZÃO oder der CABERNET SAUVIGNON aus dem Newsom Vineyard. Dazu kommen 6,5 Hektar voller Experimente mit Rebsorten.

Das Hill Country und die High Plains liegen 531 km voneinander entfernt. Das ist weiter als vom Bordelais in die Champagne.

Brennan Vineyards ★★★ Das Gut mit Sitz in einem historischen Gehöft produziert trockenen VIOGNIER und die weiße Cuvée Lily aus Rhône-Rebsorten. Sehr guter NERO D'AVOLA namens »Super Nero«. Tiefer im Stil ist trockener Rosé aus MOURVÈDRE oder MALBEC. Der Liebling des Kellermeisters nennt sich »Winemaker's Choice« und wechselt jährlich.

Calais Winery ★★ Angesagtes Weingut in einer tollen Lage in Hill Country. Der Franzose Ben Calais produziert hier im Bordeaux-Stil und zieht Rhône-Reben für French Connection Wines. Die hoch gelegenen Weinlagen sorgen für Komplexität und Konzentration.

Crowson Wines Neuzugang, der sortenreine Naturweine mit möglichst wenig Eingriffen bereitet. Bekannt für trockenen weißen MALVASIA und intensiven Rosé.

Duchman Family Winery ★★★★ Hat als Erster auf den Trend mit Wein vom Fass aus italienischen Rebsorten gesetzt. Bekannt für AGLIANICO und trockenen VERMENTINO, aber auch frischen TREBBIANO. Die Trauben stammen aus der historischen kühlklimatischen Lage High Plains.

English Newsome Cellars Das wiederbelebte Projekt konzentriert sich auf den Rhône-Stil: sehr gute Reserve von ROUSSANNE sowie VIOGNIER.

Fall Creek Vineyards ★★★ Lohnend die Cuvée GSM Terroir Reflection und der Premium TEMPRANILLO ExTerra aus den Salt Lick Vineyards. Pionier für CHENIN BLANC. Die Bordeaux-Cuvée Meritus ist eine Hommage an Amerikas einst einflussreichsten Winzer André Tchelistcheff.

Haak Winery ★ Blanc du Bois im Madeira-Stil, bestechender MALBEC. Hat jüngst den Besitzer gewechselt.

Kuhlman Cellars Junges Weingut mit einem Kellermeister, der im Burgund gelernt hat. Rote Cuvées von Rhône- und Bordeaux-Sorten: Ignis (TEMPRANILLO/CABERNET SAUVIGNON) sowie Guts-Cuvées aus MARSANNE/ROUSSANNE.

Lewis Wines ★★★ Konzentriert auf portugiesische Rebsorten aus Einzellagen wie ALICANTE BOUSCHET, TINTA CÃO und TOURIGA NACIONAL. Beeindruckend der Guts-Rosé und der CHENIN BLANC.

Llano Estacado ★★★ Exzellenter MALBEC, wie der 1836 in Rot und Weiß. Sehr gut ist der weiße Viviana, in Rot macht er auf Supertoskaner. Der TEMPRANILLO THP aus texanischen Trauben ist hervorragend.

McPherson Cellars ★★★ Einer der Gründerväter des texanischen Weins bevorzugt jetzt wärmeliebende Sorten, besonders SANGIOVESE und Rhône-Reben; sehr guter CHENIN BLANC.

Messina Hof Winery ★★★ Die trockene weiße Cuvée Bonarrigo verrät die sizilianischen Wurzeln der Familie. Pionier für SAGRANTINO, dazu verschiedene Dessertweine.

Pedernales Cellars ★★★ Die Trauben stammen aus den Kuhlken Family Vineyards mit Rebsorten aus Spanien und von der Rhône. TEMPRANILLO und VIOGNIER setzen Maßstäbe, ebenso wie die Reihe Signature aus einer Einzellage.

Perissos Vineyard and Winery ★★ Familienweingut mit tiefgründigen, exotischen Roten wie die Cuvée Racker's aus 5 Rebsorten inkl. AGLIANCIO und TEMPRANILLO. Macht starke Cuvées aus italienischen Rebsorten.

Ron Yates ★★★ Der Jurastudent widmet sich jetzt dem TEMPRANILLO und hat auch Reben von der Rhône, aus Spanien und Italien im Fokus. Dazu SANGIOVESE aus dem Newson Vineyard und Pét-Nat aus GRENACHE und MENCIA.

Southold Farm and Cellar ★★★ Das Gut wird von einem Paar von der Ostküste betrieben. Sie liegen im Trend mit Frische, Naturweinen und der Lagerung im neutralen Stahltank. Innovativ der auf den Schalen vergorene PICPOUL Apera. Die Namen und Etiketten wechseln jährlich. Interessant auch der gemischte Satz aus den Robert Clay Vineyards.

Spicewood Vineyards ★★★ Die Rancherfamilie verarbeitet gutseigene Trauben, RON YATES ist das Schwesterweingut. Herausragend der SAUVIGNON BLANC mit tropischen Noten, dazu prickelnder SEMILLON und Pét-Nat aus GRENACHE. Flaggschiff ist der TEMPRANILLO-betonte Good Guy, benannt nach dem Großvater.

Wedding Oak Ausgewogener, reifer ROUSSANNE, toller AGLIANICO und guter roter Texedo aus DOLCETTO/TOURIGA NACIONAL. Empfehlenswert der SANGIOVESE, dazu Experimente mit Hopfen im Wein.

William Chris Vineyards ★★★ Lagenbetont mit wenig Eingriffen. Lohnend sind die MOURVÈDRE, inkl. eines knackigen Rosé und einer Pét-Nat-Cuvée. Flaggschiff ist der rote Enchante. Das dazugehörige kleine Gut Lost Draw Cellar beeindruckt mit SANGIOVESE.

Virginia

Das Kontinentalklima bringt viele Herausforderungen mit sich: hohe Feuchtigkeit, frostige Winter und Hurrikans zur Lesezeit. Immer mehr Rebflächen werden in höheren Lagen angelegt, wie z. B. im Shenandoah Valley. Das schützt die Reben und bringt bessere Qualitäten. Der Staat erzeugt elegante Tropfen im klassischen (CABERNET FRANC, PETIT VERDOT und MERLOT) und auch im experimentellen Bereich (robuster, dichter und säurebetonter PETIT MANSENG, NEBBIOLO und TANNAT werden immer präsenter). Viel CABERNET SAUVIGNON, und auch VIOGNIER wird immer beliebter.

Ankida Ridge ★★★ Erstklassiger, lagerfähiger PINOT NOIR mit wenig Alkohol, der vielleicht beste in Virginia. Aber nur für ein paar Glückliche, da weniger als 1.000 Kisten produziert werden. Die Reben stehen auf steilen Granithängen in 518 m Höhe in den Blue Ridge Mountains. Dazu CHARDONNAY, guter Blanc de Blancs und vielversprechender GAMAY.

Barboursville ★★★ In Monticello; v. a. mit Bordeaux-Sorten inkl. PETIT VERDOT (Octagon). Der neue Nascent ist ein feiner VERMENTINO (noch besser der meisterhafte Vermentino Riserva). Floraler VIOGNIER, FALANGHINA mit leicht öliger Konsistenz. Der NEBBIOLO hält 10 Jahre und länger. Der 05er CABERNET FRANC Reserve ist der ideale Monticello-Wein. Ganz köstlich der Paxxito aus VIDAL/MUSCAT Ottonel.

Boxwood ★★ Gründer der AVA Middleburg. Die Cuvées basieren auf CABERNET FRANC und MERLOT, dazu CABERNET SAUVIGNON und PETIT VERDOT, sowohl im klassischen Bordeaux-Stil als auch frischer und unmittelbar trinkreif. Rosé von denselben Trauben. SAUVIGNON BLANC und neuerdings Sauvignon gris. Kurze Fahrt von Washington DC.

Early Mountain ★★★ Voller, erdiger Eluvium; der Rise wird in den besten Jahren erzeugt; der Zweitwein von 2017 (12% TANNAT) zeigt sich komplex. Fünf CABERNET FRANCS aus Einzellagen – zwei regionale und drei lagenspezifische, die die für Virginia typischen Qualitätsnoten mitbringen: Der Quaker Run ist üppig, der Spitzenwein PETIT MANSENG (19) elegant und lagerfähig.

Gabriele Rausse ★★★ Kleines Qualitätsweingut eines italienischen Winzers nahe Monticello, der auch BARBOURSVILLLE zusammen mit Gianni Zonin (*siehe* Italien) gegründet hat. Unter den Sorten finden sich CHARDONNAY, PINOT GRIS, MALBEC, NEBBIOLO und PINOT NOIR als *vin gris*.

Die neue AVA Virginia Peninsula: 670 Hektar zwischen subtropischem und kontinentalem Klima.

Glen Manor Vineyards ★★ Historische Farm in der 5. Generation. Die Reben wachsen an felsigen Steilhängen auf über 305 m Höhe. Begann mit SAUVIGNON BLANC, jetzt auch üppiger CABERNET FRANC von 20–30 Jahre alten Reben, dazu halbtrockener PETIT MANSENG und PETIT VERDOT.

King Family Vineyards ★★★ Französischer Weinmacher für lagerfähigen Meritage, hervorragenden, nur in winzigen Mengen erzeugten PETIT MANSENG im *Vin-de-Paille*-Stil sowie die experimentelle Reihe Small Batch Series: Die letzten Jahre haben lebhaften, ungeschwefelten CHARDONNAY, in ganzen Trauben vergorenen CABERNET FRANC und VIOGNIER mit Schalenkontakt hervorgebracht. 2020 Pflanzung von SAVAGNIN.

Lightwell Survey ★★★ 2019 mitbegründet vom Kellermeister von EARLY MOUNTAIN. Mutige Cuvées aus Einzellagen. Am Anfang stand der The Weird Ones Are Wolves: CABERNET FRANC, zusammen vergoren mit 6% PETIT MANSENG. Das Ergebnis ist erdig und blumig. Nach der gleichen Methode entstehen der Los Idiots und der Dos Idiots. Für den Hintermen dürfen Petit Manseng und Riesling ein ganzes Jahr lang gemeinsam auf der Hefe liegen.

Linden ★★★ Der Gründer des Guts hat schon in den 80ern darauf vertraut, dass diese Böden gute Früchte hervorbringen. Bis heute Mentor für Wein aus Virginia. Bemerkenswerte Höhenweine aus drei Lagen: üppiger, mineralischer CHARDONNAY, lebhafter SAUVIGNON BLANC, schmackhafter PETIT VERDOT, elegante, komplexe rote Cuvées im Bordeaux-Stil, die reifen müssen. Auch ältere Jahrgänge vorrätig, der Verkostungsraum bietet u. a. Vertikalproben.

Michael Shaps Wineworks ★★ Langzeitproduzent in Virginia mit solidem CHARDONNAY, VIOGNIER, PETIT MANSENG; auch leckerer TANNAT und PETIT VERDOT. Raisin d'Être in Weiß (Petit Manseng) und Rot (Cuvée) aus Trauben, die in alten Tabakspeichern getrocknet werden.

Midland Construction ★★★ Alter Familienbetrieb mit Lagen auf Kalkstein in 400 m Höhe und darüber. BLAUFRÄNKISCH mit Noten von grünem Pfeffer, strukturierter CABERNET FRANC, cleverer CHARDONNAY. Auch PETIT MANSENG und RIESLING.

Pollak ★★ Das Gut existiert seit 2003, die Weine präsentieren die internationale Seite Virginias: gewichtiger CABERNET SAUVIGNON/FRANC, MERLOT, Meritage, cremiger PINOT GRIS und üppig-würziger VIOGNIER.

Ramiiisol ★★★ Ein neuer CABERNET FRANC aus den Blue Ridge Mountains, für den keine Kosten und Mühen gescheut wurden; er wächst auf eisenhaltigem Granit und Gneis – sehr elegant und hochkonzentriert. Biodynamisch. Auch NEBBIOLO wurde angepflanzt.

RdV Vineyards ★★★★ Vom Bordeaux inspirierte rote Cuvées von Granitböden in Hanglagen. Elegante, komplexe Weine mit Kraft: Rendevous basiert auf MERLOT und der CABERNET-SAUVIGNON-betonte Lost Mountain (4 Jahre nach der ersten Lese 2010 herausgebracht) ist der erste mehr als 100 Dollar teure Wein Virginias.

Veritas ★★★ Das solide Gut wurde 1995 gegründet und besitzt 20 Jahre alte Steillagen im Wald. Der konzentrierte, florale CABERNET FRANC kann 10 Jahre und länger reifen. Der PETIT VERDOT Paul Schaffer ist das Spitzengewächs – wenn man Tannine mag. Zurückhaltender SAUVIGNON BLANC, etwas üppigerer VIOGNIER. Dazu guter CHARDONNAY und MERLOT. Demnächst kommen Schaumweine nach traditioneller Methode auf den Markt.

Washington

Der Bundesstaat Washington ist der zweitgrößte Weinproduzent innerhalb der USA, aber die meisten der mehr als 1.000 Kellereien verfügen nur über eine sehr limitierte Produktion. Deshalb hat man viele gar nicht richtig auf dem Schirm. Da Land relativ preiswert ist, sind es auch die Trauben. Inzwischen sind die Sommer durchgehend warm, weshalb Bewässerung eine Grundvoraussetzung für den Weinbau ist. Das Ergebnis? Durchgängig qualitativ hochwertige Weine zu sensationellen Preisen – wenn man sie denn findet.

Bedeutende Weinbaugebiete in Washington

Columbia Valley (Col) Riesige AVA in der Mitte und im Osten Washingtons mit einem Zipfel in Oregon. Cabernet Sauvignon, Merlot, Riesling, Chardonnay und Syrah von hoher Qualität. Wichtige Unterbereiche: u. a. Yakima Valley, Red Mountain, Walla Walla Valley.

Red Mountain Unterbereich der AVAs Columbia Valley und Yakima Valley. Heißes Gebiet, bekannt für Cabernet Sauvignon und Bordeaux-Cuvées.

Walla Walla Valley (Walla) Unterbereich des Columbia Valley mit einer eigenen Identität und eigenen Reben in Washington und Oregon. Heimat wichtiger Boutique- und Prestigemarken, hauptsächlich Syrah, Cabernet Sauvignon und Merlot.

Yakima Valley Unterbereich der AVA Columbia Valley. Fokus auf Merlot, Syrah und Riesling.

Abeja Col, Walla ★★★ Die Produktion liegt jetzt in den Händen von Dan Wampfler (ehemals Dunham Cellars) und seiner Frau Amy Alvarez-Wampfler. Hochklassiger CABERNET SAUVIGNON und CHARDONNAY aus dem COLUMBIA VALLEY.

Andrew Will Col, Red Mt., Wash ★★★★ **10'** 12' 14' 16 – Eines der ältesten und angesehensten Weingüter, das langlebige Bordeaux-Cuvées im Reserve-Stil produziert. Will Carmada, Kellermeister in zweiter Generation, hat das Zepter übernommen. Ein gutes Preis-Leistungs-Verhältnis bietet der Involuntary Commitment.

Avennia Col, Yakima V. ★★★ **10** 12' 14' 16' 18' – Das erst 10 Jahre alte Gut hat sich bereits an die Spitze des Bundesstaates katapultiert. Charakteristisch, hochklassig, alte Reben von Spitzenlagen. Ganz weit vorn die Bordeaux-Cuvée Sestina und der SYRAH Arnaut. Auch sehr guter SAUVIGNON BLANC und die preiswerte Reihe Lydian.

Betz Family Winery Col ★★★→★★★★ **10** 12' 14' 16' 18' – Fest in Woodinville verankert und Produzent von qualitativ hochwertigen Weinen im Rhône- und Bordeaux-Stil, die mehr als 20 Jahre halten. CABERNET SAUVI-

Vereinigte Staaten

GNON Père de Famille ist das Flaggschiff, preiswert der Untold Story. Eigentlich ist alles bemerkenswert.

Cadence Red Mt., Wash ★★★ **10'** 12' 14 16' 17 – Das Weingut in Seattle besteht seit mehr als 20 Jahren und produziert gut strukturierte Bordeaux-Cuvées aus Einzellagen am RED MOUNTAIN. Zurückhaltend im Stil, brauchen sie Geduld. An der Spitze Bel Canto und Cara Mia. Unschlagbar günstig ist der Coda aus gebrauchten Eichenfässern.

Cayuse Walla ★★★★ **10 11** 12' 14 16' – Das hier ist nicht nur einer der besten SYRAH der USA, sondern einer der besten der Welt. Nur gutseigene Weinlagen. Preise jenseits der Stratosphäre, trotzdem ist jahrelange Geduld gefragt, um auf die Mailingliste zu kommen. Auch auf dem Zweitmarkt werden steile Summen aufgerufen, sind es aber wert. Die Schwesterweingüter Hors Categorie, Horsepower und No Girls liefern ebenfalls Spitzenqualität.

Charles Smith Wines Col ★★ Der gleichnamige Kellermeister hat seine Marke an den Weingiganten Constellation übertragen. Der Fokus bleibt auf erschwinglichen und guten Weinen wie CABERNET SAUVIGNON, MERLOT oder RIESLING.

Chateau Ste Michelle Col ★★→★★★ Washingtons erstes Weingut bietet preiswerte Rote und Weiße, dazu Gutsabfüllungen und höhere Qualitäten bis hin zu Reserve-Weinen. Weltgrößter Erzeuger von RIESLING. Die trockenen und halbtrockenen aus dem COLUMBIA VALLEY sind ausgezeichnet.

Col Solare Red Mt., Wash ★★★→★★★★ **10** 12' 14 18 – CHATEAU STE MICHELLE und Antinori aus der Toskana sind hier Partner bei der Produktion von Guts-CABERNET-SAUVIGNON: komplex und langlebig.

Columbia Crest Col ★★→★★★ In Washingtons größter Kellerei dreht sich alles um Qualität und ein gutes Preis-Leistungs-Verhältnis. Die Marke Grand Estates ist sehr gut und fair im Kurs. Die Reserve-Weine liegen ein wenig darüber, wie z. B. CABERNET SAUVIGNON oder der Walter Clore.

Columbia Winery Col ★★ Eines der ersten Weingüter Washingtons, von preiswert bis hochwertig.

Corliss Estates Col ★★★ 08' 10 12' 14 – Der Kultproduzent im WALLA WALLA VALLEY lässt seine Weine längere Zeit in Fass und Flasche. Das Schwesterweingut Tranche bezieht die Trauben aus den Blue Mountains, faire Preise.

Côte Bonneville Yakima V. ★★★ Alle Gutsweine stammen von der hochgelobten Lage DuBrul. Vor dem Verkauf dürfen sie noch länger auf der Flasche reifen. Seinen Preis wert ist Carriage House.

DeLille Cellars Col, Red Mt., Wash ★★★ **10'** 12' 14' 16 18 – Einer der Gründerväter in Woodinville, bekannt für hochwertige Weine im Bordeaux- und Rhône-Stil. D2 und Four Flags bieten hierbei viel fürs Geld. Chaleur Blanc gilt als einer der besten Weißen im ganzen Staat. Das Sortiment ist bestens aufgestellt.

Devison Walla ★★★ Jahrzehntelang hat Peter Devison Weine für andere gemacht, jetzt macht er seine eigenen. Der beste Rosé im Bundesstaat, dazu SAUVIGNON BLANC. Gerade erhalten die Roten viel Aufmerksamkeit.

Doubleback Walla ★★★ **10'** 12 16 18 – Das Weingut des früheren Footballers Drew Bledsoe hat nichts mit Eitelkeit zu tun; es produziert hochklassigen, eleganten CABERNET SAUVIGNON. Das Schwesterweingut heißt Bledsoe Family. Bledsoe-McDaniels haben ein neues PINOT-Projekt in Oregon und eins mit SYRAH aus Washington.

Dunham Cellars Walla ★★ Langjähriger Produzent von sehr gutem CABERNET SAUVIGNON und SYRAH. Die Rotweine Trutina und Three-Legged gibt's für kleines Geld.

Dusted Valley Vintners Walla ★★ Der Fokus liegt auf dem COLUMBIA- und dem WALLA WALLA VALLEY. Das reicht vom preiswerten Boomtown bis hin zu hochwertigen Weinen aus Einzellagen. Konsequent herausragend ist der SYRAH Stained Tooth.

Fielding Hills Col ★★ Produzent mit gutseigenem Weinberg am Wahluke Slope. Üppig und reif im Stil und dazu noch preiswert. Das Projekt Concentric Wine ist die Spielwiese des Gutes.

Figgins Walla ★★★ **10** 12 14 16 18 – Chris Figgins ist Gründer und Kellermeister in zweiter Generation (Weinmacher für LEONETTI). Er konzentriert sich auf eine Einzellage in Upper Mill Creek. Sehr strukturierte Bordeaux-Cuvées, denen Geduld und Dekantieren guttun.

Force Majeure Red Mt., Wash ★★★ Gutsabfüllungen im breiten, üppigen Stil mit Lagerpotenzial.

Gorman Red Mt., Wash ★★★ Purer Hedonismus ist hier die Triebfeder für füllige, reife Weine. Die Cuvée Evil Twin von CABERNET SAUVIGNON/SYRAH ist die Trumpfkarte. Ein CHARDONNAY-Projekt nennt sich Ashan.

Gramercy Cellars Walla ★★★ **10** 12' 13 16 18 – Mastersommelier Greg Harrington produziert Weine mit weniger Alkohol oder Eiche, dafür mit mehr Säure – allesamt gute Essensbegleiter. Spezialitäten sind erdiger SYRAH und kräuterwürziger CABERNET SAUVIGNON. Preiswerter ist der Lower East.

H3 Col ★ Jüngster Ableger von COLUMBIA CREST. Zum fairen Preis gibt es CABERNET, MERLOT und rote Cuvées.

Im Gegensatz zu Oregon sollte man hier nicht wegen Pinot (weniger als 1 % der Produktion) vorbeikommen; der König von Washington heißt Cabernet.

Hedges Family Estate Red Mt., Wash ★★ Die Gegend ist für reife Rote bekannt, aber der seit Langem biodynamisch arbeitende Erzeuger hat eher zurückhaltende und aromatische Weine im Angebot. Preiswert ist die Cuvée CMS.

Januik Col ★★★ **10** 12' 18 – Mike Januik hat sich die Sporen bei CHATEAU STE MICHELLE verdient, bevor er vor 20 Jahren diese Perle in Woodinville gegründet hat. Konsequent in der Qualität, preisgünstige Weine im Bordeaux-Stil, einige der besten CHARDONNAYS im Staat. Novelty Hill ist das Schwesterweingut. Dort produziert sein Sohn Andrew die gleichnamigen Weine.

Kevin White Winery Yakima V. ★★★ Das Miniweingut setzt auf hohe Qualität zum unschlagbaren Preis. Der Trick? Zuschlagen, bevor der Wein weg ist.

Kiona Red Mt., Wash ★★ Die Gründer der RED MOUNTAIN Winery produzieren sehr schöne Gutsweine wie den LEMBERGER von alten Reben.

K. Vintners Col, Walla ★★★ Charles Smith ist eine beeindruckende Persönlichkeit. Der frühere Manager einer Rockband konzentriert sich auf SYRAH aus Einzellagen und Cuvées aus Syrah/CABERNET SAUVIGNON. Das Schwestergut Sixto widmet sich dem CHARDONNAY. Außerdem CasaSmith, Substance und ViNo.

Latta Wines Col ★★★ Der früher bei K Vintners beschäftigte Weinmacher Andrew Latta produziert tolle Weine aus Einzellagen wie GRENACHE, MALBEC, MOURVÈDRE und SYRAH. Preiswerter sind der Latta Latta und Nebenprojekte namens Disruption oder Kind Stranger.

L'Ecole No 41 Walla ★★★ **10** 12' 14 16 – Eines der ersten Güter im Valley mit fairen Preisen für die Weine aus WALLA WALLA und dem COLUMBIA VALLEY. Der beste Bordeaux-Verschnitt heißt Ferguson. Sehr günstiger CHENIN BLANC und SEMILLON.

Leonetti Cellar Walla ★★★★ 08 **10'** 12' 14 18 – Eines der ersten Weingüter im WALLA WALLA VALLEY genießt seinen Kultstatus zu Recht und verlangt Höchstpreise für lagerfähige Weine wie CABERNET SAUVIGNON, MERLOT und SANGIOVESE. Flaggschiff ist eine Bordeaux-Cuvée Reserve. Die Weine aus Einzellagen sind streng limitiert, aber zum Niederknien.

Liminal Red Mt., Wash ★★★→★★★★ Neuer Kultproduzent von sehr reinen Roten und Weißen aus Höhenlagen, die Aufmerksamkeit verdienen.

Long Shadows Walla ★★★→★★★★ Holt regelmäßig Spitzenkellermeister aus aller Welt nach Washington, damit jeder seinen eigenen Wein macht. Ganz weit vorn der MERLOT Michel Rolland. Der RIESLING Poet's Leap ist einer der besten im Staat, aber auch alles andere hat Topqualität, nach der man sich die Finger leckt.

Luke Col ★★ Die fair kalkulierten Roten namens Wahluke bieten viel fürs Geld.

Mark Ryan Red Mt., Wash, Yakima V. ★★★ Das Gründungsmitglied der »Traubenkiller« von Woodinville ist bekannt für seinen eher ausladenden Stil. Aber er beherrscht es auch raffinierter. Der Dissident bietet viel fürs Geld. Herausragend sind der MERLOT-basierte Long Haul und der CABERNET SAUVIGNON Dead Horse. Der preiswerte Zweitwein nennt sich Board Track Racer.

Schmuddelwetter wie in Seattle kennen die Reben in Washington nicht, fast alle gedeihen östlich der Stadt in der Wüste.

Maryhill Col ★ Sehr vielseitig in Sachen Preis und Stil, vom erschwinglichen Winemaker's Select bis hin zu Weinen aus Einzellagen.

Milbrandt Vineyards Col ★★ Das Weingut am Wahluke Slope konzentriert sich auf preiswerte Weine und eine kleine Auswahl an Einzellagenweinen. Empfehlenswert sind PINOT GRIS und RIESLING.

Northstar Walla ★★★ Als MERLOT noch der Leitstern von Washington war, war dieser Produzent ganz vorn mit dabei. Jahrzehnte später ist er das immer noch.

Owen Roe Yakima V. ★★★ Langjähriger Produzent im Yakima Valley von SYRAH, CABERNET SAUVIGNON und Bordeaux-Cuvées, die durch ihre zurückhaltende Eleganz bestechen. Unlängst von dem kalifornischen Giganten Vintage Wine Estates übernommen.

Pacific Rim Col ★★ Von Randall Graham gegründet, gehört der RIESLING Spezialist jetzt zu Banfi. Massen von leckeren, preiswerten Weinen von trocken bis süß oder bio. Wer mehr will, greift zu Einzellagenabfüllungen.

Passing Time Col ★★★→★★★★ Die früheren NFL Quarterbacks Dan Marino und Damon Huard konzentrieren sich auf den für die Gegend typischen CABERNET SAUVIGNON. Ihren Weinmacher Chris Peterson haben sie sich von AVENNIA geholt. Spitze ist der Horse Heaven Hills. Auf dem besten Weg zum Kultstatus.

Pepper Bridge Walla ★★★ Die gutseigenen Weine im Bordeaux-Stil aus den Spitzenlagen Pepper Bridge und Seven Hills sind gut strukturiert und hochklassig. Einige Zeit im Keller tut ihnen gut.

Quilceda Creek Col ★★★★ **04' 07** 10 12' 14' 16' 18' – Geschätzter Produzent von Kult-CABERNET SAUVIGNON; füllig, vielschichtig und mit Lagerpotenzial. Einer der meistgelobten der Welt, nur per Zuteilung erhältlich. Glücklich ist, wer diesen Wein auftreiben – und ihn sich auch leisten kann.

Reynvaan Family Vineyards Walla ★★★ 10' **11** 12' 14 16 18 – Das Weingut mit Warteliste konzentriert sich auf eigene Lagen im Rocks District und den Blue Mountain Foothills. Bei den Roten kann man zu Recht ins Schwärmen geraten, aber die Weißen sind deswegen nicht schlechter.

Rôtie Cellars Walla ★★★ Der Spezialist in Sachen Rhône-Stilistik war ursprünglich für seine Roten bekannt, aber jetzt kommen immer mehr Weiße dazu. Der Northern Blend fällt immer wieder positiv auf. Dazu ein CHARDONNAY-Projekt namens House of Bones.

Savage Grace Yakima V. ★★ Produziert mit wenig Eingriffen Weine aus Einzellagen, die etwas zu sagen haben und dabei weniger Alkohol und Eiche mitbringen.

Saviah Cellars Walla ★★★ Hier im WALLA WALLA VALLEY stimmte das Verhältnis von Qualität und Wertigkeit schon immer. Die Marke The Jack ist erschwinglich.

Seven Hills Winery Walla ★★★ **10** 12' 14 16 18 – Eine der ersten Kellereien im WALLA WALLA VALLEY. Die langlebigen Roten im Bordeaux-Stil sind ebenso zurückhaltend wie raffiniert. Der MERLOT ist preiswert.

Sleight of Hand Walla ★★★ Trey Busch macht umwerfende Bordeaux-Cuvées und Weine im Rhône-Stil. Der SYRAH aus dem Rocks District »rockt« sprichwörtlich – unbedingt probieren. Die Marke Renegade gibt's für kleines Geld.

Sparkman Cellars Red Mt., Wash, Yakima V. ★★★ Mitglied bei den »Traubenkillern« von Woodinville und vollkonzentriert auf Kraft und Vielfalt – er produziert mehr als zwei Dutzend Weine. Die Bordeaux-Cuvées Ruby Leigh und Stella Mae überzeugen immer wieder. Ein Spitzen-CABERNET-SAUVIGNON ist der Kingpin.

Spring Valley Vineyard Walla ★★★ Im Besitz von Chateau St. Michelle und auf gutseigene Rote fokussiert. Die Bordeaux-Cuvée Uriah aus MERLOT führt die Riege an.

Syncline Cellars Col ★★★ Der Produzent in Columbia Gorge hat sich ganz der Rhône verschrieben und erzeugt reintönige und frische Weine. Preiswert ist der rote Subduction. Schaumwein von GRÜNEM VELTLINER ist ein echter Geheimtipp. Der PICPOUL sticht immer wieder heraus.

Tamarack Cellars Col ★★ Langzeitproduzent im WALLA WALLA VALLEY von CABERNET SAUVIGNON, MERLOT und CABERNET FRANC. Preiswert ist der Firehouse Red.

Walla Walla Vintners Walla ★★ Produziert schon lange üppige Rote im Tal. Die Gutsweine sind spitze.

Waterbrook Walla ★→★★ Eines der ältesten Weingüter im Staat, jetzt im Besitz des Weingiganten Precept, mit dem Fokus auf Hochwertigem. Noch ein Treppchen höher ist das Schwesterweingut Browne Family angesiedelt.

Woodward Canyon Walla ★★★★ **07 10** 12' 14 16 18 – Den Gründerbetrieb im WALLA WALLA VALLEY hat jetzt die zweite Generation übernommen. Der Fokus liegt auf dem Bordeaux-Stil. Der CABERNET SAUVIGNON Old Vines lohnt sich sehr. CHARDONNAY ist konstant der Beste im Staat. Das preiswerte Label heißt Nelms Road.

W.T. Vintners Yakima V. ★★★ Der Sommelier und Kellermeister Jeff Lindsay-Thorsen arbeitet mit frühem Lesegut und wenig Eiche bei GRENACHE, SYRAH und GRÜNEM VELTLINER aus Einzellagen.

Kanada

Kanadischer Wein ist auf dem Vormarsch – begünstigt vom Klimawandel, neuer Kellertechnik und einer ganzen Generation von Winzern mit Umweltbewusstsein. Die mehr als 12.500 ha Weinlagen erstrecken sich von West nach Ost über 9.300 km. Ein Kaleidoskop an Rebsorten, ebenso vielfältig wie die Leute, die daraus Wein machen. Rein, lebhaft und lecker, mit diesen Attributen ist kanadischer Wein zum bevorzugten Stoff der Einheimischen geworden. Für den Rest der Welt bleibt da nicht viel übrig. Das Bekenntnis zum Icewine verblasst ein wenig; dafür haben neu gedachte Versionen von Chardonnay, Cabernet franc, Pinot noir, Riesling oder roten Cuvées die Führung übernommen.

Die folgenden Abkürzungen werden im Text verwendet:

Niag Niagara Peninsula
Ok Okanagan Valley

Ontario

Die Hauptursprungsbezeichnungen (Appellations of Origin) sind Niagara Peninsula, Lake Erie North Shore und Prince Edward County. Niagara Peninsula ist in die zwei regionalen Appellationen Niagara Escarpment und Niagara-on-the-Lake sowie zehn Subappellationen unterteilt, und in Lake Erie North Shore gibt es einen neuen Unterbereich namens South Islands.

Bachelder Niag ★★★★ Thomas Bachelder ist Experte für das Terroir von Niagara und verfügt über enzyklopädisches Fachwissen von allen Weinlagen auf der Halbinsel: elegante CHARDONNAYS, GAMAYS und PINOT NOIRS mit Lagerpotenzial.

Cave Spring Niag ★★★★ Familie Penachetti ist Pionier in Niagara und pflegt ihre Lagen voller alter Reben. Ein Ziel für RIESLING-Freaks mit trockenen Weinen, Spätlesen und Icewine.

Fielding ★★★ Wer Fielding besucht, freut sich über die herzliche Familienatmosphäre und die sehr gute Reihe Beamsville Bench: kleine Mengen von CHARDONNAY, GAMAY, CABERNET FRANC und Schaumwein.

Henry of Pelham Niag ★★★ Familie Speck produziert Wein in sechster Generation. Die Winzer arbeiten nachhaltig und bieten ein breites Angebot wie die Family Reserve, die hervorragende Cuvée Catherine Brut oder Icewine von RIESLING.

Hidden Bench Niag ★★★★ Harold Thiel produziert mit seinem Team mustergültigen CHARDONNAY, RIESLING und PINOT NOIR: Die besten sind Riesling Felseck, Nuit Blanche und der Chardonnay Tête de Cuvée.

Inniskillin Niag ★★★ Seit 1984 kultisch verehrter Pionier für Icewine. Noch immer sehr innovativ mit CABERNET FRANC, einer prickelnden Cuvée aus Cabernet franc/VIDAL und – natürlich – Icewine.

Leaning Post Niag ★★★ Den Besucher erwarten eine herzliche Familienatmosphäre und Weine, die sich auf die Nuancen dieser Subregion konzentrieren. Sehr guter CHARDONNAY und PINOT NOIR, dazu die experimentelle Reihe Freak & Geek.

Malivoire Niag ★★★★ Kanadisches Weingut des Jahres 2021. Sehr guter CHARDONNAY, GAMAY und PINOT NOIR. Die Willkommenskultur dieser tollen Leute bleibt nach jedem Besuch nachhaltig in Erinnerung.

Prince Edward County Ont – Beliebtes Urlaubsziel und Heimat von gut 40 Winzern am Ostende des Lake Ontario. Auf Kalkstein wächst Spitzen-CHARDONNAY und PINOT NOIR, u. a. von Closson Chase, Hinterland, Huff, Rosehall Run, Trail Estate und Stanners.

Ravine Vineyard Niag ★★★ Die ökologisch bewirtschaftete Lage David's Bench ist 14 ha groß und liegt in einem ehemaligen Flussbett. Elegante Reserve-Weine von CABERNET FRANC und CHARDONNAY. Restaurant mit köstlichem Farm-to-Table-Konzept.

Stratus Niag ★★★★ Jean-Laurent Groux gilt in Niagara als Legende. Sehr gute Cuvées von CABERNET FRANC/GAMAY. Charles Baker komplettiert das Angebot mit lagerfähigem RIESLING. Ein Besuch lohnt sich.

Tawse Niag ★★★ Das vierfach ausgezeichnete »Weingut des Jahres« wird von dem dynamischen Eigner Moray Tawse geführt. Spitzen-PINOT-NOIR und CHARDONNAY sind vom Burgund inspiriert.

Thirty Bench Niag ★★★ Kleine Parzellen, hochspezialisierte Experimente mit RIESLING von alten Reben aus einer Einzellage. In Beamsville Bench heißen sie Steel Post, Wild Cask und Wood Post.

Trius/Andrew Peller ★★★ Aufgehender Stern; die Weinbereitung läuft zusammen mit dem Australier Craig MacDonald. Schaumwein, RIESLING, CABERNET FRANC, Icewine, dazu ein Spitzen-Restaurant.

Two Sisters Niag ★★★ Spitze sind die Gutsrotweine von CABERNET FRANC, CABERNET SAUVIGNON und MERLOT. Der Schaumwein Blanc de Franc genießt Kultstatus. Im Restaurant Kitchen76 lockt italienische Hausmannskost.

British Columbia

Die geografischen Angaben für Qualitätsweine aus British Columbia und BC-VQA-Weine sind British Columbia, Fraser Valley, Gulf Islands, Kootenays, Lillooet, Okanagan Valley (mit den Unterbereichen Golden Mile Bench, Okanagan Falls, Naramata Bench und Skaha Bench), Shuswap, Similkameen Valley, Thompson Valley und Vancouver Island (mit der neuesten Subregion Cowichan Valley).

Blue Mountain Ok ★★★ Legendärer Schaumwein nach traditioneller Methode, inkl. der komplexen RD-Versionen. Lagerfähiger CHARDONNAY und PINOT NOIR, vom Handel hochgelobt.

CedarCreek Ok ★★★★ Ernst zu nehmender Bio-Produzent mit dem Fokus auf Einzellagenweinen von CHARDONNAY und PINOT NOIR aus der Reihe Platinum. Mit Besucherzentrum und dem empfehlenswerten Restaurant Home Block.

Checkmate Okanagan V. ★★★★ Breites Angebot an neu definiertem CHARDONNAY und MERLOT aus Mikroparzellen im Süden Okanagans. Schicke Verkostungsräume mit tollem Bergpanorama.

Clos du Soleil ★★★ Die Cuvées sind von der alten Welt inspiriert und wachsen im wilden und stürmischen Similkameen Valley, Kanadas Zentrum für den Öko-Anbau. Spitze sind der Capella in Weiß und Signature in Rot.

Cowichan Valley Toller PINOT GRIS und PINOT NOIR von alten vulkanischen Böden auf Vancouver Island. Die besten Erzeuger: Averill Creek, Blue Grouse, Emandare, Rathjen, Unsworth und Venturi Schulze.

Haywire Ok ★★★ Die Okanagan-Legende Chris Coletta ist offen für Besucher die sich für Bio und seine »Weniger-ist-mehr«-Weinbereitung interessieren. Reintöniger PINOT GRIS, PINOT NOIR und Schaumwein.

La Frenz ★★★★ Zweifacher Gewinner des Preises »Kleines Weingut des Jahres« in Kanada. Himmlischer Likör aus MUSCAT und Port. Ähnlich herausragende trockene Weißweine, die unter der Federführung des Mitbesitzers und Master of Wine Jeff Martin entstehen.

Martin's Lane Ok ★★★★ Herausragender PINOT NOIR und RIESLING aus Einzellagen in Naramata und Kelowna. Für die spektakuläre Architektur des Weingutes zeichnet der Neuseeländer Shane Munn verantwortlich.

Mission Hill Ok ★★★★ Die 500 ha zertifizierter Bio-Weinlagen werden jetzt von der aufstrebenden Kellermeisterin Corrie Krehbiel betreut. In Rot und Weiß sind die Reihen Legacy und Terroir spitze. Erneuertes Besucherzentrum und tolles Terrassenrestaurant.

Osoyoos Larose Ok ★★★ Die Groupe Taillan kultiviert hier das Bordeaux auf 33 ha. Alle fünf Bordeaux-Rebsorten wachsen seit 26 Jahren in Einzellagen. Le Grand Vin hat Lagerpotenzial; solider Petalos.

Painted Rock Ok ★★★ 24 ha große Steillage unterhalb von 500 Jahre alten Felsmalereien in Skaha Bench. Der Stilmix aus Bordeaux und Okanagan Valley ist durchaus gekonnt. CABERNET FRANC, CHARDONNAY und SYRAH; Aushängeschild ist der rote Icon.

Phantom Creek Okanagan V. ★★★★ Atemberaubende 100-Millionen-Dollar-Anlage mit Panoramarestaurant und Amphitheater. Öko-Weinbau mit Zertifikat. Sehr guter CABERNET SAUVIGNON, PINOT GRIS, SYRAH und rote Cuvées.

Quails' Gate Ok ★★★ Pionier für CHARDONNAY und PINOT NOIR, zuverlässig auf den Punkt gebracht. Beliebtes Besucherzentrum mit hochgelobtem Weinrestaurant. Im Osten Kelownas sind 80 ha Weinberge dazugekommen, die mit Chardonnay, CHENIN BLANC, Pinot noir und RIESLING bestockt sind.

Road 13 Ok ★★★ Spannender VIOGNIER und SYRAH im Rhône-Stil, CHENIN BLANC in still und schäumend von alten Reben (1968 gepflanzt). Die Premiummarken sind Golden Mile Bench und Similkameen Valley Jackpot.

Tantalus Ok ★★★★ Spannender RIESLING von alten Reben (1968 gepflanzt), seidiger PINOT NOIR, CHARDONNAY und Schaumwein. Viele der Masken des Künstlers Dempsey Bob zieren die Etiketten und sind im Verkostungsraum ausgestellt.

Nova Scotia

Benjamin Bridge ★★★ Schaumwein nach traditioneller Methode und Pét-Nat. Ausgezeichneter lagerfähiger Brut mit und ohne Jahrgang von CHARDONNAY/PINOT NOIR; einzigartiger Nova 7.

Lake Effect

Kanadische Weine wachsen niemals weit entfernt von einem See oder dem Ozean; die meisten Weinlagen befinden sich in einem 20-km-Radius zum nächsten großen Gewässer. Dieser sogenannte Lake Effect mildert extreme Temperaturen, die ja mittlerweile eine Begleiterscheinung des Klimawandels sind. Seen bringen außerdem eine Art natürlicher Qualitätskontrolle mit sich, denn in diesen Gebieten werden die Reben nie in den tiefsten Lagen gepflanzt, deren Böden viel zu nährstoffreich für den Weinbau sind.

Südamerika

Die folgenden Abkürzungen werden im Text verwendet:

Aco	Aconcagua
Cach	Cachapoal
Casa	Casablanca
Cata	Catamarca
Col	Colchagua
Cur	Curicó
Elq	Elqui
Ley	Leyda
Lim	Limarí
Mai	Maipo
Mau	Maule
Men	Mendoza
Neuq	Neuquén
Pat	Patagonien
Rap	Rapel
Río N	Río Negro
Sal	Salta
San A	San Antonio
San J	San Juan

Chile

Topografisch ist kaum ein Land so spannend wie Chile. Es hat extreme Landschaften, die von den Gipfeln und Hochebenen der Anden bis zu den Eisfeldern und Gletschern Feuerlands reichen. Die Küste, an die der wilde Pazifik brandet, zieht sich über die gesamte Länge des schmalen Landes. All dies bringt vielfältige Mikroklimata und eine Fülle an Weinstilen mit sich. Das reicht von rassigem Chardonnay von der Kalksteinküste in Limarí zu fülligem Syrah aus dem sonnigen Apalta-Tal, von zartem Cinsault aus den Granithügeln von Itata bis hin zu Weltklasse-Cabernet-Sauvignon vom Fuße der Anden. Weine gibt es in Chile in Hülle und Fülle zu entdecken. Und von Jahr zu Jahr werden die Winzer besser. Fast scheint es, als würde für Chile eine Art goldenes Zeitalter anbrechen.

Neuere Jahrgänge

Chile ist groß, und entsprechend unterschiedlich fällt die Lese je nach Region aus. Generell war 2021 ein angenehm kühles Jahr, 20 war wärmer, 19 ein trockenes Jahr mit konzentrierter Frucht, sehr gut; 18 kühl, trocken und auch sehr gut, 17 sehr heiß und trocken.

Abolengo Cach ★★ Vielversprechende Cuvées von CARMENÈRE/SYRAH aus Peumo.

Aconcagua Große Weinregion nördlich von Santiago, die sich von den Bergen bis zur Küste erstreckt. Die Weinvielfalt reicht von fülligen Roten bis hin zu frischen Weißen. Besonders der SYRAH sticht hervor.

Almaviva Mai ★★★★ Ikonische, üppige rote Cuvée aus MAIPO und der erste Wein aus der neuen Welt, der auf dem internationalen Markt von Bordeaux gehandelt wurde. Sehr hilfreich, dass die Familie Mouton Rothschild neben CONCHA Y TORO zu den Besitzern zählt.

Altaïr Rap ★★★ Die Spitzencuvée vom hoch gelegenen Cachapoal bei SAN PEDRO hat einen großen Sprung nach vorn gemacht: reif und komplex.

Antiyal Mai ★★★ Chiles legendärer, biodynamisch arbeitender Spitzenweinmacher Álvaro Espinoza. Elegante Weine, auf die sich die Jagd lohnt.

Apaltagua ★★ Breites Sortiment mit Weinen aus ganz Chile, alltagstauglich.

Aquitania, Viña Mai ★★★ Familienweingut mit dem Spitzen-CABERNET SAUVIGNON Lazuli und roten Bergweinen. Im tiefen Süden von MALLECO entstehen exzellenter CHARDONNAY, PINOT NOIR, SAUVIGNON BLANC und Schaumweine.

Arboleda, Viña Aco ★★ Saubere und spritzige Weine aus Costa vom Team der Familie ERRÁZURIZ. Empfehlenswert auch CHARDONNAY, PINOT NOIR, SYRAH und die roten Cuvées.

Bío-Bío Traditionelle Region im Süden, die gerade ihr Comeback erlebt für Weine von alten Reben (z. B. PAÍS) und Neupflanzungen von frischem RIESLING, SAUVIGNON BLANC oder PINOT NOIR.

Bouchon Mau ★★→★★★ Innovatives Familienweingut in MAULE mit einem PAÍS von alten Reben, der einem den Kopf verdrehen kann. Dazu hervorragender SEMILLON und kraftvolle rote Cuvées.

Caliboro Mau ★★→★★★ Boutiqueweine in Bio-Qualität aus MAULE. Graf Cinzano aus Italien hat ein wirklich vorbildliches Portfolio.

Calyptra Cach ★★→★★★ Familienweingut voll auf der Höhe in den Cachapoal-Anden. Lebendige rote Bergweine und frischer SAUVIGNON BLANC.

Carmen, Viña Casa, Col, Mai ★★→★★★ Das historische Weingut in MAIPO bedient ein großes und sehr breit gefächertes Portfolio. Die Reihe DO ist hervorragend, inkl. reifem SEMILLON. Der CABERNET SAUVIGNON Gold ist eine moderne Ikone in Chile.

Casablanca Die erste und jetzt auch größte kühlklimatische Küstenregion von Chile. Bekannt für SAUVIGNON BLANC und PINOT NOIR. SYRAH, CHARDONNAY und CABERNET FRANC sind auf dem Vormarsch.

Casa Marín San A ★★★→★★★★ Erstklassiger Produzent an der Küste in Lo Abarca. Mutter und Sohn erzeugen kraftvolle Rote und rassige Weiße.

Casas del Bosque Casa, Mai ★★ Prominenter Produzent in CASABLANCA mit Spitzenrestaurant. Die Reihe Pequeñas Producciones spielt in der ersten Liga.

Casa Silva Col, Südchile ★★→★★★ Ein Mehrgenerationenhaus voller Leidenschaft für Wein und Polo. Üppige Rote aus COLCHAGUA, Weiße von der Küste aus Lolol und rassige kühlklimatische Weine aus Osorno.

Clos des Fous Cach, Casa, Südchile ★★→★★★ François Massoc produziert eine fast exzentrische Kollektion: Das reicht von Weinen von alten Reben in ITATA bis hin zu brandneuem RIESLING aus MALLECO.

Vom Klima aufgeteilt

Chile ist in Regionen eingeteilt, die sich von Nord nach Süd erstrecken, aber ebenso finden sich verschiedene Klimazonen von West nach Ost: Costa = maritimer Einfluss. Entre Valles = wärmere Talböden. Andes = Hochgebirgseinfluss der Anden.

Concha y Toro Valle C ★→★★★★ Einer der Größten auf dem Weltmarkt, der so ziemlich alles und überall produziert. Casillero del Diablo ist ein anständiger Alltagswein, dann geht es aufwärts mit Marquis und Terruño. Wirklich ernst zu nehmen sind Amelia, Gravas und MAYCAS DE LIMARÍ. Eine Ikone wie der CABERNET SAUVIGNON Don Melchor ist besser als je zuvor. *Siehe auch* ALMAVIVA und TRIVENTO (Argentinien).

Cono Sur Bío Bío, Casa, Col ★★→★★★ Der Schwerpunkt liegt auf Pinot noir, aber mit einer guten Auswahl aus ganz Chile. Ebenfalls empfehlenswert sind RIESLING aus BÍO BÍO und CABERNET SAUVIGNON aus MAIPO.

Cousiño Macul Mai ★★→★★★ Direkt vor den Toren von Santiago und mit breit gefächertem Angebot. Lota ist ein Spitzen-CABERNET-SAUVIGNON.

De Martino Cach, Casa, Elq, Itata, Mai, Mau ★★→★★★★ Wahre Entdecker machen sich auf die Jagd nach diesen Weinen von ITATA bis nach LIMARÍ. Alle Klassikliebhaber werden bedient, aber mit einem sehr subtilen Stil. Toll sind die Weine von alten Reben wie z. B. CINSAULT oder MALBEC.

Elqui Enges Tal, das sich von der Küste bis hoch in die Anden erstreckt. Frische Weiße von der Küste und kraftvolle rote Bergweine. Spitze für SYRAH.

Emiliana Bío Bío, Casa, Rap ★★ Noelia Orts ist Kellermeisterin auf diesem beeindruckenden, biodynamisch geführten Gut – einem der größten weltweit. An der Spitze komplexe Cuvées wie der G oder Coyam.

Errázuriz Aco, Casa ★★→★★★★ Großes, historisches Gut mit moderner Vision. Das reicht von fülligen roten Bergweinen bis hin zu feineren von der kühlen Küste. Besonders gut ist der CHARDONNAY Pizzara. CABERNET SAUVIGNON Don Maximiliano ist ein chilenischer Klassiker. *Siehe auch* SEÑA, VIÑA ARBOLEDA und VIÑEDO CHADWICK.

Falernia, Viña Elq ★★ Giorgio Flessati ist ein Pionier in Sachen feine Weine in ELQUI. Die Kollektion reflektiert die verschiedenen Terroirs der Region mit knackigen Weißen von der Küste bis hin zu würzigen Roten. Besonders gut ist der CARMENÈRE im Appassimento-Stil.

Südamerika

Garcés Silva, Viña San A ★★→★★★ Pionier in LEYDA mit sowohl rassigem SAUVIGNON BLANC als auch opulenten Weinen, die in Eiche ausgebaut werden. Dazu guter PINOT NOIR und SYRAH.

Haras de Pirque Mai ★★→★★★ Außenposten von Antonori aus Italien in MAIPO mit üppigen roten Bergweinen; dazu SAUVIGNON BLANC und CHARDONNAY von der Küste.

Itata Ein Juwel unter den Regionen im tiefen Süden. Alte, wurzelechte Reben, die nicht bewässert werden. An der Spitze CINSAULT, MUSCAT oder PAÍS. Vielversprechend ist der neu gepflanzte CHARDONNAY.

Koyle Col, Itata ★★→★★★ Biodynamisches Gut mit Kellereien in COLCHAGUA und ITATA. Saftiger CINSEAULT und die herzhafte Cuvée Cerro Basalto Med sind die Lieblinge.

Laberinto Mau ★★★→★★★★ Rafael Tirado ist der Meister der wilden und unverwechselbaren Weine aus den Hügellagen am Colbún Lake. Der SAUVIGNON BLANC ist einfach toll.

Lapostolle Cach, Casa, Col ★★→★★★★ Andrea Leon ist Kellermeisterin auf diesem noblen, biodynamisch geführten Gut im Besitz der Familie Grand Marnier. Der Spitzenwein Clos Apalta wird immer lebendiger.

Leyda, Viña Col, Mai, San A ★★→★★★ Auf dem führenden Gut in Leyda sitzt Viviana Navarrete am Steuer. Frische Weine von der Küste, aber auch SAUVIGNON BLANC, SYRAH und PINOT NOIR sind empfehlenswert.

Limarí Spannende Weiße und Rote (CHARDONNAY, SAUVIGNON BLANC, PINOT NOIR, SYRAH) aus der kühlen Küstenregion mit ihren Kalksteinböden.

Luis Felipe Edwards ★★ Großes Familiengut mit verlässlich guten und fair kalkulierten Weinen aus ganz Chile. Sitzt in COLCHAGUA.

Maipo Hier befinden sich einige der besten Lagen für CABERNET SAUVIGNON und Cuvées im Bordeaux-Stil, besonders in den höheren Unterregionen. Die meisten historischen Spitzenweingüter von Chile haben hier ihren Sitz.

Malleco Stetig wachsende Region im Süden. Vulkanische Böden und milde Temperaturen erzeugen lagerfähigen PINOT NOIR, CHARDONNAY und RIESLING.

Matetic Casa, San A ★★★ Großartiges biodynamisch geführtes Gut. Herausragender SYRAH, dazu sehr gute Rote und Weiße quer durchs Sortiment.

Maule Alte Reben im neuem Rhythmus. Maule kommt wieder in Mode für seinen saftigen PAÍS, duftige rote Cuvées und köstlichen CARIGNAN (*siehe* VIGNO).

Maycas del Limarí Lim ★★→★★★ Der Ableger von CONCHA Y TORO an der Küste produziert lebendigen SAUVIGNON BLANC und CHARDONNAY sowie herzhaften SYRAH.

Montes Casa, Col, Cur, Ley ★★→★★★★ Das innovative Vater-Sohn-Gespann führt dieses beeindruckende Gut in Apalta mit Weinlagen von Zapallar bis Chiloe. Der Syrah Folly ist eine Ikone, mehr Mut zum Experiment verspricht die Reihe Outer Limits.

MontGras Col, Ley, Mai ★★ Kräftige Rote aus Colchagua und MAIPO, zündende Weiße verspricht die Reihe Ley Amaral.

Montsecano Casa ★★★ Der Fokus liegt auf kernigem PINOT NOIR. Dieses biodynamische Weingut ist ein Juwel.

Morandé Casa, Mai, Mau ★★→★★★ Produziert unter der Leitung von Ricardo Beattig ein sehr breites Sortiment; besonders gut sind die roten Cuvées von mediterranen Rebsorten.

Neyen Col ★★★ Das kultige Boutiqueweingut im Besitz von VERAMONTE produziert in Apalta eine Cuvée aus CABERNET SAUVIGNON/CARMENÈRE von alten Reben.

Odfjell Cur, Mai, Mau ★→★★★ Pferde haben hier im Weinberg einen ebenso hohen Stellenwert wie die biodynamisch erzeugten Produkte. Das Gut liegt in MAIPO, aber die Trauben für den Spitzen-CARIGNAN kommen aus MAULE.

Pérez Cruz, Viña Mai ★★→★★★ Schöne Rote wie sortenreiner PETIT VERDOTS. Ein weiterer Klassiker ist CABERNET SAUVIGNON.

Pisco Macht viele Chilenen und Peruaner übers Wochenende glücklich. Weinbrand aus der Region wird am besten als »Sour« serviert.

Polkura Col ★★→★★★ Sven Bruchfeld produziert gewichtigen SYRAH: herzhaft und köstlich.

Quebrada de Macul, Viña Mai ★★→★★★ CABERNET SAUVIGNON von alten Reben ist der Star auf diesem Gut in MAIPO. Domus Aurea darf gern für eine Weile in den Keller.

Rapel Ausgedehnte Weinregion, die sich über Colchagua und Cachapoal erstreckt.

RE, Bodegas Casa ★★★ Familiengut der Weinmacher-Legende Pablo Morandé Senior und seinem innovativen Sohn. Sie scheuen sich nicht, die Regeln zu brechen.

San Antonio Wachsende Weinregion an der Küste mit knackigen Weißen (CHARDONNAY, RIESLING, SAUVIGNON BLANC) und duftigen Roten (PINOT NOIR, SYRAH). Besonders gute Weine kommen aus den Unterregionen LEYDA und Lo Abarca.

San Pedro Cur ★→★★★ Einer der größten in Chile mit einer enormen Ausdehnung von Nord nach Süd. Der CABERNET SAUVIGNON Cabo de Hornos gilt als Ikone, aber die Reihe 1865 bietet auch einige schicke Fundstücke, ähnlich wie der PINOT NOIR Tayu aus MALLECO. 35 Sur oder Castillo de Molina sind schöne Alltagsweine (*siehe* ALTAÏR, TARAPACÁ).

Santa Carolina, Viña Mai ★★→★★★★ Historisches Weingut mit einem sehr breiten Spektrum. Toll sind der mollige CARMENÈRE Herencia oder der elegante CABERNET SAUVIGNON Luis Pereira.

Santa Rita Mai ★★→★★★★ Eine Konstante, trotzdem immer offen für Innovation, besonders bei der Reihe Floresta. Klassiker sind der PETITE SIRAH Bougainville, die rote Cuvée Triple C und der verblüffende Cabernet Sauvignon Casa Real. Die Alltagsweine heißen 120, Medalla Real und Tres Medallas.

Seña Aco ★★★★ Lagerfähige Bordeaux-Cuvées aus ersten Lagen, fein selektiert vom ERRÁZURIZ-Team.

Tabalí Lim ★★→★★★★ Ein Star mit seinen präzisen kühlklimatischen Weinen, gewachsen auf Kalksteinterrassen an der Küste. Der PINOT NOIR Pai gilt als einer der besten von Chile, ebenso unübertroffen wie der CHARDONNAY Talinay.

Tarapacá, Viña Casa, Ley, Mai ★★ Historisches Gut in einem hügeligen Umfeld vulkanischen Ursprungs. Gehört VSPT und verfügt über ein breites Portfolio. Der CABERNET SAUVIGNON wird immer saftiger.

Torres, Miguel Cur ★★→★★★★ Der neueste Streich heißt Los Inqueitos, zu deutsch »Die Rastlosen« – eine treffende Bezeichnung für dieses innovative und kreative Weingut. Die Pioniere des fairen Handels überraschen mit schäumendem PAÍS und PINOT NOIR aus MAULE von schrägen Schieferhängen. Alte Reben und jede Menge neue. Die Reihe Cordillera ist ein prima Einstieg in die Entdeckung von Torres.

Undurraga Casa, Ley, Lim, Mai ★→★★★ Historischer Produzent mit einer riesigen Bandbreite quer durchs Land. Perfekt für den Einstieg ist die Reihe Terroir Hunter mit perfekt gewählten Rebsorten aus unverwechselbaren Terroirs.

Valdivieso Cur, San A ★→★★★ In Chile beliebt für seine Schaumweine, auch wenn überwiegend stille Weine exportiert werden. Interessant ist die lagerfähige Cuvée Caballo Loco.

Vascos, Los Rap ★★ Der Ableger von Lafite-Rothschild produziert füllige, gut strukturierte Rote in Colchagua und kernige Weiße in CASABLANCA.

Ventisquero, Viña Casa, Col, Mai ★→★★★ In Colchagua beheimatet, aber die Weinberge erstrecken sich nördlich bis hoch nach Atacama. Wer es frisch von der Küste mag, probiert Kalfu oder Grey, für opulente Rote lohnt sich der CABERNET SAUVIGNON Enclave oder der SYRAH Pangea. Liebhaber von Naturweinen sind mit Tara gut beraten.

Veramonte Casa, Col ★★→★★★ Im Landesinneren gelegen, liegt der Fokus auf fruchtbetonten Weißen und Roten. Am besten die Reihe Ritual. Im Besitz von González Byass (*siehe* Spanien).

Vigno Mau – 14 Güter produzieren köstlichen CARIGNAN im Trockenanbau mit dem einzigen Ziel, sowohl die alten Reben als auch die Winzer, die sie pflegen, zu bewahren. Die Stile variieren, aber allen gemein sind frische Säure und tiefe Konzentration.

Vik Cach ★★→★★★ Hübsches Weingut auf einem Anwesen, das 4.000 Hektar umfasst. Hauptwein ist eine ikonische rote Bordeaux-Cuvée. Der Kellermeister experimentiert mit Amphoren, die aus Tonerde von den Weinbergen gemacht werden.

Villard Casa, Mai ★★ Eines der ersten Weingüter von CASABLANCA. Die besten Tropfen sind der CHARDONNAY Arganat und der SYRAH Tanagra.

Viñedo Chadwick Mai ★★★★ Pure Eleganz aus Puente Alto. Feiner CABERNET SAUVIGNON vom Chadwick/ERRÁZURIZ-Clan.

Viu Manent Casa, Col ★★ Kutschfahrten und ein Familienrestaurant machen das Weingut in COLCHAGUA zu einem beliebten Treffpunkt. Ebenso beliebt sind die herzhaften Roten wie z. B. der MALBEC.

Von Siebenthal Aco ★★→★★★ Mauro von Siebenthal hat sich vor 20 Jahren in ACONCAGUA niedergelassen, um körperreiche, komplexe Rote zu produzieren. Die Cuvée Parcela 7 ist Spitze.

Argentinien

Im Land der Berge, Gauchos und weltbesten Steaks ist es kein Wunder, dass die Argentinier ihre Rotweine lieben. Mit satten 44.000 ha gibt Malbec den Ton an, und er zeigt sich als multiple Persönlichkeit – von floral mit Finesse bis hin zu breiter Marmeladigkeit. Aber Argentinien müht sich, auch Bonarda, Cabernet franc und Cabernet Sauvignon zu verfeinern. In Sachen Weißwein gibt es gerade tolle Chardonnays zu entdecken, sowohl aus Höhenlagen bei Mendoza als auch aus südlichen Breiten in Chubut. Die Rebsorte Torrontés zeigt extravagante florale und tropische Noten, die Sorte Criolla bringt saftige Rote hervor. Die argentinische Weinszene ist bereit, erkundet zu werden, im Idealfall hoch zu Ross.

Achaval Ferrer Men ★★→★★★ Berühmtes Gut, das den MALBEC in die Premiumklasse gerückt hat. Produziert noch immer üppige Weine.

Aleanna Men ★★→★★★★ Kellermeister Alejandro Vigil ist einer der besten von Argentinien, bekannt für die Reihe El Enemigo. Aber auch CABERNET FRANC, MALBEC oder CHARDONNAY sind spitze.

Alicia, Viña Men ★★★ Gepflegtes Portfolio mit weniger bekannten Rebsorten, dazu Weine von alten Reben – von NEBBIOLO bis SAVAGNIN.

Alpasión Men ★★ 2011 von einer Gemeinschaft von Weinliebhabern im Valle de Uco gegründet. Überwiegend leckere Rote wie PETIT VERDOT.

Alta Vista Men ★→★★★ Das Weingut in französischem Besitz existiert schon lange. Hervorragende Rote, Schaumwein und knackiger TORRONTÉS.

Altocedro Men ★★→★★★ Karim Mussi konzentriert sich auf das Terroir der Lage La Consulta im Valle de Uco. Hochklassig, biodynamisch und mit sehr gutem TEMPRANILLO.

Altos las Hormigas Men ★★★ →★★★★ Pionier für Spitzen-MALBEC, dazu gesellen sich heute rote Cuvées und SEMILLON. Ausgezeichnete Appellations-Reihe, die terroirbetonten Malbec vorstellt. Außerdem der BONARDA Colonia Las Liebres.

Anita, Finca La Men ★★ Das Gut in Luján ist bekannt für alte Reben, empfehlenswert sind CABERNET SAUVIGNON und SYRAH.

Atamisque Men ★→★★★ Hübsches Gut im Valle de Uco mit großer Bandbreite – vom preiswerten Serbal bis zum lagerfähigen Atamisque (jetzt auch mit ikonischem PETIT VERDOT), außerdem der Schaumwein Cave Extrême.

Benegas Men ★★→★★★ Historisches Gut mit CABERNET FRANC, SANGIOVESE und MALBEC von alten Reben.

Bianchi, Bodegas Men ★→★★ Zwei Weingüter mit unterschiedlichen Terroirs, starkes Portfolio aus San Rafael und Los Chacayes im Valle de Uco. Führender Schaumweinproduzent in der Region.

Bressia Men ★★→★★★ Sehr schön, was Walter Bressia da mit seiner Familie produziert: Es reicht vom Alltagswein Sylvestra bis hin zum Ultima Hoja für besondere Anlässe.

Callia San J ★→★★ Alltagsweine mit dem Fokus auf SYRAH.

Canale, Bodegas Humberto Río N ★→★★★ Einige Weine von sehr alten Reben: MALBEC, PINOT NOIR, RIESLING.

Caro Men ★★★ Die Familien CATENA ZAPATA und (Lafite) Rothschild haben sich 2003 vereint, um opulente rote Cuvées zu produzieren.

Casarena Men ★★→★★★ Der Fokus liegt auf Einzellagen in Luján. Am besten ist der CABERNET SAUVIGNON, aber MALBEC lohnt ebenfalls.

Catena Zapata, Bodega Men ★★→★★★★ Angesehene Familie mit Weingut in Lujàn, aber der Fokus liegt im Valle de Uco. Spitze sind CHARDONNAY, CABERNET FRANC und MALBEC aus Gualtallary; dazu gesellt sich eine große Bandbreite vom Alltagswein Alamos bis hin zu den Naturweinen der Reihe Marchigiana (*siehe auch* CARO).

Chacra Río N ★★★→★★★★ Köstlicher PINOT NOIR von alten Reben und neuerdings auch CHARDONNAY. Konsequent biodynamische Weine von Piero Incisa della Rocchetta aus Sassicaia (*siehe* Italien).

Cheval des Andes Men ★★★★ Ein Rotwein aus zwei Lagen. Die Cuvée vermählt die Terroirs von Luján und dem Valle de Uco. Dahinter stecken die Macher von Cheval Blanc (*siehe* Bordeaux).

Clos de los Siete Men ★★ Hier entsteht genau ein Wein im Bordeaux-Stil aus gutseigenen Trauben (*siehe* Bodega ROLLAND, CUVELIER LOS ANDES, DIAMANDES, MONTEVIEJO). Die Enklave im Valle di Uco umfasst 850 Hektar. Für die Cuvée ist Michel Rolland zuständig.

Cobos, Viña Men ★★★→★★★★ Paul Hobb macht fein strukturierten CHARDONNAY, CABERNET SAUVIGNON und MALBEC im Valle di Uco und Luján.

Colomé, Bodega Sal ★★→★★★ Von den schwindelnden Höhen des Valle de Calchaquí (bis zu 3.100 m) kommen intensive Rote und köstliche Weiße.

Cruzat Men ★★★ Spitzenschaumwein nach traditioneller Methode und neuerdings auch Pét-Nat. Finca La Dama und der Millésime (10 Jahre auf der Hefe) wollen geköpft werden.

Cuvelier Los Andes Men ★★→★★★ Strukturiert und gut ausbalanciert kommen diese Bordeaux-Cuvées von Familie Léoville-Poyferrée aus dem Valle de Uco daher.

Decero, Finca Men ★★→★★★ Der Fokus liegt hier in Luján auf den Roten. MALBEC und CABERNET SAUVIGNON sind die Flaggschiffe, dazu kleine Mengen an PETIT VERDOT und CABERNET FRANC.

DiamAndes Men ★★ Die Familie Bonnie (*siehe* Château Malartic-Lagravière in Bordeaux) produziert inspirierende Weine im Bordeaux-Stil im Valle de Uco. Auch der brillante Blick auf die Anden ist spektakulär.

Doña Paula Men ★★→★★★★ Großes Gut in Ugarteche mit zusätzlichen Lagen im Valle de Uco. Martin Kaiser macht ausdrucksstarke, sortenreine Weine. Das reicht vom Alltagswein Los Cardos bis hin zur üppigen Reihe namens Parcel. Gehört zum Stall von SANTA RITA aus Chile.

Cri-oy-ja!

Criolla (ausgesprochen Cri-oy-ja) ist der Oberbegriff für verschiedene Rebsorten. Der Name bedeutet »Creole« und steht für die Ur-Weine von Südamerika. Manche wurden aus dortigen Saaten gezogen, manche kamen als Stecklinge aus Europa, wo sie unter anderen Namen bekannt waren. Es gibt Criolla Grande (einheimisch), Criolla Chica (PAÍS in Chile) und ihren Abkömmling (mit MUSCAT of Alexandria) Cereza, MOSCATEL Amarillo, Torrontés Riojano, Torrontés Sanjuanino und Torrontés Mendocino (einheimisch). Am bekanntesten ist Torrontés, aber die roten Sorten, die jahrelang als hoffnungslos rustikal galten, haben bei sorgfältiger Weinbereitung durchaus Potenzial.

Durigutti Men ★★→★★★ Die Brüder Durigutti spielen ein klassisches Programm, aus dem die Reihe Las Compuertas sehr elegant heraussticht. Etwas wilder zeigt sich Cara Sucia Criolla.

El Esteco Sal ★★→★★★ In den Höhen von Calchaquí entstehen duftige, intensive Weine. Sehr gut die Reihe von alten Reben; preiswerter sind Don David und Ciclos.

Etchart Sal ★→★★ Mit 170 Jahren Erfahrung ein Traditionsunternehmen in Cafayate; sehr gutes Preis-Leistungs-Verhältnis bei MALBEC und TORRONTÉS.

Fabre Montmayou Men, Río N ★★→★★★ Klasse MERLOT und rote Bordeaux-Verschnitte.

Fin del Mundo, Bodega del Neuq ★→★★ Dieses Weingut hat dafür gesorgt, diese neue Region in den Fokus zu rücken. Reife, konzentrierte Rote (empfehlenswert sind CABERNET SAUVIGNON und PINOT NOIR), aber auch knackige Weiße. Schöne Alltagsweine wie Postales, Ventus oder Newen.

Flichman, Finca Men ★★ Beheimatet in einer historischen Ecke in Maipú, aber es gibt auch noch andere Weinlagen. Von guten Alltagsweinen bis hin zum Spitzentropfen Dedicado. Im Besitz von Sogrape (*siehe* Portugal).

Kaikén Men ★★→★★★ Ableger der Familie MONTES mit Weißen, Roten und Schaumweinen. Neu ist der ikonische CABERNET FRANC Obertura.

Luca/Tikal/Tahuan/Alma Negra Men ★★→★★★ Naturwein und andere biodynamische Abenteuer von Ernesto CATENA im Valle de Uco und Luján. Alle Farben: rot, orange, weiß, pink.

Luigi Bosca Men ★★→★★★ Das Weingut ist 120 Jahre alt und bestens aufgestellt. An der Spitze die weißen Cuvées, MALBEC und CABERNET SAUVIGNON von alten Reben.

Manos Negras/Tinto Negro/TeHo/ZaHa Men ★★→★★★ Alejandro »Colo« Sejanovich zählt zu den führenden Köpfen der argentinischen Weinszene. Er steht landauf, landab für eine lebendige Stilistik. Insbesondere guter MALBEC.

Marcelo Pelleriti Men ★★→★★★ Die ganz persönliche Reihe des gefeierten Winzers in Rot und Weiß aus dem Valle de Uco. Vieles entsteht in Zusammenarbeit mit argentinischen Rockstars.

Masi Tupungato Men ★★→★★★ Italienischer Gusto im Valle de Uco. Die Cuvée aus MALBEC/CORVINA im *Ripasso*-Stil lohnt die Jagd.

Matias Riccitelli Men ★★→★★★ Sehr inspiriertes Sortiment aus dem Valle de Uco, Luján und vom RÍO NEGRO. Unermüdlich in Sachen Innovation.

Mendel Men ★★★ Roberto de la Motta ist einer der besten Weinmacher von Argentinien. Die Cuvée Lunta ist immer großartig, die Reihe Finca Remota Spitze, SÉMILLON und CHENIN BLANC zeigen schönes Reifepotenzial.

Mendoza Im Zentrum der argentinischen Weinindustrie wird der Löwenanteil der Produktion abgefüllt. Die drei Hauptregionen: Valle de Uco, das klassische Luján und das wärmere Maipú mit seinen alten Reben.

Moët-Hennessy Argentina Men ★→★★ Louis Vuitton/Moët-Hennessy produziert seit 1959 Schaumwein in Mendoza – bestens bekannt für den Chandon. Baron B entsteht nach traditioneller Methode und legt noch eine Schippe drauf. *Siehe* TERRAZAS DE LOS ANDES.

Monteviejo Men ★★→★★★★ Dahinter steckt die Bordelaiser Familie vom Château Le Gay. Im Valle de Uco entsteht ein solides Portfolio. Die Spezialität ist MALBEC, aber auch die Bordeaux-Cuvées sind klasse.

Moras, Finca Las San J ★→★★ Führend bei erschwinglichen Alltagsweinen, vor allem SYRAH. Der Gran Syrah ist köstlich saftig. Im Besitz von TRAPICHE.

Neuquén Pat – Nahe dem historischen Rio Negro, zählt Neuquén immer noch zu den Frischlingen. Die ersten Reben wurden 2000 gepflanzt. Der Dank für konzentrierte, fruchtbetonte Weine geht an die sonnigen Lagen.

Nieto Senetiner Men ★→★★★ 1888 gegründet und noch immer in der Entwicklung. Überwiegend Alltagsweine wie Benjamin oder Emila; groß im Schaumweingeschäft. Kellermeister Santiago Mayorga übernimmt jetzt die innovativere Reihe Cadus.

Noemia Pat ★★★→★★★★ Elegante Bordeaux-Cuvées und MALBEC von alten Reben am RIO NEGRO, bereitet von Hans Vinding-Diers.

Norton, Bodega Men ★→★★★ Vor mehr als 125 Jahren gegründet und immer noch groß im Spiel. Klangvolle stille und prickelnde Weine. Der MALBEC Lot spiegelt sein Terroir auf das schönste.

Passionate Wine Men ★★→★★★ Matias Michelini ist Spezialist für die wildere Seite des Valle de Uco. Messerscharfe Säure, Strenge und Mineralität vereinen sich in weißen, roten und orangen Weinen.

Peñaflor Men ★→★★★ Einer der größten Weinkonzerne der Neuen Welt mit Namen wie EL ESTECO, FINCA LAS MORAS, Mascota, Navarro Correas, Santa Ana, Suter oder TRAPICHE.

Piatelli Sal ★★ Zwei Weingüter, eins in Cafayate und eins in Mendoza. Beide produzieren zarte Weiße und blitzblanke Rote. Besonders lecker ist der MALBEC aus dem Norden.

Piedra Negra Men ★→★★★ François Lurton ist ein Pionier in Los Chacayes: üppige Frucht, gut eingebundene Tannine und Frische. Auch die weiße Cuvée ist ein Juwel.

Porvenir de Cafayate, El Sal ★★→★★★ Schönes altes Weingut in Cafayate mit moderner Stilistik, alles fair kalkuliert. Highlights sind die MALBEC und TORRONTÉS der Reihe Laborum.

Pulenta Estate Men ★★→★★★ Die angesehene Familie hat mehr als 100 Jahre Weinhistorie auf dem Buckel, aber dieses Gut in Luján zeigt ihre moderne Vision. Am besten die komplexen Roten wie CABERNET FRANC oder MALBEC.

Renacer Men ★★ Das Gut in Luján ist in chilenischer Hand. Bekannt für guten CABERNET SAUVIGNON und eine himmlische Cuvée von MALBEC im Amarone-Stil.

Riglos Men ★★→★★★ Seit 2002 in Gualtallary; Rote aus Einzellagen, dazu CHARDONNAY.

Riojana, La La R ★→★★ Genossenschaft in Chilecito mit mehr als 400 angeschlossenen Familien. Größter Exporteur von Bio-Weinen in Argentinien.

Río Negro Historische Flussregion am Übergang zu Patagonien. Bestens bekannt für MALBEC, PINOT NOIR oder SEMILLON von alten Reben, aber auch Trousseau und RIESLING.

Rolland, Bodega Men ★★★ Der berühmte Weinmacher Michel Rolland aus Bordeaux produziert bei CLOS DE LOS 7 im Valle de Uco auf hohem Niveau.

Salentein, Bodegas Men ★★→★★★ Die Weinlagen dieses umwerfend schönen Anwesens ziehen sich bis hoch nach San Pablo. Noch immer macht Pepe Galante die Weine: leckerer MALBEC, PINOT NOIR und SAUVIGNON BLANC. Der Alltagswein heißt El Portillo.

Salta Hauptstadt und Weinprovinz im Norden von Argentinien. Die meisten Reben gedeihen westlich in den Bergen von Calchaquí. Große Höhen, reichlich Sonne und kühle Nächte = intensive, duftige und frische Weine. Spitze für TORRONTÉS, TANNAT und MALBEC.

San Juan Der kleine Bruder von MENDOZA, nur ein Stück weiter im Norden. Bergklima und Wärme machen es perfekt für MALBEC, SYRAH und TORRONTÉS.

San Pedro de Yacochuya Sal ★★★ Die nächste Generation der Etchart-Familie hat das bemerkenswerte Gut übernommen und lässt sich von Michel Rolland beraten. Intensive Rote und extravaganter TORRONTÉS.

Schroeder, Familia Neuq ★★ Breites Sortiment mit dem Fokus auf PINOT NOIR. Der größte Fund bei der Renovierung des Kellers waren Saurier-Fossilien.

Sophenia, Finca Men ★★→★★★ Klar strukturierte Weine wie guter SAUVIGNON BLANC und hochklassige Rote aus einer der ältesten Kellereien von Gualtallary. Spitzenmarke ist der Altosur.

Susana Balbo Wines Men ★★→★★★★ Das Familienweingut mit der ersten Kellermeisterin von Argentinien steht für Exzellenz quer durchs Sortiment. Sie gilt als die Königin des TORRONTÉS mit ihrem geschickten Händchen für Weiße, aber auch die komplexen Roten sind echte Highlights.

Tapiz Men ★★→★★★ Gegründet in MENDOCINO, verfügt das Gut jetzt über Weinlagen an der Küste von Rio Negro inkl. eines Unterwasserkellers. Die besten Tropfen aus San Pablo sind der MALBEC Black Tears und der MERLOT Las Notas.

Terrazas de los Andes Men ★★→★★★★ Die Filiale für feine Weine von Louis Vuitton/Moët Hennessy in Luján besitzt auch Lagen im Valle de Uco. Üppige Rote, geschmeidige Weiße. Am besten ist MALBEC von alten Reben.

Toso, Pascual Men ★★→★★★ 1890 gegründet, bleibt das Gut seinem traditionellen Stil treu: füllige Rote. Einige gute Weine von alten Reben.

Trapiche Men ★→★★★ Das Gut ist so groß, dass hier früher der Wein per Bahn abtransportiert wurde. Das läuft heute per LKW, und die Qualität reicht von Alltagsweinen bis zum Super-Premium-Segment. Bekannt für den Medalla und den Verschnitt von MALBEC/CABERNET FRANC Iscay. Die Cuvées von SYRAH/VIOGNIER haben Lagerpotenzial, die Reihe Costa y Pampa kommt von der Küste.Teil der PEÑAFLOR-Gruppe.

Trivento Men ★→★★ Große Kellerei mit breitem Sortiment und fairen Preisen vom chilenischen Riesen CONCHA Y TORO. Am besten der MALBEC Eolo von alten Reben.

Vines of Mendoza/Winemaker's Village Men ★★ Schickes Hotel und privates Weinbergprojekt mit über 100 Eignern, die alle ihre eigenen Marken produzieren. Am besten ist das Winemaker's Village, wo sich Abremundos (*siehe* MARCELO PELLERITI), Corazon del Sol, Gimenez Riili oder Super Uco befinden.

Zorzal Men ★★★ Lebendige Weine aus Gualtallary im Valle de Uco. Viele Alltagstropfen, aber die Reihe Eggo überzeugt mit sehr gutem CABERNET FRANC und SAUVIGNON BLANC.

Zuccardi Men ★★→★★★★ Seit Generationen in Familienhand. Die Betonung liegt auf Frische bei den Weinen aus dem Valle de Uco. Mineralischer MALBEC zeigt sich in den Reihen Alluvional, Concreto und Piedra Infinita. Bei Santa Julia in Maipú entstehen die Alltagsweine.

Brasilien

Ein schlafender Gigant, der langsam erwacht. Brasilien hat derzeit 76.000 ha unter Reben, die meisten davon Hybride für Saft und offenen Tafelwein, aber feinere Gewächse sind auf dem Vormarsch. Vor allem im südlichen Rio Grande do Sul (toller Schaumwein, aber auch Merlot, Chardonnay und rote portugiesische Rebsorten) und vermehrt in der Serra da Mantiqueira bei São Paulo (hier ist Syrah aus Höhenlagen am besten). Vermehrt kommen Weiße mit tropischen Noten aus Bahia, wo zwei Ernten im Jahr nicht unüblich sind. In den Städten wächst gerade eine Szene für Naturweine.

Aurora ★→★★ Große Genossenschaft und eine der größten Kellereien von Brasilien. Vor mehr als 75 Jahren in Serra Gaucha gegründet.

Casa Valduga ★→★★★ Führendes Premiumweingut mit sehr gutem Schaumwein und komplexen Roten im Bordeaux-Stil.

Cave Geisse ★★★ Der prickelnde Pinto Bandeira wird von Mario Geisse und seiner Familie produziert. Einer der besten Schaumweine Brasiliens.

Lidio Carraro ★★ Zwei Terroirs im Vale dos Vinhedos und der Serra do Sudeste in Rio Grande do Sul. Die Spanne reicht von NEBBIOLO bis zu prickelndem MOSCATEL.

Miolo ★→★★★ Premiumweine aus ganz Brasilien. Am besten eine sehr gute Cuvée von TOURIGA NACIONAL, schäumender Millisime und eine Reihe aus Einzellagen.

Pizzato Vinhas ★→★★★ Einer der Spitzenproduzenten unter der Leitung des rastlosen Flavio Pizzato. Hervorragender CHARDONNAY und Schaumwein dazu sehr guter MERLOT.

Salton ★→★★ Großer Produzent in Serra Gaucha. Die Alltagsweine sind sehr beliebt in Brasilien, aber die Cuvée Salton Gerações lohnt sich für alle, die es etwas komplexer mögen.

Uruguay

Ein kleines Land mit enormem Potenzial und mit Hunderten von Familien, die unverwechselbare Weine produzieren. Tannat gibt den Ton an – reif, manchmal massig, aber mit guter Säure. Doch es gibt auch Arneis, Sangiovese und Zinfandel. Albariño, Cabernet franc und Marselan sind die Stars der Zukunft. Die wichtigsten Weinregionen sind Montevideo und Canelones, geprägt vom milden atlantischen Klima und mit Ton- und Kalksteinböden. Im Westen ist Colonia ein beliebtes Weinziel für die benachbarten Argentinier, während im Osten Maldonado ein ganz heißes Pflaster für die Brasilianer ist. Maldonado macht sich auch gerade einen Namen für frische Weine von der Küste mit ihren Granitböden. Uruguay befindet sich in einem steten Aufwärtstrend.

Alto de la Ballena ★→★★ Die Ersten, die in diesem Jahrtausend Reben in Maldonado gepflanzt haben. U. a. saftiger SYRAH, würziger TANNAT und körperreicher VIOGNIER.

Bouza ★★→★★★ Spitzenweingut mit Lagen in Montevideo und Maldonado. Pionier für ALBARIÑO und Spitzen-RIESLING, MERLOT oder TANNAT.

Garzón ★→★★★★ Nur wenige Weingüter sind so beeindruckend: 1.500 ha Wald und Hügel, dazu 240 ha unter Reben. Hervorragender ALBARIÑO, MARSELAN und TANNAT. Gut auf Touristen eingerichtet.

Pét-Nat blubbert hoch

Schäumender Pét-Nat ist auf dem Vormarsch in Südamerika. Viele Produzenten nutzen diese traditionelle Methode, um mit einfacher Vergärung Schaumwein zu erzeugen, in Spanien bekannt als *método ancestral*. Die meisten sind sogar öko. Die wichtigsten Erzeuger: **Argentinien** CRUZAT, Chakana, MATIAS RICCITELLI, Stella Crinita. **Chile** Agricola Luyt, Cacique Maravilla, L'Entremetteuse. **Uruguay** PABLO FALLABRINO WINES.

Juanico Establecimiento ★→★★★ Der innovative Santiago Deicas macht exzellente Abfüllungen von außergewöhnlichen Einzellagen. TANNAT reift in Amphoren, und es gibt Orange-Wein. Die Alltagsreihe heißt Establecimiento Juanicó.

Marichal ★→★★ Das Familienweingut in Cabelones produziert soliden, klassischen PINOT NOIR, TANNAT und neuerdings ALBARIÑO. Aus Tannat entsteht auch toller Vermouth.

Pablo Fallabrino Wines ★★→★★★ Eines der abenteuerlichsten Güter Uruguays. Pablo liebt seine italienischen Reben ebenso wie den TANNAT. Auch gut sind ARNEIS, NEBBIOLO und ganz neue Weine, die mit Cannabis versetzt sind.

Pisano, Bodega ★→★★★ Super Familienbetrieb in Canelones mit sehr gutem, saftigem PINOT NOIR, straffem TANNAT und stahligem SAUVIGNON BLANC.

Andere Länder in Südamerika

Bolivien

Extreme Höhe sorgt für eine gewisse Wildheit – wer in den Genuss bolivianischer Weine kommt, macht eine besondere Erfahrung. Interessant ist der MUSCAT von 300 Jahre alten Reben im Valle de Cinti, die rund um Pfefferbäume wachsen. Es gibt kräftige Rote (PETIT VERDOT, TANNAT) aus Tarija in 2.150 m Höhe und duftige Weiße aus dem subtropischen Valle de Santa Cruz. Die wichtigsten Weingüter sind Campos de Solana, Jardín Oculto, Kohlberg, Kuhlmann, La Concepción und Vinos 1750.

Peru

Um 1540 begann man in Peru, Wein zu erzeugen, um sich wenige Jahrzehnte später auf Pisco zu konzentrieren. Die Wein-Renaissance nimmt gerade Fahrt auf mit Criolla von alten Reben und tiefdunklen Roten. Interessante Erzeuger: Bodega Murga, Intipalka, Mimo, Tacama, Vista Alegre.

Australien

Die dunklen Flächen bezeichnen die Weinbaugebiete

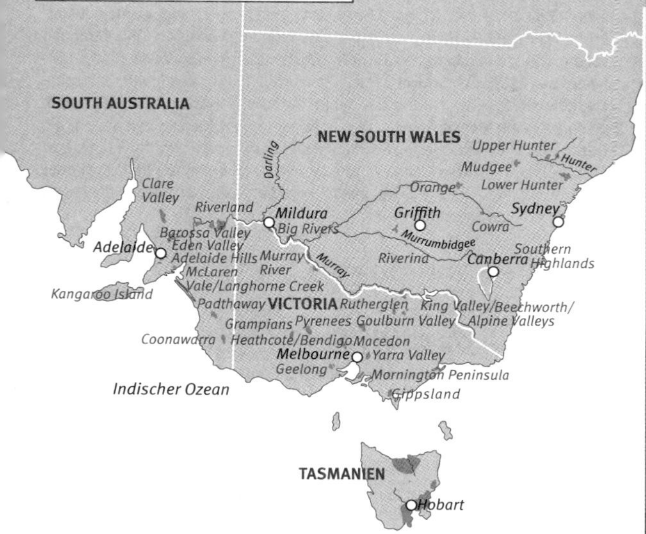

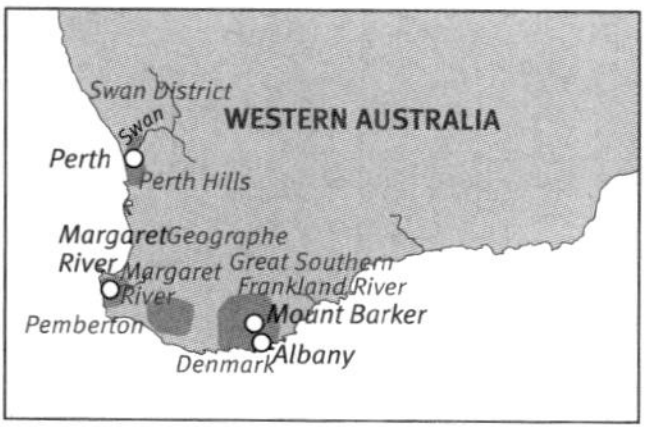

Die folgenden Abkürzungen werden im Text verwendet:

Ad H	Adelaide Hills
Marg R.	Margaret River
Morn P	Mornington Peninsula
Mt.	Mount (z. B. Mount Barker)
NSW	New South Wales
N-Tas	Nordtasmanien
NO-Vic	Nordostvictoria
Qld	Queensland
R.	River (z. B. Frankland River)
SO-Australien	Südostaustralien
SA	South Australia
S-Tas	Südtasmanien
Tas	Tasmanien
V.	Valley (z. B. Alpine Valley)
Vic	Victoria
WA	Western Australia

Als »vielfältig« kann man Australiens Weine beschreiben, mit all ihren Erzeugern, die sich als außerordentlich widerstandsfähig erweisen. Abseits der Widrigkeiten, die die Pandemie mit sich gebracht hat, hatten die australischen Winzer einige schwierige Jahrgänge zu verkraften. Entweder sorgte Trockenheit für geringe Erträge oder Buschfeuer vernichteten Teile der Ernte wie 2020. Zu allem Überfluss haben die Chinesen die Türen für australische Weinimporte zugeknallt – ein Verlust von mehr als 700 Millionen Dollar. Zurück ins Land: allgemeines Aufatmen über die 2021er-Lese; ein wahrer Segen in Südaustralien und in Victoria. Es ist Zeit, daran zu erinnern, dass es sich bei australischem Wein nicht um ein einheitliches Produkt handelt. Die Regionen, Unterregionen und die vielen individuellen Weinlagen haben sehr unterschiedliche Merkmale, ähnlich interessant und komplex wie in Europa – nur eben anders. Weinliebhaber sagen hier nicht: »Ich trinke Wein im französischen Stil«, sondern: »Ich genieße diesen Hermitage«. Leider werden australische Weine immer noch zu oft über einen Kamm geschoren. Dabei trennen volle 4.000 km den Margaret River im Westen vom Hunter Valley an der Ostküste. Da liegt es auf der Hand, dass Rebsorten und Stile sich unterscheiden. Die guten Winzer zu entdecken, deren Weine ihre Herkunft widerspiegeln, verspricht eine Menge Genuss. Dieses Kapitel nennt sie. Die Zeit ist reif, die Besonderheit eines Cabernet Sauvignon aus dem Yarra Valley im Vergleich zu einem Chardonnay aus Coonawarra oder von der Mornington Peninsula oder aus Tasmanien zu würdigen. Wer im Wein die Wahrheit sucht, sollte nicht nach dem ersten Glas aufgeben.

Neuere Jahrgänge

New South Wales (NSW)

2021 Häufige Starkregen und Probleme mit Krankheiten. Weiße sind generell gut; klug wählen.

2020 Heißes, von Feuern bestimmtes Jahr: jede Menge Herausforderungen.

2019 Heiß und gerade eben genug Regen für füllige Weiße und Rote.

2018 Üppige, reife Rote mit Zukunft. Heißes/anspruchsvolles Jahr für Weißweine.

2017 Ein heißer Sommer folgte auf einen nassen Frühling; die Weiß- wie Rotweine haben das im Allgemeinen gut weggesteckt.

2016 Rotweine aus dem Hunter Valley jetzt trinken, aber überall sonst gute Rote/Weiße für mittelfristige Lagerung.

South Australia (SA)

2021 Gilt als nahezu perfekt. Barossa Valley herausragend, Clare Valley großartig (rot/weiß).

2020 Ein hartes, fast tragisches Jahr, aber Riesling und Rote sehen vielversprechend aus. Sehr geringe Erträge.

2019 Die außerordentlich geringen Erträge sollten für konzentrierte Weine sorgen.

2018 Herzhafte Rotweine mit vielen Jahren im Ärmel. Die Weißweine sind gut, spielen jedoch nicht in derselben Liga.

2017 Hoher Ertrag, hohe Qualität, hohe Trinkbarkeit in der Jugend.

2016 Große Hoffnung auf einen speziellen Jahrgang für Rot- und Weißweine.

Victoria (Vic)

2021 Starker Kontrast zum Vorjahr. Für viele ein Musterbeispiel für Eleganz und Ausgewogenheit. Gute Erträge.
2020 Feuerschäden im Nordosten und generell herausfordernd. Geringe Erträge.
2019 Verkürzte Saison, aber Rot und Weiß machen einen beschwingten Eindruck.
2018 Steht im Schatten des Vorjahres. Entwickelt sich langsam.
2017 Ausgezeichnetes Jahr. Rote und Weiße sahen jung gut aus und werden es bleiben.
2016 Eine warme und trockene Saison sorgte für viele überreife Rotweine. Mit Vorsicht genießen.

Western Australia (WA)

2021 Probleme durch späte Regenfälle, aber letztendlich zufriedenstellend, besonders bei den Weißen.
2020 Frühe Lese, wenig Ertrag, aber ein Jahr mit hoher Konzentration.
2019 Kühler Jahrgang, geeignet, um die Spreu vom Weizen zu trennen.
2018 Die Rotweine werden die meisten von uns überleben; die Weißweine halten sich mittelfristig mit Bravour.
2017 Schwieriger Jahrgang. Weine für mittelfristigen Genuss.
2016 Feuchter, schwüler Jahrgang. Bei den Weinen alles in Ordnung; mittelfristig trinkbar.

Accolade Wines Heutiger Name der einst einflussreichen Unternehmen Constellation und HARDYS. BAY OF FIRES, Hardys, HOUSE OF ARRAS, PETALUMA und ST HALLETT gehören dazu.

Adelaide Hills SA – Kühle Lagen auf 450 m Höhe am Mt. Lofty. CHARDONNAY, SAUVIGNON BLANC und SHIRAZ stechen PINOT NOIR aus. ASHTON HILLS, HAHNDORF HILL, HENSCHKE, JERICHO, MIKE PRESS, SHAW & SMITH und TAPANAPPA sind alle in Bestform.

Adelina Clare V., SA ★★★ Die Rotweine von SHIRAZ, GRENACHE, MATARO und NEBBIOLO sind hier neben dem RIESLING aus einer Unterregion die Stars. Stylisch und finessenreich mit sehr schicken Etiketten.

Alkoomi Mt. Barker, WA RIESLING **17' 18' 19' 20** CABERNET SAUVIGNON **12'** 16' 17' 18 – Veteran mit feinem Riesling und rustikalen Rotweinen wie dem ausdrucksstarken SHIRAZ, alles moderat kalkuliert.

All Saints Estate Rutherglen, Vic ★★★ Gute Bewertungen für gespritete Weine. Gefällige Tafelweine.

Alpine Valleys Vic – In den Tälern der Victorian Alps. Erzeuger wie BILLY BUTTON, MAYFORD und Ringer Reef. TEMPRANILLO und SHIRAZ geben den Ton an, aromatische Weiße bleiben im Gedächtnis.

Andrew Thomas Hunter V., NSW ★★ SEMILLON von alten Reben und seidiger SHIRAZ. Die Rotweine sind für HUNTER-VALLEY-Standards besonders herzhaft.

Angove SA ★ Familienbetrieb im MURRAY VALLEY. Die billigeren Weine (rot und weiß) sind oft die besten in der breiten Angebotspalette. Mainstream-Variante des Bio-Weinbaus, sowohl im preiswerten als auch im Premiumsegment. GRENACHE und SHIRAZ aus Einzellagen im MCLAREN VALE können hervorragend sein.

Ashton Hills Ad H, SA ★★ PINOT NOIR 17' 18' **19'** 20 – Einzigartiger Pinot noir von über 30 Jahre alten Reben. 2015 von WIRRA WIRRA übernommen.

Bailey's of Glenrowan NO-Vic ★ Hochpreisiger SHIRAZ sowie herrliche Dessertweine aus MUSCAT (★★★★) und TOPAQUE. Die Weinberge werden ökologisch bewirtschaftet. Seit 2017 im Besitz von CASELLA.

Balgownie Estate Bendigo, Vic, Yarra V., Vic ★★ Hat das Zeug zu mittelschwerem, ausgewogenem CABERNET SAUVIGNON, dazu SHIRAZ voller Finesse und Charakter aus seinen Lagen im Herzen von BENDIGO. Ableger im YARRA VALLEY.

Balnaves of Coonawarra SA ★★ COONAWARRA-Champion im Familienbesitz. Beschwingter CHARDONNAY, sehr guter, würziger SHIRAZ. Flaggschiff ist der volle CABERNET SAUVIGNON Tally. Der Cabernet im »Joven«-Stil ist gut.

Bannockburn Vic ★★ CHARDONNAY 17' 18' **19**; PINOT NOIR **16'** 17' 18' 19 – Intensiver Chardonnay und komplexer Pinot noir. Machte die Region GEELONG bekannt und hält die Fahne hoch in Sachen Qualität.

Barossa Valley SA – Die Keimzelle des australischen Rotweins mit CABERNET SAUVIGNON, GRENACHE, MOURVÈDRE und SHIRAZ von sehr alten Reben. Erzeugt quasi im Schlaf muskulöse, dunkle, wunderschöne Rotweine und hat das so gut wie immer getan. Die besten Produzenten: ELDERTON, GRANT BURGE, HENTLEY FARM, JOHN DUVAL, LANGMEIL, OCHOTA BARRELS, PETER LEHMANN, ROCKFORD, RUGGABELLUS, ST HALLETT, SALTRAM, SEPPELTSFIELD, SPINIFEX, TEUSNER, WOLF BLASS und YALUMBA.

Basket Range Ad H, SA ★★ Einer der Hauptdarsteller in der Avantgarde neuer Produzenten in den ADELAIDE HILLS. Pét-Nat, CABERNET SAUVIGNON und PINOT NOIR.

Bass Phillip Gippsland, Vic ★★★★ PINOT NOIR **16'** 17' 18' 19' 20 – Kleine Mengen von wechselhaftem, aber meist herausragendem Pinot noir.

Bay of Fires N-Tas ★★★ Den PINOT NOIR sollte man nicht ignorieren, aber die erstklassigen Schaumwein-Cuvées der Reihe HOUSE OF ARRAS geben zu Recht den Ton an.

Beechworth Vic – Felsiges Hochland im Nordosten von VICTORIA. Die Rebsorten CHARDONNAY und SHIRAZ bringen die besten Ergebnisse, aber der NEBBIOLO erhebt sich gerade aus dem Nebel. Wichtigste Erzeuger: A. RODDA, CASTAGNA, DOMENICA, FIGHTING GULLY ROAD, GIACONDA, SAVATERRE, SCHMÖLZER & BROWN, SORRENBERG und TRAVIARTI.

Bekkers McLaren Vale, SA ★★★ Die Winzer und Kellermeister Emanuelle und Toby Bekkers erzeugen im Bio-Anbau Spitzen-GRENACHE und SYRAH.

Bendigo Vic – Heiße Region im Zentrum von VICTORIA. BALGOWNIE ESTATE, PASSING CLOUDS und SUTTON GRANGE sind die größten Erzeuger. Heimat körperreicher CABERNET-SAUVIGNON- und SHIRAZ-Weine.

Best's Great Western Grampians, Vic ★★★ SHIRAZ **14'** 15' 17' 18' 19 – Shiraz-Meister mit sehr guten, mittelschweren Rotweinen. Der Shiraz Thomson Family von 120-jährigen Rebstöcken ist überragend. Die Weine rangieren auf der samtigen Seite der Eleganz. Absoluter Insidertip ist der PINOT MEUNIER von alten Reben.

Billy Button Vic ★★ So viele Weine, so kleine Mengen. Alles von SHIRAZ über CHARDONNAY bis hin zu VERDUZZO, VERMENTINO, SAPERAVI, SCHIOPPETTINO und so weiter und so fort. Wenig Eiche, dafür umso mehr frische Frucht.

Bindi Macedon, Vic ★★★★ PINOT NOIR **17'** 18' **19'** 20 – Sehr akribischer Erzeuger von herausragendem Pinot noir aus einer Einzelparzelle und feinem CHARDONNAY. Kleine Mengen. Weine aus einer neuen Lage (mit 11.300 Reben pro Hektar dicht bestockt) kommen demnächst ins Spiel.

Bleasdale Langhorne Creek, SA ★★★ Das historische Weingut wurde 1850 gegründet. Tolle gespritete Weine, Spitzen-CABERNET-SAUVIGNON, MALBEC und SHIRAZ, dazu ein gutes Angebot an preiswerten Weinen. Immer zuverlässig.

Bondar McLaren Vale, SA ★★ Die Stars heißen GRENACHE und SHIRAZ. Ein wenig dilettantisch bei italienischen Rebsorten, aber der CHARDONNAY von den ADELAIDE HILLS ist sehr gut.

Brash Higgins McLaren Vale, SA ★★ Brad Hickey ist ein cleverer Kerl. Er hat Englisch und Botanik studiert, aber auch als Brauer, Bäcker und Sommelier gearbeitet. Jetzt erzeugt er radikale Versionen von Roten und Weißen aus dem MCLAREN VALE.

Brave New Wine Margaret R., WA ★★ Der Produzent von Naturweinen ist zu Höherem berufen. CHARDONNAY, GEWÜRZTRAMINER und SHIRAZ sind durchgehend exzellent.

Bremerton Langhorne Creek, SA ★★ Seidiger CABERNET SAUVIGNON und SHIRAZ mit großer Aromenfülle. Nie gewöhnlich, dafür immer großzügig. Auch der MALBEC kann sehr gut sein.

Brokenwood Hunter V., NSW ★★★ ILR Reserve SEMILLON **13'** **14'** 15; Graveyard SHIRAZ **13'** **17'** 18' 19 – Insgesamt hohe Qualität; ein gutes Preis-Leistungs-Verhältnis hat der Semillon/SAUVIGNON BLANC Cricket Pitch.

Brown Brothers King V., Vic ★ Reiche Auswahl an gefälligen Stilen und Sorten, mit Schwerpunkt auf Süßwein. Die Lagen Innocent Bystander im YARRA VALLEY and Devil's Corner/Tamar Ridge in TASMANIEN sind clevere Neuerwerbungen.

Campbells Rutherglen, Vic ★ Weiche, reife Rotweine wie der SHIRAZ Bobbie Burns, außerdem herausragender Muscat Merchant Prince Rare und der TOPAQUE Isabella Rare (★★★★).

Canberra District NSW – Eine der wichtigsten Regionen mit kühlerem Klima in Australien, gut für die Qualität. An der Spitze der Erzeuger steht CLONAKILLA, ebenfalls sehr gut sind Collector, GUNDOG ESTATE, MOUNT MAJURA, Nick O'Leary und RAVENSWORTH.

Cape Mentelle Margaret R., WA ★★ Ein wenig wackelig in letzter Zeit mit übertriebenem Einsatz von Eiche, besonders bei CABERNET SAUVIGNON und ZINFANDEL. Der CHARDONNAY ist solide und die Cuvée von SAUVIGNON BLANC/SEMILLON sehr beliebt. Im Besitz von LVMH.

Casella Riverina, NSW ★ Die preiswerten Rot- und Weißweine der Reihe Yellow Tail haben zur Entstehung eines australischen Weinimperiums beigetragen. Zum Besitz gehören jetzt Traditionsmarken wie BAILEYS OF GLENROWAN, Brand's of Coonawarra, MORRIS und PETER LEHMANN.

Castagna Beechworth, Vic ★★★ SYRAH **12'** 14' **15'** 16 – Gutseigene Cuvées aus SHIRAZ/VIOGNIER und SANGIOVESE/Shiraz sind hervorragend. Die Reihe Adam's Rib von zugekauften Trauben lohnt ebenfalls.

Chalmers Heathcote, Vic ★ Der Spezialist für Rebenzucht konzentriert sich auf italienische Sorten. Im Sortiment sind diverse Weine, darunter guter FIANO und VERMENTINO.

Chambers Rosewood NO-Vic – Gilt neben MORRIS als der beste Erzeuger von sehr süßem TOPAQUE (★★★★) und Muscat.

Chandon, Domaine Yarra V., Vic ★★ Schaum- und Tischweine von Trauben aus kühleren Regionen. Im Besitz von Moët Hennessy Louis Vuitton. In Großbritannien als Green Point bekannt. Die Cuvées oJ zeigen sich in Bestform.

Chapel Hill McLaren Vale, SA ★★ Hochkarätiger Produzent im MCLAREN VALE. SHIRAZ und CABERNET SAUVIGNON sind die Brot- und Butterweine, aber mit TEMPRANILLO und besonders GRENACHE geht es aufwärts.

Charlotte Dalton Wines Ad H, SA ★★ Bringt frischen Wind in die australische Weinszene. Klassische Rebsorten wie CHARDONNAY oder SHIRAZ, aber auch der sehr gute FIANO Lang C.

Chatto Tas ★★★★ Junge Weinberge, aber bereits einer der besten australischen Produzenten für PINOT NOIR. Frucht, Gewürznoten und alles andere sind ganz wunderbar. Rauchige Töne im Überfluss.

Clarendon Hills McLaren Vale, SA ★★ Die ganze Palette an Rotweinen (hoher Alkoholgehalt, intensive Frucht) von Trauben, die in den Hügeln oberhalb des MCLAREN VALE wachsen. Zigarrenweine.

Clare Valley SA – Kleiner, hübscher Bereich mit erstklassigen Lagen, rund 160 km nördlich von Adelaide. Am besten mit dem Rad zu erkunden, wie manche behaupten. Australiens berühmteste RIESLING-Region; auch eukalyptusduftiger SHIRAZ und erdiger, tanninbetonter CABERNET SAUVIGNON. Wegweisende Erzeuger: Adelina, GROSSET, KILIKANOON, KIRRIHILL, MOUNT HORROCKS, TIM ADAMS, WENDOUREE.

Clonakilla Canberra, NSW ★★★★ SHIRAZ **10'** 14' **15'** **17'** **18'** 19 – Der Superstar von CANBERRA. RIESLING und VIOGNIER sind ausgezeichnet, die Cuvée aus Shiraz/Viognier ist berühmt, aber der SYRAH setzt ein Statement in Sachen Eleganz.

Clyde Park Vic ★★ CHARDONNAY und PINOT NOIR aus Einzellagen in Bestform. Der SHIRAZ macht von sich reden.

Cobaw Ridge Macedon, Vic ★★★ Zertifizierte biodynamische Produzenten von kühlklimatischem, beeindruckendem CHARDONNAY und SYRAH. Sehr feiner PINOT NOIR und der feinste LAGREIN von Australien überhaupt.

Coldstream Hills Yarra V., Vic ★★★★ CHARDONNAY **17'** **18'** 19; PINOT NOIR **13'** **15'** 17' 19' 20 – 1985 von dem Weinkritiker James Halliday gegründet. Köstlicher Pinot noir, jung zu trinken, Reserve- und Einzellagenweine mit Lagerpotenzial. Außerdem ausgezeichneter Chardonnay (v. a. Reserve). Im Besitz von TWE.

Coonawarra SA – Heimat von einigen der besten und markantesten australischen CABERNET SAUVIGNONS. Hier gibt es die fettesten roten Böden auf Kalkstein. WYNNS COONAWARRA ESTATE ist der Champion unter den Produzenten, aber BALNAVES, KATNOOK, LINDEMAN'S, MAJELLA, PARKER COONAWARRA ESTATE und YALUMBA geben mit den Ton an. Insgesamt stagniert die Qualität in der Region seit Jahrzehnten.

Coriole McLaren Vale, SA ★★ Lloyd Reserve SHIRAZ **14'** **15'** **16'** 18 – Renommierter Erzeuger von SANGIOVESE und dem Shiraz Lloyd Reserve von alten Reben. Überzeugend FIANO und NERO D'AVOLA.

Corymbia Margaret R., WA, Swan V., WA ★★★ Sehr schöner CABERNET SAUVIGNON und CHENIN BLANC sind treffsicher auf den Punkt gebracht. Hat das Zeug zum Star, wenn er es nicht schon ist.

Craiglee Macedon, Vic ★★★ SHIRAZ **14'** **15'** **16'** 17 – Nicht wegzudenkender Betrieb, von der nördlichen Rhône inspiriert. Duftiger, pfeffriger Shiraz und lagerfähiger CHARDONNAY.

Crawford River Henty, Vic ★★★ Hervorragender RIESLING-Erzeuger. Kühler, knochentrockener, aber dennoch intensiver Stil, großartig zu Fisch und Meeresfrüchten, höchst langlebig.

Crittenden Estate Mornington Peninsula, Vic ★★★ Konzentriert auf sehr guten CHARDONNAY und PINOT NOIR. Hat aus SAVAGNIN (einst fälschlicherweise als ALBARIÑO bezeichnet, ein Fehler beim Rebenimport aus Spanien) eine hervorragende australische Version im Stil eines Vin jaune kreiert. Der Name: Cri de Coeur Sous Voile.

Cullen Wines Margaret R., WA ★★★★ CHARDONNAY **16'** 17' **18'** 19' 20; CABERNET SAUVIGNON/MERLOT **12'** **13'** 14' **15'** 16' 17' 18' 19 – Vanya Cullen erzeugt gehaltvollen, aber subtilen SEMILLON/SAUVIGNON BLANC, vortrefflichen Chardonnay und eleganten, kräftigen Cabernet Sauvignon/Merlot. Biodynamisch in allem, was sie tut. Die Beste in Australien.

Curly Flat Macedon, Vic ★★★ PINOT NOIR 14' 15' **16'** 17' 18' 19' 20 – Robuster, aber duftiger Pinot noir in zwei Preis- und Qualitätsstufen, dazu vollmundiger CHARDONNAY, beide langlebig. Die Weine werden immer eleganter. Bemerkenswerte Weine aus Einzellagen.

Dal Zotto King V., Vic ★★ Der »Prosecco«-Spezialist produziert verschiedene Stile, am besten sind die trockenen und etwas ausgefalleneren. Auch den NEBBIOLO Col Fondo kann man sich schon mal gönnen.

Dappled Yarra V., Vic ★★★ Der ebenso elegante wie komplexe CHARDONNAY und PINOT NOIR kommen in Spitzenqualität zum fairen Preis.

d'Arenberg McLaren Vale, SA ★★ Die Namen der Weine können recht schräg sein wie der SAGRANTINO The Cenosilicaphobic Cat. Umso mehr Sinn machen Stilistik und die hohe Qualität wie bei den üppigen GRENACHE und SHIRAZ.

De Bortoli Griffith, NSW, Yarra V., Vic ★★★ Weingut in einem Bewässerungsbereich und führender Produzent in dieser Region. Ausgezeichneter PINOT NOIR aus kühlen Lagen, dazu SHIRAZ und CHARDONNAY, sowie sehr guter süßer, edelfauler SEMILLON Noble im Sauternes-Stil. Hier im YARRA VALLEY entsteht echte Qualität.

Deep Woods Estate Margaret R., WA ★★★ Bestechender CHARDONNAY und CABERNET SAUVIGNON. Kraftvolle Weine – gemacht, um Eindruck zu schinden und lange zu halten.

Devil's Lair Margaret R., WA ★★ Opulenter CHARDONNAY und CABERNET SAUVIGNON/MERLOT sind das Beste, was dieses Weingut hervorbringt. Ein bisschen versteckt, seit es im Besitz von TWE ist.

Domenica Beechworth, Vic ★★★ Spannender Produzent in BEECHWORTH mit gut gepflegten Weinlagen. Üppiger, würziger SHIRAZ, MARSANNE mit schöner Textur. Der NEBBIOLO ist die absolute Nummer eins.

Dr Edge Tas ★★★ Peter Dredge ist als Weinmacher in vielen Kellereien in Tasmanien unterwegs. Der CHARDONNAY und besonders der PINOT NOIR, den er unter eigenem Namen produziert, zeigen allerdings weit mehr Persönlichkeit, als es die meisten seiner Kunden zulassen würden.

Eden Valley SA – Der nächste Nachbar des BAROSSA VALLEY. Hügelige Gegend im Osten, in der u. a. Chris Ringland, HENSCHKE, PEWSEY VALE, Radford und TORZI MATTHEWS zu Hause sind. Rassiger RIESLING, duftiger, lebhafter SHIRAZ und CABERNET SAUVIGNON von Spitzenqualität.

Elderton Barossa V., SA ★★★ Alte Reben; üppiger CABERNET SAUVIGNON mit Eichennote und SHIRAZ. Deckt alle Weinstile ab. Teilweise ökologischer/biodynamischer Anbau. Die körperreichen Roten sind in Top-Form.

Eldorado Road Rutherglen, Vic ★★ Herzenssache des Weinmachers Paul Dahlenburg (Baileys of Glenrowan). DURIF, NERO D'AVOLA oder SHIRAZ stecken voller Eleganz und Kraft – immer interessant.

Eldridge Estate Mornington Peninsula, Vic ★★★ Weinmacher David Lloyd ist ein anspruchsvoller Tüftler, CHARDONNAY und PINOT NOIR sind den Aufwand aber wert. Der sortenreine GAMAY ist wirklich etwas Besonderes.

Epis Macedon, Vic ★★★ Langlebiger PINOT NOIR, eleganter CHARDONNAY. Kaltes Klima. Kraftvoll, wenn er auf den Markt kommt, die Komplexität braucht ihre Zeit. Der 19er Pinot noir ist bemerkenswert.

Faber Vineyards Swan V., WA ★★ John Griffiths ist ein Guru der Weinbereitung in Westaustralien. Seine Gutsweine zeigen, was bei Shiraz aus dem SWAN VALLEY möglich ist – er strotzt vor Kraft.

Fighting Gully Road Beechworth, Vic ★★★ Erzeuger, der in BEECHWORTH Maßstäbe setzt. CHARDONNAY, AGLIANICO und TEMPRANILLO treffen ins Schwarze, aber SANGIOVESE ist der König.

Flametree Margaret R., WA ★★★ CHARDONNAY und CABERNET SAUVIGNON sind bemerkenswert, besonders aus der Reihe SRS. Empfehlenswert sind darin auch Wallcliffe und Wilyabrup, außerdem sehr guter SHIRAZ, eine überraschende Neuerscheinung.

Fogarty Group Ein Stall voller Weingüter, der immer größer und wichtiger wird, darunter Dalwhinnie, DEEP WOODS ESTATE, Evans & Tate, LAKE'S FOLLY, Smithbrook und Tasmanian Vintners.

Forest Hill Vineyard Great Southern, WA ★★★ Hat 1965 den Startschuss für die Region gegeben. Wenn RIESLING der Held ist, ist Block 1 der Star. Sehr gut auch MALBEC und SHIRAZ.

Frankland Estate Frankland R., WA ★★★ RIESLING 17' **18'** 19' 20' 21' – Der Familienbetrieb produziert herausragenden Riesling aus einer Einzellage. Der Isolation Ridge ist nach Westaustraliens abgelegenstem Weinberg benannt. Dazu Weine verschiedener Stile sowie mittelschwerer CABERNET SAUVIGNON und SYRAH.

Fraser Gallop Estate Margaret R., WA ★★ Konzentrierter CABERNET SAUVIGNON, CHARDONNAY und SEMILLON/SAUVIGNON BLANC. Cabernet und Chardonnay waren in den letzten Jahren besonders gehaltvoll.

Auf dem Langmeil Freedom Vineyard (Barossa Valley) wächst der wahrscheinlich älteste Shiraz der Welt – er wurde 1843 gepflanzt.

Freycinet Tas ★★★ PINOT NOIR 10' 17' **18** – Pionierfamilienbetrieb an der tasmanischen Ostküste mit kompaktem Pinot noir, gutem CHARDONNAY und dem ausgezeichneten Schaumwein Radenti.

Garagiste Mornington Peninsula, Vic ★★★ CHARDONNAY und PINOT NOIR mit Intensität und Finesse. Die jetzt schon hohe Qualität wird immer höher. Die Verschnitte aus verschiedenen Weinlagen sind unschlagbar günstig.

Geelong Vic – Bereich westlich von Melbourne mit maritim-trockenem Klima. Die klingendsten Namen: BANNOCKBURN, BY FARR, CLYDE PARK, LETHBRIDGE und PROVENANCE.

Gembrock Hill Yarra V., Vic ★★★ Kühle Gegend am Oberlauf des Yarra River: fein strukturierter PINOT NOIR und CHARDONNAY par excellence.

Gemtree Vineyards McLaren Vale, SA ★★ Herzerwärmender SHIRAZ neben TEMPRANILLO und anderen Exoten; allen gemein ist die Qualität. Vorwiegend biodynamisch.

Giaconda Beechworth, Vic ★★★★ CHARDONNAY 16' **17'** 18' 19; SHIRAZ **15' 17'** 18 – Mitte der 80er gab Rick Kinzbrunner den Startschuss für den Bereich BEECHWORTH. König des australischen Chardonnay. Kleine Mengen kraftstrotzender Weine.

Giant Steps Yarra V., Vic ★★★ Erstklassige Einzellagenweine von CHARDONNAY, PINOT NOIR und SHIRAZ. Die Jahrgänge **15' 17'** 18' 19' 20 sind bei allen drei Rebsorten aufregend. 2020 an Jackson Family Wines (*siehe* Kalifornien, USA) verkauft.

Glaetzer-Dixon Tas ★★★ Nick Glaetzer stellte seine Familientradition auf den Kopf, als er seine Zelte im kühlen TASMANIEN aufschlug: RIESLING im europäischen Stil, PINOT NOIR mit Herbstnoten und Rhône-artiger SHIRAZ.

Goulburn Valley Vic – Die warme Region in der Mitte von Victoria bringt körperreiche, erdige Tischweine hervor. Am besten sind MARSANNE, CABERNET SAUVIGNON und SHIRAZ. Die Kellereien MITCHELTON und TAHBILK sind die Fahnenträger. Auch unter dem Namen Nagambie Lakes bekannt.

Grampians Vic – Früher als Great Western bezeichnete Region mit gemäßigtem Klima im Nordwesten. Würziger SHIRAZ und Shiraz-Schaumwein, RIESLING vom Kalkstein. Heimat von SEPPELT (vorerst noch), BEST'S, Montara, MOUNT LANGI und The Story.

Granite Belt Qld – Hoch gelegene und (relativ) kühle Weinbauregion an der Grenze zwischen Queensland und New South Wales, die man dort nicht erwarten würde. Würziger SHIRAZ und voller SEMILLON, z. B. von Boireann, Golden Grove oder Ridgemill Estate.

Grant Burge Barossa V., SA ★★ Weiche Rot- und Weißweine aus den besten Trauben der großen, gutseigenen Weinberge. Im Besitz von ACCOLADE.

Great Southern WA – Abgelegene kühle Gegend in der linken unteren Ecke Australiens. Die offiziellen Unterregionen heißen Albany, Denmark, Frankland River, Mt. Barker und Porongurup. Erstklassiger RIESLING, SHIRAZ und CABERNET SAUVIGNON. Hier stimmen Stil, Qualität und Preis.

Grosset Clare V., SA ★★★ RIESLING 17' 18' 19' **20'** 21; Gaia **15'** 16' 17' 18 – Riesling ist hier König – mit ganz unterschiedlicher Stilistik. An der Spitze der G110 aus einem Klon vom Bio-Weinberg. Der Gaia aus CABERNET SAUVIGNON/FRANC ist unverwechselbar; ansprechend der FIANO. CHARDONNAY und PINOT NOIR aus den Adelaide Hills sind immer interessant.

Gundog Estate Canberra, NSW ★★★ Überaus ambitionierter SEMILLON und SHIRAZ aus CANBERRA und dem HUNTER VALLEY. Der Shiraz startet gerade richtig durch.

Hahndorf Hill Ad H, SA ★★★ Hat sich in Australien dem GRÜNEN VELTLINER verschrieben. Produziert zuverlässig sehr würzige, aromenreiche Beispiele mit dichter Textur. Die Experimentierfreude zieht sich durch das gesamte Angebot.

Hardys SA ★★ Historischer Betrieb, jetzt im Besitz von ACCOLADE. Körperreich ausgebaut, können sowohl CHARDONNAY als auch SHIRAZ herausragend sein.

Heathcote Vic – Die 500 Millionen Jahre alten Kambrium-Böden des Gebiets besitzen großes Potenzial für erstklassige Rotweine wie z. B. SHIRAZ voller Körper und Würze. Die besten Erzeuger: JASPER HILL, PAUL OSICKA, TAR & ROSES, Whistling Eagle und WILD DUCK CREEK.

Henschke Eden V., SA ★★★★ SHIRAZ 05' 06' 12' 13' 14' 15' 16; CABERNET SAUVIGNON 06' **10' 12'** 15' 16 – Herausragender, 150 Jahre alter Familienbetrieb mit köstlichem Shiraz Hill of Grace, sehr gutem Cabernet Sauvignon, roten Cuvées, guten Weißen und schwindelerregenden Preisen. Ein Wunder der modernen Welt.

Hentley Farm Barossa V., SA ★★★ Beständiger Erzeuger von SHIRAZ mit enormer Kraft und Konzentration – die Aromenfülle steht wie eine Wand – trotz des (im Allgemeinen) frischen, fast spritzigen Kontexts.

Hewitson SO-Australien ★★ Old Garden Mourvèdre **14' 15'** 16' 18 – Dean Hewitson spürt einige der »ältesten Mourvèdre-Reben der Erde« auf. Sehr guter SHIRAZ in verschiedenen Preisklassen.

Hoddles Creek Etstate Yarra V., Vic ★★★ Hat sich einen Namen gemacht als Produzent von preiswerten Weinen kühlklimatischer Rebsorten, aber es ist nicht der Preis allein: Die Qualität ist herausragend! CHARDONNAY und PINOT NOIR aus Einzelparzellen sind Spitzengewächse.

Houghton Swan V., WA ★★ Jack Mann 13' **15'** 18' 17' 19 – Einst legendärer Weinbaubetrieb im Swan Valley bei Perth, Teil von ACCOLADE. Die preiswerte weiße Cuvée war lange ein australischer Klassiker. Sehr guter CABERNET SAUVIGNON, SHIRAZ, u. a. aus GREAT SOUTHERN und vom MARGARET RIVER.

House of Arras Tas ★★★ Das prestigeträchtigste Haus für Schaumwein in Australien präsentiert sich in Bestform. Langes Hefelager und perfekte Perlage. Gehört zu ACCOLADE.

Howard Park WA ★★ Duftiger RIESLING, CHARDONNAY und erdiger CABERNET SAUVIGNON. Der MadFish ist seinen Preis wert.

Hunter Valley NSW – Subtropisches Kohlebergbau-Revier, 160 km nördlich von Sydney. Mittelschwerer, erdiger SHIRAZ und rassiger SEMILLON mit 30 Jahren Lebensdauer. Die wohl terroirbetontesten Stile in Australien. Aushängeschilder sind ANDREW THOMAS, BROKENWOOD, MOUNT PLEASANT und vor allem Tyrrell's.

Hutton Wines Margaret R., WA ★★ Sehr guter CABERNET SAUVIGNON und SHIRAZ; beim CHARDONNAY geht es sogar in Richtung hervorragend. Geballte Kraft am Gaumen, die im Abgang lange nachklingt.

Inkwell McLaren Vale, SA ★★ Große Eleganz, großes Ansehen, viel Charakter. Jede Menge verlockende Weine, vor allem auf SHIRAZ-Basis.

Jacob's Creek Barossa V., SA ★ Im Besitz von Pernod Ricard. Konzentriert sich auf mehrere Reihen von uninspirierten, aber verlässlichen Weinen namens Jacob's Creek, die alle Rebsorten und Preisklassen abdecken.

Jasper Hill Heathcote, Vic ★★ SHIRAZ 12' 17' 18' 19 – Emily's Paddock Shiraz/CABERNET FRANC und Georgia's Paddock Shiraz aus trockenen Lagen sind intensiv, straff und langlebig. Den NEBBIOLO sollte man im Auge behalten. Biodynamisch.

Jericho Ad H, McLaren Vale, SA ★★ Sorgfältige Traubenauswahl und kompetente Weinbereitung ergeben moderne, leckere Weine, besonders FIANO, GRENACHE, SHIRAZ und TEMPRANILLO.

Jim Barry Clare V., SA ★★★ RIESLING hat die Nase vorn dank reichlich toller Weinlagen. Der neue Riesling LoosenBarry Wolta Wolta entsteht in Zusammenarbeit mit dem Mosel-Mogul Ernst Loosen (*siehe* Deutschland). Solide Rote mit lagerfähigem SHIRAZ Armagh. Dazu der einzige ASSYRTIKO von Australien.

John Duval Wines Barossa V., SA ★★★ John Duval, ehemaliger Kellermeister von PENFOLDS Grange, produziert köstliche Rotweine im Rhône-Stil, voller Intensität und Charakter.

Kalleske ★★ Der alte Familienbetrieb in Greenock im äußersten Nordwesten des BAROSSA VALLEY erzeugt recht speziellen Einzellagen-SHIRAZ und viele andere geschmacksintensive Weine. Biodynamisch/ökologisch.

Katnook Estate Coonawarra, SA ★★ Odyssey CABERNET SAUVIGNON **14' 15'** 18' 19 – Hochpreisige Ikonen sind der Odyssey und der SHIRAZ Prodigy. Die konzentrierte Frucht versinkt in Eiche.

Kilikanoon Clare V., SA ★★ RIESLING und SHIRAZ sind ganz groß in Form. Saftig, großzügig und einfach schön gemacht. Seit 2017 im Besitz einer chinesischen Investorengruppe.

King Valley Vic – Die Höhenlagen zwischen 155 und 860 m wirken sich stark auf die Stilistik der Weine aus. Bekannt für italienische Rebsorten. Qualitätsproduzenten sind BROWN BROTHERS, Chrismont, DAL ZOTTO und besonders PIZZINI.

Kirrihill Clare V., SA ★★ Sehr guter CABERNET SAUVIGNON, SHIRAZ und RIESLING zu oft hervorragenden Preisen.

Knappstein Wines Clare V., SA ★ Zuverlässiger RIESLING, SHIRAZ und CABERNET SAUVIGNON zum fairen Preis.

Kooyong Mornington Peninsula, Vic ★★★ PINOT NOIR und harmonischer, gut strukturierter großartiger Chardonnay. Charmanter PINOT GRIS; erstklassige Einzellagenweine.

Lake Breeze Langhorne Creek, SA ★★★ Weicher, leckerer, preiswerter SHIRAZ und CABERNET SAUVIGNON; nur wenige Produzenten beherrschen die Weine im Mittelfeld so konsequent und gut.

Lake's Folly Hunter V., NSW ★★ CHARDONNAY **17' 18' 19**; CABERNET SAUVIGNON 16' **17' 18'** 19 – Gegründet von dem Chirurgen Max Lake, dem Pionier für Cabernet Sauvignon aus dem HUNTER VALLEY. Der Chardonnay ist oft besser als die Cuvée von Cabernet. Eigenwillig.

Langmeil Barossa V., SA ★★ Das Gut besitzt SHIRAZ-Reben, die Mitte der 1880er gepflanzt wurden und damit zu den ältesten der Welt zählen, dazu weitere alte Weinlagen. CABERNET SAUVIGNON, GRENACHE und Shiraz im Vollgas-Modus.

Larry Cherubino Wines Frankland R., WA ★★★ Intensiver RIESLING, SAUVIGNON BLANC, würziger Shiraz und Hochglanz-CABERNET-SAUVIGNON. Der Ehrgeiz der Anfangszeit zahlt sich jetzt aus.

LAS Vino Margaret R., WA ★★★ Dieser Mann hat Wein im Blut. Nic Peterkin ist der Enkel von Kevin und Diana CULLEN, einst Pioniere am Margaret River, und Sohn des Gründers von Pierro. Jetzt ist er ein Wegbereiter; experimentierfreudiger und anspruchsvoller Produzent von herausragendem CHARDONNAY, CHENIN BLANC oder CABERNET SAUVIGNON. Ein Name, den man sich merken sollte.

Leeuwin Estate Margaret R., WA ★★★★ CHARDONNAY 15' **16'** 17' 18' 19 – Erzeuger mit Kultstatus. Alles dreht sich um den langlebigen Chardonnay Art Series. SAUVIGNON BLANC und RIESLING sind nicht ganz so brillant. Der Cabernet Sauvignon ist sehr gut.

Die rote Rebsorte Vespolina ist in Australien angekommen: 300 Stöcke in zwei Rebzeilen gehören der Familie Dalbosco in Victoria. Gleich bestellen!

Leo Buring Barossa V., SA ★★ 16' **17'** 18' 20' 21 – Im Besitz von TWE. Ausschließlich RIESLING; Leonay heißt die Spitzenmarke, die herrlich langlebig ist. Bekommt nur wenig Aufmerksamkeit, obwohl an der Qualität nichts auszusetzen ist.

Lethbridge Vic ★★★ Stilvoller kleiner Erzeuger von CHARDONNAY, SHIRAZ, PINOT NOIR und RIESLING. Voller Experimentierfreude. Kühles Klima, doch die Weine sind herzhaft und gehaltvoll.

Limestone Coast Zone SA – Wichtiges Anbaugebiet, zu dem auch Bordertown, COONAWARRA, Mount Benson, Mount Gambier, PADTHAWAY, Robe und WRATTONBULLY gehören.

Lindemans Im Besitz von TWE. Alles dreht sich um die preiswerte Reihe Bin. Weit entfernt vom früheren Ruhm.

Luke Lambert Yarra V., Vic ★ Unkonventioneller Produzent von wechselhaftem, aber manchmal auch sehr gutem SHIRAZ, PINOT NOIR und NEBBIOLO (überwiegend aus kühleren Lagen).

Macedon und Sunbury Vic – Benachbarte Regionen. Macedon ist höher und kühler als das nahe dem Melbourner Flughafen gelegene Sunbury. Qualität findet man bei BINDI, CRAIGLEE, CURLY FLAT, EPIS und PLACE OF CHANGING WINDS.

Mac Forbes Yarra V., Vic ★★★ Treibende Kraft im YARRA VALLEY. Unzählige Einzellagenweine, hauptsächlich PINOT NOIR, CHARDONNAY und RIESLING. Die Weine haben mehr Struktur als Strahlkraft, was ungewöhnlich für Australien ist.

Main Ridge Estate Mornington Peninsula, Vic ★★★ Einst ein Pionier in dieser Region, und die neuen Besitzer (seit 2015) respektieren die Geschichte des Gutes. Fülliger CHARDONNAY und aparter PINOT NOIR in kleinen Mengen.

Majella Coonawarra, SA ★★ So verlässlich, wie der Tag lang ist. Opulenter SHIRAZ und CABERNET SAUVIGNON. Die Quintessenz des heutigen COONAWARRA.

Margaret River WA – Maritime Region südlich von Perth. Kraftvoller CHARDONNAY und strukturierter CABERNET SAUVIGNON. Erzeuger: CAPE MENTELLE, CORYMBIA, CULLEN, DEEP WOODS ESTATE, DEVIL'S LAIR, FLAMETREE, FRASER GALLOP, HUTTON WINES, LEEUWIN ESTATE, MOSS WOOD, PIERRO, TRIPE ISCARIOT, VASSE FELIX, VOYAGER ESTATE, WOODLANDS und andere. Großartige Gegend mit Buschland, Stränden – und ein Surferparadies.

Mayford NO-Vic, Vic ★★★ Winziges Weingut in einem versteckten Tal. Hat dem Bereich ALPINE VALLEYS Bedeutung verschafft. SHIRAZ, CHARDONNAY und seidiger TEMPRANILLO.

McHenry Hohnen Margaret R., WA ★★ Solider Produzent von MARGARET RIVER CHARDONNAY. In Sachen Aromatik setzt er mehr auf Breite als auf Tiefe.

Italienische Verbindungen

Die Winzerfamilie CHALMER aus Mildura und HEATHCOTE, Victoria, hat die größte Sortenvielfalt italienischer Rebsorten nach Australien gebracht – über 46. Darunter übliche Verdächtige wie FIANO und SANGIOVESE, aber auch Raritäten. Möchte vielleicht noch jemand einen Pavana?

McLaren Vale SA – Beliebte maritime Region am südlichen Stadtrand von Adelaide. Allgemein enorm aromenreiche Rotweine, aber BRASH HIGGINS, CHAPEL HILL, CLARENDON HILLS, CORIOLE, D'ARENBERG, GEMTREE, INKWELL, JERICHO, MARIUS, PAXTON, SAMUEL'S GORGE, SC PANNELL, WIRRA WIRRA und YANGARRA können sich auch von der eleganten Seite zeigen. SHIRAZ ist der Held, aber GRENACHE von alten Reben und unbewässerten Böden übertrifft ihn häufig.

McWilliam's SO-Australien ★★★ Hanwood ist preiswert, und Mount Pleasant steht für Qualität.

Meerea Park Hunter V., NSW ★★ Die Brüder Garth und Rhys Eather produzieren lagerfähigen SEMILLON und SHIRAZ, oft als Einzellagenabfüllungen.

Mike Press Wines Ad H, SA ★★ Kleine Mengen, kleine Preise. CABERNET SAUVIGNON und SHIRAZ. Liebling aller Schnäppchenjäger.

Mitchelton Goulburn V., Vic ★★ Solider Erzeuger von CABERNET SAUVIGNON, SHIRAZ und RIESLING; Spezialität: Marsanne und ROUSSANNE. Unbedingt einen Besuch wert; schickes neues Hotel am Fluss, umgeben von herrlichem rotem Eukalyptus.

Montalto Mornington Peninsula, Vic ★★★ Geradezu ein »Muss« auf der MORNINGTON PENINSULA. Die Einzellagenabfüllungen von PINOT NOIR und CHARDONNAY sind verblüffend gut.

Moorilla Estate Tas ★★ Pionier nahe Hobart am Derwent River. Guter CHARDONNAY, RIESLING und PINOT NOIR. Sehr gutes Restaurant und eine außergewöhnliche Kunstgalerie. Auch die nahe gelegene DOMAINE A gehört jetzt zum Besitz.

Moorooduc Estate Mornington Peninsula, Vic ★★★ Seit Langem ein Erzeuger von komplexem CHARDONNAY und PINOT NOIR.

Moppity Vineyards Hilltops, NSW ★ Zugänglicher SHIRAZ und CABERNET SAUVIGNON Hilltops; eleganter CHARDONNAY TUMBARUMBA. Vor allem als Erzeuger preiswerter Weine bekannt.

Mornington Peninsula Vic – Küstengegend südöstlich von Melbourne. Kühles Klima; PINOT NOIR, CHARDONNAY und PINOT GRIS. Spielwiese für alle, die Wein, Surfen, Strand und Essen mögen. Die Erzeuger: u. a. ELDRIDGE ESTATE, GARAGISTE, KOOYONG, MAIN RIDGE ESTATE, MONTALTO, MOOROODUC ESTATE, PARINGA ESTATE, STONIER, TEN MINUTES BY TRACTOR, WILLOW CREEK, YABBY LAKE.

Morris NO-Vic ★★★ Erzeuger in RUTHERGLEN mit den (welt-?)besten Muscat- und TOPAQUE-Dessertweinen Australiens. Im Besitz von CASELLA.

Moss Wood Margaret R., WA ★★★ CABERNET SAUVIGNON **13'** **14'** 15' 16' 17' 18 – Die opulentesten (Rot-)Weine am MARGARET RIVER. SEMILLON,

CHARDONNAY und wunderbar weicher Cabernet Sauvignon. Frucht- und eichenbetont.

Mount Horrocks Clare V., SA ★★★ Rassiger trockener RIESLING, CABERNET SAUVIGNON, SHIRAZ und SEMILLON sind gut in Form.

Mount Langi Ghiran Grampians, Vic ★★★ SHIRAZ 13' **14' 15'** 17' 18' 19 – Pfeffriger Shiraz im Rhône-Stil. Hervorragend der Shiraz Cliff Edge. Gutseigene Trauben von einem ganz speziellen Fleckchen Erde.

Mount Majura Canberra, NSW ★★ Führender TEMPRANILLO-Erzeuger. CHARDONNAY, RIESLING und SHIRAZ sind alle gut. Die Rotweine sind robust und würzig.

Mount Mary Yarra V., Vic ★★★★ PINOT NOIR 16' **17'** 18' 19' 20; Quintet 15' **16'** 17' 18' 19' 20 – Der Pionier im Yarra Valley wird stärker und stärker. Bestens bekannt für die Bordeaux-Cuvée Quintet, auf Augenhöhe mit CHARDONNAY und Pinot noir. Auf Betreiben von Sam Middleton sind zuletzt Rhône-Reben dazugekommen. Er ist der Enkel des Gründers Dr. John Middleton.

Mount Pleasant Hunter V., NSW ★★★★ 2021 an den Investor MCWILLIAMS mit Sitz in Sydney verkauft. Empfehlenswert: SEMILLON-Einzellagenweine wie Lovedale oder SHIRAZ. Historische Lagen, tolle Weine.

Mudgee NSW – Weinbaugebiet nordwestlich von Sydney. Erdige Rote, feiner SEMILLON, gut strukturierter RIESLING und fülliger CHARDONNAY. Gute Qualität – was fehlt, ist ein echter Held.

Ngeringa Ad H, SA ★★ Duftiger NEBBIOLO und PINOT NOIR, dazu Rhône-ähnlicher SHIRAZ und schmackhafter Rosé. Biodynamisch.

Nick Spencer Canberra, NSW ★★ Der Kellermeister kommt von Eden Road. CHARDONNAY und die rote Cuvée von SHIRAZ/TEMPRANILLO/TOURIGA/CABERNET SAUVIGNON sind besonders interessant.

Oakridge Yarra V., Vic ★★★★ Einer der führenden CHARDONNAY-Produzenten von Australien, der neuerdings auch für bemerkenswerten PINOT NOIR und SHIRAZ steht. Verschiedenste Weine aus Einzellagen.

Ochota Barrels Barossa V., SA ★★★ Brillanter Produzent von GRENACHE und SHIRAZ von alten Reben aus dem MCLAREN VALE und dem BAROSSA VALLEY.

O'Leary Walker Clare V., SA ★★ Zurückhaltender Auftritt, aber ausgezeichnete Qualität. CLARE VALLEY RIESLING und CABERNET SAUVIGNON sind die Spitzenreiter. Der MCLAREN VALE SHIRAZ ist eichenlastig, aber gut.

Orange NSW – Hoch gelegene Weinbauregion mit kühlem Klima. Lebhafter SHIRAZ (wenn reif), am besten aber für (intensive) aromatische Weiße und CHARDONNAY.

Padthaway SA – Sehr guter CABERNET SAUVIGNON, SHIRAZ und CHARDONNAY. Selten erwähntes, aber wichtiges Anbaugebiet. Der Salzgehalt des Bodens ist weiterhin ein Problem.

Pannell, S.C. McLaren Vale, SA ★★★ Wegbereiter der australischen Weinszene. Intuitive Weinbereitung und bemerkenswerte Lagen. Hitverdächtig die Cuvée aus GRENACHE, SHIRAZ und AGLIANICO. Experimente mit spanischen Rebsorten. Trinkspaß ist garantiert.

Paringa Estate Mornington Peninsula, Vic ★★★ Komplexer PINOT NOIR und SHIRAZ mit beeindruckender Struktur. Ähnlich der CHARDONNAY: füllig, fruchtig, breit und mit auffälliger Stilistik.

Parker Coonawarra Estate Coonawarra, SA ★★ Die erste Lese reicht zurück ins Jahr 1988. In guten Jahren wird körper- und gerbstoffreicher CABERNET SAUVIGNON mit Reifepotenzial erzeugt, der sich deutlich von anderen abhebt.

Passing Clouds Bendigo, Vic ★★★ Hier produzieren bodenständige Leute anständige Rote – vom robusten SHIRAZ bis zum Spitzen-CABERNET SAUVI-

GNON, der anderen die Show stiehlt. Sehr schwungvoll der CHARDONNAY Macedon.

Paul Osicka Heathcote, Vic ★★★ Manche der Reben stammen noch aus den 1950ern. Charakter und Geschmack werden hier großgeschrieben. Klein, unauffällig, aber schlagkräftig – das Ergebnis sind qualitativ hochwertiger CABERNET SAUVIGNON und SHIRAZ.

Paxton McLaren Vale, SA ★ Bekannter Bio-Winzer mit reifem GRENACHE und SHIRAZ.

Pemberton WA – Region zwischen MARGARET RIVER und GREAT SOUTHERN; die anfängliche Begeisterung für PINOT NOIR ist inzwischen auf RIESLING, CHARDONNAY und SHIRAZ übergesprungen.

Penfolds ★★★★ Grange **91' 96' 06'** 08' 10' 12' 14' 15' 16' 17; CABERNET SAUVIGNON Bin 707 **04' 08'** 12' 14' 15' 18' 19; und natürlich der »einfache« SHIRAZ St Henri. Ursprünglich aus Adelaide, heute im ganzen Bundesstaat South Australia vertreten, dazu in der Champagne und in Kalifornien. Australiens bester Erzeuger von Rotweinen aus warmem Klima. Die hervorragenden CHARDONNAYS Yattarna und Bin sind jetzt gleichauf mit den Roten.

Petaluma Ad H, SA ★★ RIESLING **16' 17' 18'** 20; SHIRAZ ADELAIDE HILLS **15'** 17' 18; CABERNET SAUVIGNON COONAWARRA ist zuverlässig. Er hat seine guten Phasen – aber kein Vergleich zu früher, bevor der Gründer und Besitzer Brian Croser das Haus verlassen hat.

Peter Lehmann Wines Barossa V., SA ★★ Preiswerte Weine, u. a. zugänglicher RIESLING. Luxuriöser, gut strukturierter SHIRAZ Stonewell neben vielen anderen in Rot und Weiß. Seit 2014 Teil von CASELLA (Yellow Tail).

Pewsey Vale Eden V., SA ★ Sehr guter RIESLING – zwei Standardversionen sowie der flaschengereifte The Contours von einem wunderschön gelegenen Weinberg.

Pierro Margaret R., WA ★★★ CHARDONNAY **14' 18' 19** – Erzeuger von körperreichen Bordeaux-Cuvées mit Eichennote, spritzigem SEMILLON/SAUVIGNON BLANC und hochtourigem, überzeugendem Chardonnay.

Pipers Brook Tas ★★ RIESLING **17' 18'** 19' 20' 21 – Pionier in einer kühlen Region mit gutem Riesling, wechselhaftem PINOT NOIR sowie zurückhaltendem Chardonnay und Schaumweinen aus dem Tamar Valley. Zweitmarke: Ninth Island. Im Besitz der belgischen Familie Kreglinger.

Pizzini King V., Vic ★★ SANGIOVESE **17' 18** – Australiens führender Erzeuger für italienische Rebsorten wie NEBBIOLO und Sangiovese, der einen Gang hochgeschaltet hat. Treibende Kraft im KING VALLEY.

Place of Changing Winds Macedon, Vic ★★★ CHARDONNAY und PINOT NOIR von großer Kraft und Komplexität wachsen auf Weinlagen mit harten Böden. Eines der interessantesten neuen Weingüter der letzten Jahre.

Pooley Tas ★★★ Ein beeindruckendes Anwesen von 1832 im Coal River Valley mit einigen der feinsten RIESLINGE aus Tasmanien, duftigem PINOT NOIR und reizvollem CHARDONNAY. Einer der Besten im Land.

Primo Estate SA ★★ Zu den vielen erfolgreichen Weinen Joe Grillis zählen ein fülliger MCLAREN VALE SHIRAZ, ein pikanter COLOMBARD, der kräftige CABERNET SAUVIGNON/MERLOT Joseph, ein außergewöhnlich komplexer Schaumwein aus Shiraz, NEBBIOLO und noch viel mehr.

Provenance Geelong, Vic ★★★ Spannender CHARDONNAY aus GEELONG und drumherum. Nicht ganz so verlässlich ist der PINOT NOIR – er kann aber auch super sein.

Punch Yarra V., Vic ★★★ Die Familie Lance führte jahrzehntelang das Gut Diamond Valley. Nach dem Verkauf behielt sie den dicht bestockten PINOT-NOIR-Weinberg, der präzise, langlebige Weine hervorbringen kann.

Pyrenees Vic – Region in Central Victoria mit reichhaltigen, oft minzeduftigen Rotweinen. Blue Pyrenees, Dog Rock, Mitchell Harris, Summerfield und TALTARNI sind die Protagonisten, aber auch verschiedene kleine Erzeugerbetriebe finden hier ein ergiebiges Jagdrevier.

Ravensworth Canberra, NSW ★★ Aufgrund verschiedener Weinexperimente plötzlich schwer gefragt. Am bekanntesten ist der SANGIOVESE, aber die auf den Schalen vergorenen Weißen und der GAMAY NOIR sorgen für Aufsehen.

Rieslingfreak Clare V., SA ★★ Wie der Name vermuten lässt, produziert John Hughes ausschließlich RIESLING aus dem CLARE VALLEY und dem EDEN VALLEY. Seine Frau Belinda ist seit 2021 mit an Bord (war vorher bei Grant Burge).

Chardonnay: Coolness steht ihm gut

Burgund beansprucht das Grundrecht auf Chardonnay, aber Australien kann zumindest behaupten, den besten außerhalb Frankreichs zu produzieren, und das zu einem Bruchteil des Preises eines Grand cru. Kühne Behauptung? Nicht im Geringsten. Die kühlklimatischen Regionen bringen Außergewöhnliches hervor: ADELAIDE HILLS, BEECHWORTH, MARGARET RIVER, MORNINGTON PENINSULA, TASMANIEN, YARRA VALLEY. Der Fokus liegt auf Weinen aus Einzellagen oder Parzellen, und dank einer Kombination aus besseren Klonen, besserem Weinbergsmanagement und klügerer Weinbereitung konnte der australische Chardonnay zum Höhenflug ansetzen. Hier geht's zum High-End-Produkt: BINDI, CULLEN WINES, GIACONDA, GIANT STEPS, KOOYONG, OAKRIDGE, PENFOLDS Yattarna, SHAW & SMITH, Tolpuddle Vineyard, VASSE FELIX, XANADU WINES. Geben Sie sich die Kante!

Riverina NSW – Massenweinbauzone mit Bewässerung bei Griffith.

Robert Oatley Wines Mudgee, NSW ★★ Ehrgeiziges Projekt von Robert Oatley, dem Gründer des ROSEMOUNT ESTATE. Meist gutes Preis-Leistungs-Verhältnis.

Rochford Yarra V., Vic ★★ Aus dem großen Freizeitpark im YARRA VALLEY kommen jetzt auch bemerkenswerter und komplexer CHARDONNAY und PINOT NOIR.

Rockford Barossa V., SA ★★★ Weine von verschiedenen alten, ertragsarmen Weinlagen. Die Rotweine sind am besten. Der SHIRAZ Basket Press hat Kultstatus und der Shiraz-Schaumwein Black ist zu Recht sehr bekannt.

Rodda, A. Beechworth, Vic ★★ Lebendiger CHARDONNAY von gutseigenen Rebflächen; der in großen Höhen gewachsene Tempranillo kann wunderschön sein.

Ruggabellus Barossa V., SA ★★★ Aufsehenerregend. Herzhafte und trotzdem oft leichtere Version des BAROSSA VALLEY. Alte Eiche, minimale Schwefelung, wilde Hefe, keine Entrappung. Cuvées von CINSAULT/GRENACHE/MATARO/SHIRAZ.

Rutherglen und Glenrowan Vic – Zwei von vier Regionen im warmen Nordosten von Victoria, die zu Recht berühmt sind für ihre kräftigen Roten und die herrlichen gespriteten Weine. Die besten Erzeuger: ALL SAINTS, CAMPBELLS, ELDORADO ROAD, SIMÃO & CO., STANTON & KILLEEN, SCION und TAMINICK CELLARS.

St Hallett Barossa V., SA ★★ Old Block 15' **16'** 17 – Der SHIRAZ Old Block ist der Star, das übrige Programm tadellos, weich und stilvoll. Im Besitz von ACCOLADE.

Saltram Barossa V., SA ★★ Der hochwertige Mamre Brook (SHIRAZ, CABERNET SAUVIGNON) und der (selten gesichtete) Shiraz No. 1 sind die Spitzenweine. Berühmt für den allgegenwärtigen Shiraz Pepperjack.

Samuel's Gorge McLaren Vale, SA ★★ Justin McNamee bereitet (manchmal) tollen GRENACHE, SHIRAZ und TEMPRANILLO mit Charakter und Terroirbewusstsein.

Savaterre Beechworth, Vic ★★★ CHARDONNAY **17'** 18' 19; PINOT NOIR **16'** 18 – Hervorragender Erzeuger von körperreichem Chardonnay, fülligem Pinot noir, SHIRAZ von dicht gepflanzten Reben und SAGRANTINO.

Australiens neue feine Weine

Werfen wir einen Blick auf neue Rebsorten und Cuvées, auch von traditionellen Produzenten. HENSCHKE: Der NEBBIOLO The Rose Grower duftet nach Rosen. YANGARRA ESTATE: Eine weiße Cuvée mit PICPOUL und BOURBOULENC, ausgebaut in 675-Liter-Keramikeiern und benutzten Barriques. LAS (MARGARET RIVER): spannender The Pirate Blend aus portugiesischen Rotweinsorten. CRITTENDEN ESTATE: SAVAGNIN Cri de Coeur Sous Voile. STEFANO LUBIANA (TASMANIEN): duftiger BLAUFRÄNKISCH. HAHNDORF HILLS: GRÜNER VELTLINER in unterschiedlicher Stilistik, z. B. der GRU mit schöner Textur. MAYFORD setzt auf TEMPRANILLO, während SC PANNELL sich zum Meister für italienische Rote mausert: AGLIANICO ist der Hit.

Schmolzer & Brown Beechworth, Vic ★★ CHARDONNAY, PINOT NOIR und interessanter, intensiver, extrem würziger Rosé. Der gut strukturierte RIESLING ist bemerkenswert. Eine der höchsten Weinlagen von BEECHWORTH.

Scion Rutherglen, Vic ★★ Eine frische und lebendige Interpretation von SHIRAZ und Durif.

Sentio Beechworth, Vic ★★★ Pickt die Rosinen aus lauter kühlklimatischen Gebieten, um daraus bestechenden CHARDONNAY, PINOT NOIR und SHIRAZ zu erzeugen.

Seppelt Grampians, Vic ★★★ St. Peter's SHIRAZ **14'** 16' 17' 18' 19 – Der historische Betrieb ist im Besitz von TWE. Beeindruckender CHARDONNAY, RIESLING und v. a. pfeffriger Shiraz.

Seppeltsfield Barossa V., SA ★★★ Vom National Trust als Kulturerbe geführtes Gut, 2013 von Warren Randall erworben. Die Bestände an gespriteten Weinen gehen bis ins Jahr 1878 zurück.

Serrat Yarra V., Vic ★★★ Winziger Weingarten des berühmten Kellermeisters Tom Carson (YABBY LAKE) und seiner Frau Nadege. Komplexer, kraftvoller, präzise gemachter SHIRAZ/VIOGNIER, PINOT NOIR und CHARDONNAY.

Seville Estate Yarra V., Vic ★★★ SHIRAZ **15' 16' 17'** 18' 19 – Ausgezeichneter CHARDONNAY, würziger Shiraz und gut strukturierter PINOT NOIR. Ein Pionier im YARRA VALLEY, der sich immer wieder neu erfindet.

Shaw & Smith Ad H, SA ★★★ Schicke Aufmachung. Knackiger, harmonischer SAUVIGNON BLANC, komplexer CHARDONNAY – beide werden vom Shiraz aber noch getoppt. Der PINOT NOIR ist sehr gut.

Simão & Co Rutherglen, Vic ★★ Der junge Simon Killeen produziert leckeren TEMPRANILLO, UGNI BLANC, SHIRAZ und andere Weine mit jeder Menge Persönlichkeit.

Sorrenberg Beechworth, Vic ★★★★ Allerhöchste Qualität ohne Firlefanz. SAUVIGNON BLANC/SEMILLON, CHARDONNAY, (Australiens bester) GAMAY und Bordeaux-Cuvées. Die ultimative Kellerei von Australien, wenn es um Weinwissen geht.

Southern NSW Zone NSW – Umfasst u. a. CANBERRA, Gundagai, Hilltops und TUMBARUMBA. Saftiger SHIRAZ, reintöniger RIESLING und CHARDONNAY mit langem Abgang.

Spinifex Barossa V., SA ★★★ Die Roten dominieren; detailverliebt in der Weinbereitung. Würziger GRENACHE; üppiger SHIRAZ und MATARO sind auch dabei. Interessante Einzellagen.

Stefano Lubiana S-Tas ★★★ Herrliche biodynamisch bewirtschaftete Weinlagen am Ufer des Derwent River nahe Hobart. Ausgezeichneter Schaumwein, CHARDONNAY, MERLOT, PINOT NOIR und neuerdings auch SHIRAZ. Ebenso gemütlich wie ambitioniert. Italienische und österreichische Rebsorten setzen ein Statement.

Stella Bella Margaret R., WA ★★★ Sehr solide quer durchs Sortiment in Sachen Stil und Preisgestaltung. Der Genuss des CHARDONNAY und CABERNET SAUVIGNON aus der Reihe Luminosa bringt einen zum Strahlen.

Stoney Rise Tas ★★ Joe Holyman war früher Kricketspieler von Weltklasse; als Winzer ist er fast noch besser, besonders in Sachen CHARDONNAY und PINOT NOIR.

Stonier Wines Mornington Peninsula, Vic ★★★ CHARDONNAY 18' 19' 20; PINOT NOIR 15' **17'** 18' 19 – Hier geht man hin, um die besten Tropfen der MORNINGTON PENINSULA zu erwerben. Schon die Einstiegsweine sind toll, getoppt von Reserve- und Abfüllungen aus Einzellagen.

Sunbury Vic – *Siehe* MACEDON UND SUNBURY.

Sutton Grange Bendigo, Vic ★★ AGLIANICO **17'** 18; SYRAH 17' 18' 19 – Unglaublich reichhaltiger und dichter Syrah und Rosé. Aglianico, SANGIOVESE und FIANO spielen weit mehr als eine Nebenrolle.

Swan Valley WA – 20 Minuten nördlich von Perth gelegener Geburtsort des Weins im Westen. Das heiße Klima bringt starke Weine mit niedrigem Säuregehalt hervor. Führender Erzeuger ist FABER VINEYARDS.

Swinney Frankland R., WA ★★★ Jahrzehntelang ein reiner Traubenerzeuger. Die ersten Weine in Eigenregie sind echte Überflieger. Ob GRENACHE, SHIRAZ oder RIESLING – alles strahlt. Herausragend ist die Spitzenmarke Farvie.

Tahbilk Goulburn V., Vic ★★★ MARSANNE 15' 17' 19' **20**; SHIRAZ 13' 15' 16 – Historischer Familienbesitz in Purbrick mit lagerfähigen Roten; außerdem einer der besten Marsanne Australiens von alten Reben. CABERNET SAUVIGNON Reserve kann sehr gut sein. Seltener Shiraz 1860 Vines. Für Leute, die es rustikal mögen.

Taltarni Pyrenees, Vic ★★ CABERNET SAUVIGNON und SHIRAZ präsentieren sich gut in Form. Langlebige Weine, aber man braucht keinen Presslufthammer mehr, um das Tannin vom Zahnfleisch zu lösen.

Taminick Cellars Glenrowan, Vic ★★ Die Familie Booth bearbeitet dieses harte und trockene Fleckchen Erde seit 1914. Auf dem Weg hat sich seither viel Charakter gebildet.

Tapanappa SA ★★★ Gemeinschaftsprojekt in WRATTONBULLY von Brian Croser, Bollinger und J.-M. Cazes aus Pauillac (*siehe* Frankreich). Herrliche Cuvée von CABERNET SAUVIGNON, SHIRAZ, MERLOT und CHARDONNAY. Überraschender Pinot noir von der Fleurieu Peninsula.

Tar & Roses Heathcote, Vic ★★ SANGIOVESE, SHIRAZ und TEMPRANILLO sind blitzblank aufbereitet und präsentiert. Eine moderne Erfolgsgeschichte. Der Tod des Mitbegründers Don Lewis 2017 ist ein großer Verlust, doch die Qualität bleibt auf hohem Niveau.

TarraWarra Estate Yarra V., Vic ★★ Reserve CHARDONNAY 16' **17'** 18' 19'; Reserve PINOT NOIR **17'** 18' 19 – Chardonnay und Pinot noir waren hier schon immer sehr aromatisch, sind in den vergangenen Jahren aber etwas verhaltener geworden. Versuche mit italienischen und Rhône-Rebsorten: Der BARBERA ist köstlich.

Tasmanien Kühle Inselregion mit ausgezeichnetem Ruf. Herausragende Schaumweine, PINOT NOIR und RIESLING. Sehr guter CHARDONNAY, PINOT GRIS und SAUVIGNON BLANC.

Taylors Wines Clare V., SA ★ Großer Produzent, vor allem von RIESLING, CABERNET SAUVIGNON und SHIRAZ. Exportiert die Weine unter dem Namen Wakefield Wines.

Ten Minutes by Tractor Mornington Peninsula, Vic ★★★ Spitzenweine und ein Spitzenrestaurant. Spezialist für CHARDONNAY und PINOT NOIR aus Einzellagen.

Teusner Barossa V., SA ★★ Alte Reben, kluge Weinbereitung, reine Fruchtaromen. Vorreiter des Trends gegen zu viele Holznoten im BAROSSA VALLEY.

Tim Adams Clare V., SA ★★ Stets verlässlicher RIESLING, CABERNET SAUVIGNON/MALBEC-Verschnitt, SHIRAZ und körperreicher TEMPRANILLO. Nicht zu vergessen der FIANO.

Tolpuddle Tas ★★★ SHAW & SMITH gehört dieser ausgezeichnete, 1988 angelegte Weinberg im tasmanischen Coal River Valley. Funkelnder PINOT NOIR und CHARDONNAY im schlanken Stil mit langem Abgang.

Topaque Vic – Ersatzname für den legendären süßen »Tokay« aus RUTHERGLEN, eine Auflage der EU. Zehn Jahre später ist es immer noch schwer, jemanden zu finden, der den neuen Namen mag.

Torbreck Barossa V., SA ★★★ Spezialisiert auf (oft von alten Reben stammenden) Rhône-Sorten, allen voran GRENACHE und SHIRAZ. Ein Paradebeispiel für den vollen, süßen und alkoholstarken Stil.

Torzi Matthews Eden V., SA ★★★ Aromatischer, stilvoller SHIRAZ mit großem Herzen. Preiswerter RIESLING und SANGIOVESE. Jahr für Jahr unglaublich beständig.

Traviarti Beechworth, Vic ★★ Hat sich einen Namen mit TEMPRANILLO gemacht, aber der NEBBIOLO kann es schon fast mit ihm aufnehmen.

Tripe Iscariot Margaret R., WA ★★ Verrückter Name, überzeugende Weine. CHENIN BLANC darf seine wahre Größe zeigen, aber im Mittelpunkt stehen die feinsten Rebsorten der Region: CHARDONNAY und CABERNET SAUVIGNON.

Tumbarumba NSW – Region mit kühlem Klima in den australischen Alpen; die Weinberge liegen in 500–800 m Höhe. Star ist der CHARDONNAY. PINOT NOIR kann da nicht mithalten.

Turkey Flat Barossa V., SA ★★★ Spitzenproduzent von komplexem Rosé; GRENACHE und SHIRAZ aus einem 150 Jahre alten Weinberg. Alkohol und Eiche werden sehr kontrolliert eingesetzt. Neue Einzellagenweine. Alt, aber doch modern.

TWE (Treasury Wine Estates) Australischer Weinmoloch mit bekannten Marken wie COLDSTREAM HILLS, DEVIL'S LAIR, LINDEMANS, PENFOLDS, ROSEMOUNT, SALTRAM, WOLF BLASS oder WYNNS COONAWARRA ESTATE.

Two Hands Barossa V., SA ★★★ Üppige Rote, und zwar eine Menge davon. Hier wurde unlängst einen Gang runtergeschaltet – schon macht sich die Frucht umso klarer bemerkbar.

Tyrrell's Hunter V., NSW ★★★★ SEMILLON 15' 16' **17'** 18' 19'; Vat 47 CHARDONNAY 15' 16' 17' **18'** **19** – Hier entsteht Australiens großartigster Semillon. Zum Vat 1 hat sich eine Reihe von Einzellagenweinen oder Weinen aus Unterbereichen gesellt. Auch der Vat 47, der erste Chardonnay Australiens, trotzt weiterhin den klimatischen Widrigkeiten. Hervorragend sind auch der SHIRAZ 4 Acres von alten Reben und der Shiraz Vat 9. Einer der ganz Großen.

Vasse Felix Margaret R., WA ★★★★ CHARDONNAY **17'** **18'** 19' 20; CABERNET SAUVIGNON **15'** 16' 17 – Zusammen mit CULLEN ein Pionier am MARGARET RIVER. Eleganter, mittelschwerer Cabernet Sauvignon. Komplexer, aufgepeppter Chardonnay. Ausschließlich Gutsweinerzeugung.

Voyager Estate Margaret R., WA ★★★ Hightech-Weinbau erlaubt hier eine Fülle von Stilen und Preisklassen. Das reicht vom Girt by Sea für Einsteiger bis zu Spitzen-CHARDONNAY und CABERNET SAUVIGNON der Reihe MJW.

Der wunderbare Margaret River

Der atemberaubend schöne Margaret River fließt 270 km südlich der westaustralischen Hauptstadt Perth. Der Einfluss des indischen Ozeans sorgt für eine kühle Brise; das maritime Klima bringt viel Regen im Winter und trockene Wärme im Sommer. Ein urzeitliches Granitbett zieht sich durch die Gegend, bedeckt von Kalkstein, Gneis und Schiefer. Die Granitunterlage sorgt für kleine Rebstöcke mit hochwertigen Trauben. Die mittelschweren Rotweine haben feine Tannine, die aromatischen Weißen bringen natürliche Säure mit. CHARDONNAY und CABERNET SAUVIGNON dominieren bei den Rebsorten. VASSE FELIX hat hier 1967 die ersten Reben gepflanzt, der Rest ist Geschichte. Andere Pioniere wie z. B. das biodynamische Gut CULLEN WINES konnten 2021 ihr 50. Jubiläum feiern. Auch LEEUWIN ESTATE, MOSS WOOD, WOODLANDS und XANADU WINES spielen weiterhin in der 1. Liga. Und jetzte mischen Newcomer wie LAS VINO oder LS Merchant auch noch die Gegend auf.

Wanderer, The Yarra V., Vic ★★★ Produziert im oberen YARRA VALLEY herausragenden und fein strukturierten PINOT NOIR und ebenso guter CHARDONNAY.

Wantirna Estate Yarra V., Vic ★★★ Der Pionier dieser Region wird echt unterschätzt. Die Weine lohnen sehr. Schöne Bordeaux-Cuvées, PINOT NOIRS und CHARDONNAYS. Die pfiffigen Etiketten gestaltet der in Australien beliebte Cartoonist Michael Leunig.

Wendouree Clare V., SA ★★★★ Sozusagen die Domaine de la Romanée-Conti von Australien. Alte Reben und das Bekenntnis zu Qualität und Tradition. Die langlebigen Roten sind wahre Schönheiten, aber der Stil tendiert jetzt zu mehr Raffinesse und Eleganz bei CABERNET SAUVIGNON, MALBEC, MATARO und SHIRAZ. Die Nachfrage übersteigt das Angebot.

West Cape Howe WA ★ Die Spezialität sind erschwingliche, aromatische Rotweine; dazu guter RIESLING.

Westend Estate Riverina, NSW ★★ Boomender Familienbetrieb, der schmackhafte Schnäppchen erzeugt wie den Private Bin SHIRAZ/Durif. Die Neuzugänge aus kühlem Klima sind recht preiswert.

Wild Duck Creek Heathcote, Vic ★★ Superkonzentrierte Kraftstoffe. Die Roten werden überwiegend aus SHIRAZ, aber auch aus CABERNET SAUVIGNON und MALBEC gemacht. Trotzdem kommt ihnen die Frische nicht abhanden.

Willow Creek Mornington Peninsula, Vic ★★ Beeindruckender Produzent von CHARDONNAY und PINOT NOIR voller Kraft und Ausgewogenheit.

Wirra Wirra McLaren Vale, SA ★★ Konzentrierte Qualitätsweine mit peppiger Aufmachung. Der CABERNET SAUVIGNON The Angelus heißt außerhalb Australiens Dead Ringer.

Wolf Blass Barossa V., SA ★★ Im Besitz von TWE. Nicht mehr der vorlaute Mittelfeldspieler, der er einmal war, jagt aber immer noch riesige Mengen sauberer, unaufdringlicher Weine durch die Anlage.

Woodlands Margaret R., WA ★★ Mit über 40 Jahre alten CABERNET-SAUVIGNON-Reben bestockte 7 ha Weinberge, die zu den besten Lagen der Region zählen; außerdem jüngere, aber sehr gute Pflanzungen anderer Bordeaux-Rebsorten. Wuchtige Rotweine.

Wrattonbully SA – Wichtiges Anbaugebiet an der LIMESTONE COAST. Durch TAPANAPPA, Terre à Terre und Peppertree ist der Anspruch gestiegen.

Wynns Coonawarra Estate Coonawarra, SA ★★★★ SHIRAZ 15' 16' **17'** 18' 19; CABERNET SAUVIGNON 14' 15' **16'** 17' **18'** 19 – Größter und kultisch verehrter Produzent in der Region. Im Besitz von TWE. Chardonnay und Riesling sind gut, aber die Roten sind die Stars. Cabernet Sauvignon, der SHIRAZ Black Label und an der Spitze John Riddoch, dazu Einzellagenabfüllungen.

Xanadu Wines Margaret R., WA ★★★ Durchdachte Weinbereitung quer durchs Sortiment. Spannende Abfüllungen aus Einzellagen, Reserve-Weine von CABERNET SAUVIGNON und sehr feiner CHARDONNAY. Wurde 1977 gegründet.

Yabby Lake Mornington Peninsula, Vic ★★★ Machte sich mit CHARDONNAY und PINOT NOIR von gutseigenen Trauben einen Namen, blühte mit Einzellagenabfüllungen auf, und der intensiv-würzige SHIRAZ steigert das Renommee umso mehr.

Yalumba Barossa V., SA, SA ★★★ Über 170 Jahre junger Familienbetrieb. Volles Spektrum erstklassiger Weine, von preiswerten Abfüllungen bis zu Spitzen-Einzellagengewächsen (z. B. The Caley). Die Einstiegsweine aus der Reihe Y sind recht günstig.

Yangarra Estate McLaren Vale, SA ★★★★ Einerseits konventionell, andererseits innovativ. Was immer vonnöten ist, um Spitzenwein zu erzeugen. Das volle Programm, quer durch alle Preisstufen. Sortenreiner GRENACHE oder SHIRAZ sind besonders überzeugend, alles biodynamisch.

Yarra Valley Vic – Aufstrebendes Weingebiet nordöstlich von Melbourne. Der Schwerpunkt liegt auf CHARDONNAY, PINOT NOIR, SHIRAZ und Schaumweinen. Der elegante CABERNET SAUVIGNON wird unterschätzt. Die Erzeuger sind hervorragend aufgestellt: COLDSTREAM HILLS, DE BORTOLI, DOMAINE CHANDON, GEMBROOK HILL, GIANT STEPS, HODDLES CREEK ESTATE, LUKE LAMBERT, MAC FORBES, MOUNT MARY, OAKRIDGE, PUNCH, ROCHFORD, SERRAT, SEVILLE ESTATE, TARRAWARRA, WANTIRNA ESTATE, YARRA YERING, YERINGBERG oder YERING STATION.

Yarra Yering Yarra V., Vic ★★★★ Dry Reds 15' 16' 17' 18' **19'** 20 – Einzigartiger Pionier im YARRA VALLEY. Kraftvoller PINOT NOIR, tiefgründiger, feiner CABERNET SAUVIGNON (Dry Red No. 1) und SHIRAZ (Dry Red No. 2). Der CHARDONNAY hält mit, absolut erste Liga bei Rot- und Weißweinen.

Yellow Tail NSW *Siehe* CASELLA.

Yeringberg Yarra V., Vic ★★★★ MARSANNE/ROUSSANNE **15' 16'** 17' 19; CABERNET SAUVIGNON 13' 14' **15'** 16' 17' 18' 19 – Historisches Weingut, noch immer im Besitz der Schweizer Familie de Pury, die es 1862 gegründet hat; CHARDONNAY, Marsanne, Roussanne, Cabernet Sauvignon und PINOT NOIR in kleinen Mengen und sehr hoher Qualität.

Yering Station/Yarrabank Yarra V., Vic ★★ Nach 80-jähriger Pause wurde Victorias erster Weinberg in den 90ern wieder mit Reben bestockt. Peppige Tischweine von CHARDONNAY Reserve, PINOT NOIR, SHIRAZ und VIOGNIER; Yarrabank steht für die Schaumweine aus dem Joint Venture mit dem Champagnerhaus Devaux.

Neuseeland

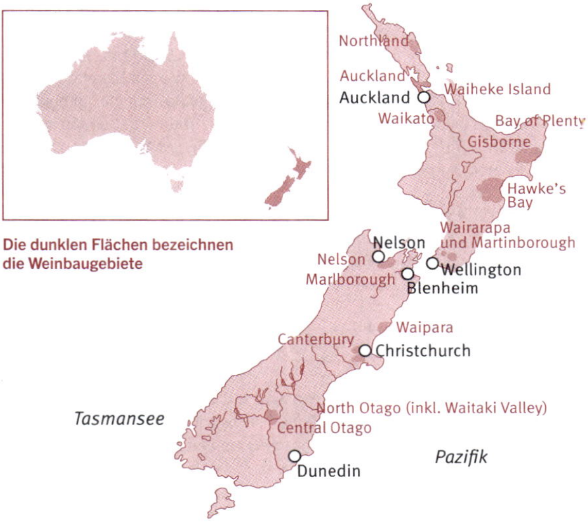

Die dunklen Flächen bezeichnen die Weinbaugebiete

Die folgenden Abkürzungen werden im Text verwendet:

Auck	Auckland	**Hend**	Henderson (Auckland)
Cant	Canterbury	**Marlb**	Marlborough
C-Ot	Central Otago	**Martinb**	Martinborough
Gis	Gisborne	**Nel**	Nelson
Hawk	Hawke's Bay	**Waiheke**	Waiheke Island

Die Konkurrenz zwischen handwerklich erzeugtem Wein und Massenprodukten wird größer, wobei die Großen immer größer werden und die Kleinen ein Problem haben, überhaupt am Markt zu bestehen. Nur wer in der Lage ist, nachts mit Vollerntern riesige Mengen Sauvignon blanc einzufahren, auf den die Welt so scharf ist, und gleichzeitig tagsüber handverlesenen Pinot noir und Chardonnay zu erzeugen, hat eine Chance, in beiden Welten zu überleben. Immerhin haben die meisten Reben mittlerweile 15 bis 25 Jahre auf dem Buckel, das Bekenntnis zum Bio-Anbau wird sukzessive ausgebaut, und viele Winzer sind bereits seit Jahrzehnten an ihrem Ort tätig. Die gute Nachricht zum Schluss: Qualität und Vielfalt der neuseeländischen Weine waren noch nie so gut wie heute.

Neuere Jahrgänge

2021 Frostbedingt geringe Ernte in Marlborough, dafür kräftiges und aromatisches Lesegut. Wärmer und trockener als üblich in Hawke's Bay, gut für Chardonnay und Syrah.

2020 Marlborough: knackige, intensive Aromen; Hawke's Bay: herausragende Rote und Chardonnay.

2019 Dichter, gut strukturierter Marlborough Sauvignon. Chardonnay und Rote von der Hawke's Bay sind vielversprechend.

2018 Der heißeste Sommer überhaupt. Reifer, weniger grasiger Marlborough Sauvignon blanc.

Akarua C-Ot ★★★ 2021 von Edmond de Rothschild Heritage aus Frankreich übernommen. Der komplexe PINOT NOIR Bannockburn von alten Reben hat gutes Reifepotenzial. An der Spitze der üppige The Siren. Lebendiger Schaumwein wie der Brut oJ, dazu körperreicher, trockener PINOT GRIS.

Allan Scott Family Winemakers Marlb ★★ Aufgrund seiner Beteiligung an einer Bierbrauerei ist dieses Familiengut ein wenig umstritten. Frische, zugängliche Weine. An der Spitze eine Reihe mit schwarzen Etiketten.

Alpha Domus Hawk ★★ Die Winzerfamilie im Bridge Pa Triangle hat holländische Wurzeln und Weinlagen in Flughafennähe. Überwiegend Rote im Bordeaux-Stil auf Basis von MERLOT, dazu der schöne CABERNET SAUVIGNON The Aviator. Körperreicher VIOGNIER und CHARDONNAY The Skybolt zum fairen Kurs.

Amisfield C-Ot ★★★ Das Gut mit beliebtem Bistro und Verkostungsraum gibt es seit 1988. Klasse RIESLING in trocken und halbtrocken, beeindruckender SAUVIGNON BLANC. Rolls-Royce im Stall ist der PINOT NOIR RKV Reserve, und Weine der Reihe Lake Hayes sollten jung getrunken werden.

»Aotearoa« wird immer beliebter als Synonym für Neuseeland – taugt das Wort für Scrabble?

Astrolabe Marlb ★★→★★★ Sein Weingut hat der erfahrene Kellermeister Simon Waghorn nach dem Schiff des französischen Forschungsreisenden Dumont d'Urville benannt. Beeindruckendes Sortiment mit tollem SAUVIGNON BLANC und ebenso überzeugendem CHARDONNAY, CHENIN BLANC oder PINOT NOIR. Preiswerter ist der Durvillea.

Ata Rangi Martinb ★★★→★★★★ Sehr renommierter Familienbetrieb seit 1980. Der PINOT NOIR (**14' 15' 16' 17** 18 19') ist ein neuseeländischer Klassiker, auch wenn der Crimson von jüngeren Reben stammt. Feiner CHARDONNAY Craighall und trockener PINOT GRIS Lismore mit Eichennoten. Dazu üppiger RIESLING Kahu mit Botrytis.

Auckland Größte Stadt im Norden Neuseelands, warm und wolkenreich. Nur 1% der Gesamtfläche ist mit Reben bestockt (wird nicht erweitert), aber 14% aller Produzenten haben hier ihren Sitz, darunter die Zentralen großer Marken. Nahe gelegene Weinbaugebiete mit Tonböden sind West-Auckland inkl. Henderson, Kumeu, Huapai, Waimauku (schon länger etabliert); in den 1980ern kamen Matakana, Clevedon und WAIHEKE ISLAND dazu (bei Touristen sehr beliebte Inselweingüter). Volle Bordeaux-Cuvées in trockenen Jahren. Der schwere SYRAH macht qualitativ der HAWKE'S BAY Konkurrenz; unterschätzter CHARDONNAY.

Auntsfield Marlb ★★→★★★ Weine mit Charakter vom ersten Weinberg der Region, der 1873 angelegt und 1999 neu bestockt wurde. Eine Statue erinnert an den schottischen Gründer David Herd, der am heutigen Blenheim Airport süßen Rotwein produziert hat. SAUVIGNON BLANC mit Eichennoten, frischer CHARDONNAY wie der Cob Cottage und kräftiger PINOT NOIR.

Awatere Valley Marlb – Wichtiger Unterbereich mit Lehmböden und nur wenigen Kellereien, aber ausgedehnten Rebflächen (mehr als HAWKE'S BAY). Der wichtigste Erzeuger ist YEALANDS. Etwas kühler, trockener, windiger, weniger fruchtbar als das WAIRAU VALLEY, mit rassigem SAUVIGNON BLANC, lebhaftem RIESLING und PINOT GRIS, aromatischem GRÜNEM VELTLINER sowie kräuterwürzigem PINOT NOIR.

Babich Hend ★★→★★★ Ältester Familienbetrieb in Neuseeland von 1916. Der lagerfähige Irongate stammt aus der Einzellage GIMBLETT GRAVELS, dazu feiner CHARDONNAY und Cuvées im Bordeaux-Stil aus CABERNET SAUVIGNON/MERLOT/CABERNET FRANC. Der Reserve Graceful Winemakers ist ein PINOT NOIR aus Marlborough. Spitzenrotwein ist The Patriarch im Bordeaux-Stil mit MALBEC-Einfluss.

Black Estate Cant ★★ Kleiner Ökobetrieb in WAIPARA mit beliebtem Restaurant und Verkostungsraum. Weine von drei Lagen, erstmals 1994 bepflanzt. Kraftvoller CHARDONNAY Home, knackiger Rosé, eleganter CABERNET FRANC und duftiger PINOT NOIR aus der Reihe Home.

Blackenbrook Nel ★★ Den Schweizer Besitzern gehören kleine, zur Küste hin abfallende Weinlagen. Beeindruckend aromatische Weiße wie GEWÜRZTRAMINER im Elsässer Stil und PINOT GRIS. Auch MONTEPULCIANO und PINOT NOIR.

Blank Canvas Marlb ★★★ Im Besitz von Matt Thomson (früher bei SAINT CLAIR) und seiner Frau Sophie Parker-Thomson als Beraterin. SAUVIGNON BLANC mit tropischen Noten wie der Holdaway von einer Einzellage. Reed heißt ein charaktervoller CHARDONNAY, Escaroth ein duftiger PINOT NOIR.

Borthwick Wairarapa ★★→★★★ Steinige Weinlagen in Gladstone mit der Marke Paddy Borthwick. Pikanter SAUVIGNON BLANC, weicher CHARDONNAY, RIESLING mit Zitrusnoten, charmanter Pinot-Rosé und feiner PINOT NOIR.

Brancott Estate Marlb ★→★★★ Im Besitz von PERNOD RICARD NEW ZEALAND. Spitzenweine bietet die Reihe Letter Series mit dem SAUVIGNON BLANC B oder dem CHARDONNAY O. Verkaufsschlager ist der Bio-Sauvignon blanc Living Land. Flight steht für einfache, alkoholarme Weine. Die Cuvée Brut mit Flaschengärung bietet viel fürs Geld. Ein echtes Schnäppchen ist die kirschwürzige Reserve Awatere aus PINOT NOIR.

Brightwater Nel ★★ Eindrucksvolle Weißweine von einer Lage an einem terrassierten Flussufer. Alkoholarmer, aber hocharomatischer RIESLING Natural Light. Reifer SAUVIGNON BLANC, körperreicher PINOT NOIR. Spitzenweine: die Reihe Lord Rutherford mit Sauvignon blanc von alten Reben und straffem CHARDONNAY.

Brookfields Hawk ★★→★★★ Kleines Weingut mit angenehmer Atmosphäre von 1937 – in der Regel sehr preiswert. Sehr aromatisch ist der CHARDONNAY Bergmann; kräftiger VIOGNIER. Dazu der CABERNET SAUVIGNON Ohiti, sonnengetrockneter MALBEC und der SYRAH Back Block. Spitzenweine: Chardonnay Marshall Bank und Syrah Hillside. Ein Kraftpaket ist die Reserve von Cabernet/MERLOT.

Burn Cottage C-Ot ★★★ Bio-Weingut mit Rebflächen in Pisa und Bannockburn. Jung getrunken, ist der PINOT NOIR Moonlight Race köstlich. Finessenreich präsentiert sich der Pinot noir aus der Lage Burn Cottage. Feine Cuvée aus RIESLING/GRÜNER VELTLINER.

Canterbury Viertgrößte Weinbauregion Neuseelands mit 9 % aller Produzenten. Fast alle Anbauflächen liegen im relativ warmen WAIPARA (das immer öfter North Canterbury genannt wird). Am erfolgreichsten sind aromatischer RIESLING und pikanter PINOT NOIR. Immer besser werden stilvoller CHARDONNAY und PINOT GRIS im Elsässer Stil. SAUVIGNON BLANC wird viel gepflanzt, dient aber häufig nur für Verschnitte mit anderen Weinen der Region.

Carrick C-Ot ★★★ Gut in Bannockburn mit Weinbergen auf Kies und Sand, die von Kieselsäure glitzern. Schwerpunkt auf Bio-Produktion. Erstklassiger RIESLING Josephine, eleganter CHARDONNAY EBM. Kraftvoller PINOT NOIR wie der jung zu trinkende Unravelled.

Catalina Sounds Marlb ★★→★★★ In australischem Besitz mit guten Verschnitten aus Trauben der Region und gutseigenen Weinen aus der großen Lage Sound of White im oberen Waihopai Valley.

Central Otago Hoch gelegene, trockene Region im Landesinneren im Süden der Südinsel mit 5 % aller Weinlagen und 18 % aller Produzenten. Schiefer

Neuseeland

sorgt für durchlässige Böden. Sonnige, heiße Tage, sehr kühle Nächte. Die meisten Reben stehen im Cromwell Basin. Knackiger RIESLING und PINOT GRIS; wachsendes Interesse an lebendigem CHARDONNAY; der berühmte PINOT NOIR (über 80 % der Anbaufläche) hat jung schon Charme, ältere Reben bringen aber komplexere Weine hervor. Ausgezeichnete Rosés von Pinot noir und Schaumwein nach traditioneller Methode.

Chard Farm C-Ot ★★ Pionierbetrieb in einer steilen Schlucht, die bei Bungeespringern beliebt ist. Die meisten Weinlagen sind im Cromwell Basin. Üppiger PINOT GRIS, typisch floraler PINOT NOIR.

Church Road Hawk ★★→★★★ Weingut im Besitz von PERNOD RICARD NEW ZEALAND mit historischen Wurzeln an der Hawke's Bay. Grand-Reserve-Reihe mit u. a. beeindruckendem CHARDONNAY. Die Reihe McDonald bietet Spitzenqualität zu günstigen Preisen. Prestige-Selektion TOM, neue Abfüllung »1« aus einer Einzellage.

Churton Marlb ★★ Hohe Lage im Waihopai Valley mit Löss- über Tonböden, im Besitz von Sam Weaver und seiner Frau Mandy. Intensiver SAUVIGNON BLANC und feiner PINOT NOIR wie The Abyss mit mehr Tiefe von den ältesten Reben. Dazu honigsüßer PETIT MANSENG.

Clearview Hawk ★★→★★★ Weinlagen mit Kiesbett an der Küste in Te Awanga (dazu kommen Trauben aus dem Landesinneren). Bekannt für hedonistische Reserven von CHARDONNAY. Beachhead ist die Juniorversion, Three Rows etwas griffiger. Dazu Enigma und komplexer Old Olive Blocks.

Clos Henri Marlb ★★→★★★ Ökobetrieb von Henri Bourgeois aus Sancerre. Gewichtiger SAUVIGNON BLANC von steinigen Böden, einer der besten Neuseelands; aromatischer PINOT NOIR von Lehmböden. Der Zweitwein heißt Bel Echo. Drittmarke: Petit Clos. Feine Weine zum fairen Preis.

Cloudy Bay Marlb ★★★ Der in großen Mengen erzeugte, aber trotzdem ausgezeichnete SAUVIGNON BLANC ist Neuseelands berühmtester Wein. Dazu komplexer CHARDONNAY und geschmeidiger PINOT NOIR. Stilvoller Schaumwein Pelorus oJ, v. a. der Rosé. Der Te Koko ist fassgereifter Sauvignon blanc mit Persönlichkeit. Im Besitz von Louis Vuitton/Moët Hennessy.

Constellation New Zealand Auck ★→★★ Großer Produzent im Besitz von Constellation Brands. Großer Marktanteil in den USA (der MARLBOROUGH SAUVIGNON BLANC KIM CRAWFORD ist der meistverkaufte neuseeländische Wein). Am stärksten mit soliden Weinen zu moderaten Preisen (v. a. Sauvignon blanc) wie die Reihen Kim Crawford, Monkey Bay und SELAKS.

Coopers Creek Auck ★★→★★★ Innovativer Produzent mit einem Empfangsraum im Stil einer römischen Basilika. Breites und fair kalkuliertes Sortiment. Die Reserven sind Spitze. Die Reihe SV (Select Vineyard) spielt im Mittelfeld. Produziert Neuseelands ersten ALBARIÑO, ARNEIS, GRÜNEN VELTLINER und MARSANNE.

Craggy Range Hawk ★★★→★★★★ Hochkarätiges Gut mit schickem Restaurant. Große Rebflächen in HAWKE'S BAY und MARTINBOROUGH. Stilvoller CHARDONNAY und PINOT NOIR, im Mittelfeld ausgezeichneter MERLOT, SYRAH und die Bordeaux-Cuvée Te Kahu aus GIMBLETT GRAVELS. Les Beaux Cailloux ist ein Chardonnay mit Reifepotenzial. Außerdem umwerfender Syrah Le Sol (**14' 15' 16'** 18 19'), robuster CABERNET SAUVIGNON The Quarry und dichter Sophia (Merlot).

Deep Down Marlb ★★→★★★ Clive Dougall (ehemals SERESIN) erzeugt Bio-Weine aus Einzellagen. Duftiger CHARDONNAY, komplexer SAUVIGNON BLANC und ungeschwefelter PINOT NOIR.

Delegat Auck ★★ Das große börsennotierte Familienunternehmen wurde 1947 gegründet und bietet eine kleine Auswahl an Weinen im mittleren Preissegment. Die Marke OYSTER BAY ist enorm erfolgreich. Auf Anhieb sympathisch ist der MERLOT Delegat. Zum Besitz gehören auch die Barossa Valley Estates.

Delta Marlb ★★→★★★ Im Besitz von Saint Clair. Sehr preiswerter CHARDONNAY, PINOT GRIS, SAUVIGNON BLANC und PINOT NOIR. Die Reihe Hatters Hill kommt deutlich komplexer daher.

Destiny Bay Waiheke ★★→★★★ Die Weinlagen sehen aus wie ein kleines Amphitheater. Hier produzieren amerikanische Auswanderer teure, brombeerfruchtige Rote im Bordeaux-Stil. Flaggschiff ist der lagerfähige Magna Praemia aus überwiegend CABERNET SAUVIGNON. Mystae heißen die.Weine im Mittelfeld, Destinae die jünger zu trinkenden Weine.

Deutz Auck ★★★ Das Champagnerhaus ist der Namensgeber für preiswerte Schaumweine, die in MARLBOROUGH von PERNOD RICARD NEW ZEALAND produziert werden. Der Brut oJ liegt mindestens zwei Jahre auf der Hefe. Vielfach preisgekrönt ist der Blanc de Blancs. Lebhafter Rosé oJ; überragender Prestige (nach drei Jahren degorgiert).

Dog Point Marlb ★★★ Das Bio-Weingut ist nach dem nahe gelegenen Hügel benannt, einst die Heimat marodierender Straßenköter. Konzentrierter SAUVIGNON BLANC Section 94 und CHARDONNAY, dazu feiner PINOT NOIR, die alle zu den besten der Region zählen. Sauvignon blanc gibt's in größeren Mengen.

In Neuseeland finden sich weltweit die meisten Liebhaber alkoholarmer Weine mit 9,5 %. Aber so mancher Riesling Kabinett von der Mosel hat nur 8 %.

Domaine Thomson C-Ot ★★→★★★ Kleiner Ökoproduzent mit PINOT NOIR bestockten Lagen in zwei Hemisphären: Gevrey-Chambertin in Frankreich und Lowburn. Hügellagen mit tiefen Kiesböden. Der Explorer mit Pflaumenaromen kann jung getrunken werden; komplexer Surveyor Thomson.

Dry River Martinb ★★★ Guter Ruf für langlebige Weiße von durchlässigen Kiesböden. PINOT GRIS im Elsässer Stil, einer der besten Neuseelands. Klasse CHARDONNAY, GEWÜRZTRAMINER, RIESLING, weiße Süßweine und PINOT NOIR.

Elephant Hill Hawk ★★→★★★ Das stilvolle Weingut ist nur einen Steinwurf vom Pazifik entfernt und bezieht auch Trauben aus dem Binnenland. Die Böden variieren zwischen Kies und Ton. Kraftvolle Weine. Herausragende Reserve-Reihe, inkl. CHARDONNAY, einer MERLOT-Cuvée und SYRAH. Zwei Spitzenweine: Syrah Airavata und die rote Cuvée Hieronymus.

Escarpment Martinb ★★★ Ökobetrieb im Besitz von Torbreck (*siehe* Australien); der Wein wächst auf Lehm über einer Kiesschicht. Zitrusfruchtiger CHARDONNAY, würziger PINOT NOIR. Topmarke: Kupe. Die Roten von alten Reben aus Einzellagen sind besonders gut. Der MARTINBOROUGH Pinot noir ist eine Cuvée von Trauben der Region. Die Einstiegsweine heißen The Edge.

Esk Valley Hawk ★★→★★★ Im Besitz von VILLA MARIA und hervorragend in Sachen Qualität und Preis. Cuvées auf MERLOT-Basis, erstklassiger CHARDONNAY Winemakers Reserve, beschwingter CHENIN BLANC Artinasal Collection. Bemerkenswertes Flaggschiff ist der rote Heipipi The Terraces.

Felton Road C-Ot ★★★★ Das gefeierte Gut mit seinen Nordhängen in Bannockburn gehört dem Engländer und früheren Rockgitarristen Nigel Greening. Es ist vor allem für PINOT NOIR bekannt, aber RIESLING und CHARDONNAY sind ebenfalls hochklassig. Bemerkenswerter Pinot noir Block 3 und Block 5, beide aus der Lage The Elms; stattlicher Pinot noir Bannockburn, eine Cuvée aus vier Lagen.

Forrest Marlb ★★ Riesenerfolg mit SAUVIGNON BLANC The Doctors' – lebhaft und alkoholarm (9,5 %). Breite Palette an preiswerten Weißen; auch ALBARIÑO und rassiger GRÜNER VELTLINER. Tor ist die Reihe John Forrest.

Framingham Marlb ★★→★★★ Schöne ummauerte Gärten und Kellergewölbe. Im Besitz von Sogrape (*siehe* Portugal). Aromatische Weiße wie intensiver RIESLING oder seidiger PINOT NOIR.

Fromm Marlb ★★★ Der Fokus liegt auf langlebigen Weinen – intensiv und gut strukturiert. Ausgezeichneter PINOT NOIR aus der Hügellage Clayvin Vineyard. Der Fromm Vineyard erzeugt kräftigere Weine wie SYRAH. Würzige Cuvée von Pinot noir namens H. Rassige Spätlese von RIESLING und feiner CHARDONNAY 221 Brancott Road.

Gibbston Valley C-Ot ★★→★★★ Vor Corona das meistbesuchte Weingut Neuseelands. Hervorragender Ruf für PINOT NOIR, besonders für die duftige GV Collection. Seidiger Le Maitre, intensiver RIESLING Red Shed und körperreicher PINOT GRIS GV, z. B. der School House in Bio-Qualität, dazu erstklassiger CHARDONNAY wie der China Terrace, der an Chablis erinnert.

Giesen Cant ★★→★★★ Großes Gut im Familienbesitz mit vielen Weinlagen in Marlborough. Der SAUVIGNON BLANC verkauft sich sehr erfolgreich in Australien. RIESLING Gemstone aus einer Einzellage wird zum Teil in Granittanks vergoren. Ebenfalls empfehlenswert der PINOT NOIR Unchartet oder SYRAH Clayvin.

Gimblett Gravels Hawk – 800 ha großes Weinbaugebiet in einem trockenen Flussbett, überwiegend seit Anfang der 80er bepflanzt. Bekannt für volle Rote im Bordeaux-Stil (hauptsächlich auf MERLOT-Basis, aber die steinigen Böden eignen sich auch für CABERNET SAUVIGNON, dem wieder verstärktes Interesse zuteil wird). Super SYRAH. Die besten Rotweine haben Weltklasse (**13' 14' 15' 18** 19' 20'). Auch langlebiger CHARDONNAY von feuchteren Böden.

Gisborne Neuseelands fünftgrößte Weinregion an der Ostküste der Nordinsel. Anbauflächen und die Zahl der Produzenten sind rückläufig. Reichlich Sonne, aber häufig regnerisch; sehr fruchtbare Schwemmböden. Die besondere Stärke liegt im CHARDONNAY, der meist zu Schaumwein verarbeitet wird. Ausgezeichnet sind CHENIN BLANC, GEWÜRZTRAMINER, VIOGNIER; MERLOT und PINOT GRIS geraten etwas wechselhafter. Das Interesse an regenresistentem ALBARIÑO nimmt zu. Spitzenweine erzeugt MILLTON.

Gladstone Vineyard Wairarapa ★★ Größter Erzeuger im nördlichen WAIRARAPA, 1985 in einem alten Flussbett gegründet. Im Besitz eines asiatischen Investors. Üppiger PINOT NOIR – am besten sind die Einzellagenweine ab dem Jahrgang 2018. 12.000 Miles heißt eine Reihe preiswerter Weine, die jung getrunken werden können.

Grasshopper Rock C-Ot ★★→★★★ Der PINOT-NOIR-Spezialist verfügt über eigene Nordlagen: Spitzen-Rotweine aus der Subregion Alexandra. Langlebig und mit tollem Preis-Leistungs-Verhältnis.

Greenhough Nel ★★→★★★ Eines der besten Boutiqueweingüter der Region. Die ersten Reben wurden 1979 gepflanzt – auf Tonerde mit Flusskieseln. Spitzenmarke: Hope Vineyard mit CHARDONNAY, PINOT BLANC (dem feinsten Neuseelands) und PINOT NOIR mit Pilznoten.

Greystone Waipara ★★★ Dem Star unter den Bio-Erzeugern gehört auch Muddy Water. Die Reben stehen auf Kalkstein an Hängen und in Ebenen. Erstklassige Weißweine, u. a. RIESLING mit Honignoten oder CHARDONNAY. Der Thomas Brothers ist ein besonders kraftvoller PINOT NOIR. Köstlicher trockener Rosé.

Greywacke Marlb ★★★ Ausgezeichnete Weine von Kevin Judd, ehemals CLOUDY BAY. Das Gut ist nach Neuseelands häufigstem Grundgestein benannt. Der fassvergorene SAUVIGNON Wild hat eine ausgeprägte Persönlichkeit.

Grove Mill Marlb ★★ Attraktive, preiswerte Weiße mit Schwerpunkt auf den Unterbereichen des WAIRAU VALLEY.

Haha Hawk, Marlb ★★ Schnell wachsender Produzent mit gutem Preis-Leistungs-Verhältnis. CHARDONNAY mit Pfirsichnoten und üppiger MERLOT aus HAWKE'S BAY, auch der jung zu trinkende SYRAH kommt von dort. Exzellente Cuvée Brut oJ.

Hans Herzog Marlb ★★★ Die warmen, steinigen, ökologisch bewirtschafteten Weinlagen liefern frühreife charakteristische Weine. Erstaunlich reifer MERLOT/CABERNET (für die Südinsel) und der köstliche PINOT NOIR Duc. Erstklassiger TEMPRANILLO, MONTEPULCIANO und dunkler LAGREIN. Wird in Europa und den USA unter dem Namen Hans verkauft.

Die 85 %-Regel

Wenn auf einem neuseeländischen Etikett steht, dass ein Wein nur von einer Rebsorte bereitet wurde oder wahlweise einem Jahrgang oder einer bestimmten Region entstammt, dann muss das zu 85 % der Wahrheit entsprechen. Genau wie in Europa. Trauben von SAUVIGNON BLANC, die in NELSON oder CANTERBURY gewachsen sind, werden häufig über die Hügel nach MARLBOROUGH gekarrt. Ja, so etwas passiert auch in Europa.

Hawke's Bay Neuseelands zweitgrößtes Anbaugebiet mit 14 % aller Produzenten, 1850 gegründet. Sonniges, recht trockenes Klima und sehr unterschiedliche Böden. In guten Jahren (19' 20') entstehen hier erstklassige Weine im Bordeaux-Stil auf MERLOT- und CABERNET-SAUVIGNON-Basis; würziger SYRAH; gewichtiger CHARDONNAY; SAUVIGNON BLANC (tropische Aromen, Eichennoten) ist die häufigste Rebsorte, dazu Neuseelands bester VIOGNIER. Vielversprechender PINOT NOIR kommt aus kühleren, höher gelegenen Bereichen im Inland. *Siehe* GIMBLETT GRAVELS.

Hunter's Marlb ★★→★★★ Die Besitzerin Jane Hunter managt das Gut seit 1987. Die Stärke liegt in den Weißweinen; die letzten Jahrgänge sind die besten. Bekannt für SAUVIGNON BLANC. Ausgezeichneter Schaumwein Miru Miru oJ, vor allem die spät degorgierte Reserve. GEWÜRZTRAMINER, PINOT GRIS oder halbtrockener RIESLING sind alle lohnend und preiswert.

Invivo Auck ★★ Junger, aufstrebender Produzent mit Promi-Labels.

Johanneshof Marlb ★★ Kleines Weingut – Kerzenschein beleuchtet einen 50 m langen Tunnel im Hang –, randvoll mit reifenden Weinen. Exotischer GEWÜRZTRAMINER, einer der feinsten in Neuseeland.

Jules Taylor Wines Marlb ★★→★★★ Stilvolle, preiswerte Weine. Das Gut ist nach dem in MARLBOROUGH geborenen Kellermeister benannt, der vorher bei Constellation NZ gearbeitet hat. Die komplexen Spitzenweine heißen OTQ (»On The Quiet«).

Kim Crawford Wines Hawk ★→★★ Im Besitz von CONSTELLATION NEW ZEALAND. Der MARLBOROUGH SAUVIGNON BLANC ist ein Bestseller in den USA und dort in Flaschen und Dosen erhältlich. Spitzenreihe: Small Parcels.

Kumeu River Auck ★★★★ Bestens bekannt für gewichtigen Guts-CHARDONNAY. Erstklassig ist der Chardonnay von der Einzellage Mate's Vineyard (1990 angelegt). Ein aufsteigender Stern ist der Einzellagenwein Hunting Hill. Günstiger ist Chardonnay aus der Reihe Village. Neu ist die Linie Rays Road von kürzlich erworbenen Lagen in HAWKE'S BAY.

Lawson's Dry Hills Marlb ★★→★★★ Das weltweit erste Weingut, das 2002 komplett auf Schraubverschlüsse umgestellt hat. Bekannt für exotischen GEWÜRZTRAMINER und lebendigen SAUVIGNON BLANC. Die Spitzenreihe The Pioneer bietet hervorragenden GEWÜRZTRAMINER von alten Reben. Im Mittelfeld rangiert eine Reserve-Reihe.

Lindauer Auck ★→★★ In Neuseeland enorm beliebte Schaumweine im unteren Preissegment wie der Lindauer Brut Cuvée oJ mit Flaschengärung. Die neuesten Abfüllungen bieten einfachen Trinkgenuss. Das Sortiment wächst ständig: alkoholarme und sortenreine Abfüllungen, Schaumwein mit Erdbeeressenz oder der süßlich-prickelnde MOSCATO – »perfekt für den Mädelsabend«. Es gibt auch Reserve-Reihen, die für kleines Geld mehr Komplexität bieten.

Mahi Marlb ★★ Ein kleiner Produzent, dessen Besitzer Brian Bicknell weiß, was er will und was nicht: »Keine Fruchtbomben, wir wollen Textur, Weine, die wirkliche Gaumenfreuden sind.« CHARDONNAY wie der Twin Valleys Vineyard, PINOT GRIS, SAUVIGNON BLANC und PINOT NOIR.

Pink und populär

Rosé geht gerade richtig ab in Neuseeland. Er kann trocken oder feinherb sein und basiert in der Regel auf MERLOT, der aus Regionen wie HAWKE'S BAY auf der Nordinsel kommt. Rosés von der Südinsel, also aus MARLBOROUGH oder CENTRAL OTAGO, werden meist aus PINOT NOIR gemacht (bei »Pinot Rosé« ist oft noch PINOT GRIS dabei). Die Kiwis trinken kühlen, erfrischenden Rosé anstelle von Weißwein, und er passt perfekt zum Lachs aus der Region.

Man O' War Auck ★★ Das größte Gut auf WAIHEKE ISLAND. Im Besitz der Familie Spencer, einer der reichsten von Neuseeland. Hohe, windige Lagen mit Lehmböden. Kraftvoller CHARDONNAY Valhalla und die komplexe Cuvée Gravestone aus SAUVIGNON BLANC/SEMILLON. Die Roten: weicher SYRAH und solider Ironclad im Bordeaux-Stil.

Marisco Marlb ★★ Großes Weingut im Waihopai Valley. Lagen auf Hügeln und in Ebenen. Verschiedene Marken: The Ned, The Kings Series, The Craft Series und Leefield Station. Bestens bekannt für lebendigen SAUVIGNON BLANC The Ned, konzentrierter ist der King's Favour.

Marlborough Neuseelands wichtigstes Weinbaugebiet (70 % aller Rebflächen) an der Spitze der Südinsel. Neue Flächen für den Weinanbau werden langsam Mangelware an diesem idealen Flecken. Die ersten Reben der modernen Zeit wurden 1973 gepflanzt (SAUVIGNON BLANC 1975). Heiße, sonnige Tage und kalte Nächte erbringen aromatische, frische Weißweine und Rosés auf PINOT-NOIR-Basis. Intensiver Sauvignon blanc mit einem Bukett, das von grüner Paprika bis zu reifen Tropenfrüchten reicht (einige Spitzenweine haben Eichennoten). Frischer RIESLING (neuerdings auch liebliche Weine mit weniger Alkohol), mit der beste GEWÜRZTRAMINER und PINOT GRIS Neuseelands. Der CHARDONNAY ist etwas schlanker als in HAWKE'S BAY, aber lebhafter und lagerfähig. Preiswerte Schaumweine von hoher Qualität, erstklassiger edelfauler Riesling. Der Pinot noir wird unterschätzt (stellte 2021 45 % aller Reben von Neuseeland), die besten Exemplare (von nördlich gerichteten Hügellagen mit Lehmboden) zählen zum Feinsten, was Neuseeland zu bieten hat. Das Interesse an ALBARIÑO und GRÜNEM VELTLINER wächst. *Siehe auch* AWATERE VALLEY, WAIRAU VALLEY.

Martinborough Wairarapa – Kleiner, prestigeträchtiger Bezirk im Süden WAIRARAPAS (am Fuß der Nordinsel). Seine Ausdehnung stagniert. Kalte

Südwinde verringern die Erträge, im Sommer warm, im Herbst normalerweise trocken; durchlässige Böden, vor allem auf der Martinborough Terrace. Erfolgreich mit weißen Rebsorten wie CHARDONNAY, GEWÜRZTRAMINER, RIESLING, PINOT GRIS und SAUVIGNON BLANC. Bekannt wurde das Gebiet jedoch für seinen kräftigen PINOT NOIR, weil es hier deutlich mehr alte Reben gibt als in anderen Regionen.

Martinborough Vineyard Martinb ★★★ Seit 1984 berühmt für seinen duftigen PINOT NOIR Home Block. Gewichtiger CHARDONNAY, intensiver RIESLING Manu. Te Tera heißen die preiswerteren Weine mit PINOT GRIS, SAUVIGNON BLANC und PINOT NOIR. Seit 2014 im Besitz des Amerikaners Bill Foley.

Matawhero Gis ★★ Der Starproduzent der 1980er von GEWÜRZTRAMINER hat jetzt andere Besitzer. Duftiger Gewürztraminer, der hocharomatische CHARDONNAY Church House, dazu PINOT GRIS und MERLOT.

Matua Auck ★→★★★ Produzierte 1974 den ersten SAUVIGNON BLANC Neuseelands mit Trauben aus Auckland; war früher unter dem Namen Matua Valley bekannt. Stand lange an der Spitze der Weinindustrie, was derzeit kaum wahrgenommen wird. Im Besitz von TWE. Die meisten Weine sind angenehm und zugänglich.

Maude C-Ot ★★→★★★ Alte Reben auf steilen, terrassierten Nordlagen am Mount Maude bei Wanaka. Köstlich floraler Rosé. Fülliger PINOT NOIR wie der lagerfähige Mount Maude Vineyard.

Mills Reef Bay of Plenty ★★→★★★ Leicht zugängliche Gutsweine (Trauben aus HAWKE'S BAY und MARLBOROUGH). Die Spitzenreihe mit straffem CHARDONNAY heißt Elspeth. Preiswerter sind die Reserven im mittleren Segment (MERLOT).

Millton Gis ★★→★★★★ Spitzenweine aus dieser Region von Neuseelands erstem Bio-Produzenten – trotz des warmen und feuchten Klimas. Die Reihe Clos de Ste. Anne von einer höher gelegenen Einzellage gibt es nur in guten Jahren: langlebiger CHENIN BLANC (wird in nasseren Jahren mit Honig versetzt). Weine aus der preiswerten Reihe Crazy by Nature können jung getrunken werden.

Misha's Vineyard C-Ot ★★→★★★ Große Rebflächen in Bendigo mit sanft abfallenden Terrassen und einer Steilwand (Die »Skipiste«). Aromatischer PINOT GRIS, lebhafter RIESLING (Limelight, Lyric), duftiger GEWÜRZTRAMINER und charmanter, trockener Rosé. PINOT NOIR: der feine High Note und jung zu trinkender Impromptu.

Mission Hawk ★★→★★★ Ältester Weinbaubetrieb Neuseelands mit ersten Rebpflanzungen von 1851 – noch immer im Besitz der katholischen Society of Mary. Dazu gehören große Rebflächen im AWATERE VALLEY. Klasse CHARDONNAY, SYRAH und Cuvées von CABERNET/MERLOT in den Reihen Jewelstone und Huchet.

Mondillo C-Ot ★★→★★★ Ein aufgehender Stern in Bendigo mit Weinlagen auf sandigen, schlammigen Terrassen, die über Kies liegen. Halbtrockener RIESLING, dazu die Riesling-Spätlese Nina und Rosé. Kraftvoller PINOT NOIR namens Bella Reserve.

Mount Edward C-Ot ★★→★★★ Kleiner, angesehener Bio-Erzeuger, benannt nach dem Berg, der über dem Weingut aufragt. CHARDONNAY, PINOT BLANC, rassiger RIESLING, köstlicher GAMAY und PINOT NOIR. Der Ted by Mount Edward kann jung getrunken werden.

Mount Riley Marlb ★★ Mittelgroßer Familienbetrieb, benannt nach dem Gipfel auf der Nordseite des WAIRAU VALLEY. Tolles Preis-Leistungs-Verhältnis. Die Spitzenweine heißen Seventeen Valley.

Mt Beautiful Cant ★★ Große Rebflächen in Cheviot, nördlich von WAIPARA. Lehmböden und leichter Ton unter Tonstein. PINOT GRIS, SAUVIGNON BLANC, Rosé und PINOT NOIR.

Mt Difficulty C-Ot ★★★ Lange galten die Hanglagen als kaninchenverseuchtes, mit Dornsträuchern bewachsenes Ödland. Heute gehört ein beliebtes Restaurant mit toller Aussicht dazu. Im Besitz des amerikanischen Milliardärs Bill Foley. Die Reihe mit Einzellagenweinen wird ausgebaut: Packspur – als Chablis-ähnlicher CHARDONNAY oder als eleganter PINOT NOIR. Klasse die Weißen wie z. B. trockener RIESLING.

Mud House Cant ★★→★★★ Die große Kellerei mit Sitz in MARLBOROUGH und Rebflächen in CENTRAL OTAGO und WAIPARA gehört Australiern. Zu den Marken zählen Mud House, Waipara Hills und der einfache Hay Maker. Die regionalen Cuvées sind fair kalkuliert. Exzellent die Reihen aus Einzellagen; dazu prima Gutsweine.

Nautilus Marlb ★★→★★★ Mittelgroßes Gut im Besitz von S. Smith & Sons (*siehe* Yalumba, Australien). Verschiedene Weinlagen. Der Schaumwein oJ ist einer der besten von Neuseeland (drei Jahre auf der Hefe). Exzellenter ALBARIÑO, CHARDONNAY, GRÜNER VELTLINER und PINOT NOIR.

Nelson Kleine Region westlich von MARLBOROUGH (3 % aller Rebflächen) mit feuchterem, aber ebenso sonnigem Klima. Anbauflächen auf Lehmböden in den Upper-Moutere-Hügeln (toller CHARDONNAY und PINOT NOIR) und der schlammigen WAIMEA-Ebene (hier gedeihen aromatische Weiße). SAUVIGNON BLANC ist die vorherrschende Rebsorte, aber auch andere wie GEWÜRZTRAMINER, PINOT GRIS und RIESLING bringen gute Ergebnisse.

Neudorf Nel ★★★→★★★★ Das kleine Gut genießt einen sehr guten Ruf. Hügelige Weinlagen auf Ton- und Kiesböden. (»Ton bringt Tiefe in die Aromatik«, sagt Mitbegründer Tim Finn.) Der feine CHARDONNAY Home Block Moutere gehört zu den besten Neuseelands; sehr stilvoll der Rosie's Block. Würziger PINOT NOIR Home Block Moutere (auch der Zweitwein Toms Block ist empfehlenswert). SAUVIGNON BLANC mit leichter Eichennote und halbtrockener PINOT GRIS.

No. 1 Family Estate Marlb ★★→★★★ Familienbetrieb des regionalen Pioniers Daniel Le Brun (ehemals Champagne). In den frühen 80ern haben ihn die Einheimischen als »verrückten Franzosen« bezeichnet. Hat keine Rechte mehr an der Marke Daniel Le Brun (im Besitz von Lion Nathan). Spezialist für sehr guten Schaumwein wie den oJ auf Basis von CHARDONNAY: zwei Jahre auf der Hefe. Der Blanc de Blancs Reserve kommt mit Toastnoten.

Nobilo Marlb – Beliebte Marke, 1943 gegründet. 2020 von E & J Gallo für 130 Mio. US-Dollar gekauft. Bestens bekannt für kräuterwürzigen SAUVIGNON BLANC. Gallos Ziel: Nobilo soll der meistverkaufte Sauvignon blanc in den USA werden.

Oyster Bay Marlb ★★ Die Marke von DELEGAT ist nach einer Bucht in den MARLBOROUGH Sounds benannt. Ein Triumph des Marketings: Sie macht gigantische Umsätze in Großbritannien, den USA und Australien. Süffige Weine im mittleren Preissegment mit einem Hauch von Klasse aus Marlborough und HAWKE'S BAY. Bestseller ist der SAUVIGNON BLANC aus Marlborough.

Palliser Martinb ★★→★★★ Eines der größten Güter der Region, benannt nach der äußersten Südspitze der Nordinsel – Cape Palliser. Viele Anteilseigner. Der CHARDONNAY hat Klasse, dazu fülliger PINOT NOIR wie der Hua Nui von alten Reben. Lebendiger Schaumwein. Den Löwenanteil an der Produktion hält der preiswerte Pencarrow.

Pegasus Bay Waipara ★★★ Familienbetrieb seit 1986, die Weine wachsen auf nordwärts gerichteten Terrassen: flache Lössböden über Schotter.

Spitzensortiment. Der Zweitwein Main Divide ist ein echtes Schnäppchen. Die Reihe Release ist jetzt nach 10 Jahren Reife auf den Markt gekommen.

Peregrine C-Ot ★★ Ein Gut, das auch in Sachen Architektur sehr inspiriert ist – ein geschwungenes Glasdach soll an den Flügel eines Falken erinnern. Lebhafte Weiße in Bio-Qualität, dazu der preiswerte Zweitwein Saddleback.

Pernod Ricard New Zealand Auck ★→★★★ Einer der größten Erzeuger in Neuseeland, ursprünglich Montana, mit Stammsitz in Paris. Kellereien in HAWKE'S BAY und MARLBOROUGH. Ausgedehnte Rebflächen im Teilbesitz liefern Marlborough-Weißweine wie den Verkaufsschlager BRANCOTT ESTATE SAUVIGNON BLANC. Eine große Stärke liegt im Schaumwein wie die Cuvée DEUTZ aus Marlborough (seit 2021 wird hier auch Mumm produziert). Wunderbar preiswerte Rote unter dem Namen CHURCH ROAD und CHARDONNAY. Eine weitere Kernmarke ist STONELEIGH.

Pinot gris aus Neuseeland hat häufig Noten von Zitronengras, als hätte er was vom Sauvignon blanc abgekupfert.

Prophet's Rock C-Ot ★★→★★★ Kleiner Spitzenproduzent mit Weinlagen am anderen Ufer des Lake Dunstan, 40 Autominuten entfernt. PINOT GRIS im Elsässer Stil, trockener RIESLING und würziger PINOT NOIR. Die mächtige Cuvée Aux Antipodes steht an der Spitze, dicht gefolgt vom flaschengereiften Retrospect, dem Zweitwein Home Vineyard und dem Drittwein Rocky Point.

Puriri Hills Auck ★★★→★★★★ Ausgezeichnete Cuvées im Bordeaux-Stil auf MERLOT-Basis aus Clevedon, gewachsen auf Tonerde. Schon der komplexe Gutswein ist beglückend. Harmonie Du Soir (früher Reserve) ist in neuer Eiche ausgebaut. Spitzenmarke ist der seidige Pope.

Pyramid Valley Cant ★★→★★★ Die hoch gelegenen Rebflächen mit Ton- und Kalksteinböden fallen ab Richtung Waikari – ausgerichtet nach Nord und Südost. Charakteristische, seltene Weine von gutseigenen Trauben: stahliger CHARDONNAY und zarter PINOT NOIR, dazu eine regionale Reihe.

Quartz Reef C-Ot ★★→★★★ Klein und biodynamisch auf Nordhängen mit sandigen Tonböden. GRÜNER VELTLINER, klasse PINOT GRIS und einzeln vergorener PINOT NOIR. Stilvoller Schaumwein wie der Jahrgangs-Blanc-de-Blancs.

Rapaura Springs Marlb ★★→★★★ Gekonnt gemachte, preiswerte Weine, besonders die weißen Reserven. Beeindruckende Abfüllungen aus Einzellagen wie Bull Paddock oder Rohe aus regionalem SAUVIGNON BLANC.

Rippon Vineyard C-Ot ★★★→★★★★ Pionierbetrieb auf 330 m Höhe mit sanften Schieferhängen an den Ufern des Lake Wanaka – die Aussicht ist ähnlich verblüffend wie die Weine. Duftiger, saftiger Stil. Der PINOT NOIR von 1985–1991 gepflanzten Reben ist die »Stimme des Gutes«. Tinker's Field stammt von den ältesten Reben und ist langlebig. Eindrucksvoller GAMAY. Wanaka Village kann jung getrunken werden.

Rockburn C-Ot ★★ Die 1991 ursprünglich als »Hobby-Weinberg« bepflanzte Lage war lange sehr unökonomisch. Bis heute ist sie stark erweitert worden. PINOT NOIR Eleven Barrels ist reif, der Devil's Staircase ist auch jung sehr charmant.

Sacred Hill Hawk ★★→★★★ Der gefeierte CHARDONNAY Riflemans von alten Reben stammt aus einer spektakulären Höhenlage mit mageren Böden. Fülliger MERLOT Brokenstone, CABERNET/Merlot Helmsman und SYRAH Deerstalkers aus GIMBLETT GRAVELS. Seit der Insolvenz 2021 im Besitz von VinLink (Vertragswinzer-Betrieb).

Saint Clair Marlb ★★→★★★ Der größte Familienbetrieb der Region und ziemlich erfolgreich. Bestens bekannt für lebendigen SAUVIGNON BLANC. PINOT NOIR ist klasse. Die Reihe James Sinclair mit Fokus auf der Subregion, Origin bietet regionale Cuvées in rauen Mengen, und der Alltagswein heißt Vicar's Choice. Besitzt jetzt auch Delta und Lake Chalice.

Seifried Estate Nel ★★ Die größte Kellerei der Region ist im Familienbesitz. Ausgedehnte Weinlagen. Halbtrockener RIESLING, duftiger GEWÜRZTRAMINER und spritziger SAUVIGNON BLANC. Spitze ist die Winemakers Collection mit dem süßen Riesling Sweet Agnes. In der dritten Reihe die preiswerte Linie Old Coach Road.

Spitzen-Syrah

Schon vor über 100 Jahren war SYRAH in Neuseeland bestens bekannt, aber die Rebsorte braucht heiße Standorte, um wirklich gute Ergebnisse zu bringen. Diese Voraussetzungen findet sie in HAWKE'S BAY und im Norden der Nordinsel, dort vor allem auf WAIHEKE ISLAND und in Northland. Am besten von BROOKFIELDS, CHURCH ROAD, CRAGGY RANGE, ELEPHANT HILL, ESK VALLEY, La Collina, MAN O'WAR, MISSION, Passage Rock, SACRED HILL, SMITH & SHETH CRU, STONECROFT, STONYRIDGE, TE MATA, TRINITY HILL, VIDAL, VILLA MARIA.

Selaks Marlb ★ Alter Betrieb mit kroatischen Wurzeln, jetzt ein Supermarkt-Label von CONSTELLATION NEW ZEALAND. Die Weine sind solide und zugänglich. Die The Taste Collection präsentiert PINOT GRIS und MERLOT (aktuell eher verschlossen als weich) aus HAWKE'S BAY.

Seresin Marlb ★★→★★★ Bio-Weine von hoher Qualität, im Besitz von Filmregisseur Michael Seresin. Der raffinierte SAUVIGNON BLANC ist teilweise im Eichenfass gereift und einer der besten Neuseelands. Lebendiger CHARDONNAY und PINOT NOIR aus Einzellagen. Günstige Alltagsweine der Reihe Momo, vor allem der Rosé.

Sileni Hawk ★★ Sehr groß und im Besitz einer Investmentgesellschaft. Die Weinberge liegen im warmen Bridge Pa Triangle und im kühleren Landesinneren. Stark sind die Grand Reserven wie der komplexe CHARDONNAY Lodge oder MERLOT Triangle. Der faire Preis macht die Reihe Cellar Selection attraktiv.

Smith & Sheth Cru Hawk ★★→★★★ Gemeinschaftsprojekt von Winzer und Master of Wine Steve Smith (früher bei CRAGGY RANGE) und dem US-Milliardär Brian Sheth. Die Einzellagenabfüllungen von alten Reben haben wirklich Klasse. Feiner SYRAH und komplexer CHARDONNAY (*siehe auch* Pyramid Valley).

Spy Valley Marlb ★★→★★★ Im Waihopai Valley wird die Satellitenkommunikation überwacht – daher der Name. Sehr erfolgreicher Betrieb mit ausgedehnten Rebflächen. Fair kalkulierte Weiße wie eichenfassgereifter SAUVIGNON BLANC. Aromatischer PINOT NOIR und die tolle Spitzenreihe Envoy.

Starborough Family Estates Marlb ★★ Familienbesitz mit Rebflächen im AWATERE VALLEY und WAIRAU VALLEY. Rassiger SAUVIGNON BLANC, trockener PINOT GRIS und reichhaltiger PINOT NOIR.

Stonecroft Hawk, Marlb ★★ Kleiner Bio-Winzer mit eigenen Weinlagen auf durchlässigen Kiesböden. Exzellenter CHARDONNAY, GEWÜRZTRAMINER und VIOGNIER. Der erste ernst zu nehmende neuseeländische SYRAH ist noch immer sehr gut, vor allem die Reserven wie der ungeschwefelte Undressed.

Stoneleigh Marlb ★★ Im Besitz von PERNOD RICARD NEW ZEALAND mit Lesegut aus den relativ steinigen, warmen Rapaura-Weingärten. Beliebte Weiße aus MARLBOROUGH, allen voran SAUVIGNON BLANC. An der Spitze die Reihe Rapaura. Auch Latitude ist ein echtes Brett.

Stonyridge Waiheke ★★★→★★★★ Boutiqueweingut mit Nordhängen auf mageren, durchlässigen Tonböden. Seit Mitte der 80er bekannt für die außergewöhnliche Cuvée Larose auf CABERNET-SAUVIGNON-Basis. Vor 10 Jahren war er allerdings noch besser. Dichter Rhône-Verschnitt auf SYRAH-Basis namens Pilgrim.

Te Kairanga Martinb ★★ Eines der ältesten und größten Güter der Region mit bewegter Geschichte, das sich unlängst verjüngt hat. Runholder spielt im Mittelfeld (schöner PINOT NOIR) und die Spitzenweine tragen den Namen John Martin: komplexer CHARDONNAY und langlebiger Pinot noir.

Te Mata Hawk ★★★→★★★★ Hochgeschätztes Weingut (erster Jahrgang 1895). CABERNET SAUVIGNON gedeiht in den Havelock North Hills im Schutz des Te Mata Peak. Die Cuvée Coleraine im Bordeaux-Stil aus CABERNET SAUVIGNON/MERLOT/CABERNET FRANC (**10' 11** 13' 14' 15' 16 17 18 19' 20') ist sehr langlebig. Der deutlich günstigere Cabernet/Merlot Awatea ist ebenfalls hochklassig, aber zugänglicher. SYRAH Bullnose gehört zu den besten in Neuseeland. Neu sind kräftiger PINOT NOIR Alma aus HAWKE'S BAY und der elegante CHARDONNAY Elston. Die Reihe Estate Vineyards bietet jung zu trinkende Weine.

te Pa Marlb ★★→★★★ Eigene Weinlagen auf der Wairau Bar, einer wichtigen archäologischen Stätte mit den Überresten menschlicher Siedlungen. SAUVIGNON BLANC und CHARDONNAY bieten viel fürs Geld. An der Spitze eine Reserve-Kollektion mit gewichtigem Chardonnay und dem intensiven Sauvignon blanc Seaside.

Te Whare Ra Marlb ★★ Markenname: TWR. Die 1979 angelegten Rebflächen des kleinen Betriebs im WAIRAU VALLEY sind mit die ältesten der Region. Gutsweine in Bio-Qualität. Bekannt für duftigen GEWÜRZTRAMINER, lebhaften RIESLING und SAUVIGNON BLANC.

Terra Sancta C-Ot ★★→★★★ Der erste Weinberg von Bannockburn am Ende der Felton Road mit kiesiger, tiefgelber Erde. Zarter PINOT NOIR Mysterious Diggings; in der Mittelklasse der lagerfähige Bannockburn, Pinot noir Slapjack Block stammt von den ältesten Reben der Region. Der Rosé von Pinot noir ist einer der besten in Neuseeland.

»Puckerooed« – ein herrlich ausdrucksstarker neuseeländischer Begriff für »kaputt«, abgeleitet von dem Maori-Wort »pakaru«.

Tiki Marlb ★★ Die Familie McKean besitzt ausgedehnte Rebflächen in MARLBOROUGH und WAIPARA. Koro ist die Spitzenmarke. Im Mittelfeld: Einzellagenabfüllungen mit aromatischem SAUVIGNON BLANC. Der Zweitwein heißt Maui.

Tohu Marlb, Nel ★★ Unternehmen im Maori-Besitz mit Rebflächen in MARLBOROUGH und NELSON. Sehr guter prickelnder Blanc de Blancs. Prägnanter SAUVIGNON BLANC. Spitze sind der CHARDONNAY Whenua Awa aus einer Einzellage und der würzige PINOT NOIR.

Trinity Hill Hawk ★★→★★★★ Hochgeschätzt, mit Weinlagen in GIMBLETT GRAVELS und einem Gut, das komplett aus Beton gebaut wurde. Feine Bordeaux-Cuvée The Gimblett, stilvoller Gimblett Gravels CHARDONNAY herausragend der 125 Gimblett aus einer Einzellage. Großartig der SYRAH Homage (**14'** 15' 16 17 18' 19') und eindrucksvoll der TEMPRANILLO. Einsteiger sind mit dem preiswerten White Label gut bedient.

Two Paddocks C-Ot ★★ Der Schauspieler Sam Neill produziert verschiedene PINOT NOIRS. Die Hauptmarke ist ein Gutswein von Trauben aus verschiedenen Lagen. Einzellagen-Reserven: kräuterwürziger First Paddock und der reife Last Chance. Ein Neuzugang ist der erdige The Fusilier von Trauben aus Bannockburn. Picnic kann jung getrunken werden.

Two Rivers Marlb ★★→★★★ Mit der Reihe Convergence liefert David Clouston charakteristischen CHARDONNAY und SAUVIGNON BLANC, dazu Rosé und würziger PINOT NOIR Tributary. Preiswerter ist der Zweitwein Black Cottage.

Valli C-Ot ★★★ »Jeder Weinmacher will einen guten Roten liefern«, sagt Inhaber Grant Taylor. »Die Weißen sind nur Aufwärmtraining.« Tolles Angebot an PINOT NOIR von Einzellagen wie den feinen Bannockburn oder den charmanten Bendigo.

Vavasour Marlb ★★→★★★ Ursprünglicher Pionier im Avatere Valley, gegründet von Peter Vavasour. (Einer seiner Vorfahren war Mundschenk von Wilhelm dem Eroberer.) Im Besitz von Foley Family Wines. Körperreicher CHARDONNAY wie Anna's Vineyard und intensiver SAUVIGNON BLANC. Auch herrlich trockener Rosé und gehaltvoller PINOT NOIR.

Vidal Hawk ★★→★★★ 1905 gegründet und im Besitz von VILLA MARIA. Die Spitzenreihen Legacy und Soler sind ausgelaufen – was bleibt, sind die Standard- und Reserve-Weine.

Villa Maria Auck ★★→★★★ 2021 unter Zwangsverwaltung und dann von Indevin aus MARLBOROUGH übernommen, bestens bekannt für die Handelsmarken der Supermärkte. Zum Besitz gehören außerdem VIDAL und ESK VALLEY. Auf Weinmessen fokussiert und sehr erfolgreich. Die Spitzenweine laufen unter der Bezeichnung Reserve (mit Regionalcharakter) und Single Vineyard (von individuellen Einzellagen). Platinum Selection mit Bio-Weinen und langem Hefelager. Cellar Selection: Mittelklasse (weniger Eichennoten), ausgezeichnet und überaus preiswert wie der MERLOT aus HAWKE'S BAY; auch die in großen Mengen erzeugten Weine der vierten Qualitätsstufe Private Bin sind oft sehr gut wie der SAUVIGNON BLANC aus MARLBOROUGH. Kleine Mengen von sehr gutem ALBARIÑO, GRENACHE und MALBEC. Kultwein Ngakirikiri The Gravels (**13' 14'** 18') auf CABERNET-SAUVIGNON-Basis.

Der Klimawandel könnte noch erstaunliche Dinge mit sich bringen, etwa Cabernet Sauvignon aus Marlborough oder Zinfandel aus Gisborne.

Waiheke Island Es gibt viele Hubschrauberlandeplätze auf dieser schönen, weitläufigen, touristischen Insel im Hauraki Gulf vor AUCKLAND (das Meer hat einen mäßigenden Einfluss auf die Temperaturen). Seit den 80ern bekannt für stilvolle Cuvées aus CABERNET SAUVIGNON/MERLOT, besonders aus der Region Onetangi. Neuerdings auch für kräftigen SYRAH und breiten CHARDONNAY. MAN O'WAR ist der größte Produzent.

Waimea Nel ★★ Einer der größten und preiswertesten Produzenten der Region; Zweitwein ist der Spinyback.

Waipara Valley Cant – Der wichtigste Unterbereich von Canterbury im Norden von Christchurch. Kiesböden in den Ebenen und fettere Lehmböden auf den östlichen Hügeln. Heiße und trockene Winde aus Nordwest können die Rebstöcke schädigen. Die Gegend genießt hohes Ansehen für gewichtigen PINOT NOIR und duftigen RIESLING, zudem werden aktuell PINOT GRIS und SAUVIGNON BLANC in großem Stil gepflanzt. Positioniert sich gerade neu als »North Canterbury«.

Wairarapa Neuseelands sechstgrößte Weinregion (nicht zu verwechseln mit WAIPARA VALLEY). *Siehe* MARTINBOROUGH. Umfasst auch den Unterbereich Gladstone im Norden (etwas höher gelegen, kühler, feuchter). Das trockenste und kühlste Anbaugebiet auf der Nordinsel, beeinflusst von kalten Südwinden (sorgt für geringere Ernten). Hat sich in den letzten 5 Jahren kaum vergrößert. Besondere Stärke bei Weißweinen: SAUVIGNON BLANC wird am häufigsten gepflanzt, aber auch CHARDONNAY, PINOT GRIS und RIESLING. Bekannt für kräftigen, würzigen PINOT NOIR von vergleichsweise alten Reben. Beginnt, sich als »Wellington Wine Country« zu vermarkten.

Wairau Valley Marlb – Größte Unterregion in MARLBOROUGH (die ersten Reben wurden 1873 gepflanzt, die moderne Ära begann 1973). Die größte Stadt Blenheim ist das Tor zu mehr als 30 Kellertüren. Drei bedeutende Seitentäler im Süden: Brancott, Omaka und Waihopai. SAUVIGNON BLANC gedeiht auf steinigen Ebenen mit schlammigem Untergrund. Die Kiesböden sorgen für eine frühe Reife und tropische Noten im Wein. PINOT NOIR wächst auf tonigen Nordhängen. Die Neupflanzungen der letzten Zeit finden sich im oberen Wairau Valley. Dort ist es feuchter, aber auch frostanfälliger.

Waitaki Valley C-Ot – Kleine Unterregion in North Otago (65 ha) mit Kalksteinböden, kühlem Klima und Frostgefahr. Von hier kamen 2021 nur 0,03 % der Ernte. Gerade mal eine Handvoll Produzenten. Sehr vielversprechender PINOT NOIR (kann aber grüne Noten aufweisen), aromatischer PINOT GRIS und RIESLING, der in Spitzenjahren ausgezeichnet ist.

Whitehaven Marlb ★★ Mittelgroßes Familiengut und sehr bekannt in den USA, weil es seit 2005 teilweise zum Besitz von Gallo gehört. Der hocharomatische SAUVIGNON BLANC ist ein Bestseller in den USA. Voller CHARDONNAY, edler PINOT NOIR. Die Spitzenmarke heißt Greg.

Wither Hills Marlb ★★ Großer Erzeuger im Besitz der Brauerei Lion. Beliebte und preiswerte Weine wie SAUVIGNON BLANC, CHARDONNAY und PINOT GRIS. Der intensive Sauvignon blanc Rarangi kommt von einer Einzellage an der Küste. Spitzenmarke ist der PINOT NOIR The Honourable.

Yealands Marlb ★★ Neuseelands größte »Einzellage« an der Küstenseite des AWATERE VALLEY, im Besitz des Stromversorgers Marlborough Lines. Weine teilweise von gutseigenen Trauben mit Hauptanteil aus MARLBOROUGH. Genießt hohes Ansehen für Nachhaltigkeit (Neuseelands größte Solaranlage steht auch hier), obwohl die meisten Weine nicht biozertifiziert sind. Bestens bekannt für SAUVIGNON BLANC mit Paprikanoten. Die Reserve AWATERE von SAUVIGNON BLANC ist ihr Geld wert. Andere bekannte Marken: Babydoll oder The Crossings.

Zephyr Marlb ★★→★★★ Familienbetrieb im unteren Wairau Valley, begrenzt vom Opawa River. Mit dem spritzigen feinherben RIESLING wurden schon viele geködert. Beeindruckende Weiße wie der gewichtige SAUVIGNON BLANC MK 111.

Südafrika

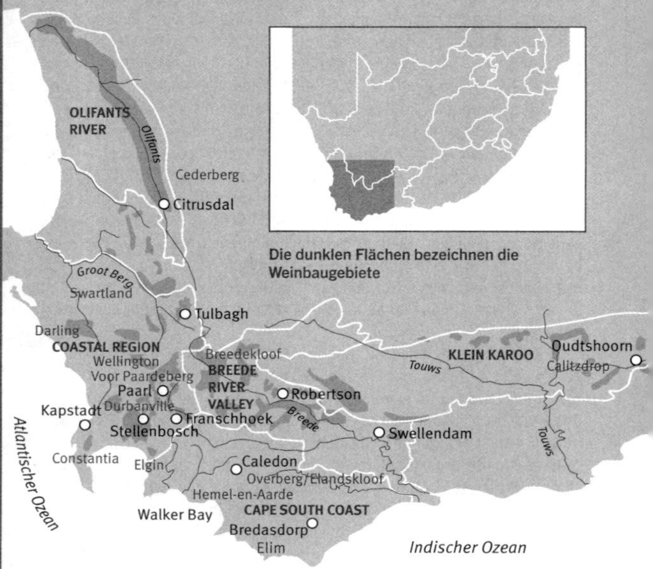

Die folgenden Abkürzungen werden im Text verwendet:

Coast	Coastal Region	**Rob**	Robertson
Con	Constantia	**Stel**	Stellenbosch
Fran	Franschhoek	**Swart**	Swartland
Hem	Hemel-en-Aarde	**W-Cape**	Western Cape

Dynamik und Selbstbewusstsein haben in Südafrika einen enormen Schub bekommen. Covid hat die Erzeuger durch wiederholte Verkaufsverbote für Wein zwar hart getroffen, doch konnte das weder ihre Energie noch den Enthusiasmus ihrer Kunden weltweit groß beeinträchtigen. Eher haben sie in der Pandemie Zeit gewonnen, um Vorbereitungen zu treffen, intensiver mit den Reben zu arbeiten (und neue zu pflanzen) und im Keller die Grenzen noch einmal zu verschieben. Dies begünstigt und beschleunigt Trends wie die Verwendung anderer Hefen als der immergleichen *Saccharomyces cerevisiae*, den Einsatz von Gärbehältern unterschiedlicher Materialien, Formen und Größen sowie die Kombination traditioneller Holzfässer mit Kunststoff-, Ton- und Betonbehältern für die Reifung. Daraus resultieren nuancenreichere, frischere Weine, mit Fruchtnoten (wenn auch nicht unbedingt der fruchtigen Art) an Zunge und Gaumen, während Eiche kaum noch eine Rolle spielt. Die Roten sind schlanker und saftiger, die Rosés heller und trockener, die Weißen straffer und pikanter. Alte und uralte Reben werden gehegt und gepflegt, etablierte Lagen wissenschaftlich analysiert und optimiert, geeignete (höher gelegene und kühlere) Terroirs kultiviert sowie Sorten gepflanzt, die resistent sind gegen Trockenheit und Hitze. Bezeichnenderweise werden weiterhin versuchsweise Rebflächen angelegt, unter anderem zwischen den Maisfeldern der Provinz Free State, die in Bezug auf Wein bisher völlig abseits lag.

Neuere Jahrgänge

2021 Späte, aber großzügige Lese, günstige Niederschläge früh im Jahr, kühle Bedingungen. Sehr spannende Weine, rote wie weiße.

2020 Nach langer Dürre ein toller Jahrgang. Herausragende Struktur, Intensität und Schwung bei moderatem Alkohol.

2019 Wieder ein trockenes Jahr, doch nicht ganz so heiß, weshalb konzentrierte Frucht und Frische in guter Balance stehen.

2018 Intensive, aromatische Weine, die sich aber vermutlich nicht fürs Einkellern eignen.

2017 In Qualität und Charakter mit 2015 vergleichbar. Früh trinkreif und möglicherweise auch früher auf dem Höhepunkt.

A. A. Badenhorst Family Wines Swart ★★→★★★★ Es muss ein Traum für Bastler und Tüftler gewesen sein, als der innovative Adi Badenhorst und sein Cousin Hein das Gut 2008 übernommen haben. Auf der Farm Kalmoesfontein entstehen jetzt Weine, die so ziemlich jeden Trend widerspiegeln: Einzellagen, alte Reben und Rebsorten, wilde Hefen, Orange Wines. Das Augenmerk liegt auf CHENIN BLANC aus Einzellagen. Die preiswerte Reihe Secateurs macht Spaß, ist aber auch ernst zu nehmen. Brillanter Vermouth Caperitif.

Alheit Vineyards W-Cape ★★★★ Moderne Weine mit dem feinen, reinen Ausdruck von CHENIN BLANC von überwiegend alten Reben: Die Trauben für den Cartology stammen aus verschiedenen Regionen, dazu kommen lagenspezifische Abfüllungen wie der Broom Ridge von kürzlich erworbenen Parzellen in SWARTLAND. Der Monument SÉMILLON stammt aus FRANSCHHOEK, und der gemischte Satz Vine Garden kommt vom Stammsitz Hemelrand in HEMEL-EN-AARDE. Die Eigenmarke des ehemaligen Assistenten Franco Lourens heißt Lourens Family Wines und spielt in derselben Liga.

Anthonij Rupert Wines W-Cape ★→★★★★ Das breite und beeindruckende Portfolio ist eine Hommage an den verstorbenen Bruder des Besitzers Johann Rupert. Weine von eigenen Rebflächen in DARLING, SWARTLAND, Overberg und dem eleganten Gut L'Ormarins nahe FRANSCHHOEK. Beste Reihen: das Flaggschiff Anthonij Rupert, Cape of Good Hope mit Lagenweinen und Jean Roi (rosé).

Aristea Wines Coast ★★★ Ein neues britisch-französisch-südafrikanisches Joint Venture unter der Federführung von Matthew Krone, der einer lokal berühmten Weinfamilie entstammt. Überwiegend sortenreine Abfüllungen von klassischen Bordeaux- und Burgunder-Sorten aus Lagen in STELLENBOSCH, ELGIN und HEMEL-EN-AARDE. Der MCC-Schaumwein ist eine Spezialität von Krone: Er ist nach seinen Töchtern benannt und wird nur in Schaltjahren produziert.

Bartinney Private Cellar Stel ★★→★★★ Auf Nachhaltigkeit achtender Boutique-Erzeuger an den steilen Hängen des Banhoek Valley; klassischer CABERNET SAUVIGNON und CHARDONNAY (Standard und sehr feiner Reserve). Den vor Energie nur so strotzenden Rose und Michael Jordaan gehört nun auch das große Gut Plaisir de Merle am Simonsberg Mountain, früher Teil des Portfolios von DISTELL.

Beaumont Wines W-Cape ★★→★★★★ Ausgezeichnete Weine von einem Gut aus dem 18. Jh. am Bot River. Seltener, sortenrein abgefüllter MOURVÈDRE, CAPE BLEND Vitruvian: elegant, immer herausragend; außerdem CHENIN BLANC Hope Marguerite (12' 15' 16' **17'** 18' 19' 20' 21 22) von alten Reben. Der PINOT NOIR und der CHARDONNAY Electrique von Chefin Jayne Beaumont sind einen Versuch wert.

BEE *siehe* BLACK ECONOMIC EMPOWERMENT

Beeslaar Wines Stel ★★★★ Die persönliche Sicht des Kellermeisters von KANONKOP auf PINOTAGE (**13' 14'** 16' 17' 19 20 21): ausgefeilt und sehr speziell.

Bellevue Estate Stellenbosch Stel ★→★★★ Lokaler Pionier für PINOTAGE. Hervorragende Reserve- und Einzellagenabfüllungen, Letztere von gutseigenen Reben, die 1953 gepflanzt wurden.

Bellingham W-Cape ★★→★★★ Etablierte Marke von DGB mit der erstklassigen, in limitierter Menge produzierten The Bernard Series, die u. a. seltenen, sortenreinen ROUSSANNE bietet. Dazu die preiswerte Reihe Homestead.

Benguela Cove Lagoon Wine Estate Walker Bay ★→★★★ Kellerei, Weinberge und Ausflugsziel an der Mündung des Bot River, im Besitz der englischen Unternehmerin Penny Streeter. Produziert den SEMILLION Catalina und die experimentelle Reihe Vinography. Kellermeister Johann Fourie verantwortet auch die Streeter-Weine für den britischen Markt wie Leonardslee und Mannings Heath sowie die südafrikanische Marke Brew Cru, im Besitz von Fourie and Friends, von Lagen am kühlen South Cape.

Beyerskloof W-Cape ★→★★★★ Südafrikas PINOTAGE-Champion: zehn Versionen dieser Sorte, oder elf, wenn man den portweinähnlichen Lagare Cape Vintage mitzählt. Kraftvoller reinsortiger Diesel (**13' 16'** 17' 18' 19 20) und eine Handvoll CAPE BLENDS. Außerdem klassischer gemischter Satz von CABERNET SAUVIGNON/MERLOT.

Black Economic Empowerment (BEE) Die Organisation setzt sich für eine höhere Beteiligung vormals benachteiligter Bevölkerungsgruppen in der Weinbranche ein.

Boekenhoutskloof Winery W-Cape ★→★★★★ Spitzenweingut in FRANSCHHOEK, außerordentliche Qualität und Beständigkeit bei SWARTLAND SYRAH, Franschhoek CABERNET SAUVIGNON und einer neueren Version aus STELLENBOSCH. Außerdem SEMILLON von alten Reben, der neuere CHENIN BLANC Patina, der einfachere Porcupine Ridge sowie die Reihen Wolftrap und Vinologist. Die wichtige Neuentwicklung Cap Maritime ist in HEMEL-EN-AARDE in Arbeit mit CHARDONNAY und PINOT NOIR. *Siehe* PORSELEINBERG.

Bon Courage Estate Rob, W-Cape ★→★★★ Familie Bruwer in ROBERTSON bietet eine große Auswahl: stilvoller Brut nach der MÉTHODE CAP CLASSIQUE, aromatische Dessertweine aus RIESLING und MUSCAT, dazu der köstliche COLOMBARD (BV).

Boplaas Family Vineyards W-Cape ★→★★★ Die Winzer Carel Nel und Tochter Margaux in CALITZDORP sind bekannt für Weine im Port-Stil wie die Cape Vintage Reserve (**09' 12'** 15' 16 17' 18' 19 20) und Tawny, überwiegend oJ. Neuerdings auch rote und weiße Tafelweine von portugiesischen Trauben.

Boschendal Wines W-Cape ★→★★★ Beliebte Marke von DGB auf einem wunderschönen Gut aus dem 17. Jh. bei FRANSCHHOEK. Beachtlicher SHIRAZ, SAUVIGNON BLANC, CHARDONNAY und Schaumwein nach der MÉTHODE CAP CLASSIQUE auf verschiedenen Qualitätsniveaus, teils aus ELGIN. Die roten und weißen Cuvées im Bordeaux- und Rhône-Stil (Black Angus, Nicolas, neuer Suzanne) sollen beeindrucken.

Boschkloof Wines W-Cape ★★→★★★★ Der junge Haudegen Reenen Borman produziert in STELLENBOSCH herausragenden SYRAH reinsortig und in Verschnitten. Dazu CHENIN BLANC unter den Etiketten Boschkloof und Kottabos. In Partnerprojekten entsteht zudem beachtlicher Syrah, Chenin blanc und reinsortiger COLOMBARD Doortje in der Reihe Patatsfontein.

Botanica Wines W-Cape ★★→★★★ Die Amerikanerin Ginny Povall erzeugt auf dem Blumen- und Weingut Protea Heights bei STELLENBOSCH in der

Mary Delany Collection herausragenden CHENIN BLANC von alten Westküsten-Buschreben. Der ALBARIÑO Flower Girl ist die erste sortenreine Abfüllung einer iberischen Rebsorte.

Bouchard Finlayson Cape South Coast ★★→★★★★ Pionier in HEMEL-EN-AARDE mit feinen Versionen der örtlichen Spezialität PINOT NOIR: Galpin Peak und gelegentlich die Fassselektion Tête de Cuvée (**13'** 17' 19' 21), dazu CHARDONNAY (Missionvale, Sans Barrique und Crocodile's Lair von Reben aus Elandskloof).

Breedekloof Großes Anbaugebiet (ca. 12.700 ha) im Landesinneren, bekannt für Massen- und Einstiegsweine. Qualitätsweinproduktion in kleinen (Familien-)Betrieben wie Bergsig, Deetlefs, Le Belle Rebelle, OLIFANTSBERG und OPSTAL. Im Rahmen des Projekts Breede Makers werden seit Kurzem größere Genossenschaften gefördert, um speziell alte, größtenteils mit CHENIN BLANC bestockte Parzellen wieder nutzbar zu machen – mit teilweise grandiosen Ergebnissen.

Bruce Jack Wines W-Cape ★★→★★★ Keine einzige Enttäuschung bei diesem Soloprojekt von FLAGSTONE-Gründer Bruce Jacks in der kühlen Region Cape South Coast. Grenzenlos kreative Verschnitte, Sortenweine, Rosé und Schaumwein. Die schönen Etiketten macht Künstlerin und Ehefrau Penny.

Buitenverwachting W-Cape ★★→★★★ Stilvoller Familienbetrieb in CONSTANTIA. Hervorragender CHARDONNAY, SAUVIGNON BLANC Husseys Vlei und Rotweine im Bordeaux-Stil namens Christine (**09' 10 11 13 14** 15 **16**) und Meifort. Die Exportmarke heißt Bayten.

Calitzdorp DISTRICT in KLEIN KAROO (ca. 290 ha), der klimatisch dem Douro-Tal ähnelt und entsprechend für Wein im Port-Stil, neuerdings auch für ungespritete rote und weiße Verschnitte und sortenreine Abfüllungen von Port-Trauben bekannt ist.

Cape Blend »Kap-Verschnitt«. Meist ein Rotweinverschnitt mit einem bedeutenden Anteil PINOTAGE, gelegentlich auch ein CHENIN-BLANC-Verschnitt oder einfach ein Wein mit »Kap-Charakter«.

Cape Chamonix Wine Farm Fran ★★→★★★ Hervorragend vom Kellermeister geführtes Gut. Charakteristischer PINOT NOIR, PINOTAGE im Ripasso-Stil, CHARDONNAY, SAUVIGNON BLANC, Bordeaux-Verschnitte (rot/weiß), CABERNET FRANC, CHENIN BLANC von alten Reben. Alle lohnen ein Einkellern.

Cape Coast Übergeordnete Appellation (»OVERARCHING REGION« in der Amtssprache), die die westliche und zentrale COASTAL REGION und die CAPE SOUTH COAST umfasst.

Cape Point Vineyards Kapstadt ★→★★★★ Familienweingut nahe der Spitze der Kaphalbinsel. Komplexer, lagerfähiger SAUVIGNON BLANC/SEMILLON Isliedh, CHARDONNAY und Sauvignon blanc. Dazu gehört das Schwesterunternehmen Cape Town Wine Company.

Cape Rock Wines W-Cape ★★→★★★ Der führende Boutiquewinzer am OLIFANTS RIVER. Charaktervolle, toll aufgemachte sortenreine und Verschnittweine von Rhône- und Port-Trauben (rot/weiß).

Cape South Coast Kühlklimatische REGION (ca. 2.600 ha) mit den DISTRICTS Cape Agulhas, ELGIN, Lower Duivenhoks River, Overberg, Plettenberg Bay, Swellendam und WALKER BAY sowie den unabhängigen WARDS Herbertsdale, Napier und Stilbaai East. *Siehe* CAPE COAST.

Cape Town DISTRICT an der Küste (ca. 2.700 ha), der Kapstadt, die WARDS CONSTANTIA und Hout Bay auf der Kaphalbinsel sowie die benachbarten Wards DURBANVILLE und Philadelphia umfasst.

Cape West Coast Relativ neue (und die erste) Subregion, dazu zählen die DISTRICTS Darling und Lutzville Valley sowie die WARDS Bamboes Bay, Lamberts Bay und St Helena Bay.

Cape Winemakers Guild (CWG) Unabhängiger Verband mit 43 Spitzenerzeugern als Mitglieder, dem man nur auf Einladung beitreten kann. Veranstaltet alljährlich eine spektakuläre Auktion für limitierte Spitzenabfüllungen.

Capensis W-Cape ★★★ Südafrikanisch/US-amerikanisches Gemeinschaftsunternehmen zwischen Antony Beck von GRAHAM BECK und Barbara Banke von Jackson Family. Der Schwerpunkt liegt auf CHARDONNAY. Capensis von Trauben aus verschiedenen Regionen, Silene aus STELLENBOSCH, Fijnbosch von einer Einzellage. *Siehe* JACKSON WINE ESTATES (SÜDAFRIKA).

Catherine Marshall Wines W-Cape ★★★ Cathy Marshall ist Spezialistin für kühlklimatische Lagen (hauptsächlich in ELGIN) und konzentriert sich auf PINOT NOIR, CHENIN BLANC und SAUVIGNON BLANC. Köstlicher trockener, mineralischer RIESLING.

Cederberg Winziger, hoch gelegener eigenständiger WARD (ca. 100 ha) in den Cederberg Mountains. Überwiegend SHIRAZ und CHENIN BLANC. Driehoek und CEDERBERG PRIVATE CELLAR sind die wichtigsten Erzeuger.

Cederberg Private Cellar Cederberg, Elim ★★→★★★★ Familienkellerei mit den vielleicht höchsten (CEDERBERG) und am weitesten südlich gelegenen (ELIM) Weinbergen Südafrikas. Gebändigte Kraft demonstrieren CABERNET SAUVIGNON, PINOT NOIR, die seltene Bukettraube, CHENIN BLANC, SAUVIGNON BLANC, SEMILLON, Schaumwein nach der MÉTHODE CAP CLASSIQUE und SHIRAZ (inkl. herausragender CAPE WINEMAKERS GUILD Teen die Hoog).

Central Orange River Einst ein überdimensionierter WARD« (ca. 8.600 ha, von denen zwei Drittel mit Sultana für Rosinen und Tafeltrauben bestockt sind), jetzt ein DISTRICT in der GEOGRAPHICAL UNIT NORTHERN CAPE. Heiß, trocken, bewässerungsbedürftig; traditionell weiße und gespritete Weine, doch der größte Erzeugerbetrieb ORANGE RIVER CELLARS ist dabei, die Grenzen auszuweiten.

Certified Heritage Vineyard *siehe* OLD VINE PROJECT.

Charles Fox Cap Classique Wines Elgin ★★★ Schaumweinproduzent nach traditioneller Methode mit französischem Berater. Sechs köstliche klassische Bruts, angeführt von einem Duo aus Prestige Cuvées.

Coastal Die größte REGION (ca. 45.100 ha); umfasst die vom Meer beeinflussten DISTRICTS CAPE TOWN, DARLING, Lutzville Valley, STELLENBOSCH und SWARTLAND sowie die WARDS Bamboes Bay, Lamberts Bay und St Helena Bay. Auch die nicht maritimen DISTRICTS FRANSCHHOEK, PAARL, TULBAGH und WELLINGTON gehören dazu.

Colmant Cap Classique & Champagne W-Cape ★★★→★★★★ Außergewöhnlicher Erzeuger von Schaumwein nach der traditionellen Methode im Besitz einer belgischen Familie in FRANSCHHOEK. Brut und Sec Reserve, Rosé, CHARDONNAY, Absolu Zero Dosage: alle oJ, nach der MÉTHODE CAP CLASSIQUE bereitet und exzellent.

Constantia WARD an den kühlen Hängen des Constantiabergs in CAPE TOWN (ca. 430 ha). Das erste und historisch berühmteste Weinbaugebiet Südafrikas wurde in den letzten Jahren von GROOT CONSTANTIA, KLEIN CONSTANTIA und anderen wieder zum Leben erweckt.

Constantia Glen Con ★★★ Ein Juwel der Familie Waibel oben am Constantiaberg. Drei großartige Bordeaux-Verschnitte (rot/weiß), sortenreiner SAUVIGNON BLANC.

Constantia Uitsig W-Cape ★★★ Erstklassige Weinberge und eine imposante gläserne Kellerei bringen hauptsächlich MÉTHODE-CAP-CLASSIQUE-Schaumwein und stillen Weißwein hervor. Beständiger, beeindruckender, individueller SEMILLON.

Creation Wines Cape South Coast ★★★ Familienbetrieb mit Weinen von Bordeaux-, Burgunder-, Rhône- und neuerdings auch Loire-Trauben, reinsortig und verschnitten. Beliebter und preisgekrönter Kellereiverkauf in

HEMEL-EN-AARDE Ridge. Gerhard Smiths Soloprojekt Die Kat se Snor (»Die Schnurrhaare der Katze«) ist alles andere als ein Gag.

Crystallum W-Cape ★★★→★★★★ Starwinzer Peter-Allan Finlayson und sein Bruder Andrew sind auf kühlklimatischen PINOT NOIR und CHARDONNAY spezialisiert. Alle acht Abfüllungen, zum Teil von Einzellagen, sind großartig, u. a. der neue Chardonnay Ferrum. Vinifiziert wird in GABRIËLSKLOOF.

CWG *siehe* CAPE WINEMAKERS GUILD.

Darling DISTRICT (ca. 2.730 ha) rund um die gleichnamige Stadt an der Westküste, dessen beste Lagen sich in dem hügeligen WARD Groenekloof befinden. Cloof, Darling Cellars, Groote Post/Aurelia, Mount Pleasant, Ormonde und Withington füllen unter eigenem Namen ab; ein Großteil des übrigen Leseguts geht an andere, teils hervorragende Marken.

David Finlayson Wines W-Cape ★★→★★★ Das Portfolio von David Finlayson aus der renommierten Winzerfamilie trug früher den Namen Edgebaston. Sehr guter CABERNET SAUVIGNON GS, die Reihe Camino Africana von alten Reben sowie hübsche jung zu trinkende Weine, teils von eigenen Lagen nahe STELLENBOSCH, teils aus zugekauftem Lesegut. Die eigenständige Versuchsreihe Sanniesrus mit eigenem Kellermeister produziert feinen PINOTAGE, GRENACHE BLANC und GRENACHE NOIR.

David & Nadia Swart ★★★★ Das Ehepaar Sadie folgt den Naturweinprinzipien der SWARTLAND Independent Producers. Exquisiter roter Rhône-Verschnitt Elpidios, GRENACHE noir, CHENIN BLANC (darunter ein spannendes Trio von Sortenweinen aus Einzellagen, die identisch vinifiziert werden). Dazu PINOTAGE, zum Großteil von alten Reben. Auch die eigene Reihe des früheren Assistenten André Bruyns namens City on a Hill ist sehr fein.

De Grendel Wines W-Cape ★★★ Das Unternehmen von Sir De Villiers Graaff in DURBANVILLE mit Blick auf den Tafelberg fußt auf eigenen und gepachteten Weinlagen in teils recht entlegenen Gegenden, etwa dem Ceres Plateau, wo es im Winter sogar schneit. PINOT NOIR und CHARDONNAY für die Reihe Op Die Berg, in ELIM an der Spitze Afrikas entsteht brillanter neuer SHIRAZ.

De Krans W-Cape ★→★★★ Die Familie Nel in CALITZDORP ist bekannt für Weine im Port-Stil, v. a. Vintage Reserve (**10' 11' 12'** 13' 16' 17' 18 19 20), und gespriteten MUSCAT. Auch erfolgreich mit ungespriteten Weinen von portugiesischen Trauben, u. a. neuem VERDELHO.

Delaire Graff Estate W-Cape ★★→★★★★ Hoch gelegene Weinberge, eine Kellerei und ein Besucherzentrum im Besitz des britischen Diamantenhändlers Laurence Graff nahe STELLENBOSCH. Das glamouröse Angebot wird angeführt vom lagerfähigen CABERNET SAUVIGNON Reserve Laurence Graff (**09' 11** 12' 13' 14 15 17' 18).

Delheim Wines Coast ★→★★★ Ökologisch ausgerichteter Familienbetrieb nahe STELLENBOSCH. SHIRAZ und PINOTAGE Vera Cruz mit Lagerpotenzial; in den besten Jahren wird CABERNET SAUVIGNON Grand Reserve produziert, dazu schillernder edelfauler RIESLING Edelspatz.

DeMorgenzon Stel ★→★★★★ Gepflegtes Gut mit Bestnoten für Cuvées und Sortenweine von Bordeaux- und Rhône-Trauben, dazu CHARDONNAY und CHENIN BLANC. Der gelegentlich erzeugte Chenin blanc The Divas von ausgewählten Reben ist spektakulär. In den Weinbergen und im Keller läuft rund um die Uhr klassische Musik.

De Toren Private Cellar Stel ★★★ Mehrheitlich in Schweizer Besitz, auf den Polkadraai Hills am Meer. Stets aromatischer Bordeaux Fusion V und früh trinkreifer Z auf MERLOT-Basis; Délicate in leichtem Stil (BV).

De Trafford Wines Stel ★★★→★★★★ Der Boutiquewinzer David Trafford hat Erfolg mit seinen massiven, doch harmonischen Weinen: Bordeaux/SHIRAZ Elevation 393, CABERNET SAUVIGNON, SYRAH Blueprint; auch CHE-

NIN BLANC (trocken und neuerdings auch mit Hülsenmaischung sowie *vin de paille*). *Siehe* SIJNN.

DGB W-Cape – Etablierter Erzeuger und Großhändler mit Sitz in WELLINGTON und FRANSCHHOEK; Eigentümer der High-End-Marken BOSCHENDAL, Fryer's Cove und The Bernard Series sowie, als Filiale, Old Road Wine Company. Hat jetzt auch Mehrheitsanteile am jahrhundertealten Familienbetrieb Backsberg. Leicht zugängliche Marken sind u. a. BELLINGHAM, Brampton, Douglas Green.

Diemersdal Estate W-Cape ★→★★★ Das Familiengut in DURBANVILLE produziert ausgezeichnete SAUVIGNON-BLANC-Weine: lagen- und rebzeilenspezifisch, spezielle Stile, inkl. Vinifizierung von gefrorenem Most und auf den Schalen. Dazu PINOTAGE, CHARDONNAY und der erste kommerziell erzeugte GRÜNE VELTLINER Südafrikas.

Swartland 2.0

Über ein Jahrzehnt lang hatte SWARTLAND eine Monopolstellung in puncto Charisma und Aufmerksamkeit. Dies wird jetzt von Weinen aus dem ganzen Land infrage gestellt. Da wären etwa Reenen Bormans (BOSCHKLOOF) wunderbarer, herzhafter COLOMBARD Patatsfontein von Trauben aus dem semiariden Montagu; der geschmeidige, leichte PINOTAGE Féniks von Bernhard Bredell (Scions of Sinai) aus einer alten Parzelle im Gebiet Helderberg in STELLENBOSCH; der aromatische CHARDONNAY Onderduivenhoksrivier von Trizanne Barnard (TRIZANNE SIGNATURE WINES) mit Trauben aus Vermaaklikheid nahe der Cape South Coast; der wunderbar herbe CHENIN BLANC Revenge Of The Crayfish vom Newcomer Sakkie Mouton (SM Family Wines) an der Westküste; und last, not least die Debütantinnen Hanneke Krüger und Pauline Roux (Vino pH) mit einer schön texturierten, teilweise auf den Schalen vergorenen Version der hier seltenen PALOMINO-Traube.

Distell W-Cape – Der größte Getränkehändler Südafrikas mit Sitz in STELLENBOSCH nennt viele Weinmarken quer durch alle Stile und Qualitätsstufen zumindest anteilsmäßig sein Eigen. *Siehe* DURBANVILLE HILLS, FLEUR DU CAP, J. C. LE ROUX, NEDERBURG WINES.

District *Siehe* GEOGRAPHICAL UNIT.

Dorrance Wines W-Cape ★→★★★★ Familienbetrieb in französischem Besitz mit Kellerei in einem historischen Gebäude mitten in Kapstadt (ein Grund mehr für einen Besuch). Insbesondere fein strukturierter, exzellenter SYRAH; auch CHARDONNAY und CHENIN BLANC.

Durbanville Der kühle, hügelige WARD (ca. 1.420 ha) im DISTRICT CAPE TOWN ist vor allem für pikanten SAUVIGNON BLANC bekannt; außerdem MERLOT und weiße Verschnitte. Heimat von DURBANVILLE HILLS und vielen Familienbetrieben.

Durbanville Hills Durbanville ★→★★★ Im Besitz von DISTELL, örtlichen Winzern und einem Mitarbeiter-Trust. Preisgekrönter PINOTAGE, CHARDONNAY und SAUVIGNON BLANC. Sehr guter Bordeaux-Verschnitt namens Tangram (rot/weiß).

Eagles' Nest Coast ★→★★★ Familienbetrieb in CONSTANTIA mit zuverlässig erstklassigem MERLOT, SHIRAZ und VIOGNIER. Außerdem lebhafter SAUVIGNON BLANC und der Rosé Little Eagle, der nur direkt ab Kellerei erhältlich ist.

Edgebaston *Siehe* DAVID FINLAYSON WINES.

Eikendal Vineyards W-Cape ★★★ Spitzenerzeuger in Schweizer Hand bei STELLENBOSCH. Roter Classique im Bordeaux-Stil, MERLOT und rote Jahrgangs-Cuvée Charisma. Ausgezeichnetes CHARDONNAY-Trio mit Holzausbau: aus verschiedenen Lagen, von Buschreben und von einem einzigen Klon; die Version ohne Eiche kann sich auch sehen lassen.

Elgin Der kühlklimatische DISTRICT (ca. 740 ha) erntet Anerkennung für SAUVIGNON BLANC, CHARDONNAY und PINOT NOIR. Auch spannender SHIRAZ, CHENIN BLANC, RIESLING und Schaumwein MÉTHODE CAP CLASSIQUE. Überwiegend Boutiquekellereien in Familienhand, u. a. RADFORD DALE ORGANIC (ehemals Elgin Ridge) – einer von nur zwei zertifiziert biodynamischen Betrieben in Südafrika (der andere ist REYNEKE in STELLENBOSCH).

Elim Windumtoster WARD (ca. 150 ha) im südlichsten DISTRICT Südafrikas, Cape Agulhas, bringt aromatischen SAUVIGNON BLANC, weiße Verschnitte und SHIRAZ hervor. Liefert auch Trauben an große Erzeuger wie DE GRENDEL und Boutiquekellereien wie TRIZANNE.

Ernie Els Wines W-Cape ★→★★★★ Weinpartnerschaft des Golfstars Ernie Els mit Baron Hans von Staff-Reitzenstein bei STELLENBOSCH. Langlebiger CABERNET SAUVIGNON in den Reihen Signature, CWG, Major Series und Proprietor. Die früher trinkreifen Weine heißen Big Easy. *Siehe* STELLENZICHT.

Estate Wine Angebaut, produziert und abgefüllt in »Anlagen, die für die Herstellung von Gutsweinen registriert sind«. Keine Qualitätsbezeichnung.

Fable Mountain Vineyards W-Cape ★→★★★ Anbaubetrieb in US-Besitz in TULBAGH mit SHIRAZ (sortenrein und verschnitten) und seltenem MOURVÈDRE Rosé. Außerdem die Reihen Small Batch mit Weinen aus speziellen Lagen/Jahrgängen und Raptor Post mit zugänglichen Tropfen. Kellermeister Tremayne Smith erzeugt nebenbei mit seinem früheren Kommilitonen und Starwinzer Jaco Engelbrecht Wein aus besonderen Parzellen unter der Marke The Horseman. Solo produziert er The Blacksmith.

Fairview W-Cape ★→★★★ Charles Back serviert ein ganzes Büfett sortenreiner und verschnittener Weine sowie Einzellagenabfüllungen unter den Marken Fairview, Goats do Roam, La Capra and Spice Route. Gewürzt wird das Ganze mit hierzulande seltenen Sorten wie VERDELHO, Weinbereitung im *qvevri* und einem innovativen Erlebnis im Kellereiladen.

FirstCape Vineyards W-Cape ★→★★ BV – Riesiges Export-Joint-Venture von fünf örtlichen Genossenschaften und dem britischen Unternehmen Brand Phoenix. Hauptsächlich Weine auf Einstiegsniveau in über einem Dutzend Reihen, darunter einige mit Trauben von außerhalb Südafrikas.

Flagstone Winery W-Cape ★→★★★ Der Premiumbetrieb von Accolade Wines in einer ehemaligen Dynamitfabrik in Somerset West verarbeitet Trauben aus verschiedenen Gebieten zu eindrucksvollem PINOTAGE, SAUVIGNON BLANC und Weißwein im Bordeaux-Stil. Fish Hoek (mittleres Niveau) und der Einstiegswein KUMALA sind Schwestermarken.

Fleur du Cap W-Cape ★→★★★ Spitzenmarke von DISTELL, umfasst u. a. den roten Bordeaux-Verschnitt Laszlo als Spitzengewächs und die sehr gute Reihe Privée Unfiltered (rot/weiß).

Foundry, The Stel, Voor Paardeberg ★★★→★★★★ Weinmacher Chris Williams und sein Partner James Reid waren im Jahr 2000 unter den Ersten, die sich auf sortenreine Rhône-Weine spezialisiert haben. Kellerei in Voor Paardeberg in PAARL: sensationeller GRENACHE BLANC; der seltene reinsortige ROUSSANNE und andere Weine kommen aus STELLENBOSCH.

Franschhoek Von Hugenotten gegründeter DISTRICT (ca. 1.210 ha), bekannt für CABERNET SAUVIGNON, CHARDONNAY, SEMILLON und Schaumwein MÉTHODE CAP CLASSIQUE. Heimat einiger der ältesten Weingüter und Reben in Südafrika. Den ersten Semillon pflanzte 1902 der Urgroßvater von Francois Malherbe, dem heutigen Eigner und Kellermeister des Eikehofs.

Free State Als GEOGRAPHICAL UNIT ausgewiesene Provinz. Der einzige Erzeuger ist Mile High Vineyards (mit der Marke The Bald Ibis) im weinbaumäßig anspruchsvollen östlichen Hochland.

Gabriëlskloof W-Cape ★→★★★ Peter-Allan Finlayson, Mitglied der CAPE WINEMAKERS GUILD, produziert sein hochgelobtes Angebot in der Familienkellerei nahe dem Bot River. Die Standards setzende Landscape Series verdient Aufmerksamkeit mit der Reihe Projects, darunter SYRAH mit teilweiser Kohlensäuremaischung ganzer Trauben sowie in Amphoren vinifizierter SAUVIGNON BLANC. *Siehe* CRYSTALLUM.

Geographical Unit (GU) Geografisch größtes Gebiet innerhalb der WINE-OF-ORIGIN-Abgrenzungen: FREE STATE, KWAZULU-NATAL und LIMPOPO, außerdem EASTERN, NORTHERN und WESTERN CAPE. Die drei Letzteren bilden gemeinsam die OVERARCHING GU Greater Cape. Die anderen Appellationen lauten (in absteigender Reihenfolge): Overarching Region, REGION, Subregion, DISTRICT und WARD.

Glenelly Estate Sim-Stel ★★★→★★★★ »Ruhesitz« der einstigen Besitzerin des Bordeaux-Châteaus Pichon Lalande, May-Eliane de Lencquesaing, in STELLENBOSCH. Tolle Flaggschiffe: Lady May (Rotwein im Bordeaux-Stil) sowie das gutseigene Reserve-Duo (Bordeaux-Sorten/SHIRAZ, CHARDONNAY. Die Reihe Glass ist allemal ihr Geld wert.

Graham Beck Wines W-Cape ★★★ Spitzenadresse für Schaumwein nach der MÉTHODE CAP CLASSIQUE bei ROBERTSON. Zu den neun Marken (mit und ohne Jahrgang, von Brut Nature bis Démi-Sec) gehört die neue Artisan Collection, die mit dem Extended Lees Ageing (**09**) debütiert, der unglaubliche 134 Monate auf der Hefe liegt. Die Eigenmarken des altgedienten Maestros Pieter Ferreira (CHARDONNAY Blanc de Blancs und PINOT NOIR Rosé) sind vielleicht noch feiner.

Groot Constantia Estate Con ★★→★★★ Historisches Gut und Touristenmekka in der ursprünglichen Qualitätsweinregion Südafrikas mit entsprechend ausgezeichneten Gewächsen. V. a. der MUSCAT de Frontignan Grand Constance (**12 13 14'** 15' **16** 17 18) hilft, den im 18. Jh. begründeten Ruhm der Dessertweine von CONSTANTIA wiederherzustellen.

GU *siehe* GEOGRAPHICAL UNIT.

Hamilton Russell Vineyards W-Cape ★★→★★★★ Der Erste, der Anfang der 1980er-Jahre in Hermanus am kühlen Südkap mit Burgundersorten Erfolg hatte. Eleganter PINOT NOIR und langlebiger CHARDONNAY unter dem Namen HRV. Dieselben Rebsorten finden sich in der neuen eigenständigen Reihe Tesselaarsdal, produziert von der langjährigen Mitarbeiterin Berene Sauls. Ausgezeichneter PINOTAGE, SAUVIGNON BLANC (sortenrein und im Verschnitt) und Sauvignon blanc/Chardonnay in den Reihen Southern Right und Ashbourne.

Hartenberg Estate W-Cape ★★→★★★ Das Gut der gastfreundlichen Familie in STELLENBOSCH enttäuscht nie mit seinem SHIRAZ: Spitzenreihe Gravel Hill, mehrere sortenreine Abfüllungen und Verschnitte; dazu Rotwein im Bordeaux-Stil, CHARDONNAY und RIESLING (trocken, süß und edelfaul).

Hemel-en-Aarde Trio von kühlklimatischen WARDS (Hemel-en-Aarde Valley, Upper Hemel-en-Aarde Valley, Hemel-en-Aarde Ridge) im DISTRICT WALKER BAY, die ausgezeichnete Weine von PINOT NOIR, CHARDONNAY und SAUVIGNON BLANC hervorbringen.

Iona Vineyards Cape South Coast ★★→★★★ Der Familienbetrieb, teilweise im Besitz der Belegschaft, glänzt mit den Vorzeigesorten von ELGIN wie CHARDONNAY, SAUVIGNON BLANC und PINOT NOIR, zum Teil aus hohen Einzellagen. Dazu exzellenter SYRAH (Verschnitt One Man Band, Brocha Solace). Die Lifestyle-Marke Sophie entsteht aus zugekauften Trauben.

Jackson Wine Estates (Südafrika) Swart ★★★ Die neueste Unternehmung der kalifornischen Firma Jackson Family Wines in Südafrika. Die Trauben für den CHENIN BLANC kommen aus Kalmoesfontein in SWARTLAND, dem Heimatgut von A. A. BADENHORST. *Siehe* CAPENSIS.

J. C. le Roux, The House of W-Cape ★→★★ Südafrikas größter Spezialist für Schaumwein in STELLENBOSCH, im Besitz von DISTELL. Am besten ist der Scintilla MÉTHODE CAP CLASSIQUE. Ganz trendy gibt's auch Schaumwein in Dosen oder alkoholfrei.

Joostenberg Wines W-Cape ★★→★★★ Das Ökolabel Joostenberg besinnt sich aufs Wesentliche. Aus PAARL kommen SYRAH und CHENIN BLANC (inkl. edelfauler Dessertwein). Die Vorfahren werden mit der neueren Marke Myburgh Bros geehrt, außerdem sind sie Partner von STARK-CONDÉ im wiederbelebten Gut Lievland in STELLENBOSCH und von der preiswerten Großmarke MAN Family Wines.

Jordan Wine Estate W-Cape ★→★★★★ Der Familienbetrieb bei STELLENBOSCH wird für Beständigkeit, Qualität und ein gutes Preis-Leistungs-Verhältnis geschätzt, von der Reihe Chameleon auf Einstiegsniveau bis hin zu den makellosen Abfüllungen der CAPE WINEMAKERS GUILD. Aushängeschild ist der CHARDONNAY Nine Yards, dazu die Rotweine Sophia und Cobblers Hill im Bordeaux-Stil und fantastischer CABERNET FRANC Insiders. Der Erfolg mit dem prickelnden Chardonnay MCC bildet das Rüstzeug für die Schaumweinproduktion in England.

Kaapzicht Wine Estate Stel ★→★★★ Familienbetrieb mit der Spitzenreihe Steytler: CAPE BLEND Vision der besten Jahrgänge, PINOTAGE, roter Bordeaux-Verschnitt Pentagon, CHENIN BLANC The 1947 von alten Reben. Der Weinberg für den CINSAULT Angle of Skuinsberg ist ein Albtraum für Traktorfahrer.

Kanonkop Estate Coast ★★→★★★★ Seit Jahrzehnten unangefochtener »Grand-cru-Status«, v. a. mit PINOTAGE (Standard und Black Label von alten Reben), rotem Paul Sauer (Bordeaux-Verschnitt) und CABERNET SAUVIGNON. Ungebremste Nachfrage nach dem Zweitwein namens Kadette.

Keermont Vineyards Stel ★★★ Unprätentiöser, aber erstklassiger Familienbetrieb. Nachbar und Traubenlieferant für den Spitzenerzeuger DE TRAFFORD auf Steilhängen in STELLENBOSCH. SHIRAZ, zum Teil aus Einzellagen, und CHENIN BLANC, sortenrein und verschnitten.

Keet Wines Stel ★★★★ Besitzer und Weinmacher Chris Keet produziert nur einen einzigen Wein, den wunderbar bereiteten, klassischen Bordeaux-Verschnitt First Verse.

Ken Forrester Wines W-Cape ★→★★★ Gemeinsam mit dem internationalen Weinspezialisten AdVini legt der Winzer und Gastronom Ken Forrester in STELLENBOSCH die Messlatte hoch für mediterrane Sorten und CHENIN BLANC (trocken, halbtrocken, edelfaul). Neuer, einzigartiger rosé Pét-Nat Stained Glass. Sehr süffge preiswerte Reihe Petit.

Klein Constantia Estate W-Cape ★★→★★★★ Ikonisches Gut, konzentriert auf SAUVIGNON BLANC mit neun verschiedenen sortenreinen Abfüllungen und dem üppigen MUSCAT DE FRONTIGNAN Vin de Constance ohne Edelfäule, dafür mit Lagerpotenzial. Eine überzeugende Wiedergeburt des legendären CONSTANTIA aus dem 18. Jh. Vom Schwesterweingut Anwilka in STELLENBOSCH kommt roter SYRAH/CABERNET SAUVIGNON.

Klein Karoo Die großteils halbwüstenartige Region (ca. 2.000 ha) ist bekannt für gespritete Weine, v. a. solche im Port-Stil in CALITZDORP. Wiederbelebte alte Reben entwickeln sich gut in jungen Abfüllungen wie dem COLOMBARD von Patatsfontein. *Siehe* BOSCHKLOOF.

Kleine Zalze Wines W-Cape ★→★★★★ Starerzeuger in STELLENBOSCH mit brillantem CABERNET SAUVIGNON, SHIRAZ, CHENIN BLANC und SAUVIGNON

BLANC in den Reihen Family Reserve und Vineyard Selection. Herausragendes Preis-Leistungs-Verhältnis bei der Reihe Cellar Selection; das experimentelle Project Z zeitigt ein paar spektakulär gelungene Tröpfchen.

Krone W-Cape ★→★★★ Das Angebot von Krone besteht jetzt zu 100 % aus Schaumweinen nach der MÉTHODE CAP CLASSIQUE, raffiniert, mit Jahrgang und klassisch, dazu ein bisschen Avantgarde mit Vergärung in Amphoren. Letztere werden im wiederbelebten Gut Twee Jonge Gezellen in TULBAGH produziert; auch herzhafter GRENACHE NOIR unter dieser Marke.

Kumala W-Cape ★ BV – Großer Exporteur von Einstiegsweinen, der mit den Geschwistern FLAGSTONE (Premiumgewächse) und Fish Hoek (mittleres Niveau) zu Accolade Wines gehört.

KwaZulu-Natal Provinz und GEOGRAPHICAL UNIT an der Ostküste mit Regen im Sommer und subtropischem/tropischem Klima in den Küstengebieten; kühler auf dem zentralen Midlands-Plateau, Heimat der Kellereien Abdington, Highgate und des weiter nördlich gelegenen Cathedral Peak Estate in den Bergen in Drakensberg.

KWV W-Cape ★→★★★ Die ehemalige nationale Winzergenossenschaft und Aufsichtsbehörde ist heute eines der größten Produktions- und Exportunternehmen mit Sitz in PAARL. Mehr als ein Dutzend Marken, allen voran die regelmäßig ausgezeichnete Reihe The Mentors mit einem neueren, seltenen, sortenreinen CARMENÈRE.

La Motte W-Cape ★★→★★★ Elegante Kellerei mit Verkostungsraum der Familie Koegelenberg-Rupert in FRANSCHHOEK. Sortenreine Weine und Verschnitte im klassischen Bordeaux- und Rhône-Stil, dazu CHARDONNAY, SAUVIGNON BLANC, VIOGNIER, Schaumwein nach der MÉTHODE CAP CLASSIQUE, *vin de paille* (Strohwein). Das benachbarte Schwestergut Leopard's Leap fokussiert sich auf Weine, die zum Essen passen.

Leeu Passant *Siehe* MULLINEUX & LEEU FAMILY WINES.

Le Lude Cap Classique W-Cape ★★★→★★★★ Gefeiertes Familienunternehmen mit Schaumwein nach der MÉTHODE CAP CLASSIQUE in FRANSCHHOEK. Das innovative Angebot umfasst u. a. den CHARDONNAY/PINOT NOIR Agrafe, den ersten hiesigen Schaumwein, bei dem die zweite Gärung unter Korkverschluss stattfindet.

Le Riche Wines Stel ★★★→★★★★ Christo Le Riche und seine Geschwister bereiten feine moderne Boutiqueklassiker von CABERNET SAUVIGNON (sortenrein und »traditionelle« Cuvée Richesse mit CINSAULT).

Limpopo Nördlichste Provinz und GEOGRAPHICAL UNIT im WINE-OF-ORIGIN-Klassifikationssystem.

Lowerland ★★★ Wörtlich übersetzt »grünes Land«, Teil des landwirtschaftlichen Familienunternehmens im WARD Prieska am Orange River. Das spannendste Weingut in dieser Gegend. Nur neun Hektar groß, die Vinifizierung findet bei namhaften Kellereien am Western Cape statt. Der Heirloom definiert den COLOMBARD neu, TANNAT ist gezähmt.

MCC *siehe* MÉTHODE CAP CLASSIQUE

Meerlust Estate Stel ★★★→★★★★ Weinberge und Kellerei sind seit 1756 im Besitz der Familie Myburgh. Eleganz und Zurückhaltung prägen das Aushängeschild Rubicon (09' 10' 15' **16** 17' 18 20), einen der ersten Rotweine Südafrikas im Bordeaux-Stil. Hervorragender CHARDONNAY, CABERNET SAUVIGNON, MERLOT und PINOT NOIR.

Méthode Cap Classique (MCC) EU-kompatible Bezeichnung für Schaumweine mit Flaschengärung, eine der größten Erfolgsgeschichten Südafrikas. Inzwischen gibt es rund 370 Marken, Tendenz steigend.

Miles Mossop Wines Coast ★★★→★★★★ Miles Mossop ist Mitglied der CAPE WINEMAKERS GUILD und produziert raffinierte Weine. CABERNET SAUVIGNON (als rote und weiße Verschnitte) und edelfauler CHENIN BLANC sind nach Familienmitgliedern benannt. Der neue Cape Vintage ehrt seinen verstorbenen Vater und »Port«-Exponenten Tony Mossop. Die meisten Trauben kommen aus STELLENBOSCH, seit Kurzem aber auch von weiter her, z. T. von herausragender Qualität.

Morgenster Estate W-Cape ★→★★★ Erstklassiger Betrieb in italienischer Hand nahe Somerset West. Pierre Lurton (*siehe* Cheval Blanc im Kapitel Bordeaux) berät. Eleganter Morgenster Reserve, Zweitwein ist Lourens River Valley (beides rote Bordeaux-Verschnitte). Rebsorten aus der alten Heimat, u. a. einer der vier südafrikanischen VERMENTINOS.

Mulderbosch W-Cape ★★→★★★ Hoch angesehene Kellerei in US-amerikanischem Besitz in STELLENBOSCH, verschwistert mit FABLE MOUNTAIN VINEYARDS. CHENIN BLANC aus einzelnen Parzellen, roter Faithful Hound im Bordeaux-Stil und ein sehr gefragter Rosé von CABERNET SAUVIGNON

Mullineux & Leeu Family Wines Fran, Klein Karoo, Stel, Swart, W-Cape, Wellington ★★★→★★★★ Chris Mullineux und seine US-stämmige Frau Andrea verwandeln zusammen mit Starwinzerin Rosa Kruger SHIRAZ, CHENIN BLANC und eine Handvoll kompatibler Sorten in köstliche Sortenweine und Verschnitte, benannt nach den jeweiligen Böden (Granite, Quartz, Schist), dazu CWG-Abfüllungen und *vin de paille*. Ebenso edel sind die Weine von Leeu Passant aus zugekauften Trauben – inkl. CINSAULT von alten Reben.

Mvemve Raats Stel ★★★★ Mzokhona Mvemve, Südafrikas erster ausgebildeter schwarzer Kellermeister, und Bruwer Raats (RAATS FAMILY) produzieren den großartigen Bordeaux-Verschnitt MR de Compostella vom besten Lesegut des Jahrgangs.

Nederburg Wines W-Cape ★→★★★ Eine der größten (2 Mio. Kisten) und bekanntesten Marken Südafrikas, im Besitz von DISTELL und mit Sitz in PAARL. Exzellent das Flaggschiff Two Centuries aus CABERNET SAUVIGNON sowie die Reihen Heritage Heroes und Manor House. Köstlicher, langlebiger edelfauler CHENIN BLANC Edelkeur. Viele preiswerte Alltagsweine.

Neil Ellis Wines W-Cape ★★→★★★★ Der in STELLENBOSCH ansässige Weinhandelspionier verarbeitet hauptsächlich Trauben aus kühleren Parzellen, die die Lagencharakteristik gut ausdrücken. Meisterhaft die Reihe Site Specific, v. a. Cabernet Sauvignon Jonkershoek Valley und GRENACHE noir Piekenierskloof. Seit Kurzem auch ungeschwefelte Weine (weiß/rot/rosé).

Newton Johnson Vineyards Cape South Coast ★→★★★★ Renommierter Familienbetrieb in Upper HEMEL-EN-AARDE. Von den gutseigenen Weinbergen kommen herausragender PINOT NOIR, CHARDONNAY und der Granum aus SYRAH/MOURVÈDRE. Südafrikas erster kommerziell erzeugter ALBARIÑO. Manche Trauben werden von befreundeten Gütern zugekauft. Die Einstiegsreihe heißt Felicité.

Northern Cape Größte Provinz und GEOGRAPHICAL UNIT im WINE-OF-ORIGIN-Klassifikationssystem. Semiarides bis arides Klima mit extremen Temperaturen. Erzeuger: u. a. der Gigant ORANGE RIVER CELLARS und der überaus interessante Boutiquebetrieb LOWERLAND im vor Kurzem hinzugekommenen WARD Prieska. *Siehe auch* SUTHERLAND-KAROO.

Oak Valley Estate Cape South Coast ★★★→★★★★ Der große landwirtschaftliche Familienbetrieb in ELGIN produziert wunderbaren PINOT NOIR, CHARDONNAY, RIESLING und SAUVIGNON BLANC aus höheren Weinberglagen. Zur neuen Reihe Tabula Rasa mit »dekonstruierten« Weinen gehört die sortenreine Abfüllung eines einzelnen Klons (rot/weiß).

Old Vine Project Bahnbrechende Initiative des Geschäftsmannes und Winzers Johann Rupert (ANTHONIJ RUPERT). Es geht darum, Südafrikas älteste Weinlagen (35 Jahre und älter) zu lokalisieren, zu katalogisieren und zu erhalten. Das Siegel »Certified Heritage Vineyard« auf den Flaschen verzeichnet das Jahr der ersten Pflanzung.

Olifantsberg Familiy Vineyards Bre ★★→★★★ Der aufstrebende Betrieb in niederländischem Besitz konzentriert sich auf Rhône-Sorten, PINOTAGE im neuen Stil sowie CHENIN BLANC von Berghängen. Silhouette auf SHIRAZ-Basis, geschliffener Blanc – hauptsächlich von ROUSSANNE/GRENACHE BLANC.

Olifants River REGION an der Westküste (ca. 6.270 ha), deren Weinberge über warme Talböden verteilt sind und sich für den Bio-Anbau eignen. Außerdem kühlere Lagen für feine Weine im DISTRICT Citrusdal Mountain und seinem berühmten WARD Piekenierskloof.

Opstal Estate Bre ★→★★★ Einer der führenden Qualitätserzeuger in BREEDEKLOOF; das Gut im Familienbesitz liegt in den Bergen. Sehr guter CAPE BLEND (rot/weiß), CHENIN BLANC von alten Reben, SEMILLON.

Orange River Cellars N-Cape ★→★★★ Riesiger Betrieb mit 620 Winzern und Miteigentümern, 2.300 ha Rebland und drei Kellereien am Orange River. Das Portfolio an Reserve-Abfüllungen wird immer interessanter und eindrucksvoller wie z. B. der Schaumwein Lyra Demi-Sec von der ungarischen Traube IRSAI OLIVÉR.

Overarching GU/Region *Siehe* GEOGRAPHICAL UNIT.

Paarl DISTRICT (ca. 8.700 ha) rund um die namensgebende geschichtsträchtige Stadt mit den WARDS Agter Paarl, Simonsberg-Paarl und Voor Paardeberg. Unterschiedliche Weinstile und Philosophien; am besten geraten Weine von roten und weißen Rebsorten aus dem Mittelmeerraum sowie CABERNET SAUVIGNON, PINOTAGE und CHENIN BLANC.

Paul Cluver Estate Wines Elgin ★★→★★★ Pionier in Elgin, im Besitz der Familie und von ihr geführt. Überzeugender PINOT NOIR, eleganter CHARDONNAY (u. a. der neue Village mit leichter Eichennote) und umwerfender RIESLING (halbtrocken, edelfaul, teilweise im *foudre* vergoren und in einer stilvollen Flasche präsentiert).

Porseleinberg Swart ★★★★ Ökologisch bewirtschaftete Weinberge und Kellerei von BOEKENHOUTSKLOOF mit tollem SYRAH, der reine Handarbeit ist, inklusive seines Etiketts, das vom Kellermeister vor Ort gedruckt wird.

Raats Family Wines Stel ★★★→★★★★ Reinfruchtiger CABERNET FRANC und CHENIN BLANC mit und ohne Eichennote, v. a. die Einzellagenabfüllungen namens Eden High Density. Bruwer Raats und sein Cousin Gavin Bruwer Slabbert fördern unter der Marke B. Vintners so manche Weinjuwelen zutage. *Siehe* MVEMVE RAATS.

Radford Dale Organic W-Cape ★★→★★★ Durchdachtes, dynamisches Unternehmen in STELLENBOSCH mit australisch-französisch-südafrikanisch-britischen Teilhabern. Marken: Land of Hope, Radford Dale, Thirst, Winery of Good Hope. Besitzt nun auch die zertifiziert biodynamische Kellerei, die früher als Elgin Ridge bekannt war. Kreativer, aber durchaus passender Mix von Stilen, Einflüssen, Rebsorten und Terroirs.

Rall Wines Coast ★★★→★★★★ Besitzer, Weinmacher und Berater Donovan Rall landet seit dem ersten Jahrgang 2008 einen Treffer nach dem anderen. Seine original SWARTLAND-Cuvées erhielten Zuwachs durch die beiden Ava-Weine (SYRAH, CHENIN BLANC), die sein typisches geschmacksintensives Unterstatement zum Ausdruck bringen. Vinifiziert auch die (zzt. nur weißen) Boutiqueweine von Callendar Peak, darunter auch solche von sehr seltenen wurzelechten Reben, die auf dem hoch gelegenen, kalten Ceres Plateau wachsen.

Region *Siehe* GEOGRAPHICAL UNIT.

Reyneke Wines W-Cape ★→★★★★ Führender biodynamischer Betrieb nahe STELLENBOSCH mit dem bekannten Twitternamen »ZAVineHugger«. Subtiler, betörender reinsortiger SHIRAZ und CHENIN BLANC, SAUVIGNON BLANC. Die Verschnitte der Reihe Organic (rot/weiß) haben Charakter.

Richard Kershaw Wines W-Cape ★★★→★★★★ Der in Großbritannien geborene Richard Kershaw erzeugt feinen PINOT NOIR, SYRAH und CHARDONNAY aus ELGIN; in der separaten Reihe Deconstructed spiegeln sich die Weinberglagen wunderbar wider. Die neueren Reihen GPS und Smuggler's Boot beleuchten andere Gebiete und neue Weinbautechniken.

Robertson Valley Im Landesinneren gelegener DISTRICT mit geringen Niederschlägen, Kalksteinböden, ca. 12.800 ha und der Rekordzahl von 14 WARDS. Schon immer guter CHARDONNAY und Dessertweine, neuerdings auch SAUVIGNON BLANC, CABERNET SAUVIGNON und SHIRAZ. Zu den wichtigsten Kellereien gehören GRAHAM BECK und die ROBERTSON WINERY sowie viele kleine Familienbetriebe, darunter der Newcomer Prévoir Wines.

Robertson Winery Rob ★→★★ Überwiegend BV. Beständige Qualität und ein gutes Preis-Leistungs-Verhältnis in einem breiten Portfolio. Am besten: Constitution Roads (SHIRAZ, CHARDONNAY).

Rupert & Rothschild Vignerons W-Cape ★★★ Spitzenlagen und Kellerei bei PAARL im Besitz der Familien Rupert und Rothschild. Rote Cuvées Baron Edmond und Classique, CHARDONNAY Baroness Nadine.

Rustenberg Wines W-Cape ★→★★★★ Kellerei und Weinberge der Familie Barlow nahe STELLENBOSCH in wunderschöner Lage. Aushängeschild ist der CABERNET SAUVIGNON Peter Barlow. Herausragende rote Cuvée John X Merriman, charakteristischer CHARDONNAY Five Soldiers von einer Einzellage.

Rust en Vrede Estate W-Cape ★→★★★★ Historischer Besitz in STELLENBOSCH mit edlem Restaurant und kraftvollen, ausgefeilten Rotweinen. Außerdem meist sortenreine Reserve-Weine aus Stellenbosch sowie die Reihe Donkiesbaai mit sehr gutem CHENIN BLANC und Strohwein. Die neue Reihe Afrikaans ist eine trendige »Traditionscuvée« von CABERNET SAUVIGNON, CINSEAULT. Garden Peak umfasst Weinberge und eine Kellerei, die unter diesem Namen alles produziert, was nicht direkt auf dem Gut erzeugt wird.

Sadie Family Wines Olifants River, Stel, Swart ★★★★ Eben Sadie erzeugt eher traditionelle Weine. Die Cuvée Columella mit SYRAH und der weiße Palladius aus verschiedenen Sorten setzen Maßstäbe in Südafrika. Die wegweisende Reihe Old Vines feiert das südafrikanische Erbe wie z. B. der Mev. Kirsten von Südafrikas ältesten CHENIN-BLANC-Reben. Chenin blanc Bosberaad vom Kellermeisterkollegen Paul Jordaan und Partnerin Pauline unter dem Markennamen Paulus.

Saronsberg Cellar W-Cape ★→★★★ Familienbetrieb in TULBAGH mit preisgekrönten Verschnitten und Sortenweinen von Bordeaux- und Rhône-Trauben, v. a. SHIRAZ, in Südafrika ungewohntem sortenreinem MOURVÈDRE und prickelndem CHARDONNAY MCC.

Savage Wines W-Cape ★★★→★★★★ Duncan Savage, Mitglied der CAPE WINEMAKERS GUILD, schweift von seinem Sitz in Kapstadt aus in die Ferne für ein breites Angebot aufregender, subtiler Weine, v. a. von mediterranen Sorten und CHENIN BLANC. Das Talent für originelle Namen zeigt sich in Weinen wie Never Been Asked To Dance oder Are We There Yet. Berät das vielversprechende Gut Brookdale in britischem Besitz oberhalb von PAARL.

Shannon Vineyards Elgin ★★★→★★★★ Der vielleicht beste MERLOT in Südafrika; außerdem umwerfender PINOT NOIR, SAUVIGNON BLANC, SEMILLON und seit Kurzem weißer Capall Bán im Bordeaux-Stil. Die Brüder James und Stuart Downes sind für die Reben in ELGIN zuständig, die Kellerei NEWTON JOHNSON für die Vinifizierung in HEMEL-EN-AARDE.

Sijnn Cape South Coast ★★★→★★★★ Pionierprojekt des Teilhabers von DE TRAFFORD, David Trafford, in der REGION CAPE SOUTH COAST. Sijnn wird übrigens »Sein« ausgesprochen. Auf steinigen Böden und in maritimem Klima entstehen charaktervolle Sortenweine und Verschnitte. Kellermeisterin Charla Haasbroeks Weine der gleichnamigen Marke sind ebenfalls bestechend.

Silverthorn Wines W-Cape ★★★→★★★★ John Loubser (ehemals STEENBERG) und seine Frau Karen betreiben das Boutiquegut in ROBERTSON für Schaumwein nach der MÉTHODE CAP CLASSIQUE. Handwerklich erzeugter Brut (vorwiegend CHARDONNAY mit etwas PINOT NOIR), Rosé von SHIRAZ, River Dragon (von der hier schon lange verwurzelten COLOMBARD) sowie die CWG-Abfüllung mit dem passenden Namen Big Dog. Für sehr besondere Gelegenheiten.

Simonsig Estate W-Cape ★→★★★ Das Gut der Familie Malan bei STELLENBOSCH wird für seine Beständigkeit und hohen Standards bewundert. Glanzpunkt ist der kraftvolle CABERNET SAUVIGNON The Garland. Kaapse Vonkel, der erste MÉTHODE CAP CLASSIQUE Südafrikas, krönt noch immer jedes Fest; die weißen Verschnitte sind von der Rhône inspiriert und laufen unter der Marke Grapesmith.

Spice Route *Siehe* FAIRVIEW.

Spier W-Cape ★→★★★★ Große Kellerei und Touristenmagnet bei STELLENBOSCH. Aushängeschild ist der Frans K. Smit, dazu die Reihen Creative Block, 21 Gables und Seaward; alle zertifiziert vegan.

Spioenkop Wines Elgin, Stel ★★★ Der Belgier Koen Roose benennt seine Weine vom Gut in ELGIN nach dem Zweiten Burenkrieg (1900, Spioenkop, Tugela River). Sehr guter und charaktervoller PINOTAGE, CHENIN BLANC und RIESLING.

Stark-Condé Wines Stel ★★★→★★★★ Der aus den USA stammende Boutiquewinzer José Condé erzeugt in Jonkershoek bei STELLENBOSCH außergewöhnlichen CABERNET SAUVIGNON, SYRAH und einen weißen gemischten Satz in den Reihen High Altitude und Stellenbosch. Kellermeister Rüdger van Wyk nennt seine junge Marke Kara-Tara und überzeugt mit PINOT NOIR und CHARDONNAY. Für den Nachbarn vinifiziert er die Syrah-Cuvée Lingen, auch »Grillwein für Milliardäre« genannt.

Steenberg Vineyards W-Cape ★★→★★★ Spitzenweingut im Besitz von GRAHAM BECK mit Weinbergen und schicken Verkostungsräumen in CONSTANTIA. SAUVIGNON BLANC/SEMILLON-Cuvée Magna Carta, Sauvignon blanc und Schaumwein nach der MÉTHODE CAP CLASSIQUE. Auch geschliffene Rotweine, u. a. rarer sortenreiner NEBBIOLO.

Stellenbosch Universitätsstadt, abgegrenzter Wein-DISTRICT (ca. 12.350 ha) und Herz des Weinbaus am Kap – sozusagen das Napa Südafrikas. Viele Spitzenweingüter, besonders für Rotwein, liegen verstreut in den malerischen Tälern und Vorgebirgen der Region. Beliebt bei Touristen.

Stellenbosch Vineyards Coast, Stel ★→★★★ Große Kellerei mit einer beeindruckenden Auswahl an Spitzenweinen. In der Reihe Limited Release werden ausschließlich Weine aus der lokal gezüchteten Rebsorte Therona abgefüllt. Preiswerte Weine unter dem Namen Welmoed, benannt nach dem ursprünglichen Hof aus dem 17. Jahrhundert.

Stellenrust Coast ★→★★★★ Das Familienweingut bietet ein breit gefächertes Angebot von den drei wichtigsten Terroirs in STELLENBOSCH. Ganz vorn der großartige fassvergorene CHENIN BLANC von über 50 Jahre alten Reben. Teil von weiter weg kommen die Trauben für die bahnbrechende Reihe ArtiSons mit dem erstklassigen Chenin blanc The Mothership. Dazu Überraschungen wie der CABERNET SAUVIGNON La Dolce Vita im Amarone-Stil.

Stellenzicht Wines Coast ★★★ Der berühmte Keller am Helderberg Mountain mit eigenen Weinlagen hat unter Baron Hans von Staff-Reitzenstein eine Verjüngungskur gemacht (der Baron ist auch Besitzer des benachbarten Alto Estate und seit Langem Partner von ERNIE ELS). CABERNET SAUVIGNON und SYRAH (solo und verschnitten) gelingen kraftvoll, aber nicht überragend. Neuer CINSAULT, zwei CHARDONNAYS.

Storm Wines Hem Rdg, Hem V., Upper Hem ★★★→★★★★ PINOT-NOIR- und CHARDONNAY-Spezialist Hannes Storm bringt die Charakteristik seiner Lieblingslagen in HEMEL-EN-AARDE mit Präzision und Sensibilität zum Ausdruck. Nebenher widmet er sich dem Wild Air, einem gut strukturierten SAUVIGNON BLANC.

Südafrikas neue feine Weine

Die Vorstellung davon, was ein feiner Wein ist, wurde über Jahrhunderte durch viele Faktoren geprägt. Bräuche, Erfolgsbilanz, Wahrnehmung, kommerzielle Interessen und sogar Politik spielten ebenso eine Rolle wie die Lage. Gebiete außerhalb der klassischen Regionen rangierten auf der Skala der Wertschätzung weit unten, sofern sie überhaupt Beachtung fanden. Südafrika, als Erzeuger der legendären CONSTANTIA-Süßweine des 18. und 19. Jh., verbindet nun Alt und Neu. Nennen wir die ersten großartigen Weine die »Frühmoderne«: HAMILTON RUSSELL PINOT NOIR und CHARDONNAY; KANONKOP Paul Sauer (roter Bordeaux-Verschnitt) und Pinotage; MEERLUST Rubicon (roter Bordeaux-Verschnitt); NEDERBURG Edelkeur (edelfauler CHENIN BLANC) und THELEMA CABERNET SAUVIGNON; Welgemeend Estate Reserve (roter Bordeaux-Verschnitt). Neuere Anwärter: SADIE FAMILY Columella, Palladius (rote und weiße Verschnitte aus SWARTLAND), Old Vine Series. Noch jüngeren Datums und hervorragend: ALHEIT Cartology, Thistle & Weed Duwweltjie (Chenin blanc), Boschkloof Epilogue (SYRAH), LEEU PASSANT Cabernet Sauvignon, MVEMVE RAATS MR de Compostella (roter Bordeaux-Verschnitt), PORSELEINBERG (Syrah), Restless River (Cabernet Sauvignon, Chardonnay), RICHARD KERSHAW (ELGIN Chardonnay), STORM WINES Ignis (Pinot noir), VAN LOGGERENBERG Breton (CABERNET FRANC).

Sutherland-Karoo DISTRICT in der herausfordernden Provinz NORTHERN CAPE, nicht zu verwechseln mit dem entfernt liegenden KLEIN KAROO. Nur 5 ha unter Reben, hauptsächlich PINOT NOIR, SHIRAZ und CHARDONNAY in der Nähe der kältesten Stadt in Südafrika, Sutherland. Der funkelnde SYRAH von super Einzellagen wird außerhalb in STELLENBOSCH vinifiziert. Auch sehr feiner TEMPRANILLO.

Swartland DISTRICT an der Küste, beliebt im Ausland. Auf ca. 9.600 ha stehen meist ertragsarme, unbewässerte Buschreben, die konzentrierte, markante, frische Weine hervorbringen. Heimat von Schwergewichten wie MULLINEUX, RALL und SADIE FAMILY, Traubenlieferant für eine länger werdende Liste anderer Erzeuger.

Testalonga Swart ★★→★★★ Der Markenname El Bandito sagt alles: Craig Hawkins' Naturweine von ökologisch/biodynamisch angebauten mediterranen und traditionellen Rebsorten sowie der Schaumwein sind unkonventionell und trotzdem geachtet, beliebt und allgegenwärtig auf Instagram. Die Marke Baby Bandito bietet früher und leichter zugängliche Weine für Anfänger beim Bildersturm.

Thelema Mountain Vineyards W-Cape ★→★★★★ Der Pionier des modernen südafrikanischen Wein-Revivals mit Sitz in STELLENBOSCH ist nach wie vor ein Hort der Qualität und Beständigkeit (mit einer Spur Hedonismus). Im Angebot: CABERNET SAUVIGNON, MERLOT Reserve, rote Verschnitte Rabelais und The Abbey (Bordeaux- und Rhône-Sorten). Die ausgedehnten

Sutherland-Lagen in ELGIN setzen den lokalen Maßstab für reinsortigen PETIT VERDOT.

Thorne & Daughters Wines W-Cape ★★★→★★★★ Die Weine von John Thome Seccombe und seiner Frau Tasha, zum Teil von sehr alten Reben, sind ein Wunder an Reinheit und Finesse. Die weiße Cuvée Rocking Horse (u. a. mit CLAIRETTE blanche) verkörpert den ebenso kopf- wie herzgesteuerten Stil der Winzer am Bot River und die Liebe zu ihren traditionellen Sorten. Der PINOT NOIR in der Reihe Copper Pot ist günstig, aber sehr selten.

Tokara W-Cape ★★→★★★★ Wein, Essen und Kunst auf höchstem Niveau bei STELLENBOSCH. Weinberge auch in ELGIN. Großartige Verschnitte (rot/weiß) in der Reihe Director's Reserve; eleganter CHARDONNAY und SAUVIGNON BLANC. Neuerdings auch CABERNET SAUVIGNON Reserve und Chardonnay MÉTHODE CAP CLASSIQUE. Der neu gestylte XO-Brandy des Guts von CHENIN BLANC ist ein Genuss.

Cap Classique jetzt noch besser

Der nach der traditionellen Methode erzeugte Schaumwein Südafrikas feierte 2021 seinen 50. Geburtstag mit der Einführung neuer Regeln – wie sonst könnte man feiern? Ein differenzierterer Ansatz unterteilt die Kategorie nun in vier Klassen: **Bottle-fermented** in der Flasche vergoren, mind. 3 Monate Hefesatzlagerung; **traditional method** in der Flasche vergoren, in der der Wein verkauft wird, mind. 9 Monate Hefesatzlagerung; **MCC** in der Flasche vergoren, in der der Wein verkauft wird, mind. 12 Monate Hefesatzlagerung, Zertifizierung erforderlich; **extended lees ageing** eine neue Klasse der MÉTHODE CAP CLASSIQUE, erzeugt ausschließlich von CHARDONNAY, PINOT NOIR und/oder MEUNIER, mind. 36 Monate Hefesatzlagerung.

Trizanne Signature Wines W-Cape ★→★★★★ Die Anzahl der Frauen in südafrikanischen Kellereiteams steigt rapide, aber Solistinnen wie Trizanne Barnard sind immer noch sehr ungewöhnlich. Die begeisterte Surferin verarbeitet hauptsächlich Trauben aus Lagen in der COASTAL REGION zu gutem Boutique-SYRAH, sortenreinem und verschnittenem SAUVIGNON BLANC und neuerdings CHARDONNAY aus dem angesagten DISTRICT Lower Duivenhoks River. Weitere einsame Kämpferinnen sind Christa von La Chevallerie (Huis van Chevallerie), Jocelyn Hogan Wilson (Hogan Wines), Lucinda Heyns (Illimis Wines), Marelise Niemann (Momento Wines), Newcomerin Jolette Steyn (The Vineyard Party).

Tulbagh DISTRICT im Landesinneren (ca. 980 ha), der ursprünglich mit Weiß- und MCC-Schaumwein assoziiert wurde, nun aber auch Rotwein (v. a. PINOTAGE und SHIRAZ) sowie einige Süßweine hervorbringt.

Uva Mira Mountain Vineyards Stel ★★★ Die Hochlagen und die Kellerei am Helderberg gehören Toby Venter, dem CEO von Porsche, Bentley und Lamborghini in Südafrika. Zum stimmigen Angebot gehören u. a. ein neuerer SYRAH sowie von jeher CHARDONNAY und SAUVIGNON BLANC.

Van Loggerenberg Wines W-Cape ★★→★★★★ Lukas van Loggerenberg aus PAARL ist zwar erst seit 2016 im Boot, aber mit seinen leichteren Weinen bereits ein Star der »New Wave«-Szene. Top sind der CABERNET FRANC Breton und zwei CHENIN-BLANC-Weine. Im erschwinglicheren Bereich rangiert der üppige Rosé Break a Leg (CINSAULT). Lukas vinifiziert die ebenfalls exzellenten Weine der Familie Carinus, vorwiegend CHENIN BLANC.

Vergelegen Wines Stel ★★★→★★★★ Geschichtsträchtiges Gutshaus und Gärten im Besitz der Rohstofffirma Anglo American plc. Makellose Weinberge und Weine sowie ein stilvoller Verkaufsraum in Somerset West Kraftvoller CABERNET SAUVIGNON »V«, opulente, duftende Bordeaux-Verschnitte namens G.V.B. (rot/weiß). Vom WWF Südafrika für sein Umweltengagement als »Conservation Champion« ausgezeichnet.

Vilafonté Paarl ★★★ Die beiden Kalifornier Zelma Long (früher bei Simi) und Phil Freese (früher bei Mondavi für die Reben zuständig) haben sich mit Mike Ratcliffe (früher bei WARWICK ESTATE) zusammengetan. Den drei geschmacksintensiven Bordeaux-Verschnitten verleiht die jeweilige Dominanz von CABERNET SAUVIGNON, MERLOT und MALBEC ihre Unverwechselbarkeit.

Villiera Wines Hem V., Stel ★★→★★★ Familie Grier punktet bei STELLENBOSCH mit außerordentlich preiswerten Qualitätsweinen, allen voran die Brut-Schaumweine nach der MÉTHODE CAP CLASSIQUE, inkl. des nur in der Magnum-Flasche erhältlichen Weins namens Shooting Star, der speziell für die CWG-Auktion produziert wird.

Vondeling Voor Paardeberg ★→★★★ Der Betrieb in britischem Besitz in Voor Paardeberg (PAARL) setzt auf nachhaltige Bewirtschaftung. Vielseitiges Angebot, u. a. der fröhliche Schaumwein Little Sparkle (CHARDONNAY).

Walker Bay Hochgeschätzter DISTRICT (ca. 1.000 ha) mit maritimem Klima. Die WARDS heißen HEMEL-EN-AARDE, Bot River, Sunday's Glen, Stanford Foothills, Springfontein Rim. PINOT NOIR, SHIRAZ, CHARDONNAY und SAUVIGNON BLANC ragen heraus.

Ward *Siehe* GEOGRAPHICAL UNIT.

Warwick Estate W-Cape ★→★★★★ Touristenmagnet am Rand von STELLENBOSCH; die erstklassigen Weinberge wurden unter den neuen amerikanischen Besitzern erweitert und erneuert. Sehr feiner, geschmacksintensiver CABERNET SAUVIGNON, CABERNET FRANC, CHARDONNAY, Bordeaux-Verschnitt Pitch Black sowie CHENIN BLANC von alten Reben.

Waterford Estate W-Cape ★→★★★ Betrieb der Familien Ord und Arnold bei STELLENBOSCH. Deftiger SHIRAZ Kevin, eleganter CABERNET SAUVIGNON und das komplexe Flaggschiff The Jem auf Cabernet-Sauvignon-Basis. Letzterer hat eine eigene Verkostungs-Lounge im stilvollen Verkaufsraum der Kellerei.

Waterkloof W-Cape ★→★★★ Ökologisch bewirtschaftete Weinberge und architektonisch spektakuläre Kellerei mit Restaurant nahe Somerset West, im Besitz des britischen Weinhändlers Paul Boutinot. Spitzenmarken sind Astraeus MÉTHODE CAP CLASSIQUE, Circle of Life, Seriously Cool, Waterkloof. Zugängliche Qualitätsweine: False Bay und Peacock Wild Ferment.

Wellington DISTRICT (ca. 3.820 ha) mit warmem Klima an der Grenze zu PAARL und SWARTLAND. Zunehmende Anerkennung für PINOTAGE, SHIRAZ, rote Verschnitte und CHENIN BLANC.

Western Cape Südlichste Provinz und bedeutendste GEOGRAPHICAL UNIT im WINE-OF-ORIGIN-Klassifikationssystem, mit 114 von insgesamt 136 offiziellen Appellationen.

Wine of Origin (WO) Das südafrikanische Gegenstück zum französischen Appellationssystem, jedoch ohne dessen Beschränkungen. Bescheinigt werden mit diesem Siegel der Jahrgang, die Rebsorte(n) und das Herkunftsgebiet des Weins. Die optionale *sustainability*-Zertifizierung zielt zusätzlich darauf ab, eine nachhaltige, umweltbewusste Produktion zu garantieren. *Siehe auch* GEOGRAPHICAL UNIT.

Worcester Mit ROBERTSON VALLEY und BREEDEKLOOF verschwisterter DISTRICT (ca. 6.600 ha) in der Ebene des Breede River. Hauptsächlich Massenweinproduktion für den Export; Alvi's Drift, Arendskloof, Conradie, Leipzig, Stettyn, Survivor (im Besitz von Overhex) und Tanzanite sind probierenswerte Ausnahmen und meist das Werk von Familienbetrieben.

Die Mitwirkenden

Niemand kann ganz allein mit allen relevanten Weinthemen weltweit auf dem Laufenden sein. Diese Fachleute haben alle zu diesem Buch beigetragen:

Die Ziffern bedeuten: ❶ Facebook; ❷ Instagram; ❸ Twitter; ❹ Website; ❺ Buch/Druckmedien; ❻ Blog/andere Medien

Helena Baker, Tschechien, Slowakwi: ❶ helena.baker.73; ❷ @bakerwine837; ❸ @HelenaB62554469; ❹ bakerwine.cz
Kristel Balcaen, Belgien: ❷ @kristel_balcaen; ❹ wineandwords.be
Amanda Barnes, Südamerika: ❶ SouthAmericaWineGuide; ❷ @southamericawineguide; ❸ @amanda_tweeter; ❺ *South America Wine Guide*
Lana Bortolot, USA-Südweststaaen: ❷ @pourLana; ❺ *Forbes*
Juliet Bruce Jones MW, Midi, Provence, Korsika: ❶ latasque; ❷ @domainelatasque; ❹ domainelatasque.com
Jim Budd, Loire: ❶ jim.budd.94; ❷ @jymbudd; ❹ les5duvin.wordpress.com; ❻ jimsloire.blogspot.com, investdrinks-blog.blogspot.com
Ch'ng Poh Tiong, Asien: ❶+❷ @Chngpohtiong, 100TopChineseRestaurants; ❹ chngpohtiong.com, wineguru.com.sg, 100chineserestaurants.com
Samantha Cole-Johnson, Oregon: ❷ @samanthacolejohnson; ❸ @S_ColeJohnson; ❹ jancisrobinson.com
Michael Cooper ONZM, Neuseeland: ❶ MichaelCooperNZWine; ❹ michaelcooper.co.nz; ❺ *New Zealand Wines: Michael Cooper's Buyer's Guide, Wine Atlas of New Zealand*
Peter Csizmadia-Honigh, Indien: ❹ www.thewinesofindia.com
Ian D'Agata, Elsass, Italien: ❷ @iandagata_vino; ❹ iandagata.com, terroirsense.com/en; ❺ *Italy's Native Wine Grape Terroirs, Native Wine Grapes of Italy*
Michael Edwards, Champagne: ❶ Michael's Bulles de Champagne; ❷ @edwardsmichaelfrank; ❸ @michaelfrankedw; ❺ *Finest Wines of Champagne*
Sarah Jane Evans MW, Spanien: ❶ Sarah Jane Evans MW; ❷+❸ @sjevansmw; ❹ sarahjaneevans.com; ❺ *The Wines of Northern Spain*
Jane Faulkner, Australien: ❶+❷+❸ @winematters; ❺ *Halliday Wine Companion*
Caroline Gilby MW, Osteuropa, Zypern: ❶ Caroline Gilby MW; ❷ @Caroline Gilby; ❸ @CarolineGilbyMW; ❺ *The Wines of Bulgaria, Romania and Moldova*
Anthony Gismondi, Kanada: ❶+❷ @Anthony.Gismondi; ❸ @thespitter; ❹ Gismondionwine.com; ❺ *The Vancouver Sun*; ▯ BC Food & Wine Radio Podcast
Susan H Gordon MFA, USA-Oststaaten: ❷ @susanhillaryg; ▯ *ForbesLife, Gastronomica*
Michael Karam, Libanon: ❺ *Wines of Lebanon, Arak and Mezze, Tears of Bacchus, Lebanese Wine: A Complete Guide*; ❻ *Wine and War* (Amazon Prime)
Konstantinos Lazarakis MW, Griechenland: ❶ Konstantinos Lazarakis II; ❷ @Konstantinos Lazarakis MW; ❸ @Lazarakis; ❹ wspc.gr; ❺ *The Wines of Greece*
James Lawther, Bodeaux: ❺ *The Finest Wines of Bordeaux, The Heart of Bordeaux, On Bordeaux*
John Livingstone-Learmonth, Rhône: ❸ @drinkrhone; ❹ sdrinkrhone.com; ❺ *The Wines of the Northern Rhône*
Michele Longo, Italien: ❷ @michele_nebbiolo; ❹ iandagata.com; ❺ *The Grapes and Wines of Italy, Barolo&Co*
Wink Lorch, Bugey, Jura, Savoyen: ❶+❷+❸ @WinkLorch; ❹ winetravelmedia.com; ❺ *Jura Wine, Wines of the French Alps*; ❻ jurawine.co.uk
Adam Sebag Montefiore, Israel, Türkei, Nordafrika: ❹ adammontefiore.com, wines-israel.com; ❺ *Jerusalem Post, The Wine Route of Israel, Wines of Israel*
Jasper Morris MW, Burgund: ❷ @jaspermorris_insideburgundy; ❸ @justjasper; ❹ insideburgundy.com; ❺ *Inside Burgundy*
Marcel Orford Williams, Südwestfrankreich: Einkäufer, The Wine Society; ❸ @owmarcel
Margaret Rand, Chefredaktion, England; ❹ margaretrand.com
André Ribeirinho, Portugal: ❶+❷+❸ @andrerib; ❹ andre.wine
Ulrich Sautter, Deutschland, Schweiz, Luxemburg: ❹ falstaff.com, weinverstand.com
Luzia Schrampf, Österreich: ❶+❷ @Luzia Schrampf; ❺ *111 Austrian Wines You Must Not Miss, 111 Sparkling Wines Worldwide You Must Not Miss* (both with D Dejnega)
Eleonora Scholes, Schwarzes Meer & Kaukasus: ❷ @spaziovino; ❹ spaziovino.com
Sean P Sullivan, Washington & Idaho: ❶+❷ @wawinereport; ❸ @wawinereport; ❹ wawinereport.com; ❺ *Wine Enthusiast*
Tim Teichgraeber, kalifornien: ❷ @timskyscraper; ❻ modernwine.blogspot.com
Philip van Zyl, Südafrika: ❺ *Platter's by Diners Club South African Wine Guide*

Wie Weine reifen (und warum)

Wieso reifen manche Weine und andere nicht?

Es gibt Weine, die im Lauf von 20 Jahren und mehr immer besser werden. Andere sind schon nach fünf Jahren hinüber. Alle folgen dem gleichen Entwicklungsschema: Jugend, Adoleszenz und hohes Alter.

Die meisten Alltagsweine werden nur ein paar Jahre alt. Sie reifen nach der Gärung vielleicht einige Monate im Keller des Erzeugers, doch dann werden sie in Flaschen gefüllt und gehen hinaus in die Welt mit der Erwartung, dass sie gekauft und gleich getrunken werden. Wartet man zu lange, schwinden Frucht und Frische. Andere Weine werden mit der impliziten Botschaft verkauft, sie einige Jahre nicht anzurühren, weil man die Hälfte des versprochenen Genusses verlöre, öffnete man sie zu jung. Bei ihnen überspringen wir die Jugend und gerne auch die Adoleszenz, um uns an ihrer Reife zu erfreuen, wenn sie denn eintritt.

Wein altern zu lassen war früher ein Heilmittel – gegen kratzige Tannine oder eine gnadenlose Säure. War ein Wein in der Jugend anspruchsvoll genug, ließ man ihn einfach liegen, bis die Tannine weicher und die Säure zurückhaltender geworden waren. Ein gewisser Grad an Sperrigkeit in der Jugend galt als Ankündigung zukünftiger Qualität.

Nun sind die Sommer wärmer, und das Tanninmanagement ist besser geworden. Sich bei der Verkostung des eben erst abgefüllten Rotweins eines namhaften Erzeugers zu denken, dass man ihn auch gleich trinken könnte, ist ziemlich normal geworden. Die Weinmacher werden uns beknien, ihn ein paar Jahre einzukellern. »Er wird besser«, ist ihr Argument, »er wird sich glätten und öffnen und komplexer werden.« Sie haben recht. Das wird er. Aber die Reifung ist nicht länger die Lösung eines Problems, denn das Problem existiert nicht mehr. Weine reifen zu lassen ist heute viel eher eine Frage der Entscheidung und des eigenen Geschmacks.

Das Alter genießt immer noch Ansehen. Gereifte Weine haben mehr Prestige als junge. Doch ist das gerechtfertigt? Und wann profitiert ein Wein wirklich vom Altern? Mit diesen Fragen beschäftigt sich das diesjährige Spezial. Wir haben die Vorgänge bei der Reifung keineswegs vollständig verstanden, und ich verkoste oft Weine, die allen Theorien widersprechen. Aber das macht es erst interessant, oder?

Muss ein Wein Reifungspotenzial haben, um als »fein« zu gelten?

Früher galt: Weine, die gut altern, konnten in Anspruch nehmen, »fein« zu sein; die anderen waren »Alltagstropfen« – nichts, womit ein Kenner sich beschäftigen würde.

Aber warum? Auf den ersten Blick ist das seltsam. Schätzen wir etwa Autos gering, weil sie mit zunehmendem Alter nicht besser werden, oder mein MacBook Air, das nach ein paar Jahren zwar nicht mehr neu ist, aber von den meisten Menschen immer noch als brauchbarer Laptop angesehen werden dürfte? Die Fähigkeit, nicht nur einige Jahre haltbar zu sein, sondern sich im Lauf der Zeit zu vervollkommnen, ist mit ein Grund, warum Wein so fasziniert. Sie erhebt ihn über das Niveau eines einfachen Gebrauchsgegenstands und ist ein fester Bestandteil des Narrativs feiner Weine.

Wir können das infrage stellen. Gegenbeispiele wären etwa Condrieu (meist jung am besten, aber in der Regel als »fein« anerkannt) oder weißer Burgunder (wird heutzutage früher getrunken, wenn auch immer noch nicht sofort). Das Problem der vorzeitigen Oxidation, das Ende der 1990er-Jahre ein großes Thema war, existiert zwar nicht mehr, ist aber im Gedächtnis geblieben. Die Befürworter der Alterung von Wein argumentieren, dass Weine, die reifen, besser, komplexer, interessanter werden als andere. Und selbst weißer Burgunder auf Village-Niveau (und darüber) braucht einige Jahre, um seine ganze Tiefgründigkeit zu offenbaren.

Doch dann gibt es ja noch die »neuen feinen Weine«. Ein Chenin blanc von alten Reben aus dem südafrikanischen Swartland beispielsweise oder ein Pinot noir aus Hemel-en-Aarde. Man kann sie innerhalb von zwei oder drei Jahren trinken, und sie sind brillant: ausgeglichen, komplex, straff. Oder Grenache aus dem australischen McLaren Vale oder Gredos in Spanien. Oder ein mit minimalen Eingriffen erzeugter Wein aus dem Douro-Tal oder dem Alentejo in Portugal. Für Denis Dubourdieu, ein großer Erneuerer des weißen Bordeaux, aber leider schon verstorben, stand fest, dass ein »feiner« Wein die Fähigkeit haben müsse zu reifen und in einem Zeitraum von mindestens zehn Jahren besser zu werden. Das galt damals, doch heute ist heute. Ob diese neuen feinen Weine zehn Jahre und länger reifen können? Wahrscheinlich die meisten. Aber sie müssen es nicht und sind dennoch zweifellos »fein« – wenn »fein« hervorragende Qualität bedeutet.

Die Weinstile entwickeln sich, und unser Urteilsvermögen sollte damit Schritt halten. Selbst traditionelle »feine Weine« sind heute früher trinkreif als ehedem: wärmere Sommer, besseres Tanninmanagement und dergleichen. Jean-Philippe Delmas vom Château Haut-Brion glaubt, dass einige seiner 2020er schon mit etwa fünf Jahren trinkreif sein dürften, doch halten werden sie sich so lange wie eh und je. Frank Schönleber vom Nahe-Weingut Emrich-Schönleber sagt, früher hätte man trockene Rieslinge der Kategorie Großes Gewächs vor dem Trinken zehn Jahre liegen lassen sollen, doch so lange hätten sie sich gar nicht gehalten. Dank geringerer Erträge sind sie nun viel früher trinkreif und halten 20 Jahre und mehr.

Nicht zuletzt wegen des Sekundärmarkts müssen traditionelle feine Weine Alterungsfähigkeit beweisen. Die hohen Preise für jungen roten Bordeaux etwa beruhen darauf, dass sein Wert im Lauf der Zeit steigt. Am Ende werden diese Weine zu teuren Raritäten; der Wechsel von »teuer, weil alt und köstlich« zu »teuer, weil selten« hat bisher nahtlos geklappt.

Und wenn sich das ändern würde? Wenn sie gar nicht mehr so lange leben würden? Es würde ihren Wiederverkaufswert schmälern, was sich wiederum auf ihren Ausgabepreis auswirken würde. Alterungspotenzial ist für diese Weine unverzichtbar. Für die neuen feine Weine gilt das weniger. Was uns, den Konsumenten, viel mehr Möglichkeiten verschafft.

Muss ein Wein so alt werden, um als »fein« zu gelten?

Was heißt » zu jung«?

Zu jung wofür, könnte man fragen. Die einzig mögliche Antwort ist: zu jung für Perfektion. Und was ist Perfektion? Gute Frage.

Wir sind wieder bei unserem Entwicklungsschema von Jugend, Adoleszenz und hohem Alter. In einer idealen Welt könnten wir wohl jeden Wein zum Zeitpunkt seiner perfekten Reife trinken. Wir müssten nur noch definieren, wann dieser Zeitpunkt ist.

Weine, die direkt aus dem Gärbehälter kommen, sind voller Leben, süßer Frucht, Saftigkeit. Sie haben noch ihren Babyspeck, sind überschwänglich und lustig – so wie ein junger Hund lustig ist. Das gilt sogar für Vintage Port, und selbst großer, langlebiger Cabernet tritt so ins Leben ein, auch wenn er einen Tanninkern hat, ein festes Gerüst, das unter dem Babyspeck schon deutlich zu erkennen ist.

Fehlt dieses Gerüst, sollte der Wein jung getrunken werden, manchmal sogar so jung wie möglich. Er hat Jugend und Frische zu bieten, sonst nichts. Aus Konsumentensicht gibt es bei diesen Weinen kein »zu jung«. Lässt man sie zu lange liegen, schwindet die Frucht, die Struktur löst sich auf. Dann ist die Zeitspanne zwischen Jugend und hohem Alter sehr kurz.

Andere Weine können in der Jugend köstlich sein und sich dann verschließen. Sie »machen zu«, ähnlich wie Jugendliche in einem bestimmten Alter der Adoleszenz, die nur noch das Nötigste sprechen. Man weiß, dass sie etwas draufhaben, und früher waren sie bezaubernd, aber jetzt... Für unerfahrene Weintrinker ist das der schwierigste Moment. Anzeichen, dass der Wein vielversprechend ist, lassen sich kaum finden, und wenn, dann im Abgang. Wenn der Wein bei der Verkostung am Gaumen stumpf bleibt, sich aber nach dem Herunterschlucken oder Ausspucken weiter im Mund ausbreitet und all die vielschichtigen Aromen andeutet, die er vorher zu zeigen verweigert hat, dann ist er einfach zu jung. Er wird noch gut, braucht aber Zeit.

Unbeschwerte, unwiderstehliche Jugend; doch um erwachsen zu werden brauchen Hunde ebenso Zeit wie Wein.

Wie viel Zeit? Hängt vom Wein ab. Gewächse, die völlig zumachen, brauchen einige Jahre, um wieder aufzutauchen. Andere durchlaufen vielleicht nur eine mürrische Phase, sind aber nach einem Jahr oder sogar einigen Monaten schon wieder da. Genau vorhersagen lässt sich das nie. »Der hat vor sechs Monaten wunderbar/schrecklich geschmeckt, und schau ihn dir jetzt an«, sagen Winzer dann bei der Verkostung. Ein Entwicklungsdiagramm solcher Weine würde etliche Zacken aufweisen.

Typischerweise sind es Rotweine mit viel Tannin, die eine solche verschlossene Phase durchlaufen. Médoc ist das klassische Beispiel: Die ganze schöne Frucht liegt zeitweise verborgen unter sperrigen Tanninen. Auch Weißweine können zumachen, aber nie ganz so schroff, weil der Tanninhammer fehlt. Sie werden eher ausdruckslos, wie wenn man mit einem Fremden beim Essen sitzt, der kein Wort herausbringt. Wurde er (der Wein) in neuer Eiche ausgebaut, kann es sein, dass sich nur das Holz zeigt – erst wenn die Eichennote ganz im Wein aufgegangen ist und der Wein sich so weit geöffnet hat, dass er die Eiche umschließt, ist er perfekt reif. Reife Weine mit Holznote sind heutzutage nicht mehr gefragt.

Manchmal muss sich auch die Säure beruhigen. Für den baldigen Genuss bereiteter Schaumwein schmeckt im selben frühen Stadium anders als Schaumwein, der erst nach zehn Jahren getrunken werden sollte. Ersterer wird offener und zugänglicher sein, Letzterer mehr Struktur, Gewicht und Kraft haben – und in der Jugend ebenfalls recht verschlossen und ausdruckslos sein. Ein Beispiel sind die 2012er-Champagner, ein großer Jahrgang. Sie wurden meist nach gut acht Jahren freigegeben (da waren ihre Non-Vintage-Geschwister schon ausgetrunken), waren genussreif, aber immer noch straff. Heute sind es wirklich schöne Weine.

Doch sobald ein Wein sich wieder zu öffnen beginnt, woher weiß man, wann er auf dem Höhepunkt ist? Leider lautet die ehrliche Antwort darauf: »Wenn er überschritten wurde.« Dazu kommen wir als Nächstes.

Wenn der Wein noch gärt, ist er definitiv zu jung.

Wie äußert sich Reife?

Traditionell mochten britische Weintrinker ihre Weine reifer als französische; die Amerikaner lagen irgendwo dazwischen.

Besonders sehr alter Champagner traf den britischen Geschmack; er durfte gern schon Pilznoten angenommen haben. Auch in Spanien stand sehr alter Rioja hoch im Kurs, so alt, dass die Rotweine verblasst und die Weißweine dunkler geworden waren – beide zu einem hellen Braun. Die Aromen erinnerten an Bienenwachs-Möbelpolitur, waren fragil und ätherisch. Diese Weintrinker hätte jeder Hauch von jugendlicher Lebhaftigkeit argwöhnisch gemacht. Es sind extreme Beispiele, doch für viele müssen alte Weine genau so sein: verblasst, grazil, fragil, mit Noten von Pilzen, Unterholz und Bienenwachs. Danach kommt der Niedergang, der Wein wird dünner, die Frucht verschwindet, der Abgang verliert sich. Zu meiner Definition von perfekter Reife gehört noch etwas jugendliche Kraft: Der Wein sollte singen und tanzen und immer noch leichtfüßig sein.

Ein Wein auf seinem Höhepunkt ist ganz und gar bei sich. In jugendlichen Weinen sind schon alle Zutaten enthalten, doch manche verbergen sich noch. Überschwang kann Subtilität überdecken. Perfekte Reife bedeutet, dass sich alles in vollkommener Balance befindet. Australischer Spitzen-Cabernet etwa: Man kann ihn jung trinken, denn mit zwei, drei Jahren ist er sehr ausdrucksstark. Aber es scheint, als ob da noch eine Tür verschlossen ist, als ob eine Tänzerin auf Spitze tanzt, aber das Gesicht abwendet. Die Tannine sind kein wirkliches Hindernis, sie sind reif und gut eingebunden, dennoch dürften sie noch ein wenig weicher werden.

Auf dem Höhepunkt? Noch jung? Oder ein interessantes Relikt?

Was in der Flasche geschieht, ist leicht zu beschreiben und schwer zu erklären. Tannine polymerisieren, d.h., sie bilden längere Molekülketten, und längere Ketten schmecken weicher. Manche Tannine bewirken einen Bodensatz in der Flasche. Die Farbe verblasst, da einige dieser Tannine Anthocyane sind. Junger Spitzen-Cabernet zeigt im Glas ein sehr dunkles Blaurot, auch am Rand, wenn man das Glas neigt. Mit der Zeit wird dieser Rand blasser, der Farbton heller. Eichennoten, die selbst in der heutigen Zeit des geringeren Eicheneinflusses bei jungen Weinen spürbar sind, integrieren sich (oder sollten das zumindest). Der Babyspeck verschwindet, wodurch der Wein in der Adoleszenz vielleicht mager wirkt, mit der Reife aber wieder runder wird. Die ersten saftigen Fruchtnoten, die Primäraromen aus Traube und Gärung, werden durch Sekundär-, später durch Tertiäraromen ersetzt. Primäraromen sind etwa die Schwarzen Johannisbeeren im Cabernet Sauvignon oder das Gras im Sauvignon blanc. Sekundäraromen bilden sich meist beim Ausbau: ein wenig Toast von der Eiche zum Beispiel oder etwas cremige Brioche vom Hefesatz.

Tertiäraromen entstehen beim Altern. Dazu gehört die gewisse Deftigkeit, die in einem guten Cabernet die Primärfrucht ersetzt, der Duft nach Tabak und Zigarrenkiste. Oder die Honignote in einem reifen Riesling.

Für Champagner wurden die Aromen der verschiedenen Reifestadien nun systematisch aufgeschlüsselt. Es sind viele, und das ganze Bild ist zu finden unter www.champagne.fr/de/verkosten-genießen/verkostung/champagne-aromen. Kurz zusammengefasst: Ein junger Champagner schmeckt nach Blumen und frischen Früchten, bei »ausgewogener Reife« dominieren Brioche, Honig, Trockenfrüchte und Nüsse, und vollreifer Champagner hat eine komplexe Fülle von Lebkuchen und Pilzen zu bieten, zuweilen auch von Kakao und Kaffee.

Die Dauer dieser Phasen hängt von der Qualität der Trauben, vom Terroir, dem Stil der Weinbereitung und unzähligen anderen Variablen ab. Für alle Weine läuft es am Ende aber auf das Gleiche hinaus: Rotweine werden heller, Weißweine dunkler, Süßweine trockener. Manche Süßweine halten sich 100 Jahre und länger: Ein 1921er-Sauternes von einem großen Château kann jetzt unglaublich gut sein. Und wenn Sie es noch älter möchten, greifen Sie zu gespriteten Weinen. Es gibt Ports aus dem 19. Jahrhundert, die immer noch aromatisch und kraftvoll sind – und viel trockener als in ihrer Jugend. (Um die Unterschiede zwischen Fass- und Flaschenalterung geht es auf Seite 452.) Auch Madeira scheint unzerstörbar zu sein.

Unterschiede zwischen einzelnen Flaschen, wahrscheinlich bedingt durch den jeweiligen Korken, nehmen mit dem Alter zu. Sehr alte Weine sind deshalb riskant. Zwei identische Flaschen desselben Weins können ganz verschieden sein: einer am Umkippen oder schon jenseits, der andere noch höchst munter. Feststellen kann man das nur, wenn man sie trinkt.

Welche der vielen Elemente dem Wein beim Reifen helfen oder nicht ist unser nächstes Thema.

Die Rolle der Säure

Einige der Weißweine mit dem größten Alterungspotenzial haben einen hohen Säuregehalt: deutscher Riesling, Champagner, Chenin blanc von der Loire, Sauternes, Tokaji, Hunter Semillon, Chablis. Kann man daraus schließen, dass Säure zur Reifung notwendig ist?

Ja, in der Regel. Bei Roten dient Tannin als Konservierungsmittel beim Altern, bei Weißen Säure. Säurearme Weißweine halten sich nicht allzu lange. Außer sie tun es manchmal doch – Ausnahmen bestätigen die Regel. Weißer Rioja kann quasi ewig leben, und selbst säurearme Trauben wie Marsanne und Roussanne können für Überraschungen sorgen.

Dazu muss man wissen, dass einige dieser lagerfähigen Weißweine mit einer guten Portion (Rest-)Zucker gesegnet sind; im Fall von Sauternes und Tokaji mit einer sehr guten Portion. Zucker hilft dem Wein beim Reifen. Die haltbaren weißen Riojas wiederum liegen sehr lange in alter Eiche und gewinnen dabei an Struktur. Auch manche australische Chardonnays sind dank ihres Ausbaus in Eiche nach 40 Jahren noch sehr lebendig – doch wie bei altem weißem Rioja hängt viel vom Jahrgang ab; auch wie stark geschwefelt wurde und ob der Korken dicht hielt spielt eine Rolle.

Reifungspotenzial hängt von vielen Faktoren ab. Der wichtigste, den wir immer wieder hervorheben, ist Ausgewogenheit. Alterungsfähige Weine sind von Anfang an in Balance. Weine mit viel Säure brauchen einen Ausgleich, üblicherweise Restzucker oder Trockenextrakt – Letzterer gehört zu den Dingen, die zusammen mit Alkohol ein Gefühl von Gewicht im Mund vermitteln. Ein sehr saurer, sehr trockener, sehr alkoholarmer Wein ist wie ein Skelett. Deutscher Riesling Kabinett mit 8,5 % vol gleicht das mit Restsüße aus; ein trockener Riesling braucht schon 13,5 % vol.

Ist Letzterer ebenso lange haltbar? Die Frage stellt sich auch bei Zero-Dosage-Champagner. Ihm fehlen die paar Gramm Zucker, die guten jahrgangslosen Champagner einige Jahre am Leben halten. Möglich ist es, immerhin bringen wärmere Sommer reifere Trauben hervor. Das letzte Wort darüber ist noch nicht gesprochen, und das dürfte ein paar Jahrzehnte auch so bleiben. 50 Jahre hat sich sowieso noch nie jeder Wein gehalten.

Für die Reifung braucht es Säure, aber nicht nur und nicht immer.

Die Rolle der Tannine

Tannine aus den Stielen sind optional, müssen dann aber reif sein.

Tannine im Plural wohlgemerkt. Tannine sind nicht alle gleich.

Zu den Tanninen gehören neben den Anthocyanen, jenen blauschwarzen Pigmenten in den Schalen, die Rotweinen ihre Farbe verleihen, auch unzählige andere Verbindungen aus den Schalen, Kernen und Stielen sowie aus der Eiche. All diese Tannine können sich im Mund anders anfühlen. Wenn von »Tanninmanagement« die Rede ist, geht es insbesondere um reife Tannine im Gegensatz zu unreifen, außerdem darum, welche Tannine einbezogen und welche ausgeschlossen oder minimiert werden sollen.

Tannine sind großartig, wir brauchen sie. Aber sie müssen (Zauberwort!) ausgewogen sein. Rotweine mit massivem Extrakt fühlen sich beim Trinken auf ermüdende Weise fest an und fallen – anders, als man wahrscheinlich erwarten würde – bald auseinander, vor allem, wenn Überreife und viel Eiche dazukommen, was oft der Fall ist – oder früher war.

Wie Säure können Tannine bei der Reifung konservierend wirken. Doch die Tannine in einem Wein, der auf Reifung ausgelegt ist, sind nicht die gleichen wie in einem Wein, der jung getrunken werden soll.

Tannine müssen mit reifer Frucht, Alkohol und Säure ausgewogen werden – nicht zu viel und nicht zu wenig von allem. Manche Trauben kommen in die Kellerei mit einer Konzentration, die mehr Extraktion verträgt, andere nicht. (Um Konzentration geht es auf Seite 450.) Von »Infusion« spricht man jetzt oft bei New-Wave-Grenache: eine Extraktion, die so fein ist, dass sie die zarte, duftende Frucht nicht beeinträchtigt, sondern ihr nur eine Struktur, einen Rahmen verleiht, allerdings den filigranen Rahmen eines Aquarells, nicht den schweren Rahmen eines Ölgemäldes.

Tannine müssen reif sein, und sie reifen mit der Zeit am Rebstock, während der Zuckergehalt mit der Wärme ansteigt. Im Idealfall verlaufen beide Arten der Reifung parallel: Das hinzukriegen gehört zur schwierigen Aufgabe des Winzers, die Rebsorte passend zur Lage auszuwählen. Läuft es schief, hat man hohe Zuckerwerte, aber grüne, also unreife Tannine. Solche Weine altern nicht gut, egal wie lange man sie liegen lässt.

Die Rolle der Konzentration

Für jeden Wein, könnte man sagen, gibt es eine ideale Konzentration.

Stellen Sie sich vor, Sie verdünnen Fruchtsirup. Unverdünnt ist er ungenießbar, zu viel Wasser macht ihn dünn und fade. Man kann das Wasser nach und nach zugeben, muss aber wissen, wann es genug ist; wegnehmen kann man es nachher nicht mehr. Weinerzeuger dürfen kein Wasser zugeben, zumindest nicht in der EU. Sie müssen die ideale Konzentration am Behang des Weinstocks ablesen: Sie können Trauben frühzeitig entfernen, um beim Rest die Konzentration zu erhöhen, aber nachträglich wieder zurückhängen können sie sie nicht.

In den vergangenen Jahrzehnten und bis vor gar nicht langer Zeit galt: Geringere Erträge sind besser. Unter den Winzern herrschte ein Wettbewerb nach dem Motto »Meiner ist kleiner als deiner«. Bis es anfing, albern zu werden, waren die Ergebnisse gut. Kleine Erträge reiften besser, hatten mehr Balance und Konzentration. Die Weine waren jung ansprechender und reiften schöner. Ertragsbeschränkung war eine der großen Errungenschaften bei der Weinproduktion, die durchweg höhere Qualität produzierte. Heute erhöhen viele Winzer still und leise ihre Erträge wieder. Erneut ist das Ziel größere Ausgewogenheit. Was hat sich verändert?

Das Klima ist das eine, die Mode das andere. Auf die Spitze getriebene Konzentration bringt Weine hervor, die bei Blindverkostungen gut abschneiden, aber untrinkbar sind. Zu viel Alkohol, zu viel neue Eiche, zu viel Tannin, zu viel von allem. Eine Möglichkeit, mit wärmeren Sommern und den daraus resultierenden höheren Zuckerwerten umzugehen, ist, die Zuckerreife durch höhere Erträge zu verzögern. Man kann aber auch anerkennen, dass eine Konzentration, bei der sich Grenache nicht mehr von Shiraz unterscheiden lässt, zu weit geht.

Wir befinden uns derzeit in einer ausgezeichneten Lage. Die Erzeuger fokussieren sich auf Trinkbarkeit und Frische – am besten aber ist: Die Lektion, dass Konzentration gut ist und die Qualität steigert, wurde gelernt. Es besteht keine Gefahr, dass die grüne Fadheit zurückkehrt. Außer natürlich, die Mode entdeckt sie. Über Mode aber lässt sich nicht streiten.

Die Dicke der Schale und die Größe der Beeren wirken sich auf die Konzentration aus.

Ausgewogenheit erreichen

Für ein perfektes Gleichgewicht braucht man einen guten Kellermeister.

Bei der Reifung von Wein ist Ausgewogenheit alles. Fehlendes Gleichgewicht führt dazu, dass Weine (und Menschen) mit der Zeit umkippen. Und manchmal – oft – muss für die richtige Balance in der Kellerei nachgeholfen werden. Die Natur ist nicht perfekt.

Da wären zum Beispiel die Chaptalisierung, die Zuckerzugabe bei der Gärung, um den Alkoholgehalt zu erhöhen, oder die Säuerung – Zugabe von Säure. Beides gleichzeitig darf man nicht machen. Doch kommt man mit diesen Methoden überhaupt zu besserer Ausgewogenheit? Ja, aber nur in kleinen Mengen. Können sie durch besseren Traubenanbau vermieden werden? In gewissem Maße, doch Kellermeister halten sich gern die Option offen. Reben sind Pflanzen, keine Automaten. Man kann sie nicht vollständig kontrollieren, ebenso wenig wie das Wetter. Ein Ausbau in Eiche kann Tannin und Struktur in den Wein bringen; Kellermeister wählen sogar ihren Fassbauer und das Fass gezielt danach aus, was sie für den Wein leisten sollen. Manche bringen Aroma ein, manche Struktur. Deshalb sind Fässer so teuer, und die teuersten sind sogar diejenigen, die man gar nicht herausschmeckt, weil so sie subtil wirken.

Dann gibt es den biologischen Säureabbau, der die Säure mildert, ohne sie tatsächlich zu reduzieren. Weinmacher haben viele Pfeile im Köcher, die das Alterungspotenzial erhöhen oder verringern können.

Auch Verschneiden gehört dazu; es soll zur endgültigen Ausgewogenheit des Weins führen. Man kann verschiedene Teile eines Weinbergs oder unterschiedliche Rebsorten zusammenbringen. Cabernet Sauvignon liefert nur in wenigen Regionen gute sortenreine Weine, und das Médoc gehört nicht dazu. Eher Napa oder Margaret River, doch auch dort kommt oft ein wenig Merlot oder Cabernet franc mit hinein. Das Ziel ist, Struktur mit Fülle, Aroma und Säure zu vereinen; die Zeit übernimmt danach den Rest. Perfekte Balance ohne große Eingriffe im Keller finden Sie etwa bei David & Nadia in Swartland, Schloss Lieser an der Mosel oder Ceretto im Piemont.

Was geschieht in einem Fass im Vergleich zur Flasche?

Weine werden in unterschiedlichen Phasen ihrer Entwicklung abgefüllt, nämlich dann, wenn der Kellermeister ihr Gleichgewicht für genau richtig befindet.

Das kann heißen, genau richtig für den Genuss sofort oder in sechs Monaten oder nach zehnjähriger Reifung. In jedem dieser Fälle wird die Balance etwas anders aussehen. Aber was passiert in der Zwischenzeit? Warum werden manche Weine vor der Flaschenabfüllung in Eiche gereift, andere in Edelstahl oder Beton und wieder andere in Tonamphoren? Und warum liegen manche Weine zehn Jahre und länger in Eichenfässern?

Wein muss sich nach der Gärung setzen; selbst Weine für den sofortigen Genuss werden nicht auf der Stelle abgefüllt. Das kann in einem Stahltank geschehen, wenn man auf Frische setzt; Beton ist wegen seiner Neutralität wieder in Mode; ein Eichenfass lässt durch die Holzporen einen langsamen Sauerstoffzutritt zu. Das macht den Wein über ein paar

Portweinfässer (Pipes) bei Taylor's.

Monate etwas weicher – und noch weicher, wenn es ein oder zwei Jahre dauert. Große Fässer aus alter Eiche sind wieder beliebt, weil sie Säure und Tannin mildern, aber keine Eichennote einbringen.

Italien war beim Streit um kleine neue gegen große alte Eichenfässer ein Schlachtfeld. Familien entzweiten sich darüber; man kann sich das heute kaum noch vorstellen. Traditionell reifte beispielsweise Barolo über lange Zeit in großen alten *botti*. In diesen Fässern wurden die Weine weicher und anmutiger, ihre zuweilen krassen Tannine wurden eingebunden, und als man die Weine schließlich abfüllte, waren sie vollständig zivilisiert. Dann kam die Idee auf, sie in kürzerer Zeit in Barriques aus neuer Eiche zu reifen. Auch die neue Eiche erfüllte den Zweck, die Tannine der Trauben zu besänftigen, brachte aber mehr von sich selbst in den Wein ein. Die Farbe wurde dunkler, der Stil breitbeiniger, die Vanillenote zuweilen ausgeprägter. Welcher dieser Weine reifte am Ende besser? Das kann man nicht eindeutig sagen; es hing wie immer von der Balance ab. Die Weine reiften jedenfalls unterschiedlich. Die aus kleinen Fässern konnten bezaubernd sein; nicht alle aus den großen Fässern erlangten ihre volle Stärke zurück.

Noch deutlicher wird der Unterschied bei Port. Tawny Port reift in Holz und wird abgefüllt, wenn er trinkreif ist; Vintage Port wird jung abgefüllt, um erst später getrunken zu werden. Beide, wenn sie aus guten Lagen und guten Jahrgängen stammen, altern ungeheuer gut; manchmal ein Jahrhundert und länger. Sie entwickeln sich aber unterschiedlich. In Holz reifender Port verliert mit dem Alter mehr Farbe, er wird braunrot (»tawny«), sogar gelblich. Er verliert an Süße, bewahrt aber die Säure. Alter Vintage Port hat eine kräftigere Farbe, mehr Süße, mehr Frucht.

Auch nach der Abfüllung reift der Wein in der Flasche weiter, aber anders und langsamer. Mit Schraubverschluss sogar sehr langsam; auf diese Weise verschlossene Weine erhalten sich ihre Jugend deutlich länger. Sofern der Verschluss etwas taugt natürlich.

Doch was ist, wenn man den Wein in der Flasche reifen lässt, ihn dann aber austrickst und noch mal in der Flasche gären lässt? Die Rede ist natürlich von Champagner und anderen Schaumweinen, die nach der traditionellen Methode bereitet werden. Die Antwort lautet: Es ist kompliziert.

Diese Weine durchlaufen zwei Arten der Reifung – oder drei, wenn man die Reifung vor der Abfüllung mitzählt. In der Flasche reifen sie auf dem Hefesatz, und dass sich die Hefe über mehrere Jahren auflöst, wirkt sich sehr stark auf den Wein aus. Dabei werden Substanzen in winzigen Mengen frei, die den Geschmack verändern. Er bleibt die ganze Zeit straff und frisch, wird aber komplexer. Nach dem Degorgieren beginnt dann eine neue Phase der Reifung: Der Wein wird weicher und öffnet sich. Drei Flaschen desselben Weins, alle 20 Jahre gereift, doch einer drei Jahre auf der Hefe, der zweite zehn Jahre und der dritte 19 Jahre, werden wie drei verschiedene Weine schmecken – der letzte wird wie der jüngste wirken.

Kompliziert? Sehr sogar! Und faszinierend, meinen Sie nicht

Speisen für die Jugend und Speisen für das Alter

Es soll hier nicht darum gehen, die Verfeinerung der Kombination von Wein und Speisen auf die Spitze zu treiben. Wie in dem betreffenden Kapitel ab Seite 24 ausgeführt ist, gibt es jederzeit Optionen in Hülle und Fülle und nur sehr wenige feste Regeln.

Es gibt in diesem Zusammenhang wahrscheinlich nur eine einzige Regel zu beachten: Je älter der Wein, desto feiner seine Aromen, und umso mehr muss sich das Essen zurückhalten. Zu einem alten roten Burgunder werden Sie Chili con Carne wohl eher nicht servieren. Insgesamt verlangen Speisen mit zarten Aromen auch zarte Weine und umgekehrt. Die Textur ist ebenfalls wichtig. Für Aufläufe würde ich ältere Weine mit seidiger Textur empfehlen; griffige Tannine passen besser zu gebratenem Fleisch. Allerdings: Das gilt für Bordeaux, Burgunder und andere Cabernet- und Pinot-Weine, nicht aber für Barolo und Barbaresco. Die passen trotz ihres beachtlichen Tannins gut zu Risotto und Pasta mit Sauce.

Bei Weißweinen harmoniert alter Riesling oder Chardonnay mit fest texturiertem Fisch und z. B. einer Beurre blanc. Alter Champagner, der voller Umaminoten steckt, ist bemerkenswert vielseitig und lässt sich mit einer großen geschmacklichen Bandbreite kombinieren. Junger Champagner ist dagegen eher schwierig zu Speisen; belassen Sie es beim Aperitif. Das gilt auch für englische Spitzenweine oder Riesling-Sekt. Alter stiller Riesling dagegen ist sehr nützlich für komplizierte Gerichte, die fermentierte Zutaten, Gewürze, Zitrusnoten und alles Mögliche andere enthalten.

Süßweine? Sehr alter Sauternes oder Tokaji, schon dunkel geworden, aber immer noch quicklebendig, bereitet kaum Probleme. Er sollte aber besser mit dem richtigen Käse brillieren als an ein Dessert verschwendet zu werden. Sollen sich die Jungen mit Sahne und Gebäck herumschlagen.

So sehe ich das auch für alten Port und andere gespritete Weine: einfach nur erstklassigen Käse dazu. Auch der Käse wird es Ihnen danken.

Passt wahrscheinlich zu fast jedem Wein: gebratenes Hühnchen.

Lagerung

Perfekte Lagerung zu Hause – vorausgesetzt, es ist kühl und das Licht ist aus.

Weine, die gut reifen sollen, müssen richtig gelagert werden. Die üblichen Regeln lauten: kühl ohne große Temperaturschwankungen, dunkel, nicht zu trocken, nicht zu feucht.

Erschütterungen gelten ebenfalls als schlecht, auch wenn niemand genau zu wissen scheint, warum. Am schädlichsten sind Hitze und helles Licht. Letzteres kann Lichtgeschmack hervorrufen, den man nicht bemerkt, bis man die Flasche öffnet und feststellt, dass der Wein käselt. Klarglasflaschen stellen hier das größte Risiko dar, weshalb nur wenige lagerfähige Weine darin abgefüllt werden. Sauternes und Tokaji gehören zwar dazu, doch ihnen scheint der Zucker einen gewissen Schutz zu bieten. Trotzdem: Besser kein Risiko eingehen. Besonders gefährdet sind Schaumweine; Lichtgeschmack kann sich in Minutenschnelle einstellen. Hitze? Das ist wie Sonnenbaden. Man weiß, dass es die Haut altern lässt, macht aber lange Zeit einfach weiter damit, weil sich das Problem nicht gleich zeigt – dann aber plötzlich da ist. Wein, der viel Wärme ausgesetzt ist, verdirbt nicht sofort (sofern die Hitze nicht den Korken herausdrückt), altert aber schneller – und auch hier merkt man es erst, wenn man ihn öffnet

Heutzutage sind sich die Erzeuger dieser Gefahren bewusst. Wenn sie ihre Weine um die halbe Welt verschicken, geschieht das in Kühlcontainern – ein ganz wichtiger Gesichtspunkt für jeden, der Wein auf Topniveau erwirbt. Wer reife Weine auf dem Sekundärmarkt kauft, sollte auf jeden Fall in Erfahrung bringen, wo der Wein gelagert wurde. Ist er durchweg am selben renommierten Lagerort geblieben, dürfte er in gutem Zustand sein, selbst wenn der Besitzer mehrmals wechselte. Wurde er oft bewegt, besteht ein Risiko – umso größer, je älter der Wein ist. Aus diesem Grund sind alte Weine direkt aus dem Keller des Erzeugers auch teurer. Die nächste Seite nennt ein paar Erzeuger, die dies anbieten.

Eine der größten Gefahren bei langfristiger Lagerung aber ist, den Wein zu vergessen. Ich hatte einige wunderschöne deutsche Rieslinge im Keller, an die ich mich zu spät wieder erinnerte. Die Korken, nie besonders gut, waren durchlässig geworden; die Weine waren braun und maderisiert. Ja, da habe ich laut geflucht.

Reife Weine kaufen

Auktionen sind eine gute Gelegenheit, reife klassische Weine zu erwerben. Dabei müssen sie gar nicht teuer sein, wenn man sich nicht auf die ganz großen Namen oder berühmte Jahrgänge versteift.

Mein Tipp: Geringere Jahrgänge von guten Erzeugern sind oft besser als Spitzenjahrgänge von schwächeren Erzeugern. Fragen Sie aber immer, wie der Wein in der Vergangenheit gelagert wurde. Auf www.winesearcher.com kann man herausfinden, welche Weinhändler reife Jahrgänge auf Lager haben. Auch nach einzelnen Flaschen bestimmter Jahrgänge kann man dort suchen, wenn Sie beispielsweise nach einem Geschenk für den 40. Geburtstag suchen, oder den 50. oder den 60.

Einige Erzeuger haben die Praxis – regelmäßig oder gelegentlich –, alte Jahrgänge aus ihren Kellern freizugeben. Manche kann man im Einzelhandel erwerben, manche über eine Mailing-Liste, manche nur persönlich auf dem Gut. Hier sind einige empfehlenswerte Namen:

Australien: Barossa Seppeltsfield hat jahrhundertealte gespritete Weine – die weltweit einzige ununterbrochene Abfolge von Weinen einzelner Jahrgänge. Pewsey Vale Museum Reserve; **Hunter** Semillon von Brokenwood und Tyrrells (Vat 1); **Rutherglen** Freigegebene alte Weine von All Saints, Campbells Isabella, Campbells The Merchant Prince.

Deutschland: Vintage Collection von Wegeler (Mosel, Rheingau).

Frankreich: Champagner Regelmäßige Freigaben spät degorgierter Weine von Bollinger, Deutz, Dom Pérignon, Gosset, Jacquesson, Roederer, Veuve Clicquot. Boizel hat Jahrgänge bis in die 1970er-Jahre zurück; **Jura** Bourdy hat jahrzehntealte Jahrgänge von Vin jaune; **Loire** Lamé Delisle Boucard (Bourgueil) bietet derzeit Jahrgänge zurück bis 2005 an. Ebenso Famille Bourgeois (Sancerre), Dom. de Beauséjour (Chinon).

Italien: 10 Jahre alte Spitzenweine in der Reihe Rarity von der Kellerei Terlan (Südtirol).

Neuseeland: Reihe Aged Release von Pegasus Bay, 10 Jahre alt.

Österreich: Domäne Wachau, Kracher, Nikolaihof. Informieren Sie sich auch auf maywines.com und zarbach-weinhandel.shop, beide in Wien.

Portugal: Alentejo Herdade de Mouchão; **Lisboa** 10 Jahre alte Cellar Releases der Quinta de Pancas; **Madeira** Henriques & Henriques, Blandy; **Port** 1, Poças, Taylor's, Quinta do Vallado: Very Very Very Old Tawnys. Andresen füllt ein Jahrhundert alte Colheitas auf Nachfrage ab, wenn auch wahrscheinlich nicht für eine einzelne Flasche. *Siehe* Very Old Tawny im Kapitel Portugal (Seite 273).

Schweiz: Louis Bovard (Waadt).

Slowenien: Archivweine aus den 1970er-Jahren von Puklavec Family Wines.

Spanien: Sehr, sehr alte Weine von López de Heredia (Rioja).

Südafrika: Boekenhoutskloof, Kanonkop, Klein Constantia und Nederburg.

USA: Kalifornien Ridge, Chappellet für Weinclub-Mitglieder; **Oregon** Eyrie.

The Spirit of the Black Forest
GOURMETSERIE
MIT FASSGEREIFTEN OBSTBRÄNDEN
Destillerie
Kammer-Kirsch
KARLSRUHE
Handwerkliche Brennkunst
in Vollendung seit 1923.
Von jeher ist die Zielsetzung
der Destillerie Kammer-Kirsch
Obstbrände von hoher
Erlesenheit herzustellen.
OBSTBRAND SPEZIALITÄTEN
Alter Apfelbrand
im Holzfass gereift
40% vol | 700 ml
KAMMER-KIRSCH GMBH
Hardtstraße 35-37 | 76185 Karlsruhe
HANDCRAFTED
ONLINE BESTELLEN AUF
WWW.KAMMER-KIRSCH-SHOP.DE
STILLERIE KAMMER-KIRSCH GMBH | 76185 KARLSRUHE | TEL. 0721.955510 | WWW.KAMMER-KIRSCH.DE